本書出版得到國家古籍整理出版專項經費資助
上海高校服務國家重大戰略出版工程資助項目

陸機集校箋

〔晉〕陸機 著
楊明 校箋

上

上海古籍出版社

圖書在版編目(CIP)數據

陸機集校箋 / (晉)陸機著；楊明校箋.—上海：上海古籍出版社，2016.7(2023.6重印)
(中國古典文學叢書)
ISBN 978-7-5325-8033-0

Ⅰ.①陸… Ⅱ.①陸…②楊… Ⅲ.①中國文學—古典文學—作品綜合集—西晉時代 Ⅳ.①I213.72

中國版本圖書館CIP數據核字(2016)第 055459 號

中國古典文學叢書
陸機集校箋
(全二册)
[晉]陸機 著 楊明 校箋
上 海 古 籍 出 版 社 出版、發行
(上海市閔行區號景路159弄1-5號A座5F 郵政編碼 201101)
(1)網址：www.guji.com.cn
(2)E-mail：gujil@guji.com.cn
(3)易文網網址：www.ewen.co
上海世紀出版股份有限公司發行中心發行經銷
常州市金壇古籍印刷廠有限公司印刷
開本 850×1168 1/32 印張 36.75 插頁 10 字數 700,000
2016 年 7 月第 1 版 2023 年 6 月第 6 次印刷
印數：3,901-4,500
ISBN 978-7-5325-8033-0
I·3037 平裝定價：128.00 元
如有質量問題，請與承印公司聯繫

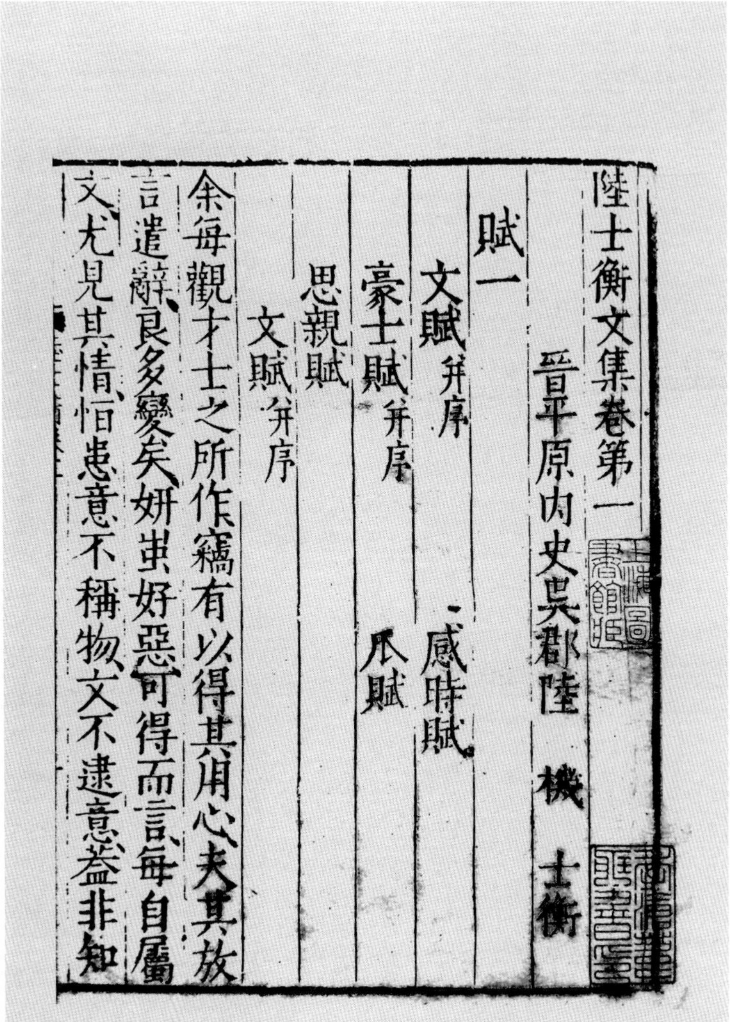
陸士衡文集卷第一

晉平原内史吳郡陸　機　士衡

賦一

文賦并序　感時賦

豪士賦并序　瓜賦

思親賦

文賦并序

余每觀才士之所作竊有以得其用心夫其放言遣辭良多變矣妍蚩好惡可得而言每自屬文尤見其情恒患意不稱物文不逮意蓋非知

明正德間陸元大刊本《陸士衡文集》

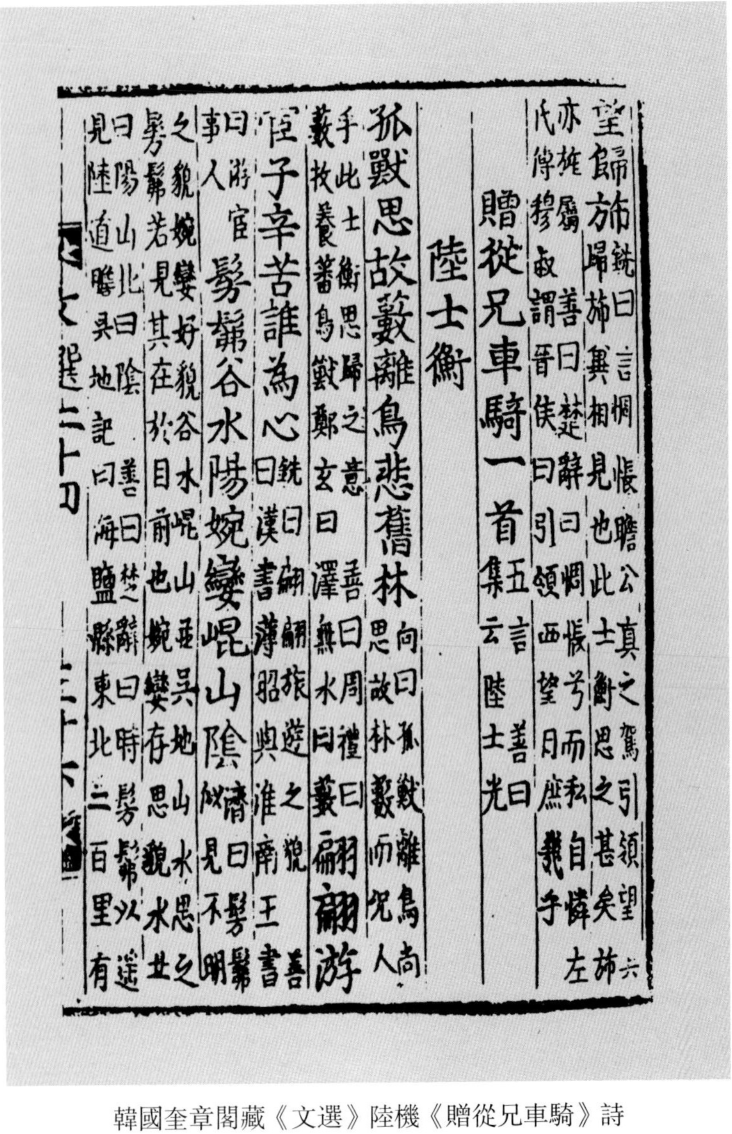
望歸旆銑曰言惆悵瞻公真之駕引頸望
歸旆冀相見也此士衡思之甚矣旆左
亦旌屬善曰楚辭曰惆悵兮而私自憐
氏傳穆叔謂晉侯曰引領西望曰庶幾乎
贈從兄車騎一首五言善曰集云陸士光
陸士衡
孤獸思故藪離鳥悲舊林向曰孤獸離鳥思故林藪而況人向
手此士衡思歸之意善曰周禮曰藪枚養蓄鳥獸鄭玄曰澤無水曰藪
翩翩游臣子辛苦誰為心銑曰翩翩旅遊之貌善曰漢書薄昭與淮南王書
曰游官事人
髣髴谷水陽婉孌崐山陰濟曰髣髴似見不明
之貌婉孌好貌谷水崐山並吳地山水思之
髣髴若見其在於目前也婉孌存思貌水北
曰陽山北曰陰善曰楚辭曰時髣髴以遙
見陸道瞻吳地記曰海鹽縣東北二百里有

韓國奎章閣藏《文選》陸機《贈從兄車騎》詩

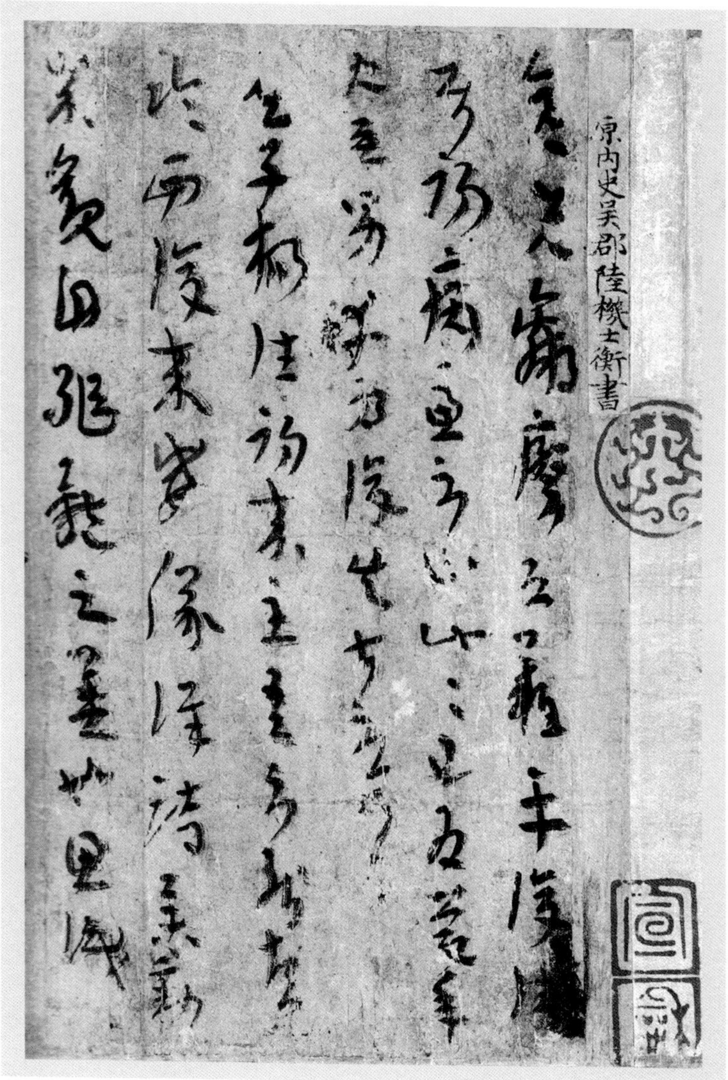

陸機《平復帖》（局部）

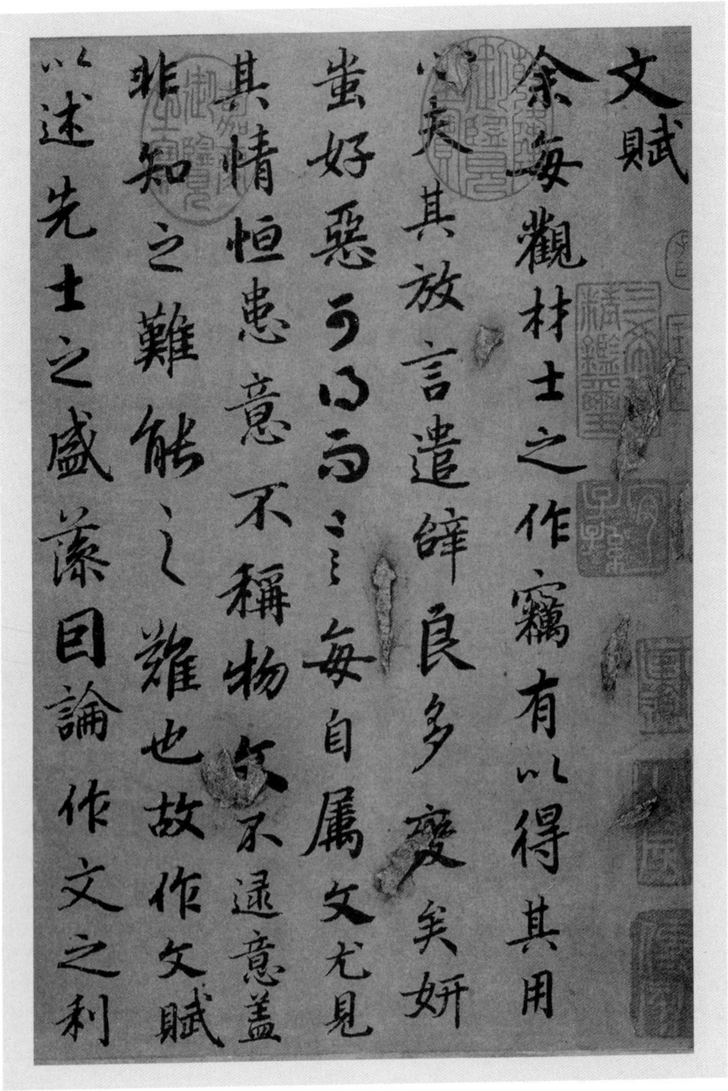

唐陸柬之書陸機《文賦》（局部）

前言

陸機（二六一——三〇三）是西晉時期的大文學家。鍾嶸詩品説「陸才如海」，稱其「才高辭贍，舉體華美」；唐太宗甚至稱他爲「百代文宗，一人而已」。他出身江南豪族，祖父陸遜、父親陸抗都是吴國重臣、大將。三國志陸遜傳云：「字伯言，吴郡吴人也。」陸機當然是吴郡吴（今江蘇蘇州）人。有人説他是華亭人，其實華亭可説是陸機故里，却不是他的籍貫。華亭在當時并非縣名，亭是鄉以下的行政區域建制。華亭一名，最早就見於三國志陸遜傳：漢獻帝建安二十四年（二一九），陸遜與吕蒙等破蜀將關羽，奪回荆州，孫權因此封陸遜爲華亭侯。據南朝陸道瞻吴地記、輿地志（顧野王撰）以及唐代的元和郡縣志等書所載，封華亭侯是「即以其所居爲封」，陸氏所居在華亭，其祖上亦葬於華亭。華亭並不屬於吴縣，而是在婁、海鹽、嘉興三縣交界處。唐玄宗時始立華亭縣，今則在上海松江。陸機曾在詩中説：「彷彿谷水陽，婉孌崑山陰。」崑山就是今日松江的小崑山。谷水當日在崑山之西，今日松江還有街道以「谷陽」命名。陸機在吴亡後隱居華亭讀書十年，臨終之前還嘆息「華亭鶴唳，不可復聞」，他對華亭的感情是很深的。不過以籍貫説，他還是吴郡吴人。

陸機隱居十年後應徵北上洛陽，從此步入仕途，却也正是他悲劇生涯的開始。西晋王朝雖然完成了統一大業，但是在短暫的穩定之後，便陷入了先是后黨争鬥、然後是皇族諸王的紛争之中，即所謂「八王之亂」。其激烈與殘酷之程度，令人寒心。出身世家大族的陸機，原本懷抱光耀祖德、以功名垂世的志向，企圖有所作爲，但那樣嚴酷的政治環境令他矛盾惶遽、無所適從，終於在諸王的戰亂裏蒙冤被殺害。後人大多對他表示同情，嘆息他不能見機自保。但也有人譏刺他將家國之恨置之腦後，靦顔事仇，落個悲劇下場是咎由自取。吴亡於晋，陸機的兩位兄長都爲南下的晋軍所殺，説他忘却國恨家仇似乎不無道理，但我們還須考察當時情勢。須知帶頭降晋的正是吴主孫晧本人。當大兵壓境之時，他一面奉書於晋軍請降，一面遺書於羣臣，説道：「今大晋平治四海，勞心務於擢賢，誠是英俊展節之秋也。……舍亂就理，非不忠也。莫以移朝改朔，用損厥志。」（三國志吴書孫晧傳裴注引）那就是説，吴臣改事晋朝，不但不是不忠，而且還正應事晋以展其才志。而晋朝也正要籠絡吴國舊臣，爲其所用。因此吴國人士入晋任職的實不乏其人。陸機之弟陸雲甚至在吴亡的當年便被晋揚州刺史周浚辟爲從事。孫晧入晋，即被封爲歸命侯，待遇頗豐，其太子拜爲中郎，諸子爲王者都拜爲郎中。在這樣的情勢之下，陸機弟兄選擇入仕的道路，實在可以理解。而且，還應考慮如下的因素，即正統觀念久已根深柢固。晉完成了統一大業，即被視爲正統。效力於正統的統治，也正是順理成章。漢末諸路義軍紛紛起兵，便是以掃滅董卓、擁戴漢家正統爲號召。東吳孫堅攻入洛陽之後，即清掃被破壞的漢氏宗廟，修復漢帝諸陵，進行祭祀，因而被認爲「於興義之中最有忠烈之稱」（三國志吳書孫堅傳裴注）。其子孫策同樣以尊崇漢室、維護統一的名義反對袁術。他謀劃奔襲許昌以迎漢帝，事雖不成，也被稱爲「至忠已著」（張悛爲吳令謝詢求爲諸孫置守冢人表）。以擁戴漢室爲忠悃，便是正統觀念的體現。而孫權稱帝之後，不肯行郊祀之禮，理由是「郊祀當於土中，今非其所」（三國志吳書吳主傳裴注引江表傳），也就是説自認局處下國，尚未完成統一大業，尚未能取得正統的資格。陸機的觀念同樣如此。他在辨亡論裏稱頌孫堅「掃清宗祊，蒸禋皇祖」，稱頌孫策「將北伐諸華，誅鉏干紀，旋皇輿於夷庚，反帝座乎紫闥，挾天子以令諸侯，清天步而歸舊物」，便是對孫氏父子正統觀念的肯定。他又稱孫權「洪規遠略，固不厭夫區區者也」（辨亡論），稱其「將熙景命，經營九圍，登迹岱宗，班瑞舊圻」（吳大帝誄），便是肯定孫權結束分裂、光復中華、完成統一大業的理想。答賈謐更説：「天厭霸德，黄祚告釁。獄訟違魏，謳歌適晉。陳留歸蕃，我皇登禪。庸岷稽顙，三江改獻。」那就是説，承認吳國和魏、蜀一樣，都屬「霸德」而非帝功，因爲三國都没有能成就統一大業；而晉朝却因完成統一而成爲正統。他議晉書限斷，以爲記載司馬懿父子在魏時的事迹不可采取紀年的寫法，那也就是由於他認爲在一統天下之前，算不得正統，而司馬炎泰始以後，則具有了正統的資格。雖然吳是故國，但不得不承認只是「霸德」；晉是敵國，但畢竟取得了正統地位。陸機在歷史的大變動之中，終究不得不采取了順應的態度和行爲，其中統一、正統的觀念，應該是起了作用的。

陸機是殘酷政治争鬥的犧牲品。他關心現實政治，也寫過一些有關的文章。他的理想政治，大體上不出君明臣賢的框架，對於合理地任用人才尤爲致意。他又主張分封諸侯，以爲分封制可以達到長治久安、使中央朝廷更加穩固的效果。但是這些想法在險惡的争鬥之中顯得那樣蒼白無力。陸機實在算不上一位政治家或政治思想家。他生當玄學思潮盛行的時代，接受了玄學的熏陶，這使得他的作品常常表現出抒情與説理相融合的特點，有時顯得頗有理趣，但是説不上在學術思想上有何建樹，他也不是一位哲學思想家。陸機的建樹，他在歷史上的地位，還是在於文學方面。在這方面他取得了重大的成就。

陸機的詩賦，有三個方面的主題頗爲突出。一是感離傷别，懷念故土和親友。如吴亡時所作四言贈弟、應徵北上時所作的一些詩篇，以及某些擬樂府詩，還有思親、懷土等多篇賦作，都是這一主題的作品。二是感念生死，悲嘆人生短促。擬樂府詩中此類甚多，賦作中嘆逝、大暮、感丘等篇，也屬此類。三是感嘆仕進不易、人生之途充滿艱險。此類也多見於擬樂府詩，此外遂志等賦作也有所表現。這三類主題，往往在作品裏互相交融，形成種種複雜的想法和情緒，反映了陸機矛盾痛苦的心態，耐人咀嚼。這三項内容，使得陸機的詩賦常常是籠罩在一片哀思之中。除此之外，他的賦有好幾篇是詠物之作，其中文賦將構思作文的種種情況描述得非常細說是體物、描述，就如同作者們以音樂爲對象加以描繪的諸多賦作一樣，只不過描述的對象特殊罷了。

詩賦之外，陸機集裏各類文章也還不少。其中有以抒情爲主的，如吊魏武帝文抒寫生死之慨。有一些是實用性的作品。議論性的以辨亡論、五等論和豪士賦序以及演連珠最爲著名。上文曾説，陸機算不得一位政治思想家，這些論政的文字也難説具有多麽深刻、獨創的見解，但從寫作的角度而言，説得頭頭是道，頓挫有致，曲折達意而揮灑自如，富有氣勢，確實是駢體文字中的佳品。

下面談談我個人對於陸機作品藝術性方面的幾點想法。

首先，陸機在創造新語、鎔鑄新鮮意象方面很有成績，沾溉後人，豐富了文學語言的寶庫。如文賦「意司契而爲匠」，爲後世「意匠」一語之所出；「詩緣情而綺靡」，「緣情」成爲詩歌寫作的代稱；「故無取乎冗長」，「冗長」今日是常用的語詞。又如爲顧彦先贈婦的「京洛多風塵，素衣化爲緇」，擬明月何皎皎的「照之有餘輝，攬之不盈手」，日出東南隅行的「秀色若可餐」，君子行的「(人生)翻覆若波瀾」等等，都被後世文人反復使用，成爲典故。長歌行説「年往迅勁矢，時來亮急弦」，乃是後人「光陰似箭」、「時光似箭」、「年華似箭」一類説法的嚆矢，至今「光陰似箭」仍作爲成語使用。演連珠的許多比喻甚爲精彩。第四十二首以烟與火比喻情與性的關係：「烟出於火，非火之和；情生於性，非性之適。故火壯則烟微，性充則情約。」也屢屢爲後人所取資。唐代李翺復性書被視爲思想史上的重要作品，就説：「烟不鬱，光斯明矣；情不作，性斯充矣。」顯然來源於陸機。如此之類，頗爲不少。陸機的創造或亦有所承繼，如烟火之喻當來自嵇康答難養生論所説「夫嗜欲雖出於人，而非道之正。猶木之有蝎，雖木之所生，而非木之宜也。故蝎盛則木朽，欲勝則身枯」，但更爲貼切，仍然顯示了他的創造性。文賦既説「傾群言之瀝液，漱六藝之芳潤」，「收百世之闕文，采千載之遺韻」，又説「謝朝華於已披，啓夕秀於未振」，陸機正是在含英咀華、旁搜博采的基礎上推陳出新的。

其次，讀陸機的詩文，感到他無論描寫、述説還是抒情、議論，都是淋漓盡致，力求説得盡，説得透，似乎唯恐不能將所見所感和盤托出。

我們先以陸機擬古詩爲例。這組詩比較特别，它們對所擬的漢代古詩，在立意和章法結構上可説是亦步亦趨，但在用詞造句上顯示出很大的不同。從中幾乎看不出屬於陸機個人的獨特的思想感情，但却鮮明地顯示出他的美學趣味。古詩原本樸素簡練，平淡自然，陸機的擬作乃大異其趣。比如古詩迢迢牽牛星寫織女相思之苦道：「盈盈一水間，脈脈不得語。」陸機擬爲「引領望大川，雙涕如霑露」。前者的「一水」，成了「大川」；前者的含情不語，成了雙泪漣漣。古詩淡淡的，却含蓄有味；陸機則説得鮮明、具體，往盡處説。明人賀貽孫詩筏因此批評陸機擬作「無味」。我們姑且不論優劣，但很可以從中體會兩種不同的趣味。又如古詩今日良宴會描寫音樂，只説「彈箏奮逸響，新聲妙入神」，十分簡樸。陸機則説「齊僮梁甫吟，秦娥張女彈。哀音繞棟宇，遺響入雲漢」，具體而誇張地寫出歌聲的高亢哀厲。古詩寫聽曲者的議論，只説「令德唱高言，識曲聽其真」，平平叙述；陸機則説「高談一何綺，蔚若朝霞爛」，刻意形容。其間區别再明顯不過。

我們還可以將曹植和陸機比較一下。曹植也是詩歌史轉變時期的關鍵人物，但與陸機相比就覺得他的轉變還只是剛剛開始。曹植有一首門有萬里客行，陸機有門有車馬客行，題材類似。曹植寫主人聽説有客，起身出迎，只「褰裳起從之」一句，陸機則説：「投袂赴門塗，攬衣不及裳。」更具體生動。曹植寫客人「挽衣對我泣」，陸機則寫主人悲泣，説：「拊膺携客泣，掩泪叙温凉。」「拊膺」的動作，更鮮明，情感也更强烈。曹植寫客人的陳述：「本是朔方士，今爲吴越民。行行將復行，去去適西秦。」陸機則用了八句詳寫客人的話：「借問邦族間，惻愴論存亡。親友多零落，舊齒皆凋喪。市朝互遷易，城闕或丘荒。墳壟日月多，松柏鬱芒芒。」最後又以「天道信崇替，人生安得長？慷慨惟平生，俯仰獨悲傷」四句嘆息人生苦短。顯然，陸機之作描寫更具體，情感也更爲强烈而深沉，寄託了自身的思鄉之情和人生感慨。陸時雍古詩鏡以「驚心事，刻意語」六個字加以評論，陳祚明采菽堂古詩選更具體地説：「『投袂』四句序將迎之狀甚肖，便覺生動；『親友』六句警切；『天道』二句又深入一層，悲感逾至。」陸機這樣寫，固然是因爲他寄託了自身的思鄉之情和人生感慨，也還由於他的審美趣味和追求，在於努力寫盡寫透。再看曹植的美女篇和陸機的日出東南隅行。曹植寫女子美麗，除了繼承漢代樂府描繪衣物服飾之美以外，還以「顧盼遺光彩，長嘯氣若蘭」二句寫女子的神情動作，但還較簡略。陸機則極力鋪張形容，既寫衣服首飾，更寫眉目、肌膚、容態、歌舞，尤其是「綺態隨顔變，沈姿無乏源。俯仰紛阿那，顧步咸可懽」四句，强調其表情、姿態、俯仰、顧盼、行步之多變化，而每一變化都美好可人，可謂極盡形容，使人有華艷滿目、應接不暇之感。陸機這首詩的鋪陳形容，乃是賦的寫法。以賦法寫詩，體現了他的審美趣味，對後世頗有影響。

力求寫盡寫透、寫得深切，便常能注意到他人容易忽略的地方而著力表出之。如百年歌寫老境：「言多謬誤心多悲，子孫朝拜或問誰。」「四支百節還相患，目若濁鏡口垂涎。」相信入老境者讀來都會感到真切。抒發内心感受，也就能將人所常有但難以傳達者曲曲寫出。如行思賦：「行彌久而情勞，塗愈近而思深。」可謂與唐詩「近鄉情更怯」同一機杼，異曲同工。嘆逝賦感嘆人生短促，本是老生常談，然而由於作者從多個角度加以體味，並且層層曲曲地寫出，遂覺波瀾蕩漾，越轉越深。「悲夫！川閲水以成川，水滔滔而日度。世閲人而爲世，人冉冉而行暮。人何世而弗新，世何人之能故？野每春其必華，草無朝而遺露。經終古而常然，率品物其如素。譬日及之在條，恒雖盡而弗悟。雖不悟其可悲，心惆焉而自傷。」反復設譬，慨歎深沉。其獨到之處，在於説出了世之所以爲世，恰恰在於世上之人不斷地新陳代謝這麽一番道理。「譬日及之在條，恒雖盡而弗悟」，又轉深一層：人生雖短，而世人却不自悟其短。「雖不悟其可悲」，又折一層：世人不悟，但覺悟了的人却更因此而感到可悲。這樣，作者將胸中輪囷蟠結的悲慨一層一層透徹地説了出來。還不止於此，在盡情抒發之後，篇末又歸結到與世浮沉，解除心累，優游娱老。上文説不悟人生短促者實在可悲，這裏却又説「寤大暮之同寐，何矜晚以怨早」，覺悟到人生之短與長並無區别，因此不必悲怨。這又是一個大轉折。這裏的悟比起上文所説的悟，是更高層次的悟。總之，作者關於生命的强烈情感和思考，在本賦中層層深入、抑揚頓挫地表達得淋漓盡致。這樣的感慨，他人也會有，但未必如此明晰，如今一經拈出，便成警策。感逝賦還説：「顧舊要於遺存，得十一於千百。樂隤心其如亡，哀緣情而來宅。託末契於後生，余將老而爲客。」昔日所心期熱衷者，今已心灰意懶；昔日興高采烈，今則無時不鬱鬱寡歡；故交多已零落，勉强與後生交往，自己感到在此世上，將是冷落的過客而已。此種少年與暮節心緒的對比，他人雖也有所感受，但未必能如此曲曲傳出。陸機對於自己的内心，努力體驗、分析，力求寫盡寫透，這和他對外物的觀察描繪是一樣的。

我們再以陸機叙説離别的兩首詩爲例。赴洛之一：「撫膺解携手，永嘆結遺音。無迹有所匿，寂漠聲必沈。」詩人抓住送别的親友已經相去遼遠這一點，反復渲染。「結遺音」，是説親人的聲音似乎還在耳畔迴響，但是「寂漠聲必沈」，終究還是歸於沉寂。親友的身影也已渺不可見，「無迹有所匿」。而行人依舊極目遠望，還想到對方也已看不見自己的身影，聽不見自己的聲音了。這樣步步寫來，非常真切。詩人盡力寫出當時的感受。於承明作與士龍的「佇眄要遐景，傾耳玩餘聲」，也是同樣的情景，同樣從形、聲兩方面説。詩經邶風燕燕已經寫到這樣的情景，然而僅僅「瞻望弗及」四個字。後來如李白的「孤帆遠影碧空盡，唯見長江天際流」，蘇軾的「登高回首坡壟隔，但見烏帽出復没」，簡練而多餘味。比較一下，便可以體會到陸機努力寫得盡的特點。於承明作與士龍還説：「南歸憩永安，北邁頓承明。永安有昨軌，承明子棄予。」昨日尚兄弟同行並軌，歷歷在目，今日已成孑然一身。一夕之間，情景頓别。那種傷怨之情，藉「有昨軌」、「子棄予」二句寫出。用一「棄」字，更寫出孤獨無依之深悲。這樣竭力將離别時的心緒説盡、説透，乍一讀來，似乎刺刺不休，但仔細體會，却覺得詩人頗能顯他人難顯之情。何焯評道：「永安則猶有昨軌可尋，承明則悄然獨往，人殊路絶矣。二句極淡極悲。」是頗有體會的。

陸機的詩歌，擬樂府往往發唱驚挺，慷慨激烈，容易吸引讀者。赴洛之類則結構平直，語勢亦緩，形象描繪也不突出，初見似未能使人低徊。二者風格有異，但其努力寫盡寫透，是一致的。文賦序云：「恒患意不稱物，文不逮意。」因有此患，故竭力鋪陳，唯恐不盡不透。陸機的時代，人們還没有自覺追求含蓄不露、意在言外、令讀者品味流連那樣的審美效果。就是到了謝靈運那裏，也還是説「意實言表，而書不盡」，「但患言不盡意，萬不寫一」（山居賦），爲文辭不能充分達意、不能曲折盡致地表達意象和美感而遺憾。他們還不曾意識到可以以少勝多，不曾意識到可以主動追求言已盡而意有餘的藝術效應。那是唐宋以後的事了。陸機以至南朝，人們的審美理想是「幹之以風力，潤之以丹采」（鍾嶸詩品序），陸機的作品正體現了那樣的追求。淋漓盡致、説盡説透，就是爲了以强大的「風力」去打動讀者。

最後談談陸機的駢文。

駢文的形成、發展是一個歷史的、自然的、漸進累積的過程。早在先秦時代，文章中就有駢偶成分，不過不佔主要地位。東漢時對稱、偶對之句漸多，文句趨短而整齊。魏晉時變本加厲，駢文遂逐漸形成。其中曹植、陸機的作品，佔有重要地位，而陸機尤其具有代表性，可説是駢文形成時期的關鍵人物。這樣説不單是因爲他的作品，駢偶成分在諸種文體中都占了主要地位，比前人更工整，更是由於它們的語言藝術高卓，頗多膾炙人口的名篇，對後世影響巨大。這裏僅就豪士賦序，略予申説。

豪士賦是齊王冏失敗被殺之後寫的。陸機在賦序裏論説齊王冏失敗的緣由，也寄託了自己的感慨。序文的主旨，在於説明在政治鬥争中，若庸常之人適逢機遇而執掌了大權，佔據了高位，却没有自知之明，實在是極爲危險，慘敗是其必然的命運。文章分好幾層展開。一開始並不開門見山，却先論立德與建功之不同。論立德是陪襯，重點在於建功一面，是要説明當時運來臨、人事成熟的條件之下，即使庸才也可以僥倖立大功而居高位。這是第一層。第二層，説這樣的庸才是不可能有自知之明的。爲什麽呢？因爲人的本性總是容易自以爲是，自以爲了不起，而鄙視他人，即使智士也難免犯此病，何况以庸才而立大功，位居一人之下、萬人之上，自以爲安如磐石，耳邊是一片阿諛奉承，他怎麽可能覺悟到自己不過是出於僥倖，其實不堪此重任呢？第三層，從這居高位者的對立面出發進行分析。也先説人之本性：人總是好榮惡辱，人都難免對勝過自己、超越自己的人産生忌恨。因此哪怕貴爲天子，也會遭到仇恨和反叛，何況挾持天子而擅威權、行政令者。再舉歷史事實作爲證據：即使如周公、霍光那樣的篤聖穆親、大德至忠，當他們代天子行政時，也被側目猜忌，連天子也對他們心懷嫌疑，他們的處境十分危險，僅能自全而已。那麽周、霍以下，伊尹、文種那樣的賢臣被殺，就根本不值得奇怪了；那麽僥倖立功、位極人臣、又毫無自知之明、不知引退的庸人短才，其安危爲何如，更不必説了。第四層，這樣的權勢赫赫的庸人，不但不知謙退，反倒更竭力加强自己的威權和鎮壓的手段，從而招致上上下下更深更多的怨恨。因此，其顛仆罹禍，是必然之事。説到這裏，可謂已題無賸義，但還有第五層，即發表感慨：那樣的庸人，原已處於名位的頂點。若能懂得功成身退的道理，超然引退，則巍巍乎洋洋乎，不但可以享有至高的快樂，獲得慾望的滿足，而且能夠名垂青史，却偏偏背道而馳，實在令人感嘆！

仔細體會此序，覺得逐層深入，説理透闢。文中頗有含意深長的警句。「夫我之自我，智士猶嬰其累；物之相物，昆蟲皆有此情」。「且好榮惡辱，有生之所大期；忌盈害上，鬼神猶且不免」。從人性的角度出發，所謂「識人情之大方」，很能發人深省。「廣樹恩不足以敵怨，勤興利不足以補害」，對於齊王冏那樣貪戀權勢、作威作福的人而言，更不啻是一帖清涼劑，正如何焯所說，乃是「驚心動魄之言」。這當然緣於作者對於所討論的議題思之甚熟，有自己的心得。陸機的作品往往因說理深透精警而耐人咀嚼，豪士賦序就是一個典型的例子。

駢文講究對偶、用典，似乎是一種束縛；多用四六短句，似不便於表達複雜的意思。但是在陸機那裏，那些都不成其爲束縛和局限。他的訣竅，是善於將多個短句組合成爲大句，照樣可以隨心自如地表情達意。即以豪士賦序而言，全篇幾乎都是偶句，但絶不敷衍堆砌，句各有意，並不相犯，故讀來覺得意思充實而文勢緊湊。雖以四字、六字句爲主，但句子的結構和搭配都有變化，又適當地運用五字、七字、八字、九字，亦間有散句，偶用虛詞，使得全文調式多樣，絶不呆板，而且使人感到其句式語調乃隨意義、情感而變化，水到渠成，恰到好處。我們讀來，覺得聲韻鏗鏘，音情頓挫，開闔迴旋而又氣勢貫穿，實在不能不欽佩作者運用文辭功夫之深湛。

陸機在初唐以前，被視爲一流的大作家，地位十分崇高。中唐以後，見於稱述者漸少，宋明時代，批評的聲音日多。這與詩文的發展、欣賞趣味的變化，特別是所謂「古文」的盛行有很大的關係。但其大家地位，終究不能掩没。降及近現代，劉師培漢魏六朝專家文研究對陸機的駢文反復稱述，評價甚高，謂其「風韻饒多，華而不澀」。錢鍾書先生上家大人論駢文流變書亦稱其「搜對索耦，竟體完善，使典引經，莫不工妙，馳騁往來，色鮮詞暢，調諧音協」，認爲駢儷之體，「於機而大成矣」。而今日論陸機者，似最大的注意力集中於文賦一篇，也只是從文學理論批評史的角度著眼，而較少關心其寫作藝術。我們認爲，無論從欣賞還是學術研究的角度，這位爲我們民族的文學語言做出重要貢獻的作家，其作品應該得到更全面深入的了解和探討。而由於時代的隔閡，今人閱讀陸機集會感到比較艱難。本書即試圖在提供一個較可靠的文本的基礎上，對其作品加以箋注，力求準確、深入。然而限於學識，不當以至錯誤之處在所難免，衷心期待讀者、研究者給以批評指正。

本書在編著過程中曾獲得不少師友的幫助。先師王運熙先生十分關心，并提供必須的書籍供我參考。俞紹初先生複印珍貴的文選文本以供校勘。友人朱剛、李慶、鄔國平諸位亦借閱或代爲複印、調查文本。昔日曾從我問學的諸君也給以支持，或贈送罕見書籍，或提供重要資料，楊焄、趙厚均、李良三位惠我尤多。徐美秋、趙俊玲曾赴國内許多圖書館收集紀昀及文選評家的評論資料，本書也有所利用。上海古籍出版社對本書的編著十分支持，奚彤雲女史還曾以中國國家圖書館所藏影宋鈔本陸士衡文集爲校本代爲校勘一過，劉賽先生細心審讀全書。在編寫、研究過程中，還曾得到復旦大學有關部門的支持。凡此均在這裏致以衷心的感謝！

楊明　二〇一五年元月於復旦大學

重印附言：借此次重印的機會，對本書稍作修訂，全書頁碼因之有所變動，讀者諒之。修訂時曾獲益於張金耀、王松濤、殷嬰寧諸先生，謹此致謝。

楊明　二〇一七年五月

例言

一、晉書陸機傳云：「所著文章凡三百餘篇，并行於世。」隋書經籍志著録「晉平原内史陸機集十四卷」，又云：「梁四十七卷，録一卷，亡。」舊唐書經籍志、新唐書藝文志均著録爲十五卷。可見陸機集至唐代散佚已多。宋代崇文總目不見著録，南宋尤袤遂初堂書目雖著録而不明卷數，晁公武郡齋讀書志、陳振孫直齋書録解題則皆爲十卷，晁氏云：「詩、賦、論、議、箋、表、碑、誄一百七十餘首。」今日所見陸機集，有明正德年間陸元大刊本，係據南宋寧宗慶元間徐民瞻刻於華亭之晉二俊文集翻刻，四部叢刊曾據以影印。又有影宋鈔本，鈔寫人及年代均不詳，原爲鮑廷博舊藏，今歸中國國家圖書館。此影宋鈔本與陸元大本雖文字等有所異同，但顯然同出一源，即徐民瞻本。該本所載詩、賦、文數量與晁公武所云相當，故阮元四庫未收書目提要認爲與郡齋讀書志所著録者同出一源。據皕宋樓藏書志所載陸貽典語，汲古閣曾藏有一部殘缺宋本陸機集。但今已不知其下落，故宋本面目唯有通過陸元大本和影宋鈔本得以窺見大概。

至於明清人所編總集，如馮惟訥古詩紀、梅鼎祚西晋文紀、張燮七十二家集、張溥漢魏六朝百三家集、嚴可均全晋文等，較之徐民瞻本數量增加，且重新編次，但都是從傳世習見文獻之中輯佚，并非别有珍本可據。今仍以陸元大本、影宋鈔本爲基礎，所收作品篇目、分卷、次第均不加更动，陸本、影宋鈔本誤收者也仍然録存，但予以説明，不作校注，在全書總目中低一格排，以爲標識。如此庶幾略存宋本面目。而重新輯録遺篇佚文，附於本集之後。陸本、影宋鈔本原無總目，而每卷卷首有該卷篇目。今編製總目，删去每卷卷首目録，但保留「賦一」、「賦二」、「詩」、「雜文」等字樣。

二、陸元大本、影宋鈔本所據之徐民瞻刻本雖時代較早，如阮元所説，「機集之傳於今者，亦莫古於此本矣」，但并非六朝、隋唐流傳有緒之舊本，而是自總集、類書中輯録編成者。其輯録範圍，不出文選、玉臺新詠、樂府詩集、藝文類聚、初學記等數種常見之總集和類書。以出於文選、類聚者最多，其次爲樂府詩集。樂府詩集大約北宋時已經編成，而刻印于兩宋之際。（參傅增湘宋本樂府詩集跋、孫尚勇郭茂倩樂府詩集的編輯背景與刊刻及校理。）陸機集的輯録編集恐在其後。其集既出於輯録，故本書不以陸元大本、影宋鈔本爲統一之工作底本，而是溯其淵源，分别以諸篇所從出之總集、類書的善本爲底本。這樣做可以提供現存陸機作品較早的文本狀態，也可避免爲陸本、影宋鈔本内新增的訛誤出校，減少校記數量。若某篇見於兩種以上典籍，而據其文字難於判定其所從出，則取時代較早者。如樂府諸篇，有既見録於玉臺新詠或藝文類聚，又見收於樂府詩集，且文字均屬完具者，即以玉臺或類聚爲底本。至若辨亡論，既載入文選，亦見録於三國志裴注，雖裴注時代較早，但據文字異同判斷，陸元大本、影宋鈔本蓋據文選編入，故仍取文選爲底本。賦類有少數篇目，陸本、影宋鈔本係拼合類聚與初學記而成，則取陸本爲底本。百年歌一篇，今見於藝文類聚，但陸本、影宋鈔本較類聚多出三句（陸機集内尚未知其出處者唯此三句），也以陸本爲底本。凡所據底本，均於篇末以小字標示之。

三、本書所用校本，以宋以前文獻爲主。文選、玉臺新詠、文館詞林、樂府詩集、北堂書鈔、藝文類聚、初學記、太平御覽以及三國志注、晋書，均用作校本。文選版本情況複雜，韓國奎章閣所藏六家注本，其底本所從出的秀州本，刊刻於北宋時期，乃今日所見合刊李善、五臣注諸本之祖本。學界公認奎章閣本具有很高的文獻價值，今即以該本所反映的李善注本爲底本，而以六臣注本系統、李善注本系統、五臣注本系統三者的代表性文本，旁及文選集注、敦煌寫本文選等，作爲校本。陸元大本、影宋鈔本陸機集，仍作爲重要的校本，但其明顯的錯訛不出校記。此外，宋以前文獻載有陸機詩文者，如魏徵等羣書治要、李善文選注、顔師古匡謬正俗、趙蕤長短經、日僧遍照金剛文鏡秘府論、吴淑事類賦注、楊潜雲間志、吴棫韻補等，所録或爲完篇，或片言隻語，亦皆取校。至於明清人所編總集如上文所舉古詩紀、西晋文紀、二十一家集、百三家集、全晋文等，并不用來全面校勘，僅列舉某些異文而已。雖然這些異文不明其來源，有擅改原文的嫌疑，但仍舉出以供參考。宋代以及明清某些類書如海録碎事、記纂淵海、古儷府、淵鑑類函、佩文韻府之類，亦偶一列舉。清代學者和今人的校勘成果，如陸機集的錢培名校、盧文弨校（録於影宋鈔本上），文選學諸家何焯、孫志祖、顧廣圻、胡紹煐、朱珔、梁章鉅的校語，逯欽立編輯全晉詩、汪紹楹整理藝文類聚的案語等，也都曾參考引用。茲羅列所用底本及主要校本如左：

文選：以奎章閣藏六家本（韓國 daunsam 出版社影印本）所反映之李善注本用爲底本（簡稱文選李善本），奎章閣藏六家本所反映之五臣注本（簡稱文選五臣本）、四部叢刊本（係影印南宋建州刊本）、北宋天聖明道本（殘，影印件）、尤袤刻本（中華書局影印）、陳八郎本（影印件）、文選集注本（殘，上海古籍出版社影印唐鈔文選集注彙存）、敦煌所出唐寫卷子本（殘存，饒宗頤編敦煌吐魯番本文選，中華書局印製）皆用作校本。

玉臺新詠：以明崇禎六年趙均刻本（北京圖書館出版社據中國國家圖書館藏本影印，爲中華再造善本之一種）爲底本，校本兼用此本及吴兆宜注、程琰刪補玉臺新詠箋注（穆克宏點校，中華書局出版）。

樂府詩集：傅增湘藏宋本（文學古籍刊行社影印，人民文學出版社重印）。

陸士衡集：四部叢刊影印明正德間陸元大刊本（以下簡稱「陸本」）、中國國家圖書館藏影宋鈔本（以下簡稱「影宋本」）。

藝文類聚：汪紹楹校紹興刻本（上海古籍出版社排印）。

以上五種，兼作底本及校本。

韻補：中華書局影印宋刻本。

三國志：中華書局排印本。

晉書：中華書局排印本。

雲間志：宛委别藏本（江蘇古籍出版社影印）。

羣書治要：叢書集成初編據連筠簃叢書排印本。

北堂書鈔：南海孔氏三十有三萬卷堂刊本（中國書店影印）。

初學記：兼用中華書局排印本、影印日本宫内廳書陵部藏宋刊本（上海古籍出版社出版），二本文字不同時，分别稱排印本初學記、影宋本初學記。

太平御覽：中華書局縮印四部叢刊影宋本。

事類賦注：冀勤、王秀梅、馬蓉校點本（中華書局出版）。

文館詞林：以影印日本弘仁本爲底本，校本兼用該影印本及適園叢書本。

文鏡秘府論：盧盛江校考文鏡秘府論彙校彙考（中華書局出版）。

陸柬之書文賦：上海博物館藏故宫博物院照片印製本（上海書畫出版社出版）。

唐寫本五等論：中國歷史博物館藏法書大觀本（上海教育出版社出版）。

以上數種用作校本，略依四部順序排列。

四、本書校勘，若底本文字顯然訛誤，且有校本文字爲依據者，方才加以改動并出校説明。校本與底本有異而皆可通者，或在疑似之間者，不改底本而出校説明。校本顯然訛誤者不出校。字有通假，一般不加改動亦不出校，但容易引起誤會者出校，如曾層增、霄宵、寶保、承乘懲之類。唐代避諱改字，出校説明并回改，但一篇之中多次出現者，僅在首次出現時説明，以後則徑改。異體字大體依據第一批異體字整理表及具有權威性的辭書如漢語大詞典等予以劃一，一般不出校。但古籍中異體字情況頗爲複雜，故亦有隨具體語言環境加以變通而不强行劃一者。

五、關於本書的箋注，采取李善注文選的方法，不但解釋語詞，且舉出語詞、典故的最早或較早的出處。爲此所徵引之典籍，其時代當然在陸機之前，同時代而確知作於陸機之前者，亦有少量徵引。李善引書，有後人判定爲僞書者，利用時視情況處理。凡善注引尚書而出於僞古文者，以其在陸機之後，故概摒弗録，而改用時代更早之文獻。善注引孔子家語中故事，其書出陸機之前，乃先引善注，然後注明家語中篇名，並指出其事又載於何種較早之典籍。至於注釋中也舉出一些時代屬後的用例，則意在解釋該語詞或詞組的意義、用法。解釋語詞，絶大多數皆引字書或舊注爲依據，所引據的書籍皆爲唐以前者，也有極少數宋代著作。此舉意在避免以語詞之後起義進行解釋，造成誤解。這方面的引用，主要借助故訓匯纂一書。至於清代學者以至今人關於語詞的論釋，亦時或引據之。除注釋語詞、典故之外，尤注意於名物、制度、地理、史實之引證、考訂，力求深入、細緻、具體。箋注重在徵引典籍，大多不作講解或今譯。這樣做是爲了不使讀者受到束縛，而能獲取自得之樂。

本書箋注於文選李善注，盡量加以利用，五臣注亦偶一引述。雖利用李善注，但並非照録原文。李善引書，例不標篇名，今一一補出，且據今日所見文本録其文字，故不復標識李善之名。李注引書今已亡佚者，則標明係李注所引。凡引用李善對文句大意的解釋，亦標出其名。李注所未明或未及者補之，不同意李注處亦另作新注，但不一一置辯。李注之外，玉臺新詠舊有吴兆宜注，然而少當人意。今人著述如郝立權陸士衡詩注以及其他專著及單篇論文，本書有所借鑒，若加引述亦予以標明。

六、宋人輯録陸機集並不完備，明清人以及現代學者均進一步補輯其遺佚，但仍有遺漏，亦有誤收。今重新自典籍中輯録之。輯録範圍，止於宋代文獻。唯有明人董説七國考中「楚懷王起沈馬祠」一條，云出於陸璣要覽。「璣」當是「機」之誤，而要覽確爲陸機所撰，故爲慎重起見，姑且録入，以備參考。輯録所得，分爲賦、詩、文、專著四卷，亦加以校勘、箋釋。所輯文字，一律不插入本文，不進行拼接。（陸本、影宋本原已拼接者，仍舊不變。）因類書引文不甚嚴謹，多有删節，若拼接之，未必合其原貌，或反易滋生誤解。

七、各篇校箋之外，附以集評，總評則置於輯佚之後。評語儘可能取其言之有物、自具手眼者。李審言杜詩證選、韓詩證選以及注家所云某語某事出於陸機者，似乎瑣屑，但亦酌予録載。蓋以古人吟詩作文，沈浸醲郁，含英咀華，偷意偷勢，奪胎換骨，正是不可少的工夫；文學語言的積累發展，也正不可忽略此等看似細微之處。

八、附録含年表、傳記資料、序跋題識、箋注引用書目數種。 整理者關於陸機生平、作品的若干考證，既見於箋注，亦著於年表，可以參看。 關於作品紀年，只取整理者認爲較確鑿有據者載入年表，不作推想臆測。 箋注引書目録標明版本，但其間偶有訛誤，引用時徑據别本訂正，不復一一説明。

陸機集校箋目録

卷第六　擬古　樂府

作品輯佚

卷第二　詩

卷第三 七 銘 誄 弔 贊 表 箋 策 問 議 序 傳 書

卷第四　專著

陸機集卷第一

賦一

文賦 并序〔一〕

余每觀才士之所作，竊有以得其用心。夫其放言遣辭〔二〕，良多變矣，妍蚩好惡〔三〕，可得而言。每自屬文，尤見其情。恒患意不稱物，文不逮意〔四〕。蓋非知之難，能之難也〔五〕。故作文賦以述先士之盛藻，因論作文之利害所由，他日殆可謂曲盡其妙〔六〕。至於操斧伐柯，雖取則不遠〔七〕，若夫隨手之變，良難以辭逮〔八〕。蓋所能言者，具於此云爾。

【校】

所作：文選五臣本、陳八郎本文選、陸柬之書、文鏡秘府論、藝文類聚卷五十六、初學記卷二十一無「所」字。

用心：文選五臣本、陳八郎本文選無「用」字。

夫其二句：尤刻本文選無「其」字。又四部叢刊本文選校語云：「善本無此二句文。」

恒患：「恒」，影宋本作「常」。影宋本凡遇「恒」字皆避宋諱，以下不一一出校。

蓋非：藝文類聚卷五十六無「蓋」字。

辭逮：「逮」，文選五臣本、四部叢刊本文選、陳八郎本文選、影宋本、陸柬之書作「逐」。

云爾：尤刻本文選、陸柬之書無「爾」字。

【箋注】

〔一〕文賦作年，衆説紛紜。王鳴盛十七史商榷卷四十九晉書七「陸機入洛年」條：「陸機傳：『機年二十而吴滅，退居舊里，閉門勤學，積有十年。至太康末，與弟雲俱入洛。』案杜子美醉歌行別從侄勤落第歸詩云：『陸機二十作文賦。』今觀晉書本傳無『二十作文賦』語，子美殆別有據也。」何焯義門讀書記卷四十五、李詳杜詩證選均以爲杜甫有所誤解。案：杜詩「文賦」當是泛指「文」與「賦」，非指文賦之作。陸士龍集卷八與兄平原書評論陸機諸作，言及述思賦、文賦、詠德頌、扇賦、感逝賦、漏賦等篇，且云「兄頓作爾多文」，是諸篇寫作時間當相去不遠。詠德頌蓋即詠德賦，乃張華被殺後哀悼之作，張華受誅在永康元年（三〇〇），而其誣枉得以洗雪須在惠帝反正即永寧元年（三〇一）四月以後，則詠德頌作年當不早於永寧元年。述思賦今見陸機集中，當爲陸雲出爲清河内史、兄弟離别時作，時爲永寧二年春。故陸雲此通言及諸賦之書信，應是永寧二年春離開洛陽之後所寫，彼在洛時，尚未得見此諸賦。陸雲此信中有「感逝賦愈前」之語，感逝賦當即今陸機集中之嘆逝賦，其序云「余年方四十」，陸機生於吴景帝永安四年（二六一），四十歲當永康元年（三〇〇）。既云「愈前」，則其文有初稿、修改稿（或内容大致相同之舊作、新作），陸雲信中所稱説者乃修改稿，即使其初稿作於四十歲時，修改稿亦當在其後。總之陸雲該信中所言及之諸篇，包括文賦，其作年或有參差，然大約均在永寧二年（三〇二）春前後一段時期内。其時陸機閑居洛中，故得以「頓作爾多文」也。參逯欽立文賦撰出年代考，陳世驤陸機的生涯與文賦創作的正確年代，逯欽立、陳世驤關於文賦疑年的四封討論信，周勛初文賦寫作年代新探，朱曉海陸雲與兄平原書臆次編説。

〔二〕放言：論語微子：「隱居放言。」何晏集解引包咸：「放，置也。不復言世務。」案：廣雅釋詁：「放，置也。」「置」既有廢置義，亦有布置、安置義，「放」字亦然。包咸注爲廢置義，此則爲布置義，放言即遣辭。

〔三〕妍蚩：李善注：「范曄後漢書：趙壹刺世疾邪曰：『孰知辯其妍蚩。』廣雅曰：『妍，好也。』」

説文曰：『妍，慧也。』釋名曰：『蚩，癡也。』聲類曰：『蚩，騃也。』然妍蚩亦好惡也。」案：刺世疾邪賦實作「蚩妍」。

〔四〕恒患二句：周易繫辭上：「書不盡言，言不盡意。」莊子天道：「意有所隨；意之所隨者，不可以言傳也。」

〔五〕蓋非二句：左傳昭公十年：「非知之實難，將在行之。」案：二句謂知文之妍蚩好惡非難，而寫作妍好之文甚難，即不難於批評而難於創作之意。

〔六〕故作文賦三句：藻，李善注：「孔安國尚書傳曰：『藻，水草之有文者。』故以喻文焉。」案：所引爲僞古文尚書益稷孔傳。利害，李善注：「由（猶）好惡。」他日，孟子滕文公「他日歸」趙岐注：「異日也。」可謂，可以。（裴學海古書虚字集釋卷二：「『謂』猶『以』也。」）案：三句謂作文賦以概述前人所作文章，因之而論文章妍蚩之所由來，日後或能提高寫作能力，曲盡文之妙處。賦之前半部分述作者文思之來、構思寫作之過程、諸種文體之特點，即「述先士之盛藻」；後半言文章種種病患及應采取之措施，乃「論作文之利害所由」。

〔七〕至於二句：詩豳風伐柯：「伐柯伐柯，其則不遠。」毛傳：「柯，斧柄也。」鄭箋：「則，法也。伐柯者必用柯，其大小長短近取法於柯，所謂不遠求也。」案：此二句含意，李善曰：「此喻見古人之法不遠。」今别進一解：作此文賦以論爲文之用心，即可就近體會眼下作賦之情狀以述之。

〔八〕若夫二句：莊子天道：「輪扁曰：『……斲輪，徐則甘而不固，疾則苦而不入。不徐不疾，得之於手而應於心，口不能言，有數存焉於其間。』」二句承上文，謂作者之用心、作文之法則雖然可以論述，但臨文之際隨機應變之細微精妙處，實難以言傳。

佇中區以玄覽，頤情志於典墳〔一〕。遵四時以嘆逝，瞻萬物而思紛。悲落葉於勁秋，喜柔條於芳春〔二〕。心懍懍以懷霜，志眇眇而臨雲〔三〕。詠世德之駿烈，誦先民之清芬。游文章之林府，嘉麗藻之彬彬〔四〕。慨投篇而援筆，聊宣之乎斯文〔五〕。

【校】

喜柔條：「喜」，原作「嘉」，陸柬之書、文鏡秘府論亦作「嘉」。胡刻本文選考異云：「『嘉』字傳寫誤。下有『嘉麗藻之彬彬』，必相回避無疑。」案文選五臣本、四部叢刊本文選、尤刻本文選、陳八郎本文選、陸本、影宋本俱作「喜」，據改。

懍懍：文選五臣本、陳八郎本文選、影宋本、藝文類聚卷五十六作「凜凜」。「凜」、「懍」通。

駿烈：「駿」，文選五臣本、陳八郎本文選、影宋本、陸柬之書、文鏡秘府論、藝文類聚卷五十六、影宋本初學記卷二十一作「俊」。「俊」、「駿」通。

先民：「民」原作「人」。陸柬之書作「氏」，乃「民」之缺筆。文鏡秘府論作「民」。李善注引毛詩

「先民有作」，梁章鉅文選旁證：「據注，『人』字當作『民』。」據改。

麗藻：文選五臣本、陳八郎本文選、影宋本、陸柬之書、文鏡秘府論作「藻麗」。

【箋注】

〔一〕佇中區二句：李善注：「中區，區中也。」中區猶域中、宇内。蔡邕釋誨：「宣太平於中區。」老子十章：「滌除玄覽。」河上公注：「心居玄冥之處，覽知萬事，故謂之玄覽也。」張衡東京賦：「睿哲玄覽，都兹洛宫。」曹植卞太后誄：「玄覽萬機。」案：玄有深遠意。張衡、曹植所云，謂遠見深思也；易繫辭上「陰陽不測之謂神」韓康伯注：「不思而玄覽，則以神爲名。」則有微妙不可思議之意。頤，爾雅釋詁：「養也。」典墳，泛指前代典籍。左傳昭公十二年「是能讀三墳五典八索九丘」杜預注：「皆古書名。」

〔二〕遵四時四句：遵，爾雅釋詁：「循也。」潘岳秋興賦：「臨川感流以嘆逝兮。」案：四句承「佇中區」句，謂物色之動，摇撼作者之心。此爲寫作衝動發生緣由之一。

〔三〕心懍懍二句：懍，廣雅釋詁：「敬也。」重言之則曰懍懍。孔融薦禰衡表：「志懷霜雪。」眇，廣雅釋訓：「遠也。」傅毅舞賦：「氣若浮雲，志若秋霜。」案：二句兼綰上下文，描寫觀物、讀書時情志肅然、馳心高遠之狀。

〔四〕詠世德四句：大雅下武：「世德作求。」鄭箋：「以其世世積德，庶爲終成其大功。」駿，爾雅釋詁：「大也。」烈，爾雅釋詁：「業也。」又詩小雅賓之初筵「烝衎烈祖」鄭箋：「美。」商頌那：「先民有作。」鄭豐鴛鴦答陸雲：「有馥清芬。」論語雍也：「文質彬彬，然後君子。」集解引包咸曰：「彬彬，文質相半之貌。」案：四句承「頤情志」句，言作者閱讀書籍而尚友古人、玩賞文章。此亦爲寫作衝動發生緣由之一。

〔五〕慨投篇二句：篇，承上文指正在閱讀之書籍文章。斯文，此文。論語子罕：「文王既没，文不在兹乎？天之將喪斯文也，後死者不能與於斯文也；天之未喪斯文也，匡人其如予何？」班固答賓戲：「故密爾自娛於斯文。」案：陸機謂作者宣其情志於文章，「斯文」乃泛指，并非指文賦言。自「佇中區」至此爲第一段，述寫作衝動之發生。

其始也，皆收視反聽，耽思傍訊〔一〕。精騖八極〔二〕，心游萬仞。其致也，情曈曨而彌鮮，物昭晣而互進〔三〕。傾群言之瀝液，漱六藝之芳潤〔四〕。浮天淵以安流，濯下泉而潛浸〔五〕。於是沈辭怫悦，若游魚銜鈎而出重淵之深；浮藻聯翩，若翰鳥纓繳而墜曾雲之峻〔六〕。收百世之闕文，采千載之遺韻〔七〕。謝朝華於已披，啓夕秀於未振〔八〕。觀古今之須臾，撫四海於一瞬〔九〕。然後選義按部，考辭就班〔一〇〕。抱景者咸叩，懷響者畢彈〔一一〕。或因枝以振葉，或沿波而討源〔一二〕。或本隱以之顯〔一三〕，或求易而得難。或虎變而獸擾，或龍見而鳥瀾〔一四〕。或妥帖而易施，或岨峿而不安〔一五〕。罄始躑躅於燥吻，終流離於濡翰〔一八〕。理扶質以立幹，文垂條而結繁〔一九〕。信情貌之不差，故每變而在顔。思涉樂其必笑，方言哀而以嘆〔二〇〕。或操觚以率爾，或含毫而邈然〔二一〕。

籠天地於形内，挫萬物於筆端〔一七〕。

澄心以凝思，眇衆慮而爲言〔一六〕。

【校】

百世：「世」，文選五臣本、陳八郎本文選作「代」，當是唐人避諱改。

之須臾：「之」，文選五臣本、四部叢刊本文選、尤刻本文選、陳八郎本文選、陸本、影宋本、陸東之書、文鏡秘府論、藝文類聚卷五十六作「於」。

抱景：「抱」，陸東之書、藝文類聚卷五十六作「藏」。「景」，原作「暑」，據文選五臣本、四部叢刊本文選、尤刻本文選、陳八郎本文選、陸本、影宋本、陸東之書、文鏡秘府論改。

畢彈：「畢」，文選五臣本、陳八郎本文選、陸本、影宋本、陸東之書、文鏡秘府論、藝文類聚卷五十六、初學記卷二十一作「必」。

沿波：「沿」，陸東之書、藝文類聚卷五十六作「緣」。

之顯：「之」，文選五臣本、陳八郎本文選、影宋本、陸東之書、文鏡秘府論、影宋本初學記卷二十一作「末」。李善注：「『之』或爲『末』，非也。」

以嘆：「以」，尤刻本文選、陸本、影宋本、陸東之書作「已」，以、已通。

【箋注】

〔一〕皆收視二句：收視反聽，李善注：「言不視聽也。」案：謂不視聽於外而視聽於内也，意同内視反聽。史記商君列傳：「反聽之謂聰，内視之謂明。」春秋繁露同類相動：「故聰明聖神，内視反聽。」後漢書王允傳：「夫内視反聽，則忠臣竭誠。」老子三十三章「自知者明」河上公注：「人能自知賢與不肖，是爲反聽無聲，内視無形，故爲明也。」鬼谷子本經陰符七術：「無爲而求，安静五臟，和通六腑，精神魂魄固守不動，乃能内視反聽，定志慮，之太虚，待神往來。」越絶書越絶德序外傳記：「范蠡内視若盲，反聽若聾，度天關，涉天機。」嵇康答向子期難養生論：「内視反聽，愛氣嗇精。」是其語本漢魏以來常語，原有自我省察意，用於治氣養心，有凝神寂慮、摒除見聞之意。陸機蓋謂虚静凝神以展開想象。耽，通沈。廣雅釋詁：「沈，没也。」沈思，沉潛深思。傍，通旁。廣雅釋詁：「旁，廣也。」訊，李善注引廣雅：「問也。」

〔二〕精騖句：八極，文選張協雜詩「雲根臨八極」李善注：「淮南子曰：『八紘之外有八極。八極之雲，是雨天下。』高誘曰：『八極，八方之極也。』」案：李注節引淮南子墬形，今本淮南子脱高誘注。又淮南子人間：「發一端，散無竟，周八極，總一筦，謂之心。」

〔三〕其致也三句：致，禮記禮器「禮也者物之致也」鄭玄注：「致之言至也，極也。」曈曨，李善注引埤蒼：「欲明也。」昭晰，説文日部：「晢，昭晢，明也。」晰即晢。

〔四〕傾群言二句：尚書秦誓：「予誓告汝群言之首。」瀝，説文水部：「水下滴瀝也。」張衡思玄賦：「漱飛泉之瀝液兮。」六藝，指儒家六經，即詩、書、易、春秋、禮、樂。史記伯夷傳：「夫學者載籍極博，猶考信於六藝。」潘尼釋奠頌序：「沐浴芳潤。」

〔五〕浮天淵二句：淵，説文水部：「回水也。」揚雄劇秦美新：「盈塞天淵之間。」（揚雄，段玉裁等考證當作「楊雄」，本書姑從今日通行寫法。）文選班固答賓戲：「聲盈塞於天淵。」項岱曰：「上達皇天，下洞重泉也。」案：揚雄「天淵之間」，猶天地之間，班固襲用其語；陸機此處則謂天上之淵泉。洛陽華林園内有天淵池，爲魏文帝黄初五年所鑿。楚辭湘君：「使江水兮安流。」詩曹風下泉：「冽彼下泉，浸彼苞稂。」毛傳：「下泉，泉下流也。」二句言思慮之至，無所不届。

〔六〕於是沈辭四句：佛悦，李善注：「難出之貌。」黄侃文選平點：「佛悦猶怫鬱。」怫鬱、佛悦，藴積而不得出之貌。馮衍顯志賦：「心怫鬱而紆結兮。」崔駰達旨：「俯鈎深於重淵。」聯翩，連續不絶貌。翰，周易中孚上九「翰音登于天」王弼注：「高飛也。」繳，李善注引説文：「生絲縷也，謂縷繫矰矢而以弋射。」段玉裁説文解字注糸部云當作「生絲縷繫矰矢而以弋射也」。曾，楚辭九章惜誦「願曾思而遠身」王逸注：「重也。」曹植求自試表：「然而高鳥未挂於輕繳，淵魚未懸於鈎餌者，恐釣射之術或未盡也。」晉書裴頠傳頠崇有論：「欲收重泉之鱗，非偃息之所能獲也；隕高墉之禽，非静拱之所能捷也。」

〔七〕收百世二句：闕，通缺。論語衛靈公：「子曰：『吾猶及史之闕文也。』」集解引包咸曰：「古之良史，於書字有疑則闕之，以待知者。」此「闕文」謂古書之有缺者。遺韻，指遺佚不全之作。

〔八〕謝朝華二句：謝，說文言部：「辭去也。」披，廣雅釋詁：「張也。」秀，文選張協七命「方疏含秀」李善注：「謂華也。」振，左傳文公十八年「振廩同食」杜預注：「發也。」李善注：「華、秀，皆喻文也。」

〔九〕撫四海句：撫，楚辭九章懷沙「撫情效志」王逸注：「循也。」莊子在宥：「其（人心）疾俯仰之間而再撫四海之外。」

〔一〇〕然後二句：義，事理，此泛指欲寫入文中之内容，與下句「辭」對舉，「義」即「辭」所表示之内容。非如今日「義」偏於指較抽象之「意義」而言。如漢書兒寬傳：「其封泰山，禪梁父，昭姓考瑞，帝王之盛節也。然享薦之義，不著于經。」謂封禪祭祀之禮儀節文諸事不著於經書，非謂其意義不載於經。論衡超奇：「漢氏治定久矣，土廣民衆，義興事起。」「義興」即「事起」。劉熙釋名釋典藝：「敷布其義謂之賦。」謂鋪陳其事，非專指布寫其意義。杜預春秋左傳序：「故傳或先經以始事，或後經以終義。」「後經以終義」，與「先經以始事」相對，謂經載某年有某事，傳則於其後復有記事以交待該事之結果。「終義」即「終其事」。又云：「分經之年與傳之年相附，比其義類，各隨而解之。」謂將經、傳中同一年之記事置於一處，相對應比附。「義類」亦指事件而言，非指事件之意義。文心雕龍風骨：「瘠義肥辭。」其「義」、

「辭」含義與此同。按，漢書揚雄傳「各按行伍」顔師古注：「依也。」班，小爾雅廣詁：「次也。」

〔一一〕抱景者二句：景，説文日部：「光也。」二句言有光有聲，可見可聞者皆加以叩擊，喻思緒之密而且廣。

〔一二〕或因枝二句：二句就行文之先後次序而言。

〔一三〕或本隱二句：隱謂深隱，顯謂淺顯；易謂平易，難謂艱難。皆指文辭之風貌言。漢書司馬相如傳：「易本隱以之顯。」

〔一四〕或虎變二句：周易革九五：「大人虎變。」象：「大人虎變，其文炳也。」擾，周禮夏官服不氏「掌養猛獸而教擾之」鄭玄注：「馴也。」莊子在宥：「尸居而龍見。」瀾，胡紹煐文選箋證卷十八：「按瀾之言渙散也。本書洞簫賦『憚慢瀾漫』注：『瀾漫，分散也。』連言爲瀾漫，單言曰瀾。」案：二句含義，衆説紛紜。程千帆文論要詮：「按二句喻文章之辭義，或本根既立，而枝葉悉歸循附；或本根雖具，而枝葉仍屬支離。」錢鍾書管錐編：「主意已得，陪賓襯託，安排井井，章節不紊，如猛虎一嘯，則百獸帖服；……新意忽萌，一波起而萬波隨，一髮牽而全身動，如龍騰海立，則鷗鳥驚翔。」

〔一五〕或妥帖二句：妥，安也。（參王引之經義述聞卷二十六爾雅上「妥安坐也」條）帖，耴之借字。（參段玉裁説文解字注耳部）説文耳部：「耴，安也。」妥、帖二字同義并列，且爲雙聲。

岨峿，李善注：「不安貌。楚辭曰：『圜鑿而方枘兮，吾固知其鉏鋙而難入。』」案：李注引九辯。岨峿、鉏鋙通，皆叠韻字，抵觸、不相合之意。

〔一六〕罄澄心二句：罄，爾雅釋詁：「盡也。」眇，通妙。周易説卦：「神也者，妙萬物而爲言者也。」據陸德明經典釋文，王肅本「妙」作「眇」。眇衆慮，謂運思紛紜，極爲微妙。

〔一七〕籠天地二句：李善注引淮南子：「太一者，牢籠天地。」案：見淮南子本經，今本「太一」上有「秉」字，王念孫讀書雜志卷九之八淮南内篇「秉太一者」條以爲係後人所加。形，指文字、文章而言。文字可見，故曰形。挫，楚辭招魂「挫糟凍飲」王逸注：「捉也。」韓詩外傳卷七：「是以君子避三端：避文士之筆端，避武士之鋒端，避辯士之舌端。」

〔一八〕始躑躅二句：躑躅，玄應一切經音義卷八引字林：「駐足不進也。」吻，説文口部：「口邊也。」流離，文選司馬相如上林賦「流離輕禽」張揖曰：「放散也。」文選劉楨贈五官中郎將：「敘意於濡翰。」李善注引韋昭漢書注：「翰，筆也。」

〔一九〕理扶質二句：理，泛指事理、事情，非專指抽象之理。禮記樂記「禮也者，理之不可易者也」鄭玄注：「理猶事也。」左思蜀都賦：「若乃卓犖奇譎，倜儻罔已，一經神怪，一緯人理。」人理謂司馬相如、嚴君平、王褒、揚雄諸人之卓犖不凡，理乃事意。晋書愍懷太子傳載太子遺妃書：「事理如此，實爲見誣，想衆人見明也。」事理即事情、事實之意。此泛指文中所寫諸事，亦即指文章内容而言。本篇「要辭達而理舉」、「理翳翳而愈伏」、「固衆理之所因」之

「理」，義皆相近。扶，扶持。齊民要術種穀引呂氏春秋辯土「其熟也欲相扶」高誘注：「相扶持。」質，本體。易繫辭下「易之爲書也，原始要終以爲質也」虞翻注：「質，本也。」韓康伯注：「質，體也。」幹，文選左思魏都賦「本枝別幹」李善注引説文：「本也。」指樹根、樹身。文，謂文辭、文采。條，説文木部：「小枝也。」二句以樹爲喻，言内容猶如扶持本體而立其根幹，辭采猶如垂其枝條而結織繁茂。以枝條喻言辭者，如三國志魏書管輅傳注引輅别傳：「於是唱論之端……文采葩流，枝葉横生。」

〔二〇〕信情貌四句：楚辭九章惜誦：「情與貌其不變。」王逸注：「志願爲情，顏色爲貌。」案：四句謂作者寫作時其態貌隨情志而變化，非謂文之體貌隨其内容而變。

〔二一〕或操觚二句：觚，李善注：「木之方者，古人用之以書，猶今之簡也。」急就章曰『急就奇觚』。」顏師古急就章注：「觚者棱也，以有棱角，故謂之觚。」率，通猝。（參朱駿聲説文通訓定聲履部）猝，慧琳一切經音義卷三十八「猝暴」注引聲類：「疾也。」論語先進：「子路率爾而對。」毫，李善注：「謂筆毫也。」王逸楚辭注曰『鋭毛爲毫』也。」案：見楚辭東方朔七諫沈江「秋毫微哉」王逸注。邈，廣雅釋詁：「遠也。」二句形容爲文運思或遲鈍或輕速之狀。自「其始也」至此爲第二段，描述開始構思、馳騁想象以及寫作過程中選辭徵材、部署意辭、凝神苦思、文情相生等種種情事。

伊茲事之可樂，固聖賢之所欽〔一〕。課虛無以責有，叩寂寞而求音〔二〕。函綿邈於尺素，吐滂沛乎寸心〔三〕。言恢之而彌廣〔四〕，思按之而逾深。播芳蕤之馥馥，發青條之森森〔五〕。粲風飛而猋豎，鬱雲起乎翰林〔六〕。

【校】

乎寸心：「乎」，陸柬之書、排印本初學記卷二十一作「於」。

青條：「青」，文選五臣本、陳八郎本文選、影宋本、文鏡秘府論、藝文類聚卷五十六、影宋本初學記卷二十一作「清」。

猋豎：「豎」，陸柬之書、文鏡秘府論作「起」。

雲起：「起」，陸柬之書作「赴」。

【箋注】

〔一〕伊茲事二句：伊，爾雅釋詁「伊，維也」郭璞注：「發語詞。」茲事，指作文。欽，爾雅釋詁：「敬也。」案：二句言作文之事可樂，本來就爲聖賢所重視。

〔二〕課虛無二句：課，説文言部：「試也。」又：「試，用也。」責，説文貝部：「求也。」老子四十章：「天下萬物生于有，有生于無。」叩，論語子罕「我叩其兩端而竭焉」釋文：「發動也。」謂引發之使其有所反應。（參王引之經義述聞卷二十四春秋公羊傳「吾爲子口隱矣」條）文子自然：「寂寞者，音之主也。」案：本無所見、無所聞，作文則形諸文辭，聞諸吟詠，故云。此借用道家語以狀構思之微妙。

〔三〕函綿邈二句：函，詩周頌載芟「實函斯活」鄭箋：「含也。」綿邈，文選左思吴都賦「島嶼綿邈」劉淵林注：「廣遠貌。」素，説文素部：「白緻繒也。」飲馬長城窟行古辭：「中有尺素書。」三國志蜀書諸葛亮傳：「（徐庶）辭先主而指其心曰：『本欲與將軍共圖王霸之業者，以此方寸之地也。今已失老母，方寸亂矣。』」九家集注杜詩卷十九題省中院壁趙彦材注：「『寸心』起于列子。文摯謂叔龍曰：『吾見子之心矣，方寸之地虚矣。』而促用『寸心』，則陸士衡文賦有『吐滂沛乎寸心』，方生出『寸心』字也。」此二句與上二句皆嘆寫作之神奇，亦爲文之可樂處。

〔四〕恢：説文心部：「大也。」

〔五〕播芳蕤二句：播，廣雅釋詁：「布也。」蕤，説文艸部：「草木華垂貌。」森，説文林部：「木多貌。」

〔六〕粲風飛二句：粲，詩小雅伐木「於粲洒埽」毛傳：「鮮明貌。」猋，爾雅釋天：「扶摇謂之猋。」郭璞注：「暴風從下上。」竪，廣雅釋詁：「立也。」文選曹植贈徐幹詩：「文昌鬱雲興。」李善注引廣雅：「鬱，出也。」文選揚雄長楊賦：「聊因筆墨之成文章，故藉『翰林』以爲主人，『子墨』爲客卿以諷。」韋昭曰：「翰，筆也。」李善注曰：「翰林，文翰之多若林也。」案：陸機此處指文采之衆盛。黄侃文選平議：「粲、鬱皆小逗。已上（案：指「播芳蕤」四句）狀文之深閎芳茂。」自「伊兹事」至此爲第三段，形容爲文之樂趣。第一至第三段描述構思作文之過程。

體有萬殊，物無一量〔一〕。紛紜揮霍，形難爲狀〔二〕。辭程才以效伎，意司契而爲匠〔三〕。在有無而僶俛，當淺深而不讓〔四〕。雖離方而遯員，期窮形而盡相〔五〕。故夫誇目者尚奢，愜心者貴當〔六〕。言窮者無隘〔七〕，論達者唯曠〔八〕。詩緣情而綺靡〔九〕，賦體物而瀏亮〔一〇〕。碑披文以相質〔一一〕，誄纏綿而悽愴〔一二〕。銘博約而温潤〔一三〕，箴頓挫而清壯〔一四〕。頌優游以彬蔚〔一五〕，論精微而朗暢。奏平徹以閑雅〔一六〕，説煒曄而譎誑〔一七〕。雖區分之在兹，亦禁邪而制放。要辭達而理舉，故無取乎冗長〔一八〕。

【校】

以相質：「以」，北堂書鈔卷一百作「而」。

【箋注】

〔一〕體有二句：淮南子本經：「斟酌萬殊。」李善注：「文章之體有萬變之殊，而衆物之形無一定之量也。」案：此注以上句言文，下句言外物。文章亦萬物中之一物，凡物則各有其體貌，二句混言衆物，不必嚴爲區劃，而據上下文言之，仍重在言文章之多姿。

〔二〕紛紜二句：李善注：「紛紜，亂貌。揮霍，疾貌。」傅毅舞賦：「不可爲象。」曹植七啓：「形難爲象。」二句言文章多姿而善變，其形態實難以描畫。

〔三〕辭程才二句：程，廣雅釋詁：「量也。」才，通材。王充論衡有程材篇。老子七十九章：「有德司契。」論衡量知：「能斲削柱梁，謂之木匠；能穿鑿穴埳，謂之土匠；能雕琢文書，謂之史匠。」二句言意之運辭，猶匠人之度材而用之。

〔四〕在有無二句：詩邶風谷風：「何有何亡，黽勉求之。」「僶俛」即「黽勉」。又：「就其深矣，方之舟之。就其淺矣，泳之游之。」言家中無論有財無財，皆勉力以求之；家事無論難易，皆爲之而期于必成。此喻作文勉爲其難，盡其心力。論語衛靈公：「當仁不讓於師。」

〔五〕雖離方二句：員，通圓。二句言作文無一定之規矩，總期求能窮形盡相。以上六句謂驅役衆辭，盡心竭力，務期將所欲表達之内容淋漓盡致地寫出。

〔六〕誇目二句：誇目，謂大言、華言以快其目。奢，謂文章之鋪張富麗。愜，玄應一切經音義卷三「不愜」注引字林：「快也。」愜心，此謂當乎理故快于心。

〔七〕言窮句：無隘，隘也，「無」用作語助。（參王引之經傳釋詞卷十）謂言辭簡約寡少則文章顯得局促。

〔八〕論達句：唯，語助。謂説得暢達則文章顯得曠遠。

〔九〕詩緣情句：李善注：「詩以言志，故曰緣情。」又曰：「綺靡，精妙之言。」案：情、志均有「心之所思所感」之義，故善注云。緣情，循順乎人之性情，漢晉常語。後漢書陳忠傳：「先聖緣人情而著其節。」趙岐孟子滕文公上第五章章指：「聖人緣情，制禮奉終。」袁準正書：「禮者何也？緣人情而爲之節文者也。」通典卷九十二曹羲申蔣濟議：「緣情制禮，不必同族。」卷一百二徐廣答劉鎮之問：「緣情立禮。」潘岳悼亡賦：「吾聞喪禮之在妻，謂制重而哀輕；既履冰而知寒，吾今信其緣情。」綺靡，美好。班婕妤擣素賦：「曳羅裙之綺靡。」三國志吴書華覈傳：「婦人爲綺靡之飾。」劉劭飛白書勢：「綺靡循殺。」（劉劭，或作劉卲、劉邵，今據三國志作「劉劭」）阮瑀箏賦：「浮沉抑揚，升降綺靡。」阮籍詠懷：「綺靡存亡門。」張翰周小史詩：「轉側綺靡，顧眄便妍。」案：廣雅釋詁：「婍，好也。」王念孫疏證：「婍之言綺麗也。説文：『綺，文繒也。』義與婍同。」靡，廣雅釋言：「靡，麗也。」是綺、靡二字均有美好、美麗義，平列合爲一語，上下同義，且爲疊韻。其語當自漢魏辭賦詩歌所多見之「猗靡」一語而來。

〔一〇〕賦體物句：李善注：「賦以陳事，故曰體物。」又曰：「瀏亮，清明之稱也。」案：體物之「物」，包含「事」而言。瀏，通漻。廣雅釋詁：「漻，清也。」亮，説文儿部段玉裁補云：「明也。」清、明義近，此亦二字平列，上下同義，且爲雙聲。

〔一一〕碑披文句：碑，指石碑所鐫文字。廟宇、宮殿、墳墓皆有碑，此與誄并舉，當指墓碑文字。披，廣雅釋詁：「散也。」相，詩大雅生民「有相之道」毛傳：「助也。」此句謂碑文叙死者生平當質實，而散布文采以助之。

〔一二〕誄纏綿句：釋名釋典藝：「誄，累也，累列其事而稱之也。」曹植上下太后誄表：「銘以述德，誄尚及哀。」纏綿，繞結不解之意。詩唐風綢繆「綢繆束薪」毛傳：「綢繆，猶纏綿也。」謂束薪固結不解也。此指憂思言。

〔一三〕銘博約句：銘刻於金石器物，或記功德，或示儆戒。李善注：「博約，謂事博文約也。」

〔一四〕箴頓挫句：箴用於譏刺警戒。王闓運論詩文體式：「箴當聳聽，故尚頓挫。」

〔一五〕頌優游句：優游，寬緩不急迫。彬蔚，文采盛貌。李善注：「頌以褒述功美，以辭爲主，故優游彬蔚。」

〔一六〕奏平徹句：曹丕典論論文：「奏議宜雅。」王闓運論詩文體式：「奏施君上，故必氣平理徹。」

〔一七〕説煒曄句：文選張衡西京賦：「流景曜之韡曄。」薛綜注：「韡曄，言明盛也。」煒曄即韡曄。譎，説文言部：「權詐也。」誑，説文言部：「欺也。」煒與曄，譎與誑，亦同義而雙聲。王闓運論詩文體式：「説當回人之意，改已成之事，譎誑之使反于正，非尚詐也。」

〔一八〕要辭達二句：論語衛靈公：「子曰：『辭達而已矣。』」集解引孔安國曰：「凡事莫過於實，辭達則足矣，不煩文艷之辭。」冗，李善注引文穎漢書注：「散也。」謂閑散也。長，説文長部：「久遠也。」段玉裁云引申之「又爲多餘之長」，「今音直亮切」。案：陸機此處已音直亮切矣。自「體有萬殊」至此爲第四段，言文之體貌豐富多采，或因作者趣味而異，或以文章體裁而別。

其爲物也多姿，其爲體也屢遷〔一〕。其會意也尚巧〔二〕，其遣言也貴妍，暨音聲之迭代，若五色之相宣〔三〕。雖逝止之無常，固崎錡而難便〔四〕。苟達變而識次，猶開流以納泉〔五〕。如失機而後會，恒操末以續巔〔六〕，謬玄黄之袟叙，故淟涊而不鮮〔七〕。

【校】

而難便：「而」，文選五臣本、陳八郎本文選、影宋本、陸本作「之」。

識次：「識」，文選五臣本、陳八郎本文選作「相」。

以納泉：「以」，陸柬之書作「而」。

【箋注】

〔一〕其爲物二句：李善注：「萬物萬形，故曰多姿；文非一則，故曰屢遷。」案：李善仍以物、體分屬外物與文。其實此二句與上段「體有萬殊，物無一量」義同，皆就文而言。上段云文章體貌紛紜，此二句承上作結。爲，作爲。其爲物，謂文之作爲一物，物即指文也。老子二十一章：「道之爲物，唯恍唯忽。」周易繫辭上：「夫茅之爲物薄，而用可重也。」禮記中庸：

「其爲物不貳。」趙壹迅風賦：「唯巽卦之爲體，吐坤氣而成風。」周易蒙六三爻辭王弼注：「女之爲體，正行以待命者也。」其句式皆與陸機此二句同。嵇康琴賦：「既豐贍以多姿。」周易繫辭下：「爲道也屢遷。」

〔二〕會意：謂比合其意。

〔三〕暨音聲二句：暨，小爾雅廣言：「及也。」迭，廣雅釋詁：「代也。」論衡量知：「學士有文章之學，猶絲帛之有五色之巧也。」宣，通烜。廣雅釋詁：「烜，明也。」王念孫疏證：「烜之言宣明也。衛風淇澳篇『赫兮咺兮』，毛傳云：『咺，威儀宣著也。』韓詩作『宣』，云：『宣，顯也。』大學作『喧』，爾雅作『烜』，并字異而義同。」二句承上二句，謂會意、遣辭既巧且妍，加以音聲迭代，則文章多采而鮮明。李善注：「言音聲迭代而成文章，若五色相宣而爲繡也。」以五色相宣專就音聲而言，亦通。

〔四〕雖逝止二句：李善注：「言雖逝止無常，唯情所適，以其體多變，固崎錡難便也。崎錡，不安貌。」便，說文人部：「安也。」逝止無常，言運思遣辭多變而無一定之規矩。自此至「洪涊而不鮮」均就作者構思遣辭而言，或理解爲專言音聲，非是。

〔五〕苟達變二句：李善注：「言其易也。」次，國語魯語「五刑三次」韋昭注：「處也。」識次，謂知曉意與辭之所宜處。

〔六〕如失機二句：機，說文木部：「主發謂之機。」後，廣雅釋詁：「晚也。」巔，通顛。廣雅釋詁：「顛，上也。」失機、後會并列，當發動而未發動、應會合而不及會合之意。二句謂意與辭之安排失其所宜，總是以末尾接續頂端，上下失次。

〔七〕謬玄黄二句：禮記祭義：「遂朱緑之，玄黄之，以爲黼黻文章。」袟，通秩。淟涊，楚辭劉向九嘆惜賢「切淟涊之流俗」王逸注：「垢濁也。」二句承上二句，謂若運思遣辭失次，則文章不能鮮明。自「其爲物」至此爲第五段，提出會意尚巧、遣言貴妍、音聲迭代等審美標準，總説文章利病與爲文之不易。

或仰逼於先條，或俯侵於後章〔一〕。或辭害而理比，或言順而義妨〔二〕。離之則雙美，合之則兩傷〔三〕。考殿最於錙銖，定去留於毫芒〔四〕。苟銓衡之所裁，固應繩其必當〔五〕。

【校】

其必當：「其」，影宋本作「而」。

【箋注】

〔一〕或仰逼二句：言上下文意接續呼應方面有所不當。

〔二〕或辭害二句：理、義，泛指内容、文意。參上文「選義按部」、「理扶質以立幹」注。比，與順、從同義。（參王引之經義述聞卷二周易下「比吉也」條。）二句言或文意和順而文辭不諧，或文辭協調而文意相妨。

〔三〕離之二句：承上言會意遣辭之際，若有相妨礙者，必不可强合之。

〔四〕考殿最二句：殿最，李善注引漢書音義：「下功曰殿，上功曰最。」班固答賓戲：「鋭思於毫芒之内。」二句言考量優劣去留於極細微處。

〔五〕苟銓衡二句：銓，文選王儉褚淵碑文「執銓以平」李善注引韋昭漢書注：「稱錘。」二句承上謂若經平心考量，當然必能合乎繩墨，無所不當。自「或仰逼」至此爲第六段，言前後相侵、辭義不諧之病，須細心考量以去之。

或文繁理富，而意不指適〔一〕。極無兩致，盡不可益〔二〕。立片言而居要，乃一篇之警策〔三〕。雖衆辭之有條，必待兹而效績〔四〕。亮功多而累寡，故取足而不易〔五〕。

【校】

而居要：「而」，文選五臣本、陳八郎本文選、影宋本、陸東之書、文鏡秘府論、北堂書鈔卷一百、藝文類聚卷五十六作「以」。

取足：「足」，陸東之書作「之」。

【箋注】

〔一〕或文繁二句：不，無。（參王引之經傳釋詞卷十）指，淮南子原道「趨舍指湊」高誘注：「所之也。」適，説文辵部：「之也。」指適，猶指歸。二句謂辭、意已繁而歸趣猶未明朗。

〔二〕極無二句：極，楚辭東方朔七諫謬諫「又何路之能極」王逸注：「竟也。」致，孟子離婁下「可坐而致也」趙岐注：「至也。」論語里仁「吾道一以貫之哉」皇侃義疏引王弼曰：「極不可二，故謂之一也。」二句言文章已至竟處，首尾已經完具，不能重作結尾，再有所增益。

〔三〕立片言二句：論語顏淵：「片言可以折獄者，其由也與？」釋文引鄭玄曰：「片，半也。」片言，謂文辭簡短。曹植應詔詩：「僕夫警策。」李善注引鄭玄周禮注：「警，敕戒之。」案：鄭注見周禮天官宰夫「則以灋警戒群吏」下，今本作「敕戒之言。」策，説文竹部：「馬箠也。」案：吕氏春秋執一「今御驪馬者，使四人，人操一策」高誘注：「策，轡策也。御四馬者六轡，乃四人持。」又文選傅毅舞賦「僕夫正策」李善注：「策，轡也。」是策亦泛指御馬之具。警策，謂整飭駕具，以御馬也。馬因警策而得以控制，不致流亂軌躅；文以片言而有所趣向，不致泛濫無歸。二句言以簡短之語置於篇中緊要之處，爲全篇點明歸趣。錢鍾書管錐編云：「又按文賦此節之『警策』不可與後世常稱之『警句』混爲一談。……警句得以有句無章，而文賦之『警策』，則章句相得始彰之片言耳。苕溪漁隱叢話前集卷九引吕氏童蒙訓以杜詩『語不驚人死不休』説陸機此語，有曰『所謂「驚人語」，即「警策」也』；斷章取義，非文賦初意也。」

〔四〕雖衆辭二句：有條，喻文辭繁富，參上文「文垂條而結繁」注。國語魯語：「男女效績，愆則有辟，古之制也。」二句言衆辭雖繁，必待此警策之語以致其功。

〔五〕亮功多二句：亮，爾雅釋詁：「信也。」已盡不可益而猶加之以片言，故曰累；僅只片言而已，故曰寡。二句言此警策語確功效多而負累少，故取以足篇，不加改易。案：此居要之警策語與下文「苕發穎竪」者不同。彼謂出衆之秀句，此則謂點明主旨之句。自「或文繁」至此爲第七段，言文有主旨不顯之病，當添加片言以明之。

或藻思綺合，清麗千眠〔一〕。炳若縟繡，悽若繁弦〔二〕。必所擬之不殊，乃暗合乎曩篇〔三〕，雖杼軸於予懷〔四〕，怵他人之我先。苟傷廉而愆義，亦雖愛而必捐〔五〕。

【校】

炳若：「炳」，藝文類聚卷五十六作「爛」。

【箋注】

〔一〕千眠：李善注：「光色盛貌。」

〔二〕炳若二句：縟，説文糸部：「繁采色也。」繡，説文糸部：「五采備也。」蔡邕琴賦：「繁弦既抑，雅韻乃揚。」案：繁弦與中正平和之雅樂相對，以摇蕩性情、流連哀思爲美，故曰「悽若繁弦」。

〔三〕必所擬二句：必，若。（參吴昌瑩經詞衍釋補遺）擬，説文手部：「度也。」段玉裁注：「今所謂揣度也。」此指構思。曩篇，指前人之作。

〔四〕杼軸：杼，説文木部：「機持緯者。」即梭。軸，指織機之持經者。此以織喻作文。

〔五〕苟傷廉二句：孟子離婁下：「取傷廉。」左傳定公十年：「於德爲愆義。」自「或藻思」至此爲第八段，言所作雖佳，若與前人暗合，亦須割愛棄捐。

或苕發穎竪，離衆絶致〔一〕。形不可逐，響難爲係〔二〕。塊孤立而特峙，非常音之所緯〔三〕。心牢落而無偶，意徘徊而不能揥〔四〕。石韞玉而山暉，水懷珠而川媚〔五〕。彼榛楛之勿翦，亦蒙榮於集翠〔六〕。綴下里於白雪，吾亦濟夫所偉〔七〕。

【校】

不能揥：「揥」，文選五臣本、陳八郎本文選、影宋本作「褫」。李善注：「或爲『禘』，禘猶去也。」胡刻本文選考異引陳景雲云李注兩「禘」字皆「褫」之誤。

山暉：「暉」，韻補卷四「褫」字注引作「潤」。

下里：「里」，文選五臣本、影宋本作「俚」。

吾亦：文選五臣本、陳八郎本文選、影宋本、陸柬之書、文鏡秘府論「亦」下有「以」字。

【箋注】

〔一〕或苕發二句：苕，通「芀」。説文艸部：「芀，葦華也。」案：葦華如穗，秀出于葦之頂端，其狀正與禾穎相似，故并取以爲喻。穎，小爾雅廣物：「禾穗謂之穎。」致，儀禮聘禮「卿致館」鄭玄注：「至也。」絶致，謂不可至。

〔二〕形不二句：鶡冠子泰録：「影則隨形，響則應聲。」響，謂回聲。傅毅七激：「驥騄之乘……逾埃絶影，倏忽如飛。」劉廣世七興：「駿壯之馬……影不及形。」三國志魏書武帝紀注引王沈魏書：「公所乘馬名絶影。」均言馬之疾馳，至形影離絶。曹植七啓：「縱輕體以迅赴，景追形而不逮。」則言舞者之輕捷。又贈白馬王彪：「年在桑榆間，景響不能追。」狀年歲流逝之速。此二句乃以形影、聲響相離絶喻佳句迥出，非他句可及。

〔三〕塊孤立二句：塊，楚辭東方朔七諫初放「塊兮鞠」王逸注：「獨處貌。」緯，説文糸部：「織衡絲也。」段玉裁注：「引申爲凡交會之稱。」喻組合、相配。

〔四〕心牢落二句：牢落，空寂貌。揥，段玉裁説文解字注、洪頤煊筠軒讀書叢録、朱珔文選集釋均以爲「揥」之誤。揥，説文手部：「撮取也。」意徘徊而不能揥，謂不能決然取此佳句寫入篇中。五臣本作「褫」，謂不忍捨去佳句，意與「揥」反而皆通。

〔五〕石韞玉二句：韞，論語子罕「韞匵而藏諸」集解引馬融曰：「藏也。」荀子勸學：「玉在山而草木潤，淵生珠而崖不枯。」

〔六〕彼榛楛二句：榛、楛皆凡常之木。李善注：「喻庸音也。」詩大雅旱麓：「榛楛濟濟。」集，詩唐風鴇羽「集于苞羽」毛傳：「止也。」翠，説文羽部：「青羽雀也。」

〔七〕綴下里二句：宋玉對楚王問：「客有歌於郢中者，其始曰下里巴人，國中屬而和者數千人；……其爲陽春白雪，國中屬而和者不過數十人。」濟，爾雅釋言：「益也。」二句謂以庸音增益佳句之偉。李善注：「言以此庸音而偶彼嘉句，譬以下里鄙曲綴於白雪之高唱，吾雖知美惡不倫，然且以益夫所偉也。」錢鍾書管錐編云：「前(「彼榛楛」二句)謂『庸音』端賴『嘉句』而得保存，後則謂『嘉句』亦不得無『庸音』爲之烘託。……『濟偉』者，俗語所謂『牡丹雖好，緑葉扶持』，『若非培塿襯，争見太山高』。……蓋争妍競秀，絡繹不絶，則目眩神疲，應接不暇，如鵬摶九萬里而不得以六月息，有乖于心行一張一弛之道。陸機首悟斯理，而解人難索，代遠言湮。」自「或苕發」至此爲第九段，言既得佳句，雖他句不稱，亦應保留。第六至第九段言爲文時遇到的問題及如何解決。

或託言於短韻，對窮迹而孤興〔一〕。俯寂寞而無友，仰寥廓而莫承。譬偏弦之獨張，含清唱而靡應〔二〕。

【箋注】

〔一〕或託言二句：窮迹，人迹絶而不通。陸雲答張士然：「修路無窮迹。」興，爾雅釋言：「起也。」李善注：「短韻，小文也。言文小而事寡，故曰『窮迹』。」案：此節所論當不止於小文。文中既出某意，而寥寥數言便止，無所生發，與上下文亦不相呼應，若孤身興起而面對人迹不通之處，則爲文病。

〔二〕譬偏弦二句：偏，文選陸機擬青青河畔草「偏棲獨隻翼」張銑注：「獨也。」唱，國語吳語「越大夫種乃唱謀」韋昭注：「發始爲唱。」自「或託言」至此爲第十段，言才思寒儉之病。

或寄辭於瘁音，言徒靡而弗華〔一〕。混妍蚩而成體，累良質而爲瑕。象下管之偏疾，故雖應而不和〔二〕。

【校】

於瘁音：「於」，北堂書鈔卷一百作「而」。

言徒靡句：「言徒靡」，尤刻本文選作「徒靡言」。「靡」，陳八郎本文選作「美」。案：吕向注曰「言徒侈靡而不華麗」，是五臣本亦作「靡」字。「弗」，北堂書鈔卷一百作「不」。

【箋注】

〔一〕或寄辭二句：瘁音，謂篇中瑕疵。靡，廣雅釋言：「麗也。」華，淮南子墬形「其華照下地」高誘注：「猶光也。」二句言篇辭雖麗，然以有瑕疵而失其光彩。

〔二〕象下管二句：下管，周禮春官大師「下管播樂器」鄭玄注引鄭司農曰：「吹管者在堂下。」李善注：「類乎下管，其聲偏疾，升歌與之間奏，雖復相應，而不和諧。」古者行禮奏樂，歌者升堂，謂之升歌、登歌，吹管則在堂下，上下間奏。自「或寄辭」至此爲第十一段，言妍蚩混合不相和諧之病。

或遺理以存異，徒尋虚以逐微〔一〕。言寡情而鮮愛，辭浮漂而不歸〔二〕。猶弦么而徽急，故雖和而不悲〔三〕。

【校】

以逐微：「以」，文選五臣本、陳八郎本文選、影宋本、文鏡秘府論作「而」。

不歸：「歸」，文選五臣本、陳八郎本文選、影宋本作「頣」。李周翰注：「不歸於事實矣。」是五臣本原亦作「歸」。

【箋注】

〔一〕或遺理二句：理，事理，此處泛指文之内容。二句言置内容之充實合理於不顧，但求新異詭巧，徒然致力于虚浮不實、細末無關係處。

〔二〕言寡情二句：以忽視内容，故不能動人，覺其文辭有如浮物，無所歸止。

〔三〕猶弦么二句：么，説文幺部：「小也。」徽，朱駿聲説文通訓定聲履部：「揚雄傳『高張急徽』注：『琴徽也。』按琴軫繫弦之繩謂之徽。」弦么徽急則其聲尖細。悲，言樂聲動人。如嵇康琴賦：「賦其聲音，則以悲哀爲主；美其感化，則以垂涕爲貴。」自「或遺理」至此爲第十二段，言内容貧乏、情感寡少而苟求詭異之病。

或奔放以諧合，務嘈囋而妖冶〔一〕。徒悦目而偶俗，固高聲而曲下。寤防露與桑間〔二〕，又雖悲而不雅。

【校】

務嘈囋：「務」，北堂書鈔卷一百作「晵」。

高聲：文選五臣本、四部叢刊本文選、陳八郎本文選、陸本、影宋本、陸東之書、文鏡秘府論、北堂書鈔卷一百作「聲高」。

【箋注】

〔一〕或奔放二句：嘈囋，廣雅釋詁：「嘈呠，聲也。」王念孫疏證：「囋與呠同，合言之則曰嘈呠。」胡紹煐文選箋證：「蓋聲盛之貌。」妖冶，漢書司馬相如傳「妖冶閑都」顔師古注：「美好也。」二句言雖放蕩不拘而通篇和諧，務求美麗動人。

〔二〕寤防露句：寤，楚辭離騷「哲王又不寤」王逸注：「覺也。」防露，文選謝莊月賦「徘徊房露，惆悵陽阿」李善注：「房露，蓋古曲也。文賦曰：『寤防露與桑間，又雖悲而不雅。』房與防古字通。」桑間，禮記樂記：「桑間濮上之音，亡國之音也。」鄭玄注：「濮水之上，地有桑間者，亡國之音於此之水出也。」楊慎升庵集卷五十二防露之曲：「防露與桑間爲對，則爲淫曲可知。（謝莊）以防露對陽阿，又可證其非雅曲也。」自「或奔放」至此爲第十三段，言雖能動人但卑俗不雅之病。

或清虛以婉約，每除煩而去濫〔一〕。闕大羹之遺味，同朱弦之清泛〔二〕。雖一唱而三嘆，固既雅而不艷〔三〕。

【校】

而去濫：「而」，文選五臣本、陳八郎本文選作「以」。

【箋注】

〔一〕或清虛二句：清虛，清淡空明貌。婉約，左傳襄公二十九年「大而婉」杜預注：「婉，約也。」國語吴語：「婉約其辭。」煩，吕氏春秋音初「禮煩而樂淫」高誘注：「亂也。」李善注引左傳：「君子曰：臣除煩而去惑。」今本左傳成公二年作「臣治煩去惑者也」。

〔二〕闕大羹二句：禮記樂記：「清廟之瑟，朱弦而疏越，壹倡而三嘆，有遺音者矣。……大羹不和，有遺味者矣。」闕，通「缺」。大羹，肉羹不調以鹽菜。遺味，謂味不足。朱弦，紅色弦，以煮熟之絲爲之，其聲低沉。泛，謂撫瑟。二句謂缺少滋味，猶如大羹之淡而寡味，復同於清廟之瑟之低沉遲緩。

〔三〕雖一唱二句：樂記鄭玄注：「倡，發歌句也。三嘆，三人從嘆之耳。」其樂簡質，倡少而和寡，雖雅正而不動聽。淮南子泰族：「朱弦漏越，一唱而三嘆，可聽而不可快也。」二句謂雖雅正而不繁艷悦目。自「或清虚」至此爲第十四段，言清約質樸而不艷麗之病。第十至十四段言諸種文病，提出應、和、悲、雅、艷的審美要求。皆舉音樂以爲喻。

若夫豐約之裁，俯仰之形，因宜適變，曲有微情〔一〕。或言拙而喻巧，或理朴而辭輕〔二〕。或襲故而彌新，或沿濁而更清。或覽之而必察，或研之而後精〔三〕。譬猶舞者赴節以投袂〔四〕，歌者應弦而遣聲。是蓋輪扁所不得言，亦非華説之所能精〔五〕。

【校】

理朴：「朴」，文鏡秘府論作「質」。

覽之：「覽」，北堂書鈔卷一百作「攬」。

而後精：「後」，尤刻本文選作「更」。

譬猶句：「猶」，北堂書鈔卷一百作「如」。「赴」，文選五臣本、陳八郎本文選、藝文類聚卷五十六作「趍」。「以」，北堂書鈔卷一百作「而」。

所不得：文鏡秘府論「所」上有「之」字。

亦非：文選五臣本、陳八郎本文選作「故非」，北宋本文選、尤刻本文選、陸本、影宋本、陸柬之書、文鏡秘府論作「故亦非」。王念孫讀書雜志餘編下卷文選云兼有「故」「亦」二字者，傳寫之誤。

能精：「精」，文鏡秘府論、藝文類聚卷五十六作「明」。

【箋注】

〔一〕因宜二句：適，説文辵部：「之也。」二句言因其所宜而進行變化，多有微妙之情形。

〔二〕或言拙二句：言、辭，指文藻；喻、理，指内容。喻，淮南子修務「作書以喻意」高誘注：「明也。」巧，詩小雅雨無正「巧言如流」鄭箋：「猶善也。」喻巧，謂所明之意巧善。輕，謂輕清、輕利。

〔三〕或覽之二句：上句言其明白，下句言其精深。

〔四〕譬猶舞者句：節，樂器名。宋書樂志：「八音四曰革。革，鼓也，鞉也，節也。……節，不知誰所造。傅玄節賦云：『黄鐘唱哥，九韶興舞。口非節不詠，手非節不拊。』」蓋手拊拍之以爲節奏。赴節，謂舞者隨節拍而動作。李善注引王粲七釋：「邪睨鼓下，亢音赴節。」左傳宣公十四年：「投袂而起。」杜預注：「投，振也；袂，袖也。」

〔五〕是蓋二句：莊子天道：「輪扁曰：『臣也以臣之事觀之：斲輪，徐則甘而不固，疾則苦而不入。不徐不疾，得之於手而應於心，口不能言，有數存焉於其間。臣不能以喻臣之子，臣之子亦不能受之於臣。』」三國志魏書管輅傳注引輅别傳輅言：「是故魯班不能説其手，離朱不能説其目。非言之難，孔子曰『書不盡言』，言之細也；『言不盡意』，意之微也。斯皆神妙之謂也。」神乎其技者乃不能言其精微也。李善注引論衡：「安危之際，文人不與，徒能華説之效。」案：見論衡超奇，今本「華」訛作「筆」。二句承上文言爲文之際因其宜而變化之，細意甚多，皆有一定之數存於其間，唯難以言傳耳。自「若夫豐約」至此爲第十五段，言寫作中種種情況變化多端，申言序末「隨手之變，良難以辭逮」之意。

普辭條與文律，良余膺之所服〔一〕。練世情之常尤，識前修之所淑〔二〕。雖濬發於巧心，或受蚩於拙目〔三〕。彼瓊敷與玉藻，若中原之有菽〔四〕。同橐籥之罔窮〔五〕，與天地乎并育。雖紛藹於此世，嗟不盈於予掬〔六〕。患挈瓶之屢空，病昌言之難屬〔七〕。故踸踔於短韻〔八〕，放庸音以足曲。恒遺恨以終篇，豈懷盈而自足〔九〕。懼蒙塵於叩缶，顧取笑乎鳴玉〔一〇〕。

【校】

或受蚩句：「或」，北堂書鈔卷一百作「乃」。「蚩」，原作「欰」。文選五臣本、陳八郎本文選、北堂書鈔卷一百作「嗤」，北宋本文選、影宋本、陸柬之書、文鏡秘府論作「蚩」。胡刻本文選考異：「士衡自用『蚩』字。善以『蚩』字本不訓笑，故取『欰』字爲注。」案李善注云：「『欰』，笑也。『欰』與『蚩』同。」考異又云注中「欰」字當作「𣢑」，復比對阮籍詠懷詩李善注，以爲文賦注語當作「説文云『𣢑，笑也』，『𣢑』與『蚩』同」。其説是，據改。

瓊敷：「敷」，北堂書鈔卷一百作「簌」。

天地：「地」，陸柬之書作「壤」。

予掬：「予」，文選五臣本、陳八郎本文選、陸本、影宋本作「手」。

短韻：「韻」，尤刻本文選、陸本、陸柬之書作「垣」。

而自足：「而」，文鏡秘府論作「以」。

笑乎：「乎」，陸柬之書、文鏡秘府論作「於」。

【箋注】

〔一〕普辭條二句：條，説文木部：「小枝也。」引申爲凡條文、條目之稱。此指法則之條目而言。

律，爾雅釋詁：「法也。」膺，説文肉部：「胸也。」服，莊子田子方「吾服女也」郭象注：「思存之謂也。」禮記中庸：「得一善則拳拳服膺而弗失之矣。」二句言寫作文辭之法則甚廣，實乃我胸中所思存不忘者。

〔二〕練世情二句：練，漢書薛宣傳「練國制度」顔師古注：「猶熟也。」李善注引纏子：「董無心曰：『罕得事君子，不識世情。』」尤，詩小雅四月「莫知其尤」鄭箋：「過也。」楚辭離騷：「謇吾法夫前修兮。」淑，周南關雎「窈窕淑女」毛傳：「善也。」二句言熟知世人所常犯之過失與前賢之所善。

〔三〕雖濬發二句：濬，爾雅釋言：「深也。」漢書藝文志載王孫子一篇，原注曰：「一曰巧心。」蚩，借作「欰」，説文欠部：「欰欰，戲笑貌。」段玉裁注：「此今之嗤笑字也。」

〔四〕彼瓊敷二句：敷，通華、荂。爾雅釋草：「華，荂也。」郭璞注：「今江東呼華爲荂，音敷。」案：敷、華原同爲魚部字，自東漢起華字漸入歌部，（參羅常培、周祖謨漢魏晋南北朝韻部演變研究）然仍有讀如魚部字者，郭璞注即一例。廣韻敷在虞韻，華并列於虞、麻二韻，虞韻之華下有荂，注云：「上同，又音敷。」詩召南何彼穠矣「唐棣之華」釋文：「或云古讀華爲敷。」是敷、華、荂古音同。晋時「華」已入歌部，然干寶釋周易説卦「震爲旉」云：「花（華）之通名。鋪爲花貌謂之藪。」是猶釋「旉（敷）」爲華。藻，説文艸部：「水草也。」此以瓊敷、玉藻喻美辭。詩小雅小宛：「中原有菽，庶民采之。」毛傳：「中原，原中也。菽，藿（豆葉）也。」

力采者則得之。」鄭箋：「藿生原中，非有主也。」案：蔡洪圍棊賦云：「任巧於無主，譬采菽乎中原。」陸機此處亦隱含麗藻無主，唯高手得之之意。

〔五〕同橐籥句：老子五章：「天地之間，其猶橐籥乎？虛而不屈，動而愈出。」王弼注：「橐，排橐也。籥，樂籥也。」案：依王注，橐謂風箱，籥謂籥管之類。

〔六〕雖紛藹二句：紛，楚辭九歌東皇太一「五音紛兮繁會」王逸注：「盛貌。」藹，廣雅釋訓：「盛也。」詩小雅采緑：「終朝采緑，不盈一匊。」毛傳：「兩手曰匊。」匊、掬，古今字。

〔七〕患挈瓶二句：挈，說文手部：「縣持也。」左傳昭公七年：「雖有挈瓶之智，守不假器。」杜預注：「挈瓶，汲者，喻小知。」論語先進：「回也，其庶乎，屢空。」昌，說文日部：「美言也。」尚書皋陶謨：「帝曰：『來，禹，汝亦昌言。』」（僞古文在益稷）屬，廣雅釋詁：「續也。」二句言患才力短小，腹笥太儉，難以承續前賢之佳作。案：皋陶謨皋陶昌言在先，禹繼續之，陸機用其意。

〔八〕故踸踔句：莊子秋水：「夔謂蚿曰：『吾以一足跉踔而行。』」釋文引李云：「跉卓，行貌。」成玄英疏：「跉踔，跳躑也。」踸同跉。短韻，即上文「託言於短韻」之「短韻」，謂才力不足也。案：短韻一作短垣。段玉裁、朱珔以爲作垣者是。朱氏文選集釋卷十四引段說：「國語本作『君有短垣而自逾之』。……踸踔謂脚短長也。短垣可云蹢躅不進，不得施於短韻。賦上文既云短韻，此不應複。是寫書者涉上文而誤，尤本獨得之。」又申說之曰：「推賦意，與上『患挈瓶之屢空』皆爲喻語。挈瓶喻小智，故云『昌言難屬』；此謂力薄而放庸音，如跙踔於短垣，未免蹢躅之狀。總形支絀。二者皆由於才有不逮，故下云『恒遺恨以終篇，豈懷盈而自足』也。」録以備參。

〔九〕恒遺恨二句：班固答賓戲：「孔終篇於西狩。」錢鍾書管錐編曰：「按作而不成，意難釋而心不快，無足怪者；作而已成矣，却復怏怏未足，忽忽有失，則非深于文而嚴于責己者不能會也。」

〔一〇〕懼蒙塵二句：李善注引文子：「蒙塵而欲無昧，不可得也。」案：見今本文子上德，「昧」作「眯」，「也」作「絜」。缶，瓦器。叩缶乃秦之俗樂。李斯上秦始皇書：「夫擊瓮叩缶，彈箏搏髀，而歌嗚嗚快耳者，真秦之聲也。」蒙塵叩缶，言其卑俗。顧，王引之經傳釋詞卷五：「猶但也。」鳴玉，謂叩擊玉磬。二句言懼叩缶於塵土之中，但爲擊磬者所笑耳。謂懼己之庸音，貽笑於大方之家。自「普辭條」至此爲第十六段，感慨爲文之不易。

若夫應感之會，通塞之紀〔一〕，來不可遏，去不可止〔二〕，藏若景滅，行猶響起〔三〕。方天機之駿利〔四〕，夫何紛而不理。思風發於胸臆，言泉流於脣齒〔五〕。紛葳蕤以馺遝，唯毫素之所擬〔六〕。文徽徽以溢目，音泠泠而盈耳〔七〕。及其六情底滯，志往神留〔八〕。兀若枯木，豁若涸流〔九〕。攬營魂以探賾，頓精爽於自求〔一〇〕。理翳翳而愈伏，思乙乙其若抽〔一〕。是以或竭情而多悔，或率意而寡尤〔二〕。雖兹物之在我，非余力之所勠〔三〕。故時撫空懷而自惋，吾未識夫開塞之所由〔四〕。

【校】

以溢目：「以」，文選五臣本、陳八郎本文選作「而」。

攬營魂：「攬」，文選五臣本、陳八郎本文選、影宋本、藝文類聚卷五十六作「覽」，「覽」、「攬」通。

於自求：「於」，文選五臣本、陳八郎本文選、影宋本、陸柬之書、文鏡秘府論、藝文類聚卷五十六作「而」。

思乙乙其：「思」，陸柬之書、北堂書鈔一百作「心」。「乙乙」，文選五臣本、四部叢刊本文選、陳八郎本文選、影宋本、文鏡秘府論、藝文類聚五十六作「軋軋」。「其」，藝文類聚五十六作「而」。

是以：「以」，文選五臣本、四部叢刊本文選、陳八郎本文選、藝文類聚卷五十六作「故」。

所由：文選五臣本、陳八郎本文選、影宋本「由」下有「也」字。

【箋注】

〔一〕若夫二句：應感，謂感於物而應之。禮記樂記：「應感起物而動。」會，爾雅釋詁：「合也。」謂遇合。周易節初九：「象曰：不出户庭，知通塞也。」紀，端緒。

〔二〕來不二句：莊子繕性：「其來不可圉，其去不可止。」

〔三〕藏若二句：枚乘上書諫吳王：「景滅迹絶。」班彪王命論：「趣時如響起。」二句承上文，言感應通塞之遇，去則杳然如形藏影滅，來則迅疾如響之應聲。

〔四〕天機：莊子秋水：「今予動吾天機，而不知其所以然。」李善注引司馬彪：「天機，自然也。」

〔五〕思風發二句：謂文思如風之起，言辭如泉之流。思、言下小逗。論衡自紀：「言溶瀶而泉出。」曹植王仲宣誄：「文若春華，思若涌泉。」

〔六〕紛葳蕤二句：紛，楚辭離騷「紛總總其離合兮」王逸注：「盛多貌。」李善注：「威蕤，盛貌。馺遝，多貌。」威、葳通。司馬相如封禪文：「紛綸威蕤。」毫，筆。素，李善注引纂文：「書縑曰素。」擬，玄應一切經音義卷十六「刀擬」注引字書：「向也。」

〔七〕文徽徽二句：徽，詩小雅角弓「君子有徽猷」毛傳：「美也。」泠，慧琳一切經音義卷五十三「清泠」注引蒼頡篇：「水清澄貌也。」論語泰伯：「師摯之始，關雎之亂，洋洋乎盈耳哉！」延篤與李文德書：「洋洋乎其盈耳也，渙爛兮其溢目也。」

〔八〕及其六情二句：白虎通情性：「喜怒哀樂愛惡謂六情。」底，左傳昭公元年「勿使有所壅閉湫底」杜預注：「滯也。」志，説文心部：「意也。」志往神留，謂意欲寫作佳文而神思遲滯，思力與意願相左。

〔九〕兀若二句：兀，文選孫綽游天台山賦「兀同體於自然」李善注：「無知之貌也。」李善注引莊子：「形固可使如枯木，心固可使如死灰。」案：見齊物論，今本作「槁木」。豁，廣雅釋詁：

「空也。」

〔一〇〕攬營魄二句：攬，廣雅釋詁：「持也。」營，老子十章「載營魄」河上公注：「魂也。」賾，小爾雅廣詁：「深也。」周易繫辭上：「探賾索隱，鉤深致遠。」頓，通抁。廣雅釋詁：「抁，引也。」王念孫疏證：「古通作頓。……頓者，振引也。」左傳昭公七年：「是以有精爽至於神明。」大戴杜預注：「爽，明也。」孔疏：「蓋精亦神也，爽亦明也，精是神之未著，爽是明之未昭。」禮記子張問入官：「優而柔之，使自求之。」

〔一一〕理翳翳二句：理，指欲寫之事理。乙，説文乙部：「象春草木冤曲而出，陰氣尚强，其出乙乙也。」段玉裁注：「乙乙，難出之貌。」

〔一二〕是以二句：左傳昭公二十年：「竭情無私。」淮南子人間：「人皆輕小害，易微事，以多悔。」率，詩小雅北山「率土之濱」毛傳：「循也。」率意，猶任意。漢書文帝紀：「有可以佐百姓者，率意遠思，無有所隱。」論語爲政：「多聞闕疑，慎言其餘，則寡尤。」

〔一三〕雖茲物二句：物，左傳宣公十五年「謂此物也夫」杜預注：「事也。」茲物，謂作文之事。戰國策中山策：「勠力同憂。」高誘注：「勠力，勉力也。」

〔一四〕故時撫二句：惋，慧琳一切經音義卷七十六「悲惋」注引文字集略：「嘆恨也。」開塞，指文思言。自「若夫感應」至此爲第十七段，描述文思開塞之情狀。

伊兹文之爲用，固衆理之所因〔一〕。恢萬里使無閡，通億載而爲津〔二〕。俯貽則於來葉，仰觀象乎古人〔三〕。濟文武於將墜，宣風聲於不泯〔四〕。塗無遠而不彌，理無微而不綸〔五〕。配霑潤於雲雨，象變化乎鬼神〔六〕。被金石而德廣，流管弦而日新〔七〕。　奎章閣藏文選卷十七之李善本

【校】

之爲：「之」，陸柬之書、文鏡秘府論作「其」。
使無閡：「使」，尤刻本文選、陸本作「而」。
觀象乎：「乎」，文選五臣本作「于」，陳八郎本文選、陸本、影宋本、陸柬之書、文鏡秘府論作「於」。
不綸：「不」，尤刻本文選、陸本作「弗」。
變化乎：「乎」，陸柬之書作「於」。

【箋注】

〔一〕伊兹文二句：因，廣雅釋詁：「就也。」謂依就、依託。二句言文章之功用，確爲衆多事理之所依託，亦即事理藉文章以表達之意。

〔二〕恢萬里二句：津，論語微子「使子路問津焉」集解引鄭玄：「濟渡處。」揚雄法言問神：「著古昔之㖧㖧，傳千里之忞忞者，莫如書。」二句言文章開拓萬里使無隔閡，打通億載爲古今之

津渡。

〔三〕俯貽則二句：則，詩豳風伐柯「其則不遠」鄭箋：「法也。」葉，廣雅釋言：「世也。」班固幽通賦：「終保己而貽則兮。」象，儀禮士冠禮記「象賢也」鄭玄注：「法也。」此謂可效法者。尚書臯陶謨：「予欲觀古人之象。」（僞古文在益稷）周易繫辭上：「仰則觀象於天，俯則觀法於地。」

〔四〕濟文武二句：濟，詩鄘風載馳「不能旋濟」毛傳：「止也。」論語子張：「文武之道，未墜於地，在人。」後漢書高彪傳彪作箴：「文武將墜。」左傳文公六年：「樹之風聲。」二句謂救止文武之道之將墜，宣明風化聲教使不泯滅。

〔五〕塗無遠二句：塗，通途。周易繫辭上：「易與天地準，故能彌綸天地之道。」釋文引京房：「彌，遍；綸，知也。」案：綸通論，參王引之經義述聞卷二。法言問神：「彌綸天下之事，記久明遠……莫如書。」

〔六〕配霑潤二句：周易繫辭上：「潤之以風雨。」又：「天地變化，聖人效之。」案：二句正用繫辭語意，言文章作用之偉，能配合雲雨以霑潤萬物，能效法天地乾坤之變化。繫辭上：「精氣爲物，游魂爲變，是故知鬼神之情狀與天地相似。」鄭玄注：「精氣謂之神，游魂謂之鬼……二物變化，其情與天地相似。」虞翻注：「乾神似天，坤鬼似地。」是鬼神之變化有似於天地，故象變化於鬼神即效天地之變化。

〔七〕被金石二句：李善注：「金，鐘鼎也。石，碑碣也。」詩周南漢廣序：「德廣所及也。」周易繫辭上：「日新之謂盛德。」李善注引吴越春秋：「德可刻之於金石，聲可託之於管弦。」今本吴越春秋作「弦管」。二句言盛德之事，借助文章被於金石，流之管弦，遂廣大而日新。李善云：「言文之善者，可被之金石，施之樂章。」以爲就文章自身而言，亦通。自「伊兹文」至此爲第十八段，盛贊文章之功用。

【集評】

陸雲與兄平原書：文賦甚有辭，綺語頗多。文適多，體便欲不清，不審兄呼爾不。

劉勰文心雕龍論説：凡説之樞要，必使時利而義貞，進有契於成務，退無阻於榮身。自非譎敵，則唯忠與信，披肝膽以獻主，飛文敏以濟辭。此説之本也。而陸氏直稱「説煒曄以譎誑」，何哉？

又鎔裁：夫美錦製衣，修短有度，雖翫其采，不倍領袖。巧猶難繁，況在乎拙。而文賦以爲「榛楛勿剪」，「庸音足曲」。其識非不鑒，乃情苦芟繁也。

又總術：昔陸氏文賦，號爲曲盡，然泛論纖悉，而實體未該。

又序志：詳觀近代之論文者多矣，至於魏文述典，陳思序書，應瑒文論，陸機文賦，仲治流别，弘範翰林，各照隅隙，鮮觀衢路。……陸賦巧而碎亂。

鍾嶸詩品中品序：陸機文賦，通而無貶。

劉知幾史通斷限：陸士衡有云：「雖有愛而必捐。」善哉斯言，可謂達作者之致矣。

樓穎國秀集序：昔陸平原之論文，曰「詩緣情而綺靡」，是彩色相宣、烟霞交映、風流婉麗之謂也。

于頔杼山集序：有唐吴興開士釋皎然，字清晝，即康樂之十世孫，得詩人之奥旨，傳乃祖之菁華。江南詞人，莫不楷範。極於緣情綺靡，故辭多芳澤；師古興制，故律尚清壯。

獨孤及唐故左補闕安定皇甫公集序：五言詩之源，生於國風，廣於離騷，著於李蘇，盛於曹劉，其所自遠矣。當漢魏之間，雖已朴散爲器，作者猶質有餘而文不足，以今揆昔，則有朱弦疏越、太羹遺味之嘆。歷千餘歲，至沈詹事、宋考功，始財成六律，彰施五色，使言之而中倫，歌之而成聲，緣情綺靡之功，至是乃備。雖去雅浸遠，其麗有過於古者。亦猶路鼗出於土鼓，篆籀生於鳥迹也。

黄庭堅與郭英發帖：所作樂府，詞藻殊勝，但此物須兼緣情綺靡、體物瀏亮，乃能感動人耳。

宋祁宋子京筆記云：文章必自名一家，然後可以傳不朽。若體規畫圓，準方作矩，終爲人之臣僕。古人譏屋下架屋，信然。陸機曰：「謝朝花於已披，啓夕秀於未振。」韓愈曰：「惟陳言之務去。」此乃爲文之要。（苕溪漁隱叢話前集卷四十九引）

吕本中童蒙訓：陸士衡文賦云：「立片言以居要，乃一篇之警策。」此要論也。文章無警策，則不足以傳世，蓋不能竦動世人。如老杜及唐人諸詩，無不如此。但晋宋間人專致力於此，故失

於綺靡而無高古氣味。老杜詩云：「語不驚人死不休。」所謂驚人語，即警策也。（苕溪漁隱叢話前集卷九引）

龔頤正芥隱筆記：（杜甫）「意匠慘澹經營中」，用陸機文賦「意司契而爲匠」。

王應麟困學紀聞卷十九：俗語皆有所本……「冗長」出陸士衡文賦。

祝堯古賦辨體卷五：晉初陸士衡作文賦，有曰：「立片言以居要，乃一篇之警策。」呂居仁曰：「文章無警策則不能動人，但晉宋間人專致力於此，故失於綺靡而無高古氣味。」吁！士衡以辭爲警策爾，故曰「立言居要」；居仁以辭能動人爾，故曰「綺靡無味」。殊不知辭之所以動人者，以情之能動人也，何待以辭爲警策然後能動人也哉？

又：（文賦）賦也。叙作文之變態以爲賦也。中曰「其爲物也多姿，其爲道也多遷。其會意也尚巧，其遺言也貴妍」，蓋當時貴尚妍巧，以爲至文，又豈知古人之文哉！至於論賦，則曰「體物而瀏亮」，使賦在於體物瀏亮而已乎，則又何以妍巧爲？

王禮麟原文集前集卷五魏松壑吟藁集序：詩大序曰：「在心爲志，發言爲詩。」傳曰：「志之所至，詩亦至焉。」三代古詩，何莫非其志之所之也？五言起于蘇李，其離别贈答，中情繾綣，藹然詞氣之表。下至晉隋，陸機之論詩則曰：「緣情而綺麗。」而文中子亦云：「詩者，民之情性也。」故詩無情性，不得名詩。其卓然可得于後世者，皆其善言情性者也。

方孝孺遜志齋集卷十一與舒君：士衡於道未有知，所賦者特當時相尚之文，固有志者所不讓，足下病之，誠宜。第其中有不易之論，如曰：「謝朝花於已披，啓夕秀於未振。」又曰：「怵他人之我先。」彼未爲無見，但立志有非前人之意，乃不然耳。然其言之善者，亦不可不取。世人或不察其立辭之説，而徒取其所謂襲凡蹈故、綴緝成篇者，使論誦之盡氣，率不得其句，則不知士衡之論故也。

徐禎卿談藝録：魏詩，門户也；漢詩，堂奥也。入户升堂，固其機也。而晉氏之風，本之魏焉，然而判迹於魏者，何也？故知門户非定程也。陸生之論文曰：「非知之難，行之難也。」夫既知行之難，又安得云知之非難哉：又曰：「詩緣情而綺靡。」則陸生之所知，固魏詩之查穢耳。

謝榛四溟詩話卷一：夫綺靡重六朝之弊，瀏亮非兩漢之體。徐昌穀曰：「『詩緣情而綺靡』，則陸生之所知，固魏詩之查穢耳。」

胡應麟詩藪外編卷二：文賦云「詩緣情而綺靡」，六朝之詩所自出也，漢以前無有也；「賦體物而瀏亮」，六朝之賦所自出也，漢以前無有也。蘇李諸詩，和平簡易，傾寫肺肝，何有於綺靡？自綺靡言出，而徐庾肇端矣。馬揚諸賦，古奥雄奇，聱澀牙頰，何有於瀏亮？自瀏亮體興，而江謝接迹矣。故吾嘗以阮左者漢魏之遺，而潘陸者六朝之首也，未可概以晉人也。

又：士衡云：「謝朝華於已披，啓夕秀於未振。」又云：「立片言以居要，乃一篇之警策。」有意乎其濯陳言而馳絶足也。然平原諸文，模擬何衆，而創獲何希也？平原諸詩，藻繪何繁，而獨造何寡也？故曰：非知之艱而行之艱也，其有以自試也。昌穀執一端以非之，非也。

孫洙評：經國大業，不朽盛事，固應有此變態。然非極深研幾如士衡，不能曲盡其妙也。闡發至此，恐鬼神聞而夜哭。（見山曉閣重訂文選）

沈德潛説詩晬語：所撰文賦云「詩緣情而綺靡」，言志章教，惟資塗澤，先失詩人之旨。

陳景雲韓集點勘卷一：（韓愈薦士：「妥帖力排奡。」）「妥帖」二字本陸士衡文賦。

紀昀雲林詩鈔序：「發乎情，止乎禮義」二語，實探風雅之大原，後人各明一義，漸失其宗。一則知「止乎禮義」而不必其「發乎情」，流而爲金仁山濂洛風雅一派，使嚴滄浪輩激而爲「不涉理路，不落言詮」之論。一則知「發乎情」而不必其「止乎禮義」，自陸平原「緣情」一語引入歧途，其究乃至於繪畫横陳，不誠已甚與！

四庫全書總目欽定曲譜提要：考三百篇以至詩餘，大都抒寫性靈，緣情綺靡。

李詳愧生叢録卷二：劉知幾史通……又熟精文選，或用其成句，或檃括其語。……如……鑒識篇：「雖濬發於巧心，反受嗤於拙目。」（陸機文賦。「反」，陸作「或」；「嗤」作「蚩」。）探賾篇：「强奏庸音，持爲足曲。」（陸機文賦：「放庸音以足曲。」）

錢鍾書管錐編全上古秦漢三國六朝文第一百三十八則：文賦非賦文也，乃賦作文也。機於文之「妍媸好惡」以及源流正變，言甚疏略，不足方劉勰、鍾嶸；而於「作」之「用心」、「屬文」之「情」，其慘淡經營、心手乖合之況，言之親切微至，不愧先覺，後來亦無以遠過。

感時賦

悲夫冬之爲氣，亦何憯懍以蕭索〔一〕。天悠悠其彌高，霧鬱鬱而四幕〔二〕。夜綿邈其難終，日晼晚而易落〔三〕。敷層雲之葳蕤，墜零雪之揮霍〔四〕。冰冽冽而寢興，風漫漫而妄作〔五〕。鳴枯條之泠泠，飛落葉之漠漠〔六〕。山峌𡾊以含瘁，川蝼蛇而抱涸〔七〕。望八極以矘漭〔八〕，普宇宙而寥廓。伊天時之方慘，曷萬物之能歡〔九〕？魚微微而求偶，獸岳岳而相攢〔一〇〕。猿長嘯於林杪，鳥高鳴於雲端。矧余情之含瘁〔一一〕，恒睹物而增酸。歷四時之迭感，悲此歲之已寒。撫傷懷以嗚咽，望永路而汍瀾〔一二〕。（四部叢刊影印陸元大刊陸士衡文集卷一（係拼合藝文類聚卷三、初學記卷三））

【校】

亦何憯懍：初學記卷三無「亦」字。

蕭索：「蕭」，北堂書鈔卷一百四十九作「騷」。

其彌高：「其」，初學記卷三、太平御覽卷二十七作「而」。

四幕：太平御覽卷二十七作「漠漠」。

其難終：「其」，初學記卷三作「而」。

零雪：北堂書鈔卷一百五十二作「寒雪」，太平御覽卷二十七作「零露」。

冰洌洌句：「冰」，初學記卷三、太平御覽卷二十七作「寒」。「寢」，初學記卷三作「寖」，太平御覽卷二十七作「浸」，字并通。

風漫漫句：「漫漫」，初學記卷三、太平御覽卷二十七作「謖謖」。「妄」，太平御覽卷二十七作「屢」。

而求偶：「而」，初學記卷三作「以」。

林杪：「杪」，初學記卷三作「峰」。

高鳴：「鳴」，初學記卷三作「飛」。

增酸：「酸」，影宋本作「嘆」。

四時之：「之」，藝文類聚卷三作「以」。

【箋注】

〔一〕悲夫二句：楚辭九辯：「悲哉秋之爲氣也。」文選揚雄甘泉賦：「下陰潛以慘廩兮。」李善注：「慘廩，寒貌也。」憯懍即慘廩。

〔二〕天悠二句：潘岳秋興賦：「天晃朗而彌高兮。」幕，廣雅釋詁：「覆也。」

〔三〕夜綿邈二句：綿邈，廣遠貌，見本卷文賦「函綿邈於尺素」注。晼晚，日落貌。楚辭九辯：「白日晼晚其將入兮。」

〔四〕敷層雲二句：敷，詩小雅小旻「敷于下土」毛傳：「布也。」層，通曾，重也，見文賦「翰鳥纓繳而墜曾雲之峻」注。葳蕤，盛貌，見文賦「紛葳蕤以馺遝」注。零，鄘風定之方中「靈雨既零」毛傳：「落也。」揮霍，疾貌，見文賦「紛紜揮霍」注。

〔五〕冰洌二句：洌，詩小雅大東「有洌氿泉」毛傳：「寒意也。」寑，通寢。廣雅釋詁：「寑，積也。」興，小雅天保「以莫不興」鄭箋：「盛也。」漫漫，廣大無邊貌。一作謖謖，風起貌。謖，爾雅釋言：「起也。」世説新語賞譽：「世目李元禮，謖謖如勁松下風。」

〔六〕鳴枯條二句：泠泠，楚辭東方朔七諫初放「下泠泠而來風」王逸注：「清凉貌。」此狀風聲之清。本集文賦「音泠泠而盈耳」、思歸賦「風霏霏而入室，響泠泠而愁予」、愍思賦「風入室兮泠泠」、日出東南隅行「泠泠纖指彈」皆形容聲音。漠漠，多而布散貌。文選陸機君子有所思行「街巷紛漠漠」吕向注：「漠漠，布列貌。」

〔七〕山崆巃二句：崆巃，山石高峻貌。張衡南都賦：「其山則崆峣嶱嵑。」崆巃即崆峣。瘁，通悴。廣雅釋詁：「悴，憂也。」王延壽魯靈光殿賦：「愶噸蹙而含悴。」逶蛇，楚辭劉向九嘆離世「遵江曲之逶移」王逸注：「逶移，長貌。」逶蛇即逶移，今多作逶迤。

〔八〕望八極句：八極，八方極遠處，見文賦「精騖八極」注。曭漭，昏暗貌。楚辭屈原遠游：「時曖曃其曭莽兮。」王逸注：「日月晻黮而無光也。」曭漭即曭莽。

〔九〕伊天時二句：伊，發語詞。曷，何。

〔一〇〕魚微二句：微，藏匿。爾雅釋詁：「瘞、幽、隱、匿、蔽、竄，微也。」郭璞注：「微，謂逃藏也。」偶，曹輩，同類。楚辭招魂「分曹并進」王逸注：「曹，偶。」岳岳，文選王延壽魯靈光殿賦「神仙岳岳於棟間」李善注：「立貌。」

〔一一〕矧：何况。

〔一二〕汍瀾：泪流縱横貌。漢書息夫躬傳：「涕泣流兮萑蘭。」臣瓚注：「萑蘭，泣涕闌干也。」汍瀾、萑蘭通。

豪士賦 并序〔一〕

夫立德之基有常〔二〕，而建功之路不一。何則？循心以爲量者存乎我，因物以成務者繫乎彼〔三〕。存夫我者，隆殺止乎其域〔四〕；繫乎物者，豐約唯所遭遇。落葉俟微風以隕，而風之力蓋寡〔五〕；孟嘗遭雍門以泣，而琴之感以末〔六〕。何者？欲隕之葉無所假烈風，將墜之泣不足繁哀響也〔七〕。是故苟時啓於天，理盡於民〔八〕，庸夫可以濟聖賢之功，斗筲可以定烈士之業〔九〕。故曰「才不半古，而功已倍之」〔一〇〕。蓋得之於時勢也。歷觀古今，徼一時之功而居伊周之位者有矣〔一一〕。夫我之自我，智士猶嬰其累〔一二〕；物之相物，昆蟲皆有此情〔一三〕。夫以自我之量，而挾非常之勛〔一四〕，神器暉其顧眄〔一五〕，萬物隨其俯仰，心玩居常之安，耳飽從諛之説〔一六〕，豈識乎功在身外，任出才表者哉〔一七〕！

【校】

循心：「循」，原作「修」，據四部叢刊本文選、尤刻本文選、陸本改。案李善注云「立德必循於心」，五臣張銑注云「立德是因之於心而潤其身」，因，循也，是原作「循」字甚明。蓋「循」訛爲「脩」，「脩」或寫作「修」。「循」、「脩」形近易訛，古籍中其例甚多。參王念孫讀書雜志卷五之一管子「循誤爲脩」條。郝懿行則以爲聲轉通用，參爾雅釋詁「遹、遵、率，循也」郝疏。

俟微風：「俟」，藝文類聚卷二十四作「候」。「風」，文選五臣本、陳八郎本文選、影宋本、晉書卷五十四、藝文類聚卷二十四作「飆」。

雍門以泣：「以」，四部叢刊本文選、尤刻本文選、陳八郎本文選作「而」。

何者：「者」，晉書卷五十四、藝文類聚卷二十四作「哉」。

繁哀響：「繁」，晉書卷五十四作「煩」，「煩」、「繁」通。

之業：「業」字下文選五臣本、四部叢刊本文選、陳八郎本文選、影宋本有「言遇時也」一句，蓋讀者注文誤入正文。

才不二句：「不」，藝文類聚卷二十四作「未」。又晉書卷五十四、藝文類聚卷二十四無「而」字。

時勢也：「勢」，晉書卷五十四作「世」。文選五臣本、陳八郎本文選、陸本、影宋本無「也」字。

古今：晉書卷五十四作「今古」。

顧眄：「眄」，四部叢刊本文選、尤刻本文選、陳八郎本文選、陸本作「盻」，此處同「盼」字。

才表者：文選五臣本、陳八郎本文選無「者」字。

【箋注】

〔一〕李善注引臧榮緒晉書：「機惡齊王冏矜功自伐，受爵不讓，及齊亡，作豪士賦。」是賦作於司馬冏被殺之後。而晉書陸機傳云：「冏既矜功自伐，受爵不讓，機惡之，作豪士賦以刺焉。……冏不之悟，而竟以敗。」又似作於冏敗亡之前。梁章鉅文選旁證引晉書語，云：「是作此賦時，齊猶未亡也。篇末『借使伊人頗覽天道』云云，語意顯然。臧榮緒所云殊誤。」高步瀛魏晉文舉要駁之，云：「『借使伊人』云云，乃假設之言。下云『名編凶頑之條，身猒荼毒之痛』，使非冏敗後，安能遽作此等語？且又云『庶使百世少有寤』，殆借齊王冏以諷長沙、河間等耳。非然者，冏以趙王倫篡位時機職在中書，九錫文及禪位詔疑機與焉，遂收機等付廷尉，賴成都王穎、吴王晏救理，得減死徙邊，遇赦而止。若未敗時機以此賦諷，其能不爲王豹之續乎？（豹諫冏被殺。）以斯知臧書之較合情事，梁説非也。」案：高説是。冏首唱起兵誅趙王倫，輔政，驕奢擅權，海内失望。河間王顒、長沙王乂藉機攻討，冏被殺。時在晉惠帝太安元年十二月（公元三〇三年一月）。吕氏春秋制樂「幣帛以禮豪士」高誘

注：「材倍百人曰豪也。」李善注：「然機假美號以名賦也。」

〔二〕夫立德句：左傳襄公二十四年：「大上有立德，其次有立功。」周易繫辭下：「履，德之基也。」韓康伯注：「基，所蹈也。」

〔三〕循心二句：循，淮南子氾論「大人作而弟子循」高誘注：「遵也。」周易繫辭上：「夫易，開物成務。」又：「故能成天下之務。」李鼎祚集解引虞翻曰：「務，事也。」上句言立德，下句言建功。立德之厚薄由乎一己之心，故曰存乎我；建功須憑藉外部條件以成事，故曰繫乎彼。

〔四〕隆殺句：隆，説文生部：「豐大也。」殺，廣雅釋詁：「減也。」此句謂德之大小僅在於其人心性之所能至。

〔五〕落葉二句：漢書韓安國傳：「夫草木遭霜者，不可以風過。」顏師古注：「言易零落。」

〔六〕孟嘗二句：李善注引桓譚新論：「雍門周以琴見孟嘗君。孟嘗君曰：『先生鼓琴，亦能令文悲乎？』對曰：『臣竊爲足下有所悲。千秋萬歲後，墳墓生荆棘，游童牧豎躑躅其足而歌其上，曰：孟嘗君之尊貴，亦猶若是乎！』於是孟嘗喟然太息，涕承睫而未下。雍門周引琴而鼓之，徐動宮徵，揮角羽，初終而成曲。孟嘗君遂歔欷而就之。」以末，以，猶亦也。（參裴學海古書虛字集釋卷一）末，呂氏春秋精諭「淺智者之所争則末矣」高誘注：「小也。」

〔七〕欲隕二句：假，國語晉語「假手於武王」韋昭注：「借也。」繁，通煩。煩，廣雅釋詁：「勞也。」

〔八〕是故二句：左傳閔公元年：「天啓之矣。」理，事。見本卷文賦「理扶質以立幹」注。盡，呂氏春秋明理「五帝三王之於樂盡之矣」高誘注：「極。」民，左傳昭公二十五年「民之行也」孔疏：「謂人也。」二句謂天既爲之開啓時機，人事之發展亦全然成熟。

〔九〕庸夫二句：説苑尊賢：「管仲故成陰之狗盜也，天下之庸夫也，齊桓公得之，以爲仲父。」濟，爾雅釋言：「成也。」論語子路：「斗筲之人，何足算也。」集解引鄭玄曰：「筲，竹器，容斗二升。」烈士，志行堅定之人。班固答賓戲：「蓋聞聖人有一定之論，烈士有不易之分，亦云名而已矣。」杜預女記載寡婦淑書：「烈士有不移之志。」

〔一〇〕才不二句：孟子公孫丑上：「當今之時，萬乘之國行仁政，民之悦之猶解倒懸也。故事半古之人，功必倍之，惟此時爲然。」

〔一一〕徼一時句：徼，呂氏春秋順民：「願一與吴徼天下之衷」高誘注：「求。」伊，伊尹，殷代賢相。周，周公。

〔一二〕夫我之二句：謂人皆自以爲是、自以爲貴，雖智士猶爲此所累。

〔一三〕物之二句：李善注引文子：「譬吾處於天下，亦爲一物也。然則我亦物也，而物亦物也。物之於我也，有何以相物也？」案：今本文子在九守，字句略異。莊子人間世：「且也若與予皆物也，奈何哉其相物也？」昆蟲，禮記王制「昆蟲未蟄」鄭玄注：「昆，明也。明蟲者，得陽而生，得陰而藏。」二句謂物皆以他物爲非、爲輕，即昆蟲亦有此情，何况於人。

〔一四〕非常之勛：司馬相如難蜀父老：「蓋世必有非常之人，然後有非常之事；有非常之事，然後有非常之功。」

〔一五〕神器句：神器，指天子名位，亦指象徵天子權勢之物如璽等。老子二十九章：「天下神器，不可爲也。」漢書叙傳載班彪王命論：「神器有命，不可以智力求。」顔師古注引劉德曰：「神器，璽也。」又引李奇曰：「帝王賞罰之柄也。」此句謂天子名位因其顧眄而生輝。極言其權勢之烜赫。

〔一六〕心玩二句：玩，楚辭嚴忌哀時命「誰可與玩此遺芳」王逸注：「習也。」居，周禮春官大史「大史掌建邦之六典」鄭玄注：「猶處也。」居常，謂處於常態。從諛，奉承阿諛。史記汲黯傳：「天子置公卿輔弼之臣，寧令從諛承意，陷主於不義乎。」

〔一七〕豈識二句：功在身外，即上文建功者「因物成務」、「庸夫可以濟聖賢之功」意。任出才表，謂任重而才短。

且好榮惡辱，有生之所大期〔一〕；忌盈害上，鬼神猶且不免〔二〕。人主操其常柄，天下服其大節〔三〕，故曰天可讎乎〔四〕，而時有袨服荷戟，立于廟門之下〔五〕，援旗誓衆，奮於阡陌之上〔六〕，況乎代主制命，自下裁物者哉〔七〕？廣樹恩不足以敵怨〔八〕，勤興利不足以補害。故曰「代大匠斲者，必傷其手」〔九〕。且夫政由甯氏，忠臣所爲慷慨；祭則寡人，人主所不久堪〔一〇〕。是以君奭鞅鞅，不悦公旦之舉〔一一〕，高平師師，側目博陸之勢〔一二〕，而成王不遣嫌吝於懷，宣帝若負芒刺於背〔一三〕。非其然者與？嗟乎！光于四表，德莫富焉；王曰叔父，親莫昵焉〔一四〕；登帝天位，功莫厚焉；守節没齒，忠莫至焉〔一五〕。而傾側顛沛，僅而自全。則伊生抱明允以嬰戮，文子懷忠敬而齒劍〔一六〕，固其所也。因斯以言，夫以篤聖穆親如彼之懿，大德至忠如此之盛，尚不能取信於人主之懷，止謗於衆多之口〔一七〕。過此以往，惡睹其可？安危之理，斷可識矣〔一八〕。又況乎饕大名以冒道家之忌，運短才而易聖哲所難者哉〔一九〕！

【校】

立于：「于」，文選五臣本、四部叢刊本文選、陸本、影宋本、晋書卷五十四作「乎」。

裁物者哉：「裁」，尤刻本文選作「財」，「財」、「裁」通。「哉」，晋書卷五十四作「乎」。

所爲：「爲」，晋書卷五十四作「以」。

人主所：「人」，原誤作「所」，據四部叢刊本文選、尤刻本文選、陳八郎本文選、陸本、影宋本、晋書卷五十四改。

鞅鞅：文選五臣本、陳八郎本文選、影宋本、晋書卷五十四作「怏怏」，「怏」、「鞅」通。

然者：文選五臣本、陳八郎本文選、影宋本無「者」字。

天位：「天」，原作「大」，據文選五臣本、四部叢刊本文選、陳八郎本文選、陸本、影宋本、晉書卷五十四改。胡刻本文選考異：「（李善）注引『天位艱哉』，善自作『天』，與五臣無異。」

惡睹：「睹」原寫作「覩」，影宋本作「觀」。

【箋注】

〔一〕且好榮二句：荀子榮辱：「好榮惡辱，好利惡害，是君子小人之所同也。」期，說文月部：「會也。」有相符合之意。

〔二〕忌盈二句：周易謙彖：「鬼神害盈而福謙，人道惡盈而好謙。」左傳文公二年：「周志有之：勇則害上，不登於明堂。」

〔三〕人主二句：韓非子定法：「操殺生之柄，……此人主之所執也。」又二柄：「明主之所以導制其臣者，二柄而已矣。二柄者，刑德也。」大節，指君主之名位政治。左傳成公二年孔子之言曰：「唯器與名，不可以假人，君之所司也。名以出信，信以守器，器以藏禮，禮以行義，義以生利，利以平民，政之大節也。」

〔四〕故曰天可句：左傳定公四年：楚昭王奔鄖，「鄖公辛之弟懷將弑王，曰：『平王殺吾父，我殺其子，不亦可乎？』辛曰：『君討臣，誰敢讎之？君命，天也；若死天命，將誰讎？』」

〔五〕而時有二句：袨服，即玄服，黑色服。漢書儒林梁丘賀傳載，代郡太守任宣坐謀反誅，宣子章爲公車丞，亡在渭城界中。當宣帝祠昭帝廟時，「（章）夜玄服入廟，居郎間，執戟立廟門，待上至，欲爲逆。發覺，伏誅」。

〔六〕援旗二句：援，淮南子修務「援豐條」高誘注：「持也。」漢書陳勝項籍傳載賈誼過秦論：「（陳涉）躡足行伍之間，而免起阡陌之中，帥罷散之卒，將數百之衆，轉而攻秦。斬木爲兵，揭竿爲旗。」案：王念孫讀書雜志卷四之八漢書「阡陌」條謂賈文「阡陌」原作「什伯」。其説固當，然恐誤爲「阡陌」之本行世亦久。陸機此處自當作「阡陌」。

〔七〕自下句：李善注：「后以財成，而臣爲之，故云『自下』。尸子曰：『天生萬物，聖人財之。』」財，通裁。楚辭惜誓「爲螻蟻之所裁」王逸注：「裁，制也。」

〔八〕敵：爾雅釋詁：「當也。」

〔九〕故曰代二句：老子七十四章：「夫代大匠斲者，希有不傷其手矣。」

〔一〇〕且夫四句：衛獻公出奔，求衛卿甯喜助其復國，遣人與甯喜約：「苟反，政由甯氏，祭則寡人。」謂僅主祭祀而已。乃返。次年，甯喜以專政爲獻公所患，大夫公孫免餘乃殺甯喜。事見左傳襄公二十六、二十七年。「政由甯氏」、「祭則寡人」，互文。

〔一一〕是以君奭二句：君，尊稱。奭，召公名。鞅，通怏。説文心部：「怏，不服、懟也。」旦，周公名。尚書君奭序：「召公爲保，周公爲師，相成王爲左右。召公不説，周公作君奭。」史記燕召公世家：「成王既幼，周公攝政，當國踐祚，召公疑之。作君奭。君奭不説周公。」

〔一二〕高平二句：漢書霍光傳載，光受武帝遺詔，輔佐少主昭帝，封博陸侯；昭帝薨，定謀立宣帝，前後秉政二十年，權傾天下。又魏相傳載，相宣帝時爲御史大夫。霍光薨後，其家族權勢猶盛，相上書，云其驕奢放縱，恐漸不制，當損奪其權。後爲丞相，封高平侯。漢書敍傳述魏相丙吉傳第四十四：「高平師師，惟辟作威。圖黜凶害，天子是毗。」顏師古注引鄧展曰：「師師，相師法也。」案：魏相傳云：「相明易經，有師法。好觀漢故事及便宜章奏，以爲古今異制，方今務在奉行故事而已。數條漢興已來國家便宜行事及賢臣賈誼、鼂錯、董仲舒等所言，奏請施行之。」是師師，言其師法前人。又孫星衍尚書今古文注疏卷二云，尚書皋陶謨「百僚師師，百工惟時」二句，史記夏本紀作「百吏肅謹」，師、肅聲近，故司馬遷以「肅」説「師師」。其説可參。賈誼新書容經：「朝廷之容，師師然翼翼然整以敬。」亦以「師師」爲敬肅之義。側目，謂戒懼也。史記汲黯傳：「令天下重足而立，側目而視矣。」

〔一三〕而成王二句：嫌，説文女部：「不平於心也。一曰疑也。」吝，廣雅釋詁：「恨也。」尚書金縢：「武王既喪，管叔及其群弟乃流言於國，曰：『公將不利於孺子。』周公乃告二公（召公奭、太公望）曰：『我之弗辟，我無以告我先王。』周公居東二年。……于後，公乃爲詩以貽王，名之曰鴟鴞，王亦未敢誚公。」據馬融、鄭玄所釋，「居東」謂避流言而出居，以待成王之見察。「未敢誚公」，鄭玄釋云：「成王非周公意未解，……欲讓之，推其恩親，故未敢。」（參孫星衍尚書今古文疏證卷十三）史記魯周公世家亦言出奔，而與馬、鄭説異：「及成王用事，人或譖周公，周公奔楚。」論衡感類：「武王崩，周公居攝，管、蔡流言，王意狐疑周公，周光從驂乘。上内嚴憚之，若有芒刺在背。」

公奔楚。」諸説不同，而皆謂成王不遺嫌吝也。漢書霍光傳：「宣帝始立，謁見高廟，大將軍

〔一四〕光于四句：尚書堯典：「光被四表。」詩周頌噫嘻孔疏引鄭玄尚書注：「言堯德光耀及四海之外。」此借指周公。詩魯頌閟宫：「王曰叔父。」鄭箋：「叔父，謂周公也。」案：晋書王豹傳載豹諫司馬冏曰：「昔周公以武王爲兄，成王爲君，伐紂有功，以親輔政，執德弘深，聖恩博遠，至忠至仁，至孝至敬。而攝事之日，四國流言，離主出奔，居東三年。賴風雨之變，成王感悟。若不遭皇天之應，神人之察，恐公旦之禍未知所限也。至于執政，猶與召公分陝爲伯。今明公自視功德孰如周公？」亦引周公事爲戒。

〔一五〕登帝四句：漢書宣帝紀載，昭帝崩，無嗣，霍光上奏曰：「孝武皇帝曾孫病已……至今年十八，師受詩、論語、孝經，操行節儉，慈仁愛人，可以嗣孝昭皇帝後，奉承祖宗，子萬姓。」即漢宣帝。周易需彖：「位乎天位，以正中也。」左傳成公十五年：「前志有之，曰：聖達節，次守節，下失節。」論語憲問：「没齒無怨言。」集解引孔安國曰：「齒，年也。」案：霍光卒後，其妻及子孫驕縱不法，謀反，終至滅族，而光生前雖權傾一世，始終無二心，漢書叙傳稱其「配忠阿衡（伊尹）」，故云「守節没齒」，謂其直至終年恪守臣節也。

〔一六〕則伊生二句：孟子萬章上：「伊尹相湯以王於天下。湯崩……太甲（湯孫）顛覆湯之典刑，伊尹放之於桐。三年，太甲悔過……復歸于亳。」晋太康二年汲郡出土之竹書紀年則别有

異説，云：「大甲潛出自桐，殺伊尹。」（杜預春秋經傳集解後序引）陸機取竹書説。左傳文公十八年：「昔高陽氏有才子八人……明允篤誠，天下之民謂之八愷。」杜預注：「允，信也。」文子，文種。李善注引吴越春秋：「文種者，本楚南郢人也。姓文，字少禽。」禮記儒行：「懷忠信以待舉。」齒劍，漢書枚乘傳：「腐肉之齒利劍。」顔師古注：「齒，謂當之也。」朱駿聲説文通訓定聲頤部以爲齒借作值。史記越王句踐世家：「人或讒種且作亂，越王乃賜種劍。……種遂自殺。」

〔一七〕夫以篤聖四句：穆，通睦。漢書韋賢傳：「漢之睦親。」顔師古注：「睦，密也，言服屬近。」鄒陽於獄中上書自明：「不奪乎衆多之口。」「篤聖」、「止謗」二句謂周公，「大德」、「取信」二句謂霍光。

〔一八〕過此四句：周易繫辭下：「過此以往，未之或知也。」又：「介如石焉，寧用終日？斷可識矣。」四句承上文，言周公、霍光尚且僅而自全，則除此以外，豈見其可逼近人主之權位者？何者爲安，何者爲危，决然可知矣。

〔一九〕又况乎二句：穀梁傳襄公十九年：「君不尸小事，臣不專大名。」老子九章：「持而盈之，不如其已。……富貴而驕，自遺其咎。功遂身退，天之道。」莊子山木：「自伐者無功。功成者墮，名成者虧。孰能去功與名，而還與衆人？」主謙退，戒盈滿，乃道家之基本思想。三國志魏書夏侯惇等傳陳壽評曰：「（曹）爽德薄位尊，沈溺盈溢，此固大易所著，道家所忌也。」

易，廣雅釋言：「輕也。」謂輕忽。三國志三少帝紀：「聖人所難。」

身危由於勢過，而不知去勢以求安；禍積起於寵盛，而不知辭寵以招福。見百姓之謀己，則申宫警守，以崇不畜之威〔一〕；懼萬民之不服，則嚴刑峻制，以賈傷心之怨〔二〕。然後威窮乎震主〔三〕，而怨行乎上下。衆心日陊，危機將發，而方偃仰瞪眄，謂足以夸世〔四〕。笑古人之未工，亡己事之已拙〔五〕；知曩勛之可矜，暗成敗之有會〔六〕。是以事窮運盡，必於顛仆；風起塵合，而禍至常酷也〔七〕。聖人忌功名之過己，惡寵禄之逾量，蓋爲此也。

【校】

萬民：「民」，晉書卷五十四作「方」。錢培名陸士衡集札記云：「按此亦諱『民』作『方』。」

方偃仰：文選五臣本、陳八郎本文選、影宋本無「方」字。

亡己事：「亡」，文選五臣本、文選集注本、四部叢刊本文選、陳八郎本文選作「忘」，「忘」、「亡」通。

必於：「於」，晉書卷五十四作「有」。

酷也：文選五臣本無「也」字。

【箋注】

〔一〕則申宮二句：申，漢書文帝紀「申教令」顔師古注：「謂約束之。」警，戒也。申宮警守，謂整飭宮禁，嚴慎守備。左傳成公十六年：「公待於壞隤，申宮儆備。」警、儆通。不畜，謂不積聚德義仁愛。左傳莊公二十七年：「夫禮、樂、慈、愛，戰所畜也。……號弗畜也，亟戰，將饑。」杜預注：「言號不畜義讓而力戰。」

〔二〕則嚴刑二句：劉向新序善謀：「秦孝公欲用衛鞅之言，更爲嚴刑峻法，易古三代之制度。」賈，左傳成公二年「賈余餘勇」杜預注：「賣也。」尚書酒誥：「民罔不盡傷心。」

〔三〕威窮句：窮，廣雅釋詁：「極也。」史記淮陰侯列傳：「勇略震主者身危。」

〔四〕衆心四句：哆，廣雅釋詁：「壞也。」趙至與嵇茂齊書（一説吕安與嵇康）：「危機密發。」詩小雅北山：「或棲遲偃仰。」王延壽魯靈光殿賦：「齊首目以瞪眄。」夸世，謂誇耀於世。

〔五〕亡已句：亡，通忘。已，太也，甚也。

〔六〕會：運會，際會，謂逢遇時勢也。

〔七〕風起二句：班固答賓戲：「商鞅挾三術以鑽孝公，李斯奮時務而要始皇。彼皆躡風塵之會，履顛沛之勢，據徼乘邪，以求一日之富貴。朝爲榮華，夕爲憔悴；福不盈眥，禍溢於世。凶人且以自悔，况吉士而是賴乎！」

夫惡欲之大端〔一〕，賢愚所共有，而游子殉高位於生前，志士思垂名於身後〔二〕。受生之分，唯此而已〔三〕。夫蓋世之業，名莫大焉；震主之勢，位莫盛焉〔四〕；率意無違〔五〕，欲莫順焉。借使伊人頗覽天道，知盡不可益，盈難久持，超然自引，高揖而退〔六〕，則巍巍之盛仰邈前賢，洋洋之風俯冠來籍〔七〕，而大欲不乏於身，至樂無愆乎舊，節彌效而德彌廣，身逾逸而名逾劭〔八〕。此之不爲，彼之必昧，然後河海之迹堙爲窮流，一簣之亹積成山岳〔九〕，名編凶頑之條，身猒荼毒之痛〔一〇〕，豈不謬哉！故聊賦焉，庶使百世少有寤云。　奎章閣藏文選卷四十六之李善本

【校】

夫蓋世四句：晉書卷五十四脱「大焉」至「位莫」八字。

俯冠：「冠」，晉書卷五十四作「觀」。

不乏：「乏」，晉書卷五十四作「止」。

無愆：「無」，影宋本作「不」。

彼之：晉書卷五十四「彼」上有「而」字。

聊賦：晉書卷五十四「賦」上有「爲」字。

【箋注】

〔一〕夫惡欲句：禮記禮運：「飲食男女，人之大欲存焉；死亡貧苦，人之大惡存焉。故欲惡者，心之大端也。」

〔二〕而游子二句：游子，吕向注：「謂游宦之子也。」史記高祖紀：「游子悲故鄉。」殉，通徇。史記屈原賈生列傳「貪夫徇財，烈士徇名」集解引臣瓚曰：「以身從物曰徇。」論語衛靈公：「志士仁人，無求生以害仁，有殺身以成仁。」

〔三〕受生二句：莊子知北游「無知無能者，固人之所不免也」郭象注：「受生各有分也。」又駢拇「附贅縣疣，出乎形哉，而侈於性」釋文引王叔之曰：「性者，受生之質。」分，淮南子本經「各守其分」高誘注：「猶界也。」案：受生，猶言禀性。二句連上文，意謂人皆有所惡、有所欲，而游宦者追求高位，志士念想垂名，人之禀性，不過如此而已。

〔四〕夫蓋世四句：史記項羽紀：「於是項王乃悲歌忼慨，自爲詩曰：『力拔山兮氣蓋世。』」淮陰侯傳蒯通説韓信曰：「今足下戴震主之威，挾不賞之功。……夫勢在人臣之位，而有震主之威，名高天下。」

〔五〕率意：任意，見文賦「或率意而寡尤」注。

〔六〕借使五句：頗，略，少。周易謙象：「天道虧盈而益謙。」盡不可益，謂所求之欲望名位已至極處。老子九章：「持而盈之，不如其已。」賈誼吊屈原文：「鳳漂漂其高逝兮，固自引而遠去。」揖，說文手部：「攘也。」段玉裁注：「鄭禮注云『推手曰揖』，凡拱其手使前曰揖。」說文又曰：「攘，推也。」段注：「推手使前也。古推讓字如此作。」後漢書劉祐傳延篤貽祐書：「延陵高揖，華夏仰風。」

〔七〕則巍巍二句：論語泰伯：「巍巍乎其有成功也。」邈，謂遠過之。文選陸機謝平原内史表「顧邈同列」李善注引臣瓚漢書注：「邈，凌邈也。」洋洋，詩衛風碩人「河水洋洋」毛傳：「盛大也。」

〔八〕而大欲四句：孟子梁惠王上：「將以求吾所大欲也。」莊子至樂：「天下有至樂無有哉？」節，荀子王霸「士大夫莫不敬節死制者矣」楊倞注：「忠義。」劭，小爾雅廣詁：「美也。」

〔九〕一簣句：論語子罕：「譬如爲山，未成一簣，止，吾止也。譬如平地，雖覆一簣，進，吾往也。」亹，同舋、釁。釁，左傳桓公八年「仇有釁」杜預注：「瑕隙也。」

〔一〇〕名編二句：劉良注：「編，次也。凶頑之條，謂書於史籍，有凶頑之名也。」猒，說文甘部：「飽也。」荼，詩邶風谷風「誰謂荼苦」毛傳：「苦菜也。」毒，說文屮部：「害人之草，往往而生。」荼毒，引申爲苦害之意。詩大雅桑柔：「民之貪亂，寧爲荼毒。」

世有豪士兮，遭國顛沛〔一〕。攝窮運之歸期，當衆通之所會〔二〕。苟時至而理盡，譬摧枯與振敗〔三〕。因天地以運動，恒才璪而功大〔四〕。於是禮極上典，服盡暉崇〔五〕。儀北辰以葺宇，實蘭室而桂宮〔六〕。撫玉衡於樞極，運萬物乎掌中〔七〕。伊天道之剛健，猶時至而必愆〔八〕。日罔中而弗昃，月何盈而不闕〔九〕。襲覆車之危軌，笑前乘之未完〔一〇〕。若知險而退止，趍歸蕃而自戢〔一一〕，推璇璣以長謝，顧萬邦而高揖〔一二〕，託浮雲以邁志，豈咎吝之能集〔一三〕？擠爲山以自隕，嘆禍至於何及〔一四〕！藝文類聚卷二十四

【校】

摧枯與：「與」，陸本、影宋本作「而」。

葺宇：「葺」，文淵閣四庫全書本作「胥」。

不闕：「闕」，影宋本作「闌」。

萬邦：「邦」，陸本、影宋本作「物」。

【箋注】

〔一〕遭國句：晉惠帝即位以來，政亂朝昏。后族宗室，争鬥不已。永康元年（三〇〇），趙王倫廢賈后，誅殺大臣張華、裴頠等。次年，乃逼惠帝禪位於己。「遭國顛沛」謂此。

〔二〕攝窮運二句：攝，儀禮士喪禮「横攝之」鄭玄注：「持也。」窮運之歸期，謂窮盡之運歸極之時。范曄後漢書獻帝紀論：「此亦窮運之歸乎？」或即用陸機語。李賢注：「斯亦窮盡之

運歸於此時乎？言不可復振也。」周易繫辭上：「窮則變，變則通。」二句謂把握氣運窮盡之時機，適值衆多因素皆順通無礙之時勢運會。

〔三〕苟時至二句：時至理盡，即序中所謂「時啓於天，理盡於民」。漢書異姓諸侯王表：「摧枯朽者易爲力。」振，荀子王霸「猶振槁然」楊倞注：「擊也。」

〔四〕因天地二句：國語越語下：「因天地之常，與之俱行。」璅，通「瑣」，小也。

〔五〕於是禮極二句：謂享受最上等之禮制，服用極盡輝耀崇高。晉書齊王冏傳：「惠帝反正，冏誅討賊黨既畢，率衆入洛。……天子就拜大司馬，加九錫之命，備物典策，如宣、景、文、武輔魏故事。」

〔六〕儀北辰二句：儀，國語周語下「儀之於民」韋昭注：「準也。」北辰，北極星，喻帝居，此指宮禁而言。晉書齊王冏傳：「大築第館，北取五穀市，南開諸署，毀壞廬舍以百數。使大匠營制，與西宮等。」西宮謂晉帝宮禁。資治通鑑卷八十四晉紀六「相國倫與孫秀使牙門趙奉詐傳宣帝神語，云倫宜早入西宮」胡三省注：「時倫以東宮爲相國府，謂禁中爲西宮。」參王鳴盛十七史商榷卷四十九「東宮西宮」條。蘭室、桂宮，蘭、桂皆美稱。西漢長安有桂宮。班固西都賦：「自未央而連桂宮。」案：晉書嵇紹傳：「齊王冏既輔政，大興第舍，驕奢滋甚。紹以書諫曰：『夏禹以卑室稱美，唐虞以茅茨顯德。豐屋蔀家，無益危亡。竊承毀敗太樂以廣第舍，興造功力爲三王立宅，此豈今日之先急哉！今大事始定，萬姓顒顒，咸待覆潤，宜省起造之煩，深思謙損之理。』」是當時即有因此而諫者，可參看。

〔七〕撫玉衡二句：撫，禮記曲禮上「國君撫式」鄭玄注：「猶據也。」引申爲憑用之意。尚書堯典：「（舜）在璇璣玉衡，以齊七政。」（僞古文在舜典）史記天官書「旋璣玉衡」索隱引馬融曰：「璇，美玉也。機，渾天儀，可轉旋，故曰機。衡，其中横筩。以璇爲機，以玉爲衡。」撫玉衡，謂治理天下，行帝王之事。後漢書安帝紀：「詔曰：昔在帝王，承天理民，莫不據琁機玉衡，以齊七政。」樞極，北極星。以其居有常所，在天之中，衆星拱之，故稱。晉書天文志：「北極，北辰，最尊者也。其紐星，天之樞也。天運無窮，三光迭耀，而極星不移，故曰『居其所而衆星共之』。」喻帝所。蔡邕太傅文恭侯胡公碑：「綢繆樞極。」東方朔答客難：「動發舉事，猶運之掌。」

〔八〕伊天道二句：莊子天道：「天道運而無所積。」周易乾文言：「大哉乾乎，剛健中正，純粹精也。」説卦：「乾爲天。」愆，爾雅釋言：「過也。」

〔九〕日昃中二句：昃，説文日部：「日在西方時側也。」周易豐象：「日中則昃，月盈則食。天地盈虚，與時消息，而況於人乎？況於鬼神乎？」二句即上文「時至必愆」意。

〔一〇〕襲覆車二句：賈誼陳政事疏引諺：「前車覆，後車誡。」又曰：「秦世之所以亟絶者，其轍迹可見也。然而不避，是後車又將覆也。」軌，楚辭九嘆思古「復往軌於初古」王逸注：「車轍也。」完，荀子王制「尚完利」楊倞注：「堅也。」案：晉書王豹傳：「齊王冏爲大司馬，以豹爲主簿。冏驕縱，失天下心，豹致箋於冏曰：『……今公克平禍亂，安國定家，故復因前傾敗之法，尋中間覆車之軌，欲冀長存，非所敢聞。』」亦有「覆車」之語。

〔一一〕若知險二句：周易蒙彖：「險而止。」漢書彭宣傳贊：「見險而止，異乎苟患失之者矣。」趍，同趨。蕃，通藩。説文艸部：「藩，屏也。」諸侯爲天子藩屏。歸藩，謂諸王離開京師，歸往封地或出鎮之所。戢，小爾雅廣言：「斂也。」案：王豹與齊王冏箋、重與齊王冏箋皆言歸藩，其重箋云：「今若從豹此策，皆遣王侯之國，北與成都（成都王穎）分河爲伯，成都在鄴，明公都宛，寬方千里，以與圻内侯伯子男，小大相率，結好要盟，同奬皇家。」又晉書齊王冏傳曰：「冏驕恣日甚，終無悛志。前賊曹屬孫惠復上諫曰：『……今公宜放桓文之勛，邁臧札之風……崇親推近，功遂身退，委萬幾於二王，命方岳於群后，耀義讓之旗，鳴思歸之鑾，宅大齊之墟，振泱泱之風，垂拱青徐之域，高枕營丘之藩。』」是當時多有勸司馬冏歸藩者。

〔一二〕推璇璣二句：璇璣，見上文「撫玉衡」句注。謝，説文言部：「辭去也。」顧，詩檜風匪風「顧瞻周道」鄭玄箋：「迴首曰顧。」高揖，見上文「高揖而退」注。

〔一三〕託浮雲二句：班固答賓戲：「仲尼抗浮雲之志。」曹丕永思賦：「願託乘於浮雲。」傅玄班婕好畫贊：「退身避害，志邈浮雲。」邁，説文辵部：「遠行也。」引申爲遠意。咎，説文人部：「灾也。」吝，周易屯六三「往吝」釋文引馬融曰：「恨也。」後漢書張奂傳奂遺命：「庶無咎吝。」

〔一四〕擠爲山二句：擠，通躋。説文足部：「躋，登也。」此謂功業已建，猶如爲山而登之，而復自山上隕落。本集卷九弔魏武帝文亦有「擠爲山乎九天」語。參王念孫讀書雜志餘編下卷文選「擠爲山乎九天」條。國語晉語：「若大難至而恤之，其何及矣！」

【集評】

何焯義門讀書記卷四十九：（豪士賦序）當時之體，然懇切動聽。○（「廣樹恩」二句）驚心動魄之言。

劉知幾史通探賾：若齊冏失德，豪士於焉作賦。

俞瑒評：文體圓折，有似連珠，但嫌紆緩，然自是對偶文章之先聲。聲韻未諧而氣醇力厚，未易及也。○對偶文能入議論，轉折盡致，陸宣公頗祖此。（見浙江圖書館藏清抄本昭明文選）

李兆洛駢體文鈔卷二十一：（豪士賦序）此士龍所謂清新相接者也。神理亦何減鄒、枚。

譚獻評：（豪士賦序）頓挫回薄，意在言外，不當僅賞其清新。○鄒、枚隱顯激射處不易至。（見駢體文鈔卷二十一）

李詳愧生叢録卷二：劉知幾史通，……又熟精文選，或用其成句，或檃括其語。……如……書事篇：「笑他人之未工，忘已事之已拙。」（陸機豪士賦序）

駱鴻凱文選學附編二：士衡文細意極富，襯筆極多，而又運以潛氣，織以琦辭，自非静志研尋，不能得其脉絡。此文分析不過五大段，而每段皆以三四細意襯出之。自史記伯夷列傳外，用襯筆之衆，未有類此文者也。學者誠能熟讀而精思之，豈有不能用筆不能達意之患乎？

瓜賦〔一〕

佳哉瓜之爲德〔二〕，邈衆果而莫賢。殷中和之淳祜，播滋榮於甫田〔三〕。背芳春以初載，迎朱夏而自延〔四〕。奮修系之莫莫，邁秀瓞之綿綿〔五〕。赴廣武以長蔓，粲烟接以雲連〔六〕。感嘉時而促節〔七〕，蒙惠露而增鮮。若乃紛敷雜錯，鬱悦婆娑〔八〕，發彼適此，迭相經過。熙朗日以熠耀〔九〕，扇和風其如波。有葛虆之覃及，象椒聊之衆多〔一〇〕。發金榮於秀翹〔一一〕，結玉實於柔柯。蔽翠景以自育，綴修莖而星羅。夫其種族類數，則有括樓〔一二〕、定桃，黄㼒〔一三〕、白傳，金叉〔一四〕、蜜筩〔一五〕，小青、大班，玄骭、素椀，狸首、虎蹯〔一六〕。東陵出於秦谷，桂髓起於巫山〔一七〕。五色比象〔一八〕，殊形異端。或濟貌以表内，或惠心而醜顔〔一九〕。或攄文而抱緑，或披素而懷丹〔二〇〕。氣洪細而俱芬，體修短而必圓。芳郁烈其充堂，味窮理而不䬼〔二一〕。德弘濟於飢渴，道殷流於貴賤〔二二〕。若夫濯以寒水，淬以夏凌〔二三〕。越氣外斂〔二四〕，温液密凝。體猶握虚，離若剖

冰〔二五〕。四部叢刊影印陸元大刊陸士衡文集卷一（係拼合藝文類聚卷八十七、初學記卷二十八）

【校】

淳祜：「祜」，影宋本、初學記卷二十八、事類賦注卷二十七作「祐」。

莫莫：原作「莫邁」，據初學記卷二十八、事類賦注卷二十七改。

邁秀颮句：「邁」，原作「延」，據初學記卷二十八、事類賦注卷二十七改。「颮」，事類賦注卷二十七作「體」。又，「奮修系」二句，事類賦注卷二十七在「赴廣武」二句下。

烟接：事類賦注卷二十七作「烻槁」。

惠霑：「霑」，初學記卷二十八作「露」。

熠耀：初學記卷二十八作「熠熠」。

覃及：「覃」，原作「簟」，據影宋本、初學記卷二十八改。

象椒聊：「象」，原作「相」，據影宋本、初學記卷二十八改。錢培名云：「古通。」

括樓：「括」，影宋本初學記卷二十八、太平御覽卷九百七十八作「栝」。「樓」，排印本初學記卷二十八作「蔞」。字并通。

定桃：「桃」，廣雅釋草王念孫疏證引作「陶」，蓋以爲以産地爲名也。

白傳：「傳」，影宋本初學記卷二十八作「縛」，排印本初學記卷二十八作「搏」，太平御覽卷九百七十八作「摶」，疑作「摶」是。「摶」、「團」通。楚辭九章橘頌：「圓果團兮。」「摶」乃「摶」之誤字。

金叉：「叉」，原作「文」，據藝文類聚卷八十七改。太平御覽卷九百七十八、事類賦注卷二十七作「釵」。按「叉」或「釵」與下「蜜筩」之「筩」對，皆借器物名之，「文」字誤。

蜜筩：「蜜」，原作「密」，據影宋本、藝文類聚卷八十七、初學記卷二十八、太平御覽卷九百七十八改。

大班：「班」，七十二家集作「斑」。「斑」、「班」通。

素椀：「椀」，影宋本初學記卷二十八、太平御覽卷九百七十八、事類賦注卷二十七作「腕」。按「玄骭」與「素腕」爲對，疑作「腕」是。文苑英華卷三百五十二七召：「瓜稱素腕之美，東有細腰之質。」「腕」與「腰」對，亦可爲旁證。藝文類聚卷八十七引廣志：「有魚瓜、狸頭瓜、蜜筩瓜、女臂瓜。」「素腕」意近「女臂」。

而抱緑：「而」，藝文類聚卷八十七、初學記卷二十八作「以」。

殷流於：「於」，原作「而」，據影宋本、藝文類聚卷八十七改。

【箋注】

〔一〕魏晋時劉楨、傅玄、張載、嵇含均有瓜賦之作，今皆只存殘篇。

〔二〕佳哉句：德，猶言品格。論語雍也：「子曰：中庸之爲德也，其至矣乎！」

〔三〕殷中和二句：殷，周易豫象「殷薦之上帝」釋文引馬融：「盛也。」中和，禮記中庸：「中也者，天下之大本也；和也者，天下之達道也。致中和，天地位焉，萬物育焉。」春秋繁露循天之道：「能以中和理天下者，其德大盛；能以中和養其身者，其壽極命。」白虎通五行：「土味所以甘何？中央者，中和也，故甘，猶五味以甘爲主也。」案：古人極重中和，此言瓜盛得中和之氣，其味甘美平和而不偏於鹹、酸、苦、辛，爲五味之主。傅玄瓜賦云：「質兼五味。」亦此意。淳，淮南子齊俗「澆天下之淳」許慎注：「厚也。」祜，禮記禮運「承天之祜」鄭玄注：「福也，福之言備也。」王粲太廟頌：「收醇祜。」曹植離繳雁賦：「含中和之純氣兮。」淳、醇、純并通。史游急就章：「風雨時節，莫不滋榮。」詩齊風甫田：「無田甫田」毛傳：「甫，大也。」

〔四〕背芳春二句：載，文選干寶晋紀總論「懷帝初載」李善注：「猶生也。」詩大雅大明：「文王初載。」朱夏，爾雅釋天：「夏爲朱明。」郭璞注：「氣赤而光明。」曹植槐賦：「在季春以初茂，踐朱夏而乃繁。」

〔五〕奮修系二句：系，疑當作「糸」。説文糸部：「細絲也。象束絲之形。」此喻瓜蔓之初生者。詩大雅旱麓：「莫莫葛藟，施于條枚」毛傳：「莫莫，施貌。」謂蔓延也。秀，廣雅釋詁：「琇，美也。」王念孫疏證：「琇，通作秀。」瓞，瓜蔓近根本處所結之瓜，必小於先歲之大瓜，稱作瓞。詩大雅綿：「綿綿瓜瓞。」毛傳：「綿綿，不絕貌。」

〔六〕赴廣武二句：赴，説文走部：「趨也。」謂疾走。武，步也。國語周語下「步武尺寸之間」韋昭注：「六尺爲步，賈君（逵）以半步爲武。」廣武，猶大步，與「長蔓」相對。上句言其生長之迅速，下句狀其敷布之廣漠。赴、粲下皆小頓。

〔七〕感嘉時句：節，淮南子主術「執節於掌握之間」高誘注：「策也。」促節，猶言加鞭疾驅。文選司馬相如上林賦：「侵淫促節。」此句謂瓜感春夏嘉時而迅速生長。又，節或指瓜蔓分支生葉處。

〔八〕若乃二句：王褒洞簫賦：「標敷紛以扶疏。」李善注：「敷紛，茂盛。」紛敷即敷紛。欝悦，生氣勃發貌。婆娑，爾雅釋訓：「舞也。」郭璞注：「舞者之容。」此形容葉蔓摇動姿態之美。

〔九〕熙：爾雅釋詁：「光也。」

〔一〇〕有葛二句：有，若。（參吴昌瑩經詞衍釋卷三、裴學海古書虚字集釋卷二）虆，通藟。藟，陸機（字元恪，非本集之陸機）毛詩草木鳥獸蟲魚疏「莫莫葛藟」條：「似燕薁，亦延蔓生。葉如艾，白色。其子赤，可食，酢而不美。」爾雅釋木：「諸慮，山櫐。」郭璞注：「今江東呼櫐爲藤，似葛而粗大。」藟、櫐同。藟似葛，故古人多葛、藟并稱。詩周南樛木：「葛藟纍之。」葛覃：「葛之覃兮。」毛傳：「覃，延也。」大雅蕩：「覃及鬼方。」唐風椒聊：「椒聊之實，蕃衍盈升。」毛詩草木鳥獸蟲魚疏「椒聊之實」條：「椒聊，聊，語助也。椒樹似茱萸，有針刺，莖葉堅而滑澤。蜀人作茶，吴人作茗，皆合煮其葉以爲香。今成皋諸山間有椒，謂之竹葉椒，其樹亦如蜀椒，少毒熱，不中合藥也，可著飲食中，又用蒸鷄豚，最佳香。東海諸島上亦有椒樹，枝葉皆相似，子長而不圓，甚香，其味似橘皮。島上麞鹿食此椒葉，其肉自然作椒橘香也。」

〔一二〕發金榮句：秀，廣雅釋詁：「出也。」翹，廣雅釋詁：「舉也。」此句言黄花開放於挺生上指之柔蔓頂端。

〔一三〕括樓：爾雅釋草：「果贏之實，栝樓。」郭璞注：「今齊人呼之爲天瓜。」邢昺疏引本草曰：「栝樓，葉如瓜葉形，兩兩相值，蔓延，青黑色。六月華，七月實，如瓜瓣。」括樓即栝樓。其實今名瓜蔞仁，根名天花粉，皆可入藥。

〔一四〕黄甗：廣雅釋草載瓜名有白甗，王念孫疏證：「白甗，甗子之白者，其黄者謂之黄甗。」

〔一五〕金叉：太平御覽卷九百七十八引裴淵廣州記：「有瓜冬熟，號爲金釵（原誤作叙），味乃甜美。」

〔一六〕蜜筩：見於廣雅釋草、傅玄、張載瓜賦。筩，説文竹部：「斷竹也。」

〔一七〕狸首、虎蹯：狸頭、虎掌見於廣雅釋草，狸首見於傅玄瓜賦，虎掌見於張載瓜賦、夏侯湛梁田賦，皆魏晋時瓜名。

〔一七〕東陵二句：史記蕭相國世家：「召平者，故秦東陵侯。秦破，爲布衣，貧，種瓜於長安城東。瓜美，故世俗謂之『東陵瓜』，從召平以爲名也。」漢書儒林傳顔師古注引衛宏詔定古文官書序：「（秦始皇）乃密令冬種瓜於驪山坑谷中溫處。」桂髓，未詳。廣雅釋草載瓜名有桂支，張載瓜賦有桂枝，藝文類聚卷八十七引廣志云：「有桂枝瓜，長二尺餘。蜀地溫，食瓜至冬熟。」未知桂髓即桂枝否。蓋以其香氣如桂，故名。

〔一八〕五色句：比，禮記少儀「適有喪者曰比」鄭玄注：「猶比方。」象，周易繫辭下：「象也者，像也。」左傳桓公二年：「五色比象，昭其物也。」阮籍詠懷：「昔聞東陵瓜……五色曜朝日。」

〔一九〕或濟貌二句：濟，猶濟濟。詩齊風載驅「四驪濟濟」毛傳：「濟濟，美貌。」惠，文選陸機日出東南隅「惠心清且閑」呂延濟注：「好也。」周易益九五：「有孚惠心。」

〔二〇〕或攄文二句：攄，廣雅釋詁：「舒也。」文，文采。劉楨瓜賦：「素肌丹瓤。」二句言瓜之表裏之文章色彩。

〔二一〕味窮句：理，謂瓜肉之紋理。劉楨瓜賦：「藍皮密理。」傅玄瓜賦：「細肌密理。」周易說卦：「窮理盡性。」䬼，說文食部：「猒也。」段玉裁注：「按猒，飽也；䬼則有猒棄之意。」傅玄瓜賦：「食之不䬼。」案：理字雙關，以窮究物理爲喻。

〔二二〕德弘二句：張載瓜賦：「論實比德，孰大於斯。」尚書顧命：「弘濟于艱難。」後漢書袁譚傳劉表以書諫譚：「禍難殷流。」莊子秋水：「以道觀之，物無貴賤。」知北游云道「無所不在」，「在螻蟻」，「在稊稗」，「在瓦甓」，「在屎溺」。是道之所在不避貴賤也。此借以喻瓜。

〔二三〕若夫二句：曹丕與朝歌令吳質書：「浮甘瓜於清泉，沉朱李於寒水。」淬，說文水部：「滅火器也。」王筠説文釋例卷七：「正謂以器盛水，滅刀之火，以堅其刃也。」此謂置瓜於冰以冷卻之。凌，冰。古代冬日沍寒之時取冰藏於冰室，至春日開啓而用之，夏則頒賜臣下。周禮天官凌人：「夏頒冰。」

〔二四〕越氣句：越：爾雅釋言：「揚也。」此句謂瓜之氣發散，因遇寒而收斂。

〔二五〕體猶二句：易林離之家人：「抱空握虚。」離，儀禮士冠禮「離肺實于鼎」鄭玄注：「割也。」二句形容瓜體内冷凝結冰之狀。

思親賦

悲桑梓之悠曠，愧蒸嘗之弗營〔一〕。指南雲以寄款，望歸風而效誠〔二〕。年歲俄其聿暮，明星爛而將清〔三〕。迴飆肅以長赴，零雪紛其下頹〔四〕。羨纖枝之在幹，悼落葉之去枝〔五〕。在顧復之遺志，感明發之所懷〔六〕。居辭安而厭苦，養引約而摧豐〔七〕。忘天命之晚暮，願鞠子之速融〔八〕。兄瓊芳而蕙茂，弟蘭發而玉暉〔九〕。感瑰姿之晚就，痛慈景之先違〔一〇〕。天步悠長，人道短矣〔一一〕。異途同歸，無早晚矣〔一二〕。

藝文類聚卷二十

【校】

寄款：「款」，陸本、古文苑卷七作「欽」。

去枚：「枚」，陸本、影宋本、古文苑卷七、初學記卷十七作「枝」。按「枚」於廣韻屬灰部，「頹」、「懷」屬皆部，魏晉時爲同韻部之字；「枝」則屬支部出韻，且與上句「纖枝」字複。作「枚」是。（參周祖謨魏晉宋時期詩文韻部的演變）

在顧復句：「在」，陸本、影宋本、古文苑卷七、初學記卷十七作「存」，「在」、「存」通。「志」原作「忘」，據陸本、影宋本、古文苑卷七、初學記卷十七改。

晚暮：「暮」，原作「慕」，據陸本改。

【箋注】

〔一〕悲桑梓二句：詩小雅小弁：「維桑與梓，必恭敬止。」毛傳：「父之所樹，己尚不敢不恭敬。」案：傳意桑梓乃父之所植，而後世遂以之指代故里。張衡南都賦：「永世克孝，懷桑梓焉。真人南巡，睹舊里焉。」參顧炎武日知録卷三十二「桑梓」條。禮記祭統：「凡祭有四時，春祭曰礿，夏祭曰禘，秋祭曰嘗，冬祭曰烝。」蒸、烝通。此泛指祭親。

〔二〕指南雲二句：楚辭九章思美人：「願寄言於浮雲兮。」款，史記司馬相如傳「謁款天神」裴駰集解引漢書音義：「誠也。」張衡舞賦：「驚雄逝兮孤雌翔，臨歸風兮思故鄉。」

〔三〕年歲二句：俄，公羊傳桓公二年「俄而可以爲其有矣」何休注：「謂須臾之間。」聿，助詞，無義。詩小雅小明：「曷云其還，歲聿云莫。」莫、暮古今字。蔡琰悲憤詩：「歲聿暮兮時邁征。」詩鄭風女曰鷄鳴：「明星有爛。」謂啓明星爛然，日尚未出。清，清旦，清晨。呂氏春秋去宥：「清旦被衣冠。」

〔四〕迴飆二句：楚辭惜誓：「託回飆乎尚羊。」零雪，落雪，見本卷感時賦「墜零雪之揮霍」注。

〔五〕枚：說文木部：「幹也。」

〔六〕在顧復二句：在，爾雅釋詁：「存也。」此言存想。詩小雅蓼莪：「父兮生我，母兮鞠我，拊我畜我，長我育我，顧我復我，出入腹我。」鄭箋：「顧，旋視也；復，反覆也。」謂父母顧望殷勤於其子。詩小雅小宛：「我心憂傷，念昔先人。明發不寐，有懷二人。」孔疏：「我從夕至明開發以來不能寢寐。……人之道，夜則當寐。言明發以來不寐，以此故知從夕至旦常不寐也。」據孔疏，暗夜開發，天色已明，謂之明發。明發之時尚未寢寐，故知自夕至旦徹夜不寐也。禮記祭義引「明發」二句，鄭玄注：「明發不寐，謂夜而至旦也。二人，謂父母。」

〔七〕居辭安二句：厭，呂氏春秋懷寵「求索無厭」高誘注：「足也。」摧，廣雅釋詁：「推也。」潘岳楊荆州誄：「君子之過，引曲推直。」

〔八〕忘天命二句：天命，自然壽命。漢書宣帝紀詔曰：「拘執囹圄，不終天命。」鞠，爾雅釋言：「稚也。」尚書康誥：「兄亦不念鞠子哀。」融，爾雅釋詁：「長也。」又國語鄭語「故命之曰祝融」韋昭注：「明也。」

〔九〕兄瓊二句：楚辭九歌東皇太一：「盍將把兮瓊芳。」崔駰七依：「雪白玉暉。」古文苑章樵注連下二句釋云：「言（陸機）兄弟才美相映，所恨成就之晚，不及奉養其慈親。猶曾子得祿三千鍾而悲也。」案：此泛指陸氏兄弟諸人，不必泥於某兄某弟。又，若以此二句承上而言，則謂慈親盼望稚子迅速成長，願兄及弟皆如蘭蕙瓊玉。

〔一〇〕感瑰姿二句：宋玉神女賦：「瑰姿瑋態。」違，説文辵部：「離也。」

〔一一〕天步二句：詩小雅白華：「天步艱難。」毛傳：「步，行。」左傳昭公十八年：「天道遠，人道邇，非所及也。」班固幽通賦：「道修長而世短兮。」曹大家注：「言天道長遠，人世促短。」

〔一二〕異途二句：周易繫辭下：「天下同歸而殊途。」二句言將從先人於地下。

【集評】

楊慎升庵詩話卷七：詩人多用「南雲」字，不知所出。或以爲江總「心逐南雲去，身隨北雁來」爲始，非也。陸機思親賦云：「指南雲以寄欽，望歸風而效誠。」陸雲九愍云：「眷南雲以興悲，蒙東雨而涕零。」蓋又先於江總矣。

陸機集卷第二

賦二

遂志賦〔一〕并序

昔崔篆作詩，以明道述志，而馮衍又作顯志賦，班固作幽通賦〔二〕，皆相依仿焉。張衡思玄，蔡邕玄表，張叔哀系〔三〕，此前世之可得言者也。崔氏簡而有情，顯志壯而泛濫，哀系俗而時靡〔四〕，玄表雅而微素。思玄精練而和惠，欲麗前人，而優游清典，漏幽通矣〔五〕。班生彬彬，切而不絞，哀而不怨矣〔六〕。崔、蔡沖虚温敏，雅人之屬也〔七〕。衍抑揚頓挫，怨之徒也。豈亦窮達異事，而聲爲情變乎？余備託作者之末〔八〕，聊復用心焉。

【校】

和惠：「和」，原作「何」，據陸本改。

【箋注】

〔一〕遂，廣雅釋詁：「竟也。」周易困象：「君子以致命遂志。」謂君子雖處困境，亦必守道不回，終竟其志。

〔二〕昔崔篆四句：崔篆，涿郡安平人。王莽時爲建新大尹，有仁政，後稱疾去。兄發，以佞巧幸於莽，位至大司空。母師氏，能通經學百家之言，莽寵以殊禮，賜號義成夫人，顯於新世。建武初，朝廷多薦言之者，篆自以宗門受莽僞寵，慚愧漢朝，遂辭歸不仕。臨終作賦以自悼，名慰志云。其賦見後漢書崔駰傳，乃楚辭體。作詩，即指作慰志賦。班固兩都賦序：「賦者，古詩之流也。」故賦或稱爲詩。屈原九章悲回風「竊賦詩之所明」，嚴忌哀時命「杼中情而屬詩」，王褒九懷陶壅「撫軾嘆兮作詩」，劉向九嘆遠逝「舒情敶詩」，皆指所作辭賦而言。馮衍，字敬通，京兆杜陵人。王莽時，亡命河東。更始時，爲狼孟長。光武帝劉秀即位，遣使者招降，衍不從。後審知更始已歿，乃罷兵歸降。光武怨其不早至，故獨見黜。後爲曲陽令，雖有功，且上書言事，以讒毀故，終受排擯，又因交結外戚獲罪，乃歸故里，閉門自保，作顯志賦以自厲。賦載後漢書本傳。班固幽通賦，載漢書叙傳及文選。漢書叙傳：「作幽通之賦，以致命遂志。」

〔三〕張衡三句：後漢書張衡傳：「後遷侍中，帝引在帷幄，諷議左右。嘗問衡天下所疾惡者，宦官懼其毀己，皆共目之。衡乃詭對而出。閹豎恐終爲其患，遂共讒之。衡常思圖身之事，以爲吉凶倚伏，幽微難明，乃作思玄賦，以宣寄情志。」賦載後漢書本傳及文選。蔡邕玄表，今僅存佚句，見於文選謝朓拜中軍記室辭隨王箋李善注所引。張叔，疑當作張升，「升」形誤爲「叔」。參錢大昕潛研堂集卷七答問四。張升，字彦真，陳留尉氏人。遇黨錮去官，後被殺。後漢書有傳。哀系已佚。

〔四〕靡：廣雅釋言：「麗也。」

〔五〕思玄四句：惠，爾雅釋言：「順也。」漏，藝文類聚汪紹楹校：「疑當作『陋』。」案：漏、陋通，古書中其例甚多。詩大雅抑「尚不愧于屋漏」，孔疏云「在室不愧屋陋者」云云，是以漏爲陋也。鄭箋：「漏，隱也。」孔疏曰：「釋言文。」今本爾雅釋言實作「陋，隱也」，是亦「漏」、「陋」相通之證。郝懿行爾雅義疏：「陋者，説文云『阸狹也』，阸狹亦隱蔽之義。」是「陋」、「漏」有隱僻、狹隘之義。參王念孫讀書雜志卷八之二荀子「窮閻漏屋」條。四句謂思玄之作精練和順，而作者意欲比前人寫得更加美麗，若與幽通相較，則失之隱僻，究不如幽通之雍容典雅。思玄賦歸結於逍遥六藝、老氏之圃，修養道德而不恤人之莫吾知，可謂無狷急之態，但其寫法效仿離騷而縟麗過之，描畫遠騖八荒、浮游上征情景，言玉女、宓妃蠱媚清歌之狀，頗有如班固所謂「虚無之語」，「非法度之政、經義所載」者，故譏其隱僻云。漢書匈奴傳贊：

「(董)仲舒之言，漏於是矣。」

〔六〕班生三句：論語雍也：「文質彬彬，然後君子。」集解引包咸曰：「彬彬，文質相半之貌。」此謂文采、質素相配合，恰到好處。切而不絞，謂切直而不過分。哀而不怨，謂哀傷而不怨怒，亦不過分之意。論語八佾：「子曰：『關雎樂而不淫，哀而不傷。』」集解引孔安國曰：「言其和也。」

〔七〕崔蔡二句：沖，文選左思魏都賦「帝德沖矣」李善注引字書：「虛也。」三國志魏書王衛二劉傅傳評曰：「然其(粲)沖虛德宇，未若徐幹之粹也。」曹丕煌煌京洛行：「嗟彼郭生，古之雅人。」繁欽禄里先生訓：「處則抗區外之志，出則規非常之功，實哲士之高趣，雅人之遠圖。」

〔八〕備託：謙辭，言寄身其列以備數。

武定鼎於洛汭，胡受瑞於汝墳〔一〕。繇鳴鳳於百祀，啓敬仲乎方震〔二〕。苟天光之所炤，豈舜族其必陳〔三〕？厭禋祀於故墟，饗禴祭于東鄰〔四〕。禰八葉而松茂，舞九韶乎降神〔五〕。系姜叟於海曲，表滄流以遠震〔六〕。仰前踪之綿邈，豈孤人之能胄〔七〕？匪世禄之敢懷，傷兹堂之不構〔八〕。理或睽而後合，道有夷而弗順〔九〕。傳棲巖而神交，伊荷鼎以自進〔一〇〕。蕭綢繆於豐沛，故攀龍而先躍〔一一〕。陳傾覆於楚魏，亦陵霄以自濯〔一二〕。伍被刑而服劍，魏和戎而擁樂〔一三〕。彼殊塗而并致，此同川而偏溺〔一四〕。禍無景而易逢，福有時而難學〔一五〕。惟萬物之運動，雖紛糾而相襲，隨性類以曲成，故圓行而方立〔一六〕。要信心而委命，援前修以自呈〔一七〕。擬遺迹於成軌，詠新曲於故聲〔一八〕。任窮達以逝止，亦進仕而退耕〔一九〕。庶斯言之不渝，抱耿介以成名〔二〇〕。

藝文類聚卷二十六

【校】

其必陳：「其」，陸本、影宋本作「之」。

傾覆：陸本、影宋本作「頓委」。

惟萬物：「惟」，影宋本作「推」。

隨性類：「類」，北堂書鈔卷九十九作「命」。

自呈：「呈」，陸本、影宋本作「程」，「呈」、「程」通。

【箋注】

〔一〕武定鼎二句：武，周武王。定鼎，謂周遷商鼎於東都洛邑。三代以九鼎爲王權之象徵。左傳宣公三年：「昔夏之方有德也，遠方圖物，貢金九牧，鑄鼎象物。……桀有昏德，鼎遷于商，載祀六百。商紂暴虐，鼎遷于周。……成王定鼎于郟鄏，卜世三十，卜年七百，天所命也。」定鼎在成王時周、召二公營洛邑後，而實繼承武王之意。逸周書度邑解載武王云：「自洛汭延于伊汭，居陽無固，其有夏之居。我南望過于三塗，我北望過于有嶽鄙，顧瞻過于河，宛瞻于伊洛，無遠天室。」即有意於營治東都。故左傳桓公二年云：「武王克商，遷九鼎於洛邑。」史記周本紀云：「成王在豐，使召公復營洛邑，如武王之意。周公復卜，申視，卒營築，居九鼎焉。」汭，尚書召誥「攻位於洛汭」孔疏引鄭玄：「隈曲中也。」洛水東北流入黄河，洛汭指洛水之北、黄河以南二水相交處。由洛水以北南望，則洛邑在水隈曲之内。其地在今河南洛陽一帶。胡，胡公，名滿，虞舜之後。其父爲周陶正，武王遂以長女配胡公，賜姓嬀，封於陳，以奉舜祀。見左傳襄公二十五年、昭公八年。瑞，説文玉部：「以玉爲信也。」謂珪、璧、琮、璜、璋，天子頒賜公、侯等作爲符信，朝覲、聘問等場合用之。詩周南汝墳：「遵彼汝墳。」毛傳：「汝，水名也。墳，大防也。」孔疏引李巡曰：「墳，謂厓岸狀如墳墓，名大防也。」陳國都宛丘，即今河南淮陽。有今河南東部及安徽一部分，西與蔡鄰，在汝、潁之間。

〔一一〕繇鳴鳳二句：繇，班固典引「悉經五繇之碩慮矣」蔡邕注：「占也。」左傳莊公二十二年載，陳大夫懿氏欲嫁女與陳公子完敬仲，卜之，其辭曰：「是謂鳳皇于飛，和鳴鏘鏘。有嬀之後，將育于姜。五世其昌，并于正卿。八世之後，莫之與京。」後陳國内亂，敬仲奔齊，齊桓公以爲賢，使爲工正。後陳爲楚所滅，而敬仲後世逐漸强大，至陳常，乃弑齊簡公而專齊政；常曾孫和遂遷齊康公於海上而自立爲侯。百祀，享後人祭祀至於百世。左傳昭公八年載史趙之言曰：「陳，顓頊之族也。……且陳氏得政于齊，而後陳卒亡。……舜重之以明德。……及胡公不淫，故周賜之姓，使祀虞帝。臣聞盛德必百世祀。虞之世數未也，繼守將在齊，其兆既存矣。」謂陳氏將盛大於齊，即使將來陳國滅亡，陳氏之在齊者亦足以存虞百世之祀。史記太史公自序：「百世享祀，爰周、陳、杞。」啓，開。方震，即震方，倒文協韻。周易説卦：「震，東方也。」齊在東，故云。

〔三〕苟天光二句：左傳莊公二十二年載，陳敬仲少時，周史筮之，遇觀之否。曰：「是謂『觀國之光，利用賓于王。』此其代陳有國乎？不在此，其在異國；非此其身，在其子孫。……有山之材，而照之以天光。……若在異國，必姜姓也。姜，大嶽之後也。……物莫能兩大。陳衰，此其昌乎？」炤，同「照」。二句謂陳氏蒙天之照耀，爲舜之後，奉祀其祖，不必定在陳國。

〔四〕厭禋祀二句：厭，詩齊風還序「從禽獸而無厭」釋文：「止也。」禋祀、禴祭，泛指祭祀。故墟，指陳國。東鄰，指齊國。周易既濟九五：「東鄰殺牛，不如西鄰之禴祭。」此借用其語。二句謂陳氏之祭享先人雖終止於故國，但在東鄰獲得繼續。

〔五〕禰八葉二句：禰，父廟，引申爲繼承之義。八葉，八世。八葉而茂，據懿氏卜辭「八世之後，莫之與京」而言。詩小雅斯干：「如松茂矣。」九韶，相傳爲舜樂。白虎通禮樂：「舜樂曰簫韶。」尚書臯陶謨：「簫韶九成，鳳皇來儀。」（僞古文在益稷）以其有九成（即九曲、九奏），故謂之九韶。論語述而：「子在齊聞韶，三月不知肉味，曰：『不圖爲樂之至於斯也！』」皇侃義疏引范甯曰：「夫韶乃大虞盡善之樂，齊，諸侯也，何得有之乎？曰：陳，舜之後也。樂在陳，陳敬仲竊以奔齊，故得僭之也。」降神，謂祭祀時禮備樂和，神靈歆享而來至。

〔六〕系姜叟二句：系，説文系部：「繫也。」此謂牽持之。姜叟，指齊康公。海曲，海畔偏僻處。史記田敬仲完世家載，敬仲裔孫和，遷齊康公於海上，求爲諸侯。周天子許之，乃立爲齊侯。左傳襄公十四年：「世胙大師，以表東海。」杜預注：「表，顯也。謂顯封東海，以報大師之功。」大師謂大公望姜尚。又左傳襄公二十九年：「表東海者，其大公乎？」杜預注：「大公封齊，爲東海之表式。」表滄流，猶表東海。遠震，謂震動遠方。陳和立爲齊侯之後，日益强盛。齊威王時，齊最强於諸侯，湣王時自稱東帝，諸侯恐懼。見史記田敬仲完世家。

〔七〕仰前蹤二句：前蹤綿邈，謂上文所述陸氏遠祖。陸氏爲敬仲之後。新唐書宰相世系表：「陸氏出自嬀姓。田完（案：即陳公子完敬仲）裔孫齊宣王少子通，字季達，封於平原般縣陸鄉，即陸終故地，因以氏焉。」又曰：「（通之曾孫）烈，字伯元，吴令、豫章都尉。既卒，吴人思之，迎其喪，葬於胥屏亭，子孫遂爲吴郡吴縣人。」孤人，陸機自謂。其父母已逝世，故稱。胄，説文肉部：「胤也。」謂子孫相繼。

〔八〕匪世禄二句：匪，非。詩小雅裳裳者華序：「古之仕者世禄。」孔疏：「古之仕於朝者，皆得世襲其禄。」楊惲報孫會宗書：「懷禄貪勢，不能自退。」尚書大誥：「若考作室，既厎法，厥子乃弗肯堂，矧肯構？」孔疏：「若父作室，營建基趾，既致法矣，其子乃不肯爲之堂，況肯構架成之乎？」堂構，喻繼承先人之事業。二句謂己非敢蒙先人餘蔭而貪戀其禄位，乃憂懼不能繼承先人之事業。

〔九〕理或二句：睽，廣雅釋言：「乖也。」謂乖離不合。夷，説文大部：「平也。」

〔一〇〕傅棲巖二句：傅，傅説。尚書説命序：「高宗夢得説，使百工營求諸野，得諸傅巖。」據史記殷本紀，是時説爲刑徒，版築於傅巖，故以傅爲其姓。殷高宗以爲相，國乃大治。伊，伊尹。史記殷本紀：「（伊尹）欲奸湯而無由，乃爲有莘氏媵臣，負鼎俎，以滋味説湯，致于王道。」

〔一一〕蕭綢繆二句：蕭，蕭何。綢繆，廣雅釋訓：「纏綿也。」此謂關係親密。三國志吴書胡綜傳綜僞爲吴質作降文：「恩義綢繆，有合無離。」豐沛，沛縣豐邑，其地今屬江蘇。漢書叙傳述樊酈滕灌傅靳周傳第十一：「攀龍附鳳，并乘天衢。」漢高祖劉邦、蕭何俱爲沛縣豐邑人，劉邦爲泗水亭長，蕭何爲沛主吏掾，常護佑之。及劉邦起事，何率宗人數十人從之，爲之監督庶事。漢定天下，論功封賞，群臣争功，歲餘不决。高祖排衆議，以蕭何功最盛，封爲酇侯，位次第一，後官至相國。

〔一二〕陳傾覆二句：陳，陳平。史記陳丞相世家載，秦末陳涉起義，立魏咎爲魏王，陳平往事之，進言而不納，人或讒之，乃亡去。後歸楚，觸怒項羽，懼誅，復仗劍亡去。渡河，船人疑其有金玉寶器，幾乎被殺。遂降漢。復爲諸將所讒，周勃、灌嬰言其盗嫂受金，乃反覆亂臣，漢王亦疑之。而終於獲取信任，屢出奇計立功，封曲逆侯，爲左丞相。漢書張陳王周傳贊：「（陳平）傾側擾攘楚魏之間。」酈炎見志詩：「舒吾陵霄羽，奮此千里足。」莊子庚桑楚：「老子曰：『汝自洒濯。』」

〔一三〕伍被刑二句：伍，伍子胥，春秋楚人，名員。其父兄皆爲楚平王所殺，乃奔吴，佐吴王闔閭西破强楚，北威齊、晋，南服越人。闔閭死，其子夫差繼立，信太宰嚭之讒，乃賜伍子胥屬鏤之劍，逼令自殺。見左傳昭公二十年、哀公十一年、史記伍子胥列傳等。魏，魏絳，春秋晋臣。事晋悼公，力主與諸戎和好，八年之中，九合諸侯。人或讒之，悼公不從，乃以鄭人所贈樂之半賜之，以示榮寵。事見左傳襄公四年、十一年。

〔一四〕彼殊塗二句：周易繫辭下：「天下同歸而殊塗，一致而百慮。」案：上句言蕭、陳，下句言伍、魏。

〔一五〕禍無景二句：無景，謂無形影踪迹可尋。莊子秋水：「知窮之有命，知通之有時。」學，廣雅釋詁：「效也。」

〔一六〕惟萬物四句：賈誼鵩鳥賦：「萬物回薄兮，振蕩相轉。雲蒸雨降兮，糾錯相紛。」班固典引：「性類循理。」周易繫辭上「曲成萬物而不遺」韓康伯注：「曲成者，乘變以應物，不係一方者也。」孫子勢篇：「木石之性，安則静，危則動，方則止，圓則行。」尹文子大道上：「圓者之轉，非能轉而轉，不得不轉也；方者之止，非能止而止，不得不止也。」四句言雖萬物運動，紛然淆亂，糾結無已，然而各循其自然之性，不可更改。

〔一七〕要信心二句：要，總也。參楊樹達詞詮卷七。信，通伸。信心，謂任其心之所之，即不改初衷之意。委，説文女部：「委，隨也。」段玉裁注：「隨其所如曰委。」賈誼鵩鳥賦：「縱軀委命兮。」離騷：「謇吾法夫前修兮。」呈，通程。廣雅釋詁：「程，量也。」

〔一八〕擬遺迹二句：謂效法前人。

〔一九〕任窮達二句：孟子盡心上：「窮則獨善其身，達則兼善天下。」班彪王命論：「窮達有命。」賈誼鵩鳥賦：「乘流則逝兮，得坻則止。」詩魏風伐檀序：「君子不得進仕爾。」文選謝靈運登池上樓「退耕力不任」李善注引尸子曰：「爲令尹而不喜，退耕而不憂，此孫叔敖之德也。」

〔二〇〕庶斯言二句：渝，爾雅釋言：「變也。」班固幽通賦：「庶斯言之不玷。」楚辭九辯：「獨耿介而不隨兮。」王逸注：「執節守度，不枉傾也。」

懷土賦 并序〔一〕

余去家漸久，懷土彌篤。方思之殷〔二〕，何物不感？曲街委巷，罔不興詠；水泉草木，咸足悲焉。故述斯賦。

背故都之沃衍，適新邑之丘墟〔三〕。遵黃川以葺宇，被蒼林而卜居〔四〕。悼孤生之已晏，恨親没之何速〔五〕。排虛房而永念，想遺塵其如玉〔六〕。眇綿邈而莫覯，徒佇立其焉屬〔七〕？感亡景於存物，惋隤年於拱木〔八〕。悲顧眄而有餘，思俯仰而自足〔九〕。留茲情於江介，寄瘁貌於海曲〔一〇〕。玩通川以悠想，撫歸塗而躑躅〔一一〕。伊躑躅之徒勤，慘歸途之良難。愍棲鳥於南枝〔一二〕，吊離禽於别山。念庭樹以悟懷，憶路草而解顔〔一三〕。甘堇荼於飴芘，緯蕭艾其如蘭〔一四〕。神何寢而不夢？形何興而不言〔一五〕？ 藝文類聚卷二十六

【校】

存物：「物」，陸本、影宋本作「没」。

海曲：「海」，陸本、影宋本作「河」。

撫歸塗：「歸塗」，陸本、影宋本作「征轡」。

伊躑躅：「躑躅」，陸本、影宋本、楊潛雲間志作「命駕」。

棲鳥：「鳥」，陸本、影宋本作「烏」。

【箋注】

〔一〕據賦中「背故都」、「適新邑」等語，當是至洛初期所作。參見卷五赴洛二首題注。論語里

仁：「子曰：『君子懷德，小人懷土。』」韋賢在鄒詩：「嗟我小子，豈不懷土。」

〔二〕殷：盛，見卷一瓜賦「殷中和之淳祜」注。

〔三〕背故都二句：故都，猶故鄉、故國。楚辭九章哀郢：「哀故都之日遠。」左傳襄公二十五年「井衍沃」孔疏引賈逵曰：「下平曰衍，有溉曰沃。」丘墟，説文丘部：「丘，土之高也。」又云：「虚，大丘也。」段玉裁注：「按虚者，今之墟字。」

〔四〕遵黄川二句：黄川，指黄河。卜居，以龜卜定其居處。詩大雅文王有聲「考卜維王，宅是鎬京」鄭箋：「宅，居也。稽疑之法，必契灼龜而卜之。武王卜居是鎬京之地。」史記周本紀太史公曰：「成王使召公卜居，居九鼎焉。」

〔五〕悼孤生二句：孤生，謂無所因託憑恃。後漢書周榮傳：「榮曰：『榮江淮孤生，蒙先帝大恩，以歷宰二城。』」親没，謂父母已逝。陸機父抗卒於吴末帝鳳皇三年（二七四），時機十四歲。

〔六〕排虚房二句：排，廣雅釋詁：「推也。」此謂推門。楚辭遠游：「排閶闔而望予。」王粲閑邪賦：「排空房而就衽。」遺塵，謂前人當年之踪迹行止。左思魏都賦：「且魏土者……先王之桑梓，列聖之遺塵。」詩秦風小戎：「言念君子，温其如玉。」鄭箋：「玉有五德。」二句言身入空房，懷想親人之音容遺踪。

〔七〕眇綿二句：屬，儀禮士冠禮「纓屬于缺」鄭玄注：「猶著也。」即附著、依託之意。二句狀久立空房無所依託之悲悵。詩小雅蓼莪：「無父何怙？無母何恃？出則銜恤，入則靡至。」鄭箋云：「旋入門又不見，如入無所至。」孔疏申説之：「旋來入門則堂宇空曠，不復睹見，如行田野，無所有至，是其所以悲恨也。」禮記檀弓下：「反哭之吊也，哀之至也。反而亡焉，失之矣，於是爲甚。」孔疏：「廟是親之平生行禮之處，今反哭於廟，思想其親而不見，故悲哀爲甚。」皆可供體會。

〔八〕感亡景二句：上句即睹物思人之意。景，影，猶言影迹。其人已殁，影迹不可見，故曰亡景。其物猶在，故感而思之。隤，説文阜部：「下隊（墜）也。」隤年，已逝之年歲。左傳僖公三十二年：「爾墓之木拱矣。」杜預注：「合手曰拱。」謂死已久。

〔九〕悲顧二句：謂顧眄俯仰之間而悲思已自盈溢。言易感也。

〔一〇〕留兹情二句：介，左傳襄公三十年「以介於大國」杜預注：「間也。」楚辭九章哀郢：「悲江介之遺風。」海曲，當從陸本、影宋本作河曲。河，指黄河。

〔一一〕玩通川二句：司馬相如上林賦：「通川過於中庭。」曹丕芙蓉池作：「嘉木繞通川。」撫，通摹。説文手部：「摹，規也。」撫歸塗，謂規摹想象歸途景況。

〔一二〕愍棲鳥句：古詩：「胡馬依北風，越鳥巢南枝。」

〔一三〕念庭樹二句：潘岳秋興賦：「庭樹槭以灑落兮。」九歌河伯：「惟極浦兮寤懷。」王逸注：「寤，覺也。懷，思也。」寤、悟通。列子黄帝：「夫子始一解顔而笑。」案：庭樹、路草指故鄉之草樹。謂憶念故鄉草樹而彌覺思念之深，亦因之而開顏。

〔一四〕甘堇茶二句：詩大雅綿：「周原膴膴，堇茶如飴。」毛傳：「堇，菜也。茶，苦菜也。」茈，未詳，或是凫茈。爾雅釋草：「芍，凫茈。」郭璞注：「生下田，苗似龍鬚而細，根如指頭，黑色，可食。」羅願爾雅翼云：「名爲凫茈，當是凫好食之爾。」李時珍本草綱目卷三十三云音訛爲葧臍；又名地栗，則取其形似。今寫作荸薺。莊子列禦寇：「河上有家貧恃緯蕭而食者。」釋文：「緯，織也。」楚辭離騷：「何昔日之芳草兮，今直爲此蕭艾也。」蕭、艾形似，皆凡草。周易繫辭上：「同心之言，其臭如蘭。」二句謂故土之堇茶，食之亦甘美；家鄉之蕭艾，編織之亦如芳蘭。

〔一五〕神何寢二句：興，說文舁部：「起也。」二句謂懷土之殷，寢息則無不夢見之，起身則無不詠言之。

行思賦〔一〕

背洛浦之遥遥，浮黄川之裔裔〔二〕。遵河曲以悠遠〔三〕，觀通流之所會。啓石門而東縈，沿汴渠其如帶〔四〕。託飄風之習習，冒沉雲之藹藹〔五〕。商秋肅其發節，玄雲霈而垂陰〔六〕。凉氣凄其薄體，零雨鬱而下淫〔七〕。睹川禽之遵渚〔八〕，看山鳥之歸林。揮清波以濯羽，翳緑葉而弄音〔九〕。行彌久而情勞，塗愈近而思深〔一〇〕。羨品物以獨感，悲綢繆而在心〔一一〕。嗟逝宦之永久，年荏苒而歷兹。越河山而託景〔一二〕，眇四載而遠期。孰歸寧之弗樂〔一三〕，獨抱感而弗怡。藝文類聚卷二十七

【校】

黄川：「黄」，七十二家集作「廣」。

涼氣：「氣」，陸本、北堂書鈔卷一百五十四作「風」。

翳緑葉：「翳」，陸本作「藏」。

嗟逝宦句：「宦」，陸本、影宋本作「官」。錢培名云：「『逝官』不可解，疑當作『遊宦』。」又「永」，陸本作「未」。

【箋注】

〔一〕行思，爾雅釋詁：「悠、傷、憂，思也。」是「思」有哀傷之義。參王引之經義述聞卷二十六爾雅上。案：賦云「越河山而託景，眇四載而遠期」，當是惠帝元康四年（二九四）所作。陸機於永平元年（二九一）春去鄉赴洛，至此首尾四年。北堂書鈔卷六十六載陸機皇太子清宴詩序：「元康四年秋，余以太子洗馬出補吴王郎中。」（「郎中」下當補「令」字，或「郎中」爲「郎中令」之省稱。）賦云：「商秋肅其發節。」時令適合，當爲元康四年初秋。文選潘岳爲賈

謐作贈陸機：「藩岳作鎮，輔我京室。旋反桑梓，帝弟作弼。」潘尼贈陸機出爲吴王郎中令：「祁祁大邦，惟桑惟梓。穆穆伊人，南國之紀。帝曰爾諧，惟王卿士。……今子徂東，何以贈旃？」其意皆謂陸機爲吴王僚屬，東行返回故鄉，亦與本賦「歸寧」之語合。是此賦爲出補吴王郎中令時作。又太平御覽卷二百四十八載陸機詣吴王表曰：「殿下東到淮南，發詔以臣爲郎中令。」似吴王先在淮南，陸機乃受詔倉猝往從之。吴王雖在淮南，而陸機此行實往吴，非赴淮南也，觀其行程由河入汴轉入泗水可知。（詳見「啓石門」二句注。）案：陸雲國起西園第表啓云：「昔淮南太妃（即吴王晏及其兄淮南王允生母）當安厝，臣兄比下墨，機時爲郎中令從行。」俞士玲陸機陸雲年譜元康四年譜「論吴王晏未之藩」條據此謂陸機隨晏往淮南（治壽春，今安徽壽縣），乃爲安葬太妃。但「比下墨」三字費解，而「機時爲郎中令從行」八字，似後人解釋之語闌入者。今不取其説。

〔二〕背洛浦二句：洛浦，指洛陽，在洛水北岸。裔裔，文選司馬相如子虛賦「般乎裔裔」司馬彪曰：「行貌。」二句謂離開洛陽，沿黄河舟行。

〔三〕遵河曲句：遵，説文辵部：「循也。」曹丕與朝歌令吴質書：「北遵河曲。」

〔四〕啓石門二句：石門，水經卷七濟水「與河合流，又東過成皋縣北，又東過滎陽縣北，又東至北礫溪南（楊守敬云當作「又東南至礫溪北」），東出過滎澤北」酈道元注：「漢靈帝建寧四年于敖城西北壘石爲門，以遏渠口，謂之石門，故世亦謂之石門水。門廣十餘丈，西去河三里。

石銘云：建寧四年十一月黄場石也。而主吏姓名磨滅不可復識。魏太和中又更修之，撤故增新，石字淪落，無復在者。水北有石門亭。」案：渠口者，謂汴渠口，河水經此口入汴渠。後漢書明帝紀永平十二年：「夏四月，遣將作謁者王吴修汴渠。」李賢注：「汴渠，即莨蕩渠也。汴自滎陽首受河，所謂石門，在滎陽山北一里。」又案：酈道元所云石銘云云，王國維以爲有誤。觀堂集林卷十八南越黄腸木刻字跋云：「實則酈氏所見石門，乃後世發漢建寧舊墓石爲之，酈氏誤以治石之年爲作門之年，不悟水門之銘不得稱黄腸石也。」王氏以爲酈道元所云黄場石當作黄腸石，乃墓石，其所見石門應建於漢靈帝以後，係發靈帝時墓葬取其石材爲之者。王氏所言如此，録以備考。魏晋時自汴渠東行至浚儀（今河南開封），再東循汳水、獲水至彭城（今江蘇徐州）轉入泗水，成爲由中原通向東南之水運幹道。水經卷二十五泗水「又東南過吕縣南」注：「泗水又東南流，丁溪水注之。……泗水冬春淺澀，常排沙通道，是以行者多從此溪，即陸機行思賦所云『乘丁水之捷岸，排泗川之積沙』者也。」可知陸機此行即循此道。吕縣在今徐州東南。

〔五〕託飄風二句：飄風，詩小雅何人斯「其爲飄風」毛傳：「暴起之風。」小雅蓼莪：「飄風發發。」邶風谷風：「習習谷風，以陰以雨。」冒，小爾雅廣詁：「覆也。」曹植愁霖賦：「瞻沈雲之泱漭兮。」藹藹，廣雅釋訓：「盛也。」詩大雅卷阿：「藹藹王多吉士。」

〔六〕商秋二句：禮記月令：孟秋、仲秋、季秋之月，「其音商」。何晏景福殿賦：「結實商秋。」禮記月令：孟秋之月，「天地始肅」。鄭玄注：「肅，嚴急之言也。」曹植閑居賦：「感陽春之發節。」楚辭九歌大司命：「紛吾乘兮玄雲。」霈，通沛。廣雅釋詁：「沛，大也。」張衡西京賦：「布葉垂陰。」

〔七〕涼氣二句：詩邶風緑衣：「凄其以風。」張衡思玄賦：「寒風凄其永至兮。」舊注：「凄，寒貌。」薄，廣雅釋詁：「迫也。」零，廣雅釋詁：「墮也。」詩豳風東山：「零雨其濛。」淫，左傳昭公元年「淫生六疾」杜預注：「過也。」

〔八〕川禽：指水鳥。詩豳風九罭：「鴻飛遵渚。」

〔九〕揮清波二句：説文鳥部：「鳳……濯羽弱水。」文選嵇康兄秀才公穆入軍贈詩：「咬咬黄鳥，顧疇弄音。」李善注：「古歌曰：黄鳥鳴相追，咬咬弄好音。」二句分承「川禽」、「山鳥」二句。

〔一〇〕塗：通途。此謂歸鄉之路途。

〔一一〕羨品物二句：品，説文品部：「衆庶也。」周易坤象：「品物咸亨。」綢繆，詩唐風綢繆「綢繆束薪」毛傳：「猶纏綿也。」此謂悲思纏綿固結於心。禮記問喪：「痛疾在心。」

〔一二〕託景：猶言託身、寄身。此謂寄身於洛陽。

〔一三〕孰歸寧句：孰，何，爲何。歸寧，詩周南葛覃「歸寧父母」毛傳：「寧，安也。」此指歸鄉里。

思歸賦 并序

余以元康六年冬取急歸〔一〕。而王師外征〔二〕，職典中兵〔三〕，與聞軍政，懼兵革未息，宿願有違。懷歸之思，憤而成篇〔四〕。

節運代序，四氣相推〔五〕。寒風肅殺，白露霑衣〔六〕。嗟行邁之彌留，感時逝而懷悲〔七〕。彼離思之在人，恒戚戚而無歡〔八〕。悲緣情以自誘，憂觸物而生端〔九〕。晝輟食而發憤，宵假寐而興言〔一〇〕。羨歸鴻以矯首，挹谷風而如蘭〔一一〕。歲靡靡而薄暮，心悠悠而增楚〔一二〕。風霏霏而入室，響泠泠而愁予〔一三〕。既遨游於川沚，亦改駕乎山林〔一四〕。伊我思之沈鬱，愴感物而增深〔一五〕。嘆隨風而上逝，涕承纓而下尋〔一六〕。冀王事之暇豫，庶歸寧之有時。候涼風而警策〔一七〕，指孟冬而爲期。願靈暉之促景，恒立表以望之〔一八〕。　藝文類聚卷二十七

【校】

序：太平御覽卷六百三十四急假云：「陸機思歸賦序曰：『余牽役京室，去家四載。以元康六年冬取急歸。而羌虜作亂，王師外征。』機興憤而成篇。」嚴可均全晋文卷九十六乃拼合類聚、

御覽二者，今不從。

四氣：「氣」，陸本作「時」。

愁予：「予」，原作「序」，據陸本、影宋本改。

於川沚：「於」，陸本作「乎」。

【箋注】

〔一〕取急：告假，請假。初學記卷二十假：「晉令：急假者，一月五急，一年之中以六十日爲限。千里内者，疾病申延二十日，及道路解故九十五日。此其事也。書記所稱曰歸休，亦曰休急、休浣、取急、請急。又有長假、併假。」據下文，陸機取急欲歸，實未成行。又，太平御覽「余」下有「牽役京室，去家四載」八字。若然，則陸機當於元康二年（二九二）離家赴洛。此與事實不符。大約類聚及御覽所引此序均有闕佚，參曹道衡陸機事迹雜考「思歸賦序」條。案：陸機元康元年離家赴洛，四年秋爲吴王郎中令歸吴，恰爲四年。疑御覽所引此八字下原來尚有其他文字，言及爲吴王僚屬返鄉之事。

〔二〕而王師句：太平御覽「王師」前有「羌虜作亂」四字。案：晉書惠帝紀元康六年：「匈奴郝散弟度元帥馮翊、北地馬蘭羌、盧水胡反，攻北地，太守張損死之。馮翊太守歐陽建與度元戰，建敗績。……以太子太保梁王肜爲征西大將軍，都督雍梁二州諸軍事，鎮關中。秋八月，雍州刺史解系又爲度元所破。秦雍氏、羌悉叛，推氐帥齊萬年僭號稱帝，圍涇陽。……

十一月丙子，遣安西將軍夏侯駿、建威將軍周處等討萬年，梁王肜屯好畤。」

〔三〕職典句：典，廣雅釋詁：「主也。」中兵，晉尚書諸曹有左中兵曹、右中兵曹，主其事者曰中兵郎。本集卷五答賈謐詩序：「余出補吴王郎中令，元康六年入爲尚書郎。」即爲尚書中兵郎。文選陸機謝平原内史表李善注引臧榮緒晉書：「吴王出鎮淮南，以機爲郎中令。遷尚書中兵郎。」

〔四〕憒：説文心部：「濍也。」又：「濍，煩也。」

〔五〕節運二句：文選潘岳寡婦賦：「四節運而推移。」李善注：「易乾鑿度：孔子曰：天有春秋冬夏之節，故云四時。」曹植離繳雁賦：「感節運之復至兮。」楚辭離騷：「春與秋其代序。」潘岳秋興賦：「四運忽其代序兮。」初學記卷十七引揚雄五經鈎沉：「四氣錯御。」周易繫辭上：「剛柔相推而生變化。」

〔六〕寒風二句：漢書禮樂志郊祀歌西顥：「秋氣肅殺。」禮記月令：「（孟秋之月）凉風至，白露降。」王粲七哀：「白露霑衣衿。」

〔七〕嗟行邁二句：詩王風黍離：「行邁靡靡，中心摇摇。」毛傳：「邁，行也。」彌，廣雅釋詁：「久也。」尚書顧命：「既彌留。」蔡邕釋誨：「時逝歲暮。」傅咸鳴蜩賦：「感時逝之若頽。」

〔八〕恒戚戚句：楚辭九章悲回風：「居戚戚而不可解。」曹植游仙詩：「人生不滿百，戚戚少歡娱。」

〔九〕悲緣情二句：袁宏後漢紀卷十七引陳忠上疏：「先聖緣情，著其節制。」誘，爾雅釋詁：「進也。」邢昺疏：「道（導）而進之也。」觸，猶逢遇。周易繫辭上「觸類而長之」孔疏：「謂觸逢事類而增長之。」嵇康聲無哀樂論：「偏重之情，觸物而作。」端，通「耑」。説文耑部：「耑，物初生之題也。」段玉裁注：「題者，額也。人體額爲最上，物之初見即其額也。」二句謂悲憂之增生既因乎人之性情，又由於物之感動。

〔一〇〕晝輟食二句：論語述而：「發憤忘食。」詩小雅小弁：「假寐永嘆。」鄭箋：「不脱冠衣而寐曰假寐。」案：孔疏云：「假寐之中，長嘆此事。」陸機正用詩意。興，周禮考工記弓人「末應將興」鄭玄注：「猶動也，發也。」興言，猶發言。案：詩小雅小明：「興言出宿。」鄭箋：「興，起也。」言爲語詞。然陸機此處字面同彼，義乃不同。六朝用例，如文選陸雲答兄機：「興言在臨觴。」李周翰注：「興此思戀之言在臨觴也。」又陸雲登遐頌孔仲尼：「明發懷周，興言謨老。」沈約奏彈王源：「陛下所以負扆興言，思清敝俗者也。」蕭統答晋安王書：「發嘆凌雲，興言愈病。」「興言届此，夢寐增勞。」皆與陸機同。

〔一一〕羡歸鴻二句：曹植九愁賦：「願接翼於歸鴻，嗟高飛而莫攀。」挹，原爲斟、酌之義，引申作取、飲解。挹谷風，猶言飲吸和風。詩邶風谷風：「習習谷風，以陰以雨。」毛傳：「東風謂之谷風，陰陽和而谷風至。」如蘭，美辭，參本卷懷土賦「緯蕭艾其如蘭」注。二句謂羡慕歸鴻南逝而翹首仰望，想象其飲吸故鄉美好如蘭之和風。

〔二〕歲靡靡二句：靡靡，廣雅釋訓：「行也。」楚辭九辯：「時亹亹而過中兮。」王逸注：「亹亹，進貌。」靡靡即亹亹。薄，廣雅釋詁：「迫也。」悠悠，思貌。詩周南關雎「悠哉悠哉」毛傳：「悠，思也。」詩邶風終風：「悠悠我思。」鄭箋：「我思其如是心悠悠然。」楚，後漢書王允傳「不欲使更楚辱」李賢注：「苦痛。」

〔三〕風霏霏二句：楚辭九章涉江：「雲霏霏而承宇。」泠泠，狀其聲。楚辭九歌湘夫人：「目眇眇兮愁予。」

〔四〕既遨游二句：沚，説文水部：「小渚曰沚。」左傳昭公二十六年：「改駕。」謂改駕他車。曹植玄暢賦：「舍余駟而改駕。」

〔五〕伊我思二句：劉歆與揚雄書：「沈鬱之思。」禮記樂記：「人生而静，天之性也；感於物而動，性之欲也。」

〔六〕纓：説文糸部：「冠系也。」

〔七〕候涼風句：涼風，爾雅釋天：「北風謂之涼風。」警策，整飭駕具，見本集卷一文賦「乃一篇之警策」注。

〔八〕願靈暉二句：靈暉，指日。促景，謂日行之速。表，吕氏春秋慎小「置表於南門之外」高誘注：「柱也。」此謂立柱測日影以知時節。

愍思賦 并序〔一〕

予屢抱孔懷之痛〔二〕，而奄復喪同生姊〔三〕。銜恤哀傷，一載之間，而喪制便過〔四〕。故作此賦，以紓慘惻之感。

時方至其倏忽，歲既去其晼晚〔五〕。樂來日之有繼，傷頹年之莫纂〔六〕。覽萬物以澄念，怨伯姊之已遠。尋遺塵之思長〔七〕，瞻日月之何短。升降乎階際，顧眄兮屏營〔八〕。雲承宇兮藹藹，風入室兮泠泠〔九〕。僕從爲我悲，孤鳥爲我鳴〔一〇〕。藝文類聚卷三十四

【校】

同生姊、伯姊：「姊」，陸本作「娣」。

顧眄：「眄」，陸本、影宋本作「盻」，此處「盻」同「盼」。

【箋注】

〔一〕愍：説文心部：「痛也。」思，亦憂傷之意。參行思賦題注。此篇乃爲伯姊服喪期滿所作。案陸雲歲暮賦序云：「余祗役京邑，載離永久。永寧二年春，忝寵北郡。其夏又轉大將軍右司馬於鄴都。自去故鄉，荏苒六年。惟姑與姊，仍見背棄。」是其姑與姊相繼逝於惠帝永

寧二年（三〇二）前之六年間，即元康六、七年（二九六、二九七）至永寧二年之間，本賦當作於此期間。

〔二〕孔懷：孔，爾雅釋言：「甚也。」詩小雅常棣：「死喪之威，兄弟孔懷。」毛傳：「懷，思也。」鄭箋：「維兄弟之親，甚相思念。」漢末以來文人遂以「孔懷」指兄弟。三國志魏書袁紹傳注引漢晉春秋載審配獻袁譚書：「追還孔懷如初之愛。」管輅傳注引輅别傳載其弟辰叙：「辰不以暗淺，得因孔懷之親，數與輅有所諮論。」此處「孔懷之痛」，指兄弟喪亡之痛。據三國志陸抗傳，陸機有兄晏、景、玄，晏、景於太康元年（二八〇）爲晉軍所殺，玄之存歿，史無明文，情況不詳。

〔三〕而奄句：奄，方言卷二：「遽也。」同生姊，謂同父姊。

〔四〕銜恤三句：恤，説文心部：「憂也。」詩小雅蓼莪：「出則銜恤。」喪制便過，謂服喪以期年爲限。儀禮喪服載昆弟喪爲期年，鄭玄注：「爲姊妹在室，亦如之。」

〔五〕晼晚：日將暮，參卷一感時賦「日晼晚而易落」注，此謂歲暮。

〔六〕纂：爾雅釋詁：「繼也。」

〔七〕尋遺塵句：遺塵，謂逝者當年之行止踪迹，見本卷懷土賦「想遺塵其如玉」注。思，悲憂，見本卷行思賦題注。

〔八〕顧眄句：顧，説文頁部：「還視也。」屏營，廣雅釋訓：「征伀也。」彷徨失據貌。

〔九〕雲承宇二句：楚辭九章涉江：「雲霏霏而承宇。」班婕妤自悼賦：「房櫳虚兮風泠泠。」

〔一〇〕僕從二句：楚辭離騷：「僕夫悲余馬懷兮。」蘇武詩：「晨風爲我悲。」潘岳寡婦賦：「孤鳥嚶兮悲鳴。」

應嘉賦 并序〔一〕

友人有作嘉遁賦與余者〔二〕，作賦應之，號曰「應嘉」云。

傲世公子，體逸懷遐〔三〕。意邈澄霄，神夷静波〔四〕。仰群軌以遥企，頓駿翮以婆娑〔五〕。寄沖氣於大象，解心累於世羅〔六〕。襲三閭之奇服，詠南榮之清歌〔七〕。濯下泉於浚澗，泝凱風於卷阿〔八〕。指千秋以厲響，俟寂寞之來和〔九〕。懷前修之仿佛，覿幽人乎所過〔一〇〕。抱玄景以獨寐，含芳風而寤語〔一一〕。發蘭音以清唱，摻玉懷而喻予〔一二〕。於是葺宇中陵〔一三〕，築室河曲。軌絶千途，而門瞻百族〔一四〕。假妙道以達觀，考責龜而貞卜〔一五〕。苟形骸之可忘，豈投簪其必谷〔一六〕。方介丘於尺阜，託雲林乎一木〔一七〕。佇鳴條以招風，聆哀音其如玉〔一八〕。窮覽物以盡齒，將弭迹於餘足〔一九〕。藝文類聚卷三十六

【校】

駿翮：「翮」，陸本作「羽」。

芳風：「芳」，陸本、影宋本作「清」。

摻玉懷：「摻」，陸本作「摻」，乃「摻」之異體。

餘足：佩文韻府卷九十一之一作「巖足」。

【箋注】

〔一〕爲答孫承嘉遁賦作。案：文館詞林卷一百五十六有孫承贈陸雲詩及雲答詩。其贈詩有云：「遭時之險，虐宰滔天。」雲答詩亦云：「橫矣金虎，襲我皇猷。」當指趙王倫篡位而言。故其詩應作於倫受誅、惠帝反正之時，即永寧元年（三〇一）。疑孫氏嘉遁賦及陸機此賦亦其時所作。

〔二〕友人句：周易遁九五：「嘉遁，貞吉。」孔疏：「嘉，美也。」案：藝文類聚卷三十六載孫承嘉遁賦，當即陸機此處所云者。嚴可均載入全晉文卷一百四十三，云：「承，爵里未詳。」又注云：「吴志孫桓傳注引吴書：桓從孫丞，字顯世。引文士傳：丞作熒火賦，行於世。仕孫晧，爲黄門侍郎。吴平赴洛，爲范陽涿令。永安中，陸機請爲司馬，與機俱被害。晉書陸機傳作孫拯。未知即其人否。」案：文館詞林所載孫承贈陸士龍一首、陸雲答孫承一首，陸雲集并作孫顯世，可知孫承即孫丞、孫拯。資治通鑑卷八十五考異：「孫拯，晉春秋作孫承。」

〔三〕傲世二句：傲世公子，謂孫丞。丞爲吴孫氏宗室子。其曾祖河，爲孫堅族子，出繼俞氏，後復姓，列之屬籍。嵇康嗟古賢原憲：「形陋體逸心寬。」懷遐，懷抱遐遠。

〔四〕意邈二句：宵，通霄。夷，説文大部：「平也。」曹植洛神賦：「川后静波。」

〔五〕仰群軌二句：群軌，謂前代高賢之軌躅、法度，猶張衡歸田賦所謂「陳三皇之軌模」之「軌」。頓，漢書李廣傳「就善水草頓舍」顔師古注：「止也。」婆娑，文選班彪北征賦「聊須臾以婆娑」李善注：「容與之貌也。」

〔六〕寄沖氣二句：沖，老子四章「道沖而用之或不盈」河上公注：「中也。」沖氣，中和之氣，體内之元氣。四十二章：「萬物負陰而抱陽，沖氣以爲和。」河上公注：「萬物中皆有元氣，得以和柔。」大象，指道。四十一章：「大象無形。」又三十五章：「執大象，天下往。」莊子庚桑楚：「解心之謬，去德之累。」又達生：「棄世則無累。」世羅，猶言世網。

〔七〕襲三閭二句：三閭，指屈原。王逸離騷序：「屈原與楚同姓，仕於懷王，爲三閭大夫。三閭之職，掌王族三姓，曰昭、屈、景。」楚辭九章涉江：「余幼好此奇服兮，年既老而不衰。」王逸注：「言己少好奇偉之服，履忠直之行，至老不懈。」南榮清歌，未詳。莊子庚桑楚載，南榮趎受教於庚桑楚，楚教以「全汝形，抱汝生，無使汝思慮營營」。又長途跋涉而求教於老子，老子教以「不以人物利害相攖」、「身若槁木之枝而心若死灰……禍亦不至，福亦不來，禍福無有，惡有人災」。賈誼新書勸學作南榮跦，謂其「見教一高言，若飢十日而得大牢焉」。淮南子修務作南榮疇，謂其「耻聖道之獨亡於己。……南見老聃，受教一言，精神曉泠，鈍聞條達……是以明照四海，名施後世，達略天地，察分秋豪」。均不言清歌事，未知陸機所云是此人否。南榮清歌，或指庚桑楚、老子之要言妙道教導於南榮趎者乎？或者推想南榮趎聞道樂極而發爲詠歌乎？又文選司馬相如上林賦：「偓佺之倫暴於南榮。」郭璞曰：「偓佺，仙人也。暴，謂偃卧日中也。榮，屋南檐也。」陸機或是描寫隱者之逸樂乎？

〔八〕濯下泉二句：下泉，泉下流，參卷一文賦「濯下泉而潛浸」注。浚，詩小雅小弁「莫浚匪泉」毛傳：「深也。」泝，文選張衡東京賦「泝洛背河」薛綜注：「向也。」詩邶風凱風：「凱風自南。」毛傳：「南風謂之凱風，樂夏之長養。」詩大雅卷阿：「有卷者阿，飄風自南。」毛傳：「卷，曲也。」鄭箋：「大陵曰阿。有大陵卷然而曲，迴風從長養之方來入之。」

〔九〕指千秋二句：厲，論語子張「聽其言也厲」皇侃義疏引李充：「清正之謂也。」厲響，謂發清厲之聲響。西京雜記卷四枚乘柳賦：「蜩螗厲響。」曹植髑髏説：「厲響而言。」寂寞，無聲，喻大道。老子四十一章：「大音希聲。」王弼注：「聽之不聞名曰希，不可得聞之音也。」文子自然：「寂寞者，音之主也。」皆喻道也。二句謂循覽千載而發高唱，期與大道相和融。

〔一〇〕懷前修二句：前修，猶前賢。楚辭離騷：「謇吾法夫前修兮，非世俗之所服。」周易履九二：「履道坦坦，幽人貞吉。」王弼注：「履道尚謙，不喜處盈，務在致誠，惡夫外飾者也。而二以陽處陰，履於謙也；居内履中，隱顯同也。履道之美，於斯爲盛。故履道坦坦，无險厄也；在幽而貞，宜其吉也。」虞翻以幽人爲幽禁於獄中之人。（見周易集解卷三）然三國志魏書管寧傳明帝詔青州刺史曰：「寧抱道懷真，潛翳海隅，比下徵書，違命不至，盤桓利居，高尚其事。雖有素履幽人之貞，而失考父兹恭之義。」是亦有以幽人爲高尚幽隱之士者。文選班固幽通賦：「覿幽人之仿佛。」張晏曰：「幽人，神人也。」曹大家曰：「見深谷之中有人仿佛欲來也。」陸機正用班固語意。二句謂懷想前賢，似見幽隱之人經過。

〔一一〕抱玄景二句：楚辭嚴忌哀時命：「廓抱景而獨倚兮。」崔駰達旨：「抱景特立，與土不群。」崔瑗和帝誄：「玄景寢曜。」禰衡顔子碑：「振芳風。」

〔一二〕摻玉懷句：摻，廣雅釋詁：「取也。」玉懷，美稱對方之懷抱。

〔一三〕葺宇句：陵，説文𨸏部：「大𨸏也。」詩小雅菁菁者莪「在彼中陵」毛傳：「中陵，陵中也。」

〔一四〕軌絶二句：淮南子俶真訓：「萬物百族。」高誘注：「族，類也。」上句謂所居之處無衆多之車轍，即蔡邕司空房楨碑銘「門無立車」、應璩與侍郎曹長思書「門無結駟之迹」之意。下句謂門前可瞻望林林總總之事物。二句言不與人交而覽物觀化也。

〔一五〕假妙道二句：莊子漁父：「可與往者與之，至於妙道。」達觀，通達周遍之觀照。尚書召誥：「周公朝至于洛，則達觀於新邑營。」孫楚和氏外孫小同哀文：「大人達觀，同之一揆。」賁龜，爾雅釋魚：「龜三足，賁。」貞卜，謂占卜也。貞，正。周禮春官大卜「凡國大貞」鄭玄注引鄭司農云：「貞，問也。國有大疑，問於蓍龜。」孔疏：「先鄭云『貞，問也』者，謂正意問龜，非謂訓貞爲問也。」左傳哀公十七年：「衛侯夢于北宫……衛侯貞卜。」杜預注：「正卜夢之吉凶。」

〔一六〕苟形骸二句：莊子德充符題下郭象注：「德充於内，應物於外，外内玄合，信若符命，而遺其形骸也。」謂體道自得，應物而與物玄同，忘懷物我之間。即齊物論「吾喪我」之義。簪，文選左思招隱詩「聊欲投吾簪」李善注引蒼頡篇：「笄也，所以持冠也。」投簪，謂免冠散髮，不拘形迹。案：二句謂若能忘懷物我，又何必隱居山谷。即王康琚反招隱「小隱隱陵藪，大隱隱朝市」之意。此爲當時人之普遍想法。陸機雖經歷趙王倫篡位及受誅之險惡，猶作此想，不欲决然歸隱。莊子逍遥游郭象注云：「夫聖人雖在廟堂之上，然其心無異於山林之中。」又云：「故堯、許(由)之行雖異，其於逍遥一也。」又大宗師注云：「故聖人常游外以冥内，無心以順有。故雖終日見形而神氣無變，俯仰萬機而淡然自若。」乃推闡此種想法而演爲内聖外王、儒道相融之思想。

〔一七〕方介丘二句：方，詩大雅生民「實方實苞」鄭箋：「齊等也。」介，爾雅釋詁：「大也。」司馬相如封禪文「以登介丘」，係指泰山而言。雲林，林木衆盛如雲。二句謂以小阜爲大山、獨樹爲茂林，申上二句之意。此二句連上二句，當即上文「貞卜」所獲，謂卜辭所指示之内容也。

〔一八〕佇鳴條二句：佇，漢書孝武李夫人傳「飾新宫以延貯兮」顔師古注：「貯與佇同。」佇，待也。」曹植橘賦：「颺鳴條以流響。」繁欽與魏文帝箋：「潛氣内轉，哀音外激。」古人以爲哀音易於感人，故嵇康琴賦云：「賦其聲音，則以悲哀爲主；美其感化，則以垂涕爲貴。」

〔一九〕窮覽物二句：淮南子修務：「覽物之博，通物之壅，觀始卒之端，見無外之境，以逍遥仿佯於塵埃之外，超然獨立，卓然離世，此聖人之所以游心。」後漢書崔駰傳崔篆慰志賦：「聊優游以永日兮，守性命以盡齒。」李賢注：「齒，年也。」弭迹，猶云息影。陸雲答孫顯世：「往蹇來反，弭迹一丘。」餘足，尚未使用、多餘之足力。班固東都賦：「馬踠餘足。」

陸機集卷第三

賦三

幽人賦

世有幽人，漁釣乎玄渚〔一〕。彈雲冕以辭世，披宵褐而延佇〔二〕。是以物外莫得窺其奧，舉世不足揚其波〔三〕，勁秋不能凋其葉，芳春不能發其華。超塵冥以絶緒〔四〕，豈世網之能加。藝文類聚卷三十六

【校】

宵褐：「宵」，陸本、影宋本作「霄」，「宵」、「霄」通。

【箋注】

〔一〕世有二句：幽人，高士。參卷二應嘉賦「覩幽人乎所過」注。漢書叙傳班嗣報桓譚書：「漁釣於一壑，則萬物不奸其志。」張衡西京賦：「海若游於玄渚。」李善注引薛君韓詩章句：「水一溢而爲渚。」王先謙申説之曰：「亦謂水流溢於旁地而渟聚者爲渚。蓋渚之爲言瀦也。」案：王説見詩三家義集疏江有汜疏，其説是。爾雅釋水云「小洲曰渚」，但渚之義不限於此。陸機所謂「玄渚」，蓋謂渟水之涯，猶楚辭九歌湘君「夕弭節兮北渚」王逸注：「渚，水涯也。」

〔二〕彈雲冕二句：楚辭漁父：「新沐者必彈冠。」宵，通「霄」。文選束皙補亡詩「奕奕玄霄」李善注：「霄，雲也。」霄褐即雲衣。案：以雲言衣冠，始於屈原。楚辭九章涉江：「冠切雲之崔嵬。」又九歌東君：「青雲衣兮白霓裳。」

〔三〕是以二句：物外，猶言方外，塵俗之外。楚辭漁父：「舉世皆濁我獨清。」又云：「世人皆濁，何不淈其泥而揚其波。」案：此言幽人静如止水，舉世不能使其有所改變。雖用漁父語而其意不同。

〔四〕超塵句：緒，楚辭九章涉江「欸秋冬之緒風」王逸注：「餘也。」絶緒，謂略無音訊踪迹可尋。

列仙賦

夫何列仙玄妙，超攝生乎世表〔一〕。因自然以爲基，仰造化而闡道〔二〕。性沖虚以易足，年緬邈其難老〔三〕。爾乃呼翕九陽，抱一含元〔四〕。引新吐故，雲飲露餐〔五〕。違品物以長眄，妙群生而爲言〔六〕。爾其嘉會之仇〔七〕，息宴游棲，則昌容、弄玉、洛宓、江妃〔八〕。觀百化於神區，覲天皇於紫微〔九〕。過太華以息駕，越流沙而來歸〔一〇〕。

藝文類聚卷七十八

【校】

昌容：「容」，原作「客」，汪紹楹校：「疑當作『容』。」影宋本嚴元照録盧文弨校、宛委別藏本作「容」，據改。

【箋注】

〔一〕超攝句：攝，國語魯語「故能攝固不解以久」韋昭注：「持也。」老子五十章：「蓋聞善攝生者，陸行不遇兕虎。」曹大家蟬賦：「伊玄蟲之微陋，亦攝生於天壤。」張華鷦鷯賦：「惟鷦鷯之微禽兮，亦攝生而受氣。」持有保持、獲得之意，吕氏春秋至忠「而持千歲之壽也」高誘注：「持，猶得也。」表，玄應一切經音義卷二「雲表」注引三蒼：「外也。」謂超然攝持其生命於塵世之外。

〔二〕因自然二句：自然，老子二十五章「道法自然」鍾會曰：「莫知所出，故曰自然。」（尤刻本文選孫綽游天台山賦「運自然之妙有」李善注引）又王弼注：「自然者，無稱之言，窮極之辭也。」案：自然者，不知所以然而然、自成自爲也。嵇康養生論云：「夫神仙雖不目見，然記籍所載，前史所傳，較而論之，其有必矣，似特受異氣，禀之自然，非積學所能致也。」葛洪則以爲仙道須學，然非人人肯學，人人能學，故仙與不仙，仍因「所禀有自然之命」（抱朴子内篇塞難）。老子三十九章：「高以下爲基。」仰，詩小雅車舝「高山仰止」孔疏：「仰是心慕之辭。」老子四十一章：「上士聞道，勤而行之。」案：二句謂神仙以自然禀賦爲基，然亦由乎聞道。

〔三〕性沖虚二句：沖，淮南子原道「沖而徐盈」高誘注：「虚也。」阮籍詠懷：「列仙停修齡，養志在沖虚。」漢書景帝紀後元二年詔：「其唯廉士，寡欲易足。」詩魯頌泮水：「永錫難老。」葛洪抱朴子内篇微旨：「唯導引可以難老矣。」案：此處難老，猶却老，不僅不易老而已。難有抑退之義，尚書堯典「難任人」（僞古文在舜典）僞孔傳：「難，拒也。」

〔四〕爾乃二句：翕，通「吸」。九陽，謂日，亦謂陽氣。日爲太陽之精，九爲陽數之極。後漢書仲長統傳統作詩曰：「沆瀣當餐，九陽代燭。」李賢注：「九陽，謂日也。」阮籍詠懷：「昔有神仙者，羨門及松喬。噏息九陽間，升遐嘰雲霄。」傅玄陽春賦：「生氣方盛，九陽奮發。」案：

太平經太平金闕帝晨後聖帝君師輔歷紀歲次平氣去來兆候賢聖功行種民定法本起云九玄帝君「吞光服霞，咀嚼日根」，又云仙家之訣有「吞日精」。「呼翕九陽」，當指此類而言。老子十章：「載營魄抱一，能無離。」河上公注：「言人能抱一，使不離於身，則身長存。一者，道始所生，太和之精氣也，故曰一。」太平經修一却邪法：「夫一者，乃道之根也，氣之始也，命之所繫屬，衆心之主也。」元，謂本根。太平經修一却邪法：「天地開闢貴本根，乃氣之元也。」初學記卷二十六引春秋合誠圖：「天皇大帝，北辰星也，含元秉陽，舒精吐光。」後漢書郅惲傳惲上書曰：「臣聞天地……含元包一。」

〔五〕引新二句：淮南子泰族：「王喬、赤松，……呼而出故，吸而入新，蹀虚輕舉，乘雲游霧。」楚辭遠游「精氣入而粗穢除」王逸注：「納新吐故，垢濁清也。」雲飲，太平經太平金闕帝晨後聖帝君師輔歷紀歲次平氣去來兆候賢聖功行種民定法本起云仙家之訣有「服雲腴」。露餐，莊子逍遥游：「藐姑射之山有神人居焉，……不食五穀，吸風飲露。」

〔六〕違品物二句：違，爾雅釋詁：「遠也。」眄，廣雅釋詁：「視也。」長眄，猶老子五十九章所謂「長生久視」。周易説卦：「神也者，妙萬物而爲言者也。」二句謂仙者遠離衆類而長生久視，以其玄妙於群生，故名曰仙。

〔七〕爾其句：周易乾文言：「嘉會足以合禮。」仇，爾雅釋詁：「匹也。」

〔八〕昌容：左思魏都賦：「昌容練色。」張載注引列仙傳：「昌容者，常山道人也，自稱殷王女。

食逢累根，二百餘年而顔色如年二十人。」弄玉：列仙傳：「蕭史者，秦穆公時人也，善吹簫，能致孔雀、白鶴於庭。穆公有女字弄玉，好之，公遂以女妻焉。日教弄玉作鳳鳴。居數年，吹似鳳聲，鳳凰來止其屋。公爲作鳳臺，夫婦止其上，不下數年，一日皆隨鳳凰飛去。」洛宓：楚辭劉向九嘆愍命：「迎宓妃於伊雒。」王逸注：「宓妃，神女，蓋伊雒水之精也。」文選曹植洛神賦李善注引漢書音義：「如淳曰：『宓妃，伏羲氏之女，溺洛水爲神。』」江妃：列仙傳：「江妃二女者，不知何所人也。出游於江漢之湄，逢鄭交甫。見而悦之，不知其神人也。……曰：『……願請子之佩。』……遂手解佩與交甫。交甫悦，受而懷之中當心，趨去數十步，視佩，空懷無佩。顧二女，忽然不見。」

〔九〕觀百化二句：莊子至樂：「且吾與子觀化。」禮記樂記：「地氣上齊，天氣下降，陰陽相摩，天地相蕩，鼓之以雷霆，奮之以風雨，動之以四時，暖之以日月，而百化興焉。」曹植九華扇賦：「有神區之名竹，生不周之高岑。」紫微，星垣名，天帝所居。史記天官書「中宮天極星」索隱引春秋合誠圖：「北辰……在紫微中。」亦稱紫宮。初學記卷二十六引春秋合誠圖：「天皇大帝，北辰星也……居紫宮中，制御四方，冠有五采。」後漢書霍諝傳「呼嗟紫宮之門」李賢注：「天有紫微宮，是上帝之所居也，王者立宮，象而爲之。」張衡思玄賦：「覿天皇於瓊宮。」

〔一〇〕過太華二句：太華，華山，相傳爲仙人游處之所。山海經西山經「太華之山」郭璞注引詩含神霧云：「上有明星玉女，持玉漿，得上服之，即成仙。道險僻不通。」桓譚仙賦序云：「集靈宫，宫在華山下，武帝所造，欲以懷集仙者王喬、赤松子，故名殿爲存仙，端門南向山，署曰望仙門。」張昶西岳華山堂闕碑序亦云武帝造集靈宫華山下，「想松、喬之儔是游是憩。郡國方士自遠而至者，充巖塞崖。鄉邑巫覡宗祝乎其中者，亦盈谷溢磎。咸有浮飄之志，愉悦之色。必雲霄之路可升而越，果繁昌之福可降而致也」。是漢代已朝野上下盛傳其事而心嚮往之。漢魏歌詩亦屢見吟詠。流沙，言老子、尹喜事，又彭祖事。列仙傳：「關令尹喜者，周大夫也，善内學。……老子西游，喜先見其炁，知有真人當過。物色而遮之，果得老子。老子亦知其奇，爲著書授之。後與老子俱游流沙化胡。」又葛洪抱朴子内篇極言引彭祖經、黄山公記，云彭祖至殷末世，年七八百歲而不衰老，殷王用其術有驗，而欲害之。彭祖乃去，不知所在。其後七十餘年，人於流沙之西見之。亦見葛洪神仙傳。

陵霄賦〔一〕

挾至道之容微，狹流俗之紛沮〔二〕。颺余節以遠模，風扶摇而相予〔三〕。削陋迹於介丘，省游仙而投軌〔四〕。凱情累以遂濟，豈時俗之云阻〔五〕。判烟雲之騰躍，半天步而無旅〔六〕。詠陵霄之飄飄〔七〕，永終焉而弗悔。昊蒼焕而運流〔八〕，日月翻其代

序。下霄房之靡迤〔九〕，卜良辰而復舉。陟瑶臺以投轡，步玉除而容與〔一〇〕。藝文類聚卷七十八

【校】

削陋迹四句：「介丘」，原作「分丘」，誤。「介」之隸書與「分」形近易訛。據韻補卷三「軌」字注改。影宋本嚴元照録盧文弨校、宛委别藏本避孔子諱，作「介邱」。「游仙」，韻補作「仙游」。「凱」，韻補作「覬」。又韻補「削陋迹」句、「覬情累」句末皆有「兮」字。

之騰躍：「之」，影宋本作「以」。

靡迤：「迤」，原作「迄」。影宋本作「靡靡迤」，當是誤重「靡」字。佩文韻府卷二十二之五下平聲房引作「靡迤」，據改。

良辰：「辰」，陸本、影宋本作「晨」。

【箋注】

〔一〕陵霄，謂升天成仙。葛洪抱朴子内篇至理引仲長統昌言：「河南密縣有卜成者（當據後漢書方術傳作「上成公」，參王明抱朴子内篇校釋引孫星衍校語），學道經久，乃與家人辭去。其始步稍高，遂入雲中，不復見。此所謂舉形輕飛，白日升天，仙之上者也。」據云時名士陳寔、韓韶，同見其事，故其子陳紀、韓融，號爲通才，亦皆信仙。又見張華博物志方士、後漢

書方術上成公傳。案：藝文類聚卷四引鄧德明南康記：「昔有盧耽，仕州爲治中，少學仙術，善解飛騰。每夕輒凌虚歸家，曉則還州。嘗元會至晚，不及朝列，化爲白鵠，至閤前，徊翔欲下。威儀以箒擲之，得一隻履。耽驚還就列。内外左右，莫不駭異。時步騭爲廣州（應作交州）刺史，意甚惡之，便以狀列聞，遂至誅滅。」盧耽事與後漢書方術傳葉令王喬事頗相似，皆化爲鳥而飛翔。而陸機此賦，則云徑自舉步飛升，乃與上成公相類。意當時此類傳説頗盛。淮南子原道：「乘雲陵霄，與造化者俱。」

〔二〕挾至道二句：莊子在宥：「至道之精，窈窈冥冥；至道之極，昏昏默默。」又抱朴子内篇金丹：「世間多不信至道者。」專指成仙術而言。容微，未詳，或包容、微妙之意，形容至道之廣大精微。紛，廣雅釋詁：「亂也。」沮，淮南子修務「故力竭功沮」高誘注：「敗也。」

〔三〕颺余節二句：颺，通揚。説文手部：「揚，飛舉也。」節，謂行車之節度。楚辭離騷：「吾令羲和弭節兮。」王逸注：「弭，按也。按節，徐步也。」此云颺節，與弭節相反，謂疾行遠騖也。司馬相如上林賦：「揚節而上浮。」模，玉篇木部：「規也。」此謂規畫、規求。三國志吴書陸瑁傳瑁與暨艷書：「宜遠模仲尼之泛愛。」扶摇，爾雅釋天：「扶摇謂之猋。」郭璞注：「暴風從下上。」莊子逍遥游：「摶扶摇羊角而上者九萬里。」詩周頌雍：「相予肆祀。」毛傳：「相，助。」

〔四〕削陋迹二句：介丘，大丘，見卷二應嘉賦「方介丘於尺阜」注。省，説文眉部：「視也。」投，周易略例明爻通變「投戈散地」邢璹注：「置也。」軌，廣雅釋詁：「迹也。」投軌，謂置其行迹，猶揚雄解嘲「擬足而投迹」之「投迹」。二句謂絶迹於人間之山丘，省視仙人之踪迹而行。

〔五〕凱情累二句：凱，通愷。左傳文公十八年「謂之八愷」杜預注：「愷，和也。」莊子庚桑楚：「惡欲喜怒哀樂六者，累德也。」謂情累德也。凱情累，謂平和其情累，亦即平和其心、去其情累之意。遂，廣雅釋詁：「竟也。」濟，爾雅釋言：「成也。」云，猶能也，參裴學海古書虚字集釋。

〔六〕判烟雲二句：判，説文刀部：「分也。」之，猶而也，與下句而字對文。參裴學海古書虚字集釋。步，説文步部：「行也。」旅，禮記樂記「進旅退旅」鄭玄注：「猶俱也。」

〔七〕詠陵霄句：史記司馬相如傳：「相如既奏大人之頌，天子大説，飄飄有凌雲之氣，似游天地之間意。」

〔八〕昊蒼：文選王延壽魯靈光殿賦「承蒼昊之純殷」張載注：「蒼、昊，皆天之稱也。春爲蒼天，夏爲昊天。」曹植五游詠：「倏忽造昊蒼。」

〔九〕下霄房句：靡迤，禮記玉藻「而手足毋移」鄭玄注：「移之言靡迆也。毋移，欲其直且正。」孔疏：「不得邪低靡迆摇動也。」靡迤即「靡迆」，其義爲斜低。又顔師古匡謬正俗卷五陂池：「凡『陂陁』者，猶言『靡陁』耳。」陂陁又作陂池，亦斜低之義，如王符潛夫論慎微：「川谷之卑，非截斷而顛陷也，必陂池而稍下焉。」此言自雲間斜行而下降也。

〔一〇〕陟瑶臺二句：陟，説文阜部：「登也。」楚辭離騷：「望瑶臺之偃蹇兮。」投轡，猶言解鞍、息駕。除，説文阜部：「殿陛也。」曹植贈丁儀：「凝霜依玉除。」容與，漢書司馬相如傳「翱翔容與」顏師古注引郭璞：「翱翔、容與，言自得也。」

述思賦〔一〕

情易感於已攬，思難戢於未忘〔二〕。嗟伊思之且爾，夫何往而弗臧〔三〕？駭中心於同氣，分戚貌於異方〔四〕。寒鳥悲而饒音〔五〕，衰林愁而寡色。嗟余情之屢傷，負大悲之無力。苟彼塗之信險，恐此日之行昃〔六〕。亮相見之幾何〔七〕，又離居而別域。觀尺景以傷悲，撫寸心而悽惻〔八〕。　藝文類聚卷二十一

【箋注】

〔一〕思，憂也。參卷二行思賦題注。案：據陸雲與兄平原書，本篇作於永康元年（三〇〇）稍後，參卷一文賦題注。

〔二〕情易感二句：禮記樂記：「人心之動，物使之然也，感於物而動。」攬，廣雅釋詁：「持也。」猶言把持、收拾。未忘，謂未能忘情。晉書王衍傳載衍語：「聖人忘情，最下不及於情，然則

情之所鍾，正在我輩。」

〔三〕嗟伊思二句：且，既。參王叔岷古籍虛字廣義。藏，通藏。吕氏春秋知士「藏怒以待之」高誘注：「藏，懷也。」

〔四〕駭中心二句：同氣，謂骨肉之親。吕氏春秋精通：「故父母之於子也，子之於父母也，一體而兩分，同氣而異息。……雖異處而相通，隱志相及，痛疾相救，憂思相感，生則相歡，死則相哀，此之謂骨肉之親。」後漢書東平憲王蒼傳蒼上書：「況臣居宰相之位，同氣之親哉！」曹植求自試表：「臣敢陳聞於陛下者，誠與國分形同氣，憂患共之者也。」二句謂内心驚惕於骨肉之親，悲容分離於他方異域。

〔五〕寒鳥句：阮籍詠懷：「寒鳥相因依。」

〔六〕苟彼塗二句：苟，誠，確實。參裴學海古書虛字集釋。昃，説文日部：「日在西方時側也。」

〔七〕亮：爾雅釋詁：「信也。」

〔八〕覩尺景二句：景，説文日部：「光也。」尺景，言日之短。寸心，見卷一文賦「吐滂沛乎寸心」注。

【集評】

陸雲與兄平原書：省述思賦，流深情至言，實爲清妙。恐故復未得爲兄賦之最。

嘆逝賦〔一〕并序

昔每聞長老追計平生同時親故〔二〕，或凋落已盡，或僅有存者〔三〕。余年方四十，而懿親戚屬〔四〕，亡多存寡，昵交密友，亦不半在。或所曾共游一塗，同宴一室，十年之内，索然已盡〔五〕。以是思哀，哀可知矣〔六〕。乃爲賦曰：

【校】

之内：「内」，尤刻本文選、藝文類聚卷三十四作「外」。

爲賦：文選五臣本、四部叢刊本文選、陳八郎本文選無「爲」字，尤刻本文選作「作賦」。

【箋注】

〔一〕陸雲與兄平原書言及文賦、述思賦及感逝賦等，感逝賦當即本篇，是本篇與文賦、述思賦等大體作於同時。

〔二〕平生：論語憲問「久要不忘平生之言」何晏集解引孔安國：「猶少時。」

〔三〕僅有存者：言存者甚少，才能未凋落凈盡而已。僅，李善注引賈逵國語注曰：「猶言纔能也。」詩大雅行葦「序賓以賢」毛傳：「蓋僅有存焉。」

〔四〕而懿親句：左傳僖公二十四年：「兄弟雖有小忿，不廢懿親。」杜預注：「懿，美也。」戚，小爾雅廣詁：「近也。」

〔五〕索：廣雅釋詁：「盡也。」

〔六〕以是二句：孔子家語五儀解：「孔子曰：『君子入廟，如右，登自阼階，仰視榱桷，俯察机筵，其器皆存，而不睹其人。君以此思哀，則哀可知矣。』」案：家語此節係取自荀子哀公篇，「哀可知矣」，荀子作「哀將焉而不至矣」。

伊天地之運流，紛升降而相襲〔一〕。日望空以駿驅，節循虚而警立〔二〕。嗟人生之短期，孰長年之能執〔三〕？時飄忽其不再，老晼晚其將及〔四〕。懟瓊蕊之無徵，恨朝霞之難挹〔五〕。望湯谷以企予，惜此景之屢戢〔六〕。悲夫！川閲水以成川，水滔滔而日度〔七〕。世閲人而爲世，人冉冉而行暮〔八〕。人何世而弗新，世何人之能故〔九〕？野每春其必華，草無朝而遺露〔一〇〕。經終古而常然，率品物其如素〔一一〕。譬日及之在條，恒雖盡而弗悟〔一二〕。雖不悟其可悲，心惆焉而自傷〔一三〕。亮造化之若兹，吾安取夫久長！

【校】

之能執：「之」，陳八郎本文選作「而」。

其將及：「其」，文選五臣本、陳八郎本文選、影宋本作「而」。

望湯谷以企予：「湯」，文選五臣本、四部叢刊本文選、影宋本作「暘」，「暘」、「湯」通。「以」，文選五臣本、四部叢刊本文選、陳八郎本文選、影宋本作「之」。

弗悟：「弗」，文選五臣本、陳八郎本文選、陸本、影宋本作「不」。

其可悲：「其」，陸本、影宋本作「而」。

【箋注】

〔一〕伊天地二句：成公綏天地賦：「渾元運流而無窮。」禮記樂記：「地氣上齊，天氣下降，陰陽相摩，天地相蕩，……而百化興焉。」鄭玄注：「齊讀爲躋。躋，升也。」襲，廣雅釋詁：「因也。」

〔二〕日望空二句：望空，晉書天文志載漢郗萌記先師相傳云：「日月衆星自然浮生虛空之中，其行其止皆須氣焉。」節，史記五帝本紀「節用水火材物」張守節正義：「時節也。」如四時稱四節，二十四氣稱二十四節。循虛，時節之立，由日行黃道而定，黃道亦在虛空中。警，李善注：「猶驚也。」使人驚心，故云。

〔三〕嗟人生二句：嵇康答難養生論：「不絕穀茹芝，無益於短期矣。」管子中匡：「道血氣以求長年。」

〔四〕時飄忽二句：楚辭九歌湘君：「時不可兮再得。」班固幽通賦：「辰倏忽其不再。」晼晚，日暮，見卷一感時賦「日晼晚而易落」注。楚辭離騷：「老冉冉其將至兮。」楚辭九辯：「白日晼晚其將入兮。」

〔五〕懟瓊蕊二句：張衡西京賦：「屑瓊蕊以朝餐，必性命之可度。」徵，禮記中庸「久則徵」鄭玄注：「猶效驗也。」楚辭遠游「漱正陽而含朝霞」王逸注引陵陽子明經：「春食朝霞，朝霞者，日始欲出赤黄氣也。」挹，荀子宥坐「弟子挹水而注之」楊倞注：「酌也。」

〔六〕望湯谷二句：湯谷，日出處。山海經大荒東經：「湯谷上有扶木，一日方至，一日方出。」詩衛風河廣：「跂予望之。」鄭箋：「予，我也。……我跂足則可以望見之。」跂、企通，舉踵也。惜，説文心部：「痛也。」戢，左傳宣公十二年「載戢干戈」杜預注：「藏也。」

〔七〕川閲二句：閲，説文門部：「具數於門中也。」徐鍇云：「具數，一一數之也。」又廣雅釋詁：「閲，數也。」案：門者，所經由處。是「閲」之意，謂於所經歷者一一數見之。詩小雅四月：「滔滔江漢。」

〔八〕人冉冉句：楚辭離騷：「老冉冉其將至兮。」王逸注：「冉冉，行貌。」曹丕蒼舒誄：「促促百年，亹亹行暮。」

〔九〕世何人句：李善注：「言皆滅亡而不能故。」

〔一〇〕野每春二句：李善注：「『野每春其必華』，喻人何世而弗新；『草無朝而遺露』，喻世何人之能故。夫露之在草，無一朝有餘，以喻人之居世，無一時而能故也。王逸楚辭注曰：『遺，餘也。』」劉良曰：「無朝遺露，無一朝而不有露也。」案：李善説是。「草無朝而遺露」，言草上之露易乾，無一朝有餘留也，即崔豹古今注所載挽歌「薤上朝露何易晞」意，言人命如薤上之露，易晞滅也。

〔一一〕經終古二句：終古，永久。周禮考工記「輪已庳則於馬終古登阤也」鄭玄注：「齊人之言終古，猶言常也。」楚辭九歌禮魂：「長無絶兮終古。」品物，衆物，庶物，見卷二行思賦「羨品物以獨感」注。素，小爾雅廣言：「故也。」

〔一二〕譬日及二句：爾雅釋草：「椵，木槿；櫬，木槿。」郭璞注：「似李樹，華朝生夕隕，可食。或呼爲日及。」李善注：「言命之行逝，譬乎日及，雖至於盡，而不能寤。」潘尼朝菌賦曰：「朝菌者，世謂之木槿，或謂之日及。」案：日及在條，似無所變化，其實今日之花已非昨日之花，人世有似於此。日及花開僅一日之間，而不自悟其短促，亦猶世人不自悟其生之短。

〔一三〕雖不二句：不悟，謂日及不悟，亦言人之不悟。惆，李善注引廣雅：「痛也。」

痛靈根之夙殞，怨具爾之多喪〔一〕。悼堂構之隤瘁，愍城闕之丘荒〔二〕。親彌懿其已逝，交何戚而不忘〔三〕？咨余今之方殆，何視天之芒芒〔四〕！傷懷悽其多念，戚貌瘁而尠歡〔五〕。幽情發而成緒，滯思叩而興端〔六〕。慘此世之無樂，詠在昔而爲言〔七〕。居充堂而衍宇，行連駕而比軒〔八〕。彌年時其詎幾〔九〕，夫何往而不殘！或冥邈而既盡，或寥廓而僅半〔一〇〕。信松茂而柏悦，嗟芝焚而蕙嘆〔一一〕。苟性命之弗殊〔一二〕，豈同波而異瀾？瞻前軌之既覆，知此路之良難〔一三〕。啓四體而深悼，懼兹形之將然〔一四〕。毒娱情而寡方，怨感目之多顔〔一五〕。諒多顔之感目〔一六〕，神何適而獲怡？尋平生於響像〔一七〕，覽前物而懷之。步寒林以悽惻，翫春翹而有思〔一八〕。觸萬類以生悲，嘆同節而異時〔一九〕。年彌往而念廣，塗薄暮而意迮〔二〇〕。親落落而日稀，友靡靡而愈索〔二一〕。顧舊要於遺存，得十一於千百〔二二〕。樂隤心其如亡，哀緣情而來宅〔二三〕。託末契於後生，余將老而爲客〔二四〕。

【校】

隤瘁：「隤」，文選五臣本、陳八郎本文選、陸本、影宋本作「頹」，「隤」、「頹」通。

不忘：「忘」，文選五臣本、四部叢刊本文選、陳八郎本文選、陸本、影宋本作「亡」，「忘」、「亡」通。

余今：「今」，文選五臣本、四部叢刊本文選、陳八郎本文選、陸本、影宋本作「命」。

芒芒：文選五臣本、四部叢刊本文選、陸本、影宋本作「茫茫」，「芒」、「茫」通。

尠歡：「尠」，文選五臣本、陳八郎本文選、陸本、影宋本作「鮮」，「鮮」、「尠」通。

其詎：「其」，藝文類聚卷三十四作「之」。

弗殊：「弗」，文選五臣本、四部叢刊本文選、陳八郎本文選、影宋本作「不」。

而深悼：「而」，北宋本文選、陸本作「之」。
而寡方：「而」，文選五臣本、四部叢刊本文選、陳八郎本文選、陸本、影宋本作「之」。
諒多顔：「諒」，文選五臣本、陳八郎本文選、影宋本作「亮」，「亮」、「諒」通。
意迮：「意」，藝文類聚卷三十四作「迫」。
隤心其如亡：「隤」，文選五臣本、四部叢刊本文選、陳八郎本文選、影宋本作「隕」。「亡」，北宋本文選、尤刻本文選、陸本作「忘」，「亡」、「忘」通。

【箋注】

〔一〕痛靈根二句：靈根，喻祖先。張衡南都賦：「固靈根於夏葉。」具爾，代指兄弟。詩大雅行葦：「戚戚兄弟，莫遠具爾。」鄭箋：「具，猶俱也；爾，謂進之也。王與族人燕，兄弟之親，無遠無近，俱揖而進之。」曹植求通親親表：「諸王常有戚戚具爾之心。」陸機乃徑用作兄弟之稱。

〔二〕悼堂構二句：尚書大誥：「若考作室，既厎法，厥子乃弗肯堂，矧肯構？」此以「堂構」指父祖所建之堂室屋宇，亦喻父祖所創之事業。瘁，李善注：「猶毁也。」慜，同「愍」。說文心部：「愍，痛也。」城闕，指故土吴之城闕。張載叙行賦：「陟丘荒以寥廓。」

〔三〕親彌懿二句：彌，文選張衡西京賦「態不可彌」薛綜注：「猶極也。」忘，通「亡」，謂亡故也。

〔四〕咨余二句：咨，詩大雅蕩「文王曰咨」毛傳：「嗟也。」殆，爾雅釋詁：「危也。」詩小雅正月：

「民今方殆，視天夢夢。」鄭箋：「夢夢然而亂。」芒芒，猶夢夢，音近通用。胡紹煐文選箋證卷十八：「易夢夢爲芒芒以便韻耳。」

〔五〕傷懷二句：曹植贈王粲：「誰令君多念，自使懷百憂。」戚，詩小雅小明「自貽伊戚」毛傳：「憂也。」瘁，李善注引蒼頡篇：「憂也。」又曰：「瘁與悴古字通。」

〔六〕幽情二句：劉良注：「言我懷傷，叩發自多端緒。」

〔七〕在昔：往日。詩商頌那：「自古在昔。」

〔八〕居充堂二句：充，廣雅釋詁：「滿也。」衍，詩大雅板「及爾游衍」毛傳：「溢也。」比，漢書諸侯王表「諸侯比境」顏師古注：「謂相接次也。」軒，左傳哀公十一年「外州人奪之軒以獻」杜預注：「車也。」二句言昔日親戚交友之衆盛。

〔九〕彌年句：彌，爾雅釋言：「終也。」年時，猶歲月。詎，猶云曾，參劉淇助字辨略卷四。此句猶言曾幾何時。

〔一〇〕寥廓：空虚貌。説文广部：「廫，空虚也。」段玉裁注：「此今之『寥』字。」廓，廣雅釋詁：「空也。」

〔一一〕信松茂二句：詩小雅斯干：「如松茂矣。」小雅天保：「如松柏之茂。」淮南子俶真：「巫山之上，順風縱火，膏夏、紫芝與蕭艾俱死。」李善注：「柏悦、蕙嘆，蓋以自喻。」案：松茂、芝焚，喻昔日親交之興盛與今之凋殘。

〔一二〕性命：禮記中庸：「天命之謂性。」鄭玄注：「天命，謂天所命生人者也，是謂性命。……孝經説曰：『性者，生之質命，人所稟受度也。』」

〔一三〕瞻前軌二句：賈誼新書連語：「周諺曰：前車覆而後車戒。」

〔一四〕啓四體二句：論語泰伯：「曾子有疾，召門弟子曰：『啓予足，啓予手。』」何晏集解引鄭玄曰：「啓，開也。曾子以爲受身體於父母，不敢毁傷，故使弟子開衾而視之也。」兹形，謂己身。

〔一五〕毒娱情二句：毒，廣雅釋詁：「痛也。」張衡歸田賦：「聊以娱情。」顔，猶言狀貌、情狀。

〔一六〕諒：説文言部：「信也。」

〔一七〕尋平生句：李善注：「夫響以應聲，像以寫形。今形聲既亡，故尋其響像。魯靈光殿賦曰：『忽瞟眇以響像。』」案：彼賦李善注：「響像，猶依稀，非正形聲也。」

〔一八〕翹：廣雅釋詁：「舉也。」此指花。花挺而高出，故謂之翹。

〔一九〕同節而異時：謂節令與昔日相同而當時之人事已逝。曹丕與朝歌令吴質書：「節同時異，物是人非，我勞如何！」

〔二〇〕年彌往二句：楚辭九辯：「年洋洋以日往兮。」史記伍子胥傳：「吾日暮塗遠。」迮，李善注引聲類：「迫也。」

〔二一〕親落落二句：李善注：「落落，稀貌。靡靡，盡貌。」

〔二二〕顧舊要二句：要，廣雅釋言：「約也。」又吕氏春秋勸學「以要不可必」高誘注：「求也。」舊要，謂往日所期約、所企求者。二句謂昔日所心期追求者，今已心灰意懶，盡行廢置，存者百一而已。論語憲問：「久要不忘平生之言。」此反其意。舊、久通。

〔三〕樂隤心二句：李善注：「樂易失而哀易居也。薛君韓詩章句曰：『隤，猶遺也。』」

〔四〕託末契二句：末契，謂晚年交合。論語子罕：「後生可畏。」何晏集解：「後生謂年少。」古詩：「人生天地間，忽如遠行客。」

然後弭節安懷，妙思天造〔一〕。精浮神淪，忽在世表〔二〕。寤大暮之同寐，何矜晚以怨早〔三〕？指彼日之方除，豈茲情之足攬〔四〕？感秋華於衰木，瘁零露於豐草〔五〕。在殷憂而弗違，夫何云乎識道〔六〕？將頤天地之大德，遺聖人之洪寶〔七〕。解心累於末迹，聊優游以娛老〔八〕。奎章閣藏文選卷十六之李善本

【校】

秋華：「華」，影宋本作「葉」。

【箋注】

〔一〕然後二句：楚辭九歌湘君：「夕弭節兮北渚。」王逸注：「弭，安也。……弭情安意。」案：弭節原謂按節徐行，喻安懷、不迫切。妙，通「眇」，深微、精微之意。論衡超奇：「孔子得史

記以作春秋……眇思自出於胸中也。」周易屯象：「天造草昧。」王弼注：「天地造始之時也。」

〔二〕精浮二句：淪，廣雅釋詁：「没也。」精浮神淪，猶言精神上下。表，玄應一切經音義卷二「雲表」注引三蒼：「外也。」

〔三〕寤大暮二句：李善注：「大暮，猶長夜也。原夫生死之理，雖則長短有殊，終則同歸一揆。言覺斯理，則晚死者何足矜，早夭者何傷也。」繆熙伯挽歌曰：『大暮安可晨。』寐，猶死也。古詩曰：『潛寐黄泉下。』」案：文選卷二十八、北堂書鈔卷四十二録繆襲挽歌，均無「大暮安可晨」句，本集卷七挽歌有此句。

〔四〕指彼日二句：詩唐風蟋蟀：「今我不樂，日月其除。」毛傳：「除，去也。」小雅何人斯：「祇攪我心。」毛傳：「攪，亂也。」黄侃文選平點：「『指彼日之方除』，言來者亦無久存之道也。」

〔五〕感秋華二句：曹植幽思賦：「顧秋華之零落，感歲暮而傷心。」詩鄭風野有蔓草：「零露漙兮。」鄭箋：「零，落也。」小雅湛露：「湛湛露斯，在彼豐草。」

〔六〕在殷憂二句：李善注引韓詩：「耿耿不寐，如有殷憂。」又云：「殷，深也。」案：毛詩作「隱憂」。違，詩召南殷其靁「何斯違斯」毛傳：「去。」法言吾子：「委大聖而好乎諸子者，惡睹其識道也？」

〔七〕將頤二句：頤，爾雅釋詁：「養也。」周易繫辭下：「天地之大德曰生，聖人之大寶曰位。」李善注：「言將養生而遺榮也。」

〔八〕解心累二句：莊子庚桑楚：「解心之謬，去德之累。……容、動、色、理、氣、意六者，謬心也；惡、欲、喜、怒、哀、樂六者，累德也。」末迹，喻晚年。詩小雅采菽：「優哉游哉。」班固漢書叙傳述雋疏于薛平彭傳第四十一：「散金娛老。」

【集評】

陸雲與兄平原書：感逝賦愈前，恐故當小不？然一至不復減。

潘淳潘子真詩話：陸士衡傷逝賦云：「託末契於後生。」杜詩云：「晚將末契託年少。」（苕溪漁隱叢話前集卷十二引）

方崧卿韓集舉正：（韓愈別知賦「惟知心之難得，斯百一而爲收」）陸機嘆逝賦：「得十一於千百。」用此意。

祝堯古賦辨體卷五：士衡嘆逝，茂先鷦鷯，安仁秋興，明遠蕪城、野鵝等篇，雖曰其辭不過後代之辭，乃若其情，則猶得古詩之餘情。愚於此益嘆古今人情如此其不相遠，詩賦義如此其終不泯。

又：賦也。凡哀怨之文，易以動人，六朝人尤喜作之，豈非懽愉之辭難工，而窮苦之言易好與？然此作雖未能止乎禮義而發乎情，猶於變風之義有取焉。但古人情得其理，和平中正，故哀而不傷，怨而不怒。後人情流於欲，淫邪偏宕，故哀極而傷，怨極而怒。此賦與江文通恨

賦同一哀傷，而此賦尤動人。吁，哀思之音，誠莊人端士之所當警者。（見

何景明評：「川閱水」、「世閱人」，可謂雄視今古；而「人何世」二句，尤覺波瀾蕩漾。（見余碧泉刻文選纂注評本）

顧炎武日知録卷二十七韓文公詩注：韓文公……秋懷詩「戚戚抱虛警」，是用陸士衡嘆逝賦「節循虛而警立」。

俞瑒評：感嘆之由在一序中説出，而逝者如斯，亦天地自然之運耳，故以養生遺榮結之。文境曲折，有入理之處。（見浙江圖書館藏清抄本昭明文選）

方廷珪昭明文選集成：按死生自是古今常理，若泛從逝者抒議，便同齊景泣牛山，趙簡嘆物化，非達者之言也。關情處在年方四十，戚屬交游多係少壯，未十年間，凋零略盡，此誠子桓所云「既痛逝者，行復自念」也。且己係江東舊族，國破家亡，去吳入晉，喬木之感既深，麥秀之悲更甚，撫今念昔，倍難爲懷耳。末以達觀意作結，蓋事到無可奈何處，不得不如此收場也，意亦本之賈長沙鵩鳥賦。

周平園評：此君手筆，神氣活動，能顯人難顯之情，雖豪邁不如子建，而爽達過之。六朝賦手，應推二人爲領袖。（方廷珪昭明文選集成引）

錢鍾書管錐編全上古秦漢三國六朝文第一百三十七則：悱惻纏綿，議論亦何害於抒情乎？○「託末契於後生，余將老而爲客。」按承上文「顧舊要於遺存，得十一於千百」，苦語直道

衷情而復曲盡事理。

大暮賦 并序

夫死生是得失之大者〔一〕，故樂莫甚焉，哀莫深焉。使死而有知乎，安知其不如生？如遂無知耶，又何生之足戀〔二〕？故極言其哀，而終之以達，庶以開夫近俗云。

夫何天地之遼闊，而人生之不可久長。日引月而并隕，時維歲而俱喪〔三〕。知自壯而得老，體自老而得亡〔四〕。顧黄壚之杳杳〔五〕，悲泉路之翳翳。挫千乘猶一毫，當何數乎智慧〔六〕。徒假願於須臾，指夕景而爲誓〔七〕。忽呼吸而不振，奄神徂而形斃〔八〕。顧萬物而遺恨，收百慮而長逝〔九〕。於是六親雲起，姻族如林〔一〇〕。爭塗掩泪，望門舉音〔一一〕。敷幄席以悠想，陳備物而虞靈〔一二〕。仰寥廓而無見，俯寂寞而無聲〔一三〕。肴饛饛其不毁，酒湛湛而每盈〔一四〕。屯送客於山足，伏埏道而哭之〔一五〕。扃幽户以大畢，訴玄闕而長辭〔一六〕。歸無塗兮往不反，年彌去兮逝彌遠〔一七〕。彌遠兮日隔，無塗兮曷因？庭樹兮葉落，暮草兮根陳〔一八〕。四部叢刊影印陸元大刊陸士衡文集卷三（係拼合藝文類聚卷三十四、初學記卷十四）

【校】

題：「暮」，北堂書鈔卷九十二葬、卷九十四冢墓、初學記卷十四、太平御覽卷五百五十一作「墓」。案本集嘆逝賦：「痦大暮之同寐。」感丘賦：「忘大暮於千祀兮。」（韻補卷一引）挽歌三首之三：「大暮安可晨。」吴貞獻處士陸君誄：「遊（疑當作逝）矣先暮。」皆以日暮喻死。又陳沈炯武帝哀策文亦云：「歸大暮之不暘。」古詩：「杳杳即長暮。」大暮，猶長暮也。本賦詠死，非專詠墳墓，作「暮」字是。

得失：藝文類聚卷三十四作「失得」。

安知句：影宋本「其」下有「死」字。

如遂句：影宋本脱「無」字。

黄墟：「墟」，七十二家集作「壚」。

泉路：初學記卷十四作「下泉」。

於是六親雲起：「起」，北堂書鈔卷九十二作「赴」。又北堂書鈔卷九十二葬引此句上有「撫崇塗而難親，停危軌之將游。雖萬乘與洪聖，赴此塗而俱税」四句。

争塗二句：影宋本「争塗」、「望門」下俱有「而」字。又「掩」，原作「淹」，據藝文類聚卷三十四改。

埏道：「埏」原作「珽」，據影宋本、藝文類聚卷三十四改。

訴玄闕：「訴」，藝文類聚卷三十四作「泝」。

葉落：影宋本作「落葉」。又「葉」，韻補卷二「翩」字注引作「華」。

暮草：「暮」，陳第毛詩古音考卷三、歷代賦彙外集卷二十、嚴可均全晉文卷九十六作「墓」。

【箋注】

〔一〕夫死生句：莊子德充符：「死生亦大矣。」春秋繁露竹林：「知其爲得失之大也，故敬而慎之。」

〔二〕使死而四句：墨子明鬼：「若以死者爲無知，則止矣；若死而有知，不出三年，必使吾君知之。」莊子齊物論：「予惡乎知夫死者不悔其始之蘄生乎？」

〔三〕時維句：左傳昭公七年：「公曰：『何謂六物？』對曰：『歲、時、日、月、星、辰是謂也。』」孔疏引孫炎：「四時一終曰歲，取歲星行一次也。」又云：「時謂四時，春夏秋冬也。」維，周禮夏官節服氏「維王之太常」鄭玄注引鄭司農：「持之。」

〔四〕知自壯二句：禮記曲禮上：「三十曰壯，有室。……七十曰老，而傳。」體，淮南子氾論「故聖人以身體之」高誘注：「行。」二句謂心知由壯而得老，又親歷自老而得亡之過程。

〔五〕黄墟：曹植文帝誄：「就黄墟以滅形。」晉書劉琨傳：「雖身膏野草，無恨黄墟。」册府元龜卷三百七十將帥部引「墟」作「壚」。壚，説文土部：「剛土也。」淮南子覽冥「下契黄壚」高誘注：「黄泉下壚土也。」案：墟、壚齊梁以前同屬魚部，形亦相近，黄墟即黄壚。

〔六〕挫千乘二句：挫，説文手部：「摧也。」千乘，謂公侯。論語學而「道千乘之國」何晏集解引馬融曰：「然則千乘之賦，其地千成，居地方三百一十六里有畸，唯公侯之封乃能容之。」何數，何足數，輕視之語。二句言死亡力量之巨大，勢位、智慧皆不能抗拒。

〔七〕徒假願二句：假，希麟一切經音義卷六「假藉」注引切韻：「且也。」誓，説文言部：「約束也。」二句謂權且願延命須臾，以日暮爲期約，而亦屬徒然。

〔八〕忽呼吸二句：忽、奄，皆倏忽、匆遽之義。不振，謂不能振動微末，當指屬纊而言。禮記喪大記：「屬纊以俟絶氣。」鄭玄注：「纊，今之新綿，易動摇，置口鼻之上以爲候。」

〔九〕收百句：周易繫辭下：「一致而百慮。」

〔一〇〕於是六親二句：六親，歷來説法不一，此泛指親戚。漢書叙傳述韓彭英盧吴傳第四：「雲起龍襄，化爲侯王。」姻族，有姻親關係之家族成員。詩大雅大明：「殷商之旅，其會如林。」

〔一一〕争塗二句：争塗，極言道途行人之衆。史記田單列傳：「齊人走，争塗。」禮記奔喪：「大功，望門而哭。」舉音，謂哭喪。漢書文帝紀：「殿中當臨者，皆以旦夕各十五舉音。」

〔一二〕敷幄席二句：敷，小爾雅廣詁：「布也。」幄，左傳襄公二十四年「二子在幄」杜預注：「帳也。」案：喪時有靈床之設。如世説新語傷逝載孫楚吊王濟，臨尸慟哭，復向靈床作驢鳴；顧榮喪，家人置琴靈床上，張翰來吊，徑上床彈之；王獻之好琴，王徽之奔其喪，亦坐靈床取其琴彈。此靈床皆設於下葬之前，床上當施帷帳。左芬元楊皇后誄：「空設幃帳，虚置衣衾。」王珣晉孝武帝哀策文：「帷幕空張，肴俎虚薦。」所言幃帳、帳幕當即指此。靈床上自當設席。此皆爲死者所施設。又文選潘岳寡婦賦：「易錦茵以苫席兮，代羅幬以素帷。」劉良注：「言居夫喪，故以苫席易錦褥，以素帷代羅幬。」通典卷八十四載宋崔凱云：「今人倚廬於喪側，因是爲帳焉。」此則爲居喪者所設。揆之文意，陸機此處所言當是前者，乃靈床上所陳者。備物，謂所備器物，此當主要指饋奠言。禮記檀弓下：「孔子謂爲明器者知喪道矣，備物而不可用也。」喪禮極重設奠，以爲人死魂散，須設奠以安之。儀禮士喪禮「奠脯醢醴酒，升自阼階，奠于尸東」鄭玄注：「鬼神無象，設奠以馮依之。」胡培翬儀禮正義釋之云：「注云禮始於飲食。詩曰：『神嗜飲食。』故設奠以爲鬼神憑依之所。」又引張爾岐曰：「喪禮凡二大端：一以奉體魄，一以事精神。……奠脯醢，事精神之始也。」虞，廣雅釋詁：「安也。」

〔一三〕仰寥廓二句：人死未葬時，精魂已飛散，體魄雖尚在，寂無聲響。

〔一四〕肴饛二句：饛，説文食部：「盛器滿貌。……詩曰：『有饛簋飧。』」二句就奠而言。據儀禮士喪禮、既夕，自始死至下葬，始終設奠不使有闕。鄭玄注云：「孝子不忍使其親須臾無所馮依也。」「不毁」、「每盈」指此。

〔一五〕屯送客二句：屯，廣雅釋詁：「聚也。」埏，文選潘岳楊仲武誄「埏隧既開」李善注引聲類：「墓隧也。」

〔一六〕扃幽户二句：幽户，此指墓門。禮記檀弓下：「葬於北方，北首，三代之達禮也，之幽之故也。」孔疏：「言葬於國北及北首者，鬼神尚幽暗，往詣幽冥故也。」李斯琅邪臺刻石：「事已大畢。」玄有幽暗義，又有北方義。玄闕，此指墳墓。黄生義府卷下：「古宫廟及墓門立雙柱者謂之闕。」

〔一七〕歸無塗二句：楚辭九歌國殤：「出不入兮往不反。」通典卷七十九引風俗通：「天命有終，往而不返，故曰大行。」班固幽通賦：「經日月而彌遠。」

〔一八〕庭樹二句：上句謂生前所居，下句謂墳墓。暮草，當作「墓草」。禮記檀弓上：「曾子曰：『朋友之墓，有宿草而不哭焉。』」鄭玄注：「宿草，謂陳根也。」孔疏：「草經一年則根陳也。」

感丘賦〔一〕

泛輕舟於西川，背京室而電飛〔二〕。遵伊洛之坻渚，沿黄河之曲湄〔三〕。睹墟墓於山梁，託崇丘以自綏〔四〕。見兆域之藹藹，羅魁封之壘壘〔五〕。於是徘徊洛涯，弭節河干〔六〕。佇眄留心，慨爾遺嘆〔七〕。仰終古以遠念，窮萬緒乎其端〔八〕。伊人生之寄世〔九〕，猶水草乎山河。應甄陶以歲改，順通川而日過〔一〇〕。爾乃申舟人以遂往，横大川而有悲〔一一〕。傷年命之倏忽，怨天步之不幾〔一二〕。雖履信而思順，曾何足以保兹〔一三〕。普天壤其弗免，寧吾人之所辭〔一四〕。願靈根之晚墜，指歲暮而爲期〔一五〕。藝文

類聚卷四十

【校】

坻渚：「坻」，原作「抵」，據陸本、影宋本改。

崇丘：「丘」，陸本作「山」。

佇眄：「眄」，陸本、影宋本作「盼」。

有悲：「悲」，原作「惡」，據陸本、影宋本改。

【箋注】

〔一〕丘：廣雅釋詁：「冢也。」此指墳墓。

〔二〕泛輕舟二句：西川，西來之川流。穀水自洛陽西北分流繞城，復自城東東流，至偃師與洛水會合，繼續東流。京室，京都，此指洛陽。詩大雅思齊：「京室之婦。」鄧正釋譏：「風激電飛。」

〔三〕遵伊二句：伊洛，伊水在洛陽南流入洛水，此云伊洛，實指洛水而言。湄，爾雅釋水：「水草交爲湄。」謂水之岸也。洛水東北流，經偃師南、鞏縣東，於成皋西入河，是陸機所經行處。

〔四〕睹墟墓二句：墟，慧琳一切經音義卷五十三「丘墟」注引玉篇：「大丘名墟。」山梁，猶山脊，指山之高處。應璩與程文信書：「南臨洛水，北據邙山，託崇岫以爲宅，因茂林以爲蔭。」綏，爾雅釋詁：「安也。」蔡邕述行賦：「復邦族以自綏。」

〔五〕見兆域二句：兆，左傳哀公二年「無入於兆」杜預注：「葬域。」兆通垗，廣雅釋丘：「垗，葬地也。」藹藹，盛也，見卷二行思賦「冒沉雲之藹藹」注。魁，廣雅釋詁：「大也。」封，廣雅釋丘：「冢也。」壘，廣雅釋詁：「積也。」又：「重也。」

〔六〕徘徊二句：楚辭離騷：「吾令羲和弭節兮。」王逸注：「弭，按也。按節，徐步也。」詩魏風伐檀：「置之河之干兮。」毛傳：「干，厓也。」案：據二句所云，陸機所見墳塋即洛陽北、河洛之間之北邙山墓域。水經穀水「又東過河南縣北，東南入于洛」注：「又東徑廣莫門北，漢之穀門也。北對芒阜，連嶺修亘，苞總衆山，始自洛口，西逾平陰，悉芒壠也。」清一統志河南府山川：「北邙山，在洛陽縣北，東接孟津、偃師、鞏三縣界，亦作芒山。……後漢建武十一年城陽王祉葬於北邙，其後王侯公卿多葬此。」文選傅亮爲宋公至洛陽謁五陵表李善注引郭緣生述征記：「北邙東則乾脯山，山西南晉文帝崇陽陵，陵西武帝峻陽陵，邙之東北宣帝高原陵、景帝峻平陵。」

〔七〕慨爾句：蔡邕琴賦：「楚姬遺嘆。」

〔八〕仰終古二句：終古，莊子大宗師「終古不忒」釋文：「崔云：『終古，久也。』鄭玄注周禮云：『終古，猶言常也。』」緒，爾雅釋詁：「事也。」端，猶言始末。論語子罕「我叩其兩端而竭焉」何晏集解引孔安國云：「我則發事之終始兩端以語之。」

〔九〕伊人生句：文選曹丕善哉行：「人生如寄。」李善注引尸子：「老萊子曰：『人生天地之間，寄也。』」

〔一〇〕應甄陶二句：甄陶，以製作陶器爲喻，言化成也。揚雄法言先知：「甄陶天下者，其在和乎？」案：二句分承上文之「草」與「水」而言，謂人生日日歲歲過往而變改也。

〔一一〕爾乃二句：申，荀子富國「爵服慶賞以申重之」楊倞注：「申亦重也，再令曰申。」楚辭九歌湘君：「横大江兮揚靈。」

〔一二〕怨天步句：「天步艱難。」毛傳：「步，行。」幾，淮南子要略「所以使學者孳孳以自幾也」許慎注：「庶幾也。」庶幾者，冀幸之辭。天行悠長，不可冀幸企及，是以怨傷。潛夫論潛嘆：「亦必不幾矣。」

〔一三〕雖履信二句：周易繫辭上：「履信，思乎順。……是以自天祐之，吉無不利也。」漢書武五子傳贊：「君子履信思順。」王粲登樓賦：「曾何足以少留。」

〔一四〕普天二句：蔡邕檢逸賦：「普天壤其無儷。」班固西都賦：「非吾人之所寧。」

〔一五〕願靈根二句：靈根，指性命之根本。太平御覽卷六百六十一引尚書帝驗期：「欲長生者先取諸身，堅守三一保靈根。」文選陸機君子有所思行「宴安消靈根」李善注引老子黄庭經：「玉池清水灌靈根，靈根堅固老不衰。」歲暮，喻暮年。楚辭九章抽思：「昔君與我成言兮，曰黄昏以爲期。」二句承上文，謂死亡必不可免，惟願年命久長而已。

陸機集卷第四

賦四

浮雲賦

有輕虚之艷象，無實體之真形〔一〕。原厥本初，浮沉混并〔二〕。六律和應，八風時邁〔三〕。玄陰觸石，甘澤雱霈。勢不崇朝，露彼無外〔四〕。若層臺高觀，重樓叠閣。或如鐘首之鬱律，乍似塞門之寥廓〔五〕。金柯分，玉葉散〔六〕。緑翹明，巖英焕〔七〕。鸞翔鳳翥，鴻驚鶴奮。鯨鯢泝波，鮫鰐銜遁〔八〕。朱絲亂紀，羅袿失領〔九〕。飛仙凌虚，隨風游騁。有若芙蓉群披，蕣華總會〔一〇〕，車渠繞理，馬腦縟文〔一一〕。藝文類聚卷一

【校】

有輕虛二句：北堂書鈔卷一百五十引，題作雲賦。「艷」，影宋本作「體」。又「真形」之「真」應作「貞」。孔廣陶刊北堂書鈔卷一百五十天部雲校：「今案陸二俊集、百三家陸機集及嚴輯本引同，唯類聚卷一引『真』作『貞』。本鈔改『真』，宋人傳抄兼避仁宗諱也。」可參，唯汪紹楹校藝文類聚（底本爲宋本）仍作「真」，不作「貞」。

和應：「和」，原作「龢」，據初學記卷一改。錢培名云：「蓋本是『龢』字也。」「龢」、「和」同。

露彼：影宋本初學記卷一作「露被」，排印本初學記卷一作「覆被」。

鐘首：「鐘」，太平御覽卷八作「種」。

塞门：原作「寒門」，據初學記卷一、太平御覽卷八、事類賦注卷二改。

緑翹明：「明」，北堂書鈔卷一百五十作「發」。

鴻鷩句：太平御覽卷八、事類賦注卷二作「鴻鶴鷩奮」。

衝遁：「衝」，影宋本初學記卷一作「衡」。

朱絲二句：北堂書鈔卷一百五十引，題作雲賦，「亂紀」作「亂純」。

【箋注】

〔一〕真：應作「貞」。貞，釋名釋言語：「定也。」

〔二〕原厥二句：二句言宇宙本初陰陽清濁之升沉運動。廣雅釋天：「太初，氣之始也……清濁未分也。太始，形之始也……清者爲精，濁者爲形也。太素，質之始也……已有素朴而未散也。三氣相接……剖判分離，輕清者上爲天，重濁者下爲地，中和爲萬物。」案：太平御覽卷一引陸機雲賦：「覽太極之初化，判玄黄于乾坤。考天壤之靈變，莫稽美乎慶雲。」又藝文類聚卷一引晋楊乂雲賦：「天地定位，淳和肇分。剛柔初降，陰陽烟熅。於是山澤通氣，華岱興雲。」皆自宇宙本初説起而及於雲。

〔三〕六律二句：六律，實兼賅六吕而言。僞古文尚書益稷「予欲聞六律」孔疏：「六律、六吕，當有十二。惟言六律者，鄭玄云：『舉陽，陰從可知也。』」漢書律曆志：「律十有二，陽六爲律，陰六爲吕。」六律一曰黄鐘，二曰太族，三曰姑洗，四曰蕤賓，五曰夷則，六曰亡射。律曆志又云：「天地之風氣正，十二律定。」孟康曰：「律得風氣而成聲，風和乃律調也。」臣瓚曰：「風氣正則十二月之氣各應其律，不失其序。」續漢書律曆志：「律氣應則灰除。」候氣之法，以葭莩灰置十二律箭内，某月某節氣至，則相應箭内之灰飛散。以其飛動與否、動之强弱觀天地風氣以至政治之和調與否。八風，八方之風，亦八節之風。左傳昭公二十年「八風」釋文：「易緯通卦驗云：『東北曰條風，東方曰明庶風，東南曰清明風，南方曰景風，西南曰涼風，西方曰閶闔風，西北曰不周風，北方曰廣莫風。條風又名融風，景風一名凱風。』」孔疏：「易緯通卦驗云：『立春調風至，春分明庶風至，立夏清明風至，夏至景風至，立秋涼風至，秋分閶闔風至，立冬不周風至，冬至廣莫風至。調風一名融風。』……此八方之風以八節而至。」詩周頌時邁：「時邁其邦。」毛傳：「邁，行。」八風時邁，謂八風以時至。禮記樂記：「八風從律而不姦。」鄭玄注：「八風從律，應節至也。」太平御覽卷九引易通卦驗：「八風以時，則陰陽變化道成，萬物得以育生。」

〔四〕玄陰四句：後漢書章帝紀注引尚書大傳：「五岳皆觸石出雲，膚寸而合，不崇朝而雨天下。」初學記卷一引春秋説題辭：「雲之爲言運也。動陰路觸石而起謂之雲。」後漢書孟嘗傳：「甘澤時降。」崇朝，言時間之短。詩鄘風蝃蝀：「朝隮于西，崇朝其雨。」毛傳：「崇，終也。從旦至食時爲終朝。」鄭箋：「朝有升氣於西方，終其朝則雨。」公羊傳僖公三十一年何休解詁則云：「崇，重也。不重朝，言一朝也。」露，慧琳一切經音義卷九十二「湛露」注引韓詩外傳：「覆也。」詩小雅白華：「英英白雲，露彼菅茅。」馬瑞辰毛詩傳箋通釋卷二十三：「露猶覆也，連言之則曰覆露。……歐陽本義、黄氏日鈔皆以露爲覆露。」管子版法解：「天覆而無外也，其德無所不在。」莊子天下：「至大無外……至小無内。」

〔五〕或如二句：鐘首，未詳。鬱律，文選馬融長笛賦「充屈鬱律瞋菌碨柍」李善注：「皆衆聲鬱積競出之貌。」又郭璞江賦「時鬱律其如烟」李善注：「烟上貌。」此當形容雲氣之鬱積涌出。晋李顒悲四時賦：「雲鬱律以泉涌。」塞門，當指長城而言。文選顔延之赭白馬賦「簡偉塞門」李善注：「塞，紫塞也。崔豹古今注曰：『秦所築長城，土色皆紫，漢塞亦然，故稱紫塞。』有關，故曰門。」應瑒侍五官中郎將建章臺集詩：「言我塞門來，將就衡陽棲。」

〔六〕金柯二句：崔豹古今注：「華蓋，黄帝所作。與蚩尤戰於涿鹿之野，常有五色雲氣金枝玉葉止於帝上，有花葩之象，故因而作華蓋也。」

〔七〕緑翹二句：翹，當指花。參卷三嘆逝賦「翫春翹而有思」注。英，楚辭離騒「夕餐秋菊之落英」王逸注：「華也。」

〔八〕鯨鯢二句：文選左思吴都賦「修鯢吐浪」劉逵注引異物志：「鯨魚長者數十里，小者數十丈。雄曰鯨，雌曰鯢。」鮫，説文魚部：「海魚，皮可飾刀。」段玉裁注：「今所謂沙魚。」鰐，左思吴都賦「鯖鰐涵泳」劉逵注：「鰐魚長二丈餘，有四足，似鼉，喙長三尺，甚利齒。」

〔九〕朱絲二句：紀，詩大雅棫樸「綱紀四方」孔疏：「别理絲縷。」袿，廣韻齊「袿」字注引廣雅：「長襦也。」方言卷四：「袿謂之裾。」郭璞注：「衣後裾也。」蓋自衣領至腋下謂之襟，而自腋下垂至末謂之裾。（參俞樾群經平議爾雅二）領、裾原本相連，故云「失領」。

〔一〇〕有若二句：披，文選嵇康琴賦「披重壤以誕載兮」李善注：「開也。」薞，説文艸部：「木堇，朝華暮落者。」

〔一一〕車渠二句：車渠、馬腦，廣雅釋地：「硨磲、碼碯，石之次玉。」王念孫疏證：「硨磲，古通作『車渠』。……魏文帝車渠椀賦序云：『車渠，玉屬也，多纖理縟文。生於西國，其俗寶之，小以繫頸，大以爲器。』碼碯，通作『馬腦』。魏文帝馬腦勒賦序云：『馬腦，玉屬也。出自西域，文理交錯，有似馬腦，故其方人因以名之。』」

白雲賦

攄神景於八幽，合洪化乎烟熅〔一〕。充宇宙以播象，協元氣而齊勛〔二〕。發憤靈石，擢性洪流。興曜曾泉，升迹融丘〔三〕。盈八紘以餘憤，雖彌天其未泄〔四〕。豈假期於遷晷，邁崇朝而儵忽〔五〕。紅蕊發而菡萏，金翹援而含葩〔六〕。神收鬼化，弼性違序〔七〕。鳥殊類而比棲，獸異迹而同處。蛟引翳而并潛〔八〕，龍攀鴻而雙舉。鸞舞角以軒罷〔九〕，鶩企翮而延佇〔一〇〕。長城曲蜿，采閣相扶。聳瑶臺之截嶭，構瓊闥之離婁〔一一〕。雄虹矯而垂天，翠鳥軒而扶日〔一二〕。藝文類聚卷一

【校】

含葩：「含」，陸本、影宋本作「合」。

鸞舞：「鸞」，明王志慶古儷府卷一引作「麟」。

長城二句：北堂書鈔卷一百五十引，題作雲賦。又文選卷二十八鮑照升天行「冠霞登彩閣」李善注引「長城」上有「似」字。

【箋注】

〔一〕攄神景二句：攄，廣雅釋詁：「舒也。」又：「張也。」景，説文日部：「光也。」曹植七啓：「耀

神景於中沚。」曹植鞞舞歌聖皇篇：「威德洞八幽。」班固東都賦辟雍詩：「洪化唯神。」周易繫辭下：「天地絪緼，萬物化醇。」孔疏：「絪緼，相附著之義。……唯二氣絪緼，共相和會，萬物感之，變化而精醇也。」烟煴即絪緼。二句謂雲舒散神光，無幽不燭；與天地造化相合，一派陰陽絪緼之狀。

〔二〕充宇宙二句：周易繫辭上：「見乃謂之象，形乃謂之器。」繫辭下：「象也者，像此者也。」上句謂雲遍布宇宙，布散群物之象；下句謂雲與元氣協合而同功。

〔三〕發憤四句：憤，廣雅釋詁：「盈也。」發憤，謂發泄盈滿之氣。論語述而：「發憤忘食。」靈石，當即「觸石出雲」之「石」，參本卷浮雲賦「玄陰觸石」注。此以氣之泄言雲之初起。擢，説文手部：「引也。」莊子則陽：「始萌以扶吾形，尋擢吾性。」洪流，謂大江大海。此謂雲始生之後行經江河大海而延引壯大。興曜，謂始發光。曾泉，日出後行經處。淮南子天文：「日出于暘谷，浴于咸池，拂于扶桑，是謂晨明；登于扶桑，爰始將行，是謂胐明；至于曲阿，是謂旦明；至于曾泉，是謂蚤食。」融丘，尖頂之高山。爾雅釋丘：「丘一成爲敦丘，再成爲陶丘，再成鋭上爲融丘，三成爲崑崙丘。」四句謂雲之始起、生長、發光、高升。

〔四〕盈八紘二句：八紘，淮南子墬形云九州之外乃有八殥，有八澤，「凡八殥八澤之雲，是雨九州。八殥之外而有八紘。」高誘注：「紘，維也。維落天地而爲之表，故曰紘也。」二句謂雲盈滿八紘天際，而氣猶有餘而未盡泄。

〔五〕豈假期二句：假，莊子大宗師「假於異物」郭象注：「因也。」期，廣雅釋言：「時也。」晷，廣雅釋天：「柱景也。」遷晷，謂日影移動。邁，爾雅釋言：「行也。」崇朝，言不多時。見本卷浮雲賦「勢不崇朝」注。二句承上六句，言雲起雲布，不用片刻之光陰，崇朝倏忽之間，已彌滿天際。

〔六〕援：説文手部：「引也。」

〔七〕神收二句：收，爾雅釋詁：「聚也。」弼，通拂。拂，周易頤六二「拂經於丘」王弼注：「違也。」性，廣雅釋詁：「質也。」二句謂雲之斂聚變化，如有鬼神而奇妙不測，無定質亦無次序。

〔八〕翳：即鷖。廣雅釋鳥：「翳鳥，鳳凰屬也。」

〔九〕鸞舞句：未詳。

〔一〇〕企：文選劇秦美新「信延頸企踵」李周翰注：「舉。」楚辭離騷：「延佇乎吾將反。」王逸注：「延，長也。佇，立貌。」

〔一一〕聳瑶臺二句：截嶭，文選司馬相如上林賦「九嵕巀嶭」郭璞曰：「巀嶭，高峻貌也。」截嶭、巀嶭同。闥，廣雅釋宮：「闥謂之門。」離婁，穿通空明貌，此形容其門雕鏤之狀。説文囧部：「囧，窗牖麗廔闓明也。」段玉裁注：「麗、廔雙聲，讀如離婁，謂交疏玲瓏也。」又广部：「廔，屋麗廔也。」段注：「麗廔讀如離婁二音……謂在屋在墻囱牖穿通之貌。」

〔三〕雄虹二句：玄應一切經音義卷一「曰虹」注引爾雅音義：「雙出，鮮盛者爲雄，雄曰虹；暗者爲雌，雌曰霓。」矯，廣雅釋詁：「飛也。」翠，説文羽部：「青羽雀也，出鬱林。」軒，文選王粲贈蔡子篤詩「歸雁載軒」李善注：「飛貌。」

鼓吹賦

原鼓吹之攸始，蓋稟命於黄軒〔一〕。播威靈於兹樂，亮聖器而成文〔二〕。騁逸氣而憤壯，繞煩手乎曲折〔三〕。舒飄颻以遐洞，卷徘徊其如結〔四〕。及其悲唱流音，怏惶依違〔五〕。含歡嚼弄，乍數乍稀〔六〕。音躑躅於脣吻〔七〕，若將舒而復迴。鼓砰砰以輕投，簫嘈嘈而微吟〔八〕。詠悲翁之流思，怨高臺之難臨〔九〕。顧穹谷以含哀，仰歸雲而落音〔一〇〕。節應氣以舒卷〔一一〕，響隨風而浮沉。馬頓迹而增鳴，士嚬顣而霑襟〔一二〕。若乃巡郊澤，戲野坰。奏君馬，詠南城〔一三〕。慘巫山之遐險，歡芳樹之可榮〔一四〕。藝文類聚卷六十八

【校】

攸始：「攸」，太平御覽卷五百六十七作「所」。

稟命：「稟」，北堂書鈔卷一百三十作「受」。

器而成文：北堂書鈔卷一百三十作「王之所處」。

怏惶：陸本、影宋本作「彷徨」。

之可榮：「之可」，影宋本作「兮何」。

【箋注】

〔一〕原鼓吹二句：鼓吹，樂名，此指短簫鐃歌。續漢書禮儀志劉昭注引蔡邕禮樂志：「漢樂四品：一曰大予樂。……二曰周頌雅樂。……三曰黃門鼓吹。天子所以宴樂群臣，詩所謂『坎坎鼓我，蹲蹲舞我』者也。其四曰（據隋書音樂志、樂府詩集鼓吹曲辭題解補「四曰」二字）短簫鐃歌。軍樂也，其傳曰黃帝岐伯所作，以建威揚德，風勸士也。」黃門鼓吹，包括相和歌、雜舞等。短簫鐃歌與黃門鼓吹同由黃門樂署掌管，同由黃門鼓吹樂人演奏，故崔豹古今注云：「短簫鐃歌，鼓吹之一章耳。」郭茂倩樂府詩集鼓吹曲辭題解亦云：「黃門鼓吹、短簫鐃歌與橫吹曲，得通名鼓吹，但所用異爾。」魏晉以後，別設清商署掌管三調相和歌等，黃門鼓吹署則衍爲鼓吹署，專典武樂即短簫鐃歌與橫吹曲，而橫吹曲有聲無辭，於是鼓吹一名，遂逐漸爲短簫鐃歌所專用。見王運熙先生漢代鼓吹曲考、説黃門鼓吹樂、漢魏兩晉南北朝樂府官署沿革考略。稟命，謂岐伯稟黃帝之命。黃軒，黃帝軒轅氏。史記五帝本紀：「黃帝居軒轅之丘。」

〔二〕播威靈二句：播，周禮春官大師「皆播之以八音」鄭玄注：「猶揚也。」揚雄長楊賦：「今樂遠出以露威靈。」亮，爾雅釋詁：「信也。」聖器，聖人所制之器。周易繫辭上：「易有聖人之道四焉，……以制器者尚其象。」又曰：「備物致用，立成器以爲天下利，莫大乎聖人。」器，器用。左傳成公二年：「唯器與名，不可以假人，君之所司也。」杜預注：「器，車服。」樂亦器用，故周禮春官小胥「正樂縣之位」鄭玄注引鄭司農之語，亦言「唯器與名，不可以假人」。禮記樂記：「聲成文謂之音。」

〔三〕騁逸氣二句：曹丕與吴質書：「公幹有逸氣。」左傳昭公元年：「於是有煩手淫聲，慆堙心耳，乃忘平和。」邊讓章華賦：「美繁手之輕妙兮。」煩、繁通。煩手，手法繁複，則旋律曲折多變。繞煩手，謂樂聲隨手而出。後世庾信傷王司徒褒「别鶴繞琴弦」、韋莊章臺夜思「清瑟怨遥夜，繞弦風雨哀」或從此出。

〔四〕舒飄颻二句：洞，漢書司馬相如傳「洞心駭耳」顏師古注：「徹也。」詩曹風鳲鳩：「心如結兮。」二句形容樂聲或飄揚而響徹遐遠，或徘徊糾結而不前。舒、卷下皆小逗。

〔五〕怏惶句：怏，廣雅釋言：「懟也。」惶：説文心部：「恐也。」文選曹植七啓：「飛聲激塵，依違厲響。」李善注：「依違，猶徘徊也。」

〔六〕含歡二句：嚼，文選張衡西京賦「嚼清商而却轉」吕延濟注：「吟也。」弄，爾雅釋言：「玩也。」案：以咀嚼、玩弄喻歌唱。數，左傳文公十六年「無日不數於六卿之門」杜預注：「不疏。」謂密也。

〔七〕音躑躅句：躑躅，不進貌。參卷一文賦「始躑躅於燥吻」注。

〔八〕鼓砰砰二句：投，詩大雅抑「投我以桃」鄭箋：「猶擲也。」引申爲擊。嘈嘈，文選王延壽魯靈光殿賦「耳嘈嘈以失聽」李善注引埤蒼：「聲衆也。」案：鼓吹（即短簫鐃歌）所用樂器除鼓、簫之外，尚有笳。樂府詩集鼓吹曲辭題解引劉瓛定軍禮云：「鼓吹……鳴笳以和簫聲。」又横吹曲辭題解：「有簫笳者爲鼓吹。」

〔九〕詠悲翁二句：悲翁、高臺，雙關漢代鐃歌曲名思悲翁、臨高臺。樂府詩集鼓吹曲辭漢鐃歌題解：「古今樂録曰：漢鼓吹鐃歌十八曲，字多訛誤。一曰朱鷺，二曰思悲翁，三曰艾如張，四曰上之回，五曰擁離，六曰戰城南，七曰巫山高，八曰上陵，九曰將進酒，十曰君馬黄，十一曰芳樹，十二曰有所思，十三曰雉子班，十四曰聖人出，十五曰上邪，十六曰臨高臺，十七曰遠如期，十八曰石留。又有務成、玄雲、黄爵、釣竿，亦漢曲也，其辭亡。」

〔一〇〕顧穹谷二句：文選班固西都賦：「幽林穹谷。」李善注引薛君曰：「穹谷，深谷也。」二句謂曲中含悲，聞者如悽然顧望深谷；其音又似自天而落，聞者乃仰首雲天。

〔一一〕節：謂歌曲節奏。

〔一二〕馬頓二句：頓，文選張翰雜詩「頓足託幽深」李善注：「猶止也。」增，廣雅釋詁：「加也。」嚬顣，文選王延壽魯靈光殿賦「㥏嚬蹙而含悴」李善注：「憂貌。」顣同蹙。

〔一三〕巡郊四句：巡，説文辵部：「視行也。」段玉裁注：「有所省視之行也。」此謂巡行而祭祀。如漢書郊祀志：「天子曰：『故巡祭后土，祈爲百姓育穀。』」郊澤，指祭祀天地之處。周代祭天地之禮有所謂二丘、二郊。二丘者，祭昊天於圜丘，祭地祇於澤中方丘。二郊者，祭上帝於國之南郊，祭神州地祇於國之北郊。後世歷代所行有所參差，然亦均參用周禮。祭地之方丘之所以在澤中者，禮記禮器：「爲下必因川澤。」澤在下，故象徵地之在下。漢書韓延壽傳「鼓車歌車」顔師古注引孟康曰：「如今郊駕時車上鼓吹也。」顔師古曰：「郊駕，郊祀時備法駕也。」又後漢書光武紀「北郊兆域」李賢注引漢官儀：「北郊壇在城西北角……其鼓吹樂及舞人御帳，皆徙南郊之具。」是郊祀亦用鼓吹。野坰，爾雅釋地：「邑外謂之郊，郊外謂之牧，牧外謂之野，野外謂之林，林外謂之坰。」戲野坰，謂郊游時於道上奏鼓吹鐃歌。北堂書鈔卷一百三十鼓吹引孫毓東宮鼓吹議：「鼓吹者，蓋古之軍聲，振旅獻捷之樂也。施於時事，不常用。後因以爲制，用之道路焉。」是鼓吹亦用於道路。君馬，指漢鐃歌君馬黄。南城，指戰城南，押韻故變言南城。

〔一四〕慘巫山二句：巫山高、芳樹，皆漢鐃歌曲名。

漏刻賦〔一〕

偉聖人之制器，妙萬物而爲基〔二〕。形罔隆而弗包，理何遠而不之〔三〕。寸管俯而陰陽效其誠〔四〕，尺表仰而日月與之期〔五〕。玄鳥懸而八風以情應〔六〕，玉衡立而天地不能欺〔七〕。既窮神以盡化〔八〕，又設漏以考時。爾乃挈金壺以南羅，藏幽水而北戢〔九〕。擬洪殺於編鍾，順卑高而爲級〔一〇〕。激懸泉以遠射，跨飛途而遥集〔一一〕。伏陰蟲以承波，吞恒流其如挹〔一二〕。是故來象神造，去猶鬼幻〔一三〕。因勢相引，乘靈自薦〔一四〕。口納胸吐，水無滯咽。形微獨繭之緒，逝若垂天之電〔一五〕。偕四時以合最，指昏明乎無殿〔一六〕。籠八極於千分，度晝夜乎一箭〔一七〕。抱百刻以駿浮，仰胡人而利見〔一八〕。夫其立體也簡，而效績也誠。其假物也粗，而致用也精。積水不過一鍾，導流不過一筵〔一九〕。而用天者因其敏，分地者賴其平〔二〇〕。微聽者假其察，貞觀者借其明〔二一〕。考計歷之潛慮，測日月之幽情〔二二〕。信探賾之妙術，雖無神其若靈。四部叢刊影印陸元大刊陸士衡文集卷四(係拼合藝文類聚卷六十八、初學記卷二十五)

【校】

玄鳥：「鳥」，初學記卷二十五作「烏」。

編鍾：「編」，文選卷五十六陸倕新刻漏銘「洪殺殊等」李善注引作「漏」。

陰蟲：「陰」，北堂書鈔卷一百三十作「水」。

吞恒流句：「恒」，太平御覽卷二作「絚」。「挹」，北堂書鈔卷一百三十、文選鮑照翫月城西門廨中李善注引作「揖」。「揖」、「挹」通。
去猶句：文選卷五十六陸倕新刻漏銘「况我神造」李善注引作「猶鬼之變」。
之緒：「緒」，文選卷五十六陸倕新刻漏銘「微若抽繭」李善注引作「絲」。
垂天：「垂」，初學記卷二十五作「乘」。
微聽：「微」，原作「徵」，據影宋本、藝文類聚卷六十八、初學記卷二十五改。
計歷：「計」，北堂書鈔卷一百四十九作「斗」。
幽情：「情」，北堂書鈔卷一百四十九作「精」。

【箋注】

〔一〕漏刻：司馬彪續漢書律曆志：「孔壺爲漏，浮箭爲刻，下漏數刻，以考中星，昏明生焉。」漏謂漏壺，刻謂漏箭上刻度。計時遂亦以刻爲單位。漢書宣帝紀五鳳三年詔：「神光并見，或興于谷，燭耀齊宫，十有餘刻。……鸞鳳又集長樂宫東闕中樹上，飛下止地，文章五色，留十餘刻。」爲以刻言時之始見者。

〔二〕偉聖人二句：周易繫辭上：「易有聖人之道四焉：……以制器者尚其象。」又説卦：「神也者，妙萬物而爲言者也。」基，爾雅釋詁：「始也。」二句謂聖人創始制器，神妙非同於常物。

〔三〕形罔二句：形謂事物之形，理謂事物之理，二者相對而言。二句謂聖人制器窮竟萬事萬物。

〔四〕寸管句：謂候氣也。其法用長度不一之律管十二枚，黄鍾長九寸，以三分損益之法制其他諸管之長，皆短於黄鍾，應鍾最短，爲四寸七分有餘。續漢書律曆志劉昭注引蔡邕月令章句云：「律亦以寸分長短爲度。」陸機云「寸管」，即指此。候氣之法，據續漢書律曆志、禮記月令孔疏引蔡邕説，乃於密室中依自子至亥十二辰之方位，置木案十二，内卑外高，各加律管於其上，以葭莩灰置管端。某月氣至，則相應管内之灰飛去。晋書律曆志所載或説，則以管埋入室内土中。隋書律曆志載開皇間曾以管置案上，連案一同埋入土中。月令孔疏亦云「十二律各當其辰，邪埋地下」。總之，律管向下斜置，故陸機曰「俯」。十二律分别對應十二辰、十二月，黄鍾屬子，即十一月；應鍾屬亥，即十月。自子至巳即十一月冬至至四月，陽氣由始生而極盛，自午至亥即五月夏至至十月，陰氣由始生而極盛，相應各管之灰漸次飛去，故曰「陰陽效其誠」。

〔五〕尺表句：謂立表以正日影也。周禮地官大司徒：「以土圭之灋……正日景。」所謂土圭之法，乃樹杆垂直於水平地面，以取日影，謂之表；置尺於地平面，以測日影之長度，謂之圭。土，借作度，測度之意。正午測影，一年中其影最短之日，爲夏至，離日最近；最長之日，爲冬至，離日最遠。二至既定，則二十四氣皆可隨之而定。又春官典瑞：「土圭，以致四時日月。」馮相氏：「冬夏致日，春秋致月，以辨四時之敘。」據鄭玄注，「春秋致月」謂春分、秋分於夜半測月影長短。古人立表以驗日月之影，而知日月之運行，故曰「日月與之期」。期，説文月部：「會也。」又地官大司徒鄭玄注引鄭司農曰：「以夏至之日，立八尺之表。」八尺爲相傳之標準表高。垂直向上，故曰「尺表仰」。世説新語言語引趙至語：「尺表能審璣衡之度，寸管能測往復之氣。」

〔六〕玄烏句：謂相風也。古測風之器，具烏形於高竿之上。玄烏，初學記作玄鳥。作玄鳥亦通。燕稱玄鳥，然玄鳥非專指燕，烏亦可稱玄鳥。崔豹古今注：「烏，一名孝烏，一名玄鳥。」傅玄、潘岳、孫楚皆有相風賦，或稱神烏，或稱靈烏，庾闡揚都賦稱祥烏，郭緣生述征記亦云相風銅烏。其制當是烏形。藝文類聚六十八張華相風賦：「玄烏偏其增翥，晞雲霄而矯翼。」亦當是烏。八風，八方之風，亦八節之風，見本卷浮雲賦「八風時邁」注。

〔七〕玉衡句：謂以渾儀觀測天象。參卷一豪士賦「撫玉衡於樞極」注。

〔八〕既窮神句：周易繫辭下：「窮神知化，德之盛也。」

〔九〕爾乃二句：金壺，謂銅所製之壺。隋書天文志：「昔黄帝創觀漏水，制器取則，以分晝夜，其後因以命官。周禮挈壺氏則其職也。其法總以百刻分于晝夜。」案：周禮挈壺氏：「皆以水火守之，分以日夜。」是觀漏知時爲挈壺氏所掌。陸機言挈金壺，用語來於周禮。羅，廣雅釋詁：「列也。」戢，爾雅釋詁：「聚也。」上句謂羅列漏壺，下句或謂别以容器聚水以備添水之用。

〔一〇〕擬洪殺二句：殺，廣雅釋詁：「減也。」案：據此二句，陸機所賦爲有補償壺之漏刻，至少有三級。補償壺置於最高一級，下爲供水壺，再下爲受水壺。補償壺所蓄水源源流入供水壺，以保持供水壺水位之穩定，從而使供水壺之水注入受水壺時速度均勻，受水壺内浮箭上升之速度亦得以穩定。此種三級漏刻至遲出現於東漢。張衡漏水轉渾天儀制云：「以銅爲器，再疊差置，實以清水，下各開孔。」即已有補償之壺，補償壺與供水壺各自開孔。緯略卷九孫綽漏刻銘云：「累筒三階，積水成淵，器滿則盈，承虚赴下。」或已有補償壺一、供水壺二，分列三階之上，受水壺則置於平地。陸機云壺有洪殺，當亦有意設計者。若供水壺截面大而受水壺截面小，則有利於供水壺之水位穩定，而浮箭上升幅度則較大，便於觀察。

〔二〕激懸泉二句：集，詩唐風鴇羽「集於苞栩」毛傳：「止也。」水流自最高之補償壺逐級下注，最後會聚渟止於受水壺，故云「懸泉」、「遥集」。

〔三〕伏陰蟲二句：陰蟲，文選陸倕新漏刻銘「陰蟲吐噏」李周翰注：「謂蝦蟆也。」孫綽漏刻銘：「陰蟲承瀉。」案：陸倕新漏刻銘李善注引陸機漏刻賦：「寤蟾蜍之棲月。」其蟾蜍當即此所謂陰蟲。蟾蜍、蝦蟆本不同物，然其形似，故古多通名。參爾雅釋魚郝懿行義疏。挹，慧琳一切經音義卷六十「挹清流」注引考聲：「飲也。」疑陰蟲伏於受水壺蓋上，供水壺之水經由其口注入受水壺。案：文苑英華卷二十四載唐人顔舒刻漏賦：「爾其高卑列級，洪殺順理。靈虬蛇（原注：疑）以俯開，陰蟲矯而仰止。上流注而不竭，下吞挹而無已。」頗似化用本賦「擬洪殺於編鍾，順卑高而爲級。激懸泉以遠射，跨飛途而遥集。伏陰蟲以承波，吞恒流其如挹」數句。

〔一三〕是故二句：來、去，言水之吞吐。神造、鬼幻，言其精妙。

〔一四〕乘靈句：薦，廣雅釋詁：「至也。」謂流水自然至於受水壺中，如若有靈。案：水自高下注，原不爲奇，而其流注能與天地日月之運若合符契，故曰靈妙。

〔一五〕形微二句：獨繭，司馬相如上林賦「曳獨繭之褕袣」郭璞曰：「一繭之絲也。」緒，説文糸部：「絲耑也。」二句狀水流之細微而流逝之倏忽。

〔一六〕偕四時二句：偕四時句，謂漏刻與四時變化極爲相合。漏箭之刻度晝夜共百刻，并旁注日出入、昏明、五更、子夜等。隨四時晝夜長短不同，其晝漏、夜漏之刻數及注記亦須變化，故數日而换一箭，俾與四時變化諧合。又古人以天象實測、曆法計算與漏刻讀數相結合參對，將二十四氣之晝漏刻數、夜漏刻數與日所在位置、圭表影長、昏明中星合爲一表（見續漢書律曆志），乃形成漏刻與四時諧合之觀念。精確之漏刻不僅指明一日内之時刻，且指示一年之天象變化、節氣流轉。昏，指日入至天黑。明，指天明至日出。尚書堯典孔疏：「馬融云：『古制刻漏晝夜百刻。晝長六十刻，夜短四十刻。晝短四十刻，夜長六十刻。晝中五十刻，夜亦五十刻。』融之此言，據日出見爲説。天之晝夜，以日出入爲分；人之晝夜，以昏明爲限。日未出前二刻半爲明，日入後二刻半爲昏。損夜五刻以裨於晝，則晝多於夜復校五刻。古今曆術與大史所候，皆云夏至之晝六十五刻，夜三十五刻；冬至之晝四十五刻，夜五十五刻；春分、秋分之晝五十五刻，夜四十五刻。」是昏、明各二刻半。亦有各三刻之説。文選陸倕新刻漏銘「昏旦之刻未分」李善注引五經要義：「日入後漏三刻爲昏，日出前漏三刻爲明。」漏箭於刻度旁標記昏、明，故曰「指昏明」。日復一日，循環無已，無始終亦無先後，故曰「無殿」。殿，後也。

〔一七〕籠八極二句：漏刻所用極廣，觀察天象、制定曆法以至測量地里，皆須用之，故云「籠八極」。千分，漏箭刻度晝夜共百刻，一刻内復分爲十，共有千分。案：後漢書律曆志下二十四氣表，所載晝漏、夜漏刻數或帶有分數，其分數乃八分與二分、六分與四分、三分與七分、五分與五分、九分與一分，可知當時一刻爲十分。五代會要卷十漏刻司天臺奏，云「以六十分爲一刻」，不知其制始於何時。晉時當猶從漢制。度，左傳文公十八年「事以度功」杜預注：「量也。」

〔一八〕抱百刻二句：百刻，指漏箭。其箭有刻度，下作船形，浮於受水壺水面，隨水位增高而上升。通常晝夜分爲百刻，故周禮秋官挈壺氏鄭玄注：「漏之箭，晝夜共百刻。」但亦曾有所變動，漢哀帝、王莽時曾以晝夜爲百二十刻，後來梁武帝時曾有九十六刻、一百八刻之制。（見隋書天文志）駿，詩周頌噫嘻「駿發爾私」鄭箋：「疾也。」利見，周易多處卦、爻辭皆有「利見大人」語。乾九二：「見龍在田，利見大人。」九五：「飛龍在天，利見大人。」謂潛龍漸次上升，猶大人離開幽隱之處而居於位，人皆見之而獲其利。二句謂受水壺蓋上有胡人之像，其臂環抱，浮箭即自其抱中穿出。如此可使浮箭保持垂直穩定。文選陸倕新刻漏銘「銅史司刻，金徒抱箭」李善注：「張衡漏水轉渾天儀制曰：『蓋上又鑄金銅仙人，居左壺；爲胥徒，居右壺。皆以左手抱箭，右手指刻，以別天時早晚。』」即其制也。其像在蓋之上，故曰「仰」。箭上浮而刻度顯現，人皆見之，故云「利見」。陸機或由漏箭之上浮，聯想及於乾卦龍之上升，故用其爻辭。漢晉時以胡人形象爲飾，如王延壽魯靈光殿賦「胡人遥集於上楹」，即其例。又東漢魏晉墓葬之隨葬物，頗多胡俑或以胡人形象爲飾者，或深目隆鼻，或寬頤豐頰，體魄雄健，胡服尖帽，其身份則有侍從、庖厨、伎樂、執役、武士等。（參韋正六朝墓葬的考古學研究第四章隨葬品研究）此云漏刻以胡人爲飾，亦當時風氣之反映。

〔一九〕積水二句：鐘，量器名。左傳昭公三年「釜十則鐘」杜預注：「六斛四斗。」筵，説文竹部：「維絲筦也。」係織具，纏繞絲頭之竹管。此謂壺上導流之管狀部件。

〔二〇〕而用天二句：孝經庶人章：「用天之道，分地之利。」李隆基注：「春生、夏長、秋斂、冬藏，舉事順時，此用天道也。分别五土，視其高下，各盡所宜，此分地利也。」指從事農業生産。二句謂農耕有賴於漏刻。案：觀天象，定曆法，頒月令，以利農作，而漏刻指示天時變化，故云。

〔二一〕微聽二句：微聽，精微聽察。當指聽律而言。禮記樂記云：「聲音之道與政通矣。宫爲君，商爲臣，角爲民，徵爲事，羽爲物。五者不亂，則無怗懘之音矣。宫亂則荒，其君驕；商亂則陂，其官壞；角亂則憂，其民怨；徵亂則哀，其事勤；羽亂則危，其財匱。五者皆亂，迭相陵，謂之慢。如此則國之滅亡無日矣。」古遂有聽音之禮，以善於聽音之人聽察音律之和調與否。續漢書律曆志云：「天子常以日冬夏至御前殿，合八能之士，陳八音，聽樂均，度晷景，候鍾律，權土炭，效陰陽。冬至陽氣應，則樂均清，景長極，黄鍾通，土炭輕而衡仰；夏至陰氣應，則樂均濁，景短極，蕤賓通，土炭重而衡低。」即其事也。其儀式又見續漢書禮儀志。行其禮配合節氣，則須漏刻指示晝夜昏明之準確。周易繫辭下：「天地之道，貞觀者也。」孔疏：「謂天覆地載之道，以貞正得一，故其功可爲物之所觀也。」周易集解引陸績曰：「言天地正，可以觀瞻爲道也。」案：陸績、孔穎達釋貞觀，皆謂天地道正而可觀，然作者頗有用爲以正道觀視之意者，如漢書叙傳班固幽通賦：「朝貞觀而夕化兮。」顔注引應劭曰：「貞，正也；觀，見也。」又引張晏曰：「言朝觀大道而夕死可也。」後漢書李膺傳荀爽貽膺書：「以爲天子當貞觀二五。」張華相風賦：「先聖……仰貞觀於三辰。」陸機亦正如此。二句謂察天象、法天道須憑借漏刻之明晰準確。

〔二三〕考計歷二句：考，爾雅釋詁：「成也。」歷，爾雅釋詁：「厤，數也。」歷、厤同。計歷，指推算天文曆法。潛，爾雅釋言：「深也。」班固西都賦：「發思古之幽情。」案：續漢書律曆志載約成於熹平三年之二十四氣表，其黄道去極度、昏旦中星度之考定，大約均需以晝夜漏刻爲據加以推算。參陳美東中國科學技術史天文學卷第三章第十六節。

【集評】

陸雲與兄平原書：漏賦可謂清工。

羽扇賦〔一〕

昔楚襄王會於章臺之上，山西與河右諸侯在焉〔二〕。大夫宋玉、唐勒侍〔三〕，皆操白鶴之羽以爲扇。諸侯掩麈尾而笑〔四〕。襄王不悦。宋玉趨而進曰：「敢問諸侯何笑？」「昔者武王玄覽，造扇於前〔五〕，而五明、安衆〔六〕，世繁於後。各有託於方圓，蓋受則於箑蒲〔七〕。舍兹器而不用，顧奚取於鳥羽？」宋玉曰：「夫創始者恒樸，而飭終者必妍〔八〕。是故烹飪起於熱石〔九〕，玉輅基於椎輪〔一〇〕。安衆方而氣散，五明圓而風煩〔一一〕。未若兹羽之爲麗，固體俊而用鮮〔一二〕。彼凌霄之偉鳥，播鮮輝之蒨蒨〔一三〕。隱九皋以鳳鳴，游芳田而龍見〔一四〕。醜靈龜而遠期，超長年而久眄〔一五〕。累懷璧於美羽，挫千載乎一箭〔一六〕。委曲體以受制，奏雙翅而爲扇〔一七〕。則其布翮也，差洪細，秩長短。稠不逼，稀不簡〔一八〕。於是鏤巨獸之齒，裁奇木之榦〔一九〕。移圓根於新體，因天秩乎舊貫〔二〇〕。鳥不能别其是非，人莫敢分其真贋。翩姍姍以微振，風飀飀以垂婉〔二一〕。妙自然以爲言，故不積而能散〔二二〕。其執手也安，其應物也誠。其招風也利，其播氣也平。混貴賤而一節〔二三〕，風無往而不清。憲靈樸於造化，審貞則而妙觀〔二四〕。」諸侯曰：「善。」宋玉遂言曰：「伊茲羽之駿敏〔二五〕，似南箕之啓扉〔二六〕。垂皓曜之奕奕〔二七〕，含鮮風之微微。」襄王仰而拊節〔二八〕，諸侯伏而引非。皆委扇於楚庭，執鳥羽而言歸。屬唐勒而爲之辭曰：「伊鮮禽之令羽，夫何翩翩與眇眇〔二九〕。反寒暑於一掌之末，迴八風乎六翮之杪〔三〇〕。」四部叢刊影印陸元大刊陸士衡文集卷四（係拼合藝文類聚卷六十九、初學記卷二十五）

【校】

白鶴：「鶴」，太平御覽卷七百六十八作「鵠」，即「鶴」之假借，古多通用。

昔者：七十二家集、百三名家集、歷代賦彙「昔」上有「諸侯曰」三字。

世繁：「繁」，原作「繫」，據影宋本、北堂書鈔卷一百三十四、藝文類聚卷六十九改。

箑蒲：北堂書鈔卷一百三十四作「箑莆」，影宋本、藝文類聚卷六十九作「箑甫」，六朝詩集本作「⿱⺮建甫」，「⿱⺮建」乃「箑」之異體。

椎輪：「椎」，原作「推」，據藝文類聚卷六十九改。

偉鳥：「偉」，影宋本初學記卷二十五作「僚」，排印本初學記卷二十五作「遼」。

蒨蒨：排印本初學記卷二十五作「輕蒨」。

千載：「載」，初學記卷二十五作「歲」。

曲體：「曲」，排印本初學記卷二十五作「四」。

秩長短：「長」，北堂書鈔卷一百三十四作「修」。

新體：「新」，原作「正」，據初學記卷二十五改。

翩姗姗：排印本初學記卷二十五作「翩媥媥」。

垂婉：「婉」，影宋本初學記卷二十五作「婏」，排印本初學記卷二十五作「娩」。説文女部「婏」段玉裁注云婉、婏音義皆同，王筠句讀云字或作娩，是排印本初學記之娩當作娩，而義并同也。

執手：「執」，初學記卷二十五作「在」。

貞則：「貞」，原作「真」，據影宋本、藝文類聚卷六十九改。

爲之辭：「辭」，藝文類聚卷六十九作「亂」。

一掌：「掌」，藝文類聚卷六十九作「堂」。

八風乎：「乎」，北堂書鈔卷一百三十四作「于」。

【箋注】

〔一〕逯欽立文賦撰出年代考據陸雲與兄平原書，云本賦與述思賦、文賦、嘆逝賦、漏刻賦大體皆一時之作，時爲晋惠帝永康、永寧之際。案：扇賦之作，已見於漢代張衡、蔡邕等人，魏晋作者頗夥。又案：以鳥羽爲扇，原當多見於南方。故傅咸羽扇賦序云「吴人截鳥翼而摇風」，「滅吴之後，翕然重之」；潘岳扇賦云「始顯用于蠻荒，終表奇于上國」；嵇含羽扇賦云

「出自南鄙」，「御于上國」。陸雲與兄書述所見曹操遺物，云「扇如吴扇」，當亦爲鳥羽所製，形制與中原不同，故特爲言之。陸機此篇，假設宋玉之辭，頗爲誇飾，實寓其家國之情思焉。

〔二〕昔楚襄二句：會，謂會合諸侯，乃一種争霸之行爲。章臺，指章華之臺。左傳昭公七年：「（楚靈王）及即位，爲章華之宫。」又：「楚子成章華之臺，願以諸侯落之。」杜預注：「章華，南郡華容縣。」國語楚語上：「靈王爲章華之臺。」韋昭注：「章華，地名。」水經沔水「又東過荆城東」注：「楊水又東入華容縣……水東入離湖，湖在縣東七十五里……湖側有章華臺，臺高十丈，基廣十五丈。」案：在今湖北潛江西南。一九八四年以來潛江龍灣考古發掘所發現之楚宫殿基址群，被認定爲即章華臺宫苑群落遺址。參湖北省潛江博物館、湖北省荆州博物館潛江龍灣：一九八七—二〇〇一年龍灣遺址發掘報告。山西，指太行山之西。案：戰國秦漢通稱華山或崤山以西爲山西，以東爲山東，但亦有以太行山而言者。後漢書鄧禹傳載禹平定河東，光武策拜禹爲大司徒，稱其「平定山西，功效尤著」，即以太行山爲界而言之。（參王鳴盛十七史商榷卷三十五後漢書七「山東山西」條）且本篇雖擬寫戰國時事，但陸機乃晋人，故不可泥定其以華山或崤山爲稱。河右，指今山西、陝西兩省間黄河南段之西，戰國時爲秦地。山西與河右諸侯，指三晋與秦。

〔三〕大夫句：史記屈原賈生列傳：「屈原既死之後，楚有宋玉、唐勒、景差之徒者，皆好辭而以賦見稱。然皆祖屈原之從容辭令，終莫敢直諫。」雖似言宋玉等曾事楚王，然不言其爲大夫。

王逸楚辭章句九辯序：「楚大夫宋玉之所作也。」古文苑載宋玉小言賦：「楚襄王既登陽雲之臺，令諸大夫景差、唐勒、宋玉等并造大言賦。」陸機稱宋玉、唐勒爲大夫，當本此。

〔四〕諸侯句：麈尾，其形扁平，略似於扇。慧琳一切經音義卷三十一：「郭注山海經：麈，似鹿而大也。聲類云：尾可以爲帚也。說文：鹿屬也，大而一角也。」又卷九十三：「麈尾，毛扇也，象麈鹿之尾。」案麈尾扇初當以麈尾毛爲之，後遂亦有以其他鳥獸毛以至棕櫚等爲之者。其起源時代不詳，東漢李尤有麈尾銘。其初當爲拂塵清暑之用，而六朝人士清談時多執之，遂成風尚。今日本國正倉院尚藏有其物。賀昌群世說新語札記有詳考。戰國時當無此物，陸機想象之辭耳。掩麈尾而笑，以麈尾掩口而笑。案：陶淵明晉故征西大將軍長史孟府君傳：「（庾亮）以麈尾掩口而笑。」亦可見陸機所擬構之細節，乃晉時士人生活之實況。

〔五〕昔者二句：初學記卷二十五引世本：「武王作翣。」翣即扇。淮南子俶真「冬日之不用翣者」高誘注：「翣，扇也。」玄覽，深入觀照。見文賦「佇中區以玄覽」注。

〔六〕五明、安衆：皆扇名。北堂書鈔卷一百三十四引潘尼扇賦：「安衆以方爲體，五明以圓爲質。」崔豹古今注：「五明扇，舜作也。既受堯禪，廣開視聽，求賢人以自輔，故作五明扇也。」案世本云武王作翣，崔氏云舜已有五明扇，蓋傳聞異辭。所謂五明，或乃鏤空虛明之制。鄴中記云石虎作扇，「其五明方中辟方三寸，或五寸，隨扇大小，雲母帖其中，細縷縫其際，雖罨畫而彩色明徹，看之如謂可取」。安衆者，以竹篾爲之，蓋取安寧衆庶之義。藝文類聚卷六十九傅咸羽扇賦：「彼安衆之云妙，差剖篋於毫縷。體荏苒以輕弱，侔縞素於齊魯。」又扇賦：「下濟億兆，上寧侯王，是曰安衆。」

〔七〕箑蒲：即萐莆。白虎通封禪：「孝道至，則萐莆生庖厨。萐莆者，樹名也，其葉大於門扇，不摇自扇。於飲食清凉，助供養也。」説文艸部「萐」：「萐莆，瑞草也。堯時生於庖厨，扇暑而凉。」論衡是應則謂：「儒者言萐脯生於庖厨者，言厨中自生肉脯，薄如萐形，摇鼓生風，寒凉食物，使之不臰。」

〔八〕而飭句：飭，周易雜卦「蠱則飭也」韓康伯注：「整治也。」荀子禮論：「禮者，謹於治生死者也。……事生，飾始也；送死，飾終也。」疑兩「飾」字皆當爲「飭」，飭有謹、敬之義。王念孫讀書雜志卷八之三荀子「飾動」條云：「古字通，以『飾』爲『飭』。」

〔九〕烹飪句：禮記禮運「燔黍捭豚」鄭玄注：「中古未有釜甑，釋米捭肉，加於燒石之上而食之耳。今北狄猶然。」藝文類聚卷七十二引古史考：「神農時民食穀，釋米加燒石上而食之。」

〔一〇〕玉輅句：玉輅，即玉路。釋名釋車：「天子所乘曰玉輅，以玉飾車也。輅亦車也。謂之輅者，言行於道路也。」椎輪，高步瀛文選李注義疏文選序疏：「蓋伐木爲輪，以軸貫之，無輻轂之湊，無牙輮之抱，其制甚簡，故曰椎輪。……椎有拙義。」

〔一一〕煩：通「繁」，盛也。

〔一二〕固體俊句：俊，説文：「材過千人也。」引申爲卓絶之稱。鮮，廣雅釋詁：「好也。」

〔一三〕彼凌霄二句：蒨蒨，文選束晳補亡詩「蒨蒨士子」李善注：「鮮明之貌。」案：古人重鶴。初學記卷三十引相鶴經：「鶴者，陽鳥也，而游于陰。……七年小變，十六年大變，百六十年變止，千六百年形定。體尚潔，故其色白。聲聞天，故頭赤。……大喉以吐故，修頸以納新，故生大壽不可量。……蓋羽族之宗長，仙人之騏驥也。……鳴則聞於天，飛則一舉千里。……鸞鳳同爲群。」

〔一四〕隱九皋二句：詩小雅鶴鳴：「鶴鳴于九皋，聲聞于野。」毛傳：「皋，澤也。」釋文引韓詩：「九皋，九折之澤。」鄭箋：「皋，澤中水溢出所爲坎。自外數至九，喻深遠也。」詩大雅卷阿：「鳳皇鳴矣，于彼高岡。」易乾：「見龍在田。」

〔一五〕醜靈龜二句：醜，廣雅釋詁：「同也。」王念孫疏證：「醜之言儔也。」初學記卷三十引洛書：「靈龜者，玄文五色，神靈之精也。」又引洪範五行：「龜之言久也，千歲而靈。」超，廣雅釋詁：「遠也。」眄，廣雅釋詁：「視也。」二句謂鶴長生久視，其遐壽比於靈龜。

〔一六〕累懷璧二句：懷璧，左傳桓公十年：「周諺有之：匹夫無罪，懷璧其罪。」杜預注：「人利其璧，以璧爲罪。」潛夫論遏利：「象以齒焚身，蚌以珠剖體，匹夫無辜，懷璧其罪。」挫，廣雅釋詁：「折也。」二句謂鶴因羽翅之美反受其累，千歲之壽摧折於射者之一箭。

〔一七〕委曲體二句：委，戰國策齊策「願委之於子」高誘注：「付也。」奏，說文夲部：「進也。」二句謂付其屈體而受制於人，進獻雙翅而爲扇。

〔一八〕則其布翮五句：謂分布鶴羽以爲扇，排比其羽翮之大小長短，疏密適中得當。翮，爾雅釋器：「羽本謂之翮。」郭璞注：「鳥羽根也。」差、秩，廣雅釋詁：「次也。」謂排比也。

〔一九〕鏤巨獸二句：謂鏤刻裁製象牙、奇木以爲扇柄。初學記卷二十五：「象牙長丈餘，脱則深藏，作木牙易之，可作扇。」太平御覽卷七百二引晉中興徵祥説：「舊爲羽扇柄者，刻木以象骨。」

〔二〇〕移圓根二句：圓根，指鶴之羽翮。新體，指扇柄。天秩，天然之次序。尚書皋陶謨：「天秩有禮。」舊貫，論語先進：「仍舊貫，如之何？何必改作？」何晏集解引鄭玄曰：「貫，事也。因舊事則可也，何乃復更改作？」二句謂移鶴羽於扇柄之上，但仍依仿鶴之天然原狀。

〔二一〕翩姍姍二句：翩姍姍，謂羽扇摇動之輕柔和緩。漢書司馬相如傳：「便姍嫳屑。」顔師古注：「言其行步安詳。」飔，初學記卷一引風俗通：「微風曰飔。」婉，説文女部：「順也。」謂其風和柔。

〔二二〕妙自然二句：謂羽扇妙同於自然，故其風亦流通布散。周易繫辭上：「妙萬物而爲言。」釋名釋天：「風，放也，氣放散也。」

〔二三〕混貴賤句：管子形勢解：「風，漂物者也。風之所漂，不避貴賤美惡。」宋玉風賦：「夫風者，天地之氣，溥暢而至，不擇貴賤高下而加焉。」案：風之不擇貴賤，乃一般觀念。風賦宋玉諫楚王則分大王之雄風與庶人之雌風，乃有激而言之。陸機贊美羽扇同於自然，故亦溥暢不滯。傅咸扇賦云：「下濟億兆，上寧侯王，是曰安衆。」構思與陸機同。

〔二四〕憲靈樸二句：憲，爾雅釋詁：「法也。」靈樸，指道。老子三十二章：「朴雖小，天下不敢臣。」河上公注：「道朴雖小，微妙無形，天下不敢有臣使道者也。」又三十七章：「吾將鎮之以無名之朴。」河上公注：「無名之朴，道也。」案道素樸無爲，故以樸名之。貞則，中正專一之準則。周易繫辭下「貞勝者也」韓康伯注：「貞者，正也，一也。……老子曰：王侯得一以爲天下貞。」曹植贈丁儀王粲：「歡怨非貞則。」妙觀，魏晉時稱贊人物之語。曹植魏德論：「階清雲以妙觀。」陸雲與陸典書書：「跨天路以妙觀。」列仙傳黄阮丘贊：「妙觀通神。」蓋出於老子一章：「常無欲，以觀其妙。」河上公注：「妙，要也。人常能無欲，則可以觀道之要。」王弼注：「妙者，微之極也。……故常無欲空虛，可以觀其始物之妙。」陸機借用道家語言贊羽扇之體乎道、合乎自然。

〔二五〕駿：爾雅釋詁下：「速也。」郭璞注：「駿，猶迅。」

〔二六〕似南箕句：小雅巷伯：「成是南箕。」毛傳：「南箕，箕星也。」箕爲二十八宿之一。當箕、斗并在南方時，箕在南而斗在北，故言南箕北斗。尚書洪範：「星有好風。」史記宋微子世家裴駰集解引馬融曰：「箕星好風。」太平御覽卷五引詩紀曆樞：「箕爲天口，主出氣。」風俗通祀典：「風師者，箕星也。箕主簸揚，能致風氣。」

〔二七〕奕奕：廣雅釋訓：「盛也。」

〔二八〕拊節：猶擊節，有節奏地拍擊指掌或器物，表示贊賞喜悦。三國志吴書陸遜傳載遜與關羽書：「聞慶拊節。」

〔二九〕眇眇：楚辭九歌湘夫人「目眇眇兮愁予」王逸注：「好貌。」

〔三〇〕迴八風句：迴，通「回」，轉也，反也。八風，八方之風，亦八節之風，見本卷浮雲賦「八風時邁」注。八風與季候相應，迴八風，即上句「反寒暑」之意。六翮，鳥翅之正羽。

【集評】

陸雲與兄平原書：扇賦腹中愈首尾，發頭一而不快。言鳥云「龍見」，如有不體。

鱉賦 并序

皇太子幸于釣臺，漁人獻鱉，命侍臣作賦〔一〕。

其狀也，穹脊連脅〔二〕，玄甲四周。遁方圓於規矩〔三〕，徒廣以妨。循盈尺而脚寸，又取具於指掌〔四〕。鼻嘗氣而忌脂，耳無聽而受響〔五〕。是以棲居多逼〔六〕，出處寡便。尾不副首〔七〕，足不運身。於是從容澤畔，肆志汪洋〔八〕。朝戲蘭渚，夕息中塘〔九〕。越高波以燕逸〔一〇〕，竄洪流而潛藏。咀蕙蘭之芳荄，翳華藕之垂房〔一一〕。藝文類聚卷九十六

【校】

徒廣以妨：汪紹楹校：「句有脱文。」陸本、影宋本「廣」下有「狹」字。歷代賦彙卷一百三十七作「徒廣狹以妨舟」，嚴可均全晉文作「徒廣肩以妨逑」。

燕逸：「燕」，原作「魚」，據陸本、六朝詩集本改。錢培名云：「類聚『燕』作『魚』，似誤。」

【箋注】

〔一〕皇太子三句：皇太子，惠帝太子司馬遹，惠帝永熙元年（二九〇）八月立爲太子，次年出就東宫。元康九年（二九九）廢爲庶人，次年（永康元年）爲賈后矯詔殺害，年二十三。同年趙王倫矯詔廢殺賈后，追復太子，謚愍懷。陸機爲太子洗馬，當在元康元年末。至四年秋，出補吴王郎中令，故其吴王郎中時從梁陳作云「誰謂伏事淺，契闊逾三年」。後太子追復歸葬，陸機曾爲作誄頌。案：藝文類聚卷九十六載潘尼鱉賦，序曰：「皇太子游於玄圃，遂命釣魚。有得鱉而戲（漢魏六朝百三名家集作「獻」）之者，令侍臣賦之。」或一時之作。

〔二〕穹：玄應一切經音義卷四「穹脊」注：「謂穹窿也。」此狀鱉甲高突之貌。

〔三〕遁方圓句：謂其形非圓非方。

〔四〕循盈尺二句：循盈尺，言其行步如有所緣，甚爲促狹，不能行遠。論語鄉黨：「足蹜蹜如有循。」集解引鄭玄曰：「舉前曳踵行。」朱熹注：「如有循……言行不離地如緣物也。」脚，説文肉部：「脛也。」謂膝之下、踝之上。具，爾雅釋詁：「備也。」二句謂循行不過盈尺，脚僅及寸，而其指掌備具。

〔五〕鼻嘗二句：忌脂，未詳。文子上德：「鱉無耳而目不可以蔽，精於明也。」案：無聽受響，謂雖不能聽，而有所響動，則受而應之，猶抱朴子外篇博喻所謂「鱉無耳而善聞」也。

〔六〕逼：爾雅釋言：「迫也。」

〔七〕副：漢書禮樂志「正人足以副其誠」顏師古注：「稱也。」

〔八〕於是二句：楚辭漁父：「行吟澤畔。」史記魯仲連傳：「寧貧賤而輕世肆志焉。」司馬貞索隱：「肆，猶放也。」志，説文心部：「意也。」汪洋，寬弘貌。

〔九〕朝戲二句：文選曹植應詔詩：「朝發鸞臺，夕宿蘭渚。」李善注：「鸞臺、蘭渚，以美言之。……公孫乘月賦曰：『鵾雞舞於蘭渚。』」塘，廣雅釋地：「池也。」中塘，塘中。

〔一〇〕燕：詩小雅鹿鳴「以燕樂嘉賓之心」毛傳：「安也。」類聚「燕」作「魚」，疑是虞或娛之誤。虞、娛亦安也。

〔一一〕咀蕙蘭二句：古詩：「傷彼蕙蘭花。」荄，爾雅釋草：「根也。」趙至與嵇茂齊書：「蔕華藕於修陵。」房，謂蓮房，即蓮蓬。宋玉高唐賦：「雙椅垂房。」

桑賦　并序

皇太子便坐，蓋本將軍直廬也〔一〕。初，世祖武皇帝爲中壘將軍〔二〕，植桑一株。

世更二代，年漸三紀〔三〕，扶疏豐衍〔四〕，抑有瑰異焉。

夫何佳樹之洪麗，超託居乎紫庭〔五〕。羅萬根以下洞，矯千條而上征〔六〕。豈民黎之能植，乃世武之所營。故其形瑰族類，體艷衆木。黄中爽理，滋榮煩縟〔七〕。緑葉興而盈尺，崇條蔓而曾尋〔八〕。希太極以延峙，映承明而廣臨〔九〕。華飛鴞之流響，想鳴鳥之遺音〔一〇〕。惟歷數之有紀，恒依物以表德〔一一〕。豈神明之所相，將我皇之先識〔一二〕。跨百世而勿翦〔一三〕，超長年以永植。藝文類聚卷八十八

【校】

二代：「二」，太平御覽卷九百五十五、事類賦注卷二十五作「三」。

崇條：「崇」，事類賦注卷二十五作「柔」。

曾尋：「曾」，陸本、影宋本作「層」，太平御覽卷九百五十五、事類賦注卷二十五作「增」，字并通。

【箋注】

〔一〕皇太子二句：便坐，漢書武帝紀「便殿火」顔師古注：「凡言便殿、便室、便坐者，皆非正大之處，所以就便安也。」直廬，當直所居止處。案傅咸桑樹賦與陸機此賦蓋同時之作，云：「世祖昔爲中壘將軍，於直廬種桑一株，迄今三十餘年，其茂盛不衰。皇太子入朝，以此廬爲便坐。」是此所謂便坐者，爲太子入朝時憩息之所。咸賦又云：「從皇儲於斯館。」又潘尼桑

樹賦當亦一時之作，亦云：「從明儲以省膳，憩便房以偃息。」皆謂隨從太子入朝覲見惠帝時憩息於此，陸機當亦如此。時機爲太子洗馬，傅咸爲太子中庶子，潘尼爲太子舍人，俱見晋書各本傳。

〔二〕世祖武皇帝：晋武帝司馬炎。魏高貴鄉公時曾爲中壘將軍。魏元帝咸熙二年（二六五）立爲晋王（司馬昭）太子，同年昭崩，嗣爲晋王。十二月，受魏禪。太熙元年（二九〇）崩，年五十五。廟號世祖。

〔三〕世更二句：二代，謂武帝、惠帝。三紀，三十六年。僞古文尚書畢命「既歷三紀」僞孔傳：「十二年曰紀。」孔疏：「十二年者，天之大數。歲星、太歲皆十二年而一周天，故十二年曰紀。」

〔四〕扶疏：即枎疏。説文木部：「枎，枎疏，四布也。」段玉裁注：「古書多作扶疏，同音假借也。……謂大木枝柯四布。」衍，詩小雅伐木「釃酒有衍」毛傳：「美貌。」陳奂詩毛氏傳疏：「謂多溢之美也。」應劭上獻帝漢儀奏：「臣累世受恩，榮祚豐衍。」

〔五〕紫庭：謂帝庭。皇甫規賢良方正對策：「臣生長邊遠，希涉紫庭。」傅玄泰始中作鼙舞歌辭明君篇：「蘭芷出荒野，萬里升紫庭。」左芬武帝納皇后頌：「飛聲八極，翕習紫庭。」參卷三列仙賦「覲天皇於紫微」注。

〔六〕羅萬根二句：洞，淮南子原道「遂兮洞兮」高誘注：「達也。」矯，楚辭九章惜誦「矯茲媚以私處兮」王逸注：「舉也。」離騷：「溘埃風余上征。」

〔七〕黃中二句：周易坤文言：「君子黃中通理，正位居體，美在其中而暢於四支。」孟子盡心上「孟子曰形色」章趙岐注：「易曰黃中通理，聖人内外文明。」五色與五方相配，黃爲中之色。爽，説文㸚部：「明也。」黃中爽理，謂桑樹内外俱美，紋理清明。煩，釋名釋言語：「繁也。」

〔八〕崇條句：曾，爾雅釋親「孫之子爲曾孫」郭璞注：「猶重也。」尋，説文寸部：「度人之兩臂爲尋，八尺也。」

〔九〕希太極二句：希，莊子讓王「希世而行」釋文引司馬彪：「望也。」太極，魏晉時宫殿名，乃正殿。三國志魏書明帝紀：「（青龍三年）大治洛陽宫，起昭陽、太極殿。」水經穀水「又東過河南縣北，東南入于洛」注：「魏明帝上法太極，於洛陽南宫起太極殿於漢崇德殿之故處。」太平御覽卷一百七十五引晉宫閣名：「太極殿十二間。」藝文類聚卷六十二引戴延之西征記：「太極殿上有金井欄、金博山、金轆轤，蛟龍負山於井上，又有金師子，在龍下。」太平御覽卷一百八十七引華延儁洛陽記：「太極殿有四金銅柱。」晉書五行志：「太極、東堂，皆朝享、聽政之所。」延，爾雅釋詁：「長也。」映，慧琳一切經音義卷十二「映蔽」注引字書：「相掩映也。」承明，北宫門名。三國志魏書文帝紀黃初元年十二月「初營洛陽宫」裴松之注：「諸書記是時帝居北宫，以建始殿朝群臣，門曰承明。陳思王植詩曰『謁帝承明廬』是也。至明帝時，始於漢南宫崇德殿處起太極、昭陽諸殿。」知魏晉時建始殿有門名承明，然在洛陽北宫。南、北宫相去七里。（據後漢書光武帝紀注引蔡質漢典職儀）此賦所言桑樹當在南宫太極殿左近，所謂「映承明」者，誇張之辭。廣，方言卷六：「遠也。」

〔一〇〕華飛鴞二句：華，美。詩魯頌泮水：「翩彼飛鴞，集于泮林。食我桑黮，懷我好音。」鄭箋：「懷，歸也。言鴞恒惡鳴，今來止於泮水之木上，食其桑黮，爲此之故，故改其鳴，歸就我以善音。喻人感於恩則化也。」陸機以此寓頌美之意。鳴鳥，此指倉庚，即黄鳥。其鳥與桑蠶相關也。詩豳風七月：「春日載陽，有鳴倉庚。女執懿筐，遵彼微行，爰求柔桑。」鄭箋：「温而倉庚又鳴，可蠶之候也。」説文隹部：「離，離黄，倉庚也，鳴則蠶生。」倉庚即黄鳥。毛詩草木鳥獸蟲魚疏「黄鳥于飛」條：「黄鳥，黄鸝留也，或謂之黄栗留。幽州人謂之黄鶯，或謂之黄鳥，一名倉庚，一名商庚，一名鵹黄，一名楚雀。齊人謂之摶黍。關西謂之黄鳥。當葚熟時，來在桑間，故里語曰：『黄栗留，看我麥黄葚熟。』」其鳴聲和暢。詩周南葛覃：「黄鳥于飛，集于灌木，其鳴喈喈。」毛傳：「喈喈，和聲之遠聞也。」又詩小雅伐木：「伐木丁丁，鳥鳴嚶嚶。出自幽谷，遷于喬木。嚶其鳴矣，求其友聲。」張衡東京賦：「鵙鳩麗黄，關關嚶嚶。」又歸田賦：「王雎鼓翼，倉庚哀鳴。交頸頡頏，關關嚶嚶。」是以伐木之鳴鳥爲黄鳥也。案伐木序云：「燕朋友故舊也。自天子至于庶人，未有不須友以成者。親親以睦，友賢不棄，不遺故舊，則民德歸厚矣。」鄭玄小大雅譜以爲文王之詩。是黄鳥鳴於桑間，而其鳴聲和暢，且與王者親親友賢之義有關，故陸機賦桑而用之，以寓頌揚之意。

〔一一〕惟歷數二句：論語堯曰：「堯曰：『咨，爾舜，天之歷數在爾躬。』」何晏集解：「歷數，謂列次也。」紀，禮記月令「月窮于紀」鄭玄注：「會也。」漢書公孫弘傳：「夫表德章義，所以率世厲俗。」

〔一二〕豈神明二句：豈，其也，殆也。參王引之經傳釋詞卷五、裴學海古書虚字集釋卷五。裴氏云：「疑而有定之辭。」相，詩大雅生民「有相之道」毛傳：「助也。」將，且。古書虚字集釋卷八：「『又且』之義。」我皇，指晋武帝。先識，先知。吕氏春秋有先識覽。劉劭人物志八觀：「先識未然，聖也。」藝文類聚卷二十引姚信士緯：「聖人高不可極，深不可測，窮神知化，獨見先識。」

〔一三〕跨百世句：詩召南甘棠：「蔽芾甘棠，勿翦勿伐，召伯所茇。」毛傳：「翦，去。」鄭箋：「國人被其德，説其化，思其人，敬其樹。」

陸機集卷第五

詩

皇太子宴玄圃宣猷堂有令賦詩〔一〕

三正迭紹，洪聖啓運〔二〕。自昔哲王，先天而順〔三〕。群辟崇替〔四〕，降及近古。黄暉既渝，素靈承祜〔五〕。乃眷斯顧，祚之宅土〔六〕。三后始基，世武丕承〔七〕。協風傍駭，天晷仰澄〔八〕。淳曜六合，皇慶攸興〔九〕。自彼河汾，奄齊七政〔一〇〕。時文惟晋，世篤其聖〔一一〕。欽翼昊天，對揚成命〔一二〕。九區克咸，讌歌以詠〔一三〕。皇上纂隆，經教弘道〔一四〕。于化既豐，在工載考〔一五〕。俯釐庶績，仰荒大造〔一六〕。儀刑祖宗，妥綏天保〔一七〕。篤生我后，克明克秀〔一八〕。體輝重光，承規景數〔一九〕。茂德淵沖，天姿玉裕〔二〇〕。蕞爾小臣，邈彼荒遐〔二一〕。弛厥負擔，振纓承華〔二二〕。匪願伊始，惟命之嘉〔二三〕。奎章閣藏文選卷二十之李善本

【校】

題：藝文類聚卷三十九、初學記卷十引作「侍皇太子宣猷堂詩」。太平御覽卷一百七十六：「陸機四言詩序曰：太子宴朝士于宣猷堂，遂命機賦詩。」或是此詩殘序，而將「皇太子」之「皇」字誤植於「堂」字下。

世篤其聖：藝文類聚此句下有「明明隆晉，茂德有赫」二句，當是自皇太子賜宴中闌入。

讌歌：「讌」，文選五臣本、陳八郎本文選、陸本、影宋本作「謳」。

篤生我后六句：藝文類聚此六句在詩首「三正迭紹」前，似誤。又「淵沖」，藝文類聚作「沖深」，初學記作「川沈」，皆避唐諱。

天姿：「姿」，北堂書鈔卷二十二作「資」。

【箋注】

〔一〕皇太子：李善注引王隱晉書：「愍懷太子遹，字熙祖。惠帝即位，立爲皇太子。」參卷四鼈賦序注。玄圃：李善注引楊佺期洛陽記：「東宮之北，曰玄圃園。」資治通鑑卷一百六十一胡三省注：「崑崙之山三級：下曰樊桐；二曰玄圃；三曰層城，太帝之所居。（案：此據水

經河水「崑崙墟在西北」注引崑崙説)東宫次於帝居，故立玄圃。」

〔二〕三正二句：三正，指夏、商、周三代。白虎通三正引尚書大傳：「夏以孟春月爲正，殷以季冬月爲正，周以仲冬月爲正。……三正之相承，若順連環也。」啓運，謂膺受天命開啓國運。

〔三〕自昔二句：自，裴學海古書虚字集釋卷八：「猶『在』也。」哲，爾雅釋言：「智也。」尚書酒誥：「在昔殷先哲王。」周易乾文言：「夫大人者……先天而天弗違。」崔憬曰：「行人事合天心也。」(李鼎祚周易集解引)又革象：「湯武革命，順乎天而應乎人。」

〔四〕群辟句：辟，爾雅釋詁：「君也。」崇替：李善注引國語楚語「思念前世崇替」韋昭注：「崇，終也。替，廢也。」俞樾古書疑義舉例卷七兩字對文而誤解例謂其未達崇字之義，崇替猶興廢。東京賦「進明德而崇業」薛綜注：「崇猶興也。」

〔五〕黄暉二句：黄暉，指魏。魏爲土德，服色尚黄。三國志魏書武帝紀建安五年：「初，桓帝時有黄星見於楚、宋之分，遼東殷馗善天文，言後五十歲當有真人起于梁、沛之間，其鋒不可當。至是凡五十年，而公(曹操)破(袁)紹，天下莫敵矣。」文帝紀注引獻帝傳載蘇林、董巴上表：「今魏亦以土德承漢之火。」宋書禮志引黄初元年詔：「若殊徽號，異器械，制禮樂，易服色，用牲幣，自當隨土德之數。每四時之季月，服黄十八日。」渝，爾雅釋言：「變也。」素靈，指晉。三國志魏書明帝紀青龍三年裴注引魏氏春秋、世語、搜神記、漢晋春秋等，云魏時張掖删丹生巨石，有馬象，又有「大討曹」、「金當取之」等文字，乃魏、晋代興之符。宋書符瑞志載其事，并載太尉屬程猗之説曰：「金者，晋之行也。……此言司馬氏之王天下，感德而生，應正吉而王之符也。」李善注：「金於西方爲白，故曰『素靈』也。」祜，爾雅釋詁：「福也。」

〔六〕乃眷二句：詩大雅皇矣：「乃眷西顧，此維與宅。」毛傳：「宅，居也。」鄭箋：「（上帝）乃眷然運視西顧，見文王之德，而與之居。言天意常在文王所。」祚，通「胙」。左傳隱公八年：「胙之土。」杜預注：「報之以土。」尚書禹貢：「是降丘宅土。」

〔七〕三后二句：三后，指司馬懿及其子師、昭，晋武帝即位，追尊爲宣皇帝、景皇帝、文皇帝。詩大雅下武：「三后在天。」楚辭離騷：「昔三后之純粹兮。」左傳襄公二十九年：「美哉，始基之矣。」史記吴太伯世家集解引王肅曰：「言始造王基也。」世武，晋武帝司馬炎，司馬昭子，廟號世祖。丕，爾雅釋詁：「大也。」尚書君奭：「惟文王德丕承。」

〔八〕協風二句：國語周語：「有協風至。」韋昭注：「協，和也。」傍，通「旁」。廣雅釋詁：「旁，大也。」又：「廣也。」駭，廣雅釋言：「起也。」晷，説文日部：「日景也。」澄，李善注：「謂不薄食。」

〔九〕淳曜二句：國語鄭語：「夫黎爲高辛氏火正，以淳耀敦大，天明地德，光照四海。」韋昭注：「淳，大也。耀，明也。」曜、耀通。楚語：「故重、黎氏世叙天地。……其在周，程伯休父其後也，當宣王時，失其官守，而爲司馬氏。」史記太史公自序張守節正義引司馬彪序：「南正黎後世爲司馬氏。」是晉之氏族出自黎，陸機此處即以稱美黎之語以美之。六合，天地四方。莊子齊物論：「六合之外，聖人存而不論。」皇，廣雅釋詁：「大也。」又：「美也。」慶，國語周語下「有慶未嘗不怡」韋昭注：「福也。」

〔一〇〕自彼二句：詩商頌殷武：「昔有成湯，自彼氐羌。」河汾，黄河、汾水。魏元帝曹奂景元四年（二六三），進大將軍司馬昭位爲相國，封晉公，以太原、西河、河東、平陽等十郡爲邑，加九錫之禮。次年又進爵爲晉王。其封地主要在河汾一帶。奄，廣雅釋詁：「大也。」尚書堯典：「（舜）在璇璣玉衡，以齊七政。」（僞古文在舜典）七政之義，説者不同。史記五帝本紀集解引鄭玄曰：「七政，日月五星也。」玉海卷二天文書上漢天文七政論引尚書大傳：「日月有薄食，五星有錯聚，七者得失，在人君之政，故謂之爲政。」此其一説。又史記五帝本紀正義引尚書大傳：「政者，齊中也。謂春、秋、冬、夏、天文、地理、人道，所以爲政也。」此又一説。齊七政之義，謂觀天文以驗人事。宋書天文志引鄭玄説：「視其行度，觀受禪是非也。」尚書孔疏引馬融曰：「聖人謙讓，猶不自安，視璇璣玉衡以驗齊日月五星行度，知其政是與否，重審己之事也。」陸機以司馬氏代魏比附堯舜禪讓之事。

〔一一〕時文二句：周禮考工記：「㮚氏爲量……其銘曰：時文思索。」鄭玄注：「時，是也。……言是文德之君，思求可以爲民立法者。」篤，爾雅釋詁：「厚也。」蔡邕祖德頌：「世篤其仁。」

〔一二〕欽翼二句：欽、翼，爾雅釋詁：「敬也。」昊天，天也。王風黍離毛傳：「元氣廣大，則稱昊天。」尚書堯典：「欽若昊天。」大雅江漢：「對揚王休。」毛傳：「對，遂。」鄭箋：「對，答。」毛、鄭不同，皆通。周頌昊天有成命：「昊天有成命，二后受之。」鄭箋：「有成命者，言周自后稷之生而已有王命也。文王、武王受其業，施行道德，成此王功。」

〔三〕九區二句：九區，指九州。李善注引劉騊駼郡太守箴：「大漢遵周，化洽九區。」咸，通諴。説文言部：「諴，和也。」詩魯頌閟宫：「克咸厥功。」尚書臯陶謨：「戛擊鳴球，搏拊琴瑟以詠。」（僞古文在益稷）

〔四〕皇上二句：皇上，李善注：「惠帝也。」纂，爾雅釋詁：「繼也。」隆，説文生部：「豐大也。」纂隆，謂承繼而豐大之。經，李善注：「猶理也。」論語衛靈公：「人能弘道。」

〔五〕在工句：工，周頌臣工「嗟嗟臣工」毛傳：「官也。」小雅湛露：「在宗載考。」鄭箋：「載之言則也；考，成也。」

〔六〕俯釐二句：釐，周頌臣工「王釐爾成」鄭箋：「理。」庶，爾雅釋詁：「衆也。」績，爾雅釋詁：「事也。」尚書堯典：「允釐百工，庶績咸熙。」荒，周頌天作「大王荒之」毛傳：「大也。」大造，左傳成公十三年：「則是我有大造於西也。」杜預注：「造，成也。」此指造化、天地言。天地所成甚大，故曰大造。案：「仰荒大造」，謂尊大天地之所造就。詩周頌天作：「天作高山，大王荒之。」毛傳：「天生萬物於高山，大王行道，能大天之所作也。」鄭箋：「天生此高山，使興雲雨，以利萬物。大王自豳遷焉，則能尊大之，廣其德澤。」陸機用其義。

〔一七〕儀刑二句：儀，國語周語「示民軌儀」韋昭注：「法也。」大雅文王：「儀刑文王。」毛傳：「刑，法。」妥，漢書武五子傳「北州以妥」臣瓚注：「安也。」綏，爾雅釋詁：「安也。」小雅天保：「天保定爾。」鄭箋：「保，安。」二句言以祖宗爲法，安定此天所保安之皇晋。

〔一八〕篤生二句：大雅大明：「篤生武王。」毛傳：「篤，厚。」鄭箋：「天降氣於大姒，厚生聖子武王。」我后，李善注：「謂太子也。機爲洗馬，故稱我后。」大雅皇矣：「克明克類。」

〔一九〕體輝二句：尚書顧命：「昔君文王、武王宣重光。」釋文引馬融曰：「日月星也。……日月如叠璧，五星如連珠，故曰重光。」孫星衍尚書今古文注疏：「言文武化成之德比於日月也，又文王、武王時有此瑞應也。」案：「重光」乃頌揚君王語。又據崔豹古今注音樂，漢明帝爲太子時，樂人作歌詩以贊太子之德，其一曰日重光。以天子之德光明如日，太子比德，故曰重光。是其語又有頌揚太子之意。陸機此處或雙關其義而用之。規，説文夫部：「有法度也。」景，爾雅釋詁：「大也。」尚書大誥：「（成王）嗣無疆大歷服。」爾雅釋詁：「歷，數也。」是「景數」即「無疆大歷」之「大歷」，指國祚之長久而言。二句言太子體祖宗之輝光，其德有如日月；秉承祖宗法度於長遠之國祚運數之中。

〔二〇〕茂德二句：左傳宣公十五年：「怙其俊才，而不以茂德。」淵，文選班固典引「道德之淵源」蔡邕曰：「水深曰淵。」沖，李善注引字書：「虚也。」案：水性虚，故曰「淵沖」。道家貴沖虚。老子四章：「道沖而用之……淵乎似萬物之宗。」四十五章：「大盈若沖。」河上公注：

「謂道德大盈滿之君也。若沖者，貴不敢驕，富不敢奢也。」王弼注：「大盈充足，隨物而與，無所愛矜，故若沖也。」李善注引桓譚新論：「聖人天然之姿，所以絶人遠者也。」又引應劭漢官儀：「太子有玉質。」裕，廣雅釋詁：「寬也。」

〔一二〕蕞爾二句：左傳昭公七年：「蕞爾國。」杜預注：「蕞，小貌。」尚書召誥：「予小臣。」文選韋孟諷諫詩：「撫寧遐荒。」李善注：「荒，荒服也。」

〔一三〕弛厥二句：左傳莊公二十二年：「陳公子完與顓孫奔齊。……齊侯使敬仲（即陳公子完）爲卿。辭曰：『羈旅之臣，幸若獲宥，及於寬政，赦其不閑於教訓，而免於罪戾，弛於負擔，君之惠也，所獲多矣，敢辱高位以速官謗？』」杜預注：「弛，去離也。」陳完乃陸氏遠祖。振，左傳隱公五年「入而振旅」杜預注：「整也。」纓，説文糸部：「冠系也。」太平御覽卷九百二十九引新言：「達則振纓朝堂。」承華，東宮中門。李善注引洛陽記：「太子宮在大宮東，中有承華門。」二句言己以寄寓之臣而爲太子官屬。李善注引臧榮緒晉書：「楊駿誅，徵機爲太子洗馬。」

〔一四〕匪願二句：匪願伊始，猶言始願非此。左傳成公十八年：「周子曰：『孤始願不及此。』」李周翰注：「言今日榮寵，非初始所敢願，惟君命之善，得至於此。」

【集評】

王世貞藝苑卮言卷三：古詩四言之有冒頭，蓋不始延年也，二陸諸君爲之俑也。如皇太子宴宣猷堂應令，而士衡起句曰：「三正迭紹，洪聖啓運。自昔哲王，先天而順。」凡十六韻而始及太子。大將軍宴會，而士衡（應作士龍）起句曰：「皇皇帝祐，誕隆駿命。四祖正家，天禄安定。」凡八韻而始入晉亂，齊王冏始平之。又士衡贈斥丘令，而曰：「於皇聖世，時文惟晉。受命自天，奄有黎獻。」答賈常侍，而曰：「伊昔有皇，肇濟黎蒸。先天創物，景命是膺。」潘安仁爲賈答，而曰：「肇自初創，二儀烟熅。爰有生民，伏羲始君。」（案：此潘岳爲賈謐作贈陸機）晉武華林園宴集，而應吉甫起句云：「悠悠太上，民之厥初。皇極肇建，彝倫攸敷。」若爾，則不必多費此等語，但成一冒頭，百凡宴會酬贈，可舉以貫之矣。若韋孟之諷諫，思王之責躬、應詔，靖節之贈族，叔夜之幽憤，仲宣之贈蔡睦、文穎，越石之贈盧諶，寧有是耶？其他仲宣之思親云：「穆穆顯妣，德音徽止。」閭丘沖之三月宴云：「暮春之月，春服既成。」裴季彦之大蜡曰：「日躔星紀，大吕司辰。」開口見咽，豈不快哉，而選都未之及，何也？

陳祚明采菽堂古詩選卷十：末章自叙稍見生致。

何焯義門讀書記卷四十六：入本題後太促。亦絶無勸勉懇懷之語。

俞瑒評：意象華整，然無甚生色處。（見浙江圖書館藏清抄本昭明文選）

皇太子賜宴

明明隆晉，茂德有赫〔一〕。思媚上帝，配天光宅〔二〕。誕育皇儲，儀刑在昔〔三〕。

徽言時宣，福禄來格〔四〕。勞謙降貴，肆敬下臣〔五〕。肇彼先驅，翻成嘉賓〔六〕。藝文類聚卷三十九

【校】

題：北堂書鈔卷六十六載陸機皇太子清宴詩序：「元康四年秋，余以太子洗馬出補吴王郎中，以前事食（當作倉）卒，不得宴。三月十六有命清宴。感皇恩之罔極，而賦此詩。」太平御覽卷五百三十九云：「陸機皇太子請宴詩序曰：感聖恩之罔極，退而賦此詩也。」「請」當是「清」之誤。逯欽立先秦漢魏晋南北朝詩晋詩卷五録本詩并書鈔所載序文，云：「序文或屬此詩，列此俟考。」文選卷三十謝靈運擬魏太子鄴中集「綢繆清讌娱」李善注：「陸機集有皇太子清宴詩。」是此詩題原當作「皇太子清宴詩」。

徽言：「徽」，影宋本作「微」。

【箋注】

〔一〕明明二句：詩魯頌泮水：「明明魯侯，克明其德。」茂德，參本卷皇太子宴玄圃宣猷堂有令賦詩「茂德淵沖」注。晋書文帝紀魏元帝策命晋公九錫文：「公有濟六合之勛，加以茂德。」赫，光明顯盛貌。衛風淇奥「赫兮咺兮」毛傳：「赫，有明德赫赫然。」大雅皇矣：「皇矣上帝，臨下有赫。」

〔二〕思媚二句：詩大雅思齊：「思媚周姜。」毛傳：「媚，愛也。」尚書多士：「殷王亦罔敢失帝，罔不配天其澤。」孔疏：「爲天之子，是配天也。」孝經聖治章：「昔者周公郊祀后稷以配天。」光，通「廣」，充滿、廣遠之意。參王引之經義述聞卷三尚書「光被四海」條。宅，居也。尚書堯典序：「昔在帝堯，聰明文思，光宅天下。」孔疏：「此德充滿居止於天下而遠著。」阮籍爲鄭沖勸晋王箋：「開國光宅，顯兹太原。」傅玄晋鼓吹曲仲秋獮田：「光宅四海，永享天之祜。」張協七命：「蓋有晋之融皇風也……配天光宅。」

〔三〕誕育二句：誕，詩大雅生民「誕彌厥月」毛傳：「誕，大。」清黄生字詁以爲發語詞。後漢書胡廣傳注引謝承書載蔡邕胡廣黄瓊頌：「允兹漢室，誕育二后。」皇儲，指愍懷太子。漢書疏廣傳：「太子，國儲副君。」王贊梨樹頌：「翌翌皇儲。」儀刑，參本卷皇太子宴玄圃宣猷堂有令賦詩「儀刑祖宗」注。尚書洪範：「我聞在昔。」儀刑句，謂以古昔爲法。

〔四〕徽言二句：徽，詩大雅思齊「大姒嗣徽音」鄭箋：「美也。」尚書立政：「予旦已受人之徽言，咸告孺子王矣。」小雅瞻彼洛矣：「君子至止，福禄如茨。」鄭箋：「爵命爲福，賞賜爲禄。」大雅鳧鷖：「福禄來成。」格，爾雅釋詁：「至也。」尚書皋陶謨：「祖考來格。」（僞古文在益稷）

〔五〕勞謙二句：周易謙九三：「勞謙君子有終吉。」王弼注：「居謙之世，何可安尊？上承下接，勞謙匪解，是以吉也。」象曰：「勞謙君子，萬民服也。」孔疏：「象萬民皆來歸服，事須引接，故疲勞也。」肆，左傳昭公三十二年「伯父若肆大惠」杜預注：「展放也。」下臣，謙下於臣。

詩小雅天保序：「君能下下，以成其政。」鄭箋：「下下，謂鹿鳴至伐木，皆君所以下臣也。」

〔六〕肇彼二句：肇，詩大雅生民「以歸肇祀」毛傳：「始也。」史記絳侯世家：「天子先驅至，不得入。」續漢書百官志：「太子洗馬，……太子出，則當直者在前，導威儀。」晉書職官志：「洗馬八人，職如謁者、秘書，掌圖籍。釋奠講經則掌其事。出則直者前驅，導威儀。」陸機爲太子洗馬，故曰先驅。翻，反。詩小雅鹿鳴：「我有旨酒，以燕樂嘉賓之心。」案：時陸機已出補吳王郎中令，故曰嘉賓。

春詠

節運同可悲，莫若春氣甚〔一〕。和風未及燠〔二〕，遺涼清且凜〔三〕。藝文類聚卷三

【校】

題：藝文類聚原無題，但作「晉陸機詩曰」，陸本、影宋本有，蓋宋代編集者所加。案：此首古詩紀、七十二家集及漢魏六朝百三家集均兩收於陸機集及鮑照集，而四部叢刊影印毛扆校宋本鮑氏集無此首。今從類聚斷爲陸機作。

【箋注】

〔一〕節運二句：周易乾鑿度：「天地有春秋冬夏之節，故生四時。」陳琳詩：「節運時氣舒，秋風

涼且清。」莊子庚桑楚：「夫春氣發而百草生。」阮籍詠懷：「遠望令人悲，春氣感我心。」

〔二〕燠：廣雅釋詁：「暖也。」

〔三〕遺涼句：漢鼓吹鐃歌臨高臺：「下有清水清且寒。」傅玄晉鼓吹曲仲秋獮田：「涼風清且厲。」

遨游出西城

遨游出西城，按轡循都邑〔一〕。逝物隨節改，時風肅且熠〔二〕。遷化有常然，盛衰自相襲〔三〕。靡靡年時改，苒苒老已及〔四〕。行矣勉良圖，使爾修名立〔五〕。藝文類聚卷二十八

【箋注】

〔一〕遨游二句：詩邶風柏舟：「以敖以游。」遨、敖通。莊子列禦寇：「無能者無所求食而遨游。」按，説文手部：「下也。」段玉裁注：「以手抑之使下也。」按轡，謂勒緊繮繩。史記絳侯周勃世家：「於是天子乃按轡徐行。」都邑，泛指城郭。周禮地官縣師：「凡造都邑，量其地，辨其物，而制其域。」賈疏：「言造都，謂大都小都；邑，謂家邑也。」閻若璩四書釋地續「都」條：「蓋都與邑雖有大小、君所居民所聚、有宗廟及無之别，其實古多通稱。」

〔二〕逝物二句：潘岳悼亡詩：「清商應秋至，溽暑隨節闌。」時風，風以時而至者。尚書洪範：「曰聖，時風若。」孔疏：「曰人君通聖則風以時而順之。」熠，説文火部：「盛光也。」風之有光，謂風日之下景物鮮明，猶楚辭招魂「光風轉蕙泛崇蘭」，王逸注：「光風，謂雨已日出而風，草木有光也。」蔣驥山帶閣注楚辭云：「光風，晴明之風也。」郝立權注：「『熠』當作『習』。詩邶風：『習習谷風。』毛傳：『習習，和舒貌。』張衡東京賦：『肅肅習習。』」録以備參。張衡語乃形容車行，非謂風也。蔡邕蟬賦：「秋風肅以晨興。」

〔三〕遷化二句：漢書外戚傳武帝悼李夫人賦：「忽遷化而不反兮。」曹丕典論論文：「日月逝於上，體貌衰於下，忽然與萬物遷化，斯志士之大痛也。」文子九守守弱：「物盛則衰。」古詩：「盛衰各有時。」

〔四〕靡靡二句：靡靡，行貌。參卷二思歸賦「歲靡靡而薄暮」注。楚辭離騷：「老冉冉其將至兮，恐修名之不立。」王逸注：「冉冉，行貌。」苒，冉通。

〔五〕行矣二句：史記外戚世家：「行矣，强飯，勉之！」左傳昭公二十七年：「敢不良圖。」廣雅釋詁：「修，治也。」楚辭離騷「恐修名之不立」王逸注：「立，成也。恐修身建德而功不成名不立也。」

赴洛二首〔一〕

希世無高符，營道無烈心〔二〕。靖端肅有命，假檝越江潭〔三〕。親友贈予邁，揮泪廣川陰〔四〕。撫膺解携手，永嘆結遺音〔五〕。無迹有所匿，寂漠聲必沈〔六〕。肆目眇不及，緬然若雙潛〔七〕。南望泣玄渚，北邁涉長林〔八〕。谷風拂修薄，油雲翳高岑〔九〕。亹亹孤獸騁，嚶嚶思鳥吟〔一〇〕。感物戀堂室，離思一何深〔一一〕。佇立愾我嘆，寤寐涕盈衿〔一二〕。惜無懷歸志，辛苦誰爲心〔一三〕！

【校】

題：文選題下李善注云：「集云此篇赴太子洗馬時作，下篇云東宮作，而此同云赴洛，誤也。」是第二首非赴洛時。

烈心：「烈」，文選五臣本、陳八郎本文選作「列」。「列」、「烈」通。

寂漠：「漠」，文選五臣本、陸本、影宋本作「寞」。「漠」、「寞」通。

不及：「不」，文選五臣本、陳八郎本文選、陸本、影宋本作「弗」。

愾我嘆：「愾」，文選五臣本、陳八郎本文選、陸本、影宋本作「慨」，「慨」、「愾」通。

【箋注】

〔一〕據李善注引陸機集，第一首爲應徵自吳北上赴洛爲太子洗馬時所作。案：文選陸機謝平原内史表李善注引臧榮緒晉書：「太熙末，太傅楊駿辟機爲祭酒。駿誅，徵爲太子洗馬。」（又見於文選潘岳爲賈謐作贈陸機、陸機皇太子宴玄圃宣猷堂有令賦詩、贈馮文羆遷斥丘令李善注引。）文選陸機嘆逝賦題下李善注引王隱晋書亦云：「吴平，太傅楊駿辟機爲祭酒，轉太子洗馬。」文選潘岳爲賈謐作贈陸機云：「况乃海隅，播名上京。爰應旌招，撫翼宰庭。」李善注：「宰，謂駿也。『宰』或爲『紫』，非也。」文選集注陸善經注亦云：「太傅楊駿辟祭酒也。」陸機本人詣吴王表亦云：「臣本吴人，靖居海隅，朝廷欲抽引遠人，綏慰遐外，故太傅所辟。」可知陸機北上，原爲應楊駿之辟。駿誅，方徵爲太子洗馬。李善注所引機集云「赴太子洗馬」，乃省略之言。又案：臧榮緒晋書云楊駿徵陸機在太熙（二九〇）末。該年四月武帝崩，惠帝即位，改元永熙。五月，楊駿進位太傅，輔政，高選吏佐。通典卷二十：「楊駿爲太傅，增祭酒爲四人。」太傅祭酒徵命實在永熙末，臧榮緒猶稱太熙者，蓋以當年改元，乃不合禮制之舉。陸機起程赴洛，當已在次年永平元年春。詩云「谷風拂修薄」，谷風，東風也，可證。其抵洛之後，政局擾攘，三月辛卯（八日）楊駿即被誅死，故陸機大約任祭酒之職時間極短，或實際上并未正式履職。第二首乃爲太子洗馬時作。楊駿誅，改元元康。陸機爲洗馬，當在是年末。（參本書附録陸機年表。）

〔二〕希世二句：莊子讓王：「希世而行。」釋文引司馬彪：「希，望也。所行常顧世譽而動，故曰希世而行。」史記董仲舒傳：「（公孫弘）希世用事，位至公卿。」符，文選班固答賓戲「守爾天符」項岱曰：「相命也。」禮記儒行：「儒有合志同方，營道同術。」二句謂獲取功名，既無高卓之相命，修治道術，又無猛進堅定之意志。

〔三〕靖端二句：靖，説文立部：「立竫。」段玉裁注：「謂立容安竫也。」竫即靜之本字。端，説文立部：「直也。」朱駿聲説文通訓定聲：「立容直也。」國語晉語：「若能靖端諸侯。」肅，文選曹植應詔詩「肅承明詔」李善注引爾雅：「敬也。」案：爾雅釋訓：「肅肅，敬也。」郭璞注：「容儀謹敬。」周易師上六：「大君有命。」荀子勸學：「假舟楫者，非能水也，而絶江河。」楚辭九章抽思：「長瀨湍流，泝江潭兮。」王逸注：「潭，淵也。楚人名淵曰潭。」淵乃深水之意。

〔四〕親友二句：詩小雅菀柳：「俾予靖之，後予邁焉。」鄭箋：「邁，行也。」揮泪，孔子家語子夏問「無揮涕」王肅注：「不哭，流涕以手揮之。」曹植卞太后誄：「嘆息霧興，揮泪雨集。」史記春申君傳：「廣川大水。」陰，説文阜部：「水之南、山之北也。」

〔五〕撫膺二句：撫，通拊。説文手部：「拊，揗也。」又：「揗，摩也。」廣雅釋詁：「拊，擊也。」乃撫摸輕擊之意，字又作搏。膺，説文肉部：「胸也。」左傳昭公二十一年：「華亥搏膺而呼。」嵇康聲無哀樂論：「拊膺咨嗟。」詩邶風北風：「惠而好我，携手同行。」文選李陵與蘇武詩：「携手上河梁，游子暮何之。」邶風泉水：「我思肥泉，兹之永嘆。」結，鬱積不散之意。遺音，即本卷於承明作與士龍「傾耳玩餘聲」之「餘聲」。結遺音，謂送别親友之聲音長留耳畔如結。曹植雜詩：「翹思慕遠人，願欲託遺音。」

〔六〕無迹二句：李善注：「言分訣之後，形聲俱没，視之無迹而形有所匿，聽之寂漠而其聲必沈也。」案：二句分承上二句，言與親友離別之後，其踪迹已渺然不可復見，其遺音雖猶在耳而亦終歸沉寂。

〔七〕肆目二句：肆，小爾雅廣言：「極也。」詩邶風燕燕：「瞻望弗及，佇立以泣。」國語楚語：「緬然引領南望。」韋昭注：「緬，猶邈也。」雙潛，謂行者已不見送者，送者應亦不見行者，故曰雙。極寫闃然寂寞之狀。

〔八〕南望二句：玄渚，參卷三幽人賦「漁釣乎玄渚」注。陳琳詩：「逍遥步長林。」嵇康兄秀才公穆入軍贈詩：「輕車迅邁，息彼長林。」

〔九〕谷風二句：谷風，東風。見卷二思歸賦「挹谷風而如蘭」注。薄，楚辭九章涉江「死林薄兮」王逸注：「草木交錯曰薄。」孟子梁惠王上：「天油然作雲。」趙岐注：「油然，興雲之貌。」傅毅七激：「斷之高岑。」王粲登樓賦：「蔽荆山之高岑。」

〔一〇〕亹亹二句：亹亹，楚辭九辯「時亹亹而過中兮」王逸注：「進貌。」詩小雅伐木：「鳥鳴嚶嚶。」毛傳：「嚶嚶，驚懼也。」孔疏：「言此鳥爲驚懼而鳴耳，嚶嚶非驚懼之聲也。」曹植贈白馬王彪：「歸鳥赴喬林，翩翩厲羽翼。孤獸走索群，銜草不遑食。」

〔一一〕感物二句：王延壽魯靈光殿賦：「詩人之興，感物而作。」文選傷歌行古辭：「感物懷所思。」王粲出婦賦：「顧堂室兮長辭。」李善注引曹植雜詩：「離思一何深。」

〔一二〕佇立二句：詩邶風燕燕：「佇立以泣。」曹風下泉：「愾我寤嘆。」鄭箋：「愾，嘆息之意。」周南關雎：「寤寐思服。」

〔三〕惜無二句：詩小雅小明：「豈不懷歸。」鄭箋：「懷，思也。」孟子公孫丑下：「予然後浩然有歸志。」潘岳在懷縣作：「祇攪懷歸志。」誰，說文言部：「何也。」誰爲心，猶言何爲心、何以爲心。後漢書朱浮傳浮與彭寵書：「坐卧念之，何以爲心！」二句承上言鄉思雖切，然并無欲歸之意；辛苦煩憂，如何安頓其心。

【集評】

孫鑛評：（「無迹」二句）晦拙。（見于光華文選集評）○以拙語轉巧思，亦自耐咀嚼。（見天啓二年閔齊華刻孫月峰先生評文選）

王夫之古詩評選卷四：不使暂然有得者輒入吟詠，抑之，沉之，閑之，勒之，詩情至此，殆一變矣。唐人往往從此問津，而詩幾爲刊削風華之器。乃其止有域，其發有自，固不爲唐人濁重駁煩任首謀之罪。即如發端二語，唐人實用，此虛用；唐人以之言情，此以之紀事；唐人申說無已，此一及便止。位置之間，居然别之遠矣。

陳祚明采菽堂古詩選卷十：起二句士衡常調，故自矜琢。通首情非不真，述叙平平耳。

王闓運八代詩選眉批：寬和。緩緩而來，仍無懈處，層層凝煉，卻饒寬局，是陸詩獨絶處。此篇尤易尋其妙。（據夏敬觀八代詩評所附）

羈旅遠游宦，託身承華側〔一〕。撫劍遵銅輦，振纓盡祗肅〔二〕。歲月一何易，寒暑忽已革。載離多悲心〔三〕，感物情悽惻。慷慨遺安愈，永嘆廢餐食〔四〕。思樂樂難誘，曰歸歸未剋〔五〕。憂苦欲何爲，纏綿胸與臆〔六〕。仰瞻陵霄鳥，羡爾歸飛翼〔七〕。奎章閣藏文選卷二十六之李善本

【校】

銅輦：「銅」，李善注：「或爲『彫』。」

安愈：「愈」，文選五臣本、陳八郎本文選、影宋本作「念」，蓋「悆」之誤字。胡刻本文選考異云：「『愈』當作『悆』」。

餐食：「餐」，文選五臣本、陳八郎本文選、陸本、影宋本作「寢」。

【箋注】

〔一〕羈旅二句：據李善注，此首乃入東宮任太子洗馬所作。左傳莊公二十二年：「齊侯使敬仲爲卿，辭曰：『羈旅之臣，幸若獲宥，及於寬政。』」杜預注：「羈，寄也。旅，客也。」漢書淮南厲王傳薄昭與厲王書：「游宦事人。」樓護傳：「託身於我。」承華，東宮門名。見本卷皇太子宴玄圃宣猷堂有令賦詩「振纓承華」注。

〔二〕撫劍二句：撫，楚辭九歌東皇太一「撫長劍兮玉珥」王逸注：「持也。」左傳襄公二十六年：

「撫劍從之。」遵，爾雅釋詁：「循也。」銅輦，李善注：「太子車飾，未詳所見。」朱珔文選集釋卷十七：「據續漢書輿服志云：『皇太子、皇子皆安車，朱班輪，青蓋，金華蚤，黑櫎文，畫轓，文輈，金塗五末。』彼注引魏武帝令：『問：東平王有金路，何意？爲是特賜否？侍中鄭稱對曰：天子五路，金以封同姓諸侯，得乘金路，與天子同。其自得有，非特賜也。』銅爲金三品之一，然則銅輦亦金路耳。」案：據周禮春官巾車注疏，金路者，謂車上之材，其末端以金爲飾。遵銅輦，謂循其轍迹，即從行之意。振纓，整理冠帶。見本卷皇太子宴玄圃宣猷堂有令賦詩「振纓承華」注。漢書韋賢傳：「皇帝祇肅舊禮。」

〔三〕載離句：離，國語晉語「非天不離數」韋昭注：「歷也。」詩小雅小明：「二月初吉，載離寒暑。」鄭箋：「乃以二月朔日始行，至今則更夏暑冬寒矣，尚未得歸。」此詩曰「載離」，即「載離寒暑」，歇後語也。曹植雜詩：「烈士多悲心。」

〔四〕慷慨二句：愈，應作「悆」。文選張衡東京賦：「膺多福以安悆。」薛綜注：「悆，寧也。」詩邶風泉水：「我思肥泉，茲之永嘆。」列子天瑞：「杞國有人憂天地崩墜身亡所寄廢寢食者。」蔡琰詩：「飢當食兮不能餐。」

〔五〕思樂二句：國語晉語：「思樂而喜，思難而懼，人之道也。」詩小雅采薇：「曰歸曰歸，歲亦莫止。」剋，通克。爾雅釋言：「克，能也。」

〔六〕纏綿句：王粲登樓賦：「氣交憤於胸臆。」

〔七〕羨爾句：詩小雅小弁：「弁彼鸒斯，歸飛提提。」

【集評】

王夫之古詩評選卷四：陸以不秀而秀，是云夕秀。乃其不爲繁聲，不爲切句。如此作者，風骨自拔，固不許兩潘腐氣所染。

何焯義門讀書記卷四十六：（「撫劍遵銅輦」句）按長吉「臺城應教人，秋衾夢銅輦」，用此。

王闓運八代詩選眉批：寬和。（據夏敬觀八代詩評所附）

赴洛道中作二首

總轡登長路，嗚咽辭密親〔一〕。借問子何之，世網嬰我身〔二〕。永嘆遵北渚，遺思結南津〔三〕。行行遂已遠，野途曠無人〔四〕。山澤紛紆餘，林薄杳阡眠〔五〕。虎嘯深谷底，鷄鳴高樹巔〔六〕。哀風中夜流，孤獸更我前〔七〕。悲情觸物感，沈思鬱纏綿〔八〕。佇立望故鄉，顧影悽自憐〔九〕。

【校】

題：陸本、影宋本作「又赴洛道中二首」。

何之：「之」，藝文類聚卷二十七作「爲」。

【箋注】

〔一〕總轡二句：總，説文糸部：「聚束也。」轡，禮記曲禮上「執策分轡」孔疏：「御馬索也。」孔子家語執轡：「御四馬者執六轡……是故善御馬者正身以總轡。」駕車時會總繮索於手，故曰總轡。後漢書列女董祀妻傳蔡琰悲憤作詩：「臨長路兮捐所生。」又：「觀者皆歔欷，行路亦嗚咽。」

〔二〕世網句：楚辭嚴忌哀時命：「身不挂於罔羅。」嵇康答難養生論：「不絓世網。」嬰，李善注引説文：「繞也。」

〔三〕永嘆二句：詩小雅常棣：「況也永嘆。」毛傳：「永，長也。」渚，水涯。見卷三幽人賦「漁釣乎玄渚」注。

〔四〕行行二句：古詩：「行行重行行。」周禮冬官考工記：「野涂五軌。」楚辭遠游：「野寂漠其無人。」

〔五〕山澤二句：周易繫辭上：「山澤通氣而雲行雨施。」文選司馬相如上林賦：「紆餘委蛇。」劉良注：「屈曲貌。」楚辭九章涉江：「死林薄兮。」阡眠，呂延濟注：「原野之色。」楚辭王褒九懷通路：「遠望兮仟眠。」

〔六〕虎嘯二句：淮南子天文：「虎嘯而谷風至。」宋書樂志載相和歌古詞：「鷄鳴高樹顛。」

〔七〕哀風二句：文選王康琚反招隱詩：「哀風中夜起。」李善注引崔琦七蠲：「再奏致哀風。」更，廣雅釋詁：「過也。」

〔八〕沈：國語周語「以揚沈伏」韋昭注：「滯也。」沈思，謂情緒低沉鬱結而不揚。

〔九〕佇立二句：詩邶風燕燕：「瞻望弗及，佇立以泣。」李善注引丁儀寡婦賦：「賤妾煢煢，顧影爲儔。」案：應是丁儀妻寡婦賦。文選潘岳寡婦賦「廓孤立兮顧影」李善注正作丁儀妻。楚辭九辯：「惆悵兮而私自憐。」王逸注：「竊内念己，自憫傷也。」

【集評】

吴聿觀林詩話：「鷄鳴高樹巔」，古縣録（丁福保云：縣録當是樂府之訛）詩也，而陸士衡、陶淵明皆用之。士衡對用「虎嘯深谷底」，淵明以對「犬吠深巷中」。

陳祚明采菽堂古詩選卷十：稍見凄切，景中有情。

王闓運八代詩選眉批：寬和。（據夏敬觀八代詩評所附）

遠游越山川，山川修且廣〔一〕。振策陟崇丘，安轡遵平莽〔二〕。夕息抱影寐〔三〕，朝徂銜思往。頓轡倚嵩巖，側聽悲風響〔四〕。清露墜素輝〔五〕，明月一何朗。撫几不能寐，振衣獨長想〔六〕。奎章閣藏文選卷二十六之李善本

【校】

安轡：「安」，藝文類聚卷二十七作「按」，「安」、「按」通。

嵩巖：「嵩」，文選五臣本、陳八郎本文選作「高」。

撫几：「几」，文選五臣本、陳八郎本文選、陸本、影宋本作「枕」。

【箋注】

〔一〕遠游二句：楚辭遠游：「願輕舉而遠游。」李善注引秦嘉妻徐氏答嘉書：「高山巖巖，而君是越。」曹植送應氏：「山川阻且遠。」

〔二〕振策二句：李善注引秦嘉詩：「振策陟長衢。」安轡，即按轡。見本卷遨游出西城「按轡循都邑」注。楚辭劉向九嘆憂苦：「遵野莽以呼風兮。」王逸注：「莽，草。」

〔三〕夕息句：楚辭嚴忌哀時命：「廓抱景而獨倚兮。」

〔四〕頓轡二句：頓，漢書李廣傳「就善水草頓舍」顏師古注：「止也。」嵩，爾雅釋詁：「高也。」古詩：「白楊多悲風。」

〔五〕清露句：韓詩外傳卷十：「蟬方奮翼悲鳴，欲飲清露。」陳琳宴會詩：「白日揚素暉。」

〔六〕撫几二句：後漢書陳蕃傳蕃上疏：「臣寢不能寐，食不能飽。」振，左傳隱公五年「入而振旅」杜預注：「整也。」楚辭漁父：「新浴者必振衣。」傅毅舞賦：「游心無垠，遠思長想。」

【集評】

楊慎升庵詩話卷二：謝朓詩：「寒城一以眺，平楚正蒼然。」楚，叢木也，登高望遠，見木杪如平地，故云平楚，猶詩所謂平林也。陸機詩：「安轡遵平莽。」謝語本此。唐詩「燕掠平蕪去」，又「游絲蕩平緑」，又因謝詩而衍之也。

王世貞評：（清露句）唐詩「露濯清輝苦」，本此句。（見盧之頤輯十二家評昭明文選）

鍾惺古詩歸卷八：「銜思往」比「征夫懷往路」更深。妙。

陸時雍古詩鏡卷九：末數語清湛如溜。

陳祚明采菽堂古詩選卷十：「夕息」二句，晋人常調，稍蒼。

洪若皋梁昭明文選越裁：大陸病在才富不能運，語滯不能清。此作頗能運動，而語亦清。

沈德潛古詩源卷七：二章稍見淒切。

方廷珪昭明文選集成：刻意中極新極雋，氣尤流走。

王闓運八代詩選眉批：清勁。此篇勁急警動。夜中悲風，以爲大雨至矣，及仰望俯視，明月高懸。此中每多此境，南人賦之，始覺淒亮入妙。（據夏敬觀八代詩評所附）

招隱二首〔一〕

駕言尋飛遁，山路鬱盤桓〔二〕。芳蘭振蕙葉〔三〕，玉泉涌微瀾。嘉卉獻時服，靈朮進朝餐〔四〕。

【校】

題：陸本、影宋本卷首目録作「招隱二首」，正文則作「招隱」，無「二首」字樣，陸本且誤將第二首連書于第一首末。又，此二首均出自藝文類聚卷三十六，第一首「靈朮進朝餐」下尚有「朝采南澗蕊，夕息西山足。輕條象雲構，密葉成翠屋。結風佇蘭林，回芳薄秀木」六句，實乃别一首招隱中斷句。（該首載於文選卷二十二，本集亦收録之，見下。）陸本、影宋本皆誤從類聚，有此六句。錢培名云：「類聚本摘引三詩，而綴輯陸集者合而爲一。」金濤聲云：「疑藝文類聚摘引此詩時，在『朝采』句前漏加『又詩曰』三字，致使兩詩誤爲一首。」案：馮惟訥古詩紀、張燮七十二家集、張溥漢魏六朝百三家集、逯欽立先秦漢魏晉南北朝詩等均删去「朝采」六句，今亦據删。

【箋注】

〔一〕楚辭有淮南小山招隱士篇，云山中不可以久留，乃招隱士歸來之辭，王逸以爲亦閔傷屈原而招之也。藝文類聚卷三十六隱逸載晋人詩以「招隱」爲題者有張華、張載、左思、陸機、閭丘沖、王康琚之作，多非完篇。閭丘沖云：「大道曠且夷，蹊路安足尋。經世有險易，隱顯自存心。嗟哉巖岫士，歸來從所欽。」亦招隱士歸來，與淮南小山合，而加以隱顯在心不在迹之意。王康琚詩又載文選，而題曰反招隱，亦云陵藪與朝市皆可以隱，不必與世隔絶。張載招隱則云隱勝於顯。左思「杖策招隱士」一首亦言山林之樂，末云「躊躇足力煩，聊欲投吾簪」，抒發其欲隱居於山中之意。陸機所作諸首亦云欲往山中尋隱士而從之，立意略與左思同。是雖題爲招隱，而與淮南小山原意適相反矣。

〔二〕駕言二句：詩邶風泉水：「駕言出游。」張衡思玄賦：「利飛遁以保名。」文選李善注、後漢書李賢注皆引九師道訓：「遁而能飛，吉孰大焉。」曹植七啓：「飛遁離俗。」李善注亦引道訓。周易遯上九：「肥遯，无不利。」古本「肥」當作「飛」。參姚寬西溪叢語卷上。盤桓，猶盤旋。參廣雅釋訓「俳佪，便旋也」王念孫疏證。

〔三〕芳蘭句：芳蘭，謂蘭草。楚辭離騷「紉秋蘭以爲佩」王逸注：「蘭，香草也，秋而芳。」朱熹楚辭辯證上：「大抵古之所謂香草，必其花葉皆香，而燥濕不變，故可刈而爲佩。若今之所謂蘭、蕙，則其花雖香，而葉乃無氣，其香雖美，而質弱易萎，皆非可刈而佩者也。其非古人所指甚明，但不知自何時而誤耳。」王夫之詩經稗疏卷一亦云：「其香在葉而不在花。」案：陸機此詩所謂芳蘭，即其香在葉者，非今之蘭花。蕙葉，蕙亦香草名。廣雅釋草：「薰草，蕙草也。」古人以其香而燒熏之，故名薰。「芳蘭振蕙葉」，借蕙以稱蘭葉之香，非別指薰草。猶左思魏都賦云「奇卉萋萋，蕙風如薰」，泛指香風，非專指蕙草也。

〔四〕嘉卉二句：詩小雅四月：「山有嘉卉。」鄭箋：「山有美善之草。」獻，楚辭招魂「獻歲發春兮」王逸注：「進也。」尚書禹貢云：「島夷卉服。」案：楚辭多言被服嘉卉，如離騷之「扈江離與辟芷」、「製芰荷以爲衣兮，集芙蓉以爲裳」，九歌少司命之「荷衣兮蕙帶」，山鬼之「被薜荔兮帶女羅」，皆狀其高潔芬芳或幽深也。時服，謂適合時節所服。張衡七辯：「製爲時服，以適寒暑。」朮，養生者所服。藝文類聚卷八十一引本草經：「朮，一名山筋，久服不飢，輕身延年。」嵇康與山巨源絶交書：「又聞道士遺言：餌朮、黄精，令人久壽。意甚信之。」列仙傳言涓子「好餌朮」，商丘子胥「食朮」。張衡西京賦：「屑瓊蕊以朝餐。」

【集評】

高似孫緯略卷四毛布：「説文曰：罽，西胡毳布也。用毳布尤新。然不知(如)禹貢所謂皮服、卉服，直是下字奇古。陸機詩：『嘉卉獻時服，靈朮進朝餐。』卉、服二字拆用，尤精。」

尋山求逸民，穹谷幽且遐〔一〕。清泉蕩玉渚，文魚躍中波〔二〕。藝文類聚卷三十六

【箋注】

〔一〕尋山二句：論語微子：「逸民：伯夷、叔齊、虞仲、夷逸、朱張、柳下惠、少連。」何晏集解：「逸民者，節行超逸也。」穹谷，文選班固西都賦「幽林穹谷」李善注引薛君曰：「深谷也。」

〔二〕清泉二句：渚，張衡西京賦「海若游於玄渚」李善注引薛君韓詩章句：「水一溢而爲渚。」玉渚，言其水色純净如玉。文魚，楚辭九歌河伯：「乘白黿兮逐文魚。」王逸注以爲鯉魚。山

海經中山經中次八經：「睢水出焉……多文魚。」郭璞注：「有斑彩也。」文選曹植洛神賦：「騰文魚以警乘。」李善注：「文魚有翅能飛。」案：初學記卷三十引陶弘景本草：「鯉最爲魚中之主，形既可愛，又能神變，乃至飛越山湖，所以琴高乘之。」是文魚即鯉魚也，其色彩斑斕美麗。中波，猶波中。

園葵〔一〕

種葵北園中，葵生鬱萋萋。朝榮東北傾，夕穎西南晞〔二〕。零露垂鮮澤，朗月耀其輝〔三〕。時逝柔風戢，歲暮商猋飛〔四〕。曾雲無温液，嚴霜有凝威〔五〕。幸蒙高墉德，玄景蔭素蕤〔六〕。豐條并春盛〔七〕，落葉後秋衰。慶彼晚彫福，忘此孤生悲〔八〕。

奎章閣藏文選卷二十九之李善本

【校】

零露：「零」，北堂書鈔卷一百五十二作「寒」，藝文類聚卷八十二作「靈」。

朗月：北堂書鈔卷一百五十二作「明日」，藝文類聚卷八十二作「朗日」。

柔風：「柔」，藝文類聚卷八十二作「和」。

商猋：「商」，藝文類聚卷八十二作「傷」。

曾雲：「雲」，藝文類聚卷八十二作「露」。

【箋注】

〔一〕葵，菜名，其味甘滑。詩豳風七月：「七月亨葵及菽。」葵性嚮日。李善注：「晉書：趙王倫篡位，遷帝於金墉城。後諸王共誅倫，復帝位。齊王冏譖機爲倫作禪文，賴成都王穎救之，免死。故作此詩，以葵爲喻，謝穎。」趙王倫篡位在惠帝永寧元年（三〇一）正月，伏誅在四月。

〔二〕朝榮二句：榮，爾雅釋草：「木謂之華，草謂之榮。」穎，說文禾部：「禾末也。」引申爲末端、頂端之稱。晞，當作「睎」，二字易淆。楚辭王褒九懷危俊「睎白日兮皎皎」王逸注：「睎，一作晞。」宋刻六臣注文選（四部叢刊影印）潘岳懷舊賦「仰睎歸雲」、寡婦賦「睎形影於几筵」之「睎」均誤作「晞」。皆是其證。說文目部：「睎，望也。」淮南子說林：「聖人之於道，猶葵之與日也。雖不能與終始哉，其鄉之者誠也。」曹植求通親親表：「若葵藿之傾葉，太陽雖不爲之迴光，然終向之者，誠也。臣竊自比葵藿，若降天地之施，垂三光之明者，實在陛下。」

〔三〕零露二句：詩鄭風野有蔓草：「零露漙兮。」鄭箋：「零，落也。」嵇康琴賦：「朗月垂光。」王褒四子講德論：「神光耀暉。」蔡邕光武濟陽宮碑：「赫矣炎天，爰曜其輝。」

〔四〕時逝二句：管子四時：「柔風甘雨乃至。」楚辭東方朔七諫沈江：「商風肅而害生兮，百草育而不長。」王逸注：「商風，西風。」猋，通飆，疾風。曹大家蟬賦：「商猋（應作焱）厲而化往。」

〔五〕曾雲二句：曾，楚辭大招「曾頰倚耳」王逸注：「重也。」漢書孫寶傳：「當順天氣，取奸惡，以成嚴霜之誅。」凝，謂陰氣凝結。周易坤初六「履霜，堅冰至」象曰：「陰始凝也，馴至其道，至堅冰也。」

〔六〕幸蒙二句：墉，爾雅釋宮：「墻謂之墉。」崔瑗和帝誄：「玄景寢曜。」劉楨大暑賦：「獸喘氣於玄景。」蕤，草木花垂，此指花。

〔七〕豐條句：淮南子修務：「援豐條，舞扶疏。」

〔八〕慶彼二句：論語子罕：「子曰：『歲寒然後知松柏之後彫也。』」古詩：「冉冉孤生竹。」

【集評】

陸雲與兄平原書：兄園葵詩清工，然猶復非兄詩妙者。

陳祚明采菽堂古詩選卷十：三百篇比體。情事切至，結句亦秀。

王闓運八代詩選眉批：寬和。（據夏敬觀八代詩評所附）

招隱

明發心不夷，振衣聊躑躅〔一〕。躑躅欲安之，幽人在浚谷〔二〕。朝采南澗藻，夕息西山足〔三〕。輕條象雲構，密葉成翠幄〔四〕。激楚佇蘭林，回芳薄秀木〔五〕。山溜何泠泠，飛泉漱鳴玉〔六〕。哀音附靈波，頽響赴曾曲〔七〕。至樂非有假，安事澆醇樸〔八〕。富貴苟難圖，税駕從所欲〔九〕。 奎章閣藏文選卷二十二之李善本

【校】

不夷：「夷」，太平御覽卷五百十作「怡」。

振衣：太平御覽卷五百十作「投袂」。

南澗藻：「藻」，藝文類聚卷三十六作「蘂」，即「蕊」字。

夕息：「息」，太平御覽卷五百十作「宿」。

翠幄：「幄」，藝文類聚卷三十六作「屋」。

激楚：文選五臣本、陳八郎本文選、影宋本、藝文類聚卷三十六作「結風」。

漱鳴玉：「漱」，原作「瀨」，據四部叢刊本文選、尤刻本文選、陳八郎本文選、陸本、影宋本改。

【箋注】

〔一〕明發二句：明發，謂天之將明，晨光發動。詩齊風載驅「齊子發夕」釋文：「韓詩曰：發，旦也。」小雅小宛：「明發不寐，有懷二人。」鄭風鷄鳴：「既見君子，云胡不夷。」毛傳：「夷，説也。」楚辭劉向九嘆怨思：「心鞏鞏而不夷。」振衣，整衣。見本卷赴洛道中作二首之二「振衣獨長想」注。新序雜事：「老古振衣而起。」聊，且，姑且。躑躅，猶徘徊。説文足部：

「蹢，蹢躅，逗足也。」躑躅即蹢躅。

〔二〕幽人句：幽人，幽隱之高士，見卷二應嘉賦「覿幽人乎所過」注。浚，詩小雅小弁「莫浚匪泉」毛傳：「深也。」馬融廣成頌：「窮浚谷。」

〔三〕朝采二句：詩召南采蘋：「于以采蘋，南澗之濱。于以采藻，于彼行潦。」毛詩草木鳥獸蟲魚疏「于以采藻」條：「藻，水草也，生水底。有二種：其一種葉如鷄蘇，莖大如箸，長四五尺；其一種莖大如釵股，葉如蓬蒿，謂之聚藻。……此二藻皆可食。煮挼去腥氣，米麵糝蒸爲茹，嘉美。揚州饑荒，可以當穀食，饑時蒸而食之。」史記伯夷傳：「及餓且死，作歌，其辭曰：『登彼西山兮，采其薇矣。』」

〔四〕輕條二句：李善注引劉楨詩：「大廈雲構。」又引齊都賦：「翠幄浮游。」案：據左思吴都賦「藹藹翠幄」李善注，乃徐幹齊都賦。

〔五〕激楚二句：楚辭招魂：「竽瑟狂會，搷鳴鼓些。宫庭震驚，發激楚些。」王逸注：「激，清聲也。言吹竽擊鼓，衆樂并會，宫庭之内，莫不震動驚駭，復作激楚之清聲，以發其音也。」文選司馬相如上林賦：「激楚結風。」張揖曰：「楚歌曲也。」文穎曰：「激，衝激，急風也。結風，亦急風也。楚地風氣既自漂疾，然歌樂者猶復依激結之急風爲節也，其樂促迅哀切也。」以爲激楚原就風氣激急而言，結風亦指風言，後乃指爲歌曲名。此言「激楚佇蘭林」，當指風言，亦可指風聲。佇，爾雅釋詁：「久也。」蘭林，言其樹林之芬芳。楚辭劉向九嘆惜賢：

「游蘭皋與蕙林兮。」回芳，謂芳氣迴旋。薄，廣雅釋言：「附也。」秀，李善注引廣雅：「美也。」案：今本廣雅釋詁云：「琇，美也。」王念孫疏證：「琇，通作秀。」

〔六〕山溜二句：溜，文選潘岳射雉賦「泉涓涓而吐溜」李善注：「水流貌也。」枚乘上書諫吴王：「泰山之霤穿石。」溜、霤通。三國志魏書賈逵傳：「又斷山溜長溪水。」楚辭遠游：「吸飛泉之微液兮。」張衡思玄賦：「漱飛泉之瀝液兮。」文選左思招隱詩：「石泉漱瓊瑶。」李善注：「漱，猶蕩也。」

〔七〕哀音二句：指飛泉山溜而言。靈，美稱。如何晏景福殿賦「浚虞淵之靈沼」、潘岳金谷集作詩「靈囿繁石榴」，是其例。曾，詩周頌維天之命「曾孫篤之」鄭箋：「猶重也。」曾曲，謂澗谷重深幽曲。吕延濟注：「又似崩頹之響赴於幽深之曲。」

〔八〕至樂二句：莊子至樂：「天下有至樂無有哉？」又田子方：「老聃曰：『夫得是，至美至樂也。得至美而游乎至樂，謂之至人。』」假，莊子大宗師「假於異物」郭象注：「因也。」莊子繕性：「及唐虞始爲天下，興治化之流，澆淳散朴。」淮南子齊俗：「澆天下之淳。」許慎注：「澆，薄也。淳，厚也。」二句言至樂非憑藉外物所能獲得，何必營營擾擾逐物而喪失其淳樸之本性。

〔九〕富貴二句：論語述而：「子曰：『富而可求也，雖執鞭之士，吾亦爲之；如不可求，從吾所好。』」何晏集解引鄭玄：「富貴不可求而得之，當修德以得之；若於道可求者，雖執鞭之賤職，我亦爲之。」稅，通脱。史記李斯傳：「物極則衰，吾未知所稅駕也。」索隱：「稅駕，猶解駕，言休息也。」

【集評】

朱熹招隱操序：淮南小山作招隱，極道山中窮苦之狀，以風切遁世之士，使無遐心。其旨深矣。其後左太沖、陸士衡相繼有作，雖極清麗，顧乃自爲隱遁之辭，遂與本題不合。

五百家注昌黎文集卷八引韓醇：（城南聯句「泉聲玉淙琤」）陸士衡有詩云：「山溜何泠泠，飛泉漱鳴玉。」

陸時雍古詩鏡卷九：一起韻致猶夷。○費許點飾，獨立至尊，輸他本相。凡緣飾愈巧，則聲格愈卑。

陳祚明采菽堂古詩選卷十：「輕條」二句，新秀。「山溜」二句，警亮。結語朴老有古風。此是佳作。

何焯義門讀書記卷四十六：（「至樂非有假」二句）至此不自知其平夷而悦懌也。

又評曰：句句鮮泚。（見乾隆三十七年葉樹藩刻朱墨套印何焯評文選）

沈德潛古詩源：必富貴難圖而始稅駕，見已晚矣。士衡進退所以不無可議。

王闓運八代詩選眉批：高華。「附」、「赴」二字，他人百思不能下，足以江山俱響。（據夏敬觀八代詩評所附）

李詳杜詩證選：（杜甫萬丈潭「高蘿成帷幄」）陸機招隱詩：「密葉成翠幄。」

於承明作與士龍〔一〕

牽世嬰時網，駕言遠徂征〔二〕。飲餞豈異族，親戚弟與兄〔三〕。婉孌居人思，紆鬱游子情〔四〕。明發遺安寐，寤言涕交纓〔五〕。分塗長林側，揮袂萬始亭〔六〕。佇眄要遐景，傾耳玩餘聲〔七〕。南歸憩永安，北邁頓承明〔八〕。永安有昨軌，承明子棄予〔九〕。俯仰悲林薄，慷慨含辛楚〔一〇〕。懷往歡絶端，悼來憂成緒〔一一〕。感別慘舒翮，思歸樂遵渚〔一二〕。奎章閣藏文選卷二十四之李善本

【校】

題：李善注：「集云『與士龍，於承明亭作』。」藝文類聚卷二十九「士龍」上有「弟」字。

異族：「異」，四部叢刊本文選注：「五臣作『他』字。」陳八郎本文選作「他」。

佇眄：「眄」，尤刻本文選作「盼」。陳八郎本文選作「眄」，即「盼」字。

林薄：「林」，原作「外」，據文選五臣本、文選集注本卷四十八、四部叢刊本文選、尤刻本文選、陳八郎本文選、陸本、影宋本改。

遵渚：「遵」，陸本、六朝詩集本作「春」。

【箋注】

〔一〕承明，與詩中「萬始」、「永安」皆亭名。漢書百官公卿表：「大率十里一亭，亭有長。十亭一鄉，鄉有三老、有秩、嗇夫、游徼。」司馬彪續漢書百官志：「里有里魁，民有什伍，善惡以告。」其本注曰：「里魁掌一里百家，什主十家，伍主五家，以相檢察，民有善事惡事，以告監官。」是亭乃鄉以下、里以上之行政區劃。劉昭注引風俗通：「漢家因秦，大率十里一亭。亭，留也。蓋行旅宿會之所館。」顧炎武日知録卷二十二亭：「以今度之，蓋必有居舍，如今之公署。……又必有城池，如今之村堡。……又必有人民，如今之鎮集。」文選集注引鈔：「承明，亭名，今在蘇州北。機被追(?)入洛，於此亭與士龍别，作此詩也。」又引陸善經曰：「此亭今在崑山懸(縣)南百五十里，與華亭相延也。」案：據詩意，陸機與雲别於萬始亭後，獨自北行至承明亭，乃作此詩，非别於承明亭也。鈔與陸善經所言承明地望，又不一致，未詳其所出，姑録以備考。

〔二〕牽世二句：鄒陽獄中上書自明：「豈拘於俗，牽於世。」曹植責躬詩：「舉挂時網。」詩小雅車攻：「駕言徂東。」文選集注引陸善經曰：「言爲世所牽羈，遠征入洛也。」

〔三〕飲餞二句：毛詩邶風泉水：「飲餞于禰。」毛傳：「祖而舍軷，飲酒於其側，曰餞。重始有事於道也。」戚，孟子告子下「戚之也」趙岐注：「親也。」親戚，此謂兄弟。儀禮士冠禮：「兄弟畢袗玄，立于洗東」鄭玄注：「兄弟，主人親戚也。」詩小雅頍弁：「豈伊異人，兄弟匪他。」

〔四〕婉孌二句：婉孌，文選集注引陸善經曰：「眷戀之意也。」案：詩齊風甫田：「婉兮孌兮。」毛傳：「婉孌，少好貌。」漢書叙傳述哀紀第十一：「婉孌董公。」顏師古注：「婉孌，美貌。」陸機此處則用爲眷戀之意。朱珔文選集釋卷十六：「此處若從婉孌本訓，則與『居人思』不合。……後潘正叔贈陸機詩『婉孌兩宮』亦同。蓋六朝人率如是用矣。」案：後漢書楊震傳震上疏曰：「惟陛下絶婉孌之私，割不忍之心。」已是親愛、眷戀之意。文選集注引鈔：「紆，纏也。鬱，結也。言悲愁失意耳。」楚辭劉向九嘆憂苦：「志紆鬱其難釋。」

〔五〕明發二句：明發，晨旦。見本卷招隱「明發心不夷」注。詩小雅小宛：「明發不寐，有懷二人。」參卷一思親賦「感明發之所懷」注。衛風考槃：「獨寐寤言。」纓，説文糸部：「冠系也。」淮南子繆稱：「雍門子以哭見孟嘗君，涕流霑纓。」

〔六〕分塗二句：長林，見本卷赴洛「北邁涉長林」注。曹植七啓：「揮袂則九野生風。」李周翰注：「長林、萬始，并亭名。」文選集注引鈔：「長林，林(?)名也；萬始，亭名也。皆在蘇州北也。」又引陸善經曰：「萬始亭，皆在承明東南也。」案：「分塗」、「揮袂」，皆言離別。上下句述同一事，長林即萬始亭之樹林，非亭名。

〔七〕佇眄二句：要，孟子告子上「以要人爵」趙岐注：「求也。」史記淮南王傳：「民皆引領而望，傾耳而聽。」玩，周易繫辭上「所樂而玩者」釋文引馬融：「貪也。」

〔八〕頓：李善注：「止舍也。」

〔九〕承明句：詩小雅谷風：「棄予如遺。」

〔一〇〕俯仰二句：文選蘇武詩：「俯仰内傷心。」薄，草木交錯。見本卷赴洛「谷風拂修薄」注。慷慨，説文心部：「忼慨，壯士不得志於心也。」「慷」同「忼」。嵇康兄秀才公穆入軍贈詩：「俯仰慷慨。」後漢書劉瑜傳瑜上書言事：「竊爲辛楚，泣血漣如。」

〔一一〕懷往二句：李善注：「言和悦纔往，歡已絶端；哀悼暫來，憂便成緒。毛萇詩傳曰：『懷，和也。』楚辭曰：『欲寂寞而絶端。』方言曰：『悼，哀也。』」呂延濟注：「言懷思往時之歡，絶其端也；哀來，則憂心成其亂緒也。」案：呂説是。文選集注引鈔、陸善經大意略同。來，謂未來之日也。

〔一二〕感別二句：舒，小爾雅廣言：「展也。」翮，爾雅釋器：「羽本謂之翮。」周易小過象「有飛鳥之象焉」李鼎祚集解引宋衷曰：「有似飛鳥舒翮之象。」遵渚，見卷二行思賦「睹川禽之遵渚」注。李善注：「舒翮謂鵠，遵渚謂鴻。言感別之情，慘於舒翮之飛鵠；思歸之志，樂於遵渚之征鴻也。蘇武詩曰：『黄鵠一遠別。』」案：二句以鳥喻。言感念別离，如離鳥展翅而銜悲；思欲歸去，效鴻飛遵渚之歡欣。別離不過昨日之事，尚在北上之首途，而已念及他日歸去情景矣。又，思歸句或是從送者一方面説，謂遥想送行者歸去，將快樂如遵渚之鴻鳥。以此愈顯己之悲切也。

【集評】

李淳選文選評：詩甚婉孌。若非弟，傷於刺刺不休矣。（盧之頤輯十二家評昭明文選標爲「陳（繼儒）云」）

孫鑛評：寫離情委至。（見天啓二年閔齊華刻孫月峰先生評文選）

陳祚明采菽堂古詩選卷十：抒情非不切，而未能低徊。

何焯義門讀書記卷四十六：（「永安有昨軌」二句）永安則猶有昨軌可尋，承明則悄然獨往，人殊路絶矣。二句極淡極悲。

方廷珪昭明文選集成：（「佇眄」二句）二句叙初别之景，寫得出。○按中間刻入處，極真極摯。意只在眼前，人却説不出。

王闓運八代詩選眉批：寬和。結似促。（據夏敬觀八代詩評所附）

吴王郎中時從梁陳作〔一〕

在昔蒙嘉運，矯迹入崇賢〔二〕。假翼鳴鳳條，濯足升龍淵〔三〕。玄冕無醜士〔四〕，治服使我妍。輕劍拂鞶厲，長纓麗且鮮〔五〕。誰謂伏事淺，契闊逾三年〔六〕。薄言肅後命，改服就藩臣〔七〕。夙駕尋清軌，遠游越梁陳〔八〕。感物多遠念，慷慨懷古人〔九〕。

【校】

玄冕二句：太平御覽六百八十六引陸機詩曰：「冠冕無醜士，長纓皆雋民。」案：「長纓」句乃江淹雜體詩陸平原羈宦中詩句，疑御覽誤。奎章閣藏文選卷二十六之李善本

【箋注】

〔一〕北堂書鈔卷六十六載陸機皇太子清宴詩序：「元康四年秋，余以太子洗馬出補吴王郎中。」案：文選陸機荅賈謐詩序云：「余出補吴王郎中令。」李善注引臧榮緒晉書：「吴王晏出鎮淮南，以機爲郎中令。」晉書陸機傳同。太平御覽卷二百四十八引陸機詣吴王表：「殿下東到淮南，發詔以臣爲郎中令。」文選卷二十四有潘尼贈陸機出爲吴王郎中令詩。晉書職官志：「（王）有郎中令、中尉、大農，爲三卿。大國置左右常侍各一人，省郎中，置侍郎二人。」本詩題及書鈔所引機清宴詩序中「郎中」或爲郎中令之省稱歟？

〔二〕在昔二句：尚書洪範：「我聞在昔。」傅咸感别賦：「贊唐虞之嘉運。」矯迹，猶言舉足。説文手部：「撟，舉手也。」段玉裁注：「引申之，凡舉皆曰撟。古多假矯爲之。」李善注引孫放詩：「矯迹步玄闈。」文選張衡東京賦「昭仁惠於崇賢」薛綜注：「崇賢，東門名也。……謂東方爲木，主仁，如春以生萬物，昭天子仁惠之德，故立崇賢門於東也。」案：衡賦、薛注謂

後漢天子宮殿門。晉東宮有崇賢門。藝文類聚卷三十九引東宮舊事：「正會儀：太子着遠游冠，絳紗褠，登輿，至承華門，設位，拜二傅。二傅交禮畢，不復登車。太傅訓道在前，少傅訓從在後。太子入崇賢門，樂作，太子登殿，西向坐。」晉書愍懷太子傳載，太子廢爲庶人，「改服，出崇賢門，再拜受詔，步出承華門」。

〔三〕假翼二句：三國志蜀書許靖傳靖與曹操書：「延頸企踵，何由假翼自致哉。」李善注引應璩與劉公幹書：「鶉鷃棲翔鳳之條，黿鼉游升龍之川，識真者所爲憤結也。」孟子離婁上：「清斯濯纓，濁斯濯足矣。」周易乾九四：「或躍在淵。」案：龍、鳳，皆喻東宮諸臣。文選卷二十四潘岳爲賈謐作贈陸機：「齊轡群龍。」李善注：「謂爲尚書郎也。楊雄河東賦曰：『建乾坤之貞兆兮，將悉總之以群龍。』韋昭曰：『比群賢也。』」潘詩又云：「英英朱鸞，來自南岡。」李善注：「鸞亦喻機也。」魏晉時以龍、鳳喻君子、賢臣之例多有。

〔四〕玄冕：冕，首服之最尊者，行禮時所服。周禮夏官弁師：「掌王之五冕，皆玄冕朱裏。」說文冃部：「冕，大夫以上冠也。」其制諸儒多有考證。謂上有版，以麻布或絲織物上下覆之，上玄下纁，象天地之色。以上玄，故曰玄冕。又以采色繅繩貫采色之玉，垂於前，謂之旒。冕前低一寸餘，故稱爲冕。冕者，俛也。自王至卿大夫，其冕之旒數依次遞減。參孫詒讓周禮正義卷六十。潘岳爲賈謐作贈陸機：「曜藻崇正，玄冕丹裳。」李善注：「崇正，太子之宮也。臧榮緒晉書曰：『世祖以皇太子富於春秋，初命講孝經於崇正殿。』」潘岳云「玄冕」，亦謂陸機爲太子洗馬也。曹植責躬詩：「冠我玄冕，要我朱紱。」

〔五〕輕劍二句：史記周本紀：「以輕劍擊之，以黄鉞斬紂頭。」逸周書克殷作「輕呂」，孔晁注：「輕呂，劍名。」左傳桓公二年：「鞶厲。」杜預注：「鞶，紳帶也，一名大帶。厲，大帶之垂者。」纓，繫冠之帶。韓非子外儲説左上：「鄒君好服長纓。」文選李陵與蘇武詩：「臨河濯長纓。」

〔六〕誰謂二句：伏事，即服事。李善注：「服與伏同，古字通。」周禮地官大司徒：「頒職事十有二于邦國都鄙……十有二曰服事。」鄭玄注引鄭司農曰：「服事，謂爲公家服事者。」杜篤首陽山賦：「昌伏事而畢命。」詩邶風擊鼓：「死生契闊。」毛傳：「契闊，勤苦也。」逾三年，陸機爲太子洗馬當在元康元年（二九一）末，至元康四年（二九四）秋出補吴王郎中令，首尾已届四年。

〔七〕薄言二句：詩周南芣苢：「薄言采之。」毛傳：「薄，辭也。」鄭箋：「薄言，我薄也。」箋釋「言」爲「我」，用爾雅釋詁。今人多以薄、言爲虚字。裴學海古書虚字集釋卷十：「按『薄言』是複語，皆訓『乃』。」肅，見本卷赴洛「靖端肅有命」注。左傳僖公九年：「王使宰孔賜齊侯胙……齊侯將下拜，孔曰：『且有後命。』」藩臣，此指吴王。史記秦始皇本紀：「納地效璽，請爲藩臣。」漢書五行志：「楚燕皆骨肉藩臣。」

〔八〕夙駕二句：詩鄘風定之方中：「星言夙駕。」鄭箋：「夙，早也。」軌，廣雅釋詁：「迹也。」案：吴王先在淮南，陸機方受詔東行，故曰「尋清軌」，謂追尋吴王行迹也。然吴王在淮南，淮南治壽春（今安徽壽縣），陸機則入吴，非往淮南，其行思賦所述可證。參卷二該篇注。楚辭有遠游篇。梁陳，謂梁國。晉書地理志「豫州」：「及武帝受命……合陳郡于梁國。……惠帝……分梁國立陳郡。」宋書州郡志「豫州刺史陳郡太守」：「晉初并，梁王肜薨，還爲陳。」肜卒於永寧二年（三〇二），陸機爲郎中令南行之時，陳郡實并入梁國。陸機此行，經汴水、汳水於彭城（今江蘇徐州）入泗水，越過梁國北境，而不經由故陳郡地。參行思賦「啓石門而東縈，沿汴渠其如帶」注。言「梁陳」者，連類而及耳。江淹雜體詩三十首内擬陸機一首，有「驅馬遵淮泗，旦夕見梁陳」之語，「遵淮泗」合乎實情，而「見梁陳」者，亦連類而已。

〔九〕感物二句：嵇喜答弟叔夜：「感物懷古人。」

【集評】

劉辰翁評：感我事吴王而遠念古人。古人，謂梁孝王臣枚皋、馬卿之屬。士衡蓋以其才類己，故懷之。（見萬曆十年余碧泉刻文選纂注評本）

陳祚明采菽堂古詩選卷十：投外之感。正旨寄於前半。後六語不入懷京闕愴閑散語，是其善於立言處。然調亦平。

何焯義門讀書記卷四十六：實自寡味。語涉儲隸，必見甄録，當時欲侈爲美談耳。〇（「玄冕」二句）語太陋。

贈馮文羆遷斥丘令〔一〕

於皇聖世，時文惟晋〔二〕。受命自天，奄有黎獻〔三〕。閶闔既闢，承華再建〔四〕。明明在上，有集惟彦〔五〕。其一

奕奕馮生，哲問允迪〔六〕。天保定子，靡德不鑠〔七〕。邁心玄曠，矯志崇邈〔八〕。遵彼承華，其容灼灼〔九〕。其二

嗟我人斯，戢翼江潭〔一〇〕。有命集止，翻飛自南〔一一〕。出自幽谷，及爾同林〔一二〕。雙情交映，遺物識心〔一三〕。其三

人亦有言，交道實難〔一四〕。有頍者弁，千載一彈〔一五〕。今我與子，曠世齊歡〔一六〕。利斷金石，氣惠秋蘭〔一七〕。其四

群黎未綏，帝用勤止〔一八〕。我求明德，肆于百里〔一九〕。僉曰爾諧，俾民是紀〔二〇〕。乃眷北徂，對揚帝祉〔二一〕。其五

疇昔之游，好合纏綿〔二二〕。借曰未洽，亦既三年〔二三〕。居陪華幄，出從朱輪〔二四〕。方驥齊鑣，比迹同塵〔二五〕。其六

之子既命，四牡項領〔二六〕。遵塗遠蹈，騰軌高騁〔二七〕。慶雲扶質〔二八〕，清風承景。嗟我懷人，其邁惟永〔二九〕。其七

否泰苟殊，窮達有違〔三〇〕。及子春華，後爾秋暉〔三一〕。逝將去我，陟彼朔垂〔三二〕。非子之念，心孰爲悲。其八　奎章閣藏文選卷二十四之李善本

【校】

哲問：「問」，文選五臣本、四部叢刊本文選、陳八郎本文選作「門」。

保定子：「子」，韻補卷五「迪」字注引作「爾」。

自幽谷：「自」，藝文類聚卷三十一作「彼」。

借曰未洽：「曰」，原作「日」，據四部叢刊本文選、尤刻本文選、陸本、影宋本改。「洽」，四部叢刊本文選作「給」。

苟殊：「苟」，文選五臣本、四部叢刊本文選、陳八郎本文選作「有」。

非子：「非」，原作「悲」，據文選五臣本、四部叢刊本文選、尤刻本文選、陸本、影宋本改。

【箋注】

〔一〕李善注引晉百官名：「外兵郎馮文羆。」又曰：「集云文羆爲太子洗馬，遷斥丘令，贈以此詩。」馮文羆，名熊，長樂郡（治信都，今河北冀縣）人。父紞，歷仕魏郡太守、左衛將軍、侍

中、散騎侍郎等職，得幸於武帝，賈充、荀勖并與之親善。充女之爲皇太子妃也，紞有力焉。及妃之將廢，紞、勖救請，故得不廢。馮熊與陸機兄弟、顧榮皆友善。趙王倫將篡位，時熊與陸機并爲中書侍郎，曾共商避禍之計，見陸機謝平原内史表。齊王冏擅權，顧榮爲其主簿，懼禍酣飲，熊爲之謀，轉榮爲中書侍郎，見晉書顧榮傳。惠帝時爲清河太守，永興二年（三〇五），爲成都王司馬穎部將公師藩所害，見晉書惠帝紀。案：晉書顧榮傳稱「長樂馮熊」，而馮紞傳云紞安平人，安平即長樂。司馬彪續漢書郡國志「冀州安平國」劉昭注：「故信都。高帝置，明帝名樂成，延光元年改。」宋書州郡志「冀州刺史廣川太守」：「本縣名，屬信都。……（漢）安帝延光中改曰安平，晉武帝太康五年，又改爲長樂。」斥丘，縣名，屬魏郡。李善注引闞駰十三州記：「斥丘縣，在魏郡東八十里。」在今河北臨漳東北。

〔二〕於皇二句：詩周頌般：「於皇時周。」於，嘆詞。皇，廣雅釋詁：「美也。」漢書陳湯傳耿育上書：「湯幸得身當聖世。」周禮冬官㮚氏：「其銘曰：時文思索。」鄭玄注：「時，是也。……言是文德之君，思求可以爲民立法者。」

〔三〕受命二句：尚書召誥：「惟王受命。」詩大雅大明：「有命自天。」大雅皇矣：「奄有四方。」毛傳：「奄，大也。」黎，爾雅釋詁：「衆。」獻，論語八佾「文獻不足故也」何晏集解引鄭玄：「猶賢也。」尚書皋陶謨：「萬邦黎獻，共惟帝臣。」（僞古文在益稷）

〔四〕閶闔二句：閶闔，魏晉時皇宫城門名。楚辭離騷：「倚閶闔而望予。」王逸注：「閶闔，天門也。」歷代有以閶闔爲宮門名者。三國志魏書明帝紀青龍三年裴注引魏略：「是年起太極諸殿……築閶闔諸門闕外罘罳。」水經穀水「又東過河南縣北，東南入于洛」注：「（陽渠水）又南流，東轉，逕閶闔門南。案禮：王有五門，謂皋門、庫門、雉門、應門、路門……魏明帝上法太極，于洛陽南宮起太極殿于漢崇德殿之故處，改雉門爲閶闔門。」此魏時宮城門名閶闔者。潘岳藉田賦：「閶闔洞啓。」又楊荆州誄：「烈烈楊侯，實統禁戎。司管閶闔，清我帝宮。苛慝不作，穆如和風。謂督勳勞，班命彌崇。」李善注引潘岳楊肇碑：「以清宮勛勞，進封東武伯。」謂司馬炎受魏禪，楊肇典領禁軍以清宮也，閶闔均指宮門。是晉代仍沿用其名。此與洛陽城西面北頭之閶闔門同名而異實。承華，太子宮中門名。李善注引陸機洛陽記：「太子宮在太宮東薄室門外，中有承華門。」參本卷吴王郎中時從梁陳作「矯迹入崇賢」注。上句謂晉帝登基，下句謂立太子，此指愍懷太子。

〔五〕明明二句：詩大雅大明：「明明在下。」毛傳：「明明，察也。文王之德，明明於下。」小雅車舝：「依彼平林，有集維鷮。」彦，爾雅釋訓：「美士爲彦。」

〔六〕奕奕二句：奕，方言卷二：「容也。自關而西，凡美容謂之奕。」詩魯頌閟宮：「新廟奕奕。」哲，爾雅釋言：「智也。」問，通聞，謂聲譽也。允，爾雅釋詁：「誠也。」迪，廣雅釋言：「蹈也。」尚書皋陶謨：「允迪厥德。」此句謂其明智之聲譽確實見諸行事。

〔七〕天保二句：詩小雅天保：「天保定爾，亦孔之固。」鄭箋：「保，安。」鑠，爾雅釋詁：「美也。」

揚雄劇秦美新：「爍德懿和之風。」鑠、爍通。

〔八〕邁心二句：邁，爾雅釋言：「行也。」矯，通撟，舉也。見本卷吴王郎中時從梁陳作「矯迹入崇賢」注。二句美其心志之玄遠崇高。

〔九〕遵彼二句：詩周南汝墳：「遵彼汝墳。」周南桃夭：「桃之夭夭，灼灼其華。」毛傳：「灼灼，華之盛也。」

〔一〇〕嗟我二句：詩豳風七月：「嗟我農夫。」斯，語末助詞。豳風破斧：「哀我人斯。」小雅鴛鴦：「鴛鴦在梁，戢其左翼。」毛傳：「言休息也。」鄭箋：「戢，斂也。」趙壹窮鳥賦：「有一窮鳥，戢翼原野。」江潭，江邊。潭，通「潯」，水邊。楚辭漁父：「游於江潭。」

〔一一〕有命二句：詩大雅大明：「有命既集。」周易師上六：「大君有命。」集，國語晋語「不其集亡」韋昭注：「至也。」止，語末助詞。詩周頌小毖：「拚飛維鳥。」拚，韓詩作「翻」。文選謝瞻張子房詩「翻飛指帝鄉」李善注引薛君韓詩章句：「翻，飛貌。」是其證。參王先謙詩三家義集疏。邶風凱風：「凱風自南。」

〔一二〕出自二句：詩小雅伐木：「出自幽谷，遷于喬木。」毛傳：「幽，深。」大雅板：「及爾同僚。」李善注：「謂俱爲洗馬也。臧榮緒晋書曰：『楊駿誅，徵機爲太子洗馬。』」

〔一三〕遺物句：文子道原：「唯聖人能遺物反己。」莊子田子方：「似遺物離人而立於獨也。」此句謂脱略形骸而相知心，所謂忘形之交也。

〔一四〕人亦二句：詩大雅蕩：「人亦有言。」漢書蕭育傳：「育與(朱)博後有隙，不能終，故世以交爲難。」

〔一五〕有頍二句：詩小雅頍弁：「有頍者弁。」毛傳：「頍，弁貌。弁，皮弁也。」弁，齊風甫田「突而弁兮」毛傳：「冠也。」漢書王吉傳：「吉與貢禹爲友，世稱『王陽在位，貢公彈冠』，言其取舍同也。」顔師古注：「彈冠者，且入仕也。」曹植贈徐幹：「彈冠俟知己。」鮑照河清頌序引孟軻曰：「千載一聖，是旦暮也。」二句言知己極爲難得。

〔一六〕今我二句：漢書匈奴傳贊：「自漢興以至於今曠世歷年。」李善注：「言我及子雖與王、貢曠世，而實齊其歡也。」

〔一七〕利斷二句：惠，李周翰注：「美也。」楚辭九歌少司命：「秋蘭兮青青。」周易繫辭上：「二人同心，其利斷金。同心之言，其臭如蘭。」

〔一八〕群黎二句：詩小雅天保：「群黎百姓。」揚雄長楊賦：「群黎爲之不康。」綏，爾雅釋詁：「安也。」詩周頌賚：「文王既勤止。」

〔一九〕我求二句：周易晉象：「君子以自昭明德。」詩周頌時邁：「我求懿德，肆于時夏。」鄭箋：「肆，陳也。」漢書百官公卿表：「縣大率方百里，其民稠則減，稀則曠。」

〔二〇〕僉曰二句：僉，爾雅釋詁：「皆也。」諧，爾雅釋詁：「和也。」尚書堯典：「僉曰：『垂哉。』……帝曰：『俞，往哉，汝諧。』」(僞古文在舜典)詩小雅節南山：「天子是毗，俾民不迷。」大雅棫樸：「勉勉我王，綱紀四方。」鄭箋：「以罔罟喻爲政，張之爲綱，理之爲紀。」

〔二一〕乃眷二句：眷，説文目部：「顧也。」段玉裁注：「凡顧、眷并言者，顧者，巡視也；眷者，顧之深也。顧止於側而已，眷則至於反。」詩大雅皇矣：「乃眷西顧。」徂，爾雅釋詁：「往也。」對揚，見本卷皇太子宴宣猷堂有令賦詩「對揚成命」注。皇矣：「既受帝祉。」鄭箋：「祉，福也。」二句謂馮熊乃顧望京室而北往，報答闡揚天子所賜之福慶。

〔二二〕疇昔二句：左傳宣公二年：「將戰，華元殺羊食士，其御羊斟不與。及戰，曰：『疇昔之羊，子爲政。』」杜預注：「疇昔，猶前日也。」詩小雅常棣：「妻子好合，如鼓瑟琴。」鄭箋：「好合，志意合也。合者，如鼓瑟琴之聲相應和也。」李善注引張升與任彦堅書：「纏綿恩好。」

〔二三〕借曰二句：借，假令，即使。洽，後漢書班固傳「重熙而累洽」李賢注：「浹也。」謂周遍也。詩大雅抑：「借曰未知，亦既抱子。」三年，謂與馮共處東宫凡三年。

〔二四〕居陪二句：卞蘭許昌宫賦：「登承光，坐華幄。」李善注引應璩與趙叔潛書：「入侍華幄，出典禁闈。」晋書輿服志：「皇太子安車，駕三，左右騑，朱班輪。」案：朱輪者不止於皇太子，晋書輿服志所載，天子車皆朱班漆輪，郡縣公侯車、諸使車亦皆朱班輪。文選楊惲報孫會宗書：「惲家方隆盛時，乘朱輪者十人。」李善注：「二千石皆得乘朱輪。」

〔二五〕方驥二句：方，國語齊語「方舟設泭」韋昭注：「并也。」鑣，説文金部：「馬銜也。」張衡南都賦：「騄驥齊鑣。」比，説文比部：「密也。」後漢書和熹鄧皇后紀劉毅上書：「齊踪虞妃，比迹任姒。」老子四章：「和其光，同其塵。」

〔二六〕之子二句：詩周南桃夭：「之子于歸。」尚書召誥：「厥既命殷庶。」詩小雅節南山：「駕彼四牡，四牡項領。」毛傳：「項，大也。」

〔二七〕遵塗二句：王褒四子講德論：「未若遵塗之疾也。」後漢書申屠蟠傳黄忠與蟠書：「而欲遠蹈其迹。」軌，説文車部：「車徹也。」段玉裁注：「車徹者，謂輿之下、兩輪之間，空中可通，故曰車徹……上歫輿，下歫地，兩旁歫輪，此之謂軌。」此代指車。

〔二八〕慶雲句：後漢書崔駰傳李賢注引尚書大傳：「卿雲爛兮，糺漫漫兮。」史記天官書：「若烟非烟，若雲非雲，郁郁紛紛，蕭索輪囷，是謂卿雲。卿雲，喜氣也。」漢郊祀歌華燁燁：「甘露降，慶雲集。」卿、慶通。質，廣雅釋言：「軀也。」

〔二九〕嗟我二句：詩周南卷耳：「嗟我懷人。」永，爾雅釋詁：「遠也。」

〔三〇〕否泰二句：否、泰，周易二卦名。周易雜卦：「否泰，反其類也。」王弼周易略例明卦適變通爻：「夫時有否泰，故用有行藏。」違，李善注引賈逵國語注：「異也。」漢書叙傳：「窮達有命。」

〔三一〕及子二句：蘇武詩：「努力愛春花。」李善注：「言否泰殊流，窮達異轍。今雖及爾春華之美，終當後爾秋暉之盛也。春華喻少年，秋暉喻老成也。」

〔三二〕逝將二句：詩魏風碩鼠：「逝將去女。」鄭箋：「逝，往也。」周南卷耳：「陟彼高岡。」垂，説文士部：「遠邊也。」荀悦申鑒雜言下：「念蘇武於朔垂。」

【集評】

孫鑛評：雅腴穩貼。（見天啓二年閔齊華刻孫月峰先生評文選）

陳祚明采菽堂古詩選卷十：（「嗟我」章）流逸。○「人亦」四句，風旨奕奕生動。○（「群黎」章）序述筆雅。○（「疇昔」章）追溯語纏綿。○（「否泰」章）并有悠揚之致。○通篇情事宛合，用筆輕倩，四言詩須有此雋致，乃佳。○章法亦頗條遞。

何焯義門讀書記卷四十六：「（僉曰爾諧句）百里惡事師錫？此摹擬之病也。」

答賈謐　并序〔一〕

余昔爲太子洗馬〔二〕，賈長淵以散騎常侍侍東宫積年〔三〕。余出補吴王郎中令〔四〕，元康六年入爲尚書郎〔五〕，魯公贈詩一篇，作此詩答之云爾。

伊昔有皇，肇濟黎蒸〔六〕。先天創物，景命是膺〔七〕。降及群后，迭毁迭興〔八〕。邈矣終古，崇替有徵〔九〕。其一

在漢之季，皇綱幅裂〔一〇〕。大辰匿暉，金虎曜質〔一一〕。雄臣馳騖，義夫赴節〔一二〕。

釋位揮戈，言謀王室〔一三〕。其二

王室之亂，靡邦不泯〔一四〕。如彼墜景，曾不可振〔一五〕。乃眷三哲，俾乂斯民〔一六〕。啓土綏難，改物承天〔一七〕。其三

爰兹有魏，即宫天邑〔一八〕。吴實龍飛，劉亦岳立〔一九〕。干戈載揚，俎豆載戢〔二〇〕。民勞師興，國玩凱入〔二一〕。其四

天厭霸德，黄祚告釁〔二二〕。獄訟違魏，謳歌適晋〔二三〕。陳留歸蕃，我皇登禪〔二四〕。庸岷稽顙，三江改獻〔二五〕。其五

赫矣隆晋，奄宅率土〔二六〕。對揚天人，有秩斯祜〔二七〕。惟公太宰，光翼二祖〔二八〕。誕育洪胄，纂戎于魯〔二九〕。其六

東朝既建，淑問峨峨〔三〇〕。我求明德，濟同以和〔三一〕。魯公戾止，袞服委蛇〔三二〕。思媚皇儲，高步承華〔三三〕。其七

昔我逮兹，時惟下僚〔三四〕。及子棲遲，同林異條〔三五〕。年殊志比，服舛義稠〔三六〕。游跨三春，情固二秋〔三七〕。其八

祗承皇命，出納無違〔三八〕。往踐蕃朝，來步紫微〔三九〕。升降秘閣，我服載暉〔四〇〕。

孰云匪懼，仰肅明威〔四一〕。其九

分索則易，携手實難〔四二〕。念昔良游，兹焉永嘆〔四三〕。公之云感，貽此音翰〔四四〕。蔚彼高藻，如玉之闌〔四五〕。其十

惟漢有木，曾不逾境〔四六〕。惟南有金，萬邦作詠〔四七〕。民之胥好，狂狷厲聖〔四八〕。儀形在昔，予聞子命〔四九〕。其十一　奎章閣藏文選卷二十四之李善本

【校】

題：四部叢刊本文選、尤刻本文選作「答賈長淵」。

賈長淵：文選五臣本、四部叢刊本文選、陳八郎本文選、陸本、影宋本「賈」字上有「魯公」二字。文館詞林卷一百五十六作「魯公賈謐」。

侍東宮：原無「侍」字，據文選五臣本、四部叢刊本文選、陳八郎本文選、陸本、影宋本、文館詞林卷一百五十六補。

云爾：文選五臣本、陳八郎本文選、影宋本、文館詞林卷一百五十六無此二字。

大辰匿暉：「大」，文選五臣本、四部叢刊本文選、陳八郎本文選、影宋本作「火」。「暉」，尤刻本文選作「耀」。

曜質：「曜」，原作「習」，據文選五臣本、文選集注本、四部叢刊本文選、陳八郎本文選、影宋本、文

館詞林卷一百五十六改。

馳騖：「馳」，文館詞林卷一百五十六、藝文類聚卷三十一作「騰」。

不泯：文選集注卷四十八：「今案：陸善經本『泯』爲『淪』。」

綏難：「綏」，原作「雖」，據文選集注本、文館詞林卷一百五十六、藝文類聚卷三十一改。案：五臣劉良注曰：「三哲開土宇，安患難。」以「安」釋「綏」。作「綏」是。

黃祚：「黃」，陸本、影宋本、文館詞林卷一百五十六作「皇」。「祚」，文選五臣本、陳八郎本文選作「祖」。

淑問：文選集注卷四十八：「今案：鈔、音決『問』爲『聞』也。」「問」、「聞」通。

戾止：文選集注卷四十八：「今案：陸善經本『戾』爲『莅』也。」「戾」、「莅」通。

志比：「比」，陸本、文館詞林卷一百五十六、藝文類聚卷三十一作「密」。

服舛：「舛」，文選五臣本、陳八郎本文選、影宋本作「殊」。

之蘭：文選五臣本、四部叢刊本文選、陳八郎本文選、陸本、影宋本、文館詞林卷一百五十六、藝文類聚卷三十一作「如蘭」，文選集注卷四十八引李善注云：「『之』或爲『如』，『闌』或爲『蘭』。」

狂狷：文選五臣本、文選集注本卷四十八、陳八郎本文選、陸本、影宋本、文館詞林卷一百五十六作「狷狂」。

【箋注】

〔一〕賈謐：字長淵，權臣賈充外孫。父韓壽，賈充辟爲司空掾，官至散騎常侍、河南尹。充無後，卒後其妻郭槐以謐爲孫，奉充後，襲爵魯郡公。其母賈午姊南風爲惠帝后，專擅放恣，謐亦倚勢驕寵，而好學，喜延士大夫。潘岳、石崇、陸機兄弟、歐陽建、左思、摯虞、劉琨等親附之，號二十四友。歷位散騎常侍、秘書監、侍中等。既親貴，出入東宫，與愍懷太子游處。後與賈后誣陷太子而廢之。永康元年（三〇〇）趙王倫廢賈后，謐伏誅。此篇爲答賈謐贈詩而作。謐詩係潘岳代作，載文選卷二十四。本篇作年，李善、五臣據詩序以爲係陸機自吴王郎中令入爲尚書郎時作，則爲元康六年（二九六）；文選集注引鈔以爲機任秘書郎時作，則應是元康八年。俞士玲陸機陸雲年譜亦以爲八年作。今仍從李善、五臣。

〔二〕余昔句：洗馬，太子官屬，見本卷皇太子賜宴「肇彼先驅」注。陸機爲太子洗馬，約在元康元年年末，至四年秋初，出爲吴王郎中令。參卷二行思賦題注。

〔三〕東宫：太子所居，借指太子。左傳隱公三年「衞莊公娶于齊東宫得臣之妹」杜預注：「得臣，齊大子也。大子不敢居上位，故常處東宫。」

〔四〕余出句：李善注：「臧榮緒晋書曰：『吴王晏，字平度，武帝第二十三子，封吴。』又曰：『吴王出鎮淮南，以機爲郎中令。』」案：吴王何以出鎮淮南，頗覺費解。淮南自有其王，即晏同母兄允。允并都督揚州諸軍事，鎮壽春。太平御覽卷二百四十八載陸機詣吴王表曰：「殿下東到淮南，發詔以臣爲郎中令。」吴王雖往淮南，當非出鎮。參卷二行思賦題注。

〔五〕元康句：李善注引臧榮緒晋書：「機爲尚書中兵郎。」中兵郎，尚書諸郎之一，始置於魏，晋沿之。見晋書職官志。

〔六〕伊昔二句：伊，發語詞。詩小雅正月：「有皇上帝。」毛傳：「皇，君也。」肇，大雅江漢「肇敏戎公」毛傳：「謀。」漢書司馬相如傳封禪文：「覺寤黎烝。」顔師古注：「黎、烝，衆庶也。」蒸、烝通。

〔七〕先天二句：先天，見本卷皇太子宴玄圃宣猷堂有令賦詩「先天而順」注。周禮冬官考工記：「知者創物。」景，爾雅釋詁：「大也。」景命，謂天之大命。詩大雅既醉：「景命有僕。」魯頌閟宫：「戎狄是膺」毛傳：「膺，當。」以上四句謂上古之君。

〔八〕降及二句：后，爾雅釋詁：「君也。」尚書堯典：「班瑞于群后。」(僞古文在舜典)小爾雅廣詁：「迭、遞，更也。」史記律書：「遞興遞廢。」

〔九〕邈矣二句：董仲舒士不遇賦：「遐哉邈矣。」莊子大宗師：「終古不忒。」釋文引崔譔曰：「終古，久也。」崇替，見本卷皇太子宴玄圃宣猷堂有令賦詩「群辟崇替」注。徵，左傳襄公二十一年「可明徵也」杜預注：「驗也。」昭公八年：「君子之言，信而有徵。」胡紹煐文選箋證卷二十二：「崇替，猶言隆替。崇之言充也，盛也。謂盛衰皆有徵驗也。宋文帝北伐詩『崇替非無徵』，當本此。彼下句云『興廢要有以』，崇替與興廢對義，亦作隆替解，可證。」

〔一〇〕皇綱句：班固答賓戲：「廓帝紘，恢皇綱。」幅，說文巾部：「布帛廣也。」幅裂，如布帛之裂。應劭風俗通義序：「今王室大壞，九州幅裂。」三國志魏書崔琰傳：「琰對曰：『今天下分崩，九州幅裂。』」

〔一一〕大辰二句：爾雅釋天：「大辰，房、心、尾也。」又曰：「大火謂之大辰。」郭璞注：「大火，心也，在中最明。」是大辰謂二十八宿之房、心、尾三宿，亦單指心宿，心宿居中而最明也。史記天官書：「東宮蒼龍：房，心。心爲明堂。大星，天王；前後星，子屬。」索隱引春秋說題辭：「房、心爲明堂，天王布政之宫。」又引鴻範五行傳：「心之大星，天王也；前星太子，後星庶子。」謂心宿有三星，象天王及其子。是大辰爲朝廷帝室之象。梁章鉅文選旁證卷二十二引姜皋曰：「此詩所云『匿暉』者，當如後漢志所載靈帝中平六年八月丙寅太白犯心前星，戊辰犯心中大星之事。」李善注引石氏星經：「昴者，西方白虎之宿也。太白者，金之精。太白入昴，金虎相薄，主有兵亂。」

〔一二〕雄臣二句：揚雄解嘲：「故世亂則聖哲馳騖而不足。」曹丕讓禪代令：「烈士徇榮名，義夫高貞介。」赴，說文走部：「趨也。」節，荀子王霸「莫不敬節死制者矣」楊倞注：「忠義。」張華勞還師歌：「赴節如發機。」

〔一三〕釋位二句：左傳昭公二十六年：「諸侯釋位以間王政。」杜預注：「去其位，與治王之政事。」淮南子覽冥：「魯陽公與韓構難，戰酣，日暮，援戈而撝之，日爲之反三舍。」揮、撝通。

後漢書臧洪傳洪答陳琳書：「忍悲揮戈。」左傳僖公八年：「盟于洮，謀王室也。」

〔一四〕王室二句：左傳昭公二十四年：「王室之不寧，晉之耻也。」詩大雅桑柔：「亂生不夷，靡國不泯。」毛傳：「泯，滅也。」

〔一五〕如彼二句：李善注引丁德禮寡婦賦：「日亹亹以西墜。」案：李善注「禮」下當依文選集注本補「婦」字。梁章鉅文選旁證卷二十二云李注「禮」下脱「妻」字。振，説文手部：「舉救之也。」

〔一六〕乃眷二句：詩大雅皇矣：「乃眷西顧。」李善注：「三哲，劉備、孫權、曹操也。」又，爾雅釋詁：「治也。」尚書堯典：「下民其咨，有能俾乂。」論語衛靈公：「斯民也，三代之所以直道而行也。」

〔一七〕啓土二句：左傳莊公二十八年：「晉之啓土，不亦宜乎。」國語周語：「更姓改物，以創制天下。」韋昭注：「改物，改正朔，易服色也。」李善注引禮記明堂陰陽録：「王者承天統物也。」

〔一八〕爰茲二句：漢書叙傳述高紀第一：「爰茲發迹。」禮記祭統衛孔悝之鼎銘曰：「即宫于宗周。」即宫，謂就其居處、入住也。尚書多士：「肆予敢求爾于天邑商。」孔疏：「鄭玄云：『言天邑商者，亦本天之所建。』王肅云：『言商今爲我之天邑。』二者其言雖異，皆以天邑商爲殷之舊都。」此謂洛陽爲周漢舊都，原亦天之所建，今魏乃都之。

〔一九〕吴實二句：張衡東京賦：「乃龍飛白水。」周易乾象：「飛龍在天，大人造也。」北堂書鈔卷一百十六引桓譚新論：「動如雷震，住如岳立。」

〔二〇〕干戈二句：詩周頌時邁：「載戢干戈。」毛傳：「戢，聚。」謂聚而不用。鄭箋：「載之言則也。」論語衛靈公：「俎豆之事，則嘗聞之矣。」集解引孔安國曰：「俎豆，禮器。」

〔二一〕民勞二句：詩大雅民勞：「民亦勞止。」禮記月令：「師興不居。」玩，通翫。説文習部：「翫，習猒也。」左傳僖公二十八年：「振旅，愷以入于晉。」杜預注：「愷，樂也。」周禮夏官大司馬：「若師有功，則左執律，右秉鉞以先，愷樂獻于社。」鄭玄注：「兵樂曰愷。……司馬法曰：『得意則愷樂、愷歌，示喜也。』」凱、愷通。二句謂民則勞苦於軍旅之興，國則習慣於兵樂之入。

〔二二〕天厭二句：左傳隱公十一年：「天而既厭周德矣。」晉書郤詵傳晉武帝舉賢良直言之士詔：「豈霸德之淺歟。」黄祚，謂魏。李善注引干寶搜神記：「魏惟（文選集注本作「推」）五德之運，以土承漢。」又引春秋保乾圖：「漢以魏徵，黄精接期，天下歸高。」參本卷皇太子宴玄圃宣猷堂有令賦詩「黄暉既渝」注。告釁，李善注：「賈逵國語注曰：『釁，兆也。』」言禍有兆。」

〔二三〕獄訟二句：違，説文辵部：「離也。」孟子萬章上：「萬章曰：『堯以天下與舜，有諸？』孟子曰：『否。天子不能以天下與人。』『然則舜有天下也，孰與之？』曰：『天與之。……堯崩，三年之喪畢，舜避堯之子於南河之南。天下諸侯朝覲者不之堯之子而之舜，訟獄者不之堯之子而之舜，謳歌者不謳歌堯之子而謳歌舜。故曰天也。夫然後之中國，踐天子位焉。』」

〔二四〕陳留二句：陳留，指曹奐。奐字景明，曹操孫。景元元年即帝位，咸熙二年（二六五）禪位於司馬炎，封陳留王。晉惠帝太安元年崩，謚曰元皇帝。晉書皇甫謐傳謚釋勸論：「及泰始登禪。」

〔二五〕庸岷二句：李善注：「庸、岷，蜀境也。庸，國名也。岷，山名也。」案：庸，見尚書牧誓、左傳文公十六年。杜預注：「庸，今上庸縣，屬楚之小國。」在今湖北竹山西南。岷山，在今四川北部，綿延四川、甘肅邊境。稽顙，儀禮士喪禮：「主人哭拜稽顙。」鄭玄注：「頭觸地。」李善注：「三江，吴境也。」尚書禹貢：「三江既入，震澤底定。」陸德明釋文：「韋昭云：謂吴松江、錢唐江、浦陽江也。吴地記云：松江東北行七十里，得三江口，東北入海爲婁江，東南入海爲東江，并松江爲三江。」案：釋文所引韋昭説見國語越語注，所引吴地記爲晉揚州刺史顧夷所著。三江説者紛紜，此指吴境，故姑據釋文引韋、顧二説。施宿會稽志卷四調和二説云：「今姑以吴越論之：婁江、東江、松江者，吴之三江也；松江、錢塘江、浦陽江者，吴越之三江也。」改獻，謂原貢獻於魏，乃改而貢獻於司馬氏。建安之末，孫權上書稱臣於曹操，稱説天命，并遣使奉貢。曹丕踐阼，權多次納貢，獻上纖絺、大貝、明珠、象牙等。魏之末年，司馬昭擅政，孫晧貢獻方物，司馬昭簿送於魏，其實已可謂「改獻」矣。

〔二六〕赫矣二句：韋玄成自劾詩：「赫矣我祖。」奄，大。見本卷皇太子宴玄圃宣猷堂有令賦詩

「奄齊七政」注。詩商頌玄鳥：「宅殷土芒芒。」小雅北山：「率土之濱，莫非王臣。」毛傳：「率，循。」

〔二七〕對揚二句：對揚，見本卷皇太子宴玄圃宣猷堂有令賦詩「對揚成命」注。司馬相如封禪文：「天人之際已交。」詩商頌烈祖：「嗟嗟烈祖，有秩斯祜。」毛傳：「秩，常。」鄭箋：「祜，福也。……嗟嗟乎我功烈之祖成湯，既有此王天下之常福。」二句謂晉帝對答揚舉天意人事，常有此統治天下之福。

〔二八〕惟公二句：太宰，指賈充。充爲晉開國元勛，封魯郡公，卒後追贈太宰。光，廣雅釋詁：「明也。」又通廣，大也。翼，廣雅釋詁：「輔也。」左傳襄公二十七年：「宜其光輔五君以爲盟主也。」二祖，晉文帝司馬昭廟號太祖，武帝廟號世祖。

〔二九〕誕育二句：誕育，見本卷皇太子賜宴「誕育皇儲」注。胄，說文肉部：「胤也。」潘岳南陽長公主誄：「主之誕育，既纂洪胄。」詩大雅烝民：「纘戎祖考。」毛傳：「戎，大也。」說文糸部：「纘，繼也。」纂、纘通。魯頌閟宮：「俾侯于魯。」纂戎句，謂賈謐繼承光大賈充，襲封爲魯郡公。

〔三〇〕東朝二句：東朝，東宮，此指愍懷太子遹。惠帝永熙元年（二九〇）八月，立爲皇太子，次年出就東宮。詩魯頌泮水：「淑問如皋陶。」鄭箋：「淑，善也。」大雅棫樸：「奉璋峨峨。」毛傳：「峨峨，盛壯也。」案：晉書愍懷太子傳，遹爲惠帝長子，幼而聰慧，武帝愛之，嘗謂「此兒當興我家」，對群臣稱其似宣帝（司馬懿），於是令譽流於天下。

〔三一〕我求二句：詩周頌時邁：「我求懿德。」大雅皇矣：「帝謂文王：予懷明德。」左傳昭公二十年：「齊侯……曰：『唯據與我和夫！』晏子對曰：『據亦同也，焉得爲和？』公曰：『和與同異乎？』對曰：『異。和如羹焉：水火醯醢鹽梅以烹魚肉……宰夫和之，齊之以味，濟其不及，以泄其過。君子食之，以平其心。君臣亦然。』」

〔三二〕魯公二句：詩魯頌泮水：「魯侯戾止。」毛傳：「戾，來；止，至也。」衮服，天子、公卿之禮服，畫有卷龍。詩豳風九罭「衮衣繡裳」毛傳：「衮衣，卷龍也。」釋文：「天子畫升龍於衣，上公但畫降龍。」晉書輿服志：「魏明帝以公卿衮衣黼黻之飾疑於至尊，多所減損，始制天子服刺繡文，公卿服織成文。及晉受命，遵而無改。」召南羔羊：「退食自公，委蛇委蛇。」鄭箋：「委蛇，委曲自得之貌。」孔疏：「委曲自得者，心志既定，舉無不中，神氣自若，事事皆然，故云『委蛇，委曲自得之貌』也。」

〔三三〕思媚二句：詩大雅思齊：「思媚周姜。」毛傳：「媚，愛也。」漢書疏廣傳：「廣對曰：『太子，國儲副君。』」揚雄太玄去次三測：「高步有露。」承華，東宮中門，見本卷皇太子宴玄圃宣猷堂有令賦詩「振纓承華」注。

〔三四〕昔我二句：指當時爲太子洗馬。後漢書班固傳固奏記東平王蒼：「及明時秉事下僚。」

〔三五〕及子二句：詩陳風衡門：「衡門之下，可以棲遲。」毛傳：「棲遲，游息也。」李善注：「俱在東宮，故曰同林；而貴賤殊隔，故曰異條。」

〔三六〕年殊二句：年殊，謂年齡懸殊；志比，謂情意相合。據晉書惠賈皇后傳，賈謐母賈午小惠帝一歲，則其生於魏元帝景元元年（二六〇）；又據藝文類聚卷三十五引臧榮緒晉書所載賈午年十四五通於韓壽之語，則賈謐生年不得早於晉武帝咸寧元年（二七五）。（參俞士玲陸機陸雲年譜元康六年譜）陸機生於吴景帝永安四年（二六一），小賈午一歲，是其年長於賈謐遠矣。服，謂服章，表示官階尊卑之服飾器用。舛，慧琳一切經音義卷八十五「舛蹈」注引韻英：「不齊也。」義，廣雅釋言：「宜也。」此言相處之宜。稠，説文禾部：「多也。」義稠，謂行事相處多合。

〔三七〕游跨二句：謂二人在東宮相處之年。當指惠帝元康二、三、四年之春及二、三年之秋。陸機元康四年秋自太子洗馬爲吴王郎中令。

〔三八〕祗承二句：祗，説文示部：「敬也。」初學記卷十六引樂叶圖徵：「聖王祗承天定。」張衡東巡誥：「誕敢不祗承。」詩大雅烝民：「出納王命。」鄭箋：「出王命者，王口所自言，承而施之也；納王命者，時之所宜，復於王也。」出謂承受、施行王命，納謂報告施行之情況。論語爲政：「孟懿子問孝，子曰：『無違。』」二句謂敬奉皇命，行之而無有違失。

〔三九〕往踐二句：李善注：「蕃朝，吴也。紫微，至尊所居。謂爲尚書郎。」案：紫微，星垣名，天帝所居，喻帝王宫禁。參卷三列仙賦「覲天皇於紫微」注。後漢以來，尚書爲天子近臣，職權頗重，其官舍在宮禁之内，故言星象者，謂紫微垣内亦有尚書。晉書天文志據晉武帝時太史令陳卓所定星圖云：「紫宮垣……門内東南維五星曰尚書，主納言，夙夜諮謀，龍作納言，此之象也。」北堂書鈔卷六十引韋誕太僕杜侯誄：「入作納言，光耀紫微。」又引謝承後漢書：「魏朗，字少英，爲尚書，再升紫微。」藝文類聚卷三十五引應璩與尚書諸郎書：「二三執事……方將飛騰閶闔，振翼紫微。」言尚書則稱及紫微。

〔四〇〕升降二句：李善注：「謝承後漢書曰：『謝承父嬰（困學紀聞卷十三考史閻若璩注云當作煚。文選集注作煚，即煚字），爲尚書侍郎。每讀高祖及光武之後將相名臣策文通訓，條在南宮，秘於省閣（文選集注閣上有閣字。爾雅釋言：「閣，臺也。」）。唯臺郎升複道取急，因得開覽。』序云入爲尚書郎，作此詩，然『秘閣』即尚書省也。」案：李善之意，非以秘閣爲尚書臺代稱，乃言陸機此處所謂秘閣，乃尚書官寺之閣。資治通鑑卷六十九魏紀黄初元年：「仍著定制，藏之臺閣。」胡三省注：「臺閣，尚書中藏故事之處。」與謝承所云「秘於省閣」合。謂之秘閣者，以在宮禁之内，故云秘。王鳴盛十七史商榷卷三十七後漢書九「臺閣」條：「李賢曰：『臺閣，謂尚書也。』愚案李注甚確。漢世官府不見臺閣之號，所云臺閣者，猶言宮掖中秘云爾。」王氏之意，謂漢世「臺閣」并非某官署之稱號，乃泛稱宮掖中秘耳。洛陽之閣頗衆。太平御覽卷一百八十四、永樂大典本河南志魏城闕古迹引丹陽記：「漢魏殿觀多以複道相通，故洛宮之閣七百餘間。」尚書官寺當亦有閣，故尚書稱臺閣。晉書紀瞻傳瞻東晉初上疏乞免尚書之職，云已衰老疾病，「無由復厠八座，升降臺閣」。此「升降秘閣」即「升降臺閣」。文選集注引鈔曰：「秘閣，即謂爲秘書郎時也。」誤。嵇康兄秀才公穆入軍贈詩：「麗服有暉。」

〔四一〕仰肅句：尚書多士：「我有周佑命，將天明威。」

〔四二〕分索二句：索，禮記檀弓上「吾離群而索居」鄭玄注：「猶散也。」阮籍首陽山賦：「懷分索之情一兮。」詩邶風北風：「惠而好我，携手同行。」竇融與隗囂書：「爲忠甚易，得宜實難。」曹丕燕歌行：「别日何易會日難。」

〔四三〕念昔二句：詩小雅小宛：「念昔先人。」李善注引劉楨黎陽山賦：「良游未厭，白日潛輝。」詩邶風泉水：「我思肥泉，兹之永嘆。」

〔四四〕公之二句：云，廣雅釋詁：「有也。」翰，李善注引韋昭曰：「筆也。」（文選集注云韋昭漢書注）此謂筆之所書。音翰猶音書。

〔四五〕蔚彼二句：蔚，李善注：「文貌。」周易革上六象：「君子豹變，其文蔚也。」闌，借作爛。楚辭劉向九嘆怨思「文采耀於玉石」王逸注：「發文序詞爛然成章，如玉石有文采也。」

〔四六〕惟漢二句：漢，指漢水。木，謂柑。穀梁傳莊公二年：「婦人既嫁，不逾竟。」賈謐贈詩云：「在南稱甘，度北則橙。崇子鋒穎，不頽不崩。」言柑橘易地而化，諷戒陸機保持其志行德業。陸機此二句承彼而言。案：柑橘變化之説，傳聞異辭。周禮考工記：「橘逾淮而北爲枳。」晏子春秋内篇雜下：「橘生淮南則爲橘，生于淮北則爲枳。葉徒相似，其實味不同。」淮南子原道：「故橘樹之江北則化而爲橙。」陸機不言江、淮而言漢，其造語或受詩周南漢廣「南有喬木」、「漢有游女」影響。

〔四七〕惟南二句：詩魯頌泮水：「大賂南金。」尚書皋陶謨：「萬邦作乂。」（僞古文在益稷）李善注：「言木度北而變質，故不可以逾境；金百鍊而不銷，故萬邦作詠。謐戒之以木，而陸自勖以金也。」何焯義門讀書記卷四十六云：「金以勖賈。故下云『狂狷厲聖』，自謂恃宿昔相知，乃敢云然也。」此别一解，録以備參。

〔四八〕民之二句：胥，相。好，詩小雅鹿鳴「人之好我」鄭箋：「猶善也。」謂使之進善。論語子路：「子曰：『不得中行而與之，必也狂狷乎？狂者進取，狷者有所不爲也。』」尚書多方：「惟聖罔念作狂，惟狂克念作聖。」謂聖人不念於善，則爲狂人；狂者能念於善，則爲聖人。厲，説文厂部：「旱石也。」段玉裁注：「旱石者，剛於柔石者也。……引申之義爲作也。」二句謂人們相互敦勉督促，使之進善，由狂狷磨礪而入聖域。

〔四九〕儀形二句：詩大雅文王：「儀刑文王，萬邦作孚。」毛傳：「刑，法。」形、刑通。商頌那：「自古在昔，先民有作。」毛傳：「古曰在昔。」二句謂我已聞子之教命，將效法於古人。

【集評】

吴曾能改齋漫録卷十六「别易會難」：顔氏家訓曰：「别易會難，古人所重。江南餞送，下泣言離。北間風俗不屑此，歧路言離，歡笑分首。」李後主長短句蓋用此耳，故云：「別時容易見時難。」又云：「別易會難無可奈。」然顔説又本文選陸士衡答賈謐詩云：「分索則易，攜手實難。」

孫鑛評：雖是寬叙，體却活潑，能以天才運藻詞，故氣格自超邁。（見天啓二年閔齊華刻孫月峰先生評文選）

陳祚明采菽堂古詩選卷十：（「在漢」章）釋位揮戈，語切。○（「爰兹」章）序三國及吴亡，語并得體。○（「東朝」章）雅稱。○（「昔我」章）琢句有致。○（「惟漢」章）用來語作答，法合。○此詩生動處亦少，而雅練得體。局整旨合。

葉矯然龍性堂詩話初集：潘安仁代賈謐贈士衡詩，前輩有謂其發端四韻源流太遠者，殆非也。潘意鋪揚晋得天統，歷叙皇王，以詆吴國之僭耳。然溯羲軒迄周漢，反遺却唐虞，立言殊不知務。且發端二十餘句，如二儀、八象、九有、六國、四隅、三雄等語，堆叠滿紙可厭，遠不及陸之報章典縟多風，琅琅可誦也，即此見潘、陸優劣耳。陸詩云「迭毁迭興」、「崇替有徵」，又云「改物承天」、「吴實龍飛」，隱然見從古廢興無常，不特亡吴爲然，意實言表。後宋文信公之對元帥，似亦本此。夫亡國之大夫，結褵之嫠婦也。與息嬀而譏息君之無良，對甄后而語袁氏之不淑，可乎？昔盧志謂機曰：「陸遜、陸抗，與君遠近何如？」機曰：「如君之於盧毓、盧珽。」志大恚恨。蓋子前名父，臣前詬君，少有肺腸，孰能堪此！今潘之詩猶盧志也，爲士衡者，詞雖辨而心良苦矣。

何焯義門讀書記卷四十六：鋪陳整贍，實開顔光禄之先。鍾嶸品第顔詩，以爲其源出於陸機，是也。然士衡較爲遒秀。（「吴實龍飛」句）曰「龍飛」，則非僞也。（「三江改獻」句）曰「改獻」，爲故主諱銜璧之辱。（「濟同以和」句）時謐多無禮於太子，和同之語蓋有刺也。

黄侃文選平點：細爲紬繹贈詩，始知此詩兀傲風刺，兼而有之，未識賈謐喻其旨否。○（「年殊志比」句）何焯謂機與謐款密，大繆。此詩意存譏諷，款密乃空言耳。

贈尚書郎顧彦先二首〔一〕

大火貞朱光，積陽熙自南〔二〕。望舒離金虎，屏翳吐重陰〔三〕。凄風迕時序，苦雨遂成霖〔四〕。朝游忘輕羽，夕息憶重衾〔五〕。感物百憂生，纏綿自相尋〔六〕。與子隔蕭墻，蕭墻隔且深〔七〕。形影曠不接，所託聲與音〔八〕。音聲日夜闊，何用慰吾心〔九〕。

【校】

隔且：「隔」，文選五臣本、四部叢刊本文選、陳八郎本文選、陸本、影宋本作「阻」。

所託：「託」，文選卷二十一顔延年秋胡詩「事遠闊音形」李善注引作「説」。

何用：「用」，文選卷二十一顔延年秋胡詩「事遠闊音形」李善注引作「以」。

【箋注】

〔一〕顧彦先：名榮，吴郡吴人，與陸氏同爲南土著姓。祖雍，吴丞相。弱冠仕吴，爲黄門侍郎、太子輔義都尉。吴平入洛，與陸機兄弟號爲「三俊」。歷尚書郎、太子中舍人、廷尉正。齊王冏擅權，召爲大司馬主簿，遷中書侍郎。後因世亂，遂棄官還吴。及司馬睿鎮建鄴，爲其軍司馬，加散騎常侍，朝野推敬。永嘉六年（三一二）卒。案：文選集注引鈔云顧榮是陸機姊夫，不知何據。宋書顧覬之傳：「高祖謙，字公讓，爲平原内史陸機姊夫。」（南史顧覬之傳、建康實録卷十四同。）鈔所云未必可信。顧謙乃顧榮族兄，榮曾上言於元帝薦之，見晉書顧榮傳。

〔二〕大火二句：大火，指心宿，參本卷答賈謐「大辰匿暉」句注。貞，正，見卷四羽扇賦「審貞則而妙觀」注。李善注：「朱光，朱明也。爾雅曰：『夏爲朱明。』」案：見爾雅釋天，郭璞注：「氣赤而光明。」尚書堯典：「日永，星火，以正仲夏。」案：吕氏春秋、禮記月令云季夏之月昏時心宿見於南方正中，夏小正則云仲夏之月。堯典僞孔傳、孔穎達疏以爲經文舉火星以包蒼龍七宿，舉仲夏以包季、孟，據其説則陸機此處乃泛指夏日，不必拘泥於夏日何月。淮南子天文：「積陽之熱氣生火，火氣之精者爲日。」熙，爾雅釋詁：「興也。」司馬彪續漢書律曆志：「日行……南陸，謂之夏。」二句謂黄昏心星見於正南方，時爲夏日；陽氣盛積，興自南方。

〔三〕望舒二句：望舒，指月。楚辭離騷：「前望舒使先驅兮。」王逸注：「望舒，月御也。」離，國語晋語「非天不離數」韋昭注：「歷也。」金虎，指二十八宿之西方七宿奎、婁、胃、昴、畢、觜、參，其形象虎。淮南子天文：「西方，金也。」詩小雅漸漸之石：「月離于畢，俾滂沱矣。」屏翳，楚辭天問「蓱號起雨」王逸注：「蓱，蓱翳，雨師名也。」屏翳即蓱翳。案：屏翳，諸説不同。史記司馬相如傳大人賦「召屏翳，誅風伯，刑雨師」正義引韋昭云雷師，後漢書張衡傳思玄賦「雲師䨴以交集兮」李賢注云「雲師，屏翳也」，曹植詰咎文云「屏翳司風」。明徐應秋玉芝堂談薈卷十九屏翳、胡紹煐文選箋證卷二十二以爲陸機此處當指雲師。曹植贈王粲：「重陰潤萬物。」

〔四〕凄風二句：左傳昭公四年：「春無凄風，秋無苦雨。」杜預注：「凄，寒也。」又曰：「霖雨爲人所患苦。」迕，小爾雅廣言：「犯也。」莊子知北游：「陰陽四時運行，各得其序。」霖，説文雨部：「雨三日以往。」

〔五〕朝游二句：輕羽，指羽扇。衾，被。楚辭離騷：「朝發軔於蒼梧兮，夕余至乎縣圃。」曹植雜詩：「朝游江北岸，夕宿瀟湘沚。」

〔六〕感物二句：曹植贈白馬王彪：「感物傷我懷。」詩王風兔爰：「我生之後，逢此百憂。」纏綿，繞結不解之意，參卷一文賦「誄纏綿而悽愴」注。相尋，相繼。鄭玄詩譜序：「衆國紛然，刺怨相尋。」

〔七〕與子二句：蕭墻，門屏。論語季氏：「吾恐季孫之憂，不在顓臾，而在蕭墻之内也。」集解引鄭玄曰：「蕭之言肅也，墻，謂屏也。君臣相見之禮，至屏而加肅敬焉，是以謂之蕭墻。」二句言顧榮在尚書省寺内，不能隨意往來。

〔八〕形影二句：蔡邕濟北相崔君夫人誄：「形影不見。」吕向注：「聲音，謂信命往來。」案：吕向所謂信命，云將命傳信之人。聲音，猶言語。二句謂隔絶不能相見，但憑信使傳語而已。

〔九〕音聲二句：音聲句，謂消息隔絶。詩大雅烝民：「仲山甫永懷，以慰其心。」

【集評】

陸時雍古詩鏡卷九：「朝游忘輕扇，夕息憶重衾」，苦拘而陋。

陳祚明采菽堂古詩選卷十：末六語稍清切。

朝游游層城，夕息旋直廬〔一〕。迅雷中霄激，驚電光夜舒〔二〕。玄雲拖朱閣，振風薄綺疏〔三〕。豐注溢修霤，潢潦浸階除〔四〕。停陰結不解，通衢化爲渠〔五〕。沉稼湮梁潁，流民泝荆徐〔六〕。眷言懷桑梓，無乃將爲魚〔七〕。奎章閣藏文選卷二十四之李善本

【校】

層城：「層」，文選五臣本、四部叢刊本文選、陳八郎本文選作「曾」，「層」「曾」通。

中宵：「宵」，影宋本、排印本初學記卷十一作「霄」，「霄」、「宵」通。

潢潦：「潢」，原作「黄」，據四部叢刊本文選、排印本初學記卷十一改。案：文選集注卷四十八載李善注：「南都賦曰：『潢潦獨臻。』」是李善本原亦作「潢」。

梁穎：文選集注引鈔曰：「穀穗也。」是其所見本作「梁穎」二字。

【箋注】

〔一〕朝游二句：層城，疑是晉宮城内樓觀名，在南宮太極殿左近。潘尼桑樹賦：「倚增城之飛觀，拂綺窗之疏寮。」層城即增城。參本卷祖道畢雍孫劉邊仲潘正叔「振纓曾城阿」注。直廬，漢書嚴助傳「君厭承明之廬」張晏注：「直宿所止曰廬。」案：初學記卷二十：「漢律：吏五日得一下沐。言休息以洗沐也。」漢書萬石君傳：「每五日洗沐歸謁親。」文穎注：「郎官五日一下。」王先謙漢書補注引劉奉世曰：「(石)建爲郎中令，慶爲内史，非郎官也。按霍光秉政亦休沐，然則漢公卿以下皆有休沐也。」休沐方得出宮歸私第，當直時宿止於廬。漢制如此。晉時亦然。

〔二〕迅雷二句：論語鄉黨：「迅雷風烈必變。」文選曹植美女篇李善注引蔡邕霖雨賦：「中宵夜而嘆息。」楚辭劉向九嘆遠游：「凌驚雷以軼駭電兮。」漢郊祀歌天門：「光夜燭。」

〔三〕玄雲二句：漢郊祀歌練時日：「靈之車，結玄雲。」拖，同拕、拖。説文手部：「拕，曳也。」振，禮記月令「蟄蟲始振」鄭玄注：「動也。」李善注：「風以動物，故謂之振。」薄，廣雅釋詁：「迫也。」疏，文選張衡西京賦「交綺豁以疏寮」薛綜注：「刻穿之也。」綺疏，謂窗飾，刻穿之如綺文。李尤東觀銘：「房闥内布，綺疏外陳。」

〔四〕豐注二句：修，楚辭天問「其修孰多」王逸注：「長也。」霤，説文雨部：「屋水流也。」引申爲屋檐承雨水流下處。經義述聞儀禮「縮霤」王引之按：「屋水所注之處亦謂之霤。」潢，説文水部：「積水也。」潦，説文水部：「雨水大貌。」除，説文阜部：「殿陛也。」張衡南都賦：「朝雲不興而潢潦獨臻。」蔡邕胡栗賦：「夾階除而列生。」

〔五〕停陰二句：古詩：「緣以結不解。」傅玄詩：「屯雲結不解，長溜周四阿。」班昭東征賦：「遵通衢之大道兮。」

〔六〕沉稼二句：梁、潁，地名，魏晋時皆屬豫州，晋有梁國、潁川郡，大致相當今河南商丘、許昌一帶。泝，文選張衡東京賦「泝洛背河」薛綜注：「向也。」荆、徐，二州名，分别在豫州西南及以東。

〔七〕眷言二句：詩小雅大東：「眷言顧之。」毛傳：「眷，反顧也。」桑梓，指故鄉。參卷一思親賦「悲桑梓之悠曠」注。左傳昭公元年：「天王使劉定公勞趙孟於潁，館於雒汭。劉子曰：『美哉，禹功！明德遠矣。微禹，吾其魚乎！』」吕延濟曰：「機本吴人，其鄉國多水。今此尚爲沉渠，則懼彼已爲湮没矣。」

【集評】

胡應麟評：此詩（案：指兩首）有建安遺意，正喜不爲才藻所掩。（見盧之頤輯十二家評昭

明文選）
陳祚明采菽堂古詩選卷十：目前景寫之能切，所懷亦真至。
何焯義門讀書記卷四十六：水鄉之士，值愁霖而憶桑梓，今古同也。

贈顧交趾公真〔一〕

顧侯體明德，清風肅已邁〔二〕。發迹翼藩后，改授撫南裔〔三〕。伐鼓五嶺表，揚旌萬里外〔四〕。遠績不辭小，立德不在大〔五〕。高山安足凌，巨海猶縈帶〔六〕。惆悵瞻飛駕，引領望歸旆〔七〕。

奎章閣藏文選卷二十四之李善本

【校】

題：文選總目作「贈交趾太守顧公真」。「公真」，藝文類聚卷二十九作「公直」。
揚旌：「旌」，藝文類聚卷二十九作「聲」。
安足：「安」，藝文類聚卷二十九作「何」。

【箋注】

〔一〕本詩題下李善注引晉百官名：「交州刺史顧祕，字公真。」顧祕，吳郡吳人。父悌，吳丞相雍族人，吳偏將軍。祕有文武才幹，曾爲吳興内史。惠帝太安二年，被推爲都督以討石冰之亂。懷帝永嘉間爲交州刺史，卒於任上。晉書無顧祕傳，其事迹略見於三國志吴書顧雍傳注引吴書、晉書惠帝紀及陶璜、顧衆、周玘、賀循、葛洪等傳。據陸機此詩，知其曾爲交阯太守。其時間當在任吴興内史之前，當惠帝元康年間。文選集注引鈔：「顧尚，字公真。初曾同事太子，今出爲交阯太守，故贈之也。」不知何據，姑録以備考。交阯，漢時置郡，西晉轄境當今越南紅河三角洲一帶，治龍編（今越南河内東）。太平御覽卷一載顧公直四言答陸機詩，僅存四句，公直當是公真之誤。

〔二〕顧侯二句：體，淮南子氾論「故聖人以身體之」高誘注：「行。」尚書梓材：「先王既勤用明德。」李善注引胡廣書：「建鴻德，流清風。」已，通以，而也。邁，説文辵部：「遠行也。」此謂其清風遠播。

〔三〕發迹二句：司馬相如封禪文：「公劉發迹於西戎。」李善注：「藩后，吴王也。顧氏譜曰：『祕爲吴王郎中令。』」又引蔡邕陳球碑：「遠鎮南裔，近撫侯服。」撫，説文手部：「安也。」

〔四〕伐鼓二句：詩小雅采芑：「鉦人伐鼓。」毛傳：「伐，擊也。」晉書地理志：「秦始皇既略定揚越，以謫戍卒五十萬人守五嶺。自北徂南入越之道必由嶺嶠，時有五處，故曰五嶺。」史記陳餘傳「南有五嶺之戍」集解引漢書音義：「嶺有五，因以爲名，在交阯界中也。」索隱引裴淵廣州記：「大庾、始安、臨賀、桂陽、揭陽，斯五嶺。」水經注無揭陽，有都龐。司馬相如子虚賦：「揚旌枻。」漢書陳湯傳劉向上疏：「縣旌萬里之外。」

〔五〕遠績二句：績，爾雅釋詁：「繼也。」左傳昭公元年：「子盍亦遠績禹功而大庇民乎？」孔疏：「遠績禹功者，勸之爲大功，使遠及後世，若大禹也。」襄公二十四年：「大上有立德，其次有立功，其次有立言。」韓詩外傳卷三：「江海不辭小流，所以成其大也。」老子五十二章「見小曰明」王弼注：「爲治之功不在大。」文選集注引陸善經曰：「言勿以交趾遠、小而憚之也。」

〔六〕高山二句：李善注引古辨異博游：「衆星累累如連貝，江河四海如衣帶。」（案：初學記卷一引衆星句，云出尚書考靈曜。）李周翰曰：「交州去帝京雖有高山，安足凌於上，言雖險如易越也。大海如繞帶，亦言度不難也。」

〔七〕惆悵二句：阮籍詠懷：「飛駕出南林。」左傳襄公二十六年：「引領南望。」

【集評】

李淳選文選評：「伐鼓」二句是壯行色，「引領歸旆」是送遠情語。

孫鑛評：氣象宏闊。（見天啓二年閔齊華刻孫月峰先生評文選）

陳祚明采菽堂古詩選卷十：亦是平調。

贈從兄車騎〔一〕

孤獸思故藪，離鳥悲舊林〔二〕。翩翩游宦子，辛苦誰爲心〔三〕。彷彿谷水陽，婉孌崑山陰〔四〕。營魄懷兹土，精爽若飛沉〔五〕。寤寐靡安豫，願言思所欽〔六〕。感彼歸塗艱，使我怨慕深〔七〕。安得忘歸草，言樹背與衿〔八〕。斯言豈虚作，思鳥有悲音〔九〕。

奎章閣藏文選卷二十四之李善本

【校】

題：太平御覽卷一百八十、太平寰宇記卷九十一、卷九十五引吳地記皆稱爲陸機思鄉詩。

誰爲：「誰」，陸本、藝文類聚卷三十一作「難」。

歸塗艱：李善注云：「集本云『歸塗順』也。」楊潛雲間志下「艱」作「難」。

忘歸：「歸」，匡謬正俗卷一引作「憂」。

【箋注】

〔一〕李善於題下有注云：「集云陸士光。」士光，陸曄字。曄祖瑁，丞相遜弟，吴選曹尚書。曄與陸機實爲從祖昆弟。曄少有雅望，察孝廉，除永世、烏江二縣令，皆不就。東晉元帝時，爲侍中，徙尚書，領州大中正。明帝時，爲尚書左僕射，領太子少傅，尋加金紫光禄大夫，爲領軍將軍，與王導、卞壼、庾亮、温嶠、郗鑒并受顧命，輔皇太子。成帝即位，拜左光禄大夫，開府儀同三司，進爵江陵公。咸和九年（三三四）九月卒，年七十四，追贈侍中、車騎大將軍。案：陸曄與機同年。唐修晉書本傳云：「從兄機每稱之曰：『我家世不乏公矣。』」太平御覽卷四百四十三引晋中興書：「陸曄，童亂中，從兄機稱之爲『陸氏之寶，我家不世之公』也。」唐修晋書或據晋中興書言之，皆以機爲兄。此云士光爲從兄，當以本詩爲是。又陸曄卒乃追贈車騎大將軍，此詩題「車騎」，當爲後人所加。

〔二〕孤獸二句：藪，周禮天官大宰「四曰藪牧」鄭玄注：「澤無水曰藪。」曹植静思賦：「離鳥鳴而相求。」

〔三〕翩翩二句：翩翩，詩小雅巷伯「緝緝翩翩」毛傳：「往來貌。」漢書淮南厲王傳薄昭與厲王書：「游宦事人。」辛苦句，見本卷赴洛二首之一「辛苦誰爲心」注。

〔四〕彷佛二句：楚辭遠游：「時彷佛以遥見兮。」谷水，謂華亭谷。李善注引陸道瞻吴地記：「海鹽縣東北二百里有長谷，昔陸遜、陸凱居此。谷東二十里有崑山，父祖葬焉。」太平寰宇記卷九十五引輿地志：「吴大帝以漢建安中封陸遜爲華亭侯，即以其所居爲封。谷出佳魚蒓菜，又多白鶴清唳，故陸機嘆曰：『華亭鶴唳，不可復聞。』」案：谷指水流而言，説文：「泉出通川爲谷。」崑山，即今上海市松江區之小崑山。婉孌，眷戀，見本卷於承明作與士龍「婉孌居人思」注。

〔五〕營魄二句：老子十章：「載營魄抱一。」河上公注：「營魄，魂魄也。」論語里仁：「小人懷土。」集解引孔安國曰：「懷，安也。」又曰：「重遷。」左傳昭公二十五年：「心之精爽，是謂魂魄。」王粲爲潘文則思親詩：「魂爽飛沉。」

〔六〕寤寐二句：詩周南關雎：「寤寐求之。」張衡東京賦：「膺多福以安悆。」薛綜注：「悆，寧也。」悆、豫通。詩邶風二子乘舟：「願言思子。」毛傳：「願，每也。」嵇康兄秀才公穆入軍贈詩：「感寤馳情，思我所欽。」

〔七〕使我句：慕，孟子離婁上「巨室之所慕」趙岐注：「思也。」萬章上：「萬章問曰：『舜往于田，號泣于旻天。何爲其號泣也？』孟子曰：『怨慕也。』」

〔八〕安得二句：詩衛風伯兮：「焉得諼草，言樹之背。」毛傳：「諼草令人善忘。背，北堂也。」孔疏：「諼訓爲忘，非草名。」何焯義門讀書記卷四十六：「『安得忘歸草』，萱草只取能忘，忘憂、忘歸皆可。」楚辭九歌山鬼：「留靈修兮憺忘歸。」案：羅願爾雅翼卷三「萱」條：「衛之君子行役，爲王前驅，過時不反，其婦人思之，則心痗首疾。思欲暫忘之而不可得，故願得善忘之草而植之，庶幾漠然而無所思。然世豈有此物也哉？蓋亦極言其情。」羅氏説伯兮甚善，可移以釋陸機詩句。又，顏師古匡謬正俗卷一云：「伯兮篇云：『焉得諼草，言樹之背。』毛傳云：『背，北堂也。』謂於堂北種之以忘憂耳。而陸士衡詩云：『焉得忘憂草，言樹背與襟。』便謂身體前後種之，此亦誤也。」顏説甚拘泥。伯兮之「背」謂北堂，陸詩雖出於彼，然變化而用之，亦無不可。李善注：「然衿，猶前也。」「言樹背與衿」，謂前後處處樹之，正見其憂思之深耳。

〔九〕斯言二句：詩小雅正月：「維號斯言，有倫有脊。」楚辭九章抽思：「名不可以虛作。」李周翰曰：「謂此言不虚也，思侶之鳥且有悲聲，況人豈無之也。」

【集評】

鍾惺評：情以藻宜，風骨稍劣。（見盧之頤輯十二家評昭明文選）

孫鑛評：語淺而意深，穆然可懷，正不必苦鏤。（見天啓二年閔齊華刻孫月峰先生評文選）

錢陸燦評：陳眉公居小崑山，爲匾額曰「婉孌草堂」，本此。（見萬曆二十三年晉陵吴氏刻文選）

葉矯然龍性堂詩話初集：陸機「焉得忘歸草，言樹背與襟」，增换毛詩字義最妙。蓋機自入洛後，思歸憂切，託於忘歸，正其憂之至也。背後襟前，言不特樹之後，并樹之前，益見其憂之甚耳。陸詩深妙如此，焦弱侯謂陸「忘歸」誤，「背」之亦誤，可爲一笑。

何焯義門讀書記卷四十六：「故藪」、「舊林」雙起，結但云「思鳥」，古人詩筆多如此。

方廷珪昭明文選集成：（「營魄」二句）頂足上面，刻畫得出。

答張士然〔一〕

絜身躋秘閣，秘閣峻且玄〔二〕。終朝理文案，薄暮不遑瞑〔三〕。駕言巡明祀，致敬在祈年〔四〕。逍遥春王圃，躑躅千畝田〔五〕。迴渠繞曲陌，通波扶直阡〔六〕。嘉穀垂重

奎章閣藏文選卷二十四之李善本

穎，芳樹發華顛〔七〕。余固水鄉士，總轡臨清淵〔八〕。戚戚多遠念，行行遂成篇〔九〕。

【校】

遑瞑：「瞑」，文選五臣本、陳八郎本文選、陸本、影宋本作「眠」。李善注：「『瞑』，古『眠』字。」

春王囿：「囿」，尤刻本文選、陸本作「圃」。

清淵：「淵」，文選五臣本、陳八郎本文選、影宋本作「泉」，文選卷三十一江淹雜體詩「日暮聊總駕，逍遥觀洛川」李善注引作「川」。

【箋注】

〔一〕李善注：「孫盛晋陽秋曰：『張悛，字士然。少以文章與陸機友善。』」文選卷三十八有悛爲吴令謝詢求爲諸孫置守冢人表，據李善注引晋陽秋，悛，吴國人，元康中爲謝詢作表，詔從之。李注又引晋百官名，曰悛爲太子庶子。案：陸雲亦有答張士然詩，云：「歡舊難假合，風土豈虚親。感念桑梓域，仿佛眼中人。」張時當在吴，二陸與其相贈答也。

〔二〕絜身二句：絜，清潔。絜、潔，古今字。王褒四子講德論：「潔身修思。」躋，説文足部：「登也。」秘閣，謂尚書臺省寺之閣，參本卷答賈謐「升降秘閣」注。案：本詩李善注：「吊魏武曰機『出補著作，游乎秘閣』，然秘書省亦爲秘閣。」是善以此詩爲陸機任著作郎時作。然詩云「終朝理文案，薄暮不遑瞑」，簿書旁午，事務繁劇，應是爲尚書郎景象。玄，説文玄部：「幽遠也。」

〔三〕終朝二句：終朝，詩小雅采緑「終朝采緑」毛傳：「自旦及食時爲終朝。」案，文書、文件，據以考案、案驗，故曰案。資治通鑑漢紀四十七「案經三府」胡三省注：「案，文案也，以考驗爲義。」薄暮，初學記卷一引纂要：「日將落曰薄暮。」瞑，説文目部：「翕目也。」詩小雅小弁：「不遑假寐。」鄭箋：「遑，暇也。」

〔四〕駕言二句：詩邶風泉水：「駕言出游。」明祀，謂重大之祭祀。左傳僖公二十一年：「崇明祀。」禮記鄉飲酒義：「拜至、拜洗、拜受、拜送、拜既，所以致敬也。」周禮春官籥章：「祈年于田祖。」鄭玄注：「祈年，祈豐年也。」

〔五〕逍遥二句：李善注：「晉宫閣銘（「銘」當作「名」）曰洛陽宫有春王園。」文選張衡東京賦「植華平於春圃」李善注：「宫閣記有春王圃。」禮記祭義：「昔者天子爲藉千畝……諸侯爲藉百畝。」晉書禮志載，晉武帝修千畝之制，並以太牢祀先農。其田地在洛陽東郊南、洛水北，惠帝之後其事便廢。陸機此詩中所寫似祀先農之事。

〔六〕迴渠二句：漢書成帝紀「出入阡陌」師古注：「阡陌，田間道也。南北曰阡，東西曰陌。」通波，言其水流暢達。扶，國語晉語「侏儒扶盧」韋昭注：「緣也。」

〔七〕嘉穀二句：尚書呂刑：「農殖嘉穀。」重穎，謂一莖數穗，如藝文類聚卷八十五引晉起居注：「武帝世嘉禾三生，元帝世嘉禾三生，其莖七穗。」應貞晉武帝華林園集：「嘉禾重穎，蓂莢載芬。」李善注引孝經援神契：「王者德至地則嘉禾生。」顛，廣雅釋詁：「末也。」此謂樹梢。

〔八〕余固二句：李善注：「水鄉，謂吴也。」總轡，總聚馬繮於手，謂駕也。見本卷赴洛道中二首之一「總轡登長路」注。

〔九〕戚戚二句：戚戚，楚辭九章悲回風：「居戚戚而不可解」王逸注：「思念憔悴，相連接也。」古詩：「行行重行行。」

【集評】

郭正域評：調度直致，有古意。（見萬曆三十年博古堂刻新刊文選批評）

宋徵璧抱真堂詩話：陸機「通波扶直阡」，「扶」字妙。

陳祚明采菽堂古詩選卷十：觸目懷土，此情亦真，然并平直無致。

王闓運八代詩選眉批：寬和。「余固水鄉士」二句，横嶺過峰。（據夏敬觀八代詩評所附）

贈馮文羆〔一〕

昔與二三子，游息承華南〔二〕。拊翼同枝條，翻飛各異尋〔三〕。苟無凌風翮，徘徊守故林〔四〕。慷慨誰爲感，願言懷所欽〔五〕。發軫清洛汭，驅馬太河陰〔六〕。佇立望朔塗，悠悠迴且深〔七〕。分索古所悲，志士多苦心〔八〕。悲情臨川結，苦言隨風吟〔九〕。愧

無雜佩贈，良訊代兼金〔一〇〕。夫子茂遠猷，款誠寄惠音〔一一〕。奎章閣藏文選卷二十四之李善本

【校】

苟無二句：原無，據文選五臣本、文選集注本、四部叢刊本文選、尤刻本文選、陳八郎本文選、陸本、影宋本補。

清洛：影宋本初學記卷十八作「清渭」，排印本初學記卷十八作「濁渭」。

太河：「太」，文選集注本卷四十八、四部叢刊本文選、尤刻本文選、陳八郎本文選、陸本、影宋本作「大」。「太」、「大」通。

分索二句：文選集注卷四十八：「今案：五家本無此二句也。」

【箋注】

〔一〕馮文羆，見本卷贈馮文羆遷斥丘令題注。文選胡刻本考異以爲本詩作于出補吴王郎中令時，可從。

〔二〕昔與二句：論語述而：「吾無行而不與二三子者。」承華，太子宫門名，參本卷贈馮文羆遷斥丘令「承華再建」注。

〔三〕拊翼二句：拊，廣雅釋詁：「擊也。」班固漢書叙傳述張耳陳餘傳第二：「拊翼俱起。」翻飛，見本卷贈馮文羆遷斥丘令「翻飛自南」注。尋，漢書郊祀志「寖尋於泰山矣」顔師古注：

「就也。」

〔四〕苟無二句：藝文類聚卷八十八引莊子：「鵠上高城之垝而巢於高榆之顛，城壞巢折，凌風而起。」古詩：「亮無晨風翼，焉能凌風飛。」王粲七哀詩：「飛鳥翔故林。」案：故林何指，衆説紛紜。文選集注引鈔：「故林，即謂猶爲洗馬。」又云：「機被廢官時也。」二説自相矛盾。集注又引陸善經曰：「謂同仕東宮，馮遷官而己留也。」吕向注：「故林，太子官，言尚爲洗馬。」胡刻本文選考異則云：「故林，謂吴。必作于出補吴王郎中令時，故云爾。潘安仁爲賈謐作贈詩：『旋反桑梓，帝弟作弼，或云國宦，清塗攸失。』亦即此意。」考異意謂「苟無」二句因出補吴王郎中令而失意。其説是。洗馬號爲清選，陸機并無因留東宮而怏怏反慕馮熊之意。且詩云「昔與二三子」，明是出太子宫語氣。

〔五〕願言句：參本卷贈從兄車騎「願言思所欽」注。

〔六〕發軫二句：軫，説文車部：「車後横木也。」代指車。班彪游居賦：「遂發軫於京洛。」潘岳藉田賦：「清洛濁渠。」洛汭，參卷二遂志賦「武定鼎於洛汭」注。詩鄘風載馳：「驅馬悠悠。」二句言自洛陽出發，行於黄河之南。案：陸機此行，先陸行至黄河，然後舟行，行思賦所謂「背洛浦之遥遥，浮黄川之裔裔」是也。參卷二該篇注。潘尼贈陸機出爲吴王郎中令云：「我車既巾，我馬既秣。星陳夙駕，載脂載轄。」亦可證其首途時乃陸行。文選集注引鈔釋此二句曰：「即謂文羆初去時。」誤。觀上下文意，乃陸機自述其行程。陸善經則連下文釋云：「言思而命駕，至彼河陰，佇立想望，悲吟成篇也。」亦不確。馮文羆遠在斥丘，陸機爲相思而特地命駕往河陰瞻望，恐無此理。「發軫」句明言離開洛陽。

〔七〕佇立二句：朔塗，斥丘屬魏郡，遠在河北，故云。王粲贈士孫文始：「雖則同域，邈其迴深。」

〔八〕分索二句：分索，分别，離散。見本卷答賈謐「分索則易」注。論語衛靈公：「志士仁人，無求生以害仁，有殺身以成仁。」傅玄雜詩：「志士惜日短。」古詩：「晨風懷苦心。」

〔九〕悲情二句：漢書揚雄傳：「雄以爲臨川羨魚，不如歸而結罔。」史記商君傳：「苦言，藥也；甘言，疾也。」其「苦言」謂諫言。李善注引張平子書：「酸者不能不苦於言。」嵇康聲無哀樂論：「情感於苦言。」謂辛酸之言也。陸詩亦辛酸之意。

〔一〇〕愧無二句：詩鄭風女曰鷄鳴：「雜佩以贈之。」毛傳：「雜佩者，珩璜琚瑀衝牙之類。」訊，爾雅釋言：「言也。」孟子公孫丑下：「餽兼金一百而不受。」趙岐注：「兼金，好金也。其價兼倍於常者，故謂之兼金。」文選集注引陸善經曰：「良訊，即此詩也。」案：荀子非相：「贈人以言，重於金石珠玉。」陸機當用此意。

〔一一〕夫子二句：茂，國語周語「叔父其茂昭明德」韋昭注：「勉也。」詩大雅抑：「遠猶辰告。」毛傳：「猶，道。」猶、猷通。款，廣雅釋詁：「愛也。」秦嘉贈婦詩：「何用叙我心，遺思致款誠。」惠，美也。參本卷贈馮文羆遷斥丘令「氣惠秋蘭」注。文選集注引陸善經曰：「寄惠音，令其報也。」二句言夫子當勉爲遠大之道，報我以款誠之好音。

【集評】

李淳選文選：此篇蒼然，類擬古之作。

陳祚明采菽堂古詩選卷十：雅調合旨。「拊翼」四句比擬得體，所謂合旨也。

俞瑒評：意致疏散，却多情思，猶有建安風骨。（見浙江圖書館藏清抄本昭明文選）

王闓運八代詩選眉批：寬和。朔途荒曠，以「迥」「深」二字寫之，愈覺驚心。（據夏敬觀八代詩評所附。）

李詳韓詩證選：（韓愈縣齋讀書：「投章類縞帶，佇答逾兼金。」）陸機贈馮文羆詩：「愧無雜佩贈，良訊代兼金。」

贈弟士龍

行矣怨路長，惄焉傷别促〔一〕。指途悲有餘，臨觴歡不足〔二〕。我若西流水，子爲東跱岳〔三〕。慷慨逝言感，徘徊居情育〔四〕。安得携手俱，契闊成騑服〔五〕。奎章閣藏文選卷二十四之李善本

【校】

案：此首又見陸雲集，爲答兄平原二首之一，藝文類聚卷二十九亦作陸雲贈兄詩，皆誤。逯欽立

先秦漢魏晉南北朝詩晉詩卷五云：「然昭明文選載此作陸士衡，別載『悠悠途可極』篇作陸士龍，此其所據之二陸文集當不誤也。意者陸士龍集編士龍答兄平原詩并附載士衡贈詩，與本集（案指陸雲集）并載鄭曼季贈答詩爲同例，經傳寫有脱誤，遂并作士龍詩。歐陽詢編類聚時所據之本已有脱奪矣。」

東跱：「跱」，文選五臣本、陳八郎本文選、陸本、影宋本作「峙」。

【箋注】

〔一〕行矣二句：論語鄉黨：「君命召，不俟駕行矣。」曹植贈白馬王彪：「怨彼東路長。」惄，廣雅釋詁：「痛也。」詩小雅小弁：「我心憂傷，惄焉如擣。」曹植送應氏：「別促會日長。」

〔二〕指途二句：潘岳悼亡：「路極悲有餘。」曹植求通親親表：「未嘗不聞樂而拊心，臨觴而嘆息也。」

〔三〕我若二句：李善注：「言己逝如西流之不息，雲止類東岳之不移也。」

〔四〕慷慨二句：李善注：「逝，機自謂也；居，謂雲也。言慷慨不平，逝者之言多感；徘徊興戀，居者之志彌生。」

〔五〕安得二句：詩邶風北風：「惠而好我，携手同行。」邶風擊鼓：「死生契闊，與子成説。」毛傳：「契闊，勤苦也。」騑服，吕氏春秋執一「今御驪馬者」高誘注：「在中曰服，在邊曰騑。」

【集評】

孫鑛評：（「徘徊」句）「育」字生澀。（見天啓二年閔齊華刻孫月峰先生評文選）

王夫之古詩評選卷四：渾渾成成作一首别詩，長可千年，大可萬里，一如明月在天之不改。所貴於詩者此爾。〇平原本色故然。入洛後思淺韻雜，下同二潘競江海之譽，則有贈顧交阯、祖道畢劉一派諂腐龐猥之詩，幾令風雅道喪矣。

陳祚明采菽堂古詩選卷十：「居情育」字是湊韻。「指途」二句，情切語蒼。

方廷珪昭明文選集成：情真語摯。〇（行矣二句）飄然而來。

祖道畢雍孫劉邊仲潘正叔〔一〕

皇儲延髦俊，多士出幽遐〔二〕。適遂時來運，與子游承華〔三〕。執笏崇賢内，振纓曾城阿〔四〕。畢劉贊文武，潘生莅邦家〔五〕。感别懷遠人，願言嘆以嗟〔六〕。藝文類聚卷二十九

【校】

適遂：藝文類聚卷六十七陸機贈潘正叔詩作「過蒙」。

與子：「子」，藝文類聚卷六十七陸機贈潘正叔詩作「爾」。

曾城：「曾」，陸本、影宋本作「層」。「曾」、「層」通。

【箋注】

〔一〕祖：左傳昭公七年「夢襄公祖」杜預注：「祭道神。」因行路之祭而設宴飲送行，故送行亦稱祖、祖道。漢書疏廣傳「設祖道」顏師古注：「祖道，餞行也。」畢雍孫、劉邊仲：未詳。潘正叔：潘尼，字正叔，滎陽中牟（今屬河南）人，潘岳從子。元康初，拜太子舍人，出爲宛令。陸機有答潘尼、贈潘尼詩。

〔二〕皇儲二句：皇儲，太子。文選潘岳西征賦「加顯戮於儲貳」李善注引宋均元命苞注曰：「儲君，副主，言設以待之。」髦，爾雅釋言：「俊也。」漢書叙傳述武紀第六：「髦俊并作。」多士，猶衆士。尚書大誥：「越爾多士。」晉書禮志晉武帝泰始四年詔：「雖幽遐側微，心無壅隔。」

〔三〕適遂二句：三國志魏書劉廙傳廙上疏：「值時來之運。」承華，太子宫門名，見本卷皇太子宴玄圃宣猷堂有令賦詩「振纓承華」注。

〔四〕執笏二句：執笏，宋書禮志：「古者貴賤皆執笏，其有事則搢之於腰帶，所謂搢紳之士者，搢笏而垂紳帶也。……笏者，有事則書之。……（今之）手板，則古笏矣。」崇賢，亦東宫門名。晉書愍懷太子傳：「太子……聞有使者至，改服出崇賢門，再拜，受詔，步出承華門。」又藝文類聚卷三十九引東宫舊事：「正會儀：太子……登輿，至承華門，設位拜二傅，二傅交禮畢，不復登車，太傅訓道在前，少傅訓從在後，太子入崇賢門。樂作，太子登殿，西向坐。」知崇賢門在承華門内。振纓，整理冠纓，參皇太子宴玄圃宣猷堂有令賦詩「振纓承華」注。曾城，當爲晉宫城内之觀名，在太子入朝之便座附近。潘尼桑樹賦：「從明儲以省膳，憩便房以偃息。觀兹樹之特瑋，感先皇之攸植。……倚增城之飛觀，拂綺窗之疏寮。」增、曾通。太子入朝，東宫僚屬隨行，故振纓。參卷四桑賦序「皇太子便坐，蓋本將軍直廬也」注、本卷贈尚書郎顧彦先「朝游游層城」注。阿，廣雅釋詁：「近也。」

〔五〕畢劉二句：未詳。贊，左傳昭公元年「天贊之也」杜預注：「佐助也。」莅，詩小雅采芑「方叔莅止」毛傳：「臨。」邦家，國家。

〔六〕願言：願，每。見本卷贈從兄車騎「願言思所欽」注。

答潘尼〔一〕

於穆同心，如瓊如琳〔二〕。我東日徂，來餞其琛〔三〕。彼美潘生，實綜我心〔四〕。探子玉懷，疇爾惠音〔五〕。　藝文類聚卷三十一

【校】

日徂：「日」，逯欽立先秦漢魏晉南北朝詩晉詩卷五作「曰」，可從。

探子：「子」，陸本、影宋本作「我」。

【箋注】

〔一〕潘尼，字正叔，榮陽中牟（今屬河南）人，潘岳從子。少有清才，以文章爲人所知。太康中，舉秀才。曾爲高陸令、淮南王允鎮東參軍。元康初，拜太子舍人。出爲宛令。入補尚書郎，轉著作郎。及趙王倫篡位，乃取假歸。後曾爲侍中、秘書監等。永興末，爲中書令。永嘉中，遷太常卿。洛陽將爲劉聰所破，尼東出成皋，道病卒，年六十餘。元康四年，陸機出爲吴王郎中令，潘尼贈以詩，陸機此首當即答詩。潘詩見文選卷二十四。

〔二〕於穆二句：詩周頌清廟：「於穆清廟。」毛傳：「於，嘆辭也。穆，美。」詩邶風谷風：「黽勉同心。」周易繫辭上：「二人同心，其利斷金。同心之言，其臭如蘭。」琳，説文玉部：「美玉也。」曹植文帝誄：「其貞如瓊。」左芬萬年公主誄：「如瓊如瑶。」

〔三〕我東二句：日，當作曰。詩豳風東山：「我徂東山。」又：「我東曰歸。」曰，語中助詞，無義。餞，説文食部：「送去食也。」引申爲送義。詩魯頌泮水：「來獻其琛。」毛傳：「琛，寶也。」

〔四〕彼美二句：詩鄭風有女同車：「彼美孟姜。」綜，周易繫辭上「錯綜其數」李鼎祚集解引虞翻曰：「理也。」詩邶風緑衣：「實獲我心。」

〔五〕探子二句：探，爾雅釋詁：「取也。」玉，美稱。疇，通酬，報也。惠音，見本卷贈馮文羆「款誠寄惠音」注。二句謂子取諸美懷以貽我，我亦報答爾之美音。

贈潘尼〔一〕

水會於海，雲翔於天〔二〕。道之所混，孰後孰先〔三〕？及子雖殊，同升太玄〔四〕。舍彼玄冕，襲此雲冠〔五〕。遺情市朝，永志丘園〔六〕。静猶幽谷，動若揮蘭〔七〕。藝文類聚卷三十一

【箋注】

〔一〕藝文類聚卷三十一載潘尼答陸士衡詩，有「昔游禁闥，祗畏夕惕。今放丘園，縱心夷易」及「予志耕圃，爾勤王役」之語，當是答此首。晋書潘尼傳：「及趙王倫篡位，孫秀專政，忠良之士，皆罹禍酷，尼遂疾篤，取假，拜掃墳墓。」永康二年（三〇一）正月倫篡位，四月被殺。本詩蓋此年春所作。

〔二〕水會二句：詩小雅沔水：「沔彼流水，朝宗于海。」淮南子説山：「江出岷山，河出崑崙，濟出王屋，潁出少室，漢出嶓冢，分流舛馳，注於東海。所行則異，所歸則一。」周易需象：「雲上於天。」

〔三〕道之二句：老子十四章：「不可致詰，故混而爲一。」二十五章：「有物混成，先天地生。」王弼注：「混然不可得而知，而萬物由之以成，故曰混成也。」二句謂事物皆道之所成，無先

無後。

〔四〕太玄：謂道。老子一章：「玄之又玄，衆妙之門。」揚雄作太玄經。

〔五〕舍彼二句：玄冕，行禮所服。見本卷吴王郎中時從梁陳作「玄冕無醜士」注。雲冠，謂隱者之服。參卷三幽人賦「彈雲冕以辭世」注。

〔六〕遺情二句：遺情，忘情，遺忘情累。市朝，市場與朝廷。周禮天官内宰「凡建國，佐后立市」鄭玄注：「市朝者，君所以建國也。建國者必面朝後市。」史記張儀傳：「争名者於朝，争利者於市。今三川、周室，天下之朝市也。」志，論語述而「志於道」何晏集解：「慕也。」周易賁六五：「賁于丘園。」

〔七〕揮蘭句：謂散發蘭馨。文選曹植七啓「揮流芳」李善注引韓康伯周易注：「揮，散也。」

【集評】

王夫之古詩評選卷二：詩入理語，惟西晋人爲劇。理亦非能爲西晋人累，彼自累耳。詩源情，理源性，斯二者豈分轅反駕者哉？不因自得，則花鳥禽魚累情尤甚，不徒理也。取之廣遠，會之清至，出之修潔，理固不在花鳥禽魚上耶？平原兹制，詎可云有注疏帖括氣哉？

贈紀士〔一〕

瓊瑰俟豐價，窈窕不自鬻〔二〕。有美蛾眉子，惠音清且淑〔三〕。修嫮協姝麗，華顔

婉如玉〔四〕。　藝文類聚卷三十一

【箋注】

〔一〕紀士：未詳。

〔二〕瓊瑰二句：左傳成公十七年：「或與己瓊瑰。」杜預注：「瓊，玉；瑰，珠也。」俟，詩邶風靜女「俟我於城隅」毛傳：「待也。」論語子罕：「有美玉於斯，韞匵而藏諸？求善賈而沽諸？」窈窕，文選顔延之秋胡詩「窈窕援高柯」李善注引薛君韓詩章句：「貞專貌。」案：此釋關雎「窈窕淑女」之「窈窕」。孟子萬章上：「自鬻以成其君，鄉黨自好者不爲。」

〔三〕有美二句：詩鄭風野有蔓草：「有美一人，清揚婉兮。」衛風碩人：「螓首蛾眉。」惠音，美音。

〔四〕修嫮二句：修，慧琳一切經音義卷二十五「熏修」注引玉篇：「治也，飾也。」嫮，廣雅釋詁：「好也。」楚辭離騷：「余雖好修姱以鞿羈兮。」又：「汝何博謇而好修兮，紛獨有此姱節。」嫮、姱通。姝，詩邶風靜女「靜女其姝」毛傳：「美色也。」召南野有死麕：「有女如玉。」

爲陸思遠婦作〔一〕

二合兆嘉偶，女子禮有行〔二〕。潔己入德門，終遠母與兄〔三〕。如何耽時寵，游宦忘歸寧〔四〕。雖爲三載婦，顧景愧虚名〔五〕。歲暮饒悲風，洞房涼且清〔六〕。拊枕循薄質，非君誰見榮〔七〕。離君多悲心，寤寐勞人情〔八〕。敢忘桃李陋，側想瑶與瓊〔九〕。

藝文類聚卷三十二

【箋注】

〔一〕陸思遠，未詳。

〔二〕二合二句：二合，謂二姓之合。禮記昏義：「昏禮者，將合二姓之好，上以事宗廟，而下以繼後世也，故君子重之。」説文女部：「媒，謀也，謀合二姓者也。」兆，左傳襄公八年「兆云詢多」杜預注：「卜。」儀禮士昏禮有問名、納吉，鄭玄注云：「問名者，將歸卜其吉凶。」又云：「歸卜於廟，得吉兆，復使使者往告，婚姻之事於是定。」此所謂「兆嘉偶」也。嘉，爾雅釋詁：「美也。」左傳桓公二年：「嘉耦曰妃，怨耦曰仇。」詩衛風竹竿：「泉源在左，淇水在右。女子有行，遠兄弟父母。」鄭箋：「小水有流入大水之道，猶婦人有嫁於君子之禮。……行，道也。女子有道當嫁耳。」

〔三〕潔己二句：論語述而：「人潔己以進。」何晏集解引鄭玄曰：「人虚己自潔而來。」楚辭遠游：「庶類以成兮，此德之門。」桓範與管寧書：「承訓誨於道德之門。」詩王風葛藟：「終遠兄弟。」

〔四〕如何二句：耽，慧琳一切經音義卷六十八「耽嗜」注引韓詩：「樂之甚者也。」寵，説文宀部：「尊居也。」時寵，謂當時之寵，一時之寵。如晉書王渾傳所謂「偶因時寵，權得持兵，非是舊典」。漢書淮南厲王傳薄昭與厲王書：「游宦事人。」詩周南葛覃：「歸寧父母。」毛傳：「寧，安也。」

〔五〕雖爲二句：詩衛風氓：「三歲爲婦，靡室勞矣。」鄭箋：「有舅姑曰婦。」案：三載，謂已久。司馬遷悲士不遇賦：「愧顧影而獨存。」鶡冠子度萬：「虚名相高。」

〔六〕歲暮二句：古詩：「白楊多悲風。」洞，慧琳一切經音義卷三十「該洞」注引顧野王曰：「謂深邃之貌也。」楚辭招魂：「絙洞房些。」陳琳詩：「秋風凉且清。」

〔七〕拊枕二句：拊，見本卷贈馮文羆「拊翼同枝條」注。張華情詩：「拊枕獨嘯嘆。」循，玄應一切經音義卷一「循身」注：「亦巡也，巡歷也。」案：引申爲省視、省思之意。質，廣雅釋言：「軀也。」薄質，猶言微軀、陋質。榮，荀子賦「志意之榮也」楊倞注：「華也。」楚辭九歌山鬼：「歲既晏兮孰華予。」王逸注：「誰復當令我榮華也。」誰見榮，亦言誰復榮華我，誰能使我有光彩也。

〔八〕寤寐句：詩周南關雎：「寤寐思服。」勞，文選張衡東京賦「爲之者勞」薛綜注：「苦也。」論衡道虚：「勞情苦思。」

〔九〕敢忘二句：敢，豈敢。側，不正，謙辭，表示敬畏。衛風木瓜：「投我以木桃，報之以瓊瑶。」

匪報也，永以爲好也。」又云：「投我以木李，報之以瓊玖。」郝立權云：「然辭雖出彼，意則謂桃李之質雖陋，願報以瓊瑶，俾永結恩好也。」案：側想句，謂想望君子回信，惠以好音也。

【集評】

陳祚明采菽堂古詩選卷十：淡淡情真。

王闓運八代詩選眉批：寬和。情景畢附。（據夏敬觀八代詩評所附）

爲顧彦先贈婦二首〔一〕

辭家遠行游，悠悠三千里〔二〕。京洛多風塵，素衣化爲緇〔三〕。循身悼憂苦，感念同懷子〔四〕。隆思亂心曲〔五〕，沉歡滯不起。歡沉難剋興〔六〕，心亂誰爲理？願假歸鴻翼，翻飛游江汜〔七〕。

【校】

題：李善注云：「集云爲令（案：尤刻本作全）彦先作，今云顧彦先，誤也。且此上篇贈婦，下篇答，而俱云贈婦，又誤也。」胡刻本文選考異據此注以爲應是爲全彦先作，「顧」字乃後人所改，見文選卷二十五陸雲爲顧彦先贈婦二首考異。紀昀玉臺新詠考異則云：「案晋書，顧榮字彦先。令彦先别無所考。二陸皆别有贈顧彦先詩，則作顧彦先似不誤。士龍此題『贈婦』

下有『往反』二字，士衡此題亦必爾，當是傳寫誤脱。文選載士龍詩題亦脱『往反』二字也。」今從其説。逯欽立云：「『爲令彦先』當是『爲令文、彦先』之誤。陸士龍集有答大將軍祭酒顧令文詩，又有與張光禄書云『顧令文、彦先每宣隆眷彌泰之惠』，即指此二人。」案：逯説不可據。代爲贈婦往返，有調侃之意，豈可同一詩篇贈與二人。又，第一首擬顧贈婦，第二首擬其婦答顧，固可謂往返，然擬婦答亦爲顧而擬，可謂擬中之擬，故亦不妨通題作爲顧贈婦，不必定有「往返」字也。

行游：「游」，程琰删補吴兆宜注玉臺新詠箋注卷三校語：「一作『役』。」

循身：「循」，原作「脩」，據玉臺新詠卷三改。玉臺新詠考異：「『循身』，文選作『修身』。案『循身』即撫躬之意。作『修身』非惟句格板拙，且與『憂苦』、『感念』俱不貫矣。」按：作「循」是。循、脩形近易訛，其例甚多。本集如爲陸思遠婦作「拊枕循薄質」、擬行行重行行「循形不盈衿」，「循薄質」、「循形」皆「循身」之意。

游江：「游」，原作「浙」，據文選五臣本、文選集注本、四部叢刊本文選、陳八郎本文選、影宋本改。胡刻本文選考異：「詳善但引『江有汜』爲注，而不注浙江，是江、汜連文，非浙、江連文。」

【箋注】

〔一〕顧彦先：顧榮字彦先，參本卷贈尚書郎顧彦先題注。文選集注該篇題注引鈔曰：「榮復是機姊夫。」不知所據。

〔二〕辭家二句：曹植雜詩：「僕夫早嚴駕，吾將遠行游。」後漢書列女傳蔡琰悲憤詩：「悠悠三千里，何時復交會。」

〔三〕緇：詩鄭風緇衣「緇衣之宜兮」毛傳：「黑色。」

〔四〕循身二句：循身，謂省念自身。參校記及本卷爲陸思遠婦作「拊枕循薄質」注。悼，詩衛風氓「躬自悼矣」毛傳：「傷也。」史記孝文紀和親詔：「憂苦萬民，爲之怛惕不安。」漢書史丹傳：「感念哀王，悲不能自止。」

〔五〕隆思句：李善注引薛君韓詩章句：「時風又且暴，使己思益隆。」案：此釋邶風終風「終風且暴」。王先謙詩三家義集疏云：「韓詩以爲夫婦之詞，故陸（機）贈婦詩用其義也。」張華答何劭：「悟物增隆思，結戀慕同儕。」詩秦風小戎：「亂我心曲。」鄭箋：「心曲，心之委曲也。憂則心亂也。」

〔六〕剋：玄應一切經音義卷二十五「剋勝」注引字林：「能也。」

〔七〕顧假二句：李善注引曹丕喜霽賦：「思寄身於鴻鸞，舉六翮而輕飛。」詩召南江有汜毛傳：「決復入爲汜。」江，長江。江汜，泛指長江流域，此指吴地。

【集評】

洪邁容齋隨筆續筆卷八：陳簡齋墨梅絶句一篇云：「粲粲江南萬玉妃，別來幾度見春歸。相逢京洛渾依舊，只恨緇塵染素衣。」語意皆妙絶。晉陸機爲顧榮贈婦詩云：「京洛多風塵，素衣化爲緇。」齊謝玄暉酬王晉安詩云：「誰能久京洛，緇塵染素衣。」正用此也。

王夫之古詩評選卷四：猶净。四句迭爲承受，始於平原，盛於康樂。當時詡爲新制，然亦三百篇所固有也。構此者非以爲脉絡，正使來去低回，倍增心曲爾。後人捨此用法，裂肌割肉，俾就矩矱，神死而氣不獨生，又何足道。

陳祚明采菽堂古詩選卷十：「隆思」四句，士衡常格，字法、句法并生，無甚旨趣。京洛二句佳，然亦近。

張玉穀古詩賞析：「素衣化緇」，造語新穎。

東南有思婦，長嘆充幽闥〔一〕。借問嘆何爲，佳人眇天末〔二〕。游宦久不歸〔三〕，山川修且闊。形影參商乖，音息曠不達〔四〕。離合非有常，譬彼弦與筈〔五〕。願保金石軀，慰妾長饑渴〔六〕。奎章閣藏文選卷二十四之李善本

【校】

音息：「息」，初學記卷十八作「信」。

非有：初學記卷十八作「豈非」。

弦與筈：「筈」，初學記卷十八作「栝」。

金石軀：「軀」，玉臺新詠卷三作「志」。

【箋注】

〔一〕東南二句：曹植七哀詩：「上有愁思婦，悲嘆有餘哀。」文選張衡西京賦：「重閨幽闥。」薛綜注：「宮中之門小者曰闥。」

〔二〕佳人句：佳人，猶好人，古男女通稱。楚辭九章悲回風：「惟佳人之永都兮。」王逸注：「佳人，謂懷、襄王也。」曹植閨情：「佳人在遠道。」張衡東京賦：「眇天末以遠期。」

〔三〕游宦句：游宦，見本卷贈從兄車騎「翩翩游宦子」注。曹植送應氏：「游子久不歸。」

〔四〕形影二句：左傳昭公元年：「子産曰：『昔高辛氏有二子，伯曰閼伯，季曰實沈。居於曠林，不相能也，日尋干戈，以相征討。后帝不臧，遷閼伯于商丘，主辰，商人是因，故辰爲商星。遷實沈于大夏，主參，唐人是因，以服事夏、商，其季世曰唐叔虞……故參爲晋星。』」揚雄法言學行：「吾不睹參、辰之相比也。」文選蘇武詩：「況我連枝樹，與子同一身，昔爲鴛與鴦，今爲參與辰。」音息，李善注：「音問，消息也。」曠，廣雅釋詁：「久也。」

〔五〕離合二句：李善注引呂氏春秋：「夫萬物成則毁，合則離，離則復合，合則復離。」案：呂氏春秋必己：「夫萬物之情……成則毁……合則離……」又大樂：「離則復合，合則復離，是謂天常。」文選集注此二句下善注於「合則離」下有「又曰」二字，是。筈，釋名釋兵：「矢……其末曰栝。栝，會也，與弦會也。」筈、栝通。

〔六〕願保二句：古詩：「人生非金石，豈能長壽考。」此反古詩之意，願其良人如金石之堅也。軀，玉臺新詠作志。玉臺新詠考異云：「案作『志』乃冀不相負，猶是恒意。作『軀』則憂念行人，祝其無恙，用意更爲深至。」詩周南汝墳：「未見君子，惄如調飢。」李善注引李陵贈蘇武詩：「思得瓊樹枝，以解長飢渴。」案：古文苑載録别詩作「以解長渴飢」，渴字出韻，李注倒字以就正文。

【集評】

唐汝諤古詩解：（陸機之作此兩首）事雖近戲，而意極莊嚴。

陳祚明采菽堂古詩選卷十：此首稍亮，有古意。但似是婦贈，非贈婦，何也？

何焯評：兩「願」字相對。（見于光華文選集評）

孫人龍昭明選詩初學讀本：詩以情勝，故淡而彌旨，殊出諸作上。

張玉穀古詩賞析：（後一首）前四，由居愁即點懷人，却用記事體，詰問而起，别甚。中四，叙闊别正面，簡而括。後四，推開以安命語作慰，以保身語致祈，而己之饑渴，只在反面點出，若不望其歸而望歸之意愈顯，用意最曲。

紀昀玉臺新詠批語：「充」字作滿解。然此種字法，終嫌板笨。

方廷珪昭明文選集成：弦與括，始不相離而終相離，妙譬。

爲周夫人贈車騎〔一〕

碎碎織細練，爲君作縑襦〔二〕。君行豈有顧，憶君是妾夫。昔者得君書，聞君在高平〔三〕。今時得君書，聞君在京城。京城華麗所，璀粲多異端〔四〕。男兒多遠志〔五〕，豈知妾念君。昔者與君別，歲聿薄將暮〔六〕。日月一何速，素秋墜湛露〔七〕。湛露何冉冉，思君隨歲晚〔八〕。對食不能飡，臨觴不能飯〔九〕。玉臺新詠卷三

【校】

題：原無「爲」字，據程琰删補吴兆宜注玉臺新詠箋注、陸本、影宋本補。

爲君句：程琰删補吴兆宜注玉臺新詠箋注卷三校語：「一作『當爲君作襦』。」

華麗所：「所」，程琰删補吴兆宜注玉臺新詠箋注卷三校語：「一作『鄉』。」

異端：「端」，陸本作「人」。

歲聿：「聿」，陸本、影宋本作「律」，「聿」、「律」通。

能飯：「飯」，陸本、影宋本作「飲」。

【箋注】

〔一〕周夫人、車騎，未詳。郝立權注以爲車騎指陸曄。案：陸曄卒後追贈車騎大將軍，參本卷贈

從兄車騎題注。

〔二〕碎碎二句：碎碎，郝立權注：「機杼聲也。」案：似言其織零零碎碎，絲絲縷縷、分分寸寸累積而成。唐王維送李睢陽：「碎碎織練與素絲，游人賈客信難持，五穀前熟方可爲。」言治郡當以農爲本，工商不可憑恃，其「碎碎織練」正用陸機詩，似亦指其細碎而言。練，急就章卷二「綈絡縑練素帛蟬」顔師古注：「煮縑而熟之也。」指緻密而軟熟之絲織品。襩，通襩。釋名釋衣服：「襩，禪衣之無胡者也，言袖夾直，形如溝也。」無胡，言衣袖緊而直，不寬大下垂。此指單衣。襦，説文衣部：「短衣也。」

〔三〕高平：晉書地理志有高平國，治昌邑（今山東巨野南），所轄有高平縣。又邵陵郡有高平縣（今湖南邵陽西北）。又晉書劉沈傳云鄭縣有高平亭。郝立權云：「晉書陸曄傳：『父英，高平相，員外散騎常侍。』……蓋言曄隨父之高平任所也。」録以備考。

〔四〕璀粲：文選王延壽魯靈光殿賦：「汨磑磑以璀璨。」張載注：「皆其形貌光輝也。」璨、粲通。

〔五〕男兒句：左傳昭公十二年：「邇身而遠志。」

〔六〕歲聿句：詩唐風蟋蟀：「蟋蟀在堂，歲聿其莫。」毛傳：「聿，遂。」暮、莫，古今字。薄，廣雅釋詁：「迫也。」

〔七〕日月二句：詩唐風蟋蟀：「今我不樂，日月其除。」古詩：「四時更變化，歲暮一何速。」素秋，爾雅釋天：「秋爲白藏。」其氣白，故曰素。潘尼贈陸機出爲吳王郎中令「予涉素秋」李善注引劉禎與臨淄侯書：「肅以素秋則落。」詩小雅湛露：「湛湛露斯」毛傳：「湛湛，露茂盛貌。」楚辭九章悲回風：「吸湛露之浮源兮。」

〔八〕湛露二句：冉冉，説文冄部段玉裁注：「冉，柔弱下垂之貌。」古詩：「思君令人老，歲月忽已晚。」

〔九〕對食二句：飧，詩魏風伐檀「不素飧兮」毛傳：「熟食曰飧。」鄭風狡童：「維子之故，使我不能餐兮。」秦嘉贈婦詩：「臨食不能飯。」曹植陳審舉表：「未嘗不輟食而揮餐，臨觴而扼腕矣。」阮籍詠懷：「臨觴拊膺，對食忘餐。」

【集評】

謝榛四溟詩話卷四：陸士衡爲周夫人寄車騎云：「昔者得君書，聞君在高平。今者得君書，聞君在京城。」及觀劉采春囉嗊曲云：「那年離別日，只道往桐廬。桐廬人不見，今得廣州書。」此二絶同意，作者粗直，述者深婉。然將種臨敵而不勝女兵，所謂小戰則怯是也。

毛先舒詩辯坻卷二：「千里共明月」、「没爲長不歸」，顏、謝所以相嘲謔也。士衡「君行豈有顧，憶君是妾夫」，抑又甚焉。然不足深病者，因拙見古耳。

陳祚明采菽堂古詩選卷十：稍有古意，起手似樂府。

紀昀玉臺新詠批語：「觴」不可云「飯」。

王闓運八代詩選眉批：五言作樂府體。士衡詩如此樸者甚少。（據夏敬觀八代詩評所附）

陸機集卷第六

擬古　樂府

擬行行重行行

悠悠行邁遠〔一〕，戚戚憂思深。此思亦何思，思君徽與音〔二〕。音徽日夜離，緬邈若飛沉〔三〕。王鮪懷河岫，晨風思北林〔四〕。游子眇天末，還期不可尋〔五〕。驚飆褰反信，歸雲難寄音〔六〕。佇立想萬里，沈憂萃我心〔七〕。攬衣有餘帶，循形不盈衿〔八〕。去去遺情累〔九〕，安處撫清琴。奎章閣藏文選卷三十之李善本

【校】

河岫：「河」，原作「何」，據四部叢刊本文選、北宋本文選、尤刻本文選、陳八郎本文選、陸本、影宋

本改。

還期：「還」，文選五臣本、四部叢刊本文選、陳八郎本文選作「遠」。

想萬里：「想」，六朝詩集本作「望」。

清琴：「清」，陳八郎本文選作「青」。

【箋注】

〔一〕悠悠句：詩小雅黍苗：「悠悠南行。」毛傳：「悠悠，行貌。」王風黍離：「行邁靡靡。」丁廙蔡伯喈女賦：「行悠悠於日遠。」

〔二〕思君句：詩大雅思齊：「大姒嗣徽音。」鄭箋：「徽，美也。嗣大任之美音，謂續行其善教令。」張銑注：「言思君美德及音信也。」案：「徽與音」雖出於思齊，然「徽」、「音」并列，與鄭箋微異。

〔三〕音徽二句：音徽，即上句之「徽與音」，謂對方之美好、對方之聲音。飛沉，李周翰注：「喻高下懸隔也。」後漢書李膺傳荀爽貽李膺書：「任其飛沈。」

〔四〕王鮪二句：周禮天官𩙻人：「春獻王鮪。」鄭玄注：「王鮪，鮪之大者。」毛詩草木鳥獸蟲魚疏「有鱣有鮪」條：「鮪魚形似鱣而色青黑，頭小而尖，似鐵兜鍪，口在頷下。……大者不過七八尺。……大者爲王鮪，小者爲叔鮪。……肉色白，味不如鱣也。」張衡東京賦：「王鮪岫居。」薛綜注：「山有穴曰岫。王鮪，魚名也，居山穴中。長老言：王鮪之魚由南方來，出此穴中，入河水，見日目眩，浮水上，流行七八十里，釣人見之，取之以獻天子，用祭。其穴在河南小平山。」詩秦風晨風：「鴥彼晨風，鬱彼北林。」毛傳：「晨風，鸇也。……北林，林名也。」

〔五〕游子二句：史記高祖紀：「游子悲故鄉。」張衡東京賦：「眇天末以遠期。」後漢書南蠻傳李固駁議：「遠赴萬里，無有還期。」

〔六〕驚飆二句：吕向注：「褰，絶也。驚風之來，絶其反信；歸雲之去，難以寄音。」案：褰，通搴。廣雅釋詁：「搴，拔也。」飆自下而上，故言搴。反信，指游子傳與家人之消息。此句極言其音訊全無。張衡思玄賦：「憑歸雲而遐逝兮。」雲遠逝似歸，故曰歸雲。楚辭九章思美人：「願寄言於浮雲兮，遇豐隆而不將。」

〔七〕沈憂句：曹植雜詩：「沈憂令人老。」萃，廣雅釋詁：「聚也。」

〔八〕攬衣二句：傷歌行古辭：「攬衣曳長帶。」古樂府歌：「衣帶日趣緩。」古詩：「衣帶日已緩。」循，慧琳一切經音義卷三十三「捫摸」注：「即摩也。」衿，衣襟。

〔九〕去去句：情累，以情爲累，故曰情累。見卷三陵霄賦「凱情累以遂濟」注。蔡琰悲憤詩：「去去割情戀。」

【集評】

孫鑛評：「想萬里」、「有餘帶」俱變得妙；「飆」、「雲」兩語係增出，然却佳；撫琴稍作意，不

若加餐渾妙。(見天啓二年閔齊華刻孫月峰先生評文選)

賀貽孫詩筏:(古詩)「晨風懷苦心,蟋蟀傷局促。」「苦心」、「局促」,着在「晨風」、「蟋蟀」,妙甚。蓋愁思之極,彼蟲鳥亦若代爲心傷也。只如此看,語意自深。今之箋詩者,咸以「晨風」、「蟋蟀」爲毛詩二篇。果爾,則淺薄無味,何以爲古詩乎?陸士衡擬古云:「王鮪懷河岫,晨風思北林。」據此則晨風爲鳥名無疑。然「思北林」語意索然,較之「懷苦心」三字,相去不獨徑庭,且天淵矣。

陳祚明采菽堂古詩選卷十:「攬衣」二句,秀琢。

王闓運八代詩選眉批:寬和。陸擬詩,面貌雖間有研鍊華肇之處,而氣骨直與古作契合。須觀其鋪叙中有回復,整密中有疏宕,每出兩句,皆苦心有得處。(據夏敬觀八代詩評所附)

擬今日良宴會

閑夜命懽友,置酒迎風館〔一〕。齊僮梁甫吟,秦娥張女彈〔二〕。哀音繞棟宇,遺響入雲漢〔三〕。四坐咸同志,羽觴不可筭〔四〕。高談一何綺,蔚若朝霞爛〔五〕。人生無幾何,爲樂常苦晏〔六〕。譬彼伺晨鳥,揚聲當及旦〔七〕。曷爲恒憂苦,守此貧與賤〔八〕。

奎章閣藏文選卷三十之李善本

【校】

棟宇：「棟」，陸本作「梁」。

朝霞：李善注：「『霞』或爲『華』。」

伺晨：「伺」，藝文類聚卷三十九作「司」。

【箋注】

〔一〕閑夜二句：閑，文選王延壽魯靈光殿賦「西廂踟躕以閑宴」張載注：「清閑也。」傅毅舞賦：「夫何皎皎之閑夜兮。」命，廣雅釋詁：「呼也。」漢書揚雄傳：「甘泉本因秦離宫，既奢泰，而武帝復增通天、高光、迎風。」文選曹植贈徐幹：「迎風高中天。」李善注：「地理書曰：『迎風觀在鄴。』」案：陸機借用舊名耳，不必泥究其所在。

〔二〕齊僮二句：張衡南都賦：「於是齊僮唱兮列趙女。」蔡邕琴賦：「梁甫悲吟。」李善注引琴操：「曾子耕泰山之下，天雨雪凍，旬月不得歸，思其父母，作梁山歌。」郭茂倩樂府詩集相和歌辭楚調曲梁甫吟解題云：「梁甫，山名，在泰山下。梁甫吟蓋言人死葬此山，亦葬歌也。」李善注引應瑒神女賦：「夏姬曾不足以供妾御，況秦娥與吴娃。」揚雄方言卷二：「秦晉之間，美貌謂之娥。」文選潘岳笙賦「輟張女之哀彈」李善注：「閔洪琴賦曰：『汝南鹿鳴，張女群彈。』然蓋古曲，未詳所起。」

〔三〕哀音二句：列子湯問：「昔韓娥東之齊，匱糧，過雍門，鬻歌假食。既去而餘音繞梁欐，三日不絶。」又曰：「薛譚學謳於秦青，未窮青之技，自謂盡之，遂辭歸。秦青弗止，餞於郊衢，撫節悲歌，聲振林木，響遏行雲。」案：列子雖是僞書，然此二事又見於張華博物志，知古有其説，僞作列子者用之耳。參楊伯峻列子集釋。

〔四〕四坐二句：韓詩外傳卷五：「同志相從。」説文又部：「同志爲友。」楚辭招魂：「瑶漿蜜勺，實羽觴些。」文選张衡西京賦：「促中堂之狹坐，羽觴行而無筭。」李善注引漢書音義：「羽觴作生爵形。」案：羽觴之命名、形制，諸説不一，當以作爵（雀）形故名羽觴者爲是。參程大昌演繁露卷十四「古爵羽觴」條。儀禮鄉飲酒禮：「無筭爵。」鄭玄注：「筭，數也。賓主燕飲，爵行無數，醉而止也。」

〔五〕高談二句：太平御覽卷二百五十三引東觀漢紀：「但高談清論以激厲之。」曹丕與朝歌令吴質書：「高談娛心。」綺，美好。案：綺之本意爲文繒，然引申之，不限於指花紋色彩之麗。如曹丕大墻上蒿行：「君劍良，綺難忘。」陸機數用之，如文賦：「藻思綺合。」擬青青陵上柏：「名都一何綺。」日出東南隅行：「綺態隨顔變。」參卷一文賦「詩緣情而綺靡」注。王逸荔支賦：「灼灼若朝霞之吐日。」曹植洛神賦：「遠而望之，皓若太陽升朝霞。」

〔六〕人生二句：左傳襄公三十一年：「人生幾何，誰能無偷，朝不及夕。」晏，小爾雅廣言：「晚也。」李善注引秦嘉答婦詩：「憂艱常早至，爲樂常苦晚。」案：玉臺新詠秦嘉贈婦作「歡會常苦晚」。

〔七〕譬彼二句：李善注引尸子：「使鷄伺晨。」又注曰：「春秋考異郵曰：『鶴知夜半，鷄應旦明。』明與鳴同，古字通。」

〔八〕守此句：論語里仁：「貧與賤，是人之所惡也，不以其道得之，不去也。」

【集評】

王世貞評：意出十九首，不能自措，而略易字面，自成佳構。（見盧之頤輯十二家評昭明文選）

陳祚明采菽堂古詩選卷十：清警。

王闓運八代詩選眉批：似魏文帝。（據夏敬觀八代詩評所附）

擬迢迢牽牛星

昭昭清漢暉，粲粲光天步〔一〕。牽牛西北迴，織女東南顧〔二〕。華容一何冶，揮手如振素〔三〕。怨彼河無梁，悲此年歲暮〔四〕。跂彼無良緣，睆焉不得度〔五〕。引領望大川，雙涕如霑露〔六〕。奎章閣藏文選卷三十之李善本

【校】

清漢：「清」，玉臺新詠卷三作「天」。

何冶：「冶」，玉臺新詠卷三作「綺」。李善注：「『冶』或爲『綺』，非也。」

睆焉：「睆」，玉臺新詠卷三作「晥」。玉臺新詠考異：「案『晥』字於義可通，而『睆彼牽女』實本經義，故從文選。」

【箋注】

〔一〕昭昭二句：晏子春秋内篇諫下：「星之昭昭，不若月之曀曀。」粲粲，詩小雅大東「粲粲衣服」毛傳：「鮮盛貌。」步，説文步部：「行也。」光天步，謂星漢之行，光耀於天。

〔二〕織女句：大戴禮記夏小正：「七月……初昏，織女正東鄉。」

〔三〕華容二句：曹植洛神賦：「華容婀娜，令我忘餐。」揮手句，謂織女手弄機杼，手與所織之素潔白一色。

〔四〕怨彼二句：文選曹丕燕歌行：「牽牛織女遥相望，爾獨何辜限河梁。」李善注引曹植九詠注：「牽牛爲夫，織女爲婦。織女、牽牛之星各處一旁，七月七日得一會同矣。」又曹丕雜詩：「欲濟河無梁。」孔融雜詩：「但患年歲暮。」

〔五〕跂彼二句：詩小雅大東：「跂彼織女。」毛傳：「跂，隅貌。」孔疏：「孫毓云：『織女三星，跂然如隅。』然則三星鼎足而成三角，望之跂然，故云隅貌。」大東：「睆彼牽牛。」毛傳：「睆，明星貌。」案：跂彼、睆焉，以牛、女之形態指代二星。

〔六〕引領二句：左傳成公十三年：「引領西望。」周易需：「利涉大川。」班婕妤自悼賦：「雙涕兮横流。」曹植慰子賦：「衣霑露而含霜。」

【集評】

陳祚明采菽堂古詩選卷十：「跂彼」二句稍雋。

王闓運八代詩選眉批：「華容」二句新語。（據夏敬觀八代詩評所附）

擬涉江采芙蓉

上山采瓊蕊，穹谷饒芳蘭〔一〕。采采不盈掬，悠悠懷所歡〔二〕。故鄉一何曠，山川阻且難〔三〕。沈思鍾萬里，躑躅獨吟嘆〔四〕。奎章閣藏文選卷三十之李善本

【校】

饒芳：「饒」，陸本、影宋本作「繞」。

【箋注】

〔一〕上山二句：古詩有上山采蘼蕪。張衡西京賦：「屑瓊蕊以朝飧。」穹谷，深大之谷，見卷四鼓吹賦「顧穹谷以含哀」注。

〔二〕采采二句：詩周南卷耳：「采采卷耳，不盈頃筐。」采采，采之又采。詩小雅采綠：「終朝采綠，不盈一匊。」毛傳：「兩手曰匊。」釋文：「注本或『一手曰匊』。」匊、掬，古今字。邶風終

風：「悠悠我思。」劉楨贈五官中郎將：「能不懷所歡。」

〔三〕山川句：詩秦風蒹葭：「道阻且躋。」毛傳：「躋，升也。」鄭箋：「言其難至，如升阪。」曹植送應氏：「山川阻且遠，别促會日長。」

〔四〕沈思二句：鍾，左傳昭公二十八年「天鍾美於是」杜預注：「聚也。」古詩：「沈吟聊躑躅。」

【集評】

孫鑛評：古淡可味，渾然無模擬迹。（天啓二年閔齊華刻孫月峰先生評文選）

擬青青河畔草

靡靡江離草，熠耀生河側〔一〕。皎皎彼姝女，阿那當軒織〔二〕。粲粲妖容姿，灼灼美顔色〔三〕。良人游不歸，偏棲獨隻翼〔四〕。空房來悲風，中夜起嘆息〔五〕。奎章閣藏文選卷三十之李善本

【校】

熠耀：藝文類聚卷三十二作「熠爍」。

妖容：「妖」，藝文類聚卷三十二作「嬌」。玉臺新詠考異：「『妖』，藝文類聚作『嬌』，誤。此字後來習見，漢晋間人尚不甚用也。」

美顔：玉臺新詠卷三作「華美」。

獨隻：「獨」，程琰删補吴兆宜注玉臺新詠箋注卷三校語：「一作『常』。」

空房：「房」，程琰删補吴兆宜注玉臺新詠箋注卷三校語：「一作『室』。」

【箋注】

〔一〕靡靡二句：靡，文選陸機文賦「言徒靡而弗華」李善注引薛君韓詩章句：「好也。」司馬相如長門賦：「觀夫靡靡而無窮。」江離，楚辭離騷「扈江離與辟芷兮」王逸注：「香草名。」李時珍本草綱目云江離即蘼蕪，大葉似芹者爲江離，細葉似蛇床者爲蘼蕪。詩豳風東山：「熠耀其羽」鄭箋：「羽鮮明也。」

〔二〕皎皎二句：古詩：「盈盈樓上女，皎皎當窗牖。」姝，説文女部：「好也。」詩齊風東方之日：「彼姝者子，在我室兮。」檜風隰有萇楚：「猗儺其枝。」猗儺，美盛貌。阿那即猗儺，字又作阿難、婀娜、旖旎。參黄生字詁、王引之經義述聞卷五、馬瑞辰毛詩傳箋通釋卷十四。

〔三〕粲粲二句：妖，玄應一切經音義卷一「妖艷」注引三蒼：「妍也。」灼灼，廣雅釋訓：「明也。」詩周南桃夭：「灼灼其華。」

〔四〕良人二句：良人，孟子離婁下「其良人出」趙岐注：「夫也。」楚辭招隱士：「王孫游兮不歸。」偏，吕氏春秋士容「則室偏無光」高誘注：「半也。」雙飛雙宿者今僅半在，故曰偏。曹植九愁賦：「覿偏棲之孤禽。」隻，説文隹部：「鳥一枚也。」

〔五〕空房二句：班婕妤擣素賦：「還空房而掩咽。」潘岳悼亡：「空虚來悲風。」曹植美女篇：「中夜起長嘆。」

【集評】

王闓運八代詩選眉批：結健而婉。（據夏敬觀八代詩評所附）

擬明月何皎皎

安寢北堂上〔一〕，明月入我牖。照之有餘暉，攬之不盈手〔二〕。涼風繞曲房，寒蟬鳴高柳〔三〕。踟蹰感節物，我行永已久〔四〕。游宦會無成，離思難常守〔五〕。奎章閣藏文選卷三十之李善本

【箋注】

〔一〕北堂：堂，説文土部：「殿也。」段玉裁注：「前有陛，四緣皆高起。」又急就章「室宅廬舍樓殿堂」顔師古注：「凡正室之有基者則謂之堂。」北堂，指正室有基者，以其居北，故曰北堂。隴西行古辭：「請客北堂上，坐客氈氍毹。」趙壹刺世疾邪賦：「伊優北堂上，抗髒倚門邊。」

〔二〕攬之句：淮南子覽冥：「天地之間，巧曆不能舉其數。手徵忽怳，不能覽（借作攬）其光。」高誘注：「天道廣大，手雖能徵其忽怳無形者，不能覽得日月之光也。」

〔三〕涼風二句：爾雅釋天：「北風謂之涼風。」枚乘七發：「縱恣乎曲房隱間之中。」禮記月令：「孟秋之月……涼風至，白露降，寒蟬鳴。」文選曹植贈白馬王彪：「秋風發微涼，寒蟬鳴我側。」李善注引蔡邕月令章句：「寒蟬應陰而鳴，鳴則天涼，故謂之寒蟬也。」

〔四〕我行句：詩小雅六月：「我行永久。」

〔五〕游宦二句：會，當也，應也，有將然語氣。參張相詩詞曲語辭匯釋。守，詩大雅鳧鷖序「持盈守成」孔疏：「持、守之義亦相通也。……守亦持也。」難常守，謂難以執持不釋。二句言游宦應亦無所成就，而離思令人難以長久承受。

【集評】

李白題金陵王處士水亭：北堂見明月，更憶陸平原。

林希逸竹溪鬳齋十一藁續集卷十清風峽施水庵記：今夫月，皎兮皓兮，同列於風、雅矣。自五言既興，子建詠於前，士衡繼於後。……流光徘徊，賦之高樓；照有餘輝，攬不盈手。語粹而味深，殆爲古今絶唱。

胡應麟評：此章大有建安之風。（見盧之頤輯十二家評昭明文選）

孫鑛評：照、攬兩語極狀景之妙，第味不甚長。（見天啓二年閔齊華刻孫月峰先生評文選）

陸時雍古詩鏡卷九：「照之有餘輝，攬之不盈手」，老而潔，是長篇中短賦。末二語仿佛漢人。

王夫之古詩評選卷四：平原擬古，步趨如一。然當其一致順成，便爾獨抒高調。一致則净，净則文。不問創守，皆成獨構也。

陳祚明采菽堂古詩選卷十：寫月光稍活。

王闓運八代詩選眉批：遂爲詠月絶調。（據夏敬觀八代詩評所附）

擬蘭若生朝陽〔一〕

嘉樹生朝陽，凝霜封其條〔二〕。執心守時信，歲寒終不凋〔三〕。美人何其曠，灼灼在雲霄〔四〕。隆想彌年月，長嘯入飛飆〔五〕。引領望天末，譬彼向陽翹〔六〕。奎章閣藏文選卷三十之李善本

【校】

題：「朝」，玉臺新詠卷三、藝文類聚卷三十二作「春」。案：玉臺新詠卷一載枚乘雜詩、藝文類聚卷三十二載古詩（即陸機所擬者）亦作「蘭若生春陽」。

終不凋：玉臺新詠卷三作「不敢凋」。

灼灼：藝文類聚卷三十二作「的的」。

年月：「月」，玉臺新詠卷三作「時」。

飛飆：玉臺新詠卷三作「風飄」。

【箋注】

〔一〕蘭若：蘭與杜若，皆香草名。

〔二〕嘉樹二句：左傳昭公二年：「有嘉樹焉。」楚辭九章橘頌：「后皇嘉樹，橘徠服兮。」詩大雅卷阿：「梧桐生矣，于彼朝陽。」毛傳：「山東曰朝陽。」九章悲回風：「漱凝霜之雰雰。」

〔三〕執心二句：執心，猶持心、用心。劉向列女傳趙將括母：「執心各異。」守時信，守時、守信。論語子罕：「歲寒，然後知松柏之後凋也。」二句謂嘉樹始終不變，如人之守時守信，不變其節度。終不凋，玉臺新詠作「不敢凋」。玉臺新詠考異：「『終不凋』則質本天生，『不敢凋』則有拳拳自保之意。」

〔四〕美人二句：李善注引枚乘樂府詩：「美人在雲端，天路隔無期。」案：李善所引此二句見玉臺新詠卷一枚乘雜詩蘭若生春陽，藝文類聚卷三十二作古詩。灼灼，廣雅釋訓：「明也。」呂延濟注：「灼灼，中心明憶之貌。在雲霄，言所憶遠也。」

〔五〕長嘯句：文選司馬相如上林賦：「長嘯哀鳴。」

〔六〕引領二句：張衡東京賦：「眇天末以遠期。」向陽翹，當指葵而言。翹，指高挺之花葉，參卷三嘆逝賦「翫春翹而有思」注。

擬青青陵上柏

冉冉高陵蘋，習習隨風翰〔一〕。人生當幾時，譬彼濁水瀾〔二〕。戚戚多滯念〔三〕，置酒宴所歡。方駕振飛轡〔四〕，遠游入長安。名都一何綺，城闕鬱盤桓〔五〕。飛閣纓虹帶，曾臺冒雲冠〔六〕。高門羅北闕，甲第椒與蘭〔七〕。俠客控絶景，都人驂玉軒〔八〕。遨游放情願，慷慨爲誰嘆〔九〕？　奎章閣藏文選卷三十之李善本

【校】

當幾時：「時」，尤刻本文選作「何」。

【箋注】

〔一〕冉冉二句：冉，説文冄部：「毛冄冄也。」段玉裁注：「冄冄者，柔弱下垂之貌。」李善注：「山海經曰：『崑崙之丘有草，名曰蕡，如葵。』字書曰：『蕡亦蘋字也。』」案：李注引山海經見西山經。習，説文習部：「數飛也。」習習，屢飛貌。

〔二〕譬彼句：李善注：「言濁水之波易竭也。」

〔三〕滯念：猶赴洛道中之一所謂「沈思」，謂憂思沉滯而不揚。

〔四〕方駕：方，莊子山木「方舟而濟於河」釋文引司馬彪曰：「并也。」張衡西京賦：「方駕

授饔。」

〔五〕名都二句：史記韓世家：「公仲謂韓王曰：『……王不如因張儀爲和於秦，賂以一名都。』」盤桓，呂延濟注：「廣大貌。」案：盤、桓均有大義，然此盤桓，恐仍形容城垣繚繞回旋之狀。參卷五招隱「山路鬱盤桓」注。

〔六〕飛閣二句：呂延濟注：「飛閣，閣道。」案：飛閣可指閣道，亦可指高閣。文選江淹雜體擬魏文帝「置酒坐飛閣」張銑注：「飛閣，高閣。」班固西都賦：「虹霓迴帶於棼楣。」冒，廣雅釋詁：「覆也。」

〔七〕高門二句：文選張衡西京賦：「北闕甲第，當道直啓。」薛綜注：「第，館也。甲，言第一也。」李善注：「漢書曰：『贈霍光甲第一區。』音義曰：『有甲乙次第，故曰第也。』北闕，當帝城之北也。」椒、蘭，李善注：「蓋取其嘉名，且芬香也。」荀子議兵：「其好我，芬若椒蘭。」楚辭離騷：「覽椒蘭其若茲兮。」

〔八〕俠客二句：三國志魏書武帝紀注引王沈魏書：「公所乘馬名絕影。」景，影之本字。絕景，言其速，參文賦「形不可逐」注。詩小雅都人士：「彼都人士。」鄭箋：「城郭之域曰都。」班固西都賦：「都人士女，殊異乎五方。」驂，説文馬部：「駕三馬也。」此泛言駕。軒，左傳閔公二年「鶴有乘軒者」孔疏引服虔曰：「車有藩曰軒。」玉軒，飾以玉，謂車之華麗者。國語晉語：「夫絳之富商……而能金玉其車。」

〔九〕遨游二句：願，方言卷一：「欲思也。」古詩：「蕩滌放情志，何爲自結束。」誰，呂氏春秋貴信「誰人不親」高誘注：「猶何也。」慷慨句，言爲何激動悲嘆。

【集評】

陳祚明采菽堂古詩選卷十：「濁水瀾」，比意亦晦。

王闓運八代詩選眉批：士衡恃其門胄，故云飛轡遠游，非原詩駑馬游戲之意。（據夏敬觀八代詩評所附）

擬東城一何高

西山何其峻，曾曲鬱崔嵬〔一〕。零露彌天墜，蕙葉憑林衰〔二〕。寒暑相因襲，時逝忽如頹〔三〕。三閒結飛轡，大耋嗟落暉〔四〕。曷爲牽世務，中心若有違〔五〕？京洛多妖麗，玉顔侔瓊蕤〔六〕。閑夜撫鳴琴，惠音清且悲〔七〕。長歌赴促節，哀響逐高徽〔八〕。一唱萬夫嘆，再唱梁塵飛〔九〕。思爲河曲鳥，雙游豐水湄〔一〇〕。奎章閣藏文選卷三十之李善本

【校】

題：「一何高」，玉臺新詠卷三作「高且長」。

如頹：「頹」，玉臺新詠卷三作「遺」。
大耋：「大」，玉臺新詠卷三作「太」。
嗟落：「嗟」，玉臺新詠卷三作「悲」。
若有：「若」，玉臺新詠卷三作「悵」。
萬夫嘆：「嘆」，玉臺新詠卷三作「歎」。
豐水：「豐」，文選五臣本、陳八郎本文選作「灃」，陸本作「灃」。

【箋注】

〔一〕西山二句：史記伯夷列傳載伯夷、叔齊隱於首陽山，及餓且死，作歌，其辭曰：「登彼西山兮，采其薇矣。」其山之所在，多有異説。一説即洛陽東之首陽山，在今河南偃師。水經河水「又東過平縣北」注：「河水南對首陽山……夷齊之歌所矣，曰：『登彼西山。』上有夷齊之廟。」曾，淮南子本經「大厦曾加」高誘注：「重也。」

〔二〕零露二句：詩小雅蓼蕭：「零露湑兮。」李善注引尚書五行傳：「雲起於山，彌於天。」意林引崔寔正論：「舉彌天之網。」憑，廣雅釋詁：「滿也。」

〔三〕寒暑二句：周易繫辭下：「寒往則暑來，暑往則寒來，寒暑相推而歲成焉。」楚辭東方朔七諫自悲：「歲忽忽其若頹。」傅咸鳴蜩賦：「感時逝之若頹。」

〔四〕三閭二句：三閭，指屈原，參卷二應嘉賦「襲三閭之奇服」注。結，鬼谷子捭闔「結其誠也」

陶弘景注：「謂繫束。」結轡，止駕不行之意。楚辭離騷：「飲余馬於咸池兮，總余轡乎扶桑。」王逸注：「總，結也。扶桑，日所拂木也。……言我乃往至東極之野，飲馬於咸池，與日俱浴，以潔己身，結我車轡於扶桑，以留日行，幸得不老，延年壽也。」周易離九三：「日昃之離，不鼓缶而歌，則大耋之嗟，凶。」王弼注：「明在將終，若不委之於人，養志无爲，則至於耋老有嗟，凶矣。」二句謂屈原亦繫馬駐車，欲留止日之行駛；周易亦言耄耋對日落而嗟嘆。

〔五〕曷爲二句：史記禮書：「御史大夫鼂錯明於世務刑名。」詩邶風谷風：「行道遲遲，中心有違。」鄭箋釋「違」爲徘徊，云「其心徘徊然」。二句謂爲何牽於世務，不能决然捨去。

〔六〕京洛二句：京洛，指洛陽。班固東都賦：「子徒習秦阿房之造天，而不知京洛之有制。」曹植名都篇：「名都多妖女，京洛出少年。」宋玉神女賦：「貌豐盈以莊姝兮，苞温潤之玉顏。」古詩：「燕趙多佳人，美者顏如玉。」

〔七〕閑夜二句：傅毅舞賦：「夫何皎皎之閑夜兮。」惠，好也，美也。王粲公讌詩：「曲度清且悲。」

〔八〕長歌二句：蘇武詩：「長歌正激烈，中心愴以摧。」古樂府有長歌、短歌，聲有長短也。促，急速也。節，革製樂器，用以表示節拍。宋書樂志：「節，不知誰所造。傅玄節賦云：『黄鍾唱哥，九韶興舞。口非節不詠，手非節不拊。』此則所從來亦遠矣。」又云：「相和，漢舊歌也。絲竹更相和，執節者歌。」文選應璩與滿公琰書：「牙曠高徽。」李善注引許慎淮南子注：「鼓琴循弦謂之徽。」高徽，猶揚雄解難「高張急徽」，謂弦急而聲高也。

〔九〕一唱二句：鶡冠子天則：「一人唱而萬人和。」李善注引七略：「漢興，魯人虞公善雅歌，發聲盡動梁上塵。」

〔一〇〕豐水：詩大雅文王有聲：「豐水東注，維禹之績。」尚書禹貢：「漆沮既從，灃水攸同。」漢書地理志作「酆水」，灃水、酆水即豐水。五臣本作灃，或乃「灃」之訛變。其水爲關中八水之一，源出秦嶺，北流入渭。漢成帝時，内戚王商曾穿長安城，引内灃水，注第中大池以行船，見漢書元后傳。然陸機此詩云「京洛多妖麗」，乃洛陽事，似與豐水無涉。若是灃水，亦與京洛相去甚遠。劉良注：「灃，水名。」紀昀玉臺新詠批語：「豐水周南之地，正指河洲雎鳩耳。」恐皆非是。此云豐水，當非專名，乃泛指水量之豐沛耳。卷七梁甫吟「豐水憑川結」，陸雲集答孫顯世「昌風改物，豐水易瀾」，其造語同。

【集評】

陳祚明采菽堂古詩選卷十：「零露」二句，語蒼。「三閭」、「大耋」語亦强，欠自然。

王闓運八代詩選眉批：詠露若此，亦是一奇。（據夏敬觀八代詩評所附）

擬西北有高樓

高樓一何峻，苕苕峻而安〔一〕。綺窗出塵冥，飛陛躡雲端〔二〕。佳人撫琴瑟，纖手清且閑〔三〕。芳氣隨風結〔四〕，哀響馥若蘭。玉容誰得顧，傾城在一彈〔五〕。佇立望日昃，躑躅再三嘆。不怨佇立久，但願歌者歡。思駕歸鴻羽，比翼雙飛翰〔六〕。奎章閣藏文選卷三十之李善本

【校】

高樓一何：「樓」，藝文類聚卷六十二作「臺」。

苕苕：文選五臣本、四部叢刊本文選、陸本、影宋本作「迢迢」。「苕」、「迢」通。

飛陛：「陛」，玉臺新詠卷三、藝文類聚卷六十二作「階」。

琴瑟：「琴」，藝文類聚卷六十二作「瑤」。又文選卷三十一江淹雜體詩三十首張司空「佳人撫鳴琴」李善注：「陸機擬古詩曰『佳人撫鳴瑟』。」

芳氣：「氣」，藝文類聚卷六十二作「音」。

誰得：「得」，文選五臣本、陳八郎本文選、陸本、影宋本、玉臺新詠卷三、藝文類聚卷六十二作「能」。

【箋注】

〔一〕苕苕：文選張衡西京賦：「狀亭亭以苕苕」薛綜注：「高貌也。」

〔二〕綺窗二句：綺，說文糸部：「文繒也。」綺窗，謂其窗刻鏤花紋，似文繒也。古詩：「交疏結綺窗。」詩小雅無將大車：「維塵冥冥」鄭箋：「冥冥者，蔽人目明，令無所見也。」王延壽魯靈光殿賦：「飛陛揭孽，緣雲上征。」枚乘雜詩：「美人在雲端。」

〔三〕纖手句：文選古詩「纖纖出素手」李善注引韓詩：「纖纖女手。」毛詩魏風葛屨作「摻摻女手」，毛傳：「摻摻，猶纖纖也。」孔疏：「摻摻爲女手之狀，則爲纖細之貌，故云『猶纖纖』。說文云：『纖，好手。』古詩云『纖纖出素手』是也。」閑，狀其動作之優雅舒緩。

〔四〕芳氣句：王逸荔支賦：「口含甘液，心受芳氣。」曹丕迷迭賦：「吐芳氣之穆清。」結，淮南子氾論「不結於一迹之塗」高誘注：「猶聚也。」

〔五〕玉容二句：文選陸雲大將軍宴會被命作詩「仰瞻玉容」李善注引曹植罷朝表：「覲玉容而慶薦。」漢書外戚傳李延年歌曰：「北方有佳人，絶世而獨立。一顧傾人城，再顧傾人國。」淮南子主術：「夫榮啓期一彈而孔子三日樂。」

〔六〕思駕二句：曹植九愁賦：「願接翼於歸鴻。」阮籍詠懷：「願爲雙飛鳥，比翼共翺翔。」

【集評】

王夫之古詩評選卷四：曲折不浮。鼓如巨帆因風，自然千里。

紀昀玉臺新詠批語：本詞傷知音之希；此詩「佇立」以下，云知音而無由相即。各明一義，方非依樣壺盧。

王闓運八代詩選眉批：寬和。（據夏敬觀八代詩評所附）

錢鍾書管錐編列子張湛注第三則：然尋常官感，時復「互用」，心理學命曰「通感」；徵之詩人賦詠，不乏其例。……陸機連珠言：「目無嘗音之察，耳無照景之神」，「嘗音」之「嘗」即「嘗食」、「嘗藥」之「嘗」，已潛以耳之於音等口之於味；其擬西北有高樓明曰：「佳人撫琴瑟，纖手清且閑。芳氣隨風結，哀響馥若蘭。」豈非「非鼻聞香」？

擬庭中有奇樹

歡友蘭時往，苕苕匿音徽〔一〕。虞淵引絶景〔二〕，四節逝若飛。芳草久已茂，佳人竟不歸。躑躅遵林渚，惠風入我懷〔三〕。感物戀所歡，采此欲貽誰〔四〕？奎章閣藏文選卷三十之李善本

【校】

苕苕：文選五臣本、四部叢刊本文選、陸本、影宋本作「迢迢」。

逝若：「逝」，玉臺新詠卷三作「遊」。

久已：「久」，藝文類聚卷二十九作「忽」。
欲貽：藝文類聚卷二十九作「當遺」。

【箋注】

〔一〕音徽：參擬行行重行行「思君徽與音」、「音徽日夜離」注。

〔二〕虞淵：淮南子説林：「日出暘谷，入于虞淵。」

〔三〕惠風句：邊讓章華賦：「惠風春施。」

〔四〕感物二句：劉禎贈五官中郎將：「能不懷所歡。」古詩：「采之欲遺誰。」

【集評】

吴子良荆溪林下偶談卷一：能改齋漫録云：「江文通擬湯休詩：『日暮碧雲合，佳人殊未來。』蓋用魏文帝秋胡行云：『朝與佳人期，日夕殊不來。』梁武帝鼓角横吹曲云：『日落登雍臺，佳人殊未來。』梁沈約洛陽道云：『佳人殊未來，日暮空徙倚。』二人所用，又襲江也。」余謂江不但用魏文語，後之襲江亦非止此二人。淮南小山招隱士云：「王孫游兮不歸，春草生兮萋萋。」陸士衡擬庭中有奇樹云：「芳草久已茂，佳人竟不歸。」即招隱語也。謝靈運詩：「圓景早已滿，佳人殊未適。」蓋又祖士衡。而江則兼用陸、謝及魏文語也。其後唐韋莊章臺夜思云：「芳草已云暮，故人殊未來。」寇萊公楚江夜懷云：「明月夜還滿，故人秋未來。」無非蹈襲前語，而視陸、謝，則又絶類矣。

王夫之古詩評選卷四：如此則以掩映古人有餘矣。陸自有如許風味，苦爲繁雜諂曲之詞所掩耳。人可不自珍其筆而爲物役俗尚所奪耶？○作者意不可問，擬者亦相求於優肅之中。可爲獨至之情，絶（一作即）可與古人同調。故人患己心不至，不患古道之長也。

紀昀玉臺新詠批語：此首在似與不似之間，綽有情致。

王闓運八代詩選眉批：古詩難擬在澹。此「芳草久已茂」四句，愈澹愈秀，是神來之筆。（據夏敬觀八代詩評所附）

擬明月皎夜光

歲暮涼風發，昊天肅明明〔一〕。招摇西北指，天漢東南傾〔二〕。朗月照閑房，蟋蟀吟户庭〔三〕。翻翻歸雁集，嘒嘒寒蟬鳴〔四〕。疇昔同宴友，翰飛戾高冥〔五〕。服美改聲聽〔六〕，居愉遺舊情。織女無機杼，大梁不架楹〔七〕。奎章閣藏文選卷三十之李善本

【校】

居愉：「居」，原作「君」，據四部叢刊本文選、北宋本文選、尤刻本文選、陳八郎本文選、陸本、影宋本、竹莊詩話卷三改。

【箋注】

〔一〕歲暮二句：爾雅釋天：「北風謂之涼風。」昊天，即天，見卷五皇太子宴玄圃宣猷堂有令賦詩「欽翼昊天」注。詩小雅小明：「明明上天，照臨下土。」

〔二〕招搖二句：禮記曲禮上「招搖在上」鄭玄注：「招搖星，在北斗杓端，主指者。」謂北斗第七星，即斗之柄端。古代以斗柄之指向決定四季、十二月。淮南子時則：「季秋之月，招搖指戌。……孟冬之月，招搖指亥。」戌、亥爲西北，戌偏西，亥偏北。陸機云「招搖西北指」，爲夏曆九、十月間。詩小雅大東：「維天有漢。」毛傳：「漢，天河也。」案：漢書蕭何傳：「語曰『天漢』，其稱甚美。」顔師古注引臣瓚曰：「流俗語云『天漢』，其言常以漢配天，此美名也。」知天漢之語，起源甚早。漢書五行志：「有星孛于西方……長丈餘，及天漢。」李善注引李陵詩：「招搖西北馳，天漢東南流。」

〔三〕朗月二句：曹丕與朝歌令吴質書：「白日既匿，繼以朗月。」曹植大暑賦：「閑房肅清。」詩豳風七月：「九月在户，十月蟋蟀入我床下。」王褒聖主得賢臣頌：「蟋蟀俟秋吟。」

〔四〕翻翻二句：翻翻，廣雅釋訓：「飛也。」楚辭九章悲回風：「漂翻翻其上下兮。」詩小雅小弁：「鳴蜩嘒嘒。」毛傳：「嘒嘒，聲也。」禮記月令：「涼風至，白露降，寒蟬鳴。」

〔五〕翰飛句：詩小雅小宛：「翰飛戾天。」毛傳：「翰，高；戾，至也。」文選陸機齊謳行「崇山入高冥」李善注引傅毅洛都賦：「弋高冥之獨鵠。」

〔六〕服美句：服，説文舟部：「用也。」左傳襄公二十七年：「服美不稱，必以惡終，美車何爲。」聲聽，猶聲聞。改聲聽，謂其名望升高。又一解：謂其出乎口、入乎耳者俱變。

〔七〕織女二句：織女、大梁，皆星名。爾雅釋天：「大梁，昴也。」楹，柱。案：二句言有名無實。詩小雅大東：「跂彼織女，終日七襄。雖則七襄，不成報章。睆彼牽牛，不以服箱。……維南有箕，不可以簸揚。維北有斗，不可以挹酒漿。」古詩：「南箕北有斗，牽牛不負軛。良無盤石固，虚名復何益。」二句類此。

【集評】

葉矯然龍性堂詩話初集：士衡「服美改聲聽，居愉遺舊情」，諷刺輕薄語，説得如許藴藉，視唐薛據「俗流實驕矜，得志輕草萊」語，真膚淺不堪矣。

鍾嶸詩品下品序：……士衡擬古……斯皆五言之警策者也。按：自此以下爲擬古十二首總評。

郭正域評：詩中亦多佳句。較之十九首，覺費爐錘。（見萬曆三十年博古堂刻新刊文選批評）

馮班鈍吟雜録卷三正俗：陸士衡擬古詩、江淹擬古三十首，如搏猛虎，捉生龍，急與之較力不暇，氣格悉敵。今人擬詩，如床上安床，但覺怯處，種種不逮耳。然前人擬詩，往往只取其大意，亦不盡如江、陸也。

賀貽孫詩筏：擬古詩須仿佛古人神思所在，庶幾近之。陸士衡擬古，將古人機軸語意，自起至訖，句句蹈襲，然去古人神思遠矣。擬行行重行行篇云「攬衣有餘帶，循形不盈衿」，即「相去日已遠，衣帶日已緩」意也。不惟語句板滯，不如古人之輕宕，且合士衡十字，總一「緩」字包括無遺，下語繁簡迥異，如此便見作者身分矣。結云「去去遺情累，安處撫清琴」，即「棄捐勿復道，努力加餐飯」意也。彼從「棄捐」二字説來，無可奈何，强自解勉，蓋情至之語，非「遺情」也。若云「去去遺情累」，則淺直已甚矣。擬今日良宴會篇「高談一何綺，蔚若朝霞爛」，即「令德唱高言，識曲聽其真」意也。綺霞蔚爛，士衡聊以自評耳，豈若古句之綿邈乎？「人生能幾何，爲樂常苦晏。譬彼司晨鳥，揚聲當及旦。曷爲恒憂苦，守此貧與賤」，即「人生寄一世，奄忽若飆塵。何不策高足，先據要路津。無爲守貧賤，轗軻長苦辛」語也。「高足」、「要路」，語含譏諷。古詩從歡娱後，忽爾感慨，似真似諧，無非憤懣。士衡特以「爲樂常苦晏」申上文歡娱而已，何其薄也。擬迢迢牽牛星篇云：「引領望大川，雙涕如霑露」，即「盈盈一水間，脉脉不得語」意也。「盈盈」何須「引領」，「一水」豈必「大川」，「脉脉」不待「流涕」，「不語」何嘗「霑露」。十字藴含，譜盡相思，古今情人千言萬語，總從此出，被士衡一説破，遂無味矣。擬青青陵上柏篇「人生能幾何，譬彼濁水瀾。戚戚多滯念，置酒宴所歡。方駕振飛轡，遠游入長安。名都一何綺，城闕鬱盤桓」，即「人生天地間，忽如遠行客。斗酒相娱樂，聊厚不爲薄。驅車策駑馬，游戲宛與洛。洛中何鬱鬱，冠帶自相索」語也。古人倏而感慨，倏而娱樂，倏而游戲，倏又感慨矣。中間「游戲」二字，從「忽如遠行客」句來，寄意空曠，有君輩皆入我夢中之意。「冠帶自相索」一語，頓令豪華氣盡，淡淡寫來，自爾妙絶。士衡自「置酒」以下，句句作繁麗語，無復回味，如飲蔗漿，一咽而已。擬西北有高樓篇「玉容誰得顧，傾城在一彈。佇立望日昃，躑躅再三嘆。不怨佇立久，但願歌者歡」，即「清商隨風發，中曲正徘徊。一彈再三嘆，慷慨有餘哀。不惜歌者苦，但傷知音稀」語也。士衡從「傾城」上説向「歡」去，古詩從「徘徊」上説向「哀」去，歡、哀二意，便分深淺。且夫「中曲徘徊」，則繞梁遏雲，不足以逾矣，豈「傾城」可言乎？「徘徊」未已，繼以「三嘆」，「餘哀」之上，綴以「慷慨」，「哀」不在「嘆」，亦不在「彈」，非絲非肉，别有神往，莊子所謂「聽其自已者，咸其自取也」。妙伎如此，彼「佇立」、「躑躅」者，皆隨人看場耳。「但傷知音稀」一語，感慨深遠。但有言説，總非知音，其視「歌者」之「歡」，不過聲色豪華，奚啻雅俗懸絶已哉！擬東城高且長篇云「曷爲牽世務，中心若有違。京洛多妖麗，玉顔侔瓊蕤。閑夜撫鳴琴，惠音清且悲。長歌赴促節，哀響逐高徽。一唱萬夫嘆，再唱梁塵飛。思爲河曲鳥，雙游豐水湄」，即「蕩滌放情志，何爲自結束。燕趙多佳人，美者顔如玉。被服羅裳衣，當户理清曲。音響一何悲，弦急知柱促。馳情整中帶，沈吟聊躑躅。思爲雙飛燕，銜泥巢君屋」語也。士衡一氣直説，全無生動。古詩將燕趙佳人，憑空想象，無限送癡。而披衣當户，馳情整巾，沉吟在悲響之餘，躑躅於理曲之後，則不獨聞其聲，且如見其人矣。試思「長歌」、「哀響」等語，細細比勘，其敷衍湊泊，與古人相去深淺爲何如也？其餘全篇刻畫古人，不可勝録，所謂桓温之似劉琨，其無所不似，乃其無所不恨者。夫以士衡之才，尚且若此，則擬古豈容易哉！

陳祚明采菽堂古詩選卷十：雖擬古，自是本調，此古人臨帖法，但嫌太平弱，無遠情逸調可以振之。夫擬古僅隨古人成構，因襲詞章，可不作也。求勝於古，始堪擬古。○原存十二首。涉江采芙蓉篇更無佳致。「沈思鍾萬里」「鍾」字，近。蘭若生春陽篇「執心守時信」，語生率。「譬彼向陽翹」，「翹」字湊韻。西北有高樓篇「迢迢峻而安」，「安」字無趣。「但願歌者歡」，亦少味。夫歌者欲得聽者之歡，何反願歌者之歡？但久佇立，彼即歡乎？且通首亦平平。庭中有奇樹篇「歡友蘭時往」「歡友」字、「蘭時」字并生。通首亦乏致。故不録，僅録八首。此八首亦皆平調，本不足法，但差勝耳。東城一何高篇，亦稍嫌之。

何焯義門讀書記卷四十七陸士衡擬古詩十二首：擬古十二首遠不如樂府十七首。

紀昀玉臺新詠批語：古詩何容復擬，宜後人有床上施床之誚。

又：傳寫古帖，有臨有摹。臨者取神氣之肖，摹者取點畫之同。褚臨蘭亭，多參己法，而周越輩筆筆入古，乃見誚於奴書。當知此意。士衡擬古所不及江淹者，弊由於此。

姚範援鶉堂筆記卷四十：晉陸機擬迢迢牽牛星、明月何皎皎，余按士衡擬古，詞藻雖豐，殊乏神理，惟此二詩獨具風格。

猛虎行〔一〕

渴不飲盜泉水，熱不息惡木陰〔二〕。惡木豈無枝，志士多苦心〔三〕。整駕肅時命，杖策將遠尋〔四〕。飢食猛虎窟，寒棲野雀林。日歸功未建，時往歲載陰〔五〕。崇雲臨岸駭，鳴條隨風吟〔六〕。静言幽谷底，長嘯高山岑〔七〕。急弦無懦響，亮節難爲音〔八〕。人生誠未易，曷云開此衿〔九〕？眷我耿介懷，俯仰愧古今〔一〇〕。奎章閣藏文選卷二十八之李善本

【校】

多苦心：藝文類聚卷四十一作「苦用心」。

杖策：「杖」，藝文類聚卷四十一作「振」。

【箋注】

〔一〕猛虎行：郭茂倩樂府詩集屬相和歌辭平調曲。古辭曰：「飢不從猛虎食，暮不從野雀棲。野雀安無巢，游子爲誰驕。」

〔二〕渴不二句：水經洙水「西南至卞縣，入于泗」注：「洙水西南流，盜泉水注之。泉出卞城東北，卞山之陰。尸子曰：『孔子至于勝母，暮矣而不宿；過于盜泉，渴矣而不飲：惡其名也。』故論語撰考讖曰：『水名盜泉，仲尼不漱。』即斯泉矣。西北流，注于洙水。」後漢書列女樂羊子妻傳：「妾聞志士不飲盜泉之水。」李善注：「江邃文釋云：『管子曰：夫士懷耿介之心，不蔭惡木之枝。惡木尚能耻之，況與惡人同處。』今檢管子，近亡數篇，恐是亡篇之

內而邃見之。」

〔三〕志士句：參卷五贈馮文羆「志士多苦心」注。

〔四〕整駕二句：張衡思玄賦：「爰整駕而亟行。」時命，李善注：「時君之命也。」左傳昭公三十年：「事大在共其時命。」杜預注：「隨時共所求。」此用左傳語而微變其意。案：卷五赴洛：「靖端肅有命。」此云「肅時命」，可互參。杖，説文木部：「持也。」策，説文竹部：「馬箠也。」呂氏春秋審爲：「杖策而去。」藝文類聚卷二十五引東觀漢紀：「鄧禹聞上安集河北，即杖策北渡，追及於鄴。」

〔五〕時往句：載，助詞，無義。李善注引神農本草：「秋冬爲陰。」

〔六〕崇雲二句：駭，廣雅釋言：「起也。」李善注引桓譚新論：「雍門周曰：『秋風鳴條，則傷心。』」

〔七〕静言二句：詩邶風柏舟：「静言思之。」毛傳：「静，安也。」小雅伐木：「出自幽谷。」楚辭劉向九嘆思古：「臨深水而長嘯兮。」岑，説文山部：「山小而高。」

〔八〕急弦二句：侯瑾箏賦：「於是急弦促柱，變調改曲。」懦，李善注引賈逵國語注：「下也。」李善注：「爾雅曰：『亮，信也。』謂有貞信之節，言必慷慨，故曰難也。」李周翰注：「弦急則調高，故無懦弱之響；貞亮之節，亦難擬其德音。」案：亮，明也。節，樂器，擊之以爲歌聲之節，見本卷擬東城一何高「長歌赴促節」注。亮節難爲音，言擊節聲高亮則歌者發音爲難。

二句以音樂爲喻，言内心激動悲哀，發言慷慨而難繼也。

〔九〕人生二句：左傳成公二年：「人生實難。」云，能也。參裴學海古書虚字集釋卷三。衿，通襟。王粲登樓賦：「向北風而開襟。」此云開衿，猶言開懷。

〔一〇〕眷我二句：眷，説文目部：「顧也。」耿介，守正不傾。見卷二遂志賦「抱耿介以成名」注。孟子盡心上：「君子……仰不愧於天，俯不怍於人。」李善注：「夫藴耿介之懷者，必高蹈風塵之表，今乃愧不隨慕先聖之遺教。」

【集評】

郭正域評：才高氣郁，讀之感動。（見萬曆三十年博古堂刻新刊文選批評）

陸時雍古詩鏡卷九：「崇雲臨岸駭，鳴條隨風吟」，此成何語？「饑食猛虎窟，寒棲野雀林」，亦矜作太過。

陳祚明采菽堂古詩選卷十：「惡木」二句，「急弦」二句，并得古詩風調。「崇雲」句「駭」字不警。雲固不知駭，又豈以臨岸故駭耶？疑或是「駛」。

邵長蘅評：發端最是樂府妙境。（據范子燁昭明文選邵氏批語迻録稿，係録自陳雲程補訂增訂昭明文選集成詳注）

何焯義門讀書記卷四十七：起手反古詞之意，宋人翻案，實祖述於此。自「日歸功未建」以下，所謂「多苦心」也。末云「俯仰愧古今」，惟恐有愧於俯仰，所以一食息而不敢苟也。

沈德潛古詩源：起用六字句，最見奇峭。此士衡變體。

王壽昌小清華園詩談卷上：何謂壯？曰：如曹孟德之短歌、碣石，陸士衡之猛虎行等篇是也。

君子行〔一〕

天道夷且簡，人道險而難〔二〕。休咎相乘躡〔三〕，翻覆若波瀾。去疾苦不遠，疑似實生患〔四〕。近火固宜熱，履冰豈惡寒〔五〕。掇蜂滅天道，拾塵惑孔顏〔六〕。逐臣尚何有，棄友焉足嘆〔七〕。福鍾恒有兆，禍集非無端〔八〕。天損未易辭，人益猶可歡〔九〕。朗鑒豈遠假，取之在傾冠〔一〇〕。近情苦自信，君子防未然〔一一〕。奎章閣藏文選卷二十八之李善本

【校】

而難：「難」，藝文類聚卷四十一作「艱」。

若波：「若」，藝文類聚卷四十一作「各」。

【箋注】

〔一〕君子行：樂府詩集屬相和歌辭平調曲。古辭曰「君子防未然，不處嫌疑間」云云。

〔二〕天道二句：莊子在宥：「有天道，有人道。無爲而尊者，天道也；有爲而累者，人道也。」

〔三〕休咎句：休，爾雅釋詁：「美也。」咎，廣雅釋詁：「惡也。」尚書洪範：「庶徵。……曰休徵。……曰咎徵。」漢書劉向傳：「箕子爲武王陳五行陰陽休咎之應。」乘，左傳襄公二十三年「欒氏乘公門」杜預注：「登也。」躡，説文足部：「蹈也。」

〔四〕去疾二句：疾，左傳桓公六年「不以隱疾」杜預注：「患也。」左傳哀公元年：「伍員曰：『……樹德莫如滋，去疾莫如盡。』」吕氏春秋疑似：「使人大迷惑者，必物之相似也。……相似之物，此愚者之所大惑，而聖人之所加慮也。」

〔五〕近火二句：論衡寒温：「夫近水則寒，近火則温。」詩小雅小旻：「如履薄冰。」李善注：「言當慎所習也。」案：二句承上「去疾苦不遠」句，謂不遠避患則自取其咎。

〔六〕掇蜂二句：李善注引説苑：「王國君前母子伯奇，後母子伯封，兄弟相愛。後母欲其子爲太子，言王曰：『伯奇愛妾。王上臺視之。』後母取蜂數十（後漢書黄瓊傳注引作「十數」），置衣中，往過伯奇。（伯）奇往視袖中殺蜂。王見，讓伯奇。伯奇出。使者就袖中有死蜂，使者白王。王見蜂，追之，已自投河中。」案：漢書馮奉世傳贊注、後漢書黄瓊傳注引説苑，「王國君」作「王國子」。又太平御覽卷九百五十引列女傳、水經江水注引揚雄琴清英琴操、曹植令禽惡鳥論載其事，皆云伯奇乃尹吉甫子。參向宗魯説苑校證佚文輯補。向氏云「使者就」下疑脱「視」字。滅天道，謂父子之情乃天道，以掇蜂疑似而滅之。李注又引吕氏春秋：

「孔子窮乎陳蔡之間，藜羹不糝，七日不嘗粒，晝寢。顏回索米，得而來，爨之，幾熟。孔子望見顏回攫其甑中而飯之。少選間，食熟，謁孔子而進食。孔子起，曰：『今者夢見先君，食潔，故饋。』顏回對曰：『不可。嚮者炱煤入甑中，棄食不祥，回攫而飯之。』孔子笑曰：『所信者目矣，目猶不可信；所恃者心矣，而心猶不足恃。弟子記之，知人固不易夫！』孔子所以謂知人難也。」又引高誘注：「炱煤，烟塵也。」案：見呂氏春秋任數，今本文字小異。

〔七〕逐臣二句：李善注引傅毅七激：「暗君逐臣，頑父放子。」王逸九歌序：「屈原放逐。」何有，何難之有，言暗君逐臣甚輕易也。詩小雅谷風：「將安將樂，女轉棄予。」毛傳：「言朋友趨利，窮達相棄。」鄭箋：「朋友無大故則不相遺棄。今女以志達而安樂，棄恩忘舊，薄之甚。」二句承上二句，謂以父子之親，孔顏之信，尚不能不疑似生患，則臣之見逐，友之相棄，豈不甚輕易而何所嘆息。

〔八〕福鍾二句：枚乘上書諫吴王：「福生有基，禍生有胎。」李善注引傅子銘：「福生有兆，禍來有端。」李注又曰：「言禍福之至而皆有漸也。」

〔九〕天損二句：莊子山木：「仲尼……曰：『回，無受天損易，無受人益難。』」李善注：「言禍福之有端兆，故天損之至，非己所招，故安之而未辭；人益之來，非己所求，故受之可爲歡也。」案：李注未諦。二句互文。言損益之由乎天命者，人無所措其智力，故不可辭亦不可求，不足悲亦不足喜，唯安之而已。損益之牽乎人事者，己可以參與其間，故可辭亦可求，足悲亦足喜，猶當盡力以爲之。二句乃承上禍福而言，謂禍福既有徵兆，則君子當可辭損而求益。

〔一〇〕朗鑒二句：假，廣雅釋詁：「借也。」李善注：「荀悦申鑒曰：『側弁垢顔，不鑒於明鏡矣。』抱朴子曰：『明鏡舉則傾冠見矣。』以其遞相祖述，故引之也。」案：李注引申鑒見雜言，引抱朴子見外篇交際。二句謂明鏡不遠，亦無須假借，取之與否在冠弁不正之人耳；喻禍福之鑒戒兆端易見，察之與否亦在乎其人而已。

〔一一〕近情二句：謂見識淺近無遠計者，苦於自信而不察端兆，君子則防患於未然。李善注引鄧析子：「慮能防於未然。」

【集評】

陳祚明采菽堂古詩選卷十：頗嫌平率矣。「掇蜂」四句，以使事生一曲折。後人癡肥處，乃其動宕處，惟是稍佳。

何焯義門讀書記卷四十七：較之古詞，猶爲深切。

吴景旭歷代詩話卷四十七引陳懋仁曰：王摩詰「酌酒與君君自寬，人情翻覆似波瀾」，上句用鮑明遠「酌酒以自寬」，下句全用陸士衡君子行語。

從軍行〔一〕

苦哉遠征人，飄飄窮四遐〔二〕。南陟五嶺巔，北戍長城阿〔三〕。深谷邈無底，崇山鬱嵯峨〔四〕。奮臂攀喬木，振迹涉流沙〔五〕。隆暑固已慘，涼風嚴且苛〔六〕。夏條焦鮮藻，寒冰結衝波〔七〕。胡馬如雲屯，越旗亦星羅〔八〕。飛鋒無絶影，鳴鏑自相和〔九〕。朝食不免胄，夕息常負戈〔一〇〕。苦哉遠征人，拊心悲如何〔一一〕！奎章閣藏文選卷二十八之李善本

【校】

飄飄：文選五臣本、陳八郎本文選、藝文類聚卷四十一作「飄颻」，影宋本作「飄䍃」，䍃乃「颻」之異寫。

四遐：藝文類聚卷四十一作「西河」。樂府詩集卷三十二注：「一作西河」。

深谷邈：文選五臣本、陳八郎本文選、陸本、影宋本、樂府詩集卷三十二作「溪谷深」。

焦鮮藻：「焦」，原作「集」，據文選五臣本、陳八郎本文選、影宋本、樂府詩集卷三十二改。胡刻本文選考異：「案：『集』當作『焦』。……『集』字於文義全乖，各本但傳寫誤。」

朝食：「食」，文選五臣本、陳八郎本文選、陸本、影宋本、樂府詩集卷三十二作「餐」。

【箋注】

〔一〕從軍行：樂府詩集屬相和歌辭平調曲。郭茂倩引樂府解題曰：「從軍行，皆軍旅苦辛之辭。」

〔二〕苦哉二句：左延年從軍行：「苦哉邊地人，一歲三從軍。」遐，説文辵部：「遠也。」

〔三〕南陟二句：五嶺，見卷五贈顧交趾公真「伐鼓五嶺表」注。漢書陳餘傳：「秦……北爲長城之役，南有五嶺之戍。」

〔四〕深谷二句：山海經大荒東經「東海之外大壑」郭璞注引詩含神霧：「東注無底之谷。」李善注引秦嘉詩：「巖石鬱嵯峨。」潘岳河陽縣作：「崇芒鬱嵯峨。」

〔五〕奮臂二句：賈誼過秦論：「奮臂於大澤。」詩周南漢廣：「南有喬木，不可休息。」迹，説文辵部：「步處也。」振迹，猶言舉步。尚書禹貢：「導弱水……餘波入于流沙。」漢書地理志：「張掖郡居延：居延澤在東北，古文以爲流沙。」楚辭離騷「忽吾行此流沙兮」王逸注：「流沙，沙流如水也。」

〔六〕隆暑二句：賈誼旱雲賦：「隆盛暑而無聊兮。」王粲初征賦：「犯隆暑之赫曦。」張華勞還師歌：「昔往冒隆暑。」慘，説文心部：「毒也。」苛，國語楚語「於是乎弭其百苛」韋昭注：「虐也。」

〔七〕夏條二句：李善注引文子：「夏條可結。」意林引管子：「海水百仞，衝波逆流。」

〔八〕胡馬二句：鄒陽上書吴王：「胡馬遂進窺於邯鄲。」古詩：「胡馬依北風。」杜篤論都賦：「斬白蛇，屯黑雲。」説苑雜言：「頭懸越旗。」揚雄羽獵賦：「涣若天星之羅。」二句分應上文「北戍」「南陟」。

〔九〕飛鋒二句：李善注引張衡髑髏賦：「飛鋒曜景，秉尺持刀。」史記匈奴傳：「冒頓乃作爲鳴鏑。」集解引漢書音義：「鏑，箭也。如今鳴射也。」又引韋昭：「矢鏑飛則鳴。」索隱引應劭：「髐箭也。」

〔一〇〕朝食二句：左傳成公二年：「余姑翦滅此而朝食。」僖公三十三年：「左右免胄而下。」杜預注：「胄，兜鍪。」應璩與西陽令孔德琰書：「莫不負戈奔走于道路。」

〔一一〕拊心句：儀禮士喪禮：「婦人拊心。」

【集評】

陳祚明采菽堂古詩選卷十：大較序述悲凉。「飛鋒」四句，尤能極力抒寫。

王闓運八代詩選眉批：寬和。（據夏敬觀八代詩評所附）

豫章行〔一〕

泛舟清川渚〔二〕，遥望高山陰。川陸殊途軌，懿親將遠尋〔三〕。三荆歡同株，四鳥悲異林〔四〕。樂會良自古，悼別豈獨今〔五〕。寄世將幾何，日昃無停陰〔六〕。前路既已多，後塗隨年侵〔七〕。促促薄暮景，亹亹鮮克禁〔八〕。曷爲復以兹，曾是懷苦心〔九〕？遠節嬰物淺，近情能不深〔一〇〕！行矣保嘉福，景絶繼以音〔一一〕。奎章閣藏文選卷二十八之李善本

【校】

清川：「川」，原作「山」，據文選五臣本、尤刻本文選、陳八郎本文選、陸本、影宋本、樂府詩集卷三十四、藝文類聚卷四十一改。

高山：「高」，藝文類聚卷四十一作「南」。

【箋注】

〔一〕豫章行：樂府詩集屬相和歌辭清調曲。古辭云「白楊初生時，乃在豫章山」，言其遭受砍伐，「身在洛陽宫，根在豫章山。多謝枝與葉，何時復相連」。豫章，漢郡名，治南昌（今屬江西）。

〔二〕泛舟句：左傳僖公十三年：「秦於是乎輸粟于晋，自雍及絳相繼，命之曰泛舟之役。」劉楨公讌詩：「清川過石渠。」

〔三〕川陸二句：軌，廣雅釋宫：「道也。」潘岳西征賦：「體川陸之汚隆。」周易繫辭下：「天下同歸而殊塗。」左傳僖公二十四年：「兄弟雖有小忿，不廢懿親。」杜預注：「懿，美也。」

〔四〕三荆二句：李善注引古上留田行：「出是上獨西門（胡刻本文選考異云獨當作留），三荆同一根生，一荆斷絶不長。兄弟有兩三人，小弟塊摧獨貧。」案：李注似未諦，所引似亦未完足。三荆歡同株事今未見於西晋以前文獻，然必有其傳説，故陸機用之。今録後世資料兩則備參。藝文類聚八十九引周景式孝子傳：「古有兄弟，忽欲分異，出門見三荆同株，接葉連陰，嘆曰：『木猶欣聚，况我而殊哉！』還爲雍和。」周景式有廬山記，水經注引之，當是晋宋間人。吴均續齊諧記：「京兆田真兄弟三人共議分財，生貲皆平均，惟堂前一株紫荆樹，共議欲破三片，明日就截之。其樹即枯死，狀如火燃。真往見之，大驚，謂諸弟曰：『樹本同株，聞將分斲，所以憔悴。是人不如木也。』因悲不自勝，不復解樹。樹應聲榮茂。兄弟相感，合財寶，遂爲孝門。真仕至太中大夫。」李善注引孔子家語：「孔子在衛，昧旦晨興，顔回侍側，聞哭者之聲甚哀。子曰：『回，汝知此哭何爲者？』回曰：『以此哭之聲，非但爲死者而已矣，又爲生離别者。』子曰：『何以知之？』對曰：『回聞完山之鳥，生四子焉。羽翼既成，將分乎四海，其母悲鳴而送之，哀聲有似于此，爲其往而不返。回竊以音類知之。』孔子使問哭者，果曰：夫死家貧，賣子葬之，與之長訣。子曰：『回善於識音矣。』」案：見顔回篇，其事又載説苑辨物。

〔五〕樂會二句：古詩：「今日良宴會，歡樂難具陳。」李善注引古詩：「别日何易，會日何難。」案：二句互文，謂樂會而傷别，古今一概。

〔六〕寄世二句：李善注引尸子：「老萊子曰：『人生於天地之間，寄也。寄者固歸也。』」左傳襄公八年：「人壽幾何。」周易離九三：「日昃之離。」陰，呂氏春秋察今「堂下之陰」高誘注：「日月晷也。」（案：今本呂氏春秋高注有誤字，據蔣維喬說改。）

〔七〕前路二句：李善注：「前路、後塗，喻壽命也。」侵，說文人部：「漸進也。」二句謂去日已多，來日隨年歲之漸進而愈少。

〔八〕促促二句：景，說文日部：「光也。」楚辭九辯：「時亹亹而過中兮。」王逸注：「亹亹，進貌。」曹丕蒼舒誄：「惟人之生，忽若朝露。促促百年，亹亹行暮。」李善注：「景之薄暮，喻人之將老也。流行不息，鮮能止之。」

〔九〕曷爲二句：兹，此，指離別。曾，乃，竟。詩小雅正月：「曾是不意。」懷苦心，見卷五贈馮文羆「志士多苦心」注。案：二句當一氣讀，「曷爲」二字直貫至「懷苦心」，承上言人生苦短，爲何復以兹離別而竟此懷抱憂苦之心哉。下文「遠節」二句即做出回答。

〔一〇〕遠節二句：節，呂氏春秋論人「怒之以驗其節」高誘注：「性。」遠節，高遠超脱之性。嬰，李善注引說文：「繞也。」嬰物，爲事物所牽纏拘縶。近情，謂其情局近，不能超脱。二句承上二句，謂高遠脱俗者其内心不甚爲事物所拘牽，而局近者豈能不深爲其所累，故常懷憂苦。

〔一一〕行矣二句：漢書外戚孝武衛皇后傳：「行矣，强飯，勉之！」顏師古注：「行矣，猶今言好去。」韋玄成傳載漢元帝議廟詔：「百姓晏然，咸獲嘉福。」李善注：「景，影也。言形影若絶，當繼之以惠音。」

【集評】

王世貞藝苑卮言卷四：謝茂秦謂許渾「荆樹有花兄弟樂」勝陸士衡「三荆歡同株」，此語大瞶大瞶。陸是選體中常人語，許是近體中小兒語，豈可同日？

陸時雍古詩鏡卷九：陸機詩可喜處有清俊之氣，可憎處在縟繡之辭。豫章行、長安有狹邪行、塘上行、飲馬長城窟行諸篇，絶少詞累。

王夫之古詩評選卷一：修辭雅適，承授之間尤多曲理。謝客文心，此開之始矣。○其視安仁，如都人士之與貨殖者。古今合稱，殊爲唐突。

陳祚明采菽堂古詩選卷十：此應是入洛别親友作，推豫章行之意而廣之。「三荆」數語，悲切，亦復古勁。○後段有用意處，曲折旨遠。末四語并曲。

方廷珪昭明文選集成：（「泛舟」二句）起二句是在舟中送别，而念征途之遠。

王闓運八代詩選眉批：寬和。（據夏敬觀八代詩評所附）

苦寒行〔一〕

北游幽朔城，涼野多險艱〔二〕。俯入穹谷底，仰陟高山盤〔三〕。凝冰結重磵，積雪被長巒〔四〕。陰雲興巖側，悲風鳴樹端〔五〕。不睹白日景，但聞寒鳥嚾〔六〕。猛虎憑林嘯，玄猿臨岸嘆〔七〕。夕宿喬木下，慘愴恒鮮歡。渴飲堅冰漿，飢待零露餐〔八〕。離思固已久，寤寐莫與言〔九〕。劇哉行役人，慊慊恒苦寒〔一〇〕。奎章閣藏文選卷二十八之李善本

【校】

涼野：「涼」，初學記卷三作「原」。

險艱：「艱」，四部叢刊本文選、尤刻本文選、陸本、太平御覽卷三十四作「難」。

穹谷：「穹」，陸本作「窮」。「穹」、「窮」通。

重磵：「磵」，四部叢刊本文選、尤刻本文選、藝文類聚卷四十一、初學記卷三、太平御覽卷三十四作「澗」。

鳥嚾：「嚾」，四部叢刊本文選、尤刻本文選、陸本、太平御覽卷三十四作「喧」。

慘愴：樂府詩集卷三十三作「慘慘」。

飢待：「待」，藝文類聚卷四十一作「食」，太平御覽卷三十四作「噉」。

已久：「久」，文選五臣本、陳八郎本文選、樂府詩集卷三十三作「矣」。

行役人：藝文類聚卷四十一作「人行役」。

【箋注】

〔一〕苦寒行：樂府詩集屬相和歌辭清調曲。郭茂倩引樂府解題曰：「晋樂奏魏武帝北上篇，備

言冰雪溪谷之苦。」

〔二〕北游二句：尚書堯典：「申命和叔，宅朔方，曰幽都。」詩小雅巷伯「投畀有北」毛傳：「北方寒涼而不毛。」

〔三〕俯入二句：李善注引韓詩：「在彼穹谷。」案：小雅白駒文，毛詩作「空谷」，空、穹通。班固西都賦「幽林穹谷」李善注引薛君：「穹谷，深谷。」盤，爾雅釋山「多大石，礐」郭璞注：「多盤石。」邢昺疏：「盤，大石也。」

〔四〕凝冰二句：春秋繁露循天之道：「爲寒則凝冰裂地。」巒，爾雅釋山：「巒，山墮。」郭璞注：「謂山形長狹者。」

〔五〕悲風句：曹植贈王粲：「悲風鳴我側。」

〔六〕但聞句：阮籍詠懷：「寒鳥相因依。」嚾，玄應一切經音義卷二十「吼嚾」注引聲類：「呼也。」

〔七〕猛虎二句：李善注引春秋元命苞：「猛虎嘯而谷風起。」司馬相如上林賦：「玄猿素雌。」王粲七哀：「猴猿臨岸吟。」

〔八〕渴飲二句：周易坤初六：「履霜，堅冰至。」零露，零，落也。見卷三嘆逝賦「痒零露於豐草」注。

〔九〕離思二句：李善注引曹植雜詩：「離思一何深。」詩衛風考槃：「獨寐寤言。」

〔一〇〕劇哉二句：劇，李善注引説文：「甚也。」慊，禮記坊記「貴不慊於上」鄭玄注：「恨，不滿之貌也。」

【集評】

陳祚明采菽堂古詩選卷十：「陰雲」四句，蕭蔘悲動，士衡句如此者最少。

王闓運八代詩選眉批：寬和。（據夏敬觀八代詩評所附）

飲馬長城窟行〔一〕

驅馬陟陰山〔二〕，山高馬不前。往問陰山候，勁虜在燕然〔三〕。戎車無停軌，旌旆屢徂遷〔四〕。仰憑積雪巖，俯涉堅冰川。冬來秋未反，去家邈以綿。獫狁亮未夷，征人豈徒旋〔五〕？末德争先鳴，凶器無兩全〔六〕。師克薄賞行，軍没微軀捐〔七〕。將遵甘陳迹，收功單于旃〔八〕。振旅勞歸士，受爵槀街傳〔九〕。奎章閣藏文選卷二十八之李善本

【校】

山高：「高」，文選五臣本、陳八郎本文選、陸本、影宋本作「陰」。

往問句：太平御覽卷八百作「借問燕山候」。

【箋注】

〔一〕飲馬長城窟行：樂府詩集屬相和歌辭瑟調曲。郭茂倩云：「一曰飲馬行。長城，秦所築以備胡者。其下有泉窟，可以飲馬。」水經注河水「屈東過九原縣南」注：「又東，徑九原縣故城南。……其城南面長河，北背連山。秦始皇逐匈奴，并河以東，屬之陰山，築亭障爲河上塞。徐廣史記音義曰：『陰山在五原北。』即此山也。始皇三十三年，起自臨洮，東暨遼海，西并陰山，築長城。」又「又東，過雲中楨陵縣南，又東過沙南縣北，從縣東屈南，過沙陵縣西」注：「又西南，徑白道南谷口，有城在右，縈帶長城，背山面澤，謂之白道城。自城北出有高阪，謂之白道嶺。沿路惟土穴出泉，挹之不窮。余每讀琴操，見琴慎相和雅歌録云『飲馬長城窟』，及其扳陟斯途，遠懷古事，始知信矣，非虚言也。」

〔二〕驅馬句：詩鄘風載馳：「驅馬悠悠。」漢書匈奴傳郎中侯應奏：「周秦以來，匈奴暴桀，寇侵邊境。漢興，尤被其害。臣聞北邊塞至遼東，外有陰山，東西千餘里，草木茂盛，多禽獸，本冒頓單于依阻其中，治作弓矢，來出爲寇，是其苑囿也。至孝武世，出師征伐，斥奪此地，攘之於幕北。……邊長老言：匈奴失陰山之後，過之未嘗不哭也。」陰山在今内蒙古自治區境内。

〔三〕往問二句：候，候人，左傳宣公十二年「豈敢辱候人」杜預注：「謂伺候望敵者。」燕然，山名，即今蒙古人民共和國境内杭愛山。漢書匈奴傳貳師將軍李廣利「引兵還至速邪烏燕然山」。後漢書竇憲傳：「（竇憲、耿秉）遂登燕然山，去塞三千餘里，刻石勒功，紀漢威德。」班固爲作封燕然山銘。此借指境外大山。

〔四〕戎車二句：詩小雅采薇：「戎車既駕。」小雅車攻：「悠悠旆旌。」

〔五〕獫狁二句：詩小雅出車：「赫赫南仲，玁狁于夷。」毛傳：「夷，平也。」獫狁即玁狁。亮，爾雅釋詁：「信也。」徒旋，謂無功而返。

〔六〕末德二句：莊子天道：「三軍五兵之運，德之末也。」左傳襄公二十一年：「齊莊公朝，指殖綽、郭最曰：『是寡人之雄也。』州綽曰：『君以爲雄，誰敢不雄？然臣不敏，平陰之役，先二子鳴。』」杜預注：「自比於鷄，鬭勝而先鳴。」韓非子存韓：「兵者，凶器也，不可不審用也。」史記越王句踐世家：「范蠡諫曰：『不可。臣聞兵者，凶器也；戰者，逆德也；争者，事之末也。』」

〔七〕軍没句：曹植文帝誄：「嗟微軀之是效兮，甘九死而忘生。」

〔八〕將遵二句：甘陳，漢元帝時甘延壽爲使西域都護，與副校尉陳湯出奇計，共誅斬匈奴郅支單于，延壽封義成侯，湯賜爵關内侯。見漢書本傳。揚雄解嘲：「若夫藺生收功於章臺。」班固漢書叙傳述張騫李廣利傳第三十一：「博望杖節，收功大夏。」旃，李善注：「旃旗也。」穀梁傳昭公八年：「置旃以爲轅門。」案：劉履風雅翼卷四：「旃，謂旃帳，穹廬也。」胡紹煐文選箋證卷二十三：「旃與氈通。……單于以旃爲帳，故遂謂帳爲旃耳。此言收功單于帳幕耳。」備參。

〔九〕振旅二句：穀梁傳莊公八年：「入曰振旅。」范甯注：「振，整也。旅，衆也。」詩小雅杕杜序：「勞還役也。」謂慰勞將士歸來。漢書陳湯傳：「斬郅支首及名王以下，宜縣頭槀街蠻夷邸間。」顔師古注：「槀街，街名。蠻夷邸在此街也。邸，若今鴻臚客館也。」又引晉灼曰：「黄圖：在長安城門内。」受爵句，謂收功受爵之事傳揚於槀街諸國使館間。

【集評】

楊慎評：起句如此自然，選詩中亦罕得。（見凌濛初輯朱墨套印合評選詩）

孫鑛評：一氣直書，勁爽而饒姿態。（見天啓二年閔齊華刻孫月峰先生評文選）

陳祚明采菽堂古詩選卷十：起四句來緒迢遥。「末德」四句自是至語。凡詩語理至到者，情亦至到，便成名言，不可易，但貴煉令圓耳。要是未解思量，此旨不可令邊士識。

何焯義門讀書記卷四十七：後惟老杜前、後出塞可以追配之。

王闓運八代詩選眉批：首二句是律詩佳起。……「薄」、「微」二字精峭。（據夏敬觀八代詩評所附）

門有車馬客行〔一〕

門有車馬客，駕言發故鄉。念君久不歸，濡迹涉江湘〔二〕。投袂赴門塗，攬衣不及裳〔三〕。拊膺携客泣，掩泪叙温凉〔四〕。借問邦族間，惻愴論存亡〔五〕。親友多零落，舊齒皆凋喪〔六〕。市朝互遷易，城闕或丘荒〔七〕。墳壟日月多，松柏鬱芒芒〔八〕。天道信崇替〔九〕，人生安得長？慷慨惟平生，俯仰獨悲傷〔一〇〕。奎章閣藏文選卷二十八之李善本

【箋注】

〔一〕門有車馬客行：樂府詩集屬相和歌辭瑟調曲。郭茂倩引樂府解題：「曹植等門有車馬客行，皆言問訊其客。或得故舊鄉里，或駕自京師。備叙市朝遷謝，親友彫喪之意也。」郭氏又云：「曹植又有門有萬里客，亦與此同。」案：樂府解題所云曹植門有車馬客行，今不傳。

〔二〕念君二句：曹丕燕歌行：「念君客游思斷腸。」濡，詩邶風匏有苦葉「濟盈不濡軌」毛傳：「漬也。」又「濟有深涉」毛傳：「由膝以上爲涉。」楚辭九章涉江：「旦余濟乎江湘。」

〔三〕投袂二句：左傳宣公十四年：「楚子聞之，投袂而起。」杜預注：「投，振也。袂，袖也。」古詩：「攬衣起徘徊。」裳，説文巾部：「常，下裙也。」又曰：「常或從衣。」

〔四〕拊膺二句：拊膺，見卷五「撫膺解携手」注。掩泪，猶拭泪。楚辭離騷：「長太息以掩涕兮。」釋名釋典藝：「春秋温凉中。」温凉，猶言冷暖。

〔五〕借問二句：詩小雅黄鳥：「復我邦族。」太平御覽卷四百十二引東觀漢紀：「（張表）每彈琴，惻愴不能成聲。」李善注引尸子：「其生也存，其死也亡。」

〔六〕親友二句：孔融與曹公論盛孝章書：「海内知識，零落殆盡。」舊齒，謂耆老。蔡邕讓尚書乞在閑冗：「尚書令日磾先輩舊齒。」

〔七〕市朝二句：市朝，市場與朝廷。參卷五贈潘尼「遺情市朝」注。李善注引古出夏門行：「市朝人易，千歲墓平。」城闕、丘荒，參卷三嘆逝賦「慜城闕之丘荒」注。

〔八〕松柏句：李善注引仲長統昌言：「古之葬，樹松柏梧桐，以識其墳。」

〔九〕崇替：猶興廢、盛衰。見卷五皇太子宴玄圃宣猷堂有令賦詩「群辟崇替」注。

〔一〇〕慷慨二句：慷慨，李善注引説文：「壯士不得志於心。」惟，爾雅釋詁：「思也。」莊子在宥：「俯仰之間。」楚辭九辯：「獨悲愁其傷人兮。」

【集評】

孫鑛評：説真意懇切，亦以不藻飾妙。（見天啓二年閔齊華刻孫月峰先生評文選）

陸時雍古詩鏡卷九：驚心事，刻意語，所少者氣韻流動。

陳祚明采菽堂古詩選卷十：自述感傷，情切，故語益佳。「投袂」四句序將迎之狀甚肖，便覺生動。「親友」六句警切。「天道」二句又深入一層，悲感逾至。

何焯義門讀書記卷四十七：悲涼古直。

君子有所思行〔一〕

命駕登北山，延佇望城郭〔二〕。廛里一何盛，街巷紛漠漠〔三〕。甲第崇高闥，洞房結阿閣〔四〕。曲池何湛湛，清川帶華薄〔五〕。邃宇列綺窗，蘭室接羅幕〔六〕。淑貌色斯升，哀音承顔作〔七〕。人生誠行邁，容華隨年落〔八〕。善哉膏粱士，營生奥且博〔九〕。宴安消靈根，酖毒不可恪〔一〇〕？無以肉食資，取笑葵與藿〔一一〕。奎章閣藏文選卷二十八之李善本

【校】

人生誠行邁：「誠」，樂府詩集卷六十一作「盛」。「邁」，文選五臣本、陳八郎本文選作「過」。胡紹煐文選箋證卷二十三據李善注引楚辭「生天地之若過」，以爲善本原亦作「過」。

膏粱：「粱」，四部叢刊本文選、陳八郎本文選、樂府詩集卷六十一作「梁」，「粱」、「梁」通。

營生：「營」，藝文類聚卷四十一作「榮」。

肉食：藝文類聚卷四十一作「酒肉」。

葵與：「葵」，樂府詩集卷六十一作「藜」。

【箋注】

〔一〕君子有所思行：樂府詩集屬雜曲歌辭。

〔二〕命駕二句：左傳哀公十一年：「命駕而行。」楚辭離騷：「延佇乎吾將反。」王逸注：「延，長也。佇，立貌。」

〔三〕廛里二句：周禮地官載師：「以廛里任國中之地。」鄭玄注：「廛里者，若今云邑居里矣。廛，民居之區域也；里，居也。」孫詒讓正義：「鄭意里爲民居，廛是其區域，有里則有廛，通而言之，是爲廛里也。……蓋通言之，廛里皆居宅之稱，析言之，則庶人農工商等所居謂之廛……士大夫等所居謂之里。」紛漠漠，盛多而布散貌。

〔四〕甲第二句：甲第，第宅，見卷六擬青青陵上柏「甲第椒與蘭」注。闥，廣雅釋宮：「闥謂之門。」洞房，深邃之房室，見卷五爲陸思遠婦作「洞房涼且清」注。阿閣，文選古詩「阿閣三重階」李善注引尚書中候：「昔黃帝軒轅，鳳皇巢阿閣。」又云：「周書曰『明堂咸有四阿』，然則閣有四阿，謂之阿閣。」周禮冬官匠人「四阿重屋」鄭玄注：「四阿，若今四注屋。」謂其屋頂四下成方形，四面皆有檐可下注雨水。後漢書馬嚴傳「帝親御阿閣，觀其士衆」李賢注：「阿，曲也。」

〔五〕曲池二句：楚辭招魂：「坐堂伏檻，臨曲池些。」又：「湛湛江水兮上有楓。」王逸注：「湛湛，水貌。」劉楨公讌詩：「清川過石渠。」薄，草木交錯，見卷五赴洛「谷風拂修薄」注。

〔六〕邃宇二句：楚辭招魂：「高堂邃宇。」王逸注：「邃，深也。宇，屋也。」古詩：「交疏結綺窗。」曹植妾薄命：「更會蘭室洞房。」楚辭招魂：「羅幬張些。」

〔七〕淑貌二句：淑，爾雅釋詁：「善也。」李善注：「言淑貌以色，斯而見升，哀音亦承顔衰而作也。」劉良注：「淑，美也。言以此美色之女升進於君，以亡國之樂承君顔而作。刺時以聲色冒於上。哀音，亡國之音也。」案：論語鄉黨：「色斯舉矣。」王引之云：「今案色斯者，狀鳥舉之疾也。……漢人多以色斯二字連讀。」以色斯爲狀語。斯，然，形容詞語尾。（參王氏經傳釋詞卷八）升，周易升鄭玄注：「上也。」升猶舉也，上也，登也。色斯升，謂色然而登。色斯，迅舉貌。二句謂年輕貌美之人升舉甚爲迅疾，而隨即哀音承憂苦之顔而作矣。言人生之多變而少歡樂也。

〔八〕人生二句：楚辭九辯：「生天地之若過兮，功不成而無效。」古詩：「人生天地間，忽如遠行客。」曹植雜詩：「容華若桃李。」傅玄明月篇：「秀色隨年衰。」

〔九〕善哉二句：粱，通粱。國語晋語：「夫膏粱之性難正也。」韋昭注：「膏，肉之肥者；粱，食之精者。」奥，國語周語「野無奥草」韋昭注：「深也。」

〔一〇〕宴安二句：左傳閔公元年：「宴安鴆毒，不可懷也。」杜預注：「以宴安比之鴆毒。」鴆，左傳莊公三十二年「使鍼季鴆之」杜預注：「鳥名，其羽有毒，以畫酒，飲之則死。」李善注：「老子黄庭經曰：『玉池清水灌靈根，靈根堅固老不衰。』然靈根謂身也。」可，後漢書皇甫規傳

「今日立號雖尊可也」李賢注：「猶宜也。」恪，爾雅釋詁：「敬也。」不可恪，乃反問語氣，謂豈不宜肅然謹慎乎。

〔二〕無以二句：左傳莊公十年：「肉食者謀之。」又：「肉食者鄙，未能遠謀。」杜預注：「肉食，在位者。」說苑善說：「晉獻公之時，東郭民有祖朝者，上書獻公曰：『草茅臣東郭民祖朝願請聞國家之計。』獻公使使出告之曰：『肉食者已慮之矣，藿食者尚何與焉？』祖朝對曰：『……設使食肉者一旦失計於廟堂之上，若臣等之藿食者，寧得無肝膽塗地於中原之野與？』」二句謂肉食者若宴安鴆毒，將爲食葵藿者所譏笑。

【集評】

孫鑛評：微有藻飾，然却不填塞補綴，以真氣貫之，故亦自豪暢。（見天啓二年閔齊華刻孫月峰先生評文選）

陳祚明采菽堂古詩選卷十：「曲池」二句，有生致，然渾，以其調高。摘用「色斯」字，隽。「恪」字押韻終强。結句取材於春秋，謀調於塘上行，成此雅語，可得用古之法。

邵長蘅評：（「人生」六句）抑揚盡致。（據范子燁昭明文選邵氏批語迻録稿，係録自陳雲程補訂增訂昭明文選集成詳注）

何焯義門讀書記卷四十七：此君子以戒有位者也。○以此與鮑明遠相較，則遺山詆士衡爲布縠，真不知量也。

李詳韓詩證選：（韓愈重雲：「藜藿尚如此，肉食安可期。」）陸機有所思行：「無以肉食資，取笑葵與藿。」

齊謳行〔一〕

營丘負海曲，沃野爽且平〔二〕。洪川控河濟，崇山入高冥〔三〕。東被姑尤側，南界聊攝城〔四〕。海物錯萬類，陸産尚千名〔五〕。孟諸吞楚夢，百二侔秦京〔六〕。惟師恢東表，桓后定周傾〔七〕。天道有迭代，人道無久盈〔八〕。鄙哉牛山嘆，未及至人情〔九〕。爽鳩苟已徂〔一〇〕，吾子安得停？行行將復去，長存非所營〔一一〕。奎章閣藏文選卷二十八之李善本

【校】

河濟：「河」，記纂淵海卷十七作「海」。

【箋注】

〔一〕齊謳行：樂府詩集屬雜曲歌辭。漢書高帝紀「諸將及士卒皆歌謳思東歸」顔師古注：「謳，齊歌也。謂齊聲而歌，或曰齊地之歌。」漢書禮樂志：「齊謳員六人。」

〔二〕營丘二句：史記周本紀：「武王……於是封功臣謀士，而師尚父爲首封。封尚父於營丘，曰

齊。」爾雅釋丘：「水出其左，營丘。」郭璞注：「今齊之營丘，淄水過其南及東。」漢書地理志「齊郡臨淄」顔師古注引臣瓚曰：「臨淄即營丘也。……今齊之城中有丘，即營丘也。」戰國策秦策：「齊南以泗爲境，東負海，北倚河。」高誘注：「負，背也。」秦策又云：「沃野千里，蓄積饒多。」漢書張良傳：「夫關中……沃野千里。」顔師古注：「沃者，溉灌也。言其土地皆有溉灌之利，故云沃野。」爽，左傳昭公三年「請更諸爽塏者」杜預注：「明。」

〔三〕洪川二句：劉楨黎陽山賦：「自魏都而南邁，迄洪川以揭休。」控，説文手部：「引也。」戰國策燕策：「齊有清濟濁河，可以爲固。」李善注引傅毅洛都賦：「弋高冥之獨鵠。」

〔四〕東被二句：左傳昭公二十年：「晏子曰：『……聊攝以東，姑尤以西，其爲人也多矣。』」杜預注：「聊攝，齊西界也。平原聊城縣東北有攝城。姑尤，齊東界也。姑水、尤水皆在城陽郡東南入海。」李善云：「然西、南不同者，其地既非正方，故各舉一隅言之也。」何焯云：「南字必爲西字之誤。」

〔五〕海物二句：尚書禹貢：「海、岱惟青州。……海物惟錯。」錯，詩周南漢廣「翹翹錯薪」毛傳：「雜也。」李善注引河圖：「地有九州，以苞萬類。」禮記祭統：「夫祭也者……水草之菹，陸産之醢，小物備矣。」張衡南都賦：「酸甜滋味，百種千名。」

〔六〕孟諸二句：孟諸，齊大澤名。周禮夏官職方氏：「正東曰青州……其澤藪曰望諸。」望諸即孟諸。夢，雲夢，楚大澤名。職方氏：「正南曰荆州……其澤藪曰雲瞢。」雲瞢即雲夢。漢書司馬相如傳：「浮勃澥，游孟諸……吞若雲夢者八九，其於匈中曾不蔕芥。」漢書高祖紀：「田肯賀上曰：『……秦，形勝之國也，帶河阻山，縣隔千里，持戟百萬，秦得百二焉。……夫齊，東有琅邪、即墨之饒，南有泰山之固，西有濁河之限，北有勃海之利，地方二千里，持戟百萬，縣隔千里之外，齊得十二焉。此東西秦也。』」案：百二之意，諸説紛紜。或云秦地勢險固，故其二萬兵足當諸侯百萬兵；或云二乃加倍之意，謂秦兵可當二百萬也。參王先謙漢書補注。侔，説文人部：「齊等也。」二句誇耀齊之大澤可吞楚之雲夢，其得地勢之利可與强秦抗衡。

〔七〕惟師二句：詩大雅大明：「維師尚父，時維鷹揚。」毛傳：「師，大師也。尚父，可尚可父。」鄭箋：「尚父，吕望也，尊稱焉。」恢，説文心部：「大也。」表，漢書叙傳「夏后是表」顔師古注引張晏：「外也。」東表，謂東方邊遠之地。左傳襄公三年：「孟獻子曰：『以敝邑介在東表。』」僖公五年：「會王大子鄭，謀寧周也。」杜預注：「惠王以惠后故，將廢大子鄭而立王子帶。故齊桓帥諸侯，會王大子，以定其位。」鹽鐵論備胡：「古者明王討暴衛弱，定傾扶危。」案：齊桓公時周室微弱，桓公帥諸侯，尊天子，故云「定周傾」。

〔八〕天道二句：莊子在宥：「有天道，有人道。」荀子天論：「日月遞照，四時代御。」張衡東京賦：「於是春秋改節，四時迭代。」王符潛夫論交際：「廉頗、翟公，載盈載虚。」

〔九〕鄙哉二句：論語憲問：「有荷蕢而過孔氏之門者……既而曰：『鄙哉，硜硜乎！』」晏子春秋內篇諫上：「景公游于牛山，北臨其國城而流涕，曰：『若何滂滂去此而死乎！』艾孔、梁丘據皆從而泣。晏子獨笑于旁。公刷涕而顧晏子曰：『寡人今日游，悲，孔與據皆從寡人而涕泣，子之獨笑，何也？』晏子對曰：『使賢者常守之，則太公、桓公將常守之矣；使勇者常守之，則莊公、靈公將常守之矣。數君者將守之，則吾君安得此位而立焉？以其迭處之，迭去之，至于君也。而獨爲之流涕，是不仁也。不仁之君見一，諂諛之臣見二，此臣之所以獨竊笑也。』」莊子應帝王：「至人之用心若鏡。」

〔一〇〕爽鳩句：左傳昭公二十年：「公（齊景公）曰：『古而無死，其樂若何？』晏子對曰：『古而無死，則古之樂也，君何得焉？昔爽鳩氏始居此地，季萴因之，有逢伯陵因之，蒲姑氏因之，而後大公因之。古若無死，爽鳩氏之樂，非君所願也。』」

〔一一〕行行二句：曹植門有萬里客：「行行將復行。」張衡西京賦：「若歷世而長存，何遽營乎陵墓。」

【集評】

顔之推顔氏家訓文章：凡詩人之作，刺箴美頌，各有源流，未嘗混雜，善惡同篇也。陸機爲齊謳篇，前叙山川物産風教之盛，後章忽鄙山川之情，殊失厥體。其爲吴趨行，何不陳子光、夫差乎？京洛行，何不述赧王、靈帝乎？

王楙野客叢書卷二十二：陸士衡齊謳行曰：「東被姑尤側，南界聊攝城。海物錯萬類，陸産尚千名。」孟諸吞雲夢，百二侔秦京。」僕以爲不若以「八九吞雲夢」對「百二侔秦京」，不惟親切，且渾然也。

鎦績霏雪録卷下：余讀城南聯句「朝饌已百態，春醪又千名」，初若不經意者。及讀文選陸士衡詩，有「海物錯萬類，陸産尚千名」，乃知韓、孟師陸語也。殊不知陸語又出張衡南都賦，曰：「酸甜滋味，百種千名。」

孫鑛評：典實中風致却不乏。（見天啓二年閔齊華刻孫月峰先生評文選）

陳祚明采菽堂古詩選卷十：前段鋪叙境地，頗盡三齊之概。摘「維師」句，雋。忽入牛山往事，作翻新語，正是感傷代謝，遠情低徊，凄其感人。讀此，覺康樂會吟傖父面目矣。○「爽鳩」二句，用晏子語，又生新意，大佳。

日出東南隅行　或曰羅敷艷歌〔一〕

扶桑升朝暉，照此高臺端〔二〕。高臺多妖麗，濬房出清顔〔三〕。淑貌耀皎日，惠心清且閑〔四〕。美目揚玉澤，蛾眉象翠翰〔五〕。鮮膚一何潤，秀色若可餐〔六〕。窈窕多容儀，婉媚巧笑言〔七〕。暮春春服成，粲粲綺與紈〔八〕。金雀垂藻翹，瓊珮結瑶璠〔九〕。方駕揚清塵，濯足洛水瀾〔一〇〕。藹藹風雲會〔一一〕，佳人一何繁。南崖充羅幕，北渚盈軿軒〔一三〕。清川含藻景，高崖被華丹〔一三〕。馥馥芳袖揮，泠泠纖指彈〔一四〕。悲歌吐清響，雅舞播幽蘭〔一五〕。丹脣含九秋，妍迹陵七盤〔一六〕。赴曲迅驚鴻，蹈節如集鸞〔一七〕。綺態隨顔變，沈姿無乏源〔一八〕。俯仰紛阿那，顧步咸可懽〔一九〕。遺芳結飛飆，浮景映清湍〔二〇〕。冶容不足詠〔二一〕，春游良可嘆。奎章閣藏文選卷二十八之李善本

【校】

題：玉臺新詠卷三、初學記卷十九、太平御覽卷三百八十一作「艷歌行」。

升朝：「升」，程琰删補吴兆宜注玉臺新詠箋注卷三校語：「一作『生』。」

照此：「此」，程琰删補吴兆宜注玉臺新詠箋注卷三校語：「一作『我』。」

高臺多妖麗：「高臺」，程琰删補吴兆宜注玉臺新詠箋注卷三校語：「一作『臺端』。」胡刻本文選考異：「案：『妖』當作『姣』，注同。善引吕氏春秋『公姣且麗』，在達鬱。又（引）王逸楚辭注『姣，好也』，在大招『姣麗施只』下。作『姣』明甚。袁、茶陵二本作『妖』，所載五臣向注云：『妖，美。』必各本以五臣亂善，又盡改注中『姣』字作『妖』，而幾於莫可辨識矣。」據胡氏説，李善本原作「姣麗」。「妖」，程琰删補吴兆宜注玉臺新詠箋注卷三校語：「一作『艷』。」

濬房：胡刻本文選考異：「案：詳注引『廣厦邃房』，是善正文作『邃』字。袁、茶陵二本作『濬』，所載五臣濟注云：『濬，深。』恐此亦以五臣亂善。」又「濬」，玉臺新詠卷三作「洞」。玉臺新詠

考異：「『洞房』，文選作『濬房』，李善注引雍門周『廣廈邃房』之語，頗爲迂曲。疑其初當爲『璿房』。士衡七徵『名倡陳於璿房』，是其證也。其後訛『璿』爲『濬』，又以『濬』字難通，改爲『洞』字耳。」

惠心：「惠」，藝文類聚卷四十一作「蕙」。

秀色：「秀」，玉臺新詠卷三作「彩」。

婉媚巧笑：「媚」，程琰删補吴兆宜注玉臺新詠箋注卷三校語：「一作『美』。」「巧」，樂府詩集卷二十八作「乃」。

粲粲：藝文類聚卷四十一作「霞粲」。

高崖：「崖」，文選五臣本、陳八郎本文選、陸本、影宋本、玉臺新詠卷三、樂府詩集卷二十八作「岸」。胡刻本文選考異：「案：『崖』當作『岸』。袁本云：『善作「崖」。』茶陵本云：『五臣作「岸」。』其實各本所見皆非也。『崖』字傳寫涉上文而誤耳，非善如此也。」

芳袖：「芳」，陳八郎本文選作「香」。

清響：「響」，玉臺新詠卷三作「音」。

雅舞：「舞」，樂府詩集卷二十八、藝文類聚卷四十一作「韻」。

沈姿：「沈」，程琰删補吴兆宜注玉臺新詠箋注卷三作「澄」。逯欽立先秦漢魏晋南北朝詩晋詩卷五：「當原作『淵』字。唐人避諱改字。陸雲與陸典書書云『淵姿之弘毅』，『淵姿』，當時習語。」

乏源：「乏」，文選五臣本、陳八郎本文選、陸本、影宋本、玉臺新詠卷三、樂府詩集卷二十八作「定」。

【箋注】

〔一〕日出東南隅行：樂府詩集相和歌辭相和曲有陌上桑曲。郭茂倩曰：「一曰艷歌羅敷行。古今樂録曰：『陌上桑，歌瑟調古辭艷歌羅敷行「日出東南隅」篇。』」是古辭「日出東南隅」篇原歌於相和歌瑟調，名艷歌羅敷行，後歌於相和曲，名陌上桑。陸機擬作乃以日出東南隅爲題。

〔二〕扶桑二句：山海經大荒東經：「湯谷上有扶木，一日方至，一日方出。」扶木即扶桑。淮南子天文：「日出于暘谷，浴于咸池，拂于扶桑，是謂晨明。登于扶桑，爰始將行，是謂朏明。」文選張衡思玄賦「夕余宿乎扶桑」李善注引十洲記：「扶桑，葉似桑樹，長數千丈，大二千圍，兩兩同根生，更相依倚，是以名之扶桑。」陸賈新語本行：「高臺百仞。」李善注：「臺端，猶室端也。」曹植雜詩：「高臺多悲風，朝日照北林。」

〔三〕高臺二句：妖，玄應一切經音義卷一「妖艷」注引三蒼：「妍也。」李善注引呂氏春秋：「列精子高謂侍者曰：『我奚若？』侍者曰：『公妖且麗。』」今本呂氏春秋達鬱作「姣且麗」。姣、妖通。濬，爾雅釋言：「深也。」

〔四〕淑貌二句：淑貌，美好之容貌。見本卷君子有所思行「淑貌色斯升」注。詩齊風東方之日：「東方之日兮，彼姝者子，在我室兮。」李善注引薛君曰：「顏色盛美，如東方之日矣。」宋玉神女賦：「其始來也，耀乎若白日初出照屋梁。」曹植洛神賦：「遠而望之，皓若太陽升朝霞。」耀皎日，若皎日之耀。惠，美稱。禮記表記「節以壹惠」鄭玄注：「惠，猶善也。」周易益九五：「有孚惠心。」閑，謂幽静舒雅。

〔五〕美目二句：詩衛風碩人：「美目盼兮。」楚辭招魂：「蛾眉曼睩，目騰光些。」王逸注：「曼，澤也。睩，視貌。言美女之貌，蛾眉玉白（李善引作貌），好目曼澤，時睩睩然視，精光騰馳，驚惑人心也。」翠，説文羽部：「青羽雀也，出鬱林。」宋玉登徒子好色賦：「眉如翠羽。」案：劉師培古書疑義舉例補兩字并列均爲表象之詞而後人望文生訓之例云蛾眉原與娥媌通，乃形容貌美之詞。楚辭之蛾眉即是此意。至陸機此詩之蛾眉，則以眉爲眉目之眉矣。

〔六〕鮮膚二句：詩衛風碩人：「膚如凝脂。」張衡七辯：「淑性窈窕，秀色美艷。」

〔七〕窈窕二句：詩周南關雎：「窈窕淑女。」漢書匡衡傳衡上疏：「情欲之感，無介乎容儀。」成帝紀贊：「成帝善修容儀。」漢書佞幸傳「但以婉媚貴幸」顏師古注：「婉，順也。媚，悦也。」詩衛風碩人：「巧笑倩兮。」

〔八〕暮春二句：論語先進：「莫春者，春服既成。」詩小雅大東：「粲粲衣服。」毛傳：「粲粲，鮮盛貌。」

〔九〕金雀二句：釋名釋首飾：「爵釵，釵頭及上施爵也。」雀、爵通。藻，尚書皋陶謨「藻火粉米」（僞古文在益稷）僞孔傳：「水草有文者。」引申爲文采之意。翹，楚辭招魂「砥室翠翹」王逸注：「羽也。」詩鄭風有女同車：「佩玉瓊琚。」左傳定公五年「陽虎將以璵璠斂」杜預注：「璵璠，美玉。」孔疏：「璵璠是一玉名。」此變作瑶璠，指玉。曹植美女篇：「頭上金爵釵，腰佩翠琅玕。」

〔一〇〕方駕二句：方駕，并駕。見本卷擬青青陵上柏「方駕振飛轡」注。司馬相如上書諫獵：「犯屬車之清塵。」塵而言清，美之也。孟子離婁上：「滄浪之水濁兮，可以濯我足。」李善注引揚雄太玄賦：「踞弱水而濯足。」

〔一一〕藹藹句：李善注：「風雲，言多也。」詩鄭風出其東門：「有女如雲。」毛傳：「如雲，衆多也。」賈誼過秦論：「天下雲會而響應。」

〔一二〕北渚句：渚，水邊。參卷三幽人賦「漁釣乎玄渚」注。軿，李善注引蒼頡篇：「衣車也。」

〔一三〕清川二句：李善注：「藻景，華景也。」謂水中倒影。法言吾子：「女惡華丹之亂窈窕也。」華謂鉛華，粉也；丹指唇膏，其色丹朱。（參汪榮寶義疏）此處華丹當泛指女子盛裝之華美鮮明。二句謂河邊崖上美女盛多，水光山色亦爲之而變。

〔一四〕馥馥二句：蘇武詩：「馥馥我蘭芳。」又曰：「請爲游子吟，泠泠一何悲。」嵇康琴賦：「飛纖指以馳騖。」

〔一五〕悲歌二句：淮南子説林：「乘舟而悲歌，一人唱而千人和。」王粲七哀：「流波激清響。」曹丕於譙作：「雅舞何鏘鏘。」宋玉諷賦：「中有鳴琴焉，臣援而鼓之，爲幽蘭白雪之曲。」

〔一六〕丹脣二句：宋玉神女賦：「朱脣的其若丹。」曹植洛神賦：「丹脣外朗。」陵，廣雅釋詁：「乘也。」九秋，歌名。文選張衡南都賦：「結九秋之增傷，怨西荆之折盤。」李善注：「古樂府有歷九秋妾薄相行。」七盤，舞名。張衡舞賦云：「歷七盤而屣蹀。」（宋書樂志引「屣」作「縱」，此據文選傅毅舞賦注、陸機本篇注、鮑照數詩注所引。）又觀舞賦云：「般（盤）鼓煥以駢羅。」王粲七釋云：「七盤陳於廣庭。」又云：「邪睨鼓下。」卞蘭許昌宫賦：「振華足以却蹈，若將絶而復連。鼓震動而不亂，足相續而不并。婉轉鼓側，蝼蛇丹庭。與七盤其遞奏，覲輕捷之翾翾。」似躡盤而舞，而與鼓相配合。又案：含九秋，似亦可解爲歌聲之清朗；陵七盤，似亦可解爲凌越、勝過七盤之舞。

〔一七〕赴曲二句：赴曲，謂舞者與曲聲相應和。李善注引卞蘭七牧：「翻放袂而赴節，若游鴻之翔天。」邊讓章華賦：「體迅輕鴻。」曹植洛神賦：「翩若驚鴻。」淮南子原道：「龍興鸞集。」邊讓章華賦：「忽飄飖以輕逝兮，似鸞飛於天漢。」

〔一八〕綺態二句：綺，美好。參本卷擬今日良宴會「高談一何綺」注。沈，釋名釋言語：「澹也，澹然安著之言也。」王先謙疏證補引蘇輿曰：「沈、澹同聲。……凡事深沈則安著矣。義相比傅。」沈姿，言姿容之安詳閑雅。無乏源，言姿態横生，層出不窮。

〔一九〕俯仰二句：阿那，美盛貌。詩小雅隰桑：「隰桑有阿，其葉有難。」毛傳：「阿然，美貌；難然，盛貌。」那、難通。商頌那：「猗與那與。」猗、那皆美盛貌，阿、猗通。字又作猗儺、旖旎、婀娜。參王引之經義述聞卷五「猗儺其枝」條、馬瑞辰毛詩傳箋通釋卷三十二。李善注引張衡七辯：「阿那宜顧。」顧，李善注引蒼頡篇：「視也。」步，楚辭離騷「步余馬於蘭皋兮」王逸注：「徐行也。」

〔二〇〕遺芳二句：楚辭遠游：「誰可與玩斯遺芳兮。」曹植七啓：「遺芳烈而靖步。」結，聚。見本卷擬西北有高樓「芳氣隨風結」注。湍，淮南子説山「而不能生於湍瀨之流」高誘注：「急水也。」

〔二一〕冶容句：周易繫辭上：「慢藏誨盜，冶容誨淫。」

【集評】

孫鑛評：仿佛美女篇。描寫秀色略不費力，而意狀無不盡，真可謂入妙。第陳思骨力健，此則專以綺靡勝。雖氣格稍讓，然要無妨并美。（見天啓二年閔齊華刻孫月峰先生評文選）

陳祚明采菽堂古詩選卷十：撰句矜秀，是晉人正格。校陳思饒静氣，比子桓少餘姿。

邵長蘅評：藻語綺思，未免太膩。（據范子燁昭明文選邵氏批語迻録稿，係録自陳雲程補訂增訂昭明文選集成詳注）

紀昀玉臺新詠批語：酷摹陳思，亦復相似。

王壽昌小清華園詩談卷下：至若陸士衡之「鮮膚一何潤，秀色若可餐」……一韻之響，遂能振起百倍精神。

錢鍾書管錐編史記會注考證第四十一則：按王次回疑雨集卷四舊事之一：「一回經眼一回妍，數見何曾慮不鮮！」語出史記，本劉攽「頻見則不美」之解，命意則同陸機日出東南隅「綺態隨顔變，沉姿無乏源」，劉緩敬酬劉長史詠名士悦傾城「夜夜言嬌盡，日日態還新」，盧思道後園宴「日日相看轉難厭，千嬌萬態不知窮」。

長安有狹邪行〔一〕

伊洛有歧路，歧路交朱輪〔二〕。輕蓋承華景，騰步躡飛塵〔三〕。鳴玉豈樸儒，憑軾皆俊民〔四〕。烈心厲勁秋，麗服鮮芳春〔五〕。余本倦游客〔六〕，豪彦多舊親。傾蓋承芳訊，欲鳴當及晨〔七〕。守一不足矜〔八〕，歧路良可遵。規行無曠迹，矩步豈逮人〔九〕？投足緒已爾，四時不必循〔一〇〕。將遂殊塗軌，要子同歸津〔一一〕。奎章閣藏文選卷二十八之李善本

【箋注】

〔一〕長安有狹邪行：樂府詩集屬相和歌辭清調曲，又曰相逢行、相逢狹路間行。

〔二〕伊洛二句：爾雅釋宮：「二達謂之岐旁。」釋名釋道：「物兩爲岐，在邊曰旁，此道并通出似之也。」岐、歧，古今字，六朝以來多作歧。朱輪，參卷五贈馮文羆遷斥丘令「出從朱輪」注。李善注引曹植妾薄相行：「輜軿飛轂交輪。」

〔三〕輕蓋二句：李善注：「華景，日也。」以「華」狀日光者，如漢郊祀歌天門：「月穆穆以金波，日華耀以宣明。」景，日光。曹植侍太子坐詩：「時雨静飛塵。」

〔四〕鳴玉二句：國語楚語：「趙簡子鳴玉以相。」韋昭注：「鳴其佩玉以相禮。」禮記玉藻：「故君子在車則聞鸞和之聲，行則鳴佩玉。」樸，説文木部：「木素也。」凡未雕琢曰樸，此云鄙陋。左傳僖公二十八年：「君馮軾而觀之。」尚書洪範：「俊民用章。」二句分承「騰步」、「輕蓋」二句。

〔五〕烈心二句：烈，説文火部：「火猛也。」引申爲猛烈熾盛之意。厲，左傳定公十二年「與其素厲」杜預注：「猛也。」張衡西京賦：「麗服颺菁。」

〔六〕余本句：史記司馬相如傳：「長卿故倦游。」集解引郭璞曰：「厭游宦也。」

〔七〕傾蓋二句：史記鄒陽傳：「諺曰：有白頭如新，傾蓋如故。」索隱引志林曰：「傾蓋者，道行相遇，軿車對語，兩蓋相切，小欹之，故曰傾也。」訊，詩陳風墓門「歌以訊之」毛傳：「告也。」李善注：「鷄及晨而鳴，以喻人及時而仕也。」案：「欲鳴」句以下，即對方告之之語。

〔八〕守一句：漢書嚴安傳：安上書曰：「故守一而不變者，未睹治之至也。」矜，漢書刑法志「未有安制矜節之理也」顔師古注：「持也。」

〔九〕規行二句：禮記仲尼燕居：「行中規，還中矩。」李善注引揚雄覈靈賦：「二子規游矩步。」又引蘇子：「行務應規，步慮投矩。」曠，廣雅釋詁：「遠也。」

〔一〇〕投足二句：吕氏春秋古樂：「投足以歌八闋。」蔡邕文範先生陳仲弓銘：「投足而襲其軌。」緒，爾雅釋詁：「事也。」已，詩鄭風風雨「鷄鳴不已」鄭玄注：「止也。」荀子天論：「四時代御。」李善注：「言規行矩步，既無所及，故投足前緒，且當止矣，猶如四時異節，不必相循。」案：投足，猶舉步、行步。緒，即指前此規行矩步之事。四時不必循，謂四時變化，并不循常守故。世説新語政事：「嵇康被誅後，山公舉康子紹爲秘書丞。紹咨公出處，公曰：『爲君思之久矣。天地四時猶有消息，而况人乎？』」陸機亦此意。

〔一一〕將遂二句：將，詩衛風氓「將子無怒」毛傳：「願也。」二句亦勸之者之辭，謂願子即改轅易轍，吾與子要約一同出仕。同歸津，意謂同出仕也。案：此首似反映士衡欲出仕於晋之心情。李周翰云：「言我自試，不能履於邪徑。」劉履風雅翼卷四云：「既投足於正塗，而意向已定，不可改矣。蓋窮達之分雖殊，而其理則一，猶四時寒暑各異，而一氣流行，不必一一相循。且將遂我所適，而要子於同歸之津可也。此不特辭其所勸，而所以警之者亦深矣。」俱屬牽强。

【集評】

陸時雍古詩鏡卷九：「『四時不必循』一語亦拙。」

王闓運八代詩選眉批：寬和。（據夏敬觀八代詩評所附）

前緩聲歌〔一〕

游仙聚靈族，高會曾城阿〔二〕。長風萬里舉，慶雲鬱嵯峨〔三〕。虙妃興洛浦，王韓起太華〔四〕。北徵瑶臺女，南要湘川娥〔五〕。肅肅霄駕動，翩翩翠蓋羅〔六〕。羽旗棲瓊鸞，玉衡吐鳴和〔七〕。太容揮高弦，洪崖發清歌〔八〕。獻酬既已周，輕舉乘紫霞〔九〕。總轡扶桑枝，濯足湯谷波〔一〇〕。清輝溢天門，垂慶惠皇家〔一一〕。奎章閣藏文選卷二十八之李善本

【校】

題：藝文類聚卷四十二作「前緩聲歌行」。

游仙：「游」，太平御覽卷五十六作「遨」。

高會：「會」，藝文類聚卷四十二、太平御覽卷五十六作「讌」。

曾城：「城」，玉臺新詠卷三作「山」。

萬里舉：「舉」，藝文類聚卷四十二作「急」。

霄駕：「霄」，四部叢刊本文選校語云李善本作「宵」。陸本、玉臺新詠卷三、藝文類聚卷四十二作

「宵」。玉臺新詠考異：「案：詩叙游仙，正指駕於雲霄之上，作『霄』爲是。」案：「霄」、「宵」通。

瓊鸞：「瓊」，玉臺新詠卷三作「瑣」。「鸞」，原作「鑾」，據尤刻本文選、陸本、影宋本改。

已周：「周」，藝文類聚卷四十二作「終」。

舉乘：玉臺新詠卷三作「軒垂」。

扶桑枝：「枝」，文選五臣本、陳八郎本文選、影宋本作「底」。

湯谷：「湯」，文選五臣本、影宋本、樂府詩集卷六十五作「暘」，「暘」、「湯」通。

【箋注】

〔一〕前緩聲歌：樂府詩集屬雜曲歌辭。

〔二〕高會句：史記項羽紀：「飲酒高會。」索隱引服虔：「高會，大會也。」楚辭天問：「增城九重，其高幾里？」王逸注：「淮南言崑崙之山，九重，其高萬二千里也。」淮南子墬形：「中有增城九重。」高誘注：「增，重也。有五城十二樓。見括地象。」曾、增通。

〔三〕長風二句：宋玉高唐賦：「長風至而波起兮。」慶雲，見卷五贈馮文羆遷斥丘令「慶雲扶質」注。欝嵯峨，見本卷從軍行「崇山欝嵯峨」注。

〔四〕虙妃二句：虙妃，洛水神。見卷三列仙賦「洛宓」注。虙、宓通。李善注：「魏文帝詩曰：『王韓獨何人，翱翔隨天塗。』神仙傳曰：『衛叔卿歸華山，漢武帝令叔卿子度求之。見其父與數人博。度曰：「向與博者爲誰？」叔卿曰：「是洪崖先生、王子晋、薛容也。」』又曰：『劉根初學道，到華陰，見一人乘白鹿，從十餘玉女。根頓首，乞一言。神人乃住，曰：「尔聞有韓衆不？」答曰：「實聞有之。」神曰：「即我是也。」』」李善以王爲王子晋。清徐文靖管城碩記卷二十據劉向列仙傳、逸周書王子晋解，云王子晋乃周靈王太子，以其爲太子，故又稱王子，并非王氏，斥李善注誤。案：李善豈不知王子晋爲周靈王太子，然王子晋雖非王氏，實王氏所自出。王符潛夫論志氏姓：「周靈王之太子晋……仙之後，其嗣避周難于晋，家於平陽，因氏王氏。其後子孫世喜養性神仙之術。」文選任昉王文憲集序李善注引琅邪王氏録：「其先出自周王子晋，秦有王翦、王離，世爲名將。」文人不拘，或以此目太子晋爲王氏。王子晋與太華相關，故李善以王韓之王爲王子晋也。太華，華山。尚書禹貢：「至于太華。」

〔五〕北徵二句：徵，爾雅釋言：「召也。」楚辭離騷：「望瑶臺之偃蹇兮，見有娀之佚女。」王逸注：「石次玉曰瑶。」吕氏春秋音初：「有娀氏有二佚女，爲之九成之臺。」淮南子墬形：「有娀在不周之北，長女簡翟，少女建疵。」高誘注：「姊妹二人在瑶臺，帝嚳之妃也。天使玄鳥降卵，簡翟吞之以生契，是爲玄王，殷之祖也。」張衡西京賦：「懷湘娥。」楚辭九歌湘夫人「帝子降兮北渚」王逸注：「言堯二女娥皇、女英，隨舜不反，墮於湘水之渚，因爲湘夫人。」

〔六〕肅肅二句：詩召南小星：「肅肅宵征。」毛傳：「肅肅，疾貌。」李善注引曹植飛龍篇：「芝蓋翩翩。」宋玉高唐賦：「翠爲蓋。」李善注：「翠，翡翠也。」揚雄甘泉賦：「咸翠蓋而鸞旗。」羅，廣雅釋詁：「列也。」

〔七〕羽旗二句：羽旗，以五彩鳥羽綴於旗杆之首。宋玉高唐賦：「建羽旗。」李善注：「以瓊爲鸞，以施於旗上。鸞，鳥，故曰棲也。」衡，車轅前之横木，下有兩軛，以扼兩服馬。楚辭劉向九嘆遠游：「枉玉衡於炎火兮。」鳴和，謂鸞、和之聲相應和。周禮夏官大馭：「凡馭路儀，以鸞、和爲節。」鄭玄注：「舒疾之法也。鸞在衡，和在軾，皆以金爲鈴。」案：鸞、和所在，諸説不同。李善注引應劭漢書注曰：「鸞在軾，和在衡。」與鄭注相反。左傳桓公二年「鍚、鸞、和、鈴，昭其聲也」杜預注則曰：「鸞在鑣（在馬口兩旁），和在衡。」士衡此言「玉衡吐鳴和」，當謂在衡之和鈴與在鑣之鸞鈴聲相和，在鑣者先鳴在衡者和之也。

〔八〕太容二句：太容，文選張衡思玄賦：「太容吟曰念哉。」舊注：「黄帝樂師也。」高弦，謂弦急而聲高。洪崖，文選張衡西京賦：「洪涯立而指麾。」薛綜注：「洪涯，三皇時伎人。」洪涯即洪崖。

〔九〕獻酬二句：詩小雅楚茨：「獻酬交錯。」鄭箋：「始主人酌賓爲獻，賓既酌主人，主人又自飲酌賓曰酬。」楚辭遠游：「願輕舉而遠游。」

〔一〇〕總轡二句：扶桑、湯谷，見本卷日出東南隅行「扶桑升朝暉」注。楚辭離騷：「飲余馬於咸池兮，總余轡乎扶桑。」遠游：「朝濯髮於湯谷兮。」

〔一一〕清輝二句：阮籍詠懷：「明月曜清輝。」淮南子原道：「排閶闔，淪天門。」高誘注：「天門，上帝所居紫微宫門也。」班固典引：「盛哉皇家帝世。」

【集評】

陳祚明采菽堂古詩選卷十：「肅肅」四句，微有生致。

紀昀玉臺新詠批語：鸞音鳳采，震耀耳目，而妙無章咒之氣。○結二句是樂府體，而氣亦微覺其促。

王闓運八代詩選眉批：「舉」字得御風之神。（據夏敬觀八代詩評所附）

長歌行〔一〕

逝矣經天日，悲哉帶地川〔二〕。寸陰無停晷，尺波豈徒旋〔三〕？年往迅勁矢，時來亮急弦〔四〕。遠期鮮克及，盈數固希全〔五〕。容華夙夜零，體澤坐自捐〔六〕。兹物苟難停〔七〕，吾壽安得延？俯仰逝將過，倏忽幾何間〔八〕。慷慨亦焉訴，天道良自然〔九〕。但恨功名薄，竹帛無所宣〔一〇〕。迨及歲未暮，長歌承我閑〔一一〕。奎章閣藏文選卷二十八之李善本

【校】

豈徒：樂府詩集卷三十、藝文類聚卷四十二作「徒自」。

亮急弦：「亮」，太平御覽卷十七作「諒」。「亮」、「諒」通。

容華二句：文選卷二十二鮑照行藥至城東橋「容華坐消歇」李善注引「夙」作「宿」，下句作「無故自消歇」。

承我：「承」，樂府詩集卷三十作「乘」，「承」、「乘」通。

【箋注】

〔一〕長歌行：樂府詩集屬相和歌辭平調曲。郭茂倩云：「樂府解題曰：『古辭云：「青青園中葵，朝露待日晞。」言芳華不久，當努力爲樂，無至老大乃傷悲也。魏改奏文帝所賦曲「西山一何高」，言仙道茫茫不可識，如王喬、赤松皆空言虛詞，迂怪難信，當觀聖道而已。若陸機「逝矣經天日，悲哉帶地川」，則復言人運短促，當乘間長歌，與古文合也。』崔豹古今注曰：『長歌、短歌，言人壽命長短各有定分，不可妄求。』按古詩云『長歌正激烈』，魏武帝（案：當作文帝）燕歌行云『短歌微吟不能長』，晉傅玄豔歌行云『咄來長歌續短歌』，然則歌聲有長短，非言壽命也。」

〔二〕逝矣二句：後漢書馮衍傳田邑報衍書：「日月經天，河海帶地。」

〔三〕寸陰二句：淮南子原道：「夫日回而月周，時不與人游，故聖人不貴尺之璧而重寸之陰，時難得而易失也。」晷，説文日部：「日景也。」旋，廣雅釋詁：「還也。」李善注：「言日無停景，川不旋波，以喻年命流行曾無止息也。」案：二句分承「逝矣」二句。

〔四〕年往二句：楚辭九辯：「年洋洋以日往兮。」王逸注：「歲月已盡，去奄忽也。」史記淮陰侯傳蒯通曰：「時乎時不再來。」吕向注：「年往時來，其迅疾信如急弦之發勁矢也。弦，弓弦也；矢，箭也。」案：吕注固是。然侯瑾筝賦：「於是急弦促柱，變調改曲。」本集鞠歌行：「急弦高張。」急弦或指音樂言，謂時之來有若急弦高調之響亮驚心也。

〔五〕遠期二句：管子戒：「任之重者莫如身，塗之畏者莫如口，期而遠者莫如年。以重任行畏塗，至遠期，唯君子乃能矣。」房玄齡注：「殤夭日聞，期頤實寡，故曰遠期也。」李善注：「左氏傳：卜偃曰：『萬，盈數也。』然此之盈數，謂百年也。」李注引卜偃語在閔公元年傳。

〔六〕容華二句：容華，參本卷君子有所思行「容華隨年落」注。詩召南采蘩：「夙夜在公。」澤，説文水部：「光潤也。」莊子盜跖：「體澤則馮。」坐，李善注：「無故自捐曰坐也。」朱駿聲説文通訓定聲：「假借爲自然之詞。」捐，説文手部：「棄也。」

〔七〕兹物：此物，指時光、歲月。

〔八〕俯仰二句：莊子在宥：「俯仰之間。」詩魏風碩鼠：「逝將去女。」鄭箋：「逝，往也。」楚辭招魂：「往來倏忽。」王逸注：「倏忽，疾急貌也。」左傳襄公三十一年：「人生幾何。」

〔九〕天道句：越絶書外傳枕中：「范子曰：『陰陽進退者，固天道自然，不足怪也。』」

〔一〇〕但恨二句：王褒四子講德論：「節趨不立，則功名不宣。」墨子兼愛：「以其所書於竹帛，鏤於金石，琢於槃盂，傳遺後世子孫者知之。」

〔一一〕迨及二句：詩唐風蟋蟀：「歲聿其莫。」莫、暮，古今字。楚辭九章抽思：「願承閒而自察兮。」閑、閒通。

【集評】

謝榛四溟詩話卷一：魏文帝曰：「梧桐攀鳳翼，雲雨散洪池。」曹子建曰：「游魚潛緑水，翔鳥薄天飛。」阮籍曰：「存亡從變化，日月有浮沉。」張華曰：「洪鈞陶萬類，大塊稟群生。」左思曰：「皓天舒白日，靈景耀神州。」張協曰：「金風扇素節，丹霞啓陰期。」潘岳曰：「南陸迎修景，朱明送末垂。」陸機曰：「逝矣經天日，悲哉帶地川。」以上雖爲律句，全篇高古。及靈運，古律相半；至謝朓，全爲律矣。

又卷二：陳琳曰：「騁哉日月遠，年命將西傾。」陸機曰：「容華夙夜零，體澤坐自捐。」兹物苟難停，吾壽安得延。」謝靈運曰：「夕慮曉月流，朝忌曛日馳。」李長吉曰：「天東有若木，下置銜燭龍。吾將斬龍足，嚼龍肉，使之朝不得迴，夜不得伏。自然老者不死，少者不哭。」此皆氣短。無名氏曰：「人生不滿百，常懷千歲憂。晝短苦夜長，何不秉燭游。」感慨而氣悠長也。

陳祚明采菽堂古詩選卷十：通首徒作虚語，以筆蒼不覺爲薄。○起稍有氣。

邵長蘅評：（年往二句）只是光陰迅速意，敷衍太多，便無意味。○（但恨二句）忽發遒響。

（據范子燁昭明文選邵氏批語迻録稿，係録自陳雲程補訂增訂昭明文選集成詳注）

王闓運八代詩選眉批：全以跌宕取致，不使氣直，結乃以超妙出之。（據夏敬觀八代詩評所附）

錢鍾書談藝録第十八則：蓋周秦之詩騷，漢魏以來之雜體歌行……皆往往使語助以添迤邐之概。……五言則唐以前，斯體不多。……陸機樂府：「逝矣經天日，悲哉帶地川。」「邈矣垂天景，壯哉奮地雷。」贈弟：「行矣怨路長，惄焉傷别促。」……以「矣」對「哉」諸聯，搜逑索偶，平仄俱調，已開近體詩對仗之用語助。

吴趨行〔一〕

楚妃且勿嘆，齊娥且莫謳〔二〕。四坐并清聽〔三〕，聽我歌吴趨。吴趨自有始，請從閶門起〔四〕。閶門何峨峨，飛閣跨通波〔五〕。重欒承游極，回軒啓曲阿〔六〕。藹藹慶雲被，泠泠祥風過〔七〕。山澤多藏育，土風清且嘉〔八〕。泰伯導仁風，仲雍揚其波〔九〕。穆穆延陵子，灼灼光諸華〔一〇〕。王迹隤陽九，帝功興四遐〔一一〕。大皇自富春，矯手頓世羅〔一二〕。邦彦應運興，粲若春林葩〔一三〕。屬城咸有士，吴邑最爲多〔一四〕。八族未足侈，四姓實名家〔一五〕。文德熙淳懿，武功侔山河〔一六〕。禮讓何濟濟，流化自滂沱〔一七〕。淑

美難窮紀，商推爲此歌〔一八〕。奎章閣藏文選卷二十八之李善本

【校】

并清聽：「并」，吴都文粹卷二作「亟」。

自有始：「始」，藝文類聚卷四十一作「紀」。

閶門：「閶」，四部叢刊本文選、尤刻本文選、陳八郎本文選作「昌」。

峨峨：樂府詩集卷六十四作「嵯峨」。

游極：「游」，藝文類聚卷四十一作「璇」。

祥風：「祥」，文選五臣本、陳八郎本文選、樂府詩集卷六十四、吴郡志卷二作「鮮」，文選卷三十一江淹雜體詩許徵君「曲櫺激鮮飈」李善注引亦作「鮮」。何焯校、胡刻本考異、孫志祖文選考異、梁章鉅文選旁證、胡紹煐文選箋證皆云當作「鮮」。然「祥風」與「慶雲」對，文意互足，恐不煩改字。朱珔文選集釋卷十七云：「作『祥』亦可通。」

諸華：「諸」，藝文類聚卷四十一作「其」。

矯手：「手」，陸本、樂府詩集卷六十四、六朝詩集、吴都文粹卷二作「首」，「首」、「手」通。

足侈：「足」，陸本、六朝詩集作「多」。

武功：「功」，原作「公」，據四部叢刊本文選、尤刻本文選、陳八郎本文選、陸本、影宋本、樂府詩集卷六十四、吴郡志卷二、吴都文粹卷二改。

【箋注】

〔一〕吴趨行：樂府詩集屬雜曲歌辭。崔豹古今注：「吴趨曲，吴人歌其地也。」劉良注：「趨，步也。」郭茂倩從其説。范成大吴郡志風俗引樂府題解：「古樂府吴趨者，行經趨市也。」鄭樵通志樂略：「吴趨者，吴人之舞。」

〔二〕楚妃二句：李善注：「楚妃，樊姬；齊娥，齊后也。歌録曰：石崇楚妃嘆曰：『歌辭楚妃嘆，莫知其所由。楚之賢妃，能立德著勛，垂名於後，唯樊姬焉，故令（原作今，據文選卷十八嵇康琴賦「王昭楚妃」李注改）嘆詠之聲，永世不絶。』」案：「楚妃嘆曰歌辭」，文選卷十八嵇康琴賦「王昭楚妃」李注引歌録作「楚妃嘆歌辭曰」。初學記卷十六、太平御覽卷五百七十二引上述文字，云石崇楚妃嘆序。娥，方言卷二：「秦晋之間，美貌謂之娥。」謳，見本卷齊謳行題注。孟子告子下：「綿駒處於高唐，而齊右善歌。」

〔三〕四坐句：曹植鬥鷄詩：「清聽厭宫商。」

〔四〕閶門：吴越春秋闔閭内傳：「子胥乃使相土嘗水，象天法地，造築大城，周迴四十七里。陸門八，以象天八風。……立閶門者，以象天門，通閶闔風也。……闔閭欲西破楚，楚在西北，故立閶門以通天氣，因復名之破楚門。」

〔五〕閶門二句：李善注引吴地記：「昌門者，吴王闔閭所作也，名爲昌闔門，高樓閣道。」班固西都賦：「修除飛閣。」又曰：「與海通波。」通波，猶言活水。

〔六〕重欒二句：欒，立柱與横梁間成弓形之承重構件。張衡西京賦：「峙游極於浮柱，結重欒以相承。」薛綜注：「三輔名梁爲極。作游梁置浮柱上。欒，柱上曲木。兩頭受櫨者。」極，即横梁，以其擱置於斗栱上，故曰游。李善注：「軒，長窗也。言長窗開於屋之曲阿也。周書曰『明堂咸有四阿』，鄭玄周禮注曰『四阿若今四注』也。」曲阿，周檐。參本卷君子有所思行「洞房結阿閣」注。謂長窗開啓於四面屋檐之下。

〔七〕藹藹二句：慶雲，見卷五贈馮文羆遷斥丘令「慶雲扶質」注。文選宋玉風賦：「清清泠泠。」李善注：「清清泠泠，清凉之貌也。」初學記卷一引尚書大傳：「德及皇天則祥風起。」王褒聖主得賢臣頌：「恩從祥風翱，德與和氣游。」

〔八〕土風：水土風俗。三國志吴書朱治傳：「思戀土風。」

〔九〕泰伯二句：史記吴太伯世家：「吴太伯，太伯弟仲雍，皆周太王之子，而王季歷之兄也。季歷賢而有聖子昌。太王欲立季歷以及昌，於是太伯、仲雍二人乃奔荆蠻，文身斷髮，示不可用，以避季歷。季歷果立，是爲王季，而昌爲文王。太伯之奔荆蠻，自號句吴。荆蠻義之，從而歸之千餘家。立爲吴太伯。太伯卒，無子，弟仲雍立。」班固典引：「仁風翔乎海表。」楚辭漁父：「何不淈其泥而揚其波。」

〔一〇〕穆穆二句：詩大雅文王：「穆穆文王。」毛傳：「穆穆，美也。」史記吴太伯世家：「季札封於延陵，故號曰延陵季子。」延陵，今江蘇常州。太伯至壽夢十九世。壽夢四子，季札爲末而賢，壽夢欲立之，季札讓。嘗聘於魯、齊、晉諸國。太史公曰：「延陵季子之仁心，慕義無窮，見微而知清濁。嗚呼，又何其閎覽博物君子也。」灼灼，廣雅釋訓：「明也。」諸華，謂中原華夏諸國。左傳昭公三十年：「吴，周之胄裔也，而棄在海濱，不與姬通。今而始大，比于諸華。」

〔一一〕王迹二句：孟子離婁下：「王者之迹熄而詩亡。」陽九，有旱灾者九歲，引申指非人力所可干預、無可避免之厄運。漢書律曆志：「易九厄曰：『初入元，百六，陽九；次三百七十四，陰九；次四百八十，陽九；次七百二十，陰七；次七百二十，陽七；次六百，陰五；次六百，陽五；次四百八十，陰三；次四百八十，陽三。凡四千六百一十七歲，與一元終。經歲四千五百六十，灾歲五十七。』」謂一元共四千六百一十七歲，内經歲（常歲，謂無灾之年）四千五百六十，灾歲五十七。初始經歲凡一百六，灾歲九，其灾爲旱灾；其次經歲凡三百七十四，灾歲九，其灾爲水灾。陰、陽皆謂灾害而言，陰水陽旱。遐，爾雅釋詁：「遠也。」吕延濟注：「帝功興於四方，謂三國時魏、蜀與吴并立也，」二句承上起下，言周代王道衰頹，於是帝業興矣。

〔一二〕大皇二句：孫權，字仲謀，吴郡富春人，年七十一卒，謚曰大皇帝。矯，楚辭九章惜誦「矯兹媚以私處兮」王逸注：「舉也。」李善注：「頓，整也。世羅，猶皇綱也。」

〔一三〕邦彦二句：詩鄭風羔裘：「彼其之子，邦之彦兮。」毛傳：「彦，士之美稱。」蔡邕翟先生碑：

「應運立言。」粲，羔裘「三英粲兮」鄭箋：「衆意。」又國語周語「女三爲粲」韋昭注：「美貌。」

〔一四〕屬城二句：屬城，指吴郡所屬諸縣。吴邑，吴郡吴縣。

〔一五〕八族二句：李善注引張勃吴録：「八族，陳、桓、吕、竇、公孫、司馬、徐、傅也。」案：鄧名世古今姓氏書辯證卷三十三：「儐，亦作賞，音上。姓苑云：吴中八族，其一儐氏。晉有郗隆主簿儐慶。」録以備考。世説新語賞譽：「吴四姓，舊目云：張文，朱武，陸忠，顧厚。」劉孝標注引吴録士林：「吴郡有顧、陸、朱、張，爲四姓。三國之間，四姓盛焉。」史記劉敬傳：「臣願陛下徙齊諸田、楚昭屈景、燕、趙、韓、魏後及豪桀名家居關中。」

〔一六〕文德二句：曹植陳審舉表：「夫相者，文德昭者也；將者，武功烈者也。」熙，爾雅釋詁：「光也。」蔡邕胡公碑：「考以德行純懿，官至交趾都尉。」史記高祖功臣侯年表：「封爵之誓曰：『使河如帶，泰山若厲，國以永寧，爰及苗裔。』」

〔一七〕禮讓二句：論語里仁：「能以禮讓爲國乎，何有？不能以禮讓爲國，如禮何？」濟濟，禮記玉藻「朝廷濟濟翔翔」鄭玄注：「莊敬貌也。」論語泰伯：「泰伯其可謂至德也已矣，三以天下讓。」漢書成帝紀陽朔二年詔：「將以傳先王之業，流化於天下也。」詩小雅漸漸之石：「月離于畢，俾滂沱矣。」

〔一八〕淑美二句：公羊傳莊公十二年：宋萬曰：「甚矣，魯侯之淑，魯侯之美也。」何休注：「淑，善。」商搉，大略，大致。廣雅釋訓：「揚搉，都凡也。」商搉即揚搉之音轉，參王念孫疏證。

【集評】

孫鑛評：與齊謳同調，而意態更覺飛動。（見天啓二年閔齊華刻孫月峰先生評文選）

陳祚明采菽堂古詩選卷十：一惟鋪張，此與會吟同體。結二句覺有揚扢不盡之意，稍存餘致。「商搉」字有致。

何焯義門讀書記卷四十七：（禮讓二句）收泰伯、季札，密緻。

方廷珪昭明文選集成：發端妙於瀟灑，目無齊楚，只開口便見誇大。○按具肖吴人口角，莊中帶諧，韻中帶趣，另是一种氣色。

塘上行〔一〕

江蘺生幽渚，微芳不足宣〔二〕。被蒙風雲會，移居華池邊〔三〕。發藻玉臺下，垂影滄浪淵〔四〕。霑潤既已渥，結根奥且堅〔五〕。四節逝不處，華繁難久鮮〔六〕。淑氣與時隕〔七〕，餘芳隨風捐。天道有遷易，人理無常全〔八〕。男懽智傾愚，女愛衰避妍〔九〕。不惜微軀退，但懼蒼蠅前〔一〇〕。願君廣末光，照妾薄暮年〔一一〕。奎章閣藏文選卷二十八之李善本

【校】

風雲：「雲」，玉臺新詠卷三、樂府詩集卷三十五作「雨」。按李善注引周易繫辭上「潤之以風雨」，似文選原亦作「雨」。

移居：「居」，玉臺新詠卷三作「君」。

滄浪淵：「淵」，原作「泉」，據玉臺新詠卷三改。玉臺新詠考異：「文選作『泉』，則避唐諱也。」

逝不：「逝」，玉臺新詠卷三作「遊」。

華繁：文選五臣本、陳八郎本文選、陸本、影宋本、樂府詩集卷三十五、六朝詩集作「繁華」。

但懼：「但」，樂府詩集卷三十五作「恒」。

【箋注】

〔一〕塘上行：樂府詩集屬相和歌辭清調曲。

〔二〕江蘺二句：江蘺，楚辭離騷「扈江離與辟芷兮」王逸注：「香草名。」江蘺即江離。李時珍本草綱目云：「大葉似芹者爲江離，細葉似蛇床者爲蘼蕪。」阮籍詠懷：「順風振微芳。」

〔三〕被蒙二句：周易乾文言：「雲從龍，風從虎，聖人作而萬物睹。」吴質答魏太子箋：「值風雲之會。」風雲，或作風雨。李善注引周易：「潤之以風雨。」見繫辭上。楚辭東方朔七諫：「蛙黽游乎華池。」王逸注：「華池，芳華之池也。」

〔四〕發藻二句：班固答賓戲：「董生下帷，發藻儒林。」張衡西京賦：「西有玉臺。」孟子離婁下：「滄浪之水清兮。」李善注：「滄浪，水色也。」案：周易説卦：「震……爲蒼筤竹。」集解引九家易：「蒼筤，青也。」漢書五行志中之上：「『木門倉琅根』，謂宫門銅鍰。」顔師古注：「銅色青，故曰倉琅。」滄浪、蒼筤、倉琅，音義并同，謂青色也。參胡渭禹貢錐指卷十四上「又東爲滄浪之水」注。

〔五〕霑潤二句：渥，詩邶風簡兮「赫如渥赭」毛傳：「厚漬也。」小雅信南山：「既優既渥。」又云：「既霑既足。」古詩：「結根泰山阿。」奥，國語周語「野無奥草」韋昭注：「深也。」

〔六〕四節二句：文選潘岳寡婦賦「四節運而推移」李善注引易乾鑿度：「孔子曰：天有春秋冬夏之節，故生四時。」劉楨贈五官中郎將：「四節相推斥。」處，説文几部：「止也。」詩邶風日月：「逝不古處。」孔融臨終詩：「華繁竟不實。」

〔七〕淑氣句：曹丕與鍾繇書「體芬芳之淑氣。」

〔八〕天道二句：李善注引司馬遷悲士不遇賦：「天道悠昧，人理促兮。」案：藝文類聚卷三十司馬遷悲士不遇賦無此二句，有「天道微哉，吁嗟闊兮；人理顯然，相傾奪兮」四句。

〔九〕男懽二句：莊子在宥：「愚知相欺。」李善注引仲長統昌言：「智者欺愚。」二句互文，謂男女歡愛之事互相傾軋，色衰愛弛乃其常態。

〔一〇〕不惜二句：曹植叙愁賦：「委微軀於帝室。」詩小雅青蠅：「營營青蠅，止于樊。」鄭箋：「蠅之爲蟲，污白使黑，污黑使白，喻佞人變亂善惡也。」曹植贈白馬王彪：「蒼蠅間白黑，讒巧令親疏。」

〔二〕願君二句：司馬相如封禪書：「使獲耀日月之末光絶炎。」李善注：「暮年，喻老也。」

【集評】

劉克莊後村集卷四十五戊子答真侍郎論選詩：陸士衡「願君廣末光，照妾薄莫年」，君臣之際深矣。

范晞文對床夜語卷一：古塘上曲有云：「莫以賢豪故，棄捐素所愛。莫以魚肉賤，棄捐葱與薤。莫以桑麻賤，棄捐菅與蒯。」前云「衆口鑠黄金，使君生別離」。或謂甄后爲郭后所譖，遂作此。觀其辭，殆亦是也。陸士衡云：「男懽智傾愚，女愛衰避妍。不惜微軀退，惟懼蒼蠅前。願君廣末光，照妾薄暮年。」則爲甄后作無疑矣。劉休玄擬古云：「願垂薄暮景，照妾桑榆時。」適與士衡末句同。

孫鑛評：情思婉妙，怨而不怒，固是樂府佳調。（見天啓二年閔齊華刻孫月峰先生評文選）

宋徵璧抱真堂詩話：陸機云：「不惜微軀退，但懼蒼蠅前。」十九首云：「君亮執高節，賤妾亦何爲？」張華云：「不曾遠離別，安知慕儔侶？」俱三百篇之遺。

王夫之古詩評選卷一：斂括優適，不但末視陳王，且於甄后始制，增其風度矣。以文士而詠奩情，無寧止此。○「願君廣末光，照妾薄暮年」，其聲其情，自然入人者甚。

陳祚明采菽堂古詩選卷十：平調，故無疵累，亦無警句。予選古詩多取平調，觀昭明取此，不復自悔。

邵長蘅評：借江蘺言盛衰華落之無常，入正面只有「衰避妍」一語，以下即用轉筆，言但懼不止此耳，抑有冀望之心焉。厚之至也。（據范子燁昭明文選邵氏批語迻録稿，係録自陳雲程補訂增訂昭明文選集成詳注）

張玉穀古詩賞析：前十二句皆以江蘺比己。而四句叙出身之概，四句叙遭時之盛，四句叙末路之哀，意亦平順，託之於物，便覺空靈。後八句接喻意。用慨嘆遞落正意，而女愛以男歡襯出，懼讒又以甘退跌醒，然後以望其終鑒收住。辭旨婉曲。

紀昀玉臺新詠批語：後八句和平深婉，遠勝本詞。

方廷珪昭明文選集成：以物情驗人情，言不戚而神已瘁。

王闓運八代詩選眉批：寬和。末小弁卒章之意也。（據夏敬觀八代詩評所附）

錢鍾書管錐編史記會注考證第三十三則：余讀陸機塘上行：「願君廣末光，照妾薄暮年。」嘆其哀情苦語。尚非遲暮，袛丐餘末，望若不奢，而願或終虚也。

悲哉行〔一〕

游客芳春林〔二〕，春芳傷客心。和風飛清響，鮮雲垂薄陰。蕙草饒淑氣，時鳥多好音〔三〕。翩翩鳴鳩羽，喈喈倉庚吟〔四〕。幽蘭盈通谷，長秀被高岑〔五〕。女蘿亦有託，蔓葛亦有尋〔六〕。傷哉游客士，憂思一何深〔七〕。目感隨氣草，耳悲詠時禽〔八〕。寤寐多遠念，緬然若飛沈〔九〕。願託歸風響，寄言遺所欽〔一〇〕。奎章閣藏文選卷二十八之李善本

【校】

春芳：北堂書鈔卷一百五十四作「芳春」。

倉庚吟：「吟」，原作「音」，據文選五臣本、尤刻本文選、陳八郎本文選、陸本、影宋本、六朝詩集、太平御覽卷二十改。胡刻本文選考異：「上云『時鳥多好音』，古人即不忌複韻，此實非其比，但傳寫誤。」

長秀：「秀」，樂府詩集卷六十二作「莠」。

游客士：「游客」，文選五臣本、陳八郎本文選、陸本、影宋本、樂府詩集卷六十二、六朝詩集作「客游」。胡紹煐文選箋證卷二十三：「注善曰『言己客游，不如蘿葛』，按注則正文當作『客游士』。」

若飛：「若」，陸本、影宋本、六朝詩集作「苦」。

【箋注】

〔一〕悲哉行：李善注引歌録：「悲哉行，魏明帝造。」樂府詩集屬雜曲歌辭。

〔二〕游客句：曹植雜詩：「類此游客子。」

〔三〕時鳥句：曹植節游賦：「凱風發而時鳥讙。」詩邶風凱風：「睍睆黄鳥，載好其音。」

〔四〕翩翩二句：詩小雅四牡：「翩翩者鵻。」鳴鳩，即爾雅釋鳥之鶌鳩。禮記月令：「季春之月……鳴鳩拂其羽。」鄭玄注：「鳩鳴飛且翼相擊。」孔疏：「案釋鳥云：『鶌鳩，鶻鵃。』郭景純云：『……鶻鵃似山鵲而小，青黑色，短尾，多聲。』孫炎云：『鶻鵃一名鳴鳩。』」詩小雅出車：「倉庚喈喈。」毛詩草木鳥獸蟲魚疏「黄鳥于飛」條：「黄鳥，黄鸝留也，或謂之黄栗留，幽州人謂之黄鶯，或謂之黄鳥，一名倉庚。……當葚熟時，來在桑間，故里語曰：『黄栗留，看我麥黄葚熟。』亦是應節趨時之鳥。」二句上承「時鳥」句。

〔五〕幽蘭二句：楚辭離騷：「結幽蘭而延佇。」管子地圖：「名山通谷。」大戴禮記千乘：「養長秀，蕃庶物。」爾雅釋山：「山小而高，岑。」傅毅七激：「斷之高岑。」李善注：「幽蘭生乎通谷，而長秀被乎高岑，言有託也。」二句上承「蕙草」句。

〔六〕女蘿二句：女蘿，爾雅釋草：「菟絲。」毛詩草木鳥獸蟲魚疏「蔦與女蘿」條：「女蘿，今兔絲。蔓連草上生，黄赤如金。今合藥菟絲子是也。」小雅頍弁：「蔦與女蘿，施于松柏。」詩周南樛木：「南有樛木，葛藟纍之。」鄭箋：「葛也藟也，得纍而蔓之。」尋，李善注：「猶緣也。」

〔七〕傷哉二句：李善注：「言己客游不如蘿葛，故憂思逾深也。」

〔八〕目感二句：藝文類聚卷三引京房占：「萬物應節而生，隨氣而長。」案：二句仍呼應上文「蕙草」、「時鳥」二句。

〔九〕寤寐二句：詩周南關雎：「寤寐思服。」緬，遠，參卷五赴洛之二「緬然若雙潛」注。李善注：「飛沈，言殊隔也。」

〔一〇〕願託二句：歸風，指歸向家鄉之風。參卷一思親賦「望歸風而效誠」注。所欽，謂所思念者。參卷五贈從兄車騎「願言思所欽」注。

【集評】

吴曾能改齋漫録卷八「目極千里傷春心」條：陸士衡樂府「游客春芳林，春芳傷客心」，杜子美「花近高樓傷客心」，皆本屈原「目極千里傷春心」。（案：又見吴幵優古堂詩話）

何景明評：寫芳春之景，神思欲飛。（見余碧泉刻文選纂注評本）

陸時雍古詩鏡卷九：聞人蒨「林有驚心鳥，園多奪目花」，其詩已近律矣，猶病俚氣。士衡「目感隨氣草，耳悲詠時禽」，古體中更傷雅道。○凡妝點造作，非稚即俚，縱得佳句，總不登大雅之堂矣。

王夫之古詩評選卷一：音響節族，全爲謝客開先。平原所云「謝朝華」、「啓夕秀」者，殆自謂此。

陳祚明采菽堂古詩選卷十：自寄土思，凄惋清逸。○起二句便輕俊，已稍趨齊梁。○「鮮雲」句，「鮮」字、「垂」字、「薄」字并活，然尚渾。自此而下，述景流宕，景中有情，得興體。○「女蘿」二句，酷似風人，言情於景物之中，情乃流動不滯也。但如此已足，翻嫌「目感」二句重述徑露。詩以含蓄有餘、令人徘徊爲妙，寫盡乃最忌。○「長秀被高岑」語，殊秀。

何焯義門讀書記卷四十七：緣情綺麗，斯爲不負。

方廷珪昭明文選集成：（「女蘿」二句）不覺觸動客心矣。

王闓運八代詩選眉批：清勁。（據夏敬觀八代詩評所附）

李詳杜詩證選：（杜甫陪章留守餞嘉州崔都督「耳激洞門飆，目存寒谷冰」）「目感隨氣草，耳悲詠時禽。」

短歌行〔一〕

置酒高堂，悲歌臨觴〔二〕。人壽幾何，逝如朝霜〔三〕。時無重至，華不再揚〔四〕。蘋以春暉，蘭以秋芳〔五〕。來日苦短，去日苦長〔六〕。今我不樂，蟋蟀在房〔七〕。樂以會興，悲以别章〔八〕。豈曰無感，憂爲子忘〔九〕。我酒既旨，我肴既臧〔一〇〕。短歌有詠，長夜無荒〔一一〕。奎章閣藏文選卷二十八之李善本

【校】

人壽：「壽」，樂府詩集卷三十作「生」。

再揚：「揚」，四部叢刊本文選、尤刻本文選、藝文類聚卷四十二作「陽」。

憂爲：「爲」，文選五臣本、陳八郎本文選、影宋本作「與」。

有詠：「有」，文選五臣本、陳八郎本文選、影宋本、樂府詩集卷三十作「可」。

【箋注】

〔一〕短歌行：樂府詩集屬相和歌辭平調曲。短歌，謂歌聲短也，參本卷長歌行題注。

〔二〕置酒二句：阮瑀詩：「置酒高堂上。」史記項羽紀：「項王乃悲歌忼慨。」曹植陳審舉表：「臨觴而扼腕矣。」

〔三〕人壽二句：左傳襄公八年：「周詩有之曰：『俟河之清，人壽幾何！』」曹植送應氏：「天地無終極，人命若朝霜。」

〔四〕時無句：李善注：「論語摘輔像：『讖曰：時不再及。』宋均曰：『及亦至也。』」曹丕丹霞蔽日行：「華不再繁。」

〔五〕蘋以二句：禮記月令：「季春之月……荓始生。」鄭玄注：「荓，萍也，其大者曰蘋。」楚辭九歌少司命：「秋蘭兮青青。」又離騷：「紉秋蘭以爲佩。」王逸注：「蘭，香草也，秋而芳。」

〔六〕來日二句：宋書樂志載瑟調善哉行：「來日大難，口燥脣乾。今日相樂，皆當喜歡。」曹植擬之，作當來日大難：「日苦短，樂有餘。乃置玉樽辦東厨。廣情故，心相於。闔門置酒，和樂欣欣。」曹操短歌行：「去日苦多。」

〔七〕今我二句：詩唐風蟋蟀：「蟋蟀在堂，歲聿其莫。今我不樂，日月其除。」

〔八〕樂以二句：興，廣雅釋詁：「生也。」章，國語鄭語「其子孫未嘗不章」韋昭注：「顯也。」

〔九〕豈曰二句：詩秦風無衣：「豈曰無衣，與子同袍。」二句謂豈無歲月之感，但爲與子歡會而忘憂耳。

〔一〇〕我酒二句：詩小雅頍弁：「爾酒既旨，爾殽既嘉。」旨，説文旨部：「美也。」殽，通肴。臧，説文臣部：「善也。」

〔一一〕長夜句：史記殷本紀：「爲長夜之飲。」詩唐風蟋蟀：「好樂無荒。」李周翰注：「荒，廢也。言雖歌詠樂飲，無得廢於政事。」案：李周翰注可供參考。蟋蟀鄭箋云：「荒，廢亂也。……君之好樂，不當至於廢亂政事。」何焯義門讀書記卷四十七亦云：「忘憂所以合歡，無荒所以知節。」王念孫讀書雜志餘編下卷文選云：「荒者，虛也。言無虛此長夜也。爾雅：『漮，虛也。』漮，本作荒。（釋文引郭璞音義如此。大雅召閔正義引某氏曰：「周禮云：『野荒民散則削之。』」）大雅桑柔篇『具贅卒荒』、召閔篇『我居圉卒荒』、周語『田疇荒蕪』，毛傳、鄭箋、韋注并云：『荒，虛也。』此詩但言及時行樂，與唐風『好樂無荒』異義。」王説爲長。

【集評】

王世貞藝苑卮言卷三：陸士衡之「來日苦短，去日苦長」，傅休奕之「志士惜日短，愁人知夜長」，張季鷹之「榮與壯俱去，賤與老相尋」，曹顏遠之「富貴他人合，貧賤親戚離」，語若卑淺，而亦實境所就，故不忍多讀。

陸時雍古詩鏡卷九：意象淺促，更無餘地。曹氏父子只意有餘而言不盡。

王夫之古詩評選卷一：樂府之長，大端有二：一則悲壯𡠞發，一則旖旎柔入。曹氏父子各至其一，遂以狎主齊盟。平原别構一體，務從雅正，使被之管弦，恐益魏文之卧耳。顧其回翔不迫，優餘不儉，於以涵泳志氣，亦可爲功。承西晋之波流，多爲理語，然終不似荀勖、孫楚之滿頰塾師氣也。神以將容，平原之神固已濯濯，豈或者所可竊哉！雖然，神不若平原者，且置此體可矣。

陳祚明采菽堂古詩選卷十：有亮音而無雄氣，有調節而無變響。士衡詩大抵如此。

邵長蘅評：不若魏武之作遠甚，然亦覺警朗可誦。（據范子燁昭明文選邵氏批語迻録稿，係録自陳雲程補訂增訂昭明文選集成詳注）

沈德潛古詩源：詞亦清和，而雄氣逸響，杳不可尋。

陸機集卷第七

樂府　百年歌

折楊柳行〔一〕

邈矣垂天景，壯哉奮地雷〔二〕。隆隆豈久響，華華恒西隤〔三〕。日落似有竟，時逝恒若催〔四〕。仰悲朗月運，坐觀璇蓋回〔五〕。盛門無再入，衰房莫苦閨〔六〕。人生固已短，出處鮮爲諧〔七〕。慷慨惟昔人，興此千載懷〔八〕。升龍悲絶處，葛藟變條枚〔九〕。寤寐豈虚嘆，曾是感與摧〔一〇〕。弭意無足嘆，願言有餘哀〔一一〕。樂府詩集卷三十七

【校】

隆隆：陸本、影宋本作「豐隆」。

華華：陸本、影宋本作「華光」。

恒西：「恒」，陸本、影宋本作「但」。

苦闓：「闓」，陸本、影宋本作「開」，「闓」、「開」通。

慷慨：陸本、影宋本作「慨慨」。

足嘆：「嘆」，陸本、影宋本作「歎」。

【箋注】

〔一〕折楊柳行：樂府詩集屬相和歌辭瑟調曲。

〔二〕邈矣二句：董仲舒士不遇賦：「遐哉邈矣。」莊子逍遥游：「若垂天之雲。」史記陳丞相世家：「帝南過曲逆……曰：『壯哉，縣！』」奮，周易豫象：「雷出地奮。」李鼎祚集解引鄭玄注：「奮，動也。雷動於地上。」

〔三〕隆隆二句：詩大雅雲漢「蘊隆蟲蟲」毛傳：「隆隆而雷。」華，淮南子墬形「其華照下地」高誘注：「猶光也。」華華，猶煌煌，言光明也，美盛也。宋書樂志載荀勖所造食舉樂東西廂歌赫矣篇，注云：「當華華。」謂代華華篇也。華華，當是魏食舉樂之一，其首句以「華華」發端，已佚。隤，説文阜部：「下隊（墜）也。」楚辭劉向九嘆遠逝：「日杳杳以西隤兮。」阮籍詠懷：「灼灼西隤日。」二句分承「壯哉」、「邈矣」二句。

〔四〕日落二句：曹操步出夏門行：「神龜雖壽，猶有竟時。」傅咸黏蟬賦：「感時逝之若頽。」

〔五〕仰悲二句：曹丕與朝歌令吴質書：「白日既匿，繼以朗月。」璇，廣雅釋地：「玉。」周髀算經卷上：「方屬地，圓屬天，天圓地方。」趙君卿注：「天似蓋笠，地法覆槃。」晋書天文志：「周髀家云：天圓如張蓋，地方如棋局。天旁轉，如推磨而左行，日月右行，隨天左轉。故日月實東行而天牽之以西没。……天之居如倚蓋。」王弼周易略例明象：「處璇璣以觀大運。」

〔六〕盛門二句：闓，説文門部：「開也。」段玉裁注：「本義爲開門。」晏子春秋外篇：「夫盛之有衰，生之有死，天之分也。物有必至，事有常然，古之道也。」案：二句謂盛不可再而衰有必至，則莫以去盛入衰爲苦。門、房，皆比喻之辭。

〔七〕人生二句：荀子王霸：「人無百歲之壽。」周易繫辭上：「君子之道，或出或處，或默或語。」王弼注：「君子出處默語，不違其中。」諧，爾雅釋詁：「和也。」

〔八〕慷慨二句：惟，爾雅釋詁：「思也。」古詩：「常懷千歲憂。」

〔九〕升龍二句：曹植七啓：「升龍攀而不逮。」案：此處升龍，即易乾之見龍、龍躍、飛龍，喻君子之進也。乾初九李鼎祚集解引沈驎士曰：「稱龍者，假象也。天地之氣有升降，君子之道有行藏。龍之爲物，能飛能潛，故借龍比君子之德也。」揚雄法言問明：「亨龍潛升，其貞利乎！……時未可而潛，不亦貞乎？時可而升，不亦利乎？潛升在己，用之以時，不亦亨乎？」皆泛指君子之出處行藏言，不專指聖人、天子。顔氏家訓文章：「潘尼贈盧景宣詩云『九五思龍飛』……今爲此言，則朝廷之罪人也。」知以飛龍專指天子，乃後世之事。漢代魏晉詩文中以龍之潛升喻指君子者，其例甚多。即以用「升龍」字樣者而言，上舉揚雄法言外，如鹽鐵論毁學：「李斯……奮翼高舉，龍升驥騖。」應璩與劉公幹書：「鵜鶘棲翔鳳之條，黿鼉游升龍之川，識真者所爲憤結也。」潘岳故太常任府君畫贊：「翰飛公庭，龍升天路。」陸機吴王郎中時從梁陳作：「假翼鳴鳳條，濯足升龍淵。」曹攄贈韓德真：「龍升在雲，魚沉于淵。」夏靖答陸士衡：「九五翻飛，利見大人。」亦皆用易乾典故。處，淮南子修務「不遑啓處」高誘注：「安也。」絶處，謂失其所安、失據。揚雄反離騷：「懿神龍之淵潛，俟慶雲而將舉。亡春風之被離兮，孰焉知龍之所處。」詩大雅旱麓：「莫莫葛藟，施于條枚。」鄭箋：「葛也藟也，延蔓於木之枝本而茂盛。」葛、藟，皆攀援而寄生者。枝曰條，幹曰枚。變條枚，條枚變化。曹道衡陸機的思想及其詩歌：「『變』字的用法和謝靈運登池上樓『園柳變鳴禽』句的『變』字相同。」謂失去舊日所依附攀援之對象。二句承上文「出處鮮爲諧」，言君子欲進取而失所憑依。陸機吴亡後既委身仕晉，初乃應楊駿之辟；駿被殺則事太子，太子旋爲賈后廢殺；趙王倫廢賈后，殺張華，旋即篡位，張華於陸機有知遇之恩，機頗敬重之，而又不得不順應趙王倫；倫誅，機爲齊王冏下於獄。是其進退失據、不知所依之心情可以想見。此詩正反映此種心情，而不必定其爲何事而作。郝立權陸士衡詩注以爲此詩感於趙王倫篡位而作，曹道衡陸機的思想及其詩歌則以爲升龍句指帝王升遐，故詩當作於晉武帝薨後、惠帝元康初賈后殺楊駿之時，皆以升龍爲指天子。依上下文意，以升龍爲指仕進者，更爲妥帖。

〔一〇〕寤寐二句：詩曹風下泉：「愾我寤嘆。」後漢書和帝紀舉賢良方正詔：「寤寐永嘆。」曾，乃，則。詩小雅正月：「曾是不意。」蘇武詩：「長歌正激烈，中心愴以摧。」

〔一一〕弭意二句：弭，左傳成公十六年「憂猶未弭」杜預注：「息也。」詩邶風二子乘舟：「願言思子。」毛傳：「願，每也。」孔疏：「每有所言，思此二子。」蘇武詩：「慷慨有餘哀。」二句謂當止息憂思，不足爲之嘆息，但每一言及，仍有餘哀。

鞠歌行〔一〕

朝雲升，應龍攀，乘風遠游騰雲端〔二〕。鼓鍾歇，豈自歡？急弦高張思和彈〔三〕。時希值，年夙愆。循己雖易人知難〔四〕。王陽登，貢公歡。罕生既没國子嘆〔五〕。嗟千載，豈虛言？邈矣遠念情愾然〔六〕。 樂府詩集卷三十三

【箋注】

〔一〕鞠歌行：樂府詩集屬相和歌辭平調曲。郭茂倩云：「陸機序曰：『按漢宮閣，有含章鞠室、靈芝鞠室。後漢馬防第宅卜臨道，連閣、通池、鞠城彌於街路。鞠歌將謂此也？又東阿王

詩「連騎擊壤」，或謂蹙鞠乎？三言七言。雖奇寶名器，不遇知己，終不見重，願逢知己，以託意焉。』」案：漢書霍去病傳「穿域蹋鞠」服虔注：「穿地作鞠室也。」顏師古注：「鞠，以皮爲之，實以毛，蹴蹋而戲也。」又漢書外戚傳「使居鞠域中」顏師古注：「鞠域，如蹋鞠之域，謂窟室也。」是漢時蹴鞠之戲必掘地爲窟室而行之，故謂窟室爲鞠室。窟室者，地室也。左傳襄公三十年：「鄭伯有耆酒，爲窟室，而夜飲酒擊鍾焉。」杜預注：「窟室，地室。」其室在地下，故左傳謂伯有「在壑谷」，是鞠室低於地面也。鞠城亦即鞠室。文選何晏景福殿賦李善注引李尤鞠室銘，藝文類聚卷五十四作鞠城銘。馬防，漢明帝馬皇后兄，名將馬援之子。後漢書本傳云：「防兄弟貴盛，奴婢各千人已上，資産巨億，皆買京師膏腴美田，又大起第觀，連閣臨道，彌亘街路。」可與陸機序互參。郭氏所引陸序中「漢宮閤」、「連閤」之閤皆當作閣。又所引曹植詩「連騎擊壤」，今曹植名都篇作「連翩擊鞠壤」。又案：陸機序言鞠室、蹴鞠或爲鞠歌行之始，然似與不遇知己無干。凡樂府後起歌辭内容或與初始之辭無關，僅用其曲調耳，此乃樂府通例。錢培名云：「郭茂倩引陸自序，雖未必全文，然大意可見。輯陸集者，顧失之，罣漏甚矣。」

〔二〕朝雲三句：應龍，漢書司馬相如傳「駕應龍象輿之蠖略委麗兮」顏師古注引文穎曰：「有翼曰應龍，最其神妙者也。」攀，釋名釋姿容：「翻也，連翻上及之言也。」王先謙釋名疏證補：「連翻上及，謂攀援也。」曹植七啓：「升龍攀而不逮。」淮南子主術：「應龍乘雲而舉。」曹植當墻欲高行：「龍欲升天須浮雲。」三句謂應龍雖神，亦須乘雲方能升天。

〔三〕鼓鍾三句：鼓，吕氏春秋古樂「以其尾鼓其腹」高誘注：「擊也。」詩小雅鼓鍾：「鼓鍾將將。」揚雄解難：「今夫弦者，高張急徽，追趨逐耆，則坐者不期而附矣。」曹丕連珠：「蓋聞琴瑟高張則哀彈發。」高張急弦，謂張設其弦甚緊，則其聲高。三句謂琴瑟雖奏動人之高聲，然無鐘鼓相和亦不爲歡。

〔四〕時希三句：值，説文段玉裁注：「引申爲當也。凡彼此相遇、相當曰值。」年，謂年齒、年齡。夙，爾雅釋詁：「早也。」愆，左傳昭公二十六年「用愆厥位」杜預注：「失也。」年夙愆，謂韶齡早逝。循，當作脩，古書循、脩多互用，參卷一豪士賦校記。論語憲問：「子路問君子。子曰：『脩己以敬。……脩己以安人。……脩己以安百姓。』」

〔五〕王陽三句：漢書王吉傳：「王吉，字子陽。……與貢禹爲友。世稱王陽在位，貢公彈冠。言其取舍同也。」顔師古注：「彈冠者，且入仕也。」罕生，罕虎，字子皮，春秋鄭臣。國子，指鄭臣子產，子產之族爲國氏。左傳昭公十三年：「子產歸，未至，聞子皮卒，哭，且曰：『吾已！無爲爲善矣，唯夫子知我。』」杜預注：「言子皮知己之善。」

〔六〕嗟千三句：劉歆遂初賦：「雖韞寶而求賈兮，嗟千載其焉合。」愾，廣雅釋詁：「滿也。」王念孫疏證：「謂氣滿也。」禮記祭義：「愾然必有聞乎其嘆息之聲。」

【集評】

陳祚明采菽堂古詩選卷十：宜存此體。詩亦稍有慨。

當置酒〔一〕

置酒宴嘉賓，矚迴臨飛觀〔二〕。絶嶺隔天餘〔三〕，長嶼横江半。日色花上綺，風光水中亂。三益既葳蕤，四始方葱粲〔四〕。樂府詩集卷三十一

【校】

此首作者，陸本、影宋本、六朝詩集作陸機，宋人所編類書如海録碎事卷八、卷十九、紺珠集卷八、類説卷五十一均引「三益既葳蕤，四始方葱粲」二句，亦作陸機。樂府詩集及明人所編總集如詩紀、七十二家集、漢魏六朝百三家集、古詩鏡均作梁簡文帝。逯欽立據詩紀載入簡文集，又曰：「詩可兩存。」今觀其句法用字，疑是簡文所作，然無顯證，姑存之。

嘉賓：「嘉」，陸本、影宋本作「佳」。

矚迴：陸本、影宋本作「瞻眺」。

天餘：「天」，陸本、影宋本作「丈」。

【箋注】

〔一〕當置酒：樂府詩集屬相和歌辭平調曲。

〔二〕置酒二句：詩小雅鹿鳴：「我有嘉賓，鼓瑟吹笙。」序：「燕群臣嘉賓也。」觀，左傳哀公元年

「宫室不觀」杜預注：「臺榭。」王延壽魯靈光殿賦：「陽榭外望，高樓飛觀。」嵇康琴賦：「高軒飛觀。」

〔三〕絶嶺句：餘，何休春秋公羊傳序「此世之餘事」徐彦疏：「末也。」天餘，猶言天末。

〔四〕三益二句：三益，代指良友。論語季氏：「益者三友。……友直，友諒，友多聞，益矣。」後漢書馮衍傳衍上疏自陳：「臣自惟無三益之才。」葳蕤，盛多貌，參卷一文賦「紛葳蕤以馺遝」注。四始，代指詩歌。漢儒説詩，有四始之説，而諸家不同。毛詩關雎序云風、小雅、大雅、頌「是謂四始，詩之至也」，以其四者爲王道興衰之所由也。沈約宋書謝靈運傳論：「夫志動於中則歌詠外發，六義所因，四始攸繫。」蕭綱玄虚公子賦：「迴還四始，出入三墳。」葱粲，鬱盛貌。二句言座上嘉賓衆多，吟詩亦復紛葩鬱盛。

婕妤怨〔一〕

婕妤去辭寵，淹留終不見〔二〕。寄情在玉階，託意唯團扇〔三〕。春苔暗階除，秋草蕪高殿〔四〕。黄昏履綦絶，愁來空雨面〔五〕。樂府詩集卷四十三

【校】

樂府詩集題爲「班婕妤」，郭茂倩云：「一曰『婕妤怨』。」陸本、影宋本作「倢伃怨」。逯欽立漢詩别

録辨僞班氏詩論及此首，云：「辭格不類晋人，樂府署名，容有訛誤。」録以備參。

黄昏：陸本、影宋本作「昏黄」。

【箋注】

〔一〕婕好怨：樂府詩集屬相和歌辭楚調曲。婕好，宫内女官名。通典卷三十四内官：「婕好，武帝加置，視上卿，比列侯。」班婕好，班彪姑，成帝時選入宫，初爲少使，俄而大幸，爲婕好。後漸失寵，爲趙飛燕所譖，乃求供養太后於長信宫。曾作賦自傷悼。成帝崩，充奉園陵，卒，因葬園中。事見漢書外戚傳及叙傳。其賦載外戚傳。又文選、玉臺新詠載怨歌行（一名怨詩），亦云其所作。

〔二〕淹留：爾雅釋詁：「淹、留，久也。」楚辭離騷：「又何可以淹留。」

〔三〕寄情二句：班婕好自悼賦：「華殿塵兮玉階苔。」怨歌行：「新裂齊紈素，皎潔如霜雪。裁爲合歡扇，團團似明月。出入君懷袖，動摇微風發。常恐秋節至，凉飆奪炎熱。棄捐篋笥中，恩情中道絶。」

〔四〕春苔二句：除，説文𨸏部：「殿陛也。」班婕好自悼賦：「中庭萋兮緑草生。」

〔五〕黄昏二句：司馬相如長門賦：「日黄昏而望絶兮，悵獨託於空堂。」詩邶風燕燕：「瞻望弗及，泣涕如雨。」曹丕燕歌行：「涕零雨面毁容顔。」班婕好自悼賦：「俯視兮丹墀，思君兮履綦。仰視兮雲屋，雙涕兮横流。」顔師古注：「綦，履下飾也。言視殿上之地，則想君履綦之迹也。」

【集評】

王夫之古詩評選卷一：净。單舉出辭寵一日寫意，託筆早高，云胡不净？

王闓運八代詩選眉批：纖筆。（據夏敬觀八代詩評所附）

燕歌行〔一〕

四時代序逝不追，寒風習習落葉飛〔二〕。蟋蟀在堂露盈階，念君遠游常苦悲〔三〕。君何緬然久不歸？賤妾悠悠心無違〔四〕。白日既没明鐙輝，寒禽赴林匹鳥棲〔五〕。雙鳩關關宿河湄，憂來感物涕不晞〔六〕。非君之念思爲誰？別日何早會何遲〔七〕！　玉臺新詠卷九

【校】

逝不：「逝」，樂府詩集卷三十二注曰：「一作『遠』。」

寒風：「寒」，程琰删補吴兆宜注玉臺新詠箋注校語：「一作『秋』。」

盈階：「階」，陸本、影宋本、樂府詩集卷三十二作「墀」。

遠游：「遠」，陸本、影宋本作「客」，樂府詩集卷三十二注曰：「一作『客』。」
常苦悲：陸本、影宋本、藝文類聚卷四十二作「苦恒悲」，樂府詩集卷三十二「常」作「恒」。
寒禽：「寒」，陸本、影宋本、樂府詩集卷三十二作「夜」。
匹鳥：「鳥」，陸本、影宋本作「鳴」，程琰刪補吴兆宜注玉臺新詠箋注校語：「一作『烏』。」
雙鳩：「鳩」，樂府詩集卷三十二作「鳴」。
涕不晞：「涕」，樂府詩集卷三十二作「泪」。
别日：陸本、影宋本作「離别」。

【箋注】

〔一〕燕歌行：樂府詩集屬相和歌辭平調曲。

〔二〕四時二句：楚辭離騷：「春與秋其代序。」潘岳秋興賦：「四時忽其代序兮。」逝，説文辵部：「往也。」曹植行女哀辭：「感逝者之不追。」詩邶風谷風：「習習谷風。」

〔三〕蟋蟀二句：詩唐風蟋蟀：「蟋蟀在堂，歲聿其莫。」曹丕燕歌行：「念君客游思斷腸。」古詩爲焦仲卿妻作：「心中常苦悲。」甄皇后塘上行：「念君常苦悲。」

〔四〕君何二句：緬，遠，參卷五赴洛之二「緬然若雙潛」注。詩邶風終風：「悠悠我思。」違，説文辵部：「離也。」心無違，言始終繫念。曹丕燕歌行：「賤妾煢煢守空房，憂來思君不敢忘。」

〔五〕白日二句：曹丕與朝歌令吴質書：「白日既匿，繼以朗月。」曹植當車已駕行：「明燈以繼夕。」匹，禮記三年問「失喪其群匹」鄭玄注：「偶也。」匹鳥，詩小雅鴛鴦「鴛鴦于飛」毛傳「鴛鴦，匹鳥」鄭箋：「言其止則相耦，飛則爲雙。」

〔六〕雙鳩二句：詩周南關雎：「關關雎鳩，在河之洲。」小雅巧言：「彼何人斯，居河之麋。」毛傳：「水草交謂之麋。」麋即湄之借字，爾雅釋水郭璞注引作湄。曹丕善哉行：「憂來無方。」樂府古辭傷歌行：「感物懷所思。」晞，廣雅釋詁：「乾也。」

〔七〕別日句：曹丕燕歌行：「別日何易會日難。」

【集評】

陳祚明采菽堂古詩選卷十：平暢，其音差亮。

紀昀玉臺新詠批語：此種亦是屋下屋，但詞句流美耳。

悲哉行

萋萋春草生，王孫猶有情。差池燕始飛，夭袅桃始榮。灼灼桃悦色，飛飛燕弄聲。檐上雲結陰，澗下風吹清。幽樹雖改觀，終始在初生。松蔦歡蔓延，樛葛欣虆縈。眇然游宦子，晤言來未并。鼻感改朔氣，心傷變節榮。侘傺豈徒然，澶漫絶音

形。風來不可託，鳥去豈爲聽？四部叢刊影印陸元大刊陸士衡文集卷六

案：此首藝文類聚卷四十一、樂府詩集、古詩紀、古樂苑、七十二家集、漢魏六朝百三家集、逯欽立先秦漢魏晉南北朝詩均作謝靈運詩。觀其詩意及用語，乃謝氏擬陸機之作。樂府詩集載此首在陸機同題一首之後，當是輯陸機集者誤認作機詩。苕溪漁隱叢話前集卷十七引高齋詩話以「飛飛燕弄聲」爲陸機悲哉行，亦誤。

梁甫吟〔一〕

玉衡既已驂，羲和若飛凌〔二〕。四運尋環轉，寒暑自相懲〔三〕。冉冉年時暮，迢迢天路徵〔四〕。招摇東北指，大火西南升〔五〕。悲風無絶響，玄雲互相仍〔六〕。豐水憑川結〔七〕，霜露彌天凝。年命時相逝，慶雲鮮克乘〔八〕。履信多愆期，思順焉足憑〔九〕？慷慷臨川響，非此孰爲興〔一〇〕？哀吟梁甫巔，慷慨獨撫膺。樂府詩集卷四十一

【校】

既已：「既」，樂府詩集注云：「一作『固』。」陸本、影宋本作「固」。

相懲：「懲」，陸本、影宋本作「承」，「懲」、「承」通。

天路徵：「徵」，逯欽立云：「當作『澂』。」

霜露：「霜」，陸本、影宋本作「零」。

時相：「時」，陸本、影宋本作「特」。

愾愾：樂府詩集注云：「一作『慷愾』。」陸本、影宋本作「慷慨」。

慷慨：古詩紀卷三十四注：「一作『嘆息』。」

【箋注】

〔一〕梁甫吟：樂府詩集屬相和歌辭楚調曲。郭茂倩曰：「謝希逸琴論曰：諸葛亮作梁甫吟。陳武別傳曰：『武常騎驢牧羊，諸家牧豎十數人，或有知歌謠者，武遂學太山梁甫吟、幽州馬客吟及行路難之屬。』蜀志曰：諸葛亮『好爲梁甫吟』。然則不起於亮矣。李勉琴說曰：『梁甫吟，曾子撰。』琴操曰：『曾子耕太山之下，天雨雪凍，旬月不得歸，思其父母，作梁山歌。』蔡邕琴頌曰：『梁甫悲吟，周公越裳。』按：梁甫，山名，在泰山下。梁甫吟，蓋言人死葬此山，亦葬歌也。」

〔二〕玉衡二句：玉衡，楚辭劉向九嘆遠游：「枉玉衡於炎火兮」王逸注：「衡，車衡也。」衡乃輈前橫木，下有兩軛以扼兩服馬。玉衡，美稱也。此以代指車。驂，駕，見卷六擬青青陵上柏「都人驂玉軒」注。羲和，楚辭離騷「吾令羲和弭節兮」王逸注：「日御也。」

〔三〕四運二句：莊子知北游：「陰陽四時運行，各得其序。」曹植大暑賦：「節四運之常氣兮。」尋，猶緣也。參卷六悲哉行「蔓葛亦有尋」注。尋環，猶循環。懲，通承。

〔四〕冉冉二句：冉冉，行貌，參卷三嘆逝賦「人冉冉而行暮」注。楚辭九章悲回風：「時亦冉冉而將至。」王逸注：「春秋更到，與老會也。」張衡西京賦：「要羨門乎天路。」徵，爾雅釋詁：「虚也。」邵晉涵義疏：「徵，清，言清虚也。」乃澂之借字，參説文「澂」段玉裁注、「徵」朱駿聲通訓定聲。澂即澄之古字。

〔五〕招摇二句：招摇，北斗第七星，在杓端。古以斗柄所指與季節相配合，參卷六擬明月皎夜光「招摇西北指」注。淮南子時則：「季冬之月，招摇指丑。」又：「孟春之月，招摇指寅。」丑、寅皆東北方向，丑偏北，寅偏東，此云「東北指」，當指丑，謂歲末也。大火，二十八宿之心宿，亦指房、心、尾三宿，參卷五答賈謐「大辰匿暉」注。左傳昭公三年「火中寒暑乃退」杜預注：「心以季夏昏中而暑退，季冬旦中而寒退。」季夏之月大火黄昏時見於南方正中，以後逐漸西流，詩豳風七月所謂「七月流火」是也。此云「西南升」，即昏時見於西南，謂歲已寒。

〔六〕悲風二句：古詩：「白楊多悲風。」楚辭九歌大司命：「紛吾乘兮玄雲。」仍，廣雅釋詁：「重也。」

〔七〕豐水句：豐水，大水，參卷六擬東城一何高「雙游豐水湄」注。憑，廣雅釋詁：「滿也。」

〔八〕年命二句：漢書刑法志元康四年詔：「不得終其年命。」樂府西門行古辭：「人壽非金石，年命安可期。」時，謂四時。慶雲，見卷五贈馮文羆遷斥丘令「慶雲扶質」注。二句慨嘆年壽與四時偕逝，欲乘雲仙去亦少有成者。

〔九〕履信二句：周易繫辭上：「天之所助者順也，人之所助者信也，履信思乎順。」歸妹九四：「歸妹愆期。」二句反繫辭之意，謂己雖守信而人多爽約，雖思乎順而亦未得天之佑助。

〔一〇〕懔懔二句：論語子罕：「子在川上曰：『逝者如斯夫，不舍晝夜。』」臨川嚮指此。潘岳秋興賦：「臨川感流以嘆逝兮。」興，周禮地官舞師「凡小祭祀則不興舞」鄭玄注：「猶作也。」

董逃行〔一〕

和風習習薄林，柔條布葉垂陰〔二〕。鳴鳩拂羽相尋，倉鶊喈喈弄音〔三〕。感時悼逝傷心。日月相追周旋，萬里倏忽幾年〔四〕。人皆冉冉西遷，盛時一往不還〔五〕。慷慨乖念悽然〔六〕。昔爲少年無憂，常怪秉燭夜游，翩翩宵征何求，於今知此有由，但爲老去年遒〔七〕。盛固有衰不疑，長夜冥冥無期〔八〕。何不驅馳及時，聊樂永日自怡，齎此遺情何之〔九〕？人生居世爲安，豈若及時爲驩〔一〇〕？世道多故萬端，憂慮紛錯交顔〔一一〕。老行及之長嘆！　樂府詩集卷三十四

【校】

題：「逃」，陸本、影宋本、藝文類聚卷四十一作「桃」。

布葉：「葉」，藝文類聚卷四十一作「繁」。

常怪：「怪」，陸本、影宋本作「恠」。

宵征：「宵」，陸本、影宋本作「常」。

【箋注】

〔一〕董逃行：樂府詩集屬相和歌辭清調曲。郭茂倩曰：「崔豹古今注曰：『董逃歌，後漢游童所作也。終有董卓作亂，卒以逃亡。後人習之爲歌章，樂府奏之，以爲儆誡焉。』後漢書五行志曰：『靈帝中平中，京都歌曰：「承樂世，董逃。游四郭，董逃。蒙天恩，董逃。帶金紫，董逃。行謝恩，董逃。整車騎，董逃。垂欲發，董逃。與中辭，董逃。出西門，董逃。瞻宮殿，董逃。望京城，董逃。日夜絶，董逃。心摧傷，董逃。」案董謂董卓也。言雖跋扈，縱有殘暴，終歸逃竄，至於滅族也。』風俗通曰：『卓以董逃之歌主爲己發，太禁絶之。』楊孚董卓傳曰：『卓改『董逃』爲『董安』。』」案：郭氏所引風俗通及楊孚董卓傳見續漢志劉昭注，「太禁絶」之「太」作「大」。又案：宋書樂志載此曲古辭「上謁」，言神仙事，「董逃」作「董桃」。玉臺新詠載傅玄歷九秋篇，叙男女歡愛，亦作董桃行。詩話總龜卷七評論引樂府集：「按漢武内傳，王母觴帝，命侍女索桃，剩桃七枚，大如鴨子形，色正青，以四枚啖帝，因自食其三。帝收餘核，王母問何爲，帝曰欲種之。王母曰：『此桃三千歲一生實，奈何？』帝乃止。於是數過，命侍女董雙成吹雲和笙觴。作者取諸此耶？」吴景旭歷代詩話卷二十四：「樂府原題謂此辭作於漢武之時。蓋武帝有求仙之興，董逃者，古仙人也。後漢游童競歌之，終有董卓作亂，卒以逃亡，此則謡讖之言，因其所尚之歌，故有是事，實非起於後漢也。余觀別本，逃一作桃。……竊以樂府之題，亦如關雎、葛覃之類，只取篇中一二字以命詩，非有義也。若以董字、桃字泥其義，此與作鐃歌巫山高雜以陽臺神女之事、君馬黃但言馬者，其荒陋一也。蔡寬夫所云烏生八九子但詠烏，雉朝飛但詠雉，雞鳴高樹巔但詠雞，大抵類此，而甚有相府蓮訛爲想夫憐、楊婆兒訛爲楊叛兒者矣。」董桃、董逃之義，説者紛紜，漢武食桃、董雙成吹笙云云，顯係穿鑿。其曲究起於何時，最初之古辭内容如何，亦不能明。然觀續漢書五行志所載歌辭，每句下有「董逃」二字，則「董逃」或「董桃」當是和聲，其調名即由此和聲而來。（參王運熙先生論六朝清商曲中之和送聲）

〔二〕和風二句：習習，和風貌，參卷二行思賦「託飄風之習習」注。薄，廣雅釋詁：「至也。」曹丕柳賦：「柔條阿那而蛇伸。」張衡西京賦：「吐葩颺榮，布葉垂陰。」嵇康兄秀才公穆入軍贈詩：「春木載榮，布葉垂陰。」

〔三〕鳴鳩二句：禮記月令：「季春之月……鳴鳩拂其羽。」鄭玄注：「鳩鳴飛且翼相擊。」拂，説文手部：「過擊也。」朱駿聲通訓定聲：「隨擊隨過，蘇俗語謂之拍也。」倉鶊，即倉庚、黃鳥。參卷六悲哉行「翩翩鳴鳩羽，喈喈倉庚吟」注。文選嵇康兄秀才公穆入軍贈詩：「咬咬黃鳥，顧疇弄音。」李善注引古歌：「黃鳥鳴相追，咬咬弄好音。」

〔四〕日月二句：周易繫辭下：「日往則月來，月往則日來，日月相推而明生焉。」周髀算經卷下：「日主晝，月主夜，晝夜爲一日。日月俱起建星。月度疾，日度遲，日月相逐於二十九日三十日間。」曹丕折楊柳行：「倏忽行萬億。」

〔五〕人皆二句：楚辭離騷：「老冉冉其將至兮。」王逸注：「冉冉，行貌。」西遷，謂老。白虎通五行：「西方者，遷方也。萬物遷落也。」漢書律曆志：「少陰者，西方。西，遷也。陰氣遷落物，於時爲秋。」案：古「西」讀若「先」，與「遷」同韻，故以遷釋西。參劉曉東匡謬正俗平議卷八。西方於時爲秋，於十二支爲酉。史記律書：「酉者，萬物之老也。」白虎通五行：「少陰……壯於酉。酉者，老也。」曹植野田黃雀行：「盛時不再來。」後漢高義方清誡：「形氣各分離，一往不復還。」

〔六〕乖念：猶言違心，與夙心不合；情思違和，失於常度。

〔七〕昔爲五句：古詩：「生年不滿百，常懷千歲憂。晝短苦夜長，何不秉燭游？」曹丕與吴質書：「年一過往，何可攀援，古人思秉燭夜游，良有以也。」蔡邕釋誨：「眇翩翩而獨征。」遒，廣雅釋詁：「迫也。」文選沈約宿東園「飛光忽我遒」李善注引古董桃行：「年命冉冉我遒。」

〔八〕盛固二句：左傳襄公八年「宣子賦摽有梅」杜預注：「梅盛極則落，詩人以興女色盛則有衰。」曹植三良詩：「長夜何冥冥，一往不復還。」長夜，謂死也。

〔九〕何不三句：詩唐風山有樞：「何不日鼓瑟，且以喜樂，且以永日。」毛傳：「永，引也。」孔疏：「何不日日鼓瑟，自飲食之，且得以喜樂己身，且可以永長此日，何故弗爲乎？言永日者，人而無事則長日難度，若飲食作樂，則忘憂愁，可以永長此日。」曹植節游賦：「聊永日而忘愁。」又洛神賦：「遺情想象。」遺情，留情，謂留戀顧念，情不能已。本集卷九吊魏武帝文：「結遺情之婉孌，何命促而意長。」其「遺情」意與此同。卷五贈潘尼「遺情市朝」之遺情，則遺忘情累之意，與此異。此處詩意蓋謂且及時行樂，而不必有所留戀顧惜。

〔一〇〕人生二句：史記李斯傳秦二世曰：「夫人生居世間也，譬猶騁六驥過決隙也。」古詩：「爲樂當及時。」

〔一一〕世道二句：後漢紀殤帝紀尚敏上疏：「五經不修，世道凌遲。」交顔，交結於顔面。

【集評】

陳祚明采菽堂古詩選卷十：語差健，有曹氏遺韻。一解發端悠然，頗擅秀致。

月重輪行〔一〕

人生一時，月重輪　盛年焉可恃〔二〕？月重輪　吉凶倚伏，百年莫我與期〔三〕。臨川曷悲悼？兹去不從肩，月重輪　功名不勖之〔四〕？善哉古人，揚聲敷聞九服，身名流何穆〔五〕！既自才難，既嘉運，亦易愆〔六〕。俯仰行老，存没將何觀〔七〕？志士慷慨獨長

嘆，獨長嘆！　樂府詩集卷四十

【校】

焉可恃：「恃」，樂府詩集注云：「一作『持』。」陸本、影宋本作「安可持」。「恃」、「持」通。

既嘉運：逯欽立云：「『既』字衍文。」

何觀：陸本、影宋本作「何所觀」。

【箋注】

〔一〕月重輪行：樂府詩集屬相和歌辭瑟調曲。崔豹古今注音樂：「日重光、月重輪，群臣爲漢明帝所作也。明帝爲太子，樂人作歌詩四章，以贊太子之德。一曰日重光，二曰月重輪，三曰星重暉，四曰海重潤。漢末喪亂，後二章亡。舊説云：天子之德光明如日，規輪如月，衆暉如星，霑潤如海，太子皆比德，故云重爾。」案：陸機此詩與頌德無關，而以「月重輪」三字爲和聲。今以小字表示之。

〔二〕盛年句：漢書張敞傳敞上書：「今天子以盛年初即位。」恃，通持。持，説文手部：「握也。」

〔三〕吉凶二句：鶡冠子世兵：「憂喜聚門，吉凶同域。」老子五十八章：「禍兮福之所倚，福兮禍之所伏，孰知其極。」荀子王霸：「人無百歲之壽。」古詩：「生年不滿百……仙人王子喬，難可與等期。」

〔四〕臨川三句：論語子罕：「子在川上曰：『逝者如斯夫，不舍晝夜！』」阮瑀詩：「臨川多悲風。」「兹去」句費解。或「兹」指時光，謂時光不由肩畔而去，飛逝而人不覺也。勖：説文力部：「勉也。」不勖之，反問語氣，謂可不勉之乎？

〔五〕揚聲二句：楚辭天問：「鼓刀揚聲后何喜。」大戴禮記四代：「慮則節事於近而揚聲於遠。」敷，詩小雅小旻「敷于下土」毛傳：「布也。」尚書文侯之命：「昭升于上，敷聞在下。」周禮夏官職方氏：「乃辨九服之邦國：方千里曰王畿，其外方五百里曰侯服，又其外方五百里曰甸服，又其外方五百里曰男服，又其外方五百里曰采服，又其外方五百里曰衛服，又其外方五百里曰蠻服，又其外方五百里曰夷服，又其外方五百里曰鎮服，又其外方五百里曰藩服。」鄭玄注：「服，服事天子也。」漢書酈陸朱劉叔孫傳贊：「身名俱榮。」穆，詩周頌清廟「於穆清廟」毛傳：「美。」

〔六〕既自三句：自，附於副詞後，無顯明意義，猶故自、正自、終自、猶自之「自」。參吕叔湘文言虚字。論語泰伯：「孔子曰：『才難，不其然乎？』」何晏集解引孔安國曰：「大才難得。」曹毗夜聽擣衣：「嗟此嘉運速。」陸雲晋故散騎常侍陸府君誄：「雖躡嘉運，託景風雲。」忝，左傳昭公二十六年「用忝厥位」杜預注：「失也。」

〔七〕俯仰二句：莊子在宥：「其疾俯仰之間而再撫四海之外。」行，將。藝文類聚卷三十四丁廙妻寡婦賦：「痛存没之異路。」何觀，何以觀示於人，謂不足觀也。

【集評】

陳祚明采菽堂古詩選卷十：頗類傅休奕，壯不及，而古氣相近。○自鞠歌行以下四首（案：指鞠歌行、順東西門行、日重光行、月重輪行），并用存樂府之體。若百年歌十章，後人苦相仿效，然多有俚語，不足存也。

日重光行〔一〕

日重光　奈何天回薄〔二〕，日重光　冉冉其游如飛征。日重光　今我日華華之盛〔三〕，日重光　倏忽過，亦安停！日重光　盛往衰亦必來，日重光　譬如四時，固恒相催〔四〕。日重光　惟命有分可營，日重光　但惆悵才志，日重光　身没之後無遺名〔五〕。樂府詩集卷四十

【校】

但惆悵：「但」，樂府詩集卷四十注：「一作『常』。」錢培名云：「蓋此『但』字乃『恒』字之訛。」

【箋注】

〔一〕日重光行：樂府詩集屬相和歌辭瑟調曲。參月重輪行題注。

〔二〕奈何句：薄，迫。賈誼鵩鳥賦：「萬物回薄兮，振蕩相轉。」

〔三〕華華：光明貌，參本卷折楊柳行「華華恒西隤」注。

〔四〕盛往三句：文子守弱：「夫物盛則衰。」莊子則陽：「四時相代，相生相殺。」蒿里古辭：「鬼伯一何相催促。」

〔五〕惟命三句：命，謂所禀之性命。命各有分，不可强求於分外，郭象注莊子頗强調於此，云：「性各有極也，苟知其極，則毫分不可相跂。……小大之殊，各有定分，非羨欲所及。」（逍遥游注）又云：「安其自然之分而已。」（齊物論注）然分内者亦不可不爲，故又注徐无鬼云：「宜各盡其分也。」在宥陸德明釋文云：「物者莫足爲也，分外也；而不可不爲，分内也。」即是此意。此云「有分可營」，謂營其分内也。營，詩小雅黍苗「召伯營之」鄭玄注：「治也。」凡有所規度作爲謂之營。班固幽通賦：「保身遺名。」曹大家注：「言人生能保其身，死有遺名。」三句謂命内所有之分當經營治爲之，惟惆悵才志無所施展、死後默默無聞耳。

【集評】

陳祚明采菽堂古詩選卷十：體須存。語能作健，似魏人。

挽歌三首〔一〕

卜擇考休貞，嘉命咸在兹〔二〕。夙駕警徒御，結轡頓重基〔三〕。龍幭被廣柳，前驅矯輕旗〔四〕。殯宮何嘈嘈，哀響沸中闈〔五〕。中闈且勿讙，聽我薤露詩〔六〕。死生各異倫，祖載當有時〔七〕。舍爵兩楹位，啓殯進靈轜〔八〕。飲餞觴莫舉，出宿歸無期〔九〕。帷衽曠遺影〔一〇〕，棟宇與子辭。周親咸奔湊，友朋自遠來〔一一〕。翼翼飛輕軒，駸駸策素騏〔一二〕。按轡遵長薄，送子長夜臺〔一三〕。呼子子不聞，泣子子不知。嘆息重櫬側，念我疇昔時〔一四〕。三秋猶足收，萬世安可思〔一五〕？殉没身易亡，救子非所能〔一六〕。含言言哽咽，揮涕涕流離〔一七〕。

【校】

題：文選集注卷五十六引陸善經：「集曰王侯挽歌。」初學記卷十四引第一、第三首，云「晉陸機挽歌詩」，又引第三首之「昔居四民宅，今託萬鬼鄰」二句，云「王侯挽歌辭」。

警徒御：「警」，尤刻本文選、陸本、影宋本作「驚」。

結轡：「結」，文選集注本卷五十六作「捴」，所載李善注引楚辭「摠余轡於扶桑」，又曰：「今案：五家、陸善經本『捴』爲『結』。」是李善本原作「捴」（「捴」、「摠」皆「總」之或體）。

沸中闈：文選集注卷五十六：「今案：音決『闈』爲『閨』也。」

中闈且勿讙：「中闈」，樂府詩集卷二十七作「闈中」。「讙」，文選五臣本、陳八郎本文選、樂府詩集卷二十七、初學記卷十四、太平御覽卷五百五十二作「諠」，「讙」、「諠」通。影宋本趙懷玉校：「『讙』當作『諱』。」

死生各異倫：「死生」，初學記卷十四、太平御覽卷五百五十二作「生死」。「各」，排印本初學記卷十四作「必」。「倫」，排印本初學記卷十四作「論」。

飲餞觴莫舉：「飲餞」，太平御覽卷五百五十二作「餞飯」。此句排印本初學記卷十四作「餞飲帳莫反」。

殉没：李善注：「殉」或爲「殞」。據文選集注卷五十六，音決、陸善經本作「殞」。

涕涕：文選五臣本、陳八郎本文選、文選集注本卷五十六作「泪泪」。

【箋注】

〔一〕挽歌：挽歌之起源，論者多云起於先秦。左傳哀公十一年：「將戰，公孫夏命其徒歌虞殯。」杜預注：「虞殯，送葬歌曲。示必死。」孔疏：「賈逵云虞殯，遺殯歌詩；杜云送葬歌曲。并不解虞殯之名。禮，啓殯而葬，葬即下棺，反，日中而虞（案：虞，葬後之祭名）。蓋以啓殯將虞之歌，謂之虞殯。歌者，樂也；喪者，哀也。送葬得有歌者，蓋挽引之人爲歌聲以助哀，今之挽歌是也。舊説挽歌漢初田横之臣爲之，據此，挽歌之有久矣。」又世説新語任誕注：「按莊子曰：『紼謳所生，必於斥苦。』司馬彪注曰：『紼，引柩索也。斥，疏緩也。苦，用力也。』引紼所以有謳歌者，爲人有用力不齊，故促急之也。」晉書禮志：「漢魏故事，大喪及大臣之喪，執紼者挽歌。新禮以爲挽歌出於漢武帝役人之勞歌，聲哀切，遂以爲送終之禮。雖音曲摧愴，非經曲所制，違禮設銜枚之義。方在號慕，不宜以歌爲名，除不挽歌。摯虞以爲：挽歌因倡和而爲摧愴之聲。銜枚所以全哀，此亦以感衆。雖非經典所載，是歷代故事。詩稱『君子作歌，惟以告哀』，以歌爲名，亦無所嫌。宜定新禮如舊。詔從之。」案：挽歌本爲歷代相沿之喪儀，以其聲哀切動人，遂爲人所愛好。後漢書周舉傳載，大將軍梁商上巳日「大會賓客，讌于洛水。……酣飲極歡，及酒闌倡罷，繼以薤露之歌，坐中聞者皆爲掩涕。」薤露即挽歌也。續漢書五行志劉昭注：「風俗通曰：『時京師賓婚嘉會，皆作魁櫑，酒酣之後，續以挽歌。』魁櫑，喪家之樂；挽歌，執紼相偶和之者。」均是其例。今所見歌辭以「挽歌」爲名者，以繆襲所作爲最早。

〔二〕卜擇二句：卜擇，以龜卜定墓地與葬日。據禮記雜記及鄭注，大夫擇墓地用龜卜，下大夫與士則用蓍筮。擇葬日，大夫與士均用龜卜。儀禮士喪禮：「卜擇如初儀。」考，詩大雅文王有聲「考卜維王」鄭箋：「猶稽也。」謂審慎考計，觀其合否。擇地與日，均先有所定，然後以卜筮考其吉否，否則另擇而卜筮之。休，廣雅釋詁：「善也。」貞，說文卜部：「卜問也。」命，謂卜筮所告，卜筮之結果。案：此言「卜擇」，依詩意，當就擇日而言，而云「咸在兹」，或當時擇日亦兼用筮。王筠昭明太子哀策文：「簡辰請日，筮合龜貞。」即兼用龜筮者。又據尚書洪範、士喪禮、白虎通蓍龜等，占者不止一人，以示慎重，故「咸在兹」，或謂衆占者所卜皆在此日也。

〔三〕夙駕二句：詩鄘風定之方中：「星言夙駕。」鄭箋：「夙，早也。」小雅車攻：「徒御不驚。」徒謂徒行者，御謂御馬者。結轡，猶言止駕。案：後世或以結轡爲御馬前行之意，非其初義。韓詩外傳卷八：「（荆蒯芮）遂驅車而入，死其事。僕……乃結轡自刎于車上。」謂其停車而死也。史記孟嘗君傳：「馮驩結轡下拜，孟嘗君下車接之。」唯止駕方得下拜，孟嘗亦方得下車接之。陸雲大安二年夏四月大將軍出祖王羊二公於城南堂皇被命作此詩：「飛駿顧懷，華蟬引領。遺思北京，結轡臺省。」謂止駕於臺省也。吕向注：「結，連也。」謂馬轡相連而駕也。」非。頓，漢書李廣傳「就善水草頓舍」顔師古注：「止也。」李善注引春秋運斗樞：「山者，地基也。」

〔四〕龍㡛二句：㡛，通「荒」。禮記喪大記「飾棺：君龍帷……黼荒。……大夫畫帷……畫荒。……士布帷，布荒」鄭玄注：「荒，蒙也。在旁曰帷，在上曰荒，皆所以衣柳也。士布帷、布荒者，白布也。君、大夫加文章焉。」通典卷八十六引晋賀循云：「飾棺，衣以布，玄上纁下。畫帷、荒雲氣，不爲龍。」案：據喪大記及賀循所云，㡛不畫龍，而陸機此云「龍㡛」，疑所述爲當時實況。龍亦非國君專用之象。古質今文，昔時用於國君者，後世亦可用於臣下。司馬彪續漢書禮儀志云，王、侯、二千石以下祖載時，「飾以蓋，龍首魚尾，華布墻，纁，上周交絡前後，雲氣畫帷裳。……千石以下，緇布蓋、墻，魚龍首尾而已。」所謂蓋、墻，乃覆於棺之上及棺之前、左、右以承荒、帷者。此龍首乃蓋之形，非畫於帷、荒者，然可知龍形已非國君所專用。又據禮記檀弓及鄭玄注，天子柩車畫轅爲龍，名曰龍輴，諸侯則不畫。而丁儀妻寡婦賦云「駕龍輀於門側」（藝文類聚卷三十四作丁廙妻，此據潘岳寡婦賦李善注），潘岳寡婦賦云「龍輀儼其星駕」，哀永逝文云「俄龍輀兮門側」，龍輀即龍輴。可見魏晉時載柩之車畫轅爲龍頗爲普遍。故陸機云「龍幰」，亦不足怪。柳，即飾棺所用之蓋、墻，荒蒙其上，其形隆起。釋名釋喪制：「輿棺之車曰輀……其蓋曰柳。……其形僂也，亦曰鱉甲，以鱉甲亦然也。」廣柳，言其柳寬大。史記季布傳：「乃髡鉗季布，衣褐衣，置廣柳車中。」矯，楚辭九章惜誦「矯茲媚以私處兮」王逸注：「舉也。」李善注引禮記：「以死者爲不可別也，故以其旗識之。」（案：檀弓下）又引賀循葬禮：「杠，今之旐也。古以緇布爲之。絳縿，題姓名而已，不爲畫飾。」李善蓋以此「輕旗」爲銘旌也。曹丕武帝哀策文：「前驅建旗，方相執戈。」案：方相亦在前驅中。周禮夏官司馬：「方相氏，掌蒙熊皮，黄金四目，玄衣朱裳，執戈揚盾。……大喪，先匱（柩）及墓，入壙，以戈擊四隅，驅方良（魍魎）。」以方相先驅，歷代有之，左芬元皇后楊氏誄：「方相仡仡，旌旐翻翻。」是晉代之例。

〔五〕殯宫二句：大斂之後，置尸於棺，停於堂上，曰殯。殯宫，謂盛尸之棺所停放之處。儀禮既夕：「遂適殯宫。」案：據儀禮，自天子至士皆有正寢、燕寢，燕寢爲日常起居之所，正寢唯齋戒及疾病居之。病重而死，小斂、大斂以至入棺停放，皆在正寢，故殯宫即正寢。闈，説文門部：「宫中之門也。」中闈，闈中。

〔六〕中闈二句：讙，説文言部：「譁也。」崔豹古今注音樂：「薤露、蒿里，并哀歌也，出田横門人。橫自殺，門人傷之，爲作悲歌，言人命如薤上露易晞滅也，亦謂人死魂魄歸乎蒿里。故有二章，其一曰：『薤上朝露何易晞，露晞明朝更復落，人死一去何時歸。』其二曰：『蒿里誰家地，聚斂精魄無賢愚。鬼伯一何相催促，人命不得少踟躕。』至孝武時，李延年乃分二章爲二曲，薤露送王公貴人，蒿里送士大夫、庶人，使挽柩者歌之。世亦呼爲挽歌。」

〔七〕死生二句：李善注引范曄後漢書：「唐姬詩曰：『死生各異兮從此乖。』」案：見後漢書皇后紀，今本「各」作「路」。祖，儀禮既夕：「有司請祖期。」鄭玄注：「將行而飲酒曰祖。祖，始也。」胡培翬正義：「生時將行，有飲餞之禮，謂之祖。此死者將行設奠，亦謂之祖。」禮記檀弓上：「祖於庭，葬於墓。」白虎通崩薨：「祖於庭何？盡孝子之恩也。祖者，始也。始載於庭也。乘軸車辭祖禰，故名爲祖載也。」據儀禮既夕，啓殯之後，以軸車載棺遷入祖廟，以象生時出必告辭尊者，故白虎通云「辭祖禰」。

〔八〕舍爵二句：左傳桓公二年：「舍爵策勳焉。」杜預注：「爵，飲酒器也。既飲，置爵。」釋文：「舍音赦，置也。」傳云舍爵，謂飲後放下酒器，此處則謂置酒以奠。兩楹，堂上有兩楹。楹，柱也。據禮記檀弓上所載孔子之言，夏后氏殯於堂上東階之上，殷人殯於兩楹之間，周人殯於西階之上。又據儀禮士喪禮、既夕，大斂後殯於西階，遷入祖廟後則正柩於兩楹間。啓殯，啓動尸柩。三國志魏書文德郭皇后傳注引王沈魏書載哀策文：「皇太后梓宮啓殯，將葬於首陽之西陵。」輀，釋名釋喪制：「輿棺之車曰輀。」説文車部作「輀」，段玉裁云當作

「轜」，廣雅釋器作「輀」，王念孫疏證云「轜」與「輀」同。二句謂於兩楹之間置酒以奠，舉柩下載於喪車。

〔九〕飲餞二句：詩邶風泉水：「出宿于泲，飲餞于禰。」毛傳：「祖而舍軷，飲酒於其側，曰餞。重始有事於道也。」二句謂祖載之時，雖設奠，死者并不能舉觴而飲；出而葬，一去無歸。

〔一〇〕帷衽句：衽，禮記曲禮上「請衽何趾」鄭玄注：「卧席也。」曠，詩小雅何草不黄「率彼曠野」毛傳：「空也。」謂空無也。

〔一一〕周親二句：周，左傳文公十八年「是與比周」杜預注：「密也。」論語堯曰：「雖有周親，不如仁人。」學而：「有朋自遠方來。」釋文：「有，或作友。」

〔一二〕翼翼二句：翼翼，吕向注：「車輕貌。」詩小雅四牡：「駕彼四駱，載驟駸駸。」毛傳：「駸駸，驟貌。」騏，説文馬部：「馬青驪文如綦也。」段玉裁注：「謂白馬而有青黑紋路相交如綦也。」

〔一三〕按轡二句：史記絳侯周勃世家：「天子乃按轡徐行。」薄，廣雅釋草：「草叢生爲薄。」阮瑀七哀：「冥冥九泉室，漫漫長夜臺。」

〔一四〕嘆息二句：櫬，説文木部：「棺也。」禮記檀弓上：「天子之棺四重。」鄭玄注：「諸公三重，諸侯再重，大夫一重，士不重。」文選集注引陸善經曰：「送者言思念疇昔游從之時。」

〔一五〕三秋二句：足，可。（見劉淇助字辨略卷五）吕延濟注：「詩云：『一日不見，如三秋兮。』若此之念，猶足可收，萬世永絶，安可思也。」文選集注引陸善經曰：「言雖經久時，會收盡，猶可相見；死則無相見期，萬世永絶，安可思也。」案：二句謂生前相思雖劇，其憂思猶可收拾；萬世永絶，其悲情難禁，令人不忍思之。

〔一六〕殉没二句：謂不難一死以從逝者，但并不能以此而挽回其生命。上句即潘岳寡婦賦「感三良之殉秦兮，甘捐生而自引」意。

〔一七〕含言二句：吕向注：「含言，欲言也。」後漢書袁譚傳劉表以書諫譚：「聞之哽咽，若存若亡。」文選司馬相如長門賦：「涕流離而從横。」李善注：「流離，涕垂貌。」

【集評】

陳祚明采菽堂古詩選卷十：「呼子」二句，幾於至哀無泪，故彌質彌佳。○「殉没」二句，何遽言及此？

方廷珪昭明文選集成：按此篇从殯宫在家啓行，因而在道，逐層描寫，是極喧鬧事，却是極悲愴事，色色俱絶。

流離親友思，惆悵神不泰〔一〕。素驂佇輀軒，玄駟騖飛蓋〔二〕。哀鳴興殯宫，迴遲悲野外〔三〕。魂輿寂無響，但見冠與帶〔四〕。備物象平生，長旌誰爲旆〔五〕？悲風徽行軌，傾雲結流藹〔六〕。振策指靈丘，駕言從此逝〔七〕。

【校】

此首北堂書鈔卷九十二引作王侯挽歌辭。文選集注、尤刻本文選此首爲第三。

輴軒：「軒」，北堂書鈔卷九十二作「車」。

玄駟鶩：北堂書鈔卷九十二作「白駟挐」。

迴遲：「迴」，北堂書鈔卷九十二作「徘」。

徽行：「徽」，李善注：「或作『鼓』。」文選集注卷五十六云：「集本『鼓』字作『徽』。」文選五臣本、文選集注本卷五十六、陳八郎本文選、樂府詩集卷二十七作「鼓」，北堂書鈔卷九十二作「激」。

傾雲：北堂書鈔卷九十二作「仰靈」。

流藹：「藹」，李善注：「『藹』與『靄』古字同。」陸本、影宋本作「靄」。

【箋注】

〔一〕流離二句：思，憂傷。爾雅釋詁：「悠、傷、憂，思也。」論語子路：「小人驕而不泰。」

〔二〕素驂二句：佇，楚辭離騷「延佇乎吾將反」王逸注：「立貌。」輴，載棺之車。見上首「啓殯進輴軒」注。蓋，車蓋。曹植公讌詩：「飛蓋相追隨。」

〔三〕哀鳴二句：殯宮，見上首「殯宮何嘈嘈」注。白虎通崩薨：「葬於城郭外何？死生別處，終始異居。易曰：『葬之中野。』」

〔四〕魂輿二句：李善注引周遷輿服志：「禮，葬有魂車。」儀禮既夕：「薦車直東榮。」鄭玄注：「進車者，象生時將行陳駕也，今時謂之魂車。」胡培翬正義：「此車平日所乘，靈魂憑之，故謂之魂車。」士喪禮、既夕記云送葬之車有乘車、道車、藁車，胡氏云皆所謂魂車。三車皆載死者生前衣服。既葬，斂三車所載衣服於已空之柩車上而歸，以其衣服乃死者精氣所憑也。鄭玄注云：「送形而往，迎精而反，亦禮之宜。」案：魂車載衣服，轜車載棺，二者非一事。又案：通典卷七十九載摯虞議曰：「按禮，葬有祥車，曠左，則今之容車也。……士喪禮有道車、乘車，以象生存。」「祥車曠左」，見禮記曲禮上。據鄭玄注、孔穎達疏，知即葬時之魂車，死者精魂所乘也。是魂車，晋時稱爲容車。魏晋人所作哀誄之文頗有述及容車者，如曹植文帝誄：「感容車之速征。」三國志魏書文德郭皇后傳注引王沈魏書所載哀策文：「悲容車之向路。」左芬元皇后楊氏誄：「習習容車，朱服丹章；隱隱轜軒，弁經繐裳。」張華元皇后哀策文：「寄象容車。」潘岳南陽長公主誄：「容車戒路。」可知陸機所寫，亦當時實況。

〔五〕備物二句：禮記檀弓下：「孔子謂爲明器者，知喪道矣，備物而不可用也。」案：備物，此當指魂輿、冠帶等言。長旌，指乘車所載旌旗。士喪禮、既夕記云乘車除載衣服之外，猶「載旜」以夸示其身份。鄭玄注：「旜，旌旗之屬。通帛爲旜。」旆，説文㫃部：「繼旐之旗也，沛然而垂。」段玉裁注：「引申爲凡垂之稱。」王念孫云：「悠悠、旆旆，皆旌旗之貌。」（見讀書雜志餘論下文選）誰爲旆，猶言爲誰低垂、爲誰飄拂。文選集注引陸善經曰：「誰爲旆，言爲誰設也。」乘車載旌旗，本爲擬象平生，然其主人畢竟已長逝不返，故云。案：李善注「長旌」引周禮：「大喪供銘旌。」與上首「輕旗」複，今不取。此「長旌」當指乘車所載旌，也可能指明器之車上所載之旌。（參禮記檀弓上孔疏）

〔六〕悲風二句：徽，爾雅釋詁：「止也。」參王引之經義述聞卷二十六爾雅上。軌，説文車部：「車徹也。」段玉裁注：「徹者，通也。車徹者，謂輿之下、兩輪之間空中可通，故曰車徹。」此代指車。李善注：「結，猶積也。文字集略曰：『靄，雲雨狀也。』『藹』與『靄』古字同。」案：「傾雲」句謂雲氣積壓凝固，似欲傾崩。曹植仲雍哀辭：「陰雲回於素蓋，悲風動其扶輪。」

〔七〕振策二句：振策，見卷五赴洛道中作「振策陟崇丘」句注。靈丘，指墳墓。曹植感節賦：「豈吾鄉之足顧，戀祖宗之靈丘。」詩邶風泉水：「駕言出游。」吕延濟注：「言從此一往，無復還期也。」

【集評】

陳祚明采菽堂古詩選卷十：「魂輿」四句，生動。

重阜何崔嵬，玄廬竄其間〔一〕。旁薄立四極，穹隆放蒼天〔二〕。側聽陰溝涌，卧觀天井懸〔三〕。廣宵何寥廓，大暮安可晨〔四〕！人往有反歲，我行無歸年〔五〕。昔居四民宅，今託萬鬼鄰〔六〕。昔爲七尺軀，今成灰與塵〔七〕。金玉素所佩，鴻毛今不振〔八〕。

豐肌饗螻蟻〔九〕，妍姿永夷泯。壽堂延螭魅，虛無自相賓〔一〇〕。螻蟻爾何怨？螭魅我何親？拊心痛荼毒，永嘆莫爲陳〔一一〕。奎章閣藏文選卷二十八之李善本

【校】

文選集注、尤刻本文選此首爲第二。

立四極：「立」，初學記卷十四、太平御覽卷五百五十二作「云」。

隆放：樂府詩集卷二十七、初學記卷十四、太平御覽卷五百五十二作「崇效」。或唐人避諱改「隆」爲「崇」。

側聽：「側」，樂府詩集卷二十七作「測」。

廣霄：「廣」，文選五臣本、陳八郎本文選、樂府詩集卷二十七、初學記卷十四、太平御覽卷五百五十二作「壙」。「霄」，尤刻本文選、影宋本初學記卷十四、太平御覽卷五百五十二、韻補卷二「晨」字注引作「霄」，「宵」、「霄」通。

寥廓：「寥」，初學記卷十四、太平御覽卷五百五十二作「遼」。

今託：「託」，初學記卷十四、太平御覽卷五百五十二作「爲」。

七尺軀：「軀」，文選集注本卷五十六、初學記卷十四、太平御覽卷五百五十二作「體」。

素所：「素」，樂府詩集卷二十七、初學記卷十四、太平御覽卷五百五十二作「昔」。

妍姿：文選五臣本、陳八郎本文選、樂府詩集卷二十七作「妍骸」，初學記卷十四作「形骸」，太平

御覽卷五百五十二作「形體」。

延螭魅：「螭」，陸本、影宋本、初學記卷十四、太平御覽卷五百五十二作「魑」，下文「螭魅我何親」同，「魑」、「螭」通。

何怨：「怨」，初學記卷十四作「怒」。

【箋注】

〔一〕玄廬：指墳墓。參卷三大暮賦「訴玄闕而長辭」句注。李善注引曹植曹喈誄：「痛玄廬之虚廓。」窴，廣雅釋詁：「藏也。」

〔二〕旁薄二句：旁薄，指墓室之地面言，象徵大地之旁薄。四極，此謂墓室四邊之所至。爾雅釋地：「東至於泰遠，西至於邠國，南至於濮鉛，北至於祝栗，謂之四極。」穹窿，指穹窿式墓頂。放，廣雅釋詁：「效也。」揚雄太玄玄告：「天穹隆而周乎下，地旁薄而向乎上，人瞢瞢而處乎中。」二句謂死者居墳墓中，亦猶人在天地之間。

〔三〕側聽二句：李善注：「古之葬者，於壙中爲天象及江河。陰溝，江河也。天井，天象也。魯靈光殿賦曰：『玄醴騰涌於陰溝。』史記曰：『始皇治驪山，以水銀爲江河，上具天文。』天官星占曰：『東井，一名天井。』」案：水流於地下，故曰陰溝。又，星占家言天井者非一。唐開元占經卷六十九咸池星占：「黃帝曰：咸池，一名黃龍，一名五潢。注云：天官書曰咸池星，曰天五潢。一名天津，一名潢池，一名天井。」是咸池一名天井。卷七十軍井星占：「荆州占曰：天井如輪曲，與狼星俱主水旱。」是軍井一名天井。此言天井，當非專指某星。墓室頂部有彩繪，若居室之藻井然，以繪有天象，故曰天井。據考古發掘，兩漢、北魏、唐、五代、遼墓葬均發現有頂部繪畫天象者。如一九八七年西安發現之西漢晚期墓葬，以青龍、白虎、朱雀、玄武四象及二十八宿繪於主室磚砌券頂，一九五九年山西平陸發現之東漢墓葬，其藻井繪有日、月及星百餘顆等。參潘鼐編著中國古天文圖録、徐振韜主編中國古代天文學詞典。二句言死者猶有視聽，唯已不能行動耳。

〔四〕廣宵二句：宵，説文宀部：「夜也。」廣宵，猶言長夜、大暮。寥廓，文選揚雄甘泉賦「閌閬閬其寥廓兮」李善注：「虚静貌。」張奂遺命：「地底冥冥，長無曉期。」文選陸機嘆逝賦「寤大暮之同寐」李善注引繆襲挽歌：「大暮安可晨。」案：今存繆襲挽歌未見此句。

〔五〕我行句：吕氏春秋知接：「管仲有疾，桓公往問之。……管仲曰：『……今臣將有遠行，胡可以問？』」案：以遠行喻死。

〔六〕昔居二句：管子小匡：「士農工商四民者，國之石民也。」論衡訂鬼引山海經：「滄海之中有度朔之山，上有大桃木，其屈蟠三千里，其枝間東北曰鬼門，萬鬼所出入也。」

〔七〕昔爲二句：荀子勸學：「小人之學也，入乎耳，出乎口，口耳之間則四寸耳，曷足以美七尺之軀哉。」淮南子精神：「吾生也有七尺之形，吾死也有一棺之土。」韓非子説林上：「夫死者始死而血，已血而衄，已衄而灰，已灰而土。」李善注引李尤九曲歌：「肌骨消滅隨塵去。」

〔八〕金玉二句：漢郊祀歌練時日：「曳阿錫，佩珠玉。」戰國策趙策：「鴻毛至輕也，而不能自舉。」

〔九〕豐肌句：司馬相如美人賦：「弱骨豐肌。」莊子列御寇：「莊子將死，弟子欲厚葬之。莊子曰：『吾以天地爲棺槨，以日月爲連璧，星辰爲珠璣，萬物爲齎送。吾葬具豈不備邪？何以加此？』弟子曰：『吾恐烏鳶之食夫子也。』莊子曰：『在上爲烏鳶食，在下爲螻蟻食，奪彼與此，何其偏也？』」

〔一〇〕壽堂二句：李善注：「楚辭曰：『蹇將澹兮壽宫，與日月兮齊光。』王逸曰：『壽宫，供神之處也。』」李周翰注：「壽堂，祭祀處。」文選集注引陸善經曰：「壽堂，祠神堂也。」三家皆以壽堂爲祭祀處，則當指墓前祠堂而言。然既言魑魅虚無，當仍指墓室，或是指其前室。墓有主室，棺柩所在；有前室，猶生時所居之堂。北堂書鈔卷九十二引繆襲挽歌：「壽堂何冥冥，長夜永無期。欲呼舌無聲，欲語口無辭。」又引傅玄挽歌：「壽堂閑且長，祖載歸不還。」之所以稱壽者，如後漢書趙岐傳「先自爲壽藏，圖季札、子産、晏嬰、叔向四像居賓位，又自畫其像，居主位」李賢注所云：「壽藏，謂塚壙也。稱壽者，取其久遠之意也，猶如壽宫、壽器之類。」延，吕氏春秋重言「乃令賓者延之而上」高誘注：「引也。」周禮地官大司徒：「五州爲鄉，使之相賓。」李周翰注：「獨魑魅與虚無相延爲賓主。」

〔一一〕拊心二句：詩大雅桑柔：「民之貪亂，寧爲荼毒。」吕向注：「荼毒，苦也。」小雅小弁：「假寐永嘆。」

【集評】

顔之推顔氏家訓文章：挽歌辭者，或云古者虞殯之歌，或云出自田横之客，皆爲生者悼往苦哀之意。陸平原多爲死人自嘆之言，詩格既無此例，又乖製作本意。

陸時雍古詩鏡卷九陸機招隱附挽歌三首：長哭大慟，然而不悲，無情故也，更病太甚。凡過飾則損真好，盡則傷雅。故道貴中和，詩歸風雅。

陳祚明采菽堂古詩選卷十：此首（指第三首）更條暢。「昔居」四句壯激，不似士衡常調。○三首并極悲凄。

方廷珪昭明文選集成：與潘安仁悼亡詩堪稱千古絶調。

王闓運八代詩選眉批：「側聽陰溝湧」二句，是仰卧壙中光景。此開中唐派。（據夏敬觀八代詩評所附）

百年歌〔一〕

一十時，顔如蕣華曄有暉，體如飄風行如飛〔二〕。孌彼孺子相追隨，終朝出游薄暮歸，六情逸豫心無違〔三〕。清酒將炙奈樂何〔四〕！清酒將炙奈樂何！

二十時，膚體彩澤人理成，美目淑貌灼有榮〔五〕。被服冠帶麗且清，光車駿馬游都城，高談雅步何盈盈〔六〕。清酒將炙奈樂何！清酒將炙奈樂何！

三十時，行成名立有令聞，力可扛鼎志干雲，食如漏卮氣如熏〔七〕。辭家觀國綜典文，高冠素帶焕翩紛〔八〕。清酒將炙奈樂何！清酒將炙奈樂何！

四十時，體力克壯志方剛，跨州越郡還帝鄉，出入承明擁大璫〔九〕。清酒將炙奈樂何！清酒將炙奈樂何！

五十時，荷旄仗節鎮邦家，鼓鐘嘈囋趙女歌，羅衣綷粲金翠華，言笑雅舞相經過〔一〇〕。清酒將炙奈樂何！清酒將炙奈樂何！

六十時，年亦耆艾業亦隆，驂駕四牡入紫宮，軒冕納那翠雲中，子孫昌盛家道豐〔一一〕。清酒將炙奈樂何！清酒將炙奈樂何！

七十時，精爽頗損膂力愆，清水明鏡不欲觀，臨樂對酒轉無歡，攬形羞髮獨長嘆〔一二〕。

八十時，明已損目聰去耳，前言往行不復紀〔一三〕。辭官致禄歸桑梓，安車駟馬入舊里〔一四〕。樂事告終憂事始〔一五〕。

九十時，日告耽瘁月告衰〔一六〕，形體雖是志意非。多言謬誤心多悲，子孫朝拜或問誰。指景玩日慮安危，感念平生泪交揮〔一七〕。

百歲時，盈數已登肌肉單，四支百節還相患〔一八〕，目若濁鏡口垂涎，呼吸嚬蹙反側難，茵褥滋味不復安〔一九〕。　四部叢刊影印陸元大刊陸士衡文集卷七

【校】

變彼句：藝文類聚卷四十三無此句。

將炙：「將」，原作「漿」，藝文類聚卷四十三作「將」，以下諸首同。逯欽立先秦漢魏晋南北朝詩作「將」，校云：「清酒將炙，謂以酒進炙也。本集、詩紀作清酒漿炙，均爲不辭。」今據改。紺珠集卷八、海録碎事卷六引作「特」。

膚體彩澤：藝文類聚卷四十三作「膚彩津澤」。

被服句：藝文類聚卷四十三無此句。

駿馬：「駿」，海録碎事卷九下引作「服」。

高冠句：藝文類聚卷四十三無此句。

四十時：逯欽立校：「此首當缺一句。」

納那：「納」，古詩紀卷三十四、七十二家集、漢魏六朝百三名家集作「婀」。

攬形羞髮：「羞」，影宋本、藝文類聚卷四十三作「脩」。又，「形」、「羞」二字，古詩紀注云集作

「衣」、「倚」，漢魏六朝百三家集「形」作「衣」，「羞」下注「一作倚」，是明人所見集本有如此者，然恐是擅改。

損目：藝文類聚卷四十三無「目」字。

安車：「車」，原作「居」，據影宋本、藝文類聚卷四十三改。

多言：藝文類聚卷四十三作「言多」，疑是。

【箋注】

〔一〕百年歌：初學記卷十五、太平御覽卷五百七十三并云：「晋王道中、陸機并作。」王道中其人及其歌均不詳。吴兢樂府古題要解：「百年詩。右起總角至百年，歷述其幼小、丁壯、耆耄之狀，十歲爲一首。陸士衡至百二十時也。」今所見各本陸機之作亦止百年，無至一百二十者。

〔二〕顏如二句：詩鄭風有女同車：「顏如舜華。」毛傳：「舜，木槿也。」蕣，即「舜」。毛詩草木鳥獸蟲魚疏「顏如舜華」條：「今朝生暮落者是也。五月始花，故月令：仲夏，木堇榮。」爾雅釋草郭璞注：「似李樹，華朝生夕隕，可食。」小雅何人斯：「彼何人斯，其爲飄風。」毛傳：「飄風，暴起之風。」神異經：「西海之外有鵠國焉……人行如飛，日千里。」

〔三〕孌彼三句：詩邶風泉水：「孌彼諸姬。」毛傳：「孌，好貌。」尚書金縢：「將不利於孺子」僞孔傳：「孺，稚也。」終朝，小雅采緑「終朝采緑」毛傳：「自旦及食時爲終朝。」左傳昭公二十五年：「民有好惡喜怒哀樂，生于六氣。是故審則宜類，以制六志。」六志即六情。白虎通情性：「六情者何謂也？喜怒哀樂愛惡。」又韓詩外傳卷五：「人有六情：目欲視好色，耳欲聽宫商，鼻欲嗅芬香，口欲嗜甘旨，其身體四肢欲安而不作，衣欲被文繡而輕暖。此六者，民之六情也。」此泛指情志。詩小雅白駒：「逸豫無期。」曹植離繳雁賦：「情逸豫而永康。」

〔四〕清酒句：將，詩周南樛木「福履將之」鄭箋：「猶扶助也。」召南鵲巢「百兩將之」毛傳：「送也。」言以清酒佐送炙肉也。奈樂何，快樂得不知如何是好、樂不可支之意，猶世説新語任誕所謂「桓子野每聞清歌，輒喚奈何」。

〔五〕膚體二句：理，禮記樂記「禮也者，理之不可易者也」鄭玄注：「猶事也。」人理成，謂人事已成就，兼指身體、性情、知識等而言。榮，黄帝内經素問五藏生成篇「此五藏所生之外榮也」王冰注：「美色也。」阮籍詠懷：「昔日繁華子，安陵與龍陽。夭夭桃李花，灼灼有輝光。」

〔六〕被服三句：儀禮士冠禮記：「二十而冠。」光，文選潘岳笙賦「光歧儼其偕列」李善注：「華飾也。」文選陸雲爲顧彦先贈婦：「雅步擢纖腰，巧笑發皓齒。」李善注：「雅，閑雅，謂妖麗也。」案：蕭滌非漢魏六朝樂府文學史第二編第三章兩漢民間樂府論陌上桑曰：「漢世男女，皆各有步法。……後漢書馬援傳：『勃（朱勃）衣方領，能矩步。』注云：『頸下施衿，領正方，學者之服也。矩步者，回旋皆中規矩。』服既爲學者之服，則『矩步』當亦學者之步，與此詩所謂『公府步』者必自不同。此漢士大夫步法之可考見者。度其間方寸疾徐之節，必各有不同及難能之處，故彼傳特表而出之，而此詩亦以爲言也。聞一多先生云：『案古禮，尊貴者行遲，卑賤者行速，孫堪以縣令謁府，而趨步遲緩，有近越禮，故遭譴斥。（見後漢書儒林周澤傳）太守位尊，自當舉趾舒泰，節度遲緩。此所謂公府步、府中趨，猶今人言官步矣。』則是官步中，又有尊卑之别焉。」蕭氏所言雖止於漢代，然可推想魏晉風尚，録以備參。艷歌羅敷行古辭：「盈盈公府步。」古詩：「盈盈樓上女。」廣雅釋訓：「嬴嬴，容也。」盈、嬴通。

〔七〕行成三句：晉書李重傳重奏曰：「（霍原）行成名立，縉紳慕之。」史記項羽紀：「力能扛鼎。」鹽鐵論詔聖：「山高干雲。」淮南子氾論：「江河不能實漏卮。」曹植與吴季重書：「食若填巨壑，飲若灌漏卮。」詩大雅雲漢：「憂心如熏。」鄭箋：「熏，灼也。」

〔八〕辭家二句：周易觀六四：「觀國之光，利用賓于王。」王弼注：「居觀之時，最近至尊，觀國之光者也。居近得位，明習國儀者也，故曰『利用賓于王』也。」綜，周易繫辭上「錯綜其數」李鼎祚集解引虞翻曰：「理也。」延篤仁孝論：「互引典文，代取事據。」高冠，服之以示威儀。楚辭離騷：「高余冠之岌岌兮，長余佩之陸離。」王逸注：「尊其威儀，整其服飾。」素帶，大夫以上皆素帶，以素爲之，見禮記玉藻。翩紛，猶繽紛，翩、繽通。離騷「佩繽紛其繁飾兮」王逸注：「繽紛，盛貌。」

〔九〕體力三句：克，爾雅釋言：「能也。」詩小雅采芑：「方叔元老，克壯其猶。」太平御覽卷二百六引東觀漢記：「胡廣爲太傅，總録尚書事，時年八十，而心力克壯。」小雅北山：「旅力方剛。」論語季氏：「及其壯也，血氣方剛。」漢書諸侯王表：「藩國大者，夸州兼郡，連城數十。」夸、跨通。跨州句，謂爲官於地方之後還至京都。莊子天地：「乘彼白雲，至于帝鄉。」藝文類聚卷十六引東觀漢記：「河南帝城多近臣，南陽帝鄉多近親。」案：莊子帝鄉，謂仙都，東觀漢記帝鄉，謂帝之故鄉。此詩則指帝都耳。承明，西漢殿名，在未央宮。漢書五行志：「又集未央宮承明殿屋上。」又東漢、魏、晉洛陽宮殿有承明門。後漢書陳蕃傳：「曹節等矯詔誅（竇）武等，蕃時年七十餘，聞難作，將官屬諸生八十餘人并拔刃突入承明門。」是東漢宮殿有承明門，在北宮。魏晉建始殿亦有承明門，參卷四桑賦「映承明而廣臨」注。應璩雜詩：「出入承明廬，車服一何煥。」擁，廣雅釋詁：「持也。」璫，冠飾。續漢書輿服志：「武冠，一曰武弁大冠……侍中、中常侍加黄金璫，附蟬爲文，貂尾爲飾，謂之趙惠文冠。胡廣説曰：『趙武靈王效胡服，以金璫飾首前，插貂尾，爲貴職。秦滅趙，以其君冠賜近臣。』」後漢書朱穆傳「假貂璫之飾」李賢注：「璫以金爲之，當冠前，附以金蟬也。」擁大璫，擁有加璫之武冠，謂爲近臣也。韋誕叙志賦：「擁大璫於帝側。」

〔一〇〕荷旄四句：荷，詩小雅無羊「何蓑何笠」毛傳：「何，揭也。」何、荷通。旄，説文㫃部：「幢也。」段玉裁注：「旄是旌旗之名。漢之羽葆幢，以牦牛尾爲之，如斗，在乘輿左騑馬頭上。用此知古以牦牛尾注竿首，如斗童童然。……以牦牛尾注旗竿，故謂此旗爲旄。」詩鄘風干旄：「孑孑干旄，在浚之郊。」鄭箋：「周禮：孤卿建旃，大夫建物。首皆注旄焉。」謂卿大夫出行有旌旄。小雅出車：「建彼旄矣。」謂將帥受命出征建旄。此云荷旄，猶建旄也。仗，通杖。説文木部：「杖，持也。」節，周禮地官「掌節」鄭玄注：「猶信也，行者所執之信。」荷旄仗節，謂受君命出行。文選任昉宣德皇后令「擁旄司部」李善注引班固涿邪山祝文：「杖節擁旄，鉦人伐鼓。」鎮邦家，謂鎮守一方。嘈囋，聲盛貌，見卷一文賦「務嘈囋而妖冶」注。李斯上書秦始皇：「佳冶窈窕，趙女不立於側也。」史記貨殖傳：「今夫趙女鄭姬，設形容，揳鳴琴。」趙女以妖冶善音樂稱。綷粲，即萃蔡，綷縩、璀粲、崔粲。文選司馬相如子虛賦：「翕呷萃蔡。」張揖曰：「萃蔡，衣聲也。」班婕妤自悼賦：「紛綷縩兮紈素聲。」文選曹植洛神賦：「披羅衣之璀粲兮。」嵇康琴賦：「新衣翠粲。」義并同。金翠，指首飾。文選曹植洛神賦「戴金翠之首飾」李善注引司馬彪續漢書：「太皇后花勝上爲金鳳，以翡翠爲毛羽。」又引劉騊駼玄根賦：「戴金翠，珥珠璣。」詩衛風氓：「言笑晏晏。」阮籍詠懷：「趙李相經過。」

〔一一〕年亦四句：耆，説文老部：「老也。」艾，方言卷六：「長老也。東齊魯衛之間凡尊老或謂之艾。」牡，廣雅釋獸：「雄也。」詩小雅采薇：「駕彼四牡。」後漢書霍諝傳諝奏記梁商：「呼嗟紫宮之門。」李賢注：「天有紫微宮，是上帝之所居也，王者立宮，象而爲之。」左傳哀公十五年：「服冕乘軒。」杜預注：「冕，大夫服；軒，大夫車。」納那，疑是盛美鮮明之貌。廣弘明集卷二十九上蕭子雲玄圃園講賦：「鑾納那而垂藻，笳和鳴以承簫。」唐宋詩文屢見納納一語，如法苑珠林卷二十一觀佛部感應緣：「觀其行迹，……足迹納納，來往不住。」杜甫野望

「納納乾坤大」，劉禹錫踏潮歌「歸濤納納景昭昭」，宋祁早發大偃「春流納納深」，梅堯臣石筍峰「明明落溪口，納納喧灘齒」，沈與求十里巖石壁「下田納納禾稼茂」，納納皆有盛多、廣大之意。納那、納納當意近。馮衍顯志賦：「乘翠雲而相佯。」周易家人象：「父父子子兄兄弟弟夫夫婦婦而家道正。」

〔一二〕精爽四句：精爽，猶神明。左傳昭公七年：「是以有精爽，至於神明。」杜預注：「爽，明也。」孔疏：「精亦神也，爽亦明也。精是神之未著，爽是明之未昭。言……養此精爽，至於神明也。」膂，方言卷六：「力也。」詩小雅北山：「旅力方剛，經營四方。」旅即膂之借字，參錢繹方言箋疏。蔡邕黃鉞銘：「膂力方剛。」愆，左傳昭公二十六年「用愆厥位」杜預注：「失也。」漢書韓安國傳：「清水明鏡，不可以形逃。」顔師古曰：「言美惡皆見。」嵇蕃答趙景真書：「對榮宴而不樂，臨清觴而無歡。」攬，廣雅釋詁：「持也。」攬形，謂持其形儀、不失態也。又，攬通「覽」，觀也。羞髮，謂羞白髮也。一作脩。脩、修通。楚辭九歌湘君「美要眇兮宜修」王逸注：「修，飾也。」脩髮，謂修飾頭髮，與攬形意相承。

〔一三〕前言句：周易大畜象：「君子以多識前言往行，以畜其德。」

〔一四〕辭官二句：致，歸還。致禄，謂歸還俸禄於君，猶致仕也。國語魯語：「子治歸，致禄而不出。」韋昭注：「致，歸也；歸禄，還采邑也。」桑梓，故里，參卷一思親賦「悲桑梓之悠曠」注。禮記曲禮上：「大夫七十而致事。……乘安車。」漢書杜延年傳：「以老病乞骸骨……賜安車駟馬，罷，就第。」顔師古注：「安車，坐乘之車也。」

〔一五〕樂事句：莊子知北游：「樂未畢也，哀又繼之。」文選曹丕與朝歌令吴質書：「樂往哀來，愴然傷懷。」李善注引列女傳：「陶答子妻曰：樂極必哀。」

〔一六〕耽瘁：即沉悴，沉滯病悴之意。耽、沉通。馬融樗蒲賦：「勝貴歡悦，負者沉悴。」

〔一七〕指景二句：玩，通翫。左傳昭公元年：「趙孟視蔭曰：『朝夕不相及，誰能待五！』后子出而告人曰：『趙孟將死矣。主民，翫歲而愒日。其與幾何？』」杜預注：「蔭，日景也。趙孟意衰，以日景自喻，故言『朝夕不相及，誰能待五』。翫、愒，皆貪也。言不能久。」孔子家語子夏問：「無揮涕。」王肅注：「揮涕，不哭，流涕，以手揮之。」潘岳夏侯常侍誄：「迸涕交揮。」

〔一八〕盈數二句：盈數，謂百年。參卷六長歌行「盈數固希全」注。吕氏春秋開春：「飲食居處適，則九竅、百節、千脉皆通利矣。」淮南子繆稱：「心擾則百節皆亂。」

〔一九〕呼吸二句：嚬蹙，攢眉皺額貌。孟子滕文公下：「（陳仲子）頻顑曰：『惡用是鶃鶃者爲哉！』」嚬蹙即頻顑。詩周南關雎：「輾轉反側。」茵，穆天子傳卷六「贈用茵組」郭璞注：「褥。」滋味，謂美味。禮記月令：「薄滋味。」

【集評】

鄭樵通志卷四十九樂略遺聲：百年歌。陸機作，十年爲一章，共十章。言句泛濫無可采。

錢鍾書管錐編太平廣記第一百零一則：（同昌）公主死，李可及進嘆百年曲，聲詞哀怨。按舊唐書曹確傳亦記「伶官李可及爲嘆百年舞曲……詞語悽愴，聞者流涕」。敦煌寫本曲子中有丈夫百歲篇、女人百歲篇，當是其類。歐陽修五代史唐本紀記李克用置酒三垂岡，「伶人奏百年歌，至於衰老之際，聲辭甚悲，坐上皆悽愴」，亦謂此也。陸機集有百年歌十首，則雅言之導夫先路者。

秋胡行〔一〕

道雖一致，塗有萬端〔二〕。吉凶紛藹，休咎之源〔三〕。人鮮知命〔四〕，命未易觀。生亦何惜，功名所勤〔五〕。藝文類聚卷四十一

【校】

所勤：樂府詩集卷三十六同，陸本、影宋本「勤」作「嘆」。案：「勤」字於廣韻屬欣韻，「源」元韻，「端」、「觀」桓韻。漢晉之間，「勤」字真部，「源」、「端」、「觀」元部，二部可以通押。（參羅常培、周祖謨漢魏晉南北朝韻部演變研究）如琴曲拘幽操欣韻之「勤」與元韻之「煩」、「言」押，雁門太守行古辭欣韻之「勤」與桓韻之「端」、元韻之「煩」、「冤」押，又如孫拯贈陸士龍「勤」與「元」押，鄭曼季蘭林「勤」與「言」押。又豫章行古辭欣韻之「斤」與桓韻之「端」押，善哉行古辭桓韻之「端」、「丸」、「歡」與元韻之「煩」押。是知欣、元、桓三韻之字可以通押。或云陸機

此詩「勤」字出韻，乃字之訛，不確。

【箋注】

〔一〕秋胡行：樂府詩集屬相和歌辭清調曲。秋胡，魯人，久宦方歸。見道旁婦人采桑，乃調戲之，欲贈以金，婦人嚴詞拒之。至家，始知向之采桑者即其妻也。妻污秋胡之行，自投於河而死。事見劉向列女傳。郭茂倩引樂府解題曰：「後人哀而賦之，爲秋胡行。」

〔二〕道雖二句：周易繫辭下：「天下同歸而殊途，一致而百慮。」史記禮書：「人道經緯萬端，規矩無所不貫。」

〔三〕吉凶二句：周易繫辭上：「方以類聚，物以群分，吉凶生矣。」繫辭下：「愛惡相攻而吉凶生。」紛藹，繁多貌。參卷一文賦「雖紛藹於此世」注。休，爾雅釋詁：「美也。」咎，吕氏春秋侈樂「棄寶者必離其咎」高誘注：「殃也。」漢書劉向傳：「箕子爲武王陳五行陰陽休咎之應。」

〔四〕人鮮句：周易繫辭上：「樂天知命，故不憂。」

〔五〕勤：吕氏春秋不廣「勤天子之難」高誘注：「憂也。」

順東西門行〔一〕

出西門，望天庭，陽谷既虚崦嵫盈〔二〕。感朝露，悲人生，逝者若斯安得停〔三〕！

桑樞戒，蟋蟀鳴，我今不樂歲聿征〔四〕。迨未暮，及時平，置酒高堂宴友生〔五〕。激朗笛，彈哀箏，取樂今日盡歡情〔六〕。 樂府詩集卷三十七

【校】

出西門：陸本、影宋本、藝文類聚卷四十一「出」字上有「日」字。

逝者：「逝」，原作「遊」，據陸本、影宋本、藝文類聚卷四十一改。

未暮：陸本、影宋本作「未年莫」，藝文類聚卷四十一作「未年暮」。「莫」、「暮」古今字。

時平：「時」，陸本、影宋本、藝文類聚卷四十一作「世」。

【箋注】

〔一〕順東西門行：樂府詩集屬相和歌辭瑟調曲。

〔二〕出西三句：相和歌辭瑟調曲西門行古辭言人命短促，當及時行樂之意，其發端云：「出西門，步念之，今日不作樂，當待何時。」法言修身：「仰天庭而知天下之居卑也哉。」王延壽魯靈光殿賦：「仰看天庭。」陽谷，即湯谷、暘谷，日出處。參卷三嘆逝賦「望湯谷以企予」注。楚辭離騷：「望崦嵫而勿迫。」王逸注：「崦嵫，日所入山也。」

〔三〕感朝三句：漢書蘇武傳李陵謂武：「人生如朝露。」古詩：「年命如朝露。」曹操短歌行：「人生幾何？譬如朝露，去日苦多。」論語子罕：「子在川上曰：『逝者如斯夫，不舍

晝夜！』」

〔四〕桑樞三句：莊子讓王：「原憲居魯，環堵之室，茨以生草，蓬户不完，桑以爲樞，而瓮牖二室，褐以爲塞，上漏下濕，匡坐而弦。子貢乘大馬，中紺而表素，軒車不容巷，往見原憲。原憲華冠縰履，杖藜而應門。子貢曰：『嘻，先生何病！』原憲應之曰：『憲聞之，無財謂之貧，學而不能行謂之病。今憲貧也，非病也。』子貢逡巡而有愧色。原憲笑曰：『夫希世而行，比周而友，學以爲人，教以爲己，仁義之慝，輿馬之飾，憲不忍爲也。』」淮南子原道：「環堵之室，茨之以生茅，蓬户瓮牖，揉桑爲樞，上漏下濕……此齊民之所爲形植黎黑，憂悲而不得志也。聖人處之，不爲愁悴怨懟，而不失其所以自樂也。是何也？則内有以通于天機，而不以貴賤貧富勞逸失其志德者也。」此云桑樞戒，取其貧而不改其樂之意。詩唐風蟋蟀序：「刺晋僖公也。儉不中禮，故作是詩以閔之，欲其及時以禮自虞樂也。」其詩云：「蟋蟀在堂，歲聿其莫。今我不樂，日月其除。」

〔五〕置酒句：阮瑀詩：「置酒高堂上，友朋集光輝。」詩小雅伐木：「矧伊人矣，不求友生。」成公綏嘯賦：「延友生。」

〔六〕激朗二句：朗笛，謂笛聲嘹亮。曹丕與朝歌令吴質書：「哀箏順耳。」張衡西京賦：「取樂今日，遑恤我後。」吴質答東阿王書：「傾海爲酒，并山爲肴，伐竹雲夢，斬梓泗濵，然後極雅意，盡歡情。」

【集評】

陳祚明采菽堂古詩選卷十：校鞠歌行尤亮。

上留田行〔一〕

嗟行人之藹藹，駿馬陟原風馳，輕舟泛川雷邁〔二〕。寒往暑來相尋，零雪霏霏集宇，悲風徘徊入襟〔三〕。歲華冉冉方除，我思纏綿未紓，感時悼逝悽如〔四〕。藝文類聚卷四十一

【校】

題：藝文類聚卷四十一題下有注云「平徵調」。

寒往暑來：梅鼎祚古樂苑卷二十作「寒來暑往」。

【箋注】

〔一〕上留田行：樂府詩集屬相和歌辭瑟調曲。崔豹古今注音樂：「上留田，地名也。其地人有父母死兄不字其孤弟者，鄰人爲其弟作悲歌，以風其兄，故曰上留田曲。」郭茂倩引樂府廣題：「蓋漢世人也。云：『里中有啼兒，似類親父子。回車問啼兒，慷慨不可止。』」案：崔豹所云，爲其本事，其後蓋以「上留田」三字爲和聲，觀樂府詩集所載曹丕、謝靈運所作可知。

〔二〕嗟行三句：藹藹，楚辭劉向九嘆逢紛「讒夫藹藹而漫著兮」王逸注：「盛多貌也。」王褒四子講德論：「風馳雨集。」嵇康兄秀才公穆入軍贈詩：「風馳電逝。」三國志吴書陸抗傳抗上疏：「泛舟順流，舳艫千里，星奔電邁。」

〔三〕寒往三句：周易繫辭下：「寒往則暑來，暑往則寒來，寒暑相推而歲成焉。」鄭玄詩譜序：「刺怨相尋。」詩小雅采薇：「雨雪霏霏。」楚辭九章涉江：「雲霏霏而承宇。」又劉向九嘆遠逝：「雪雰雰而薄木兮，雲霏霏而隕集。」古詩：「白楊多悲風。」楚辭東方朔七諫自悲：「徐風至而徘徊兮。」

〔四〕歲華三句：詩唐風蟋蟀：「日月其除。」毛傳：「除，去也。」左芬離思賦：「思纏綿以增慕。」悽如，悽然。

【集評】

王夫之古詩評選卷一：六言音體勁促，尤易入俗。静秀安詳，此爲首出矣。

陳祚明采菽堂古詩選卷十：分章用韻，别是一格。

隴西行〔一〕

我静如鏡，民動如烟〔二〕。事以形兆，應以象懸〔三〕。豈曰無才？世鮮興賢〔四〕。

【校】

如鏡：「如」，陸本、影宋本作「而」。

【箋注】

〔一〕隴西行：樂府詩集屬相和歌辭瑟調曲。郭茂倩曰：「一曰步出夏門行。」

〔二〕我静二句：老子五十八章：「我好静而民自正。」管子心術上：「静則能制動矣。」文子精誠：「聖人若鏡，不將不迎，應而不藏。」莊子天道：「聖人之心静乎，天地之鑒也，萬物之鏡也。」天下：「其動若水，其静若鏡。」荀子富國：「飛鳥鳧雁若烟海。」楊倞注：「遠望如烟之覆海，皆言多。」淮南子主術：「飛鳥歸之若烟雲。」董逃行古辭：「百鳥集，來如烟。」漢書叙傳述文紀第四：「我德如風，民應如草。」曹植七啓：「民望如草，我澤如春。」

〔三〕事以二句：兆，國語吴語「天占既兆」韋昭注：「見也。」應，謂應事、應物。周易繫辭上：「在天成象，在地成形。」韓康伯注：「象，況日月星辰。……懸象運轉以成昏明。」周易繫辭上：「縣象著明，莫大乎日月。」二句謂事物既有形而可見，回應之亦如日月懸象之著明。

〔四〕豈曰二句：詩秦風無衣：「豈曰無衣。」傅玄傅子舉賢：「賢能之士，何世無之？……顧求與不求耳。」興，廣雅釋詁：「舉也。」周禮地官鄉大夫：「考其德行道藝而興賢者能者。」

【集評】

譚元春評：「『風草』之言已奇矣，『民動如烟』寫出情狀，更使人輾然而笑。」（古詩歸卷八）

鍾惺評：「『静』字説鏡，亦妙。○偶然妙語，經思則失之。」（古詩歸卷八）

張玉穀古詩賞析：首二民、我雙提，形容動静，造句奇特。……陸詩四言多平實鋪排，惟此簡峭，取之。

駕言出北闕行〔一〕

駕言出北闕〔二〕，躑躅遵山陵。長松何鬱鬱，丘墓互相承〔三〕。念昔殂没子，悠悠不可勝〔四〕。安寢重冥廬，天壤莫能興〔五〕。人生何期促，忽如朝露凝〔六〕。辛苦百年間，戚戚如履冰〔七〕。仁智亦何補，遷化有明徵〔八〕。求仙鮮克仙，太虚安可淩〔九〕？良會罄美服，對酒宴同聲〔一〇〕。樂府詩集卷六十一

【校】

題：藝文類聚卷四十一題下首句爲「驅馬上東門」。汪紹楹引馮舒校云：「意是題下注，今混寫耳。」詩紀卷三十四亦云：「按藝文類聚題下有『驅車上東門』五字，然則此擬作也。」錢培名云：「『疑』『驅』上失『擬』字，乃題下注也。」

何期：「期」，陸本、影宋本、藝文類聚卷四十一作「所」。
安可：「安」，陸本、影宋本、藝文類聚卷四十一作「不」。

【箋注】

〔一〕駕言出北闕行：樂府詩集屬雜曲歌辭。

〔二〕駕言句：詩邶風泉水：「駕言出游，以寫我憂。」闕，淮南子天文「群神之闕也」高誘注：「猶門也。」康榮吉陸機及其詩云：「謂宮闕以北所建之闕觀也。漢書高帝紀云：『上至長安。蕭何治未央宮，立東闕、北闕、前殿、武庫、太倉。』注云：『上書奏事謁見之徒，皆詣北闕。』」

〔三〕長松二句：文選古詩：「松柏夾廣路。」李善注引仲長統昌言：「古之葬者，松柏梧桐以識其墳。」杜篤首陽山賦：「長松落落。」文選古詩：「鬱鬱園中柳。」李善注：「鬱鬱，茂盛也。」司馬遷報任少卿書：「亦何面目復上父母丘墓乎。」

〔四〕念昔二句：詩小雅小宛：「我心憂傷，念昔先人。」殂，説文歺部：「往死也。」悠悠，詩小雅十月之交「悠悠我里」毛傳：「憂也。」勝，説文力部：「任也。」

〔五〕安寢二句：説文重部：「重，厚也。」又冥部：「冥，幽也。」重冥，謂幽暗之極。史記魯仲連傳：「名與天壤相弊。」興，説文舁部：「起也。」

〔六〕人生二句：見本卷順東西門行「感朝露，悲人生」注。

〔七〕戚戚句：楚辭九章悲回風：「居戚戚而不可解。」詩小雅小旻：「戰戰兢兢，如臨深淵，如履薄冰。」

〔八〕仁智二句：管子君臣：「神聖者王，仁智者君。」孟子公孫丑下：「仁智，周公未之盡也。」荀子君道：「仁知之極也，夫是之謂聖人。」漢武帝悼李夫人賦：「忽遷化而不反兮。」

〔九〕求仙二句：詩大雅蕩：「鮮克有終。」莊子知北游：「不游乎大虚。」曹植仙人篇：「輕舉凌太虚。」

〔一〇〕良會二句：古詩：「今日良宴會。」罄，爾雅釋詁：「盡也。」王符潛夫論贊學：「君子之求豐厚也，非爲嘉饌美服、淫樂聲色也。」曹操短歌行：「對酒當歌。」周易乾文言：「同聲相應，同氣相求。」

太山吟〔一〕

太山一何高，迢迢造天庭〔二〕。峻極周已遠，曾雲鬱冥冥〔三〕。梁甫亦有館，蒿里亦有亭〔四〕。幽塗延萬鬼，神房集百靈〔五〕。長吟太山側，慷慨激楚聲〔六〕。藝文類聚卷四十二

【箋注】

〔一〕太山吟：樂府詩集屬相和歌辭楚調曲。郭茂倩引樂府解題曰：「泰山吟，言人死精魄歸於泰山。亦薤露、蒿里之類也。」案：顧炎武以爲泰山主死人之説，起於西漢之末。日知録卷

三十泰山治鬼云：「自哀平之際，而讖緯之書出，然後有如遁甲開山圖所云『泰山在左，亢父在右，亢父知生，梁父主死』，博物志所云『泰山一曰天孫，言爲天帝之孫，主召人魂魄，知生命之長短』（案：見《博物志》引《援神契》）者。其見於史者，則後漢書方術傳許峻自云『嘗篤病三年不愈，乃謁泰山請命』，烏桓傳『死者神靈歸赤山，赤山在遼東西北數千里，如中國人死者魂神歸泰山也』，三國志管輅傳謂其弟辰曰：『但恐至泰山治鬼，不得治生人，如何？』而古辭怨詩行云：『齊度游四方，名繫泰山録。人間樂未央，忽然歸東岳。』陳思王驅車篇云：『魂神所繫屬，逝者感斯征。』劉楨贈五官中郎將詩云：『常恐游岱宗，不復見故人。』應璩百一詩云：『年命在桑榆，東岳與我期。』然則鬼論之興，其在東京之世乎？」參見趙翼陔餘叢考卷三十五泰山治鬼。

〔二〕太山二句：曹丕折楊柳行：「西山一何高，高高殊無極。」古詩：「迢迢牽牛星。」造，儀禮士喪禮「造于西階下」鄭玄注：「至也。」天庭，見本卷順東西門行「望天庭」注。

〔三〕峻極二句：詩大雅崧高：「崧高維岳，駿極于天。」毛傳：「駿，大；極，至也。」峻、駿通。已，通以，而也。曾雲，重雲，見卷一文賦「若翰鳥纓繳而墜曾雲之峻」注。

〔四〕梁甫二句：梁甫，山名。史記秦始皇紀：「禪梁父。」集解引臣瓚曰：「泰山下小山。」又封禪書正義引括地志：「在兗州泗水縣北八十里。」蒿里，相傳爲死人所居處。漢書武五子傳廣陵厲王胥歌曰：「蒿里召兮郭門閱。」顔師古注：「蒿里，死人里。」漢書武帝紀：「（太初元年)十二月禮高里。」顏師古注引伏儼曰:「山名,在泰山下。」師古曰:「此高字自作高下之高。而死人之里謂之蒿里,或呼爲下里者也,字則爲蓬蒿之蒿。或者既見太山神靈之府,高里山又在其旁,即誤以高里爲蒿里,混同一事。文學之士共有此謬,陸士衡尚不免,況其餘乎!」館,説文解字食部:「客舍。」亭,太平御覽卷一百九十四引風俗通:「漢家因秦,大率十里一亭。亭,留也。……蓋行旅宿食之所館也。」亭爲鄉以下行政建制,有館舍以供食宿。

〔五〕幽塗二句:延,爾雅釋詁:「進也。」邢昺疏:「引而進之。」初學記卷五引尸子:「泰山之中有神房阿閣。」

〔六〕激楚:急激哀切之聲。參卷五招隱「激楚佇蘭林」注。

【集評】

顧炎武曰:泰安州西南二里,俗名蒿里山者,高里山之訛也。史記封禪書:「十二月甲午朔上親禪高里。」漢書武帝紀:太初元年「十二月禪高里。」注:「伏儼曰:『山名,在泰山下。』」乃若蒿里之名,見于古挽歌,不言其地。漢書武五子傳:「蒿里召兮郭門閲。」注:「師古曰:『蒿里,死人里。』」審若此山爲死人之里,武帝何所取而禪祭之乎?自晉陸機泰山吟始以梁父、蒿里并列,而後之言鬼者因之,遂令古昔帝王降禪之壇,一變而爲閻王、鬼伯之祠矣。(清修山東通志卷三十五之十五藝文志十五引)

陳祚明采菽堂古詩選卷十:正惟不作章法,頓挫反有餘情。○有館、有亭,如親見之。

棹歌行〔一〕

遲遲暮春日，天氣柔且嘉〔二〕。元吉隆初巳，濯穢游黄河〔三〕。龍舟浮鷁首，羽旗垂藻葩〔四〕。乘風宣飛景，逍遥戲中波〔五〕。名謳激清唱，榜人縱棹歌〔六〕。投綸沉洪川，飛繳入紫霞〔七〕。藝文類聚卷四十二

【校】

暮春日：樂府詩集卷四十引樂府解題作「春欲暮」。

【箋注】

〔一〕棹歌行：樂府詩集屬相和歌辭瑟調曲。棹，楚辭九歌湘君「桂棹兮蘭枻」王逸注：「楫也。」文選張衡西京賦：「縱棹歌。」李善注：「棹歌，引棹而歌也。」

〔二〕遲遲二句：詩豳風七月：「春日遲遲。」毛傳：「遲遲，舒緩也。」大雅抑：「無不柔嘉。」鄭箋：「柔，安；嘉，善也。」

〔三〕元吉二句：周易坤六五：「黄裳元吉。」孔疏：「元，大也。」初巳，即上巳，指三月第一個巳日。續漢書禮儀志：「是月上巳，官民皆絜於東流水上，曰洗濯祓除去宿垢疢爲大絜。絜者，言陽氣布暢，萬物訖出，始絜之矣。」應劭風俗通卷八禊：「巳者，祉也。邪疾已去，祈介

祉也。」元吉，即介祉之意。謂求大吉祉，故重視上巳日也。案：晉書禮志：「自魏以後，但用三日，不以上巳也。」是陸機時修禊實在三日。又南齊書禮志：「晉中朝云卿已下至於庶民，皆禊洛水之側。事見諸禊賦及夏仲御傳也。」此云游黄河，蓋洛水入河處。

〔四〕龍舟二句：淮南子本經：「龍舟鷁首，浮吹以娱。」高誘注：「龍舟，大舟也。刻爲龍文以爲飾也。鷁，大鳥也。畫其象著船頭，故曰鷁首。」文選張衡西京賦：「浮鷁首。」薛綜注：「船頭象鷁鳥，厭水神。」宋玉高唐賦：「建羽旗。」李善注：「周禮曰『析羽爲旌』，謂破五色鳥羽爲之也。」案周禮鄭玄注，謂析羽繫之於旌上。張衡西京賦：「建羽旗。」李善注引琴道：「雍門周曰：『水嬉則建羽旗。』」藻，有文采，參卷六日出東南隅行「金雀垂藻翹」注。葩，説文艸部：「華也。」言旗上羽毛下垂，如美麗之花朵。

〔五〕乘風二句：宣，左傳昭公十二年「寵光之不宣」杜預注：「揚也。」飛景，猶言流光。此句狀其船乘風而駛，流光溢彩。詩鄭風清人：「河上乎逍遥。」中波，波中。

〔六〕名謳二句：曹植箜篌引：「京洛出名謳。」漢書司馬相如傳爲天子游獵之賦：「榜人歌。」張揖曰：「榜，船也。月令云：『命榜人。』榜人，船長也，主倡聲而歌者也。」縱，楚辭離騷「夏康娱以自縱」王逸注：「放也。」

〔七〕投綸二句：綸，爾雅釋言「緡，綸也」郭璞注：「緡，繩也，江東謂之綸。」投綸，謂釣也。説苑政理：「夫投綸錯餌，迎而吸之者，陽橋也。」繳，説文糸部：「生絲縷也。」段玉裁云當作「生絲縷繫矰矢而以弋射也」。文選張華鷦鷯賦「然皆負矰嬰繳」李善注：「繫箭綫也。」

東武吟行〔一〕

投迹短世間，高步長生闈〔二〕。濯髮冒雲冠，洗身被羽衣〔三〕。飢從韓衆餐，寒就佚女棲〔四〕。藝文類聚卷四十一

【校】

韓衆：「韓」，原作「寒」，據樂府詩集卷四十一、陸本、影宋本改。

【箋注】

〔一〕東武吟行：樂府詩集屬相和歌辭楚調曲。文選嵇康琴賦「東武太山」李善注引左思齊都賦注：「東武、太山，皆齊之土風謡歌謳吟之曲名也。」漢書地理志東萊郡有東武縣。水經濰水「東北過東武縣西」注：「（東武縣）因岡爲城，城周三十里。漢高帝六年封郭蒙爲侯國。」案：今山東諸城。

〔二〕投迹二句：投，周易略例明爻通變「投戈散地」邢璹注：「置也。」投迹，猶言行步。莊子天地：「投迹者衆。」揚雄解嘲：「欲步者擬足而投迹。」世，吕氏春秋用民「古昔多由布衣定一世者矣」高誘注：「終一人之身爲世。」漢書敘傳述惠紀第二：「孝惠短世。」曹操秋胡行：

「天地何長久，人道居之短。」老子五十九章：「長生久視之道。」闈，國語吴語「將入於棘闈」韋昭注：「門也。」

〔三〕濯髮二句：楚辭離騷：「朝濯髮乎洧盤。」冒，詩邶風日月「下土是冒」毛傳：「覆也。」雲冠，出世者所服。參卷三幽人賦「彈雲冕以辭世」注。漢書郊祀志：「使使衣羽衣，夜立白茅上。五利將軍亦衣羽衣，立白茅上受印。」顔師古注：「羽衣，以鳥羽爲衣，取其神仙飛翔之意也。」曹植平陵東：「被我羽衣乘飛龍。」

〔四〕飢從二句：韓衆，一作韓終。楚辭遠游：「羨韓衆之得一。」太平御覽卷九百六十八引郭子横洞冥記：「琳國去長安九千里，多生玉葉李，色如碧玉，五千歲一實，酸苦。韓終常食之，亦名韓終李也。」抱朴子内篇仙藥：「韓終服菖蒲十三年，身生毛，日視書萬言，皆誦之，冬袒不寒。」藝文類聚卷九十八引抱朴子：「山芝者，韓終所食也。與天地相極，延年壽，通神明矣。」載籍所見韓衆所服食者如此。楚辭離騷：「見有娀之佚女。」王逸注：「有娀，國名。佚，美也。謂帝嚳之妃契母簡狄也，配聖帝，生賢子。」案：神仙家謂房中亦成仙之術，故就佚女棲也。猛虎行古辭：「飢不從猛虎食，暮不從野雀棲。」

飲酒樂〔一〕

蒲萄四時芳醇，琉璃千鍾舊賓〔二〕。夜飲舞遲銷燭〔三〕，朝醒弦促催人。樂府詩集

卷七十四

【校】

題：此詩又見於樂府詩集卷七十七，作陳陸瓊詩，題爲還臺樂，詩末多「春風秋月恒好，驩醉日月言新」二句。古詩紀兩收，而於卷三十四陸機集飲酒樂題下云：「樂府作還臺樂，謂陳陸瓊詩，誤。」張溥漢魏六朝百三家集收入卷四十九陸機集。梅鼎祚古樂苑卷三十九云：「按此詩格調，陸瓊爲是。」錢培名則云：「二詩多寡不同，郭氏兩收，當是陸瓊增加舊詩，改爲還臺樂，古人固有此例。」逯欽立先秦漢魏晋南北朝詩載於陸瓊名下。中華書局校點本樂府詩集卷七十四、金濤聲校點陸機集皆疑非陸機詩，劉運好陸士衡文集校注則依錢説。今録載備考。

【箋注】

〔一〕飲酒樂：樂府詩集屬雜曲歌辭。郭茂倩云：「樂苑曰飲酒樂，商調曲也。」

〔二〕蒲萄二句：蒲萄，指蒲萄酒。蒲萄傳入中國，蓋始於漢武帝時。史記大宛傳載，西域大宛、安息等國有蒲萄酒。大宛「俗嗜酒，馬嗜苜蓿，漢使取其實來，於是天子始種苜蓿、蒲陶肥饒地。……外國使來衆，則離宫别觀旁盡種蒲陶、苜蓿極望。」藝文類聚卷八十七引晋宫閣名：「華林園蒲萄百七十八株。」琉璃，美石。漢書西域傳云罽賓國出「珠璣、珊瑚、虎魄、璧流離」。孟康曰：「流離（説文解字玉部「珋」段玉裁注云流離上脱璧字），青色如玉。」顔師古注：「魏略云：大秦國出赤白黑黄青緑縹紺紅紫十種流離。孟言青色，不博通也。此蓋自然之物，采澤光潤，逾於衆玉，其色不恒。今俗所用，皆銷冶石汁，加以衆藥，灌而爲之，尤虚脆不貞，實非真物。」地理志：「有黄支國……多異物。自武帝以來，皆獻見。有譯長，屬黄門，與應募者俱入海，市明珠、璧流離、奇石異物。」段玉裁云璧流離三字爲名，乃胡語，省作流離，改其字作琉璃。鍾，説文金部：「酒器也。」論衡語增：「傳語曰：文王飲酒千鍾。」成公綏正旦大會行禮歌：「旨酒千鍾。」舊賓，故舊賓客。

〔三〕夜飲句：詩小雅湛露：「厭厭夜飲，不醉無歸。」

陸機集卷第八

雜著

演連珠五十首〔一〕

臣聞日薄星迴，穹天所以紀物；山盈川沖，后土所以播氣〔二〕。五行錯而致用，四時違而成歲〔三〕。是以百官恪居，以赴八音之離；明君執契，以要克諧之會〔四〕。

【校】

后土：藝文類聚卷五十七作「厚地」。

【箋注】

〔一〕連珠：藝文類聚卷五十七引傅玄叙連珠：「所謂連珠者，興於漢章帝之世。班固、賈逵、傅毅三子受詔作之，而蔡邕、張華之徒又廣焉。其文體辭麗而言約，不指説事情，必假喻以達其旨，而賢者微悟，合於古詩勸興之義。欲使歷歷如貫珠，易睹而可悦，故謂之連珠也。」劉勰文心雕龍雜文、沈約注制旨連珠表皆謂連珠始於揚雄，藝文類聚、太平御覽、文選李善注均引揚雄連珠，是其作不始於東漢也。沈約注制旨連珠表：「連珠者，蓋謂辭句連續，互相發明，若珠之結排也。」案：連珠之得名，蓋以一首爲一珠，合若干首爲一篇，故名。參饒宗頤連珠與邏輯——文學史上中西接觸之一例。隋書經籍志集部總集類云梁有連珠一卷，陸機撰，何承天注，其注今佚。今存梁劉孝標注，見文選李善本所録載。

〔二〕臣聞日薄四句：臣，史記高祖紀「吕公曰：『臣少好相人』」集解引張晏：「古人相與語多自稱臣，自卑下之道，若今人相與語皆自稱僕。」余嘉錫太史公書亡篇考云：「漢人稱臣乃自謙之詞，不必對君。」此亦謙詞耳。揚雄反離騷：「恐日薄於西山。」向秀思舊賦：「于時日薄虞淵。」禮記月令：「季冬之月……是月也，日窮于次，月窮于紀，星回于天，數將幾終，歲且更始。」鄭玄注：「言日月星辰運行于此月，皆周匝於故處也。」晉書天文志：「虞喜族祖河間相聳又立穹天論，云天形穹隆如鷄子，幕其際，周接四海之表，浮於元氣之上。」紀，廣雅釋詁：「識也。」紀物，標識物候。盈，文選曹植七啓「覽盈虚之正義」劉良注：「實也。」川，説文川部：「貫穿通流水也。」廣雅釋水：「川，坑也。」王念孫疏證：「爾雅：『阬，虚也。』阬與坑同。坑之言康也。爾雅：『康，虚也。』康、坑、欿、科、渠，皆空之轉聲也。」案：

川流於空谷中，故曰川虛。沖，淮南子原道「沖而徐盈」高誘注：「虛也。」左傳僖公十五年：「君履后土而戴皇天。」播，呂氏春秋必已「盡揚播入於河」高誘注：「散也。」周易説卦：「天地定位，山澤通氣。」案：周易繫辭上：「在天成象，在地成形。」韓康伯注：「象況日月星辰，形況山川草木也。」故此以日星屬之穹天，山川屬之后土。四句謂日星各循其道，山川亦形質不同，而天地因之以成其事。

〔三〕五行二句：尚書洪範：「五行：一曰水，二曰火，三曰木，四曰金，五曰土。水曰潤下，火曰炎上，木曰曲直，金曰從革，土爰稼穡。潤下作鹹，炎上作苦，曲直作酸，從革作辛，稼穡作甘。」孔疏：「言五者性異而味别，各爲人之用。書傳云：『水火者，百姓之所飲食也；金木者，百姓之所興作也；土者，萬物之所資生也。』是爲人用。五行即五材也。襄二十七年左傳云：『天生五材，民并用之。』言五者各有材幹也。」錯，漢書五行志「與仲舒錯」顔師古注：「互不同也。」周易繫辭下：「寒暑相推而歲成焉。」莊子則陽：「四時殊氣，天不賜，故歲成；五官殊職，君不私，故國治。」

〔四〕百官四句：左傳襄公二十三年：「敬共朝夕，恪居官次。」隱公五年：「節八音。」杜預注：「八音，金石絲竹匏土革木也。」離，方言卷六「伆，離也」郭璞注：「謂乖離也。」老子七十九章：「聖人執左契而不責於人，有德司契。」尚書堯典「八音克諧，無相奪倫。」（僞古文在舜典）四句謂百官各敬其職而明君總責其成，猶八音各自不同而克諧。

臣聞任重於力，才盡則困；用廣其器，應博則凶〔一〕。是以物勝權而衡殆〔二〕，形過鏡則照窮。故明主程才以效業，貞臣厎力而辭豐〔三〕。

【校】

勝權：「勝」，敦煌本文選作「稱」。李善注：「『勝』或爲『稱』，爾雅曰：『稱，舉也。』一曰稱亦勝也。吴録子胥曰『越未能與我争稱負』也。」

厎力：「厎」，原作「底」，係俗寫。據敦煌本文選、四部叢刊本文選、北宋本文選、尤刻本文選、陳八郎本文選改。

【箋注】

〔一〕任重四句：周易繫辭下：「子曰：『德薄而位尊，知小而謀大，力小而任重，鮮不及矣。』易曰：『鼎折足，覆公餗，其形渥，凶。』言不勝其任也。』」鼎九二王弼注：「才任已極，不可復有所加。」王充論衡骨相：「器之盛物，有斗石之量。……器過其量，物溢棄遺。」

〔二〕物勝句：莊子胠篋「爲之權衡以稱之」陸德明釋文引李頤曰：「權，稱錘；衡，稱衡也。」漢書律曆志：「權與物鈞而生衡。」顔師古注引孟康曰：「謂錘與物鈞，所稱適停，則衡平也。」物勝權則衡殆，謂物之重量超過稱錘所能稱之限度，則其横竿不可能保持水平。

〔三〕明主二句：程，廣雅釋詁：「量也。」效，左傳昭公二十六年「宣王有志而後效官」杜預注：

「授也。」業，淮南子主術「臣守其業」高誘注：「事。」主術：「有大略者，不可責以捷巧；有小智者，不可任以大功。人有其才，物有其形，有任一而太重，或任百而尚輕。」厎，爾雅釋言：「致也。」

臣聞髦俊之才〔一〕，世所希乏；丘園之秀〔二〕，因時則揚。是以大人基命〔三〕，不擢才於后土；明主聿興，不降佐於昊蒼〔四〕。

【箋注】

〔一〕髦：爾雅釋言：「選也。」又曰：「俊也。」郭璞注：「俊士之選。」又：「士中之俊，如毛中之髦。」邢昺疏：「毛中之長毫曰髦。」

〔二〕丘園之秀，隱居山野之秀士。周易賁六五：「賁于丘園，束帛戔戔。」李善注引王肅曰：「失位無應，隱處丘園，蓋象衡門之人，道德彌明，必有束帛之聘。」秀，廣雅釋詁：「出也。」超拔出群之意。

〔三〕大人句：孟子離婁下「大人者」趙岐注：「大人，謂君。」基，淮南子原道「高者必以下爲基」高誘注：「始也。」基命，始受天命。尚書洛誥：「王如弗敢及天基命定命。」僞孔傳：「言王往日幼少，不敢及知天始命周家安定天下之命。」

〔四〕昊蒼：天。見卷三陵霄賦「昊蒼煥而運流」注。

臣聞世之所遺，未爲非賢；主之所珍，不必適治〔一〕。是以俊乂之藪，希蒙翹車之招〔二〕；金碧之巖，必辱鳳舉之使〔三〕。

【校】

非賢：「賢」，敦煌本文選、四部叢刊本文選、北宋本文選、尤刻本文選、陳八郎本文選、陸本、影宋本作「寶」。

【箋注】

〔一〕適：淮南子説山「不若得事之所適」高誘注：「宜適也。」

〔二〕俊乂二句：乂，尚書皋陶謨「俊乂在官」孔疏：「馬（融）、王（肅）、鄭（玄）皆云才德過千人爲俊，百人爲乂。」左傳莊公二十二年陳敬仲引逸詩：「翹翹車乘，招我以弓。」杜預注：「翹翹，遠貌。古者聘士以弓。」

〔三〕金碧二句：漢書郊祀志：「或言益州有金馬碧鷄之神，可醮祭而致。於是遣諫大夫王褒，使持節而求之。」顔師古注引如淳曰：「金形似馬，碧形似鷄。」李善注引班固功德論：「朱軒之使，鳳舉於龍堆之表。」

臣聞禄放於寵，非隆家之舉〔一〕；官私於親，非興邦之選。是以三卿世及，東國多衰弊之政〔二〕；五侯并軌，西京有陵夷之運〔三〕。

【校】

放於：「放」，文選五臣本、陳八郎本文選、影宋本作「施」。

【箋注】

〔一〕禄放二句：放，廣雅釋言：「妄也。」左傳襄公十年：「刑放于寵。」家，周禮春官「家宗人」鄭玄注：「謂大夫所食采邑。」

〔二〕三卿二句：三卿，謂魯之三卿仲孫氏（孟氏）、叔孫氏、季孫氏，皆魯桓公之後，稱爲三桓。自魯宣公立，魯之公室微弱而三桓强。孔子之時，季孫氏爲上卿，尤專擅。及，廣雅釋詁：「至也。」世及，謂政令繼世皆歸至於三卿。論語季氏：「政逮於大夫四世矣。」皇侃義疏：「逮，及也。制禄不由君，故及大夫也。季文子初得政，至武子、悼子、平子四世，是孔子時所見。」東國，指魯國。法言淵騫：「（伯夷、柳下惠）無仲尼，則西山之餓夫，與東國之絀臣。」

〔三〕五侯二句：漢書元后傳：「上（成帝）悉封舅（王）譚爲平阿侯，商成都侯，立紅陽侯，根曲陽侯，逢時高平侯。五人同日封，故世謂之『五侯』。」軌，廣雅釋詁：「迹也。」陵夷，頽壞。史記高祖功臣侯者年表：「枝葉稍陵夷衰微也。」李善注引春秋命歷叙：「五德之運應録，次相代也。」

臣聞靈輝朝覯，稱物納照〔一〕；時風夕灑，程形賦音〔二〕。是以至道之行〔三〕，萬類取足於世，大化既洽，百姓無匱於心〔四〕。

【校】

夕灑：「灑」，敦煌本文選作「泛」，蓋原作「汛」，傳抄誤爲「汎」，又誤爲「泛」。説文水部：「汛，灑也。」

【箋注】

〔一〕納：禮記曲禮下「納女」孔疏：「猶致也。」

〔二〕時風二句：尚書洪範：「曰聖，時風若。」孔疏：「曰人君通聖，則風以時而順之。」楚辭劉向九嘆惜賢：「俟時風之清激兮。」灑，説文水部：「汛也。」段玉裁注：「引申爲凡散之稱。」程，爾雅釋詁：「量也。」賦，呂氏春秋分職「出高庫之兵以賦民」高誘注：「予也。」

〔三〕至道句：莊子在宥：「敢問至道之精。」禮記表記：「至道以王。」禮記禮運：「大道之行也，天下爲公。」

〔四〕大化二句：尚書大誥：「肆予大化。」洽，後漢書杜林傳「咸推其博洽」李賢注：「遍也。」匱，禮記坊記「孝子不匱」鄭玄注：「乏也。」

臣聞頓網探淵〔一〕，不能招龍；振綱羅雲〔二〕，不必招鳳。是以巢箕之叟，不眄丘園之幣；洗渭之民，不發傅巖之夢〔三〕。

【箋注】

〔一〕頓：李善注：「猶整也。」

〔二〕振綱句：振，國語晉語「治兵振旅」韋昭注：「奮也。」羅，説文网部：「以絲罟鳥也。」

〔三〕巢箕四句：劉孝標注：「古之隱人結巢以居，故曰巢父，或言即許由也。洗耳，一説巢父也。記籍不同，未能詳孰是。」劉意洗渭乃洗耳於渭水。李善注：「吕氏春秋曰：『昔者堯朝許由於沛澤之中，曰：請屬天下於夫子。許由遂之箕山之下，潁水之陽。』琴操曰：『堯大許由之志，禪爲天子，由以其言不善，乃臨河而洗耳。』李陵詩曰：『許由不洗耳，後世有何徵？』魏子曰：『昔者許由之立身也，恬然守志存己，不甘禄位，洗耳不受帝堯之讓。謙退之高也。』益部耆舊傳：『秦密對王商曰：昔堯優許由，非不弘也，洗其兩耳。』皇甫謐逸士傳曰：『巢父者，堯時隱人也。及堯讓位乎許由也，由以告巢父焉。巢父責由曰：汝何不隱汝光？何故見若身，揚若名令聞若？汝非友也。乃擊其膺而下之。由悵然不自得，乃過清泠之水，洗其耳。』皇甫謐高士傳云：『巢父聞許由之爲堯所讓也，以爲污，乃臨池水而洗耳。』譙周古史考曰：『許由，堯時人也。隱箕山，恬泊養性，無欲於世。堯禮待之，終不肯就。時人高其無欲，遂崇大之，曰堯將以天下讓許由，由恥聞之，乃洗其耳。或曰：又有巢父，與許由同志。或曰：許由夏常居巢，故一號巢父。不可知也。』凡書傳言許由則多，言巢父者少矣。范曄後漢書嚴子陵謂光武曰：『昔唐堯著德，巢父洗耳。士故有志，何至相迫乎？』然書傳之説洗耳，參差不同。陸既以巢箕爲許由，洗耳爲巢父，且復水名不一，或亦洗於渭乎？」王應麟困學紀聞考史：「古今人表許繇、巢父爲二人，譙周古史考：『許由夏常居巢，故一號巢父。』則巢、許爲一人。」案：傳説紛紜，陸機似以巢居爲一人，洗耳爲另一人。然洗渭不見於他處，不知其何所依據。或者以涇濁而渭清，遂借「渭」爲清泠之水之代稱乎？猶桓溫薦譙元彦表稱譙秀「揚清渭波」，秀巴西人，實與渭水無干也。箕山，在今河南登封東南。水經潁水「東南過其縣南」注：「（陽城縣）南對箕山，山上有許由冢，堯所封也，故太史公曰：『余登箕山，其上有許由墓焉。』」丘園之幣，指徵聘隱士之禮物。參第三首「丘園之秀」注。幣，説文巾部：「帛也。」尚書説命序：「高宗夢得説，使百工營求諸野，得諸傅巖。」史記殷本紀：「武丁夜夢得聖人，名曰説。以夢所見視群臣百吏，皆非也。於是乃使百工營求之野，得説於傅險中。是時説爲胥靡，築於傅險。見於武丁，武丁曰：『是也。』得而與之語，果聖人。舉以爲相，殷國大治。故遂以傅險姓之，號曰傅説。」險，一作巖。水經河水「又東過大陽縣南」注：「河水又東，沙澗水注之。水北出虞山，東南逕傅巖，歷傅説隱室前，俗名之爲聖人窟。」在今山西平陸東北。崔駰達旨：「或以役夫，發夢於王公。」班固答賓戲：「殷説夢發於傅巖。」

臣聞鑒之積也無厚，而照有重淵之深〔一〕；目之察也有畔，而眡周天壤之際〔二〕。何則？應事以精不以形，造物以神不以器〔三〕。是以萬邦凱樂，非悦鐘鼓之娱；天下歸仁，非感玉帛之惠〔四〕。

【箋注】

〔一〕鑒之二句：鑒，國語周語「王無亦鑒於黎苗之王」韋昭注：「鏡也。」莊子天下：「無厚，不可積也；其大千里。」荀子修身：「夫堅白同異有厚無厚之察，非不察也，然而君子不辯。」莊子列禦寇：「夫千金之珠，必在九重之淵。」班固答賓戲：「懷氿濫而測深乎重淵。」案：鏡之納物，乃物之虛像，故屢照屢納而累積之，猶無厚也。非如一般容器之納實物，然而可照重淵之深。劉孝標云：「鏡質薄而能照。」以鏡質之薄釋無厚，未的。

〔二〕目之二句：察，楚辭離騷「覽察草木其猶未得兮」王逸注：「視也。」眡，説文見部：「亦古文視。」莊子應帝王：「吾示之以天壤。」案：此與左思魏都賦「八極可圍於寸眸」之意仍有不同。謂目之視物，其視野雖有涯畔，然所見極爲深遠。劉孝標云：「目形小而能視。」亦未的。

〔三〕應事二句：造，廣雅釋言：「詣也。」應事、造物，言與物相接也。周易繫辭上：「形乃謂之器。」莊子漁父：「真者，精誠之至也。不精不誠，不能動人。」案：應事句承鑒言，莊子應帝王所謂「不將不迎，應而不藏」，物至則應也；造物句承目言，目視物猶往至於物也。

〔四〕萬邦四句：尚書洛誥：「萬邦咸休。」凱，爾雅釋天「南風謂之凱風」邢昺疏引李巡：「樂也。」論語顏淵：「一日克己復禮，天下歸仁焉。」陽貨：「子曰：『禮云禮云，玉帛云乎哉！樂云樂云，鍾鼓云乎哉！』」

臣聞積實雖微，必動於物；崇虚雖廣〔一〕，不能移心。是以都人冶容，不悦西施之影〔二〕；乘馬班如，不輟太山之陰〔三〕。

【箋注】

〔一〕崇：廣雅釋詁：「積也。」朱駿聲説文通訓定聲：「崇，假借爲叢。」

〔二〕都人二句：詩小雅都人士：「彼都人士，狐裘黄黄。」鄭箋：「城郭之域曰都。」冶容，美飾其容貌。參卷六日出東南隅行「冶容不足詠」注。淮南子説山：「畫西施之面，美而不可説。」王符潛夫論實貢：「圖西施、毛嬙，可悦於心，而不若醜妻陋妾之可御於前也。」

〔三〕乘馬二句：周易屯六二：「乘馬班如。」孔疏引馬融：「班，班旋不進也。」陰，吕延濟注：「影也。」

臣聞應物有方，居難則易；藏器在身，所乏者時〔一〕。是以充堂之芳，非幽蘭所難；繞梁之音，實縈弦所思〔二〕。

【校】

所難：「難」，敦煌本文選作「嘆」。

實縈弦：「實」，敦煌本文選作「乃」。

【箋注】

〔一〕應物四句：莊子知北游：「其用心不勞，其應物無方。」方，禮記樂記「是先王立樂之方也」鄭玄注：「道也。」周易蹇「貞吉」王弼注：「居難履正，正邦之道也。」周易繫辭下：「君子藏器於身，待時而動。」四句謂君子處事有道，懷抱利器，雖居難而能化爲易，然而得時實難。

〔二〕繞梁二句：李善注引尸子：「夫繞梁之鳴，許史鼓之，非不樂也，墨子以爲傷義。」太平御覽卷五百七十七引傅玄琴賦叙：「楚莊王有琴曰繞梁。」縈弦，琴弦縈曲而不申，喻有才而不能施展。

臣聞智周通塞〔一〕，不爲時窮；才徑夷險，不爲世屈。是以陵飆之羽，不求反風；曜夜之目，不思倒日〔二〕。

【校】

才徑：「徑」，敦煌本文選、四部叢刊本文選、北宋本文選、尤刻本文選、陳八郎本文選、陸本、影宋本、藝文類聚卷五十七皆作「經」。「經」、「徑」通。

世屈：「世」，敦煌本文選作「勢」。

陵飆：「飆」，藝文類聚卷五十七作「霄」。

【箋注】

〔一〕智周句：周易繫辭上：「知周乎萬物。」

〔二〕陵飆四句：李善注引莊子：「鵲巢於高榆之顛，巢折，凌風而起。」反風，改變風向。莊子秋水：「鴟鵂夜撮蚤，察毫末；晝出瞋目而不見丘山。言殊性也。」倒日，謂日行却反。淮南子覽冥：「魯陽公與韓構難，戰酣，日暮，援戈而撝之，日爲之反三舍。」

臣聞忠臣率志，不謀其報；貞士發憤，期在明賢〔一〕。是以柳莊黜殯，非貪瓜衍之賞〔二〕；禽息碎首，豈要先茅之田〔三〕？

【箋注】

〔一〕忠臣四句：率，爾雅釋詁：「循也。」志，孟子公孫丑下「夫志，氣之帥也」趙岐注：「心所念慮也。」韓非子和氏：「貞士而名之以誑。」憤，廣雅釋詁：「盈也。」國語周語：「尊貴明賢。」韋昭注：「明，顯也。」四句謂忠臣行事乃由其本心，并非謀求報賞；貞士抒發其内心之所鬱積，期在顯明賢能。

〔二〕柳莊二句：柳莊，春秋衛臣。禮記檀弓下：「衛有大史曰柳莊，寢疾。公曰：『若疾革，雖當祭，必告。』公再拜稽首，請於尸曰：『有臣柳莊也者，非寡人之臣，社稷之臣也。聞之死，請往。』不釋服而往，遂以襚之。」案：此柳莊事，然并不言黜殯。黜殯者，乃史魚事。韓詩外傳卷七：「昔者衛大夫史魚病且死，謂其子曰：『我數言蘧伯玉之賢而不能進，彌子瑕不肖而不能退。爲人臣，生不能進賢而退不肖，死不當治喪正堂，殯我於室足矣。』衛君問其故，子以父言聞君。造然召蘧伯玉而貴之，而退彌子瑕。徙殯於正堂，成禮而後去。生以身諫，死以尸諫，可謂直矣。」李善注云：「經籍唯有史魚黜殯，非是柳莊，豈爲書典散亡，而或陸氏謬也。」蓋以柳莊事亦有君往祭吊一節，而韓詩外傳史魚事載於柳莊别一事之後，陸機因此致誤。參屈守元韓詩外傳箋疏。左傳宣公十五年：「晋侯賞桓子狄臣千室，亦賞士伯以瓜衍之縣，曰：『吾獲狄土，子之功也。微子，吾喪伯氏矣。』」案：桓子即荀林父，字伯，率軍與楚戰，敗績，晋侯欲殺之，賴士伯諫而得免。後又率軍伐狄獲勝，乃受賞。而士伯之獲賜，以其能爲君保全賢者也。故陸機言及進賢時用此典故。

〔三〕禽息二句：李善注引韓詩外傳：「禽息，秦人，知百里奚之賢，薦之穆公。爲私而加刑焉。

公後知百里之賢，乃召禽息謝之。禽息對曰：『臣聞忠臣進賢不私顯，烈士憂國不喪志。奚陷刑，臣之罪也。』乃對使者以首觸檻而死。以上卿之禮葬之。」漢書杜鄴傳：「臣聞禽息憂國，碎首不恨。」顔師古注引應劭曰：「禽息，秦大夫，薦百里奚而不見納。繆公出，當車，以頭擊闑，腦乃播出。曰：『臣生無補於國，而不如死也。』繆公感寤，而用百里奚，秦以大治。」（後漢書朱穆傳、孟嘗傳注引韓詩外傳與師古所引應劭語同，蓋應氏本之韓詩外傳。參屈守元韓詩外傳箋疏。）左傳僖公三十三年：「（晉襄公）以再命命先茅之縣賞胥臣，曰：『舉郤缺，子之功也。』」杜預注：「先茅絶後，故取其縣以賞胥臣。」先茅蓋晉大夫。

臣聞利眼臨雲〔一〕，不能垂照；朗璞蒙垢〔二〕，不能吐暉。是以明哲之君，時有蔽壅之累；俊乂之臣，屢抱後時之悲〔三〕。

【箋注】

〔一〕利眼句：利，老子十九章「絶巧棄利」王弼注：「用之善也。」李善注：「論衡曰：『日月猶人之有目。』任子云：『日月，天下眼目，而人不知德。』抱朴子云：『日月之蝕，乃至于盡天，何爲當故壞其眼目以行譴人乎？』」據李善注，蓋陸機以眼目喻日月。

〔二〕璞：李善注引尸子：「鄭人謂玉未理者爲璞。」

〔三〕明哲四句：詩大雅烝民：「既明且哲。」楚辭惜誓：「黄鵠後時而寄處兮。」蔡邕貞節先生范史雲銘：「亦其所以後時失途也。」

臣聞郁烈之芳，出於委灰；繁會之音，生於絶弦〔一〕。是以貞女要名於没世，烈士赴節於當年〔二〕。

【校】

生於：「生」，文選五臣本、陳八郎本文選作「主」。

【箋注】

〔一〕郁烈四句：曹植洛神賦：「踐椒塗之郁烈，步蘅薄而流芳。」楚辭九歌東皇太一：「五音紛兮繁會。」絶弦，此指因繃張甚緊、撥弦用力而斷絶。弦緊則音高，爲流俗所喜愛，猶揚雄解難所謂「今夫弦者高張急徽，追趨逐耆，則坐者不期而附矣」。易林困之萃：「來如飄風，去如絶弦。」四句謂爲求郁烈之香氣、動人之音響，不惜焚盡香草、斷絶琴弦。

〔二〕貞女二句：世，淮南子修務「後世無名」高誘注：「猶身也。」没世，猶没身，終結其一生。論語衛靈公：「君子疾没世而名不稱焉。」皇侃義疏：「没世，謂身没以後也。」節，後漢書安帝紀「貞婦有節義」李賢注：「節謂志操。」案：此言赴節，實含捨命之意。文選顔延之秋胡詩：「高張生絶弦。」李善注：「以喻立節期於效命。」正用陸機之義。當年，壯年。吕氏春秋愛類「士有當年而不耕者」高誘注：「當其丁壯之年。」韋昭博弈論：「蓋聞君子耻當年而功不立，疾没世而名不稱。」

臣聞良宰謀朝，不必借威；貞臣衛主，修身則足。是以三晋之强，屈於齊堂之俎〔一〕；千乘之勢，弱於陽門之哭〔二〕。

【校】

貞臣：「臣」，陸本、影宋本作「士」。

陽門：「陽」，敦煌本文選作「揚」，文選五臣本、陳八郎本文選作「楊」。

【箋注】

〔一〕三晋二句：三晋，此即指晋。李善注：「史記曰：韓哀侯、魏武侯、趙敬侯共滅晋，參分其地。故曰三晋。陸氏從後通言爾，非謂平公之日已有三晋之名也。」晏子春秋内篇雜上：「晋平公欲伐齊，使范昭往觀焉。景公觴之，飲酒酣，范昭曰：『請君之棄樽。』公曰：『酌寡人之樽，進之于客。』范昭已飲，晏子曰：『徹樽，更之。』樽觶具矣，范昭佯醉，不説而起舞，謂太師曰：『能爲我調成周之樂乎？吾爲子舞之。』太師曰：『冥臣不習。』范昭趨而出。景公謂晏子曰：『晋，大國也。使人來，將觀吾政。今子怒大國之使者，將奈何？』晏子曰：

『夫范昭之爲人也，非陋而不知禮也，且欲試吾君臣。故絶之也。』景公謂太師曰：『子何以不爲客調成周之樂乎？』太師對曰：『夫成周之樂，天子之樂也。調之，必人主舞之。今范昭人臣，欲舞天子之樂，臣故不爲也。』范昭歸，以報平公，曰：『齊未可伐也。臣欲試其君，而晏子識之；臣欲犯其禮，而太師知之。』仲尼聞，曰：『夫不出于尊俎之間，而知千里之外，其晏子之謂也，可謂折衝矣。而太師其與焉。』」

〔二〕千乘二句：千乘，諸侯國有兵車千乘。論語公冶長：「千乘之國，可使治其賦也。」集解引孔安國：「諸侯千乘。」禮記檀弓下：「陽門之介夫死，司城子罕入而哭之哀。晉人之覘宋者反報於晉侯曰：『陽門之介夫死，而子罕哭之哀，而民說。殆不可伐也。』孔子聞之曰：『善哉，覘國乎！』」鄭玄注：「陽門，宋國門名。介夫，甲衛士。」

臣聞赴曲之音，洪細入韻；蹈節之容，俯仰依詠〔一〕。是以言苟適事，精粗可施；士苟適道，修短可命〔二〕。

【箋注】

〔一〕蹈節二句：節，節拍。參卷六擬東城一何高「長歌赴促節」注。尚書堯典：「歌永言，聲依永。」此謂舞蹈之容依歌詠之節。

〔二〕士苟二句：適，吕氏春秋適音「和心在於行適」高誘注：「中適也。」命，説文口部：「使也。」

臣聞因雲灑潤，則芬澤易流；乘風載響，則音徽自遠〔一〕。是以德教俟物而濟〔二〕，榮名緣時而顯。

【校】

芬澤：「芬」，敦煌本文選、藝文類聚卷五十七作「芳」。

【箋注】

〔一〕乘風二句：載，尚書皋陶謨「載采采」孔疏：「載者，運行之義，故爲行也。」音徽，猶美音，參卷六擬行行重行行「音徽日夜離」注。荀子勸學：「順風而呼，聲非加疾也，而聞者彰。……君子生非異也，善假於物也。」

〔二〕德教句：孟子離婁上：「沛然德教，溢乎四海。」濟，周易未濟李鼎祚集解引虞翻：「成也。」

臣聞覽影偶質，不能解獨〔一〕；指迹慕遠，無救於遲〔二〕。是以循虛器者，非應物之具；翫空言者，非致治之機〔三〕。

【校】

循虛：「循」，敦煌本文選作「脩」。

【箋注】

〔一〕覽影二句：偶，國語越語「乃必有偶」韋昭注：「對也。」質，廣雅釋言：「軀也。」二句謂覽見己之身影，以影與軀體相對，并不能紓解孤獨。曹植上責躬應詔詩表、李密陳情表均有「形影相吊」語，陸機用其意。

〔二〕指迹二句：張衡思玄賦：「愁鬱鬱以慕遠兮。」孟子萬章下趙岐章指：「好高慕遠，君子之道。」二句謂徒指前人遠行之遺迹而慕之，乃無益於己之滯後。

〔三〕循虛四句：循，慧琳一切經音義卷三十三「捫摸」注：「即摩也。」虛器，有名無實、無用之器物。左傳文公二年：「臧文仲……作虛器。」杜預注：「謂居蔡、山節、藻梲也。有其器而無其位，故曰虛。」案：蔡，國君占卜所用大龜；山節、藻梲，天子之廟飾。臧文仲雖有其器，無其實也。空言，謂空談而不實行。機，禮記大學「其機如此」鄭玄注：「發動所由也。」

臣聞鑽燧吐火，以續湯谷之晷；揮翮生風，而繼飛廉之功〔一〕。是以物有微而毗著，事有瑣而助洪〔二〕。

【校】

吐火：「吐」，敦煌本文選作「出」。

湯谷：「湯」，敦煌本文選、文選五臣本、影宋本作「暘」。

【箋注】

〔一〕鑽燧四句：論語陽貨：「鑽燧改火。」皇侃義疏：「鑽燧者，鑽木取火之名也。」韓非子五蠹：「有聖人作，鑽燧取火。」湯谷，日出地。見卷三嘆逝賦「望湯谷以企予」注。此指日。晷，日光。參卷五皇太子宴玄圃宣猷堂有令賦詩「天晷仰澄」注。翮，指羽扇。飛廉，楚辭離騷「後飛廉使奔屬」王逸注：「風伯也。」

〔二〕物有二句：毗，詩小雅節南山「天子是毗」鄭箋：「輔也。」著，廣雅釋詁：「明也。」洪，爾雅釋詁：「大也。」

臣聞春風朝煦，蕭艾蒙其温；秋霜宵墜，芝蕙被其凉〔一〕。是故威以齊物爲肅，德以普濟爲弘。

【校】

是故：「故」，文選五臣本、陳八郎本文選、陸本、影宋本作「以」。

【箋注】

〔一〕春風四句：煦，李善注引薛君韓詩章句：「暖也。」楚辭離騷：「今直爲此蕭艾也。」蕭、艾，草之賤者。芝、蕙，皆香草。

臣聞巧盡於器，習數則貫；道繫於神，人亡則滅〔一〕。是以輪匠肆目，不乏奚仲之妙；瞽史清耳，而無伶倫之察〔二〕。

【校】

則貫：「貫」，文選五臣本、陳八郎本文選作「慣」，「貫」、「慣」通；敦煌本文選作「興」。

瞽史：「史」，尤刻本文選作「叟」，胡刻本文選考異以爲尤氏誤改，黄侃文選平點云「叟」字是。

【箋注】

〔一〕巧盡四句：習，説文習部：「數飛也。」引申爲學習、温習之義。數，漢書賈山傳「賦斂重數」顔師古注：「屢也。」貫，通慣。周易繫辭上：「形而上者謂之道，形而下者謂之器。」

〔二〕輪匠四句：肆，左傳昭公十二年「昔穆王欲肆其心」杜預注：「極也。」肆目，猶縱目，謂盡其目力。李善注引世本：「奚仲作車。」又引尸子：「造車者，奚仲也。」左傳定公元年：「薛之皇祖奚仲，居薛，以爲夏車正。」杜預注：「奚仲爲夏禹掌車服大夫。」瞽，左傳襄公十四年「瞽爲詩」杜預注：「盲者。」國語周語：「吾非瞽史，焉知天道。」韋昭注：「瞽，樂太師，掌知音樂、風氣，執同律以聽軍聲，而詔吉凶。史，太史，掌抱天時，與太師同車。皆知天道者。」

案：國語瞽史，謂瞽與史也。韋注所云樂太師，即周禮大師，乃瞽者爲之，與大史同屬春官。周禮春官大師鄭玄注：「凡樂之歌，必使瞽矇爲焉。命其賢知者以爲大師、小師。」陸機所謂瞽史，實指瞽而言。班固答賓戲：「牙曠清耳於管弦，離婁眇目於毫分。」伶倫，黄帝臣。吕氏春秋古樂：「昔黄帝令伶倫作爲律。……又命伶倫與榮將鑄十二鐘，以和五音，以施英韶。」

臣聞性之所期，貴賤同量；理之所極，卑高一歸〔一〕。是以准月稟水，不能加涼；晞日引火，不必增輝〔二〕。

【校】

陸本、影宋本此首在「巧盡於器」首前。

【箋注】

〔一〕性之四句：期，廣雅釋言：「卒也。」王念孫疏證：「期之言極也。」期、極，皆言限度、分限。理，事理。禮記樂記「禮也者，理之不可易者也」鄭玄注：「理，猶事也。」四句謂凡同類之物，其性皆一；同類之事，其理不異。

〔二〕准月四句：准，同準。淮南子覽冥「群臣準上意而懷當」高誘注：「準，望。」謂擬向也。稟，國語晉語「將稟命焉」韋昭注：「受也。」晞，通睎。睎，説文目部：「望也。」周禮秋官司烜氏：「掌以夫遂取明火於日，以鑒取明水於月，以共祭祀之明齍、明燭，共明水。」鄭玄注：「夫遂，陽遂也。鑒，鏡屬，取水者，世謂之方諸。取日之火、月之水，欲得陰陽之絜氣也。」日月雖高貴，而取諸日月之水火并不加凉增輝，是所謂「同量」、「一歸」也。

臣聞絶節高唱，非凡耳所悲；肆義芳訊，非庸聽所善〔一〕。是以南荆有寡和之歌，東野有不釋之辯〔二〕。

【箋注】

〔一〕絶節四句：絶節，謂其聲非撫節者所能追隨。悲，以之爲悲。古以悲聲爲動人。肆，極，參上文「巧盡於器」首「輪匠肆目」注。説文長部：「肆，極陳也。」段玉裁注：「極陳者，窮極而列之也。傳注有但言陳者，……經傳有專取極意者，凡言縱恣者皆是也。釋言曰：『肆，力也。』毛傳大明、皇矣傳曰：『肆，疾也。』皆極陳之義之引申也。」義，通議。文選顔延年皇太子釋奠會作詩：「肆議芳訊，大教克明。」肆義，極陳之言議，極言無諱飾之論。訊，爾雅釋言：「言也。」庸，爾雅釋詁：「常也。」

〔二〕南荆二句：荆，春秋莊公十年「荆敗蔡師于莘」杜預注：「楚本號。」孔疏：「荆、楚，一木二名，故以爲國號，亦得二名。」李善注引宋玉集：「楚襄王問於宋玉曰：『先生有遺行與？』

宋玉對曰：『唯，然，有之。客有歌於郢中者，其始曰下里巴人，國中屬而和者數千人；既而陽春白雪，含商吐角，絶節赴曲，國中唱而和之者彌寡。』」又引吕氏春秋：「孔子行於東野，馬逸，食野人稼。野人留其馬，子貢説而請之，野人終不聽。於是鄙人馬圉乃復往説曰：『子耕東海至於西海，吾馬何得不食子苗？』野人大悦，解馬還之。」案：事見宋玉對楚王問、吕氏春秋必己，李注述其大意耳。

臣聞尋烟染芬，薰息猶芳；徽音録響，操終則絶〔一〕。何則？垂於世者可繼，止乎身者難結〔二〕。是以玄晏之風恒存，動神之化已滅〔三〕。

【校】

動神句：敦煌本文選「動」上有「而」字，「化」作「言」。

【箋注】

〔一〕尋烟四句：尋，左傳僖公五年「將尋師焉」杜預注：「用也。」染芬，謂薰染物使之芬芳。薰，急就章「芬薰脂粉膏澤筩」顔師古注：「燒取其烟以爲香也。」徽，説文壬部：「召也。」音，詩周南關雎序：「聲成文謂之音。」孔疏：「亦謂樂之音也。」徽音，謂召人奏樂。録，廣雅釋詁：「具也。」王念孫疏證：「記之具也。」謂記之而詳備。引申爲記録、采録之意。操，廣雅釋詁：「持也。」此謂奏樂。四句謂焚燒香草以其烟薰染物品，薰畢而香氣猶在；召人奏樂采録其聲響，奏畢則聲響便絶。

〔二〕垂於二句：世，説文卅部：「三十年爲一世。」戰國策秦策：「澤可以遺世。」高誘注：「世，後世也。」結，廣雅釋詁：「續也。」

〔三〕玄晏二句：文選皇甫謐三都賦序「玄晏先生」李善注：「玄，静也；晏，安也。」李善注引曹植魏德論：「玄晏之化，豐洽之政。」曹植鼙舞歌精微篇：「至心動神明。」

臣聞託暗藏形，不爲巧密；倚智隱情，不足自匿〔一〕。是以重光發藻，尋虚捕景；大人貞觀，探心昭忒〔二〕。

【校】

昭忒：「昭」，敦煌本文選作「照」。「昭」、「照」通。

【箋注】

〔一〕託暗四句：李善注引鄧析子：「藏形匿影。」鬼谷子揣篇：「其有欲也，不能隱其情。……其有惡也，不能隱其情。」

〔二〕重光四句：李善注：「重光，日也。尚書五行傳曰：『明王踐位，則日儷其精，重光以見吉祥。』」案：重光之解不一，亦可兼指日月。參卷五皇太子宴玄圃宣猷堂有令賦詩「體輝重光」注。發藻，參卷六塘上行「發藻玉臺下」注。日月麗於天，文采爛然，故曰發藻。虛、景，喻極難把捉者。劉楨魯都賦：「尋虛騁迹。」淮南子説林：「捕景之説，不形於心。」漢書郊祀志：「如係風捕景，終不可得。」貞，廣雅釋詁：「正也。」周易繫辭下：「天地之道，貞觀者也。」此云貞觀，謂以正道觀視。劉孝標注：「聖人正見。」參卷四漏刻賦「貞觀者借其明」注。李善注引仲長統昌言：「探心測意，世加甚焉。」忒，詩曹風鳲鳩「其儀不忒」毛傳：「疑也。」

臣聞披雲看霄則天文清，澄風觀水則川流平〔一〕。是以四族放而唐劭，二臣誅而楚寧〔二〕。

【箋注】

〔一〕澄：説文水部：「澂，清也。」段玉裁注：「澂之言持也。持之而後清。……澂、澄，古今字。」故澄有止、定義。淮南子説山「鑒於澄水」高誘注：「澄，止水也。」

〔二〕四族二句：四族，猶四姓，此謂四族之不才子。左傳文公十八年：「昔帝鴻氏有不才子……天下之民謂之渾敦。少皥氏有不才子……天下之民謂之窮奇。顓頊氏有不才子……天下之民謂之檮杌。縉雲氏有不才子……天下之民以比三凶，謂之饕餮。舜臣堯……流四凶族渾敦、窮奇、檮杌、饕餮，投諸四裔，以禦螭魅。是以堯崩而天下如一。」流四族事，又見於尚書堯典：「流共工于幽州，放驩兜于崇山，竄三苗于三危，殛鯀于羽山。四罪而天下咸服。」（僞古文在舜典）據堯典孔疏引鄭玄説、左傳杜預注，共工即窮奇，驩兜即渾敦，三苗即饕餮，鯀即檮杌。放，流放。漢書鮑宣傳宣上書：「昔堯放四罪而天下服。」四凶皆流放，非誅死。唐，謂堯。時舜代堯攝政。劭，小爾雅廣詁：「美也。」二臣，謂楚臣費無極、鄢將師。楚平王時費無極屢進讒言，作惡甚多。鄢將師與之相勾結。後皆被殺。左傳昭公二十七年：「殺費無極與鄢將師，盡滅其族，以説于國。」

臣聞音以比耳爲美，色以悦目爲歡〔一〕。是以衆聽所傾，非假百里之操；萬夫婉孌，非俟西子之顔〔二〕。故聖人隨世以擢佐，明主因時而命官。

【校】

百里：「百」，敦煌本文選、文選五臣本、陳八郎本文選、陸本、影宋本作「北」。胡刻本文選考異云：「『百里』不可通，此必有誤。疑『里』當作『牙』。劉（孝標）及善無注，以『百牙』自不煩注耳。」案：考異意謂「百牙」即伯牙，善鼓琴者。

【箋注】

〔一〕音以二句：揚雄解難：「美味期乎合口，工聲調於比耳。」顔師古注：「比，和也。」李善注引張衡舞賦：「既娱心以悦目。」

〔二〕衆聽四句：百里，當從諸本作北里。史記殷本紀：「使師涓作新淫聲，北里之舞，靡靡之樂。」邊讓章華賦：「繁手超於北里。」曹植七啓：「揚北里之流聲。」操，張銑注：「曲也。」婉變，眷戀貌。參卷五於承明作與士龍「婉變居人思」注。孟子離婁下：「西子蒙不潔，則人皆掩鼻而過之。」趙岐注：「西子，古之好女西施也。」陸賈新語術事：「美女非獨西施。」

臣聞出乎身者〔一〕，非假物所隆；牽乎時者，非克己所勖〔二〕。是以利盡萬物，不能睿童昏之心；德表生民，不能救棲遑之辱〔三〕。

【校】

生民：文選五臣本、陳八郎本文選作「民倫」。

【箋注】

〔一〕出乎身：謂出於本性。

〔二〕非克句：論語顔淵：「克己復禮爲仁。」集解引馬融：「克己，約身。」勖，爾雅釋詁：「勉也。」

〔三〕利盡四句：睿，吕氏春秋審時「心意睿智」高誘注：「明也。」國語吴語：「僮昏不可使謀。」

韋昭注：「僮，無知；昏，暗亂也。」童、僮通。表，楚辭九歌山鬼「表獨立兮山之上」王逸注：「特也。」棲遑，不安居之意。劉孝標、李善注皆以爲此指堯舜不能化其子及孔子不能救當世而言。劉孝標注：「下愚由性，非假物所移；弊俗係時，非克己能正。是以放勛化被四表，不革丹朱之心；仲尼德冠生人，不救棲遑之辱。」李善注：「漢劉向上疏曰：『雖有堯舜之聖，不能化丹朱。』」又引班固答賓戲：「聖哲之治，棲棲遑遑。孔席不暖，墨突不黔。」

臣聞動循定檢，天有可察；應無常節，身或難照〔一〕。是以望景揆日，盈數可期；撫臆論心，有時而謬〔二〕。

【校】

難照：「照」，文選五臣本、陳八郎本文選作「昭」，「昭」、「照」通。

【箋注】

〔一〕動循四句：檢，李善注引蒼頡篇：「法度也。」節，禮記樂記「好惡無節於内」鄭玄注：「法度也。」身，指人。人之身甚近而易見，故取以對天。荀子勸學「謹順其身」王先謙集解引郝懿行補注：「身猶人也。此謂君子言與不言，皆順其人之可與不可，所謂『時然後言，人不厭其言』也。」其「身」即泛指人，非如爾雅釋詁「身，我也」之指自身也。天之運動猶有常度，故可察知；人之反應乃多變無常，故難以照察。

〔二〕望景四句：揆，廣雅釋詁：「度也。」望景揆日，謂立圭表以測日影，乃揆度日之運行。盈，謂日影漸長，至冬至則最長。周禮春官馮相氏「冬夏致日」賈公彦疏：「晷進爲盈，晷退爲縮。」盈數可期，謂可由日影長短之數測知日之運行軌迹，即本集漏刻賦「尺表仰而日月與之期」之意。撫臆論心，謂憑胸臆而論人心。荀子非相：「相形不如論心。」

臣聞傾耳求音，眡優聽苦〔一〕；澄心徇物〔二〕，形逸神勞。是以天殊其數，雖同方不能分其戚〔三〕；理塞其通，則并質不能共其休〔四〕。

【箋注】

〔一〕眡：説文見部：「亦古文視。」優：論語憲問「孟公綽爲趙魏老則優」皇侃義疏：「猶寬閑也。」

〔二〕澄：定也，見本卷「披雲看霄」首「澄風觀水則川流平」注。徇：漢書賈誼傳「列士徇名」顔師古注引臣瓚：「以身從物曰徇。」莊子讓王：「今世俗之君子，多危身棄生以殉物。」殉、徇通。

〔三〕天殊二句：數，吕氏春秋壅塞「其寡不勝衆，數也」高誘注：「道數也。」案：數也者，猶言本然、固然。天殊其數，言物情天然不同。大戴禮文王官人：「合志如同方，共其憂而任其難。」戚，廣雅釋詁：「憂也。」

〔四〕理塞二句：莊子天下：「譬如耳目鼻口，皆有所明，不能相通。」質，周易繫辭下「以爲質也」韓康伯注：「體也。」休，廣雅釋詁：「喜也。」

臣聞遁世之士，非受匏瓜之性；幽居之女，非無懷春之情〔一〕。是以名勝欲，故偶影之操矜〔二〕；窮愈達，故凌霄之節厲〔三〕。

【箋注】

〔一〕遁世四句：周易乾文言：「不成乎名，遁世无悶。」論語陽貨：「吾豈匏瓜也哉，焉能繫而不食。」何晏注：「言瓠瓜得繫一處者，不食故也；吾自食物，當東西南北，不得如不食之物，繫滯一處。」禮記儒行：「幽居而不淫。」漢書蒯通傳：「婦人……有幽居守寡不出門者。」詩召南野有死麕：「有女懷春。」

〔二〕偶影：與影爲偶，言孤獨。矜：楚辭劉向九嘆憂苦「折鋭摧矜」王逸注：「嚴也。」

〔三〕窮愈二句：愈，論語公冶長「女與回也孰愈」何晏集解引孔安國：「猶勝也。」劉良注：「名則傳之不朽，窮則身處萬全，故謂之勝。」厲，廣雅釋詁：「高也。」

臣聞聽極於音，不慕鈞天之樂〔一〕；身足於蔭，無假垂天之雲〔二〕。是以蒲密之黎，遺時雍之世〔三〕；豐沛之士，忘桓撥之君〔四〕。

【校】

無假：「無」，陸本作「不」。

【箋注】

〔一〕聽極二句：極，禮記表記「祭極敬」鄭玄注：「猶盡也。」史記趙世家：「趙簡子疾五日，不知人。……扁鵲曰：『……昔秦繆公嘗如此，七日而寤。寤之日……曰：「我之帝所甚樂。……」今主君之疾與之同。不出三日，疾必間，間必有言也。』居二日半，簡子寤，語大夫曰：『我之帝所甚樂，與百神游於鈞天，廣樂九奏萬舞，不類三代之樂，其聲動人心。』」張衡西京賦：「昔者大帝説秦繆公而覲之，饗以鈞天廣樂。」呂氏春秋有始：「中央曰鈞天。」二句謂聽若盡美於音聲，乃不慕天神之樂。

〔二〕無假句：莊子逍遥游：「鵬之背，不知其幾千里也。怒而飛，其翼若垂天之雲。」

〔三〕蒲密二句：蒲，春秋衛邑，今河南長垣。密，漢縣，今河南密縣東南。李善注引孔子家語：「子路爲蒲宰，夫子入其境而嘆。子貢執轡而問曰：『夫子未見由而三稱善，何也？』曰：『吾入其境，田疇甚易，草萊甚辟，此恭敬以信，故其人盡力也。入其邑，墉屋甚嚴，樹木甚茂，此忠信以寬，故其民不偷也。至其庭，甚閑，此明察以斷，其民不擾也。』」案：見辨政篇。其事又載韓詩外傳卷六。水經濟水「其一水東南流，其一水從縣東北流，入巨野澤」注：「濮渠又東，徑蒲城北，故衛之蒲邑，孔子將之衛，路出于蒲者也。」後漢書卓茂傳：「遷密令。勞心諄諄，視人如子，舉善而教，口無惡言，吏人親愛而不忍欺之。……數年，教化大行，道不拾遺。平帝時天下大蝗，河南二十餘縣皆被其災，獨不入密縣界。」李善注：「或以密爲密子賤。但子賤爲政，雖則有聞，以邑對姓，恐文非體也。」黎，爾雅釋詁：「衆也。」遺，淮南子繆稱「枝體相遺」許慎注：「忘也。」尚書堯典：「黎民於變時雍。」漢書成帝紀陽朔二年詔引作「於蕃時雍」，應劭曰：「時，是也；雍，和也。……用是太和也。」時雍之世，謂上古聖人之世。

〔四〕豐沛二句：張銑注：「豐沛，謂漢高祖也。」劉邦沛郡豐邑人。詩商頌長發：「玄王桓撥。」毛傳：「玄王，契也。桓，大；撥，治。」張銑注：「漢朝之士，不思殷德也。」

臣聞飛轡西頓，則離朱與矇瞍收察；懸景東秀，則夜光與武夫匿耀〔一〕。是以才換世則俱困，功偶時而并劭。

【校】

東秀：「秀」，敦煌本文選作「隤」。

武夫：敦煌本文選作「磩砆」，文選五臣本、陸本、影宋本作「珷玞」。字并通。

【箋注】

〔一〕飛轡四句：李善注：「飛轡、懸景，皆謂日也。日有御，故云轡也。」頓，文選陸機於承明作與士龍「北邁頓承明」李善注：「止舍也。」離朱，古之明目者。莊子駢拇「駢於明者……離朱是已。」釋文引司馬彪曰：「黄帝時人，百步見秋豪之末，一云見千里針鋒。孟子作離婁。」孟子離婁上趙岐注：「離婁者，古之明目者。蓋以爲黄帝之時人也。黄帝亡其玄珠，使離朱索之。離朱即離婁也。」詩大雅靈臺「矇瞍奏公。」毛傳：「有眸子而無見曰矇，無眸子曰瞍。」曹植朔風詩：「懸景運周。」秀，廣雅釋詁：「出也。」班固西都賦：「夜光在焉。」李善注：「西京賦曰流懸黎之夜光，吴都賦曰隨侯於是鄙其夜光，鄒陽云夜光之璧，劉琨曰夜光之珠，尹文子曰田父得寶玉，徑尺，置於廡上，其夜明照一室。然則夜光爲通稱，不繫之於珠、璧也。」戰國策魏策：「白骨疑象，武夫類玉。」

臣聞示應於近，遠有可察；託驗於顯，微或可包。是以寸管下傃，天地不能以氣欺〔一〕；尺表逆立，日月不能以形逃〔二〕。

【校】

示應於近，遠有可察：陳八郎本文選「近」、「遠」二字互倒。

【箋注】

〔一〕寸管二句：傃，禮記中庸「素隱行怪」鄭玄注：「素讀如……傃。傃，猶鄉也。」此言以律管候氣，承「託驗於顯」二句。參卷四漏刻賦「寸管俯而陰陽效其誠」注。

〔二〕尺表二句：逆，周禮天官宰夫「萬民之逆」鄭玄注：「自下而上曰逆。」賈疏：「逆者，向上之言。」此言以圭表測影，承「示應於近」二句。參卷四漏刻賦「尺表仰而日月與之期」注。

臣聞弦有常音，故曲終則改〔一〕；鏡無畜影，故觸形則照〔二〕。是以虛己應物，必究千變之容〔三〕；挾情適事，不觀萬殊之妙〔四〕。

【箋注】

〔一〕弦有二句：琴瑟之弦，張設既定，則其音之高低亦定，故曲終別奏，若調式不同，則須移柱調弦。文子上義：「聖人所由曰道，猶金石也，一調不可更；……事猶琴瑟也，每終改調。」

〔二〕鏡無二句：鏡之照物，物去則虛，不留蓄其影，故能屢照而不殆。劉孝標注：「明鏡無心，物來斯照，聖人玄同，感至皆應。」李善注引淮南子：「鏡不設形，故能形也。」又引高誘注：「鏡不豫設人形貌，清明以待人形，形見則見之。」（今本淮南子詮言「設」訛作「没」，又佚高注。）案：劉、李注雖是，猶未甚明瞭。陸機云「鏡無畜影」，喻不滯於以往之經驗、無成見也。文子精誠：「聖人若鏡，不將不迎，應而不藏。」（淮南子覽冥同。）莊子應帝王：「至人之用心若鏡，不將不迎，應而不藏，故能勝物而不傷。」郭象注：「鑒物而無情。來即應，去即止。物來乃鑒，鑒不以心，故雖天下之廣而無勞神之累。」無畜影，即不藏也。二句寓荀子解蔽「不以所已臧害所將受，謂之虛」之意。

〔三〕虛己二句：韓詩外傳卷二：「君子盛德而卑，虛己以受人；旁行不流，應物而不窮。」賈誼鵩鳥賦：「千變萬化兮，未始有極。」

〔四〕挾情二句：適，爾雅釋詁：「往也。」適事，往從於事。淮南子本經：「斟酌萬殊。」

臣聞柷敔希聲，以諧金石之和〔一〕；鼙鼓疏擊，以節繁弦之契〔二〕。是以經治必宣其通，圖物恒審其會〔三〕。

【校】

柷敔：「柷」，原作「祝」，據四部叢刊本文選、北宋本文選、尤刻本文選、陳八郎本文選、敦煌本文選、陸本、影宋本改。

必宣：「宣」，陸本作「先」。

【箋注】

〔一〕柷敔二句：尚書皋陶謨「戛擊」（僞古文在益稷）孔疏：「柷敔之狀，經典無文，漢初已來學者相傳，皆云柷如漆桶，中有椎柄，動而擊其旁也。敔狀如伏虎，背上有刻，戛之以爲聲也。樂之初，擊柷以作之；樂之將末，戛敔以止之。……郭璞云：『柷如漆桶，方二尺四寸，深一尺八寸，中有椎，柄連氏，挏之令左右擊。……敔如伏虎，背上有二十七鉏鋙刻，以木長一尺櫟之。……』漢禮器制度及白虎通、馬融、鄭玄、李巡其説皆爲然也。惟郭璞爲詳，據見作樂器而言之。」廣雅釋樂云柷方二尺五寸，蓋各據所見言之。老子四十一章：「大音希聲。」金石，鐘磬。二句謂雅樂。

〔二〕鼙鼓二句：鼙，儀禮大射儀「應鼙在其東」鄭玄注：「小鼓也。」疏，楚辭九歌東皇太一「疏緩節兮安歌」王逸注：「希也。」契，文選盧諶贈劉琨「如樂之契」吕向注：「合也。」謂契合、諧合。二句謂俗樂。

〔三〕經治二句：經，淮南子原道「有經天下之氣」高誘注：「理也。」宣，左傳僖公二十七年「未宣其用」杜預注：「明也。」圖，廣雅釋詁：「謀也。」物，詩大雅烝民「有物有則」毛傳：「事。」通、會，皆指關鍵而言。

臣聞目無嘗音之察〔一〕，耳無照景之神。故在乎我者，不誅之於己；存乎物者，不求備於人〔二〕。

【箋注】

〔一〕嘗：廣雅釋詁：「食也。」引申爲聽聞意。

〔二〕故在四句：誅，左傳襄公三十一年「誅求無時」杜預注：「責也。」物，即指下句「人」言，謂他人也。論語微子：「無求備於一人。」案：謂既不求備於己，自亦不應求備於人。語氣重在下二句。

臣聞放身而居，體逸則安；肆口而食，屬厭則充〔一〕。是以王鮪登俎，不假吞波之魚〔二〕；蘭膏停室，不思銜燭之龍〔三〕。

【箋注】

〔一〕肆口二句：肆，左傳襄公十四年「使一人肆於民上」杜預注：「放也。」昭公二十八年：「願以小人之腹爲君子之心，屬厭而已。」杜預注：「屬，足也。言小人之腹飽，猶知厭足，君子之心亦宜然。」説文甘部：「猒，飽也，足也。」段玉裁注：「猒、厭，古今字。」充，周禮天官大府「以充府庫」鄭玄注：「猶足。」

〔二〕王鮪二句：鮪，魚名。王鮪，鮪之大者。參卷六擬行行重行行「王鮪懷河岫」注。俎，玄應一切經音義卷五「俎几」注：「亦四脚小案也。」李善注引劉劭趙都賦：「巨鰲冠山，陵魚吞舟。吸潦吐波，氣成雲霧。」孫志祖文選考異卷四：「吞波即吐波之意耳。」

〔三〕蘭膏二句：楚辭招魂：「蘭膏明燭。」王逸注：「蘭膏，以蘭香煉膏也。」停，釋名釋言語：「定也，定於所在也。」引申爲置放意。楚辭天問：「日安不到？燭龍何照？」王逸注：「言天之西北有幽冥無日之國，有龍銜燭而照之也。」

臣聞衝波安流，則龍舟不能以漂；震風洞發，則夏屋有時而傾〔一〕。何則？牽乎動則静凝，係乎静則動貞〔二〕。是以淫風大行，貞女蒙冶容之悔；淳化殷流，盗跖挾曾史之情〔三〕。

【校】

之悔：「悔」，陸本、影宋本作「誨」。李善注：「『悔』當爲『誨』。」

【箋注】

〔一〕衝波四句：楚辭九歌湘君：「使江水兮安流。」龍舟，大舟以龍爲飾。參卷七棹歌行「龍舟浮鷁首」注。漂，李善注引廣雅：「激也。」激，漢書王莽傳「敢爲激發之行」顔師古注：「急動也。」法言吾子：「震風陵雨，然後知夏屋之爲帡幪也。」洞，説文水部：「疾流也。」引申爲疾意。夏屋，大屋。詩秦風權輿：「夏屋渠渠。」毛傳：「夏，大也。」

〔二〕牽乎二句：凝，楚辭劉向九嘆憂苦「凝泛濫兮」王逸注：「止也。」貞，釋名釋言語：「定也。」上句承夏屋，下句承龍舟。静凝，静態終止；動貞，動態變爲静定。上句僅言某種狀態之停止，下句則言狀態之變化結果，故李善注下句云：「此文勢與上句稍殊，不可以文而害意也。」

〔三〕淫風四句：悔，當作誨。周易繫辭上：「冶容誨淫。」盜跖，古大盜。莊子盜跖：「柳下季之弟名曰盜跖，盜跖從卒九千人，横行天下，侵暴諸侯，穴室樞户，驅人牛馬，取人婦女，貪得忘親，不顧父母兄弟，不祭先祖。所過之邑，大國守城，小國入保。萬民苦之。」史記伯夷傳張守節正義：「按：跖者，黄帝時大盜之名。以柳下惠弟爲天下大盜，故世放古，號之盜跖。」曾，曾參，孔子弟子。史記仲尼弟子傳：「孔子以爲能通孝道，故授之業，作孝經。」史，史魚，春秋衛大夫史鰌，孔子稱其君子，見論語衛靈公。莊子在宥：「於是乎天下始喬詰卓鷙，而後有盜跖、曾、史之行。」孔融薦謝該書：「體曾、史之淑性。」

臣聞達之所服〔一〕，貴有或遺；窮之所接，賤而必尋。是以江漢之君，悲其墜屨；少原之婦，哭其亡簪〔二〕。

【箋注】

〔一〕服：説文舟部：「用也。」

〔二〕江漢四句：江漢之君，指楚王。漢書地理志：「楚有江漢川澤山林之饒。」張華博物志卷一：「楚……有江漢之流。」賈誼新書諭誠：「昔楚昭王與吳人戰，楚軍敗。昭王走，屨決背而行失之。行三十步，復旋取屨。及至於隋，左右問曰：『王何曾惜一踦屨乎？』昭王曰：『楚國雖貧，豈愛一踦屨哉！思與偕反也。』自是之後，楚國之俗無相棄者。」韓詩外傳卷九：「孔子出游少源之野，有婦人中澤而哭，其音甚哀。孔子使弟子問焉。曰：『夫人何哭之哀？』婦人曰：『鄉者刈著薪，亡吾著簪，吾是以哀也。』弟子曰：『刈著薪而亡著簪，有何悲焉？』婦人曰：『非傷亡簪也，蓋不忘故也。』」少源即少原，李善注引作少原。廣雅釋地有少原澤，王念孫疏證曰未詳所在。

臣聞觸非其類，雖疾弗應；感以其方〔一〕，雖微則順。是以商飆漂山〔二〕，不興盈尺之雲；谷風乘條，必降彌天之潤〔三〕。故暗於治者，唱繁而和寡；審乎物者〔四〕，力約而功峻。

【校】

弗應：「弗」，文選五臣本、陳八郎本文選、陸本、影宋本作「不」。

治者：「治」，藝文類聚卷五十七作「理」，蓋避唐高宗諱改。

【箋注】

〔一〕方：廣雅釋詁：「類也。」

〔二〕商飆句：商飆，秋日暴風。秋屬商。參卷五園葵「歲暮商猋飛」注。漂，激也，動也。見「衝波安流」首「龍舟不能以漂」注。

〔三〕谷風二句：詩邶風谷風：「習習谷風，以陰以雨。」毛傳：「東風謂之谷風」乘，説文桀部：「覆也。」段玉裁注：「加其上曰乘。」條，廣雅釋言：「枝也。」李善注引洪範五行傳：「雲起於山而彌於天。」周易繫辭上：「潤之以風雨。」

〔四〕物：事。見「祝敔希聲」首「圖物恒審其會」注。

臣聞烟出於火，非火之和；情生於性，非性之適〔一〕。故火壯則烟微，性充則情約。是以殷墟有感物之悲，周京無佇立之迹〔二〕。

【校】

生於：「生」，原作「主」，據四部叢刊本文選、北宋本文選、尤刻本文選、陳八郎本文選、陸本、影宋本、韻補卷五「適」字注改。敦煌本文選作「出於」。

【箋注】

〔一〕情生二句：董仲舒賢良對策：「性者生之質也，情者人之欲也。」春秋繁露深察名號：「性情相與爲一瞑，情亦性也。」禮記樂記：「人生而靜，天之性也；感於物而動，性之欲也。」嵇康答難養生論：「夫嗜欲雖出於人，而非道之正。猶木之有蝎，雖木之所生，而非木之宜也。」

〔二〕殷墟二句：史記宋微子世家：「其後箕子朝周，過故殷虚，感宮室毀壞，生禾黍。箕子傷之……乃作麥秀之詩以歌詠之。其詩曰：『麥秀漸漸兮，禾黍油油。彼狡僮兮，不與我好兮。』所謂狡童者，紂也。殷民聞之，皆爲流涕。」詩王風黍離序：「黍離，閔宗周也。周大夫行役至于宗周，過故宗廟，宮室盡爲禾黍，閔周室之顛覆，彷徨不忍去，而作是詩也。」鄭箋：「宗周，鎬京也。……幽王之亂而宗周滅，平王東遷，政遂微弱，下列於諸侯。」李善注：「故性充則國興，情侈則國亂。二王皆棄性而縱欲，所以滅亡也。或者以詩序云『彷徨不忍去』而疑『佇立之迹』，然序又云『盡爲禾黍』，豈得佇立哉？」李善之意，謂宮室盡毀爲農田，故行役者不得久立也。黃侃文選平點：「此當以『踧踧周道，鞫爲茂草』説之。」謂陸機用小雅小弁句意。

臣聞適物之技，俯仰異用；應事之器，通塞異任。是以烏棲雲而繳飛，魚藏淵而網沈。賁鼓密而含響，朗笛疏而吐音〔一〕。

【校】

異用：「異」，敦煌本文選作「殊」。

綱沈：「綱」，陳八郎本文選作「綱」。

【箋注】

〔一〕是以四句：詩大雅靈臺：「賁鼓維鏞。」毛傳：「賁，大鼓也。」密，禮記樂記「陰而不密」鄭玄注：「密之言閉也。」疏，説文云部：「通也。」案：繳飛、綱沉，承上文俯仰；賁鼓、朗笛，承上文通塞。

臣聞理之所守，勢所常奪；道之所閉，權所必開〔一〕。是以生重於利，故據圖無揮劍之痛；義貴於身，故臨川有投迹之哀〔二〕。

【校】

貴於：「貴」，文選五臣本、陳八郎本文選、陸本、影宋本作「重」。

【箋注】

〔一〕理之四句：依道理當堅持者，每爲權勢所奪而屈從；依道理不可行者，每爲權勢誘迫而行之。謂道理每不敵於權勢。

〔二〕生重四句：文子上義：「左手據天下之圖，而右手刎其喉，雖愚者不爲，身貴於天下也。死君親之難者，視死如歸，義重於身故也。天下，大利也，比之身即小；身，所重也，比之仁義即輕。此以仁義爲準繩者也。」李善注：「臨川自投，謂北人無擇也。」莊子讓王：「舜以天下讓其友北人無擇。北人無擇曰：『異哉，后之爲人也！居於畎畝之中，而游堯之門。不若是而已，又欲以其辱行漫我。吾羞見之。』因自投清泠之淵。」郭象注：「孔子曰：『士志於仁者，有殺身以成仁，無求生以害仁。』夫志尚清遐，高風邈世，與夫貪利没命者，故有天地之降也。」案：因存身而不得不棄利，爲守義而不得不棄身，皆不敵於權勢之驗。

臣聞圖形於影〔一〕，未盡纖麗之容；察火於灰，不睹洪赫之烈。是以問道存乎其人，觀物必造其質〔二〕。

【箋注】

〔一〕圖形句：劉良注：「圖，畫也。」案：吕氏春秋似順「君其圖之」高誘注：「圖，議之也。」又戰國策秦策「而天下可圖也」高誘注：「圖，取。」此句解爲就虚影而論議、求取其實形，亦自可通。

〔二〕問道二句：法言問神：「或問經之艱易。……曰：『其人存則易，亡則艱。』」造，周禮地官司門「凡四方之賓客造焉」鄭玄注：「猶至也。」質，禮記樂記「禮之質也」鄭玄注：「猶本也。」

臣聞通於變者，用約而利博；明其要者，器淺而應玄〔一〕。是以天地之賾，該於六位；萬殊之曲，窮於五弦〔二〕。

【校】

通於變者：四部叢刊本文選、尤刻本文選此首在「圖形於影」首前。

【箋注】

〔一〕玄：荀悅申鑒雜言：「幽深謂之玄。」

〔二〕天地四句：賾，小爾雅廣詁：「深也。」該，小爾雅廣言：「備也。」六位，六爻。周易乾象：「大明終始，六位時成。」繫辭上：「極天下之賾者存乎卦。」卦有六爻也。五弦，指琴。弦各一音。廣雅釋樂：「神農氏琴長三尺六寸六分，上有五弦，曰宮、商、角、徵、羽。」文子道原：「音之數不過五，五音之變，不可勝聽也。」

臣聞情見於物，雖遠猶疏；神藏於形，雖近則密〔一〕。是以儀天步晷而修短可量，臨淵揆水而淺深難察〔二〕。

【校】

而修短：敦煌本文選無「而」字。

而淺：「而」，四部叢刊本文選作「則」。

【箋注】

〔一〕情見四句：情，禮記大學「無情者不得盡其辭」鄭玄注：「猶實也。」疏，通；密，閉。參「適物之技」首「賁鼓密而含響，朗笛疏而吐音」注。

〔二〕儀天二句：儀，漢書外戚傳「皆心儀霍將軍女」顔師古注引晋灼：「向也。」步，尚書大傳洪範五行傳「帝令大禹步於上帝」鄭玄注：「推也。」晷，説文日部：「日景也。」謂向天樹表可據日影推知晝夜之長短、日月之行。參卷四漏刻賦「尺表仰而日月與之期」注。揆，詩鄘風定之方中「揆之以日」毛傳：「度也。」李善注引慎子：「離朱之明，察毫末於百步之外，下於水尺而不能見淺深。非目不明也，其勢難睹也。」

臣聞虐暑熏天，不減堅冰之寒；涸陰凝地，無累陵火之熱〔一〕。是以吞縱之强，不能反蹈海之志；漂鹵之威，不能降西山之節〔二〕。

【校】

漂鹵，「鹵」，文選五臣本、四部叢刊本文選、影宋本作「櫓」。「鹵」、「櫓」通。

【箋注】

〔一〕虐暑四句：劉孝標注：「言勢有極也。虐暑涸陰之隆，不能易火冰之性。」涸，漢書郊祀志

「秋涸凍」顏師古注：「讀與冱同。冱，凝也。」絫，古累字。陵，法言吾子「震風陵雨」李軌注：「暴。」李善注引淮南子：「夫寒之與暖相反。寒，地坼水凝，火弗爲衰，其勢暴也。」案：見淮南子詮言，今本字句略異。

〔二〕吞縱四句：吞縱，李善注：「謂秦也。六國爲縱而秦滅之，故曰吞縱。過秦曰：『秦有并吞八荒之心。』」史記魯仲連傳魯仲連曰：「彼秦者，棄禮義而上首功之國也。權使其士，虜使其民。彼即肆然而爲帝，過而爲政於天下，則連有蹈東海而死耳，吾不忍爲之民也。」鹵，通樐、櫓。廣雅釋器：「樐，盾也。」戰國策中山策：「大破二國之軍，流血漂鹵。」賈誼過秦論：「追亡逐北，伏尸百萬，流血漂櫓。」漂鹵，言殺傷之衆也。此指武王伐紂言。尚書武成（亡佚於東漢初）言伐紂之役血乃流杵，見孟子盡心下，趙岐注釋杵爲舂杵，黃生義府謂杵乃樐之古字。史記伯夷傳載，伯夷、叔齊，乃孤竹君子。武王伐紂，二人扣馬而諫。「武王已平殷亂，天下宗周，而伯夷、叔齊耻之，義不食周粟，隱於首陽山，采薇而食之。及餓且死，作歌，其辭曰：『登彼西山兮，采其薇矣。以暴易暴兮，不知其非矣。』……遂餓死於首陽山。」西山，即首陽山，參卷六擬東城一何高「西山何其峻」注。

臣聞理之所開，力所常達；數之所塞，威有必窮〔一〕。是以烈火流金，不能焚景；沈寒凝海，不能結風〔二〕。

【箋注】

〔一〕理之四句：數，王念孫讀書雜志卷八之三荀子「無宜而有用爲人數也」條：「數也云者，猶言道固然也。」四句謂合乎必然之道理者，則力行可至；否則雖威力亦必窮而不能通。

〔二〕烈火四句：劉孝標注：「金爲火所流，海爲寒所凝，此是理開而常達也；然則能流金而不能焚景，能凝海而不能結風，此理閉而所窮也。」

臣聞足於性者，天損不能入；貞於期者，時絫不能淫〔一〕。是以迅風陵雨，不謬晨禽之察；勁陰殺節，不凋寒木之心〔二〕。奎章閣藏文選卷五十五之李善本

【校】

敦煌本文選此首在「適物之技」首後。

【箋注】

〔一〕足於四句：嵇康答難養生論：「性足於和。」莊子齊物論郭象注：「苟各足於其性，則秋毫不獨小其小，而太山不獨大其大矣。」莊子山木：「無受天損易，無受人益難。」貞，周易乾文言「貞固足以幹事」李鼎祚集解引何妥：「信也。」絫，古累字，牽累、妨礙之意。孟子滕文公下：「富貴不能淫。」趙岐注：「淫，亂其心也。」

〔二〕迅風四句：陵，暴。見「虐暑熏天」首「無絫陵火之熱」注。詩鄭風風雨：「風雨凄凄，鷄鳴喈喈。」毛傳：「興也。風且雨凄凄然，鷄猶守時而鳴喈喈然。」鄭箋：「喻君子雖居亂世，不變改其節度。」殺節，殺氣盛時。吕氏春秋：「仲秋之月……殺氣浸盛，陽氣日衰。」高誘注：「殺氣，陰氣。」寒木，謂松柏。

【集評】

劉勰文心雕龍雜文：自（揚雄）連珠以下，擬者間出。杜篤、賈逵之曹，劉珍、潘勖之輩，欲穿明珠，多貫魚目。可謂壽陵匍匐，非復邯鄲之步，里醜捧心，不關西施之矉矣。惟士衡運思，理新文敏，而裁章置句，廣於舊篇，豈慕朱仲四寸之璫乎。

楊齊賢曰：（李白送韓準裴政孔巢父還山：「獵客張兔罝，不能挂龍虎。所以青雲人，高歌在巖户。」）陸機演連珠曰：「頓網探淵，不能招龍；振綱羅雲，不必招鳳。是以巢箕之叟，不眄丘園之幣；洗耳之民，不發傅巖之夢。」此詩首四句意出於此。

孫鑛評：虚詞括事理，而撰語特工麗。構法全本韓公子内外儲來，但彼間排，此則全排也。中有談理處盡入妙，以此知士衡之學，非徒藻繪。（見天啓二年閔齊華刻孫月峰先生評文選）

俞瑒評：對偶工，聲韻諧。以詞賦之支流，四六文濫觴也。造語亦有極精妙處。（見浙江圖書館藏清抄本昭明文選）

譚獻評：熟讀深思，文章扃奥盡闢。（見李兆洛駢體文鈔卷二十九）

李詳愧生叢録卷一：鮑照河清頌：「無辱鳳舉之使，靈怪不召而自彰。」陸機演連珠：「金碧之巖，必辱鳳舉之使。」謂漢使王褒求金馬碧鷄也，隸事甚僻。

錢鍾書管錐編全上古三代秦漢三國六朝文第一百三十九則：陸機演連珠。按立譬多匠心切事，拈而不執，喻一邊殊，可悟活法。○（「鑒之積」首）謝朓思歸賦序：「夫鑒之積也無厚，而納窮神之照；心之徑也有域，而懷重淵之深。」即本陸此文。○（「烟出於火」首）前之道家，後之道學家，發揮性理，亦無以逾此。

又談藝録補訂：（黄庭堅再次韻寄子由「風雨極知鷄自曉，雪霜寧與菌爭年。」）按山谷整聯實點化晉唐習用儷詞。……陸機演連珠末章云：「是以迅風陵雨，不謬晨禽之察；勁陰殺節，不凋寒木之心。」……晉書載記吕光傳載吕光遺楊軌書云：「陵霜不彫者，松柏也。臨難不移者，君子也。何圖松柏彫於微霜，而鷄鳴已於風雨。」又晉書桓彝等傳史臣曰：「況交霜雪於杪歲，晦風雨於將晨。」蓋兩事相儷久矣。……山谷同時人曾子開曲阜集卷四次後山陳師道見寄韻亦云：「松茂雪霜無改色，鷄鳴風雨不愆時。」與山谷此聯淵源不二。山谷不明言松柏，而以菌作反襯耳。

七徵

玄虛子耽性沖素，雍容玄泊，棄時俗而弗徇，甘魚釣於一壑〔一〕。乃有通微大夫，怨皇居之失實，傷鴻誓之後聞〔二〕，策玄黄於榛險，憑穴巖而放言〔三〕。

【校】

七徵：嚴可均全晉文卷九十八作「七微」，云：「此假通微大夫以爲説，疑作『微』是。」案：北堂書鈔引，或作「七微」，或作「七徵」。以七事説玄虚子而徵召之，故曰「七徵」。文苑英華卷三百五十二有南朝梁某氏七召，命意與此類似，召即徵也。作「徵」不誤。

皇居：「居」，陸本作「后」。

策玄：「策」，原作「榮」，據陸本改。

【箋注】

〔一〕玄虚子四句：三國志魏書劉劭傳夏侯惠薦劉劭：「慕其玄虚退讓……贊其明思通微。」耽，文選班固幽通賦「耽躬於道真」項岱曰：「樂也。」晉書羊祜傳晉武帝追贈羊祜詔：「祜蹈德沖素。」漢書叙傳班嗣報桓譚書：「若夫嚴子（莊子）者，絶聖棄智，修生保真，清虚澹泊，歸之自然。獨師友造化，而不爲世俗所役者也。漁釣於一壑，則萬物不奸其志。」

〔二〕怨皇居二句：孔融薦禰衡表：「帝室皇居，必蓄非常之寶。」鴻，吕氏春秋愛類「名曰鴻水」高誘注：「大也。」誓，儀禮大射「司射西面誓之曰」鄭玄注：「猶告也。」尚書之誓，即告也。王應麟困學紀聞卷二：「泰誓，古文作大誓。……大誓與大誥同。」鴻誓，大告，謂玄虚子之高論。

〔三〕策玄二句：玄黃，指羸馬。詩周南卷耳：「我馬玄黃。」毛傳：「玄馬病則黃。」榛，淮南子主術「入榛薄險阻」高誘注：「聚木曰榛。」史記信陵君傳：「然信陵君之接巖穴隱者，不恥下交。」放言，猶置辭、致辭。參卷一文賦「放言遺辭」注。

通微大夫曰：奇膳玉食，窮滋致豐〔一〕。簡犧羽族，考生毛宗〔二〕。俯出沉鮪，仰落歸鴻〔三〕。剖柔胎於孕豹，宰潛肝乎豢龍〔四〕。拾朝陽之遺卵，納丹穴之飛凰〔五〕。神皋奇稌，嘉禾之穗。含滋發馨，素穎玉鋭。灼若皓雪之頹玄雲，皎若明珠之積緇匱〔六〕。素蟣踊而瀺灂，滋芬溢而相徽。味雖濃而弗爽，氣既惠而復奇。介景福於眉壽，裕温克乎齊聖〔七〕。子能饗之乎？

【校】

玉食：「玉」，北堂書鈔卷一百四十二作「五」。

考生：「生」，陸本、影宋本作「牲」。

剖柔：「剖」，北堂書鈔卷一百四十二作「割」。

乎豢：「乎」，北堂書鈔卷一百四十二作「於」。

飛凰：「凰」，影宋本作「鳳」。

神皋奇稌：「皋」原作「宰」，據初學記卷二十六改。「稌」，陸本、影宋本作「稔」。又北堂書鈔卷一百四十四此句作「神宰之穩」。

嘉禾：「禾」，北堂書鈔卷一百四十四作「和」。

玉鋭：「鋭」，北堂書鈔卷一百四十四作「脱」。

復奇：「奇」字原脱，據陸本、影宋本補。

【箋注】

〔一〕奇膳二句：西京雜記卷二：「五侯不相能，賓客不得往來。婁護豐辯，傳食五侯間，各得其歡心，競致奇膳。護乃合以爲鯖，世稱五侯鯖，以爲奇味焉。」尚書洪範：「惟辟玉食。」史記宋微子世家裴駰集解引馬融：「玉食，美食。」致，國語吴語「飲食不致味」韋昭注：「極也。」

〔二〕簡犧二句：簡，左傳襄公二十六年「簡兵蒐乘」杜預注：「擇。」考，國語晉語「考省不倦」韋昭注：「校也。」生，通牲。犧，牲，泛指所養鳥畜。宗，廣雅釋詁：「衆也。」班固典引：「來儀集羽族於觀魏，肉角馴毛宗於外囿。」二句謂檢視挑選禽畜。

〔三〕俯出二句：鮪，魚名。參卷六擬行行重行行「王鮪懷河岫」注。落，謂射落。

〔四〕剖柔二句：韓非子喻老：「昔者紂爲象箸而箕子怖，以爲象箸必不加於土鉶，必將犀玉之杯；象箸玉杯必不羹菽藿，則必旄、象、豹胎。」枚乘七發：「豢豹之胎。」宰，漢書宣帝紀「其令太官損膳省宰」顔師古注：「宰爲屠殺也。」論衡龍虚：「夫有象箸必有玉杯，玉杯所盈，象箸所挾，則必龍肝、豹胎。」傅玄七謨：「爚鳳皇之胎，豩飛龍之肝。」

〔五〕拾朝二句：詩大雅卷阿：「鳳皇鳴矣，于彼高岡。梧桐生矣，于彼朝陽。」毛傳：「山東曰朝陽。」鄭箋：「鳳皇之性，非梧桐不棲。」是朝陽遺卵，即鳳皇所遺。山海經大荒西經：「有沃之國，沃民是處。沃之野，鳳鳥之卵是食，甘露是飲。」山海經南山經：「曰丹穴之山，其上多金玉，丹水出焉而南流，注于渤海。有鳥焉，其狀如鷄（一作鶴，又作鵠），五采而文，名曰鳳皇。」

〔六〕神皋六句：張衡西京賦：「實惟地之奥區神皋。」李善注：「廣雅曰：『皋，局也。』謂神明之界局也。」案：見廣雅釋言。稌，説文禾部：「稻也。」史記周本紀：「晋唐叔得嘉穀。」集解引鄭玄：「二苗同爲一穗。」漢書公孫弘傳元光五年策賢良文學：「甘露降，風雨時，嘉禾興，朱草生。」滋，玄應一切經音義卷二十五「津液」注引廣雅：「液也。」鋭，説文金部：「芒也。」灼若句，未詳，或以米飯炊熟時霧氣升騰如雲，故生皓雪自天而降之聯想。皓雪，狀米飯之潔白。緇，詩鄭風緇衣「緇衣之宜兮」毛傳：「黑色。」匱，説文匚部：「匣也。」緇匱，或喻盛飯容器。

〔七〕素蟻六句：蟻，説文虫部：「蟲子也。」素蟻，狀酒面所浮白色細滓。周禮天官酒正：「辨五齊之名：一曰泛齊。」鄭玄注：「泛者，成而滓浮泛泛然。」釋名釋飲食：「泛齊，浮蟻在上泛泛然也。」張衡南都賦：「浮蟻若蓱。」陸機所謂素蟻即此物。瀺灂，文選潘岳閑居賦「游鱗瀺灂」李善注：「出没貌。」徽，詩小雅角弓「君子有徽猷」毛傳：「美也。」張衡南都賦：「連閣焕其相徽。」李善注：「相徽，言俱美。」爽，廣雅釋詁：「猛也。」老子十二章：「五色令人目盲，五音令人耳聾，五味令人口爽，馳騁畋獵令人心發狂。」王弼注：「爽，差失也。失口之用，故謂之爽。夫耳目口心皆順其性也，不以順性命，反以傷自然，故曰盲聾爽狂也。」酒味濃而不烈，不傷性命，故曰弗爽。楚辭招魂：「厲而不爽些。」惠，和順。楚辭天問「惠氣安在」王逸注：「惠氣，和氣也。」詩大雅旱麓：「以介景福。」鄭箋：「介，助；景，大也。」豳風七月：「爲此春酒，以介眉壽。」毛傳：「眉壽，豪眉也。」孔疏：「人年老者必有豪毛秀出者，故知眉謂豪眉也。」裕，廣雅釋詁：「寬也。」詩小雅小宛：「人之齊聖，飲酒温克。」毛傳：「齊，正；克，勝也。」鄭箋：「中正通知之人，飲酒雖醉，猶能温藉自持以勝。」孔疏：「中正謂齊，通智謂聖。聖者，通也。」

通微大夫曰：豐屋華殿，奇構磊落〔一〕。高宇雲覆，千楹林錯〔二〕。仰綴瑰木，俯積瑱石〔三〕。敷延袤之廣廡，矯陵霄之高閣〔四〕。秀清暉乎雲表，騰藻蔭之弈弈〔五〕。珍觀清榭，岳立連行〔六〕。雲階飛陛〔七〕，仰陟穹蒼。聳浮柱而虬立，施飛檐以龍翔〔八〕。回房旋室，綴琳襲玉〔九〕。圖畫神仙，延祐承福〔一〇〕。懸闔高達，長廊迴屬〔二〕。於是登漸臺，理俊音。鏡玄沚，望長林。逐狡獸，弋輕禽。覽壯藝以悦觀，聆和樂而怡心〔三〕。子能居之乎？

【校】

豐屋：「屋」，陸本、影宋本作「居」。

高宇：「高」，陸本作「萬」。

乎雲表：「乎」，韻補卷五「奕」字注引作「兮」。

綴琳：「琳」，陸本、影宋本作「珠」。

延祐：「祐」，影宋本作「祜」。

【箋注】

〔一〕豐屋二句：周易豐上六：「豐其屋。」論衡佚文：「望豐屋，知名家。」班婕妤自悼賦：「華殿塵兮玉階苔。」磊落，文選郭璞江賦「衡霍磊落以連鎮」李周翰注：「山高大貌。」

〔二〕高宇二句：宇，説文宀部：「屋邊也。」謂屋檐。王延壽魯靈光殿賦：「雲覆霮䨴。」楹，説文木部：「柱也。」魯靈光殿賦：「萬楹叢倚。」王粲羽獵賦：「旍旗雲擾，鋒刃林錯。」

〔三〕仰綏二句：綏，爾雅釋詁：「安也。」文選司馬相如長門賦：「施瑰木之欂櫨兮。」李善注：「言以瑰奇之木以爲欂櫨。」欂櫨，柱上方木，以承梁棟者。此亦當謂安置以瑰奇之木所爲之欂櫨，或亦包括安設梁棟而言。瑌，史記司馬相如傳：「瑌石武夫。」集解引徐廣：「石似玉。」此謂累積瑌石以爲階陛。

〔四〕敷延袤二句：敷，小爾雅廣詁：「布也。」延，爾雅釋詁：「長也。」袤，廣雅釋詁：「長也。」王念孫疏證：「對文則横長謂之廣，從長謂之袤。……散文則横長亦謂之袤，周長亦謂之袤。」廡，説文广部：「堂下周屋也。」矯，法言重黎「義帝初矯」李軌注：「立。」又廣雅釋詁：「飛也。」

〔五〕秀清暉二句：騰，文選嵇康幽憤詩「謗議沸騰」劉良注：「起也。」藻，用作美辭。弈弈，即奕奕，字通。廣雅釋訓：「奕奕，盛也。」三二句承上二句，分指高閣、廣廡。

〔六〕珍觀二句：觀，楚辭大招「觀絶霤只」王逸注：「猶樓也。」榭，爾雅釋宫「有木者謂之榭」郭璞注：「臺上起屋。」岳立，群立貌。文選王延壽魯靈光殿賦「神仙岳岳於棟間」李善注：「岳岳，立貌。」楚辭王逸九思憫上「株榛兮岳岳」注：「岳岳，衆木植也。」

〔七〕雲階句：傅玄著賦「升雲階而内御。」王延壽魯靈光殿賦：「飛陛揭孽，緣雲上征。」

〔八〕聳浮柱二句：浮柱，柱端梁上短柱，以其在高處，故曰浮。漢書揚雄傳甘泉賦：「炕浮柱之飛榱兮，神莫莫而扶傾。」顔師古注：「炕與抗同，抗，舉也。榱，屋椽也。言舉立浮柱而駕飛榱。」陸機言聳，猶抗舉也。文選王延壽魯靈光殿賦：「浮柱岧嵽以星懸。」李周翰注：「浮柱，梁上柱也。」虬，淮南子覽冥「驂青虬」高誘注：「無角爲虬。」謂龍無角也。張衡西京賦：「飛檐轍轍。」

〔九〕回房二句：文選王延壽魯靈光殿賦：「旋室㛹娟以窈窕。」李善注引徐幹七喻：「旋室迴房。」云：「旋室，曲屋也。」綴，廣雅釋詁：「連也。」琳，説文玉部：「美玉也。」襲，廣雅釋詁：「重也。」

〔一〇〕延：吕氏春秋重言「延之而上」高誘注：「引。」祐：爾雅釋詁：「福也。」

〔一一〕懸闥二句：闥，廣雅釋宫：「闥謂之門。」懸闥，門在高處若懸。屬，吕氏春秋精通「其根不屬也」高誘注：「連也。」

〔一二〕於是八句：漢書郊祀志：「治大池，漸臺，高二十餘丈，名曰泰液。」顏師古注：「漸，浸也。臺在池中，爲水所浸，故曰漸臺。」三國志魏書文德郭皇后傳：「昔楚昭王出游，貞姜留漸臺。」又星名，亦取臨水爲義。晉書天文志：「東足四星曰漸臺，臨水之臺也。」漸臺爲泛稱，非專指太液池中臺。俊，玄應一切經音義卷二十二「聰俊」注：「絶異也。」鏡，文選江淹雜體三十首「静默鏡綿野」吕延濟注：「視也。」沚，説文水部：「小渚曰沚。」壯藝，當指「逐狡獸，弋輕禽」而言。自臺上觀射獵以爲樂也。八句謂登池臺奏樂觀望作樂。

通微大夫曰：金石諧而齊響，塤篪協而和鳴〔一〕。於是才人進羽籥，玄弁被藻襲〔二〕。俯縈領以鴻歸，仰矯首而鶴立〔三〕。激長歌於丹脣，發鏗鏘乎柔木〔四〕。合清商以絶節，揮流徵而赴曲〔五〕。奏南荆之高嘆，詠易水之清角〔六〕。爾乃睹蛾眉之群麗，羌既都而又閑〔七〕。矯纖腰以逐節，頓皓足於鼓盤〔八〕。舒妍睴以妖韶〔九〕，若陵危之未安。

【校】

篪協：「協」，初學記卷十五作「合」。

以絶：「以」，北堂書鈔卷一百五作「而」。

南荆：北堂書鈔卷一百五作「荆南」。

羌既：「羌」，陸本、影宋本作「容」。

【箋注】

〔一〕塤：爾雅釋樂「大塤謂之嘂」郭璞注：「燒土爲之，大如鵝子，鋭上平底，形如稱錘，六孔。小者如鷄子。」篪：爾雅釋樂「大篪謂之沂」郭注：「以竹爲之，長尺四寸，圍三寸，一孔上出寸三分，名翹，横吹之。小者尺二寸。廣雅云八孔。」詩小雅何人斯：「伯氏吹塤，仲氏吹篪。」

〔二〕於是二句：羽，雉羽所爲舞具。籥，爾雅釋樂「大籥謂之産」郭璞注：「如笛，三孔而短小。廣雅云七孔。」孔數不同，蓋各據所見耳。周禮春官籥師：「掌教國子，舞羽龡籥。」鄭玄

注：「文舞有持羽吹籥者。」詩邶風簡兮：「碩人俣俣，公庭萬舞。……左手執籥，右手秉翟。」毛傳：「籥，六孔；翟，翟羽也。」翟即雉。鄭箋：「碩人多才多藝，又能籥舞。」陸機以才人稱舞者，蓋因鄭箋而聯想。玄弁，黑色皮弁。襲，禮記內則「寒不敢襲」鄭玄注：「謂重衣。」玄弁、藻襲，謂舞者服飾。

〔三〕俯縈二句：縈，後漢書張衡傳「臨縈河之洋洋」李賢注：「曲也。」領，詩衛風碩人「領如蝤蠐」毛傳：「頸也。」矯，楚辭九章惜誦「矯茲媚以私處兮」王逸注：「舉也。」文選曹植求通親親表「竇懷鶴立企佇之心」李善注引戰國策：「吳入郢，樊冒勃蘇潛行，十日而薄秦，鶴立不轉。」（案：今本戰國策楚策「樊」作「棼」，「鶴」誤爲「雀」。棼冒勃蘇即申包胥，參困學紀聞卷六「申包胥似張子房」條）曹植洛神賦：「竦輕軀以鶴立。」

〔四〕激長歌二句：成公綏嘯賦：「發妙聲於丹唇，激哀音於皓齒。」柔木，指桐木等所製琴瑟之類樂器。詩小雅巧言：「荏染柔木。」毛傳：「柔木，椅、桐、梓、漆也。」大雅卷阿「梧桐生矣」毛傳：「梧桐，柔木也。」孔疏：「梧桐可以爲琴瑟。是柔韌之木，故曰柔木。」

〔五〕合清商二句：韓非子十過：「乃召師涓，令坐師曠之旁，援琴鼓之。……師曠曰：『此師延之所作，與紂爲靡靡之樂也。……此所謂清商也。』」楚辭惜誓：「二子擁瑟而調均兮，余因稱乎清商。」文選張衡西京賦：「嚼清商而却轉。」薛綜注：「清商，鄭音。」樂府詩集清商曲辭題解：「清商樂，一曰清樂。……其始即相和三調是也，并漢魏已來舊曲。」案：清商爲清厲激越之聲，漢魏西晋清商曲即絲竹相和之相和歌，始於民間而亦爲貴族階級所愛好，流行甚廣。絶節，見本卷演連珠「絶節高唱」首注。揮，指撥弦彈奏。曹植七啓：「琴瑟交揮。」宋玉對楚王問：「引商刻羽，雜以流徵。」赴曲，與曲相應和。宋玉高唐賦：「更唱迭和，赴曲隨流。」宋玉笛賦：「吟清商，追流徵。」

〔六〕奏南荆二句：文選嵇康琴賦：「進南荆，發西秦。」李善注：「南荆即荆艷楚舞也。」參見本卷演連珠「絶節高唱」首「南荆有寡和之歌」注。韓非子十過：「昔者衛靈公將之晋，至濮水之上……夜分而聞鼓新聲者而説之……乃召師涓而告之曰：『……爲聽而寫之。』師涓……因静坐撫琴而寫之。……晋平公觴之於施夷之臺，酒酣……乃召師涓……援琴鼓之。未終，師曠撫止之曰：『……此師延之所作，與紂爲靡靡之樂也。及武王伐紂，師延東走，至於濮水而自投，故聞此聲者必於濮水之上。……此所謂清商也。』公曰：『清商固最悲乎？』師曠曰：『不如清徵。』……平公提觴而起，爲師曠壽，反而問曰：『音莫悲於清徵乎？』師曠曰：『不如清角。』平公曰：『清角可得而聞乎？』師曠曰：『不可。昔者黄帝合鬼神於泰山之上……作爲清角。今主君德薄，不足聽之；聽之，將恐有敗。』平公曰：『寡人老矣，所好者音也，願遂聽之。』師曠不得已而鼓之。一奏而有玄雲從西北方起；再奏之，大風至，大雨隨之，裂帷幕，破俎豆，隳廊瓦，坐者散走，平公恐懼，伏于廊室之間。」淮南子俶真：「耳聽白雪清角之聲。」高誘注：「清角，商聲也。」文選張衡南都賦：「清角發徵，聽者增哀。」李善注引許慎淮南子注：「清角，弦急，其聲清也。」是清角爲清越哀激之聲。案：荆軻刺秦王，高漸離、宋意爲擊筑而歌於易水之上，哀厲激越。後人演其歌爲琴曲，在商調。（見樂府詩集琴曲歌辭渡易水解題）此曰易水清角，或指此而言。又古文苑枚乘梁王菟園賦：「晚春早夏，邯鄲、襄國、易陽之容麗人及其燕飾子相予雜遝而往款焉。」左思魏都賦：「易陽壯容，衛之稚質，邯鄲躧步，趙之鳴瑟。」易陽，易水之陽，其地多美女及冶游之事。易水之清角或與此有關。

〔七〕羌既都句：羌，楚辭離騷「羌内恕己以量人兮」王逸注：「楚人語詞也。」都，史記司馬相如傳「雍容閑雅甚都」裴駰集解：「猶姣也。」閑，文選曹植美女篇「美女妖且閑」李善注引説文：「雅也。」

〔八〕鼓盤：文選傅毅舞賦：「眄般鼓則騰清眸。」李善注：「般鼓之舞，載籍無文。以諸賦言之，似舞人更遞蹈之而爲舞節。古新成安樂宫辭曰：『般鼓鍾聲，盡爲鏗鏘。』張衡七盤舞賦曰：『歷七盤而屣躡。』又曰：『般鼓焕以駢羅。』王粲七釋曰：『七盤陳於廣庭，疇人儼其齊俟。揄皓袖以振策，竦并足而軒跱。邪睨鼓下，伉音赴節。安翹足以徐擊，馺頓身而傾折。』卞蘭許昌宫賦曰：『振華足以却蹈，若將絶而復連。鼓震動而不亂，足相續而不并。婉轉鼓側，蜲蛇丹庭。與七盤其遞奏，覩輕捷之翾翾。』義并同也。」參卷六日出東南隅行「妍迹陵七盤」注。案：一九五四年發現山東沂南石室墓内有樂舞石刻圖像，其舞者身旁地上有倒覆之盤七枚，分作兩排，一排三枚，一排四枚。舞者足旁又有一鼓。當即鼓盤之舞，又稱七盤舞，舞者蹈盤而舞，又以足徐擊其鼓以爲節。參王仲殊沂南石刻畫像中的七盤舞。

〔九〕舒妍句：舒，廣雅釋詁：「展也。」韶，美也。

通微大夫曰：蓋聞洙北有采唐之思，淇上有送子之勤。關雎以寤寐爲戚，溱洧以謔浪爲歡〔一〕。若夫妖嬪艷女，莬群擢俊〔二〕。穆藻儀於令表，茂當年之柔嫚〔三〕。罄妍規之約綽，體每變而增閑〔四〕。秀紅蕤其愉愉，若餘穎之可餐〔五〕。若夫靈晷潛祖，顔退〔六〕，羽觴升，清琴厲〔七〕。因清明以宣誠，流微睇而授愛〔八〕。纖手揮而鳴佩鏗，華衿被則芳塵萃〔九〕。子其納之乎？

【校】

送子：「子」，陸本、影宋本作「予」。

之勤：「勤」，陸本、影宋本作「嘆」。

妍規，明王志慶古儷府卷五作「視趨」。

紅蕤：「紅」，七十二家集作「芳」。

祖顔：「祖」，佩文韻府卷七十之二、嚴可均全晉文卷九十八作「徂」。

【箋注】

〔一〕蓋聞四句：詩鄘風桑中：「爰采唐矣，沫之鄉矣。云誰之思，美孟姜矣。期我乎桑中，要我乎上宮，送我乎淇之上矣。」又云：「爰采麥矣，沫之北矣。」毛傳：「唐，蒙，菜名。沫，衛邑。淇，水名也。」據爾雅，唐即女蘿，又名菟絲。沫，據孔疏引尚書酒誥鄭玄注，即殷都朝歌。又衛風氓：「送子涉淇，至于頓丘。」周南關雎：「窈窕淑女，寤寐求之。求之不得，寤寐思服。悠哉悠哉，輾轉反側。」鄭風溱洧：「維士與女，伊其相謔，贈之以勺藥。」

〔二〕若夫二句：嬪，爾雅釋親：「婦也。」蒐，公羊傳桓公四年「秋曰蒐」何休注：「簡擇也。」

〔三〕穆藻二句：穆，詩周頌清廟「於穆清廟」毛傳：「美。」令，爾雅釋詁：「善也。」表，文選揚雄劇秦美新「真天子之表也」李善注：「儀也。」藻儀、令表義同。當年，王念孫讀書雜志卷七之三墨子「當年」條：「壯年也。」嫚，文選司馬相如上林賦「柔橈嫚嫚」郭璞曰：「皆骨體耎弱長艷貌也。」

〔四〕馨妍二句：規，説文夫部：「有法度也。」妍規，謂其舉止有法不野而妍麗。約綽，即綽約。文選傅毅舞賦「綽約閑靡」李善注：「綽約，美貌。」體，容體，體態舉止之形容。

〔五〕秀紅二句：愉愉，論語鄉黨「愉愉如也」集解引鄭玄：「顔色和。」餘，説文食部：「饒也。」穎，小爾雅廣物：「禾穗謂之穎。」餘穎，豐饒之禾穗。

〔六〕若夫靈晷二句：靈晷，指日光。祖顔，未詳。

〔七〕清琴句：厲，文選曹植洛神賦「聲哀厲而彌長」李善注：「急也。」

〔八〕流微句：睇，說文目部：「小邪視也。」楚辭九章懷沙：「離婁微睇兮。」傅毅舞賦：「目流睇而横波。」司馬相如上林賦：「長眉連娟，微睇綿藐。色授魂與，心愉於側。」

〔九〕華衿句：衿，釋名釋衣服「襟，禁也」畢沅疏證引蘇輿：「即領之下施而交於前者。」萃，方言卷三：「集也。」

通微大夫曰：塗有殊而一致，業有殊而名約。各因姿以效績，期寄響於天人也〔一〕。孰與顯奇踪於萬邦，撫六轡而高游〔二〕。瞰八宇以攄眄，濟清風乎諸侯〔三〕。言成否泰，氣作温涼。弭侵略於强暴，綜墜紀乎危邦〔四〕。子豈不願斯之雍容乎？

【校】

天人，「天」，淵鑑類函卷一百九十九、嚴可均全晉文卷九十八作「夫」。

濟清：「濟」，陸本作「齊」。

【箋注】

〔一〕塗有四句：周易繫辭下：「天下同歸而殊塗，一致而百慮。」淮南子氾論：「百川異源而皆歸於海，百家殊業而皆務於治。」周易睽象「是以小事吉」李鼎祚集解引荀爽：「百官異體，四民殊業。」名，廣雅釋詁：「成也。」禮記中庸「必得其名」鄭玄注：「令聞也。」成功則有令聞。約，廣雅釋詁：「少也。」莊子天運：「名，公器也，不可多取。」姿，通資，謂資材，亦謂姿貌。四句謂各種事業殊途同歸，而成功美譽不可多得，爲之者各因其材而效其功，期望發聲寄響於天人之際。

〔二〕顯奇二句：尚書堯典：「協和萬邦。」撫，廣雅釋詁：「持也。」詩秦風駟驖：「六轡在手。」鄭箋：「四馬六轡。」孔疏：「每馬有二轡，四馬當八轡矣。諸文皆言六轡者，以驂馬内轡納之於觖，故在手者唯六轡耳。」班彪游居賦：「登北岳而高游。」

〔三〕瞰八宇二句：文選張衡東京賦：「威振八寓。」薛綜注：「八寓，八方區宇也。」寓即宇字。攄，廣雅釋詁：「舒也。」眄，廣雅釋詁：「視也。」濟，爾雅釋言：「益也。」

〔四〕綜墜句：綜，周易繫辭上「錯綜其數」李鼎祚集解引虞翻：「理也。」紀，禮記禮運「禮義以爲紀」孔疏：「綱紀也。」論語泰伯：「危邦不入。」以上八句，言諸侯紛争時縱横談論之奇士。

通微大夫曰：明主應期，撫民以德〔一〕。配仁風於黄唐，齊威靈乎宸極〔二〕。彝倫幸序，庶績咸乂〔三〕。蕩流風於雍俗，給天民乎齊泰〔四〕。是以玄靈感而表應，嘉神繁而畢覿〔五〕。舞唐庭之來儀，鳴岐陽之鸑鷟〔六〕。膺天監之休命，荷神聽之介福〔七〕。然聖主達持盈之寶術，寤經國之在賢〔八〕。各畢榮於分局，期贊化於大鈞〔九〕。吾子豈不欲縻好爵於天宇，顯列業乎帝臣歟〔一〇〕？

玄虛子作而曰：甚哉，鄙人之惑也！猶窮繩自逸於井幹，憑河盜本於黄川〔一一〕。欽至論，敷蔽衽，謹聞命於王孫〔一二〕。藝文類聚卷五十七

【校】

膺天：「膺」，陸本、影宋本作「應」。

作而：陸本、影宋本「而」下有「言」字。

蔽衽：「蔽」，陸本作「敝」。「蔽」、「敝」通。

【箋注】

〔一〕明主二句：後漢書伏隆傳隆移檄告青徐二州：「皇天祐漢，聖哲應期。」文選應貞晉武帝華林園集：「光我晋祚，應期納禪。」李善注引尚書刑德放：「河圖，帝王終始存亡之期。」論語爲政：「爲政以德。」左傳僖公二十四年：「太上以德撫民。」

〔二〕配仁二句：黄唐，黄帝、唐堯。班固答賓戲：「規廣於黄唐。」威靈，猶威神。揚雄長楊賦：「今樂遠出以露威靈。」宸，通辰。辰極，北極星。爾雅釋天：「北極謂之北辰。」公羊傳宣公三年「帝牲不吉」何休解詁：「帝，皇天大帝。在北辰之中，主總領天地五帝群神也。」齊乎辰極，謂配天作帝。班固典引：「仁風翔乎海表，威靈行乎鬼區。」

〔三〕彝倫二句：彝，爾雅釋詁：「常也。」倫，禮記學記「教之大倫也」鄭玄注：「理也。」尚書洪範：「彝倫攸叙。」乂，爾雅釋詁：「治也。」尚書堯典：「庶績咸熙。」應瑒文質論：「九官咸乂。」二句謂治民爲政之常道幸已有序，衆多之事功皆已治理安定。

〔四〕蕩流風二句：蕩，楚辭劉向九嘆惜賢「蕩渨涹之奸咎兮」王逸注：「滌也。」雍，尚書堯典「黎民於變時雍」僞孔傳：「和也。」給，國語楚語「於是不給」韋昭注：「供也。」孟子萬章上：「天之生此民也，使先知覺後知，使先覺覺後覺也。予，天民之先覺者也。」天之所生，故曰天民。禮記王制：「（孤、獨、矜、寡）此四者，天民之窮而無告者也。」齊，通濟。爾雅釋言：「濟，益也。」泰，廣雅釋詁：「通也。」曹植七啓：「踵羲皇而齊泰。」二句謂洗滌流俗使之雍和，供給人民使其獲益而舒泰。

〔五〕是以二句：玄靈，神靈，以其幽微玄妙，故曰玄靈。漢書息夫躬傳：「玄靈泱鬱，將安歸兮。」表，文選謝靈運登江中孤嶼「表靈物莫賞」李善注：「謂顯明之也。」二句謂神靈感動，紛紛顯靈示現。

〔六〕舞唐二句：唐庭，堯庭。舜紹繼堯之德業，故亦可稱唐庭。尚書臯陶謨：「鳥獸蹌蹌，簫韶九成，鳳皇來儀。」（僞古文在益稷）蹌蹌，舞貌，史記夏本紀作「翔舞」。僞孔傳：「儀，有容儀。」國語周語：「周之興也，鸑鷟鳴於岐山。」韋昭注：「三君（案：賈逵、虞翻、唐固）云鸑鷟，鸞鳳之别名也。詩云：『鳳皇鳴矣，于彼高岡。』其在岐山之脊乎？」案：詩大雅卷阿：

「鳳皇鳴矣，于彼高岡。梧桐生矣，于彼朝陽。」鄭箋：「鳳皇之性，非梧桐不棲。」岐陽，即岐山朝陽處。

〔七〕膺天二句：膺，楚辭天問「鹿何膺之」王逸注：「受也。」詩大雅大明：「天監在下，有命既集。」鄭箋：「天監視善惡於下，其命將有所依就。」周易大有象：「順天休命。」釋文：「休，美也。」荷，左傳昭公三年「猶荷其禄」釋文：「任也。」受任言荷，受惠亦得言荷。介，爾雅釋詁：「大也。」左傳襄公七年：「詩曰：『靖共爾位，好是正直。神之聽之，介爾景福。』恤民爲德，正直爲正，正曲爲直，參和爲仁。如是，則神聽之，介福降之。」

〔八〕然聖主二句：老子九章：「持而盈之，不如其已。」河上公注：「持滿必傾，不如止也。」詩大雅鳧鷖序：「守成也。太平之君子，能持盈守成，神祇祖考安樂之也。」韓詩外傳卷八：「持盈之道，抑而損之，此謙德之於行也。」左傳隱公十一年：「經國家，定社稷。」

〔九〕各畢榮二句：畢，爾雅釋詁：「盡也。」榮，淮南子時則「草木生榮」高誘注：「華也。」畢榮，謂盡其美盛。曹植仲雍哀辭：「亮成幹其畢榮。」分局，部份，局部。馬融廣成頌：「各有分局。」贊，左傳昭公元年「天贊之也」杜預注：「佐助也。」贊化，佐助化育。漢書賈誼傳：「大鈞播物。」如淳曰：「陶者作器于鈞上，此以造化爲大鈞也。」顔師古注：「今造瓦者謂所轉者爲鈞。言造化爲人，亦猶陶之造瓦耳。」此喻君主之政化。二句謂臣下各盡其責而成其美，以期佐助聖君行其政化。

〔一〇〕吾子二句：周易中孚九二：「我有好爵，吾與爾靡之。」釋文：「本又作縻，同。……埤蒼作縻，云散也。」李鼎祚集解引虞翻：「靡，共也。」蔡邕太傅胡公碑：「充天宇。」此指朝廷。列，通烈。淮南子修務「烈藏廟堂」高誘注：「烈，功。」楚辭王逸九思守志：「建烈業兮垂勛。」尚書皋陶謨：「共惟帝臣。」（僞古文在益稷）

〔一一〕猶窮繩二句：窮，淮南子修務「窮道本末」高誘注：「盡也。」窮繩，言井繩已盡猶不及水，即綆短汲深之意，喻短才。井幹，文選班固西都賦「攀井幹而未半」李善注引司馬彪莊子注：「井欄也。」憑，小爾雅廣言：「依也。」盜本於黃川，當謂開鑿溝渠以盜引黃河之水。黃河爲本，開渠爲支流。案：二句費解。或謂己以短才而自逸，徒享君王之惠如盜水然。陸機入洛卜居黃河之濱（參見卷二懷土賦「遵黃川以葺宇」句），故有盜本黃川之聯想。

〔一二〕欽至三句：班固幽通賦：「所貴聖人之至論兮。」楚辭離騷：「跪敷衽以陳辭兮。」王逸注：「敷，布也。衽，衣前也。」蔽，通敝。説文㡀部：「敝，一曰敗衣。」王孫，文選左思蜀都賦「有西蜀公子者，言於東吴王孫。」李善注：「漢書曰：漂母謂韓信曰：『吾哀王孫而進食。』蘇林曰：『如言公子也。』博物志曰：『王孫、公子，皆相推敬之辭。』」

〔晋〕陸機 著
楊明 校箋

陸機集校箋

下

上海古籍出版社

陸機集卷第九

頌　箴　贊　箋　表　文　誄　哀辭

漢高祖功臣頌〔一〕

相國酇文終侯沛蕭何、相國平陽懿侯沛曹參、太子少傅留文成侯韓張良、丞相曲逆獻侯陽武陳平、楚王淮陰韓信、梁王昌邑彭越、淮南王六黥布、趙景王大梁張耳、韓王韓信、燕王豐盧綰、長沙文王吳芮、荆王沛劉賈、太傅安國懿侯王陵、右丞相絳武侯沛周勃、相國舞陽侯沛樊噲、右丞相曲周景侯高陽酈商、太僕汝陰文侯沛夏侯嬰、丞相潁陰懿侯睢陽灌嬰、代丞相陽陵景侯魏傅寬、車騎將軍信武肅侯靳歙、大行廣野君高陽酈食其、中郎建信侯齊劉敬、太中大夫楚陸賈、太子太傅稷嗣君薛叔孫通、魏無知、護軍中尉隨何、新成三老董公、轅生、將軍紀信、御史大夫沛周苛、平國君侯公，右三十一人，與定天下、安社稷者也。頌曰：

【校】

太傅安國懿侯王陵：孫志祖文選考異卷四引金甡曰：「按陳平世家曰王陵沛人，此缺『沛』字。」

右丞相絳武侯：「右」，原作「左」，誤。史記、漢書皆云周勃爲右丞相。文選集注本作「右」，據改。

相國舞陽侯沛樊噲：孫志祖文選考異卷四引金甡曰：「按樊噲謚武侯，不宜獨略，或是刻本脱去。」

丞相潁陰懿侯：「潁」，原作「穎」，據文選集注本、尤刻本文選改。

中郎：金濤聲陸機集校云：「當作『郎中』。按史記劉敬傳載劉敬拜爲郎中，號爲奉春君，後爲關内侯，號爲建信侯，未有中郎將之封。」

新成：案史記、漢書高祖本紀均作「新城」，「成」、「城」通。漢書地理志河南郡有新成縣。司馬彪續漢書郡國志作新城。

頌曰：四部叢刊本文選「頌曰」前有注云：「五臣無此序。」陳八郎本文選、影宋本無序。

【箋注】

〔一〕陸雲與兄書云：「見吊少明殊復勝前，吊蔡君清妙不可言，漢功臣頌甚美。」是本篇與吊少明文寫作時間當相距不甚遠。據陸雲晋故豫章内史夏府君誄，夏少明（靖）卒於永寧元年（三〇一）五月。參俞士玲陸機陸雲年譜。

茫茫宇宙，上墋下黷〔一〕。波振四海，塵飛五岳。九服徘徊，三靈改卜〔二〕。赫矣高祖，肇載天禄〔三〕。沉迹中鄉，飛名帝録〔四〕。慶雲應耀，皇階授木〔五〕。龍興泗濱，虎嘯豐谷〔六〕。彤雲晝聚，素靈夜哭〔七〕。金精仍頽，朱光以渥〔八〕。萬邦宅心，駿民效足〔九〕。

【校】

茫茫：文選集注本、四部叢刊本文選、北宋本文選、尤刻本文選作「芒芒」，「芒」、「茫」通。

上墋：「墋」，影宋本、藝文類聚卷四十五作「慘」。案「墋」即「黲」字，「慘」、「黲」通。朱駿聲説文通訓定聲臨部「黲」：「字亦作『墋』。漢高功臣頌『上墋下黷』注『不清澄之貌』。……通俗文『色暗曰慘』，以『慘』爲之。」

帝録：文選集注本卷九十三：「今案：鈔、音決『録』爲『籙』也。」「録」、「籙」通。

應耀：「耀」，文選集注本、四部叢刊本文選、尤刻本文選、陳八郎本文選、陸本、影宋本作「輝」。

仍頽：文選集注本卷九十三：「今案：陸善經本『仍』爲『乃』。」「仍」、「乃」通。

駿民：「駿」，胡刻本文選考異以爲陸機原當作「俊」，李善本亦作「俊」，五臣改爲「駿」。其言曰：「善引『俊民用章』爲注，是其本作『俊』也。……五臣翰注乃云『群賢如駿馬足』，是其本作『駿』，各本所見皆以五臣亂善。……考士衡長安有狹邪行云『憑軾皆俊民』，左太沖擬士衡云『長纓皆俊人』，（案：此江淹詩。）可見陸自用『俊』字，與此同。彼二注善皆引尚書，亦與此同。決不得作『駿』甚明。或言『駿』字與『足』生義，不當云『俊』。更大不然。上偶句云『萬邦宅心』，『萬』字不與『心』生義。五臣之意，固緣『足』字改『俊』爲『駿』，而殊非陸旨也。又尚書本作『畯』，善屢引爲『俊』者，『畯』與『俊』同，已具奉答内兄希叔詩，無妨其引作『俊』也。凡善引書有如此者，不能以畫一求之。」案「駿」、「俊」通，作「駿」亦可，唯不當以「駿馬足」釋之耳。又「民」，文選五臣本、陳八郎本文選、影宋本作「人」，蓋避唐諱。

【箋注】

〔一〕茫茫二句：史岑出師頌：「茫茫上天，降祚有漢。」墋，李善注：「不清澄之貌也。」黷，文選孔稚珪北山移文「或先貞而後黷」李善注引蒼頡篇：「垢也。」

〔二〕九服二句：周禮夏官職方氏：「乃辨九服之邦國。方千里曰王畿，其外方五百里曰侯服，又其外方五百里曰甸服，又其外方五百里曰男服，又其外方五百里曰采服，又其外方五百里曰衛服，又其外方五百里曰蠻服，又其外方五百里曰夷服，又其外方五百里曰鎮服，又其外方五百里曰藩服。」鄭玄注：「服，服事天子也。」漢書揚雄傳羽獵賦：「方將上獵三靈之之君也。」

流。」如淳注：「三靈，日月星垂象之應也。」後漢書班固傳典引：「答三靈之繁祉。」李賢注：「三靈，天地人之神也。」改卜，喻重新選擇。李周翰注：「言天將惡秦濁亂，改卜清平之君也。」

〔三〕赫矣二句：韋玄成自劾詩：「赫矣我祖。」肇，詩大雅生民「以歸肇祀」毛傳：「始也。」載，吕向注：「運也。」應瑒文質論：「皇穹肇載。」論語堯曰：「天禄永終。」

〔四〕沉迹二句：史記高祖紀：「高祖，沛豐邑中陽里人。」李善注：「中鄉，即中陽里也。」案：詩小雅采芑：「于此中鄉」毛傳：「鄉，所也。」所，廣雅釋詁：「凥也。」凥即居之本字。馬瑞辰毛詩傳箋通釋卷十八云：「古者公田爲居，廬舍在内。……中鄉，當指『中田有廬』言之。傳訓鄉爲所，亦以所爲凥也。」案：「中田有廬」見小雅信南山。鄭箋：「中田，田中也。農人作廬焉，以便其田事。」孔疏：「古者宅在都邑，田於外野，農時則出而就田，須有廬舍。」馬氏之意，謂中鄉乃指田中居止之處所而言。其説是，中鄉當是泛稱，猶言田畝之中。豐邑，今江蘇豐縣。李善注引尚書璇璣鈐：「孔子曰：『五帝出，受録圖。』」藝文類聚卷十一引河圖挺佐輔：「天老曰：『河出龍圖，雒出龜書，紀帝録，列聖人之姓號。』」

〔五〕慶雲二句：慶雲，祥雲，參卷五贈馮文羆遷斥丘令「慶雲扶質」注。史記項羽紀：「范增説項羽曰：『沛公……此其志不在小。吾令人望其氣，皆爲龍虎，成五采，此天子氣也。』」階，説文阜部：「陛也。」段玉裁注：「凡以漸而升皆曰階。」皇階，猶言帝皇升進之路。李善注引春秋孔演圖：「天子皆五帝精，必有諸神扶助，使開階立遂。」引宋均注：「遂，道也。」又引春秋保乾圖：「黑帝治八百歲，運極而授木；蒼帝七百二十歲而授火。」據李善注，此言漢之曆運爲周木德所授。案：漢初張蒼以漢爲水德，公孫臣、賈誼以爲土德。至劉向方以爲漢承堯運，爲火德；周爲木德，木乃生火。東漢亦推五行終始之運，以爲周蒼漢赤，木生火，赤代蒼。參見漢書高祖紀贊、郊祀志贊、律曆志及太平御覽卷九十引東觀漢紀。

〔六〕龍興二句：漢書息夫躬傳：「先帝龍興。」史記高祖紀：「爲泗水亭長。」張守節正義引括地志：「泗水亭在徐州沛縣東一百步。」尚書禹貢：「泗濱浮磬。」淮南子天文：「虎嘯而谷風至。」

〔七〕彤雲二句：彤，廣雅釋器：「赤也。」史記高祖紀：「秦始皇帝常曰東南有天子氣，於是因東游以厭之。高祖即自疑，亡匿，隱於芒、碭山澤巖石之間。呂后與人俱求，常得之。高祖怪問之，呂后曰：『季所居上常有雲氣，故從往，常得季。』高祖心喜。沛中子弟或聞之，多欲附者矣。」素靈，謂白帝之靈。史記高祖紀：「高祖被酒，夜徑澤中。……前有大蛇當徑。……乃前，拔劍擊斬蛇。蛇遂分爲兩，徑開。……後人來至蛇所，有一老嫗夜哭，人問何哭，嫗曰：『人殺吾子，故哭之。』人曰：『嫗子何爲見殺？』嫗曰：『吾子白帝子也，化爲蛇，當道，今爲赤帝子斬之。』」史岑出師頌：「五曜宵映，素靈夜嘆。」

〔八〕金精二句：金精，謂秦。漢書郊祀志：「秦襄公攻戎救周，列爲諸侯而居西，自以爲主少昊之神，作西時，祠白帝。」又曰：「櫟陽雨金，獻公自以爲得金瑞，故作畦時櫟陽而祀白帝。」禮記月令：「孟秋之月……其帝少皞。」鄭玄注：「此白精之君。……少皞，金天氏。」少昊即少皞。朱光，謂漢。漢火德，故曰朱光。渥，廣雅釋詁：「厚也。」

〔九〕萬邦二句：尚書康誥：「宅心知訓。」班固漢書叙傳述高紀第一：「西土宅心。」顔師古注引劉德曰：「宅，居也。西方人皆居心於高祖。猶係心也。」駿，通俊。尚書洪範：「俊民用章。」李善注引曹植與陳琳書：「驥騄不常一步，應良御而效足。」

【集評】

洪若皋梁昭明文選越裁：極典秀，極流暢。

李詳杜詩證選：（杜甫三川觀水漲「陰氣不黲黷」）陸機漢高祖功臣頌：「茫茫宇宙，上墋下黷。」

堂堂蕭公，王迹是因〔一〕。綢繆睿后，無競惟人〔二〕。外濟六師，內撫三秦〔三〕。拔奇夷難，邁德振民〔四〕。體國垂制，上穆下親〔五〕。名蓋群后，是謂宗臣〔六〕。

【校】

王迹：「王」，藝文類聚卷四十五作「主」。

【箋注】

〔一〕堂堂二句：蕭何，沛（今屬江蘇）人，爲相國，封酇侯，謚文終侯。案：酇縣所在，歷來有異說。錢大昕云蕭何初封沛郡鄼縣，其後嗣乃封南陽郡酇縣，而鄼字後來亦假酇字爲之。見廿二史考異卷四、卷七。段玉裁説文解字注、王先謙漢書補注皆韙其説。沛郡鄼縣，今安徽亳縣東北；南陽郡酇縣，今湖北均縣東南。論語子張：「曾子曰：『堂堂乎張也，難與并爲仁矣。』」集解引鄭玄曰：「言子張容儀盛。」皇侃義疏引江熙：「堂堂，德宇廣也。」李善注：「蕭何爲丞相，故曰公。」通典職官典：「漢以丞相、大司馬、御史大夫爲三公。」王，國語周語「王公立飫」韋昭注：「天子。」此指劉邦。史記秦楚之際月表：「然王迹之興，起於閭巷。」因，群書治要卷三十九引吕氏春秋君守「因主之爲」高誘注：「猶隨也。」

〔二〕綢繆二句：綢繆，親密，見卷二遂志賦「蕭綢繆於豐沛」注。后，爾雅釋詁：「君也。」蕭何秦末爲沛主吏掾，與劉邦關係甚密，見史記、漢書本傳。詩大雅抑：「無競維人。」毛傳：「無競，競也。」鄭箋：「競，强也。人君爲政，無强於得賢人。」

〔三〕外濟二句：詩小雅瞻彼洛矣：「以作六師。」毛傳：「天子六軍。」案：此六師，謂劉邦與楚作戰所率大軍。時劉邦爲漢王，未稱帝，云六師者，美之也。三秦，謂關中。項羽自立爲西楚霸王，背約，立劉邦爲漢王，王巴蜀漢中四十一縣，都南鄭；三分關中，立秦三降將章邯爲雍王，司馬欣爲塞王，董翳爲翟王。後漢王定三秦，出關與楚争霸，蕭何留守關中，不斷以糧草兵員支援漢軍，二句謂此。

〔四〕拔奇二句：拔奇，謂進薦韓信。信亡楚歸漢，初，未受重用，蕭何獨奇之，以爲國士無雙，言於劉邦，驟拜爲大將，一軍皆驚。是所謂拔奇。三國志魏書衛臻傳：「蔣濟遺臻書曰：『漢祖遇亡虜爲上將……』臻答曰：『……今子……開拔奇之津。』」正指韓信而言。夷難，指劉邦稱帝後韓信謀反，蕭何定計誅之，及黥布反時何撫循關中盡糧食資用以佐軍等事。左傳莊公八年引夏書：「皋陶邁種德。」杜預注：「皋陶能勉種德。邁，勉也。」謂勉力以布德。馬良與諸葛亮書：「邁德天壤。」振，國語周語「以振救民」韋昭注：「拯也。」周易蠱象：「君子以振民育德。」

〔五〕體國二句：周禮天官冢宰：「惟王建國……體國經野。」鄭玄注：「體，猶分也。……鄭司農云：『營國，方九里，國中九經九緯，左祖右社，面朝後市。』」謂設計經營國都之道路、宗廟、社稷、朝廷、市場等。論語泰伯「煥乎其有文章」何晏集解：「其立文垂制又著明。」穆，楚辭九歌東皇太一「穆將愉兮上皇」王逸注：「敬也。」二句謂蕭何營治長安宮室，定法制，上之威重遂顯而下民親附。史記蕭相國世家：「何守關中，侍太子，治櫟陽。爲法令約束，立宗廟、社稷、宮室、縣邑。」又史記、漢書高祖紀載，蕭何營作未央宮，立東闕、北闕、前殿、武庫、太倉等，劉邦怒，責其過度，何曰：「天子以四海爲家，非令壯麗亡以重威，且亡令後世有以加也。」劉邦乃悦，自櫟陽徙都長安。是其經國也。史記太史公自序：「蕭何次律令。」又漢書刑法志：「蕭何攈摭秦法，取其宜於時者，作律九章。」曹參傳載百姓歌曰：「蕭何爲法，講若畫一。曹參代之，守而勿失。載其清靖，民以寧壹。」是其垂制也。班固漢書叙傳述蕭何曹參傳第九：「（蕭何）營都立宫，定制修文。」李善注：「然重威則上穆，刑約則下親。」

〔六〕名蓋二句：后，君，此指諸侯國君。劉邦既定天下，封功臣爲侯，以蕭何功最盛，封爲酇侯，食邑八千户，在諸人上，位次第一。宗，詩大雅公劉「君之宗之」鄭箋：「尊也。」史記蕭相國世家太史公曰：「何之勛爛焉，位冠群臣，聲施後世。」漢書蕭何曹參傳贊：「爲一代之宗臣。」顔師古注：「言爲後世之所尊仰，故曰宗臣也。」又王莽傳「宗臣有九命上公之尊」顔注引張晏：「宗臣，有勛勞，爲上公，國所宗者也。」。

【集評】

葉玉麟評：「拔奇夷難」四句，煉句不減班書。（見評注經史百家雜鈔卷七）

平陽樂道，在變則通〔一〕。爰淵爰嘿，有此武功〔二〕。長驅河朔，電擊壤東〔三〕。協策淮陰，亞迹蕭公〔四〕。

【箋注】

〔一〕平陽二句：曹參，沛人，爲相國，封平陽侯，謚懿侯。平陽，今山西臨汾西，在汾水西岸。樂道，謂其爲政用道家之言，清静無爲也。論語學而：「貧而樂道。」（今本論語無「道」字，此據皇侃義疏本。古本應有「道」字，參阮元校勘記。）周易繫辭下：「窮則變，變則通，通則久。」張銑注：「臨事能變通而合於理也。」案：曹參爲相，一遵蕭何成法，日夜飲酒而不治事，似悖常理，故云變也。

〔二〕爰淵二句：莊子在宥：「淵默而雷聲。」班固漢書叙傳述蕭何曹參傳第九：「平陽玄默，繼而弗革。」嘿、默通。曹參武功最盛。漢書蕭何曹參傳：「列侯畢已受封，奏位次，皆曰：『平陽侯曹參身被七十創，攻城略地，功最多。』」詩大雅文王有聲：「文王受命，有此武功。」

〔三〕長驅二句：長驅句，謂平定三秦之後，與韓信攻略魏、趙及齊，三者皆在河北，當今山西、河北、山東一帶。擊壤東，爲由漢中還定三秦時事。史記曹相國世家：「取壤鄉，擊三秦軍壤東及高櫟，破之。」張守節正義：「皆村邑名。壤鄉今在雍州武功縣東南一十餘里高壤坊是。」漢書司馬相如傳爲天子游獵之賦：「星流電擊。」漢書叙傳述衛青霍去病傳第二十五：「長驅六舉，電擊雷震。」

〔四〕協策二句：淮陰，淮陰侯韓信。漢書蕭何曹參傳贊：「參與韓信俱征伐。」蕭何傳載議封侯位次，鄂千秋曰：「蕭何當第一，曹參次之。」劉邦稱善。傳贊：「唯何、參擅功名，位冠群臣，聲施後世，爲一代之宗臣，慶流苗裔。盛矣哉！」

文成作師，通幽洞冥〔一〕。永言配命，因心則靈〔二〕。窮神觀化，望景揣情〔三〕。鬼無隱謀，物無遁形。武關是闢，鴻門是寧〔四〕。隨難滎陽，即謀下邑〔五〕。銷印惎廢，推齊勸立〔六〕。運籌固陵，定策東襲〔七〕。三王從風，五侯允集〔八〕。霸楚實喪，皇漢凱入〔九〕。怡顏高覽，彌翼鳳戢。託迹黄老，辭世却粒〔一〇〕。

【校】

揣情：藝文類聚卷四十五作「揚清」。

實喪：「實」，藝文類聚卷四十五作「云」。

彌翼：「彌」，文選五臣本、文選集注本、陸本作「弭」。「彌」、「弭」通。

【箋注】

〔一〕文成二句：張良，其先韓國人，祖、父均相韓王。爲太子少傅，封留侯，謚文成侯。留，今江蘇沛縣東南。張良嘗亡匿下邳，游橋上，有老父授一編書，曰：「讀此則爲王者師矣。」又其晚年嘗曰：「今以三寸舌爲帝者師。」見史記留侯世家。洞，文選王襃洞簫賦如淳曰：「通也。」

〔二〕永言二句：詩大雅文王：「永言配命。」毛傳：「永，長；言，我也。我長配天命而行。」史記留侯世家太史公曰：「高祖離困者數矣，而留侯常有功力焉，豈可謂非天乎？」大雅皇矣：

「維此王季，因心則友。」二句言其行常合於天命，任其心而若有靈。

〔三〕窮神二句：周易繫辭下：「窮神知化，德之盛也。」莊子至樂：「吾與子觀化。」情，戰國策秦策「請謁事情」高誘注：「實也。」鬼谷子揣篇：「故常必以其見者而知其隱者，此所謂測深揣情。」史記虞卿傳太史公曰：「虞卿料事揣情，爲趙畫策，何其工也！」

〔四〕武關二句：武關，史記秦始皇紀「上自南郡由武關歸」裴駰集解引應劭：「武關，秦南關，通南陽。」在今陝西、河南、湖北交界處，丹水東岸。劉邦攻破南陽郡，郡守走保宛，劉邦急欲入關中，乃過宛而西。張良諫，劉邦從其言，回兵圍宛。南陽守降，宛西諸城乃順風而下，遂入武關。見史記、漢書高祖紀。鴻門，史記項羽紀「在新豐鴻門」集解引孟康：「在新豐東十七里，舊大道北下阪口名也。」在今陝西臨潼東北，驪山之北。劉邦、項羽先後入關中，項羽兵四十萬，在鴻門；劉邦兵十萬，在霸上。項羽欲攻滅劉邦，情勢甚危急，賴張良畫策，乃獲安。

〔五〕隨難二句：滎陽，縣名，在今河南滎陽東北。漢之三年，項羽急圍劉邦於滎陽，劉邦憂恐。酈食其畫策，請立六國後以示德義。劉邦稱善而使刻六國印，欲行其事。張良力陳八不可，曰：「誠用客之謀，陛下事去矣！」劉邦乃輟食吐哺，駡曰：「豎儒，幾敗而公事！」令毁其印。即，詩衛風氓「來即我謀」鄭箋：「就也。」下邑，縣名，在今安徽碭山。劉邦定三秦，東擊楚，時張良間行歸就之。至彭城，漢敗而還至下邑。張良爲畫策，聯絡黥布、彭越，委韓信以重任，使獨當一面。最後破楚，此三人有大力焉。

〔六〕銷印二句：銷印，銷六國印，見上。惎，左傳宣公十二年「楚人惎之脱扃」杜預注：「教也。」段玉裁説文注云惎借爲諅，諅，誡也。惎廢，謂教誡之，使廢止立六國後之謀。漢四年，韓信平齊，使人言於漢王，請爲假齊王以鎮之。時楚方急圍劉邦於滎陽，韓信使者至，發書，漢王大怒。張良、陳平躡其足，因附耳語，曰：「不如因而立，善遇之，使自爲守。不然，變生。」漢王亦悟，因復罵曰：「大丈夫定諸侯，即爲真王耳，何以假爲！」乃遣張良往，立信爲齊王，徵其兵擊楚。

〔七〕運籌二句：固陵，今河南太康南。劉邦與韓信、彭越約共擊楚，至固陵而信、越不至。楚擊漢軍，大破之。張良畫策，許破楚後以陳以東至海盡與韓信，睢陽以北至穀城與彭越。於是信、越等皆至，淮南王黥布亦與漢將劉賈入九江，誘楚大司馬周殷反楚，遂破項羽於垓下。九江、垓下在固陵東南。

〔八〕三王二句：三王，韓信爲齊王，滅楚後改封楚；彭越滅楚後封梁王；黥布爲淮南王。韓詩外傳卷三：「上陳之教而先服之，則百姓從風矣。」史記項羽紀：「乃自刎而死，王翳取其頭，餘騎相蹂踐，争項王，相殺者數十人。最其後郎中騎楊喜、騎司馬呂馬童、郎中呂勝、楊武，各得其一體。……封呂馬童爲中水侯，封王翳爲杜衍侯，封楊喜爲赤泉侯，封楊武爲吳防侯，封呂勝爲涅陽侯。」允，語中語詞，無義。

〔九〕霸楚二句：項羽滅秦，自立爲西楚霸王。皇，詩大雅皇矣「皇矣上帝」毛傳：「大。」又周頌執競「上帝是皇」毛傳：「美也。」周禮夏官大司馬：「若師有功，則……愷樂，獻于社。」杜預注：「兵樂曰愷。」左傳僖公二十八年：「振旅，愷以入于晉。」凱、愷通。

〔一〇〕怡顏四句：楚辭東方朔七諫怨世：「玄鶴弭翼而屏移。」戢，左傳宣公十二年「載戢干戈」杜預注：「藏也。」粒，尚書皋陶謨「烝民乃粒」僞孔傳：「米食曰粒。」（僞古文在益稷）却粒，即辟穀。四句言張良晚年學道。史記留侯世家：「留侯乃稱曰：『……願棄人間事，欲從赤松子游耳。』乃學辟穀道引輕身。」

【集評】

葉玉麟評：於平平叙次中能以沉煉之筆鎔鑄雅詞。（見評注經史百家雜鈔卷七）

曲逆宏達，好謀能深〔一〕。游精杳漠，神迹是尋。重玄匪奥，九地匪沈〔二〕。伐謀先兆，擠響于音〔三〕。奇謀六奮，嘉慮四迴〔四〕。規主以足，離項于懷。格人乃謝，楚翼實摧〔五〕。韓王窘執，胡馬洞開〔六〕。迎文以謀，哭高以哀〔七〕。

【校】

嘉慮四迴：「慮」，文選五臣本、陳八郎本文選、影宋本作「聲」。「四」，藝文類聚卷四十五作「百」。以足：「以」，文選集注本、北宋本文選、尤刻本文選、陸本、藝文類聚卷四十五作「於」。

哭高：「哭」，文選五臣本、文選集注本、陳八郎本文選、影宋本作「送」。

【箋注】

〔一〕曲逆二句：陳平，陽武（今河南原陽東南）人，爲丞相，封曲逆侯，謚獻侯。曲逆，今河北完縣東南。班固西都賦：「大雅宏達。」論語述而：「子曰：『暴虎憑河，死而無悔者，吾不與也；必也臨事而懼，好謀而成者也。』」

〔二〕游精四句：崔寔答譏：「游精太清，潛思九玄。」李善注：「重玄，天也。」奥，漢書王褒傳「去卑辱奥渫而升本朝」顔師古注引張晏：「幽也。」李善注引鄧析子：「九地之下，重天之巔。」沈，後漢書郭太傳「而沈阻難徵」李賢注：「深也。」四句狀運思之玄妙深沉。

〔三〕伐謀二句：孫子謀攻：「故上兵伐謀，其次伐交，其次伐兵，其下攻城。」先兆，在徵兆之先。擠，滅。國語晉語「二帝用師以相濟也」韋昭注：「濟，當爲擠。擠，滅也。」響，慧琳一切經音義卷四「谷響」注引考聲：「聲之應也。」音，淮南子墬形「清水音小，濁水音大」高誘注：「聲也。」滅其聲音則回響無從而生。二句謂制敵於未形，除患於未然。

〔四〕奇謀二句：李善注：「漢書曰：『陳平凡六出奇計，或頗秘之，世莫得聞。』宋仲子法言注曰：『張良爲高祖畫策六，陳平出奇策四，皆權謀非正也。』然機之此言，有符仲子之説。未詳相承而誤，或别有所憑也。」

〔五〕規主四句：規主句，謂陳平躡劉邦足，勸立韓信爲齊王，參上「文成作師」首「推齊勸立」注。

離項句，謂離間項羽與其至親近者。詩小雅谷風：「將恐將懼，置予于懷。」鄭箋：「置我於懷，言至親己也。」史記陳丞相世家：「陳平曰：『顧楚有可亂者：彼項王骨鯁之臣，亞父、鍾離昧、龍且、周殷之屬，不過數人耳。大王誠能出捐數萬斤金，行反間，間其君臣，以疑其心，項王爲人意忌信讒，必内相誅，漢因舉兵而攻之，破楚必矣。』漢王以爲然，乃出黄金四萬斤與陳平，恣所爲，不問其出入。」後項羽果疑亞父范增，增大怒，乃去。格，方言卷三：「正也。」尚書西伯戡黎：「格人元龜。」謝，廣雅釋詁：「去也。」史記項羽紀：「范增大怒，曰：『天下事大定矣，君王自爲之，願賜骸骨歸卒伍。』項王許之。行未至彭城，疽發背而死。」史記高祖紀：「（高祖曰：）『項羽有一范增而不能用，此其所以爲我擒也。』」是范增於羽甚爲重要，故曰「楚翼」。

〔六〕韓王二句：漢六年，人有上書告楚王韓信反。陳平爲劉邦設計，僞游雲夢，會諸侯於陳。韓信迎謁，遂被擒。次年，平以護軍中尉從劉邦攻破韓王信於銅鞮，復擊匈奴，受困平城，七日不得食。平設奇計，使間諜厚賂單于閼氏，得以解圍。

〔七〕迎文二句：劉邦破黥布還，病創。有言樊噲短者，劉邦怒，詔陳平、周勃誅噲。噲爲吕后妹夫，平有所顧忌，乃載噲囚車還長安。未至，聞劉邦已卒，遂疾馳先歸，入宫，哭甚哀。吕后哀之，以爲郎中令，輔相惠帝。吕后立諸吕爲王，陳平僞聽之。及吕后崩，遂與太尉周勃合謀誅諸吕，迎立代王劉恒，是爲文帝，陳平乃其本謀。

【集評】

何焯義門讀書記卷四十九：（「規主於足」二句）作贊用此等語，恐未高雅。

灼灼淮陰〔一〕，靈武冠世。策出無方，思入神契〔二〕。奮臂雲興，騰迹虎噬。凌險必夷，摧剛則脆〔三〕。肇謀漢濱，還定渭表〔四〕。京索既扼，引師北討〔五〕。濟河夷魏，登山滅趙〔六〕。威亮火列，勢逾風掃〔七〕。拾代如遺，偃齊猶草〔八〕。二州肅清，四邦咸舉〔九〕。乃眷北燕，遂表東海〔一〇〕。克滅龍且，爰取其旅〔一一〕。劉項懸命，人謀是與〔一二〕。念功惟德，辭通絶楚〔一三〕。

【校】

凌險：「凌」，藝文類聚卷四十五作「有」。

摧剛：「剛」，文選五臣本、陸本、影宋本作「堅」。

漢濱：「濱」，藝文類聚卷四十五作「湄」。

威亮火列：「亮」，文選集注卷九十三云：「今案陸善經本『亮』爲『諒』。」「諒」、「亮」通。藝文類聚卷四十五作「掠」。又「列」，文選五臣本、文選集注本、陳八郎本文選、陸本、影宋本、藝文類聚卷四十五作「烈」，「列」、「烈」通。

惟德：「惟」，文選五臣本、陳八郎本文選作「推」。

【箋注】

〔一〕灼灼句：韓信，淮陰（今江蘇清江）人。初立爲齊王，從楚王，後被執，赦以爲淮陰侯。

〔二〕策出二句：無方，無一定之方位，言其神妙不可測。周易繫辭上：「神无方而易无體。」後漢書謝夷吾傳班固爲文薦謝夷吾：「占天知地，與神合契。」

〔三〕淩險二句：夷，説文大部：「平也。」脆，廣雅釋詁：「弱也。」吕氏春秋名類：「凡兵之用也……攻亂則脆，脆則攻者利。」

〔四〕肇謀二句：劉邦受封漢王，在南鄭，從蕭何之言，拜韓信大將軍。信爲之分析形勢，曰：「今大王舉而東，三秦可傳檄而定也。」于是漢王大喜，自以爲得信晚。遂聽信計，部署諸將所擊。是爲攻略三秦之謀始。南鄭在漢水北岸。遂引兵從故道出，襲敗雍王章邯於陳倉，遂定雍地，東至咸陽。遣諸將略地，塞王司馬欣、翟王董翳皆降，三秦遂定。渭表，渭水之外，此指渭北。蓋自漢中視之，渭北爲外也。

〔五〕京索二句：史記項羽紀「與漢戰滎陽南京索間」集解引應劭：「京，縣名，屬河南，有索亭。」正義引京相璠地名：「京縣有大索亭、小索亭。」縣在今河南滎陽東南。索，京縣地名，即今滎陽。漢書高祖紀：「韓信亦收兵與漢王會，兵復大振，與楚戰滎陽南京索間，破之。」楚、漢相持於京索之間，楚軍不能過而西，故云「既扼」。廣雅釋詁：「搤，持也。」扼即搤。楚漢相持，魏、趙等反漢，劉邦乃以韓信爲左丞相，與曹參、灌嬰俱擊魏。魏在河北，故曰「北討」。

〔六〕濟河二句：韓信擊魏，爲疑兵，陳船欲渡臨晋，而伏兵從夏陽（今陝西韓城西南）以木罌缶渡河，襲安邑。遂虜魏王豹，定河東。信復請益兵，以北舉燕、趙，東擊齊，南絶楚之糧道。劉邦乃與兵三萬人，遣張耳與俱進，先破代，擒其相夏説。復以兵數萬東下，出井陘，擊趙。至井陘口三十里止舍，夜半傳令出發，選輕騎二千人，人持一赤幟，從間道以山爲掩蔽而望趙軍，大軍則背水而陣。平旦，建大將之旗鼓，鼓行出井陘口。趙開壁擊之，韓信、張耳佯敗棄旗鼓，走水上軍。趙軍果空壁逐之，争漢鼓旗。漢軍皆殊死戰，而所出輕騎二千則馳入趙空壁，皆拔趙旗，立漢赤幟。趙軍不能勝水上軍，欲還歸壁，壁皆漢赤幟，乃大驚，遁走。於是漢兵夾擊，大破之，虜趙王歇。其山即井陘山，在今河北石家莊西南太行山中。

〔七〕威亮二句：亮，爾雅釋詁：「信也。」列，通烈。説文火部：「烈，火猛也。」孫子軍争：「故兵以詐立，以利動，以分合爲變者也。故其疾如風，其徐如林，侵掠如火，不動如山，難知如陰，動如雷震。」

〔八〕拾代二句：漢書梅福傳福上書：「昔高祖……舉秦如鴻毛，取楚若拾遺。」韓信既滅趙，受封爲相國，帥軍東擊齊。破臨淄，齊王田廣亡走，信追北擒之。論語顔淵：「草上之風必偃。」

〔九〕二州二句：據尚書禹貢九州，魏、代、趙屬冀州，齊屬青州。四邦，謂此四國。

〔一〇〕乃眷二句：韓信平趙之後，用廣武君李左車策，發使使燕，燕從風而靡。平齊後，使人言於劉邦，謂齊夸詐多變反覆之國，不爲假王以鎮之，其勢不定。請自立爲假王。劉邦乃遣張良立信爲齊王。表東海，謂封於齊。參卷二遂志賦「表滄流以遠震」注。

〔一一〕克滅二句：韓信已定臨淄，東追齊王，項羽使龍且將兵救之，與齊王合軍。韓信與楚、齊軍夾濰水而陣。信夜令人爲萬餘沙囊壅水上流，引軍渡水擊龍且，佯敗還走，誘龍且渡水追擊。乃決壅囊，水大至，龍且軍大半不得渡，漢兵即急擊殺龍且。齊王廣亡去，信追北，虜廣，楚卒皆降。

〔一二〕劉項二句：史記淮陰侯傳：蒯通説韓信背漢，曰：「當今兩主之命縣於足下。足下爲漢則漢勝，與楚則楚勝。」周易繫辭下：「人謀鬼謀，百姓與能。」與，左傳僖公二十四年「即聾從昧，與頑用嚚」孔疏：「即、從、與，是依就之意也。」二句意謂當彼形勢複雜之時，乃就人相謀議。當時蒯通以相人見韓信，信曰：「先生相寡人何如？」通進其辭，信亦曾猶豫，曰：「吾將念之。」是其與人謀也，惟最終不從耳。

〔一三〕念功二句：左傳襄公二十一年：「惟帝念功。」惟，爾雅釋詁：「思也。」韓信爲齊王，項羽使武涉往説之，勸其反漢，與楚連和，三分天下。後辯士蒯通復説之以三分天下之計。信自念功多，漢終不奪我齊，又思劉邦於己有厚德，背之不祥，故終不從二人言。

【集評】

俞瑒評：平叙中有長短，有分合，有詳略，見筆法之變化。（見浙江圖書館藏清抄本昭明文選）

方廷珪昭明文選集成：韓信戰功最多，看其序次不繁不漏，絶大筆力。

彭越觀時，弢迹匿光〔一〕。民具爾瞻，翼爾鷹揚〔二〕。威凌楚域，質委漢王〔三〕。靖難河濟，即宫舊梁〔四〕。

【校】

觀時：「時」，藝文類聚卷四十五作「世」。

匿光：「匿」，藝文類聚卷四十五作「隱」。

民具：「民」，原作「人」，係避唐諱，據陸本改。

威凌楚域：「凌」，文選集注本作「稜」，校曰：「今案鈔『威稜』爲『稜威』。」鈔曰：「音義曰：『神靈之威曰稜。』」又「域」，藝文類聚卷四十五作「城」。

【箋注】

〔一〕彭越二句：彭越，字仲，昌邑（今山東巨野南）人，封梁王。史記彭越傳：「常漁鉅野澤中，爲群盜。陳勝、項梁之起，少年或謂越曰：『諸豪桀相立畔秦，仲可以來，亦效之。』彭越曰：『兩龍方門，且待之。』」

〔二〕民具二句：詩小雅節南山：「赫赫師尹，民具爾瞻。」毛傳：「具，俱；瞻，視。」翼，文選嵇康琴賦「駢馳翼驅」李善注：「疾貌。」傅毅舞賦：「翼爾悠往。」詩大雅大明：「維師尚父，時維鷹揚。」毛傳：「如鷹之飛揚也。」史記彭越傳：「居歲餘，澤間少年相聚百餘人，往從彭越。曰：『請仲爲長。』越謝曰：『臣不願與諸君。』少年强請，乃許，與期旦日日出會，後期者斬。旦日，日出，十餘人後，後者至日中。……於是越乃引一人斬之，設壇祭，乃令徒屬。徒屬皆大驚，畏越，莫敢仰視。乃行略地，收諸侯散卒，得千餘人。」

〔三〕威凌二句：項羽既滅秦，出關還歸。彭越衆萬餘人無所屬，時田榮畔項羽，乃使人賜彭越將軍印，使下濟陰以擊楚。楚命蕭公角將兵擊越，越大破楚軍。次年，劉邦出關東擊楚，彭越將其兵三萬餘人歸漢於外黄。劉邦乃拜越爲魏相國，將其兵，略定梁地。

〔四〕靖難二句：劉邦敗於彭城，西撤，彭越獨將其兵，北居河上，常往來爲漢游兵，擊楚，絶其糧於梁地。當楚漢相持滎陽，越曾攻下睢陽、外黄十七城。後又曾下昌邑旁二十餘城，得穀十餘萬斛，以給漢軍食。劉邦敗於固陵，用張良策，許越以梁地。越乃會兵垓下。項羽敗死，越受封梁王，都定陶。梁，即魏。彭越曾爲魏相國，又往來攻戰於梁地，故曰舊梁。禮記祭統：「衛孔悝之鼎銘曰：『……隨難于漢陽，即宫于宗周。』」

烈烈黥布，眈眈其眄〔一〕。名冠强楚，鋒猶駭電〔二〕。睹機蟬蜕，悟主革面〔三〕。肇彼梟風，翻爲我扇〔四〕。天命方輯，王在東夏〔五〕。矯矯三雄，至于垓下〔六〕。元凶既夷，寵禄來假〔七〕。保大全祚，非德孰可〔八〕？謀之不臧，舍福取禍〔九〕。

【校】

眈眈：藝文類聚卷四十五作「睆睆」。

睹機：「機」，文選五臣本、陳八郎本文選、影宋鈔本作「幾」，「幾」、「機」通。

方輯：「輯」，藝文類聚卷四十五作「集」，「集」、「輯」通。

王在：「在」，藝文類聚卷四十五作「于」。

【箋注】

〔一〕烈烈二句：黥布，六（今安徽六安）人，封淮南王。史記黥布傳：「姓英氏。秦時爲布衣。少年，有客相之曰：『當刑而王。』及壯，坐法黥。布欣然笑曰：『人相我當刑而王，幾是乎？』」司馬貞索隱引漢雜事：「布改姓黥，以厭當之。」周易頤六四：「虎視眈眈。」釋文引馬融：「眈眈，虎下視貌。」

〔二〕名冠二句：史記黥布傳：「英布……亦以兵屬項梁。項梁涉淮而西，擊景駒、秦嘉等，布常冠軍。」又：「項籍使布先渡河擊秦，布數有利，籍乃悉引兵涉河從之，遂破秦軍，降章邯等。

楚兵常勝，功冠諸侯，諸侯兵皆以服屬楚者，以布數以少敗衆也。」又：「布常爲軍鋒。」楚辭劉向九嘆遠游：「凌驚雷以軼駭電兮。」

〔三〕睹機二句：周易繫辭下：「幾者，動之微，吉之先見者也。君子見幾而作，不俟終日。」史記屈原傳：「蟬蜕於濁穢。」悟主，謂覺悟當以劉邦爲主上。周易革上六象：「小人革面，順以從君也。」楚漢相争，黥布名爲臣事楚，實持觀望。劉邦使隨何往説之以形勢利害，布乃歸漢。

〔四〕肇彼二句：肇，始也。參卷五皇太子賜宴「肇彼嘉賓」注。梟，漢書張良傳「楚梟將」顔師古注：「謂最勇健也。」扇，方言卷十二：「吹、扇，助也。」郭璞注：「吹嘘、扇拂，皆佐助也。」

〔五〕天命二句：輯，爾雅釋詁：「和也。」王，指漢王。詩小雅魚藻：「王在在鎬。」東夏，李善注：「即陽夏也。」陽夏，今河南太康。史記項羽紀：「項王乃與漢約，中分天下，割鴻溝以西者爲漢，鴻溝而東者爲楚。……項王已約，乃引兵解而東歸，漢欲西歸，張良、陳平説曰：『漢有天下太半，而諸侯皆附之，楚兵罷食盡，此天亡楚之時也。不如因其機而遂取之。今釋弗擊，此所謂養虎自遺患也。』漢王聽之。……乃追項王至陽夏南，止軍。」朱珔文選集釋卷二十二：「然則是時漢在西，陽夏在東，故以爲東夏。」

〔六〕矯矯二句：詩魯頌泮水：「矯矯虎臣。」鄭箋：「矯矯，武貌。」三雄，謂韓信、彭越、黥布。垓下，聚邑名，在今安徽泗縣西南。史記項羽紀「至垓下」索隱引張揖三蒼注：「垓，堤名，在沛郡。」聚邑在堤側，故名。劉邦追項羽至陽夏南，在固陵反爲項羽所敗。用張良計，韓信、彭越皆率兵來，黥布亦舉九江兵，破項羽於垓下。

〔七〕元凶二句：元凶，此指項羽。曹植責躬詩：「元凶是率。」左傳昭公元年：「國之大臣，榮其寵禄。」假，廣雅釋詁：「至也。」史記黥布傳：「項籍死，天下定……布遂剖符爲淮南王，都六，九江、廬江、衡山、豫章郡皆屬布。」

〔八〕保大二句：左傳宣公十二年：「保大定功。」漢書叙傳述張湯傳第二十九：「子孫遵業，全祚保國。」漢書叙傳述韓彭英盧吴傳第四：「德薄位尊，非胙惟殃。」

〔九〕謀之二句：詩小雅小旻：「謀之不臧。」左傳成公十三年：「能者養之以福，不能者敗以取禍。」黥布見韓信、彭越皆被誅，心恐，陰有所備。人有告布謀反者，布遂起兵反，兵敗被殺。

【集評】

葉玉麟評：逐條分疏，胷中肯綮，此境正未易到。（評注經史百家雜鈔卷七）

張耳之賢，有聲梁魏〔一〕。士也罔極，自詒伊愧〔二〕。俯思舊恩，仰察五緯。脱迹違難，披榛來洎。改策西秦，報辱北冀〔三〕。悴葉更耀，枯條以肄〔四〕。

【校】

違難：「違」，文選集注云：「今案陸善經本『違』爲『遺』。」影宋本作「遺」。

來洎：文選集注載音決：「洎，或爲暨。」「洎」、「暨」通。藝文類聚卷四十五作「媢」。

更耀：「耀」，文選集注本、四部叢刊本文選、北宋本文選、尤刻本文選作「輝」。

【箋注】

〔一〕張耳二句：張耳，大梁（今河南開封西北）人，立爲趙王，謚景王。史記張耳陳餘傳太史公曰：「張耳、陳餘，世傳所稱賢者。其賓客厮役，莫非天下俊桀。」詩大雅文王有聲：「文王有聲。」鄭箋：「文王有令聞之聲。」

〔二〕士也二句：詩衛風氓：「士也罔極，二三其德。」毛傳：「極，中也。」孔疏：「士也行無中正。」小雅小明：「自詒伊戚。」鄭箋：「詒，遺也。」陳餘年少，父事張耳，兩人相與爲刎頸交。後張耳奉趙王歇，爲秦軍困於鉅鹿，陳餘擁兵鉅鹿北，畏秦不敢救。張耳怒，得出，遂責讓餘而收其軍。二人於是有郤。後餘終爲耳所殺。漢書張耳陳餘傳贊：「何鄉者慕用之誠，後相背之盭也！勢利之交，古人羞之，蓋謂是矣。」

〔三〕俯思六句：五緯，周禮春官大宗伯「以實柴祀日月星辰」鄭玄注：「星，謂五緯。」賈公彦疏：「五緯即五星：東方歲星，南方熒惑，西方太白，北方辰星，中央鎮星。言緯者，二十八宿隨天左轉，爲經；五星右旋，爲緯。」脱，廣雅釋言：「遺也。」脱迹，脱去行迹，謂免於患也。榛，廣雅釋木：「木叢生曰榛。」洎，文選張衡東京賦「澤洎幽荒」薛綜注：「及也。」策，策馬，謂驅馳也。史記張耳陳餘傳：「陳餘因悉三縣兵襲常山王張耳。張耳敗走，念諸侯無可歸者，曰：『漢王與我有舊故，而項羽又强，立我，我欲之楚。』甘公曰：『漢王之入關，五星聚東井。東井者，秦分也。先至必霸。楚雖强，後必屬漢。』故耳走漢。漢王亦還定三秦，方圍章邯廢丘。張耳謁漢王，漢王厚遇之。」是改策西秦也。又：「韓信已定魏地，遣張耳與韓信擊破趙井陘，斬陳餘泜水上，追殺趙王歇襄國。漢立張耳爲趙王。」是報辱北冀也。

〔四〕肄：詩周南汝墳「伐其條肄」毛傳：「餘也，斬而復生曰肄。」

王信韓孽，宅土開疆〔一〕。我圖爾才，越遷晋陽〔二〕。

【校】

宅土：「宅」，藝文類聚卷四十五作「拓」。

爾才：「才」，藝文類聚卷四十五作「戎」。

【箋注】

〔一〕王信二句：史記韓王信傳：「韓王信者，故韓襄王孽孫也。」孽，詩小雅白華序「以孽代宗」

鄭箋：「支庶也。」宅，爾雅釋言：「居也。」尚書禹貢：「是降丘宅土。」揚雄益州箴：「拓開疆宇。」劉邦使張良以韓司徒降下韓故地，得信，以爲韓將，將其兵從劉邦入武關，又從入漢中。劉邦還定三秦，以信爲韓太尉，略韓地，後乃立爲韓王，常將兵從劉邦。從擊破項羽，天下定，遂與剖符爲韓王，王潁川。

〔二〕我圖二句：圖，爾雅釋詁：「謀也。」詩大雅崧高：「我圖爾居，莫如南土。」越，語首助詞，無義。晉陽，今山西太原西南。韋孟在鄒詩：「越遷于魯。」史記韓王信傳：「上以韓信材武，所王北近鞏洛，南迫宛葉，東有淮陽，皆天下勁兵處，乃詔徙韓王信王太原以北，備禦胡，都晉陽。」

盧綰自微，婉孌我皇〔一〕。跨功逾德，祚爾輝章〔二〕。民之貪禍，寧爲亂亡〔三〕。

【校】

婉孌：「孌」，藝文類聚卷四十五作「戀」，「孌」、「戀」古今字。

民之：「民」，原作「人」，係避唐諱。孫志祖文選考異卷四譏汲古閣本文選改上文「人具爾瞻」字而不改此句。今據大雅桑柔改。

【箋注】

〔一〕盧綰二句：盧綰，沛豐邑人，立爲燕王。婉孌，後漢書朱景王杜馬劉傅堅馬傳贊「婉孌龍姿」李賢注：「猶親愛也。」漢書敍傳述哀紀第十一：「婉孌董公，惟亮天功。」盧綰與劉邦同里，二人父即交好，綰與劉邦同日生，自少及壯，皆相親愛。劉邦爲布衣時，因事亡匿，綰常隨出入。劉邦起事，入漢中，還擊三秦，綰常侍中，出入卧内，親幸莫及。

〔二〕跨功二句：荀子君子：「爵賞不逾德。」祚，賜也。輝，通徽。徽，旌旗之屬。徽章猶言旗章。言賜爾以徽章，猶大雅韓奕所謂「王錫韓侯，淑旂綏章」。徽所以爲識别表章，故曰徽章。參王念孫讀書雜志餘編下卷文選「祚爾輝章」條、經義述聞春秋名字解詁下「齊弦章字子旗」條。案：李善注「章」爲印章。朱珔文選集釋卷二十二云：「但漢時未見有以『章』爲印章者。呂覽季夏紀：『以爲旗章。』晋語韋注：『章，旌旗也。』則作徽章爲得。」劉邦已定天下，諸侯非劉氏而王者七人，欲王盧綰，恐群臣怨望。後燕王臧荼反，乃立綰爲燕王。二句謂盧綰受賜實過於其功德。

〔三〕民之二句：詩大雅桑柔：「民之貪亂，寧爲荼毒。」鄭箋：「貪，猶欲也。」寧，爾雅釋詁：「安也。」陳豨反於代，盧綰與之相通，又連接匈奴，欲使漢之力量分散而燕得以久存。漢擊燕，綰亡入匈奴，死胡中。二句謂盧綰樂禍，安然爲亂亡之行。

吴芮之王，祚由梅鋗〔一〕。功微勢弱，世載忠賢〔二〕。

【箋注】

〔一〕吴芮二句：吴芮，立爲長沙王，謚文王。秦時爲番陽令。秦末率百越人舉兵以應義軍。劉邦攻南陽時，遇芮之將梅鋗，與偕攻析、酈，降之，鋗從之入武關。劉邦稱帝後，乃封芮爲長沙王以酬謝之。

〔二〕功微二句：長沙國凡五世，漢文帝時，靖王羌卒，無子，國除。劉邦曾制詔御史，云吴芮忠，定著於令。漢書韓彭英盧吴傳贊：「昔高祖定天下，功臣異姓而王者八國：張耳、吴芮、彭越、黥布、臧荼、盧綰與兩韓信。皆徼一時之權變，以詐力成功，咸得裂土，南面稱孤，見疑强大，懷不自安，事窮勢迫，卒謀叛逆，終於滅亡。張耳以智全，至子亦失國。唯吴芮之起，不失正道，故能傳號五世，以無嗣絶，慶流支庶。有以矣夫，著于甲令而稱忠也。」

肅肅荆王，董我三軍。我圖四方，殷薦其勛〔一〕。庸親作勞，舊楚是分。往踐厥宇，大啓淮濆〔二〕。

【校】

三軍：「三」，文選五臣本、陳八郎本文選、影宋本作「王」。

我圖：藝文類聚卷四十五作「圖掌」。

作勞：「作」，文選五臣本、陳八郎本文選、影宋本、藝文類聚卷四十五作「祚」。文選集注本作「昨」，當是「胙」字，「胙」、「祚」通。文選集注載鈔曰：「祚，報也。」是鈔亦作「祚」。

淮濆：「濆」，尤刻本文選作「墳」，「墳」、「濆」通。

【箋注】

〔一〕肅肅四句：劉賈，沛人，劉邦從父兄，封荆王。詩周南兔罝：「肅肅兔罝，椓之丁丁。赳赳武夫，公侯干城。」毛傳：「肅肅，敬也。」其詩言賢者有德，可爲將帥。董，左傳文公七年「董之用威」杜預注：「督也。」周禮夏官司馬：「大國三軍。」周易豫象：「殷薦之上帝。」李鼎祚集解引鄭玄：「殷，盛也；薦，進也。」説文力部：「勳，能成王功也。」又云：「勛，古文勳。」劉邦還定三秦時，劉賈爲將軍，破司馬欣，定塞地。當楚漢相持時，賈受命將二萬人、騎數百，渡白馬津，入楚地，燒其積聚。劉邦困於固陵，賈受命南渡淮，圍壽春，復會於垓下以困項羽。項羽既死，其臨江王共尉不肯降，賈又與盧綰擊破之。是大進其功勛也。

〔二〕庸親四句：漢書叙傳述文三王傳第十七：「帝庸親親。」顔師古注：「庸，用也。用親親之道。」作，起。詩大雅崧高：「以作爾庸。」鄭箋：「庸，功也。……以起女之功勞，言尤章顯也。」舊楚，謂楚地昔爲韓信封國。信既被執，乃分其地爲二：劉賈封荆王，王淮東；劉邦弟交封楚王，王淮西。左傳僖公十二年：「往踐乃職。」曹操授崔琰東曹掾教：「往踐厥職。」漢書禮樂志郊祀歌后皇：「咸遂厥宇。」顔師古注：「宇，居也。」詩魯頌閟宫：「大啓爾宇，爲周室輔。」詩大雅常武：「鋪敦淮濆。」毛傳：「濆，涯。」漢書高帝紀：「以故東陽郡、鄣郡、吴郡五十三縣立劉賈爲荆王。」資治通鑑卷十一胡三省注：「蓋其地自淮東而南，盡丹陽、會稽也。」

安國違親，悠悠我思。依依哲母，既明且慈。引身伏劍，永言固之〔一〕。淑人君子，實邦之基〔二〕。義形於色，憤發于辭〔三〕。主亡與亡，末命是期〔四〕。

【箋注】

〔一〕安國六句：王陵，沛人。爲太傅，封安國侯。安國，今河北安國東南。其謚號，漢書高惠高后文功臣表云安國武侯王陵，史記陳丞相世家裴駰集解引徐廣，亦云謚武侯，本頌序云懿侯，未詳。違，説文辵部：「離也。」詩邶風終風：「莫往莫來，悠悠我思。」依依，文選潘岳寡婦賦「猶依依以憑附」李善注：「思戀之貌也。」蔡邕濟北相崔君夫人誄：「時惟哲母。」詩大雅烝民：「既明且哲。」大雅文王：「永言配命。」毛傳：「永，長；言，我也。」此謂我長以此固勉其心。史記陳丞相世家：「及漢王之還攻項籍，陵乃以兵屬漢。項羽取陵母，置軍中，陵使至，則東鄉坐陵母，欲以招陵。陵母既私送使者，泣曰：『爲老妾語陵，謹事漢王。漢王，長者也。無以老妾故持二心。妾以死送使者。』遂伏劍而死。項王怒，烹陵母。陵卒從漢王定天下。」班彪王命論：「王陵之母亦見項氏之必亡而劉氏之將興也。……遂對漢使伏劍而死，以固勉陵。」

〔二〕淑人二句：詩曹風鳲鳩：「淑人君子，其儀一兮。」鄭箋：「淑，善。」小雅南山有臺：「樂只君子，邦家之基。」毛傳：「基，本也。」

〔三〕義形二句：公羊傳桓公二年：「孔父可謂義形於色矣。」史記太史公自序作高祖本紀第八：「憤發蜀漢。」漢書王陵傳：「陵爲人少文任氣，好直言。爲右丞相二歲，惠帝崩，高后欲立諸吕爲王，問陵。陵曰：『高皇帝刑白馬而盟曰：非劉氏而王者，天下共擊之。今王吕氏，非約也。』」

〔四〕主亡二句：與，國語齊語「桓公知天下諸侯多與己也」韋昭注：「從也。」漢書袁盎傳：「絳侯所謂功臣，非社稷臣。社稷臣，主在與在，主亡與亡。」顏師古注引如淳曰：「人主在時，與共治在時之事；人主雖亡，其法度存，當奉行之。高祖誓非劉氏不王，而勃等聽王諸吕，是從生主之欲，不與亡者也。」末，方言卷十：「緒也。」緒，餘也。末命，謂生前餘留之法度政令。尚書顧命：「道揚末命。」期，左傳哀公十六年「期死，非勇也」杜預注：「必也。」末命句，謂堅守劉邦之遺命。

絳侯質木，多略寡言〔一〕。曾是忠勇，惟帝攸嘆〔二〕。雲鷟靈丘，景逸上蘭。平代禽猘，奄有燕韓〔三〕。寧亂以武，斃吕以權〔四〕。滌穢紫宫，徵帝太原〔五〕。實惟太尉，劉宗以安〔六〕。挾功震主，自古所難。勛曜上代，身終下藩〔七〕。

【校】

雲鷩：「鷩」，藝文類聚卷四十五作「驚」。

【箋注】

〔一〕絳侯二句：周勃，沛人，爲右丞相，封絳侯，謚武侯。絳，今山西曲沃東。史記絳侯周勃世家：「勃爲人木强敦厚……勃不好文學。」略，文選枚乘七發「雖有心略辭給」李善注：「智也。」北堂書鈔卷七十九引應劭漢官儀：「漢世祖中興，甲寅詔書曰：『……丞相故事，辟士四科……四曰剛毅多略。』」大戴禮文王官人：「沉静而寡言。」史記張釋之傳：「釋之曰：『夫絳侯、東陽侯，稱爲長者，此兩人言事曾不能出口。』」

〔二〕曾是二句：曾，乃。參經傳釋詞卷八。是，此。小雅正月：「曾是不意。」攸，所。左傳襄公二十一年：「惟帝念功。」後漢書申屠剛傳舉賢良方正對策：「損益之際，孔父攸嘆。」史記高祖紀：「吕后問：『陛下百歲後，蕭相國即死，令誰代之？』上曰：『……周勃重厚少文，然安劉氏者必勃也。可令爲太尉。』」絳侯周勃世家：「高帝以爲可屬大事。」

〔三〕雲鷩四句：逸，國語晋語「馬逸不能止」韋昭注：「奔也。」靈丘，今屬山西。上蘭，史記絳侯周勃世家「破綰軍上蘭」張守節正義：「括地志云『嬀州懷戎縣東北有馬蘭溪水』，恐是也。」懷戎在今河北涿鹿西南。雲驚二句謂如雲之馳，如光之奔。豨，陳豨，豨、豨同。韓，此指韓王信所封國。信初封潁川，後徙太原以備胡，都晉陽，復徙治馬邑。其地當今山西北部。周勃擊韓王信、陳豨，轉戰太原、雁門、代郡等地，皆下之，乃韓王信封地。何焯義門讀書記卷四十九：「兼勃平燕王盧綰及擊破王信下晉陽兩事言之。」是。周勃從高祖擊韓王信於代，攻城追北，信遁入匈奴，屢侵漢。陳豨反，與韓王信連結，周勃擊之於靈丘，斬之於當城，定代郡。燕王盧綰反，勃以相國將兵擊之，破綰軍於上蘭，追至長城，定上谷、右北平、遼西、遼東、漁陽等郡。

〔四〕寧亂二句：國語周語：「自后稷以來寧亂。」韋昭注：「寧，安也。」三國志吴書陸遜傳：「克敵寧亂。」禮記祭法：「文王以文治，武王以武功。」劉邦卒，吕后欲王諸吕，以問陳平、周勃，平、勃曰無所不可，吕后喜。后卒，平、勃設計，乃誅諸吕。

〔五〕滌穢二句：紫宫，謂宫禁，參卷三列仙賦「覲天皇於紫微」注。李善注引張衡羽獵賦：「開閶闔兮坐紫宫。」吕后死，諸吕欲爲亂，周勃使朱虚侯劉章入宫，殺梁王、相國吕産及長樂衛尉吕更始。大臣議，以吕后所立少帝劉弘等皆非真惠帝子，乃迎立代王劉恒。東牟侯劉興居、太僕滕公復清宫，載少帝出，後乃殺之。帝，謂劉恒，劉邦中子，立爲代王，都中都（今山西平遥西南）。中都屬太原郡。

〔六〕實惟二句：漢書百官公卿表：「太尉，秦官，金印紫綬，掌武事。」史記絳侯周勃世家：「孝惠帝六年置太尉官，以勃爲太尉。」劉宗句，參注〔二〕。

〔七〕挾功四句：史記淮陰侯傳蒯通説韓信曰：「且臣聞：勇略震主者身危，而功蓋天下者不賞。……今足下戴震主之威，挾不賞之功……足下欲持是安歸乎？」漢書霍光傳：「故俗傳之曰：威震主者不畜。」文帝即位，周勃以功高爲右丞相，帝禮之益莊而勃益懼。人或説勃曰：「君既誅諸吕，立代王，威震天下，而君受厚賞、處尊位以寵，久之即禍及身矣。」勃亦自危，乃謝病，請歸相印。文帝許之，遣就國。其後人有上書告勃欲反，下廷尉治之。後赦之，復其爵邑。復就國，卒於絳。下藩，指絳。

舞陽道迎，延帝幽藪〔一〕。宣力王室，匪惟厥武〔二〕。總干鴻門，披闥帝宇。聳顏誚項，掩泪悟主〔三〕。

【箋注】

〔一〕舞陽二句：樊噲，沛人，爲相國，封舞陽侯。舞陽，今河南舞陽西北。漢順帝下詔告河南尹：「故長陵令張楷……竄迹幽藪。」史記高祖紀：「陳勝等起蘄……諸郡縣皆多殺其長吏以應陳涉。沛令恐，欲以沛應涉。掾、主吏蕭何、曹參乃曰：『君爲秦吏，今欲背之，率沛子弟，恐不聽。願君召諸亡在外者，可得數百人。因劫衆，衆不敢不聽。』乃令樊噲召劉季。劉季之衆已數十百人矣。」時劉邦亡匿，隱於芒碭山澤間。

〔二〕宣力二句：宣，左傳昭公二十七年「而弗敢宣也」杜預注：「用也。」尚書皋陶謨：「予欲宣力四方。」（僞古文在益稷）詩大雅常武：「王奮厥武，如震如怒。」

〔三〕總干四句：禮記樂記：「總干而山立。」鄭玄注：「總干，持盾也。」鴻門，在今陝西渭南西南。闥，史記樊噲傳「排闥直入」張守節正義：「宫中小門。」聳，國語楚語「昔殷武丁能聳其德」韋昭注：「敬也。」聳顔，猶言正色。漢書霍光金日磾傳贊：「以篤敬寤主，忠信自著。」劉邦先入咸陽，項羽入關，軍戲下，欲攻劉邦。劉邦往謝，宴於鴻門。范增令項莊舞劍，欲擊劉邦。事甚急，樊噲乃持鐵盾撞入，誚責項羽，羽默然。史記樊噲傳：「是日微樊噲奔入營，誚讓項羽，沛公事幾殆。」黥布反時，劉邦病甚，惡見人，卧禁中，詔掌門户者無得内群臣。十餘日，噲乃排闥直入，大臣隨之。噲等流涕，曰：「始陛下與臣等起豐沛，定天下，何其壯也；今天下已定，又何憊也！」劉邦乃笑而起。

【集評】

王之望漢濱集卷十四樊噲論：高帝初入咸陽，欲止宫休舍，噲諫以爲不可，乃封秦重寶宫室府庫，還軍霸上。嗚呼！此沛公之所以得天下，漢祚之所以長久者也。……惜乎，遷、固爲噲立傳，只載其鴻門誚項羽、排闥悟高帝等事，武夫之所能爲者，至於入關之諫，則不大書特書其語，而徒附高紀與張良之傳中，使其造漢之忠，暗然不彰，而天下惟以武勇稱樊將軍。陸士衡作漢高功臣贊，拾摭舊史，殊無發明。

曲周之進，于其哲兄。俾率爾徒，從王于征〔一〕。振威龍蛻，攄武庸城。六師實因，克荼禽黥〔二〕。

【校】

龍蛻：「蛻」，文選五臣本、陳八郎本文選、影宋本作「脱」。「蛻」、「脱」通。

庸城：「庸」，文選五臣本、四部叢刊本文選、陳八郎本文選、影宋本作「墉」。影宋本趙懷玉校：「案漢書英布傳『壁庸城』，鄧展曰『地名也』，『墉』誤。」案：庸、墉通。

【箋注】

〔一〕曲周四句：酈商，陳留雍丘高陽聚（今河南杞縣西南）人，爲右丞相，封曲周侯，謚景侯。曲周，今河北曲周東北。谷永謝王鳳書：「察父哲兄，覆育子弟。」陳勝起事，商亦聚衆數千人。劉邦略地至陳留郊，商兄食其爲之設計，下陳留，且言商，使率衆從劉邦略地。

〔二〕振威四句：攄，廣雅釋詁：「張也。」禽，左傳襄公二十四年「收禽挾囚」杜預注：「獲也。」此泛言之，非謂生禽也。詩小雅瞻彼洛矣：「以作六師。」毛傳：「天子六軍。」案：此謂天子之師也。僞古文尚書泰誓下「王乃大巡六師」孔疏：「天子之行，通以六師爲言。於時諸侯盡會，其師不啻六也。」因，説文口部：「就也。」管子心術上「因其能者」房玄齡注：「就能而用故曰因也。」此謂漢軍實用酈商之能。燕王臧荼反，酈商以將軍從擊荼，戰龍脱，先登陷陣，破荼軍易下。以功遷爲右丞相，賜爵列侯。龍脱，其地不詳，史記酈商傳裴駰集解引徐廣曰：「在燕趙之界。」黥布反，商從劉邦擊之，攻布軍前垣，陷兩陣，遂破布軍。布亡走，被殺。交戰時劉邦營壁壘於庸城，其地在沛郡蘄縣西，今江蘇宿縣東南。

猗歟汝陰，綽綽有裕〔一〕。戎軒肇迹，荷策來附〔二〕。馬煩轡殆，不釋擁樹〔三〕。皇儲時乂，平城有謀〔四〕。

【箋注】

〔一〕猗歟二句：夏侯嬰，沛人，高祖、惠帝、吕后、文帝時均爲太僕。封汝陰侯，謚文侯。汝陰，今安徽阜陽。詩商頌那：「猗與那與。」毛傳：「猗，嘆辭。」小雅角弓：「此令兄弟，綽綽有裕。」毛傳：「綽綽，寬也。裕，饒。」劉良注：「綽、裕，言其才器寬也。」

〔二〕戎軒二句：戎軒，兵車。曹植陳審舉表：「戎軒鶩駕。」肇，爾雅釋詁：「始也。」肇迹，猶發迹，謂肇始有行迹，喻行爲之端始。策，説文竹部：「馬箠也。」夏侯嬰從劉邦起事，爲太僕，主車馬之事。漢書夏侯嬰傳：「以嬰爲太僕，常奉車。」顔師古注：「爲沛公御車。」又傳屢言「以兵車趣攻戰疾，賜爵」。二句謂此。

〔三〕馬煩二句：煩，廣雅釋詁：「勞也。」殆，説文歺部：「危也。」曹植洛神賦：「車殆馬煩。」史記夏侯嬰傳：「從擊項籍，至彭城。項羽大破漢軍，漢王敗，不利，馳去。見孝惠、魯元，載之。漢王急，馬罷，虜在後，常蹶兩兒，欲棄之。嬰常收，竟載之，徐行，面雍樹，乃馳。漢王怒，行欲斬嬰者十餘。卒得脱，而致孝惠、魯元於豐。」裴駰集解引蘇林：「南方人謂抱小兒爲『雍樹』。面者，大人以面首向臨之。小兒抱大人頸，似懸樹也。」

〔四〕皇儲二句：皇儲，太子，指高祖太子劉盈，即孝惠帝。時，詩秦風駟鐵「奉時辰牡」毛傳：「是也。」又，文選鍾會檄蜀文「今邊境乂清」劉良注：「安也。」史記夏侯嬰傳：「因從擊韓信軍胡騎晉陽旁，大破之，追北至平城，爲胡所圍，七日不得通。高帝使使厚遺閼氏，冒頓開圍一角，高帝出，欲馳，嬰固徐行，弩皆持滿外向，卒得脱。」平城，今山西大同。

潁陰鋭敏，屢爲軍鋒〔一〕。奮戈東城，禽項定功。乘風藉響，高步長江。收吴引淮，光啓于東〔二〕。

【箋注】

〔一〕潁陰二句：灌嬰，睢陽（今河南商丘）人，爲丞相，封潁陰侯，謚懿侯。潁陰，今河南許昌。

左傳哀公十一年：「子羽鋭敏。」杜預注：「鋭，精也。敏，疾也。」史記黥布傳：「常爲軍鋒。」灌嬰傳：「灌嬰雖少，然數力戰。」

〔二〕奮戈六句：曹植責躬詩：「奮戈吴越。」東城，今安徽滁縣西北。詩周頌武：「耆定爾功。」左傳宣公十二年：「夫武，禁暴、戢兵、保大、定功、安民、和衆、豐財者也。」吕氏春秋順説：「順風而呼，聲不加疾也……所因便也。」國語鄭語：「夫其子孫必光啓土。」韋昭注：「光，大也。」史記灌嬰傳：「項籍敗垓下去也，嬰以御史大夫受詔將車騎别追項籍至東城，破之。所將卒五人共斬項籍，皆賜爵列侯。……下東城、歷陽，渡江，破吴郡長吴下，得吴守，遂定吴、豫章、會稽郡，還定淮北。」

【集評】

葉玉麟評：「『乘風藉響』數語頗精煉。」（見評注經史百家雜鈔卷七）

陽陵之勛，元帥是承〔一〕。

【箋注】

〔一〕陽陵二句：傅寬，爲代丞相，封陽陵侯，謚景侯。陽陵，今陝西涇陽東南。寬每從屬元帥征戰立功：屬韓信擊破齊歷下軍；又屬曹參殘博，因定齊地，剖符封侯；又屬周勃擊陳豨，徙爲代相國。

信武薄伐，揚節江陵。夷王殄國，俾亂作懲〔一〕。

【箋注】

〔一〕信武四句：靳歙，爲車騎將軍，封信武侯，謚肅侯。古文苑卷十三班固十八侯銘將軍信武侯靳歙第十二：「建號傳後。」章樵注：「信武非封邑，故云建號。」薄，助詞，無義。詩小雅出車：「赫赫南仲，薄伐西戎。」節，進退之節。揚節，即飇節，謂疾行也。參卷三陵霄賦「飇氽節以遠模」注。司馬相如上林賦：「揚節而上浮。」江陵，今屬湖北。夷，廣雅釋詁：「滅也。」殄，爾雅釋詁：「絶也。」陳琳爲袁紹檄州郡文：「殄國虐民。」懲，廣雅釋言：「恐也。」夷王二句，謂殄滅亂國，使他人恐懼，以之爲戒。大雅蕩：「俾晝作夜。」项羽所封臨江王共敖，都江陵。子尉嗣。項羽既死，尉不肯降，劉邦乃遣劉賈、盧綰及靳歙擊之。降其柱國、大司馬以下八人，靳歙身得共尉，生致之雒陽。

恢恢廣野，誕節令圖〔一〕。進謁嘉謀，退守名都〔二〕。東窺白馬，北距飛狐。即倉敖庾，據險三塗〔三〕。輶軒東踐，漢風載徂。身死于齊，非説之辜〔四〕。我皇實念，言祚爾孤〔五〕。

【校】

退守：「守」，文選五臣本、文選集注本、陳八郎本文選作「宫」。

東窺：「窺」，文選五臣本、文選集注本、四部叢刊本文選、陳八郎本文選、陸本作「規」。胡刻本文選考異：「似『規』字是也。」案：「窺」、「規」通。

言祚：「祚」，文選集注本正文及所載鈔皆作「胙」，「祚」、「胙」通。

【箋注】

〔一〕恢恢二句：酈食其，陳留郡雍丘縣高陽聚人，酈商兄。號爲廣野君。頌序稱「大行」，未詳。恢，説文心部：「大也。」老子七十三章：「天網恢恢，疏而不失。」漢書叙傳述傅常鄭甘陳段第四十：「陳湯誕節。」顔師古注：「誕節，言其放縱不拘也。」令，爾雅釋詁：「善也。」左傳昭公元年：「令圖，天所贊也。」

〔二〕進謁二句：謁，國語晉語「不謁而歸」韋昭注：「告也。」禮記坊記引書君陳：「爾有嘉謀嘉猷。」鄭玄注：「嘉，善也。」史記高祖功臣侯者年表：「大城名都。」二句謂劉邦略地至陳留，酈食其勸其留守陳留事。史記本傳載其説辭曰：「夫足下欲成大功，不如止陳留。陳留者，天下之據衝也，兵之會地也，積粟數千萬石，城守甚堅。……足下將陳留之衆，據陳留之城，而食其積粟，招天下之從兵。從兵已成，足下橫行天下，莫能有害足下者矣。」劉邦遂降下陳留，「舍陳留南城門上，因其庫兵，食積粟，留出入三月，從兵以萬數，遂入破秦」。

〔三〕東窺四句：白馬，指白馬津，黄河渡口，在今河南滑縣東北。飛狐，谷口名，在今山西蔚縣東南。庾，廣雅釋宫：「倉也。」敖庾，即敖倉，在今河南滎陽北。史記酈生傳「據敖倉之粟」張守節正義：「秦始皇時置倉於敖山上，故名之曰敖倉也。」左傳昭公四年：「三塗……九州之險也。」杜預注以三塗爲山名，云在河南陸渾縣南。孔疏所引服虔説，則以爲三塗指大行、轘轅、崤澠三處道路。案：酈道元、孔穎達皆以杜預説爲是。然史記、漢書載酈食其之言，并未言及三塗山，而稱杜塞太行道，則陸機當取服虔説。漢書酈食其傳：「漢王數困滎陽、成皋，計欲捐成皋以東，屯鞏雒以距楚。食其因曰：『……願足下急復進兵，收取滎陽，據敖庾之粟，塞成皋之險，杜太行之道，距飛狐之口，守白馬之津，以示諸侯形制之勢，則天下知所歸矣。』」

〔四〕輶軒四句：輶，説文車部：「輕車也。」應劭風俗通序：「周秦常以歲八月，遣輶軒之使，求異代方言。」徂，爾雅釋詁：「往也。」曹植王仲宣誄：「光光戎輅，霆駭風徂。」酈食其自請爲漢説齊王田廣，齊王聽之，罷歷下兵守戰備，與食其日縱酒。韓信聞其伏軾下齊七十餘城，乃襲齊。齊王聞漢兵至，以爲酈生賣己，遂烹之。

〔五〕我皇二句：劉邦思酈食其之功，食其子疥雖數將兵，功未當侯，劉邦以其父故，封疥爲高梁侯。

建信委輅，被褐獻寶〔一〕。指明周漢，銓時論道。移帝伊洛，定都酆鎬〔二〕。柔遠鎮邇，實敬攸考〔三〕。

【箋注】

〔一〕建信二句：劉敬，齊人，本姓婁，賜姓劉氏。爲郎中，封關内侯，號爲建信侯。委，廣雅釋詁：「棄也。」史記劉敬傳：「戍隴西，過洛陽，高帝在焉。婁敬脱挽輅，衣其羊裘，見齊人虞將軍曰：『臣願見上言便事。』虞將軍欲與之鮮衣，婁敬曰：『臣衣帛，衣帛見；衣褐，衣褐見。終不敢易衣。』於是虞將軍入言上，上召入見。」司馬貞索隱：「輅者，鹿車前横木。二人前挽，一人後推之。」揚雄解嘲：「婁敬委輅。」

〔二〕指明四句：銓，説文金部：「衡也。」引申爲權衡考量之意。周禮冬官考工記：「或坐而論道。」鄭玄注：「論道，謂謀慮治國之政令也。」伊洛，二水名。此指洛陽，在洛水北，伊洛會合處。酆鎬，二水名。此指長安，在酆鎬東。漢書叙傳述酈陸朱婁叔孫傳第十三：「敬繇役夫，遷京定都。」劉邦初欲建都洛陽，劉敬説之，云漢取天下與周室異，宜入關，都秦故地，有四塞之固。張良亦言都關中便。劉邦遂定入關之計。

〔三〕柔遠二句：詩大雅民勞：「柔遠能邇，以定我王。」毛傳：「柔，安也。」鄭箋：「邇，近也。」考，爾雅釋詁：「成也。」邊境患苦匈奴，劉敬説劉邦，建和親之策，故云柔遠。關中少民，敬建議徙六國後及豪傑名家十餘萬口入居，以强本弱末，故云鎮邇。

抑抑陸生，知言之貫〔一〕。往制勁越，來訪皇漢〔二〕。附會平勃，夷凶翦亂〔三〕。所謂伊人，邦家之彥〔四〕。

【箋注】

〔一〕抑抑二句：陸賈，楚人，爲大中大夫。生，漢書賈誼傳「生之亡故兮」顔師古注：「先生也。」詩小雅賓之初筵：「威儀抑抑。」毛傳：「抑抑，慎密也。」貫，論語里仁「吾道一以貫之」皇侃義疏：「猶統也。譬如以繩穿物，有貫統也。」知言之貫，知言説之統緒，謂善於言説也。漢書武帝紀：「詩云：『九變復貫，知言之選。』」

〔二〕往制二句：秦末南海尉趙佗自立爲南越武王，劉邦遣陸賈往，立佗爲南越王，與剖符通使，命其和集百越，毋爲邊患。呂后時佗乃自尊號爲南越武帝，發兵攻長沙邊邑。文帝即位，復使賈往喻，佗乃去帝號，願長爲藩臣，奉貢職。訪，爾雅釋詁：「謀也。」皇，説文王部：「大也。」訪皇漢，爲大漢謀。

〔三〕附會二句：附，廣雅釋詁：「近也。」附會，謂使之親近會合也。漢書陸賈傳贊：「附會將相，以强社稷。」諸呂擅權，欲危劉氏，右丞相陳平患之。陸賈説之，使與太尉周勃深相交結，將相和調，吕氏謀乃不得逞。及誅諸吕，立文帝，賈頗有力焉。

〔四〕所謂二句：詩秦風蒹葭：「所謂伊人，在水一方。」鄭風羔裘：「彼其之子，邦之彦兮。」毛傳：「彦，士之美稱。」漢書叙傳述趙尹韓張兩王傳第四十六：「尊實赳赳，邦家之彦。」

百王之極，舊章靡存〔一〕。漢德雖朗，朝儀則昏。稷嗣制禮，下肅上尊〔二〕。穆穆帝典，焕其盈門〔三〕。風睎三代，憲流後昆〔四〕。

【校】

舊章：「章」，藝文類聚卷四十五作「事」。

焕其：「焕」，藝文類聚卷四十五作「乃」。

風睎：「睎」，藝文類聚卷四十五作「希」。「睎」、「希」通。

【箋注】

〔一〕百王二句：極，吕氏春秋大樂「極則復反」高誘注：「窮。」漢書武帝紀贊：「漢承百王之弊。」詩大雅假樂：「率由舊章。」班固典引：「彝倫斁而舊章缺。」

〔二〕漢德四句：叔孫通，薛郡薛縣（今山東棗莊西）人，爲太子太傅。劉邦號之爲稷嗣君。史記叔孫通傳裴駰集解引徐廣：「蓋言其德業足以繼踪齊稷下之風流也。」又引漢書音義：「稷嗣，邑名。」漢書叔孫通傳顔師古注引張晏：「后稷佐唐，欲令復如之。」史記叔孫通傳：「高帝悉去秦苛儀法，爲簡易。群臣飲酒争功，醉或妄呼，拔劍擊柱。高帝患之。叔孫通……説上曰：『夫儒者難與進取，可與守成。臣願徵魯諸生，與臣弟子共起朝儀。……臣願頗采古禮，與秦儀雜就之。』儀成，朝會時行之，『自諸侯王以下，莫不振恐肅敬。……無敢讙譁失禮者。於是高帝曰：『吾乃今日知爲皇帝之貴也。』」

〔三〕穆穆二句：穆穆，爾雅釋詁：「美也。」揚雄劇秦美新：「帝典闕而不補。」論語泰伯：「焕乎其有文章。」何晏集解：「焕，明也。」詩大雅韓奕：「韓侯顧之，爛其盈門。」史記叔孫通傳：「徙爲太常，定宗廟儀法。及稍定漢諸儀法，皆叔孫生爲太常所論箸也。」

〔四〕風睎二句：説文目部：「望也。」三代，論語衛靈公「三代之所以直道而行也」何晏集解引馬融：「夏、殷、周。」憲，爾雅釋詁：「法也。」昆，爾雅釋言：「後也。」司馬彪續漢書祭祀志光武帝封禪泰山刻石文：「垂於後昆。」

無知睿敏，獨昭奇迹〔一〕。察侔蕭相，貺同師錫〔二〕。

【校】

獨昭：「昭」，文選五臣本、文選集注本、陳八郎本文選、影宋本作「照」。影宋本趙懷玉校：「『照』

當作『昭』。」案：「照」、「昭」通。

【箋注】

〔一〕無知二句：魏無知，陳平因其紹介見劉邦。周勃、灌嬰等咸讒陳平，曰平反覆亂臣，盜其嫂，又受諸將金。劉邦疑之，召讓魏無知。無知曰：「臣所言者能也，陛下所問者行也。……楚漢相距，臣進奇謀之士，顧其計誠足以利國家不耳，且盜嫂受金，又何足疑乎？」奇迹，奇士之行迹。

〔二〕察倅二句：察，孟子離婁下「察於人倫」趙岐注：「識也。」倅，説文人部：「齊等也。」蕭相，蕭何。蕭何識韓信，而魏無知知陳平。貺，楚辭九章悲回風「更統世而自貺」王逸注：「與也。」尚書堯典：「師錫帝曰：『有鰥在下，曰虞舜。』」案：此師有二解：史記五帝紀作「衆皆言於堯曰」，是史遷以衆釋師，用爾雅釋詁文也。孔疏云：「鄭以師爲諸侯之師。」周禮地官司徒鄭玄注：「師，長也。」是鄭玄以「師錫帝」之師爲諸侯之長，即堯之四岳。參孫星衍尚書今古文注疏卷一。錫，堯典僞孔傳：「與也。」二句謂魏無知之識鑒與蕭何等，而其進陳平與劉邦，乃同於四岳之進舜與堯。

隨何辯達，因資於敵。紆漢披楚，唯生之績〔一〕。

【校】

紓漢：「紓」，文選五臣本、陳八郎本文選、影宋本作「舒」，「舒」、「紓」通。

【箋注】

〔一〕隨何四句：隨何初爲劉邦謁者，後爲護軍中尉。因，説文口部：「就也。」資，淮南子主術「故因其資以讐之」高誘注：「用也。」因資，謂隨其可用而用之。韓非子喻老：「是以聖人無常行也，……因資而立功。」紓，廣雅釋詁：「解也。」披，方言卷六：「散也。……器破曰披。」詩大雅文王有聲：「豐水東注，維禹之績。」劉邦擊楚，敗於彭城，隨何爲之使於淮南，説九江王黥布叛楚。布雖臣於楚，實持觀望。時楚使亦在布所，促布發兵擊漢。何直入，曰：「九江王已歸漢，楚何以得發兵？」布愕然，楚使者亦驚起。何因説布曰：「事已成，可遂殺楚使者。」於是布殺楚使，起兵攻楚。就敵情而乘便，故曰「因資於敵」。

皤皤董叟，謀我平陰。三軍縞素，天下歸心〔一〕。

【箋注】

〔一〕皤皤四句：董公，秦末爲新城三老。資治通鑑卷九胡三省注：「洛陽縣，屬河南郡，新城時屬縣界。惠帝四年始置新城縣。（案：胡氏據漢書地理志：『河南郡。新成，惠帝四年置。』○）括地志：『洛州伊闕縣，在州南七十里。本漢新城也。隋文帝改新城爲伊闕，取伊闕山爲名。』」案：史記白起傳：「擊韓之新城。」張守節正義：「今洛州伊闕。」是戰國時已有新城之名，至惠帝時立爲縣。漢書百官公卿表：「大率十里一亭，亭有長；十亭一鄉，鄉有三老。……三老掌教化。……皆秦制也。」皤，説文白部：「老人白也。」班固兩都賦辟雍詩：「皤皤國老。」史記高祖紀正義引楚漢春秋：「董公八十二，遂封爲成侯。」平陰，在今河南孟津北，黄河南岸。漢書高帝紀：「南渡平陰津，至洛陽新城，三老董公遮説漢王曰：『臣聞順德者昌，逆德者亡；兵出無名，事故不成。……項羽爲無道，放殺其主，天下之賊也。……三軍之衆，爲之素服，以告之諸侯，爲此東伐，四海之内，莫不仰德。此三王之舉也。』……於是漢王爲義帝發喪……發使告諸侯曰：『天下共立義帝，北面事之，今項羽放殺義帝江南，大逆無道。寡人親爲發喪，兵皆縞素……願從諸侯王擊楚之殺義帝者。』」史記太史公自序作孝文本紀第十：「天下歸心。」

袁生秀朗，沈心善照。漢旆南振，楚威自撓〔一〕。大略淵回，元功響效〔二〕。邈哉惟人〔三〕，何識之妙。

【校】

袁生：「袁」，本文序作「轅」。案史記高祖本紀作「袁生」，漢書作「轅生」。資治通鑑卷十胡三省

注：「轅，姓也。姓譜：陳大夫轅濤塗之後。以其所本考之，亦與爰、袁二姓通。」案：出自嬀姓，陳胡公滿之後。

【箋注】

〔一〕袁生四句：袁生，即轅生。漢書高帝紀「轅生説漢王」顏師古注引文穎：「轅，姓；生，謂諸生。」沈，莊子外物「慰暋沈屯」釋文引司馬彪：「深也。」劉邦數困於滎陽，乃西遁，入關收兵，欲復東。袁生獻策，勸其南出武關，誘項羽兵南下，而深壁勿與戰，復使韓信等安輯河北，如此則楚之兵力分散而漢得以休息，然後乃復趨滎陽。劉邦從其計，南出宛葉間，項羽果引兵而南。案：史記、漢書皆不爲袁生立傳，其事迹惟見於高祖紀。據集古録卷二後漢袁良碑、隸釋卷六國三老袁良碑，袁姓乃陳公滿之後。秦末有袁生者，隱居河洛間，爲劉邦畫策，天下既定，還居於陳。此袁生應即史記、漢書高祖紀所載者。

〔二〕大略二句：略，漢書司馬相如傳「觀士大夫之勤略」顏師古注：「智略也。」淵回，若淵之迴，言其深。元，易乾文言「元亨利貞」孔疏：「元是元大也，始首也。」元功，此謂建始帝業之大功。史記太史公自序作高祖功臣侯者年表第六：「維高祖元功，輔臣股肱。」漢書景武昭宣元成功臣表：「後世承平，頗有勞臣，輯而序之，續元功次云。」顏師古注：「元功，謂佐興其帝業者也。」效，禮記曲禮上：「效馬效羊者右牽之」鄭玄注：「猶呈見。」響效，若響之應聲，言其顯明而速。

〔三〕邈哉句：邈，廣雅釋詁：「遠也。」謂深遠也。漢晋時稱道人物常用其語。蔡邕彭城姜伯淮碑：「邈矣先生，應天淑靈。」惟，猶其也。（參裴學海古書虚字集釋）

【集評】

楊慎升庵集卷四十七：陸機漢高祖功臣頌曰：「袁生秀朗，沈心善照。漢旆南振，楚威自撓。大略淵回，元功響效。邈哉斯人，何識之妙。」按漢書，轅生説漢王曰：「願君出武關，項王必引兵南走，王深壁，令滎陽、成皋且得休，乃復走滎陽，如此，則楚所備者多，力分，漢得休，復與之戰，破楚必矣。」其後高祖未酬其賞，故史不列於功臣之數。陸機作頌，乃儕之二（應作「三」）十一人之列，可謂發潜闡幽矣。王應麟曰：「轅生説行而身隱，鴻飛魚潜，脱屣圭組，遠希魯連，近慕董公。亦古之逸民，不可與辯士説客并論也。」慎按姓氏書，轅生乃轅塗之後，漢有轅固生，之後也。其後去車爲袁。後漢袁良碑叙其世系，曰：「當秦之亂，隱居河洛。高祖破項，實從其策。天下既定，還宅扶樂。」文（當依王應麟通鑑答問卷三作「史」）失其名，碑亦闕焉。非陸士衡、王伯厚發其潜德，人亦罕知之。予故彙之以補班史之遺焉。

紀信誑項，軺軒是乘〔一〕。攝齏赴節，用死孰懲〔二〕？身與烟消，名與風興。

【校】

攝齏：「齏」，原作「齋」，據文選集注本改。胡刻本文選考異云：「『齋』疑是『齏』之訛。」尤刻本文選、陸本作「齊」，「齊」乃「齎」之借字。

【箋注】

〔一〕紀信二句：軺，急就章卷三「輜軺轅軸輿輪輮」顔師古注：「輕車也。」史記項羽紀：「漢將紀信説漢王曰：『事已急矣，請爲王誑楚，爲王，王可以間出。』於是漢王夜出女子滎陽東門，被甲二千人，楚兵四面擊之。紀信乘黄屋車，傅左纛，曰：『城中食盡，漢王降。』楚軍皆呼萬歲。漢王亦與數十騎從城西門出，走成皋。項王見紀信，問：『漢王安在？』信曰：『漢王已出矣。』項王燒殺紀信。」

〔二〕攝齎二句：論語鄉黨：「攝齊升堂。」何晏集解引孔安國：「衣下曰齊。攝齊者，摳衣也。」邢昺疏：「將升堂時，以兩手當裳前，提挈裳使起，恐衣長轉足躡履之。」赴，説文走部：「趨也。」赴節，見卷五答賈謐「義夫赴節」注。用，以。懲，廣雅釋言：「恐也。」二句謂以死踐行忠義，何懼之有。攝齎，形容從容赴死之狀。

周苛慷慨，心若懷冰〔一〕。刑可以暴，志不可淩〔二〕。貞軌偕没，亮迹雙升〔三〕。帝疇爾庸，後嗣是膺〔四〕。

【校】

刑可以：「刑」，文選五臣本、文選集注本、陳八郎本文選、陸本、影宋本作「形」。「刑」、「形」通。

【箋注】

〔一〕周苛二句：周苛，沛人，爲御史大夫。李善注引應劭風俗通：「言人清高，如冰之潔。」阮籍大人先生傳：「心若懷冰。」

〔二〕刑可二句：劉邦自滎陽西遁，令周苛等守滎陽。城破，周苛被俘。項羽謂之曰：「爲我將，我以公爲上將軍，封三萬户。」周苛罵曰：「若不趣降漢，漢今虜若，若非漢敵也。」項羽怒，烹周苛。刑（形）可以暴，謂被烹也。

〔三〕貞軌二句：謂周苛之堅貞赴死及身後之聲名與紀信同。李善注引謝承後漢書黄向對策：「雷義陳重，出則雙升。」

〔四〕帝疇二句：疇，通酬。漢書張敞傳敞上封事：「公子季友有功於魯，大夫趙衰有功於晉，大夫田完有功於齊，皆疇其庸，延及子孫。」膺，受。參卷八七徵「膺天監之休命」注。周苛子成，以父死事，封高景侯。案：漢書高后紀有「襄平侯紀通，尚符節」之語，張晏以爲通乃紀信子，晉灼則據功臣表云紀通乃紀成之子，非紀信子。李善亦以張晏爲誤，且云陸機「帝疇」二句誤同張晏。其實此二句單指周苛而言，不包括紀信，李善誤解。頌周苛與上頌紀信同用一韻，且二人皆死王事，「貞軌」二句總二人言之，李善遂誤以爲「帝疇」二句亦總言之。

天地雖順，王心有違〔一〕。懷親望楚，永言長悲〔二〕。侯公伏軾，皇媪來歸。是謂平國，寵命有輝〔三〕。

【校】

天地：「地」，文選五臣本、陳八郎本文選、影宋本作「命」。

【箋注】

〔一〕天地二句：天地句，謂天命在漢。王，指漢王劉邦。詩邶風谷風：「行道遲遲，中心有違。」鄭箋：「違，徘徊也。……其心徘徊然。」

〔二〕懷親二句：詩大雅下武：「永言孝思。」楚辭劉向九嘆怨思：「日黄昏而長悲。」劉邦敗於彭城，其父太公及吕后間行尋之，不遇，爲楚軍所得，項羽常置於軍中爲質。

〔三〕侯公四句：莊子漁父：「孔子伏軾而嘆。」史記高祖紀：「母曰劉媪。」裴駰集解：「文穎曰：『幽州及漢中皆謂老嫗爲媪。』孟康曰：『長老尊稱也。……媪，母别名也。』」張守節正義：「漢儀注云：『高帝母起兵時死小黄城，後於小黄立陵廟。』」劉邦遣陸賈説項羽，請釋放太公，羽不聽。復使侯公往，羽乃與漢約，中分天下，以鴻溝爲界，歸太公、吕后，引兵解而東歸。劉邦乃封侯公爲平國君。漢書高帝紀顔師古注：「以其善説，能平和邦國。」案：史記項羽紀、漢書項籍傳云項羽「歸漢王父母妻子」，漢書高帝紀則云歸太公、吕后，不言其母。後人頗有置辯者。或言父母妻子者，當是泛言眷屬，其母實不在内；或言太公實有後妻，與之同爲質於楚軍。陸機此云皇媪，顧炎武日知録卷二十一「陸機文誤」條、何焯義門讀書記卷四十九皆以爲誤，謂其母早逝，項羽所歸者并無劉媪。然亦有以爲皇、媪分指太公、吕后，故陸機不誤，如俞樾日知録小箋：「陸機即不知高帝母先亡，然亦不應捨太公不言而專言皇媪之來歸也。余疑皇媪者，皇謂太上皇，媪謂吕后，猶鄒陽上吴王書『六齊望於惠、后』，惠謂惠帝，后謂吕后，古人不以爲嫌也。然則陸文自不誤，讀陸文者誤耳。」

震風過物，清濁效響〔一〕。大人于興，利在攸往〔二〕。弘海者川，崇山惟壤〔三〕。韶濩錯音，衮龍比象〔四〕。明明衆哲，同濟天綱〔五〕。劍宣其利，鑒獻其朗。文武四充，漢祚克廣〔六〕。悠悠遐風，千載是仰。

【校】

天綱：「綱」，原作「綱」，據四部叢刊本文選、尤刻本文選、陸本改。奎章閣藏文選卷四十七之李善本

【箋注】

〔一〕震風二句：揚雄法言吾子：「震風陵雨，然後知夏屋之爲帡幪也。」文子自然：「昔堯之治天下也……若風之過蕭（簫），忽然而感之，各以清濁應。」

〔二〕大人二句：周易巽：「利有攸往，利見大人。」

〔三〕弘海二句：管子形勢解：「海不辭水，故能成其大；山不辭土石，故能成其高；明主不厭人，故能成其衆。」李斯上書秦始皇：「太山不讓土壤，故能成其大；河海不擇細流，故能就其深。」

〔四〕韶濩二句：左傳襄公二十九年：「見舞韶濩者。」周禮春官大司樂：「以樂舞教國子，舞雲門、大卷、大咸、大磬、大夏、大濩、大武。」鄭玄注：「此周所存六代之樂。……大磬，舜樂也。……大濩，湯樂也。」韶、磬通。錯，漢書谷永傳「親疏相錯」顔師古注：「間雜也。」衮，禮記王制「三公一命卷」鄭玄注：「卷，俗讀也，其通則曰衮。」衮龍即卷龍。周禮春官司服：「王之吉服：……享先王則衮冕。」鄭玄注引鄭衆：「衮，卷龍衣也。」又云：「玄謂書曰：『予欲觀古人之象：日月星辰、山、龍、華蟲，作繢；宗彝、藻、火、粉米、黼、黻，希繡。』此古天子冕服十二章，舜欲觀焉。……王者相變，至周……而冕服九章：……初一曰龍，次二曰山，次三曰華蟲，次四曰火，次五曰宗彝，皆畫以爲繢；次六曰藻，次七曰粉米，次八曰黼，次九曰黻，皆希以爲繡。則衮之衣五章，裳四章，凡九也。」據鄭玄説，周代衮服，其上衣繪有卷龍、山、華蟲（五色，似雉）、火、宗彝（虎、蜼）五種圖像。比象，謂次比布列諸種具有象徵意義之色彩、圖像。國語周語：「文章比象。」韋昭注：「黼黻繪繡之文章也。比象，比文以象，山、龍、華蟲之屬。」象謂象徵，吉服上繪繡之色彩、圖像均有所象徵。二句以音聲錯雜以成雅樂、色彩圖像比次以成衮服，喻文武臣佐各致其力以成漢室帝業。

〔五〕明明二句：詩魯頌泮水：「明明魯侯。」濟，爾雅釋言：「成也。」老子七十三章：「天網恢恢，疏而不失。」蔡邕釋誨：「天網縱，人紘弛。」李善注引崔寔本論：「舉彌天之網，以羅海内之雄。」吕向注：「同濟天網，謂同濟天下離亂，若整綱紀網羅也。」案：吕注近是。陸機五等諸侯論：「衆目營方，則天網自昶。」此二句亦其意。

〔六〕文武二句：尚書堯典：「光被四表。」僞孔傳：「光，充。……充溢四外。」廣，長。參廣雅釋詁「尋，長也」王念孫疏證。詩魯頌泮水：「克廣德心。」

【集評】

陸雲與兄書：漢功臣頌甚美。

劉勰文心雕龍頌贊：陸機積篇，唯功臣最顯。其褒貶雜居，固末代之訛體也。

孫洙評：品藻諸臣無漏意，亦無溢詞。琢句如秦碑漢篆，工勁蒼老，自有精氣存乎其間。（見山曉閣重訂文選）

方廷珪昭明文選集成：按三十一人中，有各人之遇合，有各人之功績，有各人之面目，必睹影識形，聞響知音，才見精神結聚。若改易字面俱可相通，便不成章矣。全意包裹，細意熨帖，刻羽引商，鏤金錯采，令千載下生氣奕奕，是爲才人極筆。

姚鼐評：厭厭無氣，不及袁彦伯三國贊也。（見吴闓生桐城吴先生點勘文選）

何焯義門讀書記卷四十九：（袁彦伯三國名臣序贊）贊勝士衡高祖功臣頌，序亦激昂，晉代之佳者。贊雅質勝陸，然陸甚變化。

李兆洛駢體文鈔卷二十二：此士衡所謂文繁理富、意必指適者也，優游彬蔚、精微朗暢，兩者兼之。

譚獻評：有變化，有頓挫，可謂跌宕昭章矣。神完氣足，意内言外，不刊之文。（見駢體文鈔卷二十二）

林紓春覺齋論文：陸士衡爲漢高祖功臣頌，皇皇大觀也，然篇中如「拾代如遺，偃齊猶草」、「身與烟消，名與風興」等句，此揚子雲所萬萬不爲者。觀子雲爲趙充國頌，無一語不經心，亦無一語傷於纖弱，則極意摹古，由其讀古書多，故發聲亦洪而肅，此不能以淺率求也。

丞相箴〔一〕

夫導民在簡，爲政以仁。仁實生愛，簡亦易遵〔二〕。罔疏下睦，禁密巧繁。深文碎教，伊何能存〔三〕？故人不可以不審，任不可以不忠〔四〕。捨賢昵讒，則喪爾邦〔五〕。且偏見則昧，專聽悔疑〔六〕。耳目之用，亦各有期〔七〕。夫豈不察？而惟墻隔之〔八〕。矜己任智〔九〕，是蔽是欺。德無遠而不復，惡何適而不追〔一〇〕？存亡日鑒，成敗代

陳〔二〕。人咸知鏡其貌，而莫能照其身。藝文類聚卷四十五

【校】

悔疑：「悔」，影宋本作「誨」。

惟墻：「惟」，陸本作「帷」。疑作「帷」是。

【箋注】

〔一〕晉書職官志：「丞相、相國，并秦官也。晉受魏禪，并不置。自惠帝之後，省置無恒。爲之者，趙王倫、梁王肜、成都王穎、南陽王保、王敦、王導之徒，皆非復尋常人臣之職。」據惠帝紀，永康元年（三〇〇）四月，趙王倫自爲相國；九月，改司徒爲丞相，以梁王肜爲之；永寧元年（三〇一）六月，罷丞相，復置司徒官。至於成都王穎之爲丞相，在永興元年（三〇四）正月，陸機已於上年太安二年冬被害。本篇之作，當在永康元年之後。（參朱曉海陸雲與兄平原書臆次編説）

〔二〕夫導民四句：國語晉語：「夫長國者惟知哀樂喜怒之節，是以導民。」論語爲政：「爲政以德。」孟子離婁下：「仁者愛人。」周易繫辭上：「簡則易從。」

〔三〕罔疏四句：罔，通網。老子七十三章：「天網恢恢，疏而不失。」史記平準書：「網疏而民富。」晉書劉頌傳頌上武帝悉要事宜疏：「故善爲政者，綱舉而網疏。」禁密句，謂上之法禁

密，則下之巧僞繁。即老子「法令滋彰，盜賊多有」之意。史記汲黯傳：「刀筆吏專深文巧詆。」伊，發語詞。

〔四〕故人二句：審，荀子非相「審其人所貴君子」楊倞注：「謂詳觀其道也。」任，漢書汲黯傳「信任宏」顔師古注引蘇林：「保舉。」忠，左傳成公九年：「無私，忠也。」二句謂知人須明悉，舉人須無私。

〔五〕捨賢二句：三國志魏書楊阜傳阜上魏明帝疏：「若舍賢而任所私，此忘治之甚者也。」「捨」、「舍」通。論語子路：「一言而可喪邦。」

〔六〕且偏見二句：漢書匈奴傳贊：「偏見一時之利害，而未究匈奴之終始也。」悔，通晦。晦，終竟、窮盡之意。尚書洪範「曰悔」孔疏：「鄭玄云：『悔之言晦，晦，猶終也。』晦是月之終，故以爲終。」三國志蜀書諸葛亮傳注引亮正議：「勢窮慮悔，僅能自脱。」謂計慮窮盡也。悔疑，言窮於疑惑、終將迷惑。管子任法：「倍其公法，損其正心，專聽其大臣者，危主也。」

〔七〕耳目二句：期，吕氏春秋懷寵「徵斂無期」高誘注：「度。」二句言個人之視聽皆有限度。

〔八〕而惟墻句：惟，當作「帷」。吕氏春秋任數：「十里之間而耳不能聞，帷墻之外而目不能見。」漢書鄒陽傳陽獄中上書：「今人主沈諂諛之辭，牽帷廧之制。」廧即墻字。

〔九〕矜己句：矜，禮記表記「不矜而莊」鄭玄注：「謂自尊大也。」鹽鐵論訟賢：「矜己而伐能。」

〔一〇〕德無二句：復，左傳定公四年「我必復楚國」杜預注：「報也。」周易泰九三：「无平不陂，无往不復。」二句謂爲德必有所報，爲惡決不可逭。

〔一一〕代：疑原作世，唐人避諱改。

【集評】

陸雲與兄書：兄丞相箴小多，不如女史清約耳。

孔子贊

孔子睿聖，配天弘道。風扇玄流，思探神寶。明發懷周，興言謨老。靈魄有行，言觀蒼昊。清歌先誠，丹書有造。藝文類聚卷二十

案：此篇又見陸雲集卷六，爲登遐頌二十一首之四。應是陸雲所作。

王子喬贊

遺形靈岳，顧景忘歸。乘雲倏忽，飄颻紫微。藝文類聚卷七十八

案：此篇又見陸雲集卷六，爲登遐頌二十一首之二，「遺形」句前有「王喬淵嘿，遂志潛輝」二句，「乘雲」句前有「變彼有傳，與爾翻飛」二句。應是陸雲所作。

至洛與成都王箋〔一〕

王室多故，禍難荐有〔二〕。羊玄之乘寵凶竪，專記朝政，奸臣賊子，是爲比周〔三〕。皇甫商同惡相求，共爲亂階〔四〕。至令天子飄颻，甚於贅旒〔五〕。伏惟明公匡濟之舉〔六〕，義命方宣，元戎既啓，威風電赫〔七〕。機以駑暗，文武寡施〔八〕，猥蒙横授，委任外梱〔九〕。輒承嚴教，董率諸軍，唯力是視〔一〇〕。藝文類聚卷五十九

【校】

飄颻：「颻」，影宋本作「飄」。

贅旒：「旒」，原作「瘤」，據陸本、影宋本改。

明公：「明」，影宋本作「相」。

元戎：「元」，原作「先」，據陸本、影宋本改。

威風：陸本、影宋本作「風威」。

唯力：影宋本「力」下有「之」字。

【箋注】

〔一〕惠帝太安二年（三〇三）八月，河間王司馬顒、成都王司馬穎舉兵討長沙王司馬乂。穎引兵

屯朝歌，以陸機爲前將軍、前鋒都督，督北中郎將王粹、冠軍將軍牽秀、中護軍石超等軍二十餘萬，南向洛陽。乂爲太尉、都督中外諸軍事以禦之，而以惠帝親自率軍爲名，故八九月間惠帝常在軍中。此箋云「至令天子飄颻，甚於贅旒」，即謂此。則此箋當作於其時。

〔二〕王室二句：左傳襄公二十二年：「國家罷病，不虞荐至。」杜預注：「荐，仍也。」仍，頻也，數也。晉書齊王冏傳司馬顒上表討冏：「王室多故，禍難罔已。」

〔三〕羊玄之四句：羊玄之，泰山南城人。惠帝羊皇后父，封興晉公，爲尚書右僕射，加侍中。羊后之立，乃趙王倫逆黨孫秀之議。司馬顒、司馬穎攻長沙王乂，進逼洛陽，以討玄之爲名，太安二年九月，遂憂懼而卒。潛夫論明暗：「乘舊寵沮之於内。」三國志魏書董卓傳何進密令董卓上書：「中常侍張讓等竊幸乘寵。」豎，後漢書王允傳「宋翼豎儒」李賢注：「豎者，言賤劣如僮豎。」三國志吴書諸葛恪等傳評：「峻、綝凶豎盈溢。」記，通紀。國語周語「紀農協功」韋昭注：「紀，謂綜理也。」後漢書申屠剛傳舉賢良方正對策：「奸臣賊子，以之爲便。」比周，漢書谷永傳「無用比周之虛譽」顏師古注：「言阿黨親密也。」

〔四〕皇甫商二句：皇甫商，安定人，曾爲梁州刺史，爲趙王倫所任。倫敗，去職。後爲齊王冏參軍。復被長沙王乂任遇，爲乂參軍，又爲左將軍。司馬顒密使李含等謀殺司馬乂，皇甫商以告乂，乂收含等殺之。顒聞含死，即起兵，以討商爲名。而乂即使商率兵距顒將張方，爲方所敗。左傳昭公十三年：「同惡相求，如市賈焉。」詩小雅巧言：「職爲亂階。」鄭箋：「主爲亂作階，言亂由之來也。」

〔五〕至令二句：旒，詩商頌長發「爲下國綴旒」鄭箋：「旒旗之垂者也。」謂綴於旒旗邊緣以爲飾者。公羊傳襄公十六年：「君若贅旒然。」何休注：「旒，旗旒；贅，繫屬之辭。……以旗旒喻者，爲下所執持東西。」太安二年八九月間，司馬乂軍與司馬顒、司馬穎軍周旋作戰，惠帝爲其所挾，亦在軍中，輾轉於洛陽周圍，故云贅旒。

〔六〕伏惟句：明公，漢魏以來尊稱。後漢書何敞傳敞奏記太尉宋由：「明公履晏晏之純德。」三國志魏書賈詡傳：「多所匡濟。」

〔七〕元戎二句：詩小雅六月：「元戎十乘，以先啓行。」毛傳：「元，大也。」史記三王世家「以賞元戎」裴駰集解引韓詩章句：「元戎，大戎，謂兵車也。」啓，儀禮士昏禮「贊啓會」鄭玄注：「發也。」後漢紀順帝紀張衡陽嘉二年對策：「雷電赫怒。」

〔八〕施：淮南子修務「在所設施」高誘注：「用也。」

〔九〕猥蒙二句：猥，苟且，姑且。横，慧琳一切經音義卷二「有横」注引考聲：「不順理也。」梱，亦作閫。禮記曲禮上「外言不入於梱」鄭玄注：「門限也。」史記馮唐傳：「上古王者之遣將也，跪而推轂曰：『閫以内者，寡人制之；閫以外者，將軍制之。』」裴駰集解引韋昭：「此郭門之閫也。」隸釋東漢孝廉柳敏碑：「觀威外梱，屬城震栗。」

〔一〇〕輒承三句：孔融報曹公書：「奉遵嚴教，不敢失墜。」董，左傳文公六年「董逋逃」杜預注：

「督也。」左傳僖公二十四年：「除君之惡，唯力是視。」

謝平原内史表〔一〕

陪臣陸機言〔二〕。今月九日，魏郡太守遣兼丞張含齎板詔書印綬，假臣爲平原内史〔三〕。拜受祇竦，不知所裁〔四〕。臣本吴人，出自敵國〔五〕。世無先臣宣力之效，才非丘園耿介之秀〔六〕。皇澤廣被，惠濟無遠〔七〕，擢自群萃〔八〕，累蒙榮進。入朝九載，歷官有六，身登三閣，官成兩宫〔九〕。服冕乘軒，仰齒貴游〔一〇〕。振景拔迹，顧邈同列〔一一〕。施重山岳，義足灰没〔一二〕。遭國顛沛，無節可紀〔一三〕。雖蒙曠蕩〔一四〕，臣獨何顔！俯首頓膝，憂愧若厲〔一五〕。中謝。而横爲故齊王冏所見枉陷，誣臣與衆人共作禪文，幽執囹圄，當爲誅始〔一六〕。臣之微誠，不負天地。倉卒之際，慮有逼迫，乃與弟雲及散騎侍郎袁瑜、中書侍郎馮熊、尚書右丞崔基、廷尉正顧榮、汝陰太守曹武〔一七〕，思所以獲免，陰蒙避迴〔一八〕。岐嶇自列〔一九〕，片言隻字，不關其間，事踪筆迹，皆可推校〔二〇〕，而一朝翻然更以爲罪。蕞爾之生，尚不足吝〔二一〕，區區本懷〔二二〕，實有可悲。畏逼天威，即罪惟謹〔二三〕，鉗口結舌，不敢上訴所天〔二四〕。莫大之釁，日經聖聽，肝血之誠，終不一聞〔二五〕。所以臨難慷慨，而不能不恨恨者〔二六〕，唯此而已。重蒙陛下愷悌之宥，迴霜收電，使不隕越〔二七〕，復得扶老携幼〔二八〕，生出獄户，懷金拖紫，退就散輩〔二九〕。感恩惟咎，五情震悼，局天蹐地，若無所容〔三〇〕。不悟日月之明，遂垂曲照，雲雨之澤，播及朽瘁〔三一〕。忘臣弱才，身無足采，哀臣零落，罪有可察。苟削丹書，得夷平民〔三二〕，則塵洗天波，謗絶衆口〔三三〕，臣之始望，尚未至是。猥辱大命，顯授符虎〔三四〕，使春枯之條，更與秋蘭垂芳；陸沉之羽，復與翔鴻撫翼〔三五〕。雖安國免徒，起紆青組，張敞亡命，坐致朱軒〔三六〕，方臣所荷，未足爲泰。豈臣蒙垢含吝〔三七〕，所宜忝竊？非臣毁宗夷族，所能上報。喜懼參并，悲慚哽結。拘守常憲，當便道之官〔三八〕，不得束身奔走，稽顙城闕。瞻係天衢，馳心輦轂，臣不勝屏營延仰〔三九〕。謹拜表以聞。奎章閣藏文選卷三十七之李善本

【校】

不知所裁：此句下四部叢刊本文選、北宋本文選有「中謝」二字，尤刻本文選有「臣機頓首頓首死罪死罪」十字，陸本則作「臣機頓首死罪死罪」八字。胡刻本文選考異云：「茶陵本無此十字，有『中謝』二字，是也。袁本并無『中謝』，非。尤用善謝開府表注所云添改，益非。」又「不」，陸本、影宋本作「莫」。

臣本吴人：四部叢刊本文選無「吴人」二字。

憂愧若厲：文選五臣本、陳八郎本文選、陸本、影宋本句下無「中謝」二字。

乃與：北宋本文選無「乃」字。

袁瑜：「袁」，北宋本文選、陳八郎本文選作「爰」，「袁」、「爰」通。

岐嶇：「岐」，文選五臣本、陳八郎本文選、四部叢刊本文選、陸本、影宋本作「崎」。「岐」、「崎」通。

恨恨：文選五臣本、影宋本作「悢悢」。

若無所容：四部叢刊本文選、北宋本文選、尤刻本文選此下有「中謝」二字。

【箋注】

〔一〕李善注引臧榮緒晉書：「成都王表理機，起爲平原内史。到官上表謝恩。」平原國，治平原（今山東平原南）。平原王司馬榦，司馬懿子，武帝時封，不之國，永嘉五年卒，年八十。晉書職官志：「諸王國以内史掌太守之任。」本表云「横爲故齊王冏所見枉陷」，是作於冏死後。據晉書惠帝紀，冏爲長沙王乂所殺，在惠帝永寧二年（三〇二）十二月丁卯（二十二日）以後數日内。冏被殺後，即改元太安。表又云「今月九日」，則當作於次年即太安二年。陸機嘆逝賦李善注引王隱晉書：「成都王穎以機爲司馬，參大將軍軍事。」晉書陸機傳：「穎以機參大將軍軍事，表爲平原内史。」是陸機先就司馬穎徵，爲其參軍，隨即穎復上表，以之爲平原内史。案：李善以此篇爲謝成都王穎，誤。乃上於惠帝者。見下文「重蒙陛下愷悌之宥」句注引何焯説。

〔二〕陪臣：李善注引蔡邕獨斷：「諸侯境内自相以下皆爲諸侯稱臣，於朝皆稱陪臣。」史記周本紀管仲曰：「陪臣敢辭。」集解引服虔曰：「陪，重也。諸侯之臣於天子，故曰陪臣。」晉書鄭默傳：「武帝受禪，與太原郭奕俱爲中庶子。朝廷以太子官屬，宜稱陪臣，默上言：『皇太子體皇極之尊，無私於天下，宫臣皆受命天朝，不得同之藩國。』事遂施行。」可知晉時諸侯國官員於天子稱陪臣。太平御覽卷五百四十二引尚書逸令：「卞壺等奏：……晉制：拜列侯爲相、内史，於天朝不曰陪，於蕃國不稱臣。」是除列侯外，晉之相、内史於天子均稱陪臣。陸機爲内史，於平原王稱臣，於晉帝稱陪臣。

〔三〕魏郡二句：魏郡，治鄴（今河北磁縣南）。丞，佐太守治郡。漢書百官公卿表：「郡守，秦官……有丞。……景帝中二年更名太守。」司馬彪續漢書百官志：「每郡置太守一人……丞一人。」齎，慧琳一切經音義卷十一「齎來」注引顧野王云：「持也。」板詔書，書詔於板。授官用之。後漢書李雲傳雲上書：「今官位錯亂，小人諂進，財貨公行，政化日損。尺一拜用，不經御省。」李賢注：「尺一之板，謂詔策也，見漢官儀也。」文選孔稚圭北山移文李善注引蕭子良古今篆隸文體：「鶴頭書與偃波書，俱詔板所用，在漢則謂之尺一簡。」程大昌演繁露卷十「白板天子」條：「魏晉至梁陳，授官有板，長一尺二寸，厚一寸，闊七寸。授官之辭在於板上，爲鵠頭書。」通典卷三十三州郡下：「晉宋守、相、内史并銀章青綬。」假，廣雅釋詁：「借也。」君上以官職與臣下，猶假借也。時司馬穎爲大將軍、都督中外諸軍事，鎮鄴。陸機爲其參軍事，故亦在鄴。

〔四〕不知句：裁，廣雅釋言：「制也。」後漢書順帝紀陽嘉二年五月詔：「矜矜祇畏，不知所裁。」

〔五〕出自句：史記吳起傳：「敵國不敢謀。」

〔六〕世無二句：世，謂己之先世。先臣，先人而爲臣者。左傳文公十五年：宋華耦盟於魯，文公與之宴，耦辭曰：「君之先臣督，得罪於宋殤公。」華督乃耦之先人。宣，左傳昭公二十七年「而弗敢宣也」杜預注：「用也。」尚書皋陶謨：「予欲宣力四方，汝爲。」（僞古文在益稷）李善注：「易曰：『賁于丘園，束帛戔戔。』王肅曰：『隱處丘園，道德彌明，必有束帛之聘。』」耿介，守正不傾。見卷二遂志賦「抱耿介以成名」注。

〔七〕皇澤二句：王褒四子講德論：「皇澤豐沛。」無遠，極言其遠也。尚書洛誥：「無遠用戾。」

〔八〕群萃：國語齊語：「群萃而州處。」韋昭注：「萃，集也。」

〔九〕入朝四句：李善注引臧榮緒晉書云：「太熙末，太傅楊駿辟機爲祭酒。駿誅，徵爲太子洗馬。吳王出鎮淮南，以機爲郎中令。遷尚書中兵郎，轉殿中郎。又爲著作郎。」案：陸機於惠帝元康元年（二九一）春赴洛，約於是年末任太子洗馬，至惠帝永康元年（三〇〇）爲九載。其被楊駿辟爲祭酒，乃公府除辟，應不在入朝之數，而永康元年爲中書郎，則應數之。故「歷官有六」者，謂爲太子洗馬、吳王郎中令、尚書郎中、殿中郎、著作郎、中書郎也。（參俞士玲陸機陸雲年譜）李善注引晉令：「秘書郎掌中外三閣經書。」三閣當指尚書閣、中書閣、秘書閣。夏侯湛抵疑：「盈中書之閣。」是中書亦得稱閣。參卷五答賈謐「升降秘閣」注。尚書、中書在禁中，秘書在外。呂向注：「兩宮，東宮及上臺也。」案：兩宮，指東宮及朝廷。所謂上臺，即指帝所居宮禁，尚書、中書官寺皆在宮禁内。（資治通鑑卷一百七十八：「會上令選東宮衛士以入上臺，熲奏稱：『若盡取强者，恐東宮宿衛太劣。』上作色曰：『我有時出入，宿衛須得勇毅；太子毓德春宮，左右何須壯士？』」又卷一百八十：「楊素聞之，以白太子，矯詔執述巖，繫大理獄，追東宮兵士帖上臺宿衛。」又卷一百九十：「世民居承乾殿，元吉居武德殿後院，與上臺、東宮晝夜通行，無復禁限。太子、二王出入上臺，皆乘馬，携弓刀雜物，相遇如家人禮。」胡三省注：「上臺，謂帝居。」）

〔一〇〕服冕二句：左傳哀公十五年：「服冕乘軒，三死無與。」杜預注：「冕，大夫服；軒，大夫車。」齒，左傳隱公十一年「不敢與諸任齒」杜預注：「列也。」周禮地官師氏：「凡國之貴游子弟學焉。」鄭玄注：「貴游子弟，王公之子弟。游，無官司者。」此泛指顯貴。

〔一一〕邈：李善注引臣瓚漢書注：「凌邈也。」

〔一二〕施重二句：謂己蒙受恩施重於山岳，於義足以令己如灰之滅以報之。李善注引葛龔讓州辟文：「恩重山岳。」後漢書陳龜傳龜上疏：「盡種灰滅。」

〔一三〕遭國二句：趙王倫擅政時，陸機爲其相國參軍，被任爲中書侍郎；倫篡位稱帝，陸機亦不敢有所違逆，故云。詩大雅蕩：「顛沛之揭。」毛傳：「顛，仆；沛，拔也。」以木之顛仆拔根爲喻。

〔一四〕曠蕩：文選王褒洞簫賦「彌望儻莽，聯延曠蕩」李善注：「寬廣之貌。」傅遐皇初頌：「發曠蕩之明詔，眚災肆赦，蕩滌瑕穢。」陳壽三國志吴書三嗣主傳評：「豈非曠蕩之恩、過厚之澤也哉！」

〔一五〕俯首二句：劉良注：「頓膝，謂拜跪也。」周易乾九三：「夕惕若厲。」孔疏：「若，如也；厲，危也。」

〔一六〕而横四句：齊王冏，字景治。趙王倫篡位，冏舉兵討之。倫敗死，惠帝反正，冏拜大司馬，輔政。百官凡倫所用者，皆斥免之。冏疑倫篡位時陸機等作禪讓文，遂下於獄。後賴成都王穎、吴王晏救理之，得減死徙邊，遇赦而止。司馬遷報任少卿書：「深幽囹圄之中。」張銑注：「誅始，謂先合誅也。」

〔一七〕乃與句：李善注引王隱晋書云：「袁瑜，字世都。馮熊，字文羆。顧榮，字彦先。」又引晋百官名：「曹武，字道淵。」馮熊，參卷五贈馮文羆遷斥丘令題注。顧榮，參卷五贈尚書郎顧彦先二首題注。榮爲廷尉正在趙王倫篡位前。崔基，清河人，曾爲太傅楊駿掾，爲賈謐二十四友之一。

〔一八〕陰蒙句：陰、蒙，皆暗昧之意。謂暗中迴避起草詔書之事。太平御覽卷二百二十陸機謝表云：「臣以職在中書，制命所出，而臣本以筆札見知，慮逼迫不獲已，乃詐發内妹喪，出就第，云哭泣受吊。」即所謂陰蒙避迴也。呂延濟注：「詐發妹喪，不預倫事。」其説是。李善以爲「避迴冏黨」，非是。自「臣之微誠」至此句，乃追述趙王倫時事。所謂「倉卒之際」，指趙王倫即將篡位之時，即惠帝永康元年末、二年初。（倫篡位在二年正月乙丑，即正月九日。）據晉書惠帝紀、顧榮傳，時榮任廷尉正。及倫篡位，榮被倫子虔召爲大將軍長史；齊王冏專政時，爲大司馬主簿、中書侍郎。陸機此處云廷尉正，正就當時官職而言。下文「歧嶇自列」云云，乃言不爲齊王冏所照察、定罪下獄事。

〔一九〕歧嶇：即崎嶇。廣雅釋訓：「崎嶇，傾側也。」謂艱難。列：廣雅釋詁：「陳也。」

〔二〇〕事踪二句：李善注引蔡邕書：「惟是筆迹，可以當面。」又引王隱晉書：「機與吴王晏表曰：『禪文本草，今見在中書，一字一迹，自可分别。』」

〔二一〕蕞爾二句：左傳昭公七年子産曰：「抑諺曰：『蕞爾國。』」杜預注：「蕞，小貌。」尚，曾。吝，説文口部：「恨惜也。」

〔二二〕區區：謂内心。黄生義府卷下：「區區，少意。蓋指此心而言，猶云方寸耳。」

〔二三〕畏逼二句：左傳僖公九年齊桓公曰：「天威不違顔咫尺。」公羊傳桓公十六年：「不即罪爾。」何休注：「不就罪。」漢書終軍傳：「請下御史徵(徐)偃即罪。」顔師古注：「即，就也。」論語鄉黨：「其在宗廟朝廷，便便言，唯謹爾。」

〔二四〕鉗口二句：逸周書芮良夫：「賢智箝口。」箝、鉗通。莊子田子方：「口鉗而不欲言。」李善注引慎子：「臣下閉口，左右結舌。」案：鄧析子轉辭：「臣下閟之，左右結舌，可謂明君。」閟之蓋閉口之誤。鄧析在慎到之前。漢書杜業傳業上書：「自尚書近臣皆結舌杜口。」潛夫論明忠：「故令臣鉗口結舌而不敢言。」後漢書梁竦傳梁嫕上書：「乃敢昧死自陳所天。」李賢注：「臣以君爲天，故云所天。」

〔二五〕莫大四句：釁，左傳宣公十二年「會聞用師觀釁而動」杜預注：「罪也。」四句謂不忠之罪名日日入於君上之耳，肺腑之誠乃始終不爲所知。

〔二六〕悢悢：慧琳一切經音義卷二十「悒悢」注引顧野王云：「意不申快曰悢。」

〔二七〕重蒙三句：詩小雅青蠅：「豈弟君子，無信讒言。」鄭箋：「豈弟，樂易也。」愷悌即豈弟，怡然和悦貌。荀悦申鑒雜言：「故人主……怒如秋霜，威如雷霆之震。」漢書孫寶傳：「今日鷹隼始擊，當順天氣，取奸惡，以成嚴霜之誅。」後漢書寇榮傳榮上書：「復令陛下興雷電之怒。」左傳僖公九年：「小白余敢貪天子之命，無下拜，恐隕越于下。」杜預注：「隕越，顛墜也。」案：李善注：「陛下，謂成都也。」誤。何焯義門讀書記卷四十九：「按此表自上惠帝，非成都也。觀表首稱陪臣可見。是時士衡從成都在鄴下，魏郡太守治鄴，故詔書下魏守，守復遣丞授之耳。兼以表末便道之官等語證之，其義尤明。李注恐誤。」

〔二八〕復得句：戰國策齊策：「民扶老携幼，迎君道中。」

〔二九〕懷金二句：拖，拕之俗字。拕，説文手部：「曳也。」揚雄法言學行：「使我紆朱懷金，其樂可量也？」解嘲：「紆青拖紫。」案：晉書陸機傳：「豫誅賈謐功，賜爵關中侯。」關中侯始置於漢建安時。三國志魏書武帝紀建安二十年：「始置名號侯，至五大夫，與舊列侯、關内侯，凡六等，以賞軍功。」裴松之注引王沈魏書：「置名號侯爵十八級，關中侯爵十七級，皆金印紫綬。又置關内（潘眉、錢儀吉云内字衍）外侯十六級，銅印龜紐墨綬。五大夫十五級，銅印環紐，亦墨綬。皆不食租。與舊列侯、關内侯凡六等。」宋書禮志：「關内、關中、名號侯，金印紫綬。」隋書禮儀志：「縣、鄉、亭、關内、關中及名號侯，金印龜鈕紫綬。」魏、晉、南朝關中侯皆金印紫綬也。散輩，謂無職事。

〔三〇〕感恩四句：惟，爾雅釋詁：「思也。」咎，詩小雅北山「或慘慘畏咎」鄭箋：「猶罪過也。」後漢書殤帝紀延平元年敕司隸校尉部刺史：「朝廷惟咎。」李善注引文子：「昔中黄子曰：色有五章，人有五情。」案：今道藏本文子五情作五位。曹植上責躬應詔詩表：「五情愧赧。」詩小雅正月：「謂天蓋高，不敢不局。謂地蓋厚，不敢不蹐。」毛傳：「局，曲也；蹐，累足也。」曹植卞太后誄：「局天蹐地。」史記信陵君傳：「於是公子立自責，似若無所容者。」

〔三一〕不悟四句：墨子兼愛：「昔者文王之治西土，若日若月，乍光于四方。」楚辭九辯：「彼日月之照明兮。」曹植上責躬應詔詩表：「猥垂齒召。」曲，説文曲部：「象器曲受物之形也。」段玉裁注：「引申之，爲凡委曲之稱。」曲照，謂照及曲折隱僻之處。周易乾文言：「雲行雨施，天下平也。」後漢書鄧騭傳騭上疏：「被雲雨之渥澤。」播，廣雅釋詁：「布也。」

〔三二〕苟削二句：左傳襄公二十三年：「斐豹，隸也，著於丹書。欒氏之力臣曰督戎，國人懼之。斐豹謂宣子曰：『苟焚丹書，我殺督戎。』」杜預注：「蓋犯罪没爲官奴，以丹書其罪。」夷，説文大部：「平也。」謂齊等也。尚書吕刑：「延及于平民。」

〔三三〕則塵洗二句：張銑注：「天波，喻天子恩澤。」棗據表志賦：「思濯髮於天波。」國語周語：「故諺曰：衆心成城，衆口鑠金。」

〔三四〕猥辱二句：猥，廣雅釋言：「頓也。」尚書盤庚：「懋建大命。」漢獻帝敕曹操：「顯授上將鈇鉞之任。」史記文帝紀：「初與郡國守相爲銅虎符、竹使符。」裴駰集解引應劭：「銅虎符，第一至第五。國家當發兵，遣使者至郡，合符，符合，乃聽受之。」

〔三五〕陸沉二句：莊子則陽：「是陸沈者也。」釋文引司馬彪：「如無水而沈也。」漢書敘傳述張耳陳餘傳第二：「拊翼俱起。」

〔三六〕雖安國四句：史記韓安國傳：漢景帝時，韓安國事梁孝王爲中大夫，曾坐法抵罪下獄。「居無何，梁内史缺，漢使使者拜安國爲梁内史，起徒中，爲二千石。」徒，易賁初九象「舍車而徒」李鼎祚集解引崔覲：「塵賤之事也。」罪人服役，在塵賤之中，故罪人稱徒。論衡四諱：「被刑謂之徒。」組，廣雅釋器：「綬也。」漢書百官公卿表：「凡吏，秩比二千石以上皆銀印青綬。」漢書張敞傳：漢宣帝時，張敞爲京兆尹，以與楊惲厚善，免爲庶人。敞「詣闕，上印綬，便從闕下亡命」。數月，復拜冀州刺史。史記張耳傳「嘗亡命」司馬貞索隱引崔浩：「亡，無也；命，名也。逃匿則削除名籍，故以逃爲亡命。」案：亡命，謂無户籍也，非必藏匿方得稱亡命，故漢書張敞傳顔師古注：「不還其本縣邑也。」朱軒，車輿飾以朱色，貴者所乘。文選江淹别賦「朱軒繡軸」李善注引尚書大傳：「未命爲士，不得朱軒。」

〔三七〕吝：後漢書張衡傳「雪前吝」李賢注：「耻也。」

〔三八〕拘守二句：憲，爾雅釋詁：「法也。」漢書郅都傳：「都免歸家，景帝乃使使即拜都爲雁門太守，便道之官。」顔師古注：「不令至闕陳謝也。」程大昌考古編卷十「便道之官」：「便道云者，猶曰即行，不得入見也。」

〔三九〕瞻係三句：周易大畜上九：「何天之衢，亨。」鄭玄注：「人君在上位，負荷天之大道。」（文選王延壽魯靈光殿賦「荷天衢以元亨」李善注引）張衡西京賦：「豈伊不虔思於天衢。」薛綜注：「言此時豈惟不敬思居天氣四交之處邪，謂東京也。」漢書叙傳述樊酈滕灌傅靳周傳第十一：「攀龍附鳳，并乘天衢。」天衢，指天道，亦可指國都、天子所在。陸機此指後者。司馬遷報任少卿書：「得待罪輦轂下二十餘年矣。」顔師古注：「言侍從天子之車輿。」曹植上責躬應詔詩表：「馳心輦轂。」屏營，廣雅釋訓：「怔忪也。」王念孫疏證：「驚惶失據之貌。」國語吴語：「王親獨行，屏營仿偟於山林之中。」

【集評】

錢陸燦評：有此精思，若運以散文，當更頓挫有節奏，第恐無此姿態。散文姿態在動作，此姿態在肌理。（見萬曆二十三年晉陵吳氏刻文選）

孫鑛評：皇甫子循所謂語雖合璧，意若貫珠者，於此篇見之。（見天啓二年閔齊華刻孫月峰先生評文選）

鄒思明評：諄諄懇懇，斂鍔藏鋒，玉韞珠含，輝映山澤。（見天啓二年閔齊伋刻文選尤）

邵長蘅評：入謝意筆筆曲折，語益工煉。（據范子燁昭明文選邵氏批語迻録稿，係録自陳雲程補訂增訂昭明文選集成詳注）

方廷珪昭明文選集成：草禪詔，大逆也。被誣入獄，當亦自分必死。昭雪出獄，幸矣。復居散秩，已屬望外，况又擢爲内史，尤望外之望外者。入手叙進身之始，中述被誣之由，末陳受恩之厚。一路文氣故作抑而不揚，句句是悲咽聲口，以自抒其此番受恩感激，迥異尋常，所云喜極而悲也。陸文妙在流，此篇妙在不流，文字各有結構，初非傖父所知也。

譚獻評：羈旅局脊，已無生之氣矣。○客子畏人，惟憂用老。當牢户之餘生，言言酸惻，正不必推波助瀾，已覺情辭激注。○一意槃互，不待敷藻。晉宋間文字，與東漢祇隔一塵。（見李兆洛駢體文鈔卷十六）

吊魏武帝文 并序

元康八年，機始以臺郎出補著作〔一〕。游乎秘閣〔二〕，而見魏武帝遺令。愾然歎息傷懷者久之〔三〕。客曰：「夫始終者，萬物之大歸；死生者，性命之區域〔四〕。是以臨喪殯而後悲，睹陳根而絶哭〔五〕。今乃傷心百年之際，興哀無情之地，意者無乃知哀之可有，而未識情之可無乎〔六〕？」機答之曰：「夫日蝕由乎交分，山崩起於朽壤，亦云數而已矣〔七〕。然百姓怪焉者，豈不以資高明之質〔八〕，而不免卑濁之累，居常安之勢，而終嬰傾離之患故乎？夫以迴天倒日之力，而不能振形骸之内〔九〕；濟世夷難之智，而受困魏闕之下〔一〇〕。已而格乎上下者，藏於區區之木；光于四表者，翳乎蕞爾之土〔一一〕。雄心摧於弱情，壯圖終於哀志〔一二〕，長筭屈於短日，遠迹頓於促路〔一三〕。嗚呼！豈特瞽史之異闕景，黔黎之怪頹岸乎〔一四〕！觀其所以顧命冢嗣，貽謀四子，經國之略既遠〔一五〕，隆家之訓亦弘。又云：『吾在軍中，持法是也。至於小忿怒，大過失，不當效也。』善乎，達人之讜言矣〔一六〕！持姬女而指季豹，以示四子，曰：『以累汝。』〔一七〕因泣下。傷哉！曩以天下自任〔一八〕，今以愛子託人。同乎盡者無餘，而得乎亡者無存〔一九〕。然而婉孌房闥之内，綢繆家人之務，則幾乎密與〔二〇〕？又曰：『吾婕好妓人，皆著銅爵臺。於臺堂上施八尺床、繐帳，朝晡上脯糒之屬，月朝、十五，輒向帳作妓。汝等時時登銅雀臺，望吾西陵墓田〔二一〕。』又云：『餘香可分與諸夫人。諸舍中無所爲，學作履組賣也〔二二〕。吾歷官所得綬，皆著藏中〔二三〕。吾餘衣裘，可别爲一藏；不能者，兄弟可共分之。』既而竟分焉。亡者可以勿求，存者可以勿違。求與違，不其兩傷乎〔二四〕！悲夫！愛有大而必失，惡有甚而必得。智惠不能去其惡〔二五〕，威力不能全其愛。故前識所不用心，而聖人罕言焉〔二六〕。若乃繫情累於外物，留曲念於閨房〔二七〕，亦賢俊之所宜廢乎？」於是遂憤懣而獻吊云爾〔二八〕。

【校】

今乃：文選五臣本、陳八郎本文選無「乃」字。

機答之曰：文選五臣本、陳八郎本文選無此句。

夫日蝕：陸本、影宋本無「夫」字。

哀志：「哀」，後村詩話續集卷二作「衰」。

患故乎：陸本、影宋本無「乎」字。

已而：藝文類聚卷四十無此二字。

至於小忿：尤刻本文選無「於」字。

皆著銅爵臺：文選五臣本無「皆」字。「爵」，文選五臣本、陳八郎本文選、陸本、影宋本作「雀」，「爵」、「雀」通。

於臺堂上：影宋本無「於臺」二字，藝文類聚卷四十無「於臺堂」三字。

八尺：「八」，文選五臣本、陳八郎本文選、藝文類聚卷四十、後村詩話續集卷二作「六」，又世説新語言語注、初學記卷九帝王部、文選謝脁同謝諮議銅雀臺詩李善注、劉孝標廣絶交論李善注、樂府詩集卷三十一相和歌辭平調曲銅雀臺解題引魏武帝遺命均作「六」。

繐帳：文選五臣本、陳八郎本文選、影宋本「繐帳」上有「張」字，藝文類聚卷四十有「下」字。

上脯糒：「上」，文選五臣本、陳八郎本文選、影宋本、藝文類聚卷四十作「設」。

十五：文選五臣本、陸本、影宋本、藝文類聚卷四十「十五」下有「日」字。

分與：藝文類聚卷四十無「分」字。

無所爲：藝文類聚卷四十無「所」字。

所得綬：「得」，太平御覽卷六百八十二作「著」。

衣裘：「裘」，太平御覽卷六百八十二作「裳」。

【箋注】

〔一〕臺郎：指尚書郎。資治通鑑卷九十二胡三省注：「晋謂尚書郎爲臺郎。」太平御覽卷二百十五引陸機謝吳王表：「轉中兵郎，復以頗涉文學，見轉爲殿中郎。」中兵郎、殿中郎皆尚書郎。著作：晉武帝時，不設秘書監，著作屬中書省。惠帝時置秘書監，著作屬之。晉書職官志：「元康二年詔曰：『著作舊屬中書，而秘書既典文籍，今改中書著作爲秘書著作。』於是改隸秘書省。」是陸機任著作郎時，屬秘書。唐六典卷十秘書省：「惠帝永平元年詔：『秘書典綜經籍，考校古今，中書自有職務，遠相統攝，於事不專。宜令復別置秘書寺，掌中外三閣圖書。』自是秘書寺始外置焉。」是惠帝時秘書寺在宮禁外，故云出補著作。案：晉書華嶠傳云：「轉秘書監，加散騎常侍，班同中書。寺爲内臺，中書、散騎、著作及治禮、音律、天文數術、南省文章、門下撰集，皆典統之。」嶠卒於元康三年，此所云寺爲内臺，當是惠帝初置秘書監時事，後乃外置。初學記卷十二引王隱晉書：「陸士衡以文學爲秘書監虞濬所請，爲著作郎，議晉書限斷。」（又見太平御覽卷二百三十四所引。）晉書職官志：「著作郎一人，謂之大著作郎，專掌史任。又置佐著作郎八人。著作郎始到職，必撰名臣傳一人。」

〔二〕秘閣：此指秘書寺閣。

〔三〕愾然句：詩小雅白華：「嘯歌傷懷。」

〔四〕夫始終四句：孔子家語本命解：「故命者，性之始也；死者，生之終也。有始則必有終矣。」李善注引尸子：「老萊子曰：『人生於天地之間，寄也；寄者同歸也。』」莊子知北游：「魂魄將往，乃身從之，乃大歸乎。」周易説卦：「坎者，水也，正北方之卦也，勞卦也，萬物之所歸也。……艮，東北之卦也，萬物之所成終而所成始也。」李鼎祚集解引虞翻：「歸，藏也。」周易繫辭上：「原始反終，故知死生之說。」韓康伯注：「死生者，終始之數也。」禮記中庸：「天命之謂性。」鄭玄注引孝經説：「性者，生之質；命，人所稟受度也。」區域，猶範圍。

〔五〕是以二句：國語楚語：「子西嘆於朝，藍尹亹曰：『吾聞君子惟獨居思念前世之崇替，與哀殯喪，於是有嘆。其餘則不。』」禮記檀弓上：「曾子曰：『朋友之墓有宿草而不哭焉。』」鄭玄注：「宿草，謂陳根也。」孔疏：「草經一年則根陳也。」

〔六〕今乃四句：承上言死喪雖可哀，然萬物皆有始終，生者必有分限，且去者已久，又非臨喪，何必興起悲哀之情。百年，言已久。

〔七〕夫日蝕三句：由，禮記雜記上「客使自下由路西」孔疏：「在也。」交，謂日月交會；分，謂分次。文選王延壽魯靈光殿賦「昭列顯於奎之分野」李善注引小爾雅：「分，次也。」北堂書鈔卷一百四十九引春秋内事：「天有十二分次，日月之所躔也。」分次，即黄道附近一周天所分之十二等分，所謂星紀、玄枵以至大火、析木等。日月依次行歷居處之，故稱十二次，次者，處也。以等分黄道而各有分域，故亦可稱分。古人以爲日月運行中若相交會，則可能發生日蝕。春秋隱公三年：「春王二月，己巳，日有食之。」杜預注：「日行遲，一歲一周天；月行疾，一月一周天。一歲凡十二交會。然日月動物，雖行度有大量，不能不小有盈縮，故有雖交會而不食者，或有頻交而食者。」孔疏：「日月雖共行於天，而各有道。每積二十九日過半，行道交錯而相與會集。以其一會，謂之一月。每一歲之間，凡有十二會，故一歲爲十二月。日食者，月掩之也。日月之道，互相出入。或月在日表，從外而入内；或月在日裏，從内而出外。道有交錯，故日食也。……日月同處，則日被月映而形魄不見。……朔則交會，故食必在朔。然而每朔皆會，應每月常食，故解之，言『日月動物，雖行度有大量，不能不小有盈縮，故有雖交會而不食者，或有頻交而食者』。」此云「日蝕由乎交分」，猶左傳昭公七年孔疏云「日食在其分次」，謂日蝕在於與月交會之分次。左傳成公五年：「山有朽壤而崩。」數，管子霸言「固其數也」房玄齡注：「猶理也。」三句謂日蝕發生於與月交會之分次，山崩起於腐朽之土壤，亦事理之必然耳。

〔八〕豈不句：高明，指日，在天，故高且明。尚書洪範：「高明柔克。」禮記中庸：「高明配天。」

〔九〕夫以二句：後漢書黄瓊傳瓊上疏：「執回天地。」淮南子覽冥：「魯陽公與韓構難，戰酣，日暮，援戈而撝之，日爲之反三舍。」振，小爾雅廣言：「救也。」形骸之内，謂一己之身。莊子德充符：「今子與我游於形骸之内，而子索我於形骸之外。」

〔一〇〕濟世二句：漢書翟方進傳李尋奏記：「上無惻怛濟世之功。」魏闕，淮南子俶真「而神游魏闕之下」高誘注：「王者門外闕也。所以縣教象之書於象魏也。巍巍高大，故曰魏闕。」受困句，言爲疾病困苦於宫室之中。

〔一一〕已而四句：已，楊樹達詞詮：「表旋嗣，第二事之發生距第一事不久時用之。」尚書堯典：

「光被四表，格于上下。」鄭玄注：「言堯德光耀及四海之外，至於天地。」（詩周頌噫嘻孔疏引）區區、蕞爾，皆小貌。

〔一二〕雄心二句：弱情、哀志，言其心意之靡弱悲哀。情、志二字同義。春秋繁露天辨在人：「冬，哀志也。」

〔一三〕長筭二句：筭，李善注：「計謀也。」三國志蜀書張嶷傳嶷與諸葛瞻書：「恐非良計長算之術也。」張衡思玄賦：「盍遠迹以飛聲兮。」長筭、遠迹，謂良謀宏圖，短日、促路，喻生命之短促。

〔一四〕豈特二句：瞽，指大師，瞽官之長。史，指大史，史官之長。皆知天道以推人事。故國語周語單襄公對魯成公曰：「吾非瞽史，焉知天道？」韋昭注：「瞽，樂大師……史，大史……皆知天道者。」二句分承上文日蝕、山崩言。張銑注：「言豈獨日蝕山崩可爲變異之怪乎，則人命亦可傷也。」案：觀其語氣，陸機蓋謂格乎上下、光於四表者之死，其可驚可哀尚不止於日蝕山崩。

〔一五〕觀其三句：尚書有顧命。孔疏：「鄭玄云：『迴首曰顧。』顧是將去之意。……言臨將死去，迴顧而爲語也。」左傳閔公二年：「大子奉冢祀社稷之粢盛……故曰冢子。」杜預注：「冢，大也。」冢嗣，指曹丕。丕建安二十二年立爲魏太子。詩大雅文王有聲：「詒厥孫謀。」鄭箋：「詒，猶傳也。」貽、詒通。四子，見下。左傳隱公十一年：「經國家，定社稷。」曹丕典論論文：「經國之大業。」

〔一六〕達人：左傳昭公七年：「其後必有達人。」孔疏：「謂知能通達之人。」賈誼鵩鳥賦：「達人大觀。」讜：通昌。昌，爾雅釋詁：「當也。」尚書皋陶謨：「禹拜昌言。」孟子公孫丑下趙岐注引書昌作讜。

〔一七〕持姬女三句：李善注引魏略：「太祖杜夫人生沛王豹及高城公主。」三國志魏書武文世王公傳云曹操杜夫人生沛穆王林，建安十六年封饒陽侯，曹丕黄初年間進爵爲公，又爲王，至曹叡太和六年改封沛。而武帝紀注引王沈魏書，云建安十六年封子豹爲饒陽侯。故錢大昕廿二史考異以爲林一名豹。又趙王幹傳裴注引魏略：「幹一名良。良本陳妾子。良生而陳氏死，太祖令王夫人養之。良年五歲而太祖疾困，遺令語太子曰：『此兒三歲亡母，五歲失父，以累汝也。』太子由是親待隆於諸弟。」侯康三國志補注續據此以爲陸機所云季豹乃幹之小名。李善又曰：「四子，即文帝已下四王也。太祖崩，文帝受禪，封母弟彰爲中牟王，植爲雍丘王，庶弟彪爲白馬王，又封支弟豹爲侯。然太祖子在者尚有十一人，今唯四子者，蓋太祖崩時四子在側。史記不言，難以定其名位矣。」案：核以三國志魏書武文世王公傳，李善述彰、植、彪、豹封爵有誤，參朱曉海文選吊魏武帝文并序今本善注補正。

〔一八〕曩以句：孟子萬章上：「其（伊尹）自任以天下之重如此。」

〔一九〕同乎二句：同，説文冃部：「合會也。」朱駿聲説文通訓定聲頤部云借爲值。值者，彼此相遇、相當之意。得亦當、值之意。周易未濟象「君子以慎辨物居方」王弼注：「令物各當其所也。」古本當作得，見釋文。二句慨嘆已窮盡者略無留餘，已亡失者一無所存，而魏武正當此際。李善注云：「言人命盡而神無餘，身亡而識無存，今太祖同而得之，故可悲傷也。」可參。

〔二〇〕然而三句：詩齊風甫田「婉兮孌兮」毛傳：「婉孌，少好貌。」說文女部：「孌，慕也。」段玉裁注云即今之戀字。高步瀛魏晉文舉要云：「此文雖用毛婉孌字，而義則取戀慕之孌，不取少好之義也。士衡或別有所本，而今不可考矣。」案：陸機於承明作與士龍「婉孌居人思」、贈從兄車騎「婉孌崑山陰」、漢高祖功臣頌「婉孌我皇」皆取戀慕、親愛之義。參卷五於承明作與士龍「婉孌居人思」注。闥，詩齊風東方之日「在我闥兮」毛傳：「門内也。」唐風綢繆：「綢繆束薪。」毛傳：「綢繆，猶纏綿也。」幾，爾雅釋詁：「近也。」張銑注：「密，猶細也。言遺令於房闥家人，則近於細碎也。」

〔二一〕吾婕好八句：三國志魏書后妃傳：「太祖建國，始命王后，其下五等，有夫人，有昭儀，有婕好，有容華，有美人。」武帝紀：建安十五年「冬，作銅爵臺。」陸翽鄴中記云銅爵、金虎、冰井三臺，「皆在鄴都北城西北隅，因城爲基址。建安十五年，銅爵臺成，曹操將諸子登樓，使各爲賦，陳思王植援筆立就。……銅爵臺高一十丈，有屋一百二十間，周圍彌覆其上。……三臺崇舉，其高若山云。」銅爵，一作銅雀，爵、雀通。繐，說文糸部：「細疏布也。」晡，通餔。

餔，説文食部：「申時食也。」（申上原有日加二字，從段玉裁説删。）引申爲日西斜食時。脯，説文肉部：「乾肉也。」糒，説文米部：「乾飯也。」月朝，荀子禮論「月朝卜日」楊倞注：「月朝，月初也。」李周翰注：「月朝，一日也。」妓，玄應一切經音義卷二十五「作倡妓樂」注引切韻：「女樂也。」西陵墓田，曹操卒於建安二十五年正月庚子，二月丁卯葬高陵，其地在鄴城西。三國志魏書武帝紀建安二十三年六月令曰：「其規西門豹祠西原上爲壽陵。」元和郡縣志卷十六相州鄴縣：「西門豹祠在縣西十五里。魏武帝西陵在縣西三十里。」

〔二二〕諸舍二句：李善注：「舍中，謂衆妾。衆妾既無所爲，可學作履組賣之。晏子春秋曰：『景公爲履，黄金之綦，飾以組，連以珠。』」組，禮記内則「織紝組紃」孔疏：「組、紃俱爲絛也。……薄闊爲組，似繩者爲紃。」謂絲織之帶。履組，繫履之組帶。

〔二三〕吾歷官二句：綬，彩色組帶，用以繫佩玉及印等。急就章：「綸組縌綬以高遷。」顔師古注：「綬者，受也，所以承受環、印也。……秩命不同，則綵質各異，故云以高遷。」官階不同，其組綬之色彩、長度、精粗亦異，見司馬彪續漢書輿服志。劉良注：「藏，猶櫝（通匵）中藏也。」

〔二四〕亡者四句：李善注：「令衣裘别爲一藏，是亡者有求也；既而竟分焉，是存者有違也。求爲吝而虧廉，違爲貪而害義，故曰兩傷。」

〔二五〕惠：通慧。

〔二六〕故前識二句：劉良注：「前識，謂達人也。」老子三十八章：「前識者道之華。」黄侃文選平點云：「『前識』謂前世之識者，非老子之所謂『前識』。」論語子罕：「子罕言利與命與仁。」何晏集解：「命者，天之命也。」

〔二七〕若乃二句：情累，情者累德，故曰情累。參卷三陵霄賦「凱情累以遂濟」句注。李善注引慎子：「德精微而不見，是故物不累於内。」淮南子詮言：「輕天下者，身不累於物。」曲，釋名釋言語：「局也，相近局也。」王先謙疏證補：「局訓近，曲亦訓近。」曲念，瑣近之念慮。

〔二八〕憒濷：憒，説文心部：「濷也。」又：「濷。煩也。」段玉裁注：「煩者，熱頭痛也。引申之，凡心悶皆爲煩。」凡所思所感盈積於心胸，謂之憒濷。司馬遷報任少卿書：「是僕終已不得舒憒濷以曉左右。」

接皇漢之末緒，值王塗之多違〔一〕。佇重淵以育鱗，撫慶雲而遐飛〔二〕。運神道以載德，乘靈風而扇威〔三〕。摧群雄而電擊，舉勍敵其如遺〔四〕。指八極以遠略，必翦焉而後綏〔五〕。釐三才之闕典，啓天地之禁闈〔六〕。舉修網之絶紀，紐大音之解徽〔七〕。掃雲物以貞觀，要萬塗而來歸〔八〕。丕大德以宏覆，援日月而齊暉〔九〕。濟元功於九有，固舉世之所推〔一〇〕。

【校】

修網：「網」，影宋本作「綱」。

紐大音：「紐」，影宋本作「紉」。

【箋注】

〔一〕接皇漢二句：班固東都賦：「系唐統，接漢緒。」答賓戲：「王塗蕪穢，周失其馭。」違，後漢書朱景王杜馬劉傅堅馬傳論「鑒前事之違」李賢注：「失也。」李善注引漢元帝詔：「政令多違。」案：李善所見漢書如此。今本漢書元帝紀作「政令多還」，李奇注「還，反也」云云。李奇後漢人，是作「還」者相沿亦久。荀悦漢紀作「教令多違」。

〔二〕佇重淵二句：李善注：「以龍喻太祖也。重淵，九重之淵也。揚雄釋愁曰：『懿神龍之淵潛，俟慶雲而將舉。』」案：漢書揚雄傳載此文，題爲反離騷。慶雲，見卷五贈馮文羆遷斥丘令「慶雲扶質」注。

〔三〕運神道二句：周易觀象：「聖人以神道設教而天下服矣。」國語周語上：「奕世載德。」韋昭注：「載，成也。」李善注：「載，猶行也。」扇，通煽。詩小雅十月之交「艷妻煽方處」毛傳：「煽，熾也。」

〔四〕摧群雄二句：電擊，參本卷漢高祖功臣頌「電擊壤東」注。左傳僖公二十二年：「勍敵之人，隘而不列，天贊我也。」杜預注：「勍，强也。」漢書梅福傳：「取楚若拾遺。」

〔五〕指八極二句：八極，見卷一文賦「精騖八極」注。左傳僖公九年：「齊侯不務德而勤遠略。」成公二年：「齊侯曰：『余姑翦滅此而朝食。』」杜預注：「翦，盡也。」綏，爾雅釋詁：「安也。」

〔六〕釐三才二句：釐，詩周頌臣工「王釐爾成」鄭箋：「理。」周易說卦：「兼三才而兩之。」鄭玄注：「三才，天地人之道。」（儀禮士冠禮孔疏引）典，周禮秋官大司寇「掌建邦之三典」鄭玄注：「法也。」李周翰注：「禁闈，謂天地之闈。元氣閉塞，如禁門之不通，而武帝皆開之。啓，開；闈，門也。」周易坤文言：「天地閉，賢人隱。」此反用之。（參朱曉海文選弔魏武帝文并序今本善注補正）

〔七〕舉修綱二句：修，淮南子修務：「吴爲封豨修蛇」高誘注：「大也。」紀，禮記禮運「禮義以爲紀」孔疏：「綱紀也。」紐，説文糸部：「系也。」老子四十一章：「大音希聲。」徽，琴軫繫弦之繩。參卷一文賦「猶弦么而徽急」注。修綱、大音，喻國家之政理教化。

〔八〕掃雲物二句：李善注：「雲物，喻群凶也。」左傳僖公五年：「凡分至啓閉，必書雲物。」杜預注：「雲物，氣色災變也。」孔疏：「雲及物之氣色……若有雲物變異，則是歲之妖祥。」案：陸機用此語，猶言妖氛耳。貞觀，以正道觀視。周易繫辭下：「天地之道，貞觀者也。」參卷四漏刻賦「貞觀者借其明」注。要，國語晉語「以要晉國之成」韋昭注：「結也。」漢書地理志「五百里要服」顔師古注：「要，以文教要來之也。」李善注：「來歸，歸之於己也。」

〔九〕丕大德二句：丕，爾雅釋詁：「大也。」周易繫辭下：「天地之大德曰生。」禮記孔子閑居：「子夏曰：『三王之德參於天地，敢問何如斯可謂參於天地矣？』……孔子曰：『天無私覆，地無私載，日月無私照。』」淮南子氾論：「五帝異道而德覆天下。」楚辭九歌雲中君：「與日月兮齊光。」

〔一〇〕濟元功二句：濟，爾雅釋言：「成也。」元，呂延濟注：「大也。」元功，參本卷漢高祖功臣頌「元功響效」注。詩商頌玄鳥：「奄有九有。」毛傳：「九有，九州也。」老子六十六章：「天下樂推而不厭。」

彼人事之大造，夫何往而不臻〔一〕。將覆簣於浚谷，擠爲山乎九天〔二〕。苟理窮而性盡，豈長筭之所研〔三〕？悟臨川之有悲，固梁木其必顛〔四〕。當建安之三八，實大命之所艱〔五〕。雖光昭於曩載，將稅駕於此年〔六〕。惟降神之綿邈，眇千載而遠期〔七〕。信斯武之未喪，膺靈符而在兹〔八〕。雖龍飛於文昌，非王心之所怡〔九〕。憤西夏以鞠旅，泝秦川而舉旗〔一〇〕。逾鎬京而不豫，臨渭濱而有疑。冀翌日之云瘳，彌四旬而成灾〔一一〕。詠歸塗以反旆，登崤澠而朅來〔一二〕。次洛汭而大漸，指六軍曰「念哉」〔一三〕。

【校】

而在兹：「而」，影宋本作「之」。

而成灾：「而」，影宋本作「之」。

【箋注】

〔一〕彼人事二句：左傳成公十三年：「我有大造于西也。」杜預注：「造，成也。」臻，説文至部：「至也。」

〔二〕將覆簣二句：論語子罕：「子曰：『譬如爲山，未成一簣，止，吾止也；譬如平地，雖覆一簣，進，吾往也。』」何晏集解引包咸：「簣，土籠也。」張銑注：「將覆簣爲山於深谷之中，謂立大業也。」李善注：「孔安國尚書傳曰：『擠，墜也。』」王念孫讀書雜志餘編下卷文選「擠爲山乎九天」條：「擠，讀爲『朝隮于西』之『隮』。隮，升也。爲山者自下而上，故曰隮。言人事所成何往不至，譬如爲山，將覆簣於深谷之中，而隮之至於九天也。若云墜爲山乎九天，則與上意不貫。下二句云『苟理窮而性盡，豈長筭之所研』，乃始言功成而身死耳。擠與隮古字通。昭十三年左傳：『知擠於溝壑矣。』杜注曰：『擠，墜也。』商書微子篇：『予顛隮。』馬注曰：『隮，猶墜也。』擠墜之擠通作隮，猶隮升之隮通作擠矣。」孫子形篇：「善攻者動於九天之上。」

〔三〕苟理窮二句：周易説卦：「窮理盡性，以至於命。」李善注引鄭玄：「言窮其義理，盡人之情性，以至于命，吉凶所定。」研，李善注引鄭玄周易注：「喻思慮也。」

〔四〕悟臨川二句：漢書揚雄傳：「雄以爲臨川羨魚，不如歸而結罔。」論語子罕：「子在川上曰：『逝者如斯夫，不舍晝夜。』」禮記檀弓上孔子歌曰：「泰山其頹乎，梁木其壞乎，哲人其萎乎！」

〔五〕當建安二句：三八，謂二十四年。曹操遘疾在二十四年，見下文。李善注：「大命，謂天命也。」尚書君奭：「在昔上帝，……其集大命于厥躬。」

〔六〕雖光昭二句：左傳隱公三年：「光昭先君之令德。」史記李斯傳斯曰：「吾未知所稅駕也。」司馬貞索隱：「稅駕，猶解駕。」

〔七〕惟降神二句：詩大雅崧高：「維岳降神，生甫及申。」毛傳：「岳降神靈和氣，以生申、甫之大功。」李善注引桓譚新論：「夫聖人乃千載一出，賢人君子所想思而不可得見者也。」二句謂神靈和氣降生聖智以建立偉大功業，乃千載方得一遇。

〔八〕信斯武二句：論語子罕：「子畏於匡，曰：『……天之未喪斯文也，匡人其如予何！』」李善注引春秋孔演圖：「靈符滋液，以類相感。」又引曹植大魏篇：「大魏膺靈符，天禄方茲始。」（樂府詩集「茲」作「甫」）三國志魏書文帝紀注引獻帝傳載漢獻帝册詔魏王禪代天下：「幸賴武王德膺符運，奮揚神武。」案：漢魏之際，曹氏日熾，陳説符瑞者繼踵。三國志魏書武帝紀建安元年裴松之注引張璠漢紀：「侍中、太史令王立……又謂宗正劉艾曰：『前太白守天關，與熒惑會。金火交會，革命之象也。漢祚終矣，晉魏必有興者。』」建安五年：「初，桓帝時，有黄星見於楚宋之分。遼東殷馗善天文，言後五十歲當有真人起於梁沛之間，其鋒不可當。至是凡五十年，而公破紹，天下莫敵矣。」又文帝紀延康元年：「初，漢熹平五年，黄龍見譙。光禄大夫橋玄問太史令單颺：『此何祥也？』颺曰：『其國後當有王者興。』」同年裴注引獻帝傳載太史丞許芝曰：「太微中黄帝坐常明，而赤帝坐常不見，以爲黄家興而赤家衰，凶亡之漸。自是以來四十餘年，又熒惑失色不明十有餘年。建安十年彗星先除紫微，二十三年復掃太微。」又載給事中、博士蘇林、董巴上表曰：「天有十二次，以爲分野，王公之國，各有所屬。……昔光和七年，歲在大梁，武王始受命，於時將討黄巾。……建安元年，歲復在大梁，始拜大將軍。十三年，復在大梁，始拜丞相。」以上多以天文星象爲曹操受命之符。又藝文類聚卷八十八引曹植魏德論：「武帝執政日，白雀集於庭槐。」則以禽鳥言之。

〔九〕雖龍飛二句：周易乾象：「飛龍在天，大人造也。」張衡東京賦：「龍飛白水。」李善注引漢書天文志：「文昌宫，一曰上將，二曰次將，三曰貴相。」文選旁證卷四十六引姜皋：「按本書魏都賦『造文昌之廣殿』注：『正殿名也。』水經注曰：『魏武封于鄴，爲北宫，宫有文昌殿。』故云『龍飛於文昌』也。……李注引漢書文昌宫云云，或殿名取義於此耳。」姜氏又云：「『非王心之所怡』，亦『黄屋非堯心』之意。」案：「黄屋非堯心」，范曄樂游應詔詩句。

曹操屢言「本志有限」（建安十五年辭邑土令），「生平之願，實不望也」（建安十八年上書謝策命魏公），故云「非王心之所怡」。姜氏意當謂此。又黄侃文選平點云：「『非王心之所怡』，言志希九鼎，不以王位爲足也。」引備參考。建安二十一年五月，曹操進爵爲魏王。

〔一〇〕憤西夏二句：西夏，此指蜀。李善注引曹植述行賦：「恨西夏之不綱。」三國志魏書鍾會傳元帝景元四年詔：「拓平西夏，方隅清晏。」皆指蜀而言。詩小雅采芑：「陳師鞠旅。」毛傳：「鞠，告也。」鄭箋：「誓告之也。」泝，文選張衡東京賦「泝洛背河」薛綜注：「向也。」秦川，指關中。關中平川千里，爲秦故地。李善注引魏明帝自惜薄祐行：「出身秦川，爰居伊陽。」三國志魏書武帝紀載：建安二十三年秋，西征劉備，九月，曹操至長安。二十四年三月，操自長安出斜谷，臨漢中，遂至陽平。備因險拒守積月，操軍士多逃亡。五月，操引軍還長安。

〔一一〕逾鎬京四句：鎬京，西周都城。水經渭水「又東，豐水從南來注之」注：「渭水又東北與鎬水合，水上承鎬池于昆明池北，周武王之所都也。……自漢武帝穿昆明池于是地，基構淪褫，今無可究。」池在漢之長安西南，即鎬京故址所在。此即以鎬京代指長安。尚書金縢：「王有疾，弗豫。」公羊傳桓公十六年何休解詁：「天子有疾稱不豫。」班固答賓戲：「周望兆動於渭濱。」吕向注：「疑，謂病甚也。」金縢：「王翼日乃瘳。」何焯義門讀書記卷四十九：「按此言操以西征無功，發憤疾作，與魏志不同。蓋諱之也。諸葛武侯正議云：『孟德以其譎勝之力，舉數十萬之師，救張郃于陽平。勢窮慮悔，僅能自脱。辱其鋒鋭之衆，遂喪漢中之地，深知神器不可妄獲。旋還未至，感毒而死。』以此互證，知武侯之言也信。」

〔一二〕詠歸塗二句：論語先進：「詠而歸。」後漢書仲長統傳統著論曰：「詠歸高堂之上。」左傳宣公十二年：「令尹南轅反旆。」杜預注：「旆，軍前大旗。」李善注引新序：「大臣曰：『洛陽西有崤澠。』」左傳僖公三十二年：「晉人禦師必於殽，殽有二陵焉。」杜預云：「殽在弘農澠池縣西。」又云：「此道在二殽之間南谷中，谷深委曲。……古道由此，魏武帝西討巴漢，惡其險而更開北山高道。」崤、殽通。朅，説文去部：「去也。」文選張衡思玄賦「迴志朅來從玄諆」李善注引劉向七言：「朅來歸耕永自疏。」三國志魏書武帝紀建安二十四年：「冬十月，軍還洛陽。」

〔一三〕次洛汭二句：洛汭，指洛陽。參卷二遂志賦「武定鼎於洛汭」注。漸，列子力命「季梁得疾，七日大漸」張湛注：「劇也。」尚書顧命：「王曰：『嗚呼！疾大漸。』」皋陶謨：「帝其念哉！」(僞古文在益稷)據魏書武帝紀，建安二十四年十月，曹操自長安還至洛陽，復南征關羽，欲救曹仁於襄樊。二十五年正月，還至洛陽。庚子，崩於洛陽，年六十六。義門讀書記卷二十六：「觀此(指陸機此文)則操實以西行不得志而發病。及襄樊圍急，狼狽還救，偃息不遑，登頓而死。史不盡書耳。當以武侯正議參證。」

伊君王之赫奕，實終古之所難〔一〕。威先天而蓋世，力蕩海而拔山〔二〕。厄奚險而弗濟，敵何强而不殘。每因禍以禔福〔三〕，亦踐危而必安。迄在兹而蒙昧，慮噤閉而無端〔四〕。委軀命以待難，痛没世而永言〔五〕。撫四子以深念，循膚體而頹嘆〔六〕。迨營魄之未離，假餘息乎音翰〔七〕。執姬女以嚬瘁，指季豹而漼焉〔八〕。氣衝襟以嗚咽，涕垂睫而汍瀾〔九〕。違率土以靖寐，戢彌天乎一棺〔一〇〕。

【校】

禔福：「禔」，文選五臣本、陳八郎本文選、陸本作「提」，「提」、「禔」通。

衝襟：「衝」，影宋本作「衡」。

嗚咽：「咽」，文選五臣本、陳八郎本文選作「呼」。

涕垂：「涕」，陸本、影宋本作「啼」，即「啼」字。

靖寐：「靖」，文選五臣本、陳八郎本文選、陸本、影宋本作「静」，「静」、「靖」通。

天乎：「乎」，文選五臣本、陳八郎本文選、影宋本作「以」。

【箋注】

〔一〕伊君王二句：赫，説文赤部：「火赤貌。」奕，説文大部：「大也。」赫奕，熾盛貌。陳琳武軍賦：「聲訇隱而動山，光赫奕以燭夜。」終古，漢書溝洫志「終古舄鹵兮生稻粱」顔師古注引蘇林：「猶言久古也。」莊子大宗師：「日月得之，終古不息。」

〔二〕威先天二句：先，禮記樂記「行成而先」鄭玄注：「謂位在上也。」先天與下蓋世對偶，言其威在天之上，極言之耳。史記項羽紀：「項王乃悲歌慷慨，自爲詩曰：『力拔山兮氣蓋世。』」後漢書馮衍傳田邑報書曰：「欲摇太山而蕩北海。」

〔三〕每因句：漢書司馬相如傳難蜀父老：「遐邇同體，中外禔福。」顔師古注：「禔，安也。」案：禔福，謂安於福、安享其福，禔、福二字不平列。揚雄元后誄：「遐邇蒙祉，中外禔福。」用法亦同。

〔四〕迄在二句：楚辭劉向九嘆思古：「口噤閉而不言。」王逸注：「閉口爲噤也。」無端，茫然無端緒。宋玉神女賦：「魂煢煢以無端。」二句謂至於此際意識昏昧，念其當閉口無言而茫茫然。黄侃文選平點：「慮噤閉，故預爲令也。」備參考。

〔五〕委軀二句：文選賈誼鵩鳥賦：「縱軀委命兮，不私與己。」李善注引鶡冠子：「縱軀委命，與時往來。」論語衛靈公：「子曰：『君子疾没世而名不稱焉。』」皇侃義疏：「没世，謂身没以後也。」永，爾雅釋詁：「長也。」尚書堯典「歌永言。」（僞古文在舜典）二句謂其委棄身命以待死，痛苦於辭世而長言身後之事。案：「永言」與上「慮噤閉」句轉折，謂以爲其當無言而竟長言之。

〔六〕循膚體句：藝文類聚卷三十丁廙蔡伯喈女賦：「偱膚體以深□。」偱當作循。頹嘆，頹廢嘆息。張銑注：「謂悲思隕絶也。」

〔七〕迨營魄二句：老子十章：「載營魄抱一，能無離。」河上公注：「營魄，魂魄也。」翰，筆。出於口而筆之於書，故曰音翰。劉良注：「音翰，謂作遺令也。言及魂魄未離其形體，假借餘息之氣以作遺令也。」

〔八〕執姬女二句：嚬，慧琳一切經音義卷一「嚬蹙」注引文字集略：「蹙眉也。」瘁，憂。參卷三嘆逝賦「戚貌瘁而尠歡」注。灌，李善注：「涕泣垂貌。」

〔九〕氣衝襟二句：蔡琰悲憤詩：「行路亦嗚咽。」李善注引桓譚新論：「雍門周以琴見孟嘗君，孟嘗君泪承睫涕出。」漢書息夫躬傳躬著絶命辭曰：「涕泣流兮萑蘭。」顔師古注引臣瓚：「萑蘭，泣涕闌干也。」汍瀾即萑蘭，同音通假。

〔一〇〕違率土二句：違，廣雅釋詁：「離也。」率土，代指臣衆。詩小雅北山：「率土之濱，莫非王臣。」古詩：「潛寐黄泉下。」戢，小爾雅廣言：「斂也。」李善注：「彌天，喻志高遠也。」淮南子精神：「吾生也有七尺之形，吾死也有一棺之土。」

咨宏度之峻邈，壯大業之允昌〔一〕。思居終而恤始，命臨没而肇揚〔二〕。援貞吝以惎悔，雖在我而不臧〔三〕。惜内顧之纏綿，恨末命之微詳〔四〕。紆廣念於履組〔五〕，塵清慮於餘香。結遺情之婉孌，何命促而意長！陳法服於帷座，陪窈窕於玉房〔六〕。

宣備物於虛器，發哀音於舊倡〔七〕。矯戚容以赴節，掩零泪而薦觴〔八〕。物無微而不存，體無惠而不亡〔九〕。庶聖靈之響像〔一〇〕，想幽神之復光。苟形聲之翳没，雖音景其必藏〔一一〕。徽清弦而獨奏〔一二〕，進脯糒而誰嘗？悼繐帳之冥漠，怨西陵之茫茫。登爵臺而群悲，眝美目其何望〔一三〕？既晞古以遺累，信簡禮而薄葬〔一四〕。彼裘紱於何有？貽塵謗於後王〔一五〕。嗟大戀之所存，故雖哲而不忘〔一六〕。覽遺籍以慷慨，獻兹文而悽傷。奎章閣藏文選卷六十之李善本

【校】

貞吝：「吝」，原作「咎」，據文選五臣本、四部叢刊本文選、陳八郎本文選、陸本、影宋本改。胡刻本文選考異：「注『貞吝』有明文，『咎』，但傳寫誤。」

廣念：文選五臣本、陳八郎本文選、影宋本、藝文類聚卷四十、太平御覽卷九百八十一作「家人」。

之婉孌：「之」，文選五臣本、陳八郎本文選、陸本、影宋本作「於」。

帷座：「帷」，北堂書鈔卷一百三十二作「幄」。

戚容：「戚」，文選五臣本、陳八郎本文選作「蹙」。「蹙」與「戚」通，皆有憂傷哀痛之意。

徽清弦：藝文類聚卷四十作「徽清絲」。樂府詩集卷三十一相和歌辭平調曲銅雀臺解題引「徽」作「揮」。

登爵臺：「爵」，文選五臣本、陳八郎本文選、陸本、影宋本、藝文類聚卷四十作「雀」。北堂書鈔卷一百二二作「望銅雀」。

【箋注】

〔一〕咨宏度二句：咨，嗟嘆也，參卷三嘆逝賦「咨余今之方殆」注。度，爾雅釋詁：「謀也。」周易繫辭上：「盛德大業至矣哉。」允，説文儿部：「信也。」

〔二〕思居二句：恤，爾雅釋詁：「憂也。」穀梁傳定公元年：「先君有正終，則後君有正始也。」命，謂教命。肇，詩周頌維清「肇禋」毛傳：「始也。」揚，稱揚。「命臨没」句猶尚書顧命所謂「道揚末命」。二句謂居生之終而憂念後王之始，臨没方稱揚其教命。劉良注：「言臨死始有抑揚之氣。」釋命爲生命，揚爲情感之激揚，備參。

〔三〕援貞吝二句：吝，説文口部：「恨惜也。」貞吝，謂雖正而有所恨惜遺憾。周易泰上六：「自邑告命，貞吝。」甚，小爾雅廣言：「教也。」臧，説文臣部：「善也。」二句謂引貞吝之事以告語其子，使其知己之所悔，雖在我身亦有不善之處。吕延濟注：「謂上序所云『吾小忿大過，不當效者』是也。」義門讀書記卷四十九：「貞謂持法，吝謂小忿怒、大過失。」

〔四〕惜内顧二句：論語鄉黨：「車中不内顧。」皇侃義疏：「顧，迴頭也。」漢書楊僕傳武帝敕責僕：「失期内顧。」顔師古注：「内顧，言思妻妾也。」纏綿，固結不解。參卷一文賦「誄纏綿而悽愴」注。尚書顧命：「道揚末命。」

〔五〕紆：楚辭九章懷沙「鬱結紆軫兮」王逸注：「屈也。」廣：方言卷六：「遠也。」

〔六〕陳法服二句：法服，合於禮法規定之服。孝經卿大夫章：「非先王之法服不敢服。」詩周南關雎：「窈窕淑女。」漢郊祀歌華燁燁：「神之出，排玉房。」

〔七〕宣備物二句：宣，爾雅釋言：「遍也。」備，國語周語「財以備器」韋昭注：「具也。」周易繫辭上：「備物致用。」虚器，謂人之云亡，則服用諸物形同虚設。倡，説文人部：「樂也。」

〔八〕矯戚容二句：矯，荀子性惡「以矯飾人之情性而正之」楊倞注：「强抑也。」禮記雜記下：「子貢問喪，子曰：『……顔色稱其情，戚容稱其服。』」赴節，謂舞者合其節拍。掩泪，拭泪。楚辭離騷：「攬茹蕙以掩涕兮。」薦，左傳昭公十五年「故能薦彝器於王」杜預注：「獻也。」

〔九〕物無二句：惠，禮記表記「節以壹惠」鄭玄注：「猶善也。」李善注：「言服玩雖微而必存，儀形無善而必逝。言物在而人亡也。」案：曹丕短歌行：「仰瞻帷幕，俯察几筵。其物如故，其人不存。……長吟永嘆，懷我聖考。曰仁曰壽，胡不是保。」陸機用其意。

〔一〇〕庶聖靈句：庶，周易繫辭下「顔氏之子其殆庶幾乎」李鼎祚集解引侯果：「冀也。」李善注：「響像，音影之異名。」王延壽魯靈光殿賦：「忽瞟眇以響像。」

〔一一〕苟形聲二句：李善注：「音以應聲，景以隨形。形聲咸已翳没，影響故亦必藏也。」鶡冠子曰『景則隨形，響則應聲』也。」案：此音景即上文響像。形聲是實，音景是虚。響謂回聲，像謂光影，皆屬依稀飄渺。二句謂其人已没，雖依稀想象其儀形謦欬，亦終不可得。極言其歸於寂滅，無可尋覓也。

〔二〕徽：文選應璩與滿公琰書「牙曠高徽」李善注引許慎淮南子注：「鼓琴循弦謂之徽。」

〔三〕眝美目句：眝，説文目部：「長眙也。」又：「眙，直視也。」詩衛風碩人：「美目盼兮。」

〔四〕既睎古二句：睎，説文目部：「望也。」李善注：「禮繁則易亂，厚葬則傷生，能遵簡薄，所以遺累。」二句謂曹操效古人而簡禮薄葬。三國志魏書武帝紀建安二十三年令曰：「古之葬者，必居瘠薄之地。其規西門豹祠西原上爲壽陵，因高爲基，不封不樹。」又建安二十五年遺令曰：「斂以時服（案：時服，謂其制式如平時所服而不改），無藏金玉珍寶。」宋書禮志：「魏武臨終遺令曰：『天下尚未安定，未得遵古。百官臨殿中者，十五舉音（案：謂臨哭凡十五聲即止哭），葬畢便除服。其將兵屯戍者，不得離部。』帝以正月庚子崩，辛丑即殯，是月丁卯葬，葬畢反吉。是爲不逾月也。」案：禮記檀弓下載延陵季札葬其子，斂以時服，其封僅可掩坎，爲孔子所稱。漢書楚元王交傳劉向上疏歷數古來聖帝明王、賢君智士薄葬之事，稱爲遠覽獨慮無窮之計。睎古謂效法此類也。

〔五〕彼裘二句：紱，廣雅釋器：「綬也。」李善注：「言裘紱輕微何所有，而空遺塵謗而及後王。」後王，指曹丕等。丕等竟分其父衣裘，因而受謗；遺令若不及衣裘之事，則丕等雖分之亦不爲過。

〔一六〕嗟大戀二句：故，通固。二句謂生死之際乃大戀之所在，固聖哲所不能忘，是可嗟嘆也。

【集評】

劉勰文心雕龍哀弔：陸機之弔魏武，序巧而文繁。

劉克莊後村詩話卷三十一：士衡此作，詞簡而事甚備，語絶而意愈新。當爲魏晋間文章第一。序勝于文。

孫能傳剡溪漫筆卷一「曹操遺令」條：司馬温公語劉元城：「昨看三國志，識破一事。曹操身後事，孰有大於禪代？遺令諄諄百言，下至分香賣履，家人婢妾，無不處置詳盡，而無一語及禪代事。是實以天下遺子孫，而身享漢臣之名。」賊操奸心，直爲温公剖出。……陸士衡弔武帝文略叙其語，然謂「惜内顧之纏綿，恨末命之微詳，紆廣念於履組，塵清慮於餘香」，則未免墮其奸中。弔文可無作也。

葉矯然龍性堂詩話續集：平原弔魏武一賦，調笑盡情，英雄心死千年。

方廷珪昭明文選集成：渾雄深厚，不特拍肩陳思，直可揖讓兩漢，真晋文之雄也。

李詳杜詩證選：（杜甫過斛斯校書莊「空餘繐帷在」）陸機弔魏武帝文：「悼繐帳之冥漠。」

葉玉麟評：本感愴之懷，激發世變。詞采贍富，筆情流利。○（「既而竟分焉，亡者可以勿求，存者可以勿違。」）此段特著諷刺，意含綿邈。（見經史百家雜鈔卷十六）

高步瀛魏晋文舉要：情生文邪，文生情邪？讀之令人俯仰自失，文之移情如此。譚復堂謂

「當與豪士賦并觀」，「豈爲孟德言也」，轉嫌傅會。

黄侃文選平點：此文誚辱武帝，亦云盡酷，特託云傷懷耳。

吊蔡邕文〔一〕

彼洪川之方割，豈一簣之所堙〔二〕？故尼父之惠訓，智必愚而後賢〔三〕。諒知道之已妙，曷信道之未堅〔四〕？忽甯子之保己，效萇叔之違天〔五〕。冀澄河之遠日，忘朝露之短年〔六〕。藝文類聚卷四十

【校】

一簣：「簣」，原作「等」，據陸本、影宋本改。

【箋注】

〔一〕蔡邕，字伯喈，陳留圉（今河南杞縣西南）人。以才學節孝知名。董卓爲司空，聞其名，强辟之。三日之間，周歷三臺。獻帝初平元年，拜左中郎將，從帝遷都長安，封高陽鄉侯。卓厚遇之，邕亦進言，每存匡益，然卓剛愎，終不能用。邕欲遁逃山東而未能。及卓誅，邕在司徒王允座，言之而色動嘆息。允乃下之獄，衆人救之而不得，死獄中，年六十一，諸儒莫不流涕悲嘆。後漢書有傳。案：陸雲與兄書云：「見吊少明殊復勝前，吊蔡君清妙不可言，漢功

臣頌甚美。」是本篇與吊少明文寫作時間當相距不甚遠。夏少明（靖）卒於永寧元年（三〇一）五月。參本卷漢高祖功臣頌題注。

〔二〕彼洪川二句：方，廣雅釋詁：「大也。」割，借作害。尚書堯典：「湯湯洪水方割。」漢書何武王嘉師丹傳贊：「武、嘉區區，以一蕢障江河，用沒其身。」蔡邕釋誨：「夫九河盈溢，非一凷所防。」

〔三〕故尼父二句：惠，詩周頌烈文「惠我無疆」鄭箋：「愛也。」左傳襄公二十一年：「夫謀而鮮過，惠訓不倦者，叔向有焉。」杜預注：「惠訓不倦，惠我無疆也。」晉書魏舒傳武帝賜詔：「惠訓播流。」論語公冶長：「子曰：『甯武子邦有道則知，邦無道則愚。其知可及也，其愚不可及也。』」

〔四〕諒知二句：莊子齊物論：「我以爲妙道之行也。」晉書阮种傳种對策：「信道未孚，則人無固志。」

〔五〕忽甯子二句：甯子，論語集解引馬融：「衛大夫甯俞。武，謚也。」參上注。萇弘，周大夫。左傳定公元年：「晉女叔寬曰：『周萇弘……將不免。萇叔違天。……天之所壞，不可支也。』」杜預注：「天既厭周德，萇弘欲遷都以延其祚，故曰違天。」哀公三年周人殺萇弘以取悅於晉，杜預注：「終違天之禍。」

〔六〕冀澄二句：左傳襄公八年：「子駟曰：『周詩有之曰：俟河之清，人壽幾何？』」杜預注：

「言人壽促而河清遲，喻晉之不可待。」趙壹刺世疾邪詩：「河清不可俟，人命不可延。」文選張衡歸田賦：「俟河清乎未期。」李善注：「易乾鑿度曰：『天降嘉應，河清。』鄭玄曰：『聖王爲政治平之所致。』」曹操短歌行：「譬如朝露，去日苦多。」

【集評】

陸雲與兄平原書：見吊少明殊復勝前，吊蔡君清妙不可言，漢功臣頌甚美。恐吊蔡君故當爲最。

吳大帝誄〔一〕

我皇明明，固天實生〔二〕。體和二合，以察三精〔三〕。濯暉育慶，懷詳載榮〔四〕。率性而和，因心則靈〔五〕。厥靈伊何？克聖克仁〔六〕。茂對四象，克配乾坤〔七〕。齊明日月，考祥鬼神〔八〕。誕自幼沖，睿哲宿照〔九〕。甄化無形，探景絶曜〔一〇〕。巍巍聖姿，文武既俊〔一一〕。有覺德徽，兆民欣順〔一二〕。將熙景命，經營九圍。登迹岱宗，班瑞舊圻〔一三〕。上玄匪惠，早零聖暉〔一四〕。神廬既考，史臣獻貞〔一五〕。龍輴啓殯，宵載紫庭〔一六〕。辰旒飛藻，凶旗舉銘〔一七〕。崇華熠爍，翠蓋繁纓〔一八〕。千乘結駟，萬騎重營〔一九〕。簫鼓振響，和鑾流聲〔二〇〕。動軫閶闔，永背承明〔二一〕。顯步萬官，幽驅百

靈〔二二〕。隨化太素，即宫杳冥〔二三〕。億兆同慕，泣血如零〔二四〕。藝文類聚卷十三

【校】

懷詳：「詳」，陸本、影宋本作「祥」。「祥」、「詳」通。

考祥：「祥」，陸本、影宋本作「詳」。「祥」、「詳」通。

宵載：「宵」，陸本、影宋本作「霄」，「霄」、「宵」通。

【箋注】

〔一〕吴大帝：孫權卒，謚大皇帝。曹道衡陸機集志疑疑此文乃誄晉武帝司馬炎者。其主要理由爲誄中閶闔、承明皆魏晉時洛陽宫門名。案：吴都建業，其宫殿門闕史載頗略，難以考詳。惟自漢以來宫殿門闕即有以閶闔、承明爲稱者，若吴宫襲用其名，亦不能謂絶無可能。今姑從其舊。又，孫權卒於神鳳元年（二五二），時陸機尚未生，故或疑機不得爲之誄，蓋以誄多作於臨喪之際也。然阮籍有孔子誄，陸雲有陸遜誄，遜卒赤烏八年（二四五），更在孫權之前。陸機亦尚有顧譚誄，譚卒亦在孫權前。是追誄之例，偶亦有之，不得執以爲陸機不能誄大帝之據。

〔二〕我皇二句：詩大雅江漢：「明明天子。」史記三代世表褚先生曰：「堯知契、稷皆賢人，天之所生。」

〔三〕體和二句：二合，謂天地陰陽之合。周易繫辭下：「乾，陽物也；坤，陰物也。陰陽合德而剛柔有體。以體天地之撰，以通神明之德。」察，爾雅釋言：「清也。」三精，日月星辰。淮南子天文：「積陽之熱氣生火，火氣之精者爲日。積陰之寒氣爲水，水氣之精者爲月。日月之淫爲精者爲星辰。」蔡邕汝南周巨勝碑：「三精垂耀。」韋昭吴鼓吹曲承天命：「三精垂象。」二句謂體天地協和之氣，使日月星辰清明。

〔四〕濯暉二句：濯，詩大雅洞酌「可以濯罍」毛傳：「滌也。」濯暉，謂洗練而光輝益顯。慶，廣雅釋詁：「善也。」詳，通祥。説文示部：「祥，福也。」榮，荀子大略「宫室榮與」楊倞注：「盛。」曹植臨觀賦：「南園薆兮果載榮。」

〔五〕率性二句：禮記中庸：「天命之謂性，率性之謂道。」鄭玄注：「率，循也。」因心句，見本卷漢高祖功臣頌「文成作師」首「因心則靈」注。二句謂循其天性本心而和且靈。

〔六〕厥靈二句：伊，是。韓詩外傳卷一：「上知天，能用其時；下知地，能用其財；中知人，能安樂之：是聖仁者也。」

〔七〕茂對二句：周易无妄象：「先王以茂對時育萬物。」王弼注：「茂，盛也。物皆不敢妄，然後萬物乃得各全其性。對時育物，莫盛於斯也。」繫辭上：「是故易有大極，是生兩儀。兩儀生四象，四象生八卦。」孔疏：「謂金木水火稟天地而有，故云兩儀生四象。」此云四象，猶言天地間萬物。曹植制命宗聖侯孔羨奉家祀碑：「崇配乾坤。」

〔八〕齊明二句：史記吳王濞傳景帝詔：「德配天地，明并日月。」祥，左傳僖公十六年「是何祥也」杜預注：「吉凶之先見者。」考祥句，謂稽考吉凶徵兆幽妙莫測。周易履上九：「視履考祥。」又陸本、影宋本作「考詳」。詳，詩鄘風墻有茨「不可詳也」毛傳：「審也。」則此句謂稽考審知種種幽眇變化之情狀。三國志魏書高貴鄉公紀注引魏氏春秋虞松曰：「垂心遠鑒，考詳古昔。」周易繫辭上：「是故知鬼神之情狀。」

〔九〕誕自二句：誕，發語詞。沖，尚書盤庚下「肆予沖人」孔疏：「沖、童聲相近，皆是幼小之名。」大誥：「延洪惟我幼沖人。」宿，通夙。夙，周易解「夙吉」李鼎祚集解引虞翻：「早也。」禰衡顏子碑：「睿哲之姿，誕自初育。」

〔一〇〕甄化二句：甄，慧琳一切經音義卷四十二「甄明」注引考聲：「識也，察也。」二句謂察知變化於無形，探求光影於黑暗，極言其察微知著也。

〔一一〕巍巍二句：蔡邕文烈侯楊公碑：「巍巍聖猷。」既，詩鄘風載馳「既不我嘉」鄭箋：「盡。」

〔一二〕有覺二句：詩大雅抑：「有覺德行，四國順之。」毛傳：「覺，直也。」又小雅斯干「有覺其楹」毛傳：「有覺，言高大也。」故抑孔疏曰：「有正直大德行。」徽，小雅角弓「君子有徽猷」毛傳：「美也。」尚書呂刑：「一人有慶，兆民賴之。」左傳閔公元年：「天子曰兆民，諸侯曰萬民。」

〔一三〕將熙四句：熙，爾雅釋詁：「光也。」詩大雅既醉：「景命有僕。」鄭箋：「天之大命又附著於女。謂使爲政教也。」小雅北山：「經營四方。」商頌長發：「帝命式于九圍。」毛傳：「九圍，九州也。」岱宗，泰山。白虎通巡狩：「東方爲岱宗者何？言萬物更相代於東方也。」班，説文玨部：「分瑞玉。」瑞，説文玉部：「以玉爲信也。」白虎通瑞贄引尚書大傳：「諸侯執所受珪與璧，朝于天子。無過者，復得其珪以歸其邦。有過者，留其珪。能正行者，復還其珪。三年珪不復，少絀以爵；六年珪不復，少絀以地；九年珪不復，而地畢削。」尚書堯典：「輯五瑞，既月乃日，覲四岳群牧，班瑞于群后。歲二月，東巡守，至于岱宗，柴。」（僞古文在舜典）左傳襄公十五年「各居其列」杜預注：「天子所居千里曰圻。」舊圻，此指中原。中原爲周漢舊地故都。登迹句謂封禪之事，班瑞句謂朝見諸侯，皆就孫權統一天下之雄略而言。

〔一四〕上玄二句：上玄，謂天。周易坤文言：「天玄而地黄。」揚雄甘泉賦：「將郊上玄。」惠，廣雅釋詁：「仁也。」馮衍顯志賦：「哀吾孤之早零。」案：孫權享年七十一，早零者，非謂壽夭，惜其齎志以殁也。

〔一五〕神廬二句：神廬，指墳墓。考，謂以卜筮稽考所擇葬地之吉否。參卷七挽歌「卜擇考休貞」注。貞，周禮春官天府「以貞來歲之媺惡」鄭玄注：「問事之正曰貞。」續漢書禮儀志大喪：「太史卜日。」太史者，典歷數之官，（周禮春官大史：「大史，日官也。」）故卜葬日。獻貞，謂獻貞問之結果，猶尚書洛誥周公使人「獻卜」於成王。

〔一六〕龍輴二句：禮記檀弓下：「天子龍輴而椁幬。」鄭玄注：「輴，殯車也。畫轅爲龍。」宵，説文宀部：「夜也。」載，謂載柩於車。紫庭，謂宮庭。紫微爲天帝所居，王者象之，故王宮亦稱紫宮。參卷三列仙賦「覲天皇於紫微」注。後漢書皇甫規傳規舉賢良方正對策：「臣生長邊遠，希涉紫庭。」

〔一七〕辰旒二句：文選張衡東京賦：「建辰旒之太常。」薛綜注：「辰，謂日月星也，畫之於旌旗，垂十二旒，名曰太常。」太常，王者所建。銘，喪禮所用旌旗，書死者名於其上，以爲標識，葬前置於柩所，葬則入於壙中。死者生前所用旌旗因其身份地位而異，喪禮所用銘各以生前所用，王者即用太常。周禮春官司常：「大喪共銘旌。」鄭玄注：「銘旌，王則大常也。」續漢書禮儀志大喪：「旂之制，長三仞，十有二游，曳地，畫日月升龍，書旐曰『天子之柩』。」即太常銘旌也。春官巾車：「及葬……持旌。」謂葬時巾車（官名）執持銘旌也。賈公彦疏：「以銘旌表柩車，象殯時在柩前。……銘旌亦與茵（下葬時藉棺者）同在柩車前，可知也。」此言「凶旗舉銘」，即持舉銘旌行於柩車之前也。

〔一八〕崇華二句：崇，禮記樂記「復綴以崇」鄭玄注：「充也。」孔疏：「謂充備。」崇華，充盛華美。蓋，車蓋。宋玉高唐賦：「翠爲蓋。」淮南子原道：「馳要褭，建翠蓋。」高誘注：「翠蓋，以翠鳥羽飾蓋也。」繁纓，馬飾。説文糸部：「緐，馬髦飾也。」段玉裁注：「馬髦，謂馬鬣也。」周禮春官巾車「錫樊纓」孫詒讓正義謂緐絡馬髦，纓則以削革綴於緐而下，復繞馬胸而上。緐纓乃尊者方得用之。

重沓。

〔一九〕千乘二句：結駟，繫四馬於車。楚辭招魂：「青驪結駟兮齊千乘。」戰國策楚策：「楚王游於雲夢，結駟千乘。」營，慧琳一切經音義卷四「營衛」注引蒼頡篇：「部也。」重營，謂部伍重沓。

〔二〇〕簫鼓二句：簫鼓，謂鼓吹樂。參卷四鼓吹賦「鼓砰砰」二句注。通典卷七十九禮大喪初崩及山陵制引摯虞曰：「按漢魏故事，將葬，設吉凶鹵簿，皆有鼓吹。」和、鑾，車上鈴。禮記經解：「升車則有鸞、和之音。」鄭玄注：「鸞、和皆鈴也，所以爲車行節也。」韓詩内傳曰：『鸞在衡，和在軾前。升車則馬動，馬動則鸞鳴，鸞鳴則和應。』」

〔二一〕動軫二句：軫，説文車部：「車後横木也。」代指車。晉書后妃傳文明王皇后哀策文：「輼輬動軫。」閶闔、承明，疑是吴宮禁門或殿名。

〔二二〕顯步二句：國語楚語：「天子之田九畡，以食兆民，王取經入焉，以食萬官。」班固東都賦：「懷百靈。」

〔二三〕隨化二句：管子宙合：「所賢美於聖人者，以其與變隨化也。」莊子刻意：「聖人之生也天行，其死也物化。」太素，謂天地未分之混淪狀態。白虎通天地引乾鑿度：「太初者，氣之始也；太始者，形之始也；太素者，質之始也。」宮，居也。即宮，謂入居。參卷五答賈謐「即宮天邑」注。

〔二四〕億兆二句：億兆，左傳昭公二十年「豈能勝億兆人之詛」杜預注：「萬萬曰億，萬億曰兆。」

昭公二十四年萇弘引大誓：「紂有億兆夷人。」禮記檀弓上：「孔子在衞，有送葬者，而夫子觀之。曰：『……其往也如慕。』」鄭玄注：「慕，謂小兒隨父母啼呼。」周易屯上六：「泣血漣如。」零，説文雨部：「徐雨也。」段玉裁注：「謂徐徐而下之雨。」

愍懷太子誄〔一〕

明明皇子，成命既駿〔二〕。保乂皇家，載生淑胤〔三〕。茂德克廣〔四〕，仁姿朗俊。當克無疆，光紹有晋〔五〕。如何不吊，暴離咎艱〔六〕。曾是遘愍，匪降自天〔七〕。肇傾運祚，遂喪華年〔八〕。嗚呼哀哉！沉雲既祛〔九〕，日月增暉。靈寵可贈，冤魂難追〔一〇〕。舊物東反，靈柩西歸〔一一〕。傷我惠后〔一二〕，寂焉翳滅。銜哀駿奔，凶服就列〔一三〕。追慕徽塵，興言斷絶〔一四〕。敢誄遺風？庶存芳烈〔一五〕。其辭曰：

【箋注】

〔一〕愍懷太子司馬遹，字熙祖（一作熙初），惠帝長子，謝才人所生。幼而聰慧，爲武帝所愛，有令譽。封廣陵王。永熙元年（二九〇），惠帝即位，立爲皇太子。賈后忌之而加以讒害，誘其爲慢弛失德之行。元康九年（二九九）十二月，賈后設計誣蔑，廢爲庶人。次年永康元年三月，被害於許昌，年二十三。趙王倫廢殺賈后，乃追復太子，謚曰愍懷。六月，葬於洛陽城内。晉書愍懷太子傳：「故臣江統、陸機，并作誄頌焉。」機嘗爲太子洗馬。

〔二〕成命句：成命，謂早已降臨感應之天命。尚書召誥：「王厥有成命治民，今休。」詩周頌昊天有成命鄭箋：「有成命者，言周自后稷之生而已有王命也。」孔疏：「言昊天蒼帝有此成就之命，謂降生后稷，爲將王之兆。」大雅文王：「駿命不易。」毛傳：「駿，大也。」鄭箋：「天之大命。」

〔三〕保乂二句：保，詩小雅天保「天保定爾」鄭箋：「安。」乂，爾雅釋詁：「治也。」尚書顧命：「保乂王家。」（僞古文在康王之誥）續漢書禮儀志注引丁孚漢儀載以夏勤爲司徒策文：「保乂皇家。」大雅生民：「載生載育。」淑，爾雅釋詁：「善也。」胤，爾雅釋詁：「繼也。」

〔四〕茂德句：茂德，見卷五皇太子宴玄圃宣猷堂有令賦詩「茂德淵沖」注。克廣，見卷九漢高祖功臣頌「漢祚克廣」注。

〔五〕當克二句：克，爾雅釋言：「能也。」周易坤象：「德合无疆。」李鼎祚集解引蜀才：「天有无疆之德而坤合之，故云德合无疆也。」張華晉四廂樂歌正旦大會行禮詩：「光紹前蹤。」

〔六〕如何二句：左傳莊公十一年：「若之何不弔。」杜預注：「不爲天所愍弔。」周禮春官大宗伯鄭玄注引述作「如何不弔」。王粲爲潘文則思親詩：「如何不弔，早世徂顛。」暴，廣雅釋詁：「猝也。」離，楚辭天問「卒然離蠥」王逸注：「遭也。」

〔七〕曾是二句：曾，乃。班固幽通賦：「考遘愍以行謠。」顔師古注：「遘，遇也；愍，憂也。」詩大雅瞻卬：「亂匪降自天，生自婦人。」二句謂乃遭此憂患，并非天之所降。

〔八〕肇傾二句：丁廙蔡伯喈女賦：「在華年之二八。」二句謂晉之運祚始傾，太子遂妙年而喪其性命。

〔九〕沉雲句：曹植愁霖賦：「瞻沉雲之泱漭兮。」

〔一〇〕寃魂句：晉書愍懷太子傳惠帝册復太子曰：「賴宰相賢明，人神憤怨，用啓朕心，討厥有罪，咸伏其辜，何補於荼毒寃魂酷痛哉！」

〔一一〕舊物二句：晉書愍懷太子傳：「使尚書和郁率東宮官屬，具吉凶之制，迎太子喪於許昌。」既復其太子，以太子喪禮迎之，故曰舊物。左傳哀公元年：伍員曰：「（少康）祀夏配天，不失舊物。」東反、西歸，自東而返歸於西。許昌在洛陽東南。

〔一二〕惠后：猶言仁君，陸機嘗爲太子官屬，故稱。

〔一三〕銜哀二句：蔡邕漢交趾都尉胡府君夫人黄氏神誥：「公銜哀悼。」嵇康養生論：「曾子銜哀。」詩周頌清廟：「駿奔走在廟。」鄭箋：「駿，大也。」張衡温泉賦：「駿奔來臻。」晉書愍懷太子傳：「帝爲太子服長子斬衰，群臣齊衰。」論語季氏：「陳力就列。」

〔一四〕興言句：興言，發言。參卷二思歸賦「宵假寐而興言」注。斷絶，悲痛之意。曹丕雜詩：「向風長嘆息，斷絶我中腸。」宋書禮志載齊王芳詔：「省奏事，五内斷絶，奈何奈何！」三國志魏書諸葛誕傳注引魏末傳載誕上表：「悲感泣血，哽咽斷絶。」晉武帝答群臣請易服復膳詔：「言用斷絶，奈何奈何！」左芬元皇后誄：「臣妾哀號，同此斷絶。」案：曹丕、齊王芳尚言中腸、五内斷絶，後遂徑以斷絶形容悲痛欲絶之狀，與剥裂、抽剥、摧剥、悲剥等語同意。晋人用例頗多，不具舉。

〔一五〕庶存句：烈，文選司馬相如上林賦「吐芳揚烈」李善注：「酷烈，香氣盛也。」班固典引：「扇遺風，播芳烈。」

巍巍皇基，弈弈紫微〔一〕。有命既集，天禄永綏〔二〕。篤生太子，纂德承茂〔三〕。平紹大烈，時惟洪冑〔四〕。奇穎發翹，清藻在秀〔五〕。誕自幼蒙，逮事武皇〔六〕。展矣太子，播此瓊芳。允矣聖祖，無言不臧〔七〕。婉孌乘輿，名裕德昌〔八〕。龍集庚戌，日月改度〔九〕。赫赫明明，我皇登祚〔一〇〕。厥登伊何？皇統是荷〔一一〕。華紱重采，翠蓋垂葩。鸞旗阿那，玉衡吐和〔一二〕。聿來在宫，體亮而誠〔一三〕。肅雍皇極，思媚紫庭〔一四〕。亦既涉學，遵師盛道〔一五〕。何年之妙，而察之早〔一六〕。讜言必復，乖義則考〔一七〕。

【箋注】

〔一〕巍巍二句：班固西都賦：「圖皇基於億載。」弈弈，文選張衡東京賦「六玄虬之弈弈」薛綜注：「光明。」紫微，喻皇居。參卷三列仙賦「覿天皇於紫微」注。

〔二〕有命二句：詩大雅大明：「天監在下，有命既集。」毛傳：「集，就。」鄭箋：「天監視善惡於下，其命將有所依就。」論語堯曰：「天禄永終。」綏，爾雅釋詁：「安也。」尚書文侯之命：「永綏在位。」

〔三〕篤生二句：詩大雅大明：「篤生武王。」毛傳：「篤，厚。」鄭箋：「天降氣于大姒，厚生聖子武王。」孔疏：「言武王得美氣之厚。」傅玄晉宗廟歌祠京兆府君登歌：「篤生聖祖。」潘尼皇太子釋奠頌：「篤生上嗣，繼期挺秀。」纂，左傳襄公十四年「纂乃祖考」杜預注：「繼也。」

〔四〕平紹二句：平，疑當作丕。丕，説文一部：「大也。」丕紹即丕承。孟子滕文公下引逸書：「丕承哉，武王烈。」趙岐注：「烈，光也。」又爾雅釋詁：「烈，業也。」尚書立政：「以揚武王之大烈。」時，爾雅釋詁：「是也。」詩大雅生民：「時維后稷。」洪胄，參卷五答賈謐「誕育洪胄」注。

〔五〕奇穎二句：穎，禾穗，見卷一文賦「茗發穎豎」注。翹、秀，皆喻物之挺舉出衆者。參卷一瓜賦「發金榮於秀翹」注。

〔六〕誕自二句：誕，發語詞。蒙，周易序卦「物生必蒙」李鼎祚集解引鄭玄：「幼小之貌。」晉書愍懷太子傳惠帝詔：「遹尚幼蒙。」武皇，謂晉武帝。

〔七〕展矣四句：詩邶風雄雉：「展矣君子，實勞我心。」毛傳：「展，誠也。」小雅車攻：「允矣君子，展也大成。」鄭箋：「允，信；展，誠也。」展、允義同。楚辭九歌東皇太一：「盍將把兮瓊芳。」詩大雅抑：「無言不讎。」

〔八〕婉孌二句：婉孌，戀慕。參本卷弔魏武帝文「婉孌房闥之内」注。乘輿，謂天子。後漢書安帝紀「廄馬非乘輿所常御者」李賢注：「乘輿，天子所乘車輿也。不敢斥言尊者，故稱乘輿。」「誕自」句至此，稱述太子幼年未立之時。晉書愍懷太子傳：「幼而聰慧，武帝愛之，恒在左右。……宫中嘗夜失火，武帝登樓望之，太子時年五歲，牽帝裾入暗中。帝問其故，太子曰：『暮夜倉卒，宜備非常，不宜令照見人君也。』由是奇之。嘗從帝觀豕牢，言於帝曰：『豕甚肥，何不殺以享士，而使久費五穀？』帝嘉其意，即使烹之。因撫其背，謂廷尉傅祗曰：『此兒當興我家。』嘗對群臣稱太子似宣帝。於是令譽流於天下。時望氣者言廣陵有天子氣，故封爲廣陵王，邑五萬户。」是其事也。又晉書愍懷太子傳載惠帝册復太子曰：「荷先帝殊異之寵。」又爲哀策曰：「昔爾聖祖，嘉爾淑美。顯詔仍崇，名振同軌。」足見太子受武帝寵異之深。

〔九〕龍集二句：龍，左傳襄公二十八年「蛇乘龍」杜預注：「歲星。」孔疏：「歲星木精，木位在東方，東方之宿爲青龍之象，故歲星亦以龍爲名焉。」歲星即太陽系行星之木星。又古人據歲星而假設之太歲，亦可以「龍」稱之。（參吴仁傑兩漢刊誤補遺卷九「歲龍一」）古以歲星、太歲之所在紀年。後世之干支紀年，即源自太歲紀年，雖已不反映太歲實際所在，但仍有以「龍」稱之者。庚戌，武帝太熙元年（二九〇），是年四月武帝卒，惠帝即位，改元永熙。

〔一〇〕赫赫二句：詩大雅常武：「赫赫明明。」毛傳：「赫赫然盛也，明明然察也。」我皇，謂惠帝。祚，文選班固東都賦「漢祚中缺」李善注引賈逵國語注：「位也。」

〔一一〕厥登二句：伊，語詞，無義。詩小雅頍弁：「實維伊何。」後漢書鄧騭傳騭上疏：「援立皇統。」荷，左傳昭公七年「其子弗克負荷」杜預注：「擔也。」二句謂惠帝即位後如何？適乃負擔皇家之統緒。謂立爲太子。

〔一二〕華紱四句：紱，廣雅釋器：「綬也。」宋書禮志：「皇太子，金璽，龜紐，纁朱綬（晉書輿服志云朱黄綬），四采：赤黄縹紺。」凡四采，故曰重采。翠蓋，謂車蓋。文選宋玉高唐賦：「翠爲蓋。」李善注：「翠，翡翠也，以羽飾蓋。」案：續漢書輿服志：「皇太子、皇子皆安車……青蓋，金華蚤。」晉書輿服志：「皇太子安車……青蓋，金華蚤二十八枚。」是漢晉太子安車（坐乘車）皆青蓋，陸機此言翠蓋，蓋美言其色如翠，非翠羽蓋也。據續漢志、晉志，漢代天子車翠羽蓋，而晉則天子亦青蓋，太子不可能用羽蓋。垂葩，當即所謂金華蚤。蚤，通爪。續漢志王先謙集解引黄山：「蓋弓頭爲爪形也。」蓋弓者，猶今之傘骨。續漢志「羽蓋華蚤」劉昭注引徐廣：「金華施橑末，有二十八枚，即蓋弓也。」文選張衡東京賦：「羽蓋葳蕤，葩瑵曲莖。」薛綜注：「葩爪，悉以金作華形，莖皆曲。」是車蓋弓頭飾以低垂之花形，故曰垂葩。鸞旗，鹵簿有鸞旗車，在前驅中。文選揚雄甘泉賦：「咸翠蓋而鸞旗。」李善注引蔡邕獨斷：「天子出，前驅有鸞旗者，編羽毛列繫幢傍。」張衡東京賦：「鸞旗皮軒。」薛綜注：

「鸞旗，謂以象鸞鳥也。」晉書輿服志：「鸞旗車，駕四，先輅所載也。鸞旗者，謂析羽旄而編之，列繫幢傍也。」案：天子鹵簿有鸞旗車爲前驅，據續漢書禮儀志「皇后帥公卿諸侯夫人蠶」劉昭注引丁孚漢儀「皇后出……前鸞旗車、皮軒、闒戟」，則皇后出行亦有鸞旗車。或太子亦有之。阿那，即旖旎，美盛貌。史記司馬相如傳：「旖旎從風。」張揖曰：「阿那也。」漢書作「猗柅」，文選上林賦作「猗狔」，周禮考工記注引鄭司農曰則引作「倚移」，并通，叠韻連語也。參説文禾部「移」字段玉裁注、馬瑞辰毛詩傳箋通釋卷三十二商頌那。玉衡，衡謂車轅前之横木，下有兩軛以扼兩服馬，言玉者，借尚書堯典「玉衡」以爲美稱。玉衡句，謂車衡上鈴聲也，參卷六前緩聲歌「玉衡吐鳴和」注。

〔一三〕聿來二句：聿，語首助詞。詩大雅綿：「聿來胥宇。」宮，謂東宮。大雅思齊：「雍雍在宮。」體，呂氏春秋情欲「其情一體也」高誘注：「性也。」亮，玉篇儿部：「朗也。」晉武帝隴西王泰都督關中詔：「秉心誠亮。」

〔一四〕肅雍二句：詩召南何彼襛矣：「曷不肅雍，王姬之車。」毛傳：「肅，敬；雍，和。」尚書洪範：「建用皇極。」漢書五行志引伏生洪範五行傳而説之曰：「『皇之不極，是謂不建。』皇，君也；極，中；建，立也。人君貌、言、視、聽、思心五事皆失，不得其中，則不能立萬事。」是皇極謂人君之言行思慮皆得其中也。大雅思齊：「思媚周姜。」毛傳：「媚，愛也。」紫庭，謂帝庭，參卷四桑賦「超託居乎紫庭」注。此代指惠帝。二句謂太子敬慎和順於人君之中道，思愛惠帝。案：太子被幽禁時與其妃書，自云「欲盡忠孝之節」，「雖非中宮（賈后）所生，奉事有如親母」。晉書賈后傳云后母宜城君病篤，太子常往探視，將醫出入，恂恂盡禮。宜城臨終，執賈后手，令盡意於太子。惠帝册復太子亦云：「事親孝敬，禮無違者。」皆其「思媚紫庭」之事。

〔一五〕亦既二句：漢書東平思王宇傳元帝賜王太后璽書：「涉學日寡。」遵師，遵從師教。後漢書徐防傳防上疏：「以遵師爲非義。」盛，慧琳一切經音義卷二「熾盛」注引考聲：「隆也。」晉書愍懷太子傳：「元康元年，出就東宫。又詔曰：『遹尚幼蒙，今出東宫，惟當賴師傅群賢之訓。其游處左右，宜得正人，使共周旋，能相長益者。』」

〔一六〕何年二句：妙，古字作眇。眇，小也。説文目部：「眇，小目也」段玉裁注：「引伸爲凡小之稱。……説文無妙字，眇即妙也。」察，淮南子修務「察分秋豪」高誘注：「明也。」

〔一七〕讜言二句：讜言，正言，參本卷吊魏武帝文「達人之讜言」注。復，謂反覆誦讀體會。論語先進：「南容三復白圭。」何晏集解引孔安國：「三反覆之。」考，國語晉語「考省不倦」韋昭注：「校也。」「亦既」以下六句，言太子涉學之事。晉書禮志：「及愍懷太子講經竟……親釋奠於太學。」即太子講學之一例。

惟天有命，太子膺之〔一〕。惟皇有慶〔二〕，太子承之。當究遐年，登茲胡耇〔三〕。

緝熙有晉，克構帝宇〔四〕。如何晨牝，穢我朝聽。仰索皇家，惟塵明聖〔五〕。惴惴太子，終温且敬。銜辭即罪，掩泪衹命〔六〕。顯加放流，潛肆鴆毒〔七〕。痛矣太子，乃離斯酷。謂天蓋高，訴哀靡告〔八〕。鞠躬引分，顧景摧剥〔九〕。嗚呼哀哉！凡民之喪，有戚有姻。太子之殁，傍無昵親〔一〇〕。局蹐嚴宫，絶命禁闈〔一一〕。幽柩偏寄，孤魂曷歸〔一二〕？嗚呼太子，生冤殁悲。

【箋注】

〔一〕惟天二句：詩大雅大明：「有命自天。」膺，文選班固東都賦「膺萬國之貢珍」李善注引賈逵國語注：「猶受也。」

〔二〕惟皇句：皇，君，此指晉帝。慶，國語周語下：「有慶未嘗不怡」韋昭注：「福也。」尚書洪範：「惟皇作極。」吕刑：「一人有慶。」

〔三〕當究二句：究，漢書司馬遷傳「當年不能究其禮」顔師古注：「盡也。」遐，説文辵部：「遠也。」劉向列女傳柳下惠妻：「庶幾遐年，今遂逝兮。」胡，詩周頌載芟「胡考之寧」毛傳：「壽也。」耇，爾雅釋詁：「壽也。」左傳僖公二十二年：「雖及胡耇。」

〔四〕緝熙二句：詩大雅文王：「緝熙敬止。」毛傳：「緝熙，光明也。」尚書大誥：「若考作室，既厎法，厥子乃弗肯堂，矧肯構。」蔡邕祖德頌：「克構其堂。」後漢書杜篤傳篤論都賦：「乃廓平帝字。」

〔五〕如何四句：尚書牧誓：「牝鷄無晨，牝鷄之晨，惟家之索。」穢我句，謂惑亂朝廷之聽聞。索，戰國策秦策「蓄積索」高誘注：「盡也。」詩小雅無將大車：「維塵冥冥。」明聖，當指惠帝而言。惠帝爲哀策曰：「牝亂沈裁，釁結禍成。」是自承爲賈后所惑亂也。

〔六〕惴惴四句：詩秦風黄鳥：「惴惴其栗。」毛傳：「惴惴，懼也。」邶風燕燕：「終温且惠。」銜辭，謂含辭欲吐。即罪，就罪。公羊傳桓公十六年：「舍不即罪爾。」祇，爾雅釋詁：「敬也。」

〔七〕顯加二句：上句謂廢太子爲庶人，幽於金墉城，又幽於許昌宫之别坊。下句謂賈后使太醫令程據合巴豆杏仁丸，使黄門孫慮齎至許昌，以害太子。

〔八〕謂天二句：詩小雅正月：「謂天蓋高，不敢不局。」四月：「維以告哀」鄭箋：「告哀，言勞病而訴之。」曹植上下太后誄表：「悲痛靡告。」

〔九〕鞠躬二句：論語鄉黨：「鞠躬如也。」皇侃義疏：「鞠，曲斂也；躬，身也。」分，文選盧諶贈劉琨「處雁乏善鳴之分」李善注：「謂己所當得也。」案：引分，原爲自裁之意，如三國志魏書高柔傳柔上疏：「閉著囹圄，使自引分。」然此處乃「引以爲己所當得」之意，若言分已定、無可避，故以爲當得也。向秀思舊賦序：「（嵇康）臨當就命，顧視日影，索琴而彈之。」摧剥，慟絶之意，與上文「斷絶」同。隸釋卷十七漢富春丞張君碑：「哀心摧剥。」潘岳馬汧督誄：「心焉摧剥。」乃不如常人。

〔一〇〕凡民四句：詩邶風谷風：「凡民有喪，匍匐救之。」四句謂太子幽獨被害，無昵親與其喪事，乃不如常人。

〔一一〕局蹐二句：詩小雅正月：「謂天蓋高，不敢不局；謂地蓋厚，不敢不蹐。」毛傳：「局，曲也；蹐，累足也。」説文足部：「蹐，小步也。」段玉裁注：「累足者，小步之至也。」北堂書鈔卷七十八引東觀漢紀：「周行爲涇令，下車嚴峻，貴戚局蹐。」愍懷太子被幽禁於許昌宫之别坊，賈后令治書御史劉振持節守之，復使黄門孫慮齎藥至許昌以害太子。初，太子恐見鴆，恒自煮食，慮以告劉振，振乃徙太子於小坊中，絶不與食。慮乃逼太子以藥，太子不肯服，因如厠，慮以藥杵椎殺之。

〔一二〕孤魂句：漢書貢禹傳禹上書：「骸骨棄捐，孤魂不歸。」

匹夫有怨，尚或殞霜。矧乃太子，萬邦攸望〔一〕。普天扼腕，率土懷傷〔二〕。精感六沴，咎徵紫房〔三〕。爰兹元輔，啓我令圖〔四〕。王赫斯怒，天誅靡逋〔五〕。攙搶叱掃，元凶服辜〔六〕。仁詔引咎，哀策東徂〔七〕。光復寵祚，紹建藐孤〔八〕。於時暉服，粲焉畢陳。庭旅舊物，堂有故臣〔九〕。孰云太子，不見其人？嗚呼哀哉！既濟洛川，靈旆

左迴〔一〇〕。三軍悽裂，都邑如隤〔一一〕。慨矣寤嘆〔一二〕，念我慜懷。藝文類聚卷十六

【校】

念我：「我」，影宋本作「哉」。

【箋注】

〔一〕匹夫四句：殞，通隕。詩大雅綿「亦不隕厥問」釋文：「墜也。」文選曹植求通親親表：「崩城隕霜。」李善注引淮南子：「鄒衍盡忠於燕惠王，王信譖而繫之。鄒子仰天而哭，正夏而天爲之降霜。」漢書敘傳述游俠傳第六十二「矧乃齊民」顏師古注：「矧，况也。」蔡邕太傅祠前銘：「民斯攸望。」

〔二〕普天二句：詩小雅北山：「溥天之下，莫非王土。率土之濱，莫非王臣。」毛傳：「溥，大；率，循。」普、溥通。扼腕，以手握腕，感慨激動之狀。商君書君臣：「瞋目扼腕而語勇者得。」懷，詩邶風終風「願言則懷」毛傳：「傷也。」漢武帝悼李夫人賦：「隱處幽而懷傷。」

〔三〕精感二句：漢書孔光傳引洪範五行傳：「六沴之作。」顏師古注：「沴，惡氣也。」咎，説文人部：「灾也。」徵，禮記中庸「久則徵」鄭玄注：「猶效驗也。」尚書洪範：「曰咎徵。」紫房，猶言紫宫、紫庭，謂宫廷。二句謂怨憤感動天地而生灾沴，禍咎之驗見於宫廷。案：此非泛然而言。晉書愍懷太子傳惠帝爲哀策曰：「哀感和氣，痛貫四時。」又詔立臧爲皇太孫：

「咎徵數發，奸回作變，逼既逼廢，非命而没。」是乃當時人之共識，見於史籍者甚多。據晉書惠帝紀、天文志載：永康元年正月，日有蝕之；二月，大風飛沙拔木；三月，尉氏雨血，妖星見于南方，太白晝見，中台星坼。該月太子被害。五行志載：太子喪柩發許昌還洛之日，大風雷電，幃蓋飛裂。至於太子被廢之前灾異屢見，天示警戒之例尤衆。如元康九年即太子被廢之年，日中有若飛燕者，數日乃消；又宫中井水沸溢；又有桑生于東宫西廂，日長尺餘，數日而枯；又忽有牡騧馬驚奔，至廷尉審訊之堂，悲鳴而死；又有日蝕，京師大風，發屋折木。其他妖異載於五行志者尚多。

〔四〕爰兹二句：元輔，輔政重臣，指趙王倫、梁王彤。二人廢賈后，殺賈謐等，倫自立爲相國，都督中外諸軍，如司馬懿、司馬昭輔魏故事；以彤爲太宰。文選顏延之三月三日曲水詩序「王宰宣哲於元輔」李善注引班固涿邪山文：「晄晄將軍，大漢元輔。」我，指惠帝。晉書愍懷太子傳惠帝册復太子詔：「賴宰相賢明，人神憤怒，用啓朕心。」

〔五〕王赫二句：詩大雅皇矣：「王赫斯怒，爰整其旅。」鄭箋：「赫，怒意；斯，盡也。……文王赫然與其群臣盡怒。」孟子萬章上：「伊訓曰：『天誅造攻自牧宫。』」逋，周易訟九二象「歸逋竄也」李鼎祚集解引荀爽：「逃也。」

〔六〕欃搶二句：爾雅釋天：「彗星爲欃槍。」欃搶、欃槍字通。叱，叱咤，發怒聲。叱掃，怒掃。説文又部：「彗，掃竹也。」後漢書崔駰傳崔篆慰志賦：「運欃槍以電掃兮，清六合之土宇。」

彗星者，所以掃除污穢也。左傳昭公十七年：「有星孛于大辰，西及漢。申須曰：『彗，所以除舊布新也。』」唐開元占經卷八十八彗星占彗孛名狀占引劉向鴻範傳：「彗星者，天所以去無道而建有德也。」元凶，指賈后、賈謐。惠帝永康元年四月癸巳，梁王肜、趙王倫矯詔廢賈后爲庶人，侍中賈謐及黨羽數十人皆伏誅。甲午，追復故皇太子位。己亥，趙王倫矯詔害賈庶人於金墉城。

〔七〕仁詔二句：惠帝册復太子詔：「朕昧于凶構，致爾于非命之禍，俾申生、孝己，復見於今。」又爲哀策曰：「爾之降廢，實我不明。」是所謂引咎。東徂，謂使人東往許昌，迎太子喪。

〔八〕光復二句：光，周易坤文言「含萬物而化光」李鼎祚集解引干寶：「大也。」吕布與蕭建書：「光復洛京。」祚，位。藐，廣雅釋詁：「小也。」左傳僖公六年：「以是藐諸孤。」太子子臧，永康元年五月封臨淮王，立爲皇太孫。

〔九〕於時四句：暉服，謂皇太孫車服。左傳莊公二十二年：「庭實旅百。」杜預注：「旅，陳也。」四句承紹建句，言皇太孫之立也。晋書愍懷太子傳：「（永康元年五月）己巳，詔曰：『……今立臧爲皇太孫，還妃王氏以母之，稱太孫太妃。太子官屬即轉爲太孫官屬。趙王倫行太孫太傅。』……倫與太孫俱之東宫，太孫自西掖門出，車服侍從皆愍懷之舊也。到銅駝街，宫人哭，侍從者皆哽咽，路人抆泪焉。」

〔一〇〕既濟二句：靈旆，謂送葬容車所載旌旗，以通帛爲之。參卷七挽歌之二「魂輿寂無響」、「長旌誰爲旆」注。左迴，謂折向西。面向北，則西爲左。

〔二〕三軍二句：悽裂，猶上文斷絶、摧剥，謂悲痛不能自持。如隤，列女傳齊杞梁妻載杞梁殖戰死，其妻哭於城下，路人莫不爲之揮涕，十日而城崩。

〔三〕慨矣句：詩曹風下泉：「愾我寤嘆。」鄭箋：「愾，嘆息之意。寤，覺也。」孔疏：「愾然我寢寐之中，覺而嘆息。」慨、愾通。

吴貞獻處士陸君誄〔一〕

我聞有命，天禄有秩〔二〕。如斯吉人，而有斯疾〔三〕！兄弟之恩，離形合氣〔四〕。矧我與君，年相亞逮。綢繆之游，自曚及朗〔五〕。孩不貳音，抱或同襁〔六〕。撫髫并育，携手相長〔七〕。行焉比迹，誦必共響。庶君偕老，靈根克固〔八〕。掛翼雲霄，雙飛天路〔九〕。人皆年長，君獨短祚〔一〇〕。穀則同朝，遊矣先暮〔一一〕。藝文類聚卷三十七

【校】

掛翼：「掛」，陸本、影宋本作「附」。

遊矣：「遊」，疑當作「逝」，「遊」、「逝」形近而訛。文選曹丕典論論文「日月逝於上」，「逝」字李善本傳寫誤作「遊」，是二字易淆之證。西晉文紀卷十五作「逝」。

【箋注】

〔一〕陸君：其人不詳。依文意，當是陸機兄弟輩。嚴可均全晉文注：「案：機第三兄玄，早卒。」俞士玲陸機陸雲年譜太康二年：「據陸氏世譜，陸庭未仕，又與機年相近，此誄或爲陸庭而作。」姑録二家之説備考。

〔二〕我聞二句：詩唐風揚之水：「我聞有命。」尚書西伯戡黎：「我生不有命在天？」論語顔淵：「子夏曰：『商聞之矣：死生有命，富貴在天。』」禄，説文示部：「福也。」論語堯曰：「天禄永終。」詩商頌烈祖：「嗟嗟烈祖，有秩斯祜。」毛傳：「秩，常。」

〔三〕如斯二句：詩大雅卷阿：「藹藹王多吉人。」論語雍也：「命矣夫！斯人也而有斯疾也。」

〔四〕兄弟二句：父母與子，兄與弟，爲同氣。吕氏春秋精通：「故父母之於子也，子之於父母也，一體而兩分，同氣而異息。」曹植求自試表：「誠與國分形同氣，憂患共之者也。」

〔五〕綢繆二句：綢繆，親密。參卷二遂志賦「蕭綢繆於豐沛」注。矇，通蒙。周易蒙：「匪我求童蒙，童蒙求我。」孔疏：「蒙者，微昧暗弱之名。」序卦：「物生必蒙。……蒙者，蒙也，物之稚也。」李鼎祚集解引鄭玄：「蒙，幼小之貌。」幼小則暗昧無知，故云「幼小之貌」。

〔六〕孩不二句：孩，小兒笑。説文口部：「咳，小兒笑也。從口，亥聲。孩，古文咳，從子。」抱，即捊字。説文手部：「捊，引取也。」又曰：「捊，或從包。」謂引持也，此謂負持，非雙臂合圍之意。尚書召誥：「保抱攜持厥婦子。」孫星衍尚書今古文注疏云：「保，同褓。……繦負其子，携持其妻屬。」陸機此文之抱，即保抱、繈負也。襁，三國志魏書凉茂傳注引博物記：「織縷爲之，廣八寸，長尺二，以約小兒於背上，負之而行。」段玉裁説文解字注云襁乃繈之俗字。又釋繈云：「織縷爲絡，以負之於背，其繩謂之繈。……凡繩韌者謂之繈。」段氏之意，謂博物記所云，乃其絡，未及其繩。案：孟子盡心上：「孩提之童。」趙岐注：「孩提，二三歲之間，在襁褓，知孩笑，可提抱者也。」陸機二句并言孩、抱，其構思似出於此。

〔七〕撫鬌二句：鬌，慧琳一切經音義卷六十二「鬌年」注引文字集略：「小兒髮也。」育，爾雅釋詁：「養也。」案：撫鬌謂尊長撫其頭髮，非謂相互撫摸；携手則謂兄弟相携。司馬光又謝龐參政啓：「光以童子獲執几杖，侍見於前，執事撫鬌誨導。」明魏學洢壽錢母序：「慈母撫鬌孺之額。」田汝成阿寄傳：「乃阿寄村鄙之民，衰邁之叟，相嫠人，撫鬌種。」三例撫鬌語當皆出自陸機，可參。

〔八〕庶君二句：詩邶風擊鼓：「執子之手，與子偕老。」靈根，謂身。見卷六君子有所思行「宴安消靈根」注。

〔九〕拊翼二句：拊，廣雅釋詁：「擊也。」張衡西京賦：「要羨門乎天路。」

〔一〇〕祚：國語周語「永錫祚胤」韋昭注：「福也。」

〔一一〕穀則二句：詩王風大車：「穀則異室，死則同穴。」毛傳：「穀，生。」遊，當作逝。陶淵明集始作鎮軍參軍經曲阿「眇眇孤舟逝」，今李善注本文選逝作遊。胡刻本考異云：「善亦作逝。

逝，往也。遊但傳寫誤，非善、五臣之不同。」亦二字易淆之證。案：二句以朝暮對舉，朝喻少年，暮喻死亡，參卷三大暮賦校記。

吴丞相江陵侯陸公誄

根條伊何？苗黄裔舜。長發有祥，貽我作胤。劉王負險，寇我西鄰。公侯赫怒，干戈啓陳。金鉞鏡日，雲旗降文。元玉隕難，鯨鯢墜鱗。戎漢時殪，方城清塵。藝文類聚卷四十五

案：此篇各句皆見于陸雲集卷五吴故丞相陸公誄，文甚長，有序。蓋藝文類聚截取其文而誤爲陸機作。七十二家集陸平原集、百三名家集陸機集、嚴可均全晋文陸機集皆不載録。

吴大司馬陸公誄〔一〕

我公承軌，高風肅邁〔二〕。明德繼體，徽音奕世〔三〕。昭德伊何？克俊克仁〔四〕。爰及德周能事，體合機神〔五〕。禮交徒候，敬睦白屋〔六〕。踧踖曲躬，吐食揮沐〔七〕。爰及鰥寡，賑此惸獨〔八〕。孚厥惠心，脱驂分禄〔九〕。乃命我公，誕作元輔〔一〇〕。位表百辟，

名茂群后〔一一〕。因是荆人，造我寧宇〔一二〕。備物典策，玉冠及斧〔一三〕。龍旂飛藻，靈鼓樹羽〔一四〕。質文殊塗，百異行徹〔一五〕。人玩其華，鮮識其實〔一六〕。於穆我公，因心則哲〔一七〕。經綸至道，終始自結〔一八〕。德與行滿，英與言溢〔一九〕。藝文類聚卷四十七

【校】

題：「陸公」，原作「陸抗」，據陸本、影宋本改。

徽音：「音」，原作「旨」，據陸本、影宋本改。

惠心：「心」，陸本、影宋本作「和」。

玉冠：「玉」，陸本、影宋本作「主」。

百異行徹：影宋本作「百行異徹」，嚴元照録盧文弨校，于「徹」旁注「轍」字。宛委別藏本陸士衡文集、張燮七十二家集、張溥百三名家集、嚴可均全晉文陸機集均作「百行異轍」。

英與：「英」，陸本、影宋本作「美」。

【箋注】

〔一〕大司馬陸公：陸抗，字幼節，陸遜次子，孫策外孫，陸機父。孫晧鳳凰二年（二七三）春，就拜大司馬、荆州牧。三年秋，病卒。

〔二〕我公二句：軌，廣雅釋詁：「迹也。」蔡邕太傅祠前銘「繼軌山甫。」承軌猶繼軌。馮衍顯志

賦：「懿名賢之高風。」肅邁，敬而遠。參卷五贈顧交趾公真「清風肅已邁」注。

〔三〕明德二句：尚書君奭：「嗣前人恭明德。」史記三王世家：「武王繼體。」後漢書劉瑜傳瑜上書陳事：「競立胤嗣，繼體傳爵。」詩大雅思齊：「大姒嗣徽音。」鄭箋：「徽，美也。」國語周語：「奕世載德。」後漢書班固傳：「奕世勤民。」李賢注：「奕，猶重也。」

〔四〕昭德二句：左傳昭公十二年引祭公謀父作祈招之詩：「式昭德音。」杜預注：「昭，明也。」桓公二年：「君人者，將昭德塞違。」孔疏：「昭德，謂昭明善德，使德益章聞也。」克，爾雅釋言：「能也。」尚書立政：「以克俊有德。」

〔五〕德周二句：周，左傳文公三年「舉人之周也」杜預注：「備也。」能事，所能有之事。周易繫辭上：「天下之能事畢矣。」孔疏：「天下所能之事，法象皆盡，故曰『天下之能事畢矣』也。」德周句，謂其德於諸事無不周知。體，吕氏春秋情欲「其情一體也」高誘注：「性也。」機，説文木部：「主發謂之機。」機神，謂遇事而動皆神妙也。嵇康答釋難宅無吉凶攝生論：「若玄機神妙，不言之化，自非至精，孰能與之。」

〔六〕禮交二句：徒，廣雅釋詁：「使也。」謂供役使者。候，説文人部：「伺望也。」謂掌伺察之小吏。白屋，簡陋之屋，代指布衣之士。韓詩外傳卷三：「周公踐天子之位七年……窮巷白屋先見者四十九人。」漢書吾丘壽王傳壽王曰：「三公有司或由窮巷起白屋。」顔師古注：「白屋，以白茅覆屋也。」

〔七〕踧踖二句：論語鄉黨：「君在，踧踖如也。」何晏集解引馬融：「踧踖，恭敬之貌。」曲躬，猶鞠躬。鄉黨：「執圭，鞠躬如也。」集解引包咸：「鞠躬者，敬慎之至。」潛夫論本政：「匍匐曲躬以事己。」揮，戰國策齊策「揮汗成雨」高誘注：「振也」。爾雅釋詁「揮，竭也」郭璞注：「振去水，亦爲竭。」後漢書高彪傳彪遺馬融書：「昔周公旦……猶揮沐吐餐，垂接白屋。」吕氏春秋謹聽：「昔者禹一沐而三捉髮，一食而三起，以禮有道之士。」韓詩外傳卷三：「周公誡之曰：『……吾於天下亦不輕矣，然一沐三握髮，一飯三吐哺，猶恐失天下之士。』」

〔八〕爰及二句：詩小雅鴻雁：「爰及矜人，哀此鰥寡。」毛傳：「老無妻曰鰥，偏喪曰寡。」顧炎武日知録卷三十二鰥寡：「鰥者無妻之稱，但有妻而于役者則亦可謂之鰥。……寡者無夫之稱，但有夫而獨守者則亦可謂之寡。」賑，通振。振，左傳昭公十四年「分貧振窮」杜預注：「救也。」惸，玉篇心部：「獨也，單也。」詩小雅正月：「哀此惸獨。」毛傳：「獨，單也。」

〔九〕孚厥二句：孚，爾雅釋詁：「信也。」孚厥句，謂其施惠之心誠而信。周易益九五：「有孚惠心。」脱驂，解開驂馬。禮記檀弓上：「孔子之衛，遇舊館人之喪，入而哭之哀。出，使子貢説驂而賻之。」吕氏春秋觀表：魯大夫郈成子過衛，右宰穀臣止而觴之，酒酣而送之以璧。後穀臣死於難，郈成子使人迎其妻子，「分禄而食之，其子長而反其璧」。

〔一〇〕誕作句：誕，語首助詞，無義。尚書多方：「誕作民主。」元輔，重臣。參本卷愍懷太子誄「爰茲元輔」注。

〔一一〕位表二句：表，左傳襄公十四年「以表東海」杜預注：「顯也。」辟、后，爾雅釋詁：「君也。」此泛指百官諸侯。尚書洛誥：「汝其敬識百辟享。」孔疏釋百辟爲百官諸侯，云「百官諸侯爲下民之君」。茂，詩小雅南山有臺「德音是茂」鄭箋：「盛也。」尚書堯典：「班瑞于群后。」（僞古文在舜典）

〔一二〕因是二句：詩大雅崧高：「因是謝人，以作爾庸。」尚書康誥：「用肇造我區夏。」國語周語：「使各有寧宇。」韋昭注：「寧，安也。宇，居也。」案：陸抗永安二年（二五九）拜鎮軍將軍，都督西陵（今湖北宜昌），後拜都督信陵、西陵、夷道、樂鄉、公安諸軍事。平步闡之亂，擊退南侵之晉軍。加拜都護，拜大司馬、荆州牧。在荆州凡十餘年，捍衛吴之西陲，甚有功勛。二句謂此。

〔一三〕備物二句：左傳定公四年子魚云周成王「分魯公以大路、大旂……備物、典策。」杜預注：「典策，春秋之制。」孔疏：「服虔云：『備物，國之職物之備也。』當謂國君威儀之物……備賜魯也。……典策，謂史官書策之典……賜之以法，使依法書時事也。」案：備物典策，諸説不一。此泛指君所賜諸物禮儀以示殊寵者，即下文玉冠、斧、龍旂、靈鼓之屬。三國志吴書薛瑩傳瑩獻詩曰：「珝忝千里，受命南征。旂旗備物，金革揚聲。」案：瑩兄珝孫皓時官至威南將軍，征交阯，故詩云云。所謂「旂旗備物」，事與陸抗「備物典策」相似。玉冠，冠冕飾以玉。玉斧，禮記祭統：「朱干玉戚以舞大武。」孔疏：「戚，斧也，以玉飾其柄。」

〔一四〕龍旂二句：詩周頌載見：「龍旂陽陽。」鄭箋：「交龍爲旂。」文選趙至與嵇茂齊書：「華崖飛藻。」周禮地官鼓人：「以靈鼓鼓社祭。」鄭玄注：「靈鼓，六面鼓也。」詩周頌有瞽：「設業設虡，崇牙樹羽。」毛傳：「樹羽，置羽也。」孔疏：「爲之設其横者之業，又設其植者之虡……因樹置五采之羽以爲之飾……其鼓懸之虡業，爲懸鼓也。」漢書禮樂志安世房中歌：「高張四縣，樂充宫廷。芬樹羽林，雲景杳冥。」張衡東京賦：「設業設虡，宫懸金鏞。鼖鼓路鼗，樹羽幢幢。」靈鼓句謂以彩色之羽裝飾懸鼓之架，用於行禮奏樂之時。

〔一五〕質文二句：質文，就禮法文教之繁殺而言。董仲舒春秋繁露有三代改制質文。漢書藝文志：「而帝王質文，世有損益。」後漢書魯恭傳恭議奏曰：「王者雖質文不同，而兹道無變。」百異句，當作「百行異轍」。嵇康與山巨源絶交書：「故君子百行，殊塗而同致。」

〔一六〕人玩二句：老子三十八章：「處其實，不處其華。」劉楨諫平原侯植書：「采庶子之春華，忘家丞之秋實。」案：質文二句與此二句語意不明，蓋類書引文删節所致。

〔一七〕於穆二句：於穆，嘆美之辭，見卷五答潘尼「於穆同心」注。因心，憑心，任心。參卷九漢高祖功臣頌「文成作師」首「因心則靈」注。尚書皋陶謨：「知人則哲。」

〔一八〕經綸二句：周易屯象：「君子以經綸。」結，固。詩曹風鳲鳩「心如結兮」毛傳：「用心固。」

〔一九〕德與二句：英，廣雅釋詁：「美也。」二句謂其行無不合乎盛德，其言無不美善。

吴大司馬陸公少女哀辭

冉冉晞陽，不遂其茂〔一〕。曄曄芳華〔二〕，凋芳落秀。遵堂涉室，仿佛興想。人皆有聲，爾獨無響。藝文類聚卷三十四

【校】

題：「陸公」，「陸」原訛作「六」，據陸本、影宋本改。

曄曄：陸本作「暉暉」。

芳華：「芳」，淵鑑類函卷二百五十一作「方」。

【箋注】

〔一〕冉冉二句：冉冉，即姌姌。廣雅釋訓：「姌姌，弱也。」古詩：「冉冉孤生竹。」晞，方言卷七：「暴也。」晞陽，謂向日。嵇康兄秀才公穆入軍贈詩：「晞陽振羽儀。」詩曹風候人：「不遂其媾。」鄭箋：「遂猶久也。」

〔二〕曄曄句：後漢書馮衍傳衍顯志賦：「華芳曄其發越兮。」李賢注：「曄，盛也。」

晉處士劉參妻王氏夫誄

猗猗嘉穎，朝陽方翹。烈風嚴霜，殞此秀條。璇璣倏忽，四序競征。清商激宇，蟋蟀吟檽。藝文類聚卷三十七

案：此篇陸本、影宋本題作「晉處士劉參妻王氏夫人誄」，誤。此原爲王氏誄其夫劉參而作，劉參蓋隱居未仕者，故類聚載録於隱逸類。一本加「人」字，遂誤爲誄劉妻之作。又以類聚次此篇於陸機吴貞獻處士陸君誄後，乃誤爲陸機作。張燮七十二家集、張溥百三名家集、嚴可均全晉文陸機集皆不收録。

陸機集卷第十

議　論　碑

大田議

臣聞隆名之主〔一〕，不改法而下治；陵夷之世，不易術而民怠〔二〕。夫商人逸而利厚，農人勞而報薄。導農以利則耕夫勤，節商以法則游子歸〔三〕。藝文類聚卷六十五

【校】

隆名：「名」，西晉文紀、七十二家集、漢魏六朝百三家集作「古」。

【箋注】

〔一〕隆名句：漢書高惠高后文功臣表：「隆名之主安立亡國。」

〔二〕陵夷二句：陵夷，漢書張釋之傳「陵夷至於二世」顔師古注：「頽替也。」王念孫云陵、夷皆平意，見讀書雜志卷四之十六漢書「連語」條。術，謂治國之法。漢書鼂錯傳：「又上書言：『人主所以尊顯功名揚於萬世之後者，以知術數也。』」顔師古注引臣瓚：「術數，謂法制，治國之術也。」

〔三〕導農二句：勤，疑當作勸。荀子君道「勸上之事」，盧文弨云元刻本勸作勤，是二字易淆之證。説文力部：「勸，勉也。」謂勉力。漢書食貨志：「善爲國者，使民毋傷而農益勸。」法，法令、法律。游子歸，謂經商游食之人歸於田畝。漢書食貨志賈誼曰：「今驅民而歸之農，皆著於本，使天下各食其力，末技游食之民轉而緣南畝。」又鼂錯曰：「游食之民未盡歸農也。」案：導農以利，當包括減輕田賦之類。吴景帝永安二年詔曰：「……士民之贍，必須農桑。……自頃年已來，州郡吏民及諸營兵，多違此業，皆浮船長江，賈作上下，良田漸廢，見穀日少，欲求大定，豈可得哉？亦由租入過重，農人利薄，使之然乎！今欲廣開田業，輕其賦税，差科强羸，課其田畝，務令優均，官私得所，使家給户贍，足相供養，則愛身重命，不犯科法，然後刑罰不用，風俗可整。」此詔雖在陸機出生以前，然所言棄農從商及輕賦税等，亦可供參考。

辨亡論上〔一〕

昔漢氏失御，奸臣竊命〔二〕。禍基京畿〔三〕，毒遍宇内。皇綱弛紊，王室遂卑〔四〕。

於是群雄蜂駭，義兵四合〔五〕。吴武烈皇帝慷慨下國，電發荆南〔六〕。權略紛紜，忠勇伯世〔七〕。威稜則夷羿震蕩，兵交則醜虜授馘〔八〕。遂掃清宗祊，蒸禋皇祖〔九〕。于時雲興之將帶州，飆起之師跨邑，哮闞之群風驅，熊羆之衆霧集〔一〇〕。雖兵以義合，同盟勠力〔一一〕，然皆苞藏禍心，阻兵怙亂〔一二〕。或師無謀律，喪威稔寇〔一三〕。忠規武節〔一四〕，未有如此其著者也。

【校】

禍基：「基」，原作「棊」，據四部叢刊本文選、北宋本文選、尤刻本文選、陳八郎本文選、敦煌寫本文選、陸本、影宋本、三國志吴書三嗣主傳注、晉書陸機傳、藝文類聚卷十一改。

弛紊：「紊」，晉書陸機傳作「頓」。

蜂駭：「蜂」，文選五臣本、陳八郎本文選作「鋒」，「鋒」、「蜂」通。

威稜：「稜」，敦煌寫本文選作「淩」。

熊羆之衆：「衆」，三國志吴書三嗣主傳注、晉書陸機傳作「族」。

霧集：「集」，晉書陸機傳作「合」。

義合：「合」，晉書陸機傳作「動」。

未有：「有」，文選五臣本、陳八郎本文選作「見」。

如此：「如」，敦煌寫本文選、三國志吴書三嗣主傳注作「若」。

【箋注】

〔一〕李善注：「孫盛曰：『陸機著辨亡論，言吴之所以亡也。』」

〔二〕昔漢二句：文選班固答賓戲：「曩者王塗蕪穢，周失其馭。」項岱曰：「周王失牧御之化也。」三國志吴書薛瑩傳瑩獻詩曰：「卯金失御。」李善注：「奸臣，謂董卓也。」法言淵騫：「上失其政，奸臣竊國命。」漢書叙傳述匈奴傳第六十四：「王莽竊命。」

〔三〕禍基句：基，爾雅釋詁：「始也。」畿，説文田部：「天子千里也。」曹植責躬詩：「得會京畿。」

〔四〕皇綱二句：皇綱，見卷五答賈謐「皇綱幅裂」注。揚雄劇秦美新：「王綱弛而未張。」國語周語：「及定王，王室遂卑。」

〔五〕於是二句：駭，廣雅釋言：「起也。」史記項羽紀：「楚蜂午之將。」集解引如淳曰：「蜂午猶言蜂起也。衆蜂飛起，交横若午，言其多也。」高祖紀：「吾以義兵從諸侯，誅殘賊。」漢書魏相傳相上書：「臣聞之，救亂誅暴，謂之義兵。」

〔六〕吴武烈二句：孫堅，字文臺，吴郡富春人，孫策、孫權父。孫權稱帝，追尊爲武烈皇帝。堅漢末爲長沙太守。董卓擅朝政，諸州郡并興義兵，欲以討卓。堅亦舉兵北上。至南陽，衆已數萬人。斬南陽太守張咨，郡中震栗。至魯陽縣，與袁術合兵。下國，諸侯國對天子爲下國，此指地方州郡。詩商頌長發：「爲下國綴旒。」楚辭劉向九嘆遠游：「雷動電發。」荆南，荆山之南。荆山在今湖北武當山東南、漢水西岸。尚書禹貢「荆及衡陽惟荆州」，荆即荆山。孫堅自長沙北上，所歷皆荆南之地。

〔七〕權略二句：公羊傳桓公十一年：「權者，反於經然後有善者也。」紛紜，文選王褒四子講德論「紛紜天地」李善注：「衆多之貌也。」漢書賈誼傳：「勾踐伯世。」顔師古注：「伯，讀曰霸。」案：稱其忠者，謂忠於漢室也。三國志吴書孫堅傳：「卓憚堅猛壯，乃遣將軍李傕等來求和親，令堅列疏子弟任刺史、郡守者，許表用之。堅曰：『卓逆天無道，蕩覆王室，今不夷汝三族，縣示四海，則吾死不瞑目，豈將與乃和親邪！』」後入洛陽，修漢帝諸陵。是所以爲忠也。

〔八〕威稜二句：漢書李廣傳：「（廣）上書自陳謝罪，上報曰：『……威稜憺乎鄰國。』」顔師古注引李奇：「神靈之威曰稜。」夷羿，即后羿，有力善射，夏時有窮國諸侯。左傳襄公四年魏絳曰：「昔有夏之方衰也，后羿……因夏民以代夏政。恃其射也，不修民事，而淫于原獸。……寒浞，伯明氏之讒子弟也。……夷羿收之，信而使之。」杜預注：「夷，氏。」詩大雅常武：「仍執醜虜。」鄭箋：「醜，衆也。」左傳僖公二十八年：「獻俘授馘。」杜預注：「授，數也。」馘，大雅皇矣「攸馘安安」毛傳：「獲也。不服者殺而獻其左耳曰馘。」

〔九〕遂掃二句：宗祊，國語周語：「今將大泯其宗祊。」韋昭注：「廟門謂之祊。宗祊，猶宗廟也。」蒸、禋，爾雅釋詁：「祭也。」詩小雅信南山：「獻之皇祖。」鄭箋：「皇，君。」此指漢之先祖，孫堅奉漢帝爲君，故曰皇祖。董卓脅漢獻帝遷都長安，盡燒宮廟、官府、居家，二百里内室屋蕩盡。又使吕布發諸帝陵及公卿以下冢墓，收其珍寶。孫堅進軍洛陽，乃掃除宗廟，祠以太牢，又修諸陵。

〔一〇〕于時四句：帶，廣雅釋詁：「束也。」帶州，謂制約一州。後漢書班彪傳彪對隗囂問：「方今雄桀帶州域者，皆無七國世業之資。」漢書叙傳：「天下雲擾，大者連州郡，小者據縣邑。」嚪，即闞，虎怒貌。詩大雅常武：「進厥虎臣，闞如虓虎。」尚書牧誓：「勖哉夫子！尚桓桓，如虎如貔，如熊如羆。」

〔一一〕同盟句：春秋襄公十一年：「（諸侯）同盟于亳城北。」國語齊語：「與諸侯勠力同心。」韋昭注：「勠，并也。」

〔一二〕然皆二句：左傳昭公元年子羽曰：「將恃大國之安靖己，而無乃包藏禍心以圖之。」阻，後漢書劉盆子傳「赤眉阻亂」李賢注：「恃也。」左傳隱公四年：「夫州吁阻兵而安忍。」僖公十五年：「且史佚有言曰：『無始禍，無怙亂。』」杜預注：「恃人亂爲己利。」

〔一三〕或師二句：周易師初六：「師出以律。否臧凶。」王弼注：「齊衆以律，失律則散，故師出以律。」稔，左傳昭公十八年「是昆吾稔之日也」杜預注：「熟也。」稔寇，謂助長敵寇之勢，使其壯大成功。

〔一四〕忠規句：規，淮南子主術「是故心知規而師傅諭導」高誘注：「謀也。」潘岳西征賦：「義桓友之忠規。」節，戰國策秦策「秦三世積節於韓魏」鮑彪注：「猶事也。言累有戰伐之事。」武節，猶武事。漢書武帝紀元封元年詔：「朕將巡邊垂，擇兵振旅，躬秉武節。」謂親掌武事也。漢書司馬相如傳封禪文：「武節猋逝。」顏師古注：「威武如猋之盛。」漢書匈奴傳：「天子巡邊，親至朔方，勒兵十八萬騎，以見武節。」張衡東京賦：「文德既昭，武節是宣。」薛綜注：「言文武之教無處不臨。」

武烈既没，長沙桓王逸才命世，弱冠秀發〔一〕。招攬遺老，與之述業〔二〕。神兵東驅，奮寡犯衆。攻無堅城之將，戰無交鋒之虜〔三〕。誅叛柔服，而江外底定〔四〕；飭法修師，則威德翕赫〔五〕。賓禮名賢，而張公爲之雄；交御豪俊，而周瑜爲之傑〔六〕。彼二君子皆弘敏而多奇，雅達而聰哲。故同方者以類附，等契者以氣集〔七〕，而江東蓋多士矣。將北伐諸華，誅鋤干紀，旋皇輿於夷庚，反帝座乎紫闥〔八〕，挾天子以令諸侯，清天步而歸舊物〔九〕。戎車既次，群凶側目。大業未就，中世而殞〔一〇〕。

【校】

底定：「底」，原作「厎」，據四部叢刊本文選、北宋本文選、尤刻本文選、陳八郎本文選、三國志吴書三嗣主傳注改。

飭法：「飭」，四部叢刊本文選、北宋本文選、尤刻本文選、陳八郎本文選、敦煌寫本文選、影宋本作「飾」。「飾」、「飭」通。

則威德：「則」，敦煌寫本文選、三國志吴書三嗣主傳注作「而」。

張公：「公」，原作「昭」，晋書陸機傳作「公」。下「張公爲師傅」句同。王鳴盛十七史商榷卷四十九晋書七「機稱三國君臣」條：「機作辨亡論……稱吴諸臣皆名，唯祖遜、父抗稱陸公，而三稱張昭爲張公。其二文選皆作張昭，其一作張公。機避晋文帝諱，唐人改爲『昭』，其一改之未盡耳。」梁章鉅三國志旁證卷二十七、陳垣史諱舉例卷五第五十二避諱經後人回改未盡例説略同。今據改。案：三國志吴書張紘傳注引江表傳：「初，權於群臣多呼其字，惟呼張昭曰張公，紘曰東部，所以重二人也。」則陸機之稱張公，當不盡爲避晋諱也。參孫志祖文選考異卷四辨亡論下。

而江東：文選五臣本、陳八郎本文選、晋書陸機傳無「而」字。

乎紫闥：「乎」，敦煌寫本文選、三國志吴書三嗣主傳注、藝文類聚卷十一作「于」，晋書陸機傳作「於」。

【箋注】

〔一〕長沙二句：孫策，字伯符，孫權兄。權即帝位，追尊爲長沙桓王。漢書楚元王傳贊：「傳曰：聖人不出，其間必有命世者焉。」孟子公孫丑下：「五百年必有王者興，其間必有名世者。」趙岐注：「名世，次聖之才。物來能名，正於一世者，生於聖人之間也。」命、名通。後用作大才之稱。三國志魏書武帝紀：「天下將亂，非命世之才不能濟也。」禮記曲禮上：「二十曰弱，冠。」吴書孫策傳注引江表傳：「策年十餘歲，已交結知名，聲譽發聞。」

〔二〕述：説文辵部：「循也。」漢書藝文志「祖述堯舜」顔師古注：「修也。」述業，謂循修其舊業。

〔三〕神兵四句：後漢書皇甫嵩傳閻忠曰：「旬月之間，神兵電掃。」孫策初起，招募僅數百人，後袁術以孫堅餘兵還策，亦只千餘人。爲折衝校尉，欲東渡江，將兵千餘人、騎數十匹而已。行收兵，得五六千。三國志吴書孫策傳云：「渡江轉鬥，所向皆破，莫敢當其鋒。」

〔四〕誅叛二句：左傳宣公十二年隨武子曰：「楚軍討鄭，怒其貳而哀其卑。叛而伐之，服而舍之，德刑成矣。伐叛，刑也；柔服，德也。」江外，指江東。厎，尚書堯典「乃言厎可績」（僞古文在舜典）釋文引馬融：「定也。」尚書禹貢：「震澤厎定。」三國志吴書孫策傳載，策由横江渡江轉戰。注引江表傳：「旬日之間，四面雲集，得見兵二萬餘人，馬千餘匹，威震江東，形勢轉盛。」又載：策引兵渡浙江，擊破嚴白虎等，乃自領會稽太守，并置丹楊、豫章、廬陵、吴諸郡太守，遂并江東。

〔五〕飭法二句：周易噬嗑象：「先王以明罰敕法。」釋文引鄭玄：「敕，猶理也。」飭、敕通。史記秦始皇紀：「自上古不及陛下威德。」文選揚雄甘泉賦：「翕赫曶霍。」李善注：「翕赫，盛貌。」三國志吴書吕範傳注引江表傳：「範曰：『今將軍事業日大，士衆日盛，範在遠，聞綱紀猶有不整者。範願暫領都督，佐將軍部分之。』……策乃……委以衆事。由是軍中肅睦，威禁大行。」

〔六〕賓禮四句：漢書鼂錯傳錯賢良文學對策：「賓禮長老。」張公，張昭，字子布，彭城人。漢末大亂南渡。三國志吴書張昭傳：「孫策創業，命昭爲長史、撫軍中郎將，升堂拜母，如比肩之舊。文武之事，一以委昭。」策臨卒，以弟權託昭。御，詩小雅六月「飲御諸友」鄭箋：「侍也。」周瑜，字公瑾，廬江舒人。與孫策同年交好。策東渡江，瑜將兵從之，平定江東。又從攻皖，討江夏，定豫章、廬陵。

〔七〕故同方二句：周易繫辭上：「方以類聚，物以群分。」孔疏：「方謂法術性行，以類共聚，同方者則同聚也。」等，淮南子主術「與無法等」高誘注：「同。」等契，猶同契、合契。周易乾文言：「同聲相應，同氣相求。」

〔八〕將北伐四句：左傳昭公三十年：「吴，周之胄裔也，而棄在海濱，不與姬通。今而始大，比于諸華。」諸華，謂中原諸國。此指中原。楚辭卜居：「寧誅鋤草茅，以力耕乎？」漢書酷吏傳：「誅鋤豪强。」左傳襄公二十三年：「無或如臧孫紇干國之紀，犯門斬關。」杜預注：「干，亦犯也。」李善注：「繁欽辨惑曰：『吴人者以船楫爲輿馬，以巨海爲夷庚。』臧榮緒晋書司徒王謐議曰：『夷庚未入，乘輿旅館。』然夷庚者，藏車之所。」案：李注以夷庚爲藏車之所，自王應麟困學紀聞以來，多言其誤。左傳成公十八年「以塞夷庚」杜預注：「夷庚，吴晉往來之要道。」孔疏：「夷，平也。詩序云：『由庚，萬物得由其道。』是以庚爲道也。」陸機之意，謂返皇輿於大道坦途。文選束皙補亡詩由庚有「蕩蕩夷庚」之句，李善彼注亦云：「庚，道也。」「夷，常也。」而此注云「藏車之所」云者，謂止皇輿之播遷也。紫闥，猶紫宮，天子之居。崔駰達旨：「攀台階，窺紫闥。」

〔九〕挾天子二句：挾，廣雅釋詁：「輔也。」戰國策秦策張儀曰：「挾天子以令天下，天下莫敢不聽，此王業也。」三國志蜀書諸葛亮傳亮曰：「今操已擁百萬之眾，挾天子而令諸侯，此誠不可與爭鋒。」天步，天之所施行。詩小雅白華：「天步艱難。」毛傳：「步，行。」鄭箋：「天行此艱難之妖久矣。」清天步，謂天降艱難，今廓清之，使復歸於清明。蔡邕荊州刺史庾侯碑：「廓天步之艱難，寧陵夷之屯否。」左傳哀公元年伍員曰：「（少康）祀夏配天，不失舊物。」杜預注：「物，事也。」歸舊物，指光復漢朝而言。二句承上四句，謂孫策擁戴漢室。

〔一〇〕戎車四句：次，謂次比有序而和利。詩小雅車攻：「決拾既佽。」毛傳：「佽，利也」鄭箋：「佽，謂手指相佽比也。」孔疏：「決之與拾既與手指相比次而和利矣。」文選張衡東京賦云「決拾既次」，李善注引毛詩亦作次。戎車既次，謂兵車已整治有序。史記郅都傳：「列侯宗室見都，側目而視。」後漢書陳蕃傳蕃上疏：「危言極意則群凶側目。」周易繫辭上：「盛德大業至矣哉！」三國志吴書孫策傳：「建安五年，曹公與袁紹相拒於官渡。策陰欲襲許，迎漢帝，密治兵，部署諸將。未發，會爲故吴郡太守許貢客所殺。……時年二十六。」

用集我大皇帝，以奇蹤襲於逸軌，睿心因於令圖〔一〕，從政咨於故實，播憲稽乎遺風〔二〕。而加之以篤固，申之以節儉。疇咨俊茂，好謀善斷〔三〕。束帛旅於丘園，旌命交於塗巷〔四〕。故豪彦尋聲而響臻，志士希光而景騖〔五〕。異人輻湊，猛士如林〔六〕。於是張公爲師傅，周瑜、陸公、魯肅、吕蒙之疇，入爲腹心，出作股肱〔七〕。甘寧、凌統、程普、賀齊、朱桓、朱然之徒奮其威〔八〕，韓當、潘璋、黄蓋、蔣欽、周泰之屬宣其力〔九〕。風雅則諸葛瑾、張承、步隲以名聲光國〔一〇〕，政事則顧雍、潘濬、吕範、吕岱以器任幹職〔一一〕，奇偉則虞翻、陸績、張温、張惇以諷議舉正〔一二〕，奉使則趙咨、沈珩以敏達延譽〔一三〕，術數則吴範、趙達以機祥協德〔一四〕。董襲、陳武殺身以衛主〔一五〕，駱統、劉基强諫以補過〔一六〕。謀無遺諝，舉不失策〔一七〕。故遂割據山川，跨制荆吴，而與天下争衡矣〔一八〕。魏氏常藉戰勝之威，率百萬之師，浮鄧塞之舟，下漢陰之衆〔一九〕，羽楫萬計，龍躍順流〔二〇〕，鋭騎千旅，虎步原隰〔二一〕，謨臣盈室，武將連衡〔二二〕，喟然有吞江滸之志〔二三〕，一宇宙之氣。而周瑜驅我偏師，黜之赤壁〔二四〕。喪旗亂轍，僅而獲免，收迹遠遁〔二五〕。漢王亦憑帝王之號，帥巴漢之民〔二六〕，乘危騁變，結壘千里〔二七〕，志報關羽之敗，圖收湘西之地〔二八〕。而陸公亦挫之西陵。覆師敗績，困而後濟，絶命永安〔二九〕。續以濡須之寇，臨川摧鋭〔三〇〕，蓬籠之戰，孑輪不反〔三一〕。由是二邦之將喪氣挫鋒，勢衄財匱，而吴莧然坐乘其敝〔三二〕。故魏人請好，漢氏乞盟〔三三〕。遂躋天號，鼎跱而立〔三四〕。西屠庸益之郊，北裂淮漢之涘〔三五〕，東包百越之地，南括群蠻之表〔三六〕。於是講八代之禮，蒐三王之樂，告類上帝，拱揖群后〔三七〕。虎臣毅卒，循江而守〔三八〕；長棘勁鎩〔三九〕，望飆而奮。庶尹盡規於上，四民展業于下〔四〇〕。化協殊裔，風衍遐圻〔四一〕。乃俾一介行人〔四二〕，撫巡外域。巨象逸駿，擾於外閑；明珠瑋寶，耀於内府〔四三〕。珍瑰重迹而至，奇玩應響而赴〔四四〕。輶軒騁於南荒，衝輣息於朔野〔四五〕，齊民免干戈之患，戎馬無晨服之虞〔四六〕，而帝業固矣。

【校】

襲於逸軌：敦煌寫本文選、晉書陸機傳無「於」字。

因於令圖：「於」，文選五臣本、陳八郎本文選、藝文類聚卷十一作「乎」。敦煌寫本文選、晉書陸機傳無「於」字。三國志吴書三嗣主傳注「因於」作「發乎」。

咨於故實：「於」，敦煌寫本文選作「乎」。

篤固：「固」，晉書陸機傳作「敬」。

交於塗巷：「於」，文選五臣本、陳八郎本文選、敦煌寫本文選、晉書陸機傳、藝文類聚卷十一作

「乎」。

希光：「希」，晉書陸機傳作「晞」。「晞」、「希」通。

輻湊：「湊」，三國志吴書三嗣主傳注、晉書陸機傳作「輳」。「輳」、「湊」通。

張公：「公」，原作「昭」，據晉書陸機傳改。

出作：「作」，晉書陸機傳作「爲」。

凌統：「凌」，原作「陵」，敦煌寫本文選、三國志吴書三嗣主傳注作「淩」，四部叢刊本文選、尤刻本文選、陸本、影宋本作「凌」。今劃一作「凌」。

名聲：敦煌寫本文選、三國志吴書三嗣主傳注作「聲名」。

張温：晉書陸機傳無此二字。

張惇：「惇」，敦煌寫本文選作「敦」，「敦」、「惇」通。

諷議舉正：「諷」，敦煌寫本文選、晉書陸機傳作「風」。「議」，晉書陸機傳作「義」。「正」，晉書陸機傳作「政」，「政」、「正」通。

沈珩：敦煌寫本文選作「唐衡」，疑誤。

機祥：「機」，文選五臣本、陳八郎本文選、敦煌寫本文選、影宋本作「機」。

遺諝：「諝」，三國志吴書三嗣主傳注作「算」，晉書陸機傳作「計」。

常藉戰勝：「常」，文選五臣本、尤刻本文選、陳八郎本文選、敦煌寫本文選、三國志吴書三嗣主傳注、晉書陸機傳作「嘗」。「常」、「嘗」通。

順流：「順」，敦煌寫本文選作「川」。

鋭騎：「騎」，影宋本、晉書陸機傳作「師」。

謨臣：「謨」，三國志吴書三嗣主傳注作「謀」。

而陸公：敦煌寫本文選、三國志吴書三嗣主傳注、晉書陸機傳、太平御覽卷三百十三「陸」上有「我」字。

蓬蘢：「蘢」，四部叢刊本文選、陳八郎本文選、敦煌寫本文選、三國志吴書三嗣主傳注、晉書陸機傳、太平御覽卷三百十三作「蘢」。

孑輪：「孑」，太平御覽卷三百十三作「隻」。

挫鋒：「挫」，三國志吴書三嗣主傳注作「摧」。

莧然：「莧」，文選五臣本、尤刻本文選、陳八郎本文選、陸本、晉書陸機傳作「莞」，「莞」、「莧」通；三國志吴書三嗣主傳注作「藐」，胡刻本文選考異云即「莧」字之誤。敦煌寫本文選作「芫」，乃「莞」之訛變。

西屠庸益：「屠」，晉書陸機傳作「界」。「益」，敦煌寫本文選、三國志吴書三嗣主傳注作「蜀」。

長棘：「棘」，敦煌寫本文選、三國志吴書三嗣主傳注作「戟」，「棘」、「戟」通。

四民：晉書陸機傳作「黎元」，蓋避唐諱。

耀於内府：「耀」，文選五臣本、陳八郎本文選、三國志吴書三嗣主傳注作「輝」。

齊民：晉書陸機傳作「黎庶」，蓋避唐諱。

【箋注】

〔一〕用集三句：用，乃。左傳成公十三年：「晉侯使呂相絶秦曰：『……用集我文公。』」杜預注：「集，成也。」司馬炎泰始元年告類上帝：「用集大命于兹。」用集句，謂天命乃成就於孫權。孫權薨，謚曰大皇帝。桓範薦管寧表：「并三王之逸軌。」左傳昭公元年：「令圖，天所贊也。」

〔二〕從政二句：國語周語：「賦事行刑，必問於遺訓，而咨於故實。」韋昭注：「咨，謀也。故實，故事之是者。」實，是通。播，廣雅釋詁：「布也。」憲，爾雅釋詁：「法也。」楚辭九辯：「竊慕詩人之遺風兮。」史記周本紀：「宣王即位……修政法文武成康之遺風。」

〔三〕疇咨二句：尚書堯典載堯咨詢臣下曰：「疇咨若時登庸？」「疇咨若予采？」後遂以疇咨爲謀議之語。漢書武帝紀贊：「遂疇咨海内，舉其俊茂。」論語述而：「必也，臨事而懼，好謀而成者也。」説苑政理：「馮簡子善斷事。」

〔四〕束帛二句：束帛，見卷八演連珠「臣聞髦俊之才」首「丘園之秀」注。旅，儀禮燕禮記「請旅侍臣」鄭玄注：「行也。請行酒于群臣。」孟子萬章下：「（萬章）曰：『敢問招虞人何以？』曰：『以皮冠。庶人以旃，士以旂，大夫以旌。』」趙岐注：「旌，注旄干（竿）首者。」旌命，謂徵召。李善注引謝承後漢書：「鄧道不應州郡旌命。」李周翰注：「旌，旗類也。求賢使者執之爲君信也。」荀子勸學：「涂巷之人也。」

〔五〕故豪彦二句：希，通睎。説文目部：「睎，望也。」二句言趨附之速。

〔六〕異人二句：漢書公孫弘傳贊：「群士慕嚮，異人并出。」韓非子難篇：「群臣輻湊。」淮南子主術「群臣輻湊」高誘注：「群臣歸君，若輻之湊轂，故曰輻湊。」漢高祖歌：「安得猛士兮守四方。」詩大雅大明：「其會如林。」

〔七〕於是張公四句：張公，張昭。三國志吴書孫權傳：「待張昭以師傅之禮。」周瑜，孫策卒後，與張昭共掌衆事。曹操入荆州，大軍南向，孫權遣瑜等破之於赤壁。領南郡太守，病卒，年三十六。陸公，陸遜，陸機祖父，字伯言。孫權以兄策女嫁遜。爲權帳下右部督，討平丹楊山越之亂，部伍丹楊、新都、會稽三郡，得精兵數萬人。拜偏將軍，代吕蒙鎮陸口，與關羽相峙。與吕蒙爲前部，取公安、南郡，領宜都太守，拜撫邊將軍，封華亭侯。又以功進封婁侯。爲大都督，大破劉備連營。領荆州牧，改封江陵侯。後代顧雍爲丞相。卒年六十三。魯肅，字子敬，臨淮東城人。與周瑜同渡江，爲孫權言帝王之業，爲權所重。曹操大軍南下，肅力主迎戰。周瑜病死，肅代瑜領兵，與關羽鄰界對峙。年四十六卒。吕蒙，字子明，汝南富陂人。屢立功，魯肅卒，代領其軍。密陳取荆州之計。關羽既破，蒙爲南郡太守，病卒，年四十二。吴書周瑜傳諸葛瑾、步騭上疏：「瑜昔見寵任，入作心膂，出爲爪牙。」孫權答曰：「腹心舊勛，與孤協事，公瑾有之。」尚書皋陶謨：「帝曰：『臣作朕股肱耳目。』」（僞古文在

益稷）

〔八〕甘寧句：甘寧，字興霸，巴郡臨江人。初依劉表、黃祖，後歸吴。隨周瑜破曹操於烏林，攻曹仁於南郡。又隨魯肅拒關羽。拜西陵太守。曹操出濡須，寧爲前部督，夜攻入敵營下。從孫權攻合肥，魏將張遼突至，寧等死戰，孫權得以脱身。凌統，字公績，吴郡餘杭人。孫權征黃祖，統爲前鋒，力戰有功。張遼逼迫孫權於逍遥津，統率親近突圍，扶捍權出，左右盡死，身亦被創，所殺數十人。病卒，年四十九。程普，字德謀，右北平土垠人。孫堅、孫策時屢立戰功。與張昭等共輔孫權。赤壁之戰時，與周瑜爲左右督，破曹操於烏林。又進攻南郡，敗走曹仁。領江夏太守，卒。賀齊，字公苗，會稽山陰人。平山賊有功，爲新都太守。從孫權征合肥。出鎮江上。領徐州牧。吴將晉宗叛，爲魏蘄春太守，齊襲而虜之。後四年卒。朱桓，字休穆，吴郡吴人。爲濡須督，曹仁來犯，桓大破之。封嘉興侯，領彭城相。後拜前將軍，領青州牧。赤烏元年卒，年六十二。朱然，字義封，丹楊故鄣人。從討關羽，擒之。代吕蒙鎮江陵。與陸遜并力拒劉備，攻破備前鋒。拜左大司馬、右軍師。赤烏十二年卒，年六十八。

〔九〕韓當句：韓當，字義公，遼西令支人。從孫堅、孫策征伐有功。以中郎將與周瑜等拒破曹操，又與吕蒙襲取南郡。復與陸遜等大破蜀軍。後領冠軍太守，加都督之號。病卒。潘璋，字文珪，東郡發干人。隨孫權爲將。合肥之役，魏將張遼突至，情勢危急，璋保衛有功，權甚壯之。權征關羽，璋與朱然斷羽走道，璋部下擒羽等。又與陸遜并力拒劉備，所殺傷甚衆。拜襄陽太守。嘉禾三年卒。黄蓋，字公覆，零陵泉陵人。追隨孫堅、孫策轉戰，遷丹楊都尉。赤壁之戰，建策火攻，曹軍遂敗退南郡。拜武鋒中郎將。平武陵蠻夷之亂，領太守。病卒。蔣欽，字公奕，九江壽春人。隨孫策平定江東。張遼襲孫權於合肥逍遥津北，欽力戰有功。曹操出濡須，欽與吕蒙持諸軍節度。孫權討關羽，欽督水軍入沔，還，病卒。周泰，字幼平，九江下蔡人。與蔣欽隨孫策爲左右，數戰有功。孫權愛其爲人，請以自給。權爲山賊所困，泰奮身保衛，身被十二創。後與周瑜、程普拒曹操於赤壁，攻曹仁於南郡。復擊退曹操於濡須，即留督濡須。權破關羽，欲進圖蜀，拜泰漢中太守。黄武中卒。

〔一〇〕風雅句：諸葛瑾，字子瑜，琅邪陽都人。治毛詩、尚書、左氏春秋。漢末避亂江東，爲孫權所愛重。代吕蒙領南郡太守。權稱帝，拜大將軍，領豫州牧。爲人有容貌思度，時人服其弘雅。赤烏四年卒，年六十八。張承，張昭子，字仲嗣。少以才學知名。善甄識人物。爲濡須都督。赤烏七年卒，年六十七。步騭，字子山，臨淮淮陰人。博研道藝，性寬雅深沉。曾爲交州刺史。都督西陵凡二十年，鄰敵敬其威信。代陸遜爲丞相，猶誨育門生，手不釋書，被服居處有如儒生。赤烏十年卒。蔡邕陳太丘碑文：「紆佩金紫，光國垂勛。」

〔一一〕政事句：顧雍，字元嘆，吴郡吴人。代孫邵爲丞相，平尚書事。其所選用文武將吏各隨其能而任之。時訪問民間，有政事所宜行者，輒密以聞。於朝廷有所陳，辭色和順而所執者正。爲相十九年，甚見敬信。赤烏六年卒，年七十六。潘濬，字承明，武陵漢壽人。爲劉備荆州牧治中從事，孫權得荆州，拜輔軍中郎將。權即帝位，拜少府，遷太常。督諸軍討平五溪蠻叛亂。赤烏二年卒。吕範，字子衡，汝南細陽人。從孫策東渡江。與周瑜等拒破曹操於赤壁。孫權討關羽，都武昌，以範留守建業，領丹楊太守。拜揚州牧。黄武七年，遷大司馬，旋病卒。吕岱，字定公，廣陵海陵人。曾爲交州、廣州刺史。潘濬卒，代濬領荆州文書，與陸遜并鎮武昌。孫亮即位，拜大司馬。清身奉公，所在可述。太平元年卒，年九十六。

幹，李善注引許慎淮南子注：「彊也。」幹職，言主其事甚爲能幹。

〔一二〕奇偉句：虞翻，字仲翔，會稽餘姚人。博學多思，有高名。孫策欲取豫章，翻以説辭下之。孫權以爲騎都尉。數犯顔諫諍，性不協俗。徙交州，講學不倦。爲周易、老子、論語、國語注，皆傳於世。陸績，字公紀，吴郡吴人。星曆算數無不該覽。孫權統事，辟爲奏曹掾，以直道見憚，出爲鬱林太守。著述不廢，作渾天圖，注易釋玄，傳於世。年三十二卒。張温，字惠恕，吴郡吴人。有盛名，爲選曹尚書，徙太子太傅。出使於蜀，蜀甚貴其才。孫權嫌其聲名太盛，斥還本郡。病卒。李善注引吴録：「張惇，字叔方，吴郡人也。德量淵懿，清虚淡泊，又善文辭。孫權以爲車騎將軍，出補海昏令。」詩小雅北山：「或出入風議。」鄭箋：「風猶放也。」孔疏：「謂閑暇無事，出入放恣，議量時政者。」舉正，舉而正之。後漢書和帝紀永元十一年七月詔：「其在位犯者，當先舉正。」

〔一三〕奉使句：趙咨，字德度，南陽人。博聞多識，應對敏捷。孫權時頻年使魏，魏人敬異之。權嘉之，拜騎都尉。咨使還，言魏終不能守盟，宜改年號，正服色以自立，權納之。其應對曹丕事，見三國志吴書孫權傳黄初二年及裴松之注引吴書。沈珩，字仲山，吴郡人。孫權以其有智謀，能專對，乃使至魏。曹丕與之談語終日，珩隨事嚮應，無所屈服。使還，言魏終將背盟，當致力農桑，加强軍備，以圖天下。以奉使有稱，封永安縣侯，官至少府。國語晉語：「故能「使張老延君譽于四方。」韋昭注：「延，陳也。陳君之稱譽於四方。」谷永與王音書：「故能還明延譽。」此謂陳吴主之聲譽於魏。

〔一四〕術數句：術數，李善注引韋昭漢書注：「曆數占術也。」漢書藝文志：「太史令尹咸校數術。」顔師古注：「占卜之書。」志又云：「有術數略。」術數即數術。吴範，字文則，會稽上虞人。以治曆數，知風氣，聞於郡中。孫權以範爲騎都尉，領太史令。黄武五年，病卒。趙達，河南人。治九宫一算之術。孫權行師征伐，每令達有所推步，皆如其言。淮南子氾論：「是故因鬼神機祥而爲之立禁。」高誘注：「機祥，吉凶也。」謂吉凶之預兆，由其兆以知吉凶。協，禮記禮運「協於分藝」鄭玄注：「合也。」蔡邕太尉汝南李公碑：「協德魏絳，和戎綏邊。」此句謂吴、趙二人預占吉凶以配合吴之決策、行動。

〔一五〕董襲句：董襲，字元代，會稽餘姚人。三國志吴書董襲傳：「曹公出濡須，襲從權赴之。使襲督五樓船，住濡須口。夜卒暴風，五樓船傾覆，左右散走舸，乞使襲出。襲怒曰：『受將軍任，在此備賊，何等委去也？敢復言此者斬！』於是莫敢干。其夜船敗，襲死。權改服臨喪，供給甚厚。」陳武，字子烈，廬江松滋人。建安二十年，從擊合肥，奮命戰死。孫權哀之，自臨其葬。

〔一六〕駱統句：駱統，字公緒，會稽烏傷人。孫權召爲功曹，行騎都尉。統志在補察，苟有所聞見，輒進言，夕不待旦。常勸權以尊賢接士，勤求損益。黄武七年卒，年三十六。劉基，字敬興，東萊牟平人。孫權爲吴王，遷基大農。權嘗宴飲，虞翻醉酒犯忤，權欲殺之，威怒甚盛。基諫争，翻以得免。年四十九卒。左傳宣公二年士季曰：「『衮職有闕，惟仲山甫補之。』能補過也。」

〔一七〕謀無二句：謂，説文言部：「知也。」李善注引東觀漢紀：「魯恭上疏曰：『舉無遺策，動不失其中。』」

〔一八〕争衡：李善注：「謂角其輕重也。」漢書鄒陽傳：「西與天子争衡。」

〔一九〕魏氏四句：魏氏，指曹操。史記主父偃傳偃諫伐匈奴：「昔秦皇帝任戰勝之威，蠶食天下。」漢書鼂錯傳錯上言：「竊聞戰勝之威，民氣百倍。」三國志吴書周瑜傳注引江表傳瑜曰：「諸人徒見操書言水步八十萬，而各恐懾，不復料其虚實。……今以實校之，彼所將中國人不過十五六萬，且軍已久疲；所得表衆亦極七八萬耳，尚懷狐疑。」此言百萬之師，極言其多耳。鄧塞，在今湖北襄陽東北。水經淯水「又西南過鄧縣東」注：「濁水又東逕鄧塞北，即鄧城東南小山也，方俗名之爲鄧塞。」元和郡縣志襄州臨漢縣：「鄧塞故城，在縣東南二十二里，南臨宛水，阻一小山，號曰鄧塞。……魏常于此裝治舟艦以伐吳，陸士衡表稱『下江漢之卒，浮鄧塞之舟』，謂此也。」漢陰，漢水之南。

〔二〇〕羽楫二句：羽，指鳥。周禮冬官考工記梓人「天下之大獸五：脂者，膏者，臝者，羽者，鱗者」鄭玄注：「羽，鳥屬。」楫，説文木部：「舟棹也。」此代指舟船。李善注：「羽楫，言疾也。」言如鳥之翔。龍，喻舟。周易乾初九：「潛龍勿用。」九四：「或躍在淵。」王逸機賦：「帝軒龍躍。」

〔二一〕鋭騎二句：戰國策齊策：「使輕車鋭騎衝雍門。」高誘注：「鋭，利。」陳琳爲袁紹檄豫州：「雷震虎步。」吕氏春秋孟春：「阪險原隰。」高誘注：「廣平曰原，下濕曰隰。」

〔二二〕謨臣二句：謨，爾雅釋詁：「謀也。」楚辭離騷：「薋菉葹以盈室兮。」衡，左傳宣公十二年「拔旆投衡」孔疏：「衡是馬頸上横木。」此代指車。李善注：「戎車，武將所駕，故以連衡喻多也。」

〔二三〕滸：爾雅釋水：「水厓也。」郭璞注：「水邊地。」

〔二四〕而周瑜二句：建安十三年，曹操南征劉表，會表卒，表子琮降。曹操大軍遂東下。孫權遣周瑜、程普等水軍數萬，與劉備并力，與曹操戰於赤壁，大破之，焚其舟船。赤壁，在今湖北武昌西。文選謝靈運擬魏太子鄴中集詩應瑒「烏林預艱阻」李善注引盛弘之荆州記：「薄沂縣（案應作蒲圻縣），沿江一百里，南岸名赤壁，周瑜、黃蓋此乘大艦上破魏武兵於烏林。烏林、赤壁，其東西一百六十里。」水經江水「湘水從南來注之」注：「江水左徑百人山南，右徑赤壁山北。昔周瑜與黃蓋詐魏武大軍所起也。」

〔二五〕喪旗三句：左傳莊公十年曹劌曰：「吾視其轍亂，望其旗靡，故逐之。」蔡邕黃鉞銘：「鮮卑收迹，烽燧不舉。」三國志魏書武帝紀注引山陽公載記：「公船艦爲備所燒，引軍從華容道步歸，遇泥濘，道不通，天又大風。悉使羸兵負草填之，騎乃得過。羸兵爲人馬所蹈藉陷泥中死者甚衆。」吳書孫權傳：「備、瑜等復追至南郡，曹公遂北還。」

〔二六〕漢王二句：漢王，指劉備。備爲漢景帝子中山靖王勝之後。建安二十四年，援漢初封諸侯王故事，自稱漢中王。二十五年曹丕廢漢自立，備遂於二十六年四月即皇帝位於成都。巴漢，指蜀漢地，以巴、西漢二水得名。史記刺客傳：「擅巴漢之饒。」

〔二七〕乘危二句：乘危，猶言蹈險。管子禁藏：「漁人之入海，海深萬仞，就彼逆流，乘危百里。」漢書趙充國傳充國奏：「兵出，乘危徼幸。」顏師古注：「言不可必勝。」騁變，謂變詭不循常。壘，説文土部：「軍壁也。」案：蜀章武二年（吳黃武元年，二二二）劉備攻吳，自率諸將，於江南緣山行軍，自巫峽至夷陵界連營七百餘里。自正月與吳相拒，至六月不決，乃設伏兵於山谷中，而遣將以數千人於平地立營，欲以誘敵。見三國志吳書陸遜傳、魏書文帝紀。此皆乘危騁變之表現。

〔二八〕志報二句：建安二十四年（二一九），孫權以吕蒙爲大督，襲破南郡。十二月，擒獲關羽，遂定荆州。蜀章武元年（二二一），劉備自率諸將擊吴，取巫縣，進軍秭歸。湘西，湘水之西。建安二十年，吴、蜀更尋盟好，遂分荆州，長沙、江夏、桂陽以東屬吴，南郡、零陵、武陵以西屬蜀。見三國志吴書孫權傳。魯肅傳云：「遂割湘水爲界。」其實南郡、江夏在江北，與湘水無涉，肅傳乃渾言之。此言「收湘西之地」，亦泛言關羽敗死後蜀所喪失之南郡等荆州地耳。

〔二九〕而陸公四句：陸公，謂陸遜。孫權命遜爲大都督、假節，督諸將拒劉備。西陵，今湖北宜昌。原名夷陵，吴黄武元年改。爲吴之西門。左傳桓公十三年：「齊師、宋師、衛師、燕師敗績。」杜預注：「大崩曰敗績。」永安，今四川奉節。三國志蜀書先主傳：「（劉備）收合離散兵，遂棄船舫，由步道還魚復，改魚復縣曰永安。……（蜀章武二年、吴黄武二年四月）殂於永安宫。」吴志陸遜傳：「破其四十餘營。……備升馬鞍山，陳兵自繞。遜督促諸軍四面蹙之，土崩瓦解，死者萬數。備因夜遁……僅得入白帝城。其舟船器械水步軍資一時略盡。」李善注：「馬鞍山在西陵之西。」

〔三〇〕續以二句：濡須，水名，出巢湖，南流入江。在今安徽巢縣、無爲一帶。爲魏、吴必争之地，吴夾水立塢以拒魏。魏黄初三年（吴黄武元年，二二二）九月，魏師大出，兵分三路。曹仁出濡須，吴以朱桓爲濡須督拒之。次年三月，桓擊破魏軍，魏軍殺溺死者千餘人。於是魏軍皆退。案：三國志吴書孫權傳云：「（建安）十八年正月，曹公攻濡須，權與相拒月餘。曹公望權軍，嘆其齊肅，乃退。」裴注引吴曆曰：「曹公出濡須，作油船，夜渡洲上。權以水軍圍取，得三千餘人，其没溺者亦數千人。」李善即引吴曆此語釋此二句，誤。陸機此處述濡須之役，應在吴、蜀西陵戰後。

〔三一〕蓬籠二句：蓬籠，在今安徽潛山北。太平寰宇記淮南道舒州懷寧縣：「廢皖城。唐武德五年大使王弘讓析置，在古逢龍城内。按魏書，臧霸討吴將韓當，當引兵逆戰于逢龍。即此地。」案：見三國志魏書臧霸傳。蓬籠即逢龍。資治通鑑考異據繁欽征天山賦繫於建安十四年。又案：李善注此二句云：「魏志曰：『張遼之討陳蘭，别遣臧霸至皖討吴，吴將韓當逆戰于蓬籠。』」五臣從之，易使讀者誤會陸機所言即韓當、臧霸之戰。二句當謂黄武七年（二二八）陸遜大破曹休之役。時吴鄱陽太守周魴僞叛，誘魏將曹休。孫權至皖口，命陸遜爲大都督，以朱桓、全琮爲左右督，各督三萬人以擊休。三道并進，衝休伏兵，因驅走之，追亡逐北，徑至夾石，斬獲萬餘，牛馬騾驢車乘萬輛，休軍資器械略盡。破休之處，吴書吴主傳、全琮傳，魏書明帝紀、曹休傳皆云在石亭。資治通鑑卷七十一胡三省注云：「其地當在今舒州懷寧、桐城二縣之間。」據明、清地志，石亭在今安徽潛山東北。清一统志卷七十六安慶府懷寧縣古迹：「古石亭，在潛山縣東北。三國吴主孫權傳：『黄武七年秋八（原作七，據三國志改）月，權至皖口，使將軍陸遜督諸將，大破曹休於石亭。』」是逢龍、石亭相去甚近。姚範援鶉堂筆記卷二十九已言李注之誤，且云：「蓬籠，乃吾郡懷寧山也。周舫與曹休箋亦有『前彭綺聞旌麾在蓬籠』之語。俱指休窺皖之日言之。」孑，慧琳一切經音義卷八十二「孑遺」注引集訓：「單也。」公羊傳僖公三十三年：「晋人與姜戎要之殽而擊之，匹馬隻輪無反者。」

〔三二〕由是三句：後漢書鄧騭傳朱寵上疏追訟騭：「率土喪氣。」衄，文選曹植求自試表「師徒小衄」李善注：「猶挫折也。」莧，通莞。論語陽貨：「子之武城，聞弦歌之聲，夫子莞爾而笑。」何晏集解：「莞爾，小笑貌。」

〔三三〕故魏人二句：左傳隱公元年：「公攝位，而欲求好於邾。」僖公八年：「鄭伯乞盟，請服也。」魏人請好，當指建安之末魏吳修好以及曹丕即位之初策命孫權爲吳王、魏吳相往來等事。漢氏乞盟，謂吴與魏斷交後與蜀交好之事。劉禪即位，建興元年（二二三）冬，諸葛亮遣鄧芝修好於吴。次年，吴使張温聘於蜀。自是吴、蜀信使不絶。黄龍元年（二二九），蜀遣使慶孫權踐帝位，遂結盟約。

〔三四〕遂躋二句：躋，説文足部：「登也。」藝文類聚卷十一引尚書刑德放：「帝者，天號也。王者，人稱也。」張衡西京賦：「方今聖上同天號於帝皇。」吴黄龍元年四月孫權即皇帝位。漢書蒯通傳通説韓信曰：「莫若兩利而俱存之，參分天下，鼎足而立，其勢莫敢先動。」郤正釋譏：「今三方鼎跱，九有未乂。」

〔三五〕西屠二句：屠，楚辭天問「何勤子屠母」王逸注：「裂剥也。」庸，古國名。左傳文公十六年「庸人帥群蠻以叛楚」杜預注：「庸，今上庸縣，屬楚之小國。」在今湖北竹山西南。益，漢武帝置十三刺史部有益州，漢末治所在成都。涘，説文水部：「水厓也。」

〔三六〕東包二句：百越，此指吴東南沿海相當今浙江南部、福建之部族，非指五嶺以南之百越。參胡渭禹貢錐指卷六。百者，謂其種類多也。群蠻之表，謂交州，包括今廣東、廣西、海南以至越南北部。

〔三七〕於是四句：李善注：「八代，三皇、五帝也。……三王，夏殷周也。」蒐，左傳成公十六年「蒐乘補卒」杜預注：「閱也。」類，孟子告子上「此之謂不知類也」趙岐注：「事也。」太平御覽卷五百二十七引五經異義：「類，祭天名也，以事類祭之。」尚書堯典：「肆類于上帝。」(僞古文在舜典)漢書陳湯傳：「薦功祖廟，告類上帝。」堯典：「班瑞于群后。」(僞古文在舜典)班固典引：「欽若上下，恭揖群后。」

〔三八〕虎臣二句：詩大雅常武：「進厥虎臣。」左傳宣公二年：「殺敵爲果，致果爲毅。」史記淮南王傳伍被曰：「强弩臨江而守。」

〔三九〕长棘句：棘，小爾雅廣器：「戟也。」鎩，李善注：「説文曰：鎩，『鈹有鐔也。』亦曰長刃矛刀之類也。」鈹，劍而刀裝者。鐔，劍鼻。

〔四〇〕庶尹二句：庶，爾雅釋詁：「衆也。」尹，廣雅釋詁：「官也。」尚書皋陶謨：「庶尹允諧。」(僞古文在益稷)規，淮南子主術「是故心知規而師傅諭導」高誘注：「謀也。」國語周語：「近臣盡規。」韋昭注：「盡其規以告王也。」管子小匡：「士農工商四民者，國之石民也。」

展，周禮地官司市「展成」鄭玄注：「展之言整也。」

〔四一〕化協二句：殊，廣雅釋詁：「絶也。」裔，廣雅釋言：「邊也。」三國志魏書元帝紀封呂興詔：「包舉殊裔。」衍，廣雅釋詁：「廣也。」圻，即垠，説文土部：「地垠咢也。」段玉裁注：「按古者邊界謂之垠咢。」

〔四二〕乃俾句：介，廣雅釋詁：「獨也。」穀梁傳襄公十一年：「行人者，挈國之辭也。」范甯集解：「行人是傳國之辭命者。」左傳襄公八年：「亦不使一介行李告于寡君。」杜預注：「一介，獨使也。行李，行人也。」

〔四三〕巨象四句：逸駿，良馬。擾，周禮夏官服不氏「掌養猛獸而教擾之」鄭玄注：「馴也。」閑，漢書百官公卿表「閑駒」顔師古注：「闌，養馬之所也。」瑋，慧琳一切經音義卷八十五「瑰瑋」注：「奇也。」内府，指皇宫内府藏。韓非子十過：「若受我幣而假我道，則是寶猶取之内府而藏之外府也。」鹽鐵論力耕：「鼲鼦狐貉采旃文罽充於内府。」

〔四四〕珍瑰二句：瑰，文選張衡西京賦「瑰貨方至」薛綜注：「瑰，奇貨也。」重迹，言其多而頻。漢書息夫躬傳：「羽檄重迹而押至。」應響，應之以響，如響之應聲，言其速。劉向新序雜事：「鄒忌三知之如應響。」

〔四五〕輶軒二句：輶，説文車部：「輕車也。」輶軒，謂使者之車。揚雄答劉歆書：「常聞先代輶軒之使。」衝、軿，皆兵車名。左傳定公八年「焚衝」杜預注：「衝，戰車。」釋文：「衝，説文作轒，云陷陣車也。」後漢書光武紀「衝輣橦城」李賢注：「衝，橦車也。詩曰：『臨衝閑閑。』許慎曰：『輣，樓車也。』」史記鄭世家「於是楚登解揚樓車」集解引服虔：「樓車所以窺望敵軍，兵法所謂『雲梯』也。」漢書叙傳述衛青霍去病傳第二十五：「衝輣閑閑。」

〔四六〕齊民二句：司馬相如難蜀父老：「今割齊民以附夷狄。」漢書食貨志：「世家子弟富人或鬭雞走狗馬，弋獵博戲，亂齊民。」顔師古注引如淳曰：「齊，等也。無有貴賤，謂之齊民，若今言平民矣。」又引晋灼曰：「中國被教齊整之民也。」老子四十六章：「天下無道，戎馬生於郊。」服，説文舟部：「用也。」此謂駕乘其馬。詩鄭風叔于田：「巷無服馬。」鄭箋：「服馬，猶乘馬也。」晨服，猶夙駕。虞，廣雅釋言：「驚也。」

大皇既没，幼主莅朝，奸回肆虐〔一〕。景皇聿興，虔修遺憲，政無大闕，守文之良主也〔二〕。降及歸命之初，典刑未滅，故老猶存〔三〕。大司馬陸公以文武熙朝，左丞相陸凱以謇諤盡規〔四〕。而施績、范慎以威重顯〔五〕，丁奉、離斐以武毅稱〔六〕。孟宗、丁固之徒爲公卿〔七〕，樓玄、賀邵之屬掌機事〔八〕。元首雖病，股肱猶存〔九〕。

【校】

大闕：「闕」，敦煌寫本文選作「失」。

未滅：「滅」，敦煌寫本文選作「革」。

施績：「績」，敦煌寫本文選作「續」，疑誤。

離斐：文選五臣本、陳八郎本文選、三國志吴書三嗣主傳注、晉書陸機傳「離」上有「鍾」字。敦煌寫本文選作「雍斐」，疑誤。

樓玄：「樓」，文選五臣本、陳八郎本文選、敦煌寫本文選作「婁」。

賀邵：「邵」，北宋本文選、尤刻本文選、三國志吴書三嗣主傳注作「劭」。

殷肱猶存：「存」，文選五臣本、陳八郎本文選、敦煌寫本文選、三國志吴書三嗣主傳注、晉書陸機傳作「良」。

【箋注】

〔一〕大皇三句：孫權薨於神鳳元年（二五二）四月，年七十一。幼主，謂孫亮，字子明，權之少子。權薨，即帝位，年方九歲。回，詩小雅鼓鍾「其德不回」毛傳：「邪也。」左傳宣公三年：「商紂暴虐，鼎遷于周。……其奸回昏亂，雖大，輕也。」張衡南都賦：「豺狼肆虐。」孫亮太平三年（二五八），以孫綝專恣，密謀誅之，事覺，綝殺與謀者，以兵圍宫，廢亮爲會稽王。

〔二〕景皇四句：孫休，字子烈，權第六子。封琅邪王。孫亮廢，孫綝奉迎爲帝。在位六年，薨，時年三十，謚曰景皇帝。憲，爾雅釋詁：「法也。」張衡南都賦：「朝無闕政。」守文，謂守先王之法度。史記外戚世家序：「自古受命帝王及繼體守文之君。」

〔三〕降及三句：歸命，孫皓，字元宗。孫休薨，皓立爲帝。天紀四年（二八〇）降晉，賜號歸命侯。詩大雅蕩：「雖無老成人，尚有典刑。」鄭箋：「猶有常事故法可案用也。」小雅正月：「召彼故老。」毛傳：「故老，元老。」

〔四〕大司馬二句：陸公，指陸抗，鳳凰二年爲大司馬。熙，爾雅釋詁：「興也。」陸凱，字敬風，陸遜族子。寶鼎元年遷左丞相。建衡元年薨，年七十二。三國志吴書本傳稱其「乃心公家，義形于色，表疏皆指事不飾，忠懇内發」。周易蹇六二：「王臣蹇蹇，匪躬之故。」李善注引作謇謇。楚辭離騷：「余固知謇謇之爲患兮。」王逸注：「謇謇，忠貞貌也。」諤，直言貌。史記趙世家：「諸大夫朝，徒聞唯唯，不聞周舍之鄂鄂。」鄂、諤通。後漢書陳忠傳：「忠臣盡謇諤之節，不畏逆耳之害。」

〔五〕而施績句：施績，字公緒，朱然之子。然本姓施。然卒，績襲業，拜平魏將軍、樂鄉督。孫亮時，爲鎮東將軍、驃騎將軍。孫皓永安初，遷上大將軍、都護，督自巴丘上迄西陵。元興元年，就拜左大司馬。建衡二年卒。三國志吴書孫登傳注引吴録：「（范）慎，字孝敬，廣陵人。竭忠知己之君，纏綿三益之友，時人榮之。……後爲侍中。出補武昌左部督，治軍整頓。孫皓移都，甚憚之……以爲太尉。慎自恨久爲將，遂託老耄，軍士戀之，舉營爲之隕涕。鳳皇三年卒。」

〔六〕丁奉句：丁奉，字承淵，廬江安豐人。少以驍勇爲小將，屬甘寧、陸遜、潘璋等征伐。孫亮時，與魏軍戰，屢立功勛。孫休即位，遷大將軍，加左右都護，又領徐州牧。孫皓時，遷右大司馬、左軍師。李善注：「吳志曰：……魏將諸葛誕據壽春降，魏人圍之。使奉與黎斐解圍。奉爲先登，黎斐力戰有功，拜左將軍。黎與離音相近，是一人，但字不同。」案：三國志吳書丁奉傳云：「奉爲先登，屯於黎漿，力戰有功，拜左將軍。」吳書孫綝傳云：「復遣（朱）異率將軍丁奉、黎斐等五萬人攻魏，留輜重於都陸。異屯黎漿。」黎漿乃地名，見水經肥水注。李善注謂離斐即黎斐，可參。然其引文誤「漿」字爲「斐」字，又奪「屯於」二字。又何焯謂離斐當作鍾離牧。義門讀書記卷二十八云：「余謂李善所見之本必可徵信，但此斐字恐牧字之訛。鍾離牧爲武陵太守，以少衆討武溪，事在蜀并於魏之後，作牧爲得也。」鍾離牧，吳書有傳。

〔七〕孟宗句：孟宗，字恭武，江夏人。避孫皓字，易名爲仁。丁固，本名密，避孫皓后父滕密名，改固。三國志吳書孫休傳：「（永安五年）廷尉丁密、光禄勳孟宗爲左右御史大夫。」孫皓傳：「（寶鼎）三年春二月，以左、右御史大夫丁固、孟仁爲司徒、司空。……（建衡三年）司空孟仁卒。……（鳳凰二年）司徒丁固卒。」

〔八〕樓玄句：樓玄，字承先，沛郡蘄人。孫皓時爲宮下鎮禁中候，主殿中事，從九卿持刀侍衛。正身率衆，奉法而行，應對切直，數迕皓意，漸見責怒，送付廣州殺之。賀邵，字興伯，會稽山陰人。孫皓時爲左典軍，遷中書令，領太子太傅。奉公貞正。皓兇暴驕矜，政事日弊，邵上書諫，皓深恨之，竟見殺害。李善注引漢官解故：「機事所總，號令攸發。」

〔九〕元首二句：李善注引尚書大傳：「元首，君也；股肱，臣也。」尚書皋陶謨：「元首明哉，股肱良哉。」（僞古文在益稷）

爰及末葉，群公既喪，然後黔首有瓦解之志，皇家有土崩之釁〔一〕。曆命應化而微，王師躡運而發〔二〕。卒散於陣，民奔于邑。城池無藩籬之固〔三〕，山川無溝阜之勢。非有工輸雲梯之械，智伯灌激之害，楚子築室之圍，燕人濟西之隊〔四〕，軍未浹辰，而社稷夷矣〔五〕。雖忠臣孤憤，烈士死節〔六〕，將奚救哉！

【校】

爰及：「及」，晋書陸機傳作「逮」。

瓦解之志：「志」，文選五臣本、晋書陸機傳作「患」。

曆命：「曆」，文選五臣本、陳八郎本文選、影宋本、藝文類聚卷十一作「歷」，「歷」、「曆」通。

「卒散」二句：原缺此二句，據文選五臣本、四部叢刊本文選、尤刻本文選、陳八郎本文選、敦煌寫本文選、陸本、三國志吴書三嗣主傳注、晋書陸機傳、藝文類聚卷十一補。

孤憤：「孤」，藝文類聚卷十一作「發」。

烈士：「烈」，陳八郎本文選作「列」，「列」、「烈」通。

【箋注】

〔一〕然後二句：史記秦始皇紀：「更名民曰黔首。」裴駰集解引應劭：「黔亦黎黑也。」主父偃傳徐樂上書：「臣聞天下之患，在於土崩，不在於瓦解。」漢書鄒陽傳公孫玃曰：「瓦解土崩，破敗而不救。」

〔二〕曆命二句：李善注：「曆命，曆數天命也。王師，謂晋師也。言躡其運數而發也。」晋武帝咸寧五年（二七九）十一月大舉伐吴，遣鎮軍將軍琅邪王伷出涂中，安東將軍王渾出江西，建威將軍王戎出武昌，平南將軍胡奮出夏口，鎮南大將軍杜預出江陵，龍驤將軍王濬、廣武將軍唐彬率巴蜀之卒浮江而下，東西凡二十餘萬。

〔三〕城池句：賈誼新書過秦：「楚師深入，戰於鴻門，曾無藩籬之難。」

〔四〕非有四句：工輪，即公輸。墨子公輸：「公輸般爲楚造雲梯之械，成，將以攻宋。」張衡七辯：「工輪制匠，譎詭焕爛。」史記趙世家：「知伯怒，遂率韓魏攻趙。……攻晋陽歲餘，引汾水灌其城，城不浸者三版。城中懸釜而炊，易子而食。」左傳宣公十五年載，楚師圍宋，積九月不能服宋，楚師將去之。申叔時獻計曰：「築室反耕者，宋必聽命。」宋人乃懼。杜預注：「築室於宋，分兵歸田，示無去志。」史記樂毅傳：「燕昭王悉起兵，使樂毅爲上將軍。趙惠文王以相國印授樂毅。樂毅於是并護趙楚韓魏燕之兵以伐齊，破之濟西。」

〔五〕軍未二句：左傳成公九年：「莒恃其陋而不修城郭，浹辰之間，而楚克其三都。」杜預注：

「浹辰，十二日也。」孔疏：「浹爲周匝也。從甲至癸爲十日，從子至亥爲十二辰。……此言浹辰，謂周子、亥十二辰，故爲十二日也。」李善注引干寶晉紀：「太康元年四月，王濬鼓入石頭，吴主孫晧面縛輿櫬，降于濬。」

〔六〕雖忠臣二句：韓非子有孤憤篇。言孤獨無援而懷憤也。史記李斯傳：「烈士死節之行顯於世。」吴亡時死節者有丞相張悌。三國志吴書孫晧傳注引襄陽記：「悌字巨先，襄陽人，少有名理。……晉來伐吴，晧使悌督沈瑩、諸葛靚，率衆三萬，渡江逆之。……吴軍大敗，諸葛靚與五六百人退走，使過迎悌，悌不肯去，靚自往牽之，謂曰：『巨先，天下存亡有大數，豈卿一人所知，如何故自取死爲？』悌垂涕曰：『仲思，今日是我死日也。……今以身徇社稷，復何遁耶？莫牽曳之如是。』靚流涕放之，去百餘步，已見爲晉軍所殺。」

夫曹劉之將，非一世所選；向時之師，無曩日之衆〔一〕。戰守之道，抑有前符；險阻之利，俄然未改〔二〕。而成敗貿理，古今詭趣〔三〕。何哉？彼此之化殊〔四〕，授任之才異也。奎章閣藏文選卷五十三之李善本

【校】

所選：「所」，敦煌寫本文選、三國志吴書三嗣主傳注作「之」。

險阻之利：「險阻」，文選五臣本、陳八郎本文選作「阻險」。「利」，敦煌寫本文選作「制」。授任：「授」，陳八郎本文選作「受」，「受」、「授」通用。

【箋注】

〔一〕夫曹劉四句：所，猶之也。（參裴學海古書虚字集釋）謂曹操、劉備之將領久經戰陣，非僅卓拔於一世而已；晋南征之軍，不比三國對峙時魏、蜀之軍衆多。

〔二〕戰守四句：符，李善注：「猶法也。」前事效法之則驗，故曰前符。符者，驗也，合也。俄然，不久。謂戰守之道既有常法，險阻之利則去往時不久，亦無變改。

〔三〕而成敗二句：貿，小爾雅廣詁：「易也。」理，事。參卷一文賦「理扶質以立幹」注。詭，文選張衡西京賦「豈不詭哉」薛綜注：「異也。」趣，通趨。

〔四〕彼此句：彼謂往昔孫權之時，此謂如今孫晧之日。化，謂政教風化。

辨亡論下

昔三方之王也，魏人據中夏，漢氏有岷益，吴制荆楊而奄交廣〔一〕。曹氏雖功濟諸華〔二〕，虐亦深矣，其民怨矣〔三〕。劉公因險以飾智〔四〕，功已薄矣，其俗陋矣〔五〕。夫吴，桓王基之以武，太祖成之以德，聰明睿達，懿度弘遠矣〔六〕。其求賢如不及，恤民如稚子，接士盡盛德之容，親仁罄丹府之愛〔七〕。拔呂蒙於戎行，識潘濬於係虜〔八〕。推誠信士，不恤人之我欺；量能授器，不患權之我逼〔九〕。執鞭鞠躬，以重陸公之威；悉委武衛，以濟周瑜之師〔一〇〕。卑宫菲食〔一一〕，以豐功臣之賞；披懷虚己〔一二〕，納謨士之籌。故魯肅一面而自託，士燮蒙險而致命〔一三〕。高張公之德，而省游田之娱〔一四〕；賢諸葛之言，而割情欲之歡〔一五〕；感陸公之規，而除刑法之煩〔一六〕；奇劉基之議，而作三爵之誓〔一七〕。屏氣局蹐，以伺子明之疾〔一八〕；分滋損甘，以育凌統之孤〔一九〕。登壇慷慨，歸魯子之功〔二〇〕；削投惡言，信子瑜之節〔二一〕。是以忠臣競盡其謨，志士咸得肆力〔二二〕。洪規遠略，固不厭夫區區者也〔二三〕。故百官苟合，庶務未遑，初都建業，群臣請備禮秩，天子辭而不許，曰：「天下其謂朕何！」宫室輿服，蓋慊如也〔二四〕。爰及中業，天人之分既定，百度之缺粗修〔二五〕。雖醲化懿綱，未齒乎上代，抑其體國經民之具，亦足以爲政矣〔二六〕。地方幾萬里〔二七〕，帶甲將百萬。其野沃，其民練，其器利〔二八〕，其財豐。東負蒼海，西阻險塞。長江制其區宇，峻山帶其封域。國家之利，未巨有弘於兹者矣〔二九〕。借使中才守之以道，善人御之有術〔三〇〕，敦率遺典〔三一〕，勤民謹政，循定策，守常險，則可以長世永年〔三二〕，未有危亡之患也。

【校】

王也：藝文類聚卷十一無「也」字。

奄交廣：「奄」，文選五臣本、陳八郎本文選、藝文類聚卷十一作「掩」，「掩」、「奄」通。晉書陸機傳作「掩有」。

怨矣：文選五臣本、陳八郎本文選、影宋本、晉書陸機傳、藝文類聚卷十一無「矣」字。

劉公：「公」，北宋本文選、陳八郎本文選、晉書陸機傳、藝文類聚卷十一作「翁」。

以飾智：文選五臣本、陳八郎本文選、三國志吴書三嗣主傳注、藝文類聚卷十一無「以」字。

陋矣：文選五臣本、陳八郎本文選、影宋本、晉書陸機傳、藝文類聚卷十一無「矣」字。

夫吴：三國志吴書三嗣主傳注無「夫」字。

弘遠：「弘」，文選五臣本、陳八郎本文選、三國志吴書三嗣主傳注、藝文類聚卷十一作「深」。

不及：「不」，晉書陸機傳、藝文類聚卷十一作「弗」。

識潘濬：「識」，晉書陸機傳作「試」，藝文類聚卷十一作「擢」。

係虜：「虜」，影宋本作「鹵」，「鹵」、「虜」通。

以豐功臣：文選五臣本、陳八郎本文選、影宋本、晉書陸機傳無「以」字。

納謨士之籌：北宋本文選、尤刻本文選「納」上有「以」字，「籌」作「筭」。四部叢刊本文選、陳八郎本文選、影宋本「納」上無「以」字，「籌」作「筭」。陸本、三國志吴書三嗣主傳注有「以」字，

「籌」作「算」。晋書陸機傳無「以」字，「籌」作「算」。按「算」、「筭」古書多不别。

致命：「致」，文選五臣本、陳八郎本文選、影宋本、三國志吴書三嗣主傳注、晋書陸機傳作「效」。

刑法：「法」，三國志吴書三嗣主傳注作「政」。

損甘：「甘」，長短經三國權注作「味」。

凌統：「凌」，北宋本文選、陳八郎本文選作「陵」。

魯子：三國志吴書三嗣主傳注作「魯肅」。

盡其謨：「謨」，文選五臣本、陳八郎本文選、三國志吴書三嗣主傳注作「謀」。長短經三國權注作「能」。

不許：「不」，晋書陸機傳作「弗」。

中業：「業」，尤刻本文選、陸本、三國志吴書三嗣主傳注、晋書陸機傳作「葉」。

百度之缺：晋書陸機傳「百」上有「故」字。

狙修：李善注：「狙，古『粗』字。」文選五臣本、四部叢刊本文選、尤刻本文選、陳八郎本文選、陸本、影宋本、三國志吴書三嗣主傳注、晋書陸機傳作「粗」。胡刻本文選考異：「他書既未見有借『狙』爲『粗』者，士衡他文用字亦少此類，無以考之。」「修」，文選五臣本、陳八郎本文選作「精」。按吕延濟注「粗得增修也」，是五臣原亦作「修」字。

懿綱：「綱」，尤刻本文選、陸本、影宋本、三國志吴書三嗣主傳注、晋書陸機傳作「綱」。胡刻本文選考異云：「尋文義以『綱』爲是。」

經民：「民」，尤刻本文選、晉書陸機傳作「邦」。錢培名云：「按『邦』『國』不應複舉，此唐人諱改。」

其民練：「民」，尤刻本文選、陸本、晉書陸機傳作「兵」。

其器利：三國志吴書三嗣主傳注此句在「其財豐」下。

東負蒼海：「負」，北堂書鈔卷一百十九作「拒」。「蒼」，四部叢刊本文選、北宋本文選、尤刻本文選、陳八郎本文選、陸本、三國志吴書三嗣主傳注、晉書陸機傳、北堂書鈔卷一百十、藝文類聚卷十一作「滄」，「蒼」、「滄」通。

西阻：「阻」，北堂書鈔卷一百十九作「負」。

長江制：「制」，北堂書鈔卷一百十九作「涣」。

未巨有：「巨」，三國志吴書三嗣主傳注、晉書陸機傳作「見」。

兹者矣：「矣」，晉書陸機傳作「也」。

借使中才：晉書陸機傳無「中才」二字。

善人御之有術：晉書陸機傳無「善人」二字，「有」作「以」。

遺典：「典」，三國志吴書三嗣主傳注作「憲」。

循定策：「循」，晉書陸機傳、藝文類聚卷十一作「修」。

可以長世：文選五臣本、陳八郎本文選無「以」字。

患也：文選五臣本、三國志吴書三嗣主傳注、藝文類聚卷十一無「也」字。

【箋注】

〔一〕魏人三句：中夏，猶中原。揚雄方言卷九：「額，顙也。……中夏謂之額。」岷，山名，江水所出。尚書禹貢：「岷山導江，東别爲沱。」益，州名，漢武帝所置十三刺史部之一。東漢末治所爲成都，蜀漢都於此。荆、楊，皆州名，在漢武帝所置十三刺史部内。楊州即揚州。奄，詩魯頌閟宫「奄有龜蒙」鄭箋：「覆。」交廣，漢武帝所置刺史部有交趾，東漢末改爲交州，吴景帝永安七年（二六四）分其境置廣州。

〔二〕曹氏句：後漢書延篤傳篤仁孝論：「施物則功濟於時。」諸華，指中原。參卷六吴趨行「灼灼光諸華」注。

〔三〕其民句：詩周南關雎序：「亂世之音怨以怒，其政乖。亡國之音哀以思，其民困。」

〔四〕飾智：謂修治運用其智巧。管子正世：「飾智任詐，負力而争。」韓非子飾邪：「故人臣稱伊尹、管仲之功，則背法飾智有資。」

〔五〕其俗句：後漢書吴祐傳祐曰：「逾越五領，遠在海濱，其俗誠陋。」

〔六〕太祖三句：太祖，指孫權。王鳴盛十七史商榷卷四十九晋書七「機稱三國君臣」條：「稱孫權爲太祖，此必吴人追尊廟號，而陳壽權傳竟不載。」周易繫辭上：「古之聰明睿知神武而不殺者夫？」陸績述玄：「通敏睿達，鈎深致遠。」懿，説文壹部：「專久而美也。」蔡邕貞節先生范史雲銘：「天授懿度。」漢書高帝紀：「規摹弘遠矣。」

〔七〕其求賢四句：論語季氏：「孔子曰：『見善如不及。』」恤，爾雅釋詁：「憂也。」左傳襄公二十六年：「恤民不倦。」襄公二十五年：「視民如子。」北堂書鈔卷七十六引謝承後漢書：「延篤遷京兆尹，憂官如家，恤民如子。」詩周南關雎序：「頌者，美盛德之形容。」晉書禮志衛瓘等奏請封禪：「濟兆庶之功者必有盛德之容。」左傳隱公六年：「親仁善鄰，國之寶也。」府，通腑。丹府，猶赤心。

〔八〕拔吕蒙二句：吕蒙少貧賤，年十五六，隨姊夫鄧當擊賊，孫策見而奇之，引置左右。拜别部司馬。孫權統事，喜其部伍整齊練習，增其兵。從征有功，拜平北都尉，領廣德長。三國志吴書孫權傳：趙咨使魏，「魏帝問曰：『吴王何等主也？』咨對曰：『……拔吕蒙於行陣，是其明也。』」潘濬，見上篇「政事則顧雍、潘濬」句注。孫權并荆州，拜濬輔軍中郎將，授以兵。吴書潘濬傳注引江表傳曰：「權克荆州，將吏悉皆歸附，而濬獨稱疾不見。權遣人以床就家輿致之，濬伏面著床席不起，涕泣交横，哀咽不能自勝。權慰勞與語，呼其字曰：『承明，昔觀丁父，鄀俘也，武王以爲軍帥；彭仲爽，申俘也，文王以爲令尹。此二人，卿荆國之先賢也，初雖見囚，後皆擢用，爲楚名臣。卿獨不然，未肯降意，將以孤異古人之量邪？』使親近以手巾拭其面。濬起，下地拜謝。即以爲治中，荆州諸軍事一以諮之。」

〔九〕量能二句：器，禮記經解「霸王之器也」鄭玄注：「器謂所操以作事者也。」此指官職權位。逼，爾雅釋言：「迫也。」

〔一〇〕執鞭四句：論語述而：「子曰：『富而可求也，雖執鞭之士，吾亦爲之。』」鄭玄注：「執鞭之賤職。」史記管晏傳太史公曰：「假令晏子而在，余雖爲之執鞭，所忻慕焉。」三國志吳書陸遜傳：「（黄武七年，曹休）舉衆入皖，乃召遜，假黄鉞，爲大都督，逆休。」注引陸機爲遜銘曰：「『魏大司馬曹休侵我北鄙，乃假公黄鉞，統御六師及中軍禁衛，而攝行王事。主上執鞭，百司屈膝。」又引吳録：「假遜黄鉞，吳王親執鞭以見之。」執鞭，示卑身侍奉之意。資治通鑑卷七十一載其事，胡三省注：「此猶古之王者遣將跪而推轂之意也。」吳書周瑜傳注引江表傳：「夜，瑜請見，曰：『諸人徒見操書，言水步八十萬，而各恐懾。……今以實校之，彼所將中國人不過十五六萬，且軍已久疲，所得表衆亦極七八萬耳，尚懷狐疑。……得精兵五萬，自足制之。願將軍勿慮！』權撫背曰：『公瑾，卿言至此，甚合孤心。……五萬兵難卒合，已選三萬人，船糧戰具俱辦。卿與子敬、程公便在前發，孤當續發人衆，多載資糧，爲卿後援。』」

〔一一〕卑宫句：論語泰伯：「子曰：『禹，吾無間然矣。菲飲食而致孝乎鬼神……卑宫室而盡力乎溝洫。』」何晏集解引馬融：「菲，薄也。」案：三國志吳書孫權傳：「（黄龍元年）權遷都建業，因故府不改館。」又：「（赤烏五年）禁進獻御，減太官膳。」又：「（十年）改作太初宮」注引江表傳：「權詔曰：『建業宮乃朕從京來所作將軍府寺耳，材柱率細，皆以腐朽，常恐損壞。今未復西，可徙武昌宮材瓦，更繕治之。』有司奏言曰：『武昌宮已二十八歲，恐不堪用，宜下所在通更伐致。』權曰：『大禹以卑宮爲美，今軍事未已，所在多賦，若更通伐，妨損農桑。徙武昌材瓦，自可用也。』」皆孫權卑宮菲食之事。

〔二二〕披懷句：漢書五行志：「周既克殷，以箕子歸，武王親虛己而問焉。」

〔二三〕故魯肅二句：三國志吴書魯肅傳：「（周）瑜因薦肅才宜佐時，當廣求其比，以成功業，不可令去也。權即見肅，與語，甚悦之。衆賓罷退，肅亦辭出，乃獨引肅還，合榻對飲。」又：「孫權與陸遜論周瑜、魯肅及（呂）蒙曰：『……公瑾昔要子敬來東，致達於孤，孤與宴語，便及大略帝王之業，此一快也。』」士燮，字威彦，蒼梧廣信人。其父賜，漢桓帝時爲日南太守，賜卒後，燮舉茂才，遷交阯太守。其弟三人亦爲合浦、九真、南海太守。兄弟并爲列郡，雄長一州，偏在萬里，威尊無上，震服百蠻。建安十五年，孫權遣步騭爲交州刺史，燮率兄弟奉承節度，權加燮爲左將軍。建安末，燮遣子廞入質，權以爲武昌太守。燮及弟壹諸子在南者皆拜中郎將。燮又誘導益州豪姓雍闓等，率郡人民，使遥附吴。權益嘉之，遷衛將軍，封龍編侯。燮每歲遣使詣權貢獻方物，權輒爲書，厚加寵賜，以答慰之。燮在郡四十餘年，黄武五年，年九十，卒。蒙，左傳襄公十四年「蒙荆棘」杜預注：「冒也。」蒙險，士燮遠在嶺外，其使者往來冒犯險阻。致命，謂送達辭命。左傳文公十五年：「齊人許單伯，請而赦之，使來致命。」

〔一四〕高張公二句：三國志吴書張昭傳：「權每田獵，常乘馬射虎。虎常突前攀持馬鞍，昭變色而前曰：『將軍何有當爾？夫爲人君者，謂能駕御英雄，驅使群賢，豈謂馳逐於原野，校勇於猛獸者乎？如有一旦之患，奈天下笑何？』權謝昭曰：『年少慮事不遠，以此慚君。』」

〔一五〕賢諸葛二句：李善注：「諸葛瑾事，未詳也。」

〔一六〕感陸公二句：三國志吴書孫權傳：「陸遜陳便宜，勸以施德緩刑，寬賦息調。……權報曰：『……君以爲太重者，孤亦何利其然，但不得已而爲之耳。今承來意，當重諮謀，務從其可。……』於是令有司盡寫科條，使郎中褚逢齎以就遜及諸葛瑾，意所不安，令損益之。」

〔一七〕奇劉基二句：劉基，字敬輿，東萊牟平人。孫權愛敬之。權爲吴王，遷大司農。稱尊號，改爲光禄勳，分平尚書事。年四十九卒。左傳宣公二年：「臣侍君宴，過三爵，非禮也。」禮記玉藻：「君子之飲酒也，受一爵而色洒如也，二爵而言言斯，禮已三爵而油油以退。」鄭玄注：「洒如，肅敬貌。……言言，和敬貌。……油油，説敬貌。禮，飲過三爵則敬殺，可以去矣。」三國志吴書虞翻傳：「權既爲吴王，歡宴之末，自起行酒。翻伏地陽醉不持。權去，翻起坐。權於是大怒，手劍欲擊之，侍坐者莫不惶遽。惟大農劉基起抱權，諫曰：『大王以三爵之後殺善士，雖翻有罪，天下孰知之？且大王以能容賢畜衆，故海内望風。今一朝棄之，天下非可乎？』權曰：『曹孟德尚殺孔文舉，孤於虞翻何有哉！』基曰：『孟德輕害士人，天下非之。大王躬行德義，欲與堯舜比隆，何得自喻於彼乎？』翻由是得免。權因敕左右：『自今酒後言殺皆不得殺。』」案：資治通鑑卷六十九載劉基之言，胡注云：「古者臣侍君宴，不過三爵，懼其失節也。」劉基實有諷諫君臣過量飲酒而失禮之意。

〔一八〕屏氣二句：論語鄉黨：「攝齊升堂，鞠躬如也，屏氣似不息者。」局蹐，小心畏懼貌，見卷九謝平原内史表「局天蹐地」注。子明，吕蒙字。三國志吴書吕蒙傳：「會蒙疾發，權時在公安，迎置内殿，所以治護者萬方。募封内有能愈蒙疾者，賜千金。時有針加，權爲之慘慼。欲數見其顔色，又恐勞動，常穿壁瞻之。見小能下食，則喜，顧左右言笑；不然，則咄唶，夜不能寐。病中瘳，爲下赦令，群臣畢賀。後更增篤，權自臨視，命道士於星辰下爲之請命。」

〔一九〕分滋二句：三國志吴書凌統傳：「（統病卒）權聞之，拊床起坐，哀不能自止，數日減膳，言及流涕。……二子烈、封，年各數歲，權内養於宫，愛待與諸子同。賓客進見，呼示之曰：『此吾虎子也。』及八九歲，令葛光教之讀書，十日一令乘馬。」

〔二〇〕登壇二句：登壇，謂即帝位，行祭天之禮。三國志吴書孫權傳「南郊即皇帝位」注引吴録載權告天文：「漢氏已絶祀於天，皇帝位虚，郊祀無主。休徵嘉瑞，前後雜沓，曆數在躬，不得不受。權畏天命，不敢不從。謹擇元日，登壇燎祭，即皇帝位。」吴書魯肅傳：「權稱尊號，臨壇顧謂公卿曰：『昔魯子敬嘗道此，可謂明於事勢矣。』」

〔二一〕削投二句：左傳襄公二十七年：「宋左師請賞……公與之邑六十，以示子罕。子罕……削而投之。」杜預注：「削賞左師之書。」古者書於札，故刀削其字而投於地。此借言棄而不用。三國志吳書諸葛瑾傳：「時或言瑾別遣親人與（劉）備相聞。權曰：『孤與子瑜有死生不易之誓，子瑜之不負孤，猶孤之不負子瑜也。』」注引江表傳：「瑾之在南郡，人有密讒瑾者，此語頗流聞於外。陸遜表保明瑾無此，宜以散其意。權報曰：『……孤前得安語文疏，即封示子瑜，并手筆與子瑜。即得其報，論天下君臣大節一定之分。孤與子瑜可謂神交，非外言所間也。』」

〔二二〕是以二句：謨，説文言部：「議謀也。」肆，詩大雅行葦「或肆之筵」毛傳：「陳也。」爾雅釋言「肆，力也」郭璞注：「肆，極力。」三國志魏書鍾毓傳毓上疏：「使民肆力於農。」

〔二三〕洪規二句：厭，方言卷六：「安也。」李善注：「言其規略宏遠，不安茲小國也。」

〔二四〕故百官八句：苟，廣雅釋詁：「且也。」苟合，謂姑且聚合，非刻意經營。論語子路：「子謂衛公子荆善居室。始有，曰：『苟合矣。』少有，曰：『苟完矣。』富有，曰：『苟美矣。』」皇侃義疏：「居其家，能治，不爲奢侈，故曰善居室也。……子荆初有財帛，不敢言己才力所招，但云是苟且遇合而已。」庶，爾雅釋詁：「衆也。」遑，詩小雅四牡「不遑啓處」毛傳：「暇也。」黄龍元年（二二九）四月，孫權即皇帝位，九月自武昌（今湖北鄂州）遷都建業。秩，廣雅釋詁：「次也。」公羊傳僖公三十一年「天子秩而祭之」何休注：「秩者，隨其大小尊卑高下所宜。」左傳莊公八年：「（公孫無知）有寵於僖公，衣服禮秩如適。」備禮秩，謂制備與天子之位相稱之禮。慊，李善注引劉兆穀梁傳注：「不足也。」謂使人感覺遺憾。案：宮室慊如，已見上文「卑宮菲食」注。又孫權傳嘉禾元年注引江表傳：「是冬，群臣以權未郊祀，奏議曰：『頃者嘉瑞屢臻，遠國慕義，天意人事，前後備集，宜修郊祀，以承天意。』權曰：『郊祀當於土中，今非其所，於何施此？』」其議遂寢。又赤烏五年，「百官奏立皇后及四王，詔曰：『今天下未定，民物勞瘁，且有功者或未録，饑寒者尚未恤，猥割土壤以豐子弟，崇爵位以寵妃妾，孤甚不取。其釋此議。』」是禮秩未備、辭而不許之例。

〔二五〕爰及三句：中業，謂吳之中葉。天人，天道人事。文子上義：「明於天人之分，通於治亂之本。」荀子天論：「故明於天人之分，則可謂至人矣。」天人句，謂大勢已確定，即吳之政權已固，三分之勢已定。度，説文又部：「法制也。」左傳昭公元年：「兹心不爽而昏亂百度。」杜預注：「百度，百事之節。」扭，李善注：「古粗字也。韋昭漢書注曰：『粗，略也。』」

〔二六〕雖醲化四句：醲，廣雅釋詁：「厚也。」網，以網罟喻爲政。齒，列。見卷九謝平原內史表「仰齒貴游」注。體國，原指規劃國都城邑而言，此泛指建設制度治理國家。參卷九漢高祖功臣頌「堂堂蕭公」首「體國垂制」注。經，淮南子原道「而有經天下之氣」高誘注：「理也。」論語有爲政篇。

〔二七〕幾：爾雅釋詁：「近也。」

〔二八〕器：謂兵器。

〔二九〕國家二句：巨，通渠、遽。遽，禮記儒行「遽數之不能終其物」鄭玄注：「猶卒也。」遽有猝然、促速之義。未巨，即未渠、未遽，漢魏以來常語。二句言有國有家者，其利未能猝然有大於此者。參胡紹煐文選箋證卷三十一。

〔三〇〕借使二句：陳琳爲曹洪與魏文帝書：「是以察茲地勢，謂爲中才處之，殆難倉卒。」論語先進：「子張問善人之道。子曰：『不踐迹，亦不入於室。』」集解引孔安國：「言善人不但循追舊迹而已，亦少能創業，然亦不入於聖人之奥室。」

〔三一〕敦率句：敦，爾雅釋詁：「勉也。」率，爾雅釋詁：「循也。」

〔三二〕則可以句：左傳襄公三十一年：「故能有其國家，令聞長世。」漢書郊祀志引太誓：「正稽古立功立事，可以永年。」顔師古注：「永，長也。……可長年享有天下。」

或曰：吴蜀脣齒之國〔一〕，蜀滅則吴亡，理則然矣。夫蜀蓋藩援之與國〔二〕，而非吴人之存亡也。何則？其郊境之接，重山積險，陸無長轂之徑〔三〕；川阨流迅，水有驚波之艱。雖有鋭師百萬，啓行不過千夫〔四〕；舳艫千里，前驅不過百艦〔五〕。故劉氏之伐，陸公喻之長蛇，其勢然也〔六〕。昔蜀之初亡，朝臣異謀。或欲積石以險其流，或欲機械以御其變。天子總群誼而咨之大司馬陸公〔七〕。公以四瀆天地之所以節宣其氣〔八〕，固無可遏之理，而機械則彼我之所共。彼若棄長技以就所屈〔九〕，即荆楊而争舟楫之用，是天贊我也〔一〇〕。將謹守峽口〔一一〕，以待禽耳。逮步闡之亂，憑寶城以延强寇，重資幣以誘群蠻〔一二〕。于時大邦之衆，雲翔電發。懸旌江介，築壘遵渚，襟帶要害，以止吴人之西，而巴漢舟師，沿江東下〔一三〕。陸公以偏師三萬，北據東坑，深溝高壘，按甲養威〔一四〕，反虜踠迹待戮而不敢北窺生路，强寇敗績宵遁，喪師太半，分命鋭師五千，西禦水軍。東西同捷，獻俘萬計〔一五〕。信哉，賢人之謀，豈欺我哉〔一六〕！自是烽燧罕警，封域寡虞〔一七〕。陸公没而潛謀兆，吴釁深而六師駭〔一八〕。夫太康之役，衆未盛乎曩日之師；廣州之亂，禍有愈乎向時之難〔一九〕。而邦家顛覆，宗廟爲墟。嗚呼！「人之云亡，邦國殄瘁」〔二〇〕，不其然與！

【校】

脣齒之國：晉書陸機傳「國」下有「也」字。

蜀滅則吴亡：晉書陸機傳作「夫蜀滅吴亡」。

何則：晉書陸機傳無此二字。

其郊境：北宋本文選無「其」字。

川阸流迅：影宋本作「川流阸迅」。「阸」，長短經三國權注作「隘」。

驚波之艱：「艱」，影宋本、長短經三國權注作「難」。
喻之長蛇：「喻」，長短經三國權注作「譬」。
御其變：「御」，北宋本文選、晋書陸機傳作「禦」，「禦」、「御」通。
總群誼而咨之：「誼」，文選五臣本、尤刻本文選、陳八郎本文選、三國志吳書三嗣主傳注、晋書陸機傳作「議」，「議」、「誼」通。「而」，晋書陸機傳作「以」。
公以四瀆：文選五臣本無「公」字。三國志吳書三嗣主傳注作「陸公」。
之所共：晋書陸機傳無「之」字。
荆楊：「楊」，晋書陸機傳作「楚」。
竇城：「竇」，三國志吳書三嗣主傳注作「保」。胡刻本文選考異云：「詳『保城』與『資幣』偶句，蓋『保』即今之『堡』字，『保』是『竇』非也。」按：胡説可參，然「竇」非誤字。「竇」與「保」通，古書多有其例，參高亨纂著、董治安整理古字通假會典幽部第十七(下)。
重資幣：晋書陸機傳作「資重幣」。
而巴漢：晋書陸機傳無「而」字。
以偏師：晋書陸機傳無「以」字。
東坑：「坑」，北宋本文選、尤刻本文選作「阬」，「阬」與「坑」通。

【箋注】

〔一〕吳蜀句：左傳僖公五年宫之奇曰：「虢，虞之表也。虢亡，虞必從之。……諺所謂輔車相依、脣亡齒寒者，其虞虢之謂也。」

〔二〕夫蜀句：藩，廣雅釋宮：「籬也。」援，釋名釋宮：「垣，援也。人所依阻以爲援衛也。」晉書桑虞傳：「虞有園在宅北數里，瓜果初熟，有人逾垣盜之。虞以園援多棘刺，恐偷見人驚走而致傷損。」謝靈運有田南樹園激流植援詩。是援亦用爲籬垣、護衛之義。藩援，謂屏護也。韓詩外傳卷三晉文公曰：「藩援我，使我不爲非者，吾以爲次。」戰國策齊策：「韓、齊爲與國。」高誘注：「相與爲黨與也，有患難相救助也。」

〔三〕長轂：左傳昭公五年：「長轂九百。」杜預注：「長轂，戎車也。」兵車之轂比大車之轂爲長，故謂之長轂。

〔四〕雖有二句：詩小雅六月：「元戎十乘，以先啓行。」鄭箋：「可以先前啓突敵陳之前行。」二句謂敵軍雖百萬之衆，然其先鋒衝突我軍陣者不過千人。言地勢狹窄，敵雖衆而無所用。

〔五〕舳艫二句：漢書武帝紀：「舳艫千里。」顔師古注引李斐：「舳，船後持柂處也；艫，船前頭刺棹處也。言其船多，前後相銜，千里不絶也。」二句謂川流險阸湍急，敵艦雖衆，前驅亦不能多。

〔六〕故劉氏三句：劉氏，劉備。陸公，陸遜。三句謂黄武元年陸遜破蜀事。三國志吳書陸遜傳注引吳書遜曰：「（蜀軍）今緣山行軍，勢不得展，自當罷於木石之間。徐制其弊耳。」長蛇之喻，即此意也。

〔七〕天子句：誼，通議。陸公，指陸抗。抗拜大司馬在孫皓鳳凰二年（二七三），去蜀亡已十年，此稱其終末官職耳。

〔八〕公以句：四瀆，爾雅釋水：「江、河、淮、濟爲四瀆。四瀆者，發源注海者也。」國語周語：「大子晉諫曰：『……晉聞古之長民者，不墮山，不崇藪，不防川，不竇澤。……川，氣之導也。……夫天地成而……疏爲川谷，以導其氣。……氣不沈滯。……』」

〔九〕彼若句：漢書鼂錯傳錯上書言兵事：「匈奴之長技三，中國之長技五。」

〔一〇〕是天句：左傳僖公二十二年：「子魚曰：『……勍敵之人，隘而不列，天贊我也。』」

〔一一〕峽口：指西陵峽口，在西陵（今湖北宜昌）西，爲吴之西門。水經江水「又東過夷陵縣南」注引宜都記：「自黄牛灘東入西陵界，至峽口一百許里，山水紆曲而兩岸高山重嶂，非日中夜半，不見日月。」

〔一二〕逮步闡三句：步闡，臨淮淮陰人。父騭，都督西陵十餘年，甚有威信。卒後子協統其所領軍。協卒，闡繼業爲西陵督。累世在西陵。孫皓鳳凰元年，召闡爲繞帳督。闡自以失職，又懼有讒禍，於是據城降晉。竇城，即保城。禮記月令「四鄙入保」鄭玄注：「小城曰保。」指步闡所築城，在今湖北宜昌。水經江水「又東過夷陵縣南」注：「江水出峽，東南流，逕故城洲。洲附北岸。洲頭曰郭洲，長二里，廣一里，上有步闡故城，方圓稱洲，周迴略滿。故城洲上城周□里，吴西陵督步騭所築也。孫皓鳳凰元年，騭息闡復爲西陵督，據此城降晉。」

群蠻，即陸抗所云南山群夷，處江南諸山中。三國志吳書陸抗傳抗曰：「如使西陵槃結，則南山群夷皆當擾動，則所憂慮，難可竟言也。」

〔一三〕于時八句：戰國策秦策：「楚燕之兵，雲翔而不敢校。」案：秦策「雲翔」，謂兵散也。此云雲翔，乃言衆多。故李善云「不以文害意也」。後漢書馮衍傳衍説鮑永曰：「兵革雲翔。」江介，猶江畔。見卷二懷土賦「留兹情於江介」注。渚，水涯，參卷三幽人賦「漁釣乎玄渚」注。詩豳風九罭：「鴻飛遵渚。」襟帶，控扼之意。李尤函谷關銘：「函谷險要，襟帶喉咽。」巴漢，指蜀地。參上篇「帥巴漢之民」注。三國志吳書陸抗傳：「（步闡降晉）晉車騎將軍羊祜率師向江陵……晉巴東監軍徐胤率水軍詣建平，荆州刺史楊肇至西陵。」

〔一四〕陸公四句：李善注：「東坑在西陵步闡城東北，長十餘里。陸抗所築之城在東坑上，而當闡城之北。其迹并存。」案：三國志吳書陸抗傳：「（抗聞步闡叛）日部分諸軍，令將軍左奕、吾彦、蔡貢等徑赴西陵，敕軍營更築嚴圍，自赤溪至故市，内以圍闡，外以禦寇，晝夜催切，如敵以至，衆甚苦之。諸將咸諫曰：『今及三軍之鋭，亟以攻闡，比晉救至，闡必可拔。何事於圍，而以弊士民之力乎？』抗曰：『此城處勢既固，糧穀又足，且所繕修備禦之具，皆抗所宿規。今反身攻之，既非可卒克，且北救必至，至而無備，表裏受難，何以禦之？』」此云「深溝高壘」者，當即抗傳所謂自赤溪至故市之嚴圍、李善注所謂東坑上城也。資治通鑑卷七十九胡三省注云江北「有舟山，時有赤氣，意赤溪當出於舟山。故市即步騭故城，所居成市，而闡別築城，故曰故市」。合上注所引水經注觀之，知步闡所築城在江北西陵縣洲頭，陸抗所築嚴圍在其北，用以阻絶步闡與南下之晉軍。朱琦文選集釋卷二十四：「余謂本書羽獵賦『踋巒阬』注引音義曰：『阬，大坂也。』城在州東，故曰東阬。」

〔一五〕反虜七句：踠，文選班固東都賦「馬踠餘足」李善注：「屈也。」左傳成公十六年：「王曰：『天敗楚也夫！余不可以待。』乃宵遁。」三國志吳書陸抗傳：「抗令（江陵督）張咸固守其城，公安督孫遵巡南岸禦祜；水軍督留慮、鎮西將軍朱琬拒胤；身率三軍，憑圍對肇。……明日，肇果攻故夷兵處，抗命旋軍擊之，矢石雨下，肇衆傷死者相屬。肇至經月，計屈夜遁。……抗使輕兵躡之，肇大破敗。祜等皆引軍還。抗遂陷西陵城，誅夷闡族及其大將吏。」

〔一六〕信哉三句：孟子滕文公上：「公明儀曰：『文王，我師也；周公豈欺我哉！』」三句回應上文「天子總群誼而咨之大司馬陸公」云云，謂抗之言不虛。

〔一七〕虞：廣雅釋言：「驚也。」

〔一八〕陸公二句：陸公，指陸抗。抗卒於孫晧鳳凰三年（二七四）秋。潛謀，謂晉伐吳之謀。初，晉羊祜爲都督荆州諸軍事，與陸抗相對峙，而使命交通，各保分界。抗卒後，祜乃上疏請伐吳，晉武帝深納之，而議者多有不同，唯杜預、張華贊成其計。晉書杜預傳預上表曰：「羊祜與朝臣多不同，不先博畫而密與陛下共施此計。」是羊祜伐吳之策，當初原較隱秘，故曰潛謀。釁，左傳桓公八年「仇有釁」杜預注：「瑕隙也。」吳釁，指孫晧酷虐、上下離心之事。六師，指晉軍。駭，廣雅釋言：「起也。」

〔一九〕夫太康四句：太康之役，謂晉武帝太康元年滅吴。曩日之師，謂昔日晉大舉攻吴。廣州之亂，孫晧天紀三年（二七九）桂林督將郭馬等反，聚衆攻殺廣州督虞授，馬自號都督交廣二州諸軍事，進攻蒼梧、始興，殺南海太守，逐廣州刺史。愈，論語公冶長「女與回也孰愈」何晏集解引孔安國：「猶勝也。」謂郭馬之亂不如向時步闡之亂爲甚。

〔二〇〕人之二句：見詩大雅瞻卬。毛傳：「殄，盡；瘁，病也。」

易曰「湯武革命順乎天」，玄曰「亂不極則治不形」〔一〕，言帝王之因天時也。古人有言，曰「天時不如地利」，易曰「王侯設險以守其國」〔二〕，言爲國之恃險也。又曰「地利不如人和」，「在德不在險」〔三〕，言守險之由人也。吴之興也，參而由焉，孫卿所謂合其參者也〔四〕。及其亡也，恃險而已，又孫卿所謂舍其參者也。夫四州之萌〔五〕，非無衆也；大江之南，非乏俊也；山川之險易守也；勁利之器易用也；先政之策易循也。功不興而禍遘者，何哉？所以用之者失也。是故先王達經國之長規，審存亡之至數〔六〕，謙己以安百姓，敦惠以致人和，寬沖以誘俊乂之謀〔七〕，慈和以結士民之愛。是以其安也，則黎元與之同慶〔八〕；及其危也，則兆庶與之共患。安與衆同慶，則其危不可得也；危與下共患，則其難不足恤也。夫然，故能保其社稷而固其土宇，麥秀無悲殷之思，黍離無愍周之感矣〔九〕。奎章閣藏文選卷五十三之李善本

【校】

玄曰：「玄」，晉書陸機傳作「或」。

由人：「由」，晉書陸機傳作「在」。

四州之萌：「萌」，文選五臣本、三國志吳書三嗣主傳注作「氓」，「氓」、「萌」通。

江之南：「之」，晉書陸機傳作「以」。

先政之策：「策」，三國志吳書三嗣主傳注作「業」。

易循：「循」，晉書陸機傳作「修」。

禍遘者：文選五臣本、陳八郎本文選、晉書陸機傳、藝文類聚卷十一無「者」字。

是故：陳八郎本文選、三國志吳書三嗣主傳注、晉書陸機傳、藝文類聚卷十一無「是」字。

謙己：「謙」，三國志吳書三嗣主傳注作「恭」。

俊乂：「乂」，原作「人」，據文選五臣本、尤刻本文選、陳八郎本文選、陸本、三國志吳書三嗣主傳注、晉書陸機傳改。影宋本趙懷玉校：「『人』當作『乂』。」

結士民：「結」，三國志吳書三嗣主傳注作「給」。

兆庶與之共患：「共」，晉書陸機傳、藝文類聚卷十一作「同」。
則其危：藝文類聚卷十一無「其」字。
與下共患：「共」，晉書陸機傳作「同」。
感矣：「矣」，晉書陸機傳作「也」。

【箋注】

〔一〕易曰二句：周易革彖：「湯武革命，順乎天而應乎人。革之時大矣哉！」揚雄太玄玄文：「陰不極則陽不生，亂不極則德不形。」

〔二〕古人三句：孟子公孫丑下：「天時不如地利，地利不如人和。」趙岐注：「天時，謂時日支干、五行旺相、孤虚之屬也；地利，險阻城池之固也；人和，得民心之所和樂也。」周易坎彖：「王公設險以守其國，險之時用大矣哉！」

〔三〕在德句：史記吳起傳：「武侯浮西河而下，中流顧而謂吳起曰：『美哉乎，山河之固！此魏國之寶也。』起對曰：『在德不在險。』」

〔四〕參而二句：參，參合、交互之意。荀子王制：「故天地生君子，君子理天地，君子者，天地之參也。」楊倞注：「參謂與之相參，共成化育也。」由，小爾雅廣詁：「用也。」荀子天論：「天有其時，地有其財，人有其治，夫是之謂能參。舍其所以參而願其所參，則惑矣。」楊倞注：「人能治天時、地財而用之，則是參於天地；舍人事而欲知天意，斯惑矣。」

〔五〕夫四州句：四州，荆、揚、交、廣，皆吴地。萌，通氓。吕氏春秋高義「比於賓萌」高誘注：「萌，民也。」

〔六〕是故二句：左傳隱公十一年：「禮，經國家，定社稷，序民人，利後嗣者也。」漢書東方朔傳：「朔狂，幸中耳，非至數也。」顔師古注：「至，實也。」數，廣雅釋言：「術也。」

〔七〕寬沖句：沖，文選左思魏都賦「帝德沖矣」李善注引字書：「虚也。」孔子家語七十二弟子解：「子張……資質寬沖。」

〔八〕黎：爾雅釋詁：「衆也。」元：戰國策秦策「子元元」高誘注：「元元，善也。」鮑彪注：「民之類善，故稱元。」漢書谷永傳永對策：「使天下黎元，咸安家樂業。」

〔九〕麥秀二句：李善注引尚書大傳：「微子將朝周，過殷之故處，見麥秀之蔪蔪，曰：『此父母之國，宗廟社稷之所立也。』志動心悲，欲哭則朝周，俯泣則婦人。推而廣之，作雅聲。」詩王風黍離序：「黍離，閔宗周也。」參卷八演連珠「臣聞烟出於火」首「是以殷墟有感物之悲，周京無佇立之迹」注。

【集評】

陸雲與兄平原書：誨欲定吴書，雲昔已嘗商之兄，此真不朽事。……辨亡則已是過秦對事。

劉勰文心雕龍論説：陸機辨亡，效過秦而不及。然亦其美矣。

項安世項氏家説卷八：予嘗謂賈誼之過秦、陸機之辨亡皆賦體也。

王世貞藝苑卮言卷四：模擬之妙者，分歧逞力，窮勢盡態，不唯敵手，兼之無迹，方爲得耳。若陸機辨亡、傅玄秋胡、近日獻吉「打鼓鳴鑼何處船」語，令人一見匿笑，再見嘔穢，皆不免爲盜跖、優孟所訾。

邵長蘅評：（上篇）一往雄俊之氣，噴涌而出。令前無過秦論，遂將獨有千古。（下篇）故國河山，一倍傷感，兼以先臣徂謝，邦國淪亡，回想勛名，儼然在目，此論所由作也。其情致纏綿，幾欲突過長沙。（據范子燁昭明文選邵氏批語迻録稿，係録自陳雲程補訂增訂昭明文選集成詳注）

何焯評：士衡欲於誇祖父之有功於吴，故著辨亡二論。上篇爲國紀，下篇爲家乘。（見乾隆三十七年葉樹藩朱墨套印何氏評文選）

徐乾學評：與過秦論同一機軸，但賈之志欲明恃力之不可久，而士衡則惓懷宗國，流連慨悼，且歸重於人才盛衰。其爲鑒戒則一也。（見評注經史百家雜鈔卷二葉玉麟評語引

吴曾祺涵芬樓文談雜説：陸士衡辨亡論作於入晋以後，故稱晋爲「王師」，或爲「大邦」，而忽有「强寇敗績宵遁」一語。語意不同如是，殊不可解。

葉玉麟評：二篇雖不及過秦論氣勢之雄駿，然詞藻典雅。讀此可見漢晋文章風氣之變。（見評注經史百家雜鈔卷二）

黄侃文選評點：上篇主頌諸主，下篇揚其先功，而皆致暗咎歸命之意。（「曆命應化而微」二句）此謂吴之亡乃天命既盡，非關晋功。與魏徵李密志、徐鉉吴王碑同旨。（「雖忠臣孤憤」句）孤

憤，士衡自謂。（「彼此之化殊」三句）初無深責歸命之辭，文特忠厚。（「劉公因險以飾智」句）晉書作「劉翁」，此如桓譚稱莽曰「王翁」也。（「故能保其社稷」三句）士衡亡國之痛。

駱鴻凱文選學附編一：過秦三篇爲論文之宗，覆燾無窮，文士著論則效最工者，有士衡辨亡與曹冏六代論、干寶晋紀總論諸篇。辨亡命意用筆遣辭，全規過秦，模擬之迹尤顯然明白。○辨亡機局，全學過秦，而風格不類，此時代之異。

五等諸侯論〔一〕

夫體國營治，先王所慎〔二〕。創制垂基〔三〕，思隆後葉。然而經略不同，長世異術〔四〕。五等之制，始於黄唐；郡縣之治，創自秦漢〔五〕。得失成敗，備在典謨〔六〕，是以其詳可得而言。

【校】

題：尤刻本文選、唐寫本、晋書陸機傳、群書治要卷三十、藝文類聚卷五十一作「五等論」。

營治：尤刻本文選、陸本、影宋本、晋書陸機傳、群書治要卷三十作「經野」。胡刻本文選考異：「晋書作『經野』，尤依之改，非。」案：蓋唐人避高宗諱改。

垂基：「垂」，唐寫本作「遺」。

長世：「世」，群書治要卷三十作「短」。
黄唐：「黄」，北堂書鈔卷四十六作「皇」。
創自：「自」，唐寫本、晉書陸機傳、群書治要卷三十、北堂書鈔卷四十六作「於」。

【箋注】

〔一〕此篇論分封諸侯。案：魏末司馬昭曾奏復五等之爵，然僅用以封賞，并非裂土封建。而魏晉間頗有議論，以爲曹氏代漢，司馬代魏，皆由于宗室失位，藩王無權，故本根無枝葉之庇護。晉武帝曾注意於魏曹冏之六代論（見晉書曹志傳），其論即言封建者。武帝即位，雖分封宗室爲王，但諸王國土地既狹，諸王於其國内亦并無實權。其時段灼、劉頌皆論及其事。晉書段灼傳灼上表曰：「於今國家大計，使異姓無裂土專封之邑，同姓并據有連城之地。……諸王宜大其國，增益其兵，悉遣守藩，使形勢足以相接。」且批評當時封建：「諸王有立國之名，而無襟帶之實。」劉頌傳頌上疏：「故善爲天下者任勢而不任人。任勢者，諸侯是也；任人者，郡縣是也。」主張「早創大制」，「開啓土宇，使同姓必王」，且不可令諸侯止食租税而「不建成國之制」，主張諸侯得專境内之政：「官人用才，自非内史國相命於天子，其餘衆職及死生之斷、穀帛資實、慶賞刑威非封爵者，悉得專之。」陸機此論，亦順應當世之作。故趙翼二十二史札記卷七云其論「見當時封建之未善也」。

〔二〕夫體國二句：體國，原指規劃國都城邑而言，此泛指建設制度治理國家。參卷九漢高祖功臣頌

「堂堂蕭公」首「體國垂制」注。漢書王嘉傳嘉奏封事諫曰：「王者代天爵人，尤宜慎之。」

〔三〕創制句：班固典引：「順命以創制。」李善注引論語比考讖：「以俟後聖垂基。」

〔四〕然而二句：左傳昭公七年：「天子經略。」杜預注：「經營天下，略有四海，故曰經略。」孔疏：「莊二十一年注云：『略，界也。』則此略亦爲界也。經营天下，以四海爲界，界内皆爲已有，故言『略有四海』，謂有四海之内也。天子界内，天子自經營之，故言經略也。」長，國語周語「古之長民者」韋昭注：「猶君也。」長世，君臨於世。

〔五〕五等四句：漢書地理志：「周爵五等而土三等：公、侯百里，伯七十里，子、男五十里，不滿爲附庸，蓋千八百國。而太昊黄帝之後、唐虞侯伯猶存。……秦遂并兼四海，以爲周制微弱，終爲諸侯所喪，故不立尺土之封，分天下爲郡縣，蕩滅前聖之苗裔，靡有孑遺者矣。漢興，因秦制度。」叙傳述地理志第八：「自昔黄唐，經略萬國。爕定東西，疆理南北。三代損益，降及秦漢。革剗五等，制立郡縣。」

〔六〕得失二句：班彪王命論：「歷古今之得失，驗行事之成敗。」典謨，尚書有堯典、舜典、大禹謨、皋陶謨。此則泛指古代典籍。揚雄解難：「典謨之篇，雅頌之聲。」

夫先王知帝業至重，天下至曠。曠不可以偏制，重不可以獨任〔一〕。任重必於借力，制曠終乎因人。故設官分職〔二〕，所以輕其任也；并建五長〔三〕，所以弘其制也。

於是乎立其封疆之典，財其親疏之宜〔四〕。使萬國相維，以成盤石之固；宗庶雜居，而定維城之業〔五〕。又有以見綏世之長御，識人情之大方〔六〕。知其爲人不如厚己，利物不如圖身〔七〕，安上在於悦下，爲己在乎利人〔八〕。故易曰「悦以使民，民忘其勞」〔九〕，孫卿曰「不利而利之，不如利而後利之之利」〔一〇〕。是以分天下以厚樂，而己得與之同憂〔一一〕；饗天下以豐利〔一二〕，而我得與之共害。利博則恩篤，樂遠則憂深〔一三〕。故諸侯享食土之實，萬國受世及之祚矣〔一四〕。夫然，則南面之君，各務其治；九服之民，知有定主〔一五〕。上之子愛〔一六〕，於是乎生；下之體信〔一七〕，於是乎結。世治足以敦風，道衰足以禦暴。故强毅之國，不能擅一時之勢；雄俊之士，無所寄霸王之志〔一八〕。然後國安由萬邦之思治，主尊賴群后之圖身〔一九〕。譬猶衆目營方，則天網自昶；四體辭難，而心膂獲乂〔二〇〕。三代所以直道，四王所以垂業也〔二一〕。

【校】

先王：晉書陸機傳、群書治要卷三十作「王者」。

至曠：「曠」，唐寫本、晉書陸機傳、群書治要卷三十、藝文類聚卷五十一作「廣」，下「曠不可以」、「制曠」句同。

偏制：「偏」，唐寫本作「徧」。

終乎因人：「乎」，唐寫本作「于」。

五長：「五」，唐寫本、晉書陸機傳、群書治要卷三十作「伍」，「伍」、「五」通。

財其：「財」，唐寫本、晉書陸機傳作「裁」，「裁」、「財」通。

而定：「而」，陸本、影宋本、群書治要卷三十作「以」。

在於悦下：「於」，文選五臣本、四部叢刊本文選、陳八郎本文選、長短經七雄略注作「乎」。

在乎利人：「在」，晉書陸機傳作「存」。

悦以使民民忘其勞：「悦」，尤刻本文選、四部叢刊本文選作「説」，「説」、「悦」通。又二「民」字文選五臣本、陳八郎本文選、晉書陸機傳均作「人」，係避唐諱。晉書陸機傳避「民」字處頗多，不具出。

利之之利：文選五臣本、陳八郎本文選、影宋本、晉書陸機傳作「利之利也」，四部叢刊本文選作「利之利」，尤刻本文選、唐寫本作「利之之利也」。

而已得：「而」，晉書陸機傳作「則」。

我得：「我」，晉書陸機傳、群書治要卷三十作「己」。

利博則恩：「則」，晉書陸機傳作「而」，「恩」，唐寫本作「思」。

享食土：「享」，文選五臣本、四部叢刊本文選、陳八郎本文選作「饗」，「饗」、「享」通。

世及之祚矣：「世及」，晉書陸機傳、群書治要卷三十作「傳世」，又文選五臣本、陳八郎本文選、唐寫本、晉書陸機傳、群書治要卷三十、藝文類聚卷五十一均無「矣」字。
各務其治：「務」，唐寫本、長短經七雄略注作「矜」。「治」，晉書陸機傳作「政」，係避唐諱。晉書陸機傳避「治」字處頗多，不具出。
體信：「體」，晉書陸機傳、群書治要卷三十作「禮」，「體」、「禮」通。
雄俊之士：「士」，文選五臣本、陳八郎本文選、唐寫本、群書治要卷三十、藝文類聚卷五十一作「民」，晉書陸機傳、長短經七雄略注避諱作「人」。
無所寄：「所」，影宋本作「得」，長短經七雄略注作「以」。
天網：「網」，四部叢刊本文選、唐寫本作「綱」。
三代：文選五臣本、四部叢刊本文選、陳八郎本文選、唐寫本、晉書陸機傳、群書治要卷三十「三」上有「蓋」字。
四王：「王」，唐寫本作「主」。

【箋注】

〔一〕曠不可二句：偏，吕氏春秋士容「則室偏無光」高誘注：「半也。」引申爲單獨義。荀子王霸：「國者，天下之大器也，重任也。」二句承上二句，謂天下至爲曠遠，不可以單獨控制；帝業至爲沉重，不可以獨自負任。曹冏六代論：「先王知獨治之不能久也……知獨守之不能固也。」

〔二〕故設官句：周禮天官冢宰：「設官分職，以爲民極。」

〔三〕并建句：尚書皋陶謨：「外薄四海，咸建五長。」（僞古文在益稷）僞孔傳：「諸侯五國立賢者一人爲方伯，謂之五長，以相統治，以奬帝室。」案：禮記王制：「千里之外設方伯：五國以爲屬，屬有長；十國以爲連，連有帥；三十國以爲卒，卒有正；二百一十國以爲州，州有伯。」是五長之上有帥、正、伯，皆天子設於地方以佐治者。

〔四〕財：通裁。

〔五〕使萬國四句：周易比象：「先王以建萬國，親諸侯。」左傳哀公七年：「禹合諸侯於塗山，執玉帛者萬國。」周禮夏官職方氏：「凡邦國，小大相維。」盤，通般。方言卷一：「般，大也。」史記孝文紀宋昌曰：「高帝封王子弟，地犬牙相制，此所謂盤石之宗也。」宗，國語晉語「終滅羊舌氏之宗者」韋昭注：「宗，同宗也。」庶，爾雅釋詁：「衆也。」宗庶，謂同宗者與其他衆姓。詩大雅板：「宗子維城。」曹冏六代論：「兼親疏而兩用，參同異而并進。是以輕重足以相鎮，親疏足以相衛。」

〔六〕又有以二句：綏，爾雅釋詁：「安也。」御，詩大雅思齊「以御于家邦」鄭箋：「治也。」方，論語里仁「游必有方」何晏集解引鄭玄：「猶常也。」

〔七〕知其二句：物，謂人。周易乾文言：「利物足以和義。」莊子天地：「愛人利物之謂仁。」左傳莊公十六年：「圖其身不忘其君。」晏子春秋問：「入所以圖身，出所以圖國。」二句承「識人情之大方」言。

〔八〕安上二句：孝經廣要道：「安上治民，莫善於禮。」北堂書鈔卷十九引桓範世要論：「夫賞賜者，以悦下使衆。」左傳文公十三年：「邾子曰：『苟利於民，孤之利也。天生民而樹之君，以利之也。民既利矣，孤必與焉。』」二句承「綏世之長御」言。

〔九〕故易曰二句：周易兑彖：「説以先民，民忘其勞。」孔疏：「先以説豫撫民，然後使之從事，則民皆竭力，忘其從事之勞。」

〔一〇〕孫卿曰二句：孫卿，即荀子，名況。荀而稱孫者，舊説以爲漢人避宣帝諱；清儒謝墉謂音之訛變；胡元儀謂出於郇伯，郇伯蓋公孫之後，故以孫爲氏；又曰荀況爲趙上卿，故人卿之而不名。（參王先謙荀子集解考證）荀子富國：「不利而利之，不如利而後利之之利也。……利而後利之……保社稷也。」謂當先利人而後利己。

〔一一〕是以二句：孟子梁惠王下：「樂以天下，憂以天下，然而不王者，未之有也。」趙岐注：「言古賢君樂則以己之樂與天下同之，憂則以天下之憂與己共之，如是未有不王者。」曹冏六代論：「三代之君與天下共其民，故天下同其憂。……夫與人共其樂者，人必憂其憂。」

〔一二〕饗天下句：饗，左傳哀公十五年「其使終饗之」杜預注：「受也。」謂使天下受豐利。

〔一三〕利博二句：李善注引吕氏春秋：「衆封建非以私賢也，所以博利博義也，利博義博則無敵也。」案：見吕氏春秋慎勢，今本字句有異。左傳昭公三年：「仁人之言，其利博哉！」詩唐風蟋蟀序："憂深思遠。"

〔一四〕故諸侯二句：食土，謂享其封地之賦税。論衡自紀："夫專城食土者，材賢孔墨。"禮記禮運："大人世及以爲禮。"鄭玄注："大人，諸侯也。"

〔一五〕則南面四句：論語雍也："子曰：『雍也可使南面。』"何晏集解引包咸："可使南面者，言任諸侯治國也。"九服，言普天之下。見卷七月重輪行"揚聲敷聞九服"注。普建諸侯，繼世而不改，故民皆知有定主。

〔一六〕上之句：子，戰國策秦策"子元元"高誘注："愛也。"禮記緇衣："子曰：『……故長民者……尊仁以子愛百姓。』"

〔一七〕下之句：體，禮記學記"就賢體遠"鄭玄注："猶親也。"禮運："先王能修禮以達義，體信以達順。"

〔一八〕故强毅四句：三國志魏書荀彧傳彧曰："權一時之勢，不患本之不固。"漢書元帝紀宣帝曰："漢家自有制度，本以霸王道雜之。"四句謂强國不能專擅權勢於一時，雄才無處寄託其攫取天下之志向。

〔一九〕然後二句：詩曹風下泉序："下泉，思治也。"后，爾雅釋詁："君也。"謂天子之國安由於諸侯各國之思治，天子之尊貴有賴於諸侯各爲自身圖謀。

〔二〇〕譬猶二句：目，謂綱目。營，説文宫部："帀居也。"段玉裁注："帀居謂圍繞而居。"方，禮記表記「以受方國」鄭玄注：「四方也。」營方，環居于四周。老子七十三章：「天網恢恢。」袒，廣雅釋詁：「通也。」王念孫疏證：「袒之言暢也。」四體，四肢。論語微子：「四體不勤。」皇侃義疏：「四體，足手也。」膂，古文呂之篆體。呂，説文呂部：「脊骨也。」又，爾雅釋詁：「治也。」引申爲安意。衆目、四體，喻諸侯；天網、心膂，喻王室。

〔三〕三代二句：論語衛靈公：「斯民也，三代之所以直道而行也。」何晏集解引馬融：「三代，夏、殷、周。用民如此，無所阿私，所以云直道而行。」李善注：「禮記曰：『三王四代，惟其師。』鄭玄曰：『四代，謂虞、夏、殷、周也。』」案：見禮記學記。三王爲夏殷周，四代則加虞者，孔疏云：「所以重言者，以成其辭耳。」陸機此云三代、四王，亦修辭所需耳。朱珔文選集釋卷二十四云：「有虞稱帝，非王也。且上既稱三代，不應下句忽添出虞，然則四王當謂禹、湯、文、武耳。」亦通，録以備參。漢書公孫弘傳武帝策詔諸儒制：「屬統垂業。」二句謂謂虞夏殷周以封建制度而行無私之直道，亦以此垂業繼統。

夫盛衰隆弊，理所固有；教之廢興，繫乎其人〔一〕。愿法期於必諒，明道有時而暗〔二〕。故世及之制，弊於强禦；厚下之典，漏於末折〔三〕。侵弱之釁，遘自三季〔四〕；陵夷之禍，終于七雄〔五〕。昔者成湯親照夏后之鑒，公旦目涉商人之戒〔六〕。文質相濟，損益有物〔七〕。故五等之禮不革于時，封畛之制有隆焉爾者，豈玩二王之禍而暗經世之筭乎〔八〕？固知百世非可懸御，善制不能無弊，而侵弱之辱愈於殄祀，土崩之困痛於陵夷也〔九〕。是以經始權其多福，慮終取其少禍〔一〇〕。非謂侯伯無可亂之符〔一一〕，郡縣非致治之具也。故國憂賴其釋位，主弱憑其翼戴〔一二〕。及承微積弊，王室遂卑，猶保名位，祚垂後嗣〔一三〕，皇統幽而不輟，神器否而必存者〔一四〕，豈非置勢使之然歟？

【校】

盛衰隆弊：長短經七雄略注作「興衰隆替」。

繫乎：「繫」，長短經七雄略注作「存」。「乎」，唐寫本作「于」。

必諒：「諒」，尤刻本文選、陸本作「涼」，「諒」、「涼」通。按：李善注引杜預曰「涼，薄也」，是李善本原作「涼」。

之舋：「舋」，文選五臣本、四部叢刊本文選、晉書陸機傳作「釁」。「釁」、「舋」通。

終于：「于」，晉書陸機傳、群書治要卷三十作「乎」。

昔者：晉書陸機傳無「者」字。

之戒：「戒」，群書治要卷三十作「式」。

有物：「物」，唐寫本作「差」。

故五等之禮：「故」，唐寫本、晉書陸機傳、群書治要卷三十作「然」。「禮」，文選五臣本、陳八郎本文選、影宋本作「體」。

隆焉：晉書陸機傳無「焉」字。

權其：「權」，晉書陸機傳、群書治要卷三十作「獲」。

具也：「具」，群書治要卷三十作「基」。又文選五臣本、陳八郎本文選、影宋本、晉書陸機傳無「也」字。

憑其：「其」，晉書陸機傳作「於」。

承微積弊：唐寫本、群書治要卷三十「承」上有「其」字。文選五臣本、陳八郎本文選、影宋本作「承積其敝」。

祚垂：「垂」，唐寫本、群書治要卷三十作「遺」。

置勢：「置」，陸本、影宋本、晉書陸機傳、群書治要卷三十作「事」。

【箋注】

〔一〕夫盛衰四句：漢書韓安國傳安國曰：「夫盛之有衰，猶朝之必莫也。」三國志魏書陳思王植傳曹叡詔報植：「蓋教化所由，各有隆弊。」禮記中庸：「哀公問政，子曰：『文武之政，布在方策。其人存則其政舉，其人亡則其政息。』」

〔二〕愿法二句：愿，廣雅釋詁：「善也。」期，説文月部：「會也。」諒，通涼。左傳昭公四年渾罕曰：「君子作法於凉，其敝猶貪。」杜預注：「凉，薄也。」二句謂謹善之法，光明之道，亦非永久不衰。

〔三〕故世及四句：詩大雅蕩：「曾是强禦。」毛傳：「强禦，强梁禦善也。」周易剥象：「上以厚下安宅。」漏，通陋。左傳昭公十一年申無宇曰：「末大必折，尾大不掉，君所知也。」杜預注：「折其本。」本、末，以樹木爲喻。謂諸侯世及之制度，其弊在於强悍者不服王室；厚待臣下之典法，其失在於末大而折本。

〔四〕侵弱二句：漢書異姓諸侯王表序：「秦既稱帝，患周之敗，以爲起於……諸侯力争，四夷交侵，以弱見奪，於是削去五等。」釁，通璺。左傳桓公八年「仇有釁，不可失也」杜預注：「釁，瑕隙也。」遘，通構。詩小雅四月「我日構禍」毛傳：「構，成也。」三季，謂夏商周之末代，即桀、紂、幽王。國語晉語：「郭偃曰：『夫三季，王之亡也宜。』」

〔五〕陵夷二句：陵夷，衰頽。參卷八演連珠「禄放於寵」首「西京有陵夷之運」注。張衡東京賦：「七雄竝争。」謂東周衰頽，終滅亡於戰國之時。

〔六〕昔者二句：鑒，詩邶風柏舟「我心匪鑒」釋文：「鏡也。」大雅蕩：「殷鑒不遠，在夏后之世。」目涉，謂親眼所見。

〔七〕文質二句：白虎通三正：「王者必一質一文何？所以承天地，順陰陽。陽之道極，則陰道受；陰之道極，則陽道受。明二陰二陽不能相繼也。……尚書大傳曰：『王者一質一文，據天地之道。』」論語爲政：「子曰：『殷因於夏禮，所損益可知也。周因於殷禮，所損益可知也。』」何晏集解引馬融：「所因，謂三綱五常也；所損益，謂文質三統也。」三統，謂三正及所尚之色等。皇侃義疏引尚書大傳：「夏以十三月爲正，色尚黑，以平旦爲朔。殷以十二月爲正，色尚白，以鷄鳴爲朔。周以十一月爲正，色尚赤，以夜半爲朔也。」李善注：「物，禮物也。」即謂所損益者乃禮樂制度、改正朔、易服色之類。

〔八〕故五等三句：五等，謂公、侯、伯、子、男。封，畛，小爾雅廣詁：「界也。」封畛之制，謂分封諸侯之制度，凡封侯則賜以土地各有疆界也。玩，國語周語「觀則玩」韋昭注：「黷也。」黷，輕慢也。二王，指夏、殷。經，淮南子原道「而有經天下之氣」高誘注：「理也。」莊子齊物論：「春秋經世先王之志。」

〔九〕而侵弱二句：愈，勝。參本卷辨亡論下「禍有愈乎向時之難」注。左傳僖公十年：「君祀無乃殄乎？」杜預注：「殄，絶也。」殄祀，斷絶世祀。漢書徐樂傳樂上書：「何謂土崩？秦之末世是也。陳涉無千乘之尊、尺土之地，身非王公大人名族之後……然起窮巷，奮棘矜，偏袒大呼，天下從風。……此之謂土崩。」

〔一〇〕是以二句：詩大雅靈臺：「經始靈臺，經之營之。」毛傳：「經，度之也。」權，淮南子主術「任輕者易權」高誘注：「謀也。」越絶書外傳紀策考：「種善圖始，蠡能慮終。」李善注引尸子：「聖人權福則取重，權禍則取輕。」

〔一〕符：淮南子修务「故有符於中」高誘注：「驗。」引申爲徵兆之意。

〔二〕故國憂二句：左傳昭公二十六年王子朝曰：「厲王之末，周人流王於彘，「諸侯釋位以間王政」。」杜預注：「去其位，與治王之政事。」謂厲王出奔，周公、召公二相行政，後立厲王子爲宣王而輔佐之。昭公九年叔向曰：「文之伯也，豈能改物？翼戴天子，而加之以共。」杜預注：「翼，佐也。」謂晉文公爲霸，而佐戴周天子。

〔三〕王室三句：國語周語：「及定王，王室遂卑。」左傳莊公十八年：「名位不同，禮亦異數。」漢書王子侯表序：「後嗣承序，以廣親親。」

〔四〕皇統二句：文選張衡東京賦：「怨皇統之見替。」薛綜注：「統，嗣也。」神器，謂天子名位。參卷一豪士賦序「神器暉其顧眄」注。

降及亡秦，棄道任術〔一〕。懲周之失，自矜其得〔二〕。尋斧始於所庇，制國昧於弱下〔三〕。國慶猶饗其利，主憂莫與共害〔四〕。雖速亡趣亂，不必一道，顛沛之釁，實由孤立〔五〕。是蓋思五等之小怨，忘萬國之大德〔六〕；知陵夷之可患，暗土崩之爲痛也。周之不競，有自來矣，國乏令主〔七〕，十有餘世。然片言勤王，諸侯必應〔八〕；一朝振矜，遠國先叛〔九〕。故强晉收其請隧之圖，暴楚頓其觀鼎之志〔一〇〕。豈劉、項之能窺闞，勝、廣之敢號澤哉〔二〕！借使秦人因循周制，雖則無道，有與共弊，覆滅之禍，豈在曩日〔三〕？

【校】

猶饗：「猶」，文選五臣本、四部叢刊本文選、尤刻本文選、陳八郎本文選、唐寫本、陸本、晉書陸機傳、群書治要卷三十、藝文類聚卷五十一作「獨」。

共害：「共」，陸本作「其」。

萬國：「萬」，文選五臣本、四部叢刊本文選、陳八郎本文選、藝文類聚卷五十一作「經」。

痛也：藝文類聚卷五十一無「也」字。

振矜：「振」，唐寫本、群書治要卷三十作「震」，「振」、「震」通。

周制：「周」，晉書陸機傳作「其」。

有與共弊：「弊」，晉書陸機傳作「亡」。又群書治要卷三十此句作「有共興亡」。

覆滅：文選五臣本、陳八郎本文選、影宋本「覆」上有「而」字，群書治要卷三十「覆」上有「其」字。

【箋注】

〔一〕降及二句：史記商君傳商鞅見秦孝公，謂景監曰：「吾説君以帝王之道，比三代，而君曰：『久遠，吾不能待，且賢君者，各及其身顯名天下，安能邑邑待數十百年以成帝王乎？』故吾以强國之術説君，君大説之耳。然亦難以比德於殷周矣。」

〔二〕懲周二句：懲，漢書楚元王傳「懲山東之寇」顔師古注：「創也。」謂以爲創病而警戒之。李善注：「言懲周以弱見奪，自矜以力滅周也。」

〔三〕尋斧二句：尋，左傳僖公五年「將尋師焉」杜預注：「用也。」尋斧，謂翦伐。左傳文公七年：「（宋）昭公將去群公子，樂豫曰：『不可。公族，公室之枝葉也。若去之，則本根無所庇廕矣。葛藟猶能庇其本根，故君子以爲比，況國君乎？此諺所謂庇焉而縱尋斧焉者也，必不可。』」二句謂秦於庇護其本根者首加翦伐，治國乃削弱其下，實爲暗昧。

〔四〕國慶二句：國語周語：「晉國……有慶，未嘗不怡。」韋昭注：「慶，福也。」猶，當從諸本作獨，義較長。饗，通享。史記范雎傳雎曰：「臣聞主憂臣辱。」

〔五〕雖速亡四句：速，詩召南行露「何以速我獄」毛傳：「召。」趣，急就章「閭里鄉縣趣辟論」顔師古注：「謂催速之也。」不必一道，謂非止廢封建一由。詩大雅蕩：「顛沛之揭。」毛傳：「顛，仆；沛，拔也。」漢書諸侯王表序：「漢興之初……懲戒亡秦孤立之敗，於是剖裂疆土，立二等之爵。」

〔六〕是蓋二句：詩小雅谷風：「忘我大德，思我小怨。」賈誼新書道術：「施行得理謂之德，反德爲怨。」

〔七〕周之三句：競，爾雅釋言：「强也。」左傳宣公十二年：「楚是以再世不競。」昭公元年：「叔出季處，有自來矣。」杜預注：「所從來久。」令，爾雅釋詁：「善也。」左傳昭公十三年：「爲之令主而共其乏困。」李善注引揚雄連珠：「古之令主所以統天者不遠焉。」

〔八〕然片言二句：片言，謂言辭簡短。見卷一文賦「立片言而居要」注。左傳僖公二十五年：「狐偃言於晉侯曰：『求諸侯，莫如勤王。』」二句見王室威望猶存，爲諸國所歸向。

〔九〕一朝二句：振，通震。公羊傳僖公九年：「葵丘之會，（齊）桓公震而矜之，叛者九國。震之者何？猶曰振振然。矜之者何？猶曰莫若我也。」何休注「震」曰：「亢陽之貌。」又注「矜」曰：「色自美大之貌。」穀梁傳僖公十五年范甯集解引徐邈曰：「齊桓末年……勤王之誠替于內，震矜之容見於外。」二句見霸主猶不能服衆，諸國仍心向周室。

〔一〇〕故强二句：左傳僖公二十五年：「晉侯朝王……請隧，弗許。」杜預注云：「闕地通路曰隧，王之葬禮也。諸侯皆縣柩而下。」國語周語：「晉文公既定襄王于郟，王勞之以地。辭，請隧焉。王不許。……文公遂不敢請，受地而還。」韋昭注：「賈侍中（逵）云：『隧，王之葬禮。開地通路曰隧。』昭謂隧，六隧也。周禮：天子遠郊之地有六鄉，則六軍之事也；外有六隧，掌供王之貢賦。唯天子有隧，諸侯則無也。」案：周禮地官遂人作「六遂」，謂王城外自遠郊至于畿之土地，韋昭以隧爲遂。左傳宣公三年：「楚子伐陸渾之戎，遂至於雒，觀兵于周疆。定王使王孫滿勞楚子。楚子問鼎之大小輕重焉。對曰：『在德不在鼎。昔夏之方有德也，遠方圖物，貢金九牧，鑄鼎象物。……桀有昏德，鼎遷於商，載祀六百。商紂暴虐，鼎遷於周。德之休明，雖小，重也；其奸回昏亂，雖大，輕也。天祚明德，有所底止。成王定鼎於郟鄏，卜世三十，卜年七百，天所命也。周德雖衰，天命未改。鼎之輕重，未可問也。』」案：楚子問鼎，表示其欲逼迫周室、取天下之野心。

〔一一〕豈劉項二句：關，指武關（今陝西商南東南）、函谷關（今河南靈寶北）。劉邦破秦軍，入武關，遂至霸上，入咸陽。項羽略定秦地，擊函谷關，遂入，至于戲西。秦二世時，發閭左，謫戍漁陽。陳勝、吴廣皆次當行，爲屯長。遂號召群衆，揭竿起義於大澤鄉（在今安徽宿縣東南）。

〔一二〕雖則四句：有與共弊，謂當其困敗時有與之共患難者。左傳哀公八年：「魯雖無與立，必有與斃。」斃即獘，仆頓也，引申爲困、壞之意時或作弊。（參説文犬部「獘」字段玉裁注。）覆滅，指土崩而滅亡。曩，漢書項籍傳「非及曩時之士也」顔師古注：「昔也。」謂豈有當日覆滅之禍。居今而言古昔，故曰「曩日」。

漢矯秦枉，大啓侯王。境土逾溢，不遵舊典〔一〕。故賈生憂其危，鼂錯痛其亂〔二〕。是以諸侯阻其國家之富〔三〕，憑其士民之力，勢足者反疾，土狹者逆遲。六臣犯其弱綱，七子衝其漏網〔四〕。皇祖夷於黥徒，西京病於東帝〔五〕。是蓋過正之災，而非建侯之累也〔六〕。然呂氏之難，朝士外顧；宋昌策漢，必稱諸侯〔七〕。逮至中葉，忌其失節，割削宗子，有名無實。天下曠然，復襲亡秦之軌矣〔八〕。是以五侯作威，不忌萬邦；新都襲漢，易於拾遺也〔九〕。光武中興，纂隆皇統〔一〇〕，而猶遵覆車之遺轍，養喪家之宿疾〔一一〕。僅及數世，奸宄充斥〔一二〕。卒有强臣專朝，則天下風靡〔一三〕；一夫從橫，則城池自夷〔一四〕。豈不危哉！

【校】

侯王：唐寫本、晋書陸機傳、群書治要卷三十作「王侯」。

阻其國：「阻」，晋書陸機傳作「岨」，「岨」、「阻」通。

黥徒：「黥」，唐寫本、晋書陸機傳、群書治要卷三十作「黔」，誤。

病於：「病」，藝文類聚卷五十一作「疾」。「於」，唐寫本作「其」。

萬邦：「邦」，晋書陸機傳作「國」。

奸宄：「宄」，尤刻本文選、陸本作「軌」，「宄」、「軌」通。按：李善注引尚書「寇賊奸宄」，云「『軌』與『宄』古字通」，是李善本原作「軌」。

從橫：「橫」，北宋本文選、尤刻本文選、晋書陸機傳作「衡」，「橫」、「衡」通。案：李善注云：「『衡』，古『橫』字。」是李善本原作「衡」。

則城池：「則」，唐寫本、影宋本、晋書陸機傳、群書治要卷三十作「而」。

【箋注】

〔一〕漢矯四句：漢書諸侯王表序：「而藩國大者，夸州兼郡，連城數十，宫室百官，同制京師，可謂撟枉過其正矣。」詩魯頌閟宫：「大啓爾宇，爲周室輔。」文選張衡東京賦：「規摹逾溢。」薛綜注：「逾，越也。溢，過也。」左傳成公二年：「其敢廢舊典。」

〔二〕故賈生二句：漢書賈誼傳誼上疏陳政事：「夫樹國固必相疑之勢，下數被其殃，上數爽其憂，甚非所以安上而全下也。」案：爽，差異。數爽其憂，謂所憂不同而屢遷，此亦憂彼亦憂。顧炎武日知録卷二十七漢書注：「賈誼傳：『上數爽其憂。』謂秦之所憂者在孤立，而漢之所憂者在諸侯；漢初之所憂者在異姓，而今之所憂者在同姓。」鼂錯傳：「（錯）請諸侯之罪過，削其支郡。……曰：『……不如此，天子不尊，宗廟不安。』」

〔三〕阻：恃也，參本卷辨亡論上「阻兵怙亂」注。

〔四〕勢足四句：漢書賈誼傳誼上疏陳政事：「臣竊迹前事，大抵强者先反。淮陰王楚，最强，則最先反；韓信倚胡，則又反；貫高因趙資，則又反；陳豨兵精，則又反；彭越用梁，則又反；黥布用淮南，則又反；盧綰最弱，最後反。」所舉劉邦時反者七人，貫高未封侯，其餘六人即陸機所謂六臣。諸家釋六臣不同，此據梁章鉅文選旁證引姜皋、朱珔文選集釋卷二十四所説。漢書吴王濞傳：景帝時鼂錯建策削諸侯王地，「及削吴會稽、豫章郡書至，則吴王先起兵，誅漢吏二千石以下。膠西、膠東、甾川、濟南、楚、趙亦皆反。」七國皆劉氏宗室，故曰七子。弱綱、漏網，喻法制之疏。

〔五〕皇祖二句：皇祖，指高祖劉邦。張衡南都賦：「皇祖止焉。」夷，小爾雅廣言：「傷也。」通痍。黥徒，指黥布。參卷九漢高祖功臣頌「烈烈黥布」注。史記高祖紀：「淮南王黥布反……高祖自往擊之。……爲流矢所中，行道病。」西京，長安，指西漢中央政權。史記吳王濞傳：景帝時吳楚反，攻梁。袁盎使至吳，「吳王聞袁盎來，亦知其欲說己，笑而應曰：『我已爲東帝，尚何誰拜！』不肯見盎。」

〔六〕是蓋二句：過正，參上文「漢矯秦枉」注。周易屯象：「天造草昧，宜建侯。」

〔七〕然吕氏四句：外顧，謂求助於諸侯。高祖薨，吕后當政，扶植諸吕勢力。吕后崩，吕産、吕禄等欲爲亂。朱虚侯劉章乃陰令人告其兄齊王，使其發兵西，誅諸吕。齊王遂起兵西向。吕産等使灌嬰往擊之，嬰反與齊王及諸侯連和。太尉周勃、丞相陳平等與朱虚侯等共誅滅諸吕。大臣謀召立代王，使人迎代王。代王與其臣下議，郎中令張武等以爲漢大臣皆故高帝時大將，習兵，多謀詐，必有野心，此以迎代王爲名，實不可信。中尉宋昌進曰：「群臣之議皆非也。……今大臣雖欲爲變……内有朱虚、東牟之親，外畏吳、楚、淮南、琅邪、齊、代之强……故大臣因天下之心而欲迎立大王，大王勿疑也。」代王入繼大位，即漢文帝。漢書諸侯王表序：「卒折諸吕之難，成太宗之業者，亦賴之於諸侯也。」

〔八〕逮至六句：漢書諸侯王表序：「然諸侯原本以大末，流濫以致溢，小者淫荒越法，大者睽孤橫逆，以害身喪國。故文帝采賈生之議，分齊、趙；景帝用鼂錯之計，削吴、楚；武帝施主父之册，下推恩之令，使諸侯王得分户邑以封子弟，不行黜陟而藩國自析。自此以來，齊分爲七，趙分爲六，梁分爲五，淮南分爲三。皇子始立者，大國不過十餘城。長沙、燕、代，雖有舊名，皆亡南北邊矣。景遭七國之難，抑損諸侯，減黜其官。武有衡山、淮南之謀，作左官之律，設附益之法，諸侯惟得衣食税租，不與政事。」

〔九〕是以四句：漢書元后傳：「（成帝）河平二年，上悉封舅譚爲平阿侯，商成都侯，立紅陽侯，根曲陽侯，逢時高平侯。五人同日封，故世謂之五侯。」尚書洪範：「惟辟作福，惟辟作威，惟辟玉食。臣無有作福、作威、玉食。臣之有作福、作威、玉食，其害于而家，凶于而國。」萬邦，即萬國，指諸侯。參上文「使萬國相維」注。新都，指王莽。莽，元后弟子，成帝永始元年封新都侯。襲，李善注：「猶取也。」漢書梅福傳福上書：「舉秦如鴻毛，取楚若拾遺。」漢書諸侯王表序：「王莽知漢中外殫微，本末俱弱，亡所忌憚，生其奸心，因母后之權，假伊周之稱，顓作威福廟堂之上，不降階序而運天下。詐謀既成，遂據南面之尊。」

〔一〇〕纂隆句：纂隆，承繼而豐大之。見卷五皇太子宴玄圃宣猷堂有令賦詩「皇上纂隆」注。

〔一一〕而猶二句：賈誼新書保傅：「鄙諺曰：『……前車覆而後車戒。』……秦之亟絶者，其軌迹可見也，然而不避，是後車又覆也。」（新書連語引「前車覆而後車戒」云周諺）禮記禮運：「故壞國、喪家、亡人，必先去其禮。」

〔一二〕奸宄句：宄，説文宀部：「奸也。」尚書堯典：「寇賊奸宄。」（僞古文在舜典）左傳襄公三十一年：「寇盜充斥。」杜預注：「充，滿；斥，見。言其多。」

〔一三〕卒有二句：李善注：「强臣，謂梁冀之屬也。」梁冀，順帝皇后兄，爲大將軍，擅政近二十年，專横跋扈，誅殺任意，至毒死質帝。後爲桓帝所誅。楚辭東方朔七諫沈江：「世從俗而變化兮，隨風靡而成行。」王逸注：「若風靡草。」

〔一四〕一夫二句：李善注：「一夫，謂董卓也。漢書曰：『縱横恣意。』」（李注所引見漢書元后傳，脱横字，據胡刻本文選考異引陳景雲説加。）何焯引陳景雲曰：「『一夫縱横』二句殆指漢末群盜披猖，殘破郡縣也。」案：何焯引陳氏云云，見乾隆三十七年葉樹藩朱墨套印何焯評文選，孫志祖文選李注補正卷四亦曾引録，義門讀書記不載，于光華文選集評則誤爲何焯語。孫氏以爲李善注誤，當從陳氏説。

在周之衰，難興王室。放命者七臣，干位者三子〔一〕。嗣王委其九鼎，凶族據其天邑〔二〕。鉦鼙震於閫宇，鋒鏑流乎絳闕〔三〕。然禍止畿甸，害不覃及，天下晏然，以治待亂〔四〕。是以宣王興於共和，襄惠振於晉鄭〔五〕，豈若二漢階闥墮擾而四海已沸，孽臣朝入而九服夕亂哉〔六〕？遠惟王莽篡逆之事，近覽董卓擅權之際，億兆悼心〔七〕，愚智同痛。然周以之存，漢以之亡，夫何故哉？豈世乏曩時之臣，士無匡合之志歟〔八〕？蓋遠績屈於時異，雄心挫於卑勢耳〔九〕。故烈士扼腕，終委寇仇之手；中人變節，以助虐國之桀〔一〇〕。雖復時有鳩合同志，以謀王室，然上非奥主，下皆市人〔一一〕，師旅無先定之班〔一二〕，君臣無相保之志。是以義兵雲合，無救劫弑之禍〔一三〕；民望未改，而已見大漢之滅矣〔一四〕。

【校】

流乎：「乎」，唐寫本、影宋本、晉書陸機傳作「于」。

以治待亂：晉書陸機傳作「以安待危」，錢培名云：「蓋唐人諱改。」案：避諱改「治」爲「安」，遂并改「亂」爲「危」。

宣王：文選五臣本、陳八郎本文選作「厲宣」。四部叢刊本文選、北宋本文選、尤刻本文選、唐寫本、陸本、影宋本、晉書陸機傳、群書治要卷三十皆作「宣王」。

階闥：「階」，群書治要卷三十作「陛」。

孽臣句：「孽」，晉書陸機傳作「嬖」。案：唐寫本作「蘖」，「蘖」、「孽」同，「嬖」蓋「蘖」之形誤。

而九服：晉書陸機傳無「而」字。

卑勢耳：「耳」，陸本、影宋本作「爾」。

烈士：「烈」，文選五臣本、北宋本文選作「列」，「列」、「烈」通。

中人：唐寫本、群書治要卷三十作「忠臣」。

劫弑：「弑」，文選五臣本、陳八郎本文選、晉書陸機傳、群書治要卷三十作「殺」。

【箋注】

〔一〕放命二句：尚書堯典：「方命圮族。」釋文引馬融：「方，放也。」孔疏：「鄭（玄）、王（肅）以方爲放，謂放棄教命。」漢書傅喜傳引傅太后詔、朱博傳皆云「放命圮族」。放命，謂不從天子之制命也。干，爾雅釋言：「求也。」班彪王命論：「而欲暗干天位者也？」二句謂周惠王、襄王及景王、敬王時之三次動亂。左傳莊公十九年：「初，王姚嬖于莊王，生子頹。子頹有寵，蔿國爲之師。及惠王即位，取蔿國之圃以爲囿。邊伯之宮近於王宮，王取之。王奪子禽、祝跪與詹父田，而收膳夫（石速）之秩。故蔿國、邊伯、石速、詹父、子禽、祝跪作亂，因蘇氏。秋，五大夫奉子頹以伐王。不克，出奔溫。蘇子奉子頹以奔衛。衛師、燕師伐周。冬，立子頹。」至魯莊公二十一年，周惠王始在鄭、虢擁護之下，歸入王城，殺子頹及五大夫。僖公二十四年：「初，甘昭公有寵於惠后。惠后將立之，未及而卒，昭公奔齊。王（周襄王）復之，又通於隗氏。王替隗氏。頹叔、桃子曰：『我實使狄，狄其怨我。』遂奉大叔（即甘昭公），以狄師攻王。……大敗周師。……王出適鄭，處于氾。」次年，晉文公勤王，迎周襄王歸入於王城，殺大叔。昭公二十二年：「王子朝、賓起有寵於景王，王與賓孟說之，欲立之。……王有心疾……崩於榮錡氏。……葬景王。王子朝因舊官、百工之喪職秩者，與靈、景之族以作亂。」周景王先已立子猛爲太子，子朝作亂，劉蚠、單旗遂擁護子猛，與子朝之黨相攻伐。子猛卒，其母弟即位，即周敬王。後得晋人之助，至昭公二十六年，敬王乃得以入成周、王城，王子朝奔楚。案：惠王時作亂之五大夫，其子禽祝跪，杜預注誤以爲二人，又云石速爲士，不在五大夫之列，以自圓其説。李善注既引其語，當是同意其説。至清末于鬯香草校書卷三十七方指出子禽祝跪乃一人，而石速亦大夫。楊伯峻春秋左傳注取其説，且補充證據。陸機之意如何未可知。至其所謂七臣者，李善注謂蔿國、邊伯、詹父、子禽、祝跪五大夫及頹叔、桃子、賓起，吕向注謂蔿國、邊伯、詹父、子禽、祝跪、石速及蘇氏。吕向僅就惠王時王子頹之亂而言，不可從；李善通周惠王、襄王、敬王時三子之亂言之，但其所數凡八人，又不可曉。意者陸機云七臣，或乃指惠王時之五大夫及襄王時之頹叔、桃子，而不數景王時之賓起。蓋賓起雖説景王立子朝，但并無違棄王命之事，且子朝作亂之前，彼已爲劉蚠、單旗所殺。三子，謂王子頹、王子帶（即大叔、甘昭公，食邑於甘）、王子朝，皆周王子。

〔二〕嗣王二句：嗣王，謂周惠王、襄王及子猛。子猛謚悼王。左傳昭公二十二年：「王子猛卒。」杜預注：「雖未即位，周人謚曰悼王。」孔疏：「敬王，猛之母弟。敬王位定，乃追謚之。」九鼎，參卷二遂志賦「武定鼎於洛汭」注。凶族，指三子。天邑，謂京師。尚書多士：「肆予敢求爾于天邑商。」孔疏引鄭玄：「言天邑商者，亦本天之所建。」

〔三〕鉦鼙二句：鉦，説文金部：「鐃也。」鼙，廣雅釋樂：「鼙鼓，鼓名。」此言鉦、鼙，皆指揮作戰之具。左傳哀公十一年：「吾聞鼓而已，不聞金矣。」杜預注：「鼓以進軍，金以退軍。」閫，孔子家語本命「無閫外之非義也」王肅注：「門限也。」宇，淮南子覽冥「争於宇宙之間」高誘注：「屋檐也。」此以閫宇指王宫。鏑，釋名釋兵：「矢，又謂之鏑。」絳闕，指王宫。後漢紀桓帝紀劉陶等議：「敢懸書象魏，聽罪絳闕。」

〔四〕然禍四句：畿甸，謂京師附近。畿，説文田部：「天子千里地。以逮近言之則曰畿。」左傳襄公二十一年「罪重於郊甸」杜預注：「郭外曰郊，郊外曰甸。」覃，詩周南葛覃「葛之覃兮」毛傳：「延也。」大雅蕩：「覃及鬼方。」司馬相如難蜀父老：「及臻厥成，天下晏如也。」孫子軍爭：「以治待亂。」

〔五〕是以二句：共和者，有二説。一曰共國伯爵名和者。晉書束晳傳引竹書紀年：「幽王（應作厲王）既亡，有共伯和者攝行天子事。」莊子讓王：「許由娱於潁陽而共伯得乎共首。」釋文引司馬彪曰：「共伯名和，修其行，好賢人，諸侯皆以爲賢。周厲王之難，天子曠絶，諸侯皆請以爲天子，共伯不聽。即于王位十四年，大旱，屋焚，卜于太陽，兆曰：『厲王爲祟。』召公乃立宣王。共伯復歸于宗，逍遥得意共山之首。」又引魯連子：「共伯後歸于國，得意共山之首。」又一説見史記周本紀：「（周人）乃相與畔，襲厲王，厲王出奔於彘。厲王太子静匿召公之家。……召公、周公二相行政，號曰『共和』。共和十四年，厲王死于彘。太子静長於召公家，二相乃共立之爲王，是爲宣王。宣王即位，二相輔之，修政，法文、武、成、康之遺風，諸侯復宗周。」左傳莊公二十一年：「夏，（鄭、虢）同伐王城。鄭伯將（惠）王自圉門入，虢叔自北門入。殺王子頹及五大夫。鄭伯享王于闕西辟，樂備。」僖公二十五年：「秦伯師于河上，將納（襄）王。狐偃言於晉侯曰：『求諸侯莫如勤王。諸侯信之，且大義也，繼文之業，而信宣於諸侯，今爲可矣。』……晉侯辭秦師而下。……右師圍温，左師逆王。夏四月丁巳，王入于王城。取大叔于温，殺之于隰城。」

〔六〕豈若二句：闥，詩齊風東方之日「在我闥兮」毛傳：「門内也。」階闥，謂宫廷之内。漢書霍光傳贊：「霍光以結髮内侍，起於階闥之間。」李善注：「階闥甓擾，謂王莽也。」孽臣，李善注：「董卓也。」史記蒙恬傳：「是必孽臣逆亂。」九服，天下。見卷七月重輪行「揚聲敷聞九服」注。漢少帝時，何進欲誅宦官，乃私召董卓，使將兵詣京師。卓至，廢少帝，立陳留王爲帝。天下大亂。

〔七〕億兆句：億兆，見卷九吴大帝誄「億兆同慕」注。左傳昭公七年：「悼心失圖。」

〔八〕豈世乏二句：曩時，往代，昔時，指周末。論語憲問：「子曰：『管仲相桓公，霸諸侯，一匡天下。』」集解引馬融曰：「匡，正也。」又：「子曰：『桓公九合諸侯，不以兵車，管仲之力也。』」王褒聖主得賢臣頌：「齊桓設庭燎之禮，故有匡合之功。」

〔九〕蓋遠二句：左傳昭公元年：「劉子曰：『……子盍亦遠績禹功而大庇民乎！』」孔疏：「績

亦功也。……爲大功，使遠及後世。」阮瑀爲曹公作書與孫權：「大丈夫雄心能無憤發？」二句謂雖有忠於朝廷、意欲勤王者，但時代不同於周末，其位卑勢弱，故難以建立大功，雄心受挫。

〔一〇〕故烈士四句：扼腕，以手握腕，感慨激動之狀。參卷九愍懷太子誄「普天扼腕」注。委，廣雅釋詁：「棄也。」中人，謂資質中等、可上可下之人。論語雍也：「子曰：『中人以上，可以語上也；中人以下，不可以語上也。』」漢書宣元六王傳：「邪臣散亡，公卿變節。」史記留侯世家：「此所謂助桀爲虐。」

〔一一〕雖復四句：鳩，爾雅釋詁：「聚也。」左傳僖公八年：「盟於洮，謀王室也。」奥，國語周語「野無奥草」韋昭注：「深也。」奥主，深奥不易窺見之主。左傳昭公十三年：「國有奥主。」呂氏春秋簡選：「世有言曰：驅市人而戰之，可以勝人之厚禄教卒。……此不通乎兵者之論。」漢書韓信傳：「經所謂驅市人而戰之也。」顔師古注：「忽入市鄽而驅取其人令戰，言非素所練習。」案：西漢末王莽攝位，東郡太守翟義遂與東郡都尉劉宇、嚴鄉侯劉信、信弟武平侯劉璜結謀起兵，立信爲天子，義自號大司馬、柱天大將軍，移檄郡國，言莽鴆殺孝平皇帝，攝天子位，欲絶漢室，今天子已立，恭行天罰。兵敗，爲莽所滅。東漢末董卓擅權，豪傑多欲起兵討卓者，關東州郡皆起兵，推勃海太守袁紹爲盟主。「鳩合同志以謀王室」者謂此。

〔一二〕班：廣雅釋言：「序也。」

〔一三〕是以二句：文子道德：「用兵有五：有義兵……誅暴救弱謂之義。」史記淮陰侯傳：「天下初發難也，俊雄豪桀建號壹呼，天下之士雲合霧集。」劫弑之禍，謂董卓廢少帝爲弘農王，復鴆殺之，以及弑何太后、劫獻帝遷都長安等暴行。

〔一四〕民望二句：左傳哀公十六年：「是絶民望也。」二句謂王莽篡漢事。

或以諸侯世位，不必常全，昏主暴君，有時比迹〔一〕，故五等所以多亂。今之牧守，皆以官方庸能〔二〕，雖或失之，其得固多，故郡縣易以爲治。夫德之休明，黜陟日用〔三〕，長率連屬，咸述其職〔四〕，而淫昏之君，無所容過〔五〕，何則其不治哉？故先代有以之興矣〔六〕。苟或衰陵，百度自悖〔七〕，鬻官之吏，以貨准才，則貪殘之萌皆如群后也〔八〕，安在其不亂哉？故後王有以之廢矣。且要而言之，五等之君，爲己思治；郡縣之長，爲利圖物〔九〕。何以徵之〔一〇〕？蓋企及進取〔一一〕，仕子之常志；修己安民，良士之所希及〔一二〕。夫進取之情鋭，而安民之譽遲。是故侵百姓以利己者，在位所不憚〔一三〕；損實事以養名者，官長所夙夜也〔一四〕。君無卒歲之圖，臣挾一時之志〔一五〕。五等則不然。知國爲己土，衆皆我民。民安己受其利，國傷家嬰其病〔一六〕。故前人欲以垂後，後嗣思其堂構〔一七〕。爲上無苟且之心，群下知膠固之義〔一八〕。使其并賢居治，則功有厚薄；兩愚處亂，則過有深淺〔一九〕。然則八代之制，幾可以一理貫；秦漢之典，殆可以一言蔽矣〔二〇〕。奎章閣藏文選卷五十四之李善本

【校】

以官方：唐寫本、晉書陸機傳、群書治要卷三十無「以」字。

何則其：群書治要卷三十無「其」字。

以之興：晉書陸機傳無「之」字。

自悖：「悖」，文選五臣本、陳八郎本文選、影宋本作「勃」，「勃」、「悖」通。

之萌：「萌」，文選五臣本作「氓」，「氓」、「萌」通。

如群后：唐寫本、晉書陸機傳、群書治要卷三十無「如」字。

之所希：唐寫本、晉書陸機傳無「之」字。胡刻本文選考異云：「當依晉書去『之』字，各本皆衍。」

而安民：群書治要卷三十無「而」字。

夙夜也：「夜」，晉書陸機傳作「慕」。文選五臣本、陳八郎本文選、影宋本無「也」字。

嬰其病：「病」，唐寫本作「痛」。

兩愚：群書治要卷三十「兩」上有「而」字。

八代：文選五臣本、陳八郎本文選、陸本、影宋本「八」上有「探」字。

蔽矣：唐寫本無「矣」字，晋書陸機傳、群書治要卷三十「矣」作「也」。

【箋注】

〔一〕或以四句：世，國語吴語「而吴國猶世」韋昭注：「繼世。」世位，世代相繼在位。李善注引公羊傳：「諸侯世位，故國君爲一體也。」案：今本公羊傳莊公四年作「諸侯世，故國君爲一體也」，無位字。荀悦申鑒時事：「古諸侯建家國世位，權柄存焉。」李善注引唐子：「暴主暗君，不可生殺。」後漢書鄧皇后紀：「比迹任姒。」四句謂諸侯繼世爲君，未必皆無玷缺，其昏暴者有時接踵。

〔二〕今之二句：牧守，謂州牧、郡守。官方，國語晋語：「舉善援能，官方定物。」韋昭注：「方，常也。……立其常官。」官方，謂設官有常而不亂。後世每用以稱道設官用人之得宜。三國志吴書孫權傳曹丕策命權：「君運其才謀，官方任賢。」魏志武帝紀評：「官方授材，各因其器。」庸，説文用部：「用也。」

〔三〕夫德二句：休，爾雅釋詁：「美也。」左傳宣公三年王孫滿曰：「德之休明。」尚書堯典：「三載考績，三考黜陟幽明。」（僞古文在舜典）周易繫辭上：「百姓日用而不知。」二句就天子言。

〔四〕長率二句：長率，見上文「并建五長」句注。孟子梁惠王下：「諸侯朝于天子曰述職。述職者，述所職也。」

〔五〕而淫二句：左傳僖公十九年：「又用諸淫昏之鬼。」二句謂諸侯之君淫昏者其過失無可包容。

〔六〕先代，指黄帝至周，即下文所謂八代。

〔七〕苟或二句：衰陵，衰落陵夷。百度，諸事之法度節制。參本卷辨亡論下「百度之缺但修」注。

〔八〕蠹官三句：吏，説文一部：「治人者也。」泛指群臣。萌，通氓，民也。此指下級吏人。韓非子難一：「臣吏分職受事，名曰萌。」后，爾雅釋詁：「君也。」三句言授官之臣以財貨量度人才，有如賣官，則吏人之貪殘者，皆如諸侯國君之作威作福矣。謂雖行郡縣之制，其貪殘之吏猶昏主暴君也。

〔九〕五等四句：物，小爾雅廣詁：「事也。」李善注：「民安，己受其利，故曰爲己。物能利己，乃始圖之，故云爲利。」案：謂諸侯之君雖亦爲己，而思其國與民之治安；郡縣之長則只求其利而不思治。

〔一〇〕徵，廣雅釋詁：「明也。」王念孫疏證：「徵之言證明也。」

〔一一〕蓋企句：企，説文人部：「舉踵也。」禮記檀弓上：「不至焉者，跂而及之。」企、跂通。史記蘇秦傳：「臣聞忠信者，所以自爲也；進取者，所以爲人也。」

〔一二〕修己二句：論語憲問：「修己以安百姓，堯舜其猶病諸。」尚書皋陶謨：「皋陶曰：『……在安民。』」詩唐風蟋蟀：「良士休休。」希，少。案：朱珔文選集釋卷二十四云：「余謂此蓋『希』字斷句。希，冀也。『及』字當下屬。偶語不應參差。意謂仕子中有良士，未嘗不冀安民。及夫進取情鋭，而安民之譽則甚遲，遂亦不惜侵百姓而損實事，如下文所云矣。」朱説可參。

〔一三〕憚：説文心部：「忌難也。」

〔一四〕損實二句：荀子正名：「無勢列之位而可以養名。」詩召南行露：「豈不夙夜。」鄭箋：「夙，早也。」大雅烝民：「夙夜匪解。」

〔一五〕君無二句：詩豳風七月：「何以卒歲。」二句謂牧、守及其屬下，君臣皆無遠圖。自漢以來，牧、守得自置吏，故其上下關係猶如君臣，亦有君臣之稱。參趙翼陔餘叢考卷十六「郡國守相得自置吏」條。

〔一六〕國傷句：家，詩大雅綿「未有家室」孔疏引李巡：「謂門以内也。」此指諸侯之家，謂一國傷則一門之内亦受其病。嬰，李善注引説文：「繞也。」

〔一七〕堂構：謂先人之事業，參卷三嘆逝賦「悼堂構之隤瘁」注。

〔一八〕爲上二句：漢書王嘉傳嘉上疏曰：「孝文時，吏居官者或長子孫，以官爲氏，倉氏、庫氏，則倉庫吏之後也，其二千石長吏亦安官樂職。然後上下相望，莫有苟且之意。」莊子駢拇：「待繩約膠漆而固者，是侵其德也。」王符潛夫論務本：「器以便事爲善，以膠固爲上。」曹冏六代論：「諸侯强大，盤石膠固。」二句謂諸侯國君及其臣下皆不苟且，與上文「君無卒歲之圖，臣挾一時之志」相對。

〔一九〕使其四句：謂五等與郡縣，若賢者在治平之時，同樣立功，而功有厚薄；若愚者在紛亂之世，同樣有過，而過有深淺。

〔二〇〕然則四句：八代，謂五帝三王，即黄帝、顓頊、帝嚳、堯、舜及夏、商、周。李善注引崔寔政論：「今既不能純法八代，故宜參以霸政。」論語里仁：「吾道一以貫之。」爲政：「詩三百，一言以蔽之。」四句承上謂五等、郡縣之得失優劣，其理甚明，無須多論。

【集評】

李百藥奏論駁世封事：陸士衡方規規然云「嗣王委其九鼎，凶族據其天邑」，「天下晏然，以治待亂」。何斯言之謬也。（貞觀政要論封建）

孫洙評：（「安上在於悦下」二句）亦是名言。（見山曉閣重訂文選）

俞瑒評：大意亦同曹元首，而思致綿密，時有精刻處，能指出利害之所由，但嫌其以詞累氣，未見條暢耳。（見浙江圖書館藏清抄本昭明文選）

邵長蘅評：（「然後國安」二句）語經醞釀。（「故强晋」句至「豈在曩日」句）蔚然古麗。（據范

子燁昭明文選邵氏批語迻録稿，係録自陳雲程補訂增訂昭明文選集成詳注）

浦起龍評：雖是駢體，須一路看虚字盤旋。○逐層指點、跌撲，直能以賈、晁馳突之筆行於排偶之中，無一死句。○駢儷體難不在詳贍，而在縱控；難更不在縱控，而在渾成。讀此文，逐節看其縱控，全體看其渾成。其能事直與賈傅相頡頏，可爲知者道也。平原主封建，柳州主郡縣，以兩家持論合而參之，識解闊，變化彰矣。（見于光華文選集評）

李兆洛駢體文鈔卷二十：運思極密，細意極多，然亦以此累氣。

譚獻評：間架遂成。○須尋其論議營陣與元首同異處，乃識文章升降之故、立言先後之法。○何嘗不闔闢盡能，而不能執規矩以爲方圓。措意欲挽昔人之偏。○錙銖稱量而出，字句皆有氣類。于古爲散朴，于後爲指南。（見駢體文鈔卷二十）

晋平西將軍孝侯周處碑〔一〕

君諱處，字子隱，義興陽羨人也〔二〕。氏胄曩興，焕乎墳典；華宗往茂，鬱其簡書〔三〕。啓三十之洪基，源流定鼎；運八百之遠祚，枝葉封桐〔四〕。軒蓋列於漢庭，蟬冕播於陽羨〔五〕。二南之價，傳不朽而紛敷；大頀之音，聲無微而必顯〔六〕。山高海闊，其在斯焉。

【校】

無微：「微」，原作「徵」，據影宋本、張燮七十二家集、張溥漢魏六朝百三家集、趙紹祖金石文鈔卷二改。

【箋注】

〔一〕此碑首見於宋人著録，在宜興（今屬江蘇），云是唐人重立。其真僞多有討論，參見【備考】。周處，仕吴爲東觀左丞，孫晧末，爲無難督。入晉，稍遷新平太守，轉廣漢太守。尋除楚内史，徵拜散騎常侍。多所規諷，不避寵戚。氐人齊萬年反，乃使處爲建威將軍，隸夏侯駿西征，爲梁王肜所陷害，力戰而死，時爲惠帝元康七年（二九七）。追贈平西將軍。及司馬睿爲晉王時，謚曰孝。處著默語三十篇及風土記，又撰集吴書。晉書有傳。

〔二〕義興陽羨：今江蘇宜興。陽羨，秦、漢舊縣，東漢、三國吴并屬吴郡。吴末孫晧時分吴郡、丹陽立吴興郡，西晉時陽羨曾屬吴興。後立義興郡，陽羨屬焉。晉書地理志：「（惠帝）永興元年……又以周玘創義討石冰，割吴興之陽羨并長城縣之北鄉（案：晉書周玘傳作西鄉）置義鄉、國山、臨津并陽羨四縣，又分丹楊之永世置平陵及永世，凡六縣，立義興郡，以表玘之功。」周玘即處之子。是周處、陸機生前尚未有義興郡之設，處當爲吴郡陽羨人。三國志吴書周魴傳即云：「吴郡陽羨人也。」（周魴，處父。）晉書周處傳及此碑云「義興陽羨」，用後來地名也。此亦碑文非陸機手筆之一證。

〔三〕氏胄四句：氏，史記五帝紀「姓姬氏」裴駰集解引鄭玄駁許慎五經異義：「氏者，所以别子孫之所出。」古者姓、氏有別，姓統於上，氏別於下，由一姓而分出諸氏。胄，説文肉部：「胤也。」曹植陳審舉表：「華宗貴族。」四句謂周氏宗族早已興盛，光照典册。

〔四〕啓三十四句：定鼎，見卷二遂志賦「武定鼎於洛汭」注。封桐，謂周成王以桐葉封其弟。吕氏春秋重言：「成王與唐叔虞燕居，援梧葉以爲珪，而授唐叔虞曰：『余以此封女。』……於是遂封叔虞于晉。」梧即桐。史記晉世家作桐葉。又水經滍水「滍水出南陽魯陽縣西之堯山」注引應劭曰：「韓詩外傳稱：周成王與弟戲，以桐葉爲圭，曰：『吾以封汝。』周公曰：『天子無戲言。』王乃應時而封，故曰應侯，鄉亦曰應鄉。」案：桐葉封弟，所封者爲誰，封於何地，有異説，當係傳聞異辭。（參陳喬樅韓詩遺説考釋大雅下武「應侯順德」）此處泛言分封子弟而已。左傳宣公三年：「成王定鼎于郟鄏，卜世三十，卜年七百，天所命也。」漢書律曆志：「周凡三十六王，八百六十七歲。」四句言周朝享國悠久，實行分封，意在稱説周氏源遠流長，宗脉廣布。新唐書宰相世系表：「周氏出自姬姓。黄帝裔孫后稷，后稷封于邰。……后稷子不窋失其官，竄於西戎。曾孫慶節，立國於豳。……七世孫古公亶父爲狄所逼，徙居岐下之周原，改國號曰周。……平王少子烈，食采汝墳。……秦滅周，并其地，遂爲汝南著姓。」杜牧唐故東川節度使檢校右僕射兼御史大夫贈司徒周公墓志銘：「周平王次子烈，封汝墳侯。秦以汝墳爲汝南郡，侯之孫因家焉，遂姓周氏。」鄧名世古今姓氏書辯證載又一説：「一云秦黜周赧王爲庶人，百姓稱爲周家，因氏焉。」總之其以周爲氏在秦滅周時。

〔五〕軒蓋二句：軒蓋，軒車華蓋，貴者所乘。文選鮑照詠史「軒蓋已雲至」李善注引説苑：「翟璜乘車載華蓋，田子方怪而問之，對曰：『吾禄厚，得此軒蓋。』」蟬冕，以金爲蟬形，附於冠前。文選潘岳秋興賦：「珥蟬冕而襲紈綺之士，此焉游處。」李善注引蔡邕獨斷：「侍中、中常侍加貂附蟬。」二句謂周氏貴盛，顯赫於漢朝，分布至於陽羨。

〔六〕二南四句：毛詩關雎序：「周南、召南，正始之道，王化之基。」楚辭王逸九思守志：「桂樹列兮紛敷。」注：「紛錯敷衍。」周禮春官大司樂：「舞大濩。」白虎通禮樂引禮記：「湯樂曰大濩。」白虎通禮樂：「湯曰大濩者，言湯承衰，能護民之急也。」濩、護通。又：「王者有六樂者，貴公美德也。」周用六代之禮樂，故亦用湯樂。四句言周代之聲聞歷久而不衰，亦藉以稱頌周氏歷世之美盛。

祖賓，少折節，早亡。吴初召諮議參軍，舉郡上計，轉爲州辟從事別駕，步兵校尉，光禄大夫，廣平太守。父魴，少好學，舉孝廉。吴寧國長，奮威長史，懷安、錢塘縣侯，丹陽西部屬國都尉，立節校尉，拜裨將軍，三郡都督，太中大夫，臨川、豫章、鄱陽太守〔一〕。晋故散騎常侍，新平、廣漢二郡太守。封關内侯〔二〕。簪紱揚名，臺閣摽著〔三〕。風化之美，奏課爲能〔四〕。亭亭孤美，灼灼横劭〔五〕。徇高位於生前〔六〕，思垂名於身後。遂以罕言不違〔七〕，應期出輔。洋洋之風，俯冠來葉；巍巍之盛，仰繼前賢〔八〕。

【校】

立節校尉：「立」，梅鼎祚西晋文紀作「持」。

三郡都督：「郡」，西晋文紀、七十二家集、百三家集作「部」。

晋故散騎常侍：七十二家集、百三家集「晋」上有「君」字。

奏課爲能：「課」，七十二家集、百三家集作「最」。又，影宋本「能」字下有八空格。金石文鈔卷二「能」字下有「應往路謳」四字，錢培名陸士衡文集札記亦云：「句下碑文有『應往路謳』四字。」

罕言：影宋本作「罕意」，金石文鈔卷二作「卒意」，錢培名云：「碑作『率意』。」

【箋注】

〔一〕「父魴」至「鄱陽太守」：寧國，宋書州郡志宣城太守：「寧國令，吴立。」晋書地理志揚州：「及晋平吴……分丹楊之宣城、宛陵、陵陽、安吴、涇、廣德、寧國、懷安、石城、臨城、春穀十一縣立宣城郡。」是吴時寧國屬丹楊郡。其地在今安徽寧國南。懷安，在今寧國東南。錢塘，即錢唐，秦漢舊縣，在今浙江杭州。丹陽西部屬國都尉，三國志周魴傳盧弼集解：「程晉傳：『後徙丹陽都尉，居石城。』石城在丹陽郡之西，當即丹陽西部都尉治所也。」豫章，漢舊郡。晉書地理志：「孫權又分豫章立鄱陽郡。……孫亮又分豫章立臨川郡。」豫章郡治南昌，今屬江西。臨川郡治南城，今江西南城東南。（據三國志周魴傳，魴爲鄱陽太守在孫權時，是時尚未分出臨川郡。）鄱陽郡治鄱陽，今屬江西。案：三國志吳書周魴傳：「周魴，字子魚，吳郡陽羡人也。少好學，舉孝廉，爲寧國長，轉在懷安。錢唐大帥彭式等蟻聚爲寇，以魴爲錢唐侯相，旬月之間，斬式首及其支黨，遷丹楊西部都尉。黄武中，鄱陽大帥彭綺作亂，攻没屬城。乃以魴爲鄱陽太守，與胡綜勠力攻討，遂生禽綺，送詣武昌。加昭義校尉。……（以誘曹休，事捷，）加裨將軍，賜爵關内侯。賊帥董嗣負阻劫鈔，豫章、臨川并受其害。吾粲、唐咨嘗以三千兵攻守，連月不能拔。魴表乞罷兵，得以便宜從事。魴遣間諜，授以方策，誘狙殺嗣。嗣弟怖懼，詣武昌降於陸遜。……由是數郡無復憂惕。魴在郡十三年，卒。」以此校碑文，知碑多誤。

〔二〕「晉故」至「關内侯」：有錯簡。「封關内侯」乃周魴事，應在上文「鄱陽太守」之下。爲散騎常侍、新平、廣漢太守乃周處事，故七十二家集、百三名家集於「晉」上加「君」字。

〔三〕簪紱二句：簪，文選張協詠史「抽簪解朝衣」李善注引蒼頡篇：「笄也，所以持冠也。」紱，廣雅釋器：「綬也。」所以繫印。簪紱，指爲官者。梁書謝朏傳蕭衍表請（謝）朏、（何）胤：「簪紱未褫而風塵擺落。」臺閣，謂中央政府機構。摽，通標。慧琳一切經音義卷六十八「標幟」

注引顧野王：「標，謂豎表以識之也。」二句謂揚聲樹名於政府官僚間。

〔四〕風化二句：風化，教化，此指治民而言。課，廣雅釋言：「第也。」王念孫疏證：「謂品第之也。」奏課，考核品第而奏上之。漢書敘傳：「大司農奏課連最。」二句謂爲地方官時，其治理民衆之政績被考核奏上，有能幹之稱。

〔五〕亭亭二句：文選張衡西京賦：「狀亭亭以苕苕。」薛綜注：「亭亭、苕苕，高貌也。」橫，急就章卷二「令狐橫」顔師古注：「充也，大也。」劭，小爾雅廣詁：「美也。」

〔六〕徇：漢書賈誼傳「貪夫徇財，列士徇名」顔師古注引臣瓚曰：「以身從物曰徇。」

〔七〕遂以句：論語子罕：「子罕言利與命與仁。」文選鄒陽獄中上書自明「不以利傷行」李善注引論語撰考讖：「子罕言利，利傷行也。」雍也：「子曰：『回也其心三月不違仁。』」

〔八〕洋洋四句：參卷一豪士賦序「巍巍之盛仰邈前賢，洋洋之風俯冠來籍」注。

君乃早孤，不弘禮制。年未弱冠，膂力絶于天下，妙氣挺於人間。騎獵無疇，時英式慕。縱情寡偶，俗弊不忻。鄉曲誣其害名，改節播其聲譽。遂來吴，事余厥弟。讙然受誨，向道朝聞。方勵志而淫詩書，便好學而尋子史。文章綺合，藻思羅開〔一〕。吴朝州縣交辟，太子洗馬，東觀左丞，中書右丞〔二〕，五官郎中，左右國史。靖恭夙夜，愘居官次。遷大尚書僕射，東觀令，太常卿，無難督〔三〕。匡熙庶績，朝廷謐寧。使持節大都督塗中京下諸軍事〔四〕，封章浦亭侯〔五〕。國猶多士，君實得賢。汪洋廷闕之傍，昂藏寮寀之上〔六〕。射獸功猶見顯，刺蛟名乃遠揚〔七〕。忠烈道自克修，義節情還永布〔八〕。琳琅梓杞，珪璧棟梁。君著默語三十篇及風土記，并撰吴書〔九〕。

【校】

乃早孤：「乃」，七十二家集、百三家集作「初」。

讙然：「讙」，影宋本作「驩」，百三家集作「謹」。

大尚書僕射：西晉文紀、七十二家集、百三家集、沈敕荆溪外紀卷十四無「大」字。

章浦亭侯：「亭」，原作「廷」，影宋本作「庭」，趙懷玉校：「疑當作『亭』」。西晉文紀、七十二家集、百三家集、荆溪外紀卷十四、金石文鈔卷二并作「亭」，據改。

廷闕：影宋本作「庭闕」，嚴元照録盧文弨校作「延閣」。

梓杞：荆溪外紀卷十四、金石文鈔卷二作「杞梓」。錢培名云：「碑作『杞梓』。」

吴書：金石文鈔卷二「書」下有「焉」字，錢培名云：「句末碑有『焉』字。」

【箋注】

〔一〕「君乃」至「羅開」：禮記曲禮上：「二十曰弱，冠。」孔疏：「二十成人，初加冠，體猶未壯，故曰弱也。」膂，方言卷六：「力也。」廣雅釋詁亦云「力也」。詩小雅北山：「旅力方剛。」毛傳釋旅爲衆，朱熹詩集傳、戴震方言疏證、王念孫廣雅疏證皆云旅乃膂之通假。挺，廣雅釋詁：「出也。」疇，國語齊語「人與人相疇，家與家相疇」韋昭注：「匹也。」宋玉高唐賦：「巫山赫其無疇兮。」楊修司空荀爽述贊：「群英式慕。」東方朔答客難：「寡偶少徒，固其宜也。」俗弊句，謂風俗弊薄，故不喜周處。用語委婉，爲之回護也。後漢紀章帝紀第五倫上疏：「欲節儉而奢泰不止，咎在俗弊。」論語里仁：「朝聞道，夕死可矣。」淫，通沈、湛，沈湎也。案：此節文字，與晉書周處傳多合，今録處傳以供參考：「處少孤，未弱冠，膂力絶人，好馳騁田獵，不修細行，縱情肆欲，州曲患之。處自知爲人所惡，乃慨然有改勵之志，謂父老曰：『今時和歲豐，何苦而不樂邪？』父老嘆曰：『三害未除，何樂之有？』處曰：『何謂也？』答曰：『南山白額猛獸（虎）、長橋下蛟，并子爲三矣。』處曰：『若此爲患，吾能除之。』父老曰：『子若除之，則一郡之大慶，非徒去害而已。』處乃入山射殺猛獸（虎），因投水搏蛟。蛟或沉或浮，行數十里，而處與之俱，經三日三夜。人謂死，皆相慶賀。處果殺蛟而反，聞鄉里相慶，始知人患己之甚。乃入吴尋二陸。時機不在，見雲，具以情告。曰：『欲自修而年已蹉跎，恐將無及。』雲曰：『古人貴朝聞夕改，君前塗尚可，且患志之不立，何憂名之不彰？』處遂勵志好學，有文思。」又案：尋二陸事，學者多有論辨。勞格讀書雜識卷五晉書校勘記據晉書惠帝紀，云周處卒於元康七年，年六十二，（案：惠紀不言其享年，勞氏當據碑而言。）則當生於吴赤烏元年。（案：當爲嘉禾五年。）是處弱冠之年，陸機尚未生，故晉書云入吴尋二陸，未免近誣。或以爲處尋二陸，當在吴亡之後，亦非。因據晉書處傳，處仕吴爲東觀左丞、無難督，不可能吴亡之後方厲志好學。據此推之，知世説所云盡屬謬妄，晉書據以采入本傳，可謂無識。又云：「處碑，世傳陸機所撰，亦有『來吴事余厥弟』之語。此碑係唐陳從諫所重樹，竄改舊文，事迹錯互，不可盡據以爲信。」曹道衡陸機集志疑推算周處生年只可能早於嘉禾二年而不會更晚。是處至少大於陸機二十四歲，大於陸雲二十五歲，豈有拜陸雲爲師之理？又云：「陸機也斷不會寫出『事余厥弟，歡然受誨』等語。因爲古人相處本來有一定的規矩。禮記曲禮上：『年長以倍，則父事之。十年以長，則兄事之。五年以長，則肩隨之。』晉書陸機傳稱陸機『伏膺儒術，非禮不動』，似乎不應説出這種話來。何況吴國當時，并非没有文化，也曾産生過不少文人學者。周處想改變鄉里對他的看法，完全可以找别人爲師，爲什麽非找十六七歲的孩子不可。」陸侃如中古文學繫年則駁勞格之説，云周處「見雲而嘆蹉跎，可見勵志好學當在中年，不必以機、雲生晚爲疑」。俞士玲陸機陸雲年譜亦云：「陸雲雖年少，然自幼不凡，六歲能詩文，時有龍駒、鳳雛之譽，周處不當小覷陸雲。……也許童子的老成之言尤令人自省，使周處頑夫改節，終成忠烈？」

〔二〕中書右丞：太平御覽卷六百四十七引王隱晉書：「周處，字子隱，陽羨人。始爲中書省事時，女子李忩覺父北叛，時殺父。處奏曰：『覺父以偷生，破家以邀福。子圉告歸，懷嬴結舌。忿無人子之道，證父攘羊，傷化污俗，宜在投畀，以彰凶逆，平刑市朝，不足塞責。』奏可，斬忿。」晉書周處傳吴士鑑、劉承幹斠注：「傳不言處爲中書右丞，此事當在是時。」

〔三〕東觀令：資治通鑑卷七十九「(吴)東觀令華覈等固諫不聽」胡三省注：「東觀令典校圖書及記述。」太常卿：三國志吴書孫晧傳天璽元年：「吴興陽羨山有空石長十餘丈，名曰石室，在所表爲大瑞。乃遣兼司徒董朝、兼太常周處至陽羨縣，封禪國山。」無難督：資治通鑑卷七十五「無難督陳正」胡三省注：「吴主置左、右無難營兵……各置督領之。」三國志吴書周魴傳：「子處……天紀中爲東觀令、無難督。」

〔四〕使持節二句：塗中，應作涂中，今安徽滁河北岸一帶。京，京口，在丹徒北，臨江，爲建業北門。資治通鑑卷八十「或譖京下督孫楷」胡三省注：「京下督鎮京口。」

〔五〕封章浦句：太平寰宇記卷九十二常州宜興縣：「章浦亭在縣西二十五里，浦側，臧榮緒晉書云周處封章浦亭侯，即此。」案：寰宇記云臧書載周處封章浦亭侯，雖與碑合，然頗可疑。晉書周處傳：「(處子札)以討錢璯功，賜爵漳浦亭侯。」漳浦當即章浦。明一統志卷十常州府：「章浦，在宜興縣西二十五里。晉周札封章浦亭侯，即此。」則章浦亭侯當屬周札。又：碑記周處官職頗詳。勞格晉書校勘記云：「傳止載其爲尚書右丞、無難督二官，未免太略。」吴士鑑、劉承幹斠注：「至陸機撰碑所叙歷官至夥，疑爲唐人竄改，不盡可據。」

〔六〕汪洋二句：汪洋，寬弘貌。劉孝威重光詩：「風神灑落，容止汪洋。」廷，説文廴部：「朝中也。」闕，釋名釋宮室：「在門兩旁，中央闕然爲道也。」廷闕，指朝廷。昂藏，高挺貌。水經淇水「淇水出河内隆慮縣西大號山」注：「石壁崇高，昂藏隱天。」寮宷，爾雅釋詁：「宷、寮，官也。」郭璞注：「官地爲宷，同官爲寮。」邢昺疏：「宷地及言同寮者，皆謂居官者也。」

〔七〕射獸二句：獸，當作虎，唐人避諱故作獸。二句所言除害事，首見於世説新語自新，晉書周處傳采之。見前注。

〔八〕布：廣雅釋詁：「列也。」謂布列、流布。

〔九〕君著二句：吴士鑑、劉承幹斠注：「隋志地理類：周處風土記三卷。兩唐志均作十卷。史通補注篇曰：『周處陽羨風土，常璩華陽士女，文言美詞，列於章句，委曲叙事，存於細書。』嚴可均鐵橋漫稿風土記叙曰：『隋志風土記三卷，舊、新唐志作十卷。以史能之咸淳毗陵志考之，知石晉後有續補本，或舊志誤據而新志沿之，故卷數增多耳。處著默語三十篇及風土記，并撰集吴書，今默語、吴書隻字不傳，而風土記引見各書者尚多。余采得二百三十餘事，省并複重，定著一卷。其正文協韻如古賦，而故實皆載於注，注即子隱自撰。……其書撰於吴時，故稱大吴。……』姚鼐江寧府志五十五曰：『此書昔人謂專記陽羨風土，然如辨吴越歷山之見水經注河水下，記洞庭地脉之見編珠卷一，皆概言吴越風土，非專志陽羨也。』」

於是吴平〔一〕，入晉。王渾登建業宫，釃酒既酣〔二〕，乃謂君曰：「諸人亡國之餘〔三〕，得無戚乎？」君對曰：「漢末分崩，三方鼎立。魏滅於前，吴亡於後。亡國之戚，豈惟一人？」渾乃大慚。仕晉，稍遷總統〔四〕。初入，拜諮議郎，除討虜護軍、新平太守〔五〕。撫和戎狄，叛羌歸附，雍土美之。轉爲廣漢太守〔六〕。郡多滯訟，有經三十年不決者。處以評其枉直，一朝決遣。以母年老罷歸。尋除楚内史〔七〕。未之官，徵散騎常侍。處曰：「古人辭大不辭小。」乃先之楚。而郡既經喪亂，新舊雜居，風俗未一。處敦以教義，又檢尸無主及白骨在野，收而葬之，然以就徵，遠近稱嘆。及居近侍，多所規諷。遷御史中丞。正繩直筆，凡所糾劾，不避寵戚。梁王肜違法，處深文案之〔八〕。及氐人齊萬年反，朝臣惡其强直，皆曰：「處，吴之名將子也。」忠烈果毅，庶僚振肅。英情天逸，遠性霞騫〔九〕。陝北留棠，遂有二天之詠；荆南度虎，猶標十部之書〔一〇〕。尋轉散騎常侍，輕車將軍。迴輪出於新平，士女揮淚；褰帷望於廣漢，鷄犬靡喧。振兹威略，宣其惠和。晉京遥仰，部從迎欽〔一一〕。是時氐賊作逆，有衆七萬，屯於梁山〔一二〕。朝廷推賢，以君才兼文武，詔授建威將軍，以五千兵奉辭西討〔一三〕。忠概盡節，不顧身命。乃賦詩曰：「去去世事已，策馬觀西戎。藜藿甘粱黍，期之克令終。」言畢而戰，自旦及暮，斬首萬級，弦絶矢盡，播、系不救。左右勸退，處按劍怒曰：「此是吾效節授命之日，何以退爲！大臣以身徇國，不亦可乎！」〔一四〕韓信背水之軍，未遑得喻；工輸縈帶之勢，早擬連踪〔一五〕。莫不梯山架壑，襁負來歸。戎士扞其封疆，農人展其耕織。秋風才起，追戰虜於雷霆；春水方生，揮鍤同於雲雨。立功立事，名將名臣者乎〔一六〕！

【校】

乃謂君曰：「乃」，百三家集作「因」。

雍土：「土」，原作「士」，據晉書周處傳、西晉文紀、七十二家集、百三家集改。

以評其：「以」，七十二家集、百三家集作「立」。晉書周處傳無「以」字，「評」作「詳」。錢培名云：「碑文『評』作『詳』。」

然以就徵：「以」，晉書周處傳作「始」，西晉文紀、七十二家集、百三家集作「後」。

梁王彤：「彤」，原作「肜」，據晉書周處傳、荊溪外紀卷十四改。

氏人齊萬年：「氐」，原作「吴」。金石文鈔卷二作「互」，錢培名云：「碑文『吴』作『互』，與下合。」按「氐」之或體易與「互」混淆，「互」、「吴」復音近易淆。據晉書周處傳、西晉文紀、七十二家集、百三家集、荊溪外紀卷十四、影宋本嚴元照録盧文弨校改。

惡其强直：「其」，荊溪外紀卷十四作「處」。

霞騫：「騫」，影宋本嚴元照録盧文弨校作「鶱」，字通。

度虎：「度」，七十二家集、百三家集、金石文鈔卷二作「渡」，「度」、「渡」通。

輕車將軍：影宋本此句下有四空格。

出於新平：「平」，原作「年」，據西晉文紀、七十二家集、百三家集、荆溪外紀卷十四、影宋本嚴元照録盧文弨校改。

氐賊：「氐」，原作「互」，據西晉文紀、七十二家集、百三家集、荆溪外紀卷十四、影宋本嚴元照録盧文弨校改。

粱黍：「粱」，原作「梁」，據晋書周處傳、荆溪外紀卷十四、金石文鈔卷二改。

萬級：「級」，金石文鈔卷二作「計」。

播系：「播」，原作「番」，據晋書周處傳、荆溪外紀卷十四、金石文鈔卷二、錢培名札記改。

大臣以身：荆溪外紀卷十四、金石文鈔卷二「大臣」上有「我爲」二字，錢培名亦云：「碑有『我爲』二字。」

扞其：「扞」，原作「杆」，據影宋本、西晉文紀、七十二家集、荆溪外紀卷十四、金石文鈔卷二改。

虜於雷霆：「虜」，七十二家集、百三家集、荆溪外紀卷十四、金石文鈔卷二作「勇」。「霆」，影宋本作「庭」。

【箋注】

〔一〕此段叙周處事迹，亦多取自晋書本傳，字句亦多同者。

〔二〕釃：詩小雅伐木「釃酒有藇」毛傳：「以筐曰釃。」謂濾酒也。此指飲酒。

〔三〕諸人句：左傳僖公二十二年宋公曰：「寡人雖亡國之餘。」

〔四〕稍遷總統：此句疑有誤訛。

〔五〕新平：郡名，屬雍州，治漆縣（今陝西彬縣）。

〔六〕廣漢：郡名，屬梁州，治廣漢（今四川射洪南）。

〔七〕楚内史：晋書武帝紀：太康十年（二八九）十一月「以汝南王亮爲大司馬、大都督、假黄鉞。改封南陽王柬爲秦王，始平王瑋爲楚王，濮陽王允爲淮南王，并假節之國，各統方州軍事。……改諸王國相爲内史。」惠帝紀：元康元年（二九一）六月「以瑋擅害（司馬）亮、（衛）瓘，殺之。」職官志：「郡皆置太守。……諸王國以内史掌太守之任。」楚隱王瑋傳：「初封始平王……太康末徙封於楚，出之國，都督荆州諸軍事。」時都督荆州鎮南郡江陵，南郡治所亦在江陵（今屬湖北），其地即春秋戰國時楚都郢之所在。司馬瑋封楚王，周處之楚，往南郡也。

〔八〕深文：用法嚴峻。史記張湯傳：「與趙禹共定諸律令，務在深文。」三國志吴書周魴傳注引虞預晋書：「處入晋爲御史中丞，多所彈糾，不避强禦。」初學記卷十二引王隱晋書：「周處字子隱，爲御史中丞，奏征虜將軍石崇、大將軍梁王彤等，正繩直筆，權豪震肅。」北堂書鈔卷六十二：「周處爲御史中丞，梁王彤爲大將，當代趙王倫（趙原誤作越）鎮關中，不時移。

處奏彤，正議直繩，不撓權門。所奏雖不見從，於時當憚者也。」（案：書鈔此條失書名。）

〔九〕英情二句：後漢書孔融傳贊：「北海天逸。」李賢注：「逸，縱也。」騫，通鶱。説文鳥部：「鶱，飛貌。」孔稚珪讓詹事表：「太子霞鶱青殿。」案：明郁逢慶編續書畫題跋記卷十二彭年文衡山石湖圖彭隆池楷書詩序有云：「群公英情天逸，盡爲紱冕之巢由；藻思霞騰，俱是薛蘿之顏謝。」當用此二句。

〔一〇〕陝北四句：陝，古地名。公羊傳隱公五年：「自陝而東者，周公主之；自陝而西者，召公主之。」鄭玄毛詩譜周南召南譜：「文王受命，作邑於豐，乃分岐邦周召之地爲周公旦、召公奭之采地，施先公之教於己所職之國。」此言陝北，蓋變文與下「荆南」作對耳，雙關召公之分陝及周處之爲新平太守，新平在陝之北。詩召南甘棠：「蔽芾甘棠，勿翦勿伐，召伯所茇。」鄭箋：「召伯聽男女之訟，不重煩勞百姓，止舍小棠之下而聽斷焉。國人被其德，説其化，思其人，敬其樹。」李世民晉祠銘：「功侔分陝，奕葉之慶彌彰；道洽留棠，傳芳之迹斯在。」張九齡酬宋使君見贈之作：「政有留棠舊。」後漢書蘇章傳：「順帝時，遷冀州刺史。故人爲清河太守，章行部，案其奸臧，乃請太守爲設酒肴，陳平生之好，甚歡。太守喜曰：『人皆有一天，我獨有二天。』章曰：『今夕蘇孺文與故人飲者，私恩也；明日冀州刺史案事者，公法也。』遂舉正其罪。」案：有二天，謂深受其庇覆。此本爲奸者之言，然唐代以後，多用作頌美州刺史之語。如杜甫江亭王閬州筵餞蕭遂州：「二天開寵餞，五馬爛生光。」劉商送廬州賈使君拜命：「二天移外府，三命佐元勛。」元稹齊煚可饒州刺史王堪可澧州刺史制：「佇聽二天之諺。」方干獻浙東王大夫：「獨有東南戴二天。」黄滔賀清源僕射新命：「二天在頂家家詠。」貫休東陽罹亂後懷王慥使君：「黎氓空負二天恩。」唐之州刺史即郡太守。此碑頌周處爲太守官也。荆南，指荆州，參本卷辨亡論上「電發荆南」注。周處爲楚内史，故云荆南。後漢書劉昆傳：「稍遷侍中、弘農太守。先是，崤黽驛道多虎灾，行旅不通。昆爲政三年，仁化大行，虎皆負子度河。」又宋均傳：「遷九江太守。郡多虎暴，數爲民患，常募設檻阱，而猶多傷害。均到，下記屬縣曰：『夫虎豹在山，黿鼉在水，各有所託。且江淮之有猛獸，猶北土之有鷄豚也。今爲民害，咎在殘吏，而勞勤張捕，非憂恤之本也。其務退奸貪，思進忠善。可一去檻阱，除削課制。』其後傳言虎相與東游度江。」李白中丞宋公以吴兵三千赴河南軍次尋陽脱余之囚參謀幕府因贈之：「九江皆渡虎。」三國志魏書劉馥傳注引晉陽秋：「劉弘……晉西朝之末，弘爲車騎大將軍開府、荆州刺史、假節都督荆交廣州諸軍事，封新城郡公。其在江漢，值王室多難，得專命一方，盡其器能，推誠群下，厲以公義，簡刑獄，務農桑。每有興發，手書郡國，丁寧款密，故莫不感悦，顛倒奔赴，咸曰：『得劉公一紙書，賢於十部從事也。』」案：資治通鑑卷八十六胡三省注：「州有部從事，部管内諸郡。」部從事乃州刺史之屬官。宋書百官志：「部從事史，每郡各一人，主察非法。」十部從事，謂部從事十人，而後世文人用爲典故，每以「十部」爲言。此云「十部之書」，即「賢於十部從事」之書，謂周處政績猶劉弘之爲荆州也。又：劉弘爲荆州刺史平張昌之亂，在惠帝太安二年五、六月至八月間，此後方得撫綏荆州，勸課農桑，而陸機於是年八月已在成都王司馬穎軍中，十月兵敗被殺。此碑用劉弘治理荆州之事爲典故，亦不可能出自陸機手筆。

〔一一〕「迴輪」至「迎欽」：迴輪二句，三國志劉繇傳注引續漢書：「（劉寵）除東平陵令，視事數年，以母病棄官。百姓士民攀輿拒輪，充塞道路，車不得前。」拒輪，謂抵止車輿，不使之前，進而言之，則迴其輪矣。二句似寫周處離新平太守任出境時士民不舍阻留之狀。後漢書賈琮傳：「乃以琮爲冀州刺史。舊典，傳車驂駕，垂赤帷裳，迎於州界。及琮之部，升車，言曰：『刺史當遠視廣聽，糾察美惡，何有反垂帷裳以自掩塞乎！』乃命御者褰之。」後漢書鄭興傳興説隗囂曰：「威略雖振，未有高祖之功。」左傳文公十八年：「高辛氏有才子八人……忠肅共懿，宣慈惠和，天下之民謂之八元。」案：此段似複述爲新平、廣漢太守時事，而敘事次序紊亂，頗覺費解。

〔一二〕是時三句：梁山，在扶風國好畤縣，今陝西乾縣境内。時梁王肜鎮關中，都督凉雍諸軍事，屯好畤，周處受其節度。晋書周處傳：「時賊屯梁山，有衆七萬。」

〔一三〕詔授二句：爲建威將軍見於晋書惠帝紀元康六年：「十一月丙子，遣安西將軍夏侯駿、建威將軍周處等討萬年，梁王肜屯好畤。」又見三國志吴書周魴傳注引虞預晋書、文選潘岳關中詩、馬汧督誄李善注引王隱晉書。晉書周處傳：「而（夏侯）駿逼處以五千兵擊之。」國語鄭語：「奉辭伐罪，無不克矣。」韋昭注：「奉直辭，伐有罪。」

〔一四〕「忠概」至「可乎」：概，文選江淹雜體詩三十首「常慕先達概」李善注：「志節也。」期之句，謂期望能有好的結果。播、系，謂盧播、解系二人。案：此段亦多取晉書語，而略去司馬肜迫害及處戰死等情節。晉書周處傳云：「肜復命處進討，乃與振威將軍盧播、雍州刺史解系攻萬年於六陌。將戰，處軍人未食，肜促令速進，而絶其後繼。處知必敗，賦詩曰：『去去世事已，策馬觀西戎。藜藿甘粱黍，期之克令終。』言畢而戰，自旦及暮，斬首萬計。弦絶矢盡，播、系不救。左右勸退，處按劍曰：『此是吾效節授命之日，何退之爲！且古者良將受命，鑿凶門以出，蓋有進無退也。今諸軍負信，勢必不振。我爲大臣，以身徇國，不亦可乎！』遂力戰而没。」

〔一五〕韓信四句：韓信背水之軍，謂作殊死之戰，置之死地而後生也。參卷九漢高祖功臣頌「灼灼淮陰」首「登山滅趙」注。工輪縈帶，指墨子縈帶爲城以折公輸事，謂艱苦防禦，堅不可摧。墨子公輸：「墨子解帶爲城，以牒爲械。公輸盤九設攻城之機變，子墨子九距之。公輸盤之攻械盡，子墨子之守圉有餘。」陳琳爲曹洪與魏文書：「且夫墨子之守，縈帶爲垣，高不可登。」

〔一六〕「莫不」至「名臣者乎」：范曄後漢書西域傳論：「梯山棧谷、繩行沙度之道。」論語子路：

「四方之民襁負其子而至矣。」參卷九吴貞獻處士陸君誄「抱或同襁」注。鍤，漢書王莽傳「負籠倚鍤」顔師古注：「鍬也。」漢書郊祀志：「太誓曰：『正稽古立功立事，可以永年。』」

案：此段似總言周處功績，然文氣不相連貫。

元康九年，舊疾增加，奄捐館舍〔一〕，春秋六十有二。天子以大臣之葬，師傅之禮，親臨殯壤。建武元年冬十一月甲子，追贈平西將軍，封清流亭侯，謚曰孝〔二〕，禮也。賜錢百萬，葬地一頃，京城地五十畝爲第，又賜王家田五頃。詔曰：「處母年老，加以逆旅遠人，朕每憫念，給其醫藥酒米，賜以終年。」以太興二年歲在己卯正月十日，葬於義興舊原〔三〕。南瞻荆岳〔四〕，崇峻極之巍峨；北睇蛟川，濬清流之澄澈〔五〕。

【校】

舊疾：原作「回灰」，據西晋文紀、七十二家集、百三家集、影宋本嚴元照録盧文弨校、顧炎武金石文字記卷四晋周孝侯碑引改。王世貞弇州四部稿卷一百三十四周孝侯墓碑引、金石文鈔卷二作「因疾」，荆溪外紀卷十四作「回疢」。

奄捐：錢培名云：「碑文『奄』作『爰』。」

逆旅遠人：王世貞弇州四部稿卷一百三十四周孝侯墓碑引、金石文鈔卷二無「逆旅」二字，錢培名亦云：「碑無『逆旅』二字。」

蛟川：「蛟」，原作「蚊」，據西晋文紀、荆溪外紀卷十四、金石文鈔卷二改。

【箋注】

〔一〕舊疾二句：庾信周柱國大將軍紇干弘神道碑：「舊疾增加。」奄，方言卷二：「遽也。」捐館舍，資治通鑑卷二百七十二「不幸捐館」胡三省注：「死謂之捐館，言棄捐館舍而逝也。」戰國策趙策：「今奉陽君捐館舍。」

〔二〕建武四句：建武，東晋元帝年號（三一七）。案：晋書周處傳：「遂力戰而没。追贈平西將軍。……及元帝爲晋王，將加處策謚，太常賀循議曰：『處履德清方，才量高出。歷守四郡，安人立政。入司百僚，貞節不撓。在戎致身，見危授命。此皆忠賢之茂實，烈士之遠節。按謚法：執德不回曰孝。』遂以謚焉。」是追贈平西將軍在惠帝時，碑誤。又本傳云：「（周處子）札……以討錢璯功，賜爵漳浦亭侯……改封東遷縣侯。……時札兄靖子懋晋陵太守、清流亭侯，懋弟莚征虜將軍、吴興内史，莚弟贊大將軍從事中郎、武康縣侯，贊弟縉太子文學、都鄉侯，次兄子勰臨淮太守、烏程公。札一門五侯，并居列位，吴士貴盛，莫與爲比。」則封清流亭侯者，周處孫懋，非處也。

〔三〕以太興二句：太興，晋元帝年號（三一八——三二一）。義興，縣名，晋惠帝永興元年置義興郡，治陽羨。東晋、南朝因之。至隋開皇間廢郡，改陽羨縣爲義興縣。隋書地理志：「毗陵郡義興：舊曰陽羨。置義興郡。平陳，郡廢，改縣名焉。」此言葬義興舊原，應指義興縣而非義興郡。是亦出於唐人手筆之一證。

〔四〕荆岳：荆山。太平寰宇記卷九十二常州宜興縣：「陽羨古城，在今縣南。……君山，在縣南二十里，舊名荆南山，在荆溪之南。風土記：『漢時縣令袁玘常言死當爲神。一夕與天神飲，醉，逆知水旱，無病而卒。風雨失其柩，夜聞荆山有數千人噉聲，人往視之，棺已成冢。因改爲君山。』」

〔五〕蛟川：當即荆溪。元和郡縣志卷二十五常州義興縣：「本漢陽羨縣，故城在荆溪南。……荆溪，是周處斬蛟處。」太平寰宇記卷九十二常州宜興縣：「荆溪，在縣南二十步。」案：宜興蛟川之名，此碑外似始見於宋人吟詠，今録二首：薛季宣浪語集卷七周將軍廟觀岳侯石像之二：「沈碑千古蛟川恨，留與無窮客斷魂。」白珽湛淵集題斬蛟橋：「蘇公百世豪，氣味有相似。泊舟蛟川下，洗石題所以。」

娶同郡盛氏，有四子：靖、玘、札、碩〔一〕，并皆志性純孝，過禮喪親。墳前之樹，染淚先枯；庭際之禽，聞悲乃下。遂作銘曰：

周南著美，岐山表靈〔二〕。葉繁漢室，枝茂晋庭。皎皎夫子，奇特播名。幼有異行，世存風烈〔三〕。早馳問望〔四〕，晚懷耿節。頗尚豪雄，升名禁闕。捨爵策勛，允歸明哲〔五〕。輝赫大晉，封豕多故〔六〕。式揚廟略，克清天步〔七〕。海濱既折，江淮并泝〔八〕。漢水作藩，條章斯布〔九〕。俗歌揆日，人謡「何暮」〔一〇〕。忠貞作相，追踪絳侯〔一一〕。將亭嘉茂，遽掩芳猷〔一二〕。潛光陽甸，返旆吴丘〔一三〕。舊闕雖入〔一四〕，鄉路冥浮。從榮制墓，終非晝游〔一五〕。春墟以緑，清淮自流。深沈素幰，繚繞朱旒〔一六〕。玄堂寂寂，黄泉悠悠〔一七〕。書方易折，家楬難留〔一八〕。鐫兹幽石〔一九〕，萬代千秋。四部叢刊影印陸元大刊陸士衡文集卷十

【校】

靖玘札碩：「玘」，原作「玘」。晉書周處傳：「有三子：玘、靖、札。」據改。

世存：「世」，金石文鈔卷二作「壯」。

并泝：「并」，金石文鈔卷二作「亦」。

舊闕：「闕」，影宋本、七十二家集、百三家集作「闕」。

「從榮制墓」至「家楬難留」：此十句原無，據七十二家集、百三家集、荆溪外紀卷十四、金石文鈔卷二、錢培名札記所録碑文補入。「楬」，七十二家集、百三家集、荆溪外紀卷十四、金石文鈔卷二、錢培名札記所録碑文均作「揭」，唯金石文鈔卷二作「楬」，是，版刻木旁、手旁多混。

【箋注】

〔一〕有四子靖、玘、札、碩：晉書周處傳：「有三子：玘、靖、札。」勞格讀書雜識卷五晉書校勘

記：「碑云四子靖、玘、札、碩。傳失載碩名，又以靖爲玘弟，皆非也。」吴士鑑、劉承幹斠注：「案法苑珠林觀佛部云：『東晋周玘，平西將軍處之第二子。』是本傳以玘爲長子者，誤。」

〔二〕周南二句：鄭玄毛詩譜周南召南譜：「其得聖人之化者謂之周南。」周南，頌文王之化者也。詩大雅綿：「古公亶父，來朝走馬。率西水滸，至于岐下。」又曰：「周原膴膴，堇荼如飴。」二句言周氏之祖乃古公亶父、周文王，甚顯而美。

〔三〕世存句：世，戰國策秦策「負蒭必以魏殁世事秦」高誘注：「身也。」烈，美也。參卷一文賦「詠世德之駿烈」注。司馬相如天子游獵賦：「願聞大國之風烈。」

〔四〕問望：猶聞望，問、聞通。

〔五〕捨爵二句：左傳桓公二年：「凡公行，告于宗廟；反，行飲至，舍爵策勛焉。」杜預注：「爵，飲酒器也。既飲，置爵，則書勛勞於策。言速紀有功也。」詩大雅烝民：「既明且哲，以保其身。夙夜匪解，以事一人。」

〔六〕封豕句：封豕，大猪。左傳昭公二十八年：「貪惏無饜忿纇無期謂之封豕。」杜預注：「封，大也。」國語周語：「翟，封豕豺狼也，不可厭也。」故，廣雅釋詁：「事也。」

〔七〕式揚二句：式，語首助詞，無義。辛曠與皇甫謐書：「夫三光懸象，式揚天德。」廟略，猶廟策。後漢書班勇傳：「孝明皇帝深惟廟策。」李賢注：「古者謀事必就祖，故言廟策也。」資治通鑑卷五十胡三省注：「余謂古者遣將必於廟先定制勝之策，故謂之廟策。」晉書羊祜傳武帝封羊祜夫人策：「外揚王化，内經廟略。」天步，天之所行。参本卷辨亡論上「清天步而歸舊物」注。

〔八〕海濱二句： 未詳。似是海濱、江淮皆屈服歸向之意。泝，向也。

〔九〕漢水二句： 許慎説文解字叙：「吕叔作藩，俾侯于許。」曹植責躬詩：「作蕃作屏。」三國志蜀書諸葛亮傳注引魏氏春秋：「亮作八務、七戒、六恐、五懼，皆有條章。」後漢書童恢傳：「耕織種收，皆有條章，一境清静。」二句謂周處爲楚内史，布其政令有條理章法。

〔一〇〕俗歌二句： 俗歌句，未詳。後漢書廉范傳：「廉范，字叔度。……建初中，遷蜀郡太守。……成都民物豐盛，邑宇逼側，舊制禁民夜作，以防火灾，而更相隱蔽，燒者日屬。范乃毁削先令，但嚴使儲水而已。百姓爲便，乃歌之曰：『廉叔度，來何暮。不禁火，民安作。平生無襦今五絝。』」

〔一一〕忠貞二句： 絳侯，指漢周勃，曾爲右丞相。参卷九漢高祖功臣頌「絳侯質木」注。二句謂周處追踪忠貞作相之周勃。

〔一二〕將亭二句： 亭，即停。説文高部「亭」段玉裁注：「亭之引申爲亭止，俗乃製停、渟字。」猷，禮記坊記「爾有嘉謀嘉猷」鄭玄注：「道也。」芳猷，言美好之風範。顔延之宋文皇帝元皇后哀策文：「惠問川流，芳猷淵塞。」

〔一三〕潛光二句：孔融告高密縣立鄭公鄉教：「潛光隱耀。」陽甸，猶言人世間。返旆，言歸葬。

〔一四〕舊關句：後漢書班超傳超上疏曰：「狐死首丘，代馬依風。……臣不敢望到酒泉郡，但願生入玉門關。」

〔一五〕從榮二句：從榮句，謂追贈平西將軍、賜錢百萬、葬地一頃等。晝游，謂衣錦晝行，即榮歸故里之意。漢書項籍傳「（籍）懷思東歸，曰：『富貴不歸故鄉，如衣錦夜行。』」又朱買臣傳：「上拜買臣會稽太守，上謂買臣曰：『富貴不歸故鄉，如衣繡夜行。今子何如？』」北史毛遐傳「（魏孝明帝）改北地郡爲北雍州，（毛）鴻賓爲刺史，詔曰：『此以晝錦榮卿也。』」

〔一六〕深沈二句：幰，慧琳一切經音義卷三十一「幰蓋」注引顧野王曰：「今謂布幔張車上謂幰也。」旒，綴於旌旗邊緣下垂以爲飾者，此就喪禮所用銘旌而言。參卷九至洛與成都王箋「甚於贅旒」注、吴大帝誄「辰旒飛藻」注。

〔一七〕玄堂二句：張衡司徒呂公誄：「去此寧寓，歸于幽堂。玄室冥冥，修夜彌長。」玄堂，猶幽堂、玄室。謝朓齊敬皇后哀策文：「玄堂啓扉。」左傳隱公元年：「不及黄泉，無相見也。」杜預注：「地中之泉，故曰黄泉。」

〔一八〕書方二句：方，喪禮中所用木板，用以記録喪家所受贈之諸種物品及贈送者之名字，於出葬時讀之。儀禮既夕：「書賵於方，若九若七若五。」鄭玄注：「方，板也。書賵、奠、賻、贈之人名與其物於板，每板若九行，若七行，若五行。」禮記曲禮下：「書方、衰、凶器，不以告，不入公門。」孔疏：「書，謂條録送死者物件數目多少，如今死人移書也。……方，板也。百字以上用方板書之，故云書方也。」折，謂折壞。周禮秋官蜡氏：「若有死於道路者，則令埋而置楬焉。」鄭玄注引鄭司農曰：「楬，欲令其識取之，今時楬櫫是也。」謂置木以爲標識。此云家楬，疑指喪禮所設銘及重之類。銘者，書死者姓名於旗上，葬後則埋之。重者，以木爲之，樹於庭中，視爲死者精魂之所憑依，葬後亦埋之。二者皆喪家之標識。二句謂葬禮已畢，所用器物皆已不存。

〔一九〕幽石：此指碑石。鬼神尚幽暗，故稱幽。鮑照蕪城賦：「埋魂幽石。」劉勰文心雕龍銘箴：「銘發幽石。」

【備考】

鄭樵通志卷七十三金石略：散騎常侍周處碑　陸機文，王右軍書，後人重立，常州。

佚名寶刻類編卷一：散騎常侍周處碑　陸機文，重立，常。

史能之（咸淳）重修毗陵志第三十：周將軍廟，在縣南東巷，前臨荆溪，即晋平西將軍周處之廟。有唐模晋碑，云「内史陸機撰，右將軍王羲之書」。字畫卑陋，文詞鄙俚，兼以其時考之，多所謬訛。按晋書，處於元康七年與齊萬年戰殁，今乃云九年以疾卒；陸機於大安元年爲成都王穎所害，今乃云太興二年歸葬，是機死已十七年，不知爲此碑者果何人耶？處既死於節義，當時名士如潘岳、閻績（案：應作纘）輩皆作詩吊悼。機與處俱是吴人，又有雅故，豈應無紀述？恐歲久淪亡，後人因附會爲此耳。

王世貞弇州四部稿卷一百三十四：周孝侯墓碑　宜興周孝侯墓有古碑一通，云「晉平原内史陸機撰，右軍將軍王羲之書」。跋尾云「唐元和六年歲次辛卯十一月十五日承奉郎守義興縣令陳從諫重樹」。此碑後又有一條：「前試太常寺協律郎黄某書」。名與「書」俱糢糊，而「書」字微可推。當是後人因「陸機撰」下有空石，妄增「右軍將軍王羲之書」，以重其價耳。文内初載處事，大約與傳同，至於「弦絶矢盡，左右勸退，處按劍怒曰：『此是吾效節授命之日，何以退爲！我爲大臣，以身殉國，不亦可乎』」下，忽接「韓信背水」文，差不成句。又云「莫不梯山架壑，襁負來歸」云云。「元康九年因疾增加，奄捐館舍，春秋六十有二，天子以大臣之葬，師傅之禮，親臨殯壤。建武元年冬十一月甲子追贈曰孝侯，禮也，賜錢百萬，葬地十頃，京城地五十畝爲第，又賜王家田五頃，詔曰：『處母年老，加以遠人，朕每愍念。』」「其二年月日葬於義興舊原。」按處以永平七年（案：應作元康七年，永平元年三月即改元元康。王氏誤讀晉書惠帝紀）戰殁，贈平西將軍，賜錢、葬地及給處母醫藥酒米，俱如碑。蓋又十五年而元帝稱制，追封孝侯，建武其年號也。時陸平原殁已久矣，豈於樹碑之際而爲處後者竄入謚孝侯一句耶？然不應以永平之詔移入建武後。至所謂「梯山架壑」、「奄捐館舍」、「天子以師傅之尊」等語，又似平原他文錯簡。然考之吴及晉初俱無元康年號（案：此亦誤讀惠紀），不可曉也。書結構雖小疏，筆亦過强，而中間絶有姿骨，督策之際，大得鍾、王意，在李北海、張從申間，又不可以其僞而易之也。

趙崡石墨鐫華卷一：晉將軍周孝侯碑　宜興周處碑，元美考據極詳……余則謂碑中有唐元和重樹等語，實出黄某所書，其人習右軍者。後人見似右軍，遂加羲之字。陸平原文不及謚孝侯事，重書刻時或以意增之耳。而「以身殉國」以下「元康九年」等語錯簡，則不可曉。豈陳從諫刻後又有刻者亂之耶？然不應謬妄至此。今但以其書有右軍遺意，姑存之以待博識者。

梅鼎祚西晉文紀卷十五：鼎按：元康七年，周處戰死。陸機于太安二年見殺，明年永興元年正月改永安，七月又改建武。今處碑乃云建武元年追贈，太興二年葬。則贈時機亡年餘矣，而太興爲東晉元帝年號，相距猶遠。其文當非機作也。碑集王羲之字，見在宜興。（案：晉年號有兩建武，一爲惠帝時，一爲元帝時。晉書周處傳云：「及元帝爲晉王，將加處策謚。太常賀循議曰：『……按謚法：執德不回曰孝。』遂以謚焉。」是此碑文所謂建武，元帝時也。梅氏誤解。）

張燮七十二家集陸平原集卷八：此碑據舊集抄之。中多訛謬，文理不接。且孝侯既戰没，而云「舊疾增加，奄捐館舍」，尤可笑也。考常州志，此碑尚藏于廟，而所載亦是如此。當是古碑殘滅，後人取斷簡以意補湊之，用勒于石，遂沿以爲真耳。尚須博考。

顧炎武金石文字記卷四：晉周孝侯碑　今在宜興縣。首曰「晉故散騎常侍新平廣漢二郡太守、尋除楚内史、御史中丞、使持節大都督塗中京下諸軍事、平西將軍孝侯周府君之碑，晉平原内史陸機撰，右軍將軍王羲之書」。其末曰「唐元和六年歲次辛卯十一月十五日承奉郎守義興縣令陳從諫重樹，前試太常寺協律郎黄（以下缺）」。張燮編次陸士衡文集，收入此篇，謂其中多訛謬，文理不接，且孝侯戰没而云「舊疾增加，奄捐館舍」，明是不讀史者僞作。按此碑本唐人之書，故「業」字晋諱而直書不避，其於唐諱則「世」字二見，皆作「廿」，「虎」字二見，一作「虏」，一改作「獸」，「基」作「朞」，「豫」作「預」。而「塗中」亦當作「涂中」。三國志吴主傳「作棠邑涂塘以淹北道」，晋書宣帝紀「王淩詐言吴人塞涂水」，武帝紀「琅邪王佃（案：應作伷）出涂中」，海西公紀「桓温自山陽及會稽王昱會于涂中」，孝武紀遣征虜將軍謝石帥舟師屯涂中，（案：此見晋書謝玄傳、苻堅載記。）安帝紀譙王「尚之衆潰，逃于涂中」，（案：此見晋書宗室譙剛王遜傳）字竝作「涂」，唐人加阝爲「滁」，即今之滁州，而碑作「塗」，非也。（原注：文選梁任昉奏彈曹景宗「東關無一戰之勞，涂中罕千金之費」，李善本作「塗中」。）士衡、逸少既不同時，而晋以前碑亦未有署某人書者；其文對偶平仄，全是唐人。可定其爲僞作也。書梁王肜作「彤」，尤誤。

趙紹祖古墨齋金石跋卷二：晋孝侯周處碑　碑文託之内史，書託之右軍。其最謬者，孝侯以永平七年戰没，而碑云「元康九年舊疾增加，爰捐館舍」。陸士衡以大安二年爲司馬穎所害，而文中有建武元年、大興二年之文。顧亭林、朱竹垞辨之詳矣。第竹垞因唐元和六年陳從諫重樹此碑，疑文字皆此君僞託，而亭林謂不讀史者之所僞爲，不知碑後數行明載書碑（原注：前試太常寺協律郎黄某書）、構造（原注：勾當造廟廿一代孫故湖州司士息璵，副元惜，宗録同晁，宗典士琳、惟良與諸宗子同共構造）、篆額（平原華明素篆額）之人，二先生偶未之見耳。第碑既自書其名矣，而前又何以託之内史、右軍？且文中有「來吴事余厥弟」之言，與史處師事陸雲相合，則真若出於士衡之口者。竊意士衡本有是碑，至從諫重樹時已漫漶殘闕，而周氏子孫無識，零星補綴，不無增添，而未敢没其舊名，故載之於前，而又列名於後如此。不然，其文頗依史事纂輯，亦非目不知書者比，而何以謬妄乃爾也？今按此碑顛倒錯亂非一。如叙孝侯在吳時事，而曰「朝廷謐寧」，不應空白而空白。「忠烈果毅」一段，不應在譖言之下。「梯山架壑」一段，不應在接戰之下。「處母年老」一段，不應在建武追贈之下。知其以失次之文而妄爲聯屬、任意增加爾，若有心僞作，則必不至是矣。正書亦遒健可喜。而另有一碑易作行書，略仿聖教，其間書字稍有異同，因論此碑而附記之。

姜亮夫陸平原年譜：機集有晋平西將軍孝侯周處碑。機、雲兄弟與處至厚，又吳時舊人，則死而爲之碑，宜也。文中叙事皆與晋書合，且多有晋書所不載者，非後人所得僞。然孝侯之謚在元帝建武元年，去機之死已十四年；其葬在太興二年，去機之死已十六年，則此文恐爲後人僞託。故嚴可均全晋文機集不録此篇，不爲無見。然六朝以來碑文，本有後人就死時原作追補事迹之例，作者主名，仍本舊題。則此文主要部份，固不妨仍爲機筆。至題名則編輯機文者所加，不足爲考據是非真僞之辨也。然文中誤訛庸俗之句，亦時雜見。如稱齊萬年爲吳人；「事余厥弟」之語不辭；「射獸」、「刺蛟」應置「騎獵」之後，于文爲不次；處以力戰而死，而此文言「奄捐館舍」等，皆是。則文爲後人删削者多矣。

曹道衡陸機集志疑：關於晋平西將軍孝侯周處碑一文，從前的學者已多考定爲僞。……我覺得要判斷此文真僞，應該首先從文章内容著眼。在這方面，前人也曾注意及之。如金校本所引顧炎武、趙紹祖説都提到了『舊疾增加，奄捐館舍』兩句，認爲與史實不合。其實僅憑碑文中諱言戰死，未必就足以證明爲僞作。因爲這樣的例子在古人文章中是有過的。如庾信爲周齊王宇文憲作碑，諱言宇文憲爲宣帝宇文贇所殺而託爲病死，而此文不僞。陸機是晋人，諱言梁王司馬肜不救周處事，似乎也説得通。我看此文之不足信，主要還不在它和晋書不合處，而在于它和晋書相同之處。因爲晋書周處傳多采小説，有些地方本身不足徵信，而碑文偏偏與之相符。……從這個情節（案：指周處以陸雲爲師）看來，碑文顯然是後人摭拾晋書及其他史料而作，其中當然也可能包含某些業已散佚的書籍中的材料。但文章決非陸機作則可以斷定。……此文主要部分，決非陸機手筆，但僞託者可能見到了一些我們今天已見不到的史料（如説周處活了六十二歲，似較近情理），其中有没有采自陸機的文章或著作的，已不可知。……何況此文的僞作者當是唐代人，對唐代人來説，能引用一些我們今天已見不到的晋史材料，恐怕不算難事。但誰敢保證這些史料出於陸機之手，并斷言陸機真的爲周處寫過碑文呢？

作品輯佚卷第一

賦

祖德賦

走雄孫於長浪〔一〕。北堂書鈔卷一百十九

咨時文之懿祖，膺降神之靈曜〔二〕。棲九德以弘道，振風烈以增劭〔三〕。彼劉公之矯矯，固雲網之逸禽〔四〕。既憑形以傲物，諒傅翼而棲林〔五〕。伊我公之秀武，思無幽而弗昶〔六〕。形鮮烈於懷霜，澤温惠乎挾纊〔七〕。收希世之洪捷，固山谷而爲量〔八〕。西夏坦其無塵，帝命赫而大壯〔九〕。登具瞻於太階，濯長纓乎天漢〔一〇〕。解戎衣以高揖，正端冕而大觀〔一一〕。戢靈武于既曜，恢時文於未焕〔一二〕。騰絶風以逸騖，庶

遐蹤于公旦〔三〕。藝文類聚卷二十

【校】

走雄孫句：北堂書鈔卷一百十九引此句，下接「收希世之洪捷」四句，凡五句。

收希世：「收」，原作「牧」，據北堂書鈔卷一百十九改。

固山谷：「固」，北堂書鈔卷一百十九作「因」。

【箋注】

〔一〕走雄句：未詳。

〔二〕咨時二句：時文，時，此；文，謂文德。參本集卷五皇太子宴玄圃宣猷堂有令賦詩「時文惟晋」注。懿，美也，參本集卷六豫章行「懿親將遠尋」注。懿祖，指陸遜。詩大雅崧高：「維岳降神，生甫及申。」毛傳：「降神靈和氣以生申甫之大功。」文選蔡邕陳太丘碑文：「苞靈曜之純。」李善注：「靈曜，謂天也。尚書緯有考靈耀。」

〔三〕棲九二句：棲，文選嵇康養生論「愛憎不棲於情」李周翰注：「居也。」尚書皋陶謨：「皋陶曰：『都！亦行有九德。……寬而栗，柔而立，愿而恭，亂而敬，擾而毅，直而温，簡而廉，剛而塞，强而義。』」論語衛靈公：「子曰：『人能弘道，非道弘人。』」風烈，謂聲聞美好。參本集卷十晋平西將軍孝侯周處碑「世存風烈」注。劭，小爾雅廣詁：「美也。」

〔四〕彼劉二句：劉公，指劉備。矯矯，文選夏侯湛東方朔畫贊「矯矯先生」李善注：「輕舉之貌也。」嵇康兄秀才公穆入軍贈詩：「雲網塞四區。」崔駰達旨：「故英人乘斯時也，猶逸禽之赴深林。」二句謂劉備英舉，非可籠絡羈絆者。

〔五〕既憑二句：形，謂容色體貌。三國志蜀書先主傳云劉備異乎常人，「身長七尺五寸，垂手下膝，顧自見其耳」。憑形傲物，或指此而言。傅，漢書董仲舒傳「傅其翼者兩其足」顔師古注：「傅，讀曰附。附，箸（著）也。」韓非子難勢：「故周書曰：『毋爲虎傅翼，將飛入邑，擇人而食之。』」揚雄羽獵賦：「神爵棲其林。」案：此云棲林，謂劉備據有蜀地也。

〔六〕䄡：慧琳一切經音義卷九十「王䄡」注引韻英：「明也。」

〔七〕形鮮二句：鮮，淮南子俶真「華藻鎛鮮」高誘注：「明好也。」烈，國語晋語「君有烈名」韋昭注：「明也。」孔融薦禰衡表：「志懷霜雪。」曹植七啓：「繁飾參差，微鮮若霜。」左傳昭公二十七年：「平王之温惠共儉，有過成莊。」宣公十二年：「師人多寒，王巡三軍，拊而勉之，三軍之士皆如挾纊。」杜預注：「纊，綿也。」

〔八〕收希二句：希世，世所稀有。王延壽魯靈光殿賦：「邈希世而特出。」曹丕與鍾大理書：「得睹希世之寶。」史記貨殖傳：「烏氏倮畜牧……畜至用谷量馬牛。」案：此言陸遜大破蜀軍斬獲之多也。三國志吳書陸遜傳：「破其四十餘營。……督促諸軍四面蹙之，土崩瓦解，死者萬數。……其舟船器械水步軍資，一時略盡，尸骸漂流塞江而下。」

〔九〕西夏二句：西夏，此指吴之西境。文選陸雲大將軍宴會被命作詩「函夏無塵」李善注引東觀漢紀：「祭彤爲遼東太守，胡夷皆來内附，野無風塵。」帝命，謂上帝之命，天命。詩大雅文王：「有周不顯？帝命不時？」赫，大雅生民「以赫厥靈」毛傳：「顯也。」周易大壯彖：「大者正也，正大而天地之情可見矣。」帝命句，謂吴受天命而稱帝。

〔一〇〕登具二句：詩小雅節南山：「赫赫師尹，民具爾瞻。」毛傳：「具，俱；瞻，視。」鄭箋：「此言尹氏女居三公之位，天下之民俱視女之所爲。」太階，星名。漢書東方朔傳「願陳泰階六符」顏師古注引孟康曰：「泰階，三台也。每台二星，凡六星。」又引應劭曰：「黄帝泰階六符經曰：泰階者，天之三階也。上階爲天子，中階爲諸侯公卿大夫，下階爲士庶人。上階上星爲男主，下星爲女主；中階上星爲諸侯三公，下星爲卿大夫；下階上星爲元士，下星爲庶人。三階平則陰陽和，風雨時，社稷神祇咸獲其宜，天下大安，是爲太平。」案：此云登于太階，指陸遜赤烏七年入爲丞相。文選王儉褚淵碑文「公之登太階而尹天下」李善注引孔融張儉碑：「惜乎不登太階以尹天下。」長纓，指冠系，參本集卷五吴王郎中時從梁陳作「長纓麗且鮮」注。孟子離婁上：「有孺子歌曰：『滄浪之水清兮，可以濯我纓。滄浪之水濁兮，可以濯我足。』孔子曰：『小子聽之，清斯濯纓，濁斯濯足矣，自取之也。』」然有以濯纓稱入朝仕宦者。曹植釋愁文：「濯纓彈冠，諮諏榮貴。」晉書王導傳導薨，成帝册曰：「棲遲務外，則名雋中夏；應期濯纓，則潛算獨運。」王儉褚淵碑文：「濯纓登朝。」此亦指陸遜入朝而言。天漢，天河，見本集卷六擬明月皎夜光「天漢東南傾」注。

〔一〕解戎二句：禮記中庸：「壹戎衣而有天下。」端冕，謂冕服，古之禮服。其袖寬大，正直端方，故云端冕。禮記學記「所以尊師也」鄭玄注：「王齊三日，端冕。」孔疏：「其衣正幅……故云端冕。」周禮春官司服「其齊服有玄端、素端」鄭玄注：「端者，取其正也。」周易觀彖：「大觀在上。順而巽，中正以觀天下。……下觀而化也。」孔疏：「觀者，王者道德之美而可觀也，故謂之觀。……謂大爲在下所觀，唯在於上。由在上既貴，故在下大觀。……順而和巽，居中得正，以觀於天下，謂之觀也。……聖人……以『觀』設教而天下服矣。……本身自行善，垂化於人，不假言語教戒，不須威刑恐逼，在下自然觀化服從。」

〔二〕戢靈二句：戢，小爾雅廣言：「斂也。」左傳哀公二十三年：「非敢耀武也。」恢，説文心部：「大也。」焕，論語泰伯「焕乎其有文章」何晏集解：「明也。」二句言偃武修文。

〔三〕騰絶二句：騰，説文馬部：「傳也。」謂使者乘傳騎驛。引申爲傳遞意。揚雄劇秦美新：「胤殷周之失業，紹唐虞之絶風。」庶，周易繫辭下「顔氏之子其殆庶幾乎」李鼎祚集解引侯果曰：「冀也。」陳琳神武賦：「追大晉之遐踪。」公旦，周公旦。

述先賦

仰先后之顯烈，懿暉祚之允輯〔一〕。應遠期於已曠，昭前光於末戢〔二〕。抱朗節以遐慕，振奇迹而峻立。在虐臣之貪禍，據西山而作違〔三〕。招長轂於河畔，飲冀馬乎江湄〔四〕。頓雲網而潛泳，揮神戈而外臨〔五〕。敵罔隆而弗夷，逆無微而不禽〔六〕。茂德韡其既休，元勛曄而荐舉〔七〕。襲衮服於太階，配三台乎其所〔八〕。是故其生也榮，雖萬物咸被其仁；其亡也哀，雖天網猶失其綱〔九〕。嬰國命以逝止，亮身没而吴亡〔一〇〕。藝文類聚卷二十

【校】

荐舉：「荐」，漢魏六朝百三家集作「洊」，「荐」、「洊」通。

【箋注】

〔一〕仰先二句：后，爾雅釋詁：「君也。」先后，先君，謂祖先。尚書盤庚：「古我先后既勞乃祖乃父。」張衡思玄賦：「仰先哲之玄訓兮。」祚，國語周語「永錫祚胤」韋昭注：「福也。」允，爾雅釋詁：「信也。」輯，爾雅釋詁：「和也。」

〔二〕應遠二句：應，説文心部：「當也。」段玉裁注：「引伸爲凡相對之稱。」期，説文月部：「會也。」遠期，此謂遠祖有德，後世必有昌大者，其間若有期會。前光，指陸遜言。戢，斂藏，止。二句意謂陸抗遠承先祖之德業，發揚陸遜之光烈。

〔三〕在虐二句：虐臣，指吴西陵督步闡。後漢書史弼傳裴瑜曰：「明府摧折虐臣。」西山，西陵

多山，在吴之西境，故曰西山。作違，謂叛吴降晋。

〔四〕招長二句：左傳昭公五年：「長轂九百。」杜預注：「長轂，戎車也。」昭公四年：「冀之北土，馬之所生。」二句謂步闡叛，晋軍救之。時晋車騎將軍羊祜率師向江陵，荆州刺史楊肇至西陵，巴東監軍徐胤率水軍詣建平。

〔五〕頓雲二句：頓，整。參本集卷六吴趨行「矯手頓世羅」注。雲網，猶天網，以捕鳥者。頓雲網句，謂理捕鳥之具而潛泳水中，似喻兵不厭詐，聲東擊西。陸抗攻滅步闡之役，頗有料敵智取之事，見三國志吴書本傳。曹植魏德論：「神戈退指則妖氛順制。」外臨，謂監臨晋軍。三國志吴書陸抗傳：「鳳皇元年，西陵督步闡據城以叛，遣使降晋。抗聞之，日部分諸軍，令將軍左奕、吾彦、蔡貢等徑赴西陵，敕軍營更築嚴圍，自赤溪至故市，内以圍闡，外以禦寇，晝夜催切，如敵以至，衆甚苦之。諸將咸諫曰：『今及三軍之鋭，亟以攻闡，比晋救至，闡必可拔。何事於圍，而以弊士民之力乎？』抗曰：『此城處勢既固，糧穀又足，且所繕修備禦之具，皆抗所宿規，今反身攻之，既非可卒克，且北救必至，至而無備，表裏受難，何以禦之？』諸將咸欲攻闡，抗每不許。宜都太守雷譚言至懇切，抗欲服衆，聽令一攻。攻果無利，圍備始合。」是其外臨之實例。

〔六〕敵罔二句：敵謂晋軍，逆謂步闡。時晋軍三路，水陸并進以援闡，陸抗部署得當，大破荆州刺史楊肇，晋軍皆退還。抗遂攻陷西陵，誅夷闡族及其大將吏，自此以下，所請赦者數萬口。

〔七〕茂德二句：韡，廣雅釋詁：「盛也。」休，爾雅釋詁：「美也。」漢書叙傳述諸侯王表第二：「太祖元勛。」曄，説文日部：「光也。」荐，爾雅釋言：「再也。」荐舉，謂鳳凰元年陸抗平亂之後，加拜都護，二年拜大司馬、荆州牧。

〔八〕襲衮二句：襲，文選司馬相如上林賦「襲朝服」郭璞注引司馬彪：「服也。」衮服，上公之禮服。參本集卷五荅賈謐「衮服委蛇」注。抗拜大司馬，爲公。太階、三台，見祖德賦「登具瞻于太階」注。

〔九〕雖天句：老子七十三章：「天網恢恢。」漢書李尋傳：「偏黨失綱，則踊溢爲敗。」此謂吴之政治紊亂不振。

〔一〇〕嬰國二句：嬰，繞，參本集卷五赴洛道中「世網嬰我身」注。荀子强國：「故人之命在天，國之命在禮。」二句謂陸抗之身與國命緊密相連，身没而吴亦亡。抗卒於孫晧鳳凰三年（二七四）秋，至天紀四年（二八〇）春，吴爲晋所滅。案：晋書何充傳充曰：「荆楚國之西門……得賢則中原可定，勢弱則社稷同憂，所謂陸抗存則吴存，抗亡則吴亡者。」可知陸機此處所云非虚，當日實獲得相當之認可。參朱曉海陸機心靈的困境。

感時賦

結濃霜於露室，凝行雨於雲根〔一〕。北堂書鈔卷一百五十二

【校】

題：原作感應賦，據淵鑑類函卷十、嚴可均全晉文卷九十六改。

【箋注】

〔一〕凝行雨句：宋玉高唐賦：「旦爲朝雲，暮爲行雨。」雲根，指雲。藝文類聚卷一引尚書大傳：「五岳皆觸石而出雲，膚寸而合，不崇朝而雨。」禮記孔子閑居鄭玄注：「天將降時雨，山川爲之先出雲矣。」雲從地出，復垂於地，似有根。張協雜詩：「雲根臨八極，雨足灑四溟。」

思親賦

時若川流，逝之遠矣。韻補卷三短字注

【校】

時若川流：宋刻韻補云：「陸機思親賦：詩若川流，逝之遠矣。天步悠長，人道短矣。」「詩」當爲「時」之誤，據文淵閣四庫全書本韻補改。藝文類聚卷二十引思親賦（本集卷一）末云：「天步悠長，人道短矣。異途同歸，無早晚矣。」無「時若川流」二句，類書多節引也。

遂志賦

扶興王以成命，延衰期乎天禄〔一〕。文選卷二十一謝瞻張子房詩李善注

【箋注】

〔一〕扶興二句：國語晉語：「興王賞諫臣。」陸雲嘲褚常侍文：「古之興王，惟賢是與。」詩周頌昊天有成命：「昊天有成命，二后受之。」鄭箋：「言周自后稷之生而已有王命也。」論語堯曰：「天禄永終。」

行思賦

乘丁水之捷岸，排泗川之積沙〔一〕。水經注卷二十五泗水

行魏陽之枉渚〔二〕。水經注卷二十五泗水

【箋注】

〔一〕乘丁水二句：水經泗水「又東南過吕縣南」注：「泗水又東南流，丁溪水注之。溪水上承泗水于吕縣，東南流，北帶廣隰山高而注于泗川。泗水冬春淺澀，常排沙通道，是以行者多從

此溪。即陸機行思賦所云『乘丁水之捷岸，排泗川之積沙』者也。」案：丁水，即丁溪水。泗川，即泗水。楊守敬疏：「丁溪水蓋以溪水如丁字也。」又云：「『山高』二字當倒互，然終恐有誤。」觀注文，丁溪水蓋自泗水分出，復流歸泗水，故當泗水淤塞不暢時，行者乃取道丁溪水。泗水流經彭城（今江蘇徐州）時，與汴水合流，復東南經呂縣、下邳、下相，至淮陰（今江蘇清江西南）對岸入淮，爲魏晉時自中原南下至長江下流之要道。

〔二〕行魏陽句：水經泗水「又東南入於淮」注：「泗水又東南徑魏陽城北，城枕泗川。陸機行思賦曰：『行魏陽之枉渚。』故無魏陽，疑即泗陽縣故城也，王莽之所謂淮平亭矣。蓋魏文帝幸廣陵所由，或因變之，未詳也。」案：泗陽縣，漢縣，屬泗水國，東漢時廢，熊會貞疏云在清之桃源縣東南，即今江蘇泗陽東南。

思歸賦

余牽役京室，去家四載。以元康六年冬取急歸。而羌虜作亂，王師外征。機興憤而成篇。太平御覽卷六百三十四引陸機思歸賦序

棹河洲之輕艇。北堂書鈔卷一百三十八

絶音塵於江介，託影響乎洛湄〔一〕。文選卷十三謝莊月賦李善注

練王卒以奔命兮，靡旌旆其如雲〔二〕。苟殊時而弗弭兮〔三〕，雖懷歸其何緣？韻補卷一緣字注

【校】

余牽役條：此序又見藝文類聚卷二十七，文字有異。「去家四載」「羌虜作亂」八字爲類聚所無，「王師外征」句下，類聚作「職典中兵，與聞軍政，懼兵革未息，宿願有違。懷歸之思，憤而成篇」二十五字。

河洲：「洲」，太平御覽卷七百七十一作「淵」。案：謝朓酬德賦有「棹河舟之輕艇」句，當是襲用陸賦，疑「洲」當作「舟」，音訛爲「洲」。

【箋注】

〔一〕絶音二句：江介，見本集卷二懷土賦「留兹情於江介」注。丁廙蔡伯喈女賦：「詠芳草於萬里，想音塵之仿佛。」影響，猶形聲，陸機自謂。

〔二〕練王二句：練，漢書禮樂志「練時日」顔師古注：「選也。」左傳宣公十二年：「御靡旌摩壘而還。」杜預注：「靡旌，驅疾也。」蓋疾驅則轅稍偏，旌旗傾側似偃，故曰靡旌。靡，傾也。參劉文淇春秋左氏傳舊注疏證引沈欽韓説。二句謂徵發大軍西討氐羌。參本集卷二思歸賦注。

〔三〕時：説文日部：「四時也。」

愍思賦

悲夫天地之驟邁，運二儀以相斡〔一〕。遺朱光于濬谷，靡傾蓋於歧阪〔二〕。時方至其倏忽，歲既去而晼晚〔三〕。匡謬正俗卷七訣字注 望崇丘以高訴，背玄門而長訣〔四〕。物無往而不返，哀矧來其焉綴〔五〕。韻補卷四煞字注 彼日短其如何，悼存没之異契〔六〕。禮自有以至無，服罔隆而不煞〔七〕。韻補卷四

【箋注】

〔一〕運二儀句：周易繫辭上：「是故易有太極，是生兩儀，兩儀生四象。」李鼎祚集解引虞翻：「太極，太一。分爲天地，故生兩儀也。……兩儀，謂乾坤也。」斡，説文斗部：「蠡柄也。」段玉裁注：「引申之，凡執柄樞轉運皆謂之斡。」

〔二〕遺朱二句：朱光，謂日光。廣雅釋天：「朱明，日也。」文選張載七哀：「朱光馳北陸。」李善注：「朱光，日也。楚辭曰：『陽杲杲其朱光。』」（案：今本楚辭遠游作「未光」）濬谷，深谷。

淮南子天文：「（日）至于悲谷，是謂餔時。」高誘注：「悲谷，西南方之大壑。言其深峻，臨其上令人悲思，故曰悲谷。」靡，漢書杜欽傳「天下莫不望風而靡」顔師古注：「猶弭。」弭，止息。傾蓋，車蓋傾欹，謂駐車，參本集卷六長安有狹邪行「傾蓋承芳訊」注。初學記卷一引淮南子：「頓于連石，是謂下舂；爰止羲和，爰息六螭，是謂懸車。」高誘注：「連石，西北山名。」歧阪，蓋指連石而言。

〔三〕晼晚：日落貌，參本集卷一感時賦「日晼晚而易落」注。

〔四〕望崇二句：崇丘，指墳墓。玄門，指墓門。參本集卷三大暮賦「扃幽户以大畢，訴玄闕而長辭」注。

〔五〕物無二句：周易泰九三：「无往不復。」矧，經義述聞通説下「語詞誤解以實義」條：「亦也。」綴，詩商頌長發「爲下國綴旒」鄭箋：「猶結也。」二句謂事物皆往而有復，哀傷之來亦何能結而不解。案：禮記喪服四制：「始死，三日不怠，三月不解，期悲哀，三年憂，恩之殺也。聖人因殺以制節。此喪之所以三年，賢者不得過，不肖者不得不及。此喪之中庸也，王者之所常行也。」儒家固主張悲哀之有節也。

〔六〕存没之異契：猶言死生異路。

〔七〕服罔句：服，謂喪服制度。煞，即殺。廣雅釋詁：「殺，減也。」揚雄長楊賦：「意者以爲事罔隆而不殺。」

應嘉賦

悲來日之苦短〔一〕，恨頹年之方促。文選范曄樂游應詔詩李善注

【校】

方促：「促」，文選沈約宿東園李善注引作「侵」。

【箋注】

〔一〕悲來句：見本集卷六短歌行「來日苦短」注。

懷舊居賦〔一〕

望東城之紆徐〔二〕，邈吾廬之延佇。張敦頤六朝事迹編類卷下宅舍門第七

【校】

望東城句：文選王巾頭陀寺碑「西眺城邑，百雉紆餘」李善注引此句，云是鍾會懷土賦，「徐」作「餘」。

紆徐：「徐」，許嵩建康實録卷一、周應合景定建康志卷二十城闕志古城郭、卷四十二風土志第宅

引均作「餘」。

【箋注】

〔一〕懷舊居賦：在洛陽懷建業舊居作。李白題金陵王處士水亭：「北堂見明月，更憶陸平原。」題注曰：「此亭蓋齊朝南苑，又是陸機故宅。」許嵩建康實録卷一：「案，周書元王四年，即越王勾踐四年，當春秋之末，越既滅吴，盡有江南之地。（原注：越王築城江上鎮，今淮水一里半廢越城是也。案，越范蠡所築城，東南角近故城望國門橋，西北即吴牙門將軍陸機宅。故機入晉作懷舊賦曰「望東城之紆餘」，即此城。在三井岡東南一里，今瓦官寺閣在岡東偏也。）」周應合景定建康志卷二十二城闕志亭軒：「水亭有二：一在臺城寺，即今法寶寺。一在齊南苑中，是陸機故宅，乃王處士水亭也，今鳳臺山南傍秦淮是其處。」又卷四十二風土志第宅：「陸機宅在秦淮側。又金陵故事：臨秦淮有二陸讀書堂，其迹猶在。」

〔二〕紆徐：屈曲貌。司馬相如子虛賦：「紆徐委曲。」

別賦

伊公子之可懷，悲永別之局期〔一〕。悼同居之無樂，曾不逾乎一朞〔二〕。經春秋之寒暑，常戚戚而不怡。登九層而修觀〔三〕，超臨遠以相思。藝文類聚卷三十

【箋注】

〔一〕伊公二句：詩豳風東山：「伊可懷也。」局，説文口部：「促也。」局期，期限迫促。

〔二〕朞：一年。尚書堯典：「朞三百有六旬有六日。」僞孔傳：「匝四時曰朞。」孔疏：「朞即匝也。故王肅云『朞，四時』是也。」

〔三〕修：楚辭離騷「又重之以修能」王逸注：「遠也。」

列仙賦

騰烟霧之霏霏。文選卷五十五劉孝標廣絶交論李善注

即絳闕于朝霞〔一〕。太平御覽卷八

【箋注】

〔一〕即絳闕句：絳闕，謂天帝居處。傅玄雲中白子高行：「閶闔闢，見紫微絳闕。」楚辭遠游：「漱正陽而含朝霞。」王逸注：「陵陽子明經言春食朝霞。朝霞者，日始欲出赤黄氣也。」

陵霄賦

因扶桑而東顧兮，大傾光之可駭〔一〕。惑渾輿之茫茫兮，心濛楙而無緒〔二〕。韻補

卷三駭字注

【箋注】

〔一〕因扶二句：淮南子天文：「日出于暘谷，浴于咸池，拂于扶桑，是謂晨明；登于扶桑，爰始將行，是謂朏明。」山海經海外東經：「湯谷上有扶桑，十日所浴。……居水中，有大木，九日居下枝，一日居上枝。」文選張衡思玄賦「夕余宿乎扶桑」李善注引十洲記：「扶桑，葉似桑樹，長數千丈，大二千圍，兩兩同根生，更相依倚，是以名之扶桑。」傾，説文人部：「仄也。」謂側而不正。傾光，指初日側在一方。木華海賦：「翔陽逸駭於扶桑之津。」

〔二〕惑渾二句：渾輿，猶天地。渾，指天。漢書揚雄傳「而大潭思渾天」顔師古注：「渾天，天象也。」後漢書張衡傳：「作渾天儀。」李賢注：「漢名臣奏曰，蔡邕曰：『言天體者有三家：一曰周髀，二曰宣夜，三曰渾天。』……靈憲序曰：『昔在先王，將步天路，用定靈軌，尋緒本元，先準之于渾體，是爲正儀。』」輿，史記三王世家「御史奏輿地圖」司馬貞索隱：「謂地爲輿者，天地有覆載之德，故謂天爲蓋，謂地爲輿。」三國志魏書王粲等傳：「景初中，下邳桓威出自孤微，年十八而著渾輿經，依道以見意。」濛敝，即蒙蔽，無知無識貌。

大暮賦

觀細木而悶遲〔一〕，睹洪櫝而念槥〔二〕。三國志魏書文帝紀裴松之注

撫崇塗而難親，停危軌之將游〔三〕。雖萬乘與洪聖，赴此塗而俱稅〔四〕。北堂書鈔卷九十二

撫崇塗而難停，視危軌而將逝。年彌去而漸遒，知兹辟之無貫〔五〕。競貞暉以鼓缶，愍他人而自勵〔六〕。匡謬正俗卷七

播芳塵之馥馥〔七〕。文選卷三十謝朓和王著作八公山詩李善注

諒歲月之揮霍〔八〕，豈人生之可量。初學記卷十四

松柏兮鬱鬱，飛鳥兮翩翩。韻補卷一翩字注

【校】

觀細木二句：三國志魏書文帝紀裴注引作大墓賦。太平御覽卷五百五十一只引「睹洪」一句，「櫝」作「櫝」，「念」作「爲」，題爲大墓賦。

撫崇塗而難親四句：孔廣陶刊本北堂書鈔引此四句，下接「于是六親雲赴」云云，題爲大墓賦。陳禹謨校本作「嗟長年之靡執，忽奄逝而難留。雖萬乘與聖哲，赴此塗而俱休」，題爲冢墓賦。

諒歲月二句：初學記引此二句，下接「知自壯而得老」云云，題爲大墓賦。

松柏二句：韻補引此，上接「庭樹兮華落，暮草兮根陳」二句。

【箋注】

〔一〕觀細句：未詳。悶遲，當是憂思之意。

〔二〕睹洪句：檟，當從太平御覽作櫝。櫝，木名。左傳襄公四年：「季孫爲己樹六櫝於蒲圃東門之外。」杜預注：「季文子樹櫝，欲自爲櫬（棺）。」孔疏：「櫝是爲櫬之木，知季孫樹之欲自爲櫬也。」三國志魏書文帝紀「給槥櫝殯斂」裴松之注引應劭曰：「槥，小棺也。」

〔三〕撫崇二句：撫，類篇手部：「規也。」崇，爾雅釋詁：「高也。」蔡邕釋誨：「方將騁馳乎典籍之崇塗，休息乎仁義之淵藪。」危，莊子盜跖「使子路去其危冠」陸德明釋文引李云：「高也。」軌，代指車。參本集卷七挽歌「悲風徽行軌」注。

〔四〕雖萬二句：萬乘，吕氏春秋不侵「萬乘之主」高誘注：「天子也。」洪聖，大聖。稅，方言卷七：「舍車也。」謂解駕、止息。

〔五〕年彌二句：彌，漢書揚雄傳「豈或帝王之彌文哉」顔師古注：「猶稍稍也。」遒，説文辵部：「迫也。」辟，爾雅釋詁：「法也。」貰，漢書車千秋傳「乃貰之」顔師古注：「寛縱也。」

〔六〕競貞二句：競，小爾雅廣言：「逐也。」貞暉，當指日月之暉。周易離九三：「不鼓缶而歌，則大耋之嗟，凶。」王弼注：「明在將終，若不委之於人，養志無爲，則至於耋老而有嗟，凶矣。」陸機以此喻年命將盡之時當委順自然鼓缶而歌也。又莊子至樂：「莊子妻死，惠子吊之，莊子則方箕踞鼓盆而歌。」鼓盆即鼓缶。孫楚莊周贊：「妻亡不哭，亦何所懼？慢吊鼓缶，放此誕言。」愍，説文心部：「痛也。」

〔七〕芳塵：人行則塵起，喻其行事聲聞。美之，故曰芳。

〔八〕揮霍：疾貌，見本集卷一文賦「紛紜揮霍」注。

感丘賦

生矜迹于當世〔一〕，死同宅乎一丘。翳形骸以下淪兮，漂營魂而上浮〔二〕。隨陰陽以融冶，託山原以爲疇〔三〕。姸蚩混而爲一，孰云識其所修〔四〕？必眇世以遠覽兮，夫何徇乎區區〔五〕？初學記卷十四

抨神爽以嬰物兮，濟性命而爲仇〔六〕。忘大暮于千祀兮，爭朝榮于須臾〔七〕。韻補卷一仇字注

或趨時以風發兮，或遺榮而婆娑〔八〕。或沖虛以後己兮，或招世而自夸〔九〕。韻補卷二夸字注

或被褐以敦儉兮，或侯服以崇奢〔一〇〕。或延祚於黄耇兮，或喪志於札瘥〔一一〕。韻補卷二奢字注

【校】

融治：韻補卷一疇字注「治」下有「兮」字。

以爲疇：「以」，韻補卷一疇字注作「而」。

爲一：韻補卷一修字注「一」下有「兮」字。

眇世：原作「妙代」，據韻補卷一修字注改。「妙」、「眇」通；唐人避諱，以「代」爲「世」。

區區：原作「區陳」，據韻補卷一修字注改。張溥百三家集本作「區陬」，嚴可均全晉文作「陳區」。

【箋注】

〔一〕矜迹：以其所行自矜。

〔二〕翳形二句：翳，方言卷十三：「掩也。」淪，廣雅釋詁：「没也。」營，魂。見本集卷一文賦「攬營魂以探賾」注。二句即禮記郊特牲「魂氣歸于天，形魄歸于地」之意。

〔三〕隨陰二句：賈誼鵩鳥賦：「陰陽爲炭兮，萬物爲銅。」張華鷦鷯賦：「陰陽陶蒸，萬品一區。」疇，戰國策齊策「夫物各有疇」高誘注：「類也。」二句謂隨陰陽而變化，託體山原，與物等類。

〔四〕妍蚩二句：莊子齊物論：「舉莛與楹，厲與西施，恢恑憰怪，道通爲一。」楚辭東方朔七諫謬諫：「孰云知其所至。」修，慧琳一切經音義卷二十五「熏修」注引玉篇：「治也，飾也。」二句謂美惡同歸，誰知其生前所修治。

〔五〕必眇二句：眇，楚辭九章哀郢「眇不知其所蹠」王逸注：「猶遠也。」徇，史記屈原賈生傳「貪夫徇財兮，烈士徇名」裴駰集解引應劭：「營也。」區區，廣雅釋訓：「小也。」

〔六〕抨神二句：抨，爾雅釋詁：「使也。」爽，小爾雅廣詁：「明也。」傅玄瓜賦：「頤神爽而解煩。」孫楚除婦服詩：「神爽登遐。」嬰物，爲外物所纏繞拘牽。參本集卷六豫章行「遠節嬰物淺」注。濟，通擠。説文手部：「擠，排也。」二句謂役使精神而困於外物，排擠性命似以之爲仇讎。

〔七〕忘大二句：大暮，謂死。祀，史記楚世家「載祀六百」裴駰集解引賈逵：「年也。」一死不返，故曰千祀。東方朔與丞相公孫弘借車馬書：「木槿夕死朝榮。」朱公叔鬱金賦：「瞻百草之青青，羌朝榮而夕零。」

〔八〕或趨二句：荀子富國：「君國長民者欲趨時遂功。」史記貨殖傳：「趨時若猛獸摯鳥之發。」班彪王命論：「趣時如響起。」文選張協詠史詩：「遺榮忽如無。」李善注：「鍾會有遺榮賦。」婆娑，文選班彪北征賦「聊須臾以婆娑」李善注：「容與之貌也。」詩陳風東門之枌：「婆娑其下。」

〔九〕或沖二句：沖，虚。見本集卷三列仙賦「性沖虚以易足」注。禮記坊記：「子云：『君子貴人而賤己，先人而後己。』」招，漢書刑法志「招權而爲亂首」顔師古注引孟康：「求也。」招世，謂招求世榮。莊子徐无鬼：「招世之士興朝。」本集策問秀才紀瞻等：「立名之士，急於招世。」

〔一〇〕或被二句：老子七十章：「是以聖人被褐懷玉。」敦，左傳僖公二十七年「説禮樂而敦詩書」孔疏：「謂厚重之。」言崇尚也。侯，詩鄭風羔裘「洵直且侯」釋文引韓詩：「美也。」

〔一一〕或延二句：祚，國語周語「永錫祚胤」韋昭注：「福也。」漢書翼奉傳：「永世延祚。」詩小雅南山有臺：「遐不黃耇。」毛傳：「黃，黃髮也；耇，老。」孔疏：「釋詁云：『黃髮、耇、老，壽也。』舍人曰：『黃髮，老人髮白復黃也。』孫炎曰：『耇，面凍棃色如浮垢。』」左傳昭公元年：「惑以喪志。」札，周禮春官大司樂「大札」鄭玄注：「疫癘也。」瘥，爾雅釋詁：「病也。」左傳昭公十九年：「寡君之二三臣札瘥夭昏。」杜預注：「大死曰札，小疫曰瘥。」

浮雲賦

若柜鬯揚芒〔一〕，嘉穀垂穎。北堂書鈔卷一百五十

集輕浮之衆采，厠五色之藻氣。貫元虛於太素，薄紫微而竦戾〔二〕。太平御覽卷一

若靈園之列樹，攢寶耀之炳粲〔三〕。太平御覽卷八

龍逸蛟起，熊厲虎戰〔四〕。太平御覽卷八、事類賦注卷二

龜甲錯，鼉龍鱗。太平御覽卷八百八

【校】

若秬鬯二句：見北堂書鈔卷一百五十引，在「朱絲亂」句之上，題作雲賦。

集輕浮四句：前二句又見北堂書鈔卷一百五十，題作雲賦。嚴可均全晉文卷九十六收録陸機浮雲賦，以此四句插入「露彼無外」句下。

若靈園二句：見太平御覽卷八陸機浮雲賦，此二句在「乍似塞門之寥廓」之下、「金柯分」之上。

龍逸二句：見太平御覽卷八、事類賦注卷二引，在「鸞翔鳳翥」句上。

龜甲二句：見太平御覽卷八百八引，在「馬腦縟文」句下，題作靈龜賦。嚴可均全晉文卷九十六收録陸機浮雲賦，此二句作「□龜甲，錯龍鱗」。嚴氏云御覽誤題，是。日僧兼意寶要鈔引修文殿御覽載此文，曰「陸機雲賦」，「龜」上有「靈」字，「鼉」下有「鼉」字。（據劉安志修文殿御覽佚文輯校）

【箋注】

〔一〕秬鬯：左傳僖公二十八年：「秬鬯一卣。」杜預注：「秬，黑黍；鬯，香酒。」案：此言揚芒，明是指秬言，鬯字連類而及耳。

〔二〕貫元二句：元虚，疑當作玄虚，宋人避諱改。玄虚，謂道。太素，宇宙之始。唐開元占經卷一引張衡靈憲：「太素之前，幽清玄静，寂漠冥默，不可爲象，厥中惟虚，厥外惟無，如是者永久焉，斯謂溟涬，蓋乃道之根也。道根既建，自無生有，太素始萌，萌而未兆，并氣同色，混沌不分，故道志之言云：『有物混成，先天地生。』其氣體固未可得而形，其遲速固未可得而紀也。如是者又永久焉，斯謂厖鴻，蓋乃道之幹也。」薄，廣雅釋詁：「迫也。」逼近之意。紫微，天帝所居。見本集卷三列仙賦「覲天皇於紫微」注。

〔三〕攢：文選張衡西京賦「攢珍寶之玩好」薛綜注：「聚也。」

〔四〕龍逸二句：賈誼旱雲賦：「象虎驚與龍駭。」

雲賦

日赫奕而照耀〔一〕，雲火滅而灰散。北堂書鈔卷一百五十繞蓬萊以結曜，薄崑崙而增暉。北堂書鈔卷一百五十若夫神□耀精，蒼雲仰浮。方峙員踴〔二〕，綺□□□。北堂書鈔卷一百五十高騰永逸，駱驛參差。内揚緑裛，外襲紫霞〔三〕。北堂書鈔卷一百五十藻帟高舒〔四〕，長帷虹繞。文選卷三十謝惠連七月七日夜詠牛女詩李善注翼靈鳳於蒼梧，起滯龍於潢汙〔五〕。初學記卷一

覽太極之初化，判玄黄於乾坤〔六〕。考天壤之靈變，莫稽美乎慶雲〔七〕。太平御覽卷一

望九畿以遠肆，明皇極而永舒〔八〕。蔽陽光於暘谷，暗天文於帝居〔九〕。齊濛荒

於無極，等渾昧於太初〔一〇〕。太平御覽卷八

【校】

繞蓬二句：嚴可均全晉文卷九十六拼接入白雲賦中。

若夫四句：全晉文卷九十六拼接入白雲賦中。

高騰四句：全晉文卷九十六拼接入白雲賦中，「緑」作「琭」。太平御覽卷八引「外聚紫霞」一句，

題爲「陸機雲賦」。

藻帝二句：全晉文卷九十六亦題爲白雲賦，但未加以拼接。

翼靈二句：全晉文卷九十六拼接入白雲賦中。

覽太四句：全晉文卷九十六拼接入白雲賦中，「稽」作「媲」。

望九六句：全晉文卷九十六拼接入白雲賦中，「暘」作「湯」。「蔽陽光」二句又見北堂書鈔卷一百

五十，「暘」作「湯」，「帝」作「常」。

【箋注】

〔一〕赫奕：熾盛貌。參本集卷九吊魏武帝文「伊君王之赫奕」注。

〔二〕員：通圓。

〔三〕内揚二句：祲，漢書匡衡傳「精祲有以相蕩」顔師古注引李奇：「氣也。」襲，服。見述先賦「襲衮服于太階」注。此謂外繞紫霞。初學記卷一引西京雜記：「雲外赤内青謂之矞雲。」注：「雲三色曰矞，亦瑞雲也。」

〔四〕帟：廣雅釋器：「帳也。」

〔五〕翼靈二句：翼，詩大雅卷阿「有馮有翼」鄭箋：「助也。」山海經海内經：「南方蒼梧之丘，蒼梧之淵，其中有九嶷山，舜之所葬。在長沙零陵界中。」文選謝朓新亭渚别范零陵「雲去蒼梧野」李善注引歸藏啓筮：「有白雲出自蒼梧，入於大梁。」案：揚雄解難：「獨不見夫翠虬絳螭之將登虖天，必聳身於蒼梧之淵，不階浮雲，翼疾風，虚舉而上升，則不能撠膠葛，騰九閎。」此云「翼靈鳳於蒼梧」，亦云助其上升焉，唯易虬螭爲鳳耳。周易乾文言：「雲從龍。」文選班固答賓戲：「應龍潛於潢汙，魚黿媟之。」李善注引服虔左傳注：「蓄小水謂之潢，不泄謂之汙。」

〔六〕覽太二句：周易繫辭上：「是故易有大極，是生兩儀。」坤文言：「夫玄黄者，天地之雜也，天玄而地黄。」揚雄劇秦美新：「玄黄剖判。」班固典引：「太極之元，兩儀始分，烟烟熅熅，有沉而奥，有浮而清。」

〔七〕莫稽句：稽，廣雅釋詁：「同也。」慶雲，瑞雲。西京雜記卷五：「雲則五色而爲慶。」參本集卷五贈馮文羆遷斥丘令「慶雲扶質」注。

〔八〕望九二句：九畿，猶言普天之下。周禮夏官大司馬：「乃以九畿之籍施邦國之政職。方千里曰國畿，其外方五百里曰侯畿，又其外方五百里曰甸畿，又其外方五百里曰男畿，又其外方五百里曰采畿，又其外方五百里曰衛畿，又其外方五百里曰蠻畿，又其外方五百里曰夷畿，又其外方五百里曰鎮畿，又其外方五百里曰蕃畿。」鄭玄注：「畿，猶限也。自王城以外五千里爲界，有分限者九。」肆，左傳昭公三十二年「伯父若肆大惠」杜預注：「展放也。」尚書洪範：「建用皇極。」漢書五行志顏師古注引應劭：「皇，大；極，中也。」此則指天子所居，猶曹植求通親親表：「注心皇極，結情紫闥。」永，爾雅釋詁：「遠也。」

〔九〕蔽陽二句：暘谷，日出處。參本集卷三嘆逝賦「望湯谷以企予」注。周易繫辭上：「仰以觀於天文。」孔疏：「天有懸象而成文章，故稱文也。」文選張衡西京賦：「仰福帝居，陽曜陰藏。」薛綜注：「帝居，謂太微宫，五帝所居。」

〔一〇〕齊濛二句：濛荒，猶濛澒、庬鴻。廣雅釋天：「濛澒，常氣。」王念孫疏證：「字或作庬鴻。」文選張衡思玄賦：「逾庬鴻於宕冥兮。」舊注：「庬鴻、宕冥，皆天之高氣也。」李善注：「孝經援神契曰：『天度庬鴻孳萌。』宋均曰：『庬鴻，未分之象也。』楚辭曰：『貫濛鴻以東朅兮。』」廣雅釋天：「太初，氣之始也……清濁未分也。」

鼓吹賦

信古帝之寶器，固殊代之所尊。北堂書鈔卷一百八

氣納畏口，手徑魯施。行潛轉以田肆，漂渴響而興胡〔一〕。北堂書鈔卷一百三十

曲周詳以齊駭，各從節以刻哀〔二〕。北堂書鈔卷一百三十

放長激而□引，興奇變而特鐈〔三〕。陵危節以清越，溯高冥而相紹〔四〕。北堂書鈔卷一百三十

躍厘朕之潛下〔五〕，落九天之高禽。北堂書鈔卷一百三十

宮備衆聲，體撩群器〔六〕。飾聲成文，彫音作蔚〔七〕。響以形分，曲以和綴。放嘉樂於會通，宣萬變於觸類〔八〕。適清響以定奏，期要妙于豐殺〔九〕。邈拊搏之所營，務戛歷之爲最〔一〇〕。排印本初學記卷十六

曲每改以增綺，聲尋變而藏雅〔一一〕。淵鑑類函卷三百六十八

【校】

氣納四句：北堂書鈔卷一百三十引在「原鼓吹之攸始，蓋受命于黃軒。播威靈于茲樂，亮聖王之所處」四句之下。

曲周詳二句：原引上有「音躑躅於脣吻，若將舒而復迴」二句。

特鐈：「特」，原作「持」，據北堂書鈔卷一百八改。

陵危節：「陵」，北堂書鈔卷一百八作「護」。

躍厘朕二句：原引下接「若乃巡郊」云云。

「宮備衆聲」至「戛歷之爲最」：嚴可均全晋文卷九十七録鼓吹賦，以此十二句次於「卷徘徊其如結」之下、「及其悲唱流音」之上。

體撩群器：原作「體僚君器」，據影宋本初學記卷十六改。

豐殺：「殺」，原作「金」，據影宋本初學記卷十六、全晋文改。張燮七十二家集、張溥漢魏六朝百三家集作「會」。

所營：「營」，原作「管」，據影宋本初學記卷十六改。

【箋注】

〔一〕氣納四句：未詳。疑是描寫簫笳或吟嘯之聲。繁欽與魏文帝箋：「能喉囀引聲，與笳同音。……潛氣内轉，哀音外激。……聲悲舊笳，曲美常均。及與黄門鼓吹温胡迭唱迭和……」成公綏嘯賦：「嚮抑揚而潛轉，氣衝鬱而熛起。」與此四句略有相似處，姑録以備考。

〔二〕刻哀：未詳，疑有訛誤。

〔三〕興奇句：興，爾雅釋言：「起也。」特，廣雅釋詁：「獨也。」矯，文選成公綏嘯賦「中矯厲而慨慷」李善注：「舉也。」

〔四〕陵危二句：陵，漢書司馬相如傳「陵三嵕之危」顔師古注：「上也。」危，國語晋語「拱木不生危」韋昭注：「高險也。」曹丕與繁欽書：「激清角，揚白雪，接孤聲，赴危節。」溯，即泝。文選張衡東京賦「泝洛背河」薛綜注：「泝，向也。」高冥，指天。參本集卷六擬明月皎夜光「翰飛戾高冥」注。蔡邕釋誨：「抗志高冥。」紹，爾雅釋詁：「繼也。」

〔五〕厘朕：未詳。

〔六〕宮備二句：宮商角徵羽五聲之中，以宮爲基礎。禮記月令：「中央，土。……其音宮。」鄭玄注：「聲始於宮，宮數八十一。屬土者，以其最濁，君之象也。」漢書律曆志：「五聲之本，生於黃鐘之律。九寸爲宮，或損或益，以定商角徵羽。」故古人最重宮聲。國語周語：「夫宮，音之主也。」漢書律曆志：「宮，中也。居中央，暢四方，唱始施生，爲四聲綱也。……聲上宮，五聲莫大焉。」又云：「以君臣民事物言之，則宮爲君，商爲臣，角爲民，徵爲事，羽爲物。」白虎通禮樂：「宮者，容也，含也，含容四時者也。」含容四時，即含容四聲，以春夏秋冬，其音爲角徵商羽也。此宮備衆聲之義。撩，廣雅釋詁：「理也。」玄應一切經音義卷十四「撩理」注引通俗文：「理亂謂之撩理」。鼓爲群器之節，無鼓則衆聲不和。荀子樂論：「鼓，其樂之君耶？故鼓似天。」禮記學記：「鼓無當於五聲，五聲弗得不和。」孔疏：「言鼓之爲聲，不宮不商，故言無當於五聲。而宮商等之五聲，不得鼓則無諧和之節，故云弗得不和也。」是鼓撩理群器也。

〔七〕飾聲二句：毛詩關雎序：「情發於聲，聲成文謂之音。」鄭箋：「聲謂宮商角徵羽也。聲成文者，宮商上下相應。」蔚，漢書叙傳述司馬相如傳第二十七「蔚爲辭宗」顔師古注：「文彩盛也。」

〔八〕放嘉二句：放，左傳昭公十六年「獄之放紛」杜預注：「縱也。」此言縱情演奏。嘉，爾雅釋詁：「美也。」左傳定公十年：「嘉樂不野合。」嵇康聲無哀樂論：「故朝宴聘享，嘉樂必存。」會通，言諸種樂器音聲之會通。周易繫辭上：「觸類而長之，天下之能事畢矣。」王弼周易略例明象：「觸類可爲其象。」宣萬變句，謂其豐富多變，遇事即發爲歌曲。

〔九〕適清二句：適清響句，適，合也。謂與清響相適合以定其曲奏。要妙，即要眇。楚辭九歌湘君「美要眇兮宜修」王逸注：「要眇，好貌。」殺，禮記樂記「使其曲直繁瘠廉肉」鄭玄注「繁瘠、廉肉，聲之鴻殺也」孔疏：「謂細小。」

〔一〇〕邈拊二句：文選陸機謝平原内史表「顧邈同列」李善注引臣瓚漢書注：「邈，凌邈也。」拊搏，樂器名。禮記明堂位：「拊搏……四代之樂器也。」鄭玄注：「拊搏，以韋爲之，充之以糠，形如小鼓……所以節樂者也。」營，周易繫辭上「是故四營而成易」孔疏：「謂經營。」務，說文力部：「趣也。」段玉裁注：「言其促疾於事也。」戞，尚書皋陶謨「戞擊鳴球」（僞古文在益稷）釋文引馬融：「櫟也。」廣雅釋詁：「擽，擊也。」櫟，擽通。擽音歷，此當是借歷爲擽，戞、歷，皆擊意。二句謂鼓吹樂之鼓聲遠過於節樂之小鼓，乃力求爲打擊樂之最。又，若以拊、搏二字爲動詞，則可釋爲：拍擊鼓聲邈然出衆聲之上，其所營爲，乃力求爲打擊樂之最。

〔一一〕曲每二句：二句見淵鑑類函，不詳其所出。

漏刻賦

寤蟾蜍之棲月，識金水之相緣〔一〕。文選卷五十六陸倕新刻漏銘李善注引陸機漏刻銘（銘

字乃賦字之誤）

【箋注】

〔一〕寤蟾二句：淮南子精神：「月中有蟾蜍。」此云蟾蜍棲月，當是漏刻部件。蟾蜍當即本集卷四漏刻賦之「陰蟲」，伏於圓形壺蓋上，故曰「棲月」。金水，此指漏壺盛水。文選陸倕新刻漏銘「則于地四，參以天一」李善注：「言壺用金而漏用水也。漢書曰：天以得一生水，地以得四生金也。」春秋繁露五行對：「金生水。」故曰相緣。

羽扇賦

發若蕭史之差鳴籟，趡若大容之羅玉琯〔一〕。北堂書鈔卷一百三十四

性勁健以利□，每箕張而雲布〔二〕。北堂書鈔卷一百三十四

引凝涼而響臻，拂隆暑而□到。北堂書鈔卷一百三十四

驅囂塵之鬱述，流清氣之悄悄〔三〕。符瑲空以煩輪〔四〕，道洞房而窈窕〔五〕。北堂書鈔卷一百三十四

發芳塵之郁烈，拂鳴弦之泠泠。斂揮汗之瘁體，洒毒暑之幽情〔六〕。北堂書鈔卷一百三十四

【校】

發若二句：北堂書鈔卷一百三十四引此二句，在「稠不逼，希不簡」之下。凡兩引，「差鳴籟」一作「鳴金籟」。

雲布：「布」，嚴可均全晉文卷九十七作「繞」。

【箋注】

〔一〕發若二句：蕭史，仙人，善吹簫，秦穆公以女弄玉妻之。見列仙傳。參本集卷三列仙賦「弄玉」注。差，排列有序。漢書司馬相如傳：「吹鳴籟。」顏師古注引張揖：「籟，簫也。」簫者編次竹管而成。趡，説文走部：動也。大容，即太容，黃帝樂師，見本集卷六前緩聲歌「太容揮高弦」注。琯，管。應劭風俗通聲音：「尚書大傳：『舜之時，西王母來獻其白玉琯。』昔章帝時，零陵文學奚景於泠（應作泠）道舜祠下得生白玉管（説文竹部「琯」字下作「笙玉琯」）。知古以玉爲管，後乃易之以竹耳。夫以玉作音，故神人和，鳳皇儀也。」晉書律曆志：「傳云：……黃帝作律，以玉爲管，長尺，六孔，爲十二月音。至舜時，西王母獻昭華之琯，以玉爲之。」

〔二〕箕：簸箕。張衡東京賦：「箕張翼舒。」薛綜注：「如箕之張。」

〔三〕驅囂二句：左傳昭公三年：「景公欲更晏子之宅，曰：『子之宅近市，湫隘囂塵，不可以居。』」杜預注：「囂，聲；塵，土。」鬱述，當即鬱結、不散之意。曹植喜雨詩：「慶雲從北來，鬱述西南征。」悄悄，詩邶風柏舟「憂心悄悄」毛傳：「憂貌。」此處當是懔然之意，狀風之清也。

〔四〕符瑰句：未詳。

〔五〕道洞句：道，漢書西南夷傳「道西北牂柯江」顔師古注：「由也，由此而來也。」洞，深邃貌。參本集卷五爲陸思遠婦作「洞房涼且清」注。宋玉風賦：「經于洞房。」説文穴部：「窈，深遠也。」「窕，深肆極也。」王延壽魯靈光殿賦：「旋室㛹娟以窈窕，洞房叫窱而幽邃。」

〔六〕斂揮二句：瘁，詩小雅雨無正「憯憯日瘁」毛傳：「病也。」洒，説文水部：「滌也。」

鱉賦

總美惡而兼融，播萬族乎一區〔一〕。文選卷三十陶淵明詠貧士李善注

【校】

兼融：「融」，文選卷五十九王巾頭陀寺碑文李善注引作「會」。

【箋注】

〔一〕總美二句：區，文選張衡東京賦「造我區夏矣」薛綜注：「區域也。」二句當就造物而言，謂形醜如鱉者，亦造物者所爲。

桑賦

亹稚節以夙茂，蒙勁風而後凋〔一〕。文選卷二十二鮑照行藥至城東橋李善注

【箋注】

〔一〕亹稚二句：亹，勉力。爾雅釋詁：「亹亹，勉也。」夙，早。潘岳秋興賦：「勁風戾而吹帷。」論語子罕：「子曰：『歲寒，然後知松柏之後凋也。』」

果賦

中山之縹李〔一〕。任昉述異記卷下

【箋注】

〔一〕中山句：中山，戰國時有中山國，漢高祖置中山郡，景帝時改爲國。三國魏、西晋皆有中山國。自漢至晋，治所皆在盧奴（今河北定縣）。縹，急就章卷二「縹綟緑紈皁紫硟」顔師古注：「青白色也。」文選潘岳閑居賦「房陵朱仲之李」李善注引王逸荔枝賦：「房陵縹李。」案：文淵閣四庫全書本述異記云：「中山有縹李，大如拳者呼仙李。李尤果賦曰：『如拳

之李。』陸士衡果賦曰：『中山之縹李。』又云：『仙李縹而神李紅。』」郭志達編九家集注杜詩卷十七冬日洛城北謁玄元皇帝廟注引述異記略同。據此陸機賦尚有「仙李縹而神李紅」之句。然太平廣記卷四百十引述異記：「蓋仙李縹而神李紅，陸士衡果賦云『中山之縹李』是也。」則該句非陸機語。太平御覽卷九百六十八引述異記，亦不作陸機語。

織女賦

足躡刺繡之履。北堂書鈔卷一百三十六

文賦

知楚不易〔一〕。元至正刊本文心雕龍聲律

【校】

黄侃文心雕龍札記：「案文賦云：『亮功多而累寡，故取足而不易。』彦和蓋引其言以明士衡多楚，不以張公之言而變。『知楚』二字乃涉上文而衍。」王利器文心雕龍校證：「案黄説是。『知楚』二字即『取足』形近之訛。」黄説可參，今姑依舊本録之。

【箋注】

〔一〕知楚：楚謂楚聲，言文章聲韻與中原雅聲不合。陸雲與兄平原書：「張公語雲云，兄文故自楚。」文心雕龍聲律：「詩人綜韻，率多清切；楚辭辭楚，故訛韻實繁。及張華論韻，謂士衡多楚，文賦亦稱知楚不易。可謂銜靈均之餘聲，失黄鍾之正響也。」

失題

緑房窈窕，瑶臺炳焕〔一〕。編珠卷二居處部

【箋注】

〔一〕緑房二句：二句僅見隋杜公瞻編珠。編珠失傳已久，清初高士奇等自内庫所藏殘本抄出，四庫全書所收即高氏所録者。

失題

朱藍崖蜜〔一〕。施元之施注蘇詩卷二十橄欖注引顧禧曰

【箋注】

〔一〕施注蘇詩卷二十橄欖「已輸崖蜜十分甜」注引顧禧曰：「按惠洪冷齋夜話云崖蜜事見鬼谷

子，謂櫻桃也。今之鬼谷子實無此説。然略記陸士衡有賦云：『朱藍崖蜜。』士衡此語當有所自。」案：顧禧之意，似以陸機所稱崖蜜乃櫻桃也。然其所引陸賦，不見於他書，未知確爲機作否。又，證類本草卷二十「石蜜」條陶弘景注：「石蜜，即崖蜜也。高山巖石間作之。……其蜂黑色，似䖟。」録以備考。

作品輯佚卷第二

詩

與弟清河雲一首 并序〔一〕

余夙年早孤，與弟士龍銜恤喪庭〔二〕。續忝末緒，墨絰即戎〔三〕，時并縈髮，悼心告别〔四〕，漸蹈八載〔五〕。家邦顛覆，凡厥同生，凋落殆半〔六〕。收迹之日〔七〕，感物興哀。而士龍又先在西，時迫當祖送二昆，不容逍遥，銜痛東徂，遺情慘愴〔八〕。故作是詩，以寄其哀苦焉。

於穆予宗，稟精東嶽〔九〕。誕育祖考，造我南國〔一〇〕。南國克靖〔一一〕，寔繇洪績。

惟帝念功，載繁其錫〔一二〕。其錫惟何？玄冕衮衣〔一三〕。金石假樂，旄鉞授威〔一四〕。匪威是信，稱丕遠德〔一五〕。奕葉台衡，扶帝紫極〔一六〕。其一

篤生二昆，克明克俊〔一七〕。遵塗結轍，承風襲問〔一八〕。帝曰欽哉，纂戎烈祚〔一九〕。雙組式帶，綬章載路〔二〇〕。即命荆楚，對揚休顧〔二一〕。肇敏厥績，武功聿舉〔二二〕。烟熅芳素，綢繆江滸〔二三〕。昊天不吊，胡寧棄予〔二四〕！其二

伊予鄙人，允德之微〔二五〕。闕彼遺懿，則此頑違〔二六〕。王事匪盬，旌旆屢振〔二七〕。委籍奮戈，統厥征人〔二八〕。祁祁征人，載肅載閑〔二九〕。騤騤戎馬，有駰有翰〔三〇〕。昔予翼考〔三一〕，惟斯伊撫。今予小子，謬尋末緒〔三二〕。其三

有命自天，崇替靡常〔三三〕。王師乘運，席卷江湘〔三四〕。雖備官守，位從武臣〔三五〕。守局下列，譬彼飛塵〔三六〕。洪波電擊，與衆同湮〔三七〕。顛踣西夏，收迹舊京〔三八〕。俯慚堂構，仰慒先靈〔三九〕。孰云忍愧，寄之我情〔四〇〕。其四

猗我俊弟，嗟爾士龍〔四一〕。懷襲瑰偉，播殖清風〔四二〕。非德莫勤，非道莫弘〔四三〕。垂翼東畿，曜穎名邦〔四四〕。綿綿洪統，非爾孰崇？依依同生〔四五〕，恩篤情結。義存并濟，胡樂之悦〔四六〕。願爾偕老，攜手黄髮〔四七〕。其五

昔我西征，扼腕川涯〔四八〕。掩涕即路，揮袂長辭。六龍促節，逝不我待〔四九〕。自往迄茲，曠年八祀〔五〇〕。悠悠我思，非予焉在〔五一〕？昔并垂髮，今也將老〔五二〕。含憂茹戚，契闊充飽〔五三〕。嗟我人斯，胡恤之早〔五四〕！其六

天步多艱，性命難誓〔五五〕。常懼殞斃，孤魂殊裔〔五六〕。存不阜物，没不增壤。生若朝風，死若絶景。視彼蜉蝣，方之喬客〔五七〕。眷此黄壚〔五八〕，譬之弊宅。匪身是吝，亮會伊惜〔五九〕。其惜伊何？言紓其思〔六〇〕。其思伊何？悲彼曠載〔六一〕。其七

出車戒塗，言告言歸〔六二〕。蓐食警駕，夙興霄馳〔六三〕。蒙雨之陰，照月之暉。陸凌峻坂〔六四〕，川越洪漪。爰届爰止，步彼高堂〔六五〕。失爾朔邁，良願中荒〔六六〕。我心永懷，匪悦匪康〔六七〕。其八

昔我斯逝，兄弟孔備。今予來思，我凋我瘁〔六八〕。昔我斯逝，族有餘榮〔六九〕。今予來思，堂有哀聲。我行其道，鞠爲茂草〔七〇〕。我履其房，物存人亡〔七一〕。拊膺泣血，灑泪彷徨〔七二〕。其九

企佇朔路，言歡爾歸〔七三〕。心存言宴，目想容暉〔七四〕。迫彼窀穸，載驅東路〔七五〕。係情桑梓，肆力丘墓〔七六〕。棲遲中流，興懷罔極〔七七〕。眷言顧之，使我心惻〔七八〕。其十

影弘仁本文館詞林卷一百五十二

【校】

題：宋刻陸士龍文集作兄平原贈十章并序，藝文類聚卷二十一作與弟雲詩，郝立權陸士衡詩注云：「按晋書，成都王穎表機爲平原内史，雲爲清河太守，事在永寧二年。而此詩之作，覽其序文，當在吴亡後一二年間。不應以平原、清河命題。古詩紀作贈弟士龍，甚是，兹故從之。」郝説是，平原、清河字樣，乃後人所爲。

夙年早孤：陸士龍文集作「弱年夙孤」。

忝末緒：陸士龍文集作「會逼王命」。

墨絰：「墨」，原作「黑」，據適園叢書本文館詞林、陸士龍文集改。

漸蹈：「蹈」，陸士龍文集作「歷」。

祖送：「送」，陸士龍文集作「載」。

慘愴：陸士龍文集作「西慕」。

稱丕：「丕」，陸士龍文集作「乎」。

奕葉：「葉」，陸士龍文集作「世」。

二昆：「二」，陸士龍文集作「三」。

遵塗：「塗」，原作「風」，據陸士龍文集改。

式帶：「式」，原作「貳」，據適園叢書本文館詞林、陸士龍文集改。

綏章：「綏」，陸士龍文集作「綬」。
敏厥：原作「厥敏」，據陸士龍文集乙。
伊予鄙人：陸士龍文集作「嗟予人斯」。
允德：「允」，陸士龍文集作「胡」。
遺懿：「懿」，陸士龍文集作「軌」。
祁祁：陸士龍文集作「祈祈」，「祁」、「祈」通。
惟斯：「斯」，原作「新」，據陸士龍文集改。
席卷江湘：陸士龍文集作「席江卷湘」。
位從：「位」，陸士龍文集作「守」。
同湮：「湮」，陸士龍文集作「泯」。
顛踣：「踣」，陸士龍文集作「跋」。
仰懵：「懵」，藝文類聚卷二十一作「惟」。
猗我：「猗」，陸士龍文集作「伊」。
嗟爾：「嗟」，陸士龍文集作「咨」。
瑰偉：「偉」，適園叢書本文館詞林、陸士龍文集作「瑋」。「偉」、「瑋」通。
恩篤：「恩」字原脱，據適園叢書本文館詞林、陸士龍文集補。

扼腕川涯：「腕」，原作「捥」，據適園叢書本文館詞林、陸士龍文集改。「涯」，陸士龍文集作「湄」。

非予：「予」，陸士龍文集作「爾」。

含憂：陸士龍文集作「銜哀」。

難誓：「誓」，適園叢書本文館詞林作「恃」。

殞弊：「弊」，陸士龍文集作「斃」，「弊」、「斃」通。

死若：「若」，陸士龍文集作「由」。「由」，通「猶」。

喬客：「喬」，適園叢書本文館詞林、陸士龍文集作「僑」，「喬」、「僑」通。

弊宅：「弊」，適園叢書本文館詞林作「敝」，陸士龍文集作「斃」，字并通。

警駕：「警」，陸士龍文集作「驚」，「警」、「驚」通。

蒙雨：「蒙」，適園叢書本文館詞林、陸士龍文集作「濛」。

朔邁：「朔」，適園叢書本文館詞林、陸士龍文集作「羽」。

我凋我瘁：陸士龍文集作「或彫或疚」。

今予：「予」，陸士龍文集作「我」。

泣血：陸士龍文集作「涕泣」。

灑泪：陸士龍文集作「血泪」。

朔路：「朔」，原作「明」，據陸士龍文集改。

係情：陸士龍文集作「繼其」。

棲遲中流：陸士龍文集作「婉兮孌兮」。

興懷：「興」，適園叢書本文館詞林作「心」。

【箋注】

〔一〕與弟清河雲：當作於晉武帝太康二年（二八一）。陸機自洛陽南歸建業，護送戰死之二兄晏、景靈柩歸葬，欲與陸雲相見而雲尚未至，乃作此詩。

〔二〕余夙年二句：陸機父抗卒於吴末帝鳳凰三年（二七四）秋，時陸機方十四歲。詩小雅蓼莪：「無父何怙，無母何恃。出則銜恤，入則靡至。」鄭箋：「恤，憂也。」隸釋卷九石勛漢棠邑令費鳳別碑：「載馳載驅，來奔于喪庭。」

〔三〕續忝二句：隸釋卷五溧陽長潘乾校官碑：「溧陽長潘君諱乾……蓋楚大傅潘崇之末緒也。」絰，儀禮喪服「苴絰」鄭玄注：「麻在首在要皆曰絰。」左傳僖公三十三年：「子墨衰絰。」杜預注：「以凶服從戎，故墨之。」喪服白色，不宜從戎，乃染爲黑色，黑色爲戎服之色。三國志吴書陸抗傳：「（抗卒），子晏嗣，晏及弟景、玄、機、雲分領抗兵。」

〔四〕時并二句：縈，慧琳一切經音義卷八「所縈」注引考聲：「纏也。」悼，方言卷一：「傷也。」左傳昭公七年：「孤與其二三臣悼心失圖。」杜預注：「在哀喪故。」

〔五〕八載：陸抗卒鳳凰三年，至此太康二年，首尾八載（二七四—二八一）。下云：「自往迄茲，曠年八祀。」陸雲答詩亦云：「自我不見，邈哉八齡。」

〔六〕凋落句：陸抗卒後，陸晏爲夷道監，景爲水軍都督，駐守樂鄉。晉大舉伐吴，太康元年二月，王濬攻克夷道、樂鄉，晏、景皆遇害。

〔七〕收迹句：收迹，謂隱而不出。陸機時將歸隱，故云。皇甫謐釋勸論：「士或收迹林澤。」陸雲國人兵多不法啓：「常思收迹自替，以避賢路。」

〔八〕而士龍五句：先在西，陸雲時在壽春（今安徽壽縣），在建業西北。陸雲太康元年吴亡後即爲晉揚州刺史周浚召爲從事。揚州治壽春，太康二年周浚移鎮秣陵（建業南）。陸雲之爲州從事，當在移鎮之前。（據俞士玲陸機陸雲年譜説。）祖送，指送靈柩出發往葬地。參本集卷七挽歌之二「祖載當有時」注。詩鄭風清人：「河上乎逍遥。」東徂，指赴華亭。文選陸機贈從兄車騎「婉孌崑山陰」李善注引陸道瞻吴地記：「海鹽縣東北二百里有長谷，昔陸遜、陸凱居此。谷東二十里有崑山，父祖葬焉。」太平寰宇記卷九十五引吴地記（當即陸道瞻書）：「谷名華亭，陸機嘆鶴唳處。」其地在今上海松江。遺情，謂情不能捨去。參本集卷八董逃行「齎此遺情何之」注。

〔九〕於穆二句：詩周頌清廟：「於穆清廟。」毛傳：「於，嘆辭也。穆，美。」大雅崧高：「崧高維嶽，駿極于天。維嶽降神，生甫及申。」毛傳：「嶽，四嶽也。東嶽岱，南嶽衡，西嶽華，北嶽恒。」陸氏遠祖爲春秋時陳公子完敬仲，敬仲自陳奔齊，後世遂有齊國，在東方，故曰「稟精東嶽」。

〔一〇〕誕育二句：誕育，見本集卷五皇太子賜宴「誕育皇儲」注。考，爾雅釋親：「父爲考。」南國，此指吴國。詩小雅四月：「滔滔江漢，南國之紀。」

〔一一〕靖：廣雅釋詁：「安也。」

〔一二〕惟帝二句：左傳襄公二十一年：「惟帝念功。」錫，爾雅釋詁：「賜也。」

〔一三〕其錫二句：詩大雅韓奕：「其贈維何？乘馬路車。」玄冕，行禮時所戴之冠。參本集卷五吴王郎中時從梁陳作「玄冕無醜士」注。衮衣，禮服，畫有卷龍。參本集卷五答賈謐「衮服委蛇」注。

〔一四〕金石二句：假，漢書轅固傳「乃假固利兵」顔師古注：「給與也。」左傳襄公十一年載，魏絳有功，「晉侯以樂之半賜魏絳……魏絳於是乎始有金石之樂，禮也。」史記齊太公世家：「師尚父左杖黄鉞，右把白旄，以誓。」三國志蜀書後主傳注引諸葛亮集載後主詔：「諸葛丞相弘毅忠壯，忘身憂國……今授之以旄鉞之重，付之以專命之權。」

〔一五〕匪威二句：匪，廣雅釋言：「彼也。」信，通伸。丕，爾雅釋詁：「大也。」尚書洛誥：「公稱丕顯德。」孫星衍尚書今古文注疏以丕爲語詞。史記文帝紀：「朕既不能遠德。」

〔一六〕奕葉二句：奕，後漢書袁譚傳「宣奕世之德」李賢注：「重也。」奕葉，猶累世。蔡邕琅邪王傳蔡公碑：「奕葉載德。」台衡，謂三公，天子所依倚以取平者。此指祖遜、父抗。文選王儉褚淵碑文「台衡之望斯集」李善注：「春秋漢含孳曰：『三公，在天法三能。』台與能同。毛詩曰：『實惟阿衡，左右商王。』」案：三台即太階，參祖德賦「登具瞻于太階」注。李善注引詩見商頌長發，「左右」上有「實」字。鄭箋：「阿，倚；衡，平也。伊尹，湯所依倚而取平，故以爲官名。」帝，指吴帝。紫極，北極，爲太一天帝所居，在紫微垣内，故稱紫極。參本集卷三列仙賦「覲天皇於紫微」注。

〔一七〕篤生二句：詩大雅大明：「篤生武王。」毛傳：「篤，厚。」鄭箋：「天降氣于大姒，厚生聖子武王。」二昆，指陸晏、陸景。克，爾雅釋言：「能也。」俊，才能兼人者。春秋繁露爵國：「千人者曰俊。」尚書堯典：「克明俊德。」詩大雅皇矣：「克明克類。」

〔一八〕遵塗二句：遵塗，循路，參本集卷五贈馮文羆遷斥丘令「遵塗遠蹈」注。史記文帝紀：「故遣使者冠蓋相望，結軼於道，以諭朕意於單于。」軼、轍通，漢書作轍。集解引韋昭：「使車往還，故轍如結也。」索隱引顧氏按：「司馬彪云『結，謂車轍回旋錯結之』也。」史記秦始皇紀會稽山刻石：「天下承風。」後漢書高彪傳彪遺馬融書：「承服風問，從來有年。」李賢注：「風問，風猷令問。」問，通聞。漢書韋賢傳「以休令聞」顔師古注：「聞，聲名也。」二句謂二昆遵循祖、父之道而承襲其風猷美譽。

〔一九〕帝曰二句：欽，爾雅釋詁：「敬也。」尚書堯典：「帝曰：『往，欽哉！』」纂戎，繼承光大，見本集卷五答賈謐詩「纂戎于魯」注。烈，爾雅釋詁：「業也。」祚，國語周語「祚以天下」韋昭

注：「禄也。」案：三國志吳書陸抗傳云抗卒，子晏嗣。謂襲爵江陵侯也。此云「纂戎烈祚」，當指此。

〔二〇〕雙組二句：組，廣雅釋器：「綬也。」謂官印之綬。郝立權陸士衡詩注：「晏爲夷道監，景爲水軍都督，故云雙組。」式，語詞。詩大雅韓奕：「王錫韓侯，淑旂綏章。」毛傳：「綏，大綏也。」鄭箋：「綏，所引以登車。有采章也。」毛、鄭釋綏章不同。孔疏釋毛云：「大綏者……天官夏采注云：『徐州貢夏翟之羽，有虞氏以爲綏。後世或無，染鳥羽，象而用之。』『或以旄牛尾爲之。綴於幢上，所謂「注旄於竿首」者。』然則綏者，即交龍旂竿所建，與旂共一竿，爲貴賤之表章，故云綏章。」孔又釋鄭云：「此綏是升車之索，當以采絲爲之，故云綏章，謂有采章也。」詩大雅皇矣：「串夷載路。」又生民：「厥聲載路。」案：詩「載路」兩見，毛傳皆訓「路」爲大，宋儒始作道路解。陸機此云「綏章載路」，其「路」實道路之意。隸釋卷十一載漢末劉寬後碑：「生榮亡哀，厥聲載路。」蔡邕貞節先生范史雲銘：「身沒譽存，休聲載路。」「路」字似已應作道路解。陸雲吳故丞相陸公誄：「四牡載路，出餞于郊。」晉書慕容廆載記廆疏上陶侃：「貢篚相尋，連舟載路。」侃報書：「貢篚載路。」范曄後漢書西羌傳論：「降俘載路，牛羊滿山。」任昉重敦勸梁王令：「雲竿載路，清蹕啓行。」諸例之「路」皆道路之意。

〔二一〕即命二句：陸晏爲裨將軍、夷道監，景拜偏將軍、中夏督，駐樂鄉。夷道爲宜都郡治所，今湖北宜都；樂鄉在今湖北江陵西，長江南岸。皆楚地。詩大雅江漢：「對揚王休。」集古録卷一毛伯敦銘：「敢對揚天子休命。」漢書郊祀志載古鼎銘：「敢對揚天子丕顯休命。」對揚休命之語爲彝器銘文所習用。

〔二〕肇敏二句：詩大雅江漢：「肇敏戎公。」毛傳：「肇，謀；敏，疾。」績，爾雅釋詁：「事也。」詩大雅文王有聲：「有此武功。」聿，語詞。

〔三〕烟熅二句：烟熅，後漢書班固傳固典引：「太極之原，兩儀始分，烟烟熅熅。」李賢注引蔡邕：「絪緼，陰陽和一相扶貌也。」參本集卷四白雲賦「合洪化乎烟熅」注。郝立權云：「廣雅釋詁：『素，空也。』芳素，謂太空。言武功聿舉，如烟熅之升天也。」案：芳謂芬芳，狀其德業之美也。素字自晋代以來，常見於人物品評，稱其純一質樸而不虚飾。如北堂書鈔卷五十三太常引山公啓事：「彭權儒素有學義。」世説新語賞譽注引山濤啓事：「（阮咸）真素寡欲。」品藻注引荀綽兖州記：「（閭丘冲）不能虧其恭素之行，淡然肆其心志。」棲逸注引鄧粲晋紀：「（劉驎之）少尚質素，虚退寡欲。」又引晋陽秋：「（翟陽）篤行任素。」賢媛注引晋陽秋：「（山濤）雅素恢達。」袁宏三國名臣序贊：「郎中温雅，器識純素。……操不激切，素風愈鮮。」而如阮籍詠懷：「外厲貞素談，户内滅芬芳。」乃以芳與素并提。荀勗晋大豫舞歌：「品物咸亨，芳烈雲布。文教旁通，篤以淳素。」則以讚頌其功業教化。陸機言「烟熅芳素」，當是謂其德業風範美好有如天地之和氣。謝靈運撰征賦頌楚元王云：「傳芳素於來祀。」當是用陸機語。傅亮爲宋公修楚元王墓教：「素風道業，作範後昆。……遺芳餘烈，奮乎百世。」亦并用芳、素。録以備理解陸機語參考。綢繆，文選張衡思玄賦「綢繆遹皇」李善注：「連綿也。」詩大雅江漢：「江漢之滸，王命召虎。」鄭箋：「滸，水涯也。」二句雖稱讚二昆，然亦有頌揚父、祖之意。謂二昆能繼承祖、父之功美也。陸遜、抗及晏、景三世駐守經營於荆州之江陵、樂鄉、夷道、西陵一帶，即今湖北之江陵至宜昌，皆沿長江。

〔二四〕昊天二句：詩小雅節南山「不吊昊天。」毛傳：「吊，至。」鄭箋：「至猶善也。不善乎昊天，訴之也。」後漢書東平憲王蒼傳哀册文：「昊天不吊，不報上仁。」胡，何。寧，乃。詩大雅雲漢：「父母先祖，胡寧忍予！」小雅谷風：「將安將樂，女轉棄予。」

〔二五〕伊予二句：伊，發語詞。戰國策燕策蘇代曰：「臣，東周之鄙人也。……鄙人不敏。」允，説文儿部：「信也。」

〔二六〕闕彼二句：闕，廣雅釋詁：「去也。」則，通即。公羊傳宣公元年「古之道不即人心」何休注：「即，近也。」頑，廣雅釋詁：「鈍也。」曹植責躬詩：「咨我小子，頑凶是嬰。」

〔二七〕王事二句：詩小雅四牡：「王事靡盬，我心傷悲。」毛傳：「盬，不堅固也。」孔疏：「王家之事，無不堅固，我當從役以堅固之，故義不得廢。」宋玉高唐賦：「旌旆合諧。」

〔二八〕委籍二句：曹植責躬詩：「奮戈吴越。」統厥句，謂統領父兵。

〔二九〕祁祁二句：祁祁，詩豳風七月「采蘩祁祁」毛傳：「衆多也。」閑，大雅卷阿「既閑且馳」鄭箋：「習也。」

〔三〇〕駮駮二句：詩小雅采薇：「四牡騤騤。」毛傳：「騤騤，强也。」老子四十六章：「戎馬生於郊。」詩魯頌駉：「有駰有騢。」毛傳：「陰白雜毛曰駰。」孔疏引孫炎：「陰，淺黑也。」翰，禮記檀弓上「戎事乘翰」鄭玄注：「白色馬也。」

〔三一〕翼：廣雅釋詁：「美也。」

〔三二〕今予二句：尚書金縢：「予小子新命于三王。」緒，詩魯頌閟宮「纘禹之緒」毛傳：「業也。」

〔三三〕有命二句：詩大雅大明：「有命自天。」崇替，猶興廢。參本集卷五皇太子宴玄圃宣猷堂有令賦詩「群辟崇替」注。大雅文王：「天命靡常。」

〔三四〕王師二句：詩周頌酌：「於鑠王師。」荀悦漢紀平帝紀隗囂曰：「將乘運迭興，在一人也？」戰國策楚策：「席卷常山之險。」賈誼過秦論：「席卷天下。」楚辭九章涉江：「旦余濟乎江湘。」三國志吴書陸抗傳抗上疏：「順天乘運，席卷宇内。」

〔三五〕雖備二句：左傳僖公二十四年：「敢不奔問官守。」杜預注：「官守，王之群臣。」官守其業，故曰官守。禮記樂記：「君子聽鐘聲則思武臣。」陸機襲領父兵，爲牙門將軍。杜佑通典職官云牙門將，魏文帝黄初中置，在第五品。吴、蜀亦置。

〔三六〕守局二句：局，爾雅釋言：「分也。」郭璞注：「謂分部。」官有分職曰局。後漢書桓榮傳太子報書曰：「今蒙下列。」曹植九詠：「不爲濁路之飛塵。」

〔三七〕洪波二句：電擊，參本集卷九漢高祖功臣頌「電擊壞東」注。湮，廣雅釋詁：「没也。」

〔三八〕顛踣二句：顛踣，即顛覆。蔡邕釋誨：「榮顯未副，從而顛踣。」西夏，此指荆州夷道、樂鄉一帶，爲吴之西境。時陸機當與兄晏、景同守西境。舊京，指建業。

〔三九〕俯慚二句：堂構，喻先人舊業。參本集卷三嘆逝賦「悼堂構之隤瘁」注。案：堂構雖成語，然俯慚句與下仰懵句相對，當亦兼有先人所建之堂室屋宇意。於先靈則曰仰，於堂室則曰俯。懵，慧琳一切經音義卷八十七「多懵」注引考聲：「慚也，悶也。」先靈，先人之神靈。後漢書光武紀詔曰：「先靈無所依歸。」

〔四〇〕孰云二句：云，能。（參裴學海古書虚字集釋）二句乃慚愧至極語。漢書韋玄成傳：「誰能忍愧，寄之我顔。」顔師古注：「言己耻辱之甚，無所自措，故曰：『誰有能忍愧者，以我顔寄之。』」三國志吴書薛瑩傳瑩獻詩：「孰能忍愧，臣實與居。」

〔四一〕猗我二句：猗、嗟，皆嘆詞。詩小雅小明：「嗟爾君子。」

〔四二〕懷襲二句：襲，服。見本集輯佚卷一述先賦「襲衮服于太階」注。司馬相如子虚賦：「俶儻瑰瑋。」詩大雅烝民：「穆如清風。」

〔四三〕非德二句：逸周書芮良夫解：「不勤德以備難。」論語衛靈公：「子曰：『人能弘道，非道弘人。』」

〔四四〕垂翼二句：周易明夷初九：「明夷于飛，垂其翼。」繁欽禄里先生訓：「吕尚垂翼北海，以待鷹揚之任。」東畿，指吴。吴質答東阿王書：「愧無毛遂耀穎之才。」名邦，指揚州治所壽春。

太康元年陸雲受揚州刺史周浚召。世説新語賞譽劉孝標注引陸雲别傳：「年十八，刺史周浚命爲主簿（晋書陸雲傳云從事）。浚常嘆曰：『陸士龍當今之顔淵也。』」時揚州刺史治所在壽春，次年方移治秣陵。（參俞士玲陸機陸雲年譜）漢書地理志九江郡壽春邑：「楚考烈王自陳徙此。」志又云：「壽春、合肥受南北湖皮革、鮑、木之輸，亦一都會也。……漢興……淮南王安亦都壽春，招賓客著書。」壽春秦漢爲九江郡治所，漢末、三國魏爲揚州刺史治所，魏時又爲淮南郡治所，人物頗盛。故稱名邦。

〔四五〕依依句：　依依，文選蘇武詩「思心常依依」李善注：「思戀之貌也。」左傳襄公三十年：「罕、駟、豐同生。」杜預注：「三家本同母兄弟。」

〔四六〕胡樂句：　胡，何。之，語中助詞，無義。

〔四七〕願爾二句：　詩邶風擊鼓：「執子之手，與子偕老。」魯頌閟宫：「黄髮台背。」鄭箋：「黄髮、台背，皆壽徵也。」

〔四八〕昔我二句：　西征，謂爲牙門將西上荆州。扼，捉持。扼腕，慷慨激動貌。戰國策燕策：「樊於期偏袒扼腕而進，曰：『此臣日夜切齒拊心也！』」

〔四九〕六龍二句：　楚辭劉向九嘆遠游：「維六龍於扶桑。」促節，謂疾驅。參本集卷一瓜賦「感嘉時而促節」注。逝，詩大雅桑柔「逝不以濯」鄭箋：「猶去也。」

〔五〇〕自往二句：　祀，史記楚世家「載祀六百」集解引賈逵：「年也。」二句謂自陸抗卒、陸機領父兵西上至今收迹舊京凡八年，即吳鳳凰三年（二七四）至晉太康二年（二八一）。

〔五一〕悠悠二句：「悠悠我思」之句，屢見於詩。二句意謂：詩云「悠悠我思」，今不在於我心將復焉在？極言其悲思之切而不能釋也。

〔五二〕昔并二句：垂髮，謂童幼也。初學記卷十八引東方朔與公孫弘書：「大丈夫相知，何必以撫塵而游，垂髮齊年，偃伏以日數哉？」後漢書宦者傳呂强上靈帝陳事疏：「段熲……垂髮服戎，功成皓首。」郝立權云：「鄭玄禮記注：『七十曰老。』論語皇疏：『老謂五十以上也。』時機、雲并弱冠之年，何得云『將老』？文人屬筆，本難爲訓。此謂『將老』，蓋謂年齒已長也。」

〔五三〕含憂二句：王逸九思憫上：「含憂强老兮愁不樂。」茹，廣雅釋詁：「食也。」契闊，詩邶風擊鼓「死生契闊」毛傳：「勤苦也。」充，廣雅釋詁：「滿也。」

〔五四〕嗟我二句：詩豳風破斧：「哀我人斯。」恤，説文心部：「憂也。」

〔五五〕天步二句：天步句，謂天多降此艱難。參本集卷十辨亡論上「清天步而歸舊物」注。誓，左傳文公十八年「作誓命曰」杜預注：「要信也。」性命句，謂性命難以期約，即性命無常意。

〔五六〕常懼二句：殞弊，謂死亡。三國志魏書高貴鄉公紀甘露三年六月詔：「（應）余顛沛殞斃。」弊、斃通。漢書貢禹傳禹上書：「骸骨棄捐，孤魂不歸。」殊裔，極邊遠之地。參本集卷十辨亡論上「化協殊裔」注。

〔五七〕視彼二句：視，小爾雅廣言：「比也。」詩曹風蜉蝣毛傳：「蜉蝣，渠略也，朝生夕死。」喬，通僑。慧琳一切經音義卷九十一「僑寓」注引廣雅：「僑，客寄也。」文選曹丕善哉行「人生如寄」李善注引尸子：「老萊子曰：『人生天地之間，寄也。寄者固歸也。』」

〔五八〕眷此句：眷，説文目部：「顧也。」黄壚，黄泉下土。參本集卷三大暮賦「顧黄墟之杳杳」注。蔡邕議郎胡公夫人哀贊：「黄壚密而無間兮。」

〔五九〕匪身二句：吝，説文口部：「恨惜也。」亮，爾雅釋詁：「信也。」

〔六〇〕紓：廣雅釋詁：「解也。」

〔六一〕曠載：曠，廣雅釋詁：「久也。」曠載，多年。三國志魏書傅嘏傳嘏難劉劭考課法：「王略虧頽而曠載罔綴。」

〔六二〕出車二句：戒，廣雅釋詁：「備也。」戒塗，準備上路。詩周南葛覃：「言告言歸。」毛傳：「言，我也。」

〔六三〕蓐食二句：蓐，後漢書趙岐傳「卧蓐七年」李賢注引聲類：「薦也。」左傳成公七年：「蓐食潛師夜起。」杜預注：「蓐食，早食於寢蓐也。」警，説文言部：「戒也。」警駕，備飭駕具。詩衛風氓：「夙興夜寐。」霄，通宵。召南小星：「肅肅宵征。」

〔六四〕陸凌句：史記袁盎傳：「文帝從霸陵上欲西馳下峻阪。」

〔六五〕爰届二句：爰，語首助詞，無義。詩邶風擊鼓：「爰居爰處。」相逢行古辭：「挾瑟上高堂。」

〔六六〕失爾二句：邁，説文辵部：「遠行也。」朔邁，北行，謂陸雲在壽春，壽春在建業西北。荒，國語吴語「荒成不盟」韋昭注：「空也。」

〔六七〕我心二句：詩鄘風載馳：「我心則憂。」大雅烝民：「仲山甫永懷。」大雅公劉：「匪居匪康。」

〔六八〕昔我四句：詩小雅采薇：「昔我往矣，楊柳依依。今我來思，雨雪霏霏。」孔，爾雅釋言：「甚也。」小雅常棣：「兄弟孔懷。」凋，説文仌部：「半傷也。」瘁，詩小雅雨無正「憯憯日瘁」毛傳：「病也。」詩周頌我將：「我將我享。」繁欽詠蕙：「葩葉永彫悴。」鍾會菊花賦：「百卉彫瘁。」

〔六九〕族有句：餘，吕氏春秋辯士「亦無使有餘」高誘注：「猶多也。」後漢書蔡邕傳邕上書自陳：「死有餘榮。」

〔七〇〕我行二句：詩鄘風載馳：「我行其野，芃芃其麥。」鞠，通鞫。小雅小弁：「踧踧周道，鞫爲茂草。」毛傳：「鞫，窮也。」謂窮盡。

〔七一〕我履二句：荀子哀公：「孔子曰：『君入廟門而右，登自胙階，仰視榱棟，俯見几筵，其器存，其人亡，君以此思哀，則哀將焉而不至矣。』」後漢書東平憲王蒼傳章帝賜蒼及琅邪王京書：「聞於師曰：『其物存，其人亡，不言哀而哀自至。』信矣。」嵇康聲無哀樂論：「夫言哀者，或見几杖而泣，或睹輿服而悲，徒以感人亡而物存，痛事顯而形潛。」案：「其房」與上

「高堂」、「其道」皆指陸氏建業故宅。

〔七二〕拊膺二句：拊膺，輕擊其胸，見本集卷五赴洛「撫膺解携手」注。三國志魏書公孫淵傳注引王沈魏書淵令官屬上書於魏：「拊膺泣血。」曹植卞太后誄：「灑泪中原。」

〔七三〕企佇二句：曹植求通親親表：「實懷鶴立企佇之心。」言歡句，謂以爾之歸爲歡悦。作詩時雲尚未歸。

〔七四〕心存二句：文選潘岳寡婦賦「心存兮目想」李善注引曹操祭橋玄文：「心存目想。」曹植任城王誄序：「目想官墀，心存平素。」宴，左傳成公二年「不忍數年之不宴」杜預注：「樂也。」詩衛風氓：「總角之宴，言笑晏晏。」古詩：「夢想見容輝。」

〔七五〕迫彼二句：左傳襄公十三年：「唯是春秋窀穸之事。」杜預注：「窀，厚也；穸，夜也。厚夜，猶長夜。……長夜，謂葬埋。」詩鄘風載馳：「載馳載驅。」東路，指自建業前往故里華亭。

〔七六〕絫情二句：桑梓，指故里。參本集卷一思親賦「悲桑梓之悠曠」注。肆力，用力。參本集卷十辨亡論下「志士咸得肆力」注。史記范睢傳：「今睢之先人丘墓亦在魏。」據文選陸機贈從兄車騎李善注引陸道瞻吴地記及太平寰宇記卷九十五引吴地記，陸氏祖墳在華亭，桑梓當指華亭。

〔七七〕棲遲二句：詩陳風衡門：「可以棲遲。」毛傳：「棲遲，游息也。」此爲止息不進之意。小雅蓼莪：「昊天罔極。」鄭箋：「昊天乎，我心無極。」

〔七八〕眷言二句：詩小雅大東：「眷言顧之。」毛傳：「眷，反顧也。」周易井九三：「爲我心惻。」王弼注：「爲，猶使也。」

贈顧令文爲宜春令〔一〕

藹藹芳林，有集惟嶽〔二〕。亹亹明哲，在彼鴻族〔三〕。淪心渾無，游精大樸〔四〕。播我徽猷，□彼振玉〔五〕。其一

彼玉之振，光于厥潛〔六〕。大明貞觀，重泉匪深〔七〕。我有好爵，相爾在陰〔八〕。翻飛名都，宰物于南〔九〕。其二

禮弊則僞，樸散在華〔一〇〕。人之秉夷，則是惠和〔一一〕。變風興教，非德伊何〔一二〕？我友敬矣，俾人作歌〔一三〕。其三

交道雖博，好亦勤止〔一四〕。比志同契，惟予與子〔一五〕。三川既曠，江亦永矣〔一六〕。悠悠我思，託邁千里〔一七〕。其四

吉甫之役，清風既沉〔一八〕。非子之艷，詩誰云尋〔一九〕？我來自東，貽其好音〔二〇〕。豈有桃李，恧子瓊琛〔二一〕。將子無矧，屬之翰林〔二二〕。孌彼靜女，此惟我心〔二三〕。其五

影弘仁本文館詞林卷一百五十六

【校】

□彼：原無空格，據適園叢書本文館詞林加。

秉夷：「秉」，原作「乘」，據適園叢書本文館詞林改。

【箋注】

〔一〕顧令文：不詳。陸雲集有答大將軍祭酒顧令文詩，大將軍指成都王穎，穎永寧元年（三〇一）爲大將軍、録尚書事，鎮鄴。知令文後來曾爲司馬穎祭酒。又陸雲集與張光禄書：「顧令文、彦先每宣隆眷彌泰之惠。」宜春：漢置，西晋屬安成郡，今屬江西。

〔二〕藹藹二句：藹藹，廣雅釋訓：「盛也。」詩大雅卷阿：「藹藹王多吉士。」嶽，疑當作鸑。鸑，鸑鷟，鳳類。此喻顧令文。陸雲答大將軍祭酒顧令文：「惟林有鸞。」鸞亦鳳屬。小雅車舝：「依彼平林，有集維鷮。」

〔三〕亹亹二句：詩大雅文王：「亹亹文王，令聞不已。」毛傳：「亹亹，勉也。」大雅烝民：「既明且哲。」揚雄法言序：「明哲煌煌。」鴻族，大族。元和姓纂卷八：「顧伯，夏、殷侯國也。子孫以國氏焉。顧氏譜云：越王句踐七代孫閩君摇，漢封於東甌，摇别封其子爲顧余侯，因氏焉。初居會稽吴，漢分會稽爲吴郡，遂爲郡人。」（據岑仲勉元和姓纂四校記）案：顧令文應出顧余侯。顧氏爲吴大姓，參本集卷六吴趨行「四姓實名家」注。

〔四〕淪心二句：淪，廣雅釋詁：「没也。」淪心，猶潛心、潛思。渾無，渾然虚無，謂道。老子十五章：「渾兮其若濁。」四十章：「天下萬物生於有，有生於無。」後漢書馮衍傳：「游精宇宙。」大樸，亦謂道。老子十五章：「敦兮其若樸。」嵇康太師箴：「默静無文，大朴未虧。」崔寔答譏：「游精太清，潛思九玄。」

〔五〕播我二句：詩小雅角弓：「君子有徽猷。」毛傳：「徽，美也。」鄭箋：「猷，道也。」孟子萬章下：「金聲而玉振之也。」後漢書樊準傳準上疏：「響如振玉。」

〔六〕光于句：謂雖隱潛，而光明照耀。尚書洛誥：「惟公德明光于上下。」潛，即乾之初九「潛龍勿用」之潛。

〔七〕大明二句：周易乾彖：「大明終始，六位時成，時乘六龍以御天。」王弼注：「大明乎終始之道，故六位不失其時而成，升降无常，隨時而用，處則乘潛龍，出則乘飛龍。」繫辭下：「天地之道，貞觀者也。」李鼎祚集解引陸績：「言天地正，可以觀瞻爲道也。」泉，原當作淵，避唐諱改。乾九四：「或躍在淵。」二句謂大明終始天地之正道，出處隨時，雖處重淵之深，猶當躍出。喻顧令文之出仕。

〔八〕我有二句：周易中孚九二：「鳴鶴在陰，其子和之。我有好爵，吾與爾靡之。」李鼎祚集解引虞翻：「爵，位也。」孔疏：「處於幽昧而行不失信，則聲聞於外，爲同類之所應焉。……我有好爵，吾願與爾賢者分散而共之。」相，説文目部：「省視也。」二句謂君有好爵位，省視汝處於幽昧而賢德，欲散此好爵與汝。

〔九〕翻飛二句：詩周頌小毖：「拚飛維鳥。」拚，韓詩作翻。文選謝瞻詠張子房「翻飛指帝鄉」李善注引詩作翻，又引薛君韓詩章句：「翻，飛貌。」名都，指洛陽。顧令文自洛陽往宜春。小爾雅廣詁：「宰，治也。」又：「物，事也。」

〔一〇〕禮弊二句：老子三十八章：「夫禮者，忠信之薄而亂之首。」莊子知北游：「禮相僞也。……禮者，道之華而亂之首也。」文子上義：「老子曰：『亂世……爲禮者相矜以僞。』」老莊上道德而賤禮義，然此云「禮弊則僞」，似以爲禮之初設未壞時尚有可取，與老莊之説微有不同。老子二十八章：「樸散則爲器。」

〔一一〕人之二句：人，原當作民，避唐諱改。詩大雅烝民：「民之秉彝，好是懿德。」毛傳：「彝，常。」鄭箋：「秉，執也。……然而民所執持有常道，莫不好有美德之人。」秉彝，孟子告子上作秉夷。夷、彝通。左傳昭公二十五年：「爲温慈惠和，以效天之生殖長育。」二句謂民之常情，乃好樂此惠和之政。

〔一二〕變風二句：承上謂改變風俗，興起教化，唯在於德而不可憑恃巧僞。

〔一三〕我友二句：詩小雅沔水：「我友敬矣。」俾，爾雅釋詁：「使也。」人，原當作民，避唐諱改。小雅節南山：「俾民不迷。」小雅四牡：「是用作歌。」

〔一四〕交道二句：交道，交往之道。勤，左傳僖公二十八年「令尹其不勤民」杜預注：「盡心盡力無所愛惜爲勤。」止，語末助詞。詩周頌賚：「文王既勤止。」二句謂交往之道雖爲多端，然美好者在於能殷勤不倦。

〔一五〕比志二句：比，禮記樂記「比於慢矣」鄭玄注：「猶同也。」戰國策秦策：「天下有比志而軍華下。」同契，喻相合、一致。曹植玄暢賦：「上同契於稷禼，降合穎於伊望。」論語述而：「子謂顔淵曰：『用之則行，舍之則藏，唯我與爾有是夫！』」郭遐叔贈嵇康：「惟予與子，蔑不同貫。」

〔一六〕三川二句：史記秦本紀：「初置三川郡。」裴駰集解引韋昭：「有河、洛、伊，故曰三川。」詩周南漢廣：「江之永矣，不可方思。」二句言顧令文南行，相去遼遠。

〔一七〕悠悠二句：詩邶風終風：「悠悠我思。」邁，説文辵部：「遠行也。」二句謂我之悠長思念，寄託於遠行人，直至千里。

〔一八〕吉甫二句：尹吉甫，周宣王卿士。役，經營，作爲。此指尹吉甫作詩之事。尹吉甫曾北伐玁狁，見小雅六月。吉甫亦有文，曾作祖送之詩。大雅崧高：「吉甫作誦，其詩孔碩。其風肆好，以贈申伯。」又烝民：「吉甫作誦，穆如清風。仲山甫永懷，以慰其心。」申伯、仲山甫皆奉王命外出。二句謂尹吉甫作詩贈人，和穆有如清風，而其人其事，今已往矣。

〔一九〕非子二句：艷，楚辭招魂「艷陸離些」王逸注：「好貌也。」春秋穀梁傳序「左氏艷而富」楊士勛疏：「艷者，文辭可美之稱也。」尋，公羊傳成公三年「尋舊盟也」何休注：「猶尋繹也。」二句謂若非子之美，何能重尋詩之傳統？言外謂己之作詩贈别乃效法尹吉甫所爲。

〔二〇〕我來二句：詩豳風東山：「我來自東。」魯頌泮水：「懷我好音。」二句謂我自東方歸時，乃贈我以佳篇。案：此處所云陸機徂東歸洛，所爲何事，不可考。

〔二一〕豈有二句：悉，説文心部：「慚也。」琛，爾雅釋言「寶也。」詩衛風木瓜：「投我以木桃，報之以瓊瑶。」又：「投我以木李，報之以瓊玖。」二句云愧無桃李可報子瓊琛之贈。自謙己詩不足以報答顧之贈也。

〔二二〕將子二句：詩衛風氓：「將子無怒。」毛傳：「將，願也。」矧，通哂。廣雅釋詁：「哂，笑也。」王念孫疏證：「哂、吲、弞、矧，并通。」屬，儀禮士冠禮「纓屬于缺」鄭玄注：「猶著也。」二句謂願子勿哂笑我詩，使其亦得附著於文章之林。古人編集，多將贈答雙方之作一同編入，故云。

〔二三〕孌彼二句：詩邶風泉水：「孌彼諸姬。」毛傳：「孌，好貌。」邶風静女：「静女其孌，貽我彤管。」毛傳：「……有美色，又能遺我以古人之法。」彤管，女史執以書事，所書合乎古法，故以爲古人之法之代稱。二句似以静女指顧令文，謂顧令文贈詩有如静女所詠，遺我以古人之法。「此惟」句，謂我心之所存在此也。

贈武昌太守夏少明〔一〕

穆穆君子，明德允迪〔二〕。掛翼負海，翻飛上國〔三〕。天子命之，曾是在服〔四〕。西逾峭黽，北臨河曲〔五〕。其一

爾政既均，爾化既淳〔六〕。舊污孔修，德以振人〔七〕。雍雍鳴鶴，亦聞于天〔八〕。釋厥緇衣，爰集崇賢〔九〕。其二

羽儀既奮，令問不已〔一〇〕。慶雲烟熅，鴻漸載起〔一一〕。峨峨紫闥，俟戾俟止〔一二〕。彤管有煒，納言崇祉〔一三〕。其三

既考爾工，將胙爾庸〔一四〕。大君有命，俾守于東〔一五〕。允文允武，威靈以隆〔一六〕。之子于邁，介夫在戎〔一七〕。其四

悠悠武昌，在江之隈〔一八〕。吴未喪師，爲藩爲畿〔一九〕。惟此惠君，人胥攸希〔二〇〕。奕奕重光，照爾繡衣〔二一〕。其五

人道靡常，高會難期〔二二〕。之子于遠，曷云歸哉〔二三〕。心乎愛矣，永言懷之〔二四〕。

瞻彼江介，惟用作詩〔二五〕。其六　影弘仁本文館詞林卷一百五十六

【校】

峭黽：「黽」，適園叢書本文館詞林作「岡」。

將胙：「胙」，原作「昨」，據適園叢書本文館詞林改。

江介：「介」，原作「分」，據適園叢書本文館詞林改。

【箋注】

〔一〕夏少明，名靖，會稽人。仕晉至豫章内史。永寧元年（三〇一）卒，陸雲有晉故豫章内史夏府君誄。武昌郡，治武昌縣，今湖北鄂州。通典卷三十七晉官品：郡國太守、相、内史，第五品。夏靖有答陸士衡詩，載文館詞林卷一百五十七。

〔二〕穆穆二句：穆穆，美也，見本集卷六吴趨行「穆穆延陵子」注。詩大雅皇矣：「予懷明德。」左傳僖公五年引周書：「明德惟馨。」允，爾雅釋詁：「信也。」迪，小爾雅廣言：「蹈也。」尚書皋陶謨：「允迪厥德。」

〔三〕拊翼二句：拊翼，拍擊其翼，見本集卷九吴貞獻處士陸君誄「拊翼雲霄」注。負海，指吴地。左傳成公七年「通吴於上國」，杜預注：「上國，諸夏。」二句謂夏靖自吴入於洛陽。案：太平御覽卷八百三十二引語林載夏靖入洛軼事，録以備參考：「夏少明在東國，不知名，聞裴

逸民(頗)知人，乃裹粮寄載，入洛從之。未至家少許，見一人，着黄皮袴褶，乘馬，將獵。問曰：『逸民家遠近？』答曰：『君何以問？』夏曰：『聞其名知人，故從會稽來投之。』裴曰：『身是逸民，君明可更來。』明往，逸民果知之，用爲西明門候，於此遂知名也。」

〔四〕天子二句：詩小雅采菽：「樂只君子，天子命之。」大雅蕩：「曾是在服。」毛傳：「服，服政事也。」謂使之在位執政事。

〔五〕西逾二句：崤，崤山，在今河南，西接陝縣界，東接澠池縣界。黽，黽池，秦漢黽池縣在今河南澠池西。案：陸雲晋故豫章内史夏府君誄云：「聿臨猗氏，接彼郇瑕。」猗氏縣屬河東郡，今山西臨猗南，其地西接解縣。左傳成公六年：「諸大夫皆曰：『必居郇瑕氏之地。』」水經涑水「又南過解縣東，又西南，注于張陽池」注引服虔曰：「郇國在解縣東，郇瑕氏之墟也。」是郇瑕正在猗氏與解之間。蓋夏靖曾爲猗氏縣令。崤黽乃自洛陽往猗氏必經之路。左傳文公十二年：「晋人、秦人戰于河曲」杜預注：「河曲在河東蒲坂縣南。」漢書地理志：「魏國，亦姬姓也，在晋之南河曲。」即黄河自今陝西、山西邊界南下而向東曲折處。又案：史記賈誼傳司馬貞索隱：「夏靖書云『猗氏六十里黄河西岸吴阪下，便得隱穴，是(傅)説所潜身處也』。」即靖任猗氏令時所作。太平寰宇記卷六河南道陝州夏縣：「夏宫。夏静與洛下人書云：『安邑，禹舊宫，有石殿、金户、丹庭、紫宫，俗人名爲驪姬故房。』今無基址。」又：「夏禹臺。在縣西北十五里。土地十三州志云：『禹娶塗山氏女，思本國，築臺以望。

今城南門臺基猶存。』夏静與洛下人書云：『安邑塗山氏臺，俗謂之青臺，上有禹祠。』」兩引夏静書，夏静即夏靖，與洛下人書當即司馬貞所引之書。安邑爲河東郡治所，在猗氏東北相鄰接。

〔六〕爾政二句：論語季氏：「不患寡而患不均……蓋均無貧。」何晏集解引包咸：「政教均平則不貧矣。」周易繫辭下：「天地絪緼，萬物化醇。」曹植漢文帝贊：「萬國化淳。」

〔七〕舊污二句：孔，爾雅釋言：「甚也。」修，吕氏春秋孟春「皆修封疆」高誘注：「治也。」尚書禹貢：「六府孔修。」論語爲政：「道之以德。」振，小爾雅廣言：「救也。」史記太史公自序作游俠列傳第六十四：「救人於厄，振人不贍。」

〔八〕雍雍二句：詩邶風匏有苦葉：「雝雝鳴雁。」毛傳：「雝雝，雁聲和也。」雍、雝通。小雅鶴鳴：「鶴鳴于九皋，聲聞于天。」

〔九〕釋厥二句：詩鄭風緇衣：「緇衣之宜兮。」毛傳：「緇，黑色。卿士聽朝之正服也。」鄭箋：「緇衣者，居私朝之服也；天子之朝服，皮弁服也。」周禮春官司服「凡甸，冠弁服」鄭玄注：「其服，緇布衣……諸侯以爲視朝之服。」是緇衣爲諸侯聽朝所服，毛傳所謂卿士，謂諸侯入天子朝爲卿士耳。此以緇衣喻爲地方官。崇賢，晋東宫門名，參本集卷五吴王郎中時從梁陳作「矯迹入崇賢」注。二句指夏靖自地方官入天子朝爲太子官屬。陸雲晋故豫章内史夏府君誄云：「明明皇儲，睿哲時招。奮厥河滸，矯足雲霄。」

〔一〇〕羽儀二句：周易漸上九：「鴻漸于陸，其羽可用爲儀。」儀乃儀表之義，然魏晉以來有羽儀二字連用而偏於羽翼之義者，如嵇康兄秀才公穆入軍贈詩：「抗首漱朝露，晞陽振羽儀。」夏侯湛抵疑：「英耀秃落，羽儀摧殘。」潘岳夏侯常侍誄：「弱冠厲翼，羽儀初升。」曹攄述志賦：「奮羽儀而翱翔。」左思吴都賦：「湛淡羽儀，隨波參差。」潘尼答陸士衡：「子濯鱗翼，我挫羽儀。」詩大雅文王：「亹亹文王，令聞不已。」問、聞通。

〔一一〕慶雲二句：慶雲，喜慶之氣，參本集卷五贈馮文羆遷斥丘令「慶雲扶質」注。烟煴，天地陰陽之氣相和融貌。參本集卷四白雲賦「合洪化乎烟煴」注。鴻漸，周易漸六爻爻辭皆曰「鴻漸」，此以鴻之漸進喻君子之升遷得位。詩小雅楚茨：「皇尸載起。」鄭箋：「載之言則也。」

〔一二〕峨峨二句：紫闥，猶紫宫，天子之所在。參本集卷十辨亡論上「反帝座乎紫闥」注。侯，爾雅釋詁：「乃也。」詩大雅蕩：「侯作侯祝。」魯頌泮水：「魯侯戾止。」毛傳：「戾，來；止，至也。」

〔一三〕彤管二句：彤管，謂筆，其管赤色。詩邶風静女：「貽我彤管，彤管有煒。」毛傳：「煒，赤貌。」鄭箋：「彤管，筆赤管也。」案：藝文類聚卷五十八引漢官儀：「尚書令、僕、丞、郎月給赤管大筆雙。」陸機此處意謂夏靖任職於尚書臺。尚書堯典：「帝曰：『龍……命汝作納言，夙夜出納朕命，惟允。』」（僞古文在舜典）孔疏：「此官主聽下言，納於上，故以納言爲名。亦主受上言，宣於下，故言出朕命。納言不納於下，朕命有出無入，官名納言，云出納朕命，互相見也。」漢書百官公卿表：「龍作納言，出入帝命。」顔師古注引應劭：「納言，如今尚書，管王之喉舌也。」漢晋之時多以納言稱尚書。揚雄尚書箴：「龍爲納言，是機是密。」後漢書伏湛傳載杜詩薦湛爲尚書，云其「尤宜近侍，納言左右」。又陳忠傳載忠上疏：「臣願明主……重察……尚書納言，得無趙昌譖（鄭）崇之詐。」趙昌，哀帝時尚書令也。又楊秉傳秉上疏：「奕世受恩，得備納言。」李賢注：「納言，尚書。」又周舉傳舉爲尚書，其對策云：「臣自藩外，擢典納言。」又蔡邕朱公叔（穆）墓前石碑：「帝曰：『休哉，朕嘉乃功，命汝納言，胤汝祖踪。』」謂朱穆桓帝時徵拜尚書也，其祖暉，章帝時爲尚書僕射、尚書令，故云「胤汝祖踪」。又蔡邕巴郡太守謝版：「臣尚書邕免冠頓首死罪……知納言任重，非臣所得久忝。」又三國志魏書劉靖傳載應璩與靖書，稱其「入作納言，出臨京任」，謂其爲尚書及河南尹也。又吴書陸抗傳抗上疏稱薛綜「納言先帝」，謂綜孫權時爲尚書僕射、選曹尚書也。又晋書王沈傳載其卒後晋武帝詔，稱沈「入歷常伯納言之位」，謂其爲録尚書事也。又蔡謨傳謨上疏自稱「再登而厠納言」，謂爲五兵尚書也。又陸雲晋故散騎常侍陸府君誄：「顯考尚書，納言帝宇。……奕世納言，帝衡以平。」謂陸瑁孫權時爲選曹尚書，而陸喜孫晧時復爲選曹尚書也。又左思魏都賦張載注：「升賢門内、聽政闥外，東入，有納言闥、尚書臺。」可知魏時尚書臺之門闥，以納言名之。陸機云夏靖納言，亦言其任職於尚書臺也。然具體任何職，不詳，依官品言之，應是尚書郎或尚書左右丞（第六品）。上引諸例，納言均指尚書或尚書僕射、尚書令（皆第三品），無指尚書郎、丞者。文選潘岳爲賈謐作贈陸機「光贊納言」李善注：「謂爲尚書郎也……應劭漢書注曰：『納言，如今尚書官。』機爲郎，故曰『光贊』也，鄭玄周禮注曰：『贊，佐也。』」李善意謂納言指尚書，尚書郎佐助尚書，故曰「光贊納言」。傅咸感别賦序云友人魯庶叔「遷尚書郎」，而賦云「顯佐納言」，亦與潘岳詩用語同。陸機此處則謂夏靖供職尚書臺，并非言其爲尚書。崇祉，謂增多福祚。案：陸雲晋故豫章内史夏府君誄云：「委蛇華閣，陟降太微。納言贊事，淵裕徘徊。」亦言任職尚書臺。華閣，謂尚書臺閣。

〔一四〕既考二句：工，通功。史記五帝紀：「三歲一考功。」公羊傳宣公十五年何休解詁：「君以考功授官。」胙，左傳襄公十四年「世胙大師」杜預注：「報也。」庸，爾雅釋詁：「勞也。」蔡邕司空文烈侯楊公碑：「朕嘉君功，爲邑河渭，建兹土封，申備九錫，以祚其庸。」胙、祚通。

〔一五〕大君二句：周易師上六：「大君有命。」象曰：「大君有命，以正功也。」詩小雅十月之交：「俾守我王。」武昌在洛陽東南。

〔一六〕允文二句：允，爾雅釋詁：「信也。」詩魯頌泮水：「允文允武。」楚辭九歌國殤：「天時墜兮威靈怒。」揚雄長楊賦：「今樂遠出以露威靈。」二句謂夏靖誠既文且武，國之威靈以之而隆盛。

馬之用。」

〔一七〕之子二句：詩小雅車攻：「之子于征。」禮記檀弓下：「陽門之介夫死。」鄭玄注：「介夫，甲衛士。」戎，論語子路「亦可以即戎矣」集解引包咸：「兵也。」曹操上書讓封：「采臣在戎犬馬之用。」

〔一八〕悠悠二句：詩王風黍離：「悠悠蒼天。」毛傳：「悠悠，遠意。」隈，説文阜部：「水曲隩也。」

〔一九〕吴未二句：未喪師，謂吴未亡時。藩，説文艸部：「屏也。」謂屏蔽。畿，説文田部：「天子千里地。」魏黄初二年（二二一），孫權自公安都鄂，改名武昌，以武昌等六縣爲武昌郡，至黄龍元年（二二九）還都建業，孫晧時亦曾徙都武昌，故曰「爲畿」。武昌爲吴之江防要地，孫權還都建業，乃以太子和留鎮武昌，以上大將軍徵陸遜輔太子，并掌荆州及豫章三郡事，董督軍國。後又以子奮爲齊王，居武昌。遜卒，大將軍諸葛恪代領荆州事，亦駐武昌。其地既爲國之屏藩，又爲藩王所居，故曰「爲藩」。

〔二〇〕惟此二句：惠君，詩大雅桑柔：「維此惠君，民人所瞻。」鄭箋：「惠，順。……維至德順民之君，爲百姓所瞻仰者。」此指晋惠帝。小雅角弓：「民胥傚矣。」鄭箋：「胥，皆也。」攸，是。（參裴學海古書虚字集釋）希，通睎。廣雅釋詁：「睎，望也。」

〔二一〕弈弈二句：弈，通奕。廣雅釋訓：「奕奕，盛也。」重光，日月之光，喻天子。參本集卷五皇太子宴玄圃宣猷堂有令賦詩「體輝重光」注。漢書百官公卿表：「侍御史有繡衣直指，出討奸猾，治大獄。武帝所制，不常置。」顔師古注：「衣以繡者，尊寵之也」

〔二二〕人道二句：周易繫辭下：「有天道焉，有人道焉，有地道焉。」詩大雅文王：「天命靡常。」史記項羽紀：「飲酒高會。」索隱：「韋昭曰『皆召高爵，故曰高會』，服虔云『大會』是也。」

〔二三〕之子二句：詩邶風雄雉：「道之云遠，曷云能來？」鄭箋：「曷，何也。何時能來。望之也。」小雅小明：「曷云其還？」

〔二四〕心乎二句：詩小雅隰桑：「心乎愛矣。」周頌載見：「永言保之。」

〔二五〕瞻彼二句：詩衛風淇奧：「瞻彼淇奧。」介，間。參本集卷二懷土賦「留兹情於江介」注。小雅四月：「君子作歌，維以告哀。」

贈斥丘令馮文羆

夙駕出東城，送子臨江曲〔一〕。密席接同志，羽觴飛醽渌〔二〕。登樓望峻陂，時逝一何速〔三〕。藝文類聚卷三十一

【校】

斥丘：「斥」，原作「波」。本集卷五有贈馮文羆遷斥丘令詩。錢培名札記云「波」蓋「斥」之誤，據改。

夙駕：「夙」，初學記卷十八作「鳳」。

江曲：「江」，初學記卷十八作「河」。

峻陂：「陂」，初學記卷十八作「波」。

【箋注】

〔一〕夙駕二句：詩鄘風定之方中：「星言夙駕。」出東城，洛陽東面三門，自北而南爲建春門、東陽門、清明門。馮熊往斥丘，在河北，當是出建春門或東陽門。江，當指穀水。洛陽伽藍記卷二：「穀水周圍繞城至建春門外……出建春門外一里餘至東石橋南。……橋北大道……東有綏民里……綏民里東崇義里……崇義里東有七里橋。……七里橋東一里，郭門開三道，時人號爲三門。離别者多云：『相送三門外。』京師士子，送去迎歸，常在此處。」水經穀水「又東過河南縣北，東南入于洛」注：「其水（穀水）又東，左合七里澗。……澗有石梁，即旅人橋也。」旅人橋應即七里橋。七里澗實爲穀水繞城之後東流之一段。晉書成都王穎傳云穎歸鄴，出自東陽門，齊王冏追及之於七里澗。七里澗乃自洛陽東出往河北必經之處。

〔二〕密席二句：參本集卷六擬今日良宴會「四坐咸同志，羽觴不可筭」注。酃渌，皆美酒名。晉書武帝紀：「（太康元年五月）薦酃渌酒于太廟。」北堂書鈔卷一百四十八引吴録：「湘東酃縣有酃水，以水爲酒名。其湖周匝四十三里。」太平寰宇記卷一百十五衡州衡陽縣引郭仲産湘州記：「縣東有酃湖，周二十里，深八尺，湛然緑色。土人取此水以釀酒，其味醇美，所謂酃酒，每年嘗獻之。晉帝平吴，始荐酃酒于太廟。」北堂書鈔卷一百四十八引盛弘之荆州記：「桂陽郡東界俠公山下淥溪源，官常取此水爲酒。」文選張協七命李善注引盛弘之荆州記：「淥水……官取水爲酒，酒極甘美，與湘東酃湖酒，年常獻之，世稱酃淥酒。」

〔三〕時逝句：古詩：「歲暮一何速。」

贈馮文羆〔一〕

問子別所期，耀靈緣扶木〔二〕。文選卷三十謝靈運南樓中望所遲客詩李善注

【箋注】

〔一〕錢培名云：「以韻推之，與類聚所引（指上「夙駕出東城」首）當爲一首。」逯欽立亦云：「此殆前篇（「夙駕出東城」首）佚句。」

〔二〕耀靈句：耀靈，文選張衡思玄賦「耀靈忽其西藏」舊注：「日也。」楚辭遠遊：「耀靈曄而西征。」扶木，即扶桑，神木名。山海經大荒東經：「湯谷上有扶木，一日方至，一日方出。」海外東經：「湯谷上有扶桑，十日所浴，在黑齒北，居水中。有大木，九日居下枝，一日居上枝。」

贈潘岳

僉曰吾生〔一〕，明德惟允〔二〕。文選謝瞻答靈運詩李善注

【箋注】

〔一〕僉曰句：僉，爾雅釋詁：「皆也。」生，史記儒林傳「言禮自魯高堂生」司馬貞索隱：「云生者，自漢已來儒者皆號生，亦先生省字呼之耳。」

〔二〕明德句：明德，參本卷贈武昌太守夏少明「明德允迪」注。允，爾雅釋詁：「信也。」尚書堯典：「出納朕命，惟允。」（僞古文在舜典）

答潘尼〔一〕

猗歟潘生，世篤其藻〔二〕。仰儀前文，不隆祖考〔三〕。三國志魏書衛覬傳裴松之注引潘尼別傳

【箋注】

〔一〕潘尼，字正叔。參本集卷五祖道畢雍孫劉邊仲潘正叔題注。本集卷五有答潘尼，當爲元康四年出爲吴王郎中令時答潘尼贈詩所作，此四句或與其爲同一首。

〔二〕猗歟二句：詩周頌潛：「猗與漆沮。」鄭箋：「猗與，嘆美之言也。」世篤句：謂世代富於文藻。參本集卷五皇太子宴玄圃宣猷堂有令賦詩「世篤其聖」注。尼父滿、祖勖，皆以學行稱，勖所作册魏公九錫文，有名於世。尼與從父岳，世并重其文翰。

〔三〕仰儀二句：儀，國語周語「百官軌儀」韋昭注：「法也。」夏侯湛昆弟誥：「不隆我先緒。」

爲顧彦先作〔一〕

肅肅素秋節，湛湛濃露凝〔二〕。太陽夙夜降，少陰忽已升〔三〕。太平御覽卷二十五

【箋注】

〔一〕顧彦先：名榮。本集卷五有贈尚書郎顧彦先二首、爲顧彦先贈婦二首。

〔二〕肅肅二句：文選張華勵志「忽焉素秋」李善注：「爾雅曰：『秋爲白藏。』故云素秋。」案：爾雅釋天「秋爲白藏」郭璞注：「氣白而收藏。」文選潘尼贈陸機出爲吴王郎中令「予涉素秋」李善注引劉楨與臨淄侯書：「肅以素秋則落。」詩小雅湛露：「湛湛露斯。」毛傳：「湛湛，露茂盛貌。」

〔三〕太陽二句：春秋繁露官制象天：「春者，少陽之選也；夏者，太陽之選也；秋者，少陰之選也；冬者，太陰之選也。」北堂書鈔卷一百五十三引蔡邕月令章句：「天地之道，陰陽各有少、太，是生四時。少陽爲春，太陽爲夏，少陰爲秋，太陰爲冬也。」

贈顧彦先〔一〕

清夜不能寐，悲風入我軒〔二〕。立影對孤軀，哀聲應苦言〔三〕。藝文類聚卷三十一

【箋注】

〔一〕錢培名云：「按玉臺新詠載陸士龍爲顧彥先贈婦往反四首，蓋一贈一答，再贈再答，故云往反。昭明録婦答二首入選，題爲顧彥先贈婦，殊失詩旨。其所録士衡二詩，乃一贈一答，題中亦失往返字。善注已辨之。又據上條御覽所引，題云爲顧彥先作；此條類聚所引，題云贈顧彥先。而二書并引入妻類。詳玩語意，迥非友朋贈答之辭。疑士衡原作，亦如士龍，往反四首。文選所録是其前二首，『肅肅』四句則其再贈，『清夜』四句則其再答，故所題如此。然全詩已佚，無可考正，姑附於逸文。」其説可參，然謂「引入妻類」，於事實不符，不知何所據。

〔二〕清夜二句：古詩：「憂愁不能寐。」阮籍詠懷：「夜中不能寐。」古詩：「白楊多悲風。」

〔三〕立影二句：曹植上責躬應詔詩表：「形影相吊。」馬融長笛賦：「哀聲五降。」苦言，酸苦之言。見本集卷五贈馮文羆「苦言隨風吟」注。

祖道清正

□□□題，允藩克正。惟是喉舌，光翼明聖〔一〕。北堂書鈔卷六十

【校】

題：孔廣陶刊北堂書鈔卷六十設官部諸曹尚書「光翼明聖」引此詩。其校語云：「『允藩』以上，

舛脫已甚，無從引證。」逯欽立先秦漢魏晉南北朝詩晉詩卷五録此四句，題下注云：「『清正』當是『潘正』之誤。」然潘正不知何人。案：潘尼字正叔，本集卷五有祖道畢雍孫劉邊仲潘正叔詩，逯氏之意，或謂當作祖道潘正叔與？

【箋注】

〔一〕惟是二句：喉舌，此指尚書。參贈武昌太守夏少明「納言崇祉」注。潘尼曾爲尚書郎。光翼，謂輔佐。參本集卷五答賈謐「光翼二祖」注。禮記中庸：「聰明聖知達天德者。」

祖會太極東堂〔一〕

帝謂御事，及爾同歡〔二〕。我有嘉禮，以壽永觀〔三〕。思樂華殿，祗承聖顏〔四〕。

北堂書鈔卷八十二

【箋注】

〔一〕北堂書鈔卷八十二又引陸機祖會太極東堂詩：「於是四座具醉。」逯欽立云當是本詩序殘文。祖，漢書劉屈氂傳「丞相爲祖道」顏師古注：「祖者，送行之祭，因設宴飲焉。」祖會，當指送行之集會。太極，魏晉時正殿名。初學記卷二十四：「歷代殿名，或沿或革，唯魏之太極，自晉以降正殿皆名之。」三國志魏書明帝紀：「（青龍三年）大治洛陽宮，起昭陽、太極殿。」水經穀水「又東過河南縣北，東南入于洛」注：「魏明帝上法太極，于洛陽南宫起太極殿於漢崇德殿之故處。」晋書五行志：「太極、東堂，皆朝享、聽政之所。」東堂在太極殿東。景定建康志卷二十一引舊志：「太極殿，建康宫内正殿也。晋初造，以十二間象十二月，至梁武帝改製十三間，象閏焉。……次東有太極東堂七間，次西有太極西堂七間。」此雖東晋南朝建康宫殿，然大體當依魏晋洛陽舊制。藝文類聚卷三十九引摯虞決疑要注：「晋制：大會於太極殿，小會於東堂。」太平御覽卷五百三十九引摯虞決疑要注：「讌之與會，威儀不同也。會則隨五時朝服，庭設金石懸，虎賁着旄頭、文衣、鶡尾以列陛。讌則服常服，設絲竹之樂，唯宿衛者列仗。」

〔二〕帝謂二句：御，禮記曲禮下「能御矣」鄭玄注：「猶主也。」漢書翟方進傳「于汝卿大夫元士御事」顔師古注引應劭：「御事，主事也。」尚書大誥：「越爾御事。」詩邶風谷風：「及爾同死。」鄭箋：「及，與也。」張華晋四廂樂歌宗親會歌：「上下同歡欣。」

〔三〕我有二句：周禮春官大宗伯：「以嘉禮親萬民。」鄭玄注：「嘉，善也。所以因人心所善者而爲之制。」晋書禮志：「五禮之别，其五曰嘉。宴饗冠婚之道於是乎備。」詩小雅鹿鳴：「我有嘉賓。」壽，願其壽考，祝頌之詞。詩周頌有瞽：「我客戾止，永觀厥成。」此以永觀代指賓客。二句謂天子有宴饗之嘉禮，以祝頌賓客。

〔四〕思樂二句：詩魯頌泮水：「思樂泮水。」思乃感思、感念之意。班婕好自悼賦：「華殿塵兮玉階荅。」祇承，敬奉。見本集卷五答賈謐「祇承皇命」注。曹植責躬詩：「遲奉聖顏。」

元康四年從皇太子祖會東堂

巍巍皇代，奄宅九圍〔一〕。帝在在洛，克配紫微〔二〕。普厥丘宇，時罔不綏〔三〕。

八風應律，日月重暉〔四〕。北堂書鈔卷一百四十九

匡謬正俗卷三禹宇丘區

【校】

題：北堂書鈔卷一百四十九引圍、微、暉三韻，無題目，但云「陸機詩」。逯欽立拼接書鈔與匡謬正俗，爲圍、微、暉、綏四韻。

巍巍皇代：北堂書鈔卷一百四十九作「魏王禪代」。

在洛：北堂書鈔卷一百四十九作「洛陽」。

克配：「克」，北堂書鈔卷一百四十九作「光」。

【箋注】

〔一〕巍巍二句：論語泰伯：「子曰：『巍巍乎，舜禹之有天下也，而不與焉。』」潘岳西征賦：「在皇代而物土。」李善注：「皇代，謂晋也。」奄宅，謂廣居、廣有。參本集卷五答賈謐「奄宅率

土」注。九圍，九州，參本集卷九吴大帝誄「經營九圍」注。

〔二〕帝在二句：詩小雅魚藻：「王在在鎬。」紫微，天帝所居。參本集卷三列仙賦「覲天皇於紫微」注。大雅文王：「克配上帝。」

〔三〕普厥二句：丘宇，即區宇，漢時丘、區音同，至魏晉時區音漸變入魚虞，然亦有仍其舊音讀入尤侯者。參顔師古匡謬正俗卷三禹宇丘區及劉曉東平議。區宇，謂天地之間。張衡東京賦：「區宇乂寧。」時，爾雅釋詁：「是也。」尚書大誥：「爾時罔敢易法。」綏，爾雅釋詁：「安也。」三句謂普天之下，於是無不安定。

〔四〕八風二句：八風句，風雨陰陽調和之意。參本集卷四浮雲賦「六律和應，八風時邁」注。日月句，頌天子并太子。參本集卷七月重輪行題注。

講漢書〔一〕

税駕金華，講學秘館〔二〕。有集惟髦，芳風雅宴〔三〕。北堂書鈔卷九十八

【箋注】

〔一〕晉書左思傳：「秘書監賈謐請講漢書。」藝文類聚卷五十五、初學記卷二十一有潘岳於賈謐坐講漢書詩。又顔師古漢書叙例載注釋人名：「劉寶，字道真，高平人。晉中書郎，河内太

守，御史中丞，太子中庶子，吏部郎，安北將軍。」注云：「侍皇太子講漢書。别有駁義。」（據王先謙漢書補注引朱一新説，此注乃北宋余靖所爲。）據世説新語德行「劉道真嘗爲徒」條、任誕「劉道真少時常漁草澤」條、簡傲「陸士衡初入洛」條，劉寶與陸機同時。知西晋時宫廷間有講漢書風氣。陸機此詩云「講學秘館」，秘館當指秘書省而言。機與左思、潘岳同列名賈謐二十四友。是此詩之作，當亦賈謐爲秘書監之時。

〔二〕税駕二句：税駕，猶解駕，止息。參本集卷五招隱「税駕從所欲」注。金華，漢之殿名，此代指晋宫殿。漢書叙傳：「時上（成帝）方鄉學，鄭寬中、張禹朝夕入説尚書、論語於金華殿中。」顔師古注：「金華殿在未央宫。」秘館，當指秘書省。

〔三〕有集二句：詩小雅車舝：「有集維鷮。」髦，爾雅釋言：「俊也。」禰衡顔子碑：「振芳風。」

東宫

軟顔收紅蕊，玄鬢吐素華〔一〕。冉冉逝將老，咄咄奈老何〔二〕。藝文類聚卷十八

【校】

題：藝文類聚卷十八録此詩，入「人部」「老」類，無題，但云「晋陸機詩曰」。文選謝靈運晚出西射堂李善注、江淹雜擬劉太尉琨李善注兩引前二句，皆云陸機東宫詩。馮惟訥古詩紀卷三

十五、張燮七十二家集陸平原集卷四、張溥漢魏六朝百三家集卷四十九題爲「詠老」。

軟顔句：文選謝靈運晚出西射堂李善注、江淹雜擬劉太尉琨李善注「軟」作「柔」，「蕊」作「藻」。

玄鬢：「鬢」，文選江淹雜擬劉太尉琨李善注作「髮」。

【箋注】

〔一〕玄鬢句：淮南子道應：「深目而玄鬢。」

〔二〕冉冉二句：冉冉，行進貌。參本集卷三嘆逝賦「人冉冉而行暮」注。咄咄，慧琳一切經音義卷七十八引字書：「叱也。」漢武帝秋風辭：「少壯幾時兮奈老何。」

尸鄉亭〔一〕

東游觀鞏洛，逍遥丘墓間〔二〕。秋草蔓長柯，寒木入雲烟。發軫有夙晏，息駕無愚賢〔三〕。藝文類聚卷二十七

【校】

秋草句：文鏡秘府論西卷文二十八種病引作「衰草蔓長河」。

【箋注】

〔一〕尸鄉：在今河南偃師西。續漢書郡國志河南尹：「偃師，有尸鄉。」劉昭注：「帝王世紀

曰：「尸鄉在縣西二十里。」水經穀水「又東過河南縣北東南入于洛」注：「班固曰：『尸鄉，故殷湯所都者也，故亦曰湯亭。』薛瓚漢書注、皇甫謐帝王世紀并以爲非，以爲帝嚳都矣。晉太康記、地道記并言田横死于是亭，故改曰尸鄉。非也。余按司馬彪郡國志，以爲春秋之尸氏也。其澤野負原夾郭，多墳隴焉，即陸士衡會王輔嗣處也。」

〔二〕東游二句：鞏縣，在今河南鞏縣西，偃師東北。洛水與伊水會，東流經偃師南，又東北經鞏縣東入河。尸鄉在鞏洛間。戰國策韓策：「韓北有鞏洛成皋之固。」逍遥，廣雅釋訓：「儴徉也。」徘徊之意。

〔三〕發軫二句：發軫，猶言啓行。參本集卷五贈馮文羆「發軫清洛汭」注。晏，小爾雅廣言：「晚也。」曹植美女篇：「行徒用息駕。」此喻死亡。蒿里古辭：「蒿里誰家地，聚斂魂魄無賢愚。」

【集評】

文鏡秘府論南卷引或曰：「至如王粲『灞岸』，陸機尸鄉，潘岳悼亡，徐幹室思，并有巧句，互稱奇作。」案：此初唐元兢古今詩人秀句後序語，參盧盛江文鏡秘府論彙校彙考。

文鏡秘府論西卷文二十八種病：「或云：如陸機詩云：『衰草蔓長河，寒木入雲烟。』河與烟平聲。此上尾，齊梁已前，時有犯者，齊梁已來，無有犯者。」案：此亦元兢語，參盧盛江文鏡秘府論彙校彙考。

王闓運八代詩選眉批：荒寂如見。（據夏敬觀八代詩評所附）

園葵

翩翩晚彫葵，孤生寄北蕃〔一〕。被蒙覆露惠〔二〕，微軀後時殘。庇足同一智，生理各萬端〔三〕。不若聞道易，但傷知命難〔四〕。藝文類聚卷八十二

【校】

北蕃：全芳備祖集前集卷十四作「此間」。

各萬：文心雕龍事類引作「合異」，全芳備祖集前集卷十四作「名萬」。

不若：「若」，逯欽立云：當作「苦」。

【箋注】

〔一〕蕃：通藩。廣雅釋宫：「藩，籬也。」

〔二〕被蒙句：國語晋語：「是先主覆露子也。」韋昭注：「露，潤也。」一説露，覆也。見本集卷四浮雲賦「露彼無外」注。

〔三〕庇足二句：左傳成公十七年：「仲尼曰：『鮑莊子之知不如葵，葵猶能衛其足。』」杜預注：「葵傾葉向日以蔽其根。言鮑牽居亂，不能危行言孫。」二句言人之智皆欲庇護自己，然人生

事理實繁。感嘆自衛之難也。案：左傳云「衛其足」，此云「庇足」，遂爲劉勰所譏。

〔四〕不若二句：論語里仁：「子曰：『朝聞道，夕死可矣。』」爲政：「五十而知天命。」周易繫辭上：「樂天知命，故不憂。」孟子盡心上：「孟子曰：『莫非命也，順受其正。是故知命者不立乎巖墻之下。盡其道而死者，正命也；桎梏死者，非正命也。』」趙岐注：「人之終，無非命也。命有三名：行善得善曰受命，行善得惡曰遭命，行惡得惡曰隨命。惟順受命爲受其正也。」二句倒裝，謂傷心於知命之難，知命不若聞道之易也。總謂聞道易而知命難。承上二句，謂雖聞庇足之言，而生理萬端，行之實難。

【集評】

陸雲與兄書：兄園葵詩清工，然猶復非兄詩妙者。

劉勰文心雕龍事類：陸機園葵詩云：「庇足同一智，生理合異端。」夫葵能衛足，事譏鮑莊；葛藟庇根，辭自樂豫。若譬葛爲葵，則引事爲謬；若謂「庇」勝「衛」，則改事失真。斯又不精之患。

庶人挽歌辭

死生各異方，昭非神色襲〔一〕。貴賤禮有差，外相盛已集〔二〕。魂衣何盈盈，旟旐何習習〔三〕。念彼平生時，延賓陟此幃〔四〕。賓階有鄰迹，我降無登輝〔五〕。陶犬不知吠，瓦鷄焉能飛〔六〕？安寢重丘下，仰聞板築聲〔七〕。北堂書鈔卷九十二

【校】

題：「庶人」，北堂書鈔卷九十二又引「陶犬」四句，題爲「庶士挽歌辭」。

能飛：「飛」，北堂書鈔卷九十二又引「陶犬」四句，作「嗚」。卷九十四引「陶犬」二句，亦作「嗚」。

【箋注】

〔一〕死生二句：范曄後漢書皇后紀載唐姬歌曰：「死生路異兮從此乖。」昭，詩周頌時邁：「明昭有周」毛傳：「昭然不疑也。」鄭箋：「見也。」昭非句，謂顯然死者與生者神色不相因襲。

〔二〕外相：外來之佐助行喪禮者。相，左傳宣公十六年「原襄公相禮」杜預注：「佐也。」成公二年「使相告之曰『非禮也』」杜預注：「相，相禮者。」

〔三〕魂衣二句：周禮春官司服「大喪，共其復衣服、斂衣服、奠衣服、廞衣服」鄭玄注：「奠衣服，今坐上魂衣也。」賈疏：「案下守祧職云『遺衣服藏焉』，鄭云：『大斂之餘也。』至祭祀之時，則出而陳於坐上，則此奠衣服也。」是魂衣謂大斂所餘之衣服，祭祀時陳於靈座上。盈，説文皿部：「滿器也。」此言「盈盈」，亦多而盛滿之意。北堂書鈔卷九十二引傅玄挽歌：「靈坐飛塵起，魂衣正委移。」旟旐，詩大雅桑柔「旟旐有翩」毛傳：「鳥隼曰旟，龜蛇曰旐。」此泛指

旌旗。習習，詩邶風谷風「習習谷風」毛傳：「和舒貌。」

〔四〕延：儀禮覲禮「擯者延之曰升」鄭玄注：「進也。」延賓，謂引進賓客。陟：説文阜部：「登也。」幃，指堂上帷幔。

〔五〕賓階二句：賓階，西階，賓客升堂由西階。鄰，釋名釋州國：「連也，相接連也。」鄰迹，形容賓客之盛多。我降，謂啓殯之時靈柩由西階而下。禮記檀弓上：「大斂於阼，殯於客位。」阼，阼階，東階，主人升堂由東階。大斂、殯（奉尸入棺，置於坎内）皆在堂上，而在東、在西不同。殯既在西，啓殯時亦當由西階而下。登，通鐙。見爾雅釋器「瓦豆謂之登」郝懿行義疏。急就章卷三「鍛鑄鉛錫鐙錠鐎」顔師古注：「鐙，所以盛膏夜然燎者也。其形若杅而中施釭，有柎者曰鐙，無柎者曰錠。柎謂下施足也。」案：啓殯時雖有燭照，然非平日所用輝煌之燈光耳。

〔六〕陶犬二句：謂隨葬之明器。

〔七〕板築：史記黥布傳「身負板築」集解引李奇：「板，墻板也；築，杵也。」此指建造墳墓。

挽歌辭

魂衣何盈盈，旟旐何習習。父母拊棺號，兄弟扶筵泣〔一〕。靈輀動轇轕，龍首矯崔嵬〔二〕。挽歌挾轂唱，嘈嘈一何悲〔三〕！浮雲中容與，飄風不能迴〔四〕。淵魚仰失梁〔五〕，征鳥俯墜飛。太平御覽卷五百五十二

【校】

轇⿰車蒭：「⿰車蒭」，文淵閣四庫全書本御覽作「轕」，字書不見「⿰車蒭」字，當是「轕」之形誤。

【箋注】

〔一〕父母二句：拊，左傳襄公二十五年「公拊楹而歌」釋文：「拍也。」扶，呂氏春秋辯土「其熟也欲相扶」高誘注：「相扶持。」扶筵，持席。筵，席也。周禮春官「司几筵」鄭玄注：「筵亦席也。鋪陳曰筵，藉之曰席。然其言之筵席通矣。」對言之，筵爲鋪於地者，席爲加於筵上者；散言之，筵、席通。喪禮，小斂、大斂布席以卧死者，又設奠席以陳酒食祭品。此處之筵，當指奠席，以上句云拊棺，是已大斂置尸於棺之後。春官司几筵：「凡喪事，設葦席。……其柏席用萑。」鄭玄注：「凡喪事，謂凡奠也。萑，如葦而細者。」案：據儀禮士喪禮，自始死之奠至小斂之奠，皆設於地，不用席。自大斂至葬，其奠皆設席，用葦席也。柏席，鄭衆釋柏爲迫，謂緊貼地之席，葦席加於其上。又引或曰，云是載黍稷之席。鄭玄則云柏字當作槨，「槨席，藏中神坐之席也」，謂將下於壙中爲死者之神跪坐之具。又有抗席。儀禮既夕：「加抗席三。」鄭玄注：「席所以禦塵。」入壙時於棺上加折，再加抗席，再加抗木，然後加土於抗木

上而實之，此云扶筵，究竟何意，未詳，姑録以上資料備考。

〔二〕靈輀二句：輀，喪車，載柩者。見本集卷七挽歌三首之一「啓殯進靈輀」注。轇轕，當作轇轕。轇轕，文選張衡東京賦「闟戟轇輵」薛綜注：「雜亂貌。」龍首，柩上有蓋以承幰，龍首魚尾。參挽歌三首之一「龍幰被廣柳」注。崔嵬，楚辭九章涉江「冠切雲之崔嵬」王逸注：「高貌也。」

〔三〕挽歌二句：轂，説文車部：「輻所湊也。」此代指車。文選揚雄羽獵賦「齊桓曾不足使扶轂」李善注引春秋感精記：「黄池之會重吳子，滕、薛夾轂。」嘈嘈，文選王延壽魯靈光殿賦「耳嘈嘈以失聽」李善注引埤蒼：「聲衆也。」説苑尊賢：「今日之琴，一何悲也。」蘇武詩：「泠泠一何悲。」

〔四〕浮雲二句：容與，文選江淹別賦「棹容與而未前」李周翰注：「不進貌。」飄，説文風部：「回風也。」

〔五〕淵魚句：淵，文選班固典引「與之斟酌道德之淵源」蔡邕注：「水深曰淵。」梁，指魚梁。周禮天官䲣人：「掌以時䲣，爲梁。」鄭玄注引鄭衆：「梁，水偃也。偃水爲關空，以笱承其空。」謂堰塞河之兩邊，中間空處以笱承之，魚游則入笱中。此謂深水之魚爲悲聲所感，遂浮游而出，乃失身於魚梁。

王侯挽歌辭

孤魂雖有識，良接難爲符〔一〕。操心玄茫内，注血治鬼區〔二〕。北堂書鈔卷九十二

【校】

良接：陳禹謨本北堂書鈔作「冥漠」。

玄茫：「茫」，陳禹謨本作「芒」。

治鬼區：「治」，陳禹謨本作「貽」。

【箋注】

〔一〕孤魂二句：漢書貢禹傳禹上書：「孤魂不歸。」三國志魏書高堂隆傳隆疾篤上疏：「魂而有知，結草以報。」良接句，未詳。

〔二〕操心二句：操心，秉心，用心。孟子盡心上：「孤臣孽子，其操心也危。」玄茫，謂幽玄茫遠。注血，猶言傾注心血。馬融廣成頌：「導鬼區，徑神場。」

士庶挽歌辭

埏埴爲塗車，束薪作芻靈〔一〕。太平御覽卷五百五十二

〔一〕埏埴二句：埏，老子十一章「埏埴以爲器」河上公注：「和也。」埴，説文土部：「黏土也。」塗車，以泥爲車。禮記檀弓下：「塗車、芻靈，自古有之，明器之道也。」鄭玄注：「芻靈，束茅爲人馬。謂之靈者，神之類。」

挽歌

五常侵軌儀，六氣牽徽纆〔一〕。情和乏良聘，枝駢成鳩毒〔二〕。韻補卷五纆字注

【校】

六氣：「六」，文淵閣四庫全書本韻補作「夕」。

枝駢成：文淵閣四庫全書本韻補作「技駃或」。

【箋注】

〔一〕五常二句：董仲舒舉賢良對策：「夫仁誼禮知信，五常之道，王者所當修飭也。」漢書刑法志：「夫人……懷五常之性。」顏師古注：「五常：仁義禮智信。」軌，漢書賈山傳「軌事之大者也」顏師古注：「謂法度也。」儀，國語周語「百官軌儀」韋昭注：「法也。」左傳昭公元年：「六氣，曰陰陽風雨晦明也。」昭公二十五年：「民有好惡喜怒哀樂，生于六氣。」杜預注：

「此六者皆禀陰陽風雨晦明之氣。」徽纆，周易習坎上六「係用徽纆」釋文引劉表：「三股曰徽，兩股曰纆，皆索名。」此喻法禁。二句謂人之性情爲法度所侵奪拘牽。

〔二〕情和二句：聘，急就章卷三「妻婦聘嫁齎媵僮」顔師古注：「謂因媒而問也。」情和句，以婚聘爲喻，謂性情中和者乃乏良媒，無人過問。枝駢，枝指、駢拇。莊子駢拇：「駢拇、枝指，出乎性哉。」釋文引司馬彪：「駢拇，謂足拇指連第二指也。」又引三蒼：「枝指，手有六指也。」郭象注：「夫長者不爲有餘，短者不爲不足。此則駢贅皆出於形性，非假物也。然駢與不駢，其性各足。而此獨駢枝，則於衆以爲多……而惑者或云非性，因欲割而棄之。」駢枝亦出於性，而與衆人爲異，衆人乃欲割棄之。此謂不與衆同者，遂遭衆人之毒害。亦牢騷憤激語耳。

挽辭

在昔良可悲，魂往一何戚〔一〕。念我平生時，人道多拘役〔二〕。韻補卷五役字注

【箋注】

〔一〕戚：廣雅釋詁：「悲也。」

〔二〕念我二句：曹植送應氏：「念我平生居。」莊子在宥：「有天道，有人道。無爲而尊者，天道

也；有爲而累者，人道也。」

長歌行

容華宿夜零，無故自消歇。文選鮑照行藥至城東橋李善注

【校】

容華二句：本集卷六長歌行有句云：「容華夙夜零，體澤坐自捐。」與此頗近。

獨寒吟〔一〕

雪夜遠思君，寒窗獨不寐。樂府詩集卷七十六陶弘景寒夜怨題解引樂府解題

【箋注】

〔一〕郭茂倩引樂府解題：「晉陸機獨寒吟云云，但叙相思之意爾。」

怨詩

後薪隨後積，前魚復誰憐〔一〕。紺珠集卷八

【校】

題：此二句又見樂府詩集卷四十一劉孝威怨詩，作「後薪隨復積，前魚誰復憐」。姑録以備考。

【箋注】

〔一〕後薪二句：史記汲黯傳：「始黯列爲九卿，而公孫弘、張湯爲小吏。及弘、湯稍益貴，與黯同位。……已而弘至丞相，封爲侯，湯至御史大夫，故黯時丞相史皆與黯同列，或尊用過之。黯褊心，不能無少望，見上，前言曰：『陛下用群臣如積薪耳，後來者居上。』」戰國策魏策：「魏王與龍陽君共船而釣，龍陽君得十餘魚而涕下。王曰：『有所不安乎如是，何不相告也？』對曰：『臣無敢不安也。』王曰：『然則何爲涕出？』曰：『臣爲王之所得魚也。』王曰：『何謂也？』對曰：『臣之始得魚也，臣甚喜，後得又益大，今臣直欲棄臣前之所得矣。今以臣凶惡，而得爲王拂枕席。今臣爵至人君，走人於庭，辟人於途。四海之内，美人亦甚多矣，聞臣之得幸於王也，必褰裳而趨王。臣亦猶曩臣之前所得魚也，臣亦將棄矣，臣安能無涕出乎？』」

嘆逝詩

鴉髮成老蒼。世綵堂本韓昌黎集注卷五嘲魯連子「田巴兀老蒼」廖瑩中注

失題

石龜尚懷海，我寧忘故鄉〔一〕？述異記卷下

【箋注】

〔一〕任昉述異記卷下：「東北巖海畔有大石龜，俗云魯班所作，夏則入海，冬復止於山上。陸機詩云云。」

失題

惆悵懷平素，愷樂于兹同〔一〕。堂宴棲末景，游豫躡餘踪〔二〕。文選顏延之陶徵士誄李善注

【箋注】

〔一〕愷：說文豈部：「康也。」又心部：「樂也。」

〔二〕堂宴二句：末景，猶餘光，想象當時宴樂所遺留之光景也。餘踪，亦謂所留當時之踪迹。

失題

太素卜令宅，希微啓奥基〔一〕。玄沖慕懿文，虛無承先師〔二〕。太平御覽卷一

【校】

慕懿文：「慕」，文淵閣四庫全書本御覽、漢魏六朝百三家集作「纂」。

【箋注】

〔一〕太素二句：太素，天地未分時之混沌狀態。參本集卷四浮雲賦「原厥本初，浮沉混并」注。卜令宅，占卜以決定美好之居所。尚書召誥：「朝至于洛，卜宅。」老子十四章：「視之不見名曰夷，聽之不聞名曰希，搏之不得名曰微，此三者不可致詰，故混而爲一。」東漢高義方清誡：「恍惚中有物，希微無形端。」奥，廣雅釋詁：「藏也。」王念孫疏證：「奥之言幽也。」

〔二〕玄沖二句：沖，文選左思魏都賦「帝德沖矣」李善注引字書：「虛也。」老子四章：「道沖而用之。」懿，説文壹部：「專久而美也。」史記老子韓非傳太史公曰：「老子所貴道，虛無，因應變化於無爲，故著書辭，稱微妙難識。」先師，當指老子。

失題

澄神玄漠流〔一〕，棲心太素域。弭節欣高視，俟我大夢覺〔二〕。太平御覽卷一

【箋注】

〔一〕玄漠：文選張華勵志：「大猷玄漠。」李善注：「說文曰：『玄，幽遠也。』又曰：『漠，寂也。』廣雅曰：『漠，泊也。』說文曰：『漠，無爲也。』言大道玄遠幽漠。」案：李注引說文「漠」應作「泊」。

〔二〕弭節二句：弭節，徐步。参本集卷三陵霄賦「颺余節以遠模」注。揚雄甘泉賦：「仰撟首以高視兮。」莊子齊物論：「夢飲酒者，旦而哭泣；夢哭泣者，旦而田獵。方其夢也，不知其夢也，夢之中又占其夢焉，覺而後知其夢也。且有大覺，而後知此其大夢也。」

失題

冠冕無醜士，長纓皆雋民。太平御覽卷六百八十六

【校】

冠冕二句：本集卷五吴王郎中時從梁陳作云：「玄冕無醜士，冶服使我妍。」江淹雜體詩陸平原

羈宦云：「朱黻咸髦士，長纓皆俊民。」疑御覽將二者誤合爲一。

失題

十五

老蠶晚績縮〔一〕，老女晚嫁辱。曾不如老鼠，翻飛成蝙蝠〔二〕。太平御覽卷八百二

【箋注】

〔一〕老蠶句：老蠶，蠶數眠之後將吐絲作繭，謂之老。績，孟子滕文公下「妻辟纑」趙岐注「緝績其麻曰辟」焦循正義：「續其短者而連之使長，則績也。」蠶吐絲漸長如績麻，故曰績。禮記檀弓下：「蠶則績而蟹有匡。」晚績，飼喂不得法則蠶遲老，遲老則得絲少。縮，謂短少不足。

〔二〕曾不二句：方言卷八：「蝙蝠，自關而東謂之服翼，或謂之飛鼠，或謂之老鼠，或謂之仙鼠。」初學記卷二十九引鄭氏玄中記：「百歲之鼠化爲蝙蝠。」

失題

恢恢天網〔一〕，飛沉是收。受茲下臣，騰光清霄〔二〕。韻補卷二霄字注

【校】

是收：「是」，顧炎武唐韻正卷六收字注引作「星」。

受茲：「受」，唐韻正引作「爰」。

【箋注】

〔一〕恢恢句：恢，說文心部：「大也。」老子七十三章：「天網恢恢，疏而不失。」此以天網喻晉朝之網羅人材。

〔二〕受茲二句：周易晉六二：「受茲介福。」儀禮士相見禮：「凡自稱於君，士大夫則曰下臣。」此陸機自謂。漢書揚雄傳甘泉賦：「騰清霄而軼浮景兮。」顔師古注：「騰，升也。霄，日旁氣也。」

失題

軌迹未及安，長轡忽已整〔一〕。道遐覺日短，憂深使心褊〔二〕。韻補卷三褊字注

【箋注】

〔一〕長轡句：孫楚爲石苞與孫皓書：「長轡遠御。」

〔二〕道遐二句：傅玄雜詩：「志士惜日短。」褊，爾雅釋言：「急也。」詩魏風葛屨序「其君儉嗇褊

急」孔疏：「褊急，言性躁。」

失題

物情競紛紜，至理自宜貫〔一〕。達觀儻不隔，居然見真贗〔二〕。韻補卷四贗字注

【箋注】

〔一〕至理句：莊子齊物論郭象注：「是非死生蕩而爲一，斯至理也。至理暢於無極。」論語衛靈公：「子曰：『賜也，汝以予爲多學而識之者與？』對曰：『然。非與？』曰：『非也，予一以貫之。』」周易繫辭下：「子曰：『天下何思何慮？天下同歸而殊塗，一致而百慮，天下何思何慮？』」韓康伯注：「夫少則得，多則惑。塗雖殊，其歸則同；慮雖百，其致不二。苟識其要，不在博求，一以貫之，不慮而盡矣。」

〔二〕達觀二句：達觀，通達周遍之觀照。參本集卷二應嘉賦「假妙道以達觀」注。居，禮記樂記「居，吾語女」鄭玄注：「猶安坐也。」居然，言其安易也。詩大雅生民「居然生子」孔疏：「居處恬然無病而生子也。」周易繫辭下「則居可知矣」孔疏：「則居然可知矣，謂平居自知，不須營爲也。」

失題

佳穀垂金穎。全芳備祖集後集卷二十

失題

穆若金蘭友〔一〕韻府群玉十二

【校】

穆若句：元陰勁弦韻府群玉卷十二引此句，注陸機詩，然同書卷四引，則注蜀志。是亦可疑。

【箋注】

〔一〕穆若句：穆，詩周頌清廟「於穆清廟」毛傳：「美。」周易繫辭上：「二人同心，其利斷金。同心之言，其臭如蘭。」

失題

瓮餘殘酒，膝有横琴。蔡夢弼會箋杜工部草堂詩箋卷三十七過津口「甕餘不盡酒，膝有無聲

琴」注

失題

崖蜜珠蒲藍〔一〕。補注杜詩卷六發秦州「崖蜜亦易求」注

【箋注】

〔一〕崖蜜句：此句費解。參卷一賦補遺「朱藍崖蜜」注。

失題

厭直承明廬。補注杜詩卷二十九贈李八秘書別三十韻「妖星下直廬」注引王洙，又後山詩注卷十一寄單州吕侍講希哲「今年還直邇英廬」注

失題

矯迹厠宫臣〔一〕。補注杜詩卷三十四秋日荆南述懷三十韻「遲暮宫臣忝」注引王洙

【箋注】

〔一〕宫臣，此謂東宫官屬。此句乃江淹雜體詩三十首内陸平原機詩句，王洙誤記。

失題

游賞愧賸客〔一〕。蔡夢弼會箋杜工部草堂詩箋卷三十二自瀼西荆扉且移居東屯茅屋四首之二「須令賸客迷」注

【箋注】

〔一〕賸客：蔡夢弼曰：「賸，送也。」案：説文人部：「賸，物相增加也。一曰送也，副也。」段玉裁注：「訓送，訓副，皆與增加義近。」又曰：「人部曰：『佚，送也。』賸訓送，則與佚音義皆同。」佚字注曰：「佚，今之媵字。釋言曰：『媵，將送也。』」仇兆鰲杜詩詳注亦引陸句，云：「賸，多也。」

飲酒樂

飲酒須飲多，人生能幾何？百年須受樂，莫厭管弦歌。樂府詩集卷七十四

【校】

此首樂府詩集在卷七十四陸機飲酒樂(「蒲萄四時芳醇」四句)後,無作者名。馮惟訥詩紀、張燮七十二家集、張溥漢魏六朝百三家集録入陸機集中,梅鼎祚古樂苑作無名氏,逯欽立先秦漢魏晋南北朝詩晋詩卷五陸機集不載。今亦疑非陸機詩,姑附録備考。

吴趨行

繭滿蓋重簾,唯有遠相思。藕葉清朝釧,何見早歸時。樂府詩集卷六十四

【校】

此首樂府詩集在卷六十四陸機吴趨行後,無作者名。馮惟訥詩紀、梅鼎祚古樂苑、張燮七十二家集、張溥漢魏六朝百三家集録入陸機集中,馮氏注云:「此首及飲酒樂樂府不載名氏,次陸機之詩,詩彙作機詩。」梅氏亦云:「樂府不載名氏,次陸機後,六朝詩彙遂作機詩。按此格調必非晋人,姑從附入。」逯欽立先秦漢魏晋南北朝詩晋詩卷五陸機集不載。今亦疑非陸機詩,姑附以備考。

作品輯佚卷第三

七　銘　誄　吊　贊　表　箋　策問　議　序　傳　書

七徵

吾將罄生理于太昧，誘衆妙乎玄門〔一〕。北堂書鈔卷九十八

折茫理於未殊，濟微言於已墜〔二〕。北堂書鈔卷九十八

施筍簴，式絲竹〔三〕。名倡陳於璇房，逸響薄乎華屋〔四〕。北堂書鈔卷一百五，又卷一百十二

揚芬起艷，麗舞僊僊〔五〕。北堂書鈔卷一百七

捺紫問之神機〔六〕，審必中而後射。北堂書鈔卷一百二十五。

勺藥調以充饑，芬馨發而協氣〔七〕。北堂書鈔卷一百四十二

秋醪春酒，兼醞增奇，浮藻吐秀，雲沸淵涌。□郁烈之□□，介景福於眉壽〔八〕。北堂書鈔卷一百四十八

秋醪增醞，明酒九成〔九〕，甘芬潛結。北堂書鈔卷一百四十八

演八代之洪旨〔一〇〕，统先聖之遺訓。聳一心以紹軻，敦四教以承丘〔一一〕。排印本初學記卷二十一

【校】

吾將二句：此二句北堂書鈔卷九十八引，題作七微，「微」蓋「徵」誤。參本集卷八七徵校語。

折茫二句：原題作七微，今改。「茫」，孔廣陶刊北堂書鈔校語云俞安期本書鈔作「芒」。淵鑑類函卷二百二十「折」作「析」，「茫」作「芒」。

揚芬：孔廣陶刊北堂書鈔校語云陳禹謨、俞安期本書鈔作「新妝」。

捺紫二句：原引題作七微，今改。此條亦見於太平御覽卷三百四十八引，題作七導。

勺藥二句：原引題作七微，今改。又勺藥句，陳禹謨本書鈔作「旨甘調以充饑」。

秋醪春酒六句：此條據北堂書鈔卷一百四十八所引兩處文字拼接而成。參孔廣陶刊本該卷「分景福於眉壽」下案語。

春酒：「酒」，孔廣陶刊本案語云俞安期本作「醴」。

介景福：「介」，原作「分」，係形近而誤。據孔廣陶刊本案語改。

秋醪增醞三句：北堂書鈔卷一百四十八又引陸機七羡「湘陰□酎，蒐其澄清。秋醪曾醞，明酒九成」四句，與此條重複二句。疑本是一篇，「羡」或「徵」之誤字。

一心：影宋本初學記卷二十一作「亮心」。

【箋注】

〔一〕吾將二句：太昧，謂天地陰陽未分時之混沌狀態，指道而言。陸雲失題：「渾淪大昧。」老子一章：「玄之又玄，衆妙之門。」

〔二〕折茫二句：折，疑當作析。析，分也，與「未殊」相應，「殊」亦分也。茫，通「芒」。說文艸部：「芒，艸耑。」喻細微。微言，精妙之言。文選劉歆移書讓太常博士：「及夫子没而微言絶。」李善注引論語讖：「子夏六十四人共撰仲尼微言。」蔡邕郭有道碑文：「拯微言之未絶。」論語子張：「文武之道未墜於地。」

〔三〕施筍二句：筍簴，周禮考工記梓人「爲筍虡」鄭玄注：「樂器所縣，横曰筍，植曰虡。」簴即虡，植者立也，謂豎立。式，爾雅釋言：「用也。」

〔四〕名倡二句：璇，美玉。參本集卷一豪士賦「撫玉衡於樞極」注。薄，廣雅釋詁：「聚也。」傅毅舞賦：「耀華屋而熺洞房。」吴質答東阿王書：「塤篪激於華屋。」

〔五〕麗舞句：詩小雅賓之初筵：「屢舞僊僊。」孔疏：「僊僊，舞貌也。」

〔六〕捺紫句：捺，慧琳一切經音義卷六十四「若捺」注引考聲：「按也。」紫間，弩名。機，弩機，弩上部件，用以控制發射。漢書李廣傳：「而廣身自以大黄射其裨將。」顔師古注引服虔：「黄肩弩也。」又引晋灼：「黄肩即黄間也；大黄，其大者也。」王先謙漢書補注引沈欽韓：「鐘鼎款式：右中郎將弩機上字云：『中郎將曹悦赤黑間。』按所謂黄間、白間，皆在弩機上名之也。」楊樹達漢書窺管卷六：「晋舉黄間，沈舉赤黑間，外尚有紫間。李光廷吉金志存卷四載漢弩機云：『章和元年八月朔日，中尚□（當是方字）造所□（當是置字）紫間一，臂師衡。』馮雲鵬金索載晋太和弩機云：『太和元年十二月三日，左尚方治弩一具，監作史炅雋、司馬楊式、臂師黑所置紫間。』陸機七導云：『操紫間之神機。』并其事也。」

〔七〕勺藥二句：漢書司馬相如傳天子游獵之賦：「勺藥之和具，而後御之。」伏儼曰：「勺藥，以蘭桂調食。」文穎曰：「五味之和也。」晋灼曰：「南都賦曰：『歸雁鳴鵽，香稻鮮魚，以爲勺藥，酸甜滋味，百種千名。』文説是也。」師古曰：「諸家之説皆未當也。勺藥，藥草名，其根主和五藏，又辟毒氣，故合之於蘭桂五味，以助諸食，因呼五味之和爲勺藥耳。讀賦之士不得其意，妄爲音訓，以誤後學。今人食馬肝、馬腸者，猶合勺藥而煮之，豈非古之遺法乎？」案：師古之意，謂勺藥本是草名，以其能調和五味，乃呼五味之和爲勺藥。調，説文言部：「和也。」漢書司馬相如傳封禪書：「協氣横流。」顔師古注：「言和氣横被四表。」

〔八〕秋醪春酒六句：詩豳風七月：「十月穫稻，爲此春酒，以介眉壽。」毛傳：「春酒，凍醪也。眉壽，豪眉也。」鄭箋：「介，助也。……又穫稻而釀酒，以助其養老之具。」孔疏：「『春酒，凍醪』者，醪是酒之别名，此酒凍時釀之，故稱凍醪。」案：凍時釀，春日飲，謂之春酒，則秋醪謂秋日成熟而可飲用之酒。兼，後漢書呂强傳「重金兼紫」李賢注：「言累積也。」兼醞，即所謂三重、九醞、十釀之類，以酒代水釀之，是再重，次以再重之酒代水釀之，是三重，如此反復。浮藻二句，形容酒成而細沫漂浮翻騰之狀。曹植酒賦：「或雲沸川涌，或素蟻如萍。」傅玄七謨：「□□浮蟻，雲沸淵亭。」景福，大福，參本集卷八七徵「介景福於眉壽」注。

〔九〕秋醪增醞二句：增，廣雅釋詁：「重也。」增醞，即兼醞。明酒，酒色清明者。禮記郊特牲「縮酌用茅，明酌也」孔疏：「酒色清明，謂之明酌。」九成，九釀而成。

〔一〇〕八代：謂三皇五帝，或五帝三王。見本集卷十辨亡論上「講八代之禮」注、五等諸侯論「八代之制，幾可以一理貫」注。

〔一一〕聳一二句：聳，國語楚語「昔殷武丁能聳其德」韋昭注：「敬也。」一心，謂專心於仁義。孟子告子上：「今夫弈之爲數，小數也，不專心致志，則不得也。」即一心之義。又：「學問之道無他，求其放心而已矣。」亦謂專心而不失也。軻，孟子名軻。敦，爾雅釋詁：「勉也。」邢昺疏：「厚相勉也。」論語述而：「子以四教：文、行、忠、信。」丘，孔子名丘。

七羨

回煩手而沉哀〔一〕。陸雲與兄平原書

湘陰□酎，蒐其澄清〔二〕。秋醪曾醖，明酒九成〔三〕。北堂書鈔卷一百四十八

【校】

湘陰四句：陳禹謨本北堂書鈔作「湘陰有酎，其色澄清。秋醪春醖，酒惟九成。」北堂書鈔卷一百四十八又引「秋醪增醖，明酒九成，甘芬潛結」三句，題作七徵。

【箋注】

〔一〕回煩手句：煩手，左傳昭公元年：「於是有煩手淫聲，慆堙心耳，乃忘平和，君子弗聽也。」鄭玄注：「雜聲并奏，所謂鄭衛之聲。」晉書后妃傳文明王皇后哀策文：「沉哀罔訴。」

〔二〕湘陰二句：北堂書鈔卷一百四十八引吴録：「湘東酃縣有酃水，以水爲酒名。」潘岳笙賦：「傾縹瓷以酌酃。」張載有酃酒賦。此謂湘陰酎，當即酃酒。酎，説文酉部：「三重醇酒也。」蒐其句，未詳。蒐，説文艸部：「茅蒐，茹藘。」王夫之周易稗疏卷一：「茅蒐，今謂之茜草，其草蔓生，與茅俱枝莖堅韌，拔之不絶，必連其根彙而拔之。」古以茅濾酒，疑此處蒐亦用以濾酒者。

〔三〕曾醞：即增醞，多次釀成之酒。

【集評】

陸雲與兄平原書：往曾以兄七羨「回煩手而沉哀」結上兩句爲孤。

七導

長角三倡，武士棋布〔一〕。捺紫間之神機，審必中而後射。太平御覽卷三百四十八

【校】

題：此條「捺紫」二句又見北堂書鈔卷一百二十五所引，題作七徵。今姑兩存之。

捺紫：「捺」，陳禹謨本北堂書鈔作「操」。

必中：「必」，原作「心」，據北堂書鈔卷一百二十五改。

【箋注】

〔一〕長角二句：宋書樂志：「角，書記所不載。或云出羌胡，以驚中國馬，或云出吴越。」倡，通唱。王粲游海賦：「長洲別島，棋布星峙。」曹植大暑賦：「黎庶徙倚，棋布葉分。」

吴丞相陸遜銘

魏大司馬曹休侵我北鄙，乃假公黄鉞，統御六師及中軍禁衛而攝行王事，主上執鞭，百司屈膝〔一〕。三國志吴書陸遜傳裴松之注

【箋注】

〔一〕魏大司馬五句：三國志吴書陸遜傳載其事曰：「（黄武）七年，權使鄱陽太守周魴譎魏大司馬曹休，休果舉衆入皖，乃召遜假黄鉞，爲大都督，逆休。休既覺知，耻見欺誘，自恃兵馬精多，遂交戰。遜自爲中部，令朱桓、全琮爲左右翼，三道俱進，果衝休伏兵，因驅走之，追亡逐北，徑至夾石，斬獲萬餘，牛馬騾驢車乘萬兩，軍資器械略盡。休還，疽發背死。諸軍振旅過武昌，權令左右以御蓋覆遜，入出殿門，凡所賜遜，皆御物上珍，於時莫與爲比。」據三國志吴書吴主權傳，周魴僞降在五月，破曹休在八月。参本集卷十辨亡論下「執鞭鞠躬，以重陸公之威」注。

孫權誄〔一〕

肆夏在廟，雲翹承□〔二〕。宋書樂志一

皇聖膺期，有命太素〔三〕。承亂下萌，清難天步〔四〕。太平御覽卷一

【箋注】

〔一〕孫權卒於神鳳元年（二五二），時陸機尚未生，故或疑機不得爲之誄，蓋以誄多作於臨喪之際也。然追誄之制，偶亦有之，參本集卷九吳大帝誄題注。

〔二〕肆夏二句：肆夏，樂歌名。周有九夏，肆夏乃其一。周禮春官鍾師「凡樂事以鍾鼓奏九夏」鄭玄注：「夏，大也。樂之大歌有九。……九夏皆詩篇名，頌之族類也。此歌之大者，載在樂章，樂崩亦從而亡。」後世亦有宗廟祭祀樂歌名肆夏者。雲翹，樂舞名。通典卷一百四十七載魏侍中繆襲議：「漢有雲翹、育命之舞，不知所出，舊以祀天，今可兼以雲翹祀圓丘，兼以育命祀方澤。」沈約據陸機此誄，以爲吳時有肆夏、雲翹，皆雅樂也。宋書樂志：「何承天曰：『世咸傳吳朝無雅樂。案孫皓迎父喪明陵，唯云倡伎晝夜不息，則無金石登哥可知矣。』承天曰：『或云今之神弦，孫氏以爲宗廟登哥也。』史臣案陸機孫權誄云云，機不容虛設此言。又韋昭孫休世上鼓吹鐃哥十二曲，表曰：『當付樂官善哥者習哥。』然則吳朝非無樂官，善哥者乃能以哥辭被絲管，寧容止以神弦爲廟樂而已乎？」

〔三〕皇聖二句：期，廣雅釋詁：「會也。」謂膺受天命之期會。桓範薦管寧表：「膺期受命。」三國志吳書陸遜傳遜上疏：「陛下以神武之姿，誕膺期運。」太素，天地未剖之先。參本集卷九吳大帝誄「隨化太素」注。

〔四〕承亂二句：萌，呂氏春秋高義「比於賓萌」高誘注：「民也。」承亂句，謂遭受下民混亂之時。天步，天之所行。參卷十辨亡論上「清天步而歸舊物」注。

父誄〔一〕

億兆宅心，敦叙百揆〔二〕。顔氏家訓文章

【箋注】

〔一〕父誄：陸機父抗，吴大司馬。本集卷九有吴大司馬陸公誄。

〔二〕億兆二句：億兆，左傳昭公二十年「豈能勝億兆人之詛」杜預注：「萬萬曰億，萬億曰兆。」昭公二十四年：「太誓曰：『紂有億兆夷人。』」閔公元年：「天子曰兆民，諸侯曰萬民。」宅心，猶繫心。參本集卷九漢高祖功臣頌「萬邦宅心」注。敦，通惇。爾雅釋詁：「惇，厚也。」叙，説文攴部：「次弟（第）也。」尚書皋陶謨：「惇叙九族。」揆，爾雅釋言：「度也。」揆度政事者，官也，百揆猶百官，百官之事亦得言百揆。尚書堯典：「百揆時叙。」（僞古文在舜典）

姊誄

俔天之和〔一〕。顔氏家訓文章

【校】

之和：王利器顏氏家訓集解云：「顏本（顏嗣慎本）、朱本（朱軾朱文端公藏書十三種本）及餘師録『和』作『妹』。」

【箋注】

〔一〕俔天句：俔，説文人部：「譬喻也。」詩大雅大明：「大邦有子，俔天之妹。」鄭箋：「文王聞大姒之賢，則美之曰：『大邦有子女，可以爲妃。』乃求昏。……尊之如天之有女弟。」

【集評】

顏之推顏氏家訓文章：「陸機父誄云云，姊誄云云。今爲此言，則朝廷之罪人也。」

毗陵侯君誄〔一〕

同志奔走，戚友相尋。臨穴嗚呼，洒泪山林。北堂書鈔卷一百五十八

【箋注】

〔一〕毗陵侯君：陸機兄景。毗陵，屬吴郡，今江蘇常州。三國志吴書陸景傳：「景字士仁，以尚公主拜騎都尉，封毗陵侯。既領抗兵，拜偏將軍、中夏督。澡身好學，著書數十篇也。（天紀四年）二月壬戌，（陸）晏爲王濬别軍所殺，癸亥，景亦遇害，時年三十一。景妻，孫晧適妹，

與景俱張承外孫也。」裴注引文士傳：「陸景母，張承女，諸葛恪外生。」

吴太常顧譚誄〔一〕

遷吏部尚書〔二〕，才長於銓衡，而綜核人物〔三〕。文選卷三十八任昉爲范尚書讓吏部封侯第一表李善注

【箋注】

〔一〕顧譚：字子默，吴郡吴人，丞相雍之孫，陸遜外甥。譚方弱冠，爲太子登四友之一，轉輔正都尉。赤烏中爲左節度、吏部尚書。祖父雍卒，拜太常，代雍平尚書事。以上疏諫魯王霸盛寵事，被誣，流徙交州。在州著新言二十篇。見流二年，年四十二，卒於交趾。

〔二〕遷吏句：三國志吴書顧譚傳：「薛綜爲選曹尚書，固讓譚，曰：『譚心精體密，貫道達微，才照人物，德允衆望，誠非愚臣所可越先。』後遂代綜。」

〔三〕才長二句：銓，廣雅釋器：「稱謂之銓。」漢書宣帝紀贊：「綜核名實。」

吊蔡伯喈文

慨矣悟嘆〔一〕，敬吊于君。託仁封而永念〔二〕，考遺烈于舊文。北堂書鈔卷一百二

【箋注】

〔一〕慨矣句：慨，文選張衡東京賦「慨長思而懷古」薛綜注：「嘆息也。」悟，通寤，覺也。參本集卷九愍懷太子誄「慨矣寤嘆」注。

〔二〕託仁句：封，禮記王制「不封不樹」鄭玄注：「謂聚土爲墳。」謂託意於仁人之墳而長念之。

夏育贊〔一〕

夏育之猛，千載所希。申博角勇，臨額奮椎〔二〕。 文選卷十七王褒洞簫賦李善注

【箋注】

〔一〕夏育：古勇士。戰國策秦策：「夏育、太史啓叱呼駭三軍，然而身死於庸夫。」史記范雎傳：「夏育之勇焉而死。」裴駰集解引漢書音義：「或云夏育衞人，力舉千鈞。」太平御覽卷五百六十引皇覽冢墓記：「夏育冢在濟南歷山上。」

〔二〕申博二句：申博，未詳。文選王褒洞簫賦：「桀跖鬻博儡頓悴。」李善注云：「博，申博也，未詳其始。」下即引陸機此贊。案：史記蔡澤傳司馬貞索隱：「高誘云：『夏育爲田搏所殺。』」申博當即田搏，申與田，博與搏，字之訛耳，未知孰是。疑當是田字，夏育當死於齊，田，齊姓也。臨額句，未詳。

管叔鮮贊〔一〕

公旦居攝，三監叛亡〔二〕。或放或殛，并禍武庚〔三〕。韻補卷二庚字注

【箋注】

〔一〕管叔鮮：史記周本紀：「封商紂子禄父殷之餘民。武王爲殷初定未集，乃使其弟管叔鮮、蔡叔度相禄父，治殷。」管蔡世家：「管叔鮮、蔡叔度者，周文王子而武王弟也。武王同母兄弟十人，母曰太姒，文王正妃也，其長子曰伯邑考，次曰武王發，次曰管叔鮮，次曰周公旦，次曰蔡叔度，次曰曹叔振鐸，次曰成叔武，次曰霍叔處，次曰康叔封，次曰冄季載。……武王已克殷紂，平天下，封功臣昆弟，於是封叔鮮於管，封叔度於蔡，二人相紂子武庚禄父，治殷遺民。」裴駰集解引杜預：「管在滎陽京縣東北。」張守節正義引括地志：「鄭州管城縣，今州外城即管國城也，是叔鮮所封國也。」案：在今河南鄭州。又案：贊者，明也，助也，善惡皆可施之，後世專用於稱美，并非古義。參羅常培記録整理劉師培文心雕龍講録二種文心雕龍頌贊篇、黄侃文心雕龍札記。

〔二〕公旦二句：公旦，周公旦。居攝，謂武王崩，成王幼，周公遂攝政。論衡氣壽：「武王崩，周公居攝。」尚書大誥序：「武王崩，三監及淮夷叛。」詩豳風東山孔疏引鄭玄注：「三監，管

叔、蔡叔、霍叔三人，爲武庚監於殷國者也。前流言於國：『公將不利於成王。』周公還攝政，懼誅，因遂其惡，開導淮夷，與之俱叛。」案：一説以紂子武庚、管叔、蔡叔爲三監，見漢書地理志、尚書僞孔傳。陸機此從鄭玄説。

〔三〕或放二句：武庚，即禄父。史記殷本紀：「周武王……封紂子武庚禄父，以續殷祀。」周本紀：「成王少，周初定天下，周公恐諸侯畔周，公乃攝行政，當國。管叔、蔡叔群弟疑周公，與武庚作亂，畔周。周公奉成王命，伐誅武庚、管叔，放蔡叔。」

薦賀循郭訥表〔一〕

伏見武康令賀循，德量邃茂，才鑒清遠，服膺道素〔二〕，風操凝峻，歷試二城，刑政肅穆。前蒸陽令郭訥〔三〕，風度簡曠，器識朗拔，通濟敏悟，才足幹事。循守下縣，編名凡悴〔四〕；訥歸家巷，棲遲有年。皆出自新邦〔五〕，朝無知己，居在遐外，志不自營，年時倏忽，而邈無階緒〔六〕，實州黨愚智所爲恨恨。臣等伏思，臺郎所以使州州有人〔七〕，非徒以均分顯路，惠及外州而已，誠以庶士殊風，四方異俗，壅隔之害，遠國益甚。至於荆揚二州，户各數十萬，今揚州無郎，而荆州江南乃無一人爲京城職者，誠非聖朝待四方之本心。至於才望資品，循可尚書郎，訥可太子洗馬、舍人。此乃衆望

所積，非但企及清塗，苟充方選也。謹條資品，乞蒙簡察。晉書卷六十八

【校】

武康令：三國志吴書賀邵傳注引虞預晉書「武康」前有「吴興」二字。

二城：「二」，賀邵傳注引虞預晉書作「三」。盧弼三國志集解引潘眉曰：「當爲二城，謂陽羨、武康也。」吴士鑑、劉承幹晉書斠注卷六十八亦云：「三字誤，當作二城爲是。」

簡曠：「曠」，北堂書鈔卷三十三作「贍」。

循守：賀邵傳注引虞預晉書作「守職」。案：虞預晉書略去郭訥，故改爲「守職」二字。

凡悴：「悴」，賀邵傳注引虞預晉書作「萃」。

皆出自：賀邵傳注引虞預晉書無「皆」字。

居在：賀邵傳注引虞預晉書作「恪居」。

悵悵：賀邵傳注引虞預晉書作「悵然」。

「臣等伏思」以下：賀邵傳注引虞預晉書作「臣等并以凡才，累授飾進，被服恩澤，忝豫朝末，知良士後時而守局無言，懼有蔽賢之咎，是以不勝愚管，謹冒死表聞」。

至於：太平御覽卷六百三十二作「准其」。

舍人：太平御覽卷六百三十二無此二字。

【箋注】

〔一〕晉書賀循傳：「然無援於朝，久不進序，著作郎陸機上疏薦循云云。」陸機爲著作郎在元康八、九年。三國志吴書賀邵傳注引虞預晉書云「顧榮、陸機、陸雲表薦循曰」，是乃三人共同上表。晉書斠注云：「疏文内有『臣等伏思』云云，則非機一人上疏，明矣。」賀循，字彦先，會稽山陰人。父邵，吴中書令，領太子太傅，爲孫皓殺害，家屬徙臨海。循少嬰家難，流放海濱，吴平，乃還本郡。舉秀才，歷任陽羨、武康縣令。陸機等表薦，久之，召補太子舍人。趙王倫篡位，轉侍御史，辭疾去職。石冰之亂，顧祕等倡義討之，循亦與焉。後屢徵不起。晉室南渡，拜太常。太興二年卒，年六十。郭訥，武昌人，永嘉末爲廣州刺史。陸雲與戴季甫書：「郭敬言蒸陽，良才遠負，爲之邑嘆。以其姿望，足以致高，想不久爾耳。」當即此人，以其爲蒸陽令，故稱。本篇題目據七十二家集、百三家集、全晉文。

〔二〕道素：謂守道清静。

〔三〕蒸陽：晉書地理志衡陽郡作烝陽。元和郡縣志江南道衡州衡陽縣：「蒸陽故城，在縣西一百七十里。」今湖南衡陽西北。

〔四〕凡悴：謂下層。悴通瘁，病勞也。

〔五〕新邦：謂吴國。

〔六〕階緒：謂進升之由。階，説文阜部：「陛也。」引申爲進升之義。段玉裁注：「凡以漸而升皆曰階。」

〔七〕臺郎：指尚書郎。

薦張暢表〔一〕

伏見司徒下諫議大夫張暢，除當爲豫章内史丞〔二〕。暢才思清敏，志節貞厲，秉心立操，早有名譽。其年時舊比〔三〕，多歷郡守，惟暢陵遲〔四〕，白首末齒而佐下藩，遂蹈碎濁〔五〕。於暢名實，居之爲劇〔六〕。前後未始有此。愚以爲宜解舉，試以近縣〔七〕。

詔：暢既爲是人所稱，便差代〔八〕。太平御覽卷二百五十三

【校】

内史丞：北堂書鈔卷七十七引陸機表無「史」字。

才思：「思」，北堂書鈔卷七十七作「德」。

白首末齒：「白」，原作「自」；「末」，原作「未」，據北堂書鈔卷七十七改。

佐下藩：「佐」，北堂書鈔卷七十七作「位」。

爲劇：「劇」，北堂書鈔卷七十七作「損也」二字。

【箋注】

〔一〕張暢：世説新語賞譽注引蔡洪集與刺史周浚書：「張暢，字威伯，吴郡人。禀性堅明，志行清朗，居磨涅之中，無淄磷之損。歲寒之松柏，幽夜之逸光也。」本篇題目據七十二家集、百三家集、全晋文。

〔二〕伏見二句：司徒，三公之一。惠帝太熙元年以王渾爲司徒，直至元康七年七月渾卒。元康七年九月至永康元年四月，以王戎爲司徒。同年四月至九月，何劭爲司徒。（據晋書惠帝紀及王渾、王戎、何劭傳，參考萬斯同晋將相大臣年表）陸機此表，當作於元康六年入爲尚書郎之後，具體年份不詳。北堂書鈔卷六十八引干寶司徒儀云：「（司徒）左長史之職，掌差次九品，詮衡人倫。」（又見通典卷二十）晋書周馥傳：「累遷司徒左西屬。司徒王渾表『馥理識清正，兼有才幹，主定九品，檢括精詳。臣委任責成，褒貶允當』。」李含傳：「司徒選含領始平中正。」中正之職，即次定本地人士品級者。是評定人物品級以備任用，乃司徒之職分。下，人物品評用語，謂抑下之。晋書劉毅傳毅上疏論九品中正：「所欲下者，吹毛以求疵。」「隨世興衰，不顧才實。衰則削下，興則扶上。」「今之九品，所下不彰其罪，所上不列其善。」何劭傳載袁粲吊何劭喪，劭子岐辭疾不見，粲獨哭而出曰：「今年决下婢子品。」王詮謂之曰：「岐前多罪，爾時不下，何公新亡，便下岐品，人謂中正畏强易弱。」諫議大夫，據通典卷三十七職官秩品二，爲第七品。除，漢書景帝紀「初除之官」顔師古注引如淳：

「凡言除者，除故官就新官也。」晋書武帝紀太康十年，立皇子熾爲豫章王，改諸王國相爲内史。豫章，治南昌(今屬江西)。據通典，王國内史丞爲第八品。

〔三〕其年句：比，荀子不苟「天地比」楊倞注：「謂齊等也。」年時舊比，謂往歲與其相齊等者。

〔四〕陵遲：後漢書馮衍傳「澄德化之陵遲兮」李賢注：「言頹替也。」

〔五〕白首二句：末齒，晚年。下藩，指豫章國。相對於京都，故云下。碎濁，謂内史丞事務繁雜瑣屑。

〔六〕於暢二句：劇，甚也。參本集卷六苦寒行「劇哉行役人」注。二句謂就張暢之聲名、實才論，居此則貶抑太甚。

〔七〕愚以二句：解舉，謂解除豫章内史丞之舉任。試以近縣，指使其擔任近於京畿之縣令。據通典卷三十七，晋縣令秩千石者六品，六百石者七品。

〔八〕暢既二句：是人，斯人，此人，指陸機。差，爾雅釋詁：「擇也。」差代：擇人代其職事。晋書李含傳：「且前以含有王喪，上爲差代，尚書敕王葬日在近，葬訖，含應攝職，不聽差代。」此謂擇人代張暢爲豫章内史丞。

詣吴王表〔一〕

臣本吴人，靖居海隅，朝廷欲抽引遠人，綏慰遐外，故太傅所辟〔二〕。殿下東到淮

南，發詔以臣爲郎中令〔三〕。太平御覽卷二百四十八

【箋注】

〔一〕吴王：名晏，武帝李夫人所生，太康十年封。永康元年（三〇〇）八月，其兄淮南王允舉兵討趙王倫，不克，被殺，晏徙封賓徒王。次年永寧元年惠帝反正，倫誅，六月，復封爲吴王。永嘉五年（三一一），劉曜攻入洛陽，被殺。陸機此表，當作於永寧元年。

〔二〕故太傅句：故太傅謂楊駿。駿字文長，弘農華陰人。爲武帝后父，超居重任，封臨晉侯。太熙元年四月，帝疾篤，楊后矯詔，以駿輔政，爲太尉、太子太傅、假節、都督中外諸軍事、侍中、録尚書事。帝崩，惠帝即位，爲太傅，專擅朝政。永平元年（二九一）三月，爲賈后設計誅殺。

〔三〕發詔句：晉書職官志：「（王國）有郎中令、中尉、大農，爲三卿。」晉書丁潭傳：「（元帝）時琅邪王裒始受封，帝欲引朝賢爲其國上卿，將用潭，以問中書令賀循。循曰：『郎中令職望清重，實宜審授。』」是王國郎中令亦清要之職。北堂書鈔卷六十六載陸機皇太子清宴詩序：「元康四年秋，余以太子洗馬出補吴王郎中。」郎中，當即郎中令。

謝吴王表

殿中以臣爲郎中命，轉中兵郎，復以頗涉文學，見轉爲殿中郎〔一〕。太平御覽卷二百

十五

【校】

殿中：「中」，疑「下」誤。

郎中命：「命」，疑「令」誤。

復以二句：北堂書鈔卷六十引此二句，題作「與吳王表」，「復以」作「以臣」，無「爲」字。職官分紀卷八與書鈔所引同，唯「見轉爲」三字作「故得轉」。

【箋注】

〔一〕中兵郎、殿中郎，皆尚書郎官。晉書職官志載，晉武帝置尚書三十四曹，有殿中、左中兵、右中兵。據通典職官秩品，晉尚書郎第六品。

表詣吳王

相國參軍率取臺郎〔一〕，臣獨以高賢見取，非私之謂。北堂書鈔卷六十九

【箋注】

〔一〕相國句：相國，指趙王倫。晉書惠帝紀：永康元年四月「癸巳，梁王肜、趙王倫矯詔廢賈

后爲庶人，司空張華、尚書僕射裴頠皆遇害，侍中賈謐及黨與數十人皆伏誅。甲午，倫矯詔大赦，自爲相國、都督中外諸軍，如宣文輔魏故事。」次年永寧元年正月，倫篡帝位。臺郎，謂尚書郎。陸機傳：「趙王倫輔政，引爲相國參軍。豫誅賈謐功，賜爵關中侯。倫將篡位，以爲中書郎。」是陸機爲相國參軍在永康元年四月以後至年底之間。

謝表〔一〕

臣以職在中書，制命所出〔二〕，而臣本以筆札見知〔三〕，慮逼迫不獲已，乃詐發內妹喪〔四〕，出就第，云哭泣受吊〔五〕。片言隻字，文不關其間。太平御覽卷二百二十

【校】

第云：初學記卷十一作「弟雲」。

【箋注】

〔一〕初學記卷十一、太平御覽卷二百二十皆云：「陸士衡轉中書侍郎，齊王收士衡付廷尉。士衡出後謝表曰云云。」案：晉書陸機傳：「（趙王）倫之誅也，齊王冏以機職在中書，九錫文及禪詔疑機與焉，遂收機等九人付廷尉。賴成都王穎、吳王晏并救理之，得減死徙邊，遇赦而止。」參以陸機與吳王表（見下），此與彼應爲同一篇，而較下二則文字稍全耳。初學記卷十

一、太平御覽卷二百二十但云「士衡出後謝表曰」，并未言謝齊王。七十二家集、百三名家集皆題爲見原後謝表。嚴可均有所誤解，其全晋文卷九十七乃將此篇題爲見原後謝齊王表，今不取。此表作于惠帝永寧元年（三〇一）。

〔二〕臣以二句：晋書職官志：「中書侍郎。魏黄初初，中書既置監、令，又置通事郎，次黄門郎。黄門郎已署事過，通事乃署名，已署，奏以入，爲帝省讀書可。及晋，改曰中書侍郎，員四人。中書侍郎蓋此始也。」唐六典卷九中書省中書侍郎注：「其名起於魏氏。晋令：中書侍郎四人，品第四。（案：通典卷三十七職官十九晋官品云第五品。）給五時朝服、進賢一梁冠。晋氏每一郎入直西省，專掌詔草。更直省五日。從駕則正直從，次直守。」通典卷二十一職官中書令云中書侍郎「其職副掌王言」。該節注引王獻之啓琅琊王爲中書監表：「中書職掌詔命。」文心雕龍詔策：「自魏晋誥策，職在中書。」制命，指皇帝詔書。蔡邕獨斷：「漢天子正號曰皇帝……其言曰制詔。」

〔三〕筆札：漢書司馬相如傳：「上令尚書給筆札。」顔師古注：「木簡之薄小者也。時未多用紙，故給札以書。」亦代指寫作能力。漢書游俠傳：「長安號曰谷子雲筆札，樓君卿脣舌。」

〔四〕内妹：舅父之子稱内兄弟。儀禮喪服：「緦麻三月者……舅之子。」鄭玄注：「内兄弟也。」則内妹謂舅之女而年少於我者。晋書武陵莊王澹傳：「澹妻郭氏，賈后内妹也。」謂澹妻爲賈后母郭槐兄弟之女也。

〔五〕出就二句：中書侍郎入直禁中，陸機詐言家有喪事而出歸第也。

與吴王表

臣以職在中書，詔命所出，而臣本以筆札見知〔一〕。北堂書鈔卷五十七

【校】

題：文選任昉王文憲集序李善注引「臣本以筆札見知」一句，云出陸機表詣吴王。

【箋注】

〔一〕此當與上文謝表爲同一篇。

與吴王晏表〔一〕

禪文本草，今見在中書，一字一迹，自可分別。文選陸機謝平原内史表李善注引王隱晋書

【箋注】

〔一〕以上詣吴王表至此凡六條，疑皆出於一篇，陸機向吴王自述其宦歷，且申訴其與趙王倫并無

私誼，亦不曾草禪位詔。案機謝平原内史表亦先自述宦歷，繼訴冤屈，頗與此表相似。諸書引此表，皆片言隻語，又異其題目，遂頗覺淆亂。今略加比次，庶便理解。

表

登三閣〔一〕。太平御覽卷一百八十四

【箋注】

〔一〕三閣：指尚書閣、中書閣、秘書閣。案：本集卷九謝平原内史表有「身登三閣」語。御覽所引僅此三字，下有「注三閣謂秘書郎掌内外三閣經書」十四字，亦文選謝平原内史表李善注語。疑此三字即出自謝平原内史表，今姑附於此。

上趙王倫箋薦戴淵〔一〕

蓋聞繁弱登御，然後高墉之功顯〔二〕；孤竹在肆，然後降神之曲成〔三〕。是以高世之主，必假遠邇之器〔四〕；藴匵之才，思託太音之和〔五〕。伏見處士廣陵戴若思〔六〕，年三十，清沖履道，德量允塞〔七〕。思理足以研幽，才鑒足以辯物〔八〕。安窮樂志，無風塵之慕〔九〕；砥節立行，有井渫之潔〔一〇〕。誠東南之遺寶，宰朝之奇璞也〔一一〕。若得託迹康衢，則能結軌驥騄〔一二〕，曜質廊廟，必能垂光璵璠矣〔一三〕。惟明公垂神采察，不使忠允之言以人而廢〔一四〕。晉書卷六十九

【校】

廣陵戴若思：世説新語自新注引虞預晉書作「戴淵」，無「廣陵」二字。太平御覽卷六百三十二作「廣陵戴淵」，而於「年三十」下有「字若思」三字。

思理：太平御覽卷六百三十二作「心智」。

安窮四句：世説新語自新注引虞預晉書「安窮」二句在「砥節」二句下。「安」，太平御覽卷六百三十二作「固」。

井渫：太平御覽卷六百三十二作「渫井」。

遺寶：「遺」，太平御覽卷六百三十二作「貴」。

宰朝：世説新語自新注引虞預晉書作「朝廷」，北堂書鈔卷三十三作「宰相」，太平御覽卷六百三十二作「聖朝」。

奇璞：「奇」，世説新語自新注引虞預晉書作「貴」。

託迹：「託」，世説新語自新注引虞預晉書作「寄」。

則能：「則」，世説新語自新注引虞預晉書作「必」。

璵璠矣：世説新語自新注引虞預晉書無「矣」字。又其下有「夫枯岸之民，果於輸珠；潤山之客，烈於貢玉。蓋明暗呈形，則庸識所甄也」六句。

【箋注】

〔一〕晉書戴若思傳：「祖烈，吴左將軍。父昌，會稽太守。若思有風儀，性閑爽，少好游俠，不拘操行。遇陸機赴洛，船裝甚盛，遂與其徒掠之。若思登岸，據胡床，指麾同旅，皆得其宜。機察見之，知非常人，在舫屋上遥謂之曰：『卿才器如此，乃復作劫邪！』若思感悟，因流涕投劍就之。機與言，深加賞異，遂與定交焉。若思後舉孝廉，入洛。機薦之於趙王倫云云。」戴若思，名淵，唐人避諱，故稱其字。陸機薦，倫乃辟之，除沁水令，不就。後曾爲豫章太守，加振威將軍，賜爵秣陵侯，遷治書侍御史、驃騎司馬，拜散騎侍郎。東晉時爲征西將軍、都督司兖豫并冀雍六州諸軍事、司州刺史，鎮合肥。後爲王敦所害。案：趙王倫擅政在永康元年（三〇〇）四月，次年永寧元年正月篡位。陸機薦文稱倫「明公」，是作於永康元年四月以後至年末之間。又案：世説新語賞譽「戴若思之巖巖」注引虞預晉書：「戴儼字若思。」吴士鑑、劉承幹晉書斠注引丁國鈞晉書校文卷三曰：「頗疑若思有更名事而史失載。」李慈銘紛欣閣本世説新語批注曰：「是若思有二名也。」本篇題目據嚴可均全晉文。

〔二〕蓋聞二句：左傳定公四年：「封父之繁弱。」杜預注：「繁弱，大弓名。」登，吕氏春秋仲夏

「農乃登黍」高誘注：「進。」御，楚辭九章涉江「腥臊并御」王逸注：「用也。」蔡邕釋誨：「倕氏興政於巧工，造父登御於驊騮。」周易解上六：「公用射隼于高墉之上。」

〔三〕孤竹二句：周禮春官大司樂：「雷鼓雷鼗，孤竹之管，雲和之琴瑟，雲門之舞，冬日至於地上之圜丘奏之，若樂六變，則天神皆降，可得而禮矣。」鄭玄注：「孤竹，竹特生者。」肆，左傳襄公十一年「歌鍾二肆」杜預注：「列也。」

〔四〕是以二句：魏殷褒薦朱倫表：「高世之主，必廣登命之禮，有爲之君，務通賢者之路，所以成大治也。」

〔五〕蘊匵二句：論語子罕：「子貢曰：『有美玉於斯，韞匵而藏諸，求善賈而沽諸？』」集解引馬融：「韞，藏也；匵，匱也。謂藏諸匱中。」韞、蘊通。後漢書周興傳陳忠上疏薦興：「蘊匵古今，博物多聞。」蘊匵之才，謂懷抱利器之才士。太音，至妙之和聲。老子四十一章：「大音希聲。」思託句，謂欲託身於和聲。己雖一音，與衆音諧合則成和聲，和聲亦端賴衆聲。殷仲堪琴贊：「五聲不彰，孰表太音。」此喻政治也，猶本集卷八演連珠所謂「百官恪居，以赴八音之離；明君執契，以要克諧之會」。

〔六〕廣陵：郡名，三國魏及西晋廣陵郡治淮陰（今江蘇清江西南）。

〔七〕清沖二句：周易履九二：「履道坦坦，幽人貞吉。」王弼注：「履道尚謙，不喜處盈，務在致誠，惡夫外飾者也。」允，説文儿部：「信也。」塞，禮記祭義「致禮樂之道而天下塞焉」鄭玄

注：「充滿也。」詩大雅常武：「王猶允塞。」

〔八〕辯物：辨明事理。周易繫辭下：「辨物正言。」韓康伯注：「理類辨明。」辯，通辨。

〔九〕風塵：莊子齊物論：「游乎塵垢之外。」郭象注：「凡非真性，皆塵垢也。」風塵，猶塵垢。此謂塵俗。

〔一〇〕砥節二句：鄒陽上書吳王：「聖王底節修德。」底、砥通。蔡邕郭有道碑文：「砥節礪行，直道正辭。」周易井九三：「井渫不食，爲我心惻。」李鼎祚集解引荀爽：「渫，去穢濁，清潔之意也。」

〔一一〕宰朝句：宰，宰相，此指趙王倫。時倫自爲相國，侍中，專擅朝政。晉惠帝册復太子：「賴宰相賢明。」晉書天文志：「（永康元年）五月熒惑入南斗，占曰：宰相死，兵大起。……是時趙王倫爲相，明年篡位，三王興師誅之。」宰相均指倫。宰朝，猶言宰庭，宰相治事謀政之處。陸雲贈汲郡太守：「翻飛宰朝。」司馬彪贈山濤詩：「卞和潛幽巖，誰能證奇璞。」

〔一二〕若得二句：爾雅釋宫：「四達謂之衢，五達謂之康。」班固答賓戲：「齊甯激聲於康衢。」結軌，車迹相交結。莊子胠篋：「車軌結乎千里之外。」結軌驥騄，謂如駿馬駕車來往。

〔一三〕曜質二句：廊，漢書司馬相如傳「高廊四注」顔師古注：「堂下四周屋也。」廟，爾雅釋宫：「室有東西廂曰廟。」廊廟，原指居處，後專指人君所居。禮記月令云天子居青陽大廟、天子居明堂大廟、天子居大廟大室、天子居總章大廟、天子居玄堂大廟，其「大廟」謂天子居處，非祭祀祖先之廟。宋張虙月令解云：「月令有寢廟，有大廟。寢廟，祖宗之廟也。大廟爲天子所居而有廟稱，如今稱廊廟、稱廟堂，無嫌也。」文選潘岳爲賈謐作贈陸機「廊廟惟清」李善注：「廊廟，君之居，臣朝覲之所。」國語越語：「謀之廊廟。」左傳定公五年：「陽虎將以璵璠斂。」杜預注：「璵璠，美玉，君所佩。」垂光璵璠，謂如美玉放射光輝。

〔一四〕惟明公二句：明公，尊稱，當起於西漢末。後漢書銚期傳期説劉秀曰：「明公據河山之固，擁精鋭之衆。」論語衛靈公：「不以人廢言。」何晏集解引王肅：「不可以無德而廢善言。」

【集評】

譚獻評：奇思壯采。（見李兆洛駢體文鈔卷十五）

謝成都王箋〔一〕

慶雲惠露〔二〕，止於落葉。文選沈約齊故安陸昭王碑文李善注

【箋注】

〔一〕成都王：司馬穎，字章度，武帝第十六子（世説新語言語注引八王故事云字叔度，第十九子）。太康末受封。惠帝元康九年，出鎮鄴。齊王冏討趙王倫，穎發兵響應，首先進入洛陽，幽倫，迎惠帝反正。及冏入洛，穎謙讓歸鄴。進位大將軍，都督中外諸軍事。齊王冏疑

陸機爲趙王倫草禪讓詔，收付廷尉，下獄當死，穎與吴王晏并救理之。穎復以機參大將軍軍事，又表爲平原内史。穎起兵討長沙王乂，以機率大軍南征，乃大敗，遂誅機。時在太安二年（三〇三）。機此箋當作於永寧元年（三〇一）出獄之後，或此後應司馬穎之徵參大將軍軍事之時。

〔二〕慶雲：即卿雲，喜氣也。參本集卷五贈馮文羆遷斥丘令「慶雲扶質」注。

策問秀才紀瞻等〔一〕

昔三代明王，啓建洪業，文質殊制〔二〕，而令名一致。然夏人尚忠，忠之弊也朴，救朴莫若敬，殷人革而修焉。敬之弊也鬼，救鬼莫若文，周人矯而變焉。文之弊也薄，救薄則又反之於忠〔三〕。然則王道之反覆，其無一定邪，亦所祖之不同而功業各異也？自無聖王，人散久矣〔四〕，三代之損益〔五〕，百姓之變遷，其故可得而聞邪？今將反古以救其弊，明風以蕩其穢，三代之制將何所從？太古之化有何異道？

【箋注】

〔一〕紀瞻：晋書紀瞻傳：「字思遠，丹陽秣陵人也。祖亮，吴尚書令。父陟（案：元和姓纂作騭），光禄大夫。瞻少以方直知名，吴平，徙家歷陽。郡察孝廉，不行。後舉秀才，尚書郎陸機策之云云。」永康初，州又舉寒素，大司馬辟東閤祭酒。永寧元年，左降松滋侯相。太安中，棄官歸家。東晋時，曾爲侍中、尚書右僕射、領軍將軍、散騎常侍等，卒年七十二。瞻少與陸機兄弟親善。及機被誅，瞻營恤其家，甚爲周至。及嫁機女，資送同於所生。士稱其篤義。本篇題目據嚴可均全晋文。

〔二〕昔三代三句：史記孔子世家：「觀殷夏所損益，曰：『後雖百世可知也，以一文一質。周監二代，郁郁乎文哉，吾從周。』」董仲舒春秋繁露三代改制質文：「王者以（疑作之）制，一商一夏，一質一文。」白虎通三正：「王者必一質一文何？所以承天地，順陰陽。陽之道極則陰道受，陰之道極則陽道受。明二陰二陽不能相繼也。質法天，文法地而已。故天爲質，地受而化之，養而成之，故爲文。尚書大傳曰『王者一質一文，據天地之道』，禮三正記曰『質法天，文法地』也。」

〔三〕然夏九句：史記貨殖傳：「夏人政尚忠朴。」高祖紀：「太史公曰：夏之政忠。忠之敝，小人以野，故殷人承之以敬。敬之敝，小人以鬼，故周人承之以文。文之敝，小人以僿（集解引徐廣云一作薄，索隱云蓋僿猶薄之義也），故救僿莫若以忠。三王之道若循環，終而復始。」集解引鄭玄曰：「忠，質厚也。野，少禮節也。鬼，多威儀如事鬼神。文，尊卑之差也。薄，苟習文法，無悃誠也。」朴，即野意。案：類似表述，又見禮記表記及孔疏引元命包、説苑修文、白虎通三教、論衡齊世等。

〔四〕人散：論語子張：「曾子曰：『上失其道，民散久矣。』」陸機原當作民散，晋書避唐諱改。

〔五〕三代句：論語爲政：「子曰：『殷因於夏禮，所損益可知也；周因於殷禮，所損益可知也。』」集解引馬融：「所損益，謂文質三統也。」

在昔哲王，象事備物〔一〕。明堂所以崇上帝，清廟所以寧祖考，辟雍所以班禮教，太學所以講藝文〔二〕。此蓋有國之盛典，爲邦之大司〔三〕。亡秦廢學，制度荒闕，諸儒之論，損益異物，漢氏遺作，居爲異事〔四〕，而蔡邕月令，謂之一物〔五〕。將何所從？

【箋注】

〔一〕在昔二句：哲，智。參本集卷五皇太子宴玄圃宣猷堂有令賦詩「自昔哲王」注。象事備物，謂擬象其事而備其器物。設立明堂、清廟、辟雍、太學，亦備物也，其制度規模，皆有象徵之義。周易繫辭下：「象事知器。」繫辭上：「備物致用。」

〔二〕明堂四句：明堂，天子祀上帝之所，亦布政之處。隋書宇文愷傳愷明堂議引尚書帝命驗：「帝者承天，立五府以尊天重象。赤曰文祖，黄曰神斗，白曰顯紀，黑曰玄矩，蒼曰靈府。」又引注曰：「唐虞之天府，夏之世室，殷之重屋，周之明堂，皆同矣。」（案：隋書牛弘傳弘議明堂亦引尚書帝命驗此語，又引鄭玄注：「五府與周之明堂同矣。」宇文愷所引之注，當亦是鄭玄注：「唐虞之天府」，天府當作五府，弘議云「黄帝曰合宫，堯曰五府，舜曰總章」是也。）上帝，即赤、黄、白、黑、蒼五帝。孝經聖治章：「周公……宗祀文王於明堂，以配上帝。」唐玄宗注：「明堂，天子布政之宫也。周公因祀五方上帝於明堂，乃尊文王以配之也。」後漢書蔡邕傳邕上封事條陳宜所施行七事：「明堂月令：天子以四立及季夏之節，迎五帝於郊，所以導致神氣，祈福豐年。」清廟，王者宗廟。詩周頌清廟鄭箋：「清廟者，祭有清明之德者之宫也。……廟之言貌也，死者精神不可得而見，但以生時之居立宫室，象貌爲之耳。」左傳桓公二年：「清廟茅屋。」杜預注：「清廟，肅然清静之稱也。」孔疏：「清廟者，宗廟之大稱。」蔡邕上封事：「清廟祭祀，追往孝敬。」辟雍，大戴禮記明堂：「明堂者，古有之也。……外水曰辟雍。」大雅靈臺孔疏引韓詩説：「辟雍者，天子之學。圓如璧，壅之以水。示圓，言辟，取辟（阮元校云當作璧）有德。不言辟水，言辟雍者，取其雍和也。所以教天下春射秋饗，尊事三老五更。」白虎通辟雍：「天子立辟雍何？辟雍所以行禮樂，宣德化也。辟者，璧也。象璧圓，以法天也。雍者，雍之以水，象教化流行也。辟之言積也，積天下之道德。雍之爲言壅也。天下之儀則，故謂之辟雍也。」蔡邕上封事：「養老辟雍，示人禮化。」班，漢書翟義傳「班度量」顔師古注：「謂布行也。」案：東漢時明帝數臨辟雍，行養三老五更及大射之禮，和、順、桓、靈諸帝亦皆臨辟雍行禮，晉武帝、惠帝亦皆臨辟雍行鄉飲酒禮，陸機所云「班禮教」者也。太學，即大學，天子之學。大戴禮記保傅：「古者年八歲而出就外舍，學小藝焉，履小節焉。束髮而就大學，學大藝焉，履大節焉。」禮記王制：「樂正……順先王詩書禮樂以造士。」鄭玄注：「幼者教之於小學，長者教之於大學。」漢代大學置五經博士。藝，謂儒家六藝。

〔三〕司：禮記曲禮下「司土司木」孔疏引干寶：「凡言司者，總其領也。」

〔四〕漢氏二句：西漢平帝元始年間，王莽奏建明堂、辟雍，二者乃同一建築。隋書宇文愷傳：「元始四年八月，起明堂、辟雍長安城南門，制度如儀。一殿，垣四面，門八觀，水外周，堤壤高四尺，和會築作三旬。」（參何清谷三輔黃圖校注）東漢則明堂、辟雍、太學非一事。後漢書光武紀中元元年：「初起明堂、靈臺、辟雍及北郊兆域。」李賢注引漢官儀：「明堂去平城門二里所……辟雍去明堂三百步。」又建武五年：「初起太學。」注引陸機洛陽記：「太學在洛陽城故開陽門外，去宮八里。」又翟酺傳：「初，酺之爲大匠，上言：『……明帝時，辟雍始成，欲毁太學。太尉趙熹以爲太學、辟雍皆宜兼存。故并傳至今。而頃者穨廢，至爲園采芻牧之處。宜更修繕，誘進後學。』（順）帝從之。……遂起太學，更開拓房室，學者爲酺立碑銘於學云。」是嘗欲毁太學合於辟雍而終未毁也。隋書牛弘傳：「漢中元二年，起明堂、辟廱、靈臺於洛陽，并別處。」

〔五〕而蔡邕二句：蔡邕月令，指蔡邕所著明堂月令論。（禮記明堂位孔疏稱明堂月令章句，文選王元長三月三日曲水詩序李善注稱明堂月令論，蓋同一書。）隋書牛弘傳弘明堂議曰：

「今明堂月令者，鄭玄云是吕不韋著春秋十二紀之首章，禮家鈔合爲記。蔡邕、王肅云周公所作。……蔡邕具爲章句，又論之。」（據禮記月令孔疏，牛弘所述鄭玄語係出自鄭氏目録。）禮記月令陸德明釋文亦云：「此是吕氏春秋十二紀之首，後人删合爲此記。蔡伯喈、王肅云周公所作。」是蔡氏所著即禮記月令之章句論釋也。月令而冠以「明堂」者，後漢書蔡邕傳邕上封事條陳宜所施行七事，「一事：明堂月令：……」李賢注：「天子居明堂，各依其月布政，故云明堂月令。」其書見續漢書祭祀志劉昭注引（省曰明堂論），其言曰：「取其宗祀之清貌，則曰清廟；取其正室之貌，則曰太廟；取其尊崇，則曰太室；取其向明，則曰明堂；取其四門之學，則曰太學；取其四面周水圓如璧，則曰辟雍。異名而同事，其實一也。」案：漢儒論明堂、辟雍、太學同異，甚爲紛歧。隋書牛弘傳：「然馬宫、王肅以爲明堂、辟雍、太學同處，蔡邕、盧植亦以爲明堂、靈臺、辟雍、太學同實異名。……其言别者，五經通義曰靈臺以望氣，明堂以布政，辟雍以養老教學。三者不同。袁準、鄭玄亦以爲别。歷代所疑，豈能輒定？」

庶明亮采，故時雍穆唐〔一〕；有命既集，而多士隆周〔二〕。故書稱明良之歌，易貴金蘭之美〔三〕。此長世所以廢興，有邦所以崇替〔四〕。夫成功之君，勤於求才；立名之士，急於招世〔五〕。理無世不對，而事千載恒背。古之興王何道而如彼，後之衰世何闕而如此？

【箋注】

〔一〕庶明二句：尚書皋陶謨：「庶明勵翼。」鄭玄曰：「庶，衆也；勵，作也。……以衆明作羽翼之臣也。」（三國志蜀書先主傳裴松之注引）亮，漢書王莽傳「亮彼武王」顏師古注：「助也。」采，爾雅釋詁：「事也。」堯典：「使宅百揆，亮采惠疇。」（僞古文在舜典）堯典：「黎民於變時雍。」應劭曰：「時，是也；雍，和也。……用是太和也。」（漢書成帝紀顏師古注引）穆，詩周頌清廟「於穆清廟」毛傳：「美。」唐，唐堯，堯曾居唐。

〔二〕有命二句：詩大雅大明：「天監在下，有命既集。」毛傳：「集，就。」鄭箋：「天監視善惡於下，其命將有所依就。」多士，衆士，謂群臣。尚書大誥：「越爾多士。」

〔三〕故書二句：尚書皋陶謨：「（皋陶）乃賡載歌曰：『元首明哉，股肱良哉，庶事康哉！』」（僞古文在益稷）周易繫辭上：「子曰：『……二人同心，其利斷金。同心之言，其臭如蘭。』」

〔四〕此長二句：長，國語周語「古之長民者」韋昭注：「猶君也。」劉劭人物志英雄：「故英可以爲相，雄可以爲將，若一人之身兼有英雄，則能長世，高祖、項羽是也。」尚書皋陶謨：「亮采有邦。」崇替，猶興廢。參本集卷五皇太子宴玄圃宣猷堂有令賦詩「群辟崇替」注。

〔五〕急於句：招，漢書刑法志「將招權而爲亂首矣」顏師古注引孟康：「求也。」招世，謂有求於世，求世之用。莊子徐无鬼：「招世之士興朝。」

昔唐虞垂五刑之教，周公明四罪之制，故世嘆清問而時歌緝熙〔一〕。奸宄既殷，法物滋有〔二〕，叔世崇三辟之文，暴秦加族誅之律〔三〕，淫刑淪胥〔四〕，虐濫已甚。漢魏遵承，因而弗革，亦由險泰不同，而救世異術，不得已而用之故也。寬克之中〔五〕，將何立而可？族誅之法，足爲永制與不？

【箋注】

〔一〕昔唐三句：尚書堯典：「象以典刑，流宥五刑。」（僞古文在舜典）史記五帝紀引此文，集解引馬融曰：「五刑，墨、劓、剕、宫、大辟。」案：時舜攝位而堯尚在，故曰唐虞。又，漢時多以象刑説唐虞之五刑。漢書武帝紀：「詔賢良曰：『朕聞昔在唐虞，畫象而民不犯。』」顔師古注引白虎通：「畫象者，其衣服象五刑也。犯墨者蒙巾，犯劓者以赭著其衣，犯髕者以墨蒙其髕，象而畫之，犯宫者屝，犯大辟者布衣無領。」詩豳風破斧：「周公東征，四國是皇。」毛傳：「四國，管、蔡、商、奄也。」鄭箋：「周公既反，攝政，東伐此四國，誅其君罪。」漢書昭帝紀贊：「昔周成以孺子繼統，而有管、蔡四國流言之變。」案：尚書堯典：「流共工于幽州，放驩兜于崇山，竄三苗于三危，殛鯀于羽山，四罪而天下咸服。」（僞古文在舜典）此用其「四罪」之語而指管、蔡等四國。清問，明察審問。尚書呂刑：「皇帝清問下民。」漢書文三王傳谷永上疏：「選上德通理之吏，更審考清問。」案：呂刑「皇帝」，謂堯也。墨子尚賢中曾引用其語。三國志魏書鍾繇傳繇上疏：「書云：『皇帝清問下民，鰥寡有辭于苗。』此言堯當除蚩尤、有苗之刑，先審問於下民之有辭者也。」皆「世嘆清問」之例。詩周頌維清：「維清緝熙。」鄭箋：「緝熙，光明也。」案：詩大雅文王、周頌維清、昊天有成命、載見、敬之皆有「緝熙」之語，諸詩皆周公伐四罪、致太平後之作。

〔二〕奸宄二句：國語晋語：「亂在内爲軌，在外爲奸。」宄、軌通。尚書堯典：「寇賊奸宄。」（僞古文在舜典）殷，詩鄭風溱洧「殷其盈矣」毛傳：「衆也。」老子五十七章：「法令滋彰，盗賊多有。」

〔三〕叔世二句：左傳昭公六年叔向詒子産書：「夏有亂政而作禹刑，商有亂政而作湯刑，周有亂政而作九刑。三辟之興，皆叔世也。」孔疏：「三辟，謂禹刑、湯刑、九刑也。辟，罪也。三者斷罪之書，故爲刑書，皆是叔世所爲。」又引服虔曰：「政衰爲叔世。」商君書賞刑：「守法守職之吏有不行王法者罪死不赦，刑及三族。」史記秦本紀：「文公二十年，法初有三族之罪。」集解：「張晏曰：『父母、兄弟、妻子也。』如淳曰：『父族、母族、妻族也。』」

〔四〕淪胥：詩小雅雨無正：「若此無罪，淪胥以鋪。」毛傳：「淪，率也。」鄭箋：「胥，相。……言王使此無罪者見牽率相引而徧得罪也。」

〔五〕克：通刻。刻，史記商君傳「其天資刻薄人也」索隱：「謂用刑深刻。」

夫五行迭代，陰陽相須，二儀所以陶育，四時所以化生〔一〕。易稱「在天成象，在地成形」，形象之作，相須之道也〔二〕。若陰陽不調，則大數不得不否；一氣偏廢，則萬物不得獨成〔三〕。此應同之至驗，不偏之明證也。今有温泉而無寒火〔四〕，其故何也？思聞辯之，以釋不同之理。

【箋注】

〔一〕夫五行四句：尚書洪範：「五行，一曰水，二曰火，三曰木，四曰金，五曰土。」白虎通五行：「五行所以更王何？以其轉相生，故有終始也。木生火，火生土，土生金，金生水，水生木。」又曰：「水位在北方。北方者陰氣，在黄泉之下，任養萬物。水之爲言准也。養物平均，有准則也。木在東方。東方者，陽氣始動，萬物始生。木之爲言觸也。陽氣動躍觸地而出也。火在南方。南方者，陽在上，萬物垂枝。火之爲言委隨也。言萬物布施。火之爲言化也。陽氣用事，萬物變化也。金在西方。西方者，陰始起，萬物禁止。金之爲言禁也。土在中央。中央者土，土主吐含萬物。土之爲言吐也。」是五行陰陽陶育萬物也。淮南子墬形：「木壯，水老，火生，金囚，土死；火壯，木老，土生，水囚，金死；土壯，火老，金生，木囚，水死；金壯，土老，水生，火囚，木死；水壯，金老，木生，土囚，火死。」五行更替爲壯，所謂更王也；皆經歷生、壯、老、囚、死之過程，所謂有終始也。此即所謂迭代。以四時言，則木爲春，火爲夏，金爲秋，水爲冬，土之定位，止季夏之月。萬物皆屬於五行，故萬物亦有終始化生。如淮南子墬形：「木勝土，土勝水，水勝火，火勝金，金勝木。故禾春生秋死，菽夏生冬死，麥秋生夏死，薺冬生中夏死。」據高誘注，禾者屬木，木王爲春，故春生；勝木者金，金壯（王）則木死，而金王爲秋，故禾秋死。菽屬火，麥屬金，薺屬水，故分別於火、金、水壯（王）之時生，於其死之時死。是萬物之盛衰，即五行之迭代也。五行皆天地陰陽相配偶而生成。周易繫辭上：「天一，地二；天三，地四；天五，地六；天七，地八；天九，地十。」天陽地陰，此天地陰陽自然之數。鄭玄注：「天一生水於北，地二生火於南，天三生木於東，地四生金於西，天五生土於中。陽無耦，陰無配，未得相成。地六成水於北，與天一并；天七成火於南，與地二并；地八成木於東，與天三并；天九成金於西，與地四并；地十成土於中，與天五并也。」（禮記月令孔疏引）是天地陰陽相待而生成萬物。須，待也。繫辭上：「易有太極，是生兩儀，兩儀生四象，四象生八卦。」李鼎祚集解引虞翻：「太極，太一。分爲天地，故生兩儀也。」又曰：「四象，四時也。」四時推移即五行更王，亦即陰陽消長，萬物因之而化。

〔二〕易稱四句：周易繫辭上：「在天成象，在地成形。變化見矣。」韓康伯注：「象況日月星辰，形況山川草木也。」天象地形，天地相合方能生成萬物，故言形象相須。

〔三〕若陰陽四句：大數，當謂天地陰陽之數，即天一、地二、天三、地四、天五、地六、天七、地八、天九、地十。天數、地數（即陽數、陰數）相配合乃生成五行萬物，故曰「陰陽不調，則大數不得不否」。一氣偏廢，謂陽無陰、陰無陽。偏廢則萬物不成。

〔四〕今有句：白虎通五行：「五行之性，火熱水寒，有温水，無寒火何？明臣可爲君，君不可更爲臣。」案：陸機之意，蓋謂水性本寒而熱，是陰中有陽；既云陰陽不得偏廢，則應亦陽中有陰，而寒火則無之。

夫窮神知化，才之盡稱；備物致用，功之極目〔一〕。以之爲政，則黄羲之規可踵；以之革亂，則玄古之風可紹〔二〕。然而唐虞密皇人之闊網，夏殷繁帝者之約法〔三〕，機心起而日進〔四〕，淳德往而莫返。豈太樸一離〔五〕，理不可振，將聖人之道，稍有降殺邪〔六〕？晉書紀瞻傳

【箋注】

〔一〕夫窮四句：周易繫辭下：「窮神知化，德之盛也。」孔疏：「窮極微妙之神，曉知變化之道，乃是聖人德之盛極也。」繫辭上：「備物致用，立成器以爲天下利，莫大乎聖人。」孔疏：「謂備天下之物，招致天下所用，建立成就天下之器，以爲天下之利，唯聖人能然。」

〔二〕以之四句：黄羲，黄帝、伏羲。玄古，太古，上古。莊子天地：「玄古之君，天下無爲也，天德而已矣。」郭象注：「任自然之運動。」四句謂聖人以窮神知化之才、備物致用之功治理天

下，應可繼承伏羲、黄帝玄古之化。

〔三〕然而二句：皇人，指三皇。一説伏羲、神農等爲三皇，一説天皇、地皇、人皇爲三皇。潛夫論五德志：「自古在昔，天地開闢，三皇迭制。……世傳三皇、五帝，多以爲伏羲、神農爲二皇，其一者或曰燧人，或曰祝融，或曰女媧。……我聞古有天皇、地皇、人皇。」案：史記秦始皇紀載李斯等議，稱「古有天皇，有地皇，有泰皇」，司馬貞索隱以爲泰皇即人皇。帝者，指五帝。史記五帝本紀以黄帝、顓頊、帝嚳、堯、舜爲五帝。

〔四〕機心：取巧而不純樸之心。莊子天地：「有機事者必有機心，機心存於胸中，則純白不備。」

〔五〕豈太句：樸，文選張衡東京賦「尚素樸」薛綜注：「質也。」離，廣雅釋詁：「散也。」嵇康難自然好學論：「洪荒之世，大朴未虧。君無文於上，民無競於下。」

〔六〕稍：漢書郊祀志「稍上即無風雨」顔師古注：「漸也。」

集志議

考正三辰，審其所司〔一〕，是談天紀綱也。文選陸倕新漏刻銘李善注

【箋注】

〔一〕考正二句：三辰，國語魯語「帝嚳能序三辰以固民」韋昭注：「日月星也。」司，小爾雅廣

言：「主也。」古人以爲天象與人事相對應，有所主宰。如漢書天文志所謂亢、氐主疾疫，柳主木草，七星主急事，張主觴客，翼主遠客，軫主風，太白主中國，辰星常主夷狄，又太白主兵，月主刑。其類甚多。

晉書限斷議〔一〕

三祖實終爲臣〔二〕，故書爲臣之事，不可不如傳，此實録之謂也。而名同帝王，故自帝王之籍，不可以不稱紀，則追王之義〔三〕。初學記卷二十一

【校】

不如傳：「不」字原脱，據嚴可均全晉文卷九十七補。

【箋注】

〔一〕晉書限斷議：晉書賈謐傳：「起爲秘書監，掌國史。先是，朝廷議立晉書限斷，中書監荀勖謂宜以魏正始起年，著作郎王瓚欲引嘉平已下朝臣盡入晉史，于時依違未有所決。惠帝立，更使議之。謐上議，請從泰始爲斷。於是事下三府。司徒王戎、司空張華、領軍將軍王衍、侍中樂廣、黄門侍郎嵇紹、國子博士謝衡皆從謐議，騎都尉濟北侯荀畯、侍中荀藩、黄門侍郎華混以爲宜用正始開元，博士荀熙、刁協謂宜嘉平起年。謐重執奏戎、華之議，事遂施

行。」陸機之議，當亦在賈謐爲秘書監時。北堂書鈔卷五十七引王隱晉書：「陸機，字士衡，以文學爲秘書監虞濬所請，爲著作郎。議晉書限斷。」（又見初學記卷十二、太平御覽卷二百三十四。陸侃如中古文學繫年云「虞濬似當作賈謐」。）據陸機弔魏武帝文序，其爲著作在元康八年。又，史通卷二本紀第四云：「陸機晉書，列紀三祖，直序其事，竟不編年。」正與本議合。意者，所謂「正始開元」、「嘉平起年」，謂自魏之正始或嘉平年即以晉之元年、二年等紀年，而「泰始爲斷」，則以晉武帝泰始元年起用晉元。陸機之意，蓋謂三祖雖追尊爲帝，實魏臣也，故於正始、嘉平「開元」、「起年」之説，必持反對態度，而贊同以泰始爲斷之議。此機與賈謐所同者。以泰始爲斷用晉元、起晉年者，於魏末三祖之事，猶可用魏氏年號以繫其事，如陳壽三國志魏武紀繫以漢之年號者然。意賈謐等即如此主張。而機則主張但述其事如列傳，竟不編年。此則機與賈謐所異者。北堂書鈔卷五十七、初學記卷十二引干寶晉紀云：「秘書監賈謐請束晳爲著作佐郎，難陸機晉書限斷。」所駁難者當在於此。陸機之議，今所存者僅此數句，而隋書李德林傳載其北齊時所作答魏收書，曾引述機議而批評之，尚可參閲。其時魏收與陽休之論齊書起元事。北齊書陽休之傳云：「魏收監史之日，立高祖（高歡）本紀，取平四胡之歲爲齊元。……休之立議，从天保爲限斷」。從天保爲斷，即從高洋即帝位之天保年爲限而開齊元；魏收則主張從東魏時高歡擅政時已用齊元。李德林附和魏收，其答書即爲之提供論據。涉及陸機議者如下：一、「陸機稱紀元立斷，或以正始，或以嘉平，束晳議云赤雀、白魚之事。恐晉朝之議，是并論受命之元，非止代終之斷也。」「或以正始，或以嘉平」，并非陸機之主張，乃機議中轉述荀畯、荀熙等人之議耳。李德林以爲晉朝之議不是指代終之年，乃討論司馬懿受命之年；荀畯等人蓋主張爲司馬懿立紀，雖時猶魏末，然宜即書宣帝元年、二年等。二、「陸機以『刊木』著於虞書，『龕黎』見於商典，以蔽晉朝正始、嘉平之議，斯又謬矣。」「刊木」謂大禹治水，「龕黎」謂西伯（文王）勝黎，其時禹尚爲舜臣，文王尚爲紂臣。大約陸機以爲虞書、商書載其事如傳，遂舉以爲比，反對荀畯、荀熙等正始、嘉平起元之議，言三祖乃魏臣，記載其事迹即當如同列傳。三、「陸機見舜肆類上帝，班瑞群后，便云舜有天下，不（據册府元龜卷五百五十九補『不』字）須格於文祖也。欲使晉之三主異於舜攝。」尚書堯典載堯之晚年，命舜攝天子之政，祭祀上帝，頒玉圭於諸侯；堯崩，舜即位，乃行告廟之禮（即「格于文祖」）。陸機謂舜既已攝政，便已是有天下，不必待堯崩之後告廟之時方爲有天下。揣測其意，蓋謂堯雖尚在，而舜已用王者之禮，行天子之事，是已受命而有天下；而三祖父子并未如此，亦即三祖始終爲臣，未曾有天下，故與舜不同。陸機不承認三祖在魏時已經受命。四、「士衡自尊本國，誠如高議。欲使三方鼎峙，同爲霸名。……正司馬炎兼并，許其帝號。魏之君臣，吴人并以爲戮賊，亦寧肯當塗之世，云晉有受命之徵？」此李德林探論陸機本心，在於尊崇吴國，不肯奉魏國爲正統。於此亦可知，陸機之主張記載三祖事迹如傳而不編年，蓋以若予以編年，則或書晉之元年、二年等（如荀畯、荀熙等所議），或以魏之年號繫事（如賈謐等所議），二者皆非陸機所願。蓋後者即奉魏之正朔，乃直接承認魏爲正统；前者表示三祖因魏主之命而攝政受命，則爲間接承认魏之正统地位。「正司馬炎兼并，許其帝号。」正，止也，唯也。三祖之所謂受命，陸機不予承認；唯司馬炎統一宇内，故不能不承認其帝號。司馬炎受魏禪於泰始元年（二六五），滅吴在太康元年（二八〇）。此語不必泥爲陸機主張晋書起元於太康元年滅吴之歲；起元泰始，陸機應無異議。「許其帝號」，即許其即位之時（吴尚未滅）已受天命也。

〔二〕三祖：司馬懿，晋國初建，追尊曰宣王。司馬炎受禪，上尊號曰宣皇帝，廟稱高祖。其子師，追尊景王，上尊號曰景皇帝，廟稱世宗。子昭，謚文王，追尊號曰文皇帝，廟稱太祖。

〔三〕追王：禮記大傳：「（武王）追王大王亶父、王季歷、文王昌，不以卑臨尊也。」孔疏：「王迹所由興，故追王也。」

【集評】

李充翰林論：在朝辯政而議奏出，宜以遠大爲本。陸機議晋斷，亦各（四庫本御覽作「名」）其美矣。（太平御覽卷五百九十五）

祖會太極東堂詩序〔一〕

於是四座具醉。北堂書鈔卷八十二

【校】

題：此句見引於北堂書鈔卷八十二，云「陸機祖會太極東堂詩」，無「序」字。逯欽立云當是祖會太極東堂詩序殘文，今據補「序」字。

【箋注】

〔一〕祖會：餞行。參本集卷五祖道畢雍孫劉邊仲潘正叔題注。太極：魏晋時正殿名，魏明帝所起。參本集卷四桑賦「希太極以延峙」注。東堂：在太極殿之東。參補遺卷二祖會太極東堂題注。

皇太子清宴詩序

元康四年秋，余以太子洗馬出補吴王郎中，以前事食卒，不得宴。三月十六有命清宴。感聖恩之罔極，而賦此詩。北堂書鈔卷六十六

【校】

食卒：「食」，當作「倉」。

而賦此詩：太平御覽卷五百三十九引作「退而賦此詩也」。

顧譚傳

宣太子正位東宮，天子方隆訓導之義，妙簡俊彦，講學左右〔一〕。時四方之傑畢集，太傅諸葛恪等雄奇蓋衆，而譚以清識絶倫，獨見推重〔二〕。自太尉范慎、謝景、羊徽之徒〔三〕，皆以秀稱其名，而悉在譚下。三國志吴書顧譚傳裴松之注

【校】

羊徽：三國志吴書孫登傳云登爲皇太子，羊衜等爲賓客。盧弼三國志集解：「似以作羊衜爲是。」

【箋注】

〔一〕宣太子四句：宣太子，孫登謚號。三國志吴書孫登傳：「孫登字子高，權長子也。魏黄初二年……立登爲太子，選置師傅，銓簡秀士，以爲賓友。於是諸葛恪、張休、顧譚、陳表等以選入侍講詩書，出從騎射。權欲登讀漢書，習知近代之事，以張昭有師法，重煩勞之，乃令休從昭受讀，還以授登。登待接寮屬，略用布衣之禮，與恪、休、譚等或同輿而載，或共帳而寐。……黄龍元年，權稱尊號，立爲皇太子。以恪爲左輔，休右弼，譚爲輔正，表爲翼正都尉，是爲四友。而謝景、范慎、刁玄、羊衜等皆爲賓客，於是東宮號爲多士。」登赤烏四年卒，

年三十三。

〔二〕時四四句： 四方之杰，據孫登臨卒上表，東宮官屬尚有華融、裴欽、蔣修、虞翻等。諸葛恪，字元遜，瑾長子。弱冠，拜騎都尉，侍太子登講論。後拜撫越將軍，領丹陽太守。屯柴桑。陸遜卒，遷大將軍，駐武昌，代遜領荆州事。孫權病篤，徵恪領太子太傅，屬以後事。孫亮即位，進封陽都侯，加荆揚州牧，都督中外諸軍事。大發軍民伐魏，無功，百姓騷動，衆庶怨望。爲孫峻讒構，被殺，年五十一。吴書孫登傳注引江表傳：「登使侍中胡綜作賓友目曰：『英才卓越，超逾倫匹，則諸葛恪；精識時機，達幽究微，則顧譚。』」

〔三〕范慎： 字孝敬，廣陵人。著矯非論二十篇。孫晧時出補武昌左部督，爲太尉。鳳凰三年卒。謝景： 字叔發，南陽宛人。官至豫章太守，有治迹，吏民稱之。爲郡數年，卒官。羊徽： 當作羊衜。孫登臨終上表稱「羊衜辯捷，有專對之材」。位至桂陽太守，卒。

與弟雲書

此間有傖父，欲作三都賦。須其成，當以覆酒瓮耳〔一〕。晉書左思傳

（大夏）門有三層樓〔二〕，高百尺，魏明帝造。水經卷十六穀水「又東過河南縣北東南入于洛」注

仁壽殿前有大方鏡〔三〕，高可五尺餘，廣三尺二寸，立着庭中，向之便寫人形體，亦怪事也。北堂書鈔卷一百三十六

聽訟觀東作百丈許廊屋〔四〕。太平御覽卷一百八十五

監徒武庫、建始殿諸房中〔五〕，見有兩足猴，真怪物也。太平御覽卷九百十

天淵池養山鷄〔六〕，甚可嬉。太平御覽卷九百十八

天淵池東南角有果，各作一林，無處不有，縱横成行。一果之間，輒作一堂。太平御覽卷九百六十四

漢張騫使外國十八年，得苜蓿歸〔七〕。齊民要術卷三

張騫爲漢使外國十八年，得塗林。塗林，安石榴也〔八〕。齊民要術卷四

思苦生疾。文選陸機文賦李善注

【校】

仁壽殿條：初學記卷二十五引「方」字下有「銅」字，無「可」字，「三寸」作「二寸」，無「亦怪事也」

四字。「立着庭中」，「立」字影宋本初學記作「陪」，排印本初學記作「暗」。太平御覽卷七百十七引仍作「立」，不作「陪」或「暗」，又「形體」下有「了了」二字，「怪事」作「怪」，餘與初學記同。

聽訟：「訟」，原作「頌」，據永樂大典本河南志改。

張騫爲漢使條：齊民要術引此條，云「陸機曰」，據藝文類聚卷八十六、白孔六帖卷九十九、太平御覽卷九百七十、海録碎事卷二十二下、事物紀原卷十，知乃陸機與弟書中語。類聚、御覽所引皆不重「塗林」二字，六帖、海録碎事則重二字，與齊民要術同。當以重二字爲是。「塗林安石榴也」六字，或是賈思勰語。事物紀原所引云：「張騫爲漢使外國十八年，得塗林。蓋安石榴也。」

【箋注】

〔一〕此間四句：傖，鄙野無文之意。世説新語雅量「昨有一傖父」劉孝標注引晉陽秋：「吴人以中州人爲傖。」參余嘉錫釋傖楚。傖父，此指左思。覆酒瓮，言無用，不足道。漢書揚雄傳：「劉歆亦嘗觀之，謂雄曰：『空自苦！今學者有禄利，然尚不能明易，又如玄何？吾恐後人用覆醬瓿也。』」

〔二〕（大夏）門：洛陽伽藍記序：「（洛陽城）北面有二門，西頭曰大夏門，漢曰夏門，魏晋曰大夏門。」

〔三〕仁壽殿：初學記卷二引魏明帝與東阿王詔：「昔先帝時甘露屢降於仁壽殿前，靈芝生芳林園中。自吾建承露盤已來，甘露復降芳林園、仁壽殿前。」

〔四〕聽訟觀：三國志魏書明帝紀：「（太和三年）冬十月，改平望觀曰聽訟觀。帝常言：『獄者，天下之性命也。』每斷大獄，常幸觀臨聽之。」晉武帝亦曾數臨觀録獄囚，見晉書武帝紀。水經注卷十六穀水「又東過河南縣北東南入于洛」注：「渠水又東，枝分南入華林園。……其水東注天淵池。……其水自天淵池東出華林園，徑聽訟觀南，故平望觀也。……觀西北接華林隸簿，昔劉楨磨石處也。」廊屋：堂下屋。

〔五〕監徒：未詳。嚴可均全晉文卷九十七云：「『監徒』疑有誤。」武庫，皇帝置放兵器之所，歷代傳寶亦收藏其中。晉書惠帝紀：「（元康五年）十月，武庫火，焚累代之寶。十二月丙戌，新作武庫，大調兵器。」輿服志：「（秦漢）傳國璽與斬白蛇劍俱爲乘輿所寶，斬白蛇劍至惠帝時武庫火，燒之，遂亡。」五行志：「惠帝元康五年閏月庚寅，武庫火。張華疑有亂，先命固守，然後救火，是以累代異寶王莽頭、孔子屐、漢高祖斷白蛇劍及二百萬人器械，一時蕩盡。」建始殿，魏之正殿，在洛陽北宮。文帝於此朝群臣。晉書五行志：「漢獻帝建安二十五年（二二〇）春正月，魏武帝在洛陽起建始殿。」曹操卒，曹丕續成之。資治通鑑卷六十九「祀太祖於洛陽建始殿」胡三省注：「建始殿，帝（曹丕）所起，以建國之始命名。」三國志魏書文帝紀黄初元年十二月「初營洛陽宮」裴松之注：「諸書記是時帝居北宮，以建始殿朝群臣。」

〔六〕天淵池：在華林園中。三國志魏書文帝紀：「（黄初五年）是歲穿天淵池。」宋書禮志：「魏明帝天淵池南設流杯、石溝，燕群臣。」參注四。

〔七〕漢張騫條：史記大宛傳：「宛左右以蒲陶爲酒……馬嗜苜蓿。漢使取其實來，於是天子始種苜蓿、蒲陶肥饒地。及天馬多，外國使來衆，則離宫別觀旁盡種蒲陶、苜蓿極望。」

〔八〕張騫爲漢條：文選潘岳閑居賦李善注引博物志：「張騫使大夏，得石榴。」

與長沙顧母書〔一〕

痛心拔腦，有如孔懷。顏氏家訓文章

【箋注】

〔一〕顧母：顏氏家訓風操：「吾親表所行，若父屬者，爲某姓姑；母屬者，爲某姓姨。中外丈人之婦，猥俗呼爲丈母，士大夫謂之王母、謝母云。而陸機集有與長沙顧母書，乃其從叔母也。今所不行。」陸機從叔母姓顧，故稱顧母。

【集評】

顏氏家训文章：詩云：「孔懷兄弟。」孔，甚也；懷，思也，言甚可思也。陸機與長沙顧母書述從祖弟士璜死，乃言：「痛心拔腦，有如孔懷。」心既痛矣，即爲甚思，何故方言「有如」也？觀其此意，當謂親兄弟爲「孔懷」。詩云：「父母孔邇。」而呼二親爲「孔邇」，於義通乎？

與長沙夫人書〔一〕

士璜亡，恨一襦少〔二〕，便以機新襦衣與之。太平御覽卷六百九十五

【箋注】

〔一〕長沙夫人：疑即上篇「長沙顧母」。長沙，當爲陸機從叔父仕宦之所。

〔二〕襦：急就章卷二「袍襦表裏曲領裙」顔師古注：「短衣曰襦，自膝以上，一曰短而施要者襦。」

平復帖〔一〕

彦先羸瘵〔二〕，恐難平復。往屬初病，慮不止此，此已爲慶。承使□（唯）男〔三〕，幸爲復失前憂耳。□（吴）子楊往初來主，吾不能盡。臨西復來，威儀詳跱〔四〕，舉動成觀，自軀體之美也。思識□量之邁前〔五〕，執所恒有，宜□稱之。夏□（伯）榮寇亂

之際，聞問不悉〔六〕。啓功平復帖説并釋文

【校】

羸瘵：「瘵」，張伯駒陸士衡平復帖釋作「廢」。

恐難：「恐」，張伯駒釋作「久」。

慶承：張伯駒釋作「暮年」。

復失：「失」，張伯駒釋作「知」。

吴子楊：「吴」，啓功云：「第四行首字失上半，或是『吴』或是『左』。」

來主：「主」，友人周建國君比對王羲之書如兒女帖「便得至彼」、「足下情至委曲」等，以爲當是「至」字。

美也：「美」，啓功云：「『美』字或釋『異』。」張伯駒釋作「善」。

量之：「量」，啓功或釋「愛」。

【箋注】

〔一〕平復帖：爲今傳昔人真迹之最古者，首見著録於宣和書譜，章草。張丑清河書畫舫卷一下引宣和書譜：「陸機平復帖，作于晉武帝初年，前王右軍蘭亭燕集叙大約百有餘歲。今世張、鍾書法，都非兩賢真迹，則此帖當屬最古也。」（今本宣和書譜無此條。）其流傳有緒，清

代流入内府，後經由溥儒之手歸張伯駒，一九五六年捐贈。今藏故宫博物院。

〔二〕彦先：未詳。二陸所交往者，顧榮、賀循皆字彦先。文選陸機爲顧彦先贈婦李善注云陸機集有令（一作全）彦先。又陸雲與楊彦明書：「彦先來，相欣喜。便復分别，恨恨不可言。」「彦先相説，疾患漸欲增廢，深爲怛然。行向衰，篤疾來應，百年之望，雖未必此爲疑，然親親所以相卹之一感耳。想勤服藥，行復向佳耳。」與陸典書書：「每念彦先，情兼剥裂。年盛志美，令姿可借（案：當作惜）。舉言及此，不知心傷也。」亦未知與此彦先是一人否。

〔三〕承使：謂奉受其命而供使役。

〔四〕威儀句：詩大雅假樂：「威儀抑抑。」左傳襄公三十一年：「何謂威儀？……有威而可畏謂之威，有儀而可象謂之儀。」謂言貌舉止有法度使人肅然起敬。詳，孟子離婁下「博學而詳説之」趙岐注：「悉也。」又鄘風墻有茨「不可詳也」毛傳：「審也。」此謂威儀多而明白合宜。跱，廣雅釋詁：「止也。」立而不前之意。此謂穩重。

〔五〕邁前：謂勝過往昔。

〔六〕聞問：猶音訊。

失題

丹青之興，比雅頌之述作，美大業之馨香。宣物莫大於言，存形莫善於畫。歷代

失題

學者所疑。魏書天象志

【箋注】

〔一〕此陸機論班固漢書語。魏書天象志：「班史以日暈五星之屬列天文志，薄蝕彗孛之比入五行説。七曜一也，而分爲二志。故陸機云『學者所疑』也。」案：南齊書檀超傳載，超與驃騎記室江淹掌史職，上表立條例，有云：「班固五星載天文，日蝕載五行；改日蝕入天文志。」亦指摘漢書之失，可以參看。由陸機語，知學者疑之久矣。

失題

萬方底定。北堂書鈔卷十五

【校】

底定：「底」，原作「底」，據陳禹謨本書鈔改。底，止也。

作品輯佚卷第四

專著

洛陽記〔一〕

漢洛陽四關：東成皋關，南伊闕關〔二〕，西函谷關，北孟津關。初學記卷七引洛陽記。據文選鮑照結客少年場行李善注、曹植應詔詩李善注所引，知是陸機洛陽記。

【箋注】

〔一〕隋書經籍志、舊唐書經籍志、新唐書藝文志史部地理類均著録陸機洛陽記一卷。史載尚有楊佺期、華延儁、戴延之等所撰洛陽記，諸書所引洛陽記或不著撰者名。今所輯録，皆注明出處。凡諸書所引不著撰人、且無從考知爲陸機撰者不録，疑似者姑録以備考。

〔二〕伊闕：水經伊水「又東北過伊闕中」注：「伊水又北，入伊闕。昔大禹疏龍門（二字原缺，據楊守敬説加）以通水，兩山相對，望之若闕，伊水歷其間北流，故謂之伊闕矣。……陸機云『洛有四闕』，斯其一焉。」

乾脯山，在洛陽北去三十里，於上暴肉〔一〕，因以爲名。北堂書鈔卷一百四十五

【箋注】

〔一〕暴肉：周敬王事。太平寰宇記卷五河南府偃師縣：「乾脯山。九州要記云周敬王于此曝乾脯，因以爲名。」

首陽山，在洛陽東北，去洛二十里。文選曹植贈白馬王彪李善注

嵩高，在洛陽東南五十里。文選潘岳懷舊賦李善注

洛陽城，周公所制〔一〕。東西十里，南北十三里。城上百步有一樓櫓〔二〕，外有溝渠。藝文類聚卷六十三

【箋注】

〔一〕周公句：周公營建之事，在成王時，或云周公反政之後，或云在其前，參孫星衍尚書今古文疏證召誥注疏。召誥：「惟太保（召公）先周公相宅。」洛誥周公曰：「我乃卜澗水東、瀍水西，惟洛食；我又卜瀍水東，亦惟洛食。」鄭玄毛詩譜王城譜：「成王在豐，欲宅洛邑，使召公先相宅。既成，謂之王城，是爲東都，今河南是也。召公既相宅，周公往營成周，今洛陽是也。」是召公先往相宅經營，周公繼往而成之。澗水東、瀍水西者爲王城，瀍水東者爲成周。成周戰國時改稱雒陽，秦置縣，東漢、魏、西晋皆定都其地，在今洛陽市東郊白馬寺東。

〔二〕櫓：文選司馬相如上林賦「泰山爲櫓」郭璞注：「望樓。」

城之四面有陽渠，周公制之也〔一〕。水經穀水「又東過河南縣北，東南入于洛」注引此文云

出陸機洛陽記、劉澄之永初記

【箋注】

〔一〕城之二句：太平寰宇記卷三河南府洛陽縣：「按輿地志：『洛陽城外四面有陽渠水，即周公所制池。上源出函谷，東流注城西北角，仍分流，繞城，至建春門外合流，又折而東流，注于池。』」洛陽伽藍記卷二：「穀水周圍繞城，至建春門外，東入陽渠石橋。」是穀水流注洛陽

城即稱陽渠，亦可仍稱穀水。渠水繞洛陽城，南北交會於城東面建春門，復東流。參水經穀水注楊守敬疏。水經穀水「又東過河南縣北，東南入于洛」注叙陽渠云：「昔周遷殷民於洛邑，城隍逼狹，卑陋之所耳。晉故城成周以居敬王，秦又廣之以封不韋。以是推之，非專周公可知矣。」其意蓋謂洛陽城歷代有所擴建，已非周公時舊貌，陽渠之制亦非專歸之於周公。

城東有石橋，以跨七里澗〔一〕。太平寰宇記卷三河南府洛陽縣

【箋注】

〔一〕城東二句：晉書武帝紀：「（泰始十年）十一月，立城東七里澗石橋。」水經穀水「又東過河南縣北，東南入于洛」注：「其水（指繞洛陽城南東流之穀水）又東，左合七里澗。」澗即自城東面之建春門向東流出之陽渠水。參水經注熊會貞疏。洛陽伽藍記卷三云出建春門外一里餘，有東石橋，橋北大道東有綏民里，綏民里東有崇義里，崇義里東有七里橋。橋之形制甚偉。水經注云：「凡是數橋（指建春門外跨陽渠之諸橋）皆纍石爲之，亦高壯矣，制作甚佳。……朱超石與兄書云：『橋去洛陽宮六七里。悉用大石，下圓以通水，可受大舫過也。』」

大夏門，魏明帝所造，有三層，高百尺〔一〕。文選潘岳河陽縣作李善注

【箋注】

〔一〕大夏四句：水經卷十六穀水「又東過河南縣北東南入于洛」注、太平寰宇記卷三河南府洛陽縣、永樂大典本河南志魏城闕古迹引此條均云出陸機與弟雲書。

太子宮在太宮東，薄室門外〔一〕，中有承華門。文選陸機贈馮文能遷斥丘令李善注

【箋注】

〔一〕太子二句：太宮，指天子宮。薄室，漢書宣帝紀「爲取暴室嗇夫許廣漢」應劭曰：「暴室，宮人獄也，今曰薄室。」顏師古曰：「暴室者，掖庭主織作染練之署，故謂之暴室，取暴曬爲名耳。或云薄室者，薄亦暴也，今俗語亦云薄曬。蓋暴室職務既多，因爲置獄，主治其罪人，故往往云暴室獄耳，然本非獄名。」

承明門，後宮出入之門。吾常怪「謁帝承明廬」，問張公，云：「魏明帝作建始殿，朝會皆由承明門。」文選曹植贈白馬王彪李善注，又應璩百一詩李善注

宫墻外以大鐵鑊盛水，以救火，鑊受百斛。百步一置。太平御覽卷七百五十七

宫墻西有兩銅井，連御溝，名曰濛汜〔一〕。太平御覽卷一百八十九。御覽引此云出洛陽記。太平寰宇記卷三河南府河南縣引陸機洛陽記：「宫墻墻西有二銅井。」是御覽所引爲陸機洛陽記。

【校】

明帝：應作文帝。參陸機與弟書注五。

【箋注】

〔一〕連御溝二句：洛陽伽藍記卷一城内：「長秋寺……在西陽門（城西面南起第二門）内御道北一里。……寺北有濛汜池。」魏書釋老志：「魏明帝曾欲壞宫西佛圖。外國沙門乃金盤盛水，置於殿前，以佛舍利投之於水，乃有五色光起。於是帝嘆曰：『自非靈異，安得爾乎？』遂徙於道東，爲作周閣百間。佛圖故處鑿爲濛汜池，種芙蓉於中。」太平寰宇記卷三河南府河南縣引魏書：「明帝于宫西鑿濛汜池，以通御溝，義取日入濛汜以爲名。」此「連御溝」下當有闕文。

宫中有臨高、陵雲、宣曲、廣望、閬風、萬世、修齡、總章、聽訟，凡九觀，皆高十六

七丈，以雲母著窗裏，日曜之，煒煒有光輝。藝文類聚卷六十三引陸機洛陽地記，疑即陸機洛陽記，永樂大典本河南志晋城闕古迹引作陸機洛陽記

【校】

臨高：永樂大典本河南志晋城闕古迹作「臨商」，太平寰宇記卷三言九觀亦作「臨商」（見下條），當作「商」字爲是。

臨商、陵雲等八觀在宫之西，唯絶頂一觀在東。是號曰九觀。太平寰宇記卷三河南府洛陽縣

【校】

絶頂：永樂大典本河南志晋城闕古迹引作「聽訟」。

雲臺，高閣十四間。乘風觀，高閣十二間。太平御覽卷一百八十四引洛陽地記，當即陸機洛陽記

（東觀）在南宫，高闕十二間，介於承鳳觀。玉海卷一百六十六

【校】

在南宫條：王應麟玉海引此文，先引後漢書和帝紀「永元十三年正月丁丑，帝幸東觀，覽書林，閲篇籍，博選藝術之士以充其官」之文，云陸機洛陽記此條見於後漢書注，然今本後漢書注無此條。永樂大典本河南志後漢城闕古迹有東觀、承風觀，引陸機洛陽記：「在南宫，高閣十二間。」

洛陽南宫有承風觀，洛陽北宫有增喜觀，洛陽城外有宣楊觀、千秋、鴻池、泉城、楊威、石樓等觀。太平御覽卷一百七十九引陸機洛陽地記，當即洛陽記。

【校】

永樂大典本河南志後漢城闕古迹有宣陽觀、揚威觀，當即本條之宣楊觀、楊威觀。該志又云千秋、鴻池、泉城、揚威、石樓「五觀見陸機洛陽記，云在洛陽城外」，比照御覽所引出處，知洛陽地記即洛陽記。

洛陽城外有鼎中觀〔一〕。太平御覽卷一百七十九引陸機洛陽地記

【箋注】

〔一〕鼎中觀：太平御覽卷一百五十五引帝王世紀：「及武王伐紂，營洛邑而定鼎焉，今洛陽西南洛水之北有鼎中觀是也。」

金墉城在宫之西北角〔一〕，魏故宫人皆在中。文選陸雲爲顧彦先贈婦李善注

【箋注】

〔一〕宫之西北角：其意言金墉城在宫城西北之洛陽城角。參見下條。

洛陽城内西北角有金墉城。東北角有樓，高百尺，魏文帝造也〔一〕。太平御覽卷一百七十六引洛陽地記，宛委山堂本説郛作陸機洛陽記

【箋注】

〔一〕水經卷十六穀水「又東過河南縣北東南入于洛」注：「穀水又東，徑金墉城北。魏明帝于洛陽城西北角築之，謂之金墉城。魏文帝起層樓于東北隅。」洛陽伽藍記卷一城内：「（金墉）城東北角有魏文帝百尺樓，年雖久遠，形製如初。」是金墉城魏明帝時造，其東北角之高樓則文帝時造。其時代似乎錯亂，楊守敬水經注疏釋之云：「是文帝先有此樓，明帝築金墉

城環繞之，則樓在金墉城東北，故酈氏直云『文帝起層樓于東北隅』。」楊氏又云：「御覽一百七十九引華延儁洛中記：『金墉城東北有百尺樓，魏都水使者陳熙造。』即文帝時造樓之人也。」案：今影宋本御覽云華延携，携字當是儁字之誤。洛中記當即洛陽記。又四庫全書本御覽卷一七九作華延儁，本書從後漢書卷十下皇后紀注作華延儁。

九江直作圓水〔一〕，水中作圓壇三破之，夾水得相徑通。水經穀水「又東過河南縣北東南入于洛」注

【箋注】

〔一〕九江：水經穀水「又東過河南縣北東南入于洛」注：「（大夏）門内東側際城，有魏明帝所起景陽山。……山之東，舊有九江。」山與江皆在華林園内。

天淵南有石溝，御溝水也。文選謝朓鼓吹曲李善注引洛陽記。比照下條，當是陸機洛陽記。

天淵池南石溝，引御溝水，池西積石爲禊堂〔一〕，跨水，流杯飲酒。南齊書禮志引陸機云。比照上條，當是陸機洛陽記文。

【箋注】

〔一〕天淵三句：三國志魏書文帝紀：「（黃初五年）穿天淵池。」池在華林園内。池水與上文九江皆城西北來之陽渠水（即穀水）枝分入城者。御溝，此指華林園内溝渠。禊，風俗通祀典：「禊者，潔也。」晋書禮志：「漢儀：季春上巳，官及百姓皆禊於東流水上，洗濯祓除，去宿垢。而自魏以後，但用三日，不以上巳也。晋中朝公卿以下至于庶人，皆禊洛水之側。趙王倫篡位，三日會天泉（淵）池，誅張林。懷帝亦會天泉（淵）池賦詩。」

宫門及城中大道皆分作三，中央御道，兩邊築土墻，高四尺餘，外分之。唯公卿尚書章服道從中道〔一〕，凡人皆行左右，左入右出。夾道種榆槐樹。此三道四通五達也。太平御覽卷一百九十五

【校】

太平寰宇記卷三河南府洛陽縣引陸機洛陽記云：「洛陽十二門，南北九里。城内宫殿臺觀。有闔闥，左右出入。」以下叙城内三道云云，文字與御覽所引小異。永樂大典本河南志晋城闕古迹引陸機洛陽記云：「洛陽十二門，門有閤。閉中，開左右出入。」以下叙三道。

【箋注】

〔一〕章服：謂其衣冠有所標識也。

洛陽有銅駝街。漢鑄銅駝二枚，在宮南四會道頭，相對。俗語曰：「金馬門外集衆賢，銅駝陌上集少年。」太平御覽卷一百五十八

【校】

四會道頭：「頭」字原缺，據文選鮑照蕪城賦李善注、鮑照舞鶴賦李善注、陸倕石闕銘李善注及宋本太平寰宇記河南府洛陽縣所引洛陽記加。

有銅駝二枚，在宮之南四會道頭，高九尺，頭似羊，頸、身似馬，有肉鞍，兩箇相對。藝文類聚卷九十四引洛中記，水經穀水「又東過河南縣北東南入於洛」注楊守敬疏云當即陸機洛陽記之異名

駝高九尺，脊出太尉坊〔一〕。水經穀水「又東過河南縣北東南入於洛」注引陸機云，楊守敬疏以爲即洛陽記

【箋注】

〔一〕脊出句：脊出，未詳。太尉坊，水經穀水「又東過河南縣北，東南入於洛」注：「渠水又枝分，夾路南出，徑太尉、司徒兩坊間，謂之銅駝街。舊魏明帝置銅駝諸獸于閶闔南街。」據洛

陽伽藍記，太尉府在銅駝街西，司徒府在街東。

步廣里在洛陽城内宫東。水經穀水「又東過河南縣北東南入於洛」注

上商里在洛陽東北。本殷頑人所居。後漢書鮑永傳李賢注

德宫，里名也。文選潘岳楊仲武誄李善注

百郡邸〔一〕，在洛城中東城下步廣里中。太平御覽卷一百八十一

【箋注】

〔一〕百郡邸：漢書文帝紀「至邸而議之」顔師古注：「郡國朝宿之舍在京師者率名邸。邸，至也，言所歸至也。」後漢書何進傳：「引兵入屯百郡邸。」資治通鑑卷五十九胡三省注：「天下郡國百餘，皆置邸京師。謂之百郡邸者，百郡總爲一邸也。」

冰室在宣陽門内，恒有冰，天子用賜王公衆官〔一〕。太平御覽卷六十八

【箋注】

〔一〕冰室三句：宣陽門，在洛陽城南面正中，北對宫城之正南閶闔門。太平寰宇記河南府洛陽

縣：「漢曰小苑門，在午上，晉改曰宣陽門。門内有冰井。」洛陽伽藍記卷一城内云閶闔宮門前御道西南端「有凌陰里，即四朝時藏冰處也」。范祥雍校注：「四朝謂後漢、魏、晉及後魏。」是後漢以來，藏冰之所未變。凌陰里即在宣陽門内。左傳昭公四年：「古者日在北陸而藏冰，西陸朝覿而出之。其藏冰也，深山窮谷，固陰沍寒，於是乎取之。其出之也，朝之禄位，賓、食、喪、祭，於是乎用之。……食肉之禄，冰皆與焉。……自命夫命婦，至於老疾，無不受冰。」據杜預注，日在北陸，乃夏曆十二月；西陸，夏曆三月。周禮天官凌人：「凌人，掌冰。正歲十有二月，令斬冰。……夏頒冰。」鄭玄注：「暑氣盛，王以冰頒賜。」

五營校尉，前、後、左、右將軍府，皆在城中。文選潘岳閑居賦李善注

洛陽凡三市。大市名曰金市，公觀之西城中，馬市在大城之東，洛陽縣市在大城南〔一〕。文選潘岳閑居賦李善注

【校】

太平御覽卷八百二十七引陸機洛陽記、初學記卷二十四引洛陽記并云「金市在大城中」，無「公觀之西」字樣。

【箋注】

〔一〕洛陽五句：太平御覽卷一百九十一云：「洛陽記曰：三市，大市名也。金市在大城西，南市在大城南，馬市在大城東。按金市在臨商觀西，兑爲金，故曰金市。馬市在東，舊置丞焉。」金市在城内。水經穀水注云，繞城之穀水枝分，於閶闔門（城西面北頭第一門）入城東流，金市即在水之北。洛陽伽藍記則云在西陽門（魏晉曰西明門，城西面北頭第二門）内御道北。二説不同，但總之在城内之西部，故或曰大城中，或曰大城西，其實一也。公觀，疑當作宫觀，金市在宫城之西。馬市，太平御覽卷五百三十二引戴延之西征記：「洛陽建春門（城東面北頭第一門）外……去門二里，有牛馬市，嵇公臨刑處也。」水經穀水「又東過河南縣北東南入於洛」注：「水南即馬市也。舊洛陽有三市，斯其一也。嵇叔夜爲司馬昭所害處也。」水者，謂陽渠環繞洛陽城，至建春門折向東流之水。洛陽縣市在城南，當亦在城外。潘岳閑居賦云：「陪京泝伊，面郊後市。」其所居在城外南郊，李善注云其市即洛陽縣市。

靈臺在洛陽南，去城三里〔一〕。文選潘岳閑居賦李善注

【箋注】

〔一〕靈臺二句：水經穀水「又東過河南縣北東南入於洛」注：「穀水又徑靈臺北，望雲物也。漢

光武所築。高六丈，方二十步。」據洛陽伽藍記卷三城南，宣陽門外一里御道東有景明寺，寺南一里有雙女寺，（寺皆北魏時建。）靈臺在雙女寺東。

辟廱在靈臺東，相去一里，俱魏武所徙〔一〕。文選潘岳閑居賦李善注

【箋注】

〔一〕辟廱三句：洛陽伽藍記卷三城南：「靈臺東辟雍，是魏武所立者。」

太學在洛陽城故開陽門外〔一〕，去宮八里，講堂長十丈，廣三丈。後漢書光武紀注

【校】

下條後漢書蔡邕傳注所引無「故」字及「去宮八里」一句，「三丈」作「二丈」。

【箋注】

〔一〕太學句：後漢書光武帝紀：「（建武五年十月）初起太學。」水經穀水「又東過河南縣北，東南入於洛」注：「穀水又東，逕開陽門南。晉宮閣名曰：『故建陽門也。』」案：洛陽伽藍記序云：「南面有四門。東頭第一門曰開陽門。……以開陽爲名，自魏及晉，因而不改。」水經注楊守敬疏云：「據晉宮閣名，則嘗改爲建陽門，爲時不久，故伽藍記略之。」陸機此云故開

陽門，豈作洛陽記時適改名建陽歟？或誤衍「故」字歟？

太學在洛城南，開陽門外。講堂長十丈，廣二丈。堂前石經四部。本碑凡四十六枚。西行，尚書、周易、公羊傳十六碑存，十二碑毀。南行，禮記十五碑，悉崩壞。東行，論語三碑，二碑毀。禮記碑上有諫議大夫馬日磾、議郎蔡邕名〔一〕。後漢書蔡邕傳注引洛陽記，比照上條，當是陸機洛陽記

【箋注】

〔一〕太學條：水經穀水「又東過河南縣北東南入于洛」注：「（穀水）又東徑國子太學石經北。……漢魏以來，置太學于國子堂東。漢靈帝光和六年刻石鏤碑，載五經，立于太學講堂前，悉在東側。蔡邕以熹平四年與五官中郎將堂谿典、光祿大夫楊賜、諫議大夫馬日磾、議郎張馴、韓說、太史令單颺等奏，求正定六經文字，靈帝許之，邕乃自書丹于碑，使工鐫刻，立于太學門外，于是後儒晚學咸取正焉。及碑始立，其觀視及筆寫者，車乘日千餘兩，填塞街陌矣。今碑上悉銘刻蔡邕等名。……碑石四十八枚。」案：文選潘岳閑居賦：「兩學齊列，雙宇如一。右延國胄，左納良逸。」李善注引郭緣生述征記：「國學在辟廱東北五里，太學在國學東二百步。」洛陽伽藍記卷三城南：「開陽門御道東有漢國子學堂。……復有石

碑四十八枚，亦表裏隸書，寫周易、尚書、公羊、禮記四部。」案：石碑數，水經注、洛陽伽藍記皆言四十八枚，陸機言四十六枚者，水經注熊會貞疏云應作四十八，「論語三碑」原應作「論語三碑存」，偶脱去「存」字，後人誤以爲論語僅三碑，遂改四十八爲四十六。王國維魏石經考一則以諸經字數考之，云四十六不誤。王氏又云漢石經雖經董卓之亂，然魏時已修補完具，故陸機時漢石經當未崩壞。此蔡邕傳注所引云崩壞不存云云，疑非陸機之書。又云漢石經當爲易、書、詩、儀禮、春秋五經及公羊、論語二傳，洛陽記所謂禮記，實指儀禮。後世考證石經者甚夥，不具舉。

太學贊別一碑〔一〕，在講堂西，下列石龜，碑載蔡邕、韓説、堂谿典等名。太學弟子贊復一碑，在外門中。水經穀水「又東過河南縣北東南入於洛」注引陸機言，應是其洛陽記文。

【箋注】

〔一〕太學贊：水經穀水「又東過河南縣北東南入於洛」注楊守敬疏：「御覽五百八十九引西征記：太學贊碑一所，漢建武中立。即機所言之碑也。」

國子學官與天子宮對，太學在開陽門外〔一〕。魏書劉芳傳引洛陽記。據後漢書光武紀注、蔡邕傳注，下句爲陸機洛陽記語，則上句或亦機書之文。

【校】

學官：「官」，疑當作「宮」。魏書殿本、通志作「宮」。

【箋注】

〔一〕國子學二句：歷代職官表卷三十四國子監：「謹案漢東京但有太學之名，未聞别建國子學。而魏書劉芳傳引洛陽記，謂『國子學宮與天子宮對，太學在開陽門外』，又以國子學與太學歧爲兩地。考酈道元水經注『洛水東經國子太學石經北，漢魏以來置太學於國子堂』云云，是東漢太學講堂本名國子堂，故又號爲國子太學，即博士講肄之地，并無兩學。其洛陽記所云國子學，殆指爲四姓小侯所建之學也。」案：酈道元云「漢魏以來置太學於國子堂東，漢靈帝光和六年刻石鏤碑」云云，職官表似誤將「東」字屬下讀。又，文選潘岳閑居賦：「兩學齊列，雙宇如一。右延國胄，左納良逸。」李善注引郭緣生述征記：「國學在辟廱東北五里，太學在國學東二百步。」亦言兩學并立。然辟雍東北之國學，不得謂與天子宮對。姑録以備考。又，南齊書禮志載國子助教曹思文上表：「晉初太學生三千人，既多猥雜，惠帝時欲辨其涇渭，故元康三年始立國子學，官品第五以上得入國學。……太學之與國學，斯是晉世殊其士庶，異其貴賤耳。」魏書劉芳傳所云與天子宮相對之國子學，或指元康中所立者歟？洛陽伽藍記卷一城内云閶闔宮門前御道東，自北而南有左衛府、司徒府、國子學堂，則可謂與天子宮相對者也。

晉書〔一〕

文帝勢崇於三分〔二〕，而身終乎北面。雖曰未暇〔三〕，王業已固矣。初學記卷九引陸機晉書

【箋注】

〔一〕史通古今正史：「洛京時，著作郎陸機始撰三祖紀，佐著作郎束皙又撰十志。會中朝喪亂，其書不存。」隋書經籍志史部古史類（即編年類）有陸機晉紀四卷，舊唐書經籍志、新唐書藝文志稱陸機晉帝紀四卷，亦在編年類。則隋志之晉紀，即晉帝紀。疑類書所引陸機晉書，實即四卷本之晉帝紀。史通本紀云：「陸機晉書，列紀三祖，直序其事，竟不編年。年既不編，何紀之有？」其所謂晉書者，亦即三祖紀，非別有一書也。本紀一般均爲編年，故隋、唐書編者入之編年類，但陸機所作則并不編年，是其特例。參補遺卷三晉書限斷議。

〔二〕文帝：司馬昭，謚曰文王，武帝受禪，追尊號曰文皇帝。

〔三〕未暇：謂未及建立晉朝。

王濬之在巴郡也，夢懸四刀於其上，甚惡之。濬主簿李毅拜賀曰：「夫三刀爲州，而見四，爲益一也。明府其臨益州乎？」後果爲益州刺史。太平御覽卷三百九十八引陸機晉書武紀。

【校】

其上：藝文類聚七十九引陸機晉書作「其壁上」。

晉惠帝起居注〔一〕

門下通事令史張林，飛燕之曾孫〔二〕。三國志魏書張燕傳注

【箋注】

〔一〕三國志裴松之注、宋書蔡廓傳引有陸機晉惠帝起居注。隋書經籍志史部起居注類著録晉起居注多種，内有晉元康起居注一卷，注云：「梁有永平元康永寧起居注六卷，又有惠帝起居注二卷……亡。」皆不著撰者名。永平至永寧，皆惠帝年號，陸機所撰者當亦包含於其中。章宗源隋書經籍志考證輯得諸書所引惠帝起居注凡十五事，有標明陸機者，有不標撰者名者。今增益通典所引惠帝起居注一條、水經注、太平御覽所引「晉起居注」各一條。以裴松之注、宋書蔡廓傳所引諸條標明陸機撰者居前；諸書所引未標撰者名者次後，雖未能確定

是機撰否，姑録以備考。宋書蔡廓傳所引一條，係據俞士玲陸機陸雲年譜所擬。此外有太平御覽所引三條，雖出自晉惠帝起居注，然非陸機所撰，今略加考辨，附載於後。史通史官建置：「案晉令，著作郎掌起居集注，撰録諸言行勛伐舊載史籍者。」通典職官：「自魏至晉，起居注則著作掌之。」陸機爲著作郎在元康八年（二九八）。

〔二〕飛燕句：三國志魏書張燕傳：「張燕，常山真定人也。本姓褚。黄巾起，燕合聚少年爲群盜，在山澤間轉攻。……改姓張。燕剽捍捷速過人，故軍中號曰飛燕。……衆至百萬，號曰黑山。……燕遣人至京都乞降，拜燕平難中郎將。……太祖將定冀州，燕遣使求佐王師，拜平北將軍，率衆詣鄴，封安國亭侯，邑五百户。」案：魏書張燕傳注引此句下尚有「林與趙王倫爲亂，未及周年，位至尚書令、衛將軍，封郡公。尋爲倫所殺」數語，疑非陸機文，或是裴松之語，因其語顯係倫敗後所書。倫敗後，陸機即爲齊王冏所枉，下獄，賴成都王穎、吴王晏救理，方得出獄，後復爲穎參軍、平原内史，當無撰著起居注之機會。

（裴）頠雅有遠量〔一〕，當朝名士也。三國志魏書裴潛傳注

（裴頠）民之望也。三國志魏書裴潛傳注

頠理具淵博，贍於論難。著崇有、貴無二論，以矯虚誕之弊，文辭精富，爲世名

論。三國志魏書裴潛傳注

【校】

以上三条，皆三國志魏書裴潛傳注所引。原文云：「臣松之案陸機惠帝起居注稱頠雅有遠量，當朝名士也，又曰民之望也。頠理具淵博，贍於論難。著崇有、貴無二論，以矯虛誕之弊，文辭精富，爲世名論。」依其語氣，「頠理具淵博」云云似是裴松之語。然世説新語文學注引惠帝起居注：「頠著二論以規虛誕之弊，文辭精富，爲世名論。」賞譽注引惠帝起居注：「頠理甚淵博，贍於論難。」則「理具淵博」以下仍是陸機語。

【箋注】

〔一〕裴頠：惠帝時官至侍中、尚書左僕射。有名望。賈后謀廢太子，頠與張華苦争，而不能止之。趙王倫圖篡位，欲先除朝望，因廢賈后之際遂誅之，年三十四。頠深患時俗放蕩，不遵儒術，乃著崇有論以刺，亦爲哲學史上之名論。晉書有傳。

裴頠字逸民，河東聞喜人，司空秀之少子也。世説新語言語注引晉惠帝起居注。世説文學、賞譽各引惠帝起居注言裴頠者一條，皆陸機書，則此條當亦陸機晉惠帝起居注。

上出式乾〔一〕，召侍中彭城王植〔二〕、荀組〔三〕、潘岳〔四〕、嵇紹〔五〕、杜斌〔六〕、（豫

章王等四王〔七〕、大將軍梁王肜〔八〕、車騎趙王倫〔九〕、司徒王戎〔一〇〕。據宋書蔡廓傳載廓答傅亮書引陸士衡起居注擬

【箋注】

〔一〕上出句：　上，指晉惠帝。式乾殿，魏晉時殿名。案：此條文字見於宋書蔡廓傳所引，係記載某次式乾殿宴集參與者之姓名、官爵。其中豫章等四王名次在三公王戎之前，南朝宋時中書令傅亮以此爲據，欲證明朝堂集會時，皇子官爵即使低於三公，其班次亦應在三公上。侍中蔡廓駁之，以爲傅亮誤解，不足爲據。其答傅亮書云此條記載中，豫章等四王雖在三公上，却在黄門郎之下；又大將軍梁王肜、車騎將軍趙王倫亦是皇子，且輩份高於豫章王，却列於豫章王下。可見此條記載，未必是依照當時班次。且「式乾亦是私宴，異於朝堂」，此次宴集乃晉惠帝私宴，不能與朝堂宴集并論。又案：此次宴集舉行之時間，依與會諸人之行止、官銜考之，當以惠帝元康九年（二九九）之可能最大，見以下諸注。

〔二〕彭城王植：　司馬懿弟馗之孫。其父權於武帝時封彭城王，咸寧元年卒，子植立。晉書宗室傳：「（植）歷位後將軍，尋拜國子祭酒、太僕卿、侍中、尚書。出爲安東將軍、都督揚州諸軍事，代淮南王允鎮壽春。未發，或云植助允攻趙王倫，遂以憂薨。」據惠帝紀，植之卒，在永康元年（三〇〇）八月。此條云侍中，與宗室傳合。侍中，三品。據武十三王傳，淮南王允元康九年入朝。植之爲安東將軍（惠帝紀云平東），在允入朝之後。是式乾宴集，應不早於

元康九年。

〔三〕荀組：字大章，荀勖之子，晉愍帝之舅。晉書本傳載其仕歷云：「司徒王渾請爲從事中郎，轉左長史，歷太子中庶子、滎陽太守。趙王倫爲相國，欲收大名，選海内德望之士，以江夏李重及組爲左、右長史。」倫自爲相國，在永康元年四月。組元康九年任何職，不詳。

〔四〕潘岳：晉書本傳載其仕歷云：「爲著作郎，轉散騎侍郎，遷給事黄門侍郎。」愍懷太子傳云賈后「使黄門侍郎潘岳作書草」，事在元康九年十二月。石崇傳云「乃與黄門郎潘岳陰勸淮南王允、齊王冏以圖（趙王）倫、（孫）秀。秀覺之，遂矯詔收崇及潘岳、歐陽建等。」趙王倫傳：「前衛尉石崇、黄門郎潘岳皆與秀有隙，并見誅。」事在永康元年。傅璇琮潘岳繫年考證元康九年：「潘岳此時爲黄門侍郎。」

〔五〕嵇紹：嵇康子。晉書本傳：「元康初，爲給事黄門侍郎。時侍中賈謐以外戚之寵，年少居位，潘岳、杜斌等皆附託焉。謐求交於紹，紹距而不答。」賈謐傳：「廣城君薨，去職。喪未終，起爲秘書監，掌國史。……朝廷議立晉書限斷。……謐上議，請從泰始爲斷。於是事下三府，司徒王戎、司空張華、領軍將軍王衍、侍中樂廣、黄門侍郎嵇紹、國子博士謝衡皆從謐議。……事遂施行。尋轉侍中，領秘書監如故。」是嵇紹爲黄門侍郎，在賈謐爲秘書監、侍中之時。案廣城君郭槐之卒，在元康六年。賈謐未終喪而起爲秘書監，當在元康八年。（參俞士玲陸機陸雲年譜）謐傳又云：「及遷侍中，專掌禁内，遂與后成謀，誣陷太子。」其誣太子，在元康九年末。是知元康八、九年間嵇紹爲黄門侍郎。宋書蔡廓傳載廓答傅亮云：「其（指陸機惠帝起居注）云『上出式乾，召侍中彭城王植、荀組、潘岳、嵇紹、杜斌』，然後道足下所疏四王，在三司之上，反在黄門郎下，有何義？」所謂黄門郎者，當即指潘岳、嵇紹及杜斌。

〔六〕杜斌：三國志魏書杜恕傳注引晋諸公贊：「（杜）預從兄斌，字世將，亦有才望，爲黄門郎。爲趙王倫所枉殺。」其被殺在永康元年四月，與張華、裴頠等被害同時。

〔七〕豫章王等四王：豫章王，司馬熾，武帝子，太康十年（二八九）十一月封。惠帝光熙元年（三〇六）十一月，帝崩，熾即位，即晋懷帝。晋書懷帝紀：「屬惠帝之時，宗室構禍，帝沖素自守，門絶賓游，不交世事，專玩史籍，有譽于時。初拜散騎常侍。及趙王倫篡，見收。」是惠帝時爲散騎常侍，與宋書蔡廓傳稱「豫章王常侍」相合。其餘三王，未知是何人。蔡廓傳傅亮與廓書云：「陸士衡起居注，式乾殿集，諸皇子悉在三司上。今抄疏如别。」廓答書云「足下所疏四王」，故知凡四王。陸機原文當一一開列四王名爵，今難詳考。

〔八〕大將軍梁王肜：司馬懿子。武帝踐祚，封梁王。晋書本傳載其經歷云：「元康初，轉征西將軍，代秦王柬都督關中軍事，領護西戎校尉。（據惠帝紀，在元康元年四月）加侍中，進督梁州。尋徵爲衛將軍、録尚書事，行太子太保。……久之，復爲征西大將軍，代趙王倫鎮關中，都督涼（應作梁）雍諸軍事，（在元康六年五月）……屯好時。督建威將軍周處、振威將軍盧播等伐氐賊齊萬年於六陌。肜與處有隙，促令進軍而絕其後，播又不救之，故處見害。朝廷尤之，尋徵拜大將軍、尚書令、領軍將軍、録尚書事。（徵拜之官銜有誤，資治通鑑卷八十三云「大將軍、録尚書事」。事在元康九年正月。）……永康初，共趙王倫廢賈后，詔以肜爲太宰、守尚書令。」其參與式乾殿宴集，當在元康九年徵還洛陽之後，云徵拜大將軍，亦與宋書蔡廓傳合。

〔九〕車騎趙王倫：司馬懿子。武帝時初封琅邪王，咸寧中改封於趙。晉書本傳云：「元康初，遷征西將軍、開府儀同三司，鎮關中。倫刑賞失中，氐羌反叛，徵還京師。尋拜車騎將軍、太子太傅。」據惠帝紀，其徵還在元康六年五月。此後一直在京師。

〔一〇〕司徒王戎：晉書本傳：「尋轉司徒。以王政將圮，苟媚取容。屬愍懷太子之廢，竟無一言匡諫。裴頠，戎之婿也，頠誅，戎坐免官。」據惠帝紀，其爲司徒在元康七年九月。任此職直至永康元年四月趙王倫誅殺裴頠等人之時。司徒，三公之一。

改永熙二年爲永平元年，使持節太尉石鑒造於太廟〔一〕。通典卷五十五載晉康帝即位改元尚書奏引惠帝起居注

【箋注】

〔一〕改永熙二句：晉書惠帝紀：「永平元年春正月乙酉朔，臨朝，不設樂。詔曰：『朕……得以

眇身，託于群后之上。……乃者哀迷之際，三事股肱，惟社稷之重，率遵翼室之典，猶欲長奉先皇之制，是以有永熙之號。然日月逾邁，已涉新年，開元易紀，禮之舊章。其改永熙二年爲永平元年。』」案：太熙元年（二九〇）四月己酉，武帝崩，惠帝即位，改元永熙，實屬非禮之舉。白虎通爵：「一年不可有二君。」又云：「逾年乃即位改元。」此詔書實有辯解之意，猶言永熙即太熙之延續，永熙猶太熙耳；又猶言永熙之號乃臨時之舉，今則正式改元。即位改元，事之大者，故告於太廟。此云「造於太廟」，即往太廟行告廟之禮。石鑒，字林伯，樂陵厭次人。魏時曾爲御使中丞、并州刺史等。晉時入爲司隸校尉。太康末，拜司空，領太子太傅。武帝崩，監統山陵。拜太尉。年八十餘，卒。太廟，宗廟。武帝時所祭爲宣帝（司馬懿）之高祖、曾祖、祖、父以及宣帝、景帝（司馬師）、文帝（司馬昭），凡六世七廟（一廟七室）。武帝崩，則遷征西將軍（宣帝高祖）神主。其廟新建於太康十年，在宣陽門內，窮極壯麗。（見晉書禮志）

齊有大蛇，長三百步，負小蛇，長百餘步，徑於市中，市人悉觀，自北門所入處也。水經淄水「又東過利縣東」注引晉起居注

【校】

晉、宋書五行志載此事，不言出處，云惠帝元康五年「臨淄有大蛇，長十餘丈，負二小蛇入城北

門，徑從市入漢城陽景王祠中，不見」。唐開元占經卷一百二十龍魚蟲蛇占引晉惠帝起居注略同於五行志，「十餘丈」作「三百餘步」，又云小蛇「長十餘步」。案：水經注引此文，係說明城陽景王祠之所在，「所」、「處也」字樣應非原文所有。

惠帝永平元年詔曰：「中常侍董猛固讓封邑〔一〕，其封爲武安侯。猛前求餘户封三兄，今皆封爲亭侯。」太平御覽卷二百一引晉起居注

【校】

北堂書鈔卷四十八引晉起居注「中常侍」下有「郎」字，無「猛前求」三句。

【箋注】

〔一〕中常侍董猛：晉書職官志：「秦……又置中常侍。……中常侍得入禁中，皆無員，亦以爲加官。漢東京初……中常侍用宦者。……及元康中，惠帝始以宦者董猛爲中常侍。後遂止。」猛，武帝時爲寺人監，侍東宮，得親信於賈后。預誅楊駿，封武安侯。賈后廢愍懷太子，猛亦預其事。趙王倫廢后，猛伏誅。事見晉書惠賈皇后、楊駿、愍懷太子諸傳。

有雲母幌。北堂書鈔一百三十二引晉惠帝起居注

愍懷太子賜典兵中郎□倚複紵襪一緉。北堂書鈔卷一百三十六引晉惠帝起居注

【校】

□倚：陳禹謨本北堂書鈔□作「將」，無「倚」字。

愍懷以體上白絹單衣一領□□寄與妃〔一〕。太平御覽卷六百九十三引晉惠帝起居注

【校】

□□：明陳耀文天中記卷四十七、淵鑑類函卷三百七十四作「因士」二字。

【箋注】

〔一〕晉書愍懷太子傳、王衍傳云太子被廢，幽於許昌宮，遺妃及衍書訴被誣冤屈之狀。此云以己所著單衣寄與妃，或亦當時事。妃，王衍女也。

拜皇孫臧爲臨淮王，尚爲襄陽王，又詔臧爲皇太孫。臧廢，到銅駝街，宮人嚴從，皆哽咽，路人收泪焉。桑復生於西廂，長丈餘，太孫廢，乃枯〔一〕。太平御覽卷一百四十九引晉惠帝起居注

【校】

收泪：「收」，當作「拉」，形近而訛。

【箋注】

〔一〕臧、尚：愍懷太子次子、三子。嚴從，當是嚴妝隨從之意，謂裝束齊整也。臧、尚事迹見晉書愍懷太子傳附傳：「臧字敬文。永康元年四月封臨淮王。……（五月）詔曰：『……今立臧爲皇太孫。……趙王倫行太孫太傅。』……倫與太孫俱之東宮，太孫自西掖門出，車服侍從皆愍懷之舊也。到銅駝街，宮人哭，侍從者皆哽咽，路人拉泪焉。桑復生于西厢，太孫廢，乃枯。永寧元年正月，趙王倫篡位，廢爲濮陽王，與帝俱遷金墉，尋被害。……尚字敬仁。永康元年四月，封爲襄陽王。永寧元年八月，立爲皇太孫。太安元年三月癸卯薨。」又五行志：「元康九年六月庚子，有桑生東宮西厢，日長尺餘。甲辰，枯死。此與殷太戊同妖。太子不能悟，故至廢戮也。班固稱野木生朝而暴長，小人將暴居大臣之位，危國亡家之象，朝將爲墟也。是後孫秀、張林用事，遂至大亂。永康元年四月，立皇孫臧爲皇太孫。五月甲子，就東宮，桑又生於西厢。明年，趙王倫篡位，鴆殺臧。此與愍懷同妖也。」

惠帝使使持節兼司空任城王濟策命愍懷皇太子前妃爲皇太孫太妃〔一〕。是日也〔二〕，以復妃告於太廟。太平御覽卷一百四十九引晉惠帝起居注

【箋注】

〔一〕惠帝句：任城王濟，晉書任城景王陵傳：「任城景王陵……宣帝（司馬懿）弟魏司隸從事安城亭侯通之子也。……泰始元年，封北海王。……三年，轉封任城王。……薨，子濟立。拜散騎侍郎、給事中、散騎常侍、輔國將軍。」晉書愍懷太子傳附傳：「己巳，詔曰：『咎徵數發，奸回作變。遹（愍懷太子）既逼廢，非命而没。今立臧爲皇太孫。還妃王氏以母之，稱太孫太妃。』」愍懷皇太子前妃，王氏，係王衍之女。賈后廢太子，妃與三子虨、臧、尚皆幽於金墉城。（據晉書愍懷太子傳）妃父王衍乃表請離婚，離婚後當歸其家，故資治通鑑卷八十三胡三省注云：「太子之廢也，歸王妃於父母家。」至此乃至衍家策命爲皇太孫太妃也。

〔二〕是日：晉書惠帝紀：「（永康元年）五月己巳，立皇孫臧爲皇太孫。」策命王氏爲皇太孫太妃亦在同日。

惠帝詔以太常成粲爲太孫太傅，前城閭校尉梁柳爲太孫少傅〔一〕。太平御覽卷一百四十九引晉惠帝起居注

【箋注】

〔一〕惠帝二句：太孫，指司馬臧。城閭校尉，即城門校尉。漢書百官公卿表：「城門校尉，掌京

師城門屯兵。」晉書閻纘傳纘上疏：「今相國雖已保傅東宮，保其安危，至於旦夕訓誨，輔道出入，動静劬勞，宜選寒苦之士，忠貞清正，老而不衰，如城門校尉梁柳、白衣南安朱沖比者，以爲師傅。」東宫指司馬臧，相國指趙王倫。

附辨：以下三則，非出陸機手。

王浚乘勝追石超軍於斥丘，超持重不與戰，以鹿角爲營。太平御覽卷三百三十七引晉惠帝起居注，亦見北堂書鈔卷一百二十六

案：安北將軍王浚攻成都王穎，擊敗穎將石超，遂克鄴城，事在惠帝建武元年（三〇四）八、九月間。見晉書惠帝紀、王浚傳。陸機已於上年被害。

帝至朝歌，無被，中黄門以兩幅布被給帝。太平御覽卷七百七引晉惠帝起居注

案：王浚攻破鄴城，成都王穎挾帝南走洛陽，經過朝歌。晉書惠帝紀述當時情況云：「服御分散，倉卒上下無齎。……御中黄門布被。」此亦陸機卒後之事。

帝還洛陽，至陵下謁，無履，取左右履着，下拜。太平御覽卷六百九十七引晉惠帝起居注

案：此亦成都王穎挾帝南走洛陽時事。晉書惠帝紀：「至温，將謁陵，帝喪履，納從者之履，下拜流涕，左右皆歔欷。」

要覽〔一〕

直省之暇〔二〕，乃集要術三篇。上曰連璧，集其嘉名，取其連類。中曰述聞，實述予之所聞。下曰析名，乃搜同辨異也。玉海卷五十四引陸機要覽自序

【箋注】

〔一〕舊唐書經籍志、新唐書藝文志子部雜家類著録陸機要覽三卷。崇文總目、尤袤遂初堂書目、王應麟玉海入類書類。宋史子部類事類有陸機會要一卷，文廷式補晉書藝文志云即要覽。又，隋書經籍志子部儒家類有要覽十卷，云晉郡儒林祭酒吕竦撰，兩唐書作五卷，與陸機書同名。今自太平御覽、玉海輯得陸機要覽六條，又御覽引要覽二條而無撰者名，亦附於後。又御覽引陸機纂要一條，一併附録。宛委山堂本説郛卷五十九所輯有萬歲蟾蜍、西陽（案應作南陽）山中甘谷、千歲龜、立夏日服六壬、陳思王鵲尾杓五條，其實出自抱朴子内篇及朝野僉載，（甘谷條又見太平御覽引風俗通。）今棄而不録。又明董説七國考載陸璣要覽一條，璣或機誤，然不知其所本，姑附以備考。

〔二〕直省：直，當值，值班。省，省閣，中央官署。陸機於元康六年入爲尚書中兵郎，轉殿中郎，元康八年出爲著作郎。此云直省，當在任尚書郎期間。

列子御風〔一〕，常以立春歸于八荒，立秋游乎風穴〔二〕。是風至草木皆生，去則搖落，謂之離合風。太平御覽卷九

【箋注】

〔一〕列子句：莊子逍遥游：「夫列子御風而行，泠然善也，旬有五日而後反。」案：此則亦見任昉述異記，或是任氏引陸機書。

〔二〕風穴：楚辭九章悲回風：「依風穴以自息兮。」淮南子覽冥：「鳳皇……暮宿風穴。」高誘注：「風穴，北方寒風從地出也。」博物志雜説：「風山之首方高三百里，風穴如電突深三十里，春風自此而出也。」

九花樹生南岳，雖經雪凝寒，花必開便落。時人謂之應春花。太平御覽卷二十

昔羽山有神人焉〔一〕，逍遥於中岳，與左元放共游子訓所〔二〕。坐欲起，子訓應欲留之，一日之中三雨。今呼五月三時雨亦爲留客雨。太平御覽卷二十二

【校】

子訓：歲時廣記卷二、宛委山堂本説郛卷五十九、天中記卷三、格致鏡原卷四引陸機要覽「子訓」上有「薊」字。

一日：宛委山堂本説郛卷五十九、天中記卷三、格致鏡原卷四「一」作「二」。

三時：歲時廣記卷二、宛委山堂本説郛卷五十九、天中記卷三、格致鏡原卷四無「時」字。

【箋注】

〔一〕羽山：尚書堯典：「殛鯀于羽山。」（僞古文在舜典）左傳昭公七年杜預注云在東海祝其縣西南。

〔二〕與左句：左慈，字元放，廬江人。漢末術士。曹丕典論：「廬江左慈，知補導之術。……爲軍吏。」（薊）子訓，建安中客於濟陰宛句，有神異之道。俱見後漢書方術傳、葛洪神仙傳。

秋樹名成，秋雨名愁。太平御覽卷二十五

東弓、南矛、西戟、北劍、中鼓，亦曰四兵〔一〕。太平御覽卷三百三十九

【箋注】

〔一〕四兵：以兵器與方位相配合，亦五行説之衍伸。管子幼官圖已言之。禮記曾子問、穀梁傳言救日食，亦及之。曾子問：「如諸侯皆在而日食，則從天子救日，各以其方色與其兵。」謂衆諸侯在天子之所而遇日食，則從天子行救日之禮，各依其方位著不同顔色之衣服、執相應之兵器。鄭玄注：「兵未聞也。」謂兵器與方位之對應，未知其説也。穀梁傳莊公二十五

年：「天子救日，置五麾，陳五兵、五鼓。」范甯注：「五兵，矛、戟、鉞、楯、弓矢。」楊士勛疏引徐邈曰：「矛在東，戟在南，鉞在西，楯在北，弓矢在中央。」揚雄太玄玄數亦有其説。諸家皆以兵器與方位配，而説各不同，陸機所云亦其一耳。參顔師古匡謬正俗「五方之兵」條及劉曉東平議。

諸葛亮曰：「勢利之交，難以經遠。士之相知，温不增華，寒不改葉，能貫四時而不衰，歷夷險而益固。」太平御覽卷四百六引要覽，藝文類聚卷二十一引無「諸葛亮曰」四字。

桓君山曰〔一〕：「余兄弟頗好音，嘗至洛，聽音終日而心足。由是察之，夫深其旨則欲罷不能，不入其意故過已。」太平御覽卷五百六十五引要覽

【箋注】

〔一〕桓君山：桓譚，字君山，沛國相人。其父漢成帝時爲太樂令，譚以父任爲郎。好音律，善鼓琴，博學多通，遍習五經，能文章。王莽時爲掌樂大夫。東漢光武時拜議郎、給事中。以反對讖緯，觸怒光武，出爲六安郡丞，道病卒，年七十餘。有新論。後漢書有傳。

夏樹名連陰，夏雨名綿雨。太平御覽卷二十二引陸機纂要

楚懷王於國東偏起沈馬祠，歲沈白馬，名饗楚邦河神。欲崇祭祀，拒秦師。卒破其國，天不祐之。董説七國考卷九引陸璣要覽

案：陸機專著，見之記載而今已亡佚不存者，尚有吴章、吴書、晋惠帝百官名三種。隋書經籍志經部小學類：「吴章二卷，陸機撰。」兩唐志均云一卷而不著撰人。（新唐書藝文志稱「吴章篇」。）吴書之作，見於陸雲與兄書，當是未成之作。晋惠帝百官名見於兩唐志、册府元龜國史部采撰。又文獻通考子部雜家類云：「正訓十卷，崇文總目不著撰人名氏。按唐志有正訓二十卷，辛德源撰。而此題云陸機撰，又止十卷。據隋以前書録皆無陸機正訓之目，晋史機傳亦不言嘗有此書，而德源所著今世已亡，疑是其遺書。」是正訓是否陸機著，尚在疑似之間。

作品總評

張華評

人之作文，患於不才；至子爲文，乃患太多也。世説新語文學注引文章傳

陸雲與兄平原書

兄文章已自行天下，多少無所在。

祠堂頌已得省。兄文不復稍論，常佳，然了不見出語，意謂非兄文之休者。前後讀兄文，一再過便上口語，省此文，雖未大精，然了無所識。然此文甚自難。事同，又相似，益不古，皆新綺。用此已自爲洋洋耳。答少明詩亦未爲妙，省之如不悲苦，無惻然傷心言。今重復精之。一日見正叔，與兄讀（朱曉海陸雲與兄平原書臆次褊説云當乙作讀兄）古五言詩，此生嘆息欲得之。

二祖頌甚爲高偉。雲作雖時有一佳語，見兄作，又欲成貧儉家。……然意故復謂之微多。

「民不輟嘆」一句，謂可省。武烈未得有吳，説桓王之事，而云「建其孤」，恐太祖不得爲桓王之孫。

省諸賦，皆有高言絶典，不可復言。……省述思賦，流深情至言，實爲清妙。恐故復未得爲兄賦之最。兄文自爲雄，非累日精拔，卒不可得言。文賦甚有辭，綺語頗多。文適多，體便欲不清，不審兄呼爾不？詠德頌甚復盡美，省之惻然。扇賦腹中愈首尾，發頭一而不快。言鳥云「龍見」，如有不體。感逝賦愈前，恐故當小不？然一至不復減。漏賦可謂清工。兄頓作爾多文，而新奇乃爾，真令人怖，不當復道作文。

祠堂贊甚已盡美，不與昔同。既此不容多説，又皆一事，非兄亦不可得。見吊少明殊復勝前，吊蔡君清妙不可言，漢功臣頌甚美。恐吊蔡君故當爲最。……丞相贊云「披結散紛」，辭中原不清利。兄已自作銘，此但頌實事耳，亦謂可如兄意，直説事而已。若當復屬文於引，便當書前銘耳。

誨欲定吳書，雲昔嘗已商之兄，此真不朽事。恐不與十分好書，同是出千載事，兄作必自與昔人相去。辨亡則已是過秦對事，求當可得耳。陳壽吳書有魏賜九錫文及分天下文，吳書不載，又有嚴、陸諸君傳，今當寫送。兄體中佳者，可并思諸應作傳。及作引甚單，常欲更（一作引）之，未得。兄所作引甚好。

兄文章之高遠絶異，不可復稱言。然猶皆欲微多，但清新相接，不以此爲病耳。若復令小省，恐其妙欲不見可復稱極。不審兄由以爲爾不。

仲宣文，如兄言，實得張公力。如子桓書，亦自不乃重之。兄詩多勝其思親耳。登樓賦無乃煩感丘。其吊夷齊，辭不爲偉，兄二吊自美之。……往曾以兄七羡「回煩手而沉哀」結上兩句爲孤。

嘗聞湯仲嘆九歌，昔讀楚辭，意不大愛之，頃日視之，實自清絶滔滔，故自是識者。古今來爲如此種文，此爲宗矣。視九章，時有善語，大類是穢文，不難舉意。視九歌，便自歸謝絶。思兄常欲其作詩文，獨未作此曹語，若消息小佳，願兄可試作之。兄復不作者，恐此文獨單行千載。

張公語雲云，兄文故自楚。兄文方當日多。但文實無貴於爲多。多而如兄文者，人不饜其多也。……兄作大賦必好。意精時，故願兄作數大文。

蔡氏所長，唯銘頌耳。銘之善者，亦復數篇，其餘平平耳。兄詩賦自與絶域，不當稍與比校。張公昔亦云，兄新聲多之不同也。典當故爲未及，彥藏亦云爾。又古今兄文所未得與校者，亦惟兄所道數都賦耳。其餘雖有小勝負，大都自皆爲雄耳。張公父子亦語雲，兄文過子安。……雲謂兄作二京，必傳無疑，久勸兄爲耳。

古今之能爲新聲絶曲者，無又過兄。兄往日文雖多瑰鑠，至於文體，實不如今日。……兄文章已顯一世，亦不足復多自困苦。適欲白兄，可因今清静，盡定昔日文。但當鈎除，差易爲功力。

吴書是大業，既可垂不朽，且非兄述，此一國事遂亦失。兄諸列人皆是名士。不知姚公足爲作傳不？可著儒林中耳。不大識唐子正事。

君苗文，天才中亦少爾，然自復能作文。雲唯見其登臺賦及詩頌。作愁霖賦極佳，頗仿雲。……然未究見其文。見兄文，輒云欲燒筆硯。以爲此故不喜出之。

令送君苗登臺賦，爲佳手筆。……其人推能兄文不可言，作文百餘卷，不肯出之。

兄前表甚有深情遠旨，可耽味高文也。兄文雖復自相爲作多少，然無不爲高。……前集兄文爲二十卷，適訖一十，當黄之。書不工，紙又惡，恨不精。

葛洪抱朴子

秦時不覺無鼻之醜，陽翟憎無癭之人。陸君深識文章放蕩，不作虚誕之言，非不能也。陸君之文，猶玄圃積玉，無非夜光。却後數百年，若有幹迹如二陸，猶比肩也，不謂疏矣。意林卷四

太平御覽卷五百五十九引此條，「深識」作「深疾」，「文章」作「文士」，「放蕩」下有「流遁遂往」四字，「無非夜光」下無「却後」四句，有「吾生之不别陸文，猶侏儒測海，非所長也」三句。

機文猶玄圃之積玉，無非夜光焉；五河之吐流，泉源如一焉。其弘麗妍贍，英鋭漂逸，亦一代之絶乎！晉書陸機傳

陸平原作子書未成，吾門生有在陸君軍中，嘗在左右，説陸君臨亡，曰：「窮通，時也；遭遇，命也。古人貴立言，以爲不朽。吾所作子書未成，以此爲恨耳。」余謂仲長統作昌言未竟而亡，後繆襲撰次之。桓譚新論未備而終，班固謂(爲)其成琴道。今才士何不贊成陸公子書。太平御覽卷六百二，繆襲原作董襲，據後漢書仲長統傳王先謙集解引沈欽韓疏證改。

嵇君道曰：「吾在洛，與二陸離施如意，兄弟并能觀況身於泥蚌之中，識清意於未□之□。諸談客與二陸言者，辭少理暢，語約事舉，莫不豁然，若春日之泮薄冰，秋風之掃枯葉。」北堂書鈔卷九十八

吾見二陸之文百許卷，似未盡也。一手之中，不無利鈍，方之他人，若江漢之與潢汙。及其精處，妙絶漢魏之人也。北堂書鈔卷一百

嵇生云：「每讀二陸之文，未嘗不廢卷而嘆，恐其卷盡也。……觀此二人，豈徒儒雅之士，文章之人也。」意林卷四

陸士龍、士衡，曠世特秀，超古邈今。文選劉孝標辯命論李善注

歐陽生曰：「張茂先、潘正叔、潘安仁文，遠過二陸。」或曰：「張、潘與二陸爲比，不徒步驟之間也。」歐陽曰：「二陸文詞源流，不出俗檢。」太平御覽卷五百九十九

李充翰林論

或問曰：「何如斯可謂之文？」答曰：「孔文舉之書，陸士衡之議，斯可謂成文也。」太平御覽卷五百八十五

孫綽評

潘文爛若披錦，無處不善；陸文若排沙簡金，往往見寶。世説新語文學

潘文淺而净，陸文深而蕪。世説新語文學

臧榮緒晉書

陸機字士衡，與弟雲勤學。天才綺練，當時獨絶，新聲妙句，係踪張、蔡。文選文賦李善注

沈約宋書謝靈運傳論

降及元康，潘、陸特秀，律異班、賈，體變曹、王，縟旨星稠，繁文綺合，綴平臺之逸響，采南皮之高韻，遺風餘烈，事極江右。

裴子野評

其五言爲詩家，則蘇、李自出，曹、劉偉其風力，潘、陸固其枝柯。通典卷十六

檀道鸞續晉陽秋

自司馬相如、王褒、揚雄諸賢，世尚賦頌，皆體則詩、騷，傍綜百家之言。及至建安，而詩章大盛。逮乎西朝之末，潘、陸之徒雖時有質文，而宗歸不異也。世説新語文學注

劉勰文心雕龍

晉世群才，稍入輕綺。張、潘、左、陸，比肩詩衢。采縟於正始，力柔於建安。或析文以爲妙，或流靡以自妍。此其大略也。明詩

子建、士衡，咸有佳篇，并無詔伶人，故事謝絲管。俗稱乖調，蓋未思也。樂府

及仲宣靡密，發端必遒；偉長博通，時逢壯采。太沖、安仁，策勛於鴻規；士衡、子安，底績於流制。景純綺巧，縟理有餘；彦伯梗概，情韻不匱。亦魏晉之賦首也。詮賦

陸機之移百官，言約而事顯，武移之要者也。檄移

及陸機斷議，亦有鋒穎，而腴辭弗剪，頗累文骨。議對

陸機自理，情周而巧。書記

安仁輕敏，故鋒發而韻流；士衡矜重，故情繁而辭隱。體性

至如士衡才優，而綴辭尤繁；士龍思劣，而雅好清省。及雲之論機，亟恨其多，而稱「清新相接，不以爲病」。蓋崇友于耳。鎔裁

若夫宫商大和，譬諸吹籥；翻迴取均，頗似調瑟。瑟資移柱，故有時而乖貳；籥含定管，故無往而不壹。陳思、潘岳，吹籥之調也；陸機、左思，瑟柱之和也。……又詩人綜韻，率多清切；楚辭辭楚，故訛韻實繁。及張華論韻，謂士衡多楚，文賦亦稱知楚不易，可謂銜靈均之餘聲，失黄鐘之正響也。聲律

然晉雖不文，人才實盛。茂先摇筆而散珠，太沖動墨而横錦，岳、湛曜聯璧之華，機、雲標二

俊之采，應、傅、三張之徒，孫、摯、成公之屬，并結藻清英，流韻綺靡。前史以爲運涉季世，人未盡才。誠哉斯談，可爲嘆息。時序

陸機才欲窺深，辭務索廣，故思能入巧，而不制繁。士龍朗練，以識檢亂，故能布采鮮净，敏於短篇。才略

鍾嶸詩品

太康中，三張、二陸、兩潘、一左，勃爾復興，踵武前王，風流未沫，亦文章之中興也。詩品序

昔曹、劉殆文章之聖，陸、謝爲體貳之才。下品序

晋平原相陸機詩：其源出於陳思，才高辭贍，舉體華美。氣少於公幹，文劣於仲宣。尚規矩，不（不字疑衍）貴綺錯，有傷直致之奇。然其咀嚼英華，厭飫膏澤，文章之淵泉也。張公嘆其大才，信矣。上品

余常言陸才如海，潘才如江。上品晋黄門郎潘岳條

蕭繹金樓子立言

曹子建、陸士衡，皆文士也。觀其辭致側密，事語堅明，意匠有序，遺言無失，雖不以儒者命

家，此亦悉通其義也。

李世民晉書陸機傳論

古人云：「雖楚有才，晉實用之。」觀夫陸機、陸雲，實荆衡之杞梓。挺珪璋於秀實，馳英華於早年。風鑒澄爽，神情俊邁。文藻宏麗，獨步當時；言論慷慨，冠乎終古。高詞迥映，如朗月之懸光；叠意迴舒，若重巖之積秀。千條析理，則電坼霜開；一緒連文，則珠流璧合。其詞深而雅，其義博而顯。故足遠超枚、馬，高躡王、劉。百代文宗，一人而已。然其祖考重光，羽楫吴運，文武奕葉，將相連華，而機以廊廟藴才，瑚璉標器，宜其承俊乂之慶，奉佐時之業，申能展用，保譽流功。屬吴祚傾基，金陵畢氣，君移國滅，家喪臣遷。矯翮南辭，翻棲火樹；飛鱗北逝，卒委湯池。遂使穴碎雙龍，巢傾兩鳳。激浪之心未騁，遽骨修鱗；陵雲之意將騰，先灰勁翮。望其翔躍，焉可得哉。……觀機、雲之行己也，智不逮言矣。睹其文章之誡，何知易而行難。……

于頔杼山集序

詩自風雅道息，二百餘年而騷人作。其旨愁思，其文婉麗，亡楚之變風歟？至西漢李陵、蘇武，始全爲五言詩。體源於風，流於騷，故多憂傷離遠之情。梁昭明所撰文選，録古詩十九首，亡其名氏。觀其辭，蓋東漢之世，亦蘇、李之流也。洎建安中，王仲宣、曹子建鼓其風；晋世陸士衡、潘安仁揚其波。王、曹以氣勝，潘、陸以文尚。

嚴羽滄浪詩話詩評

黄初之後，惟阮籍詠懷之作，極爲高古，有建安風骨。晋人舍陶淵明、阮嗣宗外，惟左太沖高出一時。陸士衡獨在諸公之下。

葉適習學記言

魏至隋唐，曹植、陸機爲文士之冠。植雖波瀾闊，而工不逮機。但植猶有漢餘體，機則格卑氣弱，雖杼軸自成，遂與古人隔絕，至使筆墨道廢數百年，可嘆也。然機於文字組織錯綜之間，實有其功，雖古今豪傑命世者，亦有所不能預，此不可不知。觀其譏切曹冏（案應作司馬冏），以退爲高，而託寄非所，勛烈不就，竟夷其族。乃知文人能言者多，能行者少，固無取於智也。卷三十

元好問論詩絶句

鬥靡誇多費覽觀，陸文猶恨冗於潘。心聲只要傳心了，布穀瀾翻可是難。（自注：陸蕪而

潘净，語見世説。）

陳繹曾詩譜

士衡才思有餘，但胸中書太多。所擬能痛割捨，乃佳耳。

安磐頤山詩話

陸士衡之詩，鍾嶸謂爲太康之英，安仁、景陽爲輔，與陳思、謝客并稱。嚴羽謂士衡獨在諸公之下。二者孰是？試參之。蓋士衡綺練精絶，學富而辭贍，才逸而體華，嶸之論亦是。若以風骨、氣格言之，是誠在曹、劉、二張、左、阮之下也。

王世貞藝苑卮言

陸士衡翩翩藻秀，頗見才致，無奈俳弱何。卷三

孫興公云：「潘文淺而净，陸文深而蕪。」又云：「潘文爛若披錦，無處不善；陸文若排沙揀金，往往見寶。」又茂先嘗謂士衡曰：「人患才少，子患才多。」然則陸之文病在多而蕪也。余不以爲然。陸病不在多，而在模擬，寡自然之致。卷三

士衡、康樂已於古調中出俳偶。卷三

今人……又以俳偶之罪歸之三謝，識者謂起自陸平原。然毛詩已有之，曰：「覯閔既多，受侮不少。」卷四

胡應麟詩藪

四言漢多主格，魏多主詞，雖體有古近，各自所長。晉諸作者，浮慕三百，欲去文存質，而繁靡板垛，無論古調，并工語失之，今觀二陸、潘、鄭諸集，連篇累牘，絶無省發，雖多奚爲？內篇卷一

叔夜送人從軍至十九首，已開晉宋四言門户。然雄辭彩語，錯互其間，未令人厭。至士龍兄弟，泛濫靡冗，動輒千言，讀之數行，掩卷思睡。説者謂五言之變，昉於潘陸，不知四言之亡，亦晉諸子爲之也。內篇卷一

（五言古詩）晉則嗣宗詠懷，興寄沖遠；太沖詠史，骨力莽蒼，雖途轍稍歧，一代傑作也。安仁、士衡，實曰冢嫡，而俳偶漸開。康樂風神華暢，似得天授，而駢儷已極。至於玄暉，古意盡矣。內篇卷二

晉宋之交，古今詩道升降之大限乎？魏承漢後，雖浸尚華靡，而淳樸餘風，隱約尚在。……

士衡、安仁，一變而俳偶愈工，淳樸愈散，漢道盡矣。外編卷二

平原氣骨遠非太沖比，然仲默亟稱阮陸，獻吉并推陸謝，以其體備才兼，嗣魏開宋耳。外編卷二

鍾記室以士衡爲晋代之英，嚴滄浪以士衡獨在諸公之下，二語雖各舉所知，咸自有謂。學者精心體味，兩得其説乃佳。外編卷二

許學夷詩源辯體

建安五言，再流而爲太康。然建安體雖漸入敷叙，語雖漸入構結，猶有渾成之氣。至陸士衡諸公，則風氣始漓，其習漸移，故其體漸俳偶，語漸雕刻，而古體遂淆矣。此五言之再變也。卷五

三百篇有「覯閔既多，受侮不少」、「發彼小豝，殪此大兕」，十九首有「胡馬依北風，越鳥巢南枝」、「青青河畔草，鬱鬱園中柳」，曹子建有「始出嚴霜結，今來白露晞」、「秋蘭被長阪，朱華冒緑池」等句，皆文勢偶然，非用意俳偶也。用意俳偶，自陸士衡始。卷五

士衡五言，如贈從兄、贈馮文羆、代顧彦先等篇，體尚委婉，語尚悠圓，但不盡純耳。至如從軍行、飲馬長城窟、門有車馬客、苦寒行、前緩聲歌、齊謳行等，則體皆敷叙，語皆構結，而更入於

俳偶雕刻矣。中如「懷往歡絶端，悼來憂成緒」、「永嘆遵北渚，遺思結南津」、「夕息抱影寐，朝徂銜思往」、「豐條并春盛，落葉後秋衰」、「淑氣與時隕，餘芳隨風捐」、「男歡智傾愚，女愛衰避妍」、「淑貌色斯升，哀音承顔作」、「福鍾恒有兆，禍集非無端」、「烈心厲勁秋，麗服鮮芳春」、「規行無曠迹，矩步豈逮人」等句，皆俳偶雕刻者也。卷五

士衡五言，如「悲情臨川結，苦言隨風吟」、「驚飆褰反信，歸雲難寄音」、「飛閣纓虹帶，曾臺冒雲冠」、「和氣飛清響，鮮雲垂薄陰」、「夏條集鮮藻，寒冰結衝波」、「遺芳結飛飆，浮影映清湍」等句，斯可稱工。至如「迴渠繞曲陌，通波扶直阡」、「目感隨氣草，耳悲詠時禽」、「樂會良自古，悼别豈獨今」、「年往迅勁矢，時來亮急弦」、「盛門無再入，哀房莫苦開」等句，則傷於拙矣。工則易傷於拙耳。卷五

士衡五言，俳偶雕刻，漸失渾成之氣，而聲韻粗悍，復少温厚之風。如「逍遥春王圃，躑躅千畝田」、「迴渠繞曲陌，通波扶直阡」、「無迹有所匿，寂漠聲必沉。肆目眇弗及，緬然若雙潛」、「鳴玉豈樸儒，憑軾皆俊民。烈心厲勁秋，麗服鮮芳春」等句，皆聲韻粗悍者也。卷五

士衡樂府五言，體制聲調與子建相類，而俳偶雕刻，愈失其體，時稱曹陸爲乖調是也。昭明録子建、士衡而多遺漢人樂府，似不能知。卷五

陸士衡五言，體雖漸入俳偶，語雖漸入雕刻，其古體猶有存者。卷五

嚴滄浪云：「左太沖高出一時，陸士衡獨在諸公之下。」予嘗爲四家品第：太沖渾成獨冠；

士衡雕刻傷拙，而氣格猶勝；景陽華彩俊逸，而氣稍不及；安仁體制既亡，氣格亦降，察其才力，實在士衡之下。元美謂安仁氣力勝士衡，誤矣。鍾嶸云：「陸才如海，潘才如江。」卷五

馮復京説詩補遺

陸士衡詩，其源實出陳思，但不得其神韻，而得其麗詞。文賦云「詩緣情而綺靡」，正其一生膏肓之疾。卷三

士衡情苦吝繁，下筆蕪雜，古人已病之。如云「沈歡滯不起」，曰「沈」、曰「滯」、曰「不起」，贅之甚矣，况下句又云「歡沈難克興」耶！「離鳥悲舊林」，又繼以「思鳥有悲音」；「歧路良可遵」，又繼以「將遂殊塗軌」；「振策陟崇丘」，又繼以「倚轡登高巖」。「倏忽幾何間」、「朝徂銜思往」、「偏棲獨隻翼」，一句中「倏忽」、「幾何」、「徂」、「往」、「偏」、「獨」贅用。羅敷歌「清川」、「清塵」、「清湍」、「清響」交錯，文體益蕪。大致則才藻有餘，骨氣不足，故其造端中路，整比組織，猶有詞采，至於結束，多懦茶不振。如「長歌乘我閑」、「商摧爲此歌」、「垂慶惠皇家」、「行行遂成篇」、「願言嘆以嗟」、「安處撫清琴」，皆興盡力竭，無可奈何，放庸音以足曲耳。卷三

又如「救子非所能」、「昔居四民宅」、「掇蜂滅天道」、「衰房莫苦開」、「幽途延萬鬼」、「良會罄美服」、「思樂樂難誘」、「憶君是妾夫」、「於今知有由」、「歡醉日月言新」、「子孫昌盛家道豐」，豈

玄圃積玉、雜以瓦礫耶？卷三

譚元春古詩歸

二陸才名，千古一詞。然手重不能運，語滯不能清，腹之所有，不暇再擇，韻之所遇，不能少變。大陸一生筆墨，只留得「民動如烟」四字；小陸佳處，只「天地則爾，户庭已悠」二語耳。卷八

鍾惺古詩歸

陸、潘之病，在情爲辭没而不能自出。卷八

太沖筆舌靈動遠出潘、陸上。使潘、陸作三都賦，有其才，决不能有其情思。卷八

陸時雍詩鏡總論

精神聚而色澤生，此非雕琢之所能爲也。精神道寶，閃閃著地，文之至也。晋詩如叢綵爲花，絶少生韻。士衡病靡，太沖病憍，安仁病浮，二張病塞。語曰：「情生於文，文生於情。」此言可以藥晋人之病。

素而絢，卑而未始不高者，淵明也。艱哉士衡之苦於縟繡而不華也。

張溥漢魏六朝百三家集陸平原集題辭

陸氏爲吳世臣，士衡才冠當世。國亡主辱，顛沛圖濟，成則張子房，敗則姜伯約，斯其人也；俯首入洛，竟縻晉爵，身事仇讎，而欲高語英雄，難矣。……然怨結亂朝，文懸萬載。吊魏武而老奸掩袂，賦豪士而驕王喪魄，辨亡懷宗國之憂，五等陳建侯之利。北海以後，一人而已。排沙簡金，興公造喻，子患才多，司空嘆美，尚屬輕今賤目，非深知平原者也。

馮班鈍吟雜録

陸士衡對偶已繁，用事之密，始於顏延之。後代對偶之祖也。卷五嚴氏糾謬

元遺山不解陸士衡，比之於布縠，知其胸中未嘗有古人一字也。卷七誡子帖

賀貽孫詩筏

史稱潘岳、陸機而後，文士莫及，惟江右稱潘陸、江左稱顏謝而已。然安仁詩賦佳處，僅見之於哀悼語中；士衡驚才絶艷，乃其爲詩，不及其文賦、豪士賦序、吊魏武帝文、辨亡、五等諸侯論遠甚。蓋驚才絶艷，宜於文，不宜於詩。其謂「詩緣情而綺靡」，即此「綺靡」二字，便非知詩

者。然則潘陸故非顏謝匹也。

葉矯然龍性堂詩話初集

士衡獨步江東，入洛、於承明等作，怨思苦語，聲泪迸落。至讀其樂府，於逐臣棄友、禍福倚伏、休咎相乘之故，反覆三嘆，詳哉言之。宜其憂讒畏譏，奉身引退，不圖有覆巢之痛也。秋風蒓鱠，華亭鶴唳，可同日語哉？韓非説難而不免於難，叔夜養生而竟戕其生，自古文人，智不逮言，吾於平原，有餘恫焉。

毛先舒詩辯坻

曹植始開奇宕，頓失漢音；陸機篤尚高華，竟變魏制。卷一

王元美評詩，彈射命中，然論陸機云俳弱。機調雖俳，而藻思沉麗，何渠云弱。卷二

平原駢整，時發雋思，一變而爲康樂侯，遂闢一家蹊術。亡論對偶精切處肇三謝之端，若「沈歡難剋興，心亂誰爲理」，「無迹有所匿，寂寞聲必沉」，「驚飆褰反信，歸雲難寄音」，皆客兒佳處所自出也。卷二

「高談一何綺，蔚若朝霞爛」，以色喻聲；「芳氣隨風結，哀響馥若蘭」，以氣喻聲。皆士衡之

藻思。卷二

士衡、靈運才氣略等，結撰同方。然靈運雋掩其雄，士衡雄掩其雋，故後之論者，遂無復云謝出於陸耳。卷二

又陸詩雄整，謝詩抑揚，何（大復）謂平原「語俳體不俳」，康樂「語體皆俳」，考其名實，酷當易位。卷二

士衡之詩，才太高，意太濃，法太整。卷二

陸士衡「此思亦何思，思君徽與音」，又「曷爲復以兹，曾是懷苦心」，又「親戚弟與兄」，又「偏棲獨隻翼」，潘安仁「周遑忡驚惕」，鮑明遠「身熱頭且痛」，張茂先「吏道何其迫，窘然坐自拘」，江文通「浪迹無妍媸，然後君子道」，散在篇帙，不覺鍾拙，一經拈出，涉筆可憎。卷二

譚（元春）云二陸詩，「手重不能運，語滯不能清，腹之所有，不暇再擇，韻之所遇，不能稍變」，此矻頗中機、雲之病。然小陸又差秀，不得并譏。且士衡筆墨雖滯，而氣幹華整。蓋黄初既邈，降爲太康，駢儷之中，猶存古法。故客兒稟之以抉其幽，明遠依之以厲其氣，俾諸公邐迤修飾，不遽落於梁陳纖調者，誰之力歟？至「民動如烟」、「户庭已幽」語，特稍有生致，亦何足深賞。卷四

葉燮原詩

三百篇一變而爲蘇李，再變而爲建安、黄初。建安、黄初之詩，大約敦厚而渾樸，中正而達情。一變而爲晉，如陸機之纏綿鋪麗，左思之卓犖磅礴，各不同也。内篇上

陳祚明采菽堂古詩選

士衡詩束身奉古，亦步亦趨。在法必安，選言亦雅，思無越畔，語無逸幅。造情既淺，抒響不高。擬古樂府稍見蕭森，追步十九首便傷平淺。至於述志贈答，皆不及情。夫破亡之餘，辭家遠宦，若以流離爲感，則悲有千條；倘懷甄録之欣，亦幸逢一旦。哀樂兩柄，易得淋漓，乃敷旨淺庸，性情不出。豈餘生之遭難，畏出口以招尤，故抑志就平，意滿不叙，若脱綸之鬣，初放微波，圉圉未舒，有懷靳展乎？大較衷情本淺，乏於激昂者矣。

陸士衡詩如都邑近郊良家村婦，約黄束素，并仿長安大家，妝飾既無新裁，舉止亦多詳穩。

何焯義門讀書記

陸士衡樂府　數詩（案：指文選所録十七首）沉着痛快，可以直追曹王。顔延年專寫仿其

之時，而規撫前人，略不能自出新意，豈非所謂失肉餘皮者乎！卷四十七

陸士衡之樂府雖本前人之意，實能自開風氣，所以可尚。韓卿（案：陸厥字）生永明、天監典麗，則偶人而已。卷四十七

沈德潛古詩源

士衡詩亦推大家，然意欲逞博而胸少慧珠，筆又不足以舉之，遂開出排偶一家。西京以來空靈矯健之氣不復存矣。降自梁陳，專工隊仗，邊幅復狹，令閱者白日欲卧，未必非士衡爲之濫觴也。兹特取能運動者十二章，見士衡詩中亦有不專堆砌者。卷七

謝康樂詩亦多用排，然能造意，便與潘陸輩迥别。卷七

士衡以名將之後，破國亡家，稱情而言，必多哀怨，乃詞旨敷淺，但工塗澤，復何貴乎？卷七

蘇李、十九首每近於風，士衡輩以作賦之體行之，所以未能感人。卷七

潘陸詩如剪綵爲花，絶少生韻。卷七

又説詩晬語

四言詩締造良難。於三百篇太離不得，太肖不得。太離則失其源，太肖衹襲其貌也。韋孟

諷諫、在鄒之作，肅肅穆穆，未離雅正。劉琨答盧諶篇，拙重之中，感激豪蕩，準之變雅，似離而合。張華、二陸、潘岳輩，懨懨欲息矣。淵明停雲、時運等篇，清腴簡遠，别成一格。

黄子雲野鴻詩的

平原四言，差强人意。至五言、樂府，一味排比敷衍，間多硬句，且踵前人步伐，不能流露性情，均無足觀。當日偶爲茂先一語之褒，故得名馳江左。昭明喜平調，又多采録。後因沿襲而不覺，實晋詩中之下乘也。

方廷珪昭明文選集成

二陸詩與潘極相似，但潘安舒多，陸刻苦多，微不同耳。陸過刻苦處便有累句，同顔延年、謝靈運。然其天才穎出，能發人難顯之情。在西晋，二人自當分道揚鑣。至若兼二家之美，必當推建安中之子建乎？

施補華峴傭説詩

大謝山水游覽之作，極爲巉削可喜。巉削可矯平熟，巉削却失渾厚。故大謝之詩，勝於陸士衡之平、顔延之之澀，然視左太沖、郭景純已遜自然，何以望子建、嗣宗之項背乎？

五言古詩，不廢排比對偶。然如陸士衡則傷氣，如顔延之則窒機，蓋整密中不可無疏宕也。

牟願相小澥草堂雜論詩

陸士衡機詩如木神土鬼，誑人香火。詩小評

潘陸才名，古今無異辭。然未免鈍根，定無夙慧。雜論詩

方東樹昭昧詹言

讀萬卷書，又深解古人文法，而其氣懦弱、其辭平緩無奇者，陸士衡是也。豈真患才之多與，抑人之得天者固各有所限也？如荀子義理本領豈不足，而文乃不如李斯。故知詩文雖貴本領義理，而其工妙，又别有能事在。卷一

漢、魏、阮公、陶公、杜、韓，皆全是自道己意，而筆力强，文法妙，言皆有本。尋其意緒，皆一綫明白，有歸宿，令人瞭然。其餘名家，多不免客氣假象，并非從自家胸臆性真流出。如醴陵雜擬、陸士衡等擬古，吾不知其何爲而作也。卷一

士衡文賦，論至精微，而所自造未能臻於古作者，豈時代爲之耶？劉彦和亦然。卷一

李杜皆推服明遠，稱曰「俊逸」。蓋取其有氣，以洗茂先、休奕、二陸、三張之靡弱。今以士衡所擬樂府、古詩與明遠相比，可見。卷六

厲志白華山人詩説

陸士衡詩，組織工麗有之，謂其柔脆則未也。愚觀士衡詩，轉覺字字有力，語語欲飛。卷二

劉熙載藝概

六代之文，麗才多而練才少。有練才焉，如陸士衡是也。蓋其思既能入微，而才復足以籠巨，故其所作，皆傑然自樹質幹。文心雕龍但目以「情繁辭隱」，殊未盡之。文概

陸士衡詩粗枝大葉，有失出，無失入，平實處不妨屢見。正其無人之見存，所以獨到處亦躋卓絶。豈如沾沾戔戔者，才出一言，便欲人道好耶！詩概

劉彦和謂士衡矜重，而近世論陸詩者，或以累句訾之。然有累句，無輕句，便是大家品位。詩概

士衡樂府，金石之音，風雲之氣，能令讀者驚心動魄。雖子建諸樂府，且不得專美於前，他何論焉！詩概

劉師培漢魏六朝專家文研究

降及晉世，潘陸特秀。士衡文備各體，示法甚多。……至於兼長碑銘箴頌贊誄説辨若以文體而論，則箴銘頌贊，蔡中郎、陸士衡并臻上選。議諸體者，惟曹子建、陸士衡二人。

大抵陸文之特色，一在煉句，一在提空。今人評騭士衡之得失，每推崇其煉句布采，不知陸文最精彩處，實在長篇大文中能有提空之語。蓋平實之文易於板滯，陸文最平實，而能生動者，即由有警策語爲之提空也。（如豪士賦序、吊魏武帝文序之類。）故研究陸文應由平實入手，而參以提空之法，否則雖酷肖士衡，亦祇得其下乘而已。又長篇之文最易散漫，研究陸文者，宜看其首尾貫串及段落分明處。至煉句布采，猶其餘事也。其記事之文傳於今者甚少。

文章最忌奇僻。……試讀蔡中郎、陸士衡、范蔚宗三家之文，何嘗不千錘百煉，字斟句酌，而用字平易，清新相接，豈有艱澀費解之弊？

文章最忌浮泛。……蔡伯喈、陸士衡輩，雖在長篇，亦能以文副意。（如陸機五等論、辨亡論等篇幅雖長，而無敷衍文辭，不與題旨相應之句，故能華而不浮。後人爲之，不能稱是矣。）

文章最忌繁冗。……陸士衡之五等論及辨亡論，或記典制因革，或溯歷代亂源，皆因意富而篇長，不由詞蕪而文冗。使出沈休文、任彦昇手，篇幅猶當倍之。

古人文章之轉折最應研究，第在魏晋前後其法即不相同。大抵魏晋以後之文，凡兩段相接處皆有轉折之迹可尋；而漢人之文，不論有韻無韻，皆能轉折自然，不著痕迹。……然自魏晋以後，文章之轉折，雖名手如陸士衡亦輒用虚字以明層次，降及庾信，迹象益顯。

文之音節既由疏朗而生，不可砌實，而陸士衡文甚爲平實，而氣仍是疏朗，絶不至一隙不通，故其文之抑揚頓挫甚爲調利。且非特辭賦能情文相生，音節和諧，即辨亡、五等諸論亦無不可誦。

文章最忌一篇衹用一調而不變化。六朝以上大致文調前後錯綜，不相重犯。……試觀蔡伯喈、陸士衡之文，雖篇篇極長而每段絶無相犯之調。蓋漢人之調雖少而每篇輒數易之；自魏晋以下，則每篇皆有新調，如吴質之書札及陸士衡之五等論，即其例也。

蔡中郎文無論有韻無韻皆有勁氣。陸士衡文則每篇皆有數句警策，將精神提起，使一篇之板者皆活，如圍棋然，方其布子，全局若滯，而一著得氣，通盤皆活。……陸士衡用筆最重，故文章極濃；蔡中郎用筆在輕重之間，故其文濃淡適中；任彦昇用筆最輕，故文章亦淡。……總之，記事之文有數句傳神之語，文章前後即活；有韻及四六之文，中間有勁氣，文章前後即活。……設陸士衡吊魏武帝文及袁彦伯三國名臣序贊，去其中間警策之數段，則全篇無生氣。

今觀士衡文之作法，大致不出「清新相接」四字。清者，毫無蒙混之迹也；新者，惟陳言之務去也。士衡之文，用筆甚重，辭采甚濃，且多長篇，使他人爲之，稍不檢點，即不免蒙混或人云亦云。蒙混則不清，有陳言則不新；既不清新，遂至蕪雜冗長。陸之長文皆能清新相接，絶不蒙混陳腐，故可免去此弊。

陸士衡文亦有特能傳神之處。學陸文者應先得其警策。警策既得，然後從事於煉句布采。又研究陸士衡者必先熟讀國語。蓋國語之文雖重規叠矩而不覺其繁，句句在虚實之間而各有所指，文氣聚而凝，選詞安而雅。陸文得其法度，遂能據以成家。如辨亡、五等二論，每段重叠至十餘句，而句各有義，絶不相犯，斯并善於體味國語所致。

西晉之時，陸士衡之表疏，如謝平原内史表等，文彩彬蔚，與辭賦無殊。其餘各體亦皆文質相參。

錘煉之極，則艱深之文生，然陸士衡之文雖極力錘煉，而聲調甚佳，風韻饒多，華而不澀。

陸士衡於碑銘一體，心摹神追蔡中郎。其篇幅雖長，偶句雖多，而文章之轉折，句法之簡煉，以及篇章之結構，皆能具體而微。

陸之風韻在提與警。

陸士衡長篇雖多，但勁句相承，不嫌繁冗。

然晉宋文字有全用輕筆者，亦有重筆之中用輕筆提起者。如陸士衡文雖用重筆，而能化輕爲重，故尤爲難學。

錢鍾書上家大人論駢文流變書

然漢魏文章，漸趨儷偶，皆時有單行參乎其間。蔡邕體最純粹，而庸暗無光氣，平板不流動；又多引成語，鮮使典實。及陸機爲之，搜對索耦，竟體完善，使典引經，莫不工妙，馳騁往來，色鮮詞暢，調諧音協，固亦如宋書謝靈運傳論所云「暗與理合，非由思至」，而儷之體，於機而大成矣！試取歷來連珠之作，與陸機所撰五十首相較，便知駢文定於蔡邕，弘於陸機也。

駱鴻凱文選學

自文衰於東漢（唐人好爲此言），而百代宗仰，未嘗絶焉，以我諛聞，徵諸前載，若夫伯喈之銘頌，子建之詩賦，并見稱當世，垂裕後來。至於士衡之文，論其氣厚，則得於子建；溯其詞雅，則祖之伯喈。而製篇之密，結體之奇，抑又過之。自唐以上，同響相推，不僅稚川近接風流，致其尊敬，文皇深知文變，盡彼推崇者也。至陸氏平生，唐宗所論至悉。蘭摧桂折，異世同悲。然觀士衡及蔡邕文，非不知明哲自保，而終結釁河橋，興鶴唳之嘆，斯可痛惜也。

附録

陸機年表

吴景帝孫休永安四年辛巳(二六一)　魏元帝曹奂景元二年　蜀漢後主劉禪景耀四年　一歲

晉書陸機傳載機爲成都王穎河北大都督，進攻洛陽，大敗，孟玖、牽秀等譖機於穎，言其有異志。穎大怒，使秀密收機。機遂遇害於軍中，時年四十三。亦見世説新語尤悔注引陸機别傳。案惠帝紀：「(太安二年十月)戊申(八日)，破陸機于建春門。」逆推之，機生於本年。

陸機，字士衡，吴郡吴人。

陸氏遠祖胡公滿，虞舜之後。周武王滅商，以長女配胡公，賜姓嬀，封於陳。春秋時，陳公子完奔齊，其後世遂有齊國。齊宣王少子通，封於平原般縣陸鄉，乃以陸爲氏。後世有陸烈者，爲吴令、豫章都尉。既卒，吴人思之，迎其喪，葬於胥屏亭，子孫遂爲吴人。據新唐書

宰相世系表

機祖父遜封華亭侯。陸氏居於華亭。

三國志吳書陸遜傳：「（建安二十四年）遜具啓形狀，陳其（關羽）可禽之要。權乃潛軍而上，使遜與呂蒙爲前部。至，即克公安、南郡。遜徑進，領宜都太守。拜撫邊將軍，封華亭侯。」文選卷二十四陸機贈從兄車騎「彷彿谷水陽，婉孌崑山陰」李善注引陸道瞻吳地記：「海鹽縣東北二百里有長谷，昔陸遜、陸凱居此。谷東二十里有崑山，父祖葬焉。」谷者，水流也。說文：「泉出通川爲谷。」太平寰宇記卷九十五引吳地志（當即陸道瞻吳地記）：「谷名華亭，陸機嘆鶴唳處。」又引輿地志：「吳大帝以漢建安中封陸遜爲華亭侯，即以其所居爲封。谷出佳魚蒓菜，又多白鶴清唳，故陸機嘆曰：『華亭鶴唳，不可復聞。』」案：陸雲與陸典書書云：「華亭之望，以大人爲宗主。」華亭實爲陸氏家族聚居之地。其地在今上海松江，崑山即今小崑山。

遜爲吳上大將軍、荆州牧、丞相，卒於赤烏八年（二四五）二月，年六十三。

機祖母孫氏，孫策女。據三國志吳書吳主權傳、陸遜傳。

父陸抗，永安二年拜鎮軍將軍，都督西陵。三年，假節。本年抗年三十六，在西陵任上。據三國志吳書陸抗傳。

有兄晏、景、玄。景妻爲孫晧嫡妹，與景皆張承外孫。

本年阮籍五十二歲，嵇康三十八歲，張華三十歲，潘岳十五歲；機兄景十二歲，從兄（一作弟）曄一歲，紀瞻九歲，賀循二歲；司馬炎（晉武帝）二十六歲，司馬衷（晉惠帝）三歲，賈南風五歲。

吴景帝孫休永安五年壬午（二六二）　魏元帝曹奂景元三年　蜀漢後主劉禪景耀五年　二歲

弟雲生。

世説新語賞譽注引陸雲别傳：「雲字士龍，吴大司馬抗之第五子，機同母之弟也。」晉書陸雲傳云陸機被誣有逆志，被殺，雲亦見殺，年四十二。逆推之當生於本年。

吴景帝孫休永安六年癸未（二六三）　魏元帝曹奂景元四年　蜀漢後主劉禪炎興元年　三歲

魏大軍攻蜀，入成都，後主降。

魏以司馬昭爲相國，封晉公，加九錫。

嵇康被殺。阮籍卒。

吴景帝孫休永安七年、末帝孫皓元興元年甲申（二六四）七月即位改元　**魏元帝曹奂咸熙元年**

四歲

魏司馬昭進爲晉王。昭奏復五等爵，封騎督以上六百餘人。

吴末帝孫皓甘露元年乙酉（二六五）四月改元　**魏元帝曹奂咸熙二年　晉武帝司馬炎泰始元年**

五歲

吴西陵督步闡表請孫皓遷都武昌，皓從之。八月，魏司馬昭卒。子炎嗣爲相國、晋王。十二月，晋受魏禪，司馬炎即皇帝位。大封宗室爲王，凡二十七王，以郡爲國。王多不之國。

吴末帝孫皓甘露二年寶鼎元年丙戌（二六六）八月改元　**晋武帝泰始二年**　六歲

十二月，孫皓還都建業。

吴末帝孫皓建衡二年庚寅（二七〇）　晋武帝泰始六年　十歲。

陸抗拜都督信陵、西陵、夷道、樂鄉、公安諸軍事，治樂鄉（今湖北沙市西）。

吴末帝孫皓鳳凰元年壬辰（二七二）　晋武帝泰始八年　十二歲

吴西陵督步闡據城叛，遣使降晋，晋大軍南下應之。陸抗部署諸將防守，親率軍大破晋荆州刺史楊肇於西陵，陷西陵城，誅夷步闡族及其大將吏。加拜都護。

吴末帝孫皓鳳凰二年癸巳（二七三）　晋武帝泰始九年　十三歲

春，陸抗就拜大司馬、荆州牧。

吴末帝孫皓鳳凰三年甲午（二七四）　晋武帝泰始十年　十四歲

夏，陸抗疾篤，上疏論西陵之重，請增防守兵力。秋，卒。子晏嗣。晏及弟景、玄、機、雲分領父兵。晏爲裨將軍、夷道監，景拜偏將軍、中夏督。機爲牙門將軍，亦西上。陸雲則留吴。

陸機贈弟雲詩序云：「續忝末緒，墨絰即戎。」詩云：「昔我西征，扼腕川湄。掩涕即路，揮袂長辭。」陸雲答詩云：「昔予言曠，汎舟東川。銜憂告辭，揮泪海濱。」即述當時分別情景。

吴末帝孫皓天紀元年丁酉（二七七）　晉武帝咸寧三年　十七歲

陸雲舉賢良。

晉書陸雲傳：「幼時，吴尚書廣陵閔鴻見而奇之，曰：『此兒若非龍駒，當是鳳雛。』後舉雲賢良，時年十六。」

晉武帝詔諸王以户邑多少爲大國、次國、小國三等，各置軍。諸王爲都督者，各徙其國使相近。諸王公無官者，皆遣就國。

吴末帝孫皓天紀三年己亥（二七九）　晉武帝咸寧五年　十九歲

機爲牙門將在西，具體所在不詳。

冬十一月，晉六路兵東西凡二十餘萬，大舉伐吴。鎮南大將軍杜預出江陵，龍驤將軍王濬、巴東監軍唐彬自巴、蜀沿江而下。

司馬穎生。

吴末帝孫皓天紀四年庚子（二八〇）　晉武帝太康元年　二十歲

二月，陸機兄晏、景皆爲晉軍所殺。機亦被俘，北上入洛。三月壬寅，王濬入於石頭，孫皓面縛請降，吳亡。

晉書王濬傳：「（二月）壬戌，剋荆門、夷道二城，獲監軍陸晏。乙丑，剋樂鄉，獲水軍督陸景。」三國志吳書陸抗傳：「二月壬戌，晏爲王濬別軍所殺。癸亥，景亦遇害。」晉書武帝紀則均繫於壬戌。通鑑從王濬傳。

陸機與弟雲詩：「王師乘運，席卷江湘。雖備官守，位從武臣。守局下列，譬彼飛塵。洪波電擊，與衆同湮。」即自述當日在夷道、樂鄉一帶爲晉軍所敗事。又云：「天步多艱，性命難誓。常懼殞斃，孤魂殊裔。」言被俘後心情也。陸雲答詩云：「予昆乃播，爰集朔土。」言機被俘赴北也。

案：陸機被俘赴洛陽事，史書不載，朱東潤陸機年表（一九三〇年發表）最先提出，其後日本國高橋和已陸機傳記及其文學、康榮吉陸機及其詩、傅剛陸機初次赴洛時間考辨、姜劍雲太康文學研究、俞士玲陸機陸雲年譜均主張被俘北上之説。

陸機在洛陽，聞知左思作三都賦，乃與陸雲書譏諷之。一説左思問吳事於陸機。

晉書左思傳：「陸機入洛，欲爲此賦，聞思作之，撫掌而笑，與弟雲書曰：『此間有傖父，欲作三都賦。須其成，當以覆酒甕耳。』及思賦出，機絶嘆伏，以爲不能加也，遂輟筆焉。」（太平御覽卷八百六十五引世説亦有此數語。）文選集注三都賦注鈔引王隱晉書：「當思之時，吳國爲晉所平，思乃賦此三都，以極眩曜。其蜀事訪於張載，吳事訪於陸機，後乃成之。」

傳云陸機曾對晉武帝以華亭三泖之事。陸龜蒙和吳中書事寄漢南裴尚書「三泖涼波魚蒓動」自注：「遠祖士衡對晉武帝以三泖冬温夏涼。」

陸雲爲晉揚州刺史周浚召爲從事，在壽春。

世説新語賢媛注引八王故事：「（周）浚，字開林，汝南安城人。……太康初平吳，自御史中丞出爲揚州刺史。」案：所謂「太康初平吳」者，非謂平吳之後，謂平吳之時也。晉書周浚傳載：「拜折衝將軍、揚州刺史，封射陽侯，隨王渾伐吳。攻破江西屯戍，與孫晧中軍大戰，斬僞丞相張悌等，首級數千，俘馘萬計，進軍，屯於横江。」晉書陸雲傳：「刺史周浚召爲從事（世説新語賞譽注引陸雲別傳云「命爲主簿」），謂人曰：『陸士龍，當今之顏子也。』」陸雲別傳云其時雲十八歲，誤。陸雲被召乃平吳後事，不得早於本年，本年陸雲十九歲。揚州刺史治壽春。晉書周浚傳：「（平吳之）明年，移鎮秣陵。」陸雲爲周浚主簿，在移鎮之前。陸機與弟雲詩序云「士龍又先在西」，詩云「企佇朔路」，即指壽春而言，壽春在建業西北。

晉武帝太康二年辛丑（二八一）　二十一歲

陸機自洛陽南返。在建業舊居，將護送晏、景靈柩歸葬華亭。陸雲亦自壽春返，與機相見。自鳳凰三年陸機爲牙門將西上荆州，與雲暌隔，至此已八年。相聚未浹辰，旋又離別。

陸機與弟雲詩：「今予來思，堂有哀聲。我行其道，鞠爲茂草。我履其房，物存人亡。」陸雲答詩：「華堂傾榱，廣宅頹墉。高門降衡，脩庭樹蓬。」皆指建業故宅而言。陸氏建業舊居在秦淮側。雲詩云：「嚴駕東征，肅邁林野。……煢煢僕夫，悠悠遄征。……既至既覯，滯思曠年。年在殊紀，覯未浹辰。」述其自壽春東歸，至建業與機相見也。一辰爲十二日，未浹辰，言相聚時日不多。「殊紀」，猶言殊世，謂離別之久也。機詩云「曠年八祀」，雲答詩云「邈哉八齡」，自鳳凰三年至此，兄弟暌違，實首尾八年。

司馬晏生。

作品繫年：與弟清河雲詩

晉武帝太康三年壬寅至太康十年己酉（二八二—二八九）　二十二至二十九歲

陸機居華亭勤學。

世説新語尤悔注引八王故事：「華亭，吴由拳縣郊外墅也，有清泉茂林。吴平後，陸機兄弟共遊於此十餘年。」文選陸機文賦李善注引臧榮緒晉書：「（陸機）年二十而吴滅，退臨舊里，與弟雲勤學，積十一年。」唐修晉書陸機傳則云「積有十年」。十一年、十餘年者，自太康元年吴滅至太熙元年連首尾而言。案：言與弟雲共處十餘年，當亦約略言之。陸雲於吴平之年，已爲周浚召爲主簿（一云從事）。

太康三年，張華爲都督幽州諸軍事。初，華力主伐吴，武帝以爲度支尚書，量計運漕，決定廟算。吴平，進封爲廣武縣侯。以文學才識，名重一時，論者皆謂宜爲三公。爲荀勖等所譖，遂出鎮。

太康三年，魯公賈充卒，無嗣，妻郭槐以外孫韓謐爲孫。

太康五年，陸機從父喜卒。喜乃瑁之子，仕吴爲吏部尚書。爲晋廷所徵，以爲散騎常侍。同時被徵之吴士凡十五人。

陸雲晋故散騎常侍陸府君（喜）誄云喜卒於本年四月。

陸雲於爲揚州刺史從事之後，以公府掾爲太子舍人。太康六年（二八五）正月之前，已在太子舍人任上。

晋書陸雲傳：「（揚州）刺史周浚召爲從事。……俄以公府掾爲太子舍人。」（世説新語賞譽注引陸雲别傳於述應周浚召之後，云「累遷太子舍人」。）陸雲有征東大將軍京陵王公會射堂皇太子見命作此詩，王公指王渾。晋書王渾傳：「（以平吴功）進爵爲（京陵）公。……轉征東大將軍，復鎮壽陽。……徵拜尚書左僕射，加散騎常侍。」據晋書武帝紀，其徵拜尚書左僕射在太康六年正月。（晋書武帝紀作征南大將軍，當從王渾傳。）則陸雲此詩，當作於太康六年正月之前。云「皇太子見命」，是時任太子舍人也。

太康十年，立皇子乂爲長沙王，穎爲成都王，晏爲吴王，皇孫遹爲廣陵王。山濤卒於太康四年，年七十九。杜預卒於太康五年，年六十三。葛洪生於太康四年。

作品繫年：辨亡論

論吴之興亡，或是隱居華亭期間所作。

晉惠帝永熙元年庚戌（二九〇）　正月武帝改元太熙，四月帝崩，惠帝即位改元永熙　**三十歲**

晉武帝楊皇后父楊駿受顧命，爲太傅、大都督、假黄鉞，録朝政。

本年末，太傅楊駿辟陸機爲祭酒。

楊駿以武帝后父超居重位，帝疾篤，駿輔政，爲太尉、太子太傅、假節、都督中外諸軍事、侍中、録尚書事。武帝崩，惠帝即位，五月，駿進位太傅，輔政，高選吏佐。潘岳被引爲太傅主簿。文選卷二十四潘岳爲賈謐作贈陸機李善注引臧榮緒晉書：「太熙末，太傅楊駿辟機爲祭酒。」（又見卷三十七陸機謝平原内史表李善注引）文選卷十六陸機嘆逝賦李善注引王隱晉書：「吴平，太傅楊駿辟爲祭酒。」太平御覽卷二百四十八引陸機詣吴王表：「臣本吴人，靖居海隅，朝廷欲抽引遠人，綏慰遐外，故太傅所辟。」文選潘岳爲賈謐作贈陸機云：「況乃海隅，播名上京。爰應旌招，撫翼宰庭。儲皇之選，實簡惟良。」李善注：「宰，謂駿也。『宰』或爲『紫』，非也。」（案：楊駿爲太傅、大都督，録朝政，故可目爲宰相。）「爰應」二句，即謂應楊駿召爲祭酒。「儲皇」二句方言爲太子洗馬。宋書百官志：「楊駿爲太傅，增祭酒爲四人。」時已改元永熙，臧榮緒猶稱太熙者，蓋亦有由。晉書楊駿傳：「駿暗於古義，動違舊典。武帝崩，未踰年而改元，議者咸以爲違春秋踰年書即位之義。朝廷惜於前失，令史官没之，故明年正月復改年焉。」案公羊傳文公九年：「緣終始之義，一年不二君。」白虎通爵：「一年不可有二君。」又云：「逾年乃即位改元。」是於武帝薨之當年即改元，乃非禮之舉，故史家猶稱太熙也。

陸機自太康二年送二兄靈柩歸葬華亭，遂閉門勤學，至此積有十年。

晉書陸機傳：「退居舊里，閉門勤學，積有十年。」

是年八月，立廣陵王遹爲太子。張華爲太子少傅。

潘岳應楊駿辟，爲太傅主簿。

晉惠帝永平元年 元康元年辛亥（二九一）正月改元永平，三月楊駿誅，改元元康　**三十一歲**

陸機赴洛，當在本年初。三月辛卯，太傅楊駿誅。陸機被徵爲太子洗馬，當在本年末。

文選卷三十七陸機謝平原内史表李善注引臧榮緒晉書：「太熙末，太傅楊駿辟機爲祭酒。駿誅，徵爲太子洗馬。」（又見於文選潘岳爲賈謐作贈陸機、陸機皇太子宴玄圃宣猷堂有令賦詩、贈馮文熊遷斥丘令李善注引。）文選陸機嘆逝賦題下李善注引王隱晉書亦云：「吴平，太傅楊駿辟機爲祭酒，轉太子洗馬。」陸機北上，原爲應楊駿之辟。駿誅，方徵爲太子洗馬。文選卷二十六陸機赴洛之一李善注：「集云此篇赴太子洗馬時作。」乃省略之言。陸機赴洛云：「谷風拂修薄，油雲翳高岑」。案詩邶風谷風：「習習谷風，以陰以雨。」毛傳：「東風謂之谷風，陰陽和而谷風至。」可證赴洛已是春日。至於赴洛道中作「哀風中夜流」、「側聽悲風響，清露墜素輝」等語，與旅人心境有關，不必因此而疑其非春天景象也。

楊駿之誅，乃惠帝賈皇后之陰謀。駿之親黨以至官屬，受株連者甚廣，死者達數千人。潘岳爲楊駿主簿，時駿之僚屬皆當從坐，與岳同署之主簿朱振已就戮。岳當駿誅之日適取急在外，賴所善公孫宏爲之開脱，謂之「假吏」（假者，臨時、暫代、非正式之意），方僥倖得免。可見其苛濫。陸機爲祭酒而無事，疑其春日啓程，到達洛陽時，距楊駿被誅之三月辛卯（八日）已無多日，故其在任爲時甚短，甚或尚未正式履職，故得免於難。

陸機之爲太子洗馬，或與張華之薦引有關。（晉書陸機傳云華「薦之諸公」。）太子洗馬，爲清顯之職。其本職爲前驅導引，後乃演變爲東宮之秘書郎性質。北堂書鈔卷六十六引齊王攸與山濤書云：「洗馬，今之清選，前後典文書才義也。」

陸機雖未受牽連，然亦不可能於楊駿誅後立即被徵爲太子洗馬。據晉書愍懷太子傳，太子出就東宮在本年。陸機之爲洗馬，當在本年末。其證有三：一、機吴王郎中時從梁陳作乃元康四年秋自太子洗馬出任吴王郎中令時作，詩中言及侍奉太子云：「誰謂伏事淺，契闊逾三年。」元康元年末至四年秋首尾四年，故曰逾三年。若元康二年始爲洗馬，則至四年秋，雖連首尾言之可云三年，然不可謂逾三年。若元康元年末以前，如本年夏、秋即已入東宮，雖「逾三年」，然結合以下第二條考慮，便覺不妥。二、機答賈謐爲元康六年離吴王郎中令之任、改任尚書中兵郎時作。詩中言及任洗馬時，賈謐亦侍奉東宫，故與之交游。賈謐之侍東宫與太子遊處，應亦始於太子出就東宫之時，即與陸機爲洗馬大體同時。機詩云：「游跨三春，情固二秋。」自元康元年末至四年秋，恰爲三春（元康二年春、三年春、四年春）、二秋（元康二年秋、三年秋）。若陸機元康元年夏、秋已入東宫，便不止「二秋」。三、陸機謝平原内史表作于惠帝太安二年（三〇三），表中自述入朝以來蒙恩升轉之過程，云「入朝九載，歷官有六」。應是自任太子洗馬數起，至永康元年（三〇〇）任中書郎止。（爲楊駿祭酒，無論正式履職否，乃屬公府徵召，非天子之命，故不算「入朝」。）二九一年末爲太子洗馬，至三〇〇年，恰爲九載。若就任太子洗馬於二九二年春，至三〇〇年，雖連首尾計，亦可謂九載，然如上文所言，二九二年方爲洗馬，與吴王郎中時從梁陳作之「契闊逾三年」不合。總之，綜覈上述三條，陸機之入東宫爲洗馬，定爲元康元年末較妥。

傳説陸機赴洛途中，次於偃師，夜與王弼鬼魂談論。

水經注穀水「又東過河南縣北，東南入于洛」注：「尸鄉……其澤野負原，夾郭多墳隴焉，即陸士衡會王輔嗣處也。袁氏王陸詩叙：『機初入洛，次河南之偃師，時忽結陰。望道左若有民居者，因往逗宿。見一少年，姿神端遠，與機言玄。機服其能，而無以酬折，前致一辯，機題緯古今，綜檢名實，此少年不甚欣解。將曉去，税駕逆旅。嫗曰：「君何宿而來？自東數十里無村落，止有山陽王家墓。」機乃怪悵，還睇昨路，空野昏霾，雲攢蔽日。知所遇者，審王弼也。』」異苑亦載此事，又云一説乃陸雲與王弼談老子。唐修晉書載入陸雲傳中。

楊駿既誅，徵汝南王亮爲太宰，與太保衛瓘皆録尚書事，輔政。楚王瑋爲衛將軍、領北軍中候。亮、瓘惡瑋，謀奪其軍權，遣與諸王之國。瑋忿怒，賈后乃先使瑋起兵殺亮、瓘，復以專殺之罪誅瑋。八王之亂始於此。賈后專朝，重用親黨。然委朝政於張華，尚爲得人。華與裴頠（后母郭槐從子）、賈模（后族兄）同心輔政，故數年之間，雖暗主在上而朝野尚稱安静。

陸雲在家鄉，兄弟離别，情甚悽愴。

晉書陸雲傳：「爲太子舍人，出補浚儀令。縣居都會之要，名爲難理。雲到官肅然，下不能欺，市無二價。……郡守害其能，屢譴責之，雲乃去官。」去官後當歸至家鄉。陸機於承明作與士龍云：「牽世嬰時網，駕言遠徂征。飲餞豈異族，親戚弟與兄。……分塗長林側，揮袂萬始亭。……感别慘舒翮，思歸樂遵渚。」送别之後，雲仍居故里。

張華拜右光禄大夫、侍中、中書監。

潘岳坐楊駿除名。

作品繫年：赴洛二首之一　赴洛道中二首　於承明作與士龍　懷土賦

懷土賦云：「背故都之沃衍，適新邑之丘墟。遵黄川以葺宇，被蒼林而卜居。」據其語意，當爲入洛初期所作，姑繫於此。

晉惠帝元康二年壬子至元康三年癸丑（二九二—二九三）　三十二至三十三歲

任太子洗馬。與賈謐、潘尼、馮熊等游處。謐雖非東宮官屬，而倚仗賈后之勢，以散騎常侍侍東宮，然而於太子無禮，太子頗銜之。潘尼、馮熊皆東宮官屬。

潘岳有爲賈謐作贈陸機詩，載於文選。詩云：「昔余與子，繾綣東朝。雖禮以賓，情通友僚。嬉娛絲竹，撫鞞舞韶。修日朗月，携手逍遥。」陸機答詩序云：「余昔爲太子洗馬，賈長淵以散騎常侍侍東宮積年。」詩云：「東朝既建，淑問峨峨。我求明德，濟同以和。魯公戾止，衮服委蛇。……昔我逮兹，時惟下僚。及子棲遲，同林異條。年殊志比，服舛義稠。游跨三春，情固二秋。」陸機僅小於謐母一歲，長於謐至少十餘歲，故曰「年殊」。「三春」、「二秋」者，元康二年春至四年夏末。

晉書潘尼傳：「元康初，拜太子舍人。」陸機祖道畢雍孫劉邊仲潘正叔：「皇儲延髦俊，多士出幽遐。適遂時來運，與子游承華。執笏崇賢内，振纓曾城阿。」承華、崇賢，皆東宮門名。潘尼有贈陸機出爲吴王郎中令詩，云：「及爾同僚，具惟近臣。予涉素秋，子登青春。」案：潘尼年長陸機約十歲以上。

元康三年閏二月，太子行釋奠之禮，陸機亦與其盛。

潘尼釋奠頌描述當時盛況云：「三年春閏月，將有事於上庠，釋奠于先師，禮也。越二十四日丙申，侍祠者既齊，輿駕次于太學，太傅在前，少傅在後……宫臣畢從，三率備衛。……天子乃命内外羣司，百辟卿士，蕃王三事，至于學徒、國子，咸來觀禮，我后皆延而與之燕。」據陳垣二十史朔閏表，本年二月閏。

作品繫年：　赴洛二首之二　皇太子宴玄圃宣猷堂有令賦詩　桑賦　鱉賦

諸篇皆爲太子洗馬時作，確切年份不詳，姑繫於此。

晉惠帝元康四年甲寅（二九四）　三十四歲

初秋，出爲吴王郎中令，歸吴。

北堂書鈔卷六十六載陸機皇太子清宴詩序：「元康四年秋，余以太子洗馬出補吴王郎中。」太平御覽卷二百四十八載陸機詣吴王表曰：「殿下東到淮南，發詔以臣爲郎中令。」文選陸機答賈謐、謝平原内史表李善注引臧榮緒晉書亦云：「吴王出鎮淮南，以機爲郎中令。」唐修晉書同。據詣吴王表所云，似吴王先在淮南，陸機乃受詔。其行思賦云：「嗟逝宦之永久，年荏苒而歷兹。越河山而托景，眇四載而遠期。孰歸寧之弗樂，獨抱感而弗怡。」又云：「商秋肅其發節。」自元康元年春去鄉北上，至此秋節，首尾四年，恰與出補吴王郎中令之年份、季節相合，故此賦應是受詔爲郎中令自洛陽南行時作。言「商秋肅其發節」，知啓程時爲初秋。答賈謐云「遊跨三春，情固二秋」，正因秋日伊始已離開洛陽，故不數此年之秋而云「二秋」。據行思賦所云南行路線，乃經汴、泗南下入淮，並非赴淮南，而是徑直入吳。賦云「歸寧」，亦證歸吳而非赴淮南。潘尼贈陸機出爲吳王郎中令云：「祁祁大邦，惟桑惟梓。穆穆伊人，南國之紀。帝曰爾諧，惟王卿士。……今子徂東，何以贈旃？」李善注：「徂東，謂適吳也。」潘岳爲賈謐作贈陸機：「藩岳作鎮，輔我京室。旋反桑梓，帝弟作弼。」皆可爲機此行歸吳之旁證。然吳王何以至淮南，陸機爲何以郎中令身份入吳，則不可考。

作品繫年：　元康四年從皇太子祖會東堂　贈馮文羆遷斥丘令　贈斥丘令馮文羆　贈馮文羆　祖道畢雍孫劉邊仲潘正叔　答潘尼　吳王郎中時從梁陳作　行思賦

贈馮文羆遷斥丘令、贈斥丘令馮文羆及祖道三首確切作年不詳。贈馮文羆遷斥丘令有「借曰未洽，亦既三年」之句，作於本年可能性較大，遂一併繫於此。贈斥丘令馮文羆爲馮已赴斥丘之後作。陸機出爲吳王郎中令，潘尼贈以詩（見文選卷二十四），陸機答潘尼當即答贈之作。

晉惠帝元康五年乙卯（二九五）　三十五歲

在洛陽。

吳王晏并不之國，陸機歸吳之後，應仍返洛任職。

作品繫年：　皇太子賜宴

詩題應作皇太子清宴詩。詩云：「肇彼先驅，翻成嘉賓。」謂原爲洗馬，今成被請之嘉賓。北堂書鈔卷六十六載陸機皇太子清宴詩序：「元康四年秋，余以太子洗馬出補吴王郎中，以前事食（當作倉）卒，不得宴。三月十六有命清宴。感皇恩之罔極，而賦此詩。」意謂四年出補吴王郎中令時，太子原擬設宴送别而未果，今乃補行其事。應是本年事。

晉惠帝元康六年丙辰（二九六）　三十六歲

任尚書中兵郎。

陸機答賈謐詩序：「余出補吴王郎中令，元康六年入爲尚書郎。」文選陸機謝平原内史表李善注引臧榮緒晉書：「吴王出鎮淮南，以機爲郎中令。遷尚書中兵郎。」太平御覽卷二百十五引陸機謝吴王表：「以臣爲郎中命（當作令），轉中兵郎。」尚書郎爲清要之職。北堂書鈔卷六十引山濤啓事：「舊選尚書郎，極清望也。」職官分紀卷八引山濤啓事：「尚書郎，舊號大臣之次，州取尤者。」

賈謐有詩贈之（潘岳代作），陸機有答詩，俱見文選。

陸機原擬於本年冬取急歸，因關中兵亂未果。

陸機思歸賦作於本年秋，其序云：「余以元康六年冬取急歸。而王師外征，職典中兵，與聞軍政，懼兵革未息，宿願有違。懷歸之思，憤而成篇。」欲請假歸吴而未果也。

匈奴郝度元與馮翊、北地馬蘭羌、盧水胡皆反，殺北地太守張損，敗馮翊太守歐陽建。八月，雍州刺史解系爲郝度元所敗。秦、雍氐、羌俱反，立氐帥齊萬年爲帝，圍涇陽。詔以御使中丞周處爲建威將軍，隸安西將軍夏侯駿，以討齊萬年。

陸雲於本年或下年去鄉入洛。入洛後或繼兄機爲吴王郎中令。

陸雲歲暮賦序：「余祇役京邑，載離永久。永寧二年春，忝寵北郡，其夏又轉大將軍右司馬於鄴都。自去故鄉，荏苒六年。……乃作賦以言情焉。」自永寧二年（三〇二）逆數六年，爲本年或下年。又晉書陸雲傳於爲浚儀令去官後，云：「尋拜吴王晏郎中令。……入爲尚書郎、侍御史、太子中舍人、中書侍郎。」本年陸機由吴王郎中令入爲尚書中兵郎，陸雲似即繼爲吴王郎中令者。

張華本年由中書監爲司空。

石崇金谷宴集在本年。

作品繫年：　思歸賦　答賈謐

又答張士然、策問秀才紀瞻等當作於爲尚書郎時期，具體年份未詳。

晉惠帝元康七年丁巳至元康九年己未（二九七——二九九）　三十七至三十九歲

陸機元康八年、九年爲著作郎，此前曾爲尚書殿中郎。

太平御覽卷二百十五引陸機謝吴王表：「殿中（當作下）以臣爲郎中命（當作令），轉中兵郎，復以頗涉文學，見轉爲殿中郎。」又吊魏武帝文序：「元康八年，機始以臺郎出補著作。」文選陸機謝平原内史表李善注引臧榮緒晉書：「遷尚書中兵郎，轉殿中郎，又爲著作郎。」殿中郎在尚書諸曹郎中地位頗高，資治通鑑卷一百三十六胡三省注云：「魏晉以來尚書諸曹殿中郎爲諸曹之首。」北堂書鈔卷五十七引王隱晉書：「陸機，字士衡，以文學爲秘書監虞濬所請，爲著作郎。議晉書限斷。」（又見初學記卷十二、太平御覽卷二百三十四引。）北堂書鈔卷五十七、初學記卷十二又引干寶晉紀云：「秘書監賈謐請束皙爲著作佐郎，難陸機晉書限斷。」據此，似虞濬先爲秘書監，請陸機爲著作郎，而隨即賈謐任秘書監，難陸機之議。

宋書蔡廓傳廓答傅亮書引陸機起居注所記式乾殿宴集事。該宴集乃元康九年事，應是陸機任著作郎時所記。（參本書陸機作品輯佚晉惠帝起居注）

賈謐居祖母廣城君郭槐喪，未終，起爲秘書監，掌國史。謐雖驕奢而好學，喜延士大夫，有二十四友之目，陸機、雲及石崇、潘岳、摯虞、左思、劉琨等皆名列其中。

郭槐之卒在元康六年，賈謐起復爲秘書監當在八年。所謂二十四友之目，最可能在賈謐爲秘書監時。（參張國星關於晉書賈謐傳中的二十四友、俞士玲陸機陸雲年譜）

元康七年正月，周處受命以孤軍進擊齊萬年，力戰而死。八年，張華等薦孟觀討齊萬年，大破之。九年正月，獲齊萬年。

賈后淫虐日甚，與賈謐等謀害太子。元康九年十二月，使黄門侍郎潘岳僞作太子書，云欲加害惠帝、賈后，以爲罪證，乃廢太子爲庶人，幽於金墉城，殺太子母等。

作品繫年：吊魏武帝文　講漢書詩　晉書限斷議　晉書（即晉紀、晉帝紀）　晉惠帝百官名　晉惠帝起居注　薦賀循郭訥表

又贈顧交趾公真當作於元康年間，具體年份不詳。

晉惠帝永康元年庚申（三〇〇）　四十歲

三月，賈后害太子於許昌。四月，趙王倫廢殺賈后，誅賈謐等。倫陰謀篡位，欲先除大臣，於是張華、裴頠等皆遇害。潘岳、石崇、歐陽建皆族誅。倫自爲使持節、都督中外諸軍事、相國、侍中，一如宣、文輔魏故事，又加九錫。追復故太子遹位號，謚曰愍懷。

趙王倫欲收人望，選用海内名德之士，以陸機爲相國參軍。廣事封賞，機亦賜爵關中侯。倫將篡位，以機爲中書侍郎。

晉書陸機傳：「遷尚書中兵郎，轉殿中郎。趙王倫輔政，引爲相國參軍。」省略著作郎一職，資治通鑑卷八十三遂云以「殿中郎陸機爲參軍」，不確，機以著作郎爲參軍。機傳又云：「豫誅賈謐功，賜爵關中侯。倫將篡位，以爲中書郎。」趙王倫傳云「中書侍郎陸機」，太平御覽卷二百二十

亦云：「陸士衡轉中書侍郎。」晉書傅祗傳則云「黄門郎陸機」。案：晉書職官志：「中書侍郎。魏黄初初，中書既置監、令，又置通事郎，次黄門郎。黄門郎已署事過，通事乃署名；已署，奏以入，爲帝省讀，書可。及晉，改曰中書侍郎，員四人。中書侍郎蓋此始也。及江左初，改中書侍郎曰通事郎，尋復爲中書侍郎。」中書郎乃中書侍郎之省稱。

晉書陸機傳：「豫誅賈謐功，賜爵關中侯。」然機當並未參與誅賈謐之謀劃、行動，其賜爵乃趙王倫濫加封賞以收人心之舉而已。參俞士玲陸機陸雲年譜。

八月，淮南王允舉兵討趙王倫，不克，被殺。允僚屬多被牽連，是時顧榮爲廷尉正，多所全宥。允弟吴王晏改封賓徒縣王。

九月，改司徒爲丞相，以梁王肜爲之。丞相、相國，皆非復尋常人臣之職。

作品繫年：嘆逝賦　與趙王倫箋薦戴淵　愍懷太子誄　丞相箴

陸雲與兄平原書云「感逝賦愈前」，或即嘆逝賦，云「愈前」，則應有初稿，有修改稿。賦云「年方四十」，故繫其初稿於本年。丞相箴當作於趙王倫自爲相國、梁王肜爲丞相之後，姑繫於此。

晋惠帝永寧元年辛酉（三〇一）惠帝永康二年正月乙丑趙王倫改元建始，四月惠帝反正，改元永寧

四十一歲

陸機慮趙王倫逼迫爲禪文，乃與顧榮、馮熊等議，詐稱内妹喪，出就第以避之。

陸機謝平原内史表：「倉卒之際，慮有逼迫，乃與弟雲及散騎侍郎袁瑜、中書侍郎馮熊、尚書右丞崔基、廷尉正顧榮、汝陰太守曹武，思所以獲免，陰蒙避迴。」太平御覽卷二百二十載陸機謝表：「臣以職在中書，制命所出，而臣本以筆札見知，慮逼迫不獲已，乃詐發内妹喪，出就第，云哭泣受吊。」

正月乙丑（九日），趙王倫篡位。惠帝出居金墉城，陸機隨諸人送至城下。三月，齊王冏、成都王穎、河間王顒、常山王乂舉兵討倫。四月，誅倫及其黨，惠帝反正。

齊王冏疑陸機曾參與起草禪文，乃下之獄。賴成都王穎、吴王晏救理，得以出獄。出獄後閑居於家。

晋書陸機傳：「倫之誅也，齊王冏以機職在中書，九錫文及禪詔疑機與焉，遂收機等九人付廷尉。賴成都王穎、吴王晏並救理之，得減死徙邊，遇赦而止。」惠帝紀：「（永寧元年）八月，大赦。戊辰，原徙邊者。」案：晋書傅祗傳：「及趙王倫輔政，以爲中書監。……初，倫之篡也，孫秀與義陽王威等十餘人預撰儀式、禪文。及倫敗，齊王冏收侍中劉逵，常侍騶捷、杜育，黄門郎陸

機，右丞周導、王尊等，付廷尉。以禪文出中書，復議處祇罪，會赦，得原。後以禪文草本非祇所撰，於是詔復光禄大夫。」晉書鄒湛傳：「子捷，字太應，亦有文才。永康中爲散騎侍郎。及趙王倫篡逆，捷與陸機等俱作禪文。倫誅，坐下廷尉，遇赦免。」騶捷、鄒捷，當即一人。趙翼二十二史劄記卷七據此諸傳，云：「九錫文必是機筆。」趙翼之意，蓋謂禪詔非陸機撰，而九錫文乃機筆。

陸雲自爲吴王晏郎中令之後，入爲尚書郎、侍御史、太子中舍人、中書侍郎。其遷轉之年月不詳。此數年間皆在洛陽。

趙王倫篡位，以賀循爲侍御史，循辭疾去職。顧榮爲倫子虔大將軍長史。

見晉書賀循傳、顧榮傳。

惠帝反正後，六月，詔以齊王冏爲大司馬，加九錫；成都王穎爲大將軍，録尚書事。穎從盧志策，歸鄴，以收士民之譽。

作品繫年：　贈潘尼（「水會於海」）　謝吴王表　謝成都王箋

陸機出獄後謝表，類書及文選注所引皆片言隻語，所標題目亦不相同，或云謝吴王，或云詣吴王，或云與吴王，或但言謝表。疑只一篇，乃謝吴王者。文選沈約齊故安陸昭王碑文李善注引謝成都王箋僅二句，乃謝司馬穎者，當作於本年出獄後，或此後應司馬穎之徵參大將軍軍事之時。

晉惠帝太安元年壬戌(三〇二)　惠帝永寧二年十二月齊王冏死，改元太安　四十二歲

閑居於家。文賦、述思賦、漢高祖功臣頌等多篇作品，當作於上年至本年家居期間。

顧榮、戴若思等咸勸機還吴，不從。

陸雲本年春爲清河内史，夏，轉成都王穎大將軍右司馬於鄴。機、雲兄弟來往信件頗多，相互寄送所作文章，且加以評騭研討。

陸雲歲暮賦云：「余祇役京邑，載離永久。永寧二年春，忝寵北郡，其夏又轉大將軍右司馬於鄴都。自去故鄉，荏苒六年，惟姑與姊，仍見背棄。」其與兄平原書，見於集中。内一通云：「省諸賦，皆有高言絶典(當作曲)，不可復言。頃有事，復不大快，凡得再三視耳，其未精，倉卒未能爲之次第。省述思賦，流深情至言，實爲清妙。恐故復未得爲兄賦之最。兄文自爲雄，非累日精拔，卒不可得言。文賦甚有辭，綺語頗多。文適多，體便欲不清，不審兄呼爾不？詠德頌甚復盡美，省之惻然。扇賦腹中愈首尾，發頭一而不快。言烏(當作鳥)云『龍見』，如有不體。感逝賦愈前，恐故當小不？然一至不復滅。漏賦可謂清工。兄頓作爾多文，而新奇乃爾，真令人怖，不當復道作文。」又一通云：「祠堂贊甚已盡美，不與昔同。既此不容多説，又皆一事，非兄亦不可得。見吊少明，殊復勝前。吊蔡君清妙不可言。漢功臣頌甚美。恐吊蔡君故當爲最。使雲作文，好惡爲當，又可成耳；至於定兄文，唯兄亦怒其無遺情而不自盡耳。丞相贊云『披結散紛』，

辭中原不清利。兄已自作銘，此但頌實事耳，亦謂可如兄意，直説事而已，若當復屬文於引，便當書前銘耳。」（斷句、校字，參考朱曉海陸雲與兄平原書臆次編説。）又一通云：「兄園葵詩清工，然猶復非兄詩妙者。」書中言及之陸機諸篇，應皆作於上年至本年閑居在洛之時。書中之少明，即夏靖，卒於永寧元年五月二十五日。（據陸雲晉故豫章内史夏府君誄）

齊王冏驕奢專權，頗失人心。河間王顒舉兵向洛，成都王穎應之。長沙王乂在洛，與冏大戰三日，斬冏，同黨皆夷三族，死者二千餘人。

洛陽混戰及冏之死，已在十二月下旬，當公曆三〇三年一月底。

作品繫年：園葵詩　述思賦　文賦　羽扇賦　漏刻賦　漢高祖功臣頌　吊蔡邕文

又愍思賦作於元康六、七年之後，本年之前，具體年份未詳。

晉惠帝太安二年癸亥（三〇三）　四十三歲

陸機爲成都王穎大將軍司馬、參軍事，或在本年。穎復表機爲平原内史。

文選陸厥嘆逝賦李善注引王隱晉書：「成都王穎以機爲司馬，參大將軍軍事。」晉書陸機傳：「穎以機參大將軍軍事，表爲平原内史。」機謝平原内史表云：「今月九日，魏郡太守遣兼丞張含賚板詔書印綬，假臣爲平原内史。」其爲司馬、參軍在鄴，故由魏郡太守遣人授以任命爲平原内史之詔書也。表云「横爲故齊王冏所見枉陷」云云，可知爲平原内史在齊王冏死後。成都王穎在鄴，遥控朝政，而恃誅趙王倫功，驕奢放縱，猶嫌長沙王乂在洛陽，不得逞其欲，欲去之。河間王顒在長安，亦與乂有隙，密使人謀殺乂，反爲乂所殺。八月，顒起兵討乂，穎亦舉兵。穎引兵屯朝歌，以陸機爲前將軍、前鋒都督，督王粹、牽秀、石超等軍二十餘萬，南向洛陽。九、十月間，其軍屢敗。十月戊申（八日），乂奉帝與機戰於洛陽城東建春門，機大敗。穎所寵宦人孟玖與牽秀等乃譖言機有二心，穎大怒，使牽秀將兵收機而殺之。二子蔚、夏同時被害。陸雲時爲大將軍右司馬，在朝歌，亦被收下獄。機、雲弟平東祭酒耽、機司馬孫拯同下獄。皆被害。

作品繫年：豪士賦　謝平原内史表　至洛與成都王箋

傳記資料

陳壽三國志

（鳳凰三年）秋，（陸抗）遂卒，子晏嗣。晏及弟景、玄、機、雲分領抗兵。吴書陸抗傳

王隱晋書

陸機，字士衡，吴郡人也。少爲牙門將軍。吴平，太傅楊駿辟爲祭酒，轉大子洗馬。後成都王穎以機爲司馬，參大將軍軍事，遂爲穎所害。臨刑年四十有三。尤刻本文選陸機嘆逝賦李善注引

案：奎章閣本文選「爲祭酒」三字作「機」，「成都」誤爲「江都」，又無「參大將軍軍事」六字，又無「臨刑年四十有三」七字。

當（左）思之時，吴國爲晋所平，思乃賦此三都，以極眩曜。其蜀事訪於張載，吴事訪於陸機，後乃成之。文選集注三都賦注鈔引

陸機字士衡，爲尚書郎。與吴王表曰：「以臣頗涉文學，見轉殿中郎。」北堂書鈔卷六十尚書諸曹郎引

陸機字士衡，以文學爲秘書監虞濬所請，爲著作郎。議晉書限斷。北堂書鈔卷五十七著作總引

陸機字士衡，以文學轉中書郎。北堂書鈔卷五十七中書侍郎引

機與吴王晏表曰：「禪文本草，今見在中書，一字一迹，自可分別。」文選陸機謝平原内史表李善注引

成都王穎討長沙王乂，使陸機爲都督前鋒諸軍事。世説新語尤悔劉孝標注引

馬隆子咸，爲成都王前鋒，統陸機。攻長沙王乂於石橋，將士器仗嚴利。長沙王所統冠軍司馬王瑚率衆討咸，咸堅不動。瑚乃使數十騎下馬，縛戟於馬鞍頭，放令伺咸。又使數十騎各刺所放馬，馬驚，奔咸軍，軍即壞。瑚因馳逐猛戰，臨陣斬咸。太平御覽卷二百八十六

陸雲，字士龍，少與兄機齊名，號曰二陸。爲吴王郎中令。出宰浚儀，有惠政。機被收，并收雲。文選陸雲大將軍宴會被命作李善注引

虞預晉書

機薦（戴）淵於趙王倫曰：「蓋聞繁弱登御，然後高墉之功顯；孤竹在肆，然後降神之曲成。

伏見處士戴淵，砥節立行，有井渫之潔；安窮樂志，無風塵之慕。誠東南之遺寶，朝廷之貴璞也。若得寄迹康衢，必能結軌驥騄；耀質廊廟，必能垂光瑜璠。夫枯岸之民，果於輸珠；潤山之客，烈於貢玉。蓋明暗呈形，則庸識所甄也。」倫即辟淵。世説新語自新劉孝標注引

何法盛晉中興書

紀瞻，字思遠。歷陽太守沛國武嘏臨亡，以家後不立，遂手書寄託，瞻悉迎接，爲居宅，衣食取足，有若骨肉。少與陸機兄弟親善，機一門被誅，瞻復相營恤，機女爲嫁之。由是士稱其篤義。太平御覽卷四百二十一

臧榮緒晉書

機字士衡，吴郡人。祖遜，吴丞相。父抗，吴大司馬。機少襲領父兵，爲牙門將軍。年二十而吴滅，退臨舊里，與弟雲勤學，積十一年。譽流京華，聲溢四表。被徵爲太子洗馬。與弟雲俱入洛。司徒張華素重其名，舊相識以文華呈，天才綺練，當時獨絶，新聲妙句，係踪張、蔡。機妙解情理，心識文體，故作文賦。尤刻本文選陸機文賦李善注引

案：「舊相識以文華呈」不可解，當有訛脱。梁章鉅文選旁證引何焯校：「舊」上添「如」字，「華呈」改

「呈華」。又案：奎章閣本文選、四部叢刊本文選皆無「係踪張蔡」以上一百字。又奎章閣本文選、四部叢刊本文選、朝鮮正德四年刻五臣注本文選陸機嘆逝賦呂延濟注引臧書云：「陸機，字士衡，吴人也。年二十，閉門勤學，流譽京邑，聲溢四表。爲吴牙門將軍。吴平，楊駿辟機，爲太子洗馬。爲司空張華所重。後爲江都王穎司馬，遂爲穎所害。」恐是呂延濟櫽栝嘆逝賦李善所引王隱晋書及文賦李善所引臧書而成，今不取。

太熙末，太傅楊駿辟機爲祭酒。文選潘岳爲賈謐作贈陸機李善注引

楊駿誅，徵機爲太子洗馬。文選陸機皇太子宴玄圃宣猷堂有令賦詩李善注引，又陸機贈馮文熊遷斥丘令李善注引

吴王出鎮淮南，以機爲郎中令。文選陸機答賈謐李善注引

機爲尚書中兵部。文選陸機答賈謐李善注引

太熙末，太傅楊駿辟機爲祭酒。駿誅，徵爲太子洗馬。吴王出鎮淮南，以機爲郎中令。遷尚書中兵郎，轉殿中郎，又爲著作郎。尤刻本文選陸機謝平原内史表李善注引

案：奎章閣本文選「尚書中兵郎」奪「兵」字。又案：此則當是李善櫽栝臧氏書。

機惡齊王冏矜功自伐，受爵不讓。及齊亡，作豪士賦。文選陸機豪士賦序李善注引

成都王表理機，起爲平原内史，到官上表謝恩。文選陸機謝平原内史表李善注引

房玄齡等晉書

陸機字士衡，吴郡人也。祖遜，吴丞相。父抗，吴大司馬。機身長七尺，其聲如鐘。少有異才，文章冠世，伏膺儒術，非禮不動。抗卒，領父兵，爲牙門將。年二十而吴滅，退居舊里，閉門勤學，積有十年。以孫氏在吴，而祖、父世爲將相，有大勛於江表，深慨孫皓舉而棄之，乃論權所以得，皓所以亡，又欲述其祖父功業，遂作辯亡論二篇。其上篇曰：（略）其下篇曰：（略）

至太康末，與弟雲俱入洛，造太常張華。華素重其名，如舊相識，曰：「伐吴之役，利獲二俊。」又嘗詣侍中王濟，濟指羊酪謂機曰：「卿吴中何以敵此？」答云：「千里蓴羹，未下鹽豉。」時人稱爲名對。張華薦之諸公。後太傅楊駿辟爲祭酒。會駿誅，累遷太子洗馬、著作郎。范陽盧志於衆中問機曰：「陸遜、陸抗於君近遠？」機曰：「如君於盧毓、盧珽。」志默然。既起，雲謂機曰：「殊邦遐遠，容不相悉，何至於此？」機曰：「我父祖名播四海，寧不知邪！」議者以此定二陸之優劣。

吴王晏出鎮淮南，以機爲郎中令。遷尚書中兵郎，轉殿中郎。趙王倫輔政，引爲相國參軍。豫誅賈謐功，賜爵關中侯。倫將篡位，以爲中書郎。倫之誅也，齊王冏以機職在中書，九錫文及禪詔疑機與焉，遂收機等九人付廷尉。賴成都王穎、吴王晏並救理之，得減死徙邊，遇赦而止。

初，機有駿犬，名曰黄耳，甚愛之。既而羈寓京師，久無家問，笑語犬曰：「我家絶無書信，汝能賫書取消息不？」犬摇尾作聲。機乃爲書，以竹筒盛之而繫其頸。犬尋路南走，遂至其家，得報還洛。其後因以爲常。時中國多難，顧榮、戴若思等咸勸機還吴。機負其才望，而志匡世難，故不從。

冏既矜功自伐，受爵不讓，機惡之，作豪士賦以刺焉。其序曰：（略）冏不之悟，而竟以敗。

機又以聖王經國，義在封建，因采其遠指，著五等論曰：（略）

時成都王穎推功不居，勞謙下士。機既感全濟之恩，又見朝廷屢有變難，謂穎必能康隆晋室，遂委身焉。穎以機參大將軍軍事，表爲平原内史。太安初，穎與河間王顒起兵討長沙王乂，假機後將軍、河北大都督，督北中郎將王粹、冠軍牽秀等諸軍二十餘萬人。機以三世爲將，道家所忌，又羈旅入宦，頓居羣士之右，而王粹、牽秀等皆有怨心，固辭都督。穎不許。機鄉人孫惠亦勸機讓都督於粹，機曰：「將謂吾爲首鼠避賊，適所以速禍也。」遂行。穎謂機曰：「若功成事定，當爵爲郡公，位以台司，將軍勉之矣！」機曰：「昔齊桓任夷吾以建九合之功，燕惠疑樂毅以失垂成之業。今日之事，在公不在機也。」穎左長史盧志心害機寵，言於穎曰：「陸機自比管樂，擬君暗主。自古命將遣師，未有臣陵其君而可以濟事者也。」穎默然。機始臨戎，而牙旗折，意甚惡之。列軍自朝歌至于河橋，鼓聲聞數百里，漢魏以來，出師之盛未嘗有也。長沙王乂奉天子與機戰於鹿苑，機軍大敗，赴七里澗而死者如積焉，水爲之不流，將軍賈稜皆死之。

初，宦人孟玖弟超并爲穎所嬖寵。超領萬人爲小都督，未戰，縱兵大掠。機録其主者。超將鐵騎百餘人，直入機麾下奪之，顧謂機曰：「貉奴，能作督不！」機司馬孫拯勸機殺之，機不能用。超宣言於衆曰：「陸機將反。」又還書與玖，言機持兩端，軍不速決。及戰，超不受機節度，輕兵獨進而没。玖疑機殺之，遂譖機於穎，言其有異志。將軍王闡、郝昌、公師藩等皆玖所用，與牽秀等共證之。穎大怒，使秀密收機。其夕，機夢黑幰繞車，手決不開。天明而秀兵至。機釋戎服，著白帢，與秀相見，神色自若，謂秀曰：「自吳朝傾覆，吾兄弟宗族蒙國重恩，入侍帷幄，出剖符竹。成都命吾以重任，辭不獲已。今日受誅，豈非命也！」因與穎箋，詞甚悽惻。既而嘆曰：「華亭鶴唳，豈可復聞乎！」遂遇害於軍中，時年四十三。二子蔚、夏，亦同被害。機既死非其罪，士卒痛之，莫不流涕。是日昏霧晝合，大風折木，平地尺雪，議者以爲陸氏之冤。

機天才秀逸，辭藻宏麗，張華嘗謂之曰：「人之爲文，常恨才少，而子更患其多。」弟雲嘗與書曰：「君苗見兄文，輒欲燒其筆硯。」後葛洪著書，稱機文「猶玄圃之積玉，無非夜光焉；五河之吐流，泉源如一焉。其弘麗妍贍，英鋭漂逸，亦一代之絶乎」。其爲人所推服如此。然好游權門，與賈謐親善，以進趣獲譏。所著文章凡三百餘篇，並行於世。陸機傳

（太安二年）八月，河間王顒、成都王穎舉兵討長沙王乂。帝以乂爲大都督，帥軍禦之。……顒遣其將張方，穎遣其將陸機、牽秀、石超等來逼京師。乙丑，帝幸十三里橋。遣將軍皇甫商距方於宜陽。己巳，帝旋軍于宣武場。庚午，舍于石樓。天中裂，無雲而雷。九月丁丑，帝次于河橋。壬午，皇甫商爲張方所敗。甲申，帝軍于芒山。丁亥，幸偃師。辛卯，舍于豆田。

癸巳……帝旋于城東。丙申，進軍緱氏，擊牽秀，走之。大赦。張方入京城，燒清明、開陽二門，死者萬計。石超逼乘輿于緱氏。冬十月壬寅，帝旋于宮。石超焚緱氏，服御無遺。丁未，破牽秀、范陽王虓于東陽門外。戊申，破陸機于建春門。惠帝紀

惠帝太安二年，成都王穎使陸機率衆向京都，擊長沙王乂。及軍始引而牙竿折，俄而戰敗，機被誅，穎遂奔潰，卒賜死。此姦謀之罰，木不曲直也。五行志

初，陸機兄弟志氣高爽，自以吴之名家，初入洛，不推中國人士，見（張）華，一面如舊，欽華德範，如師資之禮焉。華誅後，作誄，又爲詠德賦以悼之。張華傳

（賈謐）開閤延賓，海内輻湊，貴游豪戚及浮競之徒，莫不盡禮事之。或著文章稱美謐，以方賈誼。渤海石崇、歐陽建，滎陽潘岳，吴國陸機、陸雲，蘭陵繆徵，京兆杜斌、摯虞，琅邪諸葛詮，弘農王粹，襄城杜育，南陽鄒捷，齊國左思，清河崔基，沛國劉瓌，汝南和郁、周恢，安平牽秀，潁川陳眕，太原郭彰，高陽許猛，彭城劉訥，中山劉輿、劉琨，皆傅會於謐，號曰二十四友，其餘不得預焉。賈謐傳

及趙王倫輔政，以（傅祗）爲中書監，常侍如故，以鎮衆心。……惠帝還宮，祗以經受僞職請退，不許。初，倫之篡也，孫秀與義陽王威等十餘人預撰儀式禪文。及倫敗，齊王冏收侍中劉逵、常侍騶捷、杜育、黄門郎陸機、右丞周導、王尊等付廷尉，以禪文出中書，復議處祗罪，會赦得原。後以禪文草本非祗所撰，於是詔復光禄大夫。傅祗傳

（永康）六月己卯（案：當作壬寅），葬于顯平陵。帝感閻纘之言，立思子臺，故臣江統、陸機並作誄頌焉。愍懷太子傳

（陸雲）少與兄機齊名，雖文章不及機，而持論過之，號曰「二陸」。……吴平，入洛。機初詣張華，華問雲何在，機曰：「雲有笑疾，未敢自見。」俄而雲至。華爲人多姿制，又好帛繩纏鬚。雲見而大笑，不能自已。……機之敗也，并收雲。穎官屬江統、蔡克、棗嵩等上疏曰：「……昨聞教，以陸機後失軍期，師徒敗績，以法加刑，莫不謂當，誠足以肅齊三軍，威示遠近，所謂一人受戮，天下知誡者也。且聞重教，以機圖爲反逆，應加族誅。未知本末者，莫不疑惑。……機兄弟並蒙拔擢，俱受重任，不當背罔極之恩而向垂亡之寇，去泰山之安而赴累卵之危也。直以機計慮淺近，不能董攝羣帥，致果殺敵，進退之間，事有疑似，故令聖鑒未察其實耳。刑誅事大，言機有反逆之徵，宜令王粹、牽秀檢校其事。令事驗顯然，暴之萬姓，然後加雲等之誅，未足爲晚。今此舉措，實爲太重。……」陸雲傳

吾彦字士則。……（武）帝嘗問彦：「陸喜、陸抗二人誰多也？」彦對曰：「道德名望，抗不及喜；立功立事，喜不及抗。」會交州刺史陶璜卒，以彦爲南中都督、交州刺史。重餉陸機兄弟，機將受之，雲曰：「彦本微賤，爲先公所拔，而答詔不善，安可受之？」機乃止。因此每毁之。長沙孝廉尹虞謂機等曰：「自古由賤而興者，乃有帝王，何但公卿？若何元幹、侯孝明、唐儒宗、張義允等，并起自寒微，皆内侍外鎮，人無譏者。卿以士則答詔小有不善，毁之無已，吾恐南人皆

將去卿，卿便獨坐也。」於是機等意始解，毁言漸息矣。　吾彦傳

（孫）秀等部分諸軍，分布腹心，使散騎常侍、義陽王威兼侍中，出納詔命，矯作禪讓之詔。……其夜，使張林等屯守諸門，義陽王威及駱休等逼奪天子璽綬。夜漏未盡，内外百官以乘輿法駕迎倫。惠帝乘雲母車，鹵簿數百人，自華林西門出居金墉城。尚書和郁、兼侍中散騎常侍琅邪王睿、中書侍郎陸機從，到城下而反。使張衡衛帝，實幽之也。倫從兵五千人，入自端門，登太極殿，滿奮、崔隨、樂廣進璽綬於倫，乃僭即帝位。　趙王倫傳

（成都王）穎方恣其欲，而憚長沙王乂在内，遂與河間王顒表請誅后父羊玄之、左將軍皇甫商等，檄乂使就第。乃與顒將張方伐京都。以平原内史陸機爲前鋒都督、前將軍、假節。穎次朝歌，每夜矛戟有光若火，其壘井中有龍象。進軍屯河南，阻清水爲壘，皆造浮橋以通河北，以大木函盛石，沉之以繫橋，名曰石鼈。陸機戰敗，死者甚衆，機又爲孟玖所譖，穎收機斬之，夷其三族。　成都王穎傳

（河間王）顒遂與穎同伐京都。……詔以（長沙王）乂爲大都督以距顒。連戰自八月至十月。朝議以乂、穎兄弟，可以辭説而釋，乃使中書令王衍行太尉，光禄勳石陋行司徒，使説穎，令與乂分陝而居，穎不從。乂因致書於穎曰：「……卿所遣陸機不樂受卿節鉞，將其所領，私通國家。想來逆者當前行一尺，却行一丈。卿宜還鎮，以寧四海。……」穎復書曰：「……前遣陸機董督節鉞，雖黄橋之退，而温南收勝。一彼一此，未足增慶也。……」長沙王乂傳　案：乂、穎互致

書信，乃陸機兵敗被殺之後，以其言及陸機，故録之。

（牽）秀任氣，好爲將帥。張昌作亂，長沙王乂遣秀討昌。秀出關，因奔成都王穎。穎伐乂，以秀爲冠軍將軍，與陸機、王粹等共爲河橋之役。機戰敗，秀證成其罪，又諂事黄門孟玖，故見親於穎。牽秀傳

秘書監賈謐參管朝政，京師人士無不傾心。石崇、歐陽建、陸機、陸雲之徒並以文才降節事謐，琨兄弟亦在其間，號曰「二十四友」。劉琨傳

顧榮，字彦先，吴國吴人也。……吴平，與陸機兄弟同入洛，時人號爲「三俊」。顧榮傳

紀瞻，字思遠，丹陽秣陵人也。……後舉秀才，尚書郎陸機策之曰：（略）少與陸機兄弟親善。及機被誅，瞻卹其家周至。及嫁機女，資送同於所生。紀瞻傳

賀循，字彦先，會稽山陰人也。……然無援於朝，久不進序。著作郎陸機上疏薦循曰：（略）賀循傳

案：三國志賀邵傳注引虞預晋書，云「顧榮、陸機、陸雲表薦循」。

戴若思，廣陵人也，名犯高祖廟諱。……性閑爽，少好遊俠，不拘操行。遇陸機赴洛……機察見之，知非常人……深加賞異，遂與定交焉。若思後舉孝廉，入洛，機薦之於趙王倫曰：（略）戴若思傳

孫惠字德施，吴國富陽人。……州辟不就，寓居蕭沛之間。永寧初，赴齊王冏義，討趙王

倫，以功封晉興縣侯，辟大司馬户曹掾，轉東曹屬。冏驕矜僭侈，天下失望，惠獻言於冏，諷以五難、四不可，勸令歸藩，辭甚切至。冏不納。惠懼罪，辭疾去。頃之，冏果敗。成都王穎薦惠爲大將軍參軍、領奮威將軍、白沙督。是時，穎將征長沙王乂，以陸機爲前鋒都督。惠與機同鄉里，憂其致禍，勸機讓都督於王粹。及機兄弟被戮，惠甚傷恨之。時惠又擅殺穎牙門將梁儁，懼罪，因改姓名以遁。孫惠傳

荀崧，字景猷，潁川臨潁人。……泰始中詔以崧代兄襲父爵，補濮陽王允文學。與王敦、顧榮、陸機等友善。趙王倫引爲相國參軍。荀崧傳

陸曄，字士光，吴郡吴人也。伯父喜，吴吏部尚書。……曄少有雅望，從兄機每稱之曰：「我家世不乏公矣。」陸曄傳

左思，字太沖，齊國臨淄人也。……復欲賦三都。……初，陸機入洛，欲爲此賦。聞思作之，撫掌而笑，與弟雲書曰：「此間有傖父，欲作三都賦。須其成，當以覆酒甕耳。」及思賦出，機絶嘆伏，以爲不能加也，遂輟筆焉。左思傳

（鄒捷）字太應，亦有文才。永康中，爲散騎侍郎。及趙王倫簒逆，捷與陸機等俱作禪文。倫誅，坐下廷尉，遇赦免。鄒湛傳

褚陶，字季雅，吴郡錢塘人也。……吴平，召補尚書郎。張華見之，謂陸機曰：「君兄弟龍躍雲津，顧彦先鳳鳴朝陽，謂東南之寶已盡，不意復見褚生。」機曰：「公但未睹不鳴不躍者耳。」

華曰：「故知延州之德不孤，川嶽之寶不匱矣。」褚陶傳

李延壽南史

義康素無術學，待文義者甚薄。袁淑嘗詣義康，義康問其年，答曰：「鄧仲華拜衮之歲。」義康曰：「身不識也。」淑又曰：「陸機入洛之年。」義康曰：「身不讀書，君無爲作才語見向。」其淺陋若此。劉義康傳

案：據後漢書鄧禹傳，禹拜爲大司徒，時年二十四。

干寶晋紀

秘書監賈謐請束皙爲著作佐郎，難陸機晋書限斷。北堂書鈔卷五十七著作佐郎

案：初學記卷十二引晋紀無「佐」字。

初，陸抗誅步闡百口皆盡，有識尤之。及機、雲見害，三族無遺。世説新語尤悔劉孝標注引

晋陽秋

機字士衡，吴郡人。祖遜，吴丞相；父抗，大司馬。機與弟雲並有俊才，司空張華見而説之

曰：「平吴之利，在獲二俊。」世説新語言語劉孝標注引

張悛，字士然，少以文章與陸機友善。文選陸機答張士然李善注引孫盛晋陽秋

晋起居注

成都王討長沙王，使陸機都督三十七萬衆，圍洛陽四匝。夜鼓噪，京師屋瓦皆裂。太平御覽卷七百六十七

三十國春秋

成都王穎禦長沙王乂於建春門，陸機敗，遁走，穎誅機及弟雲，夷三族。機吴人，而在寵族之上，人多惡之。成都王嬖人孟玖，素不快於雲，及機建門（案：應作建春門）之敗，機衆多喪，牽秀譖之於穎，言機持兩端，孟玖復構之於内。使牽秀斬機。初，機之專征，請孫承爲後軍司馬。至是，收承下獄，拷捶數百，兩踝骨見，終言機寃。吏知承義烈，謂承曰：「二陸之痛，誰不知枉？君何不愛身？」承仰天曰：「陸君兄弟，世之奇士，有顧於吾。吾危不能濟，死復相誣，非吾徒也。」乃夷三族。承門人費慈，自詣穎，明承之寃。承喻之曰：「吾唯不負二陸，死自吾分；卿何爲爾邪？」慈曰：「僕又安負君而求生乎？」固明承寃。玖又疾之，亦并見害。太平御覽卷

四百二十

案：太平御覽卷四百三十八載孫承義烈事，云出張鄢文士傳。張鄢，應作張騭。隋書經籍志史部雜傳類：「文士傳五十卷，張隱撰。」舊唐書經籍志、新唐書藝文志作「張騭」。姚振宗隋書經籍志考證云裴松之三國志注、鍾嶸詩品均稱張騭，應作「騭」是。張騭當是晋人。御覽「鄢」、隋志「隱」字，皆「騭」之形誤。

盧綝八王故事

陸機爲成都王所誅，顧左右而嘆曰：「今日欲聞華亭鶴唳，不可復得。」華亭，吴由拳縣郊外之野，機素遊之所。藝文類聚卷九十

案：「由」，原誤作「國」，據世説新語尤悔劉孝標注引改。

華亭，吴由拳縣郊外墅也，有清泉茂林。吴平後，陸機兄弟共遊於此十餘年。世説新語尤悔劉孝標注引

機雲别傳

晋太康末，俱入洛，造司空張華，華一見而奇之，曰：「伐吴之役，利在獲二俊。」遂爲之延

譽，薦之諸公。太傅楊駿辟機爲祭酒，轉太子洗馬、尚書、著作郎。雲爲吴王郎中令，出宰浚儀，甚有惠政，吏民懷之，生爲立祠。後並歷顯位。機天才綺練，文藻之美，獨冠於時。雲亦善屬文，清新不及機，而口辯持論過之。于時朝廷多故，機、雲并自結於成都王穎。穎用機爲平原相，雲清河内史。尋轉雲右司馬，甚見委仗。無幾而與長沙王搆隙，遂舉兵攻洛。以機行後將軍，督王粹、牽秀等諸軍二十萬。士龍著南征賦以美其事。機吴人，羈旅單宦，頓居羣士之右，多不厭服。機屢戰失利，死散過半。初，宦人孟玖，穎所嬖幸，乘寵豫權。雲數言其短，穎不能納，玖又從而毁之。是役也，玖弟超亦領衆配機，不奉軍令，機繩之以法。超宣言曰陸機將反，及牽秀等譖機於穎，以爲持兩端，玖又搆之於内，穎信之，遣收機，并收雲及弟耽，並伏法。機兄弟既江南之秀，亦著名諸夏，並以無罪夷滅，天下痛惜之。機文章爲世所重，雲所著亦傳於世。初，抗之克步闡也，誅及嬰孩，識道者尤之曰：「後世必受其殃。」及機之誅，三族無遺。孫惠與朱誕書曰：「馬援擇君，凡人所聞，不意三陸相携暴朝，殺身傷名，可爲悼嘆！」三國志吴書陸抗傳注引

陸機别傳

博學善屬文，非禮不動。入晋，仕著作郎，至平原内史。世説新語言語劉孝標注引

成都王長史盧志與機弟雲趣舍不同，又黄門孟玖求爲邯鄲令於穎，穎教付雲。雲時爲左司馬，曰：「刑餘之人不可以君民。」玖聞此，怨雲，與志讒構日至。及機於七里澗大敗，玖誣機謀反所致。穎乃使牽秀斬機。先是，夕夢黑幔繞車，手決不開，惡之。明旦，秀兵奄至，機解戎服，著衣帢，見秀，容貌自若。遂見害，時年四十三。軍士莫不流涕。是日，天地霧合，大風折木，平地尺雪。世説新語尤悔劉孝標注引

孟玖欺成都王穎曰：「陸機司馬孫承備知機情，可考驗也。」穎於是收承父子五人，考掠備加，踝骨皆脱出，終不誣機。太平御覽卷三百七十二

孫惠别傳

成都王穎召爲大將軍參事，是時穎將有事於長沙，以陸機爲前鋒都督。惠與機鄉里親厚，憂其致禍，謂之曰：「子盍讓都督於王粹乎？」機曰：「將謂吾避賊首鼠，更速其害。」機尋被戮，二弟雲、耽亦見殺，惠甚傷恨之。三國志吴書孫鄰傳注引

會稽典録

（宜都太守虞忠），字世方，翻第五子。貞固幹事，好識人物。造吴郡陸機於童亂之年，稱上

虞魏遷於無名之初，終皆遠致，爲著聞之士。……晋征吴，忠與夷道監陸晏、晏弟中夏督景，堅守不下，城潰被害。三國志吴書虞翻傳注引

文士傳

（孫）丞好學，有文章，作螢火賦行於世。爲黄門侍郎，與顧榮俱爲侍臣。歸命世内侍多得罪尤，惟榮、丞獨獲全。常使二人記事，承答顧問，乃下詔曰：「自今已後，用侍郎皆當如今宗室丞、顧榮疇也。」吴平赴洛，爲范陽涿令，甚有稱績。永安中，陸機爲成都王大都督，請丞爲司馬，與機俱被害。三國志吴書孫桓傳注引

機善屬文，司空張華見其文章，篇篇稱善，猶譏其作文太冶。謂曰：「人之作文，患於不才；至子爲文，乃患太多也。」世説新語文學劉孝標注引文章傳，王利器、楊勇校勘并云當作文士傳，今從其説。

雲性弘静，怡怡然爲士友所宗。機清厲有風格，爲鄉黨所憚。世説新語賞譽劉孝標注引

褚氏家傳

司空張華與（褚）陶書曰：「二陸龍躍於江漢，彦先鳳鳴於朝陽。自此以來，常恐南金已盡，

而復得之於吾子。故知延州之德不孤，淵岱之寶不匱。」世説新語賞譽劉孝標注引

李吉甫元和郡縣志

華亭縣，天寶十年吴郡太守趙居貞奏割崑山、嘉興、海鹽三縣置。華亭谷，在縣西三十五里，陸遜、陸抗宅在其側。遜封華亭侯。陸機云「華亭鶴唳」，此地是也。卷二十五蘇州華亭縣

樂史太平寰宇記

吴地志云：「宅在長谷，谷在吴縣東北二百里。谷周迴二百餘里，谷名華亭，陸機嘆鶴唳處。谷水下通松江。昔陸遜、陸凱居此谷。吴志云漢廬江太守陸康與袁術有隙，使侄遜與其子績率宗族避難於是谷。谷東二十里有崑山，父祖墓焉。故陸機思鄉詩曰：『彷彿谷水陽，婉孌崑山陰。』」崑山有吴相江陵昭侯陸遜墓。卷九十五秀州華亭縣「二陸宅」引

案：樂史所引吴地志，疑即下條陸道瞻所著吴地記，太平御覽稱作吴郡記。云「谷在吴縣東北二百里」，比照下條，疑「吴縣」乃「海鹽縣」之誤。

陸道瞻吴地記

海鹽縣東北二百里有長谷，昔陸遜、陸凱居此。谷東二十里有崑山，父祖葬焉。文選陸機贈

從兄車騎李善注引

案：據鄭樵通志藝文略，陸道瞻爲南齊人。

顧野王輿地志

吴大帝以漢建安中封陸遜爲華亭侯，即以其所居爲封。谷出佳魚蓴菜，又多白鶴清唳，故陸機嘆曰：「華亭鶴唳，不可復聞。」太平寰宇記卷九十五秀州華亭縣「華亭谷」引

陸廣微吴地記

華亭縣，在郡東一百六十里。地名雲間，水名谷水。天寶五年置。蓋晉元假陸遜宅造池亭華麗，故名。有陸遜、陸機、陸瑁三墳，在東南二十五里横山中。有鶴鳴、鶴唳、玄鶴。

案：陸廣微，唐末人。四庫提要稱其書多舛謬，殆原書散佚，後人采綴成編，又竄入他説。此條池亭華麗，故名華亭云云，顯係臆説。華亭一名，始見三國志吴書陸遜傳，遜以破關羽功封華亭侯，時建安二十四年也。亭者，鄉以下行政建制之名。楊潛雲間志封域云：「至於縣之得名，通典、寰宇記云地有華亭谷，因以爲名。按陸遜傳，遜初封華亭侯，進封婁侯，次江陵侯。漢法：十里一亭，十亭一鄉，萬户以上或不滿萬户爲縣。凡封侯，視功大小。初亭侯，次鄉、縣、郡侯。以遜所封次第考之，則華亭，漢故亭留宿會

之所也。（原注：漢亭二萬九千六百六十五，吴所封亭侯，如西亭、烈亭、東遷亭、新城亭之類。）」楊説是。

朱長文吴郡圖經續記

崑山在本縣西北，或曰在華亭，蓋割崑山之境以縣華亭故也。晉陸機與其弟雲生於華亭，以文爲世所貴，時人比之崑岡出玉，故此山得名。卷中山

案：機、雲之見稱二俊，在入洛後。吴亡之前，當不可能以機、雲而名山也。朱氏所云，後世流傳頗廣，蓋亦附會之談耳。乾隆丙午刊婁縣志卷四山川云：「然機詩有曰：『婉孌崑山陰。』潘尼贈機詩亦云：『崑山何有，有瑶有珉。』知非士衡兄弟始受名也。」

楊潛雲間志

（華亭）縣之東，地名鶴窠，舊傳産鶴。故陸平原有「華亭鶴唳」之嘆，瘞鶴銘謂壬辰歲得於華亭，劉禹錫鶴嘆詩序亦云「白樂天罷吴郡，挈雙鶴雛以歸，翔舞調態，一符相書。信華亭之尤物也」。卷上物産

舊圖經云：「吴王獵場在華亭谷東，吴陸遜生此，子孫嘗所遊獵。後人呼爲陸茸，其地後爲桑陸。」按陸龜蒙吴中書事詩云：「五茸春草雉媒嬌。」注謂「五茸者，吴王獵所，茸各有名。」今所

謂陸機葺，豈其一耶？卷上古迹

酈道元水經注

（穀水）又自樂里道屈而東，出陽渠。昔陸機爲成都王穎入洛，敗北而返。水南即馬市也。舊洛陽有三市，斯其一也，即嵇叔夜爲司馬昭所害處也。北則白社故里也，昔孫子荆會董威輦于白社，謂此矣。卷十六穀水「又東過河南縣北東南入于洛」注

其水（穀水）又東，左合七里澗。晉後略曰：「成都王穎使吴人陸機爲前鋒都督，伐京師，輕進，爲洛軍所乘，大敗于鹿苑，人相登躡，死于塹中及七里澗，澗爲之滿。」即是澗也。澗有石梁，即旅人橋也。卷十六穀水「又東過河南縣北東南入于洛」注

陽渠水又東，徑亳殷南，昔盤庚所遷，改商曰殷，自此始也。班固曰：「尸鄉，故殷湯所都者也，故亦曰湯亭。」薛瓚漢書注、皇甫謐帝王世紀并以爲非，以爲帝嚳都矣。晉太康記、地道記并言田横死于是亭，故改曰尸鄉。非也。余按司馬彪郡國志，以爲春秋之尸氏也。其澤野負原，夾郭多墳隴焉，即陸士衡會王輔嗣處也。袁氏王陸詩叙：「機初入洛，次河南之偃師。時忽結陰，望道左若民居者，因往逗宿。見一少年，姿神端遠。與機言玄，機服其能，而無以酬折，前致一辯，機題緯古今，綜檢名實，此少年不甚欣解。將曉去，税駕逆旅。嫗曰：『君何宿而來？自

東數十里無村落，止有山陽王家墓。』機乃怪悵，還睇昨路，空野昏霾，雲攢蔽日。知所遇者，審王弼也。」卷十六穀水「又東過河南縣北東南入于洛」注

裴啓語林

陸士衡在洛，夏月忽思竹篠飲，語劉寶云：「吾鄉曲之思轉深。今來東歸，恐無復相見理，言此已復之生感。」太平御覽卷八百六十一

案：太平御覽卷二十一、事類賦注卷四引語林「竹篠飲」上有「東頭」二字，「劉寶」作「劉寶」，又無「今來東歸」云云。

士衡在座，安仁來，陸便起去。潘曰：「清風至，塵飛揚。」陸應聲答曰：「衆鳥集，鳳凰翔。」晁載之續談助卷四

機爲河北都督，聞警角之聲，謂孫丞曰：「聞此，不如華亭鶴唳。」故臨刑而有此嘆。世說新語尤悔劉孝標注引

陸士衡爲河北都督，已被間構，内懷憂懣，聞衆軍警角，謂其司馬孫掾曰：「我今聞此，不如華亭鶴鳴也。」北堂書鈔卷一百二十一

案：太平御覽卷三百三十八引語林作司馬孫極，卷四百六十九引語林作司馬孫拯。作「丞」、「拯」、

「承」者皆是，作「極」者誤。參本集卷二應嘉賦注一、注二。

劉敬叔異苑

陸機嘗餉張華鮓，於時賓客滿座，華發器，便曰：「此龍肉也。」衆未之信，華曰：「試以苦酒濯之，必有異。」既而五色光起。機還，問鮓主，果云園中茅積下得一魚，質狀非常，乃以作鮓，過美，故以相獻。卷三

晉清河（案：應作「平原」）陸機初入洛，次河南之偃師。時久結陰，望道左，若有民居，因往投宿。見一年少，神姿端遠，置易投壺。與機言論，妙得玄微。機心服其能，無以酧抗，乃提緯古今，總驗名實，此年少不甚欣解。既曉，便去，税驂逆旅，問逆旅嫗。嫗曰：此東數十里無村落，止有山陽王家冢爾。機乃怪悵，還睇昨路，空野霾雲，拱木蔽日，方知昨所遇者，信王弼也。一説陸雲獨行，逗宿故人家，夜暗迷路，莫知所從，忽望草中有火光，雲時飢乏，因而詣前，至一家墻院甚整，便寄宿。見一年少，可二十餘，丰姿甚嘉。論叙平生，不異於人。尋共説老子，極有辭致。雲出臨別，語云：「我是山陽王輔嗣。」雲出門，迴望向處，止是一冢。雲始謂俄頃，已經三日，乃大怪悵。卷六

劉義慶世說新語

陸機詣王武子，武子前置數斛羊酪，指以示陸曰：「卿江東何以敵此？」陸云：「有千里蓴羹，但未下鹽豉耳。」言語

案：太平御覽卷八百五十八、八百六十一載此事，云出郭子。隋書經籍志子部小説家類：「郭子三卷，東晉中郎郭澄之撰。」

盧志於衆坐問陸士衡：「陸遜、陸抗是君何物？」答曰：「如卿於盧毓、盧珽。」士龍失色。既出户，謂兄曰：「何至如此？彼容不相知也。」士衡正色曰：「我父祖名播海内，寧有不知？鬼子敢爾！」議者疑二陸優劣，謝公以此定之。方正

案：太平御覽卷三百八十八載此事，云出郭子。

張華見褚陶，語陸平原曰：「君兄弟龍躍雲津，顧彦先鳳鳴朝陽，謂東南之寶已盡，不意復見褚生。」陸曰：「公未覩不鳴不躍者耳。」賞譽

有問秀才：「吴舊姓何如？」答曰：「吴府君聖王之老成，明時之俊乂。朱永長理物之至德，清選之高望。嚴仲弼九皋之鳴鶴，空谷之白駒。顧彦先八音之琴瑟，五色之龍章。張威伯歲寒之茂松，幽夜之逸光。陸士衡、士龍鴻鵠之裵回，懸鼓之待槌。凡此諸君，以洪筆爲鉏耒，

以紙札爲良田，以玄默爲稼穡，以義理爲豐年，以談論爲英華，以忠恕爲珍寶。著文章爲錦繡，蘊五經爲繒帛，坐謙虛爲席薦，張義讓爲帷幙，行仁義爲室宇，修道德爲廣宅。」賞譽

蔡司徒在洛，見陸機兄弟住參佐廨中，三間瓦屋，士龍住東頭，士衡住西頭。士龍爲人文弱可愛，士衡長七尺餘，聲作鐘聲，言多慷慨。賞譽

周處年少時，兇强俠氣，爲鄉里所患。又義興水中有蛟，山中有邅迹虎，並皆暴犯百姓，義興人謂爲「三横」，而處尤劇。或説處殺虎斬蛟，實冀三横惟餘其一。處即刺殺虎，又入水擊蛟。蛟或浮或没，行數十里，處與之俱。經三日三夜，鄉里皆謂已死，更相慶。竟殺蛟而出，聞里人相慶，始知爲人情所患，有自改意。乃入吴尋二陸。平原不在，正見清河，具以情告，并云：「欲自修改，而年已蹉跎，終無所成。」清河曰：「古人貴朝聞夕死，況君前途尚可。且人患志之不立，亦何憂令名不彰邪？」處遂改勵，終爲忠臣孝子。自新

戴淵少時，遊俠不治行檢，嘗在江淮間攻掠商旅。陸機赴假還洛，輜重甚盛。淵使少年掠劫，淵在岸上，據胡牀，指麾左右，皆得其宜。淵既神姿峰穎，雖處鄙事，神氣猶異。機於船屋上遥謂之曰：「卿才如此，亦復作劫邪？」淵便泣涕，投劍歸機，辭厲非常。機彌重之，定交，作箋薦焉。過江，仕至征西將軍。自新

陸士衡初入洛，咨張公所宜詣，劉道真是其一。陸既往，劉尚在哀制中。性嗜酒，禮畢，初無他言，惟問：「東吴有長柄壺盧，卿得種來不？」陸兄弟殊失望，乃悔往。簡傲

案：太平御覽卷三百八十九載此事，云出郭子。陸平原河橋敗，爲盧志所讒被誅，臨刑嘆曰：「欲聞華亭鶴唳，可復得乎！」尤悔

陸機入洛，欲爲三都賦，聞左司（案：當作左思）作之，撫掌而笑，與弟雲書曰：「此間有傖父，欲作三都賦。須其成，當以覆醬瓮耳。」太平御覽卷八百六十五引世説，不見於今本世説新語，録存備考。

述異記

陸機少時頗好獵，在吴，豪客獻快犬，名曰黄耳。機後仕洛，常將自隨。此犬黠慧，能解人語。又嘗借人三百里外，犬識路自還，一日至家。機羈旅京師，久無家問，因戲語犬曰：「我家絶無書信，汝能賫書馳取消息不？」犬喜，摇尾作聲應之。機試爲書，盛以竹筒，繫之犬頸。犬出驛路，走向吴，飢則入草噬肉取飽。每經大水，輒依渡者，弭毛掉尾向之。其人憐愛，因呼上船。裁近岸，犬即騰上速去。先到機家，口銜筒作聲示之。機家開筒取書，看畢，犬又伺人作聲，如有所求。其家作答書，内筒，復繫犬頸。犬既得答，仍馳還洛。計人行程五旬，犬往還裁半月。後犬死，殯之，遣送還葬機村，去機家二百步，聚土爲墳。村人呼爲黄耳冢。藝文類聚卷九十四

韋絢劉賓客嘉話録序

（韋）絢少陸機入洛之三歲，多重耳在外之二年，自襄陽負笈，至江陵，拏葉舟，升巫峽，抵白帝城，投謁故贈兵部尚書賓客中山劉公二十八丈。

案：唐蘭劉賓客嘉話録的校輯與辨僞云：「據序稱『絢少陸機入洛之三歲，多重耳在外之二年』，蓋二十一歲也。」左傳僖公二十八年：「晋侯在外十九年矣，而果得晋國。」史記晋世家：「重耳出亡凡十九歲而得入。」故唐氏云二十一歲。

陸龜蒙詩注

遠祖士衡對晋武帝以「三泖冬温夏凉」。甫里集卷九和吴中書事寄漢南裴尚書「三泖凉波魚蒓動」自注

序跋題識

晉二俊文集叙

奉議郎知嘉興府華亭縣事徐民瞻

民瞻幼閱晉陸機士衡傳：太康末，士衡與弟雲士龍俱入洛，造太常張華。華素重其名，一見如舊識，曰：「伐吴之役，利獲二俊。」嘗伸卷反覆，求二俊所以名於世者，張華所以稱道而有得士之喜者觀之，蓋其兄弟以文章齊驅並駕於兵戈擾攘之間，聲聞閎肆，人無能出其右者，時號二陸，華聞服之久，一旦驟得之，宜其欣慰而稱道之也。吁！二俊殁，寥寥且千載，其人不可得而見矣，其文章所謂如朗月之垂空、重岩之積秀者，固自若也，耳目可無所見聞乎？其載於文選諸書中者亦多，即而熟讀之，其詞深而雅，其意博而顯，遠超枚馬，高躡王劉，百代之文宗也。每以未見其全集爲恨。聞之鄉老曰：「士衡有集十卷，以文賦爲首；士龍集十卷，以逸民賦爲首。」雖知之，求之未遂。偶因乏使承雲間民社之寄。二俊，雲間人也。拜命之日，良慰于中，謂平素願見而不可得者，遂於此行矣。到官之初，首見遺像於吏舍之旁，塵埃漫污，曖昧殊甚，大非所以揭虔妥靈之本意。即日闢縣學之東偏，建祠宇，奉以遷焉。邦人觀瞻，無不歡喜稱嘆。

因訪其遺文於鄉曲，得士衡集十卷于新淮西撫幹林君，其首篇冠以文賦；士龍集十卷則無之。明年，移書故人秘書郎鍾君，得之於册府，首篇逸民賦，悉如所聞。亟繕寫，命工鋟之木以行，目曰「晋二俊文集」。二俊之文，自晋歷隋唐，更五代，迄于我宋又二百四十餘年，湮没不彰，今焉恍如揭日月于雲霧之上，震雷霆于久息之中，焜耀雲間。雲間學士大夫宗之仰之，有餘師矣。二俊之名不朽矣，民瞻之欲遂矣。又明年，書成，謹述于篇首。慶元庚申仲春既望信安徐民瞻述。

案：此據陸元大本移録。影宋鈔本士龍集「十卷」作「六卷」，當是誤字。

陸元大重刻本都穆跋

士衡集十卷，宋慶元中嘗刻華亭縣齋，歲久，其書不傳。予家舊有藏本，吴士陸元大爲重刻之。士衡與其弟士龍并以文章名世，人稱「二俊」。張司空華嘗謂之曰：「人患才少，子患其多。」葛稚川亦稱其文「猶玄圃之積玉，五河之吐流」。及觀之史，則云「遠超枚馬，高躡王劉。百代文宗，一人而已。」其贊士衡，抑又至矣。士衡之文，嘗載蕭氏文選，然特十之一二。是集復行，使學者得盡窺古人述作而效法之，此誠斯文之幸，而亦豈非學者之幸哉！正德己卯夏六月太僕少卿郡人都穆記。

陸敕先校二俊文集跋

凡宋板書，未嘗無脱誤處，然往往正得十之七八。有謂宋刊一字無訛者，可爲一粲也。敕先校畢二俊集偶書。

又跋

丁未立春，從何子道林乞得此本。黼季出示宋刊，既與黼季校一本，又校得此本。凡皆校過兩次。宋本訛字亦俱勘入，其餘當亦無遺。惜宋本殘缺，不能無恨耳。貽典再識。

又跋

丁未二月十日辰刻寒雨中毛黼斧宋刻本再校訖。常熟敕先陸貽典識。

案：以上三跋俱見皕宋樓藏書志卷六十七陸士龍文集十卷陸敕先校宋本題識後

趙懷玉校影宋鈔本晉二俊文集跋

二俊文集計二十卷，知不足齋所臧影宋鈔本也，頃從主人借閲，因爲𢳆校一過。其誤處往往與它本相同，蓋南宋刊本不能無舛，翻雕者不加覆勘，率以宋本爲據，遂不免襲訛滋惑爾。是編如以「二俊」命名之雅，及後幅所具諸條，猶可想見當時承印官書之式，俱俗本所無，宜主人之十襲也。乾隆丙午中元日懷玉記。

嚴元照影宋鈔本晉二俊文集跋

晉二俊文集二十卷，鮑丈以文藏本。余借讀匝月，訛脱頗多，雖宋本，殊未盡善。武進趙味辛舍人曾爲校勘，亦未能精細。重陽後盧抱經先生過余芳椒堂，借去重校，凡補正處悉用條紙夾出。余因爲度録于行間，稍便觀覽。嗚呼！校書之難，誠有如昔人掃葉扑塵之喻，即此書雖經屢校，豈能必無訛脱，然以視原本，則過之遠矣。乾隆五十有九年甲寅十有一月初八日芳椒堂主人嚴元照書。

翁同書影宋鈔本晉二俊文集跋

影宋抄晉二俊文集二十卷，舊藏鮑氏知不足齋，曾經趙味辛舍人、盧抱經學士暨芳椒堂主人嚴久能校勘。按四庫止收士龍集而無士衡集，且云未見徐民瞻刻本，是宋刻久成廣陵散矣。此本遇宋諱皆闕筆，的係從原本影寫，而訛脱極多，未爲善本。士龍集中「行矣怨路長」一詩及芙蓉嘯二題，悉如四庫提要所譏，與俗本曾無少異。又民瞻序稱雲集六卷，而此刻實分十卷，抑又何也？予經梁園之變，行篋中宋元佳槧蕩焉泯焉，鈴下騎卒陳錦以公事過邗上，物色得此，歸以奉予，亦足稱秘笈矣。咸豐九年二月廿二日翁同書跋於定遠軍中。

阮元陸士衡文集十卷提要

晉陸機撰。案隋書經籍志載機集十四卷，又云梁四十七卷，録一卷，亡。唐書藝文志云十五卷，較隋志反贏一卷，殆傳寫之誤。郡齋讀書志、書録解題、文獻通考、宋史藝文志皆云十卷，則即此本也。宋慶元庚申奉議郎知華亭縣事信安徐民瞻曾合刻二陸文集，取張華之語，目之曰晉二俊文集。此即影鈔民瞻之本，與七閣所收陸士龍集相合。計賦二十五篇，爲四卷；詩五十八篇，爲二卷；樂府十首、百年歌十首，爲一卷；演連珠一首、七徵一首，爲一卷；頌、箴、贊、箋、表、文、誄、哀辭共十五篇，爲一卷；議、論、碑五首，爲一卷。共一百七十四首。案晁公武云：「機所著文章凡三百餘篇，今存詩、賦、論、議、箋、表、碑、誄一百七十餘首。」篇數正同，則民瞻所刻即公武之本也。公武又云：「以晉書、文選較正外，餘多舛誤。」今案卷末周處碑中有「韓信背水之軍」一段，乃以他文雜廁，文義不相屬。公武所指，殆謂此類。其它文句訛脱，未容枚數。然北宋時已如此，而機集之傳於今者，亦莫古於此本矣。揅經室外案：此本收入宛委別藏。阮氏云：「此即影鈔民瞻之本。」一似直接影鈔宋本者，其實乃以經盧文弨等校改之鮑廷博藏影宋鈔本爲底本再度影鈔。盧校影宋鈔本今在中國國家圖書館，與宛委別藏本對勘可知。參整理者論陸士衡文集之宛委別藏本。

錢培名小萬卷樓叢書本跋

陸士衡集十卷，宋徐民瞻合刊二俊集本。四庫全書未著録，阮文達公撫浙時進呈之。案士衡集，隋書經籍志十四卷，唐書藝文志云十五卷，而郡齋讀書志僅十卷，直齋書録解題亦同，則宋世已無完本矣。晁公武云：「機所著文章凡三百餘篇，今存詩、賦、論、議、箋、表、碑、誄一百七十餘首，以晉書、文選較正外，餘多舛誤。」今此本詩文共一百七十四首，蓋即晁氏所見之本。徐民瞻序云：「聞之鄉老曰：『士衡有集十卷，以文賦爲首。』」又自述其搜訪之難，而云得之於新淮西撫幹林君，其首篇冠以文賦，若有所甚幸者。序作於慶元庚申，晁氏序讀書志在紹興二十一年，相距幾何，而當時已不恒經見如此。毋怪閲今又六百餘年，其流傳益鮮也。集中殘篇斷簡，雜出不倫，大要出藝文類聚、初學記諸書，而不無挂漏，疑亦北宋人捃摭而成。徐刊本已不可得，此本乃明正德間陸元大重刻，後有都穆跋。昭文張氏愛日精廬藏書志遂以爲都刻，非也。書估居奇，去其跋以爲宋槧。文達所得影抄本，疑即據此。新安汪士賢輯晋二十家集，亦從此翻刻，舛誤悉同。今重校繡梓，凡確見爲寫刻之誤者，徑改之；其義可兩通及他書所引有異同者，著之札記。咸豐二年十月金山錢培名識。

引用及參考書目

經部

周易正義　中華書局影印阮元校刻十三經注疏本
周易略例　王弼著，四部叢刊影宋本周易附
周易集解纂疏　李鼎祚集解，李道平纂疏，潘雨廷點校，中華書局
周易稗疏　王夫之撰，臺灣商務印書館影印文淵閣四庫全書本
周易乾鑿度　臺灣商務印書館影印文淵閣四庫全書本
尚書正義　舊題孔安國傳，孔穎達疏，中華書局影印阮元校刻十三經注疏本
尚書今古文注疏　孫星衍撰，中華書局清人十三經注疏本
禹貢錐指　胡渭撰，臺灣商務印書館影印文淵閣四庫全書本
毛詩正義　毛亨傳，鄭玄箋，孔穎達疏，中華書局影印阮元校刻十三經注疏本
毛詩草木鳥獸蟲魚疏　陸機撰，叢書集成初編影印古經解彙函本
詩經稗疏　王夫之撰，臺灣商務印書館影印文淵閣四庫全書本

毛詩傳箋通釋　馬瑞辰撰，四部備要本
詩毛氏傳疏　陳奂撰，商務印書館國學基本叢書本
韓詩遺説考　陳壽祺撰，陳喬樅叙録，續修四庫全書影印左海續集本
詩三家義集疏　王先謙撰，吴格校點，中華書局清人十三經注疏本
韓詩外傳箋疏　屈守元箋疏，巴蜀書社
周禮注疏　鄭玄注，賈公彦疏，中華書局影印阮元校刻十三經注疏本
周禮正義　孫詒讓撰，商務印書館國學基本叢書本
儀禮注疏　鄭玄注，賈公彦疏，中華書局影印阮元校刻十三經注疏本
儀禮正義　胡培翬撰，商務印書館國學基本叢書本
禮記正義　鄭玄注，孔穎達疏，中華書局影印阮元校刻十三經注疏本
大戴禮記解詁　王聘珍撰，中華書局清人十三經注疏本
春秋左傳正義　舊題左丘明撰，杜預注，孔穎達疏，中華書局影印阮元校刻十三經注疏本
春秋左氏傳舊注疏證，劉文淇疏證，續修四庫全書影印上海圖書館藏鈔本
春秋左傳注（修訂本）　楊伯峻編著，中華書局
春秋公羊傳注疏　舊題公羊高撰，何休注，徐彦疏，中華書局影印阮元校刻十三經注疏本
春秋穀梁傳注疏　舊題穀梁赤撰，范甯注，楊士勛疏，中華書局影印阮元校刻十三經注

疏本

春秋繁露義證　蘇輿撰，中華書局

孝經注疏　唐玄宗注，邢昺疏，中華書局影印阮元校刻十三經注疏本

經典釋文　陸德明撰，四部叢刊影印通志堂本

論語注疏　何晏集解，邢昺疏，中華書局影印阮元校刻十三經注疏本

論語集解義疏　何晏集解，皇侃疏，臺灣商務印書館影印文淵閣四庫全書本

孟子注疏　趙岐注，舊題孫奭疏，中華書局影印阮元校刻十三經注疏本

孟子正義　焦循撰，中華書局清人十三經注疏本

四書釋地　閻若璩撰，臺灣商務印書館影印文淵閣四庫全書本

經義述聞　王引之撰，江蘇古籍出版社影印道光刻本

羣經平議　俞樾撰，續修四庫全書影印光緒刻春在堂全書本

香草校書　于鬯撰，中華書局排印本

爾雅注疏　郭璞注，邢昺疏，中華書局影印阮元校刻十三經注疏本

爾雅義疏　郝懿行撰，上海古籍出版社影印郝氏家刻本

方言箋疏　錢繹撰集，上海古籍出版社影印紅蝠山房本

釋名疏證補　王先謙撰集，商務印書館國學基本叢書本

小爾雅今注　楊琳撰，漢語大詞典出版社
廣雅疏證　王念孫撰，中華書局影印王氏家刻本
匡謬正俗平議　劉曉東撰，山東大學出版社
爾雅翼　羅願撰，臺灣商務印書館影印文淵閣四庫全書本
字詁　黄生撰，臺灣商務印書館影印文淵閣四庫全書本
急就章　史游撰，顏師古注，臺灣商務印書館影印文淵閣四庫全書本
説文解字繫傳　徐鍇撰，四部叢刊本
説文解字注　段玉裁撰，上海古籍出版社影印經韻樓刻本
説文解字義證　桂馥撰，齊魯書社影印連筠簃刻本
説文釋例　王筠撰，中華書局影印道光刻本
説文通訓定聲　朱駿聲撰，中華書局影印臨嘯閣刻本
一切經音義三種校本合刊　徐時儀校注，上海古籍出版社
助字辨略　劉淇撰，續修四庫全書影印康熙刻本
經傳釋詞　王引之撰，江蘇古籍出版社影印王氏家刻本
經詞衍釋　吴昌瑩撰，中華書局

史部

史記　司馬遷撰，裴駰集解，司馬貞索隱，張守節正義，中華書局
漢書　班固撰，顔師古注，中華書局
漢書補注　王先謙撰，中華書局影印虚受堂刊本
漢書窺管　楊樹達撰，上海古籍出版社
後漢書　范曄撰，李賢注（含續漢書八志，司馬彪撰，劉昭注），中華書局
後漢書集解　王先謙撰，中華書局影印虚受堂刊本
三國志　陳壽撰，裴松之注，中華書局
三國志集解　盧弼撰，中華書局影印古籍出版社排印本
晋書　房玄齡等撰，中華書局
晋書斠注　吴士鑑、劉承幹撰，中華書局影印嘉業堂刊本
晋書校勘記　勞格撰，在讀書雜識内，續修四庫全書影印光緒刻本
宋書　沈約撰，中華書局
南齊書　蕭子顯撰，中華書局
梁書　姚思廉撰，中華書局

魏書　魏收撰，中華書局
北齊書　李百藥撰，中華書局
隋書　魏徵、令狐德棻等撰，中華書局
新唐書　歐陽修、宋祁撰，中華書局
兩漢紀（荀悅撰漢紀、袁宏撰後漢紀）　中華書局
資治通鑑　司馬光撰，胡三省注，中華書局
逸周書　叢書集成初編影印抱經堂叢書本
建康實録　許嵩撰，中華書局
國語　韋昭注，上海古籍出版社
戰國策　高誘注，上海古籍出版社
晏子春秋集釋　吴則虞撰，中華書局
古列女傳　劉向撰，四部叢刊影印明刊本
吴越春秋　趙曄撰　周生春輯校匯考，上海古籍出版社
越絶書　袁康、吴平輯録，樂祖謀點校，上海古籍出版社
鄴中記　陸翽撰，臺灣商務印書館影印文淵閣四庫全書本
三輔黄圖校注　何清谷撰，中華書局

元和郡縣圖志　李吉甫撰，中華書局
太平寰宇記　樂史撰，中華書局
清一統志　臺灣商務印書館影印文淵閣四庫全書本
吴郡志　范成大撰，臺灣商務印書館影印文淵閣四庫全書本
會稽志　施宿撰，臺灣商務印書館影印文淵閣四庫全書本
景定建康志　周應合撰，臺灣商務印書館影印文淵閣四庫全書本
咸淳重修毗陵志　史能之撰，續修四庫全書影印明刻本
永樂大典本河南志　徐松輯，中華書局
水經注疏　酈道元注，楊守敬、熊會貞疏，江蘇古籍出版社
洛陽伽藍記校注　范祥雍校注，上海古籍出版社
唐六典　李林甫等撰，陳仲夫點校，中華書局
歷代職官表　永瑢等撰，叢書集成初編排印史學叢書本
通典　杜佑撰，中華書局
通志二十略　鄭樵撰，中華書局
集古録　歐陽修撰，臺灣商務印書館影印文淵閣四庫全書本
隸釋　洪适撰，臺灣商務印書館影印文淵閣四庫全書本

寶刻類編　臺灣商務印書館影印文淵閣四庫全書本
金薤琳琅　都穆撰，臺灣商務印書館影印文淵閣四庫全書本
石墨鐫華　趙崡撰，臺灣商務印書館影印文淵閣四庫全書本
金石文字記　顧炎武撰，臺灣商務印書館影印文淵閣四庫全書本
古墨齋金石跋存　趙紹祖撰，嘉慶刊續涇川叢書本
魏石經考　王國維著，載觀堂集林，中華書局
史通通釋　劉知幾撰，浦起龍釋，王煦華校點，上海古籍出版社
通鑑答問　王應麟撰，臺灣商務印書館影印文淵閣四庫全書本
廿二史攷異　錢大昕撰，叢書集成初編據史學叢書本排印
十七史商榷　王鳴盛撰，上海書店出版社
隋書經籍志考證　章宗源撰，二十五史補編本，中華書局

子部

荀子集解　荀況撰，王先謙集解，中華書局
新語校注　陸賈撰，王利器校注，中華書局
新書校注　賈誼撰，閻振益、鍾夏校注，中華書局

鹽鐵論校注　桓寬撰，王利器校注，中華書局

新序校釋　劉向撰，石光瑛校釋，陳新整理，中華書局

説苑校證　劉向撰，向宗魯校證，中華書局

法言義疏　揚雄撰，汪榮寶疏，中華書局

潛夫論箋校正　王符撰，汪繼培箋，彭鐸校正，中華書局

申鑒　荀悦撰，四部叢刊影印明刻本

孔子家語　王肅注，四部叢刊影印明翻宋本

傅子　傅玄撰，臺灣商務印書館影印文淵閣四庫全書本

孫子集注　孫武撰，曹操等注，四部叢刊影印明刻本

管子校注　舊題管仲撰，黎翔鳳校注，中華書局

商君書錐指　舊題商鞅撰，蔣禮鴻注，中華書局

韓非子集解　韓非撰，王先慎集解，中華書局

黄帝内經素問　王冰注，上海古籍出版社影印二十二子本

重修政和經史證類本草　唐慎微撰，四部叢刊影印元初刻本

本草綱目　李時珍撰，臺灣商務印書館影印文淵閣四庫全書本

周髀算經　臺灣商務印書館影印文淵閣四庫全書本

太玄集注　揚雄撰，司馬光集注，劉韶軍點校，中華書局
唐開元占經　瞿曇悉達撰，臺灣商務印書館影印文淵閣四庫全書本
易林　舊題焦延壽撰，臺灣商務印書館影印文淵閣四庫全書本
清河書畫舫　張丑撰，臺灣商務印書館影印文淵閣四庫全書本
墨子校注　舊題墨翟撰，吴毓江注，孫啓治點校，中華書局
尹文子　尹文撰，四部叢刊影印明覆宋刻本
鶡冠子彙校集注　黄懷信彙校集注，中華書局
鬼谷子　四部叢刊本
鬼谷子集校集注　許富宏集校集注，中華書局
吕氏春秋新校釋　舊題吕不韋撰，陳奇猷校釋，上海古籍出版社
淮南鴻烈解　劉安撰，高誘注，劉文典集解，中華書局
人物志校箋　劉劭撰，劉昞注，李崇智校箋，巴蜀書社
顔氏家訓集解　顔之推撰，王利器集解，上海古籍出版社
白虎通疏證　班固撰，陳立疏證，吴則虞點校，中華書局
獨斷　蔡邕撰，四部叢刊影印明刻本
古今注　崔豹撰，四部叢刊三編影印宋刻本

考古編　程大昌撰，臺灣商務印書館影印文淵閣四庫全書本
演繁露　程大昌撰，臺灣商務印書館影印文淵閣四庫全書本
緯略　高似孫撰，臺灣商務印書館影印文淵閣四庫全書本
困學紀聞　王應麟撰，翁元圻等注，欒保羣、田松青、吕宗力校點，上海古籍出版社
日知録集釋　顧炎武撰，黄汝成集釋，欒保羣、吕宗力校點，上海古籍出版社
義府　黄生撰，臺灣商務印書館影印文淵閣四庫全書本
義門讀書記　何焯撰，中華書局
陔餘叢考　趙翼撰，續修四庫全書影印乾隆湛貽堂刻本
讀書雜志　王念孫撰，中華書局影印同治金陵書局刻本
筠軒讀書叢録　洪頤煊撰，續修四庫全書影印道光富文齋刻本
古書疑義舉例　俞樾撰，在古書疑義舉例五種内，中華書局
古書疑義舉例補　劉師培撰，在古書疑義舉例五種内，中華書局
論衡校箋　王充撰，楊寶忠校箋，河北教育出版社
風俗通義　應劭撰，四部叢刊影印元刻本
羣書治要　魏徵等撰，續修四庫全書影印宛委别藏所收日本天明刻本
意林　馬總編，四部叢刊本

玉芝堂談薈　徐應秋撰，臺灣商務印書館影印文淵閣四庫全書本
北堂書鈔　虞世南撰，中國書店影印南海孔氏三十有三萬卷堂刊本
藝文類聚　歐陽詢等撰，汪紹楹校，上海古籍出版社
初學記　徐堅等撰，中華書局
元和姓纂（附四校記）　林寶撰，岑仲勉校，郁賢晧、陶敏整理，中華書局
太平御覽　李昉等撰，中華書局縮印四部叢刊影宋本
册府元龜　王欽若等撰，中華書局影印明刻本
古今姓氏書辨證　鄧名世撰，臺灣商務印書館影印文淵閣四庫全書本
玉海　王應麟撰，臺灣商務印書館影印文淵閣四庫全書本
西京雜記　葛洪撰，中華書局
世説新語彙校集注　劉義慶撰，劉孝標注，朱鑄禹彙校集注，上海古籍出版社
山海經校注　袁珂校注，上海古籍出版社
穆天子傳　郭璞注，四部叢刊影印天一閣刻本
神異經　舊題東方朔撰，臺灣商務印書館影印文淵閣四庫全書本
拾遺記　王嘉撰，蕭綺録，齊治平校注，中華書局
續齊諧記　吴均撰，臺灣商務印書館影印文淵閣四庫全書本

太平廣記　李昉等撰，中華書局
博物志校證　張華撰，范寧校證，中華書局
述異記　舊題任昉撰，臺灣商務印書館影印文淵閣四庫全書本
廣弘明集　釋道宣撰，四部叢刊影印明刻本
法苑珠林　釋道世撰，臺灣商務印書館影印文淵閣四庫全書本
老子道德經河上公章句　舊題河上公傳，王卡點校，中華書局
老子道德經注　王弼注，在樓宇烈王弼集校釋内，中華書局
列子集釋　楊伯峻集釋，中華書局
莊子集釋　郭慶藩集釋，王孝魚點校，中華書局
文子疏義　王利器疏，中華書局
太平經合校　王明編，中華書局
列仙傳校箋　舊題劉向撰，王叔岷校箋，中華書局
抱朴子内篇校釋　葛洪撰，王明校釋，中華書局
抱朴子外篇校箋　葛洪撰，楊明照校箋，中華書局
神仙傳　葛洪撰，臺灣商務印書館影印文淵閣四庫全書本
潛研堂答問　在潛研堂集内，錢大昕撰，吕友仁點校，上海古籍出版社

集部

楚辭補注　洪興祖撰，中華書局
楚辭辯證　朱熹撰，上海古籍出版社
蔡中郎集　蔡邕撰，臺灣商務印書館影印文淵閣四庫全書本
曹植集校注　趙幼文校注，人民文學出版社
阮籍集校注　陳伯君校注，人民文學出版社
嵇康集校注　戴明揚校注，人民文學出版社
陸士衡集附札記　錢培名校，小萬卷樓叢書本
陸士衡詩注　郝立權注，齊魯大學印行
陸機及其詩　康榮吉著，臺灣嘉新水泥公司文化基金會出版
文賦集釋　張少康集釋，人民文學出版社
陸雲集　黄葵點校，中華書局
陶淵明集校箋　龔斌校箋，上海古籍出版社
鮑參軍集注　錢振倫注，黄節補注，錢仲聯增補，上海古籍出版社
昭明太子集校注　俞紹初校注，中州古籍出版社

庾子山集注　倪璠注，許逸民校點，中華書局
九家集注杜詩　郭志達編，臺灣商務印書館影印文淵閣四庫全書本
杜工部草堂詩箋　魯訔編次，蔡夢弼會箋，續修四庫全書影印古逸叢書本
杜詩詳注　仇兆鰲注，中華書局
樊川文集　杜牧撰，陳允吉校點，上海古籍出版社
施注蘇詩　施元之注，臺灣商務印書館影印文淵閣四庫全書本
浪語集　薛季宣撰，臺灣商務印書館影印文淵閣四庫全書本
湛淵集　白珽撰，臺灣商務印書館影印文淵閣四庫全書本
升庵集　楊慎撰，臺灣商務印書館影印文淵閣四庫全書本
文選　影印韓國奎章閣藏本、中華書局影印尤袤刊本、四部叢刊影印宋刊本
文選考異　顧廣圻等撰，中華書局影印胡克家刊本文選附
文選考異　孫志祖撰，續修四庫全書影印讀畫齋叢書本
文選李注補正　孫志祖撰，叢書集成初編據讀畫齋叢書本排印
文選箋證　胡紹煐撰，續修四庫全書影印聚學軒叢書本
文選集釋　朱珔撰，受古書店影印朱氏家刻本
文選旁證　梁章鉅撰，穆克宏點校，福建人民出版社

文選平點(重輯本)　黄侃撰，黄延祖重輯，中華書局
文選李注義疏　高步瀛撰，曹道衡、沈玉成點校，中華書局
玉臺新詠　徐陵撰，紀昀批校，中國國家圖書館藏擷英書屋鈔本
玉臺新詠考異　紀昀撰，臺灣商務印書館影印文淵閣四庫全書本
文館詞林　許敬宗等編，日本古典研究會影印弘仁本
古文苑　章樵注，四部叢刊影印宋刻本
文苑英華　李昉等編，中華書局影印宋、明刻本
樂府詩集　郭茂倩撰，人民文學出版社影印宋刻本
風雅翼　劉履撰，臺灣商務印書館影印文淵閣四庫全書本
全唐詩　中華書局據揚州書局本排印
全上古三代秦漢三國六朝文　嚴可均輯校，中華書局影印光緒刻本
增訂文心雕龍集校合編　劉勰撰，林其錟、陳鳳金集校，華東師範大學出版社
詩話總龜　阮閱撰，周本淳校點，人民文學出版社
後村詩話　劉克莊撰，王秀梅點校，中華書局
歷代詩話　吴景旭撰，陳衛平、徐傑點校，京華出版社
王志論詩文體式　王闓運述、陳兆奎輯，見馬積高主編湘綺樓詩文集，岳麓書社

文心雕龍講録二種文心雕龍頌贊篇　劉師培遺説，羅常培記録整理，附見劉躍進講評之劉師培中國中古文學史講義，鳳凰出版社
故訓匯纂　宗福邦、陳世鐃、蕭海波主編，商務印書館
古書虚字集釋　裴學海撰，中華書局
古籍虚字廣義　王叔岷撰，中華書局
文言虚字　吕叔湘撰，上海教育出版社
漢魏晋南北朝韻部演變研究　羅常培、周祖謨合撰，中華書局
陸機年表　朱東潤著，載武漢大學文哲季刊第一卷第一期
陸平原年譜　姜亮夫著，載姜亮夫全集第二十二册，雲南人民出版社
陸機陸雲年譜　俞士玲著，人民文學出版社
潘岳繫年考證　傅璇琮著，載文史第十四輯，中華書局
中古文學繫年　陸侃如撰，人民文學出版社
中國古天文圖録　潘鼐編著，上海科技教育出版社
中國古代天文學詞典　徐振韜主編，中國科學技術出版社
六朝墓葬的考古學研究　韋正著，北京大學出版社

潛江龍灣：一九八七—二〇〇一年龍灣遺址發掘報告　湖北省潛江博物館、湖北省荆州博物館著，文物出版社
先秦漢魏晉南北朝詩　逯欽立輯校，中華書局
魏晉文舉要　高步瀛選注，陳新點校，人民文學出版社
建安七子集　俞紹初輯校，中華書局
文心雕龍札記　黄侃撰，中華書局
文論要詮　程千帆著，開明書店
漢魏六朝樂府文學史　蕭滌非著，人民文學出版社
樂府詩述論　王運熙著，上海古籍出版社
管錐編　錢鍾書著，中華書局
余嘉錫論學雜著　中華書局
逯欽立文存　中華書局
陸機集志疑　曹道衡著，載文史第二十六輯，中華書局
陸機事迹雜考　曹道衡著，載作者中古文史叢稿，河北大學出版社
陸機的思想及其詩歌　曹道衡著，載中國社會科學院研究生院學報一九九六年一期

陸機的生涯與文賦創作的正確年代　陳世驤著（附見逯欽立文存内）
世説新語札記　賀昌群著，載賀昌群文集，商務印書館
連珠與邏輯——文學史上中西接觸之一例　饒宗頤著，載饒宗頤集，花城出版社
沂南石刻畫像中的七盤舞　王仲殊著，考古通訊，一九五五年第二期
文賦寫作年代新探　周勛初著，載作者文史探微，上海古籍出版社
陸雲與兄平原書臆次編説　朱曉海著，燕京學報新九期，二〇〇〇年十二月
文選吊魏武帝文并序今本善注補正　朱曉海著，載中國文選學，學苑出版社
陸機心靈的困境　朱曉海著，載中華文史論叢總七十六輯，上海古籍出版社

甌北集	[清]趙翼著　李學穎、曹光甫校點
惜抱軒詩文集	[清]姚鼐著　劉季高標校
兩當軒集	[清]黄景仁著　李國章校點
惲敬集	[清]惲敬著　萬陸、謝珊珊、林振岳標校　林振岳集評
茗柯文編	[清]張惠言著　黄立新校點
瓶水齋詩集	[清]舒位著　曹光甫點校
龔自珍全集	[清]龔自珍著　王佩諍校點
龔自珍詩集編年校注	[清]龔自珍著　劉逸生、周錫韄校注
水雲樓詩詞箋注	[清]蔣春霖著　劉勇剛箋注
人境廬詩草箋注	[清]黄遵憲著　錢仲聯箋注
嶺雲海日樓詩鈔	[清]丘逢甲著　丘鑄昌標點

牧齋初學集詩注彙校	[清]錢謙益著　[清]錢曾箋注 卿朝暉輯校
李玉戲曲集	[清]李玉著 陳古虞、陳多、馬聖貴點校
吴梅村全集	[清]吴偉業著　李學穎集評標校
歸莊集	[清]歸莊著
顧亭林詩集彙注	[清]顧炎武著　王蘧常輯注 吴丕績標校
安雅堂全集	[清]宋琬著　馬祖熙標校
吴嘉紀詩箋校	[清]吴嘉紀著　楊積慶箋校
陳維崧集	[清]陳維崧著　陳振鵬標點 李學穎校補
屈大均詩詞編年校箋	[清]屈大均著　陳永正等校箋
秋笳集	[清]吴兆騫撰　麻守中校點
漁洋精華録集釋	[清]王士禛著 李毓芙、牟通、李茂肅整理
聊齋志異會校會注會評本	[清]蒲松齡著　張友鶴輯校
敬業堂詩集	[清]查慎行著　周劭標點
納蘭詞箋注	[清]納蘭性德著　張草紉箋注
方苞集	[清]方苞著　劉季高校點
樊榭山房集	[清]厲鶚著　[清]董兆熊注 陳九思標校
劉大櫆集	[清]劉大櫆著　吴孟復標點
儒林外史彙校彙評	[清]吴敬梓著　李漢秋輯校
小倉山房詩文集	[清]袁枚著　周本淳標校
忠雅堂集校箋	[清]蔣士銓著　邵海清校 李夢生箋

高青丘集	[明]高啓著　[清]金檀注 徐澄宇、沈北宗校點
唐寅集	[明]唐寅著　周道振、張月尊輯校
文徵明集(增訂本)	[明]文徵明著　周道振輯校
震川先生集	[明]歸有光著　周本淳校點
海浮山堂詞稿	[明]馮惟敏著 凌景埏、謝伯陽標校
滄溟先生集	[明]李攀龍著　包敬第標校
梁辰魚集	[明]梁辰魚著　吴書蔭編集校點
沈璟集	[明]沈璟著　徐朔方輯校
湯顯祖詩文集	[明]湯顯祖著　徐朔方箋校
湯顯祖戲曲集	[明]湯顯祖著　錢南揚校點
白蘇齋類集	[明]袁宗道著　錢伯城校點
袁宏道集箋校	[明]袁宏道著　錢伯城箋校
珂雪齋集	[明]袁中道著　錢伯城點校
隱秀軒集	[明]鍾惺著　李先耕、崔重慶標校
譚元春集	[明]譚元春著　陳杏珍標校
張岱詩文集(增訂本)	[明]張岱著　夏咸淳輯校
陳子龍詩集	[明]陳子龍著 施蟄存、馬祖熙標校
夏完淳集箋校(修訂本)	[明]夏完淳著　白堅箋校
牧齋初學集	[清]錢謙益著　[清]錢曾箋注 錢仲聯標校
牧齋有學集	[清]錢謙益著　[清]錢曾箋注 錢仲聯標校
牧齋雜著	[清]錢謙益著　[清]錢曾箋注 錢仲聯標校

東坡詞傅幹注校證	[宋]蘇軾著　[宋]傅幹注 劉尚榮校證
欒城集	[宋]蘇轍著　曾棗莊、馬德富校點
山谷詩集注	[宋]黄庭堅著　[宋]任淵、史容、 史季温注　黄寶華點校
山谷詩注續補	[宋]黄庭堅著　陳永正、何澤棠注
山谷詞校注	[宋]黄庭堅著　馬興榮、祝振玉校注
淮海集箋注	[宋]秦觀撰　徐培均箋注
淮海居士長短句箋注	[宋]秦觀著　徐培均箋注
清真集箋注	[宋]周邦彦著　羅忼烈箋注
石林詞箋注	[宋]葉夢得著　蔣哲倫箋注
樵歌校注	[宋]朱敦儒著　鄧子勉校注
李清照集箋注(修訂本)	[宋]李清照著　徐培均箋注
陳與義集校箋	[宋]陳與義著　白敦仁校箋
蘆川詞箋注	[宋]張元幹著　曹濟平箋注
劍南詩稿校注	[宋]陸游著　錢仲聯校注
放翁詞編年箋注(增訂本)	[宋]陸游著　夏承燾、吴熊和箋注 陶然訂補
范石湖集	[宋]范成大撰　富壽蓀標校
于湖居士文集	[宋]張孝祥著　徐鵬校點
稼軒詞編年箋注(定本)	[宋]辛棄疾撰　鄧廣銘箋注
辛棄疾詞校箋	[宋]辛棄疾著　吴企明校箋
姜白石詞編年箋校	[宋]姜夔著　夏承燾箋校
後村詞箋注	[宋]劉克莊著　錢仲聯箋注
雁門集	[元]薩都拉著 殷孟倫、朱廣祁校點
揭傒斯全集	[元]揭傒斯著　李夢生標校

三家評注李長吉歌詩	[唐]李賀著　[清]王琦等評注
樊川文集	[唐]杜牧著　陳允吉校點
樊川詩集注	[唐]杜牧著　[清]馮集梧注
温飛卿詩集箋注	[唐]温庭筠著　[清]曾益等箋注
玉谿生詩集箋注	[唐]李商隱著　[清]馮浩箋注 蔣凡校點
樊南文集	[唐]李商隱著　[清]馮浩詳注 錢振倫、錢振常箋注
皮子文藪	[唐]皮日休著　蕭滌非、鄭慶篤整理
鄭谷詩集箋注	[唐]鄭谷著 嚴壽澂、黄明、趙昌平箋注
韋莊集箋注	[五代]韋莊著　聶安福箋注
李璟李煜詞校注	[南唐]李璟、李煜著　詹安泰校注
張先集編年校注	[宋]張先著　吴熊和、沈松勤校注
二晏詞箋注	[宋]晏殊、晏幾道著　張草紉箋注
乐章集校箋	[宋]柳永著　陶然、姚逸超校箋
梅堯臣集編年校注	[宋]梅堯臣著　朱東潤編年校注
歐陽修詩文集校箋	[宋]歐陽修著　洪本健校箋
歐陽修詞校注	[宋]歐陽修著　胡可先、徐邁校注
蘇舜欽集	[宋]蘇舜欽著　沈文倬校點
嘉祐集箋注	[宋]蘇洵著　曾棗莊、金成禮箋注
王荆文公詩箋注	[宋]王安石著　[宋]李壁箋注 高克勤點校
王令集	[宋]王令著　沈文倬校點
蘇軾詩集合注	[宋]蘇軾著　[清]馮應榴注 黄任軻、朱懷春校點
東坡樂府箋	[宋]蘇軾著　[清]朱孝臧編年 龍榆生校箋

玉臺新咏彙校	吴冠文、談蓓芳、章培恒彙校
王梵志詩集校注(增訂本)	[唐]王梵志著　項楚校注
盧照鄰集箋注	[唐]盧照鄰著　祝尚書箋注
駱臨海集箋注	[唐]駱賓王著　[清]陳熙晉箋注
王子安集注	[唐]王勃著　[清]蔣清翊注
陳子昂集(修訂本)	[唐]陳子昂撰　徐鵬校點
孟浩然詩集箋注(增訂本)	[唐]孟浩然著　佟培基箋注
王右丞集箋注	[唐]王維著　[清]趙殿成箋注
李白集校注	[唐]李白著　瞿蜕園、朱金城校注
高適集校注(修訂本)	[唐]高適著　孫欽善校注
杜詩趙次公先後解輯校	[唐]杜甫著　[宋]趙次公注 林繼中輯校
杜詩鏡銓	[唐]杜甫著　[清]楊倫箋注
錢注杜詩	[唐]杜甫著　[清]錢謙益箋注
杜甫集校注	[唐]杜甫著　謝思煒校注
岑參集校注	[唐]岑參著　陳鐵民、侯忠義校注
戴叔倫詩集校注	[唐]戴叔倫著　蔣寅校注
韋應物集校注(增訂本)	[唐]韋應物著　陶敏、王友勝校注
權德輿詩文集	[唐]權德輿撰　郭廣偉校點
韓昌黎詩繫年集釋	[唐]韓愈著　錢仲聯集釋
韓昌黎文集校注	[唐]韓愈著　馬其昶校注 馬茂元整理
劉禹錫集箋證	[唐]劉禹錫著　瞿蜕園箋證
白居易集箋校	[唐]白居易著　朱金城箋校
柳宗元詩箋釋	[唐]柳宗元著　王國安箋釋
柳河東集	[唐]柳宗元著　[宋]廖瑩中輯注
元稹集校注	[唐]元稹著　周相録校注
長江集新校	[唐]賈島著　李嘉言新校

《中國古典文學叢書》已出書目

詩經今注	高亨注
楚辭今注	湯炳正、李大明、李誠、熊良智注
司馬相如集校注	[漢]司馬相如著　金國永校注
揚雄集校注	[漢]揚雄著　張震澤校注
張衡詩文集校注	[漢]張衡著　張震澤校注
阮籍集	[魏]阮籍著　李志鈞等校點
陸機集校箋	[晉]陸機著　楊明校箋
陶淵明集校箋(修訂本)	[晉]陶潛著　龔斌校箋
世説新語箋疏(修訂本)	[南朝宋]劉義慶撰　余嘉錫箋疏　周祖謨等整理
世説新語校釋	[南朝宋]劉義慶撰　[南朝梁]劉孝標注　龔斌校釋
鮑參軍集注	[南朝宋]鮑照著　錢仲聯增補集説校
謝宣城集校注	[南朝齊]謝朓著　曹融南校注集説
江文通集校注	[南朝梁]江淹著　丁福林、楊勝朋校注
文心雕龍義證	[南朝梁]劉勰著　詹鍈義證
詩品集注(增訂本)	[梁]鍾嶸著　曹旭集注
文選	[梁]蕭統編　[唐]李善注
蕭繹集校注	[南朝梁]蕭繹著　陳志平、熊清元校注